Theorie der Körperschaft des öffentlichen Rechts

Theorie der Körperschaft des öffentlichen Rechts

Verwaltungshistorische, organisationstheoretische und verwaltungsorganisationsrechtliche Aspekte

Stephan Kirste

Über den Autor

Stephan Kirste, Univ.-Prof. Dr. jur., Inhaber des Lehrstuhls für Rechts- und Sozialphilosophie an der Universität Salzburg. Präsident der Deutschen Sektion der Internationalen Vereinigung für Rechts- und Sozialphilosophie (IVR). Wichtigste Publikationen: Die Zeitlichkeit des positiven Rechts und die Geschichtlichkeit des Rechtsbewußtseins, Berlin 1998. – Einführung in die Rechtsphilosophie. Darmstadt 2010. – Geschichte der Rechtsphilosophie der Neuzeit (im Erscheinen), Baden-Baden. Forschungsschwerpunkte: Theorie der Rechtswissenschaften, Ideengeschichte der Rechtsphilosophie, Recht und Zeit, Gerechtigkeit, Menschenrechte.

Bibliografische Information der Deutschen Nationalbibliothek
Die Deutsche Nationalbibliothek verzeichnet diese Publikation in der Deutschen Nationalbibliografie. Detaillierte bibliografische Daten sind im Internet unter http://dnb.ddb.de abrufbar.

 Dieses Werk ist unter der Creative Commons-Lizenz 4.0 (CC BY-SA 4.0) veröffentlicht.

Die Online-Version dieser Publikation ist auf heiBOOKS, der E-Book-Plattform der Universitätsbibliothek Heidelberg, http://books.ub.uni-heidelberg.de/heibooks, dauerhaft frei verfügbar (Open Access).
urn: urn:nbn:de:bsz:16-heibooks-book-284-8
doi: https://doi.org/10.11588/heibooks.284.376

Text © 2017, Stephan Kirste

ISBN 978-3-946531-62-3 (Hardcover)
ISBN 978-3-946531-63-0 (PDF)

Vorwort

Diese „Theorie der Körperschaft des öffentlichen Rechts" lag der juristischen Fakultät der Universität Heidelberg 2004 als Habilitationsschrift vor. Sie wurde von meinem 2010 viel zu früh verstorbenen akademischen Lehrer Winfried Brugger betreut. Das Zweitgutachten übernahm freundlicherweise Reinhard Mußgnug. Auf ihrer Grundlage wurde mir die venia legendi für Öffentliches Recht, Rechtsphilosophie, Verfassungsgeschichte der Neuzeit und Rechtssoziologie erteilt. Ich hätte zu diesem Zeitpunkt sehr gerne der – hier erstmals dargestellten – Entwicklung der Körperschaften im Nationalsozialismus ein Kapitel über deren Zeitgeschichte angefügt, das mir zum Zweck der Habilitation entbehrlich, von der Sache her aber in der Publikation sinnvoll erschien. Entgegen besserer Ratschläge, etwa von Friedrich Müller, Eberhard Schmidt-Aßmann und Rolf Gröschner, hielt ich an der Hoffnung fest, dieses Projekt realisieren zu können: mit Folgen! Die überraschend schnell angefragten Vertretungen – mehrfach zwei pro Semester –, sodann die Rufe verhinderten gründlich die Realisierung des Vorhabens. Hinzu kam, daß mein beruflicher Weg andere Akzente setzte, als sie die Reihenfolge der venien nahelegte: An der internationalen deutschsprachigen Andrássy Universität in Budapest beschäftigte mich das Europarecht, Europäische Verwaltungsrecht und die Rechtsvergleichung. In Salzburg ist es die Rechts- und Sozialphilosophie, für die mir auch als Vorsitzender der Deutschen Sektion der Internationalen Vereinigung für Rechts- und Sozialphilosophie eine gewisse Verantwortung anvertraut wurde. Das prägte auch die Forschung. So mußte ich einsehen, daß aus der Hoffnung ein Traum wurde, der sich immer weniger realisieren ließ. Es blieb bei einer Aktualisierung des Literaturverzeichnisses 2010, bei der Sören Wollin geholfen hat. Daß die Arbeit am Ende eine angemessene Form erhalten hat, geht auf die sorgfältige Lektüre durch Ingrid Baumbusch und abschließende Korrekturen von Frau Hannah Maria Messner zurück. Ihnen allen danke ich von Herzen für ihre vielfältige Unterstützung. Ohne sie wäre die Erstellung der Arbeit nicht möglich gewesen – mit ihnen war sie eine Freude.

In der international ausgerichteten Rechtsphilosophie sind Online-Publikationen schon länger üblich. Wissenschaftliche Werke sind hier leicht zugänglich und können vielfältiger genutzt werden als in gedruckter Form. Mich hat die hoch professionelle Unterstützung durch Frau Dr. Maria Effinger und ihrem Team von heiBOOKS, der Publikationsplattform der Universitätsbibliothek Heidelberg, darin bekräftigt, meine Habilitationsschrift diesem Publikationsmedium anzuvertrauen.

Salzburg, im August 2017

Inhaltsübersicht

Vorwort 5

Einleitung 23

Erster Teil: Die Grundlagen Der Körperschaft des Öffentlichen Rechts 33

A. Der Ausdruck „Körperschaft" im Grundgesetz 33
   I. Öffentliche Körperschaft als Vertretungskörperschaft (Körperschaft im repräsentationsrechtlichen Sinn, „Kollegialkörperschaften") 34
   II. Die rechtsfähige Körperschaft des öffentlichen Rechts 36
   III. Zusammenfassung und Sprachgebrauch der Landesverfassungen 44

B. Begriff der Körperschaft des öffentlichen Rechts 47
   I. Der enge Begriff der Körperschaft des öffentlichen Rechts 49
   II. Der weite Begriff der Körperschaft des öffentlichen Rechts 51
   III. Zweifel an der Möglichkeit einer Begriffsbildung 53
   IV. Inklusive Theorien und eigener Ansatz 57

C. Geschichte der Körperschaft des öffentlichen Rechts 63
   I. Einleitung 63
   II. Ursprung des Begriffs der Körperschaft des öffentlichen Rechts 65
   III. Die Korporationstheorien im Absolutismus 67
   IV. Die Entstehung der neuen Körperschaften des öffentlichen Rechts in der ersten Hälfte des 19. Jahrhunderts 76
   V. Zur Ausdifferenzierung der Körperschaften des öffentlichen Rechts von 1850 bis 1914 100
   VI. Die Festigung und Formalisierung der Körperschaften des öffentlichen Rechts in der Weimarer Republik 138
   VII. Nationalsozialismus 171
   VIII. Einige zusammenfassende Bemerkungen 229

D. Die Körperschaft des öffentlichen Rechts als Organisation 233
   I. Organisationstheorien 238
   II. Gesellschaftliche Organisationen und Organisationen der öffentlichen Verwaltung 275
   III. Die drei Organisationsdimensionen 278
   IV. Zusammenfassung 319
   V. Das Makrosystem der Verwaltungsorganisationen 319

Zweiter Teil:
Die Körperschaft als Organisationsform des Verwaltungsrechts 327

A. Die Körperschaft des öffentlichen Rechts im System des Verwaltungsorganisationsrechts 327
I. Verwaltungsorganisationsrecht und rechtliche Strukturen des Makrosystems der Verwaltung 327
II. Verfassungsrechtliche Grundlagen der Schaffung selbständiger Verwaltungsorganisationen 332
III. Drei Dimensionen des Verwaltungsorganisationsrechts 372
IV. Zusammenfassung 400

B. Bildung und Errichtung der Körperschaft des öffentlichen Rechts 403
I. Die Körperschaft als selbständige Rechtsperson 403
II. Beginn der Rechtsfähigkeit 413
III. Umfang der Rechtsfähigkeit 415
IV. Formen von Bildung und Errichtung der Körperschaft des öffentlichen Rechts und ihrer Auflösung 442
V. Die Aufgaben der Körperschaft des öffentlichen Rechts 451
VI. Exkurs: Die sogenannten „nur-formellen" Körperschaften des öffentlichen Rechts 515
VII. Bildung und Errichtung der Körperschaft des öffentlichen Rechts: Zusammenfassung 526

C. Die rechtliche Binnenstruktur der Körperschaft des öffentlichen Rechts 531
I. Mitgliedschaft 531
II. Die Organe der Körperschaft des öffentlichen Rechts 542
III. Regionale Differenzierungen der Körperschaften des öffentlichen Rechts 597
IV. Exkurs: Die Abgrenzung zur Anstalt des öffentlichen Rechts 597
V. Zusammenfassung: Die innere, „politische" Selbstverwaltung der Körperschaft des öffentlichen Rechts 614

D. Die Körperschaft des öffentlichen Rechts und ihre Umwelt 617
I. Befugnisse der Körperschaften des öffentlichen Rechts zu ihrer Aufgabenerledigung 618
II. Die Ressourcen der Körperschaft des öffentlichen Rechts 625
III. Die Kontrolle der Körperschaft des öffentlichen Rechts 651
IV. Zusammenfassung 675

Dritter Teil: Körperschaftsformen, Zusammenfassung und Ausblick .. 677
I. Die Körperschaften des öffentlichen Rechts – Versuch einer Systematik... 678
II. Schluß 698

Literaturverzeichnis 715

Inhaltsverzeichnis

Vorwort 5

Inhaltsübersicht 7

Einleitung 23

Schema: Einteilung der öffentlichen Körperschaften im GG 32

Erster Teil: Die Grundlagen Der Körperschaft des Öffentlichen Rechts 33

A. Der Ausdruck „Körperschaft" im Grundgesetz 33
   I.   Öffentliche Körperschaft als Vertretungskörperschaft (Körperschaft im repräsentationsrechtlichen Sinn, „Kollegialkörperschaften") 34
   II. Die rechtsfähige Körperschaft des öffentlichen Rechts 36
      1. Art. 19 III GG: Grundrechtsfähige Körperschaften des öffentlichen Rechts 36
      2. Die Religionsgesellschaften (Art. 140 GG i. V. m. 137 V WRV) 37
      3. Körperschaft im verwaltungsrechtlichen Sinn 37
      4. Gebietskörperschaften 41
      5. Körperschaften im haftungsrechtlichen Sinn (Art. 34 S. 1 GG) 43
   III. Zusammenfassung und Sprachgebrauch der Landesverfassungen 44

B. Begriff der Körperschaft des öffentlichen Rechts 47
   I.   Der enge Begriff der Körperschaft des öffentlichen Rechts 49
   II. Der weite Begriff der Körperschaft des öffentlichen Rechts 51
      1. Körperschaft als gleichbedeutend mit juristischer Person des öffentlichen Rechts 51
      2. Schwacher Begriff von Zugehörigkeit als Unterscheidungsmerkmal der Körperschaft von anderen juristischen Personen des öffentlichen Rechts 52
   III. Zweifel an der Möglichkeit einer Begriffsbildung 53
      1. Fehlende Abgrenzbarkeit 53
      2. Die rechtliche Einheit der Selbstverwaltungsträger 54
      3. Kritik an den vorstehenden Auffassungen 56
   IV. Inklusive Theorien und eigener Ansatz 57
      1. Merkmale der Körperschaften nach inklusiven Theorien 57
      2. Kritik und eigener Ansatz 58

C. Geschichte der Körperschaft des öffentlichen Rechts 63
   I.   Einleitung 63
   II. Ursprung des Begriffs der Körperschaft des öffentlichen Rechts 65
   III. Die Korporationstheorien im Absolutismus 67
   IV. Die Entstehung der neuen Körperschaften des öffentlichen Rechts in der ersten Hälfte des 19. Jahrhunderts 76
      1. Organisationstheorie an der Wende zum 19. Jahrhundert 77

		2. Die Organisation der Gesellschaft zu Beginn des 19. Jahrhunderts 81
		3. Die Reorganisation der Verwaltung. 87
		4. Zu den Anfängen der körperschaftlichen Selbstverwaltung. 91
		5. Zusammenfassung 97
V.	Zur Ausdifferenzierung der Körperschaften des öffentlichen Rechts von 1850 bis 1914 100	
		1. Die Organisation der Gesellschaft 100
		a. Die Trennung von Staat und Gesellschaft 100
		b. Arbeitsteilung und Arbeitsorganisation 102
		c. Die Lehre von der juristischen Person 103
		2. Die Ausdifferenzierung des Verbandswesens in der zweiten Hälfte des 19. Jahrhunderts... 106
		3. Entwicklungstendenzen der staatlichen Verwaltung in der zweiten Hälfte des 19. Jahrhunderts... 111
		4. Die Ausdifferenzierung der Selbstverwaltungskörperschaften bis 1914 115
		a. Die Gebietskörperschaften...................................... 121
		b. Die Körperschaften der funktionalen Selbstverwaltung 126
		aa. Die Handelskammern. 127
		bb. Die Landwirtschaftskammern 128
		cc. Die Innungen und Handwerksammern 129
		dd. Die Kammern der freien Berufe 131
		ee. Realkörperschaften... 132
		ff. Die Sozialversicherungsträger 133
		5. Zusammenfassung 137
VI.	Die Festigung und Formalisierung der Körperschaften des öffentlichen Rechts in der Weimarer Republik 138	
		1. Organisation und Organisationstheorie in der Weimarer Republik 138
		2. Zur Entwicklung gesellschaftlicher Organisationen in der Weimarer Republik 141
		3. Verwaltungsorganisation in der Weimarer Republik................. 147
		4. Von hohen Erwartungen zum Bewußtsein der Krise: Die Selbstverwaltungskörperschaften in der Weimarer Republik.......... 149
		a. Die kommunalen Gebietskörperschaften........................ 154
		aa. Die Regelungen der Weimarer Reichsverfassung und ihre Folgen . 157
		bb. Landesrechtliche Umsetzung dieser Vorgaben................ 159
		cc. Kommunale Spitzenorganisationen in der Weimarer Republik . . 163
		b. Die Selbstverwaltungskörperschaften der funktionalen Selbstverwaltung 164
		aa. Die Körperschaften der wirtschaftlichen Selbstverwaltung 165
		bb. Die Sozialversicherungsträger 166
		cc. Weitere Körperschaften 169
		5. Zusammenfassung 170
VII.	Nationalsozialismus.. 171	
		1. Einige Aspekte nationalsozialistischer Organisationsstrukturen 172
		a. Personalisierung 173
		b. Statt Gesellschaft: Gemeinschaft................................ 175

      c. Homogenisierung und Exklusionsmechanismen................... 177
  2. Die Organisation der nationalsozialistischen Verwaltung 179
      a. Aspekte der Reichsverwaltung................................. 180
      b. Die Verwaltung in den Ländern 185
      c. Zusammenfassung.. 187
  3. Die NSDAP.. 188
  4. Zur Neuinterpretation der Funktion der Selbstverwaltungskörperschaften in der nationalsozialistischen Verwaltungslehre 192
      a. Aufgabe des Begriffs der Körperschaft des öffentlichen Rechts...... 193
      b. Korporatistische und ständestaatliche Konzeptionen.............. 194
      c. Körperschaft und totaler Staat................................. 198
  5. Die Auflösung der Körperschaftsstruktur der kommunalen
     Selbstverwaltung.. 202
      a. Preußisches Gemeindeverfassungsgesetz und
         Gemeindefinanzverfassungsgesetz............................ 202
      b. Die Stellung der Gemeinden unter der Deutschen Gemeindeordnung 204
      c. Die preußische Provinzialverwaltung........................... 209
      d. Die kommunalen Spitzenverbände............................. 209
  6. Der Bereich der funktionalen Selbstverwaltung..................... 210
      a. Die Organisationen der Landwirtschaft 211
      a. Die Körperschaften der wirtschaftlichen Selbstverwaltung 213
      b. Die Organisation des Handwerks.............................. 215
      c. Die Deutsche Arbeitsfront (DAF) 216
      d. Die Reichskulturkammer..................................... 218
      e. Weitere Körperschaften 221
         aa. Freie Berufe 221
         bb. Realkörperschaften....................................... 222
         cc. Sozialversicherung....................................... 223
         dd. Akademische Selbstverwaltung............................ 225
  7. Zusammenfassung 226
VIII. Einige zusammenfassende Bemerkungen 229

D. Die Körperschaft des öffentlichen Rechts als Organisation 233

I.   Organisationstheorien.. 238
  1. Rational Choice 239
      a. Grundannahmen... 239
      b. Bedeutung des Ansatzes für eine Theorie der Körperschaft
         des öffentlichen Rechts....................................... 244
      c. Kritik am Rational Choice-Ansatz 245
      d. Rationalistische Ansätze in der Theorie der öffentlichen
         Verwaltungsorganisationen................................... 247
      e. Public Choice-Ansätze und New Public Management (NPM)....... 250
  2. Institutionalistische Theorien..................................... 254
      a. Klassischer Institutionalismus 255
      b. Neoinstitutionalismus.. 257
      c. Kritische Würdigung 262

    d. Rechtliche Konsequenzen.................................263
  3. Prozedurale Theorie der Organisation: Die Organisation als
     Entscheidungssystem..264
     a. Der Begriff der Organisation..................................264
     b. Ertrag..268
  4. Nicht Kunde als König, sondern partizipierender Bürger: New Public
     Service..269
  5. Zusammenfassung: Die drei Dimensionen von Organisationen........273
II. Gesellschaftliche Organisationen und Organisationen der öffentlichen
    Verwaltung...275
III. Die drei Organisationsdimensionen................................278
  1. Selbständigkeit...278
     a. Die Formalität der Organisation...............................279
     b. Das Organisationsziel als Einheitskriterium der Organisation......280
        aa. Funktion und Struktur von Organisationszielen...............280
        bb. Kritik an der Relevanz von Zielen für Organisationen.........284
     c. Kritik der Innen-Außen-Unterscheidung von Organisationen......287
  2. Die Binnenstruktur der Organisation..............................288
     a. Differenzierung von Organisation..............................288
        aa. Funktionsweisen der Differenzierung........................288
        bb. Formen der Differenzierung.................................289
        cc. Ausdifferenzierung..291
     b. Integration..293
     c. Differenzierungs- und Koordinierungsstrukturen.................295
        aa. Die politischen Entscheidungen.............................296
        bb. Allokationsentscheidungen und Zurechnungsentscheidungen..296
           (1.) Mitgliedschaft..296
           (2.) Kommunikationsstrukturen..............................299
           (3.) Autoritätsstrukturen...................................300
               (a.) Hierarchisch aufgebaute Organisationen.............300
               (b.) „Demokratisch" aufgebaute Organisationen..........301
               (c.) Einwirkungsorganisationen.........................301
           (4.) Legitimationsstrukturen...............................303
     c. Die Organisationsgröße als Strukturvorgabe für die Binnenorganisation 304
     e. Bürokratische und nichtbürokratische Organisationen...........305
  3. Organisation und Umwelt..309
     a. Arten von Umwelten..310
     b. Verhaltensweisen gegenüber der Umwelt.........................312
     c Natürliche Personen als Umwelt der Organisation................312
        aa. Das Person- Umweltverhältnis..............................312
        bb. Rekrutierung..313
     d Organisations-Organisationsverhältnisse........................315
     e. Innovationskraft...316
     f. Leistungen für die Umwelt....................................318
        aa. Eigene Leistungen („Input-Funktion")......................318
        bb. Übernahme/Übertragung fremder Aufgaben..................318

g. Einwirkung der Umwelt auf die Organisation: Steuerung 318
IV. Zusammenfassung 319
V. Das Makrosystem der Verwaltungsorganisationen 319

Zweiter Teil:
Die Körperschaft als Organisationsform des Verwaltungsrechts 327

A. Die Körperschaft des öffentlichen Rechts im System des Verwaltungsorganisationsrechts 327
  I. Verwaltungsorganisationsrecht und rechtliche Strukturen des Makrosystems der Verwaltung 327
     1. Verwaltungsorganisationsrecht 327
     2. Aspekte der rechtlichen Differenzierung und Koordinierung des Makrosystems der Verwaltung 331
  II. Verfassungsrechtliche Grundlagen der Schaffung selbständiger Verwaltungsorganisationen 332
     1. Organisationsgewalt 333
     2. Das Demokratieprinzip 335
        a. Selbstbestimmung in Form von politischer Mitwirkung und demokratischer Teilhabe im Grundgesetz 336
        b. Die demokratische Selbstbestimmung des Staatsvolkes 338
           aa. Das Legitimationssubjekt: Staatsvolk 339
           bb. Das Legitimationsobjekt: Staatsgewalt 339
           cc. Legitimationsformen 340
        a. Zur demokratischen Legitimation der Körperschaften des öffentlichen Rechts 341
        c. Konsequenzen des Ergänzungsverhältnisses von Demokratie und Selbstverwaltung 347
     3. Zur föderalen Gliederung der Organisationsgewalt (Art. 30 u. 83 ff. GG) 351
        a. Die Organisationsgewalt der Länder 352
        b. Die Organisationsgewalt des Bundes 356
           aa. Rechtlich verselbständigte Bundesverwaltung 357
           bb. Exkurs: Der Begriff der Körperschaft des öffentlichen Rechts in Art. 87 II GG 358
           cc. Die bundeseigene Verwaltung 360
        c. Zusammenfassung 361
     4. Das Rechtsstaatsprinzip 362
        a. Zur Rechtfertigung der Körperschaften des öffentlichen Rechts durch das Rechtsstaatsprinzip 363
        b. Gewaltenteilung und Organisationsgewalt: Gubernative oder Legislative 365
        c. Zusammenfassung 366
     5. Sozialstaatsprinzip 367
     6. Das Republikprinzip 368
     7. Grundrechte 370
     8. Zusammenfassung 372

III. Drei Dimensionen des Verwaltungsorganisationsrechts................. 372
   1. Konstituierendes Organisationsrecht 373
      a. Rechtliche Verselbständigung 373
      b. Aufgaben 376
   2. Innerorganisationsrecht.. 377
      a. Die verwaltungsorganisationsrechtliche Unterscheidung von
         Innen- und Außenrecht 378
      b. Die Ausdifferenzierung der Organisationsverfassung 380
         aa. Begriff des Organs, der Behörde, des Amtes und der Stelle...... 381
         bb. Arbeitsteilung· Zuständigkeitsverteilung..................... 385
      c. Koordinationsstrukturen 386
         (1.) Hierarchie und Weisung................................. 386
         (2.) Kontrolle und Aufsicht innerhalb von Verwaltungs-
              organisationen 387
         (3.) Weitere Prinzipien des Innerorganisationsrechts............ 391
   3. Außenrecht der Verwaltungsorganisationen........................ 392
      a. Rekrutierung 393
      b. Interorganisationsrecht 393
      c. Rechtsverhältnis zum Organisationsträger...................... 394
         aa. Steuerung durch die Öffentlichkeit und durch Partizipation 395
         bb. Staatsaufsicht.. 396
         cc. Lenkung 397
      d. Koordinationsstrukturen und kooperative Entscheidungsformen ... 398
IV. Zusammenfassung... 400

B. Bildung und Errichtung der Körperschaft des öffentlichen Rechts 403

I. Die Körperschaft als selbständige Rechtsperson....................... 403
   1. Rechtsfähigkeit, Rechtssubjektivität, Rechtspersönlichkeit 404
      a. Begriffliche Abgrenzungen 404
      b. Kritik am Begriff der juristischen Person des öffentlichen Rechts ... 405
   2. Privatrechtliche und öffentlich-rechtliche Rechtsfähigkeit............ 408
   3. Zusammenfassung 410
   4. Verfassungsrechtliche Garantie der Rechtssubjektivität 410
   5. Einfachgesetzliche Rechtsfähigkeit 411
II. Beginn der Rechtsfähigkeit 413
   1. Die „Vor-Körperschaft" und die fehlerhafte Körperschaft.............. 413
   2. Erlangung der Rechtsfähigkeit durch die Genehmigung der
      Satzung.. 415
III. Umfang der Rechtsfähigkeit...................................... 415
   1. Grundrechtsfähigkeit... 415
      a. Die juristische Person i.S.v. Art. 19 III GG 416
      b. Die Grundrechtsfähigkeit der juristischen Personen
         des öffentlichen Rechts 418
      c. Aufgabenbezogene, teilweise Grundrechtsfähigkeit von Körper-
         schaften des öffentlichen Rechts 421

       d. Die Grundrechtsfähigkeit einzelner Körperschaften
          des öffentlichen Rechts 424
          aa. Die Gemeinden 425
          bb. Die Sozialversicherungsträger 425
          cc. Die interessenvertretenden Körperschaften 426
          dd. Die Hochschulen 427
          ee. Weitere Körperschaften 428
    2. Handlungsfähigkeit und das kompetenzüberschreitende Handeln
       ("ultra vires") 429
       a. Die Satzungsautonomie 430
       b. Das Handeln der Körperschaft ultra vires 434
    3. Haftungsfähigkeit 438
    4. Partei-Beteiligungs- und Prozeßfähigkeit 438
    5. Vollstreckungsfähigkeit und Insolvenzfähigkeit 439
       a. Die Zwangsvollstreckung und öffentlich-rechtliche Vollstreckung
          gegen Körperschaften des öffentlichen Rechts 439
       b. Insolvenzfähigkeit 440
    6. Das Namensrecht 441
    7. Dienstherrenfähigkeit 441
IV. Formen von Bildung und Errichtung der Körperschaft des öffentlichen
    Rechts und ihrer Auflösung 442
    1. Errichtung durch Gesetz 442
    2. Errichtung auf gesetzlicher Grundlage durch Rechtsverordnung 444
    3. Errichtung auf gesetzlicher Grundlage durch Verwaltungs- oder
       sonstigen Hoheitsakt 445
    4. Errichtung durch öffentlich-rechtlichen Vertrag und durch
       Genehmigung der Satzung 445
    5. Zusammenfassung 448
    6. Aufhebung und Auflösung der Körperschaft des öffentlichen Rechts ... 448
       a. Die Form der Auflösung 448
       b. Schutz gegenüber der Auflösung 450
V.   Die Aufgaben der Körperschaft des öffentlichen Rechts 451
    1. Der Begriff der öffentlichen Aufgabe 452
       a. Zum Problem des Begriffs der öffentlichen Aufgabe 452
       b. Öffentliche Aufgaben, Gemeinwohl und private Interessen 454
       c. Öffentliche Aufgaben und Staatsaufgaben 459
    2. Öffentliche Aufgaben der Körperschaften des öffentlichen Rechts 464
       a. Nicht-bürokratische Aufgabenerledigung als Grund für
          notwendige Aufgaben der Körperschaft des öffentlichen Rechts? ... 465
       b. Notwendige öffentliche Aufgaben der Körperschaften aus dem
          Grundgesetz 465
       c. Notwendige Aufgaben der Körperschaften des öffentlichen Rechts
          aufgrund landesverfassungsrechtlicher Vorgaben? 466
       d. Notwendige Aufgaben von Körperschaften des öffentlichen Rechts
          aufgrund „gesellschaftlicher Selbstverwaltung"? 467

     e. Vermeidung von Machtkonzentration als Grundlage notwendiger
        Aufgaben der öffentlichen Körperschaften 469
     f. Zusammenfassung... 470
  3. Arten der Aufgaben 471
  4. Grenzen der Übertragung von öffentlichen Aufgaben an
     Körperschaften des öffentlichen Rechts 472
     a. Die Legitimität der Aufgabe.................................... 473
     b. Interessenwahrnehmung nicht als legitime Aufgabe? 474
  5. Die Aufgabenübertragung.. 478
     a. Umfang der Aufgabenübertragung.............................. 478
     b. Der räumliche Wirkungskreis.................................. 478
     c. Aufgabendualismus und Aufgabenmonismus 478
  6. Modus der Aufgabenerfüllung durch Körperschaften des öffentlichen
     Rechts: Selbstverwaltung und Auftragsverwaltung.................. 480
     a. Zum Begriff der Selbstverwaltung 480
        aa. Verfassungsprinzip Selbstverwaltung?....................... 481
        bb. Der organisationsbezogene Begriff der Selbstverwaltung....... 482
        cc. Funktionale Selbstverwaltung 485
        dd. Selbstverwaltung und mittelbare Staatsverwaltung............ 485
     b. Selbstverwaltung als Modus der Aufgabenerfüllung 487
     c. Zur sozialen Funktion von körperschaftlicher Selbstverwaltung.... 490
     d. Die Merkmale von Selbstverwaltung............................ 491
        aa. Eigenverantwortlichkeit 492
        bb. Autonomie 493
     e. Grund und Umfang der Selbstverwaltung bei einzelnen
        Körperschaften... 493
        aa. Die kommunale Selbstverwaltung........................... 494
           (1.) Institutionelle Rechtssubjektsgarantie................... 495
           (2.) Die objektive Rechtsinstitutionsgarantie................. 495
           (3.) Die subjektive Rechtstellungsgarantie 498
           (4.) Der Gesetzesvorbehalt und seine Grenzen 498
           (5.) Die Gemeindehoheiten 500
           (6.) Zusammenfassung..................................... 502
        bb. Die Garantie der kommunalen Selbstverwaltung der
            Gemeindeverbände (Art. 28 II S. 2 GG) 503
        cc. Die Selbstverwaltung der Hochschulen 504
        dd. Die wirtschaftliche und freiberufliche Selbstverwaltung 510
        ee. Die Selbstverwaltung der Realkörperschaften................ 512
        ff. Die Selbstverwaltung der Sozialversicherungen............... 513
     f. Zusammenfassung... 514
  7. Funktion der Aufgabe.. 514
VI. Exkurs: Die sogenannten „nur-formellen" Körperschaften
    des öffentlichen Rechts 515
  1. Das Bayerische Rote Kreuz 516
  2. Die Religionsgemeinschaften 519

a. Verleihung des Körperschaftsstatus an Religionsgemeinschaften und Entzug 520
b. Der Status der körperschaftlich verfaßten Religionsgemeinschaften . . 524
VII. Bildung und Errichtung der Körperschaft des öffentlichen Rechts: Zusammenfassung 526

C. Die rechtliche Binnenstruktur der Körperschaft des öffentlichen Rechts . . . 531
I. Mitgliedschaft 531
   1. Der Begriff der Mitgliedschaft 532
     a. Der Kreis der Mitglieder 532
     b. Angehörige und Mitglieder 534
     c. Exkurs: Angehörige und Mitglieder in der Sozialversicherung 536
   2. Zusammensetzung der Mitglieder 539
     a. Natürliche und juristische Personen 539
     b. Homogene und gruppenplurale (gruppen-heterogene) Körperschaften 540
   3. Rechte und Pflichten der Mitglieder 541
     a. Rechte 541
     b. Pflichten 541
II. Die Organe der Körperschaft des öffentlichen Rechts 542
   1. Die Versammlung als Hauptorgan der Körperschaft 544
     a. Die Rechtsstellung der Versammlung als Hauptverwaltungsorgan . . 545
        aa. Die Aufgaben der Versammlung 545
           (1.) Abgrenzung der eigenen zu den Aufgaben der anderen Organe 545
           (2.) Typische Aufgaben der Versammlung 547
        bb. Die Größe der Versammlung und die Amtszeiten ihrer Mitglieder 548
     b. Die Binnenstruktur der Versammlung als Hauptverwaltungsorgan 549
        aa. Die Zusammensetzung des Hauptverwaltungsorgans 549
           (1.) Mitgliederversammlung oder Repräsentativversammlung . . 549
           (2.) Wahlmitglieder und Mitglieder kraft Amtes, Mitglieder mit und ohne Stimmrecht 552
           (3.) Homogene und gruppenplurale Versammlungen 552
              (a.) Gruppenplurale Mitwirkung in den Hochschulen 553
              (b.) Die Struktur der Vollversammlung der Handwerkskammern 554
              (c.) Die Vertreterversammlung der Sozialversicherungsträger 555
           (4.) Mitgliedschaftsbefugnisse und Pflichten 555
        bb. Differenzierung des Hauptverwaltungsorgans in Organteile 558
           (1.) Der Vorsitzende 558
           (2.) Die Ausschüsse 558
              (a.) Die Rechtsstellung der Ausschüsse 559
              (b.) Die Zusammensetzung der Ausschüsse 560
              (c.) Die Besetzung der Ausschüsse 562
           (3.) Die Fraktionen 565
           (4.) Weitere Differenzierungen der Versammlung 565

c. Das Verhältnis des Hauptorgans zu seiner innerkörperschaftlichen und außerkörperschaftlichen Umwelt 566
    aa. Die Besetzung des Hauptorgans 566
        (1.) Die Wahlen zum Gemeinderat 567
            (a.) Art. 28 I S. 2 GG 567
            (b.) Aspekte des Kommunalwahlrechts 570
        (2.) Die Wahlen zum Senat in den Hochschulen und Art. 5 III GG 571
        (3.) Die Wahlen zu weiteren Repräsentativversammlungen 573
    bb. Befugnisse in bezug auf den Vorstand und Kontrolle durch ihn 577
        (1.) Kontrollbefugnisse des Repräsentativorgans 577
        (2.) Kontrolle des Repräsentativorgans durch den Vorstand 578
2. Der Vorstand der Körperschaft des öffentlichen Rechts 580
   a. Die Rechtsstellung des Vorstands 581
      aa. Formale Rechtsstellung 581
      bb. Die Aufgaben des Vorstands 581
        (1.) Aufgaben in bezug auf die Versammlung 581
        (2.) Aufgaben der Verwaltungsleitung 582
   b. Größe und Amtszeit des Vorstands 584
   c. Die Binnenstruktur des Vorstands 584
      aa. Mitgliedschaft im Vorstand 585
      bb. Formen des kollegialen Vorstands 585
      cc. Kollegialer Vorstand mit kollegialem Präsidium 587
      dd. Monokratischer Körperschaftsvorstand mit beigeordnetem Ausschuß der Versammlung 589
      ee. Monokratischer Körperschaftsvorstand 590
   d. Das Verhältnis des Vorstands zu seiner innerkörperschaftlichen Umwelt 592
      aa. Die Wahl des Vorstands 592
      bb. Handlungsformen und Befugnisse des Vorstands 594
        (1.) Gegenüber der Versammlung und ihren Mitgliedern 595
        (2.) Befugnisse hinsichtlich der Verwaltung 595
        (3.) Kontrolle des Vorstands 596
3. Weitere Organe von Körperschaften des öffentlichen Rechts 596
   a. Die Eintragungsausschüsse der Kammern der technischen Berufe 596
III. Regionale Differenzierungen der Körperschaften des öffentlichen Rechts 597
IV. Exkurs: Die Abgrenzung zur Anstalt des öffentlichen Rechts 597
   1. Die Selbständigkeit der Anstalt des öffentlichen Rechts 599
   2. Die Binnenorganisation der Anstalt 601
   3. Das Verhältnis der Anstalt zu ihrer Umwelt 602
   4. Einzelne Grenzfälle 603
      a. Die Bundesagentur für Arbeit 603
      b. Die Versorgungswerke der berufsständischen Kammern 604
      c. Körperschaften mit staatlich berufenen Organen? 605
        aa. Die kommunalen Versorgungsverbände 606
        bb. Die Arbeitskammer des Saarlandes 606
      d. Rundfunkrechtliche Anstalten 608

5. Zusammenfassung 613
V. Zusammenfassung: Die innere, „politische" Selbstverwaltung der
Körperschaft des öffentlichen Rechts 614

D. Die Körperschaft des öffentlichen Rechts und ihre Umwelt 617
I. Befugnisse der Körperschaften des öffentlichen Rechts zu ihrer
Aufgabenerledigung. 618
   1. Hoheitliche Befugnisse. 618
   2. Exkurs: Die Akademien der Wissenschaften 619
   3. Rechtsetzungsbefugnisse 620
   4. Erlaß von Richtlinien 621
   5. Schlichthoheitliches Verwaltungshandeln 622
   6. Kooperatives Verwaltungshandeln 623
II. Die Ressourcen der Körperschaft des öffentlichen Rechts 625
   1. Die Finanzierung der Körperschaft des öffentlichen Rechts 625
     a. Die Gemeinde- und Kreisfinanzen 626
     b. Die Finanzierung der Körperschaften der funktionalen
       Selbstverwaltung 627
     c. Besonderheiten der Finanzierung der Lastenverbände 629
     d. Die Finanzierung der Sozialversicherung 630
   2. Die Begründung der Mitgliedschaft in der Körperschaft
des öffentlichen Rechts 631
     a. Freiwillige Mitgliedschaft. 631
     b. Pflichtmitgliedschaft 632
       aa. Der Begriff der Pflichtmitgliedschaft. 632
       bb. Pflichtmitgliedschaft in einem privaten Verband 633
       cc. Die gesetzliche Mitgliedschaft auf der Grundlage freiwilliger
Organisationszugehörigkeit 634
         (1.) Begründung der Mitgliedschaft in der Gemeinde 634
         (2.) Die Begründung der Mitgliedschaft in Hochschulen 635
       dd. Verbände, die als freiwillige oder pflichtige Verbände bestehen:
Die Zweckverbände 636
       ee. Körperschaften mit freiwilliger und pflichtiger Mitgliedschaft .. 637
       ff. Die Pflichtmitgliedschaft der Kammern der wirtschaftlichen
und freiberuflichen Selbstverwaltung 639
         (1.) Betroffenheit in einem Grundrecht 639
           (a.) Schutzbereich von Art. 9 I GG 640
           (b.) Weitere Grundrechte. 643
           (c.) Art. 2 I GG Allgemeine Handlungsfreiheit 643
         (2.) Eingriff 644
         (3.) Verfassungsrechtliche Rechtfertigung der Pflicht-
mitgliedschaft 645
           (a.) Ziel im Gemeinwohlinteresse 645
           (b.) Geeignetheit der Körperschaften zur Verfolgung
der legitimen öffentlichen Aufgaben 646

(c.) Alternativen: Private Verbände, Austrittsmöglichkeiten
und Überführung in unmittelbare Staatsverwaltung.... 646
(d.) Zumutbarkeit der Pflichtmitgliedschaft................ 648
gg. Die Pflichtmitgliedschaft in den kassenärztlichen Vereinigungen 649
III. Die Kontrolle der Körperschaft des öffentlichen Rechts 651
1. Die Staatsaufsicht als Rechtsaufsicht.............................. 652
   a. Aufgaben der Aufsicht 655
   b. Gegenstand der Aufsicht 655
   c. Zuständige Aufsichtsbehörde, mittelbare Staatsaufsicht 656
   d. Aufsichtsmaßstab, Aufsichtsintensität.......................... 658
   e. Mittel der Rechtsaufsicht 659
      aa. Informationsrecht der Rechtsaufsichtsbehörde 659
      bb. Präventive Aufsichtsmittel................................. 660
         (1.) Beratung.. 660
         (2.) Unterrichtung, Informationsrecht......................... 660
         (3.) Schutz und Förderung 661
      cc. Repressive Mittel der Rechtsaufsicht 661
         (1.) Beanstandung... 661
         (2.) Anordnung 662
         (3.) Ersatzvornahme und Selbsteintrittsrecht.................. 662
         (4.) Bestellung eines Staatskommissars/Beauftragten 663
         (5.) Auflösung von Organen oder der Körperschaft,
            Amtsenthebung des Vorstands........................... 664
   f. Vollstreckung der Aufsicht?.................................... 665
   g. Opportunitätsprinzip oder Pflicht der Aufsichtsbehörde zum
      Einschreiten? 665
   h. Grenzen der Aufsicht 666
      aa. Die Selbstverwaltungsgarantie und die Grundrechte 667
      bb. Der Grundsatz der Verhältnismäßigkeit und das Prinzip
         der schonenden Aufsicht................................... 667
      cc. Weitere Gründe, die Aufsichtsmaßnahmen ausschließen können 669
2. Weisungsbefugnisse (Fachaufsicht)................................ 669
3. Mitwirkungs-, insbes. Genehmigungsvorbehalte..................... 670
4. Formen des Zusammenwirkens von Staat und Körperschaft des
   öffentlichen Rechts 672
5. Zielvereinbarungen und Verwaltungscontrolling.................... 673
6. Rechtsschutz gegenüber Aufsichtsmaßnahmen...................... 674
IV. Zusammenfassung... 675

Dritter Teil: Körperschaftsformen, Zusammenfassung und Ausblick . 677
I. Die Körperschaften des öffentlichen Rechts – Versuch einer Systematik... 678
1. Einteilung nach der Hierarchiestufe der die Körperschaft bildenden
   Rechtsnorm 679
2. Abgrenzung der Körperschaften nach der Aufgabe oder Funktion 679
3. Einteilungen der Körperschaften nach den Bedingungen der
   Mitgliedschaft 682

> 4. Die Gebietskörperschaften. 682
> 5. Die Personalkörperschaften 688
> 6. Die Realkörperschaften 692
> 7. Verbandskörperschaften oder Bundkörperschaften 694
>   a. Öffentlich-rechtliche Dachverbände. 694
>   b. Die kommunalen Verbandskörperschaften. 696
> 8. Zusammenfassung 698
> II. Schluß. 698
> 1. Rückblick 698
> 2. Ausblick 707

Literaturverzeichnis 715

Einleitung

„Wer heute der Öffentlichkeit eine Untersuchung über die öffentliche Körperschaft vorlegt, wird sich eines mit starker Skepsis gemischten Interesses aller derer versichert halten können, die mit den Schwierigkeiten, welche die rechtliche Erfassung dieses diffizilen Gebildes geradezu vereiteln, auch nur oberflächlich vertraut sind ... Die durch eine systemlose Verleihung der ‚Rechte einer öffentlichen Körperschaft' hervorgerufene Verwirrung wird noch gefördert durch die Neigung der Legislative, die Präzisierung der von ihr verwandten Begriffe der Wissenschaft oder der Praxis zu überlassen. In der Regel sind es gerade ... die allgemeinen Begriffe von zentraler Bedeutung, die auf diese Weise in der Schwebe bleiben. Das gilt in besonderem Maße von der Korporation des öffentlichen Rechts ... Die außerordentlichen Unterschiede in der Struktur und Funktion dieser Verbände lassen durchaus die Frage gerechtfertigt erscheinen, ob eine Zusammenfassung dieser Gebilde unter einen prägnanten Begriff überhaupt möglich ist ...".[1]

Diese Situation ist bis heute nicht besser geworden, sondern hat sich eher noch verschlechtert. Schuld daran[2] sind zunächst die unterschiedlichen Gesetzgeber mit einer nicht nur unbekümmerten,[3] sondern insgesamt durch „Gewohnheit, Rechtsgefühl und Vermeidungsstrategien" geprägten Verwendung des Begriffs der Körperschaft.[4] Gleichwohl ist nicht zu übersehen, daß in den 90er Jahren des vergangenen Jahrhunderts das Sachgebiet durch gewichtige Monographien sorgfältiger abgesteckt und erschlossen wurde, als dies bis dahin der Fall war. Vorreiter war zunächst *Reinhard Hendlers* Arbeit über die „Selbstverwaltung als Ordnungsprinzip".[5] Seine Arbeit erschloß mit der Selbstverwaltung ein Strukturprinzip der Betroffenenverwaltung, die neben die ministeriale Verwaltung tritt. *Ernst Thomas Emde* nahm den Begriff der funktionalen Selbstverwaltung auf,[6] durchleuchtete kritisch deren Legitimationsstrukturen und entwickelte ein Konzept autonomer demokratischer Legitimation.[7] *Matthias Jestaedt* untersuchte zwar primär die Kondominialverwaltung im Hinblick auf ihre demokratische Legitimation; diese besitzt jedoch manche Berührungspunkte mit dem Prinzip der Selbstverwaltung. Mit

---
1 *Forsthoff* 1931, S. 1; ähnlich insofern *Weber* 1943, S. 18; nach dem Krieg meinte Forsthoff allerdings, die Situation habe sich mit der klaren Einordnung in das System der mittelbaren Staatsverwaltung erheblich gebessert, 1973, S. 485.
2 *Ulrich Scheuner* (1967, S. 605) nannte noch einen zunehmenden Individualismus, der sich gegen jede Verbandsbildung stelle und die Auseinandersetzung mit dem Körperschaftsbegriff erschwere.
3 *Scheuner* S. 605.
4 *Loeser* 1989, S. 170, vgl. auch unten B III.
5 *Hendler* 1984; ders. 2008, S. 1133 ff.; ders. 2007, S. 3 ff.; zu spezielleren Bereichen auch: ders. 1986, S. 675 ff. (wirtschaftliche Selbstverwaltung); ders. 2003, S. 207 ff. (Sozialversicherung).
6 Den Terminus „funktionale Selbstverwaltung" hat, soweit ersichtlich, als erster *Kloss* (1961, S. 330 f.) verwendet: „Heute erst beginnt die Einsicht Gemeingut zu werden, daß es neben dem Problem der gebietlichen oder kommunalen Selbstverwaltung nicht weniger bedeutsame Probleme der sachlichen (oder strukturellen, personellen oder funktionalen) Selbstverwaltung gibt, wobei es im einzelnen offen bleibt, ob das ganze Kultur- und das ganze Wirtschaftsleben mit Selbstverwaltungsrechten ausgestattet werden soll oder nur einzelne Sektoren".
7 *Emde* 1991.

seiner Analyse der Legitimationsmodi und -defizite beleuchtete er zugleich die der Selbstverwaltung.[8] *Winfried Kluth* ging es über die Legitimationsfragen hinaus um die verfassungsrechtlichen Grundlagen der funktionalen Selbstverwaltung.[9] Waren diese Arbeiten auf die Darstellung der Verwaltungsform gerichtet, erfuhr das Defizit bei der Untersuchung der Organisationsform der Körperschaft des öffentlichen Rechts eine wichtige Korrektur durch die Analyse des Kammerwesens, die *Peter J. Tettinger* in verwaltungsrechtlicher Perspektive vorgenommen hat.[10] Immer stärker sind inzwischen auch die europäischen Dimensionen der Selbstverwaltung in die Aufmerksamkeit geraten,[11] wie die Vorträge von *Janbernd Oebbecke*[12] und *Martin Burgi*[13] bei der Staatsrechtslehrertagung im Jahre 2002 belegen. Schließlich sind – was hier nicht von vornherein ausgeklammert werden soll – im Umfeld des Urteils des BVerfGs zu den Zeugen Jehovas[14] einige Arbeiten zum Körperschaftsstatus der Religionsgemeinschaften entstanden.[15]

Gewiß gilt nicht nur in der Architektur der Satz „form follows function".[16] Auch die Organisationsform ist Ausdruck der Funktionen einer Verwaltungseinheit. Wenn also die Körperschaft die typische Organisationsform der Selbstverwaltung ist, wozu noch eine Monographie über die Körperschaft des öffentlichen Rechts? Nimmt man die Untersuchung von Tettinger aus, die die Strukturen der Kammern untersucht, beschäftigen sich die genannten Arbeiten mit dem Ordnungsprinzip Selbstverwaltung. Die Körperschaft als Organisation tritt dabei eher blaß als ihr „Träger" auf. Die Besonderheiten der Träger geraten in dieser Perspektive in den Hintergrund. Selbstverwaltung wird aber durch Anstalten, Körperschaften und ggf. auch andere verselbständigte Verwaltungseinheiten in durchaus unterschiedlicher Weise wahrgenommen. Sie ist mit ihrer Selbständigkeit als juristischer Person und der Eigenverantwortlichkeit ihrer Aufgabenwahrnehmung ebenso verbunden wie mit ihrer genossenschaftlichen Binnenstruktur und dem Verhältnis zur staatlichen Aufsicht. Die Untersuchung dieser verschiedenen Formen von Selbstverwaltung setzt eine Analyse der Unterschiede der „Träger" voraus. Die Unterschiede bestehen aber in der Organisationsstruktur. Die Arbeiten von *Müller*,[17] *Bieback*[18] und anderen,[19] die darüber in historischer Perspektive viel berichten, haben keine

---

8 *Jestaedt* 1993, S. 490 ff.; und zum Begriff der Selbstverwaltung auch *ders.* 2002, S. 293 ff.
9 *Kluth* 1997; *ders.* 2002, S. 349 ff.; zu den Körperschaften schon *ders.* 1986, S. 716 ff.; *ders.* 1997a und *ders.* 2002, S. 298 ff. zu den IHKs; *ders.* 2003, S. 128 ff. zu den kassenärztlichen Vereinigungen.
10 *Tettinger* 1997; *ders.* 1985, S. 169 ff. zur Bundesrechtsanwaltskammer; zur Selbstverwaltung auch *ders.* 1983, 809 ff.; viel hilfreiches Material trägt auch die soeben erschiene Arbeit von *Hsu* 2004 zusammen.
11 Vgl. etwa die verschiedenen Beiträge in *Bovenschulte* 2001.
12 *Oebbecke* 2003, S. 366 ff.; zu Fragen der Legitimation der funktionalen Selbstverwaltung schon *ders.* 1990, S. 349 ff.
13 *Burgi* 2003, S. 405 ff.; zur Selbstverwaltung allgemein auch *ders.* 2006, § 51 Rn. 19 ff.
14 BVerfGE 102, S. 370 ff.
15 *Heinig* 2003; *Lindner* 2002: *Bohl* 2001.
16 *Sullivan* 1896, S. 403 ff. (408 f.): "Whether it be the sweeping eagle in his flight, or the open apple-blossom, the toiling work-horse, the blithe swan, the branching oak, the winding stream at its base, the drifting clouds, over all the coursing sun, *form ever follows function*, and this is the law. Where function does not change form does not change".
17 *Müller* 1965.
18 *Bieback* 1976, *ders.* 1982, S. 859 ff.
19 *Endrös* 1985.

systematische Fortsetzung gefunden. Auch die heftigen Auseinandersetzungen der zwanziger[20] und dreißiger Jahre[21] wurden unter dem Grundgesetz nicht weitergeführt. Dabei hebt *Werner Weber* völlig zu Recht hervor: „Man wird nicht erlahmen dürfen, auch hier an der Erhaltung oder Herstellung einer sinnvollen Ordnung zu arbeiten, die für das systematische Verständnis wie für die Bedürfnisse des Rechtsverkehrs gleichermaßen unerläßlich ist".[22] *Köttgen* hat an die Aufgabe der Wissenschaft erinnert, „die Fülle vielfach recht unvermittelt nebeneinander stehender Verwaltungsträger als ein harmonisches Ganzes zu sehen" und „eine wirkliche Anschauung von diesem Ganzen zu vermitteln".[23] So zutreffend die Forderung ist, die Form einer Organisation müsse ihrer Funktion folgen, so wenig läßt sich doch die Analyse der Organisationsform auf die Analyse der Funktion – soll heißen: die Körperschaftsform auf die eigenverantwortliche Wahrnehmung öffentlicher Aufgaben – reduzieren. Ebenso gilt also auch der die Eigenständigkeit der Organisationsform betonende Satz: „Organization matters!".[24] Hieraus resultieren dann wiederum „strukturelle Voraussetzungen des Verwaltens".[25]

Berücksichtigt man ferner, daß Rechtsordnung auch Rechtsformenordnung und insbesondere Organisationsrechts-Formenordnung bedeutet, so ergibt sich, daß es zu den zentralen Funktionen des Verwaltungsrechts gehört, der Verwaltung nicht nur geeignete Verfahren, sondern auch Organisationsformen bereitzustellen,[26] um die Steuerungskraft des Verwaltungsrechts auch hinsichtlich der Organisationen sicherzustellen.[27] Das zeigt die Notwendigkeit einer klaren dogmatischen Umgrenzung der Organisationsstrukturen sowie ihrer systematischen Einordnung in andere Organisationsformen. Die Bewältigung dieser Aufgabe wird aber in gewisser Hinsicht durch das Interesse am Verwaltungsorganisationsrecht erleichtert.[28] Es hat eine Fülle von Kriterien hervorgebracht, die eine sachangemessene Einordnung

---

20 *Peters* 1926, S. 43 f.: zur These der Ortlosigkeit der Selbstverwaltung im demokratischen Staat, Übersicht über die Ansichten ibid. S. 6 ff., zum Beginn der Auseinandersetzungen auch *Meyer/Anschütz* 1919, S. 386; *Köttgen* 1968a, S. 32: „Nicht die Demokratie hat eine Krise der Selbstverwaltung heraufbeschworen, sondern die Denaturierung der Demokratie in dem Parteienstaat...".
21 *Forsthoff* 1931, S. 32: „Konsequent verwirklichte Demokratie schließt die Selbstverwaltung aus – und umgekehrt"; *ders.* 1931; zur Diskussion im Nationalsozialismus vgl. nur die Beiträge von *Forsthoff* 1937, S. 176 f.; *Maunz* 1936, S. 1 ff.; *Höhn* 1935, S. 686 ff.; *Huber* 1933/34, S. 293 ff.
22 *Weber* 1943, S. 9; in diesem Sinn auch *Forsthoff* 1973, S. 491.
23 *Köttgen* 1939, S. 6.
24 Klassisch: *Scharpf* 1977, S. 149 f.; aus neuerer Zeit zurückhaltend gegenüber dem Gewicht von Organisationsformen für die öffentliche Verwaltung gegenüber externen Faktoren: *Hornbaker* 2003, S. 172 f.; *Trish* 1999, S. 873 ff.; positiv auf der Basis einer Verbindung des ökonomischen Transaktionskosten- und des Agency-Ansatzes: *Menard* 1996, S. 281 ff.
25 *Schmidt-Aßmann* 1997, S. 20.
26 *Schmidt-Aßmann* 1991, S. 383; *Schuppert* 2000, S. 932. Diese Aufgabe ist um so dringlicher, wenn die Organisationsformen explizit der Interessenintegration dienen, wie dies bei einer Reihe von Körperschaften der Fall ist, *Hoffmann-Riem* 1980, S. 17 f.
27 Der Sinn der Herausarbeitung dieser Grundstrukturen liegt nicht „in der Deskription, ohne daß ihre Formen erkennbar zu positiver Steuerung fähig sind". (*Schmidt-Aßmann* 2004a, S. 240) Wenn „Steuerung durch Organisation" ganz wesentlich Ausarbeitung, zur Verfügungstellung und Wahl der Organisationsform ist (*Schuppert* 2000, S. 585), dann kommt der Konturierung der Rechtsinstitute eine gesteigerte Bedeutung zu. Die Organisationsform ist vorgreiflich für die Reichweite der rechtlichen Steuerung, *Loeser* 1994, S. 77.
28 Vgl. insbesondere den Sammelband von *Schmidt-Aßmann* und *Hoffman-Riem* 1997; Wolff/Bachof/Stober-*Kluth* 2004, § 80 Rn. 1 ff.; *Kahl* 1996, S. 341 ff.

und Systematisierung der Körperschaften des öffentlichen Rechts begünstigen. Es bleibt die Aufgabe der Systematisierung dieser Kriterien.

Dem stellt sich die nachfolgende Untersuchung. Auf der Basis der normativen Vorgaben und der gemeinsamen Organisationsprinzipien zielt sie auf die Ausarbeitung des Begriffs der Körperschaft des öffentlichen Rechts, ihrer Grundstrukturen und der Systematik ihrer Erscheinungsformen. Im Zentrum steht mithin die Körperschaft des öffentlichen Rechts als Organisationsform der öffentlichen Verwaltung.

Eine verwaltungsorganisationsrechtliche Untersuchung der Grundstrukturen der Körperschaften des öffentlichen Rechts steht jedoch vor dem Problem der Gewinnung verbindlicher, normativer Kriterien. Die verfassungsrechtlichen Vorgaben für die Körperschaft des öffentlichen Rechts sind sehr lose. Das Grundgesetz unterscheidet zwar sprachlich verschiedene Formen von Körperschaften, enthält auch im Demokratieprinzip und den Regelungen über die föderale Struktur des Verwaltungssystems wichtige Grundsätze, gibt aber, abgesehen von wichtigen Grundprinzipien der kommunalen Gebietskörperschaften, keinen Strukturtyp der Körperschaft des öffentlichen Rechts vor. Kann das jedoch Grund genug dafür sein, die gemeinsamen historischen Wurzeln und Gemeinsamkeiten der Bauform der Körperschaften des öffentlichen Rechts zu ignorieren und sie vollständig zu separieren?[29] Einer organisationstheoretisch aufgeklärten Verwaltungsrechtsdogmatik kommt hier vielmehr die Aufgabe der Systematisierung zu.

Daß angesichts der komplexen Aufgabenstruktur der kommunalen Gebietskörperschaften hier besonders differenzierte Lösungen entwickelt wurden, muß nicht bedeuten, daß in bezug auf die Organisationsform durchgreifende Unterschiede zu den Körperschaften der funktionalen Selbstverwaltung bestehen; wobei durchgreifend bedeuten würde, daß diese anderen Organisationsformen näher stünden als Gemeinden und Gemeindeverbänden.[30] Die negativen, beschränkenden Aussagen des Grundgesetzes lassen dem Gesetzgeber einen bedeutenden kreativen Spielraum bei der Schaffung und Ausgestaltung, aber auch der Beschränkung von Körperschaften des öffentlichen Rechts.[31] Hier ist es die Aufgabe einer nicht nur betriebswissenschaftlich inspirierten (Verwaltungs-)Organisationstheorie, Kriterien zu entwickeln, die den Gesetzgeber zwar nicht normativ binden,[32] jedoch Rationalitätsanforderungen für seine Organisationsentscheidungen darstellen. Ein solches Begriffssystem steht gegenwärtig nicht zur Verfügung. Organisationstheorien innerhalb der Verwaltungswissenschaften beschäftigen sich eher mit Ablauffragen, mit der Arbeitsorganisation etc., als mit der Entwicklung eines Katalogs von notwendigen Elementen von Verwaltungsorganisationen (s. u.). Eine Ausnahme bildet die Systemtheorie. Ihre Ergebnisse bleiben jedoch zu abstrakt. Ein Ausweg kann

---

29 Kritisch zu solchen Versuchen auch *Schmidt-Aßmann* 1987, S. 254.
30 Wegen dieser Unterschiede kam auch das systematisch für eine Hermeneutik des allgemeinen Verwaltungsrechts notwendige und darstellungstechnisch hilfreiche Arbeiten mit Referenzgebieten (*Schmidt-Aßmann* 2004a, S. 8 f.) – hier also etwa mit der Gemeinde als Referenzorganisation für die Körperschaften, nicht in Betracht.
31 *Emde* 1991, S. 17.
32 Zu verschiedenen Aussagen der Theoriebildung in den Verwaltungswissenschaften vgl. auch *Becker* 1989, S. 99 f.

eine rekonstruktive Theorie sein, die anhand von Grundfragen wichtige Bausteine der bisherigen Ausgestaltung von Körperschaften herausarbeitet, um so einen gewissen relativen Standard zu etablieren, der der rechtsdogmatischen Untersuchung als Gerüst dienen kann, auf das sie die verschiedenen Organisationsnormen beziehen kann. Diese Analyse bleibt eingebettet in die Organisationstheorie und ermöglicht in ihrer Begriffsbildung die laufende Einbeziehung neuerer Erkenntnisse der Organisationsforschung, wird von ihr aber nicht determiniert. Dies wird im Grundlagenteil näher auszuführen sein.

Die Arbeit gliedert sich demgemäß in zwei Hauptteile: Im *ersten Teil* geht es um die Grundlagen der Körperschaft des öffentlichen Rechts. Er wird eingeleitet durch eine Analyse der Wortverwendung des Ausdrucks „Körperschaft" im Grundgesetz und eine Einführung in den Streitstand zum Begriff der Körperschaft des öffentlichen Rechts in der Verwaltungsrechtslehre, um so einen ersten Orientierungsrahmen und zugleich eine Annäherung an die grundsätzlichen Probleme zu gewinnen. Auch wenn hier durch Abgrenzung von anderen Auffassungen eine Definition der Körperschaft des öffentlichen Rechts gewonnen wird, bleibt sie doch noch abstrakt und tentativ. Erforderlich für konkrete Aussagen ist eine Theorie der Körperschaft des öffentlichen Rechts auf organisationstheoretischer Grundlage. Diese Fundierung ist einerseits erforderlich, um die Körperschaft als einen aktuellen verwaltungswissenschaftlichen Erkenntnissen hinsichtlich einer effektiven und bürgernahen Erfüllung öffentlicher Aufgaben genügenden Organisationstyp vorzustellen. Andererseits kann so das Grundgerüst für eine Systematik des Organisationsrechts der Körperschaft des öffentlichen Rechts gewonnen werden. Die verschiedenen, nicht immer systematischen gesetzlichen Regelungen sollen das Recht der Körperschaft als Organisationsform der Verwaltung schaffen. Der organisationstheoretische Abschnitt wird Grundstrukturen von Verwaltungsorganisationen überhaupt herausarbeiten. Das Verwaltungsorganisationsrecht der Körperschaft des öffentlichen Rechts rankt sich um dieses Grundgerüst und formt aus ihm das konkrete Rechtsinstitut. Die organisationstheoretischen Aussagen dienen also nicht als Prämissen der rechtlichen Konstruktion, sondern als ihre Bezugspunkte, als Anfragen, auf die das Organisationsrecht eine Antwort finden muß. Entsprechend werden die Gemeinsamkeiten der konkreten Regeln über die Körperschaft herausgearbeitet und auf Grundstrukturen zurückgeführt, nicht umgekehrt aus Rechtsprinzipien oder aus ihrem (nicht vorhandenen) normativen Begriff das Institut der Körperschaft des öffentlichen Rechts deduziert.

Da es im organisationsrechtlichen *zweiten Teil* um die Analyse der Grundstrukturen der Körperschaft des öffentlichen Rechts geht, wird sie, anders als zumeist üblich, nicht nach Körperschaftsformen getrennt erfolgen, sondern, orientiert am organisationstheoretischen Bezugsrahmen, die Gemeinsamkeiten herausarbeiten, um dann auf einige Differenzen hinzuweisen. Die Analyse und der Vergleich der ähnlichen Elemente verschiedener Körperschaftsformen kann dann ihre historische Heterogenität[33] und vielleicht auch Arbitrarität überwinden helfen. Zugleich wird ein allgemeinerer Standpunkt gewonnen, als wenn auf die Vorbildfunktion

---
33 *Forsthoff* 1931, S. 8 f.

der Regelungen des Kommunalrechts hingewiesen wird, die dann mehr oder weniger zur Lückenfüllung der fragmentarischen Regelungen der Körperschaften der funktionalen Selbstverwaltung herangezogen werden sollen.[34] Daß die Städte die frühesten Formen der modernen Körperschaften darstellen und noch heute die Gemeinden die ausführlichsten Regelungen erfahren, bedeutet danach eher, daß von dem Potential des ihnen zugrundeliegenden Rechtsinstituts in besonders differenzierter Weise Gebrauch gemacht worden ist. Die teilweise lückenhaften Regelungen einzelner Körperschaften können dann auf Grundstrukturen bezogen werden. Auf diese Weise soll am Ende deutlich werden, daß es so etwas wie eine Grundform der Körperschaft des öffentlichen Rechts gibt, die sich von anderen Formen von Verwaltungsorganisationen unterscheiden läßt. Diese Verschiedenheit ergibt sich normativ daraus, daß einerseits das Grundgesetz die Gebietskörperschaften Gemeinde und Kreis institutionell absichert und andererseits die Hochschulen der Verwirklichung der Grundrechte dienen. Faktisch ergeben sich die Differenzen aus den unterschiedlichen Aufgaben, die die Körperschaften zu erfüllen haben und ihrer unterschiedlichen Mitgliederstruktur.

Es ist die *zentrale These dieser Arbeit*, daß sich die Körperschaft des öffentlichen Rechts von anderen juristischen Personen des öffentlichen Rechts nicht durch die Art der Aufgaben oder die Form ihrer Erledigung (Selbstverwaltung als eigenverantwortliche Aufgabenwahrnehmung der Körperschaft), sondern durch die Ausdifferenzierung ihrer Organisationsstrukturen (Selbstverwaltung durch Mitgliederpartizipation) aufgrund der Einbeziehung gesellschaftlicher Selbstorganisationspotentiale in die öffentliche Verwaltung unterscheidet. Schon *Emile Dürkheim* hat auf die Notwendigkeit solcher Organisationen hingewiesen. „Une nation ne peut se maintenir que si, entre l' état et les particuliers, s'intercale toute une série de groupes secondaires qui soient assez proches des individus pour les attirer fortement dans leur sphère d'action et les entraîner ainsi dans le torrent général de la vie sociale".[35] Neuerdings wird diese Perspektive unter dem Stichwort des „aktivierenden Staates" eingenommen, dem es darum zu tun ist, „Selbststeuerungspotentiale des nichtstaatlichen Bereichs zu aktivieren".[36] Hierbei verfolgt der Staat zwei grundsätzlich unterschiedliche Strategien. Die erste ist auf die Stimulation von Selbstorganisation gerichtet. Die zweite kann als „Partizipationsstrategie" bezeichnet werden. Sie hat die Funktion, „eine stärkere Beteiligung des Bürgers am Regierungs- und Verwaltungshandeln zu befördern und den Bürger so aus der passiven Rolle des Konsumenten von Verwaltungsleistungen herauszulösen".[37] Genau in diese Diskussion gehört eine Auseinandersetzung mit den Fragen der Körperschaft des öffentlichen Rechts.

Daß Körperschaften des öffentlichen Rechts im Gegensatz zu gesellschaftlichen Organisationen, die im Privatinteresse tätig sind und das Gemeinwohl nur

---

34 *Tettinger* 1997, S. 237 u. passim. Am Kommunalrecht als Referenzgebiet für das öffentliche Organisationsrecht, insbesondere für die Verwaltungskooperation ist jetzt die Arbeit von *Schmidt* 2005, S. 1 orientiert.
35 *Durkheim (1998)*: De la division du travail social. 1911. Preface de la seconde edition, S. XXXIII.
36 *Schuppert* 2000, S. 986.
37 *Schuppert* 2000, S. 986.

aufgrund freiwilliger Verpflichtung fördern, durch die koordinierte Erfüllung öffentlicher Aufgaben auf das Gemeinwohl verpflichtet sind, unterscheidet sie nicht von anderen Verwaltungsorganisationen. Daß sie zwar öffentliche, nicht aber im engeren Sinne staatliche Aufgaben als eigene wahrnehmen, haben sie mit anderen verselbständigten Verwaltungsträgern, mögen sie nun rechtsfähig, teilrechtsfähig oder auf andere Weise verselbständigt sein, gemeinsam und unterscheidet sie von der unmittelbaren Staatsverwaltung. Hier ergeben sich aber für die Körperschaft nur insofern Besonderheiten, als sich bestimmte Aufgaben besser zur Erledigung durch Körperschaften des öffentlichen Rechts eignen als andere. Das Proprium der Körperschaften des öffentlichen Rechts ist die Ausdifferenzierung ihrer Binnenstruktur durch die Einbeziehung von gesellschaftlichen Selbstorganisationskräften, die für die anderen Formen der juristischen Personen des öffentlichen Rechts nicht zu den notwendigen Elementen gehört. Maßgebliches Kriterium der inneren Verfassung der Körperschaft des öffentlichen Rechts ist das Getragensein der Organisation durch die Mitglieder. Durch ihre Wahl muß die Besetzung der Körperschaftsorgane erfolgen. Die Mitglieder müssen also mehr als bloße Benutzer der Körperschaftseinrichtungen sein. Die Körperschaften unterscheiden sich dann untereinander durch den Einfluß der Mitglieder und die Funktion und Zusammensetzung der von ihnen gewählten Organe und ihre Aufgaben. Körperschaftliche Selbstverwaltung bedeutet eine durch den bestimmenden Einfluß der Mitglieder qualifizierte Form der Selbstverwaltung, die gegenüber der anstaltlichen oder in Gestalt der Stiftung organisierten Form ein größeres Maß an Staatsdistanziertheit zur Folge hat.

Auf der Grundlage dieser Annahmen wird sich zeigen, daß es ebenso richtig wie falsch ist, die modernen Körperschaften des öffentlichen Rechts auf die Trennung von Staat und Gesellschaft zu gründen:[38] Richtig ist die These, insofern die Körperschaften mit der Herausbildung der einheitlichen Staatsgewalt und der umfassenden Gesetzesbindung aller öffentlichen Gewalt ihre eigene Hoheitsgewalt nicht aus überkommenen Privilegien, sondern vom Staat selbst beziehen. Dies gilt aber wiederum für alle Selbstverwaltungsträger. Das Spezifikum der Körperschaft des öffentlichen Rechts läßt sich aus dieser Trennung nicht erklären. Es besteht in der Ausdifferenzierung der öffentlichen Verwaltung durch die Einbeziehung gesellschaftlicher Selbstorganisationskräfte. Sie stellen ein Gegengewicht zu den gesetzlich festgelegten Organisationsstrukturen und der staatlichen Aufsicht dar. Mithin ist die Legitimationskette, die vom Staatsvolk über die gesetzlichen Vorgaben der Körperschaft des öffentlichen Rechts reicht, durch den Einfluß der Mitgliederentscheidungen durchbrochen. Anders als in Anstalt und Stiftung haben die Mitglieder

---
38 *Schmitt* 1931, S. 75: „Auch die Selbstverwaltung setzt in allen ihren Einrichtungen die Unterscheidung von Staat und Gesellschaft voraus; Selbstverwaltung ist ein Teil der dem Staat und seinem Beamtentum gegenüberstehenden Gesellschaft; auf dieser Grundvoraussetzung haben sich ihre Begriff und Einrichtungen im 19. Jahrhundert entwickelt und formuliert". *Forsthoff* 1931, S. 7 f., 10, 18 f., 22; 1932, S. 11; 1937, S. 177 zur Selbstverwaltung: „Als politischer Begriff konnte Selbstverwaltung ... erst auftreten, nachdem der Staat als möglicher Träger der Verwaltung des der Selbstverwaltung überlassenen Lebensbereichs denkbar geworden war. Selbstverwaltung war ein polemisch gegen den Staat geprägtes Wort, das als Begriff erst mit der Vollendung des Souveränitätsstaates einsichtig werden konnte. Denn jetzt war der Staat als möglicher Träger der in der Selbstverwaltung vereinigten Verwaltungszuständigkeiten denkbar geworden". Kritisch etwa *Fröhler/Oberndorfer* 1974, S. 8 f.; *Bieback* 1976, S. 358; *Brohm* 1969, S. 292.

hier aber nicht nur einen status negativus und ggf. positivus, sondern vor allem einen status activus.[39] Inwiefern dies die Körperschaft des öffentlichen Rechts in besonderer Weise legitimieren und rechtfertigen kann, wird zu zeigen sein.

Die Konkretisierung dieser Thesen im dogmatischen zweiten Teil der Arbeit erfolgt in vier Schritten: Als erstes werden die Grundstrukturen des Systems der Verwaltungseinheiten und die verwaltungsorganisationsrechtlichen Grundlagen für eine rechtliche Verselbständigung von Verwaltungsträgern herausgestellt, wie sie sich aus der verfassungsrechtlichen Ausgestaltung und Beschränkung der Organisationsgewalt ergeben (Zweiter Teil A I und II). Der erste Abschnitt dieses Teils schließt mit dem Versuch der Zuordnung der Rechtsmaterien des Verwaltungsorganisationsrechts zu den im organisationstheoretischen Teil erarbeiteten Dimensionen von Organisationen (III). Auf dieser Grundlage soll dann im Abschnitt (B) eingangs die Dimension der äußeren Verselbständigung der Körperschaft des öffentlichen Rechts als Verwaltungsorganisation untersucht werden. Hierzu gehört zunächst ihre formale, äußere rechtliche Selbständigkeit als juristische Person, die nach Beginn und Umfang der Rechtsfähigkeit und schließlich nach der Form ihrer Errichtung hin betrachtet werden soll. Bedenkt man die Bedeutung der Ziele für die Identität von Organisationen, die sie von anderen sachlich abgrenzt, stellt sich die Frage, ob es auch für die Körperschaft notwendige Aufgaben gibt, die nur sie erfüllen kann oder soll. Wenn notwendige Aufgaben problematisch bleiben, kann vielleicht wenigstens der Kreis der möglichen Aufgaben auf die legitimen öffentlichen Aufgaben reduziert werden. Das wirft die weitere Frage auf, ob nicht an dieser Stelle schon zwei sogenannte „Körperschaften des öffentlichen Rechts" aus dem normativen Begriff ausgeschlossen werden müssen: die bayerischen „formellen Körperschaften" und die Religionsgesellschaften. Die Beantwortung erfolgt in zwei Exkursen am Ende des Abschnitts. Der Analyse der für die Qualifikation als Körperschaft des öffentlichen Rechts zentralen Binnenstruktur dieser Organisation widmet sich der dritte Abschnitt dieses Teils (C). Elementar ist das Mitgliedschaftsverhältnis (I). Der Realisierung der mit diesem angelegten Mitwirkungspotentiale dient die Ausdifferenzierung der inneren Organisation der Körperschaft. Hier sind die zwei typischerweise vorhandenen Hauptorgane, die Versammlung (II) und der Vorstand (III) eingehend zu betrachten und ein kurzer Blick auf regionale Differenzierungen von Körperschaften zu richten. Mit dieser Darstellung der Binnenorganisation ist die Grundlage für die Unterscheidung der Körperschaft von der Anstalt des öffentlichen Rechts gelegt, der sich der IV. Unterabschnitt in einem Exkurs widmet. Dabei werden insbesondere auch einige Grenzfälle näher zu untersuchen sein. Nachdem die Körperschaft so als ausdifferenziertes Organisationsgebilde herausgearbeitet wurde, stellt sich im letzten Abschnitt (D) des zweiten Teils die Aufgabe, das Verhältnis der Körperschaft zu ihrer gesellschaftlichen und staatlichen Umwelt zu untersuchen. Unterschieden werden hier wiederum drei Aspekte: (I.) die Befugnisse der Körperschaft in bezug auf ihre personelle und organisatorische Umwelt, (II.) die Beschaffung der Ressourcen (Finanzierung, Mitglieder) aus ihrer Umwelt und (III.) die staatliche Aufsicht über die Körperschaften des öffentlichen Rechts.

---

39 Vgl. zu dessen Begründung auch Kirste 2008, S. 187 ff. u. 2010, S. 132 f.

Ein kurzer Schlußteil erweitert noch einmal die Perspektive von der Konzentration auf die Organisationsform der Körperschaft des öffentlichen Rechts auf die Vielfalt der Körperschaften, bevor ein letzter Abschnitt die gefundenen Ergebnisse zusammenfaßt.

Das weit gesteckte Thema verlangt nach Einschränkungen. Auf keine der drei Organisationsdimensionen (verselbständigte Rechtsgestalt, Binnenstruktur, Umweltverhältnis) kann ganz verzichtet werden, ohne den Überblick über die Gesamtarchitektur zu gefährden. Die Arbeit mit „Referenzgebieten" lag angesichts der Weite des Themas nahe.[40] Doch mußte erst die Eignung bestimmter Körperschaften als Referenzorganisationen erwiesen und konnte nicht unterstellt werden. Ferner setzte der Referenzbezug eine Systematik oder wenigstens Typologie der Körperschaften voraus, die wiederum erst auf der Grundlage eines für alle Körperschaften geltenden Begriffs erstellt werden konnte. Insbesondere sollte dezidiert auf eine Festlegung der Kommunen als „Vollformen" der Körperschaften, der gegenüber die anderen dann nur noch als unvollkommene Abbilder in den Blick gekommen wären, verzichtet werden. – Der Einschnitt mußte also bei einzelnen Themenbereichen erfolgen. Weitgehend ausgeblendet wurde die gerichtliche Kontrolle der Körperschaften des öffentlichen Rechts sowohl in bezug auf Organ- als auch in bezug auf die Außenrechtsstreitigkeiten, insbesondere auch der Mitgliederklagen.[41] Auch die Rechtsschutzmöglichkeiten der Körperschaften gegenüber der staatlichen Aufsicht werden nicht näher untersucht. Andere Fragen, wie etwa die Finanzierung und auch die Handlungsbefugnisse der Körperschaften wurden nur skizziert. Hier liegen jeweils Rechtsmaterien vor, die eine eigene monographische Darstellung erforderten, um ein sachgerechtes Bild zu vermitteln. Der so beschränkte Stoff soll exemplarisch vertieft solche Problemkreise untersuchen, die von besonderer Aussagekraft für die Organisationsform insgesamt sind.

Damit wird die Absicht verfolgt, die Körperschaft des öffentlichen Rechts als funktionstüchtiges, abgrenzbares und in ihren vielfältigen Erscheinungsformen domestizierbares Organisationsgebilde zu erweisen. Die zweifellos bestehende (und im organisationstheoretischen Teil auch erläuterte) „Auswanderung der Verwaltung aus der Organisationsgestaltungswelt *Max Webers*" mit ihren hochformalisierten Organisationsformen „in die Welt der weitgehend informalen, dezentralisierten, durch horizontale Vernetzungen und Kooperationsbeziehungen bestimmten ‚fraktalen' Organisation"[42] muß also weder zum Bedeutungsverlust von Organisationsformen führen,[43] noch dazu, auf eine klare Begriffsbildung zu verzichten. Schließlich ist es auch nicht notwendig, daß diese Begriffe zwar gebildet werden können, aber keine praktische Relevanz besitzen. Organisationstheoretische Fundierung und verwaltungsorganisationsrechtliche Systematisierung[44] sollen gerade

---

40 Dazu *Schmidt-Aßmann* 2006, S. 124 f.
41 Vgl. hierzu nur *Kluth* 1986, S. 724 ff.
42 *Klages* 1995, S. 12, mithin finde eine Entwicklung weg von klar umrissenen Organisationsformen hin zu einer Pluralität von flexiblen wandelbaren Organisationen statt.
43 *Redeker* (1952, S. 201) schien selbst der gegenüber der Körperschaft des öffentlichen Rechts noch enger umgrenzte Begriff der Kammer schon zu weitläufig, um daraus noch verläßliche Aussagen gewinnen zu können, und die Beispiele ließen sich vermehren.
44 Vgl. zur Systembildung im Verwaltungsrecht *Schmidt-Aßmann* 2004a, S. 1 ff.

dazu dienen, wie *Di Fabio* es ausdrückt, die „Verwaltungswirklichkeit in das Verwaltungsrecht zurückzuführen".[45]

Das Desiderat, das Forsthoff in dem Eingangszitat ausgesprochen hat und an dem er auch während der größten Begriffsverwirrung um die Institute von Selbstverwaltung und Körperschaft im Dritten Reich festhielt, besteht also weiterhin. *Christoph Lichtenberg* hat die Anforderungen an seine Erfüllung ganz allgemein formuliert:

> „Das Wort Organisation, das jetzt von den Franzosen so häufig gebraucht wird, könnte recht gut von Gelehrsamkeit gesagt werden. Man muß Hypothesen und Theorien haben um seine Kenntnisse zu organisieren, sonst bleibt alles bloßer Schutt ...".[46]

Die nachfolgende Arbeit erhebt nicht den Anspruch, die Körperschaft neu zu erfinden, und behauptet nicht, daß ganze Bibliotheken körperschaftsrechtlicher Literatur Makulatur würden. Im Gegenteil: Sie baut auf diesen auf, versucht, gestützt auf die Rekonstruktion der historischen Entwicklung der Körperschaft und gegründet auf organisationstheoretische Ordnungsprinzipien, ihre Grundstrukturen zu rekonstruieren und so ihre Potentiale zu verdeutlichen.

SCHEMA: EINTEILUNG DER ÖFFENTLICHEN KÖRPERSCHAFTEN IM GG

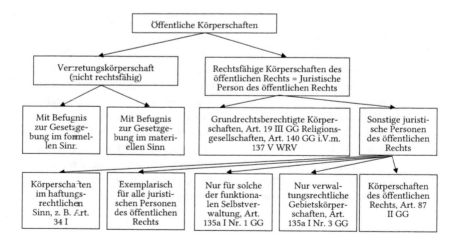

---

45 VVDStRL Bd. 56, S. 235 ff. (242).
46 *Georg Christoph Lichtenberg*: Sudelbücher I. J 342 (1789), S. 704.

ERSTER TEIL:
DIE GRUNDLAGEN DER KÖRPERSCHAFT DES ÖFFENTLICHEN RECHTS

A. Der Ausdruck „Körperschaft" im Grundgesetz

Am leichtesten fiele die – zudem noch normativ verbindliche – Bildung des Begriffs der Körperschaft des öffentlichen Rechts als Grundlage eines Systems ihrer verschiedenen Formen, wenn das Grundgesetz selbst deren Struktur festlegte. Zu erwarten wäre, daß die Verfassung diesen Begriff durch einen einheitlichen Sprachgebrauch zum Ausdruck brächte, an den dann die Systematik anknüpfen könnte.

Dies ist jedoch nicht der Fall. Das Grundgesetz verwendet die Ausdrücke „Körperschaft", „Körperschaft des öffentlichen Rechts", „Gebietskörperschaft" mit sehr unterschiedlicher Bedeutung. Diese ergibt sich zumeist erst aus dem näheren Zusammenhang. Die Verwendungsweise des Ausdrucks ergibt kein System. Sie ist folglich nicht exklusiv, so daß etwa eine Art Typenzwang aus der Wortverwendung begründet werden könnte. Aus der Wortverwendung alleine können ferner keine spezifischen rechtlichen Konsequenzen gezogen werden. Vielmehr fällt insbesondere im Zusammenhang mit den Art. 86 ff. GG auf, daß die Verfassung es vermeidet, an die Rechtsform der Körperschaft eingehende rechtliche Vorgaben zu knüpfen.

Dies vorweggeschickt, zeigt jedoch der Gebrauch des Ausdrucks „Körperschaft" etc., daß das Grundgesetz eine Bandbreite von Körperschaften jedenfalls für möglich und für so gewichtig hält, daß sie einer Erwähnung in der Verfassung für Wert befunden wurden. Zudem greift das Grundgesetz auf die Vielzahl der Bedeutungsgehalte des Ausdrucks, die sich historisch entwickelt haben, zurück und führt sie zusammen. Zur größeren Übersichtlichkeit soll in öffentliche *Körperschaften*, die staatsrechtliche und verwaltungsrechtliche umgreifen und *Körperschaften des öffentlichen Rechts*, die nur die verwaltungsrechtlichen erfassen, unterschieden werden. Sieht man einstweilen von den Besonderheiten der Bayerischen Landesverfassung ab, so folgen die Landesverfassungen, die den Begriff der Körperschaft des öffentlichen Rechts verwenden, den dabei zutage tretenden Bedeutungsschichten.

Dabei ergeben sich folgende Verwendungsweisen:

I. Öffentliche Körperschaft als Vertretungskörperschaft (Körperschaft im repräsentationsrechtlichen Sinn, „Kollegialkörperschaften")

Zunächst verwendet das Grundgesetz den Begriff Körperschaft im parlamentsrechtlichen Sinne von „Vertretungskörperschaft". In dieser Bedeutung wird der Ausdruck in Art. 28 I S. 4[1], Art. 55 I[2], Art. 59 II S. 1[3], Art. 61 I Nr. 4, Art. 122 II[4] GG[5] gebraucht. Die Formulierung in Art. 28 I S. 4 GG „an die Stelle der gewählten Körperschaft eine Gemeindeversammlung treten" ergibt zudem, daß das GG hier zwischen der gewählten Vertretungskörperschaft (Art. 28 I S. 2: „...muß das Volk eine Vertretung haben...") und der Gemeindeversammlung als einer nicht gewählten Körperschaft unterscheidet.

Die genannten Körperschaften unterscheiden sich hinsichtlich des Rechtsträgers (Gemeinde, Bund als Gebietskörperschaft), dessen Organ sie sind, und der Funktion, die sie ausüben. Während Art. 28 I S. 4 GG den Gemeinderat bzw. die Gemeindeversammlung ganz allgemein anspricht, ist in Art. 55 I und 59 II S. 1 GG von den Gesetzgebungskörperschaften die Rede. Fraglich kann aber sein, ob der Begriff der „Gesetzgebung" bei letzteren nur die Gesetzgebung im formellen Sinn, also die Parlamentsgesetzgebung, oder auch die Gesetzgebung im materiellen, mithin die Satzungsgebung der Gemeinden und ggf. sonstigen Körperschaften des öffentlichen Rechts umfaßt.

Im Rahmen des Art. 55 I GG ist dabei auf die Funktion des Bundespräsidenten, insbesondere auf seine Neutralität, deren Stärkung und Absicherung die Inkompatibilitätsvorschrift des Art. 55 I GG dienen soll, abzustellen. Danach sind Gesetzgebungskörperschaften alle Körperschaften, die Gesetzgebung im formellen oder materiellen Sinn ausüben.[6] Das trifft zunächst auf den Bundestag und die Landtage sowie auf den Bundesrat zu,[7] die Gesetzgebung im formellen und im materiellen Sinn ausüben. Da Art. 55 I GG die Unabhängigkeit des Bundespräsidenten sichern soll, genügt es aber schon, wenn Gesetzgebung im „nur" materiellen Sinn ausgeübt wird. Daraus ergibt sich, daß der Rechtsträger der Gesetzgebungskörperschaft nicht abschließend geregelt ist, so daß auch Gemeindevertretungen und die Vertretungskörperschaften der funktionalen Selbstverwaltung dazugehören.[8] Geht man allerdings von der möglichen Interessenkollision aus, so ist in der Tat eine

---

1 „In Gemeinden kann an die Stelle einer gewählten Körperschaft die Gemeindeversammlung treten".
2 „Der Bundespräsident darf weder der Regierung noch einer gesetzgebenden Körperschaft des Bundes oder eines Landes angehören".
3 „Verträge, welche die politischen Beziehungen des Bundes regeln oder sich auf Gegenstände der Bundesgesetzgebung beziehen, bedürfen der Zustimmung oder der Mitwirkung der jeweils für die Bundesgesetzgebung zuständigen Körperschaften in der Form eines Bundesgesetzes".
4 „Gesetzgebende und bei der Gesetzgebung beratend mitwirkende Körperschaften, deren Zuständigkeit nach Absatz 1 endet, sind mit diesem Zeitpunkt aufgelöst".
5 „Die Anklage wird von einem Beauftragten der anklagenden Körperschaft vertreten".
6 v. Mangoldt/Klein/Starck-*Fink* Art. 55, Rn. 23.
7 v. Mangoldt/Klein/Starck-*Fink* Art. 55, Rn. 21 f.
8 v. Münch/Kunig-*Hemmrich* Art. 55, Rn. 8; jedenfalls auch die Gemeinderäte und Kreistage: GG-Kommentar Dreier-*Pernice*, Art. 55 Rn. 6; kritisch dazu v. Mangoldt/Klein/Starck-*Fink* Art. 55, Rn. 23. Die Kritik ist aber nicht angezeigt, da die genannten Selbstverwaltungskörperschaften Gesetzgebung im materiellen Sinn ausüben.

A. Der Ausdruck „Körperschaft" im Grundgesetz   35

Konfliktlage zwischen der Mitgliedschaft in Gemeindevertretung oder anderen Vertretungskörperschaften unterhalb der Landesebene nicht sehr wahrscheinlich, so daß eine Ausdehnung auf diese nicht unbedingt erforderlich ist.[9]

In Art. 59 II GG hingegen sind nur die für die Bundesgesetzgebung Zuständigen, nämlich Bundestag und Bundesrat angesprochen.[10] Wie sich aus dem Zusammenhang mit Art. 61 I S. 1 GG ergibt, hat auch Art. 61 I S. 4 GG diese beiden Vertretungskörperschaften („Kollegialkörperschaften"[11]) im Sinn. Allerdings werden sie hier nicht in der Funktion als Gesetzgebungsorgane, sondern in ihrer parlamentarischen Kontrollfunktion verstanden.

In einem auch historisch sehr präzisen Sinn von „Gesetzgebungskörperschaft"[12] wird der Ausdruck „Körperschaft" darüber hinaus in Art. 122 II GG verwendet. Angesprochen sind hier Gesetzgebungskörperschaften, die durch die Besatzungsmächte eingerichtet worden waren.[13] Es geht mithin um „parlamentarische oder parlamentsähnliche Gremien" wie etwa den Wirtschaftsrat oder den Länderrat des Vereinigten Wirtschaftsgebietes.[14] Aus dem Grundgedanken des Art. 122 GG, daß die Gesetzgebung im demokratischen Bundesstaat auf zwei Ebenen, die demokratisch legitimiert sind, reduziert ist – mithin Gesetze im formellen Sinne gemeint sind – folgt weiter, daß die Gemeinderäte etc. nicht mitumfaßt sind.

Insofern die Gemeinde Gebietskörperschaft mit Selbstverwaltung ist – bei den in Art. 55, 59 und 122 GG genannten Gesetzgebungskörperschaften handelt es sich aber um vom gesamten Staatsvolk gewählte Körperschaften – kann man diese Vertretungskörperschaften auch in verwaltungsrechtliche Vertretungskörperschaften und staatsrechtliche unterscheiden.

Gemeinsam ist diesen Körperschaften, daß sie nicht selbst rechtsfähig sind,[15] sondern Organ einer anderen juristischen Person, bzw. im Fall der Europakammer des Bundesrates einer Vertretungskörperschaft sind.

Festzuhalten ist insgesamt, daß der Begriff der Gesetzgebungskörperschaft oder Vertretungskörperschaft nicht auf die Rechtsfähigkeit abstellt und, obwohl es sich zweifellos um öffentliche Körperschaften in dem oben bestimmten weiten Sinne handelt, nicht dem der Körperschaft des öffentlichen Rechts unterfällt. Die Gemeinsamkeit mit der Körperschaft des öffentlichen Rechts besteht hier in der Mitgliedschaft, nicht in der Rechtspersönlichkeit. Dies entspricht einer aus dem beginnenden neunzehnten Jahrhundert[16] herrührenden Redeweise, die „Kammer" oder „Körperschaft" für die Repräsentativorgane des Volkes oder von Ständen

---

9 BK-*Fritz* Art. 55, Rn. 23.
10 Von einem engen verwaltungsrechtlichen Begriff der Körperschaft des öffentlichen Rechts aus gesehen, ist es dann zutreffend, die in Art. 59 II 1 GG genannten Vertretungskörperschaften nicht als Körperschaften des öffentlichen Rechts anzusehen (*Rudolf* 1998, § 52 Rn. 12).
11 Wolff/Bachof/Stober 1987, § 84.
12 Bzw. bei der Gesetzgebung beratende Körperschaft.
13 GG-Kommentar Dreier-*Stettner* Art. 122, Rn. 11; v. Mangoldt/Klein/Starck-*Wolff* Art. 122, Rn. 19, der die nicht verwaltungsrechtlich-technische Verwendungsweise des Ausdrucks hervorhebt.
14 Maunz/Dürig-*Maunz* Art. 122, Rn. 9; zu einzelnen Körperschaften: BK-*Holtkotten* Art. 122, S. 4 f.
15 Vgl. auch *Wolff/Bachof/Stober* 1987, § 84 Rn. 18; für die in Art. 59 II GG genannte auch *Hoppe* 1958, S. 9.
16 Kammer wurde vorher vor allem in einem etwa in „Schatzkammer" zum Ausdruck kommenden fiskalischen Sinn verwendet, *Köbler* 2001, S. 2429.

verwendete.[17] Den Ausdruck „Kammer" für ein solches Gremium gebraucht das Grundgesetz auch in Art. 52 III a (Europakammer des Bundesrates).

II. Die rechtsfähige Körperschaft des öffentlichen Rechts

Hauptsächlich verwendet das Grundgesetz den Terminus „Körperschaft" jedoch für Organisationseinheiten, die rechtsfähig sind, so daß der Ausdruck entweder gleichbedeutend mit juristischer Person des öffentlichen Rechts oder exemplarisch für diese gebraucht wird.

1. Art. 19 III GG: Grundrechtsfähige Körperschaften des öffentlichen Rechts

Dabei fällt zunächst auf, daß an der einzigen Stelle, an der das Grundgesetz von juristischen Personen spricht, nämlich im Art. 19 III GG, die juristischen Personen des öffentlichen Rechts bis auf die Gruppe der grundrechtsbezogenen öffentlichen Organisationen gerade grundsätzlich nicht von der Rechtsfolge, der Anwendbarkeit der Grundrechte, erfaßt werden.[18] Die grundrechtsbezogenen Körperschaften des öffentlichen Rechts, auf die noch zurückzukommen sein wird, sind die Religionsgesellschaften, die Hochschulen und Fakultäten.[19] Allerdings ist diese Auffassung nicht unumstritten. Stimmen in der Literatur, die insbesondere die Körperschaften der funktionalen Selbstverwaltung (allen voran die Personalkörperschaften) als Interessenvertretungen ansehen, kommen hier leichter dazu, sie zu den grundrechtsfähigen Körperschaften des öffentlichen Rechts zu zählen.[20] Aus organisationssoziologischen Gründen will *Karl-Heinz Ladeur* auch den Kammern Meinungsfreiheit zubilligen, rechnet sie also insoweit zu den grundrechtsfähigen juristischen Personen.[21]

Zwei weitere Besonderheiten ergeben sich nach dem gängigen Verständnis des Begriffs der juristischen Person in Art. 19 III GG, die beide aus der Funktion dieser Vorschrift, neben den natürlichen Personen selektiv auch künstlichen Rechtsgebilden Grundrechtsfähigkeit zuzuerkennen, resultieren: Anders als bei den so-gleich zu besprechenden verwaltungsrechtlichen Körperschaften des öffentlichen Rechts kommt es bei den in Art. 19 III GG angesprochenen „juristischen Personen" nicht auf eine Vollrechtsfähigkeit an, sondern es reicht aus, daß ihnen die Rechtsordnung überhaupt Rechte zuerkennt. Zweitens spielt nicht nur der rechtliche Status eine

---

17 Vgl. etwa *Botzenhart*, Carl Friedrich Frhr. vom und zum Stein: Briefwechsel, Denkschriften und Aufzeichnungen. Band V, Berlin 1934, S. 298: „die Notwendigkeit zweyer Kammern in einer repräsentativen Verfassung ist durch Geschichte und Erfahrung dargethan" oder Wilhelm von Humboldt: „die allgemeine Versammlung der Staende des Reichs besteht ... aus zwei Kammern, naemlich: der Kammer der Reichsraethe und der Kammer der Abgeordneten".
18 GG-Kommentar Dreier-*Dreier* Art. 19 III, Rn. 40 f.; v. Mangoldt/Klein/Starck-*Huber* Art. 19, Rn. 261 f.; kritisch: BK-v. *Mutius* Art. 19 III, Rn. 93 f.
19 BK-v. *Mutius* Art. 19 III, Rn. 97 u. 128; GG-Kommentar Dreier-*Dreier* Art. 19 III, Rn. 42, der sie aber auch für weitere Realkörperschaften erwägt; v. Mangoldt/Klein/Starck-*Huber* Art. 19, Rn. 275 f.
20 *Fröhler/Oberndorfer* 1974, S. 53 ff., S. 88 ff.; BK-v. *Mutius* Art. 19 III, Rn. 140.
21 AK-*Ladeur* Art. 19 III, Rn. 54 f.

Rolle, so daß sich auch juristische Personen des öffentlichen Rechts, denen ansonsten keine Grundrechtsfähigkeit zukommt, im Bereich fiskalischen Handelns auf diese Rechte berufen können.[22]

Generell ist aber festzuhalten, daß der Begriff der „juristischen Person" in Art. 19 III GG von der Funktion der Grundrechte her zu bestimmen ist. Danach sind grundrechtsfähige Körperschaften des öffentlichen Rechts nur solche Organisationen, deren Betätigung Bezug zu den Grundrechten ihrer Mitglieder hat.

2. Die Religionsgesellschaften (Art. 140 GG i. V. m. 137 V WRV)

Daß „Körperschaft des öffentlichen Rechts" hier nicht Körperschaft im verwaltungsrechtlichen Sinn bedeuten kann,[23] folgt bereits daraus, daß die Bildung von Religionsgesellschaften Ausfluß der Religionsfreiheit ist.[24] Auch das Verbot der Staatskirche (Art. 137 I WRV) schließt es aus, die Religionsgesellschaften als Träger staatlicher Aufgaben und korrespondierend als Objekt staatlicher Aufsicht anzusehen.[25] Dies gehört jedoch traditionell notwendig zu den verwaltungsrechtlichen Körperschaften des öffentlichen Rechts. Ausgeschlossen ist es danach auch, die Religionsgesellschaften als Gebietskörperschaften zu verstehen, der jeder Gebietsbewohner ohne weiteres zugehören würde.[26] Auch paßt es nicht zu diesen, daß den Religionsgesellschaften nach Art. 137 V WRV das Recht zusteht, auf Antrag die Körperschaftsrechte zu erhalten, da die übrigen Körperschaften des öffentlichen Rechts durch staatlichen Hoheitsakt errichtet oder anerkannt werden, der nicht nur keines Antrags bedarf, sondern gar nicht beantragt werden kann. Der Körperschaftsstatus bedeutet hier ein zu diesem gesellschaftlichen Zusammenschluß hinzukommendes öffentliches Plus.[27] Daß dieses Plus auch verfassungsrechtlich von Bedeutung ist, zeigt sogleich Art. 137 VI WRV, der den Religionsgesellschaften das Steuererhebungsrecht zubilligt.

3. Körperschaft im verwaltungsrechtlichen Sinn

In einer ganzen Reihe von Vorschriften wird der Begriff der Körperschaft komplementär zur grundrechtsberechtigten juristischen Person des öffentlichen Rechts in Art. 19 III GG verwendet. Nicht unbestritten geht aber doch die h. M. davon aus, daß dann, wenn der Ausdruck „Körperschaft des öffentlichen Rechts" alleine oder auch

---

22 Vgl. *BVerfGE* 21, S. 362 ff. (374) – Sozialversicherungsträger, *BVerfG* NJW 1995, S. 582 u. E 75, 192 ff. (197) – Sparkassen.
23 *BVerfGE* 18, S. 385 ff. (386) – Teilung einer Kirchengemeinde; 19, S. 129 ff. (133 f.) – Umsatzsteuer; 30, S. 415 ff. (428) – Mitgliedschaftsrecht; 42, S. 312 ff. (321) – Inkompatibilität/Kirchliches Amt; 55, S. 207 ff. (230) – Öffentlicher Dienst; 66, S. 1 ff. (19 f.) – Konkursausfallgeld; 102, S. 370 ff. (387 f.) – Körperschaftsstatus der Zeugen Jehovas.
24 *Heinig* 2003, S. 256 ff.; *Lindner* 2002, S. 23 f.
25 GG-Kommentar Dreier-Morlok Art. 140/Art. 137 WRV, Rn. 16.
26 AK-*Preuß* Art. 140 Rn. 42.
27 *Hollerbach* 1989, Rn. 124 ff.

neben der der Anstalt in den Art. 75 I Nr. 1[28], 86[29], 87 II, 87 III 1, 130 III[30], 135 II[31], 135 V u. VII[32], 135a I u. II[33] GG verwendet wird, er beispielhaft für „juristische Person des öffentlichen Rechts" im allgemeinen steht. Der Ausdruck „Verwaltung", der in diesem Zusammenhang ebenfalls benutzt wird oder in dessen Zusammenhang die Erwähnung der Körperschaft systematisch steht, macht deutlich, daß hier keine Körperschaften gemeint sind, die im wesentlichen zur Realisierung der Grundrechte errichtet wurden.[34]

Da hier weder Spezifika der Körperschaften geregelt werden, noch an deren vorausgesetzte Eigenart, etwa die mitgliedschaftliche Struktur, bestimmte, spezifische Rechtsfolgen geknüpft werden, vielmehr die Körperschaft in einem Atemzug mit der Anstalt genannt wird,[35] kann davon ausgegangen werden, daß es hier auf das diesen beiden Organisationen gemeinsame Moment der Rechtsfähigkeit ankommt. Damit wird keiner der Begriffe sinnlos.[36] Es kommt nur *hier* nicht auf ihre Eigenart an. Die Nennung beider Formen verhindert im Gegenteil, daß aus der Erwähnung nur der Körperschaft der Schluß gezogen wird, daß sie ausschließlich gemeint sei. Es sind ferner keine Gründe dafür ersichtlich, warum die ebenfalls rechtsfähige Stiftung, die durchweg nicht erwähnt wird, von den genannten Regelungen ausgenommen wird, so daß Körperschaften und Anstalten hier beispielhaft für juristische Personen des öffentlichen Rechts als Träger mittelbarer (Bundes-) Staatsverwaltung genannt werden.[37] Für Art. 86 GG folgt dies auch durch die Gegenüberstellung mit der bundeseigenen unmittelbaren Staatsverwaltung durch

---

28 Diese Vorschrift setzt die Dienstherrenfähigkeit der Körperschaften des öffentlichen Rechts voraus und erstreckt sich über die Körperschaften auf alle juristischen Personen des öffentlichen Rechts, v. Mangoldt/Klein/Starck-*Rozek* Art. 75, Rn. 30; Maunz/Dürig-*Maunz* Art. 75, Rn. 46; v. Münch/Kunig-*Kunig* Art. 75 Rn. 15.
29 Siehe hierzu und zu Art. 87 GG eingehend unten.
30 Auch hier werden zwar nur Körperschaften und Anstalten erwähnt, gemeint sind aber alle bei Inkrafttreten des GG nicht unter der Aufsicht einer Landesbehörde stehenden oder auf Länderstaatsverträgen beruhenden juristischen Personen des öffentlichen Rechts, also auch die öffentlichen Stiftungen, GG-Kommentar Dreier-*Hermes* Art. 130, Rn. 17 f.; v. Mangoldt/Klein/Starck-*Dietlein* Art. 130, Rn. 15; v. Münch/Kunig-*Mager* Art. 130, Rn. 9; Maunz/Dürig-*Maunz* Art. 130, Rn. 33 f.; a. A. BK-*Holtkotten* Art. 130, Anm. II.4.
31 Die Vorschrift regelt den Vermögensübergang von juristischen Personen des öffentlichen Rechts infolge ihrer Auflösung oder sonstigem Untergang. Nicht erfaßt ist das Vermögen, der völlig systemwidrig als „Körperschaft" titulierten NSDAP, deren Vermögen durch die Kontrollratsdirektive Nr. 50 an die Länder fiel (vgl. dazu auch unten), GG-Kommentar Dreier-*Pernice* Art. 135, Rn. 9; v. Münch/Kunig-*Mager* Art. 135, Rn. 4; v. Mangoldt/Klein/Starck-*Dietlein* Art. 135, Rn. 3; Maunz/Dürig-*Maunz* Art. 135, Rn. 5.
32 Auch hier stehen „Körperschaft" und „Anstalt" nur stellvertretend für alle Körperschaften des öffentlichen Rechts, vgl. etwa v. Münch/Kunig-*Mager* Art. 135, Rn. 8.
33 Hier sind ebenfalls die Stiftungen mitumfaßt, v. Münch/Kunig-*Mager* Art. 135a, Rn. 3; GG-Kommentar Dreier-*Heun* Art. 135a, Rn. 6.
34 v. Mangoldt/Klein/Starck-*Burgi* Art. 86, Rn. 51, Fn. 141; Maunz/Dürig-*Lerche* Art. 86, Rn. 85.
35 Der Grundgesetzgeber konnte hier den durch die Unterscheidung offenbar gesehenen Unterschied zwischen beiden Organisationsformen dahingestellt sein lassen, weil er ihm in bezug auf den konkreten Regelungszusammenhang offenbar keine Bedeutung zumessen wollte (Für die Notwendigkeit einer Abgrenzung auch v. Mangoldt/Klein/Starck-*Burgi* Art. 86, Rn. 53; Maunz/Dürig-*Lerche* Art. 86, Rn. 86, der dadurch die Dogmatik von der Aufgabe entlastet sieht, die beiden Begriffe außerhalb des Normtextes zu differenzieren).
36 Maunz/Dürig-*Lerche* Art. 86, Rn. 86.
37 Die Vorschrift kann im Wege der teleologischen Extension auch auf die Stiftungen des öffentlichen Rechts ausgedehnt werden (für eine „erweiterte Tatbestandsinterpretation" ist v. Mangoldt/Klein/Starck-*Burgi* Art. 86, Rn. 27 f.

A. Der Ausdruck „Körperschaft" im Grundgesetz

rechtlich nicht selbständige hierarchisch geordnete Behörden: Hier bleibt der Bund der Rechtsträger nichtrechtsfähiger Verwaltungseinheiten. Ein numerus clausus der Organisationsformen der Bundesverwaltung ist hier im übrigen nicht gemeint.[38] Allenfalls sollen diese Bestimmungen verdeutlichen, daß jedenfalls Körperschaften und Anstalten prinzipiell verfassungsmäßige Verwaltungsorganisationsformen der Bundesverwaltung sind.[39]

Prinzipiell gleich[40] verhält es sich mit der Erwähnung dieser Ausdrücke in Art. 87 III S. 1 GG. Auch hier kommt dem Ausdruck „Körperschaft" nicht etwa die Funktion zu, auf die Notwendigkeit der Ausstattung der juristischen Person mit Selbstverwaltungsrechten hinzuweisen.[41] Anders als in Art. 28 I GG, wo zwar die Selbstverwaltung der Gemeinden garantiert wird, nicht jedoch von deren Organisationsformen als Körperschaften gesprochen wird, nennen die hier erwähnten Vorschriften zwar die Organisationsform, knüpfen daran aber schon sprachlich nicht die Rechtsfolge der Selbstverwaltung. Ohnehin geht es in diesem Zusammenhang darum, die Verwaltungskompetenzen von Bund und Ländern abzugrenzen und nicht darum, Garantien, insbesondere der Selbstverwaltung aufzustellen.[42] Steht aber „Körperschaft" hier nur stellvertretend für juristische Personen des öffentlichen Rechts, kann die Vorschrift auch nicht ihre Anerkennung als verfassungsgemäße Verwaltungsform enthalten.[43]

Wie eng oder weit der Ausdruck „Körperschaft des öffentlichen Rechts" in Art. 130 III GG[44] zu verstehen ist, wird oder – da die Diskussion an Relevanz verloren hat, besser: – wurde kontrovers diskutiert: Für eine strenge Auslegung, die Stiftungen ausschließt, tritt *Holtkotten*[45] ein: Es gehe nur um frühere reichsunmittelbare Selbstverwaltungskörperschaften. Eine andere Auffassung will die Vorschrift ganz generell auf die nicht landesunmittelbaren juristischen Personen des öffentlichen Rechts beziehen[46], wobei landesunmittelbar bedeutet: unter der Aufsicht einer Landesbehörde.[47] Eine vermittelnde Position nimmt *Sachs* ein, der die Vorschrift nur im Wege der Analogie auf die Stiftungen anwenden will.[48] Dagegen, den Begriff hier eng zu verstehen und auf Selbstverwaltungskörperschaften zu beschränken, spricht, daß bei den Beratungen des parlamentarischen Rates der jetzige Ausdruck

---

38 v. Mangoldt/Klein/Starck-*Burgi* Art. 86, Rn. 26 f.; es besteht mithin, wie unten noch darzulegen sein wird, kein allgemeines Erfordernis einer verfassungsrechtlichen Ermächtigung zur Errichtung von Körperschaften des öffentlichen Rechts: BVerfGE 10, 89 ff. (102); 12, 319 ff (325); 15, 235 ff (242); 33 125 ff. (157); 38, 281 ff (303); a. A. *Jestaedt* 1993, S. 358, 523 f., 538.
39 *Jestaedt* 1993, S. 478; *Emde* 1991, S. 364.
40 Vgl. etwa *Weber* 1972, S. 499; v. Mangoldt/Klein/Starck-*Burgi* Art. 87 Rn. 116.
41 So aber Maunz/Dürig-*Lerche* Art. 87, Rn. 194, vgl. die eingehendere Diskussion weiter unten.
42 *Stern* 1980, S. 824.
43 So aber *Jestaedt* 1993, S. 478 u. *Emde* 1991, S. 364.
44 „Nicht landesunmittelbare und nicht auf Staatsverträgen zwischen den Ländern beruhende Körperschaften und Anstalten des öffentlichen Rechtes unterstehen der Aufsicht der zuständigen obersten Bundesbehörde".
45 BK-*Holtkotten* Art. 130, S. 15.
46 *Weber* 1972, S. 500; GG-Kommentar Dreier-Hermes Art. 130, Rn. 17; v. Mangoldt/Klein/Starck-*Dietlein* Art. 130 III, Rn. 15; Schmidt-Bleibtreu/Klein-*Schmidt-Bleibtreu* Art. 130, Rn. 3; Jarass/Pieroth-*Jarass* Art. 130, Rn. 3; v. Münch/Kunig-*Mager* Art. 130, Rn. 9.
47 Maunz/Dürig-*Maunz* Art. 130, Rn. 34.
48 *Sachs* Art. 130 Rn. 11 (wie schon bei Art. 86).

gezielt an die Stelle des Ausdrucks „Selbstverwaltungen" getreten ist.[49] Der sprachliche und systematische Zusammenhang mit Art. 86 GG ist aber das entscheidende Kriterium dafür, den Ausdruck hier wie dort in einem spezifischen Sinn zu verstehen, auch wenn er gemeinsam mit der Anstalt lediglich als typisch für juristische Personen des öffentlichen Rechts steht und keine Vorgaben hinsichtlich der Selbstverwaltung macht.

Für Art. 135 GG ergibt sich keine Besonderheit: Hier geht es um die Vermögensfähigkeit, so daß die genannten Körperschaften und Anstalten nur beispielhaft für rechtsfähige Verwaltungseinheiten genannt werden.[50] Dies soll nach überwiegender Auffassung auch für Art. 135a I GG gelten.[51] Immerhin fällt auf, daß hier die Gebietskörperschaften in Abs. 1 Nr. 3 gesondert aufgeführt sind. Da diese Ziffer nicht im Sinne einer Ausnahme von Nr. 1 verstanden werden kann, muß davon ausgegangen werden, daß die Körperschaften nach Nr. 1 diejenigen der funktionalen Selbstverwaltung sind, während sich die Ziffer 3 auf die Gebietskörperschaften bezieht. Für Art. 135a II GG gilt dann das entsprechende. Danach würde hier eine Unterscheidung von Gebietskörperschaften und Körperschaften der funktionalen Selbstverwaltung schon im Wortlaut des Grundgesetzes angelegt sein.[52]

Etwas anders steht es mit den Sozialversicherungsträgern, die Art. 87 II GG anspricht.[53] Hier ist ausdrücklich nur von „Körperschaft" die Rede. Das Verständnis ist hier entsprechend besonders umstritten: Von der einen Extremposition, hier werde Körperschaft wie auch an anderen Stellen im Sinne von juristischer Person des öffentlichen Rechts verstanden,[54] über die Behauptung, alle Sozialversicherungsträger seien in der Form von Anstalten organisiert,[55] bis zur Auffassung *Lerches*, daß ein enger, spezifischer Begriff von Körperschaft verwendet wird, wird alles vertreten. Unstreitig ist auch hier wie schon in Art. 86, daß die Rechtsfähigkeit dieser

---

49 JöR n.F. 1 (1951), S. 856 f.
50 GG-Kommentar Dreier-*Pernice* Art. 135, Rn. 9; v. Mangoldt/Klein/Starck-*Dietlein* Art. 135, II Rn. 3; Jarass/Pieroth-*Jarass* Art. 135, Rn. 2; v. Münch/Kunig-*Mager* Art. 135, Rn. 5.
51 GG-Kommentar Dreier-*Heun* Art. 135a, Rn. 6; v. Münch/Kunig-*Mager* Art. 135a, Rn. 3.
52 Das Entsprechende galt auch für Art. 75 I Nr. 1 GG („Der Bund hat das Recht, unter den Voraussetzungen des Artikels 72 Rahmenvorschriften für die Gesetzgebung der Länder zu erlassen über: 1. die Rechtsverhältnisse der im öffentlichen Dienste der Länder, Gemeinden und anderen Körperschaften des öffentlichen Rechtes stehenden Personen, soweit Artikel 74a nichts anderes bestimmt ..."). Aus dem systematischen Zusammenhang mit alten Art. 73 I Nr. 8 GG ergab sich zunächst, daß hier die bundesunmittelbaren juristischen Personen des öffentlichen Rechts von der Rahmengengesetzgebung ausgenommen sind (Maunz/Dürig-*Maunz* Art. 75, Rn. 46). Kriterium der Bestimmung der Reichweite des Begriffs „Körperschaften des öffentlichen Rechts" war hier das Telos des Art. 75 I Nr. 1 GG: Es ging darum, eine gewisse Einheitlichkeit des öffentlichen Dienstes auch außerhalb der unmittelbaren Bundesverwaltung zu erzielen (Mangold/Klein/Stark-*Rozek* Art. 75, Abs. 1 S. 1 Nr. 1, Rn. 30). Infolgedessen waren auch hier die Anstalten und Stiftungen mit einzubeziehen, der Begriff also wiederum weit im Sinne von juristischer Person des öffentlichen Rechts (v. Mangoldt/Klein/Starck-*Rozek* Art. 75, Abs. 1 S. 1 Nr. 1, Rn. 30; Schmidt-Bleibtreu/Klein-*Sannwald* Art. 75, Rn. 36; Jarass/Pieroth-*Pieroth* Art. 75, Rn. 7) zu verstehen. Indem zwischen Ländern und Gemeinden einerseits und anderen Körperschaften des öffentlichen Rechts andererseits unterschieden wurde, legte das Grundgesetz auch hier die Differenzierung in Gebietskörperschaften und sonstigen Körperschaften der mittelbaren Landesverwaltung zugrunde.
53 Zur systematischen und historischen Interpretation der Vorschrift vgl. unten Zweiter Teil A II 2 a aa. (2.).
54 Etwa Jarass/Pieroth-*Pieroth* Art. 87, Rn. 10; v. Münch/Kunig-*Broß* Art. 87, Rn. 7; AK-*Bull* Art. 87, Rn. 41, der jedoch die dort genannten „Körperschaften" nicht für solche „i. e. S.", sondern für Anstalten hält.
55 Schon *Weber* 1972, S. 499 f.

Sozialversicherungsträger angesprochen ist, so daß die Führung der Sozialversicherung als Bundesbehörden ausgeschlossen ist.[56] Ferner kann festgehalten werden,[57] daß die Körperschaftsform von der Verfassung selbst vorgesehen ist. Doch wie weit reichen diese Vorgaben? Selbstverwaltung, mag sie auch typischerweise – in der Sozialversicherung jedoch gerade in sehr reduzierter Weise – mit der Körperschaftsform verbunden sein, ordnet die Verfassung nicht an. Lerche folgert freilich aus diesem typischen Merkmal, daß die Körperschaft regelmäßig Selbstverwaltung besitzen müsse, so daß es eines sachlichen Grundes bedürfe, um im Einzelfall davon abzuweichen.[58] Die Auffassung des BVerfG,[59] nach der der Schwerpunkt der Tätigkeit der Sozialversicherungsträger im Vollzug staatlich-gesetzlich zugewiesener Aufgaben besteht, wird von ihm abgelehnt, weil dies nicht mit dem Gedanken des Gesetzgebers, den Träger als Körperschaft zu organisieren, vereinbar sei.[60] Immerhin sei die Fachaufsicht des Bundes damit nicht gänzlich ausgeschlossen.[61] Gegen diese Auffassung spricht jedoch das gerade genannte systematische Argument: Der Bundesgesetzgeber wollte hier die Verwaltungskompetenzen zwischen Bund und Ländern abgrenzen und nicht Garantien, insbesondere für die Selbstverwaltung aufstellen.[62] Es geht zu weit, zwar nicht die Schaffung einer Körperschaft als notwendig anzusehen, wohl aber eines Selbstverwaltungsträgers. Das Grundgesetz spricht von „Körperschaft", und es schweigt zur Selbstverwaltung an dieser Stelle. Mithin ordnet es die Körperschaftsform und nicht die Selbstverwaltung an. Insofern es Körperschaften ohne Selbstverwaltung geben kann, gehört die Selbstverwaltung nicht zu dem, was die Verfassung hier auch nur implizit fordert. – Im übrigen macht an dieser Stelle der Ausdruck „Versicherungsträger" deutlich, daß die Dachverbände der Sozialversicherungskörperschaften keine Körperschaften zu sein brauchen.[63]

Wenn das Grundgesetz demnach die Ausdrücke „Körperschaft" und „Anstalt" nebeneinander verwendet, legt es ihnen keine spezifische Bedeutung im Sinne einer bestimmten Organisationsform bei, sondern verwendet den Ausdruck gleichbedeutend mit „juristische Person des öffentlichen Rechts". Nur Art. 87 II GG gebraucht „Körperschaft" in einem spezifischen Sinn, ohne dabei anzugeben, wodurch sich die Körperschaft von anderen juristischen Personen des öffentlichen Rechts unterscheidet.

4. Gebietskörperschaften

Schon bei Art. 135a wurde deutlich, daß das Grundgesetz zwischen Körperschaften der funktionalen Selbstverwaltung und Gebietskörperschaften unterscheidet.

---

56 GG-Kommentar Dreier-*Hermes* Art. 87, Rn. 61.
57 Näheres weiter unten.
58 Maunz/Dürig-*Lerche* Art. 87, Rn. 159.
59 *BVerfGE* 39, 302 (313) – AOK.
60 Maunz/Dürig-*Lerche* Art. 87, Rn. 159.
61 GG-Kommentar Dreier-*Hermes* Art. 87, Rn. 61. In: Dreier; Maunz/Dürig-*Lerche* Art. 87, Rn. 159.
62 Stern 1980, S. 824; *Becker* 1996, S. 116 f.
63 Maunz/Dürig-*Lerche* Art. 87, Rn. 156.

Diese Verwendungsweise liegt prinzipiell auch Art. 90 II GG[64] und Art. 109 IV GG[65] zugrunde. Das ist in Art. 109 IV GG offensichtlich, wobei hier zwischen selbstverwalteten Gebietskörperschaften (Gemeinde und Gemeindeverbände) und Bund und Ländern unterschieden wird.[66] Der *Ausdruck* „Gebietskörperschaft" in Art. 109 IV Nr. 1 GG bezieht sich hier auf die kommunalen Gebietskörperschaften sowie Bund und Länder.[67] Die Gegenüberstellung von Gebietskörperschaften und Zweckverbänden zeigt, daß letztere, mögen sie auch landesverfassungs- (z. B. Art. 71 I LV-BW) oder einfachrechtlich mit dem Recht der Selbstverwaltung ausgestattet sein, keine Gebietskörperschaften sind.[68]

Auch Art. 90 II GG unterscheidet „Länder" und „nach Landesrecht zuständige Selbstverwaltungskörperschaften". Strittig ist, ob sich der Ausdruck „Selbstverwaltungskörperschaften" nur auf Gebietskörperschaften oder auf alle Selbstverwaltungsträger bezieht.[69] Für eine enge Auslegung spricht die Entstehungsgeschichte[70] und die Geschichte der Straßenverwaltung, die in Preußen in der Hand der Provinzialverbände, also von Gebietskörperschaften lag.[71] Sachlich dürften ohnehin nur noch Zweckverbände zur Wahrnehmung der Straßenverwaltung als Auftragsverwaltung in Betracht kommen.[72] Dagegen wird von *Maunz* der allgemeine Wortgebrauch von Körperschaft im Grundgesetz angeführt.[73] Das vermag zunächst deshalb nicht zu überzeugen, weil dieser Wortgebrauch, wie hier ausgeführt, durchaus unterschiedlich ist. Selbst wenn man aber unterstellen wollte, daß damit zugleich die „mittelbare Staatsverwaltung" angesprochen ist, wäre doch zu belegen, daß in Art. 90 II GG nicht eine eingeschränktere Verwendungsweise des Ausdrucks vorliegt. Danach spricht die historische Auslegung dafür, daß „Selbstverwaltungskörperschaft" hier auf die kommunalen Gebietskörperschaften beschränkt ist. Für andere kann sich aber die Möglichkeit der Auftragsverwaltung bereits aus Art. 85 I GG ergeben.

Nun könnte man vertreten, daß die Nennung des Attributs „Selbstverwaltung" bei den hier erwähnten Körperschaften und das Fehlen dieses Merkmals bei Art. 86, 87 II und III GG zeige, daß den dort genannten Körperschaften nicht notwendig Selbstverwaltung zukommen müsse (Wenn das Grundgesetz an einer Stelle von

---

64 „Die Länder oder die nach Landesrecht zuständigen Selbstverwaltungskörperschaften verwalten die Bundesautobahnen und sonstigen Bundesstraßen des Fernverkehrs im Auftrage des Bundes".
65 Art. 109 IV GG: „Zur Abwehr einer Störung des gesamtwirtschaftlichen Gleichgewichts können durch Bundesgesetz, das der Zustimmung des Bundesrates bedarf, Vorschriften über 1. Höchstbeträge, Bedingungen und Zeitfolge der Aufnahme von Krediten durch Gebietskörperschaften und Zweckverbände und ..".
66 Maunz/Dürig-*Maunz* Art. 109, Rn. 55.
67 Das ergibt sich auch daraus, daß in Nr. 2 von den Gebietskörperschaften nur Bund und Länder erwähnt werden, Maunz/Dürig-*Maunz* Art. 109, Rn. 55; BK-*Vogel/Wiebel* Art. 109, Rn. 182; anders von *Unruh* 1975, S. 1.
68 Weil auch die Zweckverbände jedoch nur die Kommunalkörperschaften erfassen, schränkt es den Begriff der Bundkörperschaft zu sehr ein, wenn behauptet wird, Zweckverband und Bundkörperschaft würden hier synonym verwendet (so aber *Bovenschulte* 2000, S. 136): Zweckverbände gehören nach der Art ihrer Mitglieder zur Gruppe der Bundkörperschaften nicht umgekehrt.
69 Für letzteres: GG-Kommentar Dreier-*Hermes* Art. 90, Rn. 22; Maunz/Dürig-*Maunz* Art. 90, Rn. 25: „jede Form der mittelbaren Landesverwaltung", so daß der Ausdruck hier wie in Art. 87 II GG gleichbedeutend mit juristischen Personen des öffentlichen Rechts wäre.
70 BK-*Bartlsperger* Art. 90, Rn. 56.
71 v. Mangoldt/Klein/Starck-*Ibler* Art. 90, Rn. 72.
72 v. Mangoldt/Klein/Starck-*Ibler* Art. 90, Rn. 73.
73 Maunz/Dürig-*Maunz* Art. 90, Rn. 25.

Selbstverwaltungskörperschaften, an einer anderen aber von bloßen Körperschaften spricht, dann versteht es unter letzteren unspezifisch juristische Personen mit oder ohne Selbstverwaltung). Doch bedeutet die Einschränkung durch die spezifische Aufgabe in Art. 90 II GG, daß die Verfassung hier von vornherein nur die Gebietskörperschaften im Auge hat, denen notwendig Selbstverwaltung zukommen muß.[74] Über andere Körperschaften ist damit nichts ausgesagt. Auf sie können somit auch keine Rückschlüsse gezogen werden. Ohnehin ist mit Umkehrschlüssen aus dieser relativ unbedeutenden Einzelvorschrift Vorsicht geboten.[75] Von der Aufgabe her ausgeschlossen ist aber der Schluß von Art. 87 II GG, daß hier jede Form der mittelbaren Landesverwaltung zulässig sei, bloß weil auch sie Selbstverwaltung besitzen *können*.[76] In Art. 90 II GG wird sie als notwendiges Element vorausgesetzt. Aus der Bezeichnung als „Selbstverwaltungskörperschaft" folgt schließlich nicht, daß es sich um eine Selbstverwaltungsangelegenheit handeln muß.[77] Vielmehr geht es um Bundesauftragsverwaltung. Das macht die Terminologie des Art. 90 II GG aber nicht „unrichtig",[78] denn es gehört zum Normalfall, daß Selbstverwaltungskörperschaften *auch* Auftragsangelegenheiten wahrnehmen.

Festgehalten werden kann demnach, daß das Grundgesetz den Ausdruck „Gebietskörperschaft" für die kommunalen Selbstverwaltungsträger reserviert, die nach Art. 28 II S. 1 GG Selbstverwaltung genießen. Keine „Gebietskörperschaften" sind hier die kommunalen bzw. die „Gemeindeverbände" einerseits und Bund und Länder selbst andererseits.

5. Körperschaften im haftungsrechtlichen Sinn (Art. 34 S. 1 GG)[79]

Hier geht es um die Passivlegitimation des Amtshaftungsanspruchs. Die Verantwortlichkeit trifft die Dienstherrenkörperschaft.[80] Einigkeit besteht darin, daß der Begriff der Körperschaft hier weit zu verstehen ist. Danach fallen prinzipiell juristische Personen unter diesen Begriff, sofern sie dienstherrenfähig sind.[81] Sogar die Religionsgesellschaften als Körperschaften sollen als Haftungssubjekt in Betracht kommen, wenn sich die von ihnen ausgeübte öffentliche Gewalt nicht ausschließlich auf den kirchlichen Innenraum beschränkt.[82] Streit besteht nur in der Frage, ob nur juristische

---

74 Anders aber ohne Begründung Stern 1980, S. 809; GG-Kommentar Dreier-*Hermes* Art. 90, Rn. 22; v. Münch-*Hoog* Art. 90, Rn. 7.
75 Maunz/Dürig-*Maunz* Art. 90, Rn. 25.
76 Maunz/Dürig-*Maunz* Art. 90, Rn. 25.
77 v. Mangoldt/Klein/Starck-*Ibler* Art. 90, Rn. 73.
78 So aber Maunz/Dürig-*Maunz* Art. 90, Rn. 25.
79 „Verletzt jemand in Ausübung eines ihm anvertrauten öffentlichen Amtes die ihm einem Dritten gegenüber obliegende Amtspflicht, so trifft die Verantwortlichkeit grundsätzlich den Staat oder die Körperschaft, in deren Dienst er steht".
80 GG-Kommentar Dreier-*Wieland* Art. 34, Rn. 40; v. Mangoldt/Klein/Starck-*von Dannwitz* Art. 34 Rn. 121; *Ossenbühl* 1998, S. 114; *Detterbeck* 2000, § 11 Rn. 2.
81 Maunz/Dürig-*Papier* Art. 34, Rn. 292; zu eng deshalb AK-*Brünneck* Art. 34, Rn. 73: „Anstellungskörperschaften i. S. d. Art. 34 können nur Körperschaften des öffentlichen Rechts sein". Unter Verweis auf *BGHZ* 49, 108 ff. (115 f.).
82 Nicht erfaßt sind somit Handlungen, die zu ihrer vom Selbstbestimmungsrecht geschützten Autonomie gehören, sondern nur die Bereiche, in der sie staatlich verliehene, hoheitliche Befugnisse ausüben, Maunz/Dürig-*Papier* Art. 34, Rn. 116 f. u. 294.

Personen des öffentlichen Rechts verpflichtet sind oder auch solche des Privatrechts.⁸³ Entstehungsgeschichte und Systematik sprechen für die Beschränkung auf die ersteren.⁸⁴ Angesichts des haftungsrechtlichen Zusammenhangs der Regelung ist der Begriff jedoch sogar weiter zu verstehen: Umfaßt sind alle Verwaltungseinheiten mit eigenem Vermögen und Dienstherrenfähigkeit,⁸⁵ auch die Kirchen.

Mithin wird „Körperschaft" hier in einem ausgesprochen weiten Sinn verwendet. Insofern ist von „Körperschaft im haftungsrechtlichen Sinn" zu sprechen.

III. Zusammenfassung und Sprachgebrauch der Landesverfassungen

Das Grundgesetz verwendet also den Ausdruck Körperschaft nicht einheitlich, wohl aber lassen sich spezifische Verwendungsweisen herausarbeiten. Innerhalb der öffentlichen Körperschaften kann grundsätzlich zwischen *(I.) nichtrechtsfähigen* und *(II.) rechtsfähigen Körperschaften* unterschieden werden. Die nichtrechtsfähigen sind die Vertretungs- oder Körperschaften im repräsentationsrechtlichen Sinn. Die rechtsfähigen (II.) lassen sich unterteilen in die *(1.) grundrechtsfähigen Körperschaften* und die *(2.) verwaltungsrechtlichen Körperschaften*. Zu den grundrechtsfähigen Körperschaften des öffentlichen Rechts gehören die Universitäten und die Religionsgesellschaften, die in Art. 140 GG i.V.m. 137 V WRV gesondert aufgeführt sind. Weitere grundrechtsbezogene Körperschaften sind prinzipiell möglich. Die verwaltungsrechtlichen Körperschaften werden in der Regel nur beispielhaft für juristische Personen des öffentlichen Rechts im Allgemeinen genannt. Eine Ausnahme bildet Art. 87 II GG: Eine spezifische rechtliche Ausstattung, etwa in dem Sinn, daß damit auch Selbstverwaltung garantiert sei, besteht jedoch nicht.

Die *Gebietskörperschaften* fügen sich nur teilweise in diese Ausdrucksweise. In Art. 90 II GG sind nur die verwaltungsrechtlichen unter den Gebietskörperschaften angesprochen. Art. 109 IV GG meint zusätzlich die staatsrechtlichen. Wenn im übrigen die Sache „Körperschaft" (Art. 75 I Nr. 1, Art. 135a GG) angesprochen ist, sind auch die staatsrechtlichen Gebietskörperschaften mitumfaßt. Die Grenze zwischen den grundrechtsfähigen und den verwaltungsrechtlichen Körperschaften überschreitet die *haftungsrechtliche Körperschaft*, insofern sie jedenfalls auch die Religionsgesellschaften und wohl auch die Universitäten umfaßt.

Der Sprachgebrauch in den Landesverfassungen fügt sich im Wesentlichen dieser Einteilung. Auch hier können die öffentlichen Körperschaften⁸⁶ in die nichtrechtsfähigen Vertretungskörperschaften⁸⁷ und die – jedenfalls prinzipiell –

---

83 Dagegen: *BGH* NVwZ 1994, S. 823 ff.; *Ossenbühl* 1998, S. 114; Maunz/Dürig-*Papier* Art. 34, Rn. 292.
84 BK-*Dagtoglou* Art. 34, Rn. 232.
85 BK-*Dagtoglou* Art. 34, Rn. 232.
86 Der „Öffentliche Körperschaft" tritt nur in Art. 92 II LV Hess, Art. 40 I S. 3 LV NRW auf, wobei er von „Behörden" abgesetzt wird, und in Art. 97 S. 1 der LV Bay, wo der Begriff im haftungsrechtlichen Sinn verwendet wird.
87 Vgl. etwa Art. 62 II S. 5 LV BW, Art. 21 III S. 2 und 22 I S. 1, 24 LV BBg, Art. 152 LV Hess, Art. 143 I LV RPf sinngemäß, sowie unter ausdrücklicher Verwendung des Ausdrucks „Vertretungskörperschaft" Art. 121 LV Saar, Art. 113 II S. 5 LV Sachs, Art. 91 II LV SaA, Art. 50 I S. 1 u. 3 LV RPf.

rechtsfähigen Körperschaften des öffentlichen Rechts unterschieden werden. Bei den grundrechtsfähigen Körperschaften werden zumeist die Religionsgesellschaften entweder unter explizitem Bezug auf die Weimarer Reichsverfassung[88] oder selbständig erwähnt.[89] Die Grundrechtsfähigkeit der Hochschulen als Körperschaften des öffentlichen Rechts wird in Art. 7 III der Landesverfassung von Mecklenburg-Vorpommern angesprochen. Ansonsten schweigen sich die Landesverfassungen – außer Art. 87 V der Landesverfassung von Sachsen-Anhalt – ebenso wie das Grundgesetz über die Binnenverfassung der als Körperschaften des öffentlichen Rechts bezeichneten Verwaltungsorganisationen aus. Auf die Besonderheiten der Bayerischen Körperschaften des öffentlichen Rechts nach Art. 155, Art. 160 und Art. 179 der Landesverfassung, die von einer genossenschaftlichen Struktur sprechen, wird später gesondert zurückzukommen sein. Im Übrigen gilt auch in den Landesverfassungen, daß grundsätzlich (d. h. sofern keine durch systematische oder teleologische Auslegung zu ermittelnde Ausnahme vorliegt) dann, wenn der Ausdruck Körperschaft des öffentlichen Rechts alleine[90] oder nur gemeinsam mit Anstalten[91] verwendet wird, nichts Spezifisches über die Binnenverfassung dieser Organisationsform geregelt wird. Hier steht der Begriff dann gleichbedeutend oder beispielhaft für juristische Person des öffentlichen Rechts. Das zeigt sich insbesondere dann, wenn die „Körperschaft des öffentlichen Rechts" der Behörde gegenübergestellt wird.[92] Werden alle drei Formen der juristischen Personen des öffentlichen Rechts erwähnt,[93] muß bei der Körperschaft des öffentlichen Rechts zur Abgrenzung gegenüber Stiftung und rechtsfähiger Anstalt zwar auf ihre Binnenverfassung abgestellt werden; durch die Aufreihung aller Formen wird jedoch auch deutlich, daß grundsätzlich an diese unterschiedliche Binnenstruktur keine besonderen Rechtsfolgen geknüpft werden. Werden in den Landesverfassungen die Körperschaften des öffentlichen Rechts, insbesondere als „sonstige" neben die Gemeinden und Gemeindeverbände gestellt,[94] greift der Verfassunggeber den prinzipiellen Unterschied der Gebietskörperschaften von den Körperschaften der funktionalen Selbstverwaltung auf, auch wenn er durch die Aufreihung zeigt, daß er daran keine Rechtsfolge knüpft.

Teilweise sind die Landesverfassungen präziser als das Grundgesetz. Der Terminus „Gebietskörperschaft" wird nicht nur dort, wo er neben den Ausdruck „Land" gestellt wird,[95] auf die entsprechenden kommunalrechtlichen Körperschaften

---

88 Vgl. etwa Art. 40 LV Thür i.V.m. Art. 140 GG i.V.m. Art. 137 V, VI WRV.
89 Art. 143 II, III LV Bay, Art. 36 III S. 1 u. IV LV BBg, Art. 61 LV Brem, Art. 51 I, II S. 2, III LV Hess, Art. 43 II S. 1 u. 3, III LV RPf., Art. 37 II S. 1 u. III LV Saar.
90 Art. 140 LV Brem, Art. 130 I S. 2 u. 135 II S. 2 LV RPf.
91 Art. 71 I S. 2 LV BW.
92 Art. 91 III S. 2 LV RPf.
93 Art. 96 S. 1 LV Berl, Art. 64 IV S. 2 LV Thür, Art. 55 III S. 2 LV NdS, Art. 41a I LV NRW, Art. 82 III LV Sachs, Art. 90a II S. 1 LV RPf, Art. 96 S. 1 LV Berl.
94 Art. 55 Nr. 5 S. 2 u. 141 I, II LV Bay, Art. 11a I LV Brem, Art. 57 I u. IV LV NdS.
95 Am genauesten die Landesverfassung von Bremen, die zwischen dem „Staat, den Gemeinden und den Körperschaften des öffentlichen Rechts" unterscheidet, Art. 11a I LV Brem. Thüringen verwendet wiederholt die Formulierung „das Land und seine Gebietskörperschaften", spricht also vom Land selbst explizit nicht als einer Gebietskörperschaft: Art. 2 II, 15 S. 2, 16, 19 III, IV, 29, 30 I S. 1, III, 31 II S. 2, III, 36 S. 2, 92 II, III S. 2 LV Thür.

beschränkt.[96] In neueren Landesverfassungen wird auch auf „kommunale (Gebiets-) Körperschaften" Bezug genommen.[97] Allerdings entspricht die Verwendungsweise des Begriffes im haftungsrechtlichen Sinn dem bundesverfassungsrechtlichen Gebrauch.[98]

Als Ergebnis ist somit festzuhalten, daß die Verwendung des Ausdrucks „Körperschaft" im Grundgesetz zwar nicht einen ausdifferenzierten Regelungszusammmenhang, einen numerus clausus der Formen[99] oder auch eine notwendige Abgrenzung der Formen juristischer Personen untereinander ergibt, daß sich aber doch eine spezifische Verwendungsmöglichkeit des Ausdrucks ermitteln läßt.

Diese Verwendungsweise soll nun als Basis der weiteren Beobachtung der Körperschaften des öffentlichen Rechts genommen werden. Dabei wird jeweils zu untersuchen sein, ob sie sich in das Schema fügen, ob sie es differenzieren oder ob neue Kategorien zu bilden sind. Da das Grundgesetz schon sprachlich kein Konzept der Körperschaft des öffentlichen Rechts enthält, das deren wesentliche Merkmale und Aufgaben festhalten würde, ist dem Gesetzgeber ein weiter normativer Gestaltungsspielraum bei der Abgrenzung zu anderen Formen verselbständigter Verwaltungseinheiten und ihrer Errichtung belassen. Hierbei wird er freilich eine Vielzahl von einzelnen verfassungsrechtlichen Vorgaben bei der Ausgestaltung der Körperschaften zu beachten haben. Nicht primär normative, wohl aber rationale Kriterien zur Ausfüllung dieses Spielraums wollen die nachfolgenden Ausführungen finden. Hierzu ist zunächst zu fragen, ob innerhalb der Verwaltungsdogmatik ein einheitlicher Begriff der Körperschaft des öffentlichen Rechts zu finden ist.

---

96 Art. 11 II LV Bay, Art. 144 LV Brem, Art. 78 I LV NRW, Art. 96 S. LV Berl, Art. 74a S. 3 LV RPf, Art. 60 II S. 2 Saar.
97 Art. 56 LV SH, Art. 68 IV LV MV, Art. 103 IV 2. Hs. LV Thür.
98 Etwa Art. 97 S. 1 LV Bay, Art. 39 V BBg, Art. 136 I Hess, Art. 128 S. 1 RPf.
99 Dies ist auch in den Landesverfassungen nicht der Fall. Für Schleswig-Holstein vgl. *BVerfG* DVBl. 1980, S. 52 ff. (54).

B. BEGRIFF DER KÖRPERSCHAFT DES ÖFFENTLICHEN RECHTS

Da das Grundgesetz zwar, wie gerade gezeigt, einige identifizierbare Varianten des Ausdrucks „Körperschaft des öffentlichen Rechts" enthält, diese aber inhaltlich wenig spezifiziert und zudem nicht abschließend festlegt, muß nun ein sinnvoller Begriff entwickelt werden, der es erlaubt, diese Verwaltungsorganisationen von anderen zu unterscheiden und ihre Formen in ein System zu bringen. Als rechtsdogmatische Untersuchung werden die Ausführungen dabei nicht von einem axiomatischen Begriff der Körperschaft ausgehen können, der von außen an die gesetzlichen Regelungen herangetragen wird; als verwaltungsrechts*wissenschaftliche* Untersuchung wird sie aber nicht jede Verwaltungsorganisation, die der Gesetzgeber als „Körperschaft" bezeichnet, auch als solche anerkennen können.[1] Der Gesetzgeber hält zwar grundsätzlich am Institut und am Begriff der Körperschaft des öffentlichen Rechts fest;[2] nicht immer ist er aber so präzise wie der schleswig-holsteinische (§ 37 I LVG) oder der mecklenburg-vorpommersche (§ 10 I LOG[3]), die den Begriff genau definieren.[4] Beide verzichten nur auf den Aspekt der Selbstverwaltung.

Ausgehend von der Literatur zu diesem Begriff, sollen hier typische Merkmale herausgearbeitet werden, die es ermöglichen, die gesetzlichen Regelungen zu erfassen und ggf. zu kritisieren. Wenn etwa der Gesetzgeber im ehemaligen § 367 SGB-III Körperschaften und Anstalten gleichsetzte,[5] obwohl er sie sonst unterscheidet, dann ergeben sich aufgrund eines solchen Begriffs drei Möglichkeiten: Entweder man ordnet die Organisation dem Begriff der Körperschaft unter oder dem der Anstalt, oder man gelangt zu dem Ergebnis, daß im Sozialversicherungsrecht ein eigentümlicher Begriff der Körperschaft vorliegt, der keinen Unterschied zu dem der Anstalt macht.

---

1 Zur Abgrenzung von Rechtswissenschaft und Rechtspraxis vgl. *Kirste* 2010, S. 28 f.
2 Im angenommenen Entschließungsantrag der Fraktionen von CDU/CSU, SPD und FDP zur Änderung des Gesetzes zur vorläufigen Regelung des Rechts der Industrie und Handelskammern vom 23. Juli 1998 (BGBl. I, S. 1887.) heißt es dazu (BT-Drucks. 13/10297): „Der Deutsche Bundestag hält Kammern in der Form öffentlich-rechtlicher Körperschaften mit Pflichtmitgliedschaft als Selbstverwaltungseinrichtungen der Wirtschaft für weiterhin erforderlich und sachgerecht. Sowohl die Rechtsform als auch die daraus folgende gesetzliche Mitgliedschaft aller Kammerzugehörigen sind Konsequenz der den Kammern übertragenen hoheitlichen Tätigkeiten sowie der Aufgabe, das Gesamtinteresse der Wirtschaft im Kammerbezirk wahrzunehmen". Neben der Betonung der Bedeutung der Körperschaften des öffentlichen Rechts ist an dieser Formulierung hervorzuheben, daß nach Ansicht der Fraktionen die Organisationsform der hoheitlichen Tätigkeit und Aufgabe folgen soll.
3 „Körperschaften des öffentlichen Rechts ohne Gebietshoheit sind verselbstständigte, mitgliedschaftlich organisierte rechtsfähige Verwaltungsträger, die dauerhaft Aufgaben im öffentlichen Interesse wahrnehmen".
4 „Körperschaften des öffentlichen Rechts ohne Gebietshoheit sind rechtsfähige, mitgliedschaftlich organisierte Verwaltungseinheiten, die Aufgaben der öffentlichen Verwaltung erfüllen". LVwG-Schl.-Hst. v. 2.6.92, GVOBl. Schl.-H. 1992 S. 243. Ebenso präzise in Abgrenzung dazu zu den Anstalten (§ 41 I LVwG): „Rechtsfähige Anstalten des öffentlichen Rechts sind von einem oder mehreren Trägern der öffentlichen Verwaltung errichtete Verwaltungseinheiten mit eigener Rechtspersönlichkeit, die mit einem Bestand an sachlichen Mitteln und Dienstkräften Aufgaben der öffentlichen Verwaltung erfüllen".
5 „Träger der Arbeitsförderung ist die Bundesanstalt für Arbeit als rechtsfähige bundesunmittelbare Körperschaft des öffentlichen Rechts mit Selbstverwaltung (Bundesanstalt)".

Werner Weber erwähnte 1943 drei Probleme der gesetzgeberischen Konstruktion der Körperschaft des öffentlichen Rechts. Dabei ist das erste noch einfach zu bewältigen: (1) die Variation der Ausdrücke „Körperschaft des öffentlichen Rechts", „öffentlich-rechtliche Körperschaft" und „öffentliche Körperschaft". Aus dem bloßen Terminus dürfte sich heute kein rechtlicher Unterschied mehr ergeben. Allerdings soll, wie im vorigen Kapitel vorgeschlagen, der Terminus „öffentliche Körperschaft" als Gattungsbegriff die Hauptarten der öffentlich-rechtlichen, rechtsfähigen (verwaltungs- und staatsrechtlichen) Körperschaften einerseits und die übrigen umfassen. Schwerwiegend ist das zweite Problem: (2) Der Gesetzgeber schafft „Körperschaften", die mangels Mitgliedschaft dogmatisch nur als Anstalten oder Stiftungen eingeordnet werden können.[6] Noch schwieriger wird es, wenn (3) der Gesetzgeber neu geschaffene Verbände nicht deklariert, um es der Praxis zu überlassen, wo sie einzuordnen sind.[7] An diesen Schwierigkeiten hat sich bis heute nichts geändert. Hinzuzufügen sind allerdings zwei weitere Probleme: (4) daß der Gesetzgeber bei der Einordnung nicht immer hilfreich war, weil er öffentliche Verbände, die diesen Kriterien genügen, anders („Genossenschaften", „Anstalten") bezeichnet hat,[8] und schließlich daß er (5) den Ausdruck „Körperschaft" nutzt, obwohl er nur ihre Rechtsfähigkeit bezeichnet.[9]

Für die Untersuchung ließen sich daraus zunächst zwei Konsequenzen ziehen: Entweder man mißtraut dem Gesetzgeber und hält die Bezeichnung „Körperschaft" für irrelevant, oder man traut der Dogmatik nicht und wendet sich gegen ein einheitliches Rechtsinstitut der Körperschaft des öffentlichen Rechts. Der erste Weg ist mit der Schwierigkeiten behaftet, zu normativ verbindlichen Aussagen zu gelangen, da sie doch der Dogmatik nicht zustehen. Der zweite Weg zerreißt, was substantiell und auch funktional zusammengehört. Der erste Weg steht in der Gefahr, sich zu weit von der Praxis zu entfernen, indem in seine Kategorien nicht mehr paßt, was der Gesetzgeber als zusammengehörig ansieht. Der zweite Weg steht verzichtet auf die Einheitlichkeit der Systembildung und begibt sich damit zugleich der Möglichkeit, dieses System weiterzuentwickeln und weitere Institute in es einzufügen.

Hier soll ein dritter Weg beschritten werden: Bei Begriffs- und Systembildung soll den gesetzlichen Vorgaben so weit wie möglich gefolgt werden, um auf diese Weise einen Kerngehalt des Rechtsinstitut auszumachen. Davon ausgehend können zunächst unbezeichnete Organisationsformen identifiziert werden (3), anschließend widersprüchliche Regelungen (2 und 4) kritisiert oder auch dahingehend aufgelöst werden, daß deutlich wird: Dem Gesetzgeber kam es gar nicht auf das Spezifische der Körperschaft an, weil er Folgen regeln wollte, die alle juristischen Personen des öffentlichen Rechts treffen sollten (5).

---

6   Vgl. auch *Forsthoff* 1973, S. 491; *Brohm* 1969, S. 31.
7   *Weber* 1943, S. 30 u. 37; *Forsthoff* 1931, S. 1.
8   Vgl. auch *Rüfner* 1985, S. 608; gewissermaßen das umgekehrte Problem zu (2).
9   *Huber* 1953, S. 183; *Brohm* 1969, S. 32.

Man muß also nicht beim Problem (3) „Körperschaften kraft Natur der Sache"[10] behaupten,[11] kann aber durchaus annehmen, ein staatlich eingerichteter Verband sei eine Körperschaft des öffentlichen Rechts, wenn er Kriterien erfüllt, die der Staat ansonsten für Körperschaften vorschreibt. Umgekehrt bleibt auch die Möglichkeit, Organisationsformen, die zwar den Namen „Körperschaft" tragen, nach dem Inhalt ihrer Organisationsregeln jedoch nicht den Mindestkriterien für sie genügen (2 u. 5) als bloß „formelle Körperschaften" zu bezeichnen oder einer anderen Organisationsform zuzuordnen. Das betrifft freilich nur die Kategorisierung, nicht auch normative Forderungen aus dieser Einordnung.

Auf diese Weise sollen Probleme vermieden werden, die in der wissenschaftlichen Diskussion um den Körperschaftsbegriff seit langem bestehen, und mit denen begonnen werden soll. Hier sieht es zwar etwas übersichtlicher, jedoch nicht problemlos aus. Drei Hauptschwierigkeiten der akademischen Diskussion treten auf: Zunächst gibt es Ansichten, die den Begriff der Körperschaft sehr anspruchsvoll, damit aber *zu eng* fassen und Organisationsformen, die sinnvollerweise darunter eingeordnet werden können, ausschließen. Zweitens gibt es Auffassungen, die den Begriff *zu weit* fassen und damit spezifische Momente, die die Körperschaft von anderen Verwaltungsorganisationen unterscheidet, vernachlässigen. Schließlich muß das Anliegen der vorliegenden Untersuchung von solchen Ansätzen am stärksten bezweifelt werden, die die Bildung eines Begriffs der Körperschaft des öffentlichen Rechts für unmöglich, jedenfalls nicht für sinnvoll halten.

I. Der enge Begriff der Körperschaft des öffentlichen Rechts

Kennzeichnend für diese Theoriegruppe ist, daß nicht nur eine mitgliedschaftliche, sondern genossenschaftliche innere Verfassung als Kriterium angeführt wird.

Zu eng ist es zunächst, darauf abzustellen, daß die Körperschaft durch einen freiwilligen Zusammenschluß von natürlichen oder juristischen Personen entstanden sein muß.[12] Historisch gesehen mag es zutreffen, daß die Vorläufer einiger Körperschaften des öffentlichen Rechts im Bereich der funktionalen Selbstverwaltung aus freiwilligen Vereinigungen hervorgegangen sind; Körperschaft *des öffentlichen Rechts* wurden sie aber nur vermittels eines wie auch immer gearteten staatlichen Hoheitsaktes. Auch sofern heute noch freiwillige Mitgliedschaften bestehen,

---

10 Dazu *Huber* 1953, S. 106 f.: Eine Organisation ist dann ein „öffentlich-rechtlicher Verband kraft Wesens", wenn sie gemäß ihren Aufgaben, Befugnissen und anderen Strukturmerkmalen als solcher anzusehen ist, mag ihr die Eigenschaft als öffentlich-rechtlicher Verband auch nicht ausdrücklich verliehen worden sein. Huber nimmt diese Möglichkeit an und verwendet sie insbesondere auch für Körperschaften des öffentlichen Rechts (a. a. O., S. 183).
11 Sehr zurückhaltend auch *Weber* 1943, S. 82.
12 *Enneccerus-Nipperdey* 1959, S. 622, 730: „Die Körperschaft des öffentlichen Rechts setzt – worauf schon ihr Name hinweist – voraus, daß die betreffende Verwaltungseinheit in verbandsmäßiger, genossenschaftlicher Rechtsgestalt, d. h. durch Zusammenschluß mehrerer natürlicher oder juristischer Personen als Mitglieder ins Leben gerufen worden ist und grundsätzlich Selbstverwaltung besitzt"; auch *Pappermann* 1981, S. 300; von *Unruh* 1975, S. 1 f.: „von Mitgliedern gebildet".

handelt es sich innerhalb der ansonsten mitgliedschaftlich geprägten Verbände eher um Ausnahmen.

Aber auch *Ernst-Rudolf Huber* verwendete einen sehr voraussetzungsvollen Begriff der Körperschaft, wenn er annahm, daß eine mitgliedschaftlich-genossenschaftliche Struktur konstitutiv für sie sei:[13]

„Körperschaft des öffentlichen Rechts ist ein Verband, der gegenüber der unmittelbaren wie der mittelbaren Staatsverwaltung organisatorisch und rechtlich verselbständigt ist, der öffentliche Zwecke auf der Grundlage korporativer Selbstverwaltung wahrnimmt, in der Regel auch mit hoheitlichen Gestaltungsmitteln ausgestattet ist, und der dabei der staatlichen Verbandsaufsicht untersteht, seinen Verbandswillen jedoch in mitgliedschaftlicher Selbstverwaltung bildet".[14]

An der Definition fällt insbesondere das Verständnis von „mittelbarer" bzw. unmittelbarer Staatsverwaltung auf. Nach Huber ist damit nicht die organisatorische Verselbständigung gegenüber dem Staat, sondern eine Kategorie der Art und Weise der Aufgabenwahrnehmung gemeint: Zur mittelbaren Staatsverwaltung gehören die Auftragsangelegenheiten, während Selbstverwaltung genuin eigene Angelegenheiten bezeichnet. Mittelbare Staatsverwaltung wird dann im Wesentlichen durch Anstalten wahrgenommen. Durch ihren eigenen Wirkungskreis als Selbstverwaltungsangelegenheiten unterscheiden sich die Körperschaften von der mittelbaren und erst recht von der staatlichen Verwaltung. Organisatorische und rechtliche Verselbständigung gegenüber der unmittelbaren Staatsverwaltung, Wahrnehmung öffentlicher Verwaltungszwecke, verbunden mit der Befugnis zur Anwendung der dazu erforderlichen hoheitlichen Akte, und die „gleichgewichtige Verbindung von mitgliedschaftlicher Selbstbestimmung und staatlicher Aufsicht sind die drei kennzeichnenden Momente der Körperschaft".[15] Selbstverwaltung setze insbesondere einen genuinen, nicht vom Staat übertragenen Aufgabenkreis, also letztlich ein Aufgabenfindungsrecht und ein mitgliedschaftliches Organ voraus, dem der wesentliche Anteil an der Willensbildung der Körperschaft obliegt.[16]

Dieser Begriff ist sicherlich hinreichend spezifisch, um zu klaren Abgrenzungen gegenüber anderen Organisationen zu gelangen. Aus drei Gründen erscheint er jedoch als problematisch: Zunächst ist es gerade Kennzeichen der Körperschaften der funktionalen Selbstverwaltung wie etwa der Kammern, daß sie zur Erfüllung spezifischer Aufgaben eingesetzt werden und daher kein Aufgabenfindungsrecht besitzen können. Damit hängt zusammen, daß sich genuine Aufgaben von Körperschaften außer im Bereich der kommunalen Gebietskörperschaften nicht angeben lassen. Durch die Verwendung dieses engen Begriffs wären ferner die Religionsgesellschaften von vorneherein ausgeschlossen, denn ihr Körperschaftsstatus hängt nicht notwendig davon ab, daß ihr Verbandswille dem Willen der Mitglieder entspringt. Vielmehr entspringt ihre Binnenverfassung ihrem Selbstverständnis, so

---
13 *Huber* 1953, S. 110 ff. u. 186; *Irringer* 1991, S. 31 f.
14 *Huber* 1953, S. 183.
15 *Huber* 1953, S. 184.
16 *Huber* ibid.

daß auch autokratisch verfaßte Religionskörperschaften möglich sind.[17] Der Körperschaftsstatus wird ihnen ferner nicht zur Erledigung von Verwaltungsaufgaben verliehen. Schließlich mag es auch Körperschaften geben, die keine hoheitliche Gewalt ausüben.

II. Der weite Begriff der Körperschaft des öffentlichen Rechts

In diese Gruppe ist eine ganze Reihe von Theorien einzuordnen, die von sehr allgemeinen Begriffen ausgehen und annehmen, daß eine weitere Differenzierung nicht mehr möglich oder sinnvoll ist.

1. Körperschaft als gleichbedeutend mit juristischer Person des öffentlichen Rechts

Die weitestmögliche Variante dieser Theoriengruppe ist der Auffassung, die Körperschaft des öffentlichen Rechts sei ein „organisierter, dauernder Verband".[18] Sie ist zwar nicht unzutreffend, jedoch zu unspezifisch und wird daher heute nicht mehr vertreten.

Selten findet in der Theorie noch eine Gleichsetzung mit dem Begriff der juristischen Person des öffentlichen Rechts statt.[19] Immerhin gab es eine ganze Reihe von Ansätzen, die den Begriff „Körperschaft" – wie dies teilweise auch im Sprachgebrauch der Verfassungen zum Ausdruck kam – synonym mit juristischer Person des öffentlichen Rechts verstanden. Andere Ansichten bezweifeln die Abgrenzbarkeit von Anstalt und Körperschaft[20] mit dem Hinweis auf zahlreiche Übergangsformen. Diese Auffassungen hat haben vielleicht in besonderer Weise dazu beigetragen, daß Probleme, die sich für alle juristischen Personen des öffentlichen Rechts gemeinsam stellen, als Begriffsmerkmale der Körperschaft angesehen wurden. Ein Teil wird hier also terminologisch zum Ganzen gemacht.

---

17 *Robbers* 1999, S. 421; *BVerfGE* 102, S. 370 ff. (394) – Zeugen Jehovas.
18 *Wieacker* 1941, S. 310: „Der Grundbegriff der Körperschaft hat den festen Sinn des organisierten Verbandes und der Begriff der öffentlichen Körperschaft demzufolge den sprachlichen Sinn des öffentlichen Personenverbandes. Der altüberlieferte Begriff der Körperschaft (corpus, corporatio) zielt seinem ursprünglichen Sinn nach auf das Bild der höheren Einheit aus vielen Gliedern, also auf einen dauernd verfaßten Verband; er hat diesen Sinn im Lauf der neueren Rechts- und Verfassungsgeschichte stets bewahrt. Danach ist dem Begriff der Körperschaft das Merkmal des organisierten, dauernden Verbandes wesentlich".
19 Zur älteren Literatur vgl. etwa: *Kempermann* 1936, S. 8 und 60; *Maunz* 1936, S. 2–4; in diesem Sinne auch noch *Kelsen* 1960, S. 178 f.; *Weber* (1959, S. 39) unterscheidet einen weiten, mit dem der juristischen Person zusammenfallenden Begriff von einem engen, „der nur die auf das Verwaltungssystem bezogenen, rechtlich selbständigen verbandsmäßigen Träger einer Verwaltungsaufgabe meint". Diesem „eigentlichen" Begriff der Körperschaft gegenüber sei der weitere praktisch bedeutungslos geworden.
20 *Maunz* 1936, S. 2; *Kempermann* 1936, S. 4 f.; *Emde* 1991, S. 9.

2. Schwacher Begriff von Zugehörigkeit als Unterscheidungsmerkmal der Körperschaft von anderen juristischen Personen des öffentlichen Rechts

Andere unterscheiden zwar die Körperschaft von anderen juristischen Personen durch das Merkmal der Mitgliedschaft, stellen an dieses aber keine Anforderungen, so daß der Unterschied zwischen einem mitbestimmenden Mitgliedschaftsverhältnis und einem bloßen Benutzungsverhältnis und damit die Abgrenzung zur Anstalt problematisch wird. *Lynker* etwa will, um klare Abgrenzungen gegenüber anderen Formen rechtsfähiger Verwaltungseinheiten zu bekommen, nur an einen Mitgliederbestand in einem nicht qualifizierten Sinn anknüpfen.[21] Das erscheint insofern sinnvoll, als es eine weitere Binnendifferenzierung nach der Art und dem Charakter der Mitgliedschaft zuläßt.

Allerdings ist zweifelhaft, wie Mitgliedschaft von Anstaltsbenutzung abgegrenzt werden kann. Lynker meint: „Grundvoraussetzung dafür, daß man von einer Mitgliedschaft sprechen kann, ist daß das Mitglied zu den von der Körperschaft wahrgenommenen Verwaltungsaufgaben in einem, es persönlich tangierenden Verhältnis steht".[22] Das ist zu undifferenziert und nennt unzutreffende Kriterien. Was soll „persönlich tangierend" heißen? Das kann doch nur in einem rechtlichen Sinne verstanden werden, indem das Recht selbst festlegt, welche Betroffenheit relevant ist. Lynker läßt einen „korporativen Aufbau" ausreichen, bei dem die Mitglieder „zumindest eine gewisse Einflußnahme auf die Verwaltungstätigkeit zugestanden [wird], indem sie etwa die Organe wählen können".[23]

Forsthoff reicht sogar ein noch geringeres Maß an mitgliedschaftlicher Prägung. Zwar sieht er die Mitgliedschaft als Kennzeichen der Körperschaft des öffentlichen Rechts an;[24] es genüge jedoch, daß überhaupt Mitglieder vorhanden sind. Auf ihre Rechte bei der Organbestellung und der Ausführung von Verwaltungsaufgaben komme es nicht an. Sie müßten ihr nur *entweder* zur Sozialdisziplinierung unterworfen sein *oder* aber ein Mitbestimmungsrecht besitzen.[25] Nur so gelingt es ihm, insbesondere die Lenkungsverbände dem Körperschaftsbegriff zuzuordnen. Besteht eine mitgliedschaftliche Partizipation, spricht er von genossenschaftlichen Körperschaften.[26] Damit könnte jedoch ein Gefängnis – eine gewisse organisatorische Selbständigkeit vorausgesetzt – eine Körperschaft sein.

---

21 *Lynker* 1960, S. 81; ähnlich *Mronz* 1973, S. 42.
22 *Lynker* 1960, S. 75.
23 *Lynker* 1960, S. 82.
24 *Forsthoff* 1973, S. 486: „Die Körperschaft des öffentlichen Rechts (oder öffentliche bzw. öffentlich-rechtliche Körperschaft) ist vor den sonstigen selbständigen Verwaltungsträgern dadurch ausgezeichnet, daß sie ein Verband ist. Sie beruht auf der Mitgliedschaft der ihr Zugehörigen". u. 491: „Körperschaften des öffentlichen Rechts sind mitgliedschaftlich organisierte, rechtsfähige Verbände öffentlichen Rechts, welche staatliche Aufgaben mit hoheitlichen Mitteln unter staatlicher Aufsicht wahrnehmen".
25 *Forsthoff* 1973, S. 489 vgl. auch unten unter Mitgliedschaft.
26 Auch *Klein* (1957, S. 152) versteht den Begriff der Körperschaft weiter als den der Genossenschaft, so daß es Körperschaften geben kann, die nicht von ihren Mitgliedern getragen werden. „Genossenschaften des öffentlichen Rechts [sind, SK] Körperschaften des öffentlichen Rechts, die zur Erfüllung einer bestimmten Aufgabe einen Mitgliederverband der an dieser Aufgabe Beteiligten bilden". *Hoppe/Beckmann* (1990, S. 177) grenzen Genossenschaften von anderen Körperschaften dadurch ab, daß sie als Interessenverbände nicht Träger mittelbarer Staatsverwaltung seien.

Ein weiter Begriff der Körperschaft des öffentlichen Rechts, der jeden Verband mit Rechtspersönlichkeit als solche gelten läßt, hätte jedoch insoweit einen Vorteil, als er die Religionsgemeinschaften mitumfaßt.[27]

III. Zweifel an der Möglichkeit einer Begriffsbildung

Zwei Varianten der Kritik an der Bildung des Begriffs der Körperschaft des öffentlichen Rechts sind in neuerer Zeit vorgebracht worden. Die erste sieht es als aussichtslos an, Körperschaften von anderen Organisationsformen klar zu scheiden. Die zweite läßt diese Möglichkeit dahinstehen, weil, ausgehend von einem engen Begriff der Selbstverwaltung, als deren Träger nur die Körperschaft in Betracht kommt.

1. Fehlende Abgrenzbarkeit

Angesichts der Schwierigkeiten klarer Definitionen der Organisationsrechtsformen, insbesondere der Abgrenzung von Körperschaft und Anstalt hält *Brohm* derlei Versuche für wenig erfolgversprechend. Organisationsformen ließen sich vielmehr empirisch, ausgehend vom Inhalt der jeweiligen Rechtsvorschriften, nach den verschiedensten funktionellen oder formal-organisatorischen Gesichtspunkten ordnen.[28] Die Einteilungen hätten dann Gründen der Zweckmäßigkeit oder der Denkökonomie zu folgen. Als solche Kriterien böten sich mit *Parsons* etwa ihre wirtschaftliche, politische, sozial-integrative und kulturelle Funktion oder strukturelle Aspekte, institutionelle Verfestigung und andere Gesichtspunkten an.[29] Es fällt allerdings nicht schwer, dahinter die Kriterien von Aufgabe, innerer Verfassung und Verselbständigung durch Rechtspersönlichkeit oder auf andere Weise zu erkennen. Sie inhärieren keineswegs der Erfahrung, sondern werden an sie herangetragen und können sich als mehr oder weniger sinnvoll erweisen. Damit bleibt aber noch die Aufgabe, sie, wenn sie der Rechtswirklichkeit entsprechen, in einen sinnvollen Zusammenhang zu bringen. Das aber bedeutet auch, sie unter Oberbegriffe einzuordnen. Als ein solcher fungiert eben auch der der Körperschaft des öffentlichen Rechts. Andere schlagen eine Typenbildung von Anstaltstypus und Körperschaftstypus mit fließenden Grenzen vor.[30] Auch hier ist aber die Frage, welche Kriterien über die Zugehörigkeit zum einen oder anderen Typus entscheiden sollen.

Die Frage ist, wozu eine solche „empirische" Vorgehensweise führen kann. Zwei Ergebnisse erscheinen möglich: Entweder sie bleibt bei der Vielheit der gesetzlichen Regelungen und den möglichen Perspektiven stehen, oder sie systematisiert diese mehr oder weniger. Daraus ergibt sich die Anschlußfrage, nach welchen

---

27 *Weber* 1959, S. 39.
28 *Brohm* 1969, S. 35; kritisch zur begrifflichen Präzision und damit der Verwendbarkeit der Begriffe von Körperschaft und Anstalt des öffentlichen Rechts auch *Krebs* 1997, S. 343; *ders.* 1996, S. 312; *Emde* 1991, S. 184.
29 *Brohm* 1969, S. 37 f. Er unterscheidet nach der Funktion im Wirtschaftsverwaltungsrecht aber auch nach ihrer Organisationsstruktur.
30 *Chen* 1994, S. 19; Wolff/Bachof/Stober-*Kluth* 2004, § 81 Rn. 25.

Kriterien eine solche Systematisierung erfolgen kann. Immerhin erscheint es aber prinzipiell möglich, die Einteilungskriterien in ein System zu bringen, das anhand – wenn nicht notwendiger, so doch – typischer Aspekte eine Unterscheidung der Körperschaft von anderen Organisationsformen ermöglicht. In diesem Fall würde sich das systematisierende Vorgehen unter Anwendung einer Fülle von Gesichtspunkten nur von einem axiomatisch-überpositiven System unterscheiden, nicht aber von dem hier vorgeschlagenen, das in einem hermeneutischen Verfahren ausgehend vom positiven Recht zu klaren Abgrenzungen der Organisationsformen gelangen will.

2. Die rechtliche Einheit der Selbstverwaltungsträger

Der Begriff der Körperschaft des öffentlichen Rechts scheint seine Bedeutung dann zu verlieren, wenn man den der (funktionalen) Selbstverwaltung so eng faßt, daß er nur noch auf die Körperschaften zutrifft.[31] So schrieb schon *Werner Weber* dezidiert: „Wo echte Selbstverwaltung verwirklicht werden soll, muß sie sich immer der organisatorischen Ausformung einer Körperschaft des öffentlichen Rechts bedienen. Denn Selbstverwaltung setzt sowohl verbandrechtliche Selbständigkeit als auch Zuordnung zum Gesamtverwaltungssystem voraus".[32] Dies ist bei *Winfried Kluths* Begriff der funktionalen Selbstverwaltung der Fall.[33] Als „definitorische Elemente" des Begriffs der funktionalen Selbstverwaltung nennt er: „(1) Die Zuweisung von demokratischen Partizipationsrechten an (2) ein kollektiv legitimiertes Verbandsvolk, (3) das zur eigenverantwortlichen Erledigung der sachlich und personell eigenen Angelegenheiten berufen ist und (4) deshalb über letztverantwortliche Entscheidungsfreiräume verfügt, die (5) durch eine Beschränkung der staatlichen Aufsicht auf eine Rechtsaufsicht gesichert sind".[34] Wie immer man im Übrigen die Körperschaft des öffentlichen Rechts von anderen juristischen Personen des öffentlichen Rechts abgrenzen will: Das Element des Verbandsvolks (2) kommt nur ihr zu. Die Definition der „funktionalen Selbstverwaltung" fällt mit der der Körperschaft zusammen.[35] Entsprechend sieht Kluth sie auch als die „Regelorganisation der

---

31 Als verfehlt sieht es *Forsthoff* an, den Begriff der Körperschaft von der Selbstverwaltung her zu verstehen, weil zur Bestimmung des Begriffs nicht an Funktion angeknüpft werden könne, *Forsthoff* 1931, S. 6.
32 1959, S. 41. Vgl. auch *Maurer* 2006, § 23 Rn. 50: Bei Anstalten komme „der Gedanke der Selbstverwaltung ... nicht zum Tragen, da es bereits am personellen Substrat fehlt".
33 Andere Autoren etwa *Scheuner* 1952, S. 611: „Wirtschaftliche und soziale Selbstverwaltung erscheint danach als Erfüllung öffentlicher Aufgaben der wirtschaftlichen Lenkung, der arbeitsrechtlichen Gestaltung und sozialen Sicherung durch rechtsfähige Verbände des öffentlichen Rechts unter eigener Verantwortung und unter maßgebendem Einfluß der Mitglieder dieser Verbände und beteiligter Kreise an deren Leitung und Willensbestimmung"; *Jeß* 1935, S. 16.
34 *Kluth* 1997, S. 543 auch 550, 565; *ders.*: 2002, S. 352 f.; *ders.* 1986, S. 719.
35 Auch *Geis* (2001, S. 68 f.) sieht die Körperschaft als die „genuine Form der Selbstverwaltung" an und stützt sich dazu auf geschichtliche, philosophische Annahmen über Synergieeffekte von mitgliedschaftlicher Aufgabenerledigung und schließlich die Beobachtung, daß die Körperschaft auch heute noch in allen Bereichen der Selbstverwaltung die prägende Organisationsform sei. Ausdrücklich bezieht er auch die kommunale Selbstverwaltung mit ein. Er konzediert aber Ausnahmen wie etwa die Rundfunkanstalten. Selbstverwaltung und ihr Träger, die Körperschaft, wären danach notwendig miteinander verbunden.

funktionalen Selbstverwaltung" an[36] und versteht etwa Anstalten nur als „Träger funktionaler Selbstverwaltung in einem weiteren Sinn",[37] denen es an der spezifischen demokratischen Legitimation mangele.[38] Wie angesichts der von Kluth konstatierten Vielfalt der funktionalen Selbstverwaltung[39] das Ziel der Untersuchung, eine einheitliche Darstellung der funktionalen Selbstverwaltung als einheitlichem Verwaltungstyp[40] durch einen so anspruchsvollen, aber verengten Begriff der funktionalen Selbstverwaltung erreicht werden kann, braucht hier nicht problematisiert zu werden; weshalb aber der Ausdruck „funktionale Selbstverwaltung" verwendet werden soll, wenn er doch nur eine andere Umschreibung des überkommenen Begriffs der Körperschaft des öffentlichen Rechts ist, wird nicht recht klar.[41]

Drei Gründe sprechen aber für eine Unterscheidung der Begriffe „funktionale Selbstverwaltung" und „Körperschaft des öffentlichen Rechts": Erstens erfaßt der eng verstandene Begriff der funktionalen Selbstverwaltung nicht die Gebietskörperschaften.[42] Sie teilen gleichwohl dieselbe Organisationsform mit den Trägern der so verstandenen funktionalen Selbstverwaltung. Zweitens besteht die Perspektive der Theorie funktionaler Selbstverwaltung und ihr Erkenntnisinteresse in der Art und Weise der Aufgabenerledigung durch bestimmte verselbständigte Verwaltungseinheiten. Hierbei erscheint die Körperschaft als deren bevorzugter Träger. Da sich jedoch aus der Aufgabe nicht die Notwendigkeit eines bestimmten Trägers ergibt,[43] kann von Selbstverwaltung nicht auf Körperschaft geschlossen werden. Vielmehr kommen Körperschaften aufgrund ihrer Organisationsstruktur nur für bestimmte Aufgaben in Betracht. Deshalb geht die Untersuchung vom Begriff der Körperschaft aus und fragt dann nach notwendigen oder jedenfalls sinnvollen Aufgaben derselben. Drittens ist es auch deshalb sinnvoll einen trägerunabhängigen Begriff der Selbstverwaltung zu verwenden, weil rechtsfähige Verwaltungseinheiten unabhängig von den Unterschieden in der Organisationsform wichtige Gemeinsamkeiten in der Aufgabenerledigung besitzen, die mit diesem Begriff erfaßt werden können.

---

36 *Kluth* 1997, S. 234 f.; was auch historisch durchaus seine Berechtigung haben mag, *Schmidt* 1990, S. 407; *Diederichsen* 1998, S. 88.
37 *Kluth* 1997, S. 544, wobei konsequent die Rundfunkanstalten aus der funktionalen Selbstverwaltung ausgeschlossen werden; anders aber zu Recht *Hendler* 1986, S. 286 f.
38 Sollen sie aber angesichts des gegenüber der unmittelbaren Staatsverwaltung deutlich erhöhten Maßes an Eigenverantwortung, die durch den Begriff der juristischen Person des öffentlichen Rechts nicht hinreichend erfaßt wird, aus dem Kreis der Selbstverwaltungsträger ausgeschlossen werden, wie *Schmidt-Aßmann* (1987, S. 262) meint? Wie später bei der Abgrenzung von Anstalt und Körperschaft gezeigt werden soll, würde dies Zusammenhängendes auseinanderreißen, wie hier auch *Hendler* 1986, S. 253 ff. u. 286 f.
39 *Kluth* 1997, S. 216.
40 *Kluth* 1997, S. 8 u. 550.
41 Nur erwähnt sei, daß auch hinsichtlich der Selbstverwaltung die Möglichkeit, jedenfalls rechtliche Relevanz einer einheitlichen Begriffsbildung bestritten wird. So schreibt das *BVerwG* (E 51, S. 115 ff. [118]), „daß es im geltenden Recht nicht ein einheitliches Recht der Selbstverwaltung schlechthin gibt. Richtig ist vielmehr, daß immer nur das jeweilige Selbstverwaltungsrecht zur Rede stehen kann. Dessen Inhalt und Grenzen lassen sich nicht einem übergreifenden Maßstab, sondern immer nur derjenigen konkreten gesetzlichen Regelung entnehmen, auf der das jeweilige Selbstverwaltungsrecht für jeweils bestimmte Selbstverwaltungsträger und für die ihnen jeweils übertragenen Aufgaben beruht".
42 Vgl. zum Begriff der „funktionalen Selbstverwaltung" *Emde* 1991, S. 6 ff. (9).
43 So auch *Kluth* 2002, S. 356.

Ohne daß hier nun schon inhaltlich auf den Begriff der Selbstverwaltung eingegangen werden muß, kann also festgehalten werden: Es ist sinnvoll, den Begriff der Selbstverwaltung als einer Form der Aufgabenerledigung von dem ihres Trägers zu unterscheiden und die Begriffe von „funktionaler Selbstverwaltung" und „Körperschaft des öffentlichen Rechts" nicht zu konfundieren.[44]

3. Kritik an den vorstehenden Auffassungen

Bei den Kritikern des Begriffs der Körperschaft des öffentlichen Rechts fällt auf, daß sie entweder von der Funktion der Körperschaft (*Brohm*) oder der Form ihrer Aufgabenerledigung ausgehen. Das ist aufgrund des Erkenntnisinteresses dieser Analysen durchaus berechtigt: Für sie ergibt sich aber entweder kein Unterschied zu anderen Organisationsformen, oder er muß vorausgesetzt werden. Daraus ist jedoch nicht zu schließen, daß für die Untersuchung der Organisationsstrukturen Unterschiede prinzipiell ausgeschlossen seien. Keine dieser Theorien stellt die innere Verfassung in den Mittelpunkt der Untersuchung. Gerade aus ihr ergibt sich aber der Unterschied zu den anderen Formen juristischer Personen des öffentlichen Rechts. Gemeinsam mit der Rechtsfähigkeit ist diese Binnenstruktur das Unterscheidungsmerkmal von anderen verselbständigten Verwaltungseinheiten. Dieser Unterschied ist aber in zweifacher Hinsicht bedeutsam: Erstens entscheidet die Organisationsstruktur über die politischen Steuerungsmöglichkeiten[45] und zweitens ergeben sich dadurch Vorgaben für die Verleihung von Autonomie; denn stark ausgebaute partizipative Strukturen machen nur durch die Verbindung mit weitreichender Eigenverantwortlichkeit Sinn.[46]

Ferner wird zu zeigen sein, daß Selbstverwaltung durchaus nicht von allen ihren Trägern in der gleichen Weise wahrgenommen wird. Hier bestehen, wie noch zu untersuchen ist, Unterschiede nicht nur zwischen den verschiedenen juristischen Personen des öffentlichen Rechts. Auch innerhalb der Körperschaften des öffentlichen Rechts ist danach zu differenzieren, ob Selbstverwaltung durch Gebietskörperschaften oder etwa durch Leitungs- und Lenkungsverbände ausgeübt wird.[47] Da sich diese Unterschiede aber aus der Art der Organisation ihrer Träger ergeben, besteht offenbar auch ein Bedürfnis, dessen Charakteristika näher zu bestimmen und damit die Körperschaft von anderen öffentlichen Organisationseinheiten zu unterscheiden. Ob also überhaupt von Selbstverwaltung gesprochen werden kann, hängt nicht an einem bestimmten Träger; unterschiedliche Träger üben aber Selbstverwaltung in unterschiedlicher Weise aus.

Umgekehrt gehört nach den meisten Theorien Selbstverwaltung zu den wesentlichen Eigenschaften der Körperschaft des öffentlichen Rechts. Ausschlaggebend

---

44 So auch *Schmidt-Aßmann* 1987, S. 261 f.: „Die Körperschaft des öffentlichen Rechts ist eine der Selbstverwaltungsidee besonders angemessene, nicht aber eine für sie notwendige Organisationsform".
45 Berliner Kommentar-*Groß* Art. 86, Rn. 20; *ders.* 1999 S. 19 ff.
46 Groß nimmt hier sogar einen notwendigen Zusammenhang an, Berliner Kommentar-*Groß* Art. 86, Rn. 25; *ders.* 1999, S. 156.
47 *Weber* 1959, S. 40.

kann sie aber nicht sein, da sie auch anderen juristischen Personen des öffentlichen Rechts zukommt.[48]

IV. Inklusive Theorien und eigener Ansatz

1. Merkmale der Körperschaften nach inklusiven Theorien

Den Mangel zu großer Weite oder zu enger Voraussetzungen der Definition vermeiden Theorien, die statt einer Begriffsbestimmung eine Reihe von für wesentlich gehaltenen Merkmalen anführen. Hier werden genannt: Gründung durch oder aufgrund eines Gesetzes (staatlichen Hoheitsakt)[49], Rechtsfähigkeit[50], Wahrnehmung „staatlicher Verwaltungsaufgaben"[51], Selbstverwaltung[52], hoheitliche Mittel[53], Staatsaufsicht[54], Mitgliederbestand bzw. mitgliedschaftlich verfaßt.[55] Teilweise wird der öffentliche Zweck erwähnt.[56] Auf das Kriterium der Verwendung hoheitlicher Mittel stellen insbesondere solche Theorien ab, die den Unterschied der Körperschaft des öffentlichen Rechts von privaten Verbänden betonen wollen.[57] Der späte *Forsthoff*[58] ist der Ansicht, die Streitigkeiten um den Begriff der öffentlichen Körperschaft seien mit ihrer Erfassung als mittelbare Staatsverwaltung erledigt.[59]

---

48 Das verkennt etwa *Kelber* (1998, S. 23), der umgekehrt wie Kluth nicht Selbstverwaltung durch die Körperschaft, sondern die Körperschaft durch Selbstverwaltung bestimmen will.
49 Dezidiert *Weber* (1943, S. 84): „Heute ist die Anerkennung eines Verbandes als Körperschaft des öffentlichen Rechts entschiedener denn je davon abhängig, daß er durch Entscheidung eines Trägers der staatlichen Organisationsgewalt in fest abgegrenzten Kreise der Körperschaften, Anstalten und Stiftungen des öffentlichen Rechts dem staatlichen Verwaltungssystem zugeordnet ist. Diese Entscheidung gehört zum ‚Wesen' der öffentlichen Körperschaft selbst". *Maurer* 2006, § 23 Rn. 37; v. Mangoldt/Klein/Starck-*Trute* Art. 86, Rn. 53; *Loeser* 1994, S. 131; *Geis* 2001, S. 70; *Burgi* 2006, § 52 Rn. 11; *Irringer* 1991, S. 31. Insbesondere die ältere zivilrechtliche Theorie fand in der Art der Entstehung der Körperschaft deren wesentliches Moment, Nachweise bei *Forsthoff* 1973, S. 485 f., Fn. 6; auch *Mronz* 1973, S. 42 f.; *Löer* 1999, S. 12. *Knöpfle* 1987, S. 94, der auf das Moment der Rechtsfähigkeit verzichtet und neben der Errichtung durch staatlichen Hoheitsakt als weitere Konstituentien der Körperschaft nur das mitgliedschaftlich verfaßte Substrat und die eigenverantwortliche Erfüllung öffentlicher Aufgaben nennt.
50 *Maurer* 2006, § 23 Rn. 37; *Loeser* 1994, S. 131; *Irringer* 1991, S. 31; *von Unruh* 1975, S. 1 f.; *Püttner* 2001, S. 2518 f.; *Geis* 2001, S. 70; *Löer* 1999, S. 12.
51 *Lynker* 1960, S. 134; *Mronz* 1973, S. 45 f.; häufiger ist die Bezeichnung „öffentliche Aufgaben", etwa *Loeser* 1994, S. 131; *Burgi* 2006, § 52 Rn. 12; *Löer* 1999, S. 12; *Geis* 2001, S. 70: „öffentliche Zwecke".
52 *Maurer* 2006, § 23 Rn. 30; *Püttner* 2001, S. 2518 f.; *Löer* 1999, S. 12: „selbständig".
53 *Maurer* 2006, § 23 Rn. 37; v. Mangoldt/Klein/Starck-*Trute* Art. 86, Rn. 53; *Burgi* 2006, § 52 Rn. 12; *Forsthoff* 1973, S. 489; *Loeser* 1994, S. 131; *Rudolf* 1998, § 52 Rn. 11; *Krebs* 1988, Rn. 33; *Geis* 2001, S. 70; *Löer* 1999, S. 12.
54 *Maurer* 2006, § 23 Rn. 37; v. Mangoldt/Klein/Starck-*Trute* Art. 86, Rn. 53; *Burgi* 2006, § 52 Rn. 12; *Forsthoff* 1973, S. 489 f.; *Loeser* 1994, S. 131; *Püttner* 2001, S. 2518 f.; *Geis* 2001, S. 70; *Löer* 1999, S. 12.
55 *Maurer* § 23, Rn. 37; v. Mangoldt/Klein/Starck-*Trute* Art. 86, Rn. 53; *Loeser* 1994, S. 131; *Rudolf* 1998, § 52 Rn. 11; *Burgi* 2006, § 52 Rn. 12; *Schnapp* 1980, S. 71; ; *Kluth* 1986, S. 717; *Irringer* 1991, S. 31; *Günter Püttner* 2001, S. 2518 f.; *Krebs* 1988, Rn. 33; *Traumann* 1998 S. 88; *Geis* 2001, S. 70.
56 *Loeser* 1994, S. 131 *Rosin* 1886, 16 ff., 92 ff.; *Jeß* 1935, S. 17.
57 *Forsthoff* 1931, S. 5.
58 Vgl. zur Entwicklung *Forsthoff* 1973, S. 489 Fn. 3.
59 *Forsthoff* 1973, S. 485; zu Begriffen der mittelbaren Staatsverwaltung auch *Weber* 1967/68, S. 154 f.; Wolff/Bachof/Stober-*Kluth* 2004, § 81 Rn. 264 f. u. Rn. § 86, der einen weiten und einen engen unterscheidet. Der Unterschied liegt in den Aufgaben begründet: Der weite Begriff umfaßt nicht nur die verselbständigten Verwaltungseinheiten, die staatliche Aufgaben übertragen bekommen (enger Begriff), sondern auch die Selbstverwaltungsträger. Kluth selbst hält den engen Begriff für sinnvoll, so daß die

Notwendig sei deshalb die staatliche Errichtung, die Ausstattung mit hoheitlichen und Zwangsmitteln und komplementär dazu die Staatsaufsicht.[60] Für ihn ist die Mitgliedschaft in dem erwähnten, nicht anspruchsvollen Sinn das spezifische Merkmal der Körperschaft des öffentlichen Rechts.

2. Kritik und eigener Ansatz

Die hier so genannten „inklusiven Theorien"[61] verzichten auf eine Definition des Begriffs und versuchen stattdessen, die Körperschaft des öffentlichen Rechts umfassend zu beschreiben. Das wirft zwei Probleme auf: Erstens wird durch solche Beschreibungen die Abgrenzung zu anderen Verwaltungseinheiten problematisch. Zweitens sind sie unhandlich und zu langatmig. Dazu werden „wesentliche" Merkmale, solche also, die bei keiner Körperschaft fehlen dürfen, in den Begriff aufgenommen. Erschöpfende Beschreibung und begriffliche Abgrenzung schließen sich aber aus. Die Beschreibung läßt sich höchstens hinsichtlich ihrer Angemessenheit und Vollständigkeit kritisieren, nicht aber hinsichtlich der Gewichtung ihrer Elemente. Erst die Definition greift ein Element heraus und erklärt es als artbestimmend gegenüber anderen. Nur so ist eine Abgrenzung gegenüber anderen Organisationsformen möglich. Konkret: Es ist sicherlich zutreffend, daß die Körperschaft mitgliedschaftlich geprägt ist und daß sie durch einen öffentlich-rechtlichen Rechtsakt entsteht und daß sie Selbstverwaltungsaufgaben wahrnimmt und daß sie hoheitliche Gewalt ausüben darf und daß sie der Staatsaufsicht unterliegt etc. Bei näherem Hinsehen würde man vielleicht noch weitere Merkmale finden. Sie teilt die angeführten Aspekte aber teilweise mit anderen verselbständigten Verwaltungseinheiten, ja mit der öffentlichen Verwaltung insgesamt. Daher muß dasjenige Moment unter ihnen herausgegriffen werden, daß sie von allen anderen Verwaltungsträgern unterscheidet.

Unterscheidendes Merkmal von anderen verselbständigten Verwaltungseinheiten[62] ist nicht ihre öffentlich-rechtliche Form.[63] Die Körperschaft des öffentlichen Rechts gehört aber zu den öffentlich-rechtlichen Verwaltungseinheiten. Hierdurch unterscheiden sich diese von Organisationen der öffentlichen Verwaltung in Privatrechtsform.

Spezifisch ist auch nicht die staatlich verliehene *Rechtsfähigkeit*.[64] Denn rechtsfähig sind auch Anstalten und Stiftungen des öffentlichen Rechts. Aber sie gehört

---

Körperschaften des öffentlichen Rechts nicht darunter fallen würden. Das trifft sich mit dem oben gekennzeichneten Verständnis von Huber.
60 *Forsthoff* 1973, S. 490.
61 Nicht alle in den vorigen Fußnoten erwähnten Ansichten beschränken sich auf die Zusammenfassung verschiedener Merkmale der Körperschaft ohne nähere Bestimmung ihres Funktionszusammenhanges.
62 *Schuppert* (1981, S 65) definiert sie als verselbständigte Verwaltungseinheit: Die öffentlich-rechtliche Körperschaft „faßt bestimmte Personengruppen zu einer rechtsfähigen Verwaltungseinheit zusammen, um den Kräften der Selbstregulierung im Rahmen der Gemeinverträglichkeit möglichst freien Lauf zu lassen und sie gleichzeitig durch die öffentlich-rechtliche Ummantelung (Staatsaufsicht) in das Staatsganze zu integrieren".
63 *Forsthoff* 1931, S. 2.
64 Die die verwaltungsrechtlichen Körperschaften immerhin von den staatsrechtlichen unterscheidet.

B. Begriff der Körperschaft des öffentlichen Rechts

zur Gruppe der juristischen Personen des öffentlichen Rechts, die sich von nichtrechtsfähigen öffentlich-rechtlichen Verwaltungseinheiten unterscheiden. Diese ist wiederum Voraussetzung für die Selbstverwaltung, weil Selbstverwaltung ein Rechtssubjekt als „Selbst" voraussetzt.[65] *Hoppe* ist der Auffassung, die Rechtsfähigkeit sei kein Wesensmerkmal der Körperschaft,[66] da es zivilrechtlich etwa auch den nichtrechtsfähigen Verein gebe (§ 54 BGB) und die in Art. 59 II GG genannten Vertretungskörperschaften nicht rechtsfähig seien. Dem mag man zustimmen, nachdem oben bei der Begriffsbestimmung des Grundgesetzes schon festgehalten werden konnte, daß bei den verschiedenen Typen, die die Verfassung kennt, alle bis auf die Vertretungs- oder Repräsentativkörperschaften rechtsfähig sind.[67] Nicht dazu paßt es aber, nichtrechtsfähige Körperschaften als juristische Personen anzusehen; denn diese setzen Rechtsfähigkeit voraus.

Auch *Brohm* geht in organisationstheoretischer Perspektive vom Unterschied „mitgliederbestimmter Personenverbände" und „organisatorischer Einheiten ohne Mitglieder" aus. Die ersteren sind die Körperschaften, die letzteren Anstalten und Stiftungen.[68] Die Rechtsfähigkeit ist in dieser Perspektive zweitrangig. Brohm verwendet damit einen engen Verbandsbegriff, der dem der Organisation untergeordnet ist und nur mitgliedschaftliche Organisationen erfassen soll.

Die klassischen Theorien der Körperschaft des öffentlichen Rechts stellen hingegen ihre Verselbständigung durch die Verleihung der Rechtsfähigkeit in den Mittelpunkt.[69] Dem ist jedenfalls insoweit recht zu geben, als ohne dieses Merkmal eine Abgrenzung zu anderen verselbständigten Verwaltungseinheiten schwierig wird. Umgekehrt schließt das Merkmal der Rechtsfähigkeit (resp. der Rechtspersönlichkeit) nur solche „Körperschaften" aus dem Begriff aus, bei denen auch in der Sache ein wichtiger Unterschied besteht. Dies gilt etwa für die Vertretungskörperschaften, die Ortschaften oder Bezirke als Untergliederungen von Gemeinden,[70] die Fakultäten oder bestimmte Formen von öffentlichen Arbeitsgemeinschaften[71] oder auch die Sonderforschungsbereiche, sofern sie als nichtrechtsfähige Anstalten geführt werden.[72] Die genannten „Körperschaften" haben entweder nur die Form eines Organs einer Körperschaft, so daß ihre Mitglieder auch die Mitglieder der Körperschaft sind, sind nicht auf Dauer angelegt und unterscheiden sich deshalb von den rechtsfähigen Körperschaften oder sind in spezifischer Weise in eine Gesamtkörperschaft eingefügt, wie die Fakultäten. Ohne hier schon auf den näheren Inhalt des Begriffs der rechtsfähigen Verwaltungseinheiten[73] oder der juristischen Person einzugehen, kann also festgestellt werden, daß das Merkmal der Rechtsfähigkeit wichtige Abgrenzungen des Begriffs der Körperschaft gegenüber anderen Organisationsformen erlaubt, ohne ihn unsachgemäß einzugrenzen. Ob aber

---

65 Besonders von *Forsthoff* 1931, S. 3 hervorgehoben.
66 *Hoppe* 1958, S. 9.
67 Für die Rechtsfähigkeit als notwendiges Merkmal der Körperschaft des öffentlichen Rechts auch *Bachof* 1958, S. 252.
68 *Brohm* 1969, S. 30.
69 *Weber* 1959, S. 38.
70 *Wolff/Bachof/Stober* 1987, § 86 Rn. 15 f.
71 *Wolff/Bachof/Stober* 1987, § 92 Rn. 1 ff.
72 *Trute* 1994, S. 495 u. 512.
73 Dazu *Köttgen* 1929; *Bachof* 1958.

Vollrechtsfähigkeit zu fordern ist oder Teilrechtsfähigkeit ausreicht bzw. ob die öffentlich-rechtliche Rechtsfähigkeit relativ ist, wird weiter unten zu erörtern sein.

Eigentümlich ist der Körperschaft auch nicht die Übertragung einer öffentl*ichen Aufgabe* zur Wahrnehmung in eigener Verantwortung, die Verleihung der Befugnis zur Anwendung hoheitlicher Mittel und die Staatsaufsicht. Denn diese Eigenschaften teilt sie mit den anderen Selbstverwaltungsträgern. Kritisch merken hierzu Brohm[74] und andere an, daß sich bestimmte öffentliche Aufgaben in verschiedenen Organisationsformen verwirklichen lassen, so daß die Aufgabe kein maßgebliches Kriterium sein könne. Immerhin grenzt sie das Merkmal der Selbstverwaltung, also der Modus der Erledigung öffentlicher Aufgaben, von mitgliedschaftlich geprägten Beratungsgremien ab.[75]

Nur die Körperschaft aber wird von ihren Mitgliedern in einem später noch zu bestimmenden Ausmaß getragen. Im Zentrum der Bestimmung der Körperschaft steht also die *mitgliedschaftliche Prägung*.[76] „Erst wenn die Mitglieder der Gruppe, die von der Organisation geeint ist ... zugleich ‚letzte Träger' der Organakte sind, ist die Organisation eine ‚körperschaftliche'".[77] An ihr ist die gesamte Organisation orientiert und von ihr her bestimmen sich sinnvolle Aufgabenzuweisungen. Von ihr ist auszugehen, wenn nach den speziellen Einwirkungsmöglichkeiten gefragt wird.[78] Sie ist der Ausgangspunkt für weitere Differenzierungen, die nach den Arten der Begründung der Mitgliedschaften und den Arten der Mitglieder erfolgen kann. Dabei steht die mitgliedschaftliche Prägung, wie von einzelnen Stimmen der nationalsozialistischen Verwaltungsrechtstheorie behauptet wurde,[79] nicht von vornherein im Widerspruch zur Annahme einer selbständigen Rechtspersönlichkeit; denn die mitgliedschaftliche Struktur bezieht sich auf deren innere Verfassung. Zuweilen wird auch die Pflicht- bzw. Zwangsmitgliedschaft als Merkmal der Körperschaft des öffentlichen Rechts genannt. Indessen liegt dieses Merkmal bei einigen mitgliedschaftlich geprägten rechtsfähigen Verwaltungseinheiten, die die übrigen Merkmale mit der Körperschaft teilen, nicht vor, so daß ihre Ausgrenzung nicht sinnvoll wäre.[80]

---
74 *Brohm* 1969, S. 31; auf dieses Merkmal verzichtet daher auch *Hsu* 2004, S. 7.
75 Deshalb gehört Selbstverwaltung zu den wesentlichen Merkmalen der Körperschaft. Anders *Rudolf* 1998, § 52 Rn. 11: „Die Körperschaft des öffentlichen Rechts ist ein mitgliedschaftlich verfaßter, unabhängig vom Wechsel der Mitglieder bestehender, mit Hoheitsgewalt ausgestatteter Verwaltungsträger".
76 *Schuppert* 1988, S. 400; *Loeser* 1994, S. 131; dezidiert auch *Krebs* 1988, Rn. 33; prägnant auch *Weber* (1943, S. 88): „Die Körperschaft erfüllt ihre öffentliche Aufgabe stärker nach innen gekehrt, d. h. an und mit ihren Mitgliedern, von denen sie auch ihre eigentliche Substanz bezieht. Durch deren fest abgegrenzten Kreis bestimmen sich ferner der Wirkungskreis und die Grenzen des hoheitlichen Wirkens der Körperschaft". *Wolff* 1933, S. 461: „Im engeren Sinne versteht man unter ‚Körperschaft' entweder die organisationsgemäße ‚Trägerschaft' aller Verbandsmitglieder ... oder die kausale oder teleologische Ableitung des Staatswillens aus dem Willen aller Verbandsmitglieder ...". Dieser an der Gebietskörperschaft Staat gebildete Begriff gilt entsprechend dann auch für die verwaltungsrechtlichen Körperschaften.
77 *Wolff* 1933, S. 462. Im Gegensatz zur Anstalt als passivem ist die Körperschaft mithin ein aktiver Verband, *Jellinek* 1959, S. 641 u. *Wolff* 1933, S. 499 f.
78 Zu Unrecht meint der BGH, „eine demokratische Legitimation der Organe aufgrund zumindest mittelbarer oder gar unmittelbarer Wahl durch den betroffenen Personenkreis" sei nicht notwendig an eine körperschaftliche Struktur der in Frage stehenden juristischen Person gebunden" – *BGHZ* 126, S. 26 ff. (24) – Ländernotarkasse.
79 Siehe unten C VII 4.
80 Z. B. bei den Innungen; *Lynker* 1960, S. 134, rechnet sie zu den häufig vorkommenden Merkmalen.

B. Begriff der Körperschaft des öffentlichen Rechts

Die *Körperschaft des öffentlichen Rechts* ist danach eine jedenfalls teilrechtsfähige juristische Person des öffentlichen Rechts mit Selbstverwaltung, die von ihren Mitgliedern getragen wird.

Diese Definition ist abschließend und vermeidet so das erwähnte zweite Problem der inklusiven Theorien. Sie ist aber noch abstrakt, weil sie ihre Elemente im weitesten Verständnis voraussetzt. Festhalten soll sie nur, daß ohne diese Elemente keine Körperschaft des öffentlichen Rechts vorliegt und keine anderen herangezogen werden müssen, um sie zu bestimmen. Die Definition ist aber nicht in dem Sinne vollständig, daß sich aus ihren Elementen ohne weiteres nähere Spezifikationen ergeben könnten. Aufgabe der folgenden Untersuchung ist es, diese Definitionsmerkmale zu spezifizieren und damit einzuschränken. Manche der vorgestellten Bestimmungen der Körperschaft des öffentlichen Rechts fügen der Begriffsbestimmung auch die untergeordneten Teilaspekte der Elemente der Definition ein. So wird zusätzlich dazu, daß die Körperschaft rechtsfähig ist, noch hervorgehoben, daß sie, unabhängig vom Wechsel ihrer Mitglieder, Bestand habe.[81] Genau dies ist aber Kennzeichen ihrer eigenständigen Rechtspersönlichkeit, die sie besitzt, weil sie Zuordnungssubjekt von Rechtssätzen, also rechtsfähig ist. Welcher Rechtsnatur ihre Mitglieder sind, ist für die Untergliederung verschiedener Formen von Körperschaften wichtig, nicht aber für deren Definition.

Zwei Probleme können jedoch bei dieser Art der Bestimmung des Begriffs der Körperschaft des öffentlichen Rechts auftreten: Erstens könnte sie eine Organisationsform, die üblicherweise auch als Körperschaft bezeichnet wird, *ausschließen*. Dies ist konkret mit der nicht-rechtsfähigen Körperschaft der Fall. Sie fällt nicht unter die Definition, weil diese eine Rechtspersönlichkeit voraussetzt, obwohl sie eine mitgliedschaftliche Organisationsform darstellt. Doch besteht diese Ausgrenzung zu Recht: Denn es handelt sich bei den angesprochenen Vertretungskörperschaften – wie schon die Analyse des grundgesetzlichen Sprachgebrauchs deutlich gemacht hat – nicht um eine rechtlich verselbständigte Verwaltungseinheit, sondern um das mitgliedschaftlich verfaßte Organ eines bestimmten Rechtsträgers oder um Teilkörperschaften.[82]

Zweitens könnte sie zu weit sein und Organisationsformen einbeziehen, die der Sache nach nicht zu den Körperschaften des öffentlichen Rechts gehören. Dies betrifft die grundrechtsgetragenen Körperschaften der Religionsgesellschaften und Hochschulen. Sie stellen sich als organisatorische Verstärkungen der Grundrechtsbetätigungen ihrer Mitglieder dar und nicht als mittelbare Ausführung einer staatlichen Aufgabe. Diesem Problem könnte jedoch auf drei Wegen begegnet werden:

---
[81] Besonders nachdrücklich *Pappermann* (1981, S. 300): „Die Körperschaftsstruktur besagt, daß die Gemeinden auf Personenzusammenschluß beruhende Organisationseinheiten sind. Die einmal gebildete gemeindliche Körperschaft ist vom späteren Wechsel ihrer Mitglieder unabhängig, ein Wechsel des Mitgliederbestandes berührt die Identität der Rechtspersönlichkeit also nicht. Veränderungen im Mitgliederbestand modifizieren lediglich die Trägerbasis, das soziale Substrat der Körperschaft". *Wolff/Bachof/Stober* 1987, § 84, Rn. 10 „Körperschaft ist die organisatorische Zusammenfassung einer kraft Zurechnung willens- und handlungsfähigen Personenmehrheit, die – unabhängig vom Wechsel der einzelnen Mitglieder – eine rechtliche Einheit bildet"; *Knemeyer* 1995, Sp. 674; *Loeser* 1994, S. 131; *Rudolf* 1998, § 52 Rn. 11; *Irringer* 1991, S. 31; *Von Unruh* 1975, S. 1 f.; *Krebs* 1988, Rn. 33.

[82] Studentenschaften nach Berliner HochschulG, dazu *BerlVerfGH*, Beschluß vom 21. 12. 2000, NVwZ 2001, S. 426.

Entweder man sonderte einen öffentlich-rechtlichen Teil – der unumstritten auch besteht –, von der eigentlichen Grundrechtsbetätigung ab, oder man würde den Begriff der Selbstverwaltungsaufgabe erweitern, so daß er auch die Realisierung der Grundrechte umfaßte. Die erste Alternative, durch Beschränkung zu einer Lösung zu gelangen, spaltet auf, was eine Einheit sein soll; die zweite Alternative strapaziert den Begriff der Aufgabe. Deshalb ist die dritte Möglichkeit, den Begriff der Aufgabe so zu differenzieren, daß er sinnvolle Unterscheidungen innerhalb der Körperschaften und Abgrenzungen erlaubt. Ob dies aber unzuträglich ist, wird sich an späterer Stelle zeigen, prinzipiell sachwidrig erscheint es zunächst nicht.

Wenn somit die Einheit der Körperschaften des öffentlichen Rechts nicht in ihrer Aufgabenstellung und nicht alleine in der Tatsache ihrer Verselbständigung – sei es durch die Rechtsfähigkeit oder die Eigenverantwortlichkeit ihrer Aufgabenwahrnehmung – liegt, sondern in ihrer mitgliedschaftlichen Verfassung, kommt es bei der systematischen Untersuchung darauf an, die verschiedenen Sphären oder Dimensionen der Körperschaft so klar zu trennen, daß die Herausarbeitung ihrer spezifischen Binnenstruktur möglich wird. Das bedarf einiger organisationstheoretischer Überlegungen zur Grundstruktur von Organisationen überhaupt.

C. GESCHICHTE DER KÖRPERSCHAFT DES ÖFFENTLICHEN RECHTS

I. Einleitung

In diesem historischen Abschnitt geht es nicht darum, eine differenzierte Darstellung der Entstehung der Körperschaft des öffentlichen Rechts zu Beginn des 19. Jahrhunderts und ihrer Entwicklung bis zur Gegenwart zu geben. Dies haben in bezug auf die Körperschaften *Karl-Jürgen Bieback*[1] für die Zeit bis zum Ersten Weltkrieg und in bezug auf das verwandte Thema der Selbstverwaltung *Heinrich Heffter*[2] für das 19. Jahrhundert und *Reinhard Hendler*[3] bis zur aktuellen Entwicklung in der Bundesrepublik geleistet. In diesem Abschnitt soll vielmehr die These der Arbeit belegt werden, daß die Körperschaft des öffentlichen Rechts eine Ausdifferenzierung der staatlichen Verwaltung durch einen selektiven Rückgriff auf Selbstorganisationspotentiale der Gesellschaft unter dem Regime des öffentlichen Rechts darstellt, der zugleich ihre öffentliche Anerkennung und Verstärkung bedeutet. Anders als bei *Heffter* wird daher auch nicht von einem Ideal des mitgliedschaftlichen Einflusses in Form der politischen Grundsatzgestaltung durch Selbst*regierung* ausgegangen, das nur deshalb nicht weiterverfolgt werden könne, weil die deutsche Tradition sich eben mit der Selbst*verwaltung* abgefunden habe.[4] Eingehender als in bisherigen Darstellungen soll die Entwicklung der Weimarer Zeit und besonders im Nationalsozialismus untersucht werden; erstere wegen der Intensität ihrer Auseinandersetzungen um die Körperschaft, letztere wegen der ideologischen Anfälligkeit aufgrund der unklaren Begriffsbildung der Körperschaft des öffentlichen Rechts, die die vollständige Degeneration des Begriffs zur Folge hatte.

Wenn angesichts der Vielfalt der Erscheinungsformen der Körperschaften des öffentlichen Rechts immer wieder der Bedeutungsverlust dieses Instituts hervorgehoben und angeraten wird, auf den Begriff zugunsten des Begriffs der „Selbstverwaltung" bzw. des „Selbstverwaltungsträgers" zu verzichten, so liegt die Vermutung nahe, daß die Vielfalt auf historisch unterschiedliche Gründe für ihre Errichtung

---

[1] *Bieback* 1976 u. 1982; vgl. auch *Endrös* 1985; hilfreiche Ausführungen finden sich auch bei der Darstellung der einzelnen Formen der Träger funktionaler Selbstverwaltung bei *Kluth* 1997.
[2] *Heffter* 1969. In seiner allgemeinen geschichtswissenschaftlichen Arbeit, die weit über Fragen der „deutschen Selbstverwaltung" hinausgreift und sowohl die Entwicklungen der europäischen Staaten, insbesondere England und Frankreich einbezieht und jeweils auch verfassungsgeschichtliche und sozialgeschichtliche Aspekte berücksichtigt, konzentriert sich *Heffter* doch fast ganz auf die Selbstverwaltung der Gebietskörperschaften.
[3] *Hendler* 1984. Der Untersuchungsrahmen von Hendlers ausführlichem historischen Teil ist gemäß der oben vorgestellten Unterscheidung von Selbstverwaltung und einem ihrer Träger, der Körperschaft des öffentlichen Rechts, einerseits breiter als die folgende Darstellung (insofern auch die Selbstverwaltung von anderen öffentlichen Trägern analysiert wird); andererseits liegt er quer zu der folgenden Darstellung, weil er den Aspekt der inneren Verfassung ins Zentrum stellt, während hier die Körperschaft als Organisation untersucht werden soll.
[4] Heffters Perspektive bewährt sich allerdings, sofern es um gemeinsame historische Wurzeln lokaler Staatlichkeit und gemeindlicher Selbstverwaltung im Fall der Stadtstaaten geht, *Heffter* 1969, S. 204 f.

zurückzuführen ist.⁵ Sind diese Gründe benannt, kann geprüft werden, ob die Heterogenität so groß ist, daß die vielfach gezogene Konsequenz notwendig ist, oder ob es Gemeinsamkeiten gibt, die es erlauben, wenigstens einen Kernbestand an Körperschaften zusammenzufassen und andere als eher anstaltlich auszuscheiden.⁶

Es wird sich dabei zeigen, daß es Schübe zur Errichtung von Selbstverwaltungskörperschaften in mindestens zwei sehr unterschiedlichen historischen Situationen gegeben hat: Zu Beginn des 19. Jahrhunderts in einer Zeit mit einer noch nicht sehr stark ausgeprägten Unterscheidung von Staat und Gesellschaft einerseits und einer wenig in sich differenzierten Gesellschaft andererseits. Diejenigen Körperschaften hingegen, die in der zweiten Jahrhunderthälfte entstanden sind, gehen aus einer in vielfacher Hinsicht stark differenzierten Gesellschaft mit sich verfestigenden Klassen- und Organisationsstrukturen hervor. Zielsetzung und Wirkmechanismus der Körperschaften mußten jeweils andere sein bzw. umgebaut werden. Zunehmende Vermischung der Dachverbände der öffentlich-rechtlichen Körperschaften mit den Spitzenorganisationen der privatrechtlichen Wirtschaftsverbände stellte eine große Herausforderung an den Körperschaftsgedanken während der Weimarer Republik dar. Der Gegenschlag des Nationalsozialismus, im Kontext des ungeklärten Verhältnisses von Staat und nationalsozialistischen Parteiverbänden immer neue Formen von „Körperschaften des öffentlichen Rechts" als Massenorganisationen nach dem Führerprinzip ins Leben zu rufen, führte zu einer praktisch beliebigen Begriffsverwendung und seiner Aushöhlung.

Diese Entwicklungsstationen zeigen, daß sich die Geschichte der Körperschaft des öffentlichen Rechts als einer Form der Verwaltungsorganisation nicht darstellen läßt ohne die Einbeziehung der Entwicklung anderer gesellschaftlicher Organisationen. Sie wird also vor dem Hintergrund der sozialen Differenzierung der Gesellschaft und ihrer Organisationen zu untersuchen sein. Dabei wird jeweils die allgemeine Organisationsentwicklung, die Entwicklung des Verbandswesens, der staatlich-hierarchischen Verwaltung und dann der Selbstverwaltung untersucht werden. Die Breite der Untersuchung ist auch durch die in der Perspektive der Aufgabenwahrnehmung immer wieder zwischen privatrechtlichen und öffentlich-rechtlichen Organisationsformen changierenden Entwicklung der Verbände geboten. Nur die Linien der Geschichte der Verwaltungsorganisation zu verfolgen, wäre zu eng, da dieselben Anliegen mal in privatrechtlicher, mal in öffentlichrechtlicher Form organisiert waren. Die folgenden Ausführungen verstehen sich insofern als einen Beitrag zur Verwaltungsorganisationsgeschichte als Teil der Verwaltungsgeschichte.

Der historischen Betrachtung liegt die Vermutung zugrunde, daß sich die Selbstverwaltungskörperschaft nicht zur Erfüllung von Aufgaben in jeder gesellschaftlichen Differenzierungsform eignet. Es wird deutlich werden, daß gerade die körperschaftliche Verwaltung geeignet ist und dazu verwendet wurde, gesellschaftliche Kräfte zur Erfüllung öffentlicher Aufgaben zu mobilisieren und sich deren Organisationspotential zunutze zu machen. Nimmt man eine solche

---

5 Es reicht also nicht, darauf hinzuweisen, daß Organisationen überwiegend historisch gewachsene Strukturen sind (*Kieser* 1992, Sp. 1648). Hierin liegt häufig gerade ein Problem für ihre Systematisierung.
6 Zur Bedeutung verwaltungsgeschichtlicher Analysen für die Verwaltungsrechtswissenschaft vgl. auch *Möllers* 2002, S. 49 f.

C. Geschichte der Körperschaft des öffentlichen Rechts 65

organisationstheoretische Perspektive ein, können die grundlegenden Bauformen als ein Commercium zum Vergleich von staatlicher und Selbstverwaltungsorganisation herangezogen werden: Rechtsfähigkeit, innere Verfassung, etc. Auf diese Weise kann der Blick auf das Gemeinsame gerichtet werden, auf dessen Grundlage die Unterschiede hervortreten. Deshalb muß auch nicht mit einer Entgegensetzung von Staat und Gesellschaft begonnen werden, sondern kann die Einbeziehung des gesellschaftlichen Ordnungspotentials als ein Mittel der Organisation des Staates aufgefaßt werden.

Um die Besonderheiten der körperschaftlichen Selbstverwaltung gegenüber anderen Formen der Verwaltung auch in historischer Perspektive deutlich machen zu können, sollen zunächst einige Bemerkungen zur Vorgeschichte vorangestellt werden:

II. Ursprung des Begriffs der Körperschaft des öffentlichen Rechts

Es ist nach wie vor strittig, wann die Entstehung des Begriffs der Körperschaft des öffentlichen Rechts sinnvollerweise anzusetzen ist.[7] Staatskirchenrechtliche

---

7 Daß die *Körpermetaphorik* wesentlich älter ist, muß weitgehend außerhalb dieser Betrachtungen bleiben. In der antiken Rhetorik ist sie bekannt und wird auch schon für Personenverbände verwendet (*Dohrn-van Rossum* 1978, S. 525). Der politische Körper (corpus rei publicae) wird etwa von Cicero durchaus in Entsprechung zur Biologie als aus Haupt und Gliedern bestehend und im Falle einer „Krankheit" durch einen Staatsmann als Arzt behandelbar angesehen. Aber auch für die Berufsvereinigungen mit Zwangsmitgliedschaft und seit 313 für Gemeinden wird „corpus" neben dem älteren Begriff des „collegiums" zur Bezeichnung der überpersönlichen Einheit verwendet und auch mit dem Gedanken der Personalität derselben zusammengebracht (*Dohrn-van Rossum* 1978, S. 532). Das Bild von Haupt und Gliedern wird dann von der christlichen Tradition mit der Vorstellung der Kirche als corpus christi aufgegriffen, differenziert und auch für die innere Organisation der Kirche reproduziert (*Dohrn-van Rossum* 1978, S. 533 ff.).
Auch im Mittelalter werden Kirche, Reich und andere staatliche Gebilde, Städte, Gemeinden und die Zünfte angesichts des stark bildlichen Charakters des Ausdrucks wenig spezifisch als „corpora" (synonym mit „collegium", „universitas", „societas", „communitas", „congregatio" oder „consortium") bezeichnet (*Dohrn-van Rossum* 1978, S. 539, 542; ders.: 1977, S. 196 f.). Die Vorstellung des Zusammenhangs von Seele und Körper wird immer differenzierter auf das Verhältnis von geistlicher und politischer Gewalt angewandt, bis schließlich der politische Körper neben den geistlichen Körper gestellt wird (*Dohrn-van Rossum* 1978, S. 543) und von *Thomas von Aquin* auch ein qualitativer Unterschied zwischen den menschlichen individuellen und kollektiven Körpern und der Kirche gemacht wird, der in der Ungleichheit der Kirchenglieder und der Gleichheit der Menschen besteht (*Dohrn-van Rossum* 1978, S. 545 f.). Neu seit Thomas ist der Gebrauch des Ausdrucks „organum" sowohl für Beamte als auch für die natürliche Person des Herrschers (*Baldus*).
Von der neuzeitlichen Naturrechtslehre werden dann Unterschiede zwischen natürlichen und politischen Körpern betont. So etwa, wenn Vasquez die bewegliche und insgesamt veränderliche Stellung der Glieder des politischen Körpers im Gegensatz zur Statik im natürlichen behauptet (*Dohrn-van Rossum* 1978, S. 549; ders. 1977, S. 206 ff.). Am deutlichsten wird es aber bei Thomas Hobbes und Samuel Pufendorf, die den politischen Körper im Gegensatz zu den natürlichen als künstlich nach dem Vorbild des mechanistischen Räderwerks einer Uhr geschaffenen ansehen. *Hobbes* schreibt in „Vom Bürger" (1994, S. 67): „Schon bei einer Uhr, die sich selbst bewegt, und bei jeder etwas verwickelten Maschine kann man die Wirksamkeit der einzelnen Teile und Räder nicht verstehen, wenn sie nicht auseinandergenommen werden und die Materie, die Gestalt und die Bewegung jedes Teiles für sich betrachtet wird. Ebenso muß bei den Rechten des Staates und bei Ermittelung der Pflichten der Bürger der Staat zwar nicht aufgelöst, aber doch wie ein aufgelöster betrachtet werden, d. h. es muß die menschliche Natur untersucht werden, wieweit sie zur Bildung des Staates geeignet ist oder nicht, und wie die Menschen sich zusammentun sollen, wenn sie eine Einheit werden wollen; denn nur so kann der rechte Einsicht gewonnen werden". ; zu Pufendorf: *Denzer* 1972, S. 290).

Untersuchungen führen ihn auf *Samuel Pufendorf* zurück,[8] während verwaltungsrechtliche Untersuchungen am Beginn des 19. Jahrhunderts ansetzen.[9]

Bleibt man nicht beim Wort „Körperschaft des öffentlichen Rechts" stehen,[10] so muß hinsichtlich des Ursprungs der Organisationsform zwischen den staatskirchenrechtlichen Körperschaften und den verwaltungsrechtlichen unterschieden werden. Hinsichtlich der Religionsgemeinschaften als Körperschaften des öffentlichen Rechts ist es zutreffend, auf die territorialistische Theorie Samuel Pufendorfs zurückzugehen. Religionsgemeinschaften sind danach gekennzeichnet durch eine Vereinigung gesellschaftlichen Ursprungs, der wegen ihrer besonderen Bedeutung zur Ausübung hoheitlicher Befugnisse der Status der Körperschaft des öffentlichen Rechts eingeräumt wird. Damit wird an die ältere Theorie der Korporation angeknüpft, die Korporation resp. Universitas definiert hatte: Sie „ist eine von der Landesherrschaft bestätigte Gemeinschaft, welche sich vereinigt mit gemeinschaftlichen Kräften, um einen immerwährenden, der Republik heilsamen Zweck zu erreichen".[11] Dieses Moment des freiwilligen gesellschaftlichen Zusammenschlusses, dem ein öffentlicher Status eingeräumt wird, ist das durchgängige Moment der Geschichte des staatskirchenrechtlichen Begriffs der Körperschaft des öffentlichen Rechts. Die Modifikationen der Bedeutung des öffentlichen Status und des staatlicherseits damit verfolgten Zwecks machen seine Entwicklung aus. Dies wird im folgenden darzustellen sein.

Die verwaltungsrechtliche Körperschaft ist dagegen als Teil der öffentlichen Verwaltung zu verstehen. Ihre Geschichte ist die Geschichte der Ausdifferenzierung der staatlichen Verwaltung. Sie beginnt mit der Reformphase zu Beginn des 19. Jahrhunderts[12] und in Frontstellung zur absolutistischen Ordnung.[13] Die Entwicklung kann in eine erste Epoche bis 1848, eine zweite, die durch die Ausweitung der Körperschaftsbildung insbesondere im Bereich der Sozialversicherungen und der Kammern im Rahmen der Ausdifferenzierung der immer stärkeren Selbstorganisation gesellschaftlicher Interessen auf der einen und der staatlichen Herrschaftsorganisation auf der anderen Seite gekennzeichnet ist, eine dritte mit dem Inkrafttreten der ersten demokratischen, der Weimarer Reichsverfassung beginnt und bis in die 30er Jahre des 20. Jahrhunderts hineinführt, eine vierte des nationalsozialistischen Korporatismus und die fünfte der Nachkriegsentwicklung unterschieden werden. Ob die europäischen Veränderungen und die immer deutlicher werdenden Grenzen der Leistungsfähigkeit der Körperschaften im Bereich der Sozialversicherungen zur Annahme einer neuen Epoche zwingen, wird jedenfalls kurz zu umreißen sein.

---

8 *Endrös* 1985.
9 *Forsthoff* 1931, *Bieback* 1976 u. 1982.
10 So aber *Endrös* 1985; dazu *Bieback* 1976, S. 19 f.
11 So etwa *Wiguläus Xaverius Kreittmayr* in seinem „Repertorium reale practicum juris privati imperii Romano Germanici", zit. nach *Hardtwig* 1997, S. 364.
12 Zur Einteilung vgl. *Bieback* 1982, S. 861 f.; Bieback untersucht in ders. 1976 nur die Zeit bis zur Weimarer Republik und untergliedert hier in 1. vorkonstitutionelle Zeit, 2. Vormärz, 3. 1850–1873 und dann 4. die Entwicklung im Deutschen Reich, vgl. S. 22.
13 *Bieback* 1976, S. 20.

III. Die Korporationstheorien im Absolutismus

Die verschiedenen Korporationstheorien im Zeitalter des Absolutismus sehen die privaten und öffentlichen Korporationen fest eingefügt in die obrigkeitliche Gemeinwohlbestimmung und -sicherung.[14] Sie umfassen den Menschen zumeist nicht nur selektiv in bezug auf bestimmte Betätigungen als Mitglied, sondern in seiner ganzen Lebensordnung. Extreme Beschränkungen reglementieren Ein- und Austritt in die Korporation. So können sie kaum als Organisationen angesehen werden.[15] Zudem waren sie nicht funktional ausdifferenziert und spezialisiert, sondern hatten neben den rechtsprechenden auch religiöse, soziale, politische und militärische Funktionen.[16]

Nicht nur staatliche Reglementierungen der Zusammenschlüsse beriefen sich auf das Gemeinwohl; auch erhoben umgekehrt die seit den 20er Jahren des 18. Jahrhunderts entstehenden Gesellschaften den Anspruch, für das Gemeinwohl tätig zu sein.[17] Zwar hatten sie überwiegend noch pragmatisch-utilitaristische Zielsetzungen der Verbreiterung von Kenntnissen; als Hilfs- und Wohltätigkeitsvereine griffen sie aber über diesen rein privaten Kreis hinaus.

Dabei hätte man sich durchaus auf Grundgedanken der Politica des *Johannes Althusius* stützen können.[18] Sie zieht zwar auch eine umfassende, gemeinwohlorientierte Vereinigung[19] in einem politischen Gesamtkörper[20] vor, jedoch eine, die sich in immer weiteren Kreisen von consociationes von familiären, vereinsmäßigen, gemeindlichen bis hin zum staatlichen Verband („consociatio publica") vertraglich[21] aufbauen soll.[22] Die consociationes stellen sich als Lebensgemeinschaften von

---

14 *Hardtwig* 1997, S. 364.
15 *Kieser* 1992, Sp. 1656. Auch *Luhmann* 2000, S. 230: „Aber die ständischen Korporationen waren keineswegs Organisationen im heutigen Sinne. Man wurde in sie hineingeboren und konnte nicht durch Entscheidung eintreten und austreten.", ferner *ders.* 1997, S. 829, 836.
16 *Kieser* 1992, Sp. 1655.
17 *Hardtwig* 1997, S. 369; *ders.* 1990, S. 791 f., 794. So etwa die bis zum Ende des 18. Jahrhunderts bis auf 600 Vereine ansteigenden Lesegesellschaften oder die patriotisch-gemeinnützigen und ökonomischen Gesellschaften, vgl. *Türk/Lemke/Bruch* 2002, S. 83 f.
18 Zur (Nicht-)Rezeption der Politica *Wyduckel* 2000, S. 107 f.; *Müller* 1965, S. 35: „Ein Autor wie Althusius, der einerseits sich entschieden der Souveränitätslehre anschloß, andererseits den Teilverbänden ein selbständiges Lebensprinzip zuerkannte und auf dieser Grundlage ein durchgängig gestuftes Verbandssystem konstruierte, stand gegen die Tendenz seiner Zeit, die ein freies Vereinswesen von vornherein als Störenfried der öffentlichen Ordnung und als gefährlichen Konkurrenten des sich in langen geschichtlichen Auseinandersetzungen eben erst konsolidierenden Staatsapparates beargwöhnte".
19 Kap. I, § 3 der Politik: „Ziel des symbiotischen politischen Zusammenlebens der Menschen ist eine fromme (sancta), gerechte, angemessene und glückliche Lebensgemeinschaft, der es an nichts notwendigem oder Nützlichem mangelt". (2003, S. 24).
20 Althusius unterscheidet nun auch zwischen dem „corpus politicum" oder „corpus symbioticum", der eine besondere Stufe der Vereinigung darstellt, und „collegium" und „universitas" (*Dohrn-van Rossum* 1978, S. 551; *ders.* 1977, S. 192 f.).
21 Althusius betont (Kap. I, § 29), „daß die Wirkursache der politischen Gemeinschaft die Übereinstimmung und der Vertrag (consensus et pactum) sich vereinigender Bürger ist. Dies geschieht in der Form einer wechselseitigen Verbindung, in der die Menschen das politische Miteinander durch die Gemeinschaft der für das gesellschaftliche Leben notwendigen und nützlichen Dinge begründen, pflegen, fortsetzen und erhalten".
22 Politik, Kap. V, Einleitung: „Denn die menschliche Gesellschaft gelangt in bestimmten Stufen fortschreitend von den kleineren privaten zu den größeren öffentlichen Gemeinschaften", vgl. auch *Wyduckel* 2000, S. 101 f.; *Krawietz* 1976, Sp. 1118.

prinzipiell Ungleichen und deshalb gewissermaßen arbeitsteilig in ihrer Bedürfnisnatur (imbecillitas) aufeinander verwiesenen Bürgern dar.[23] Althusius unterscheidet sein System von Gemeinschaften in (A) die einfachen und privaten (simplex privata) und (B) den gemischten und öffentlichen (mista publica) Gemeinschaften (Kap. II, § 1). Das Ziel der einfachen und privaten ist die wechselseitige Befriedigung der Bedürfnisse auf der Grundlage vertraglicher Beziehung und des gegenseitigen Vertrauens einer emotionalen Gemeinschaft (Kap II, § 2 f.). Sie gliedert er in (A I) die natürlichen (naturalis necessaria) und (A II) die bürgerliche (civilis spontanea in collegio). Zu den natürlichen Gemeinschaften gehören (A I 1.) die Ehe und (A I 2.) die Verwandten (Kap. III). In der bürgerlichen Gemeinschaft (A II) „schließen sich mehrere Personen aufgrund freier Entscheidung und eigenen Willens zusammen, um des gemeinsamen Nutzens und der Notwendigkeit des Zusammenlebens wegen einen gemeinschaftlichen Körper zu bilden" (Kollegien).[24] Sie vereinigen sich auf der Grundlage derselben Tätigkeit etwa als Handwerker oder auch als Gewerbetreibende in „freundschaftlicher Gesinnung und Zuneigung" (Kap. IV, § 23), „um das gemeinsam zu nutzen, was sie hinsichtlich der Aufgaben, der Lebensführung oder der ausgeübten Tätigkeit miteinander verbindet (Kap. IV, § 4). Diese Kollegien werden als mit weitgehenden Befugnissen und Satzungsgewalt (Kap. IV, § 16) ausgestattete Rechtsgemeinschaften verstanden,[25] die demokratisch unter Berücksichtigung eines gewissen Minderheitenschutzes (Kap. IV, § 20) über ihre eigenen Angelegenheiten entscheiden können. Ihr Zusammenschluß dient zugleich dem Wohl der Gemeinde (Kap. IV, § 24). Die öffentliche Gemeinschaft (B) ist die Verbindung mehrerer privater Gemeinschaften zu einer rechtlich verfaßten und völkerrechtlich erlaubten und anerkannten politischen Ordnung als Körperschaft (universitas, Kap. V, § 1 f.). Sie ist vom Wechsel der Mitglieder unabhängig und trägt so Kennzeichen einer juristischen Person des öffentlichen Rechts (Kap. V, § 3 u. 27).[26] Althusius gliedert diese öffentliche Gemeinschaften in (B I) partikulare, durch räumlich enge Grenzen bestimmte, und (B II) universale. Die partikularen werden wiederum in (B I 1) die Körperschaften[27] und (B I 2) die Provinzen (Kap. VII) unterschieden. Entscheidend für die Konzeption der Körperschaft und ihr grundlegender Unterschied gegenüber den modernen Körperschaften ist nun, daß ihre Mitglieder nicht

---

23 *Winters* 1995, S. 35.
24 Interessant ist, daß Althusius im Bereich der privaten Kollegien keine Verbandskörperschaften kennt: „Wenn sich Personen verschiedener Kollegien zusammenschließen, so wird weder von einem Kollegium noch von einer Körperschaft, sondern von einer Art Körper gesprochen". (Kap. IV, § 25). Das auf die gemeinsame Tätigkeit der natürlichen Personen gegründete Kollegium wird als so elementar empfunden, daß es darüber nur etwas ähnliches, nicht aber selbst eine Körperschaft geben kann.
25 Kap. IV, § 16: „Die Rechtsgemeinschaft der Kollegen besteht darin, daß sie in ihrem Kollegium nach demselben Recht und Gesetz leben, sich leiten und verpflichten lassen, aber auch dementsprechend bestraft werden können, sofern dies ohne dem Magistrat vorzugreifen oder die Inanspruchnahme einer fremden Jurisdiktion geschieht". Diese Recht gilt aufgrund Übereinkunft der Kollegen oder Privileg des Magistrats (zum Magistrat näher Kap. XIX).
26 Vgl. aber zu Differenzierungen des Personenbegriffs § 9. Den öffentlich-rechtlichen Charakter dieser Körperschaften begründet Althusius mit dem Recht und der Fähigkeit zur gemeinschaftlichen Teilnahme und Teilhabe im Hinblick auf die nützlichen und notwendigen Dinge dieser Gemeinschaft (Kap. V, § 5).
27 Auf die Darstellung der weiteren Differenzierungen in (B I 1, a) ländliche (Weiler, Dorf, Kleinstadt) und (b I 1, b) städtische (universitas urbana), sowie ihre weiteren Untergliederungen kann hier verzichtet werden.

C. Geschichte der Körperschaft des öffentlichen Rechts

natürliche Personen, sondern die einfachen und privaten Gemeinschaften sind.[28] Die Einzelnen leiten ihren Status von der Körperschaft her. Sie bilden als Vollbürger in den Städten die durch das Gemeinschafts- und Herrschaftsrecht verbundene Bürgergemeinde, die den Präfekten als Bürgermeister einsetzen (Kap. V, § 48 f.). Die universale Gemeinschaft (BII) endlich wird durch einen Zusammenschluß der Städte und Provinzen in Gestalt eines Treuegelöbnisses gebildet (Kap. IX, §§ 1, 3 u. 7), indem sie sich „an Sachen und Diensten wechselseitige Teilhabe gewähren, durch gemeinsame Kräfte und Leistungen zur Begründung, Ausübung und Verteidigung des Rechts der Souveränität (jus regni)".[29] Ziel dieser Gemeinschaft ist das Gemeinwohl (Kap. IX, § 8). Die universale Gemeinschaft, besitzt zwar eine einheitliche souveräne Entscheidungsgewalt zur Ordnung der Glieder des Gemeinwesens im Hinblick auf das Gemeinwohl; ihre Ausübung steht aber prinzipiell dem Gemeinschaftskörper zu und bleibt in bewußter Entgegensetzung zu *Bodin* (§§ 19 ff. u. Kap. XIX, § 4) rechtlich auch an die Beschlüsse der „universellen Versammlung (concilium universale)" der gesamten Glieder, Stände und einzelnen der universalen Gemeinschaft (Kap. XXXIII) gebunden. Diese universale Gemeinschaft gliedert Althusius wiederum (B II 1) in die auf Seelenheil und ewiges Leben gerichtete kirchliche und die der Gerechtigkeit dienende weltliche (B II 2, Kap. IX, 31).[30] So wie diese in ihrer Unterschiedlichkeit und aufgrund derselben ihr Recht behalten, auch wenn sie sich zu Gemeinschaften zusammenschließen, so geht es auch den Gemeinschaften selbst, deren Einordnung in die größeren nicht deren rechtlose Unterwerfung bedeutet. Auch wenn sein Vorbild eher eine alttestamentarische Theokratie[31] und seine Theorie eher eine Beschreibung und begriffliche Fassung seiner Zeit ist,[32] enthält sie im Kern doch manchen Gedanken, der auch für moderne Körperschaften von Bedeutung sein kann. Das betrifft zum einen das Subsidiaritätsprinzip, das Solidaritätsprinzip; vor allem aber gilt auch und gerade bei individuell schwach integrierten ausdifferenzierten gesellschaftlichen Funktions- und Organisationssystemen, daß die gegenseitige Abhängigkeit infolge der Spezialisierung und damit der Unterschiedlichkeit wächst. Das hat eine Entsprechung bei Althusius, wenn er den Staat als politisches System als Funktion der Gesellschaft begreift, statt von der Trennung beider auszugehen.

---

28 Kap. V, § 9 f.: „Die Körperschaft wird in Dig. 46.1.2 eine repräsentative Person (persona repraesentativa) genannt, die die betreffenden Menschen als Gesamtheit, nicht aber als Einzelne umfaßt. Glieder einer Körperschaft sind die verschiedenen einfachen privaten Gemeinschaften der Ehegatten, Familien und Kollegien, nicht hingegen die einzelnen Glieder der Gemeinschaft. Denn sie gelten hier nicht als Ehegatten, Verwandte oder Kollegen, wie in den vorigen Kapiteln dargelegt, sondern sind Bürger eben dieser Körperschaft aufgrund ihres Zusammenschlusses und zwar deshalb, weil sie aus der privaten Symbiose heraustreten und sich zu einem Gemeinschaftskörper verbinden".
29 (Kap. IX, § 1). Glieder dieser universalen politischen Gemeinschaft sind wiederum nicht die Einzelnen (§ 5): „Als Glieder. der symbiotischen universalen Gemeinschaft bezeichne ich nicht einzelne Menschen, auch nicht Familien oder Kollegien, wie in einer privaten oder öffentlichen besonderen Gemeinschaft, sondern vielmehr mehrere Städte, Provinzen und Regionen, die übereingekommen sind, durch wechselseitige Verbindung einen gemeinschaftlichen Körper zu bilden".
30 „In jener muß alles unmittelbar auf den Ruhm Gottes bezogen werden, in dieser auf den Nutzen und das Wohl des zu einer Körperschaft vereinigten Volkes". (Kap. IX, § 31).
31 *Stolleis* 1988, S. 107.
32 *Winters* 1995, S. 38.

Der vordringende Anspruch des Landesfürsten auf die Gemeinwohlkompetenz[33] war die Grundlage für den Versuch der Zurückdrängung aller konkurrierenden Herrschaftsansprüche. Die mittelalterlichen genossenschaftlichen Gilden und Handwerkszünfte, eidgenossenschaftlich selbstverwalteten Städte und anderer Vorformen von Selbstverwaltung paßten nicht mehr zu diesem Selbstverständnis. Sie waren zumeist umfassende Lebensgemeinschaften, die nicht nur normative Tätigkeitsstandards setzten und in eigener Gerichtsbarkeit und Polizei durchsetzten, sondern in zunehmendem Umfang[34] auch Sozial- und kulturelle Leistungen solidarisch erbrachten[35] und – jedenfalls in den größeren Städten – nach außen verteidigten.[36]

Die Praxis des aufkommenden Absolutismus folgte diesem Modell nicht. Auf der Grundlage der landesfürstlichen Gemeinwohlverantwortung wurden Vereinigungen in collegia licita und collegia illicita unterschieden. Je enger die Vereinigung mit dem Gemeinwohl verknüpft war, desto strenger der staatliche Einfluß, dem allerdings eine privilegierte Stellung korrespondierte.[37] Dabei war das Kriterium der Rechtmäßigkeit die verwaltungsbehördliche Genehmigung.[38] Im Zuge der sich konsolidierenden staatlichen Territorialgewalten wurden die überkommenen Vereinigungen mediatisiert oder geradewegs zerschlagen,[39] wobei grundsätzlich kein Unterschied zwischen ständischen und privaten Versammlungen vorgenommen wurde.[40] Entsprechendes galt für die institutionalisierten „universitates" oder „corpora" (Stadt- und Dorfgemeinschaften, Zünfte, Gilden, Landstände, Ritterorden, Universitäten und kirchlichen Stiftungen, von diesen getragene Spitäler, Schulen und Bruderschaften).[41] Ihnen wird wie etwa bei *Kreittmayr* eine genossenschaftliche Struktur,[42] teilweise[43] Rechtsfähigkeit, nicht aber Autonomie zugebilligt. Sie existieren aufgrund staatlicher Genehmigung, deren Aufhebung sie wieder beenden kann und aufgrund derer sie ständig beaufsichtigt und reglementiert werden können.[44] Selbst die privatwirtschaftlichen Handelsgesellschaften konnten korporative Rechte nur aufgrund staatlicher Verleihung erwerben.[45]

Den überkommenen intermediären Ordnungsmächten[46] wurden durch die absolutistische Polizei zunehmend Aufgaben fremdbestimmt auferlegt,[47] die Selb-

---

33 *Willoweit* 1978, S. 14.
34 Im Bereich der Armen- und Krankenpflege und auch des Bildungswesens wurde allmählich der kirchliche Einfluß zurückgedrängt, *Pohl* 1983, S. 19 f.
35 *Pohl* 1983, S. 4 ff.; *Droege* 1983, S. 188 ff.
36 *Pohl* 1983, S. 18 f.
37 *Scheuner* 1978, S. 104: „Freie Vereinigungen, die einen Anteil an den öffentlichen Angelegenheiten erringen wollten, konnte es in diesen streng beaufsichtigten Verbandswesen des absoluten Staates nicht geben".
38 Man stützte sich hierbei auf die grundsätzlich vereinigungsfeindliche Lex Julia des Augustus, *Hardtwig* 1997, S. 360.
39 *Müller* 1965, S. 36 f.
40 *Hardtwig* 1997, S. 362.
41 *Hardtwig* 1997, S. 363 u. 371.
42 Vgl. hierzu *Usadel* 1984, S. 31 f. u. 97 ff.
43 Einschränkend *Endrös* 1985, S. 13 für die Landeskirchen als Korporationen.
44 *Hardtwig* 1997, S. 366: ders. 1990. S. 794.
45 *Scheuner* 1978, S. 103.
46 *Willoweit* 1978, S. 9 ff.
47 Was selbst schon ihren genossenschaftlichen Charakter in Frage stellte und sie so auch ohne ausdrückliche Rechtsänderung, in Anbetracht fehlender Abwehrrechte gegenüber diesen Zuweisungen, an die Staatsmacht band, *Willoweit* 1978, S. 16 f., 22 f.

ständigkeit beschnitten, die soziale Normierung eingeschränkt und durch Amtsleute und fürstliche Beamte regiert.[48] Das vollzog sich nicht in allen Bereichen in gleicher Weise: Während etwa die Universitäten einer starken dauerhaften Aufsicht unterstellt wurden,[49] scheiterte *Friedrich Wilhelm I. von Preußen* in seinem Versuch, die Zünfte zu zerschlagen. Statt dessen band sie *Friedrich II.* durch zahlreiche Reglementierungen in seine merkantilistische Wirtschaftspolitik ein.[50] Sie behielten ihre Bedeutung in einer Gemeinwohlordnung, für die grundsätzlich der Landesherr zuständig war.[51] In dem von ihnen erfaßten Bereich solidarischer Fürsorgeleistungen und gewerblicher Ordnungsfunktionen besaßen sie also auch im absolutistischen Wohlfahrtsstaat eine gewisse Funktionalität.[52] Doch konnten die Landesfürsten während des aufgeklärten Absolutismus erfolgreicher als bisher Zentralisierungen und die Ablösung überkommener Organisationsformen durchsetzen.[53] Die Korporationen sollten möglichst weitgehend in die obrigkeitsstaatliche Verwaltungsorganisation eingeordnet werden, oder es sollte – gewissermaßen umgekehrt wie etwa in Baden – durch Gründung landwirtschaftlicher bzw. „ökonomischer Gesellschaften", die unter der Schirmherrschaft oder geradezu unter dem Vorsitz des Landesfürsten standen,[54] die Wirksamkeit der Verwaltung erhöht werden.[55] Rückgebunden an die ständisch-hierarchische Ordnung erfolgte ihre durchgreifende Umgestaltung erst mit dem Übergang zur modernen Privatrechtsgesellschaft.

Dieser Übergang wurde vorangetrieben durch die neuzeitlichen Vertragskonstruktionen der menschlichen Gemeinschaften. Ein Meilenstein war dabei zunächst die Theorie *Samuel Pufendorfs*.[56] In seinem Entwurf einer durch Freiheit, Vernunft und Zurechnungsfähigkeit gekennzeichneten moralischen Ordnung, zu der die Menschen von der imbecillitas getrieben und zu deren Mitgliedschaft sie durch die socialitas befähigt wurden,[57] hatten natürliche Vernunftwesen ebenso wie Vereinigungen ihren Ort. Beide besaßen hier als personae morales eine eigene moralische

---

48 Aus freiwilligen Mitgliedschaften wurden zunehmend zwangsweise, auch wenn auf dem Land genossenschaftliche Elemente in relativer Bedeutungslosigkeit auch im 18. Jahrhundert noch überlebten, *Willoweit* 1978, S. 13, auch *Scheuner* in der Diskussion zu *Willoweit*, S. 28.
49 Hatten etwa die Kanzler auch an den landesherrlich gegründeten Universitäten des 15. Jh. zunächst nur eher formale Kompetenzen besessen wie etwa die Kontrolle der Einhaltung der für die Universität maßgeblichen Statuten, so wurden sie bald nach dem Ende des Dreißigjährigen Krieges durch Kuratoren ersetzt, den die Aufgabe einer ständigen Kontrolle zukam. In Preußen wurde sogar ein Oberkuratorium für allen hohen Schulen eingerichtet, *Willoweit* 1983, S. 382 f.
50 *Blaich* 1983, S. 440 f.
51 *Willoweit* 1978, S. 25 f.
52 *Hardtwig* 1997, 366.
53 So *Scheuner* in der Diskussion zu *Willoweit* 1978, S. 29 f.; vgl. nur die Entstehung des preußischen Generaldirektoriums 1723. Dazu *Mußgnug* 1992, S. 11; *Hubatsch* 1983, S. 899 ff.
54 Preußisches Edikt zur Beförderung der Landkultur vom 14. September 1811, GS, S. 300. Die enge Verbindung von freier Gründung und staatlichem Einfluß ergab sich im agrarökonomischen Bereich aber auch dadurch, daß zahlreiche Landwirtschaftsbetriebe als Domänen staatlich betrieben wurden. Gleichwohl entwickelten sich aus den ökonomischen Gesellschaften zahlreiche Anstöße zu den Agrarreformen, *Ullmann* 1988, S. 33.
55 *Blaich* 1983, S. 446, der darauf hinweist, daß mit derartigen abhängigen Ausgliederungen das Behördensystem des absolutistischen Staates an seine Grenzen gelangt sei, a. a. O., S. 447; *Hendler* 1984, S. 93.
56 Vgl. *Dohrn-van Rossum* 1977, S. 195 f. *Denzer* 1972, S. 206 f.
57 *Hammerstein* 1995, S. 179.

Würde.⁵⁸ Innerhalb der moralischen Personen kann Pufendorf dann den Einzelnen als persona moralis simplex von den personae morales compositae⁵⁹ und diese wiederum in corpora privata und corpora publica unterscheiden. Die letzteren werden weiter differenziert in personae sacrae und personae politicae.⁶⁰ Die privaten Gesellschaften sind frei und durch ihre Mitglieder gegründet,⁶¹ während die corpora publica ihren öffentlichen Charakter der staatlichen Verleihung verdanken. Zusammen mit der Einordnung aller Verbände in die Gemeinwohlordnung macht der Personenstatus das Gemeinsame von Individuum, Verbänden und Staat aus. Die Differenz zwischen letzterem und jenen besteht in der suprema potestas, die Pufendorf als absolut versteht.⁶² Dieser Souveränität des Staates würde entgegenstehen, wenn sich Vereinigungen aus eigener Macht bilden könnten.⁶³ Ihre Verbandsgewalt ist vielmehr von seiner abgeleitet. Daher unterliegen alle Vereinigungen in ihrem öffentlichen Wirken umfassenden Staatsvorbehalten.⁶⁴ Weil die Individuen noch nicht als Personen aus eigenem Recht, sondern objektiv als Angehörige einer moralischen Ordnung, deren Träger der Staat als souveräner Hüter des Gemeinwohls ist, gelten, erhalten auch ihre Zusammenschlüsse Legitimation nur durch seine Genehmigung, insbesondere die Kirchen, sofern sie ein exercitium religionis publicum ausüben wollen. Zur öffentlichen Religionsausübung bedürfen sie der staatlichen Verleihung des Status einer Körperschaft des öffentlichen Rechts.⁶⁵ Öffentlich ist die Kirche als corpora sacra also nicht aufgrund staatlicher Gründung, sondern aufgrund staatlicher Genehmigung. Zusammen mit einer gewissen Aufsicht ordnet sich der Staat die Kirchen unter und bindet sie an den Gemeinwohlauftrag, für den er die Hauptverantwortung beansprucht.⁶⁶ Insofern ist es richtig, in Pufendorf den Ahnherrn der weiteren Diskussion um den staatskirchenrechtlichen Begriff der Körperschaft des öffentlichen Rechts zu sehen.⁶⁷ Ein Bedürfnis für eine kategoriale Unterscheidung zwischen öffentlichen und privaten Vereinigungen besteht aber vor diesem Hintergrund noch nicht. Pufendorfs Ansatz weist aber den Weg zu einer Delegitimation von gemeinwohlverpflichteten Körperschaften aus eigenem historischem Recht und ihre Ableitung aus dem hoheitlichen staatlichen Recht.

---

58 *Kirste* 2001, S. 351 f.; *Lipp* 1982, S. 222 f.
59 Dabei nimmt er vom Staat zu schützende Rechte vorstaatlicher Gemeinschaften wie etwa der Familie an. Beschränkt werden können nur die Rechte von corpora, die in einem bestehenden Staat gebildet worden sind (*Denzer* 1972, S. 206 f.).
60 *Endrös* 1985, S. 12 u. 58 f., der allerdings unzutreffend annimmt, Pufendorf gehe sowohl für die öffentlichen als auch für die staatskirchenrechtlichen Körperschaften von den Religionsgesellschaften aus. Endrös wird insofern durch die von ihm selbst angeführten Zitate widerlegt. Corpus publicum ist nicht identisch mit den zu dieser Zeit nichtrechtsfähigen evangelischen Landeskirchen, so aber *Endrös* 1985, S. 61; wie hier *Hardtwig* 1997, S. 365; *Bieback* 1976, S. 42.
61 „Quando plura individua humana ita inter se uniuntur, ut quae istius unionis volunt aut ergunt, pro una voluntate actione, non pro pluribus censeantur", Pufendorf: De jure naturae et gentium, libri octo, Buch I, Kap. I, § 13, zit. nach *Hardtwig* 1997, S. 365.
62 *Bieback* 1976, S. 34.
63 *Hammerstein* 1995, S. 187.
64 *Bieback* 1976, S. 35; *Denzer* 1972, S. 207.
65 *Endrös* 1985, S. 61.
66 *Scheuner* 1978, S. 100.
67 Die dann freilich im zwanzigsten Jahrhundert gerade um die Zurückdrängung des Staatseinflusses kreiste. Es bleibt aber die Besonderheit einer im gesellschaftlichen Bereich wurzelnden und doch mit einem öffentlich-rechtlichen Status versehenen Körperschaft.

Dieser öffentliche Charakter von Korporationen aufgrund ihrer Zuordnung zum Staat wurde von *J. H. Boehmer* und *H. G. Scheidemantel* weiterentwickelt, von *Christian Wolff* dann aber auf die Unterscheidung zwischen Entstehung und polizeilicher Genehmigung zugespitzt.[68] Mit seiner eher subjektiven Konzeption der moralischen Person,[69] die auf die „Fiktion des moralischen Menschen"[70] als freiem und gleichen basiert, bestand die Möglichkeit, deutlicher als bisher zwischen der Gründung eines Verbandes, die ohne staatliche Mitwirkung erfolgen konnte, und der staatlichen Anerkennung oder Genehmigung zu differenzieren. Auf dieser Grundlage unterscheidet *D. Nettelblatt* private Gesellschaften, die im gleichen Verhältnis wie Bürger zum Staat stehen und öffentliche, denen staatliche Gewalt übertragen wurde.[71] Auch *Gönner* denkt die öffentlichen Vereine als Bestandteil des Staates. Während Reichspublizistik (*J. J. Moser*) und Reichsstaatsrecht (*J. S. Pütter*) die privaten Verbände noch unter der prinzipiell selben Oberaufsicht durch Duldung, Genehmigung oder Bestätigung wie die öffentlichen sahen, die nur durch die Wichtigkeit für das Gemeinwohl unterschieden sein sollten,[72] wiesen damit die Naturrechtskonzeptionen in der Nachfolge Wolffs bereits auf wichtige Aspekte der Zugehörigkeit der öffentlichen Verbände zum staatlich-hoheitlichen Bereich und der privaten zu einem zwar auch auf das Gemeinwohl bezogenen, durch das Fehlen hoheitlicher Befugnisse von diesem aber qualitativ geschiedenen Bereich.

Der eigentümlichen Spannung zwischen aufgeklärter, zukunftsgerichteter Staatsplanung einerseits und vergangenheitsorientiertem ständischen Herkommen entsprechend,[73] knüpfte das ALR im Gesellschaftsrecht sowohl an das Wolffsche Naturrecht als auch an die staatsrechtlich-ständische Tradition an. Im ALR wurde schließlich der Begriff der „societas" als Grundbegriff für menschliche Zusammenschlüsse, aus denen die an den Staat gebundene bürgerliche Gesellschaft gebildet sein sollte,[74] anerkannt.[75] Mit ihm war ein gemeinsamer Terminus für die gesellschaftlichen Rechte und Pflichten von Universitäten, Gemeinden, Zünften, Kirchen und Sekten und freier Vereinigungen mit der charakteristischen Ausnahme der Erwerbsgesellschaften gefunden.[76] In dieser Allgemeinheit des Anknüpfungspunktes war das ALR ständisch neutral[77] und bereitete so den Weg zu

---

68 *Hardtwig* 1997, S. 369.
69 *Kirste* 2001, S. 352 f.; *Lipp* 1982, S. 238 u. 254.
70 Ius naturae § 70; dazu *Lipp* 1982, S. 240 f.
71 *Bieback* 1976, S. 41.
72 *Müller* 1965, S. 240 f.; *Kahl* 2000, S. 45.
73 *Koselleck* 1989, S. 24 („Doppelseitigkeit des Landrechts, ebenso Rechts- und Sozialwirklichkeit zu erfassen wie ein Modell zu setzen") u. passim.
74 I, 1, § 2 ALR: „Die bürgerliche Gesellschaft besteht aus mehreren kleineren, durch Natur oder Gesetz, oder durch beide zugleich, verbundenen Gesellschaften und Ständen".
75 So die Legaldefinition II 6 § 1: „Unter Gesellschaften überhaupt werden hier Verbindungen mehrerer Mitglieder des Staats zu einem gemeinschaftlichen Endzweck verstanden". Dazu auch die fast identische Definition in *Hufelands* Naturrecht: „§ 284. Gesellschaft (societas) ist eine Verbindung mehrerer Menschen, in der Absicht, um mit vereinten Kräften einen Zweck zu erreichen. § 296. Man kann die Gesellschaft wegen der Vereinigung ihrer Kräfte zu einem Zweck als eine moralische Person ansehen", zit. nach *Lipp* 1982, S. 249; zum Vereinsrecht des ALR auch *Hueber* 1984, S. 116 f.
76 *Koselleck* 1989, S. 42.
77 *Koselleck* 1989, S. 72: „...es waren nirgends ständische Ansprüche mehr, sondern allein die Relation zum Gemeinwohl, die die Gesellschaften hierarchisch stuften". Erst 1807 wurden die Standesgrenzen endgültig beseitigt.

allgemeinen Staatsbürgerrechten und damit auch zu funktional differenzierten Gesellschaften, denen man sich aus partiellen Gründen heraus anschloß. Ihnen war man nicht mehr mit seiner ganzen Person verhaftet, dafür aber ebenso nicht mehr entsprechend abgesichert. Anknüpfend an den gemeinsamen Zweck, konnte in erlaubte Societates, nämlich solche, deren Zwecke dem Gemeinwohl entsprachen (II 6 § 2 ALR), und unerlaubte, bei denen das nicht der Fall war (II 6 § 3 ALR) bzw. die aus anderen Gründen verboten waren (II 6 § 4 ALR), unterschieden werden.[78] Neben der schlicht erlaubten finden sich dann die privilegierten Gesellschaften (II 6 § 22 f. ALR) und die „zu einem fortdauernden gemeinnützigen Zwecke verbundenen" Corporationen und Gemeinden (II 6 §§ 25 ff. ALR). Diese drei Gesellschaften unterschieden sich hinsichtlich ihrer Entstehung, Rechtsfähigkeit und Nähe zum Staat. Während die „erlaubte Gesellschaft" frei gebildet und aufgelöst werden konnte, nur einer formalen repressiven Aufsicht unterlag (II 13 § 13 u. II 6 §§ 3, 4 ALR),[79] aber auch im Verhältnis zu Dritten keine Rechtspersönlichkeit besaß und nicht handlungsfähig war, richteten sich die Rechte und Pflichten der „privilegierten Gesellschaften" nach den Privilegien (II 6 § 22 ALR), die nur unter engen Voraussetzungen wieder entzogen werden konnten.[80] Die ausdrücklich als solche anerkannten Corporationen und Gemeinden schließlich besaßen Privatrechtsfähigkeit (II 6 § 81 ALR), waren aber durch Aufsicht, insbesondere auch weitreichende Finanzkontrolle, zahlreiche präventive Genehmigungsvorbehalte[81] und die Möglichkeit bzw. Notwendigkeit der Aufhebung durch staatliche Genehmigung (II 6 § 181 f.) so weitgehend in den Staatsapparat eingegliedert, daß nach modernen Begriffen eher von einer Anstalt als von einer Körperschaft – jedenfalls kaum noch von einer Organisation mit Autonomie zu sprechen wäre.[82] Das gilt insbesondere in den Angelegenheiten, in denen hoheitliche Befugnisse geregelt wurden wie beim Aufstellen von Statuten über ihre innere Einrichtung und die Polizei, die der vollen inhaltlichen Prüfung der „vorgesetzten Landes-Polizei-Instanz" unterworfen waren (II 8 § 115 ff.). Die Landeskirchen galten nicht mehr als Corporationen.[83] Immerhin finden sich Ansätze zu einer Bürgergemeinde mit Repräsentanten, deren Rechte schon in Richtung der Steinschen Städteordnung wiesen.[84] Den Vereinheitlichungs- und Zentralisierungstendenzen des ALR insgesamt entsprechend,[85] wurden so die öffentlichen Corporationen enger an den Staat gebunden und die erlaubten Gesellschaften deutlicher von ihnen geschieden. Beides

---

78 Bezeichnenderweise ist auch hier das besondere Gesellschaftsrecht konservativer als die Einleitung des ALR. War dort schon auf die Ähnlichkeit der Beziehung zum Gemeinwohl als Kriterium des Standes verzichtet und das formalere und individualistischere Kriterium der gleichen Geburt, Hauptbeschäftigung gleicher Rechte in der bürgerlichen Gesellschaft gewählt worden (*Koselleck* 1989, S. 54 zu I 1, § 6 ALR), so kam im Gesellschaftsrecht der Nähe zum Gemeinwohl weiterhin eine klassifikatorische Bedeutung zu.
79 *Bieback* 1976, S. 53.
80 Das Personal der privilegierten Gesellschaften hatte den Status von mittelbaren Staatsbeamten, § 69 II 10 ALR.
81 *Bieback* 1976, S. 55.
82 *Bieback* 1976, S. 55; *Kahl* 2000, S. 54 f.
83 *Endrös* 1985, S. 18.
84 *Koselleck* 1989, S. 43.
85 *Hubatsch* 1983, S. 924; *Wolff/Bachof/Stober* 1999, S. 104 f.; *Koselleck* 1989, S. 37 f.

blieb aber eingegliedert in eine Gemeinwohlordnung.[86] In Preußen wurden dann die Zünfte durch das Edikt über die Gewerbesteuer 1810 in ihrer bisherigen Form endgültig aufgelöst.[87] Andere Korporationen, vor allem die adligen und landwirtschaftlichen blieben aber erhalten.[88] Die Universitäten wurden als privilegierte Corporationen (II 12 § 67) und zugleich als Veranstaltungen des Staates geführt, die genehmigungspflichtig waren (II 12 § 1 u. 2 ALR).[89] Hiermit wurde ihnen eine gewisse Freiheit innerhalb der allgemeinen staatlichen Funktionsbestimmung der Wissenschaft gewährt.[90]

Zu Recht faßt *Scheuner* das Bild der staatlichen Verbandsbildung und Verbandsaufsicht in Deutschland zusammen, indem er festhält, daß „in ihm eine Reihe korporativer Einheiten, von den Städten und den Zünften bis zur Ritterschaft erhalten [bleiben], aber unter straffer Aufsicht des Staates in dessen Aufbau eingeordnet. Frei gebildete Vereinigungen waren nicht unterdrückt und im geselligen und kulturellen Bereich anzutreffen, aber allen Vereinigungen, die sich öffentlichen Fragen zuwandten, begegnete alsbald die staatliche Macht".[91] Die dichte Kontrolle der Vereinigungen hinderte nicht, daß schon gegen Ende des Jahrhunderts eine Fülle von Vereinigungen entstand, in denen, ausgerüstet mit gleichem Stimmrecht für jedes Mitglied, freie Vorstandswahl und geheime Abstimmung über die Aufnahme neuer Mitglieder,[92] bürgerliche Selbstbestimmung praktiziert wurde. Neben die polyfunktionalen, historisch gewachsenen Gebilde der Korporationen traten immer mehr die spezifischen Zwecken gewidmeten, freiwillig gebildeten Vereine.[93] Eher führte die Kontrolle dazu, daß sich Bürger zu Geheimgesellschaften wie den Freimaurern und besonders den Illuminaten zusammenfanden, um aus dem verborgenen, „geheimen Innenraum" nach außen öffentlich wirken zu können.[94] Eine scharfe Trennung zwischen öffentlichen und privaten Verbänden bestand noch nicht, vielmehr eine Skala von Organisationsformen, die mehr oder weniger öffentlicher Genehmigung und Einfluß ausgesetzt waren.[95] Das bürgerliche Ver-

---

86 Koselleck 1989, S. 25 ff. u. 55: *Svarez* sprach zeitgenössisch von „Glückseligkeit". Zugleich blieb der gemeinschaftliche Endzweck Grenze der Einschränkbarkeit der subjektiven Rechte der Bürger (ALR, Einl. § 79), auch der Staat also – wenigstens prinzipiell – an das Gemeinwohl gebunden.
87 Und bestanden nur noch als privatrechtliche Vereine fort, *Ullmann* 1988, S. 41; *Rüfner* 1983, S. 476.
88 Sie hielten sich teilweise noch bis ins 20. Jahrhundert hinein, *Scheuner* 1978, S. 108 f. Im Laufe des 19. Jahrhunderts bildeten sich daneben aber landwirtschaftliche Vereine, die nicht nur beträchtliche Staatsmittel zur Unterstützung der Landwirtschaft verwalteten, sondern auch für ihre Personal- und Geschäftsunkosten erhebliche staatliche Subventionen erhielten, so daß ihr privater Charakter durchaus zweifelhaft sein konnte, *Rüfner* 1983, S. 484.
89 „Schulen und Universitäten sind Veranstaltungen des Staates, welche den Unterricht der Jugend in nützlichen Kenntnissen und Wissenschaft zur Absicht haben. Dergleichen Anstalten sollen nur mit Vorwissen und Genehmigung des Staates errichtet werden. Universitäten haben das Recht privilegierter Korporationen".
90 *Hailbronner* 1996 Rn. 2.
91 *Scheuner* 1978, S. 102; auch *Hardtwig* 1984, S. 11: Dies entsprach in etwa auch der Haltung der meisten deutschen Staaten bis 1848.
92 Wie etwa in den Lesegesellschaften, *Wehler* 1987, S. 321.
93 *Ullmann* 1988, S. 20; ein deutlicher Beleg für *Henry Sumner Mains* Entwicklungsthese „from Status to Contract", vgl. *Teubner* 1978, S. 36.
94 Sie suspendierten die korporativ-ständischen Schranken, um neue Kommunikationsräume der Gebildeten zu eröffnen, *Hardtwig* 1984, S. 13; *Wehler* 1987, S. 322. Auf der Basis der Gleichheit als Mensch bildete sich in diesen allerdings eine strenge Hierarchie der Fähigkeitsstufen aus.
95 Vgl. auch *Brohm* 1969, S. 146.

einswesen, mit den sich das Bürgertum seinen gewachsenen wirtschaftlichen und kulturellen Bedürfnissen und Leistungen entsprechend organisatorisches Gehäuse geschaffen hatte, war aber eine wichtige Grundlage für seine Mündigkeit und damit die Forderung auch nach einem verfassungsrechtlichen Wandel.[96]

IV. Die Entstehung der neuen Körperschaften des öffentlichen Rechts in der ersten Hälfte des 19. Jahrhunderts

Die erste Hälfte des 19. Jahrhunderts ist gekennzeichnet durch eine Steigerung des Organisationsgrads der Gesellschaft.[97] Das gilt keineswegs nur für städtische, sondern auch für ländliche Gebiete.[98] Die Organisation erfolgt immer weniger als Repräsentation von festgefügten Ständen, sondern von Interessen, und fördert so die soziale Ausdifferenzierung der Gesellschaft in selbständige Funktionssysteme.[99] Gleichwohl ist die Wende vom 18. zum 19. Jahrhundert kein Fixpunkt für den Ursprung moderner Organisationen. Arbeitsteilung in einer stabilen Gemeinschaft ist ein wesentlich älteres Prinzip, so daß etwa Klöster mit ihren Ordensregeln als wichtige Vorläufer von Organisationen angesehen werden müssen.[100] Nicht nur der Staat wird jedoch jetzt rational organisiert und modernisiert,[101] auch die gesellschaftlichen Kräfte, die sich neue Betätigungsfelder erschlossen haben und denen über die Gewerbefreiheit und die Bauernbefreiung neue Bereiche eröffnet wurden,[102] versuchen ihre Wirksamkeit durch eine stärkere Organisiertheit zu steigern.[103] Vereine der verschiedensten Art entstehen und vermehren sich geradezu explosionsartig[104] zur gleichen Zeit, in der der Staat seinen Einflußbereich durch die rechtliche Verselbständigung von Aufgaben ausweiten will. Die bürgerliche Gesellschaft selbst organisiert und mobilisiert sich in Vereinigungen mit den unterschiedlichsten Zielen, so daß einerseits eine Entindividualisierung und Bündelung der Interessen möglich ist, andererseits aber auch gerade diese partikular-integrierten Interessen

---

96 *Mußgnug* 1993, S. 151: „Der kulturelle Umschwung des 18. Jahrhunderts und der ein paar Jahrzehnte weiter zurückreichende wirtschaftliche Aufstieg des Bürgertums schufen so die Voraussetzungen für den zu Beginn des 19. Jahrhunderts vollzogenen Verfassungswandel. Ohne sie hätten die Bürger diesen Wandel nicht eingefordert; ohne sie hätte man ihre Forderungen nicht erfüllt".
97 Der nicht nur das Vereinswesen der ständischen Oberschicht, sondern Assoziationen aller sozialen Schichten erfaßt, *Hardtwig* 1984, S. 18; *Türk/Lemke/Bruch* 2002, S. 88 ff.; allgemein auch *Etzioni* 1971, S. 9 f., 114.
98 Besonders im Vereinswesen. Im ländlichen Bereich entstehen, beginnend mit der Jahrhundertwende, immer mehr Landwirtschafts- (Preußen 1808–20: 8 Vereine, bis 1840 109, bis 1856 408), Wohltätigkeits- und Unterstützungsvereine, *Hardtwig* 1984, S. 18 f. – das relativiert die These (*Mayntz* 1963, S. 15; *Tenfelde* 1984, S. 71 f.) von dem überwiegend städtischen Phänomen der Vereine.
99 *Luhmann* 2000, S. 230; ders. 1997, S. 829, 836; *Türk/Lemke/Bruch* 2002, S. 90 f.
100 *Weber* 1980, S. 696 f.; *Kieser* 1992, Sp. 1653 f.
101 Und zwar gerade auch wie in Preußen durch eine liberale bürgerliche Bürokratie: *Heffter* 1969, S. 88.
102 Vgl. hierzu auch *Mußgnug* 1993, S. 154 ff.
103 Um so zugleich mit der Armut fertig zu werden, die sich infolge des Wegfalls der der Unfreiheit korrespondierenden Schutzansprüche gegenüber den Herren und Meistern ausbreitete. Selbstorganisation war gefordert, weil „Preußen. eine nicht mehr zeitgemäße, ungerechte, aber noch immer funktionierende Sozialordnung über Bord geworfen [hatte, S. K.], ohne eine neue in gleicher Weise funktionstüchtige an ihre Stelle zu setzen", *Mußgnug* 1993, S. 156.
104 *Nipperdey* 1976, S. 175; *Türk/Lemke/Bruch* 2002, S. 134.

schlagkräftig aufeinander prallen. Der Aufschwung des Vereinswesens in der zweiten Hälfte des 18. Jahrhunderts geht nun in eine Spezialisierung und Differenzierung der Vereinslandschaft über.[105] Zugleich beginnen erste Konzentrations- und Verbandsbildungsprozesse, bei denen die ersten Dachverbände entstehen. Der Hintergrund ist auch politisch: Das Ziel des nationalen Zusammenschlusses auf dem Weg über die Bildung von Kultur- und Wissenschaftsgemeinschaften.[106]

In vielfacher Hinsicht ist die dabei reklamierte private Vereinigungsfreiheit richtungsweisend für die moderne Organisationsbildung geworden.[107] Insbesondere die mit ihr implizierte Möglichkeit des Austritts[108] kennzeichnet die meisten Organisationen seither und unterscheidet sie von mittelalterlichen Organisationen, die den Menschen ganz umfaßten und so keine Trennung von allgemeinem Gesellschaftssystem und Organisationssystem ermöglichten. Angesichts der prinzipiell möglichen Exit-Option bedarf nun eine Zwangsmitgliedschaft einer besonderen Rechtfertigung. Austrittsmöglichkeit bedeutet auch, daß der Verbleib in der Organisation eine Entscheidung verlangt. Von diesem Anfang an sind somit Organisationen keine natürlichen, sondern auf Entscheidung beruhende soziale Gebilde. Träger dieser Entwicklung ist auch nicht ein in der Vergangenheit wurzelnder Adelsstand, der sich gegenüber der nicht voll ausdifferenzierten politischen Führung eine Mitregierung sichert, wie in England, sondern im wesentlichen der zu Selbstbewußtsein erwachte, aber noch nicht über politische Gestaltungsmittel verfügende dritte Stand.[109]

1. Organisationstheorie an der Wende zum 19. Jahrhundert

Es wäre ein Irrtum, den Beginn der Organisationstheorie ins 20. Jahrhundert verlegen zu wollen.[110] Das Wesen menschlicher Verbände zu untersuchen, gehört zur Sozialphilosophie seit ihren Anfängen. Die Wende zum 19. Jahrhundert hat der Beschäftigung mit dem Thema aber einen neuen Schub und einen Terminus gebracht. Ausdifferenziert wurden nicht nur die Organisationen, sondern auch die Organisationstheorie. Mit dem Ende des 18. Jahrhunderts löst sie sich, von Frankreich kommend,[111] allmählich von der Vorstellung des Abbilds einer übernatürlich-perfekten Ordnung,[112] der zufolge etwa das Deutsche Reich als ein politischer Körper mit dem

---

105 *Hardtwig* 1984, S. 15.
106 *Hardtwig* 1984, S. 16.
107 Vgl. auch *Kieser* 1992, Sp. 1651.
108 *Türk* 1992, S. 1636.
109 *Sieyès* 1981.
110 Vgl. *Waldo* 1961, S. 225, der beispielhaft auf das Frontispiz von Hobbes' Leviathan und im übrigen auf Ansätze bei Platon und Aristoteles verweist.
111 Das entscheidende Ereignis war die Französische Revolution. Sie machte klar, „daß durch aktives und revolutionäres Handeln aus bestehenden Verhältnissen heraus eine umstürzende Veränderung, ja völlige Neugestaltung der gesamten politischen und sozialen Ordnung in Angriff genommen und in großen Schritten zustande gebracht wird, und dies nicht primär als Ausfluß äußerer Einwirkungen oder Naturereignisse, sondern als Ergebnis bewußter, von Ideen getragener und sich auf neue Prinzipien berufender planvoller Tat, die sich zur umfassenden Disposition über die menschlichen Lebensverhältnisse imstande und legitimiert fühlt". *Böckenförde* 1978, S. 566.
112 Hierzu ausführlich *Dohrn-van Rossum* 1978, S. 521 ff.; „Organisation" leitet sich sprachlich vom Begriff der „organisatio", der in der medizinisch-naturwissenschaftlichen Sprache des 14. Jahrhunderts

Kaiser als Haupt und den Reichsständen als Gliedern verstanden wurde, und unterscheidet natürliche und „künstliche" Organisationen.[113] Während die letzteren fremdgesteuert sind (Mechanismus), bilden die ersteren einen sich selbst organisierenden Funktionszusammenhang (Organismus), der an der Vorstellung der Wechselwirkung[114] von Teil und Ganzem orientiert ist.[115] Diese Organismusmetapher wird dann auch auf den Staat übertragen.[116] So schreibt etwa *Johann Gottlieb Fichte* in der „Grundlage des Naturrechts von 1796: „In dem organischen Körper erhält jeder Teil immerfort das Ganze und wird, indem er es erhält, dadurch selbst erhalten; ebenso verhält sich der Bürger zum Staat. Und zwar, es bedarf bei dem einen so wenig wie bei dem anderen einer besonderen Veranstaltung für diese Erhaltung des Ganzen, jeder Teil, oder jeder Bürger erhalte nur sich selbst in dem durch das Ganze ihm bestimmten Stande, so erhält er eben dadurch an seinem Teil das Ganze; und eben dadurch, daß das Ganze jeden Teil in diesem seinem Stande erhält, kehrt es in sich selbst zurück, und erhält sich selbst".[117] *Hegel* löst schließlich die Begriffe von Organismus und Organisation von ihrer Beziehung auf die Natur und verwendet sie systematisch und differenziert zur Erfassung des inneren Staatsrechts des „sittlichen Staates" – während er den äußeren, bloß für Sicherheit sorgenden Staat als Maschine beschreibt.[118] Die Entgegensetzung von Organismus als lebendigem Zusammenwirken der Teile und Organisation als Einrichtung des Zusammenwirkens bleibt für die Folgezeit prägend, so daß eine „organische Organisation" – etwa der Verwaltung im Dienste des Ganzen – zur Forderung werden kann.[119]

Dabei gewinnt zunehmend die Ansicht an Bedeutung, daß diese Organisation einer gezielten Einrichtung bedarf und nicht einfach historisch gewachsen sein kann. Mit der Einsicht in die notwendige Hergestelltheit der Organisation wird zugleich ihre Rationalität der Organisation freigesetzt; denn wie derjenige, der eine Maschine erfindet, ihre Wirkgesetze und das Zusammenspiel ihrer Teile verstanden

---

verwendet wird, her, *Dohrn-van Rossum* 1978, S. 559. Er scheint im Rahmen einer naturwissenschaftlichen Organik zur Abgrenzung von kulturellen Erzeugnissen bereits im 18. Jh. geläufig zu sein, *Luhmann* 1984, Sp. 1326. Als staatsrechtlich-politischer Begriff dürfte er wohl zuerst von *Sieyès* verwendet worden sein (*Böckenförde* 1978, S. 567).

113 Sogar „organisiertes Kunstwerk" etwa bei Beck, vgl. *Böckenförde* 1978, S. 563.

114 So insbesondere bei *Friedrich Wilhelm Joseph Schelling* im „System des transzendentalen Idealismus" (1992, S. 162): „Die Organisation ist. die höhere Potenz der Kategorie der Wechselwirkung. Der Grundcharakter der Organisation ist also, daß sie mit sich selbst in Wechselwirkung Produzierendes und Produkt zugleich sei". Organismus ist für ihn ein Mikrokosmos, vgl. *Hollerbach* 1957, S. 141 f.

115 „Ein organisiertes Wesen ist also nicht bloß Maschine: denn die hat lediglich bewegende Kraft", der Organismus hingegen „Produkt einer von den Teilen) desselben unterschiedenen vernünftigen Ursache, deren Kausalität (in Herbeischaffung und Verbindung der Teile) durch ihre Idee von einem dadurch möglichen Ganzen. bestimmt wird". (KdU § 65); vgl. *Böckenförde* 1978, S. 580; *Hollerbach* 1957, S. 144.

116 Klassisch Kant in der KdU: „So hat man sich bei einer neuerlich unternommenen gänzlichen Umbildung eines großen Volks zu einem Staat des Worts Organisation häufig für Einrichtung der Magistraturen usw. und selbst des ganzen Staatskörpers sehr schicklich bedient. Denn jedes Glied soll freilich in einem solchen Ganzen nicht bloß Mittel, sondern zugleich auch Zweck, und, indem es zu der Möglichkeit des Ganzen mitwirkt, durch die Idee des Ganzen wiederum, seiner Stelle und Funktion nach, bestimmt sein". (§ 65 Anm. [1991], S. 238); vgl. *Böckenförde* 1978, S. 580 f.; *Luhmann* 2000, S. 12 f.

117 *Fichte* 1960, S. 203; *Böckenförde* 1978, S. 583; *Hollerbach* 1957, S. 144 f.

118 Grundlinien §§ 183, 259 und öfters; vgl. die Nachweise bei *Böckenförde* 1978, S. 584 Fn. 391. Der Gegensatz äußere Maschine – Organismus wird dann insbesondere von Herder und der Romantik aufgegriffen und ausgebaut, *Dohrn-van Rossum* 1977, S. 293 ff.; *Mayer-Tasch* 1971, S. 10 f.

119 So etwa Wilhelm Joseph Behr, vgl. *Böckenförde* 1978, S. 596.

C. Geschichte der Körperschaft des öffentlichen Rechts

haben muß, so auch der Erfinder die „Staats-Maschine" (*Schlözer*).[120] Auch wenn der Staat gerade nicht als äußerer Mechanismus,[121] sondern als kunstvoll einzurichtender „Organismus der Freiheit" (*Schelling*),[122] verstanden wird, muß es darum gehen, seine innere Ordnung als Freiheitsordnung auszugestalten. Diesen „Organismus der Freiheit" denkt Schelling aber als eine von der Willkür der Individuen losgelöste Organisation.[123]

Das so geschaffene Gebilde bedarf dann der rechtlichen Ordnung, wie es *Sieyès* ausführt: „Man kann unmöglich eine Körperschaft zu einem bestimmten Zweck schaffen, ohne ihr eine Organisation, Verfahrensregeln und Gesetze zu geben, die es ihr ermöglichen, die ihr gesetzten Aufgaben zu erfüllen".[124]

Mit der Herauslösung der Organisationstheorie aus den Zusammenhängen der Substanzmetaphysik wird zugleich eine stärkere Fixierung und Technisierung ihrer Grundbegriffe möglich.[125] Allen voran die Begriffe von Organisation und selbst des Organismus. Beide finden schnell Eingang in die Gesetzes- und Rechtssprache.[126] Sie lösen sich aus der bisherigen Körpermetaphorik und erhalten eine technische Fassung, die in neueren naturwissenschaftlichen Vorstellungen wurzelt.[127] Sollte mit der natürlichen Organismusvorstellung bisher die Einbindung von menschlichen Gemeinschaften in kosmische Ordnungen bezeichnet werden, so hat Organisation von Anfang an die Konnotation von: Zusammenordnung von Teilen zu einem Ganzen und der Unterscheidung von den internen Beziehungen dieser Teile und externen Beziehungen.[128] Organisation meint nun – wie etwa beim *Freiherrn vom Stein* – einerseits die innere Einrichtung, die Zuständigkeiten und die Ordnung des Geschäftsablaufs von Behörden, andererseits aber auch tiefgreifende Reformen des Behördenaufbaus oder der Staatsordnung insgesamt und der in ihnen wirkenden Menschen.[129] Auf dieser Grundlage konnte dann auch der Begriff der Organisationsgewalt als der Befugnis, Behörden und andere Einrichtungen zu schaffen und ihnen Kompetenzen zuzuweisen, sowie ihr Verfahren zu regeln, entwickelt

---

120 Dies wurde später von *Wilhelm Dilthey* auf den kulturwissenschaftlichen Punkt gebracht: „Wie die Systeme der Kultur: Wirtschaft, Recht, Religion, Kunst und Wissenschaft, wie die äußere Organisation der Gesellschaft in den Verbänden der Familie, der Gemeinden, der Kirche, des Staates aus dem lebendigen Zusammenhang der Menschenseele hervorgegangen sind, so können sie schließlich auch nur aus diesem verstanden werden". *Dilthey*1960, S. 247; dazu auch *Kirste* 1998, S. 404 ff.; zu Schlözers Auffassung: *Stolleis* 1988, S. 317 f.; *Böckenförde* 1978, S. 564.
121 Dezidiert der frühe *Georg Wilhelm Friedrich Hegel* im „Ältesten Systemprogramm des deutschen Idealismus" von 1796/97 (1986, S. 234 f.): „Denn jeder Staat muß freie Menschen als ein mechanisches Räderwerk betrachten; und das soll er nicht; also soll er aufhören".
122 Verstanden nicht als Organismus, der aus freien Individuen hervorgegangen ist, sondern als Gebilde, das näher am Absoluten als dem tragenden Grund auch der subjektiven Freiheit steht, *Hollerbach* 1957, S. 152 f., 164 f. u. 316, zur Ablehnung mechanistischer Vorstellungen bei Schelling, ders., a. a. O., S. 162 f.
123 „Jede Organisation ist also ein *Ganzes*; ihre *Einheit* liegt *in ihr selbst*, es hängt nicht von unserer Willkür ab, sie als Eines oder als Vieles zu denken". *Schelling* 1907, S. 137.
124 „Das nennt man die Verfassung einer Körperschaft.", *Sieyès* 1981, S. 166; hierzu auch *Dohrn-van Rossum* 1977, S. 253 f.
125 *Dohrn-van Rossum* 1978, S. 520; allgemein zum Verhältnis von Organismus und Organisation auch *Wolff* 1933, S. 14 f.
126 *Böckenförde* 1978, S. 569.
127 *Böckenförde* 1978, S. 561.
128 *Luhmann* 1984, Sp. 1326.
129 *Böckenförde* 1978, S. 576; 578.

werden.¹³⁰ Aber auch der Begriff der „persona moralis (compositae)" für den Staat und innerstaatliche Verbände wird nun exakter als juristische Person zunächst zivilrechtlich und seit der bekannten Rezension von *Albrecht* auch öffentlichrechtlich gefaßt.¹³¹ Albrecht ist es auch, der neben *Schmitthenner*¹³² für die Funktion bestimmter natürlicher Personen in Organisationen jetzt den Begriff des Organs in einem terminologischen Sinn verwendet.¹³³ In diesem Sinne ist der Monarch Staatsorgan, insofern er die staatliche Einheit als juristische Person repräsentiert.¹³⁴ Damit war eine Formalisierung eingetreten, aufgrund derer sowohl die natürliche Persönlichkeit des Monarchen stärker von seinem Amt und von ihrem Rechtsträger, der juristischen Person des Staates, getrennt und nach Gründen für die konkrete Zuordnung gefragt, als auch ganz allgemein die Stellung des Menschen in Organisationen problematisiert werden konnte. Es war jetzt nicht mehr möglich, Organisationen als den Menschen voll umfassende und damit inkludierende Gemeinschaften anzusehen. Vielmehr mußten als partielle, sach- oder aufgabenbezogene Inklusionen verstanden werden.¹³⁵ Entsprechend bedeutete auch die Exklusion aus einer Organisation nicht mehr die Exklusion aus der Gesellschaft insgesamt, da der Status des Staatsbürgers formaler und abstrakter konstruiert werden konnte, als wenn er über konkrete Gemeinschaften vermittelt war.¹³⁶

Entfernte sich die Theorie dabei zunächst immer mehr von den natürlichen Metaphern des Organismus, so sprach *Joseph Görres* um 1819 von romantischer Seite schon von „Organisationswut" und „Organisations- und Neuerungssucht" und kritisierte die der natürlichen Entwicklung entgegengesetzten atomistischen und mechanistischen Organisationstheorien.¹³⁷ *Adam Müller* etwa lehnte die Herleitung der Organisation – allen voran der staatlichen – aus den Einzelwillen ab und hob das organische Zusammenwirken der bereits korporierten Zwischenglieder hervor.¹³⁸ In sowohl antifeudaler als auch anti-egalitärer und demokratischer Intention sollte der Einzelne auf berufsständischer Grundlage Glied eines geordneten und im Gegensatz zu demokratischen Formen in sich notwendigen Ganzen sein.¹³⁹ Von *Carl Ludwig Haller* wurde der Organismusbegriff in bewußte Frontstellung gegen den Organisationsbegriff gebracht.¹⁴⁰ Der Gedanke, daß das Ganze des Organismus seinerseits wieder aus Teilorganismen aufgebaut ist, lenkte aber den Blick stärker als bei anderen Theorien auf die innere Verfassung von Organisationen.

---

130 Im einzelnen ausgeführt bei Romeo Maurenbrecher, vgl. Böckenförde 1978, S. 579.
131 *Albrecht* 1837, S. 1489 ff. u. 1508 ff.
132 Zu diesem *Bieback* 1976, S. 136 f.; *Müller* 1965, S. 279 f.
133 *Böckenförde* 1978, S. 594 f.
134 *Böckenförde* 1978, S. 599 m. w. N.
135 Coleman 1986, S. 26 f.: Schon diese Schaffung von juristischen Personen ermöglichte ihren Mitgliedern ein größeres Maß an Mobilität. Sie warf aber auf staatlicher Ebene zugleich Legitimationsprobleme auf.
136 *Coleman* 1986, S. 54 f.
137 *Dohrn-van Rossum* 1977, S. 285 f.; vgl. zu Schelling: *Hollerbach* 1957, S. 163 f.
138 *Türk/Lemke/Bruch* 2002, S. 108 f.; *Böckenförde* 1978, S. 603 f.; *Nocken* 1981, S. 24.
139 *Mayer-Tasch* 1971, S. 15 f.
140 *Böckenförde* 1978, S. 587.

2. Die Organisation der Gesellschaft zu Beginn des 19. Jahrhunderts

Alle sozialen Bereiche entdecken an der Wende vom 18. zum 19. Jahrhundert die Organisierbarkeit der Gesellschaft. Die Vereine erfüllten in diesem Geschehen eine wesentliche Funktion beim „Übergang vom bürokratisch-obrigkeitlichen zum konstitutionell-liberalen und sich demokratisierenden politischen System. Sie haben sowohl die Emanzipation der bürgerlichen Gesellschaft als auch den prekären und labilen Ausgleich zwischen ihr und dem Staat befördert".[141] Wo immer die Bindung an die ständisch-korporativen Organisationsformen nachläßt, treten freiwillige Vereinigungen an ihre Stelle.[142] Hierin zeigte sich eine Rationalität, die *Alexis de Tocqueville* schon aus der Anschauung der amerikanischen Verhältnisse als notwendig für demokratische Gesellschaften angesehen hatte: Während in aristokratisch geprägten Gesellschaften der überkommene Wirkungszusammenhang einer verwandtschaftlich verbundenen Gemeinschaft Ideen und anderen Lösungen zur Behebung von Bedürfnissen zur Wirksamkeit verholfen hatte, bedurfte es in demokratischen der Eingliederung der individuellen Kräfte in Organisationen.[143] Nun bestand in Deutschland in dieser Zeit keine demokratische Gesellschaft; die wohlfahrtsstaatlich obrigkeitliche Politik war aber immer weniger geeignet, den Bedürfnissen des Bürgertums Rechnung zu tragen. Auch *Otto von Gierke* hält später fest: „Den Antheil, welchen in Deutschland wie überall an den gewaltigen Kulturfortschritten der Gegenwart auf den Gebieten des politischen, geistigen und sozialen Lebens das aus kleinen Anfängen in kurzer Frist zu einer Weltmacht erwachsene moderne freie Vereinswesen gehabt hat, wird erst die Zukunft genauer zu bestimmen im Stande sein".[144]

Das Problem des Vereins hat die politische Diskussion nach der Französischen Revolution beschäftigt wie kaum ein anderes.[145] Da verwundert es nicht, daß der

---

141 *Nipperdey* 1976, S. 205; diese Leistung war den Zeitgenossen voll bewußt. So wenn etwa *Karl Rotteck* 1845 im Vorwort des Staatslexikons hervorhebt, daß die Vereine häufig bereits Leistungen erbrächten, „die sonst die Hauptaufgabe für die Staatsgewalt ist", wie etwa im Bereich des Rechtsschutzes. Hier sei Großes geleistet worden" ohne jede Hilfe des Staates, oft im Kampf gegen die unterdrückende Staatsgewalt" (zit. nach *Müller* 1965, S. 266).
142 *Hardtwig* 1984, S. 13.
143 1985, S. 249 f.: „Die Menschen brauchen in den aristokratischen Gesellschaften keine Vereinigungen zu bilden, um zu handeln, weil ihr Zusammenhalt stark ist... In demokratischen Völkern sind im Gegensatz dazu alle Bürger unabhängig und schwach... Hätten die Menschen, die in demokratischen Ländern leben, weder das Recht noch die Neigung, sich zu politischen Zwecken zu verbinden, so wäre ihre Unabhängigkeit sehr gefährdet, ihren Reichtum und ihre Bildung könnten sie lange bewahren; wogegen die Kultur selbst bedroht wäre, wenn sie sich im gewöhnlichen Leben nicht der Vereinigung bedienten". Eine zentrale Regierung könne diese vielfältigen Initiativen zwar zu ersetzen versuchen; dadurch würde sie jedoch den Menschen das Bewußtsein ihres gemeinschaftlichen Problemlösungspotentials nehmen und sie abhängig machen: „Träte die Regierung überall an die Stelle der Vereinigungen, so wäre die sittliche und die geistige Kraft eines demokratischen Volkes nicht weniger gefährdet als sein Handel und sein Gewerbe". Alle Innovationskraft, aller Gemeinsinn ginge verloren. Eine demokratische Gesellschaft mit einer solchen Regierung müßte der Stagnation und damit ihrem Ende entgegengehen. Seine Folgerung daher: „Damit die Menschen gesittet bleiben oder es werden, muß sich unter ihnen die Kunst des Zusammenschlusses in dem Grade entwickeln und vervollkommnen, wie die Gleichheit der Bedingungen wächst". (S. 253).
144 *Gierke* 1868, S. 882; vgl. zu dieser Einschätzung auch *Wehler* 1987, S. 317; zu Gierkes Verbandstheorie *Teubner* 1978, S. 17 ff.
145 *Brandt* 1978, S. 50.

Entwicklung der Organisationstheorie entsprechend auch der Begriff des Vereins als Organisationsbegriff gegen Ende des 18. Jahrhunderts eine terminologische Bedeutung erhält.[146] Daneben trat im Vormärz ausgehend, von England und Frankreich, der emphatischere Begriff der Assoziation.[147]

Dies wurde politisch umgesetzt und führte in der ersten Hälfte des 19. Jahrhunderts in Deutschland zu einer stark ausdifferenzierten Vereinslandschaft.[148] Zwar blieb es bis 1848 bei der Genehmigungsbedürftigkeit „öffentlicher Korporationen", also solcher mit öffentlicher Wirksamkeit[149] und wurde in keiner europäischen Verfassung die Vereinigungsfreiheit garantiert.[150] Gleichwohl setzte die Julirevolution in den 30er Jahren eine starke Politisierung der Vereine ein.[151] Zudem hatten private Vereinigungen schon seit der Jahrhundertwende immer neue Themen und Betätigungsfelder entdeckt: zu den Lesezirkeln, Geheimbünden und patriotischen Gesellschaften traten nationalpolitische und humanitäre, Kunst-, Konzert-, Gesangs-, Gewerbe, Krieger- und Wissenschaftsvereine.[152] Neben philanthropischen Vereinen, wurden insbesondere Solidar- und Fürsorgevereine gegründet.[153] Dazu kommen auch berufspolitische Vereinigungen wie Handwerker-, Apotheker-, Advokaten- und Ärztevereine, die Interessenvertretungen waren und zugleich Selbsthilfeeinrichtungen der Mitglieder.[154] Zum Teil wurden sie darin von den Regierungen gefördert,[155] teilweise erwuchs den Bürgern gerade dadurch politisches Selbstbewußtsein, daß sie in der Lage waren, Aufgaben die im absolutistischen Wohlfahrtsstaat zur Polizei gehörten, selbst zu organisieren und in einer Weise zu erfüllen, die mit der staatlichen Auffassung nicht konform ging.[156]

Mit der interessengeleiteten, die Person freiwillig und nur partiell erfassenden Mitgliedschaft korrespondiert eine zunehmende Ausdifferenzierung der Vereinszwecke.[157] Waren Vereine vor 1800 zumeist einem Bündel von Aufgaben

---

146 *Hardtwig* 1990, S. 790; zur älteren Geschichte des Vereins vgl. a. *Werkmüller* 1998, Sp. 689 f.
147 *Hardtwig* 1990, S. 809 f. ders. 1984, S. 24 f.; *Conze* 1970, S. 260.
148 Vgl. die Übersicht bei *Gierke* 1868, S. 893–903; *Huber* 1971, S. 173 ff. insbesondere zum Verbandswesen.
149 *Hardtwig* 1990, S. 794; *Werkmüller* 1998, Sp. 690.
150 *Grundmann* 1999, S. 22 f., 27; *Brandt* 1978, S. 62, immerhin gab es in Baden ab 1833 ein Vereinsgesetz; vgl. auch *Scheuner* 1978, S. 111.
151 *Hardtwig* 1984, S. 29 f.
152 *Wehler* 1987, S. 318 f.
153 Unterstützungs-, Armen-, Versicherungs-, auch Finanzierungsvereine und (Unterstützungs- und Pensions-)Kassen, volkspädagogische Vereine, *Hardtwig* 1984, S. 21.
154 *Türk/Lemke/Bruch* 2002, S. 134; *Vogt* 1998, S. 46 f.; *Hardtwig* 1990, S. 804; *Huber* 1969, S. 1002 f.; *Brandt* 1978, S. 53, 56 – dabei hatten diese Vereine bis 1815/16 beste Beziehungen bis in die preußische Bürokratie.
155 *Ullmann* 1988, S. 58 f.
156 *Hardtwig* 1984, S. 27.
157 *Gierke* (1868, S. 882) hebt hervor, daß den freiwilligen Vereinigungen seiner Gegenwart eine andere Aufgabe zukomme als den mittelalterlichen Korporationen: „Denn wenn auf der einen Seite Gehalt und Umfang ihrer Wirksamkeit durch die unermeßliche Bereicherung der öffentlichen, geistigen und sittlichen Interessen eine unermeßliche Bereicherung erfahren haben, so ist doch auf der andern Seite ihre Wirkungssphäre deshalb enger begrenzt und ihre Zwangsgewalt über den Einzelnen deshalb minder intensiv, weil die modernen Vereine nicht gleich den mittelalterlichen Einungen in einer organisations- und staatlosen Gesellschaft, sondern in einem kräftigen Staat und inmitten einer vielgliedrigen Kette engerer und weiterer öffentlicher Zwangsverbände stehen, und weil das Individuum nicht nur dem Staat, sondern auch der selbstgewählten Genossenschaft heute ungleich selbständiger gegenübertritt als einst". Diese „freie Assoziation" dränge einerseits die Gefahr der Vereinzelung des Individuums zurück und schaffe auf der anderen Seite dem Staat „mächtige Bundesgenossen".

gewidmet, treten nun spezielle Ziele auf,¹⁵⁸ die individuell durch Mehrfachmitgliedschaften integriert werden. Zugleich erfolgt eine soziale Schließung, indem sich Vereine vermehrt nur aus Mitgliedern spezifischer Klassen zusammensetzen.¹⁵⁹ Das alles führt zu einem exponentiellen Anstieg der Zahl der Vereine.¹⁶⁰ Der Ausdifferenzierung der Interessen korrespondiert ferner die Formalisierung der Vereinsstrukturen und eine zunehmende Professionalisierung der Vereinsführungen.¹⁶¹ An die Stelle der vielfältig, vor allem auch über persönliche Einflußnahme in die politischen Entscheidungsstrukturen eingebundenen Zünfte, trat die Notwendigkeit gezielter Einflußnahme an der Spitze der Verwaltung.¹⁶² Schließlich begannen – wie schon erwähnt – in den 40er Jahren erste Konzentrationsprozesse durch die Bildung von Dachverbänden.¹⁶³

Rückgebunden an die individualistische Naturrechtslehre des ausgehenden 18. Jahrhunderts, erwuchs den privaten Vereinigungen aber einiges Selbstbewußtsein aus ihrem Charakter als freiwillige, nicht von anderen abhängige Zusammenschlüsse.¹⁶⁴ Insbesondere liberale Theorien (*Welcker, Rotteck*¹⁶⁵) betonten die Begründung aller menschlichen Verbände auf den freien Willen¹⁶⁶ und ihre öffentliche Funktion.¹⁶⁷ Dabei traten die verschiedenen sozialpsychologischen Facetten der Verbandsbildung von der affektiven Bindung an die partikularen Vereinszwecke und andere integrative Funktionen über die wechselseitig geübte Solidarität aufgrund freiwilliger Vereinigung bis hin zur Steigerung der Kräfte durch die gemeinsame Anstrengung und effektive Organisation sowie staatsbürgerlich-pädagogische Effekte aufgrund der Auseinandersetzung mit politischen Themen und der verbandlichen Selbstbestimmung schnell ins Bewußtsein.¹⁶⁸ Auch *Robert von Mohl* hob die demo-

---

158 *Brandt* 1978, S. 55.
159 *Türk/Lemke/Bruch* 2002, S. 86. Im ländlichen Raum, in dem auch im Absolutismus alte genossenschaftliche Vereinigungen noch eine Bedeutung behalten hatten, scheint ein eher lokaler als funktionaler Aspekt bestimmend geblieben zu sein, so daß sich Akademiker, Beamte und Bauern im selben landwirtschaftlichen Verein wiederfinden konnten, *Brandt* 1978, S. 56.
160 So hat es in München 1830 ca. 30, 1850 150 und 1900 3225 Vereine gegeben, vgl. *Tenfelde* 1984, S. 58; *Türk/Lemke/Bruch* 2002, S. 133; vgl. auch *Scheuner* 1978, S. 112.
161 *Türk/Lemke/Bruch* 2002, S. 86 u. 134 f.
162 *Ullmann* 1988, S. 21.
163 *Türk/Lemke/Bruch* 2002, S. 136; *Hardtwig* 1984, S. 16.
164 *Hardtwig* 1990, S. 795; *Willoweit* 2001, S. 256 f.
165 Zur Beziehung Rottecks zum individualistischen Naturrechtsdenken, aus dem er stärker als andere auch demokratische Konsequenzen gezogen hat, vgl. *Hollerbach* 1977, S. 15 f.
166 *Bieback* 1976, S. 133 ff.; *Müller* 1965, S. 269: Auf diese Weise waren die Vereinigungen vorstaatliche Zusammenschlüsse, die durch das Recht der Vereinigungsfreiheit staatlich zu schützen und zu bewahren waren.
167 So schreibt etwa *Theodor Welcker* in seinem Artikel „Association" in dem gemeinsam mit Rotteck herausgegebenen Staatslexikon, nachdem er ihre Funktion für die Ausbildung von Gemeingeist und die Kontrollfunktion für die Wirksamkeit der Verfassung hervorgehoben hat: „Sowohl für die Cultur aber wie für die Verfassung sind... diese besonderen, localen, nach Orts- und Zeitbedürfnis stets neu sich bildenden und gestaltenden freien Organe des Gemeinwesens darum doppelt wichtig, weil sie treuer, vollständiger und schneller als für sich allein die Behörden die wahren zeitlichen und örtlichen Ansichten, Gefühle, Bedürfnisse, Bestrebungen des Volks zur Offenkundigkeit und zur Erkenntnis der Regierung und Gesetzgebung bringen und denselben auf gesetzliche Weise diejenige Wirkung und Befriedigung verschaffen, die mit dem Gesamtwohl vereinbahrlich ist". 1835, S. 21 ff., 41 f.
168 *Hardtwig* 1990, S. 802, 810, 815; *Theodor Welcker* formulierte 1845 im Staatslexikon treffend, daß die modernen, ihre Mietglieder ständeübergreifend und auf der Basis von Gleichheit rekrutierenden Vereine auch für „die rohesten Mitglieder der untersten Stände. bildende, disziplinierende und moralisch veredelnde Kraft" besäßen (zit. nach *Hardtwig* 1990, S. 815).

kratisch-erzieherische Funktion der Vereine und die Ausbildung von Pflichtbewußtsein hervor.[169] Sobald sich Vereinigungen mit politischen Zielsetzungen aber zu homogenen Organisationen verfestigten, wurden sie – wie etwa *Barthold Georg Niebuhr* schreibt – als Gefahr für die Monarchie und „entscheidende Verletzung der Verhältnisse des Unterthans zur souveränen Macht aufgefaßt".[170] Nach ihren Zielen verschwammen so die Grenzen zwischen Privatvereinen, öffentlichen und politischen:[171] „Alle Vereinsbildungen, alle korporativen Einungen und Zusammenschlüsse der Zeit besaßen, ob ausgesprochen oder nicht, eine ins Öffentliche, ins Gemeinwesen weisende Tendenz".[172] Die Vereinsbildung war so der organisatorische Ausdruck der durch das Anwachsen des Bildungsniveaus vorbereiteten Entstehung einer lebendigen bürgerlichen Öffentlichkeit.[173] In ihnen sollte Privates, soweit es sich dazu eignet, und örtliche Angelegenheiten einen öffentlichen Charakter erhalten und das Öffentliche zum privaten Anliegen gemacht werden, auch wenn sie in dieser Zeit noch kaum offen politisch wirken konnten.[174] Auf diese Weise entstanden für den Staat in den Assoziationen gesellschaftliche Ansprechpartner von einigem Gewicht, die es in die eigenen Absichten zu integrieren galt.[175] Denn in einer gegliederten und dennoch auf freiwilliger Basis bestehenden Organisation repräsentierten die Vereine in ihrer Gesamtheit die bürgerliche Gesellschaft selbst.[176] Daß dabei wegen der Ungleichzeitigkeit der vorangeschrittenen Entwicklung der Staatsorganisation der Staat die Herrschaft über das Allgemeine beanspruchte und allgemeinpolitische Betätigungen der Vereine einzudämmen versuchte, ändert im Vormärz noch nichts am allgemeinen Befund. Erst das Scheitern der 48er Revolution hat dem Versuch gesellschaftlicher Selbstorganisation durch verbandlicher Interessenvermittlung und kontinuierlicher Integration in das staatlich-politische System ein Ende gesetzt und den Gegensatz zwischen politisch stimmlosen Individuen und stark integrierten Interessenverbänden auf der gesellschaftlichen Seite und politischer, monarchisch legitimierter Staatsorganisation auf der anderen Seite aus sich herausgetrieben.[177] Doch da war der Gedanke der Selbstverwaltung schon gefaßt und die Körperschaften in ihrer neuen Gestalt ins Leben der öffentlichen Organisationen getreten.

---

169 *Hardtwig* 1984, S. 35.
170 *Niebuhr.* Über geheime Verbindungen im preußischen Staat und deren Denunziation, 1815, zit. nach *Hardtwig* 1990, S. 804.
171 *Hardtwig* 1990, S. 815.
172 *Brandt* 1978, S. 60.
173 *Wehler* 1987, S. 303 f. So hängen die entstehenden Lesegesellschaften mit der immensen Steigerung der Literalität, dem Anwachsen der Buchproduktion und dem Anstieg der Zahlen und Auflagen von Tageszeitungen in der zweiten Hälfte des 18. Jahrhunderts zusammen, *Wehler* 1987, S. 320 f.; aber auch umgekehrt trugen die vielen Bildungsvereine zur Überbrückung von Bildungsunterschieden innerhalb des Bürgertums und zur Ausbildung desselben als einer relativ homogenen Gesellschaftsschicht bei, *Hardtwig* 1984, S. 40.
174 Vgl. *Müller* 1965, S. 282 f.; das änderte sich dann mit der Revolution von 1848, durch die dann aber die bisher verdeckt politisch agierenden Vereine ins Hintertreffen gegenüber den neuen ausdrücklich politischen Verbänden gerieten, *Langewiesche* 1984, S. 51 f.
175 *Bieback* 1982, S. 862.
176 *Brandt* 1978, S. 57, S. 58: „Vereine als Interessenverbände gegen den Staat zu mobilisieren, ja solches auch nur zu erwägen, das war nicht die Philosophie der Vor-Achtzehnachtundvierziger".
177 *Brandt* 1978, S. 67; *Scheuner* 1978, S. 99.

Die zu Beginn des 19. Jahrhunderts[178] immer weiter verbreitete Gewerbefreiheit[179] hat den Prozeß der Bildung von Interessenverbänden ihrerseits befördert.[180] So begannen sich auch die Berufe, losgelöst von ständischen Schranken, zunächst vereinsmäßig zu organisieren. Im Bereich der Ärzte etwa bildeten sich Vereine zur Verfolgung sehr unterschiedlicher Ziele: Neben solchen mit kollegial-freundschaftlicher Zwecksetzung gab es Vereine, die sich mit Standesfragen auseinandersetzen, solche, die reine Interessengruppen darstellten, und vor allem Vereinigungen wie die 1822 gegründete Gesellschaft der Naturforscher und Ärzte, die sich mit allgemein wissenschaftlichen Problemen befaßten.[181] Auch die neuen, auf dem Selbstverwaltungsgedanken beruhenden Preußischen Kaufmannschaften als Grundlage der späteren Handelskammern kamen zunächst als privatrechtliche Vereine zusammen.[182] Der 1819 gegründete „Deutsche Handels- und Gewerbeverein" wurde zwar 1821 wieder aufgelöst, gab aber das Vorbild für eine Vielzahl von Verbandsgründungen im Vormärz ab.[183] Die Bauernbefreiung führte schließlich ab 1810 zur Gründung einer Reihe von freien (jedoch mit erheblicher staatlicher Unterstützung versorgten) Landwirtschaftsvereinen.[184] In der schwierigen Lage des Handwerks zwischen kleineren und größeren industriellen Gewerben gründeten sich auch viele kleinere Gewerbevereine, die eine sehr heterogene Mitglieder- und entsprechende Interessenstruktur besaßen.[185] Sie organisierten alle Meister eines bestimmten Gebiets gewerbeübergreifend, traten für deren Weiterbildung ein, erstellten aber auch Gutachten und machten Vorschläge zur Verbesserung der Situation des Handwerks gegenüber staatlichen Stellen.

Das Ausgangsszenario der Entstehung der Körperschaften des öffentlichen Rechts ist also nicht, wie *Schmitt*[186] und *Forsthoff* meinten,[187] ein Antagonismus

---

178 Das bedeutete den Wegfall der Zwangs- und Bannrechte, Mühlengerechtigkeiten und anderen Monopolrechten der Zünfte, *Rüfner* 1983, S. 476; vgl. auch *Wehler* 1987, S. 428 f.
179 Edikt über die Einführung einer allgemeinen Gewerbesteuer von 1810 und das Gesetz über die polizeilichen Verhältnisse der Gewerbe von 1811.
180 *Hardtwig* 1984, S. 27 f.; *Huber* 1971, S. 173 ff.
181 Wobei die letzteren zudem auch Standesfragen behandelten, *Hörnemann* 1995, S. 12; *Vogt* 1998, S. 48.
182 *Tettinger* 1997, S. 38 f.; *Brohm* 1983, S. 779.
183 *Ullmann* 1988, S. 26 f.
184 *Ullmann* 1988, S. 34 f. In Preußen erhielten die Landwirtschaftsgesellschaften durch das Landeskulturedikt von 1811 (14.09.1811, GS 300) die staatliche Anerkennung und Unterstützung, *Huber* 1969, S. 997.
185 Gemeinsam war aber das Interesse, dem Handwerk neben der Industrie eine berufliche Zukunft zu sichern, *Ullmann* 1988, S. 45.
186 1931, S. 75: „Auch die Selbstverwaltung setzt in allen ihren Einrichtungen die Unterscheidung von Staat und Gesellschaft voraus; Selbstverwaltung ist ein Teil der dem Staat und seinem Beamtentum gegenüberstehenden Gesellschaft; auf dieser Grundvoraussetzung haben sich ihre Begriff und Einrichtungen im 19. Jahrhundert entwickelt und formuliert".
187 *Forsthoff* 1931, S. 7 f., 10, 18 f., 22; 1932, S. 11; 1937, S. 177 zur Selbstverwaltung: „Als politischer Begriff konnte Selbstverwaltung ... erst auftreten, nachdem der Staat als möglicher Träger der Verwaltung des der Selbstverwaltung überlassenen Lebensbereichs denkbar geworden war. Selbstverwaltung war ein polemisch gegen den Staat geprägtes Wort, das als Begriff erst mit der Vollendung des Souveränitätsstaates einsichtig werden konnte. Denn jetzt war der Staat als möglicher Träger der in der Selbstverwaltung vereinigten Verwaltungszuständigkeiten denkbar geworden". Moderater in bezug auf die Bedeutung der gesellschaftlichen Selbstorganisation (S. 22), wo er hervorhob, daß die Entstehung der öffentlichen Körperschaft „Resultat eines politischen Kampfes zwischen dem Bürgertum und dem absoluten Staat" gewesen sei. Auch heißt es 1932 (S. 11), daß die Selbstverwaltung mit der zunehmenden Ausdifferenzierung von Staat und Gesellschaft nach den preußischen Reformen einen „anderen" Sinn erhalten habe. Das verkennt aber, daß nicht nur dieser Kampf, sondern gerade auch das in der Verwaltungsspitze des Staates wirksame Bürgertum (vom Stein!) diese Körperschaftsbildung vorantrieb; vgl. auch *Forsthoff* 1973, S. 472. Kritisch zu ihm auch *Bieback* 1976, S. 358; *Brohm* 1969, S. 292.

von Staat und Gesellschaft;[188] vielmehr kann von einem Zeitalter der Organisation gesprochen werden, in dem sich die gesellschaftlichen Kräfte ihrer Selbstorganisationsfähigkeit und -notwendigkeit ebenso bewußt wurden und daher auch in den Bereich des Öffentlichen drängten, wie der Staat selbst seine innere Ordnung rationalisieren und ausdifferenzieren mußte.[189] Das Bürgertum – wenn auch nicht in allen deutschen Ländern gleichermaßen – kämpfte nicht gegen Staatlichkeit, sondern wandte sich gegen deren durch feudale Mächte geprägtes Ausgreifen auf alle Bereiche des Öffentlichen. Diesen Bereich sieht es vielmehr aufgrund des regen Vereinswesens als bürgerschaftlich organisierbar an. Bei aller Unterschiedlichkeit der Ansätze war dabei aber in der philosophischen Ablehnung der Französischen Revolution die gemeinsame Vorstellung vorbereitet worden, daß die Legitimation von Herrschaft nicht nur über den Staat, sondern auch über organisierte gesellschaftliche Kräfte möglich sei. Mochte es noch eine große Bandbreite von Ansichten über den in Verbänden gegliederten Staat geben, ging die Diskussion doch deutlich mehr in Richtung einer vielschichtigen Legitimation, wie sie von *Kant*, dem frühen *Fichte*, *Hegel*[190] und auch *Humboldt*[191] vorgestellt worden war, als in die Richtung egalitärer rousseauischer Forderungen nach der Gesamtnation als Träger der volonté générale.[192] Gemeinsam mit der revolutionären Bewegung war

---

188 Gesellschaft wird dabei verstanden als der dritte Stand in der konkreten historischen Situation des „Kampfes" gegen den noch auf feudalen Grundlagen ruhenden Staat, um staatsfreie Bereiche, die nur der Realisierung der freien Individuen dienen sollten, *Forsthoff* 1932, S. 11. Auch rechtlich kann von einem solchen Gegensatz erst gesprochen werden, wenn sich unterschiedliche Rechtssphären für Staat und bürgerliche Gesellschaft herausbilden. Hierzu gab es Ansätze schon im ALR, wenn die Bürger gegenüber dem Staat gleich, untereinander aber ungleich waren, doch wurden Konsequenzen hieraus nur an wenigen Stellen gezogen (*Koselleck* 1989, S. 55 f.). Auch die Einführung der allgemeinen Wehrpflicht ohne ständische Unterschiede 1808 beschrieb nur einen punktuellen Gegensatz und blieb zudem auf die Entgegensetzung individuelle Person als Untertan zum Staat beschränkt.
189 Und so die einheitliche Herrschaftsgewalt gegenüber der bürgerlichen Freiheitssphäre als der Grundlage der Unterscheidung von Staat und Gesellschaft, vgl. *Böckenförde* 1992/9, S. 217.
190 Der entgegen verbreiteter Mißverständnisse die bürgerliche Gesellschaft dem Staat nicht nur systematisch entgegensetzt, sondern einerseits die in der bürgerlichen Gesellschaft hervorgebrachte Sittlichkeit der vollen Entfaltung der Subjektivität im Staat aufgehoben Rechtsphilosophie, § 260, 1972, S. 221: „Das Prinzip des modernen Staates hat diese ungeheure Stärke und Tiefe, das Prinzip der Subjektivität sich zum selbständigen Extreme der persönlichen Besonderheit vollenden zu lassen und zugleich es in die substantielle Einheit zurückzuführen und so in ihr selbst diese zu erhalten", andererseits aber das Allgemeine des Staates in die Institutionen der bürgerlichen Gesellschaft hineinwirken sieht. Ihre Unterscheidung bedeutet für ihn gerade nicht eine abstrakte Entgegensetzung, sondern die funktional differenzierte Einheit des in den Objektivationen der subjektiven und allgemeinen Freiheit zu sich selbst kommenden objektiven Geistes: „Das Allgemeine muß also betätigt sein, aber die Subjektivität auf der anderen Seite ganz und lebendig entwickelt werden. Nur dadurch, daß beide Momente in ihrer Stärke bestehen, ist der Staat als ein gegliederter und wahrhaft organisierter [!!, SK] anzusehen", heißt es im Zusatz, den Hegels Schüler *Gans* aus einer Vorlesungsmitschrift dem § 260 angefügt hat.
191 Hierzu *Teubner* 1978, S. 14 f.; *Müller* 1965, S. 174 f.
192 Vgl. *Rousseau* 1983, S. 31 (II. Buch, 3. Kap.): „Wenn die Bürger keinerlei Verbindung untereinander hätten, würde, wenn das Volk wohlunterrichtet entscheidet, aus der großen Zahl der kleinen Unterschiede immer der Gemeinwille hervorgehen, und die Entscheidung wäre immer gut. Aber wenn Parteiungen entstehen, Teilvereinigungen auf Kosten der großen, wird der Wille jeder dieser Vereinigungen ein allgemeiner hinsichtlich seiner Glieder und ein besonderer hinsichtlich des Staates;... Die Unterschiede werden weniger zahlreich und bringen ein weniger allgemeines Ergebnis... Um wirklich die Aussage des Gemeinwillens zu bekommen, ist es deshalb wichtig, daß es im Staat keine Teilgesellschaften gibt und daß jeder Bürger nur seine eigene Meinung vertritt" und nicht der Organisation, der er noch angehört. Die revolutionäre „loi le Chapelier" (s. u. Fußn. 283) hielt sich eher an diese Diagnose als an die Empfehlung, angesichts der Unvermeidlichkeit der Verbände deren Anzahl zu erhöhen, a. a. O., S. 32.

aber die Vorstellung, daß es sich bei den öffentlichen Körperschaften nicht um die Wiederaufrichtung der traditionalen Gebilde handelte. Hierfür fehlte es an einem auch traditional legitimierten Träger: der gegenüber dem Bürgertum durchlässigen englischen Gentry.[193]

3. Die Reorganisation der Verwaltung[194]

Vorreiter des Organisierens und der Organisationstheorie waren die Verwaltung und die Verwaltungswissenschaft. Dabei ist bemerkenswert, daß mit den Rationalisierungsüberlegungen in der zweiten Hälfte des 18. Jahrhunderts ein Umdenken des Verwaltungsbegriffs selbst einhergeht.[195] War er zunächst auf die konkreten Tätigkeiten der „guten Polizey" bezogen, findet sich seit dem zweiten politischen Testament Friedrichs II. 1768 der Begriff der Verwaltung in seiner abstrakten Form. Wird somit das Einheitliche in den vielen Tätigkeiten erkannt, so wird es auch möglich, ihnen eine gemeinsame rationale Organisation zu geben, die mit den überkommenen Formen der Ausübung radikal brechen kann. Immerhin herrscht noch bis weit in die erste Hälfte des 19. Jahrhunderts hinein eine erhebliche Unsicherheit über die Bedeutung der Ausdrücke „Organisation" und „Organismus".[196]

Nach wiederholten Anläufen in der zweiten Hälfte des 18. Jahrhunderts steigerten sich die Reorganisationsbestrebungen in Deutschland und gelangten nach dem Reichsdeputationshauptschluß von 1803 zu einem Höhepunkt,[197] so daß nicht nur von „Reformsucht", sondern auch von „Organisationswut" und „Orkanisation" gesprochen wurde.[198] Kern aller dieser Bestrebungen war die Überwindung der sich gegenseitig lähmenden, zersplitterten politischen Gebilde durch Zentralisation und Konzentration der Aufgaben, durch Schaffung eines weisungsgebundenen hierarchischen Behördenaufbaus mit klaren Kompetenzabgrenzungen, berufsmäßig eingebundenen Beamten und einem büromäßigen Geschäftsgang.[199] Der Begriff der Organisation bezeichnet somit auch in Staat und Verwaltung eine gegliederte Ganzheit.[200]

---

193 *Heffter* 1969, S. 31 ff.
194 Angesichts der Zersplitterung Deutschlands wäre an dieser Stelle eine getrennte Untersuchung nach den jeweiligen Staaten angezeigt (man denke nur an die politisch geradezu entgegengesetzte Situation in Preußen und Bayern, dazu etwa *Wolter* 1993, S. 644). Dies würde aber eine eigene Arbeit erfordern. Hier soll nur versucht werden, einige Grundtendenzen in bezug auf die hier interessierenden Rationalisierungstendenzen der Verwaltungsorganisation, die sich mit Modifikationen in allen Staaten fanden, aufzuzeigen.
195 *Türk/Lemke/Bruch* 2002, S. 115; *Koselleck* 1992, S. 3; *Schindling* 1992, S. 65 f.
196 *K. H. L. Pölitz* schreibt etwa 1827: „Der Ausdruck der Organisation, des Organisierens und des Organismus ist von Naturgegenständen auf den Staat übertragen, und oft sehr willkürlich gedeutet und angewandt worden. Es kommt daher darauf an, einen deutlichen und bestimmten Begriff darüber aufzustellen", zit. nach *Dohrn-van Rossum* 1977, S. 334 (vgl. Fußn. 199).
197 *Knemeyer* 1983, S. 120 ff.; zum Reichsdeputationshauptschluß, seiner Vorgeschichte und seinen Folgen vgl. die Einleitung von *Hufeld* in ders. 2003a, S. 1 ff.
198 *Knemeyer* 1983, S. 146 f., 150 f.
199 *Willoweit* 2001, S. 232 f.; *Ullmann* 1993, S. 124 ff.; *Knemeyer* 1983, S. 133 ff.
200 So etwa der oben (Fußn. 195) erwähnte *Pölitz*: „Wir nennen daher einen Staat, in welchem Verfassung, Regierung und Verwaltung ein unauflösliches Ganzes bilden, organisiert, und entlehnen von der sichtbaren Natur diesen bildlichen Ausdruck", zit. nach *Dohrn-van Rossum* 1977, S. 335.

Dreh- und Angelpunkt war die Verrechtlichung der politischen Herrschaft.[201] Zwar blieb das monarchische Prinzip unangetastet, doch zeigt schon das Amtsverständnis *Friedrichs II.*, der sich als der „erste Diener seines Staates" verstand, eine Ablösung von Verwaltung, Amt, Beamter von der Person des Monarchen und deren Anbindung an den Staat selbst:[202] „Der Zurechnungspunkt aller Rechte und Pflichten wies über den Monarchen hinaus".[203] Wenn aber der Monarch selbst Staatsdiener war, konnte er sich nicht mehr in der Tradition *Jacques Bénigne Bossouets* selbst als den Staat verstehen. Die allmähliche Konstitutionalisierung durch freiwillig eingegangene Rechtsbeziehungen schaffte vielmehr die Grundlage dafür, den Staat selbst nun auch in rechtlichen Kategorien zu denken.[204] Er mußte zum Zurechnungspunkt der Rechtsbeziehungen werden und nicht mehr der Monarch selbst.[205] Es lag daher nahe, daß *Wilhelm Eduard Albrecht* ihn 1837 selbst als Subjekt, als juristische Person bestimmte.[206] Daß Albrecht dabei darauf zurückgreifen konnte, daß der Begriff der juristischen Person ebenfalls um die Wende zum 19. Jahrhundert aus dem unschärferen Begriff der persona moralis herausgelöst und zunächst in der zivilrechtlichen Diskussion einer technischen Bedeutung zugeführt wurde, kann hier nicht näher rekonstruiert werden.[207] Gerade bei Albrecht wird aber deutlich, daß es sich entgegen einer seit *Otto Mayer* verbreiteten Auffassung nicht um die Übernahme einer zivilrechtlichen Kategorie ins öffentliche Recht handelte, sondern daß der gemeinsame Bezugspunkt die persona moralis-Lehre war, aus der die staatswissenschaftliche Diskussion die Rechtspersönlichkeit des Staates durchaus eigenständig herausgearbeitet hatte.[208] Schon *Kant* hatte nicht nur den Monarchen selbst, sondern auch den Staat als moralische Person bezeichnet,[209] *Hegel* ihn als „individuelles Ganzes",[210] bei dem der Wille des Monarchen nur noch die Bedeutung des Punktes auf dem „i" besaß, an-

---

201 *Mayer* 1969, S. 131.
202 *Schindling* 1992, S. 64; *Koselleck* 1989, S. 34: Abwandlung vom unbeschränkten Monarchen zum unbeschränkten Staat"; zukunftsgerichtet sprach Svarez in seinen Vorträgen vom Monarchen als „Vorsteher der bürgerlichen Gesellschaft" und sah den Staat selbst als Anstalt der bürgerlichen Gesellschaft an, *Koselleck* 1989, S. 29.
203 *Koselleck* 1989, S. 34 f.
204 *Grimm* 1988, S. 135 f.
205 Wie es etwa noch *Johann Stefan Pütter* vorgestellt hatte, *Uhlenbrock* 2000, S. 22.
206 „Wir denken uns heutzutage. den Staat nicht als eine Verbindung von Menschen, die lediglich und unmittelbar für individuelle Zwecke und Interessen derselben. berechnet ist, sondern als Gemeinwesen, als eine Anstalt, die über den Einzelnen stehend, zunächst Zwecken gewidmet ist, die keineswegs bloß die Summe individueller Interessen des Herrschers und der Unterthanen, sondern ein höheres, allgemeines Gesamtinteresse bilden, von wo aus erst mittelbar einen Nahrung, Förderung, Richtung zu Theil wird. Somit zerlegt sich das Leben des Einzelnen (Herrschers und Unterthanen) in zwey Partien, die eine, in der er um jenes Allgemeinen willen, im Namen und Dienste des Staats, als Haupt oder Glied desselben, berechtigt oder verpflichtet ist, die andere, in der er, als selbständiges Individuum, um seiner selbst willen Rechte, oder um eines Anderen willen Verpflichtungen hat. Indem wir somit in Beziehung auf das erste Gebiet dem Individuum alle selbständige juristische Persönlichkeit (das um seiner selbst willen Berechtigt-Sein) absprechen, werden wir nothwendig dahin geführt, die Persönlichkeit, die in diesem Gebiete herrscht. dem Staate selbst zuzuschreiben, diesen daher als juristische Person zu denken;" (*Albrecht* 1837, S. 1491 f.).
207 Hierzu ausführlich *Kirste* 2001, S. 348 ff.
208 Vgl. die Darstellung bei *Häfelin* 1959, S. 66 ff. u. 87 und gegen den Vorwurf der Übernahme zivilrechtlicher Kategorien *Kirste* 2002a, S. 698.
209 Metaphysik der Sitten §§ 49 u. 53 (1982, S. 435 u. 466).
210 Grundlinien der Philosophie des Rechts § 272 (1972, S. 240).

C. Geschichte der Körperschaft des öffentlichen Rechts

gesehen,[211] und *Schelling* das Bewußtsein von der organischen Einheit des Staates als über allen Individuen stehend weiter vorangetrieben.[212] Entscheidend ist damit die staatsrechtliche Perspektive der juristischen Person, die es ermöglicht, den Monarchen selbst als Teil der rechtlichen (nicht notwendig demokratischen) Konstruktion des Staates zu verstehen. So kann der Staat nicht als Eigentum des Monarchen, sondern dieser als dienender Teil des organischen Ganzen des Staates verstanden werden.[213] Der Gedanke des Staates als juristische Person vollzog damit auf der Ebene des Rechtsstaates, was der Vertragsgedanke für die demokratische Legitimation des Staates bedeutete: Die Begründung des Staates als ein künstliches, zweckhaftes Gebilde. Auf diese rechtliche Staatsperson und nicht mehr auf die natürliche Person des Monarchen konnte nun auch die Organisation der Verwaltung bezogen werden.[214] Binnendifferenzierungen nach Maßgabe der Zuordnung von Rechtspositionen wurden dadurch möglich. Dies war dann auch erst die Grundlage der genuin öffentlich-rechtlichen Verselbständigung eines Trägers von Selbstverwaltung in Gestalt der Körperschaft des öffentlichen Rechts.[215]

Das zweite Kennzeichen der Verwaltung am Beginn des 19. Jahrhunderts sind die verschiedenen Zentralisations- und Konzentrationsbewegungen.[216] Soweit sie nicht einfach Folge der napoleonischen Machterweiterungen waren, ging es dabei zunächst darum, die Vielzahl der politischen Gebilde in Deutschland territorial zusammenzuführen.[217] Im Innern konnte auf dieser Grundlage dann die Staatsgewalt monopolisiert werden, indem partikulare Sonderrechte und historisch gewachsene

---

211 Explizit in der Mitschrift der Rechtsphilosophie-Vorlesung von Griesheim 1824/25: „Man spricht von moralischen Personen und nennt so die Gemeinden, Universitäten. Sie sind ein Ganzes, haben einen Zweck, ein Interesse und der Wille derselben muß so auch einer sein. Dieser eine Wille wird nun als Wille einer moralischen Person vorgestellt, insofern er indessen nur ein gemeinsamer Wille ist, als Resultat vieler einzelner Willen, so existirt er nicht als das Ich will, dieß hat nicht Existenz, Erscheinung für sich selbst. Dieß Ich will ist [im modernen Staat] nicht eine moralische Person, sondern eine wirkliche, ein Individuum, es ist die Bestimmung des Monarchen daß er die letzte Entscheidung giebt".
212 Auch wenn er selbst keinen Begriff von der Persönlichkeit des Staates hatte (*Häfelin* 1959, S. 99), war doch der Gedanke der Weltseele, die der ihm nahestehende *Karl Christian Friedrich Krause* als den genuinen Rechtsträger, die unbedingte und unendliche Rechtsperson" ansah (Hierzu: *Dierksmeier* 2003), die Grundlage für die Entfaltung einer Pluralität von Rechtspersonen, unter denen der Staat zwar die oberste, aber eben nur eine unter vielen anderen auch korporativen Rechtspersonen war, wie es dann von Heinrich Ahrens entfaltet wurde, vgl. *Häfelin* 1959, S. 100 f.
213 *Hegel* nach der anonymen Mitschrift seiner Rechtsphilosophie von 1819/20, S. 178; vgl. auch die §§ 279 u. 280, Anm. der Grundlinien der Philosophie des Rechts (1972, S. 250 f.).
214 Auch dies hat *Hegel* auf den Punkt gebracht: „Die konstitutionelle Monarchie ist die vernünftige Verfassung, sie ist konstitutionell, d. h. sie ist organisirt in sich". Konstitutionalität der Monarchie und Organisation hängen also notwendig zusammen. Sie ist gewissermaßen das Gerüst des Bauwerks der wirklichen, vermittelten subjektiven und objektiven Freiheit, die den Staat ausmacht. „Bei der Organisation muß man nichts vor sich haben, als die Nothwendigkeit der Idee in sich, alle anderen Gesichtspunkte müssen verschwinden. Der Staat muß betrachtet werden als ein großes architektonisches Gebäude, eine Hieroglyphe der Vernunft, die sich in der Wirklichkeit darstellt, er ist das Feste das nichts vorstellt als die Freiheit in ihrer Verwirklichung, dieß ist die Vernünftigkeit, die Organisation in sich, dem Begriffe gemäß", aus dem Nachschrift von Griesheim 1824/25, S. 670.
215 *Forsthoff* 1932, S. 12: „Die besondere Bedeutung der Selbstverwaltung lag ... beschlossen in der eigenen, im öffentlichen Recht ruhenden Rechtssubjektivität des Verwaltungsträgers, der Korporation des öffentlichen Rechts".
216 *Willoweit* 2001, S. 209 f.; *Ullmann* 1993, S. 124 ff. Das gilt auch etwa hinsichtlich der bayerischen Städte- und Gemeindereformen 1802–1808, vgl. *Wolter* 1993, S. 644.
217 1792 gab es in Deutschland ca. 2000 politische Gebilde, während es nach der „territorialen Revolution" (E. R. Huber) in Mitteleuropa nur noch 41 weitgehend abgeschlossenen Staaten gab, *Ullmann* 1993, S. 125 f.; *Wolter* 1993, S. 641.

Einheiten abgebaut und gleichförmige Verwaltungsgliederungen aufgebaut wurden, insgesamt also ein homogenes territorium clausum entstand.[218] Die Reformer der Jahrhundertwende (*Montgelas* in Bayern,[219] *Reizenstein* in Baden und *Hardenberg* in Preußen[220]) wollten in diesem Sinn alle eigenverantwortlich entscheidenden Stellen – und das hieß auch: alle Korporationen – beseitigen.[221] Zugleich sollten zunächst möglichst viele Zuständigkeiten in der zentralen Verwaltung konzentriert werden, was aber bald zu einer kaum zu bewältigenden „Kopflastigkeit" führte, so daß Montgelas ab 1809 bereits mit Dekonzentrationsmaßnahmen begann.

Auf der Basis monopolisierter Herrschaft konnte der Umbau des Verwaltungsaufbaus und der Behördengänge in Angriff genommen werden. Dies war vor allem an der Verwaltungsspitze erfolgreich. Sie sollte in Staatsministerien mit Fachministern organisiert werden, die *Hardenberg* und *Reizenstein* in der Leitung durch einen Kanzler zusammenführen wollten.[222] Hinzu kam ein Staatsrat als Beratungskollegium für Gesetzesvorhaben und Beschwerden gegen die Verwaltung.[223] Unter der Ministerialebene wurden weisungsgebundene Regierungen (Preußen[224]) bzw. Kreisdirektoren (Baden) als Mittelbehörden und die Gemeinden als untere Staatsbehörden zunächst ohne Selbstverwaltung eingerichtet.[225] Die Geschäftsbereiche der Ministerien wurden immer weniger nach dem einer eher segmentären Differenzierung folgenden Territorialprinzip geordnet, sondern folgten dem funktionalen Realprinzip.[226] Ob die Entscheidungen dabei eher monokratisch nach dem Bürosystem[227] oder dem Kollegialsystem folgend getroffen werden sollten, gestaltete sich sowohl innerhalb Staaten als auch auf den jeweiligen Hierarchieebenen unterschiedlich.[228]

Ein weiterer wichtiger Aspekt der Verwaltungsreformen war die Professionalisierung des Verwaltungspersonals und die oben schon erwähnte Umstellung des Amtsverständnisses.[229] Bereits unter *Friedrich II.* setzte sich allmählich ein neues Verständnis des Beamten durch: Er verstand sich eher als Diener des Staates und

---

218 *Ullmann* 1993, S. 132 f.; *Knemeyer* 1983, S. 131 f.
219 Zu ihm *Wolter* 1993, S. 644 f.; zu den Verwaltungsreformen auch *Wehler* 1987, S. 381 f.
220 Vom Stein wird später zu diskutieren sein. Zum Verhältnis von Montgelas zu Hardenberg vgl. *Becker* 1986, S. 744 f.; zu Hardenberg auch *von Unruh* 1983, S. 435 ff.
221 *Knemeyer* 1983, S. 144 f.; auf die gegenläufigen Ideen vom Steins wird unten unter Selbstverwaltung einzugehen sein.
222 *Knemeyer* 1983, S. 124, 136, 142; *Groß* 1999, S. 116 f.; *Willoweit* 2001, S. 232 f.; *Achterberg* 1979, S. 581, insbesondere wurde auch das lähmende Nebeneinander von Fach- und Provinzialressorts abgeschafft.
223 *Willoweit* 2001, S. 233; *Knemeyer* 1983, S. 138.
224 *Koselleck* 1989, S. 237 ff.
225 In Preußen wurde zwischen Ministerium und Regierung noch der Oberpräsident eingeführt, um eine eigene Provinzialbehörde beizubehalten, von *Unruh* 1983, S. 439 f. *Koselleck* 1989, S. 221 f.; für Bayern vgl. *Wolter* 1993, S. 644. Die Gemeinden wurden hier unter eine Art Vormundschaft („Kuratel") gestellt, so wenig wurden sie als selbständig angesehen, *Mayer* 1969, S. 148; für Preußen: *Koselleck* 1989, S. 203 f.
226 *Ullmann* 1993, S. 129; *Knemeyer* 1983, S. 140; *Mayer* 1969, S. 145.
227 Zum Begriff und zur frühen Bürokratiekritik: *Wunder* 1992, S. 75 f.; *Ullmann* 1993, S. 129.
228 Zur Geschichte des Kollegialsystems vgl. auch *Groß* 1999, S. 111 ff.; *Knemeyer* 1983, S. 143 f.; für Preußen entschied sich *Vincke* für ein „kollegiales System mit bürokratischem Einschlag, d. h. für gesteigerte Verantwortung der einzelnen Beamten in ihren Sachgebieten, ohne daß man auf die Beratung aller übergreifenden und wichtigen Fragen verzichten dürfe", *Koselleck* 1989, S. 177. Steins kollegiale Forderungen scheiterten.
229 Vgl. *Wehler* 1987, S. 385 f. für die Rheinbundstaaten.

nicht des Monarchen.[230] Dieses Selbstverständnis war geprägt durch das öffentliche Amt, das der Beamte im Dienste der Allgemeinheit versorgte.[231] Das öffentliche Dienstrecht schaffte einen Sonderstatus, der den Beamten durch Privilegien einerseits und durch stärkere Pflichten andererseits näher an den Staat band als die übrigen Bürger. Wie die sog. „Hauptlandespragmatik" über die Dienstverhältnisse der Staatsdiener vom 1.1.1805 schon in der Vorrede deutlich macht, ist das Dienstverhältnis ein öffentlich-rechtliches Verhältnis zwischen dem Bediensteten und dem Landesherrn als Staatsoberhaupt.[232]

Auch wenn manches von den Reformen nicht durchgesetzt werden konnte und sich insbesondere im ländlichen Bereich vielfach noch überkommene Strukturen hielten,[233] anderes wieder re-reformiert werden mußte und einiges kontrovers blieb,[234] weisen doch diese Reformen deutlich in die Richtung der von *Max Weber* so bezeichneten rationalen Herrschaft durch bürokratische Organisation[235] und damit der modernen Verwaltungsorganisation.[236]

4. Zu den Anfängen der körperschaftlichen Selbstverwaltung

In diese Situation des gesteigerten Bewußtseins rationaler Organisierbarkeit der Gesellschaft, wie sie in der staatlichen Verwaltung in den Reformen und in der Gesellschaft beispielhaft an den Vereinen zum Ausdruck kommt, fällt auch die Einführung der ersten neuartigen Selbstverwaltungskörperschaften. Einige Aspekte der Begründung sollen hier am Beispiel Preußens kurz dargestellt werden.[237] Dabei stehen die Gedanken des *Reichsfreiherrn Heinrich Karl vom und zum Stein* und die preußische Städteordnung von 1808 im Vordergrund.[238] Nach früheren Verwendungen des Terminus „Selbstverwaltung"[239] und Vorformen in der Sache,[240] gewinnt der Gedanke mit seinem Werk klare Konturen.[241]

---

230 *Schindling* 1992, S. 64.
231 So schon Grundlinien der Philosophie des Rechts § 293 f.; *Koselleck* 1992, S. 5; *Wunder* 1992, S. 84 f. u. 88 f.; *Willoweit* 2001, S. 213.
232 *Mayer* 1969, S. 147.
233 Ohne daß daraus eine Kontinuitätsthese gebildet werden könnte, derzufolge korporative Elemente auf lokaler Ebene den Absolutismus überlebt hätten; denn sie waren der beständigen Gefahr des Zugriffs durch den Landesherrn ausgesetzt, *Hendler* 1984, S. 14 f.
234 Man denke in dem hier interessierenden Zusammenhang an die immensen Spannungen zwischen den Konzeptionen Hardenbergs, der die hierarchisch-zentralistische Verwaltung bis auf die Gemeindeebene hinunter durchsetzen wollte (*Koselleck* 1989, S. 196 u. 202 f.) und Steins Ansätze zur kommunalen Autonomie.
235 Gekennzeichnet durch 1. feste Verteilung der Aufgaben unter den Beteiligten, 2. Amtshierarchie, 3. ein System allgemeiner Regeln, die die Art und Weise der Aufgabenerledigung regeln, 4. Trennung von Amt und Person, 5. Professionalisierung des Personals, *Weber* 1980, S. 126 ff.; vgl. *Scott* 1986, S. 105 f.; *Türk/Lemke/Bruch* 2002, S. 124 f.; *Kieser* 2001, S. 46 f.
236 *Mayer* 1969, S. 147.
237 Das Beispiel Preußens rechtfertigt sich insofern, als die Preußische Städteordnung von 1808 und die Gedanken des Reichsfreiherrn vom Stein Grundgedanken der weiteren Selbstverwaltungsentwicklung enthielten, *Menger* 1983, S. 28.
238 Auch wenn man seine politische Bedeutung im allgemeinen gegenüber früheren Einschätzungen etwas relativieren muß, und seine Reformprojekte letztlich gescheitert sind (*Wehler* 1987, S. 399 f.), ist er doch für die Theorie der körperschaftlichen Selbstverwaltung von zentraler Bedeutung.
239 Hier war die erfahrungsnah erhobene, sachferne ministeriale Staatsverwaltung gemeint, *Koselleck* 1989, S. 233 f.; vgl. a. *Wunder* 1992, S. 81 f.
240 *Pohl* 1983, S. 4; *Droege* 1983a, S. 177 ff.
241 *Forsthoff* 1932, S. 5 ff.

Ob man nun eher die englischen,[242] die französischen Einflüsse[243] oder die mittelalterlichen Vorbilder betont[244] oder auf der Eigenständigkeit seiner Theorie besteht;[245] im Kern ging es vom Stein, ausgehend von seiner Bürokratiekritik,[246] um eine verstärkte Bürgerbeteiligung an der Verwaltung. Die Nation sollte lernen, ihre Geschäfte selbst zu betreiben.[247] Dazu sollten Bürgersinn und Gemeingeist durch eine Beteiligung an den Verwaltungsangelegenheiten geweckt und entwickelt werden.[248] Dem lag ein materialer Freiheitsbegriff zugrunde, dem es nicht um die Absicherung einer vorstaatlichen, sondern die Entfaltung einer positiven, gemeinschafts- und kulturbezogenen Freiheit in geistiger, geistlicher und materieller Entwicklung ging.[249] Das Ziel war im Gegensatz zu den Ideen *von Humboldts* ein Zusammenführen von Gesellschaft und Staat zum Ziel.[250] Die Erfahrung und Sachkunde bewährter Bürger sollte im Sinne einer Honoratiorenverwaltung[251] in die sach- und ortsnahe Verwaltung der örtlichen Angelegenheiten eingeführt werden, um so zu einer Verbesserung, Effizienz der Verwaltungsleistung zu gelangen.[252] Zugleich versprach sich vom Stein davon eine stabilisierende Wirkung, indem nicht nur eine Identifikation mit dem Gemeinwesen, sondern auch eine Förderung der Interessenintegration durch die Bindung an konkrete Verwaltungsaufgaben im vorgegebenen rechtlichen Rahmen möglich wurde.[253] Ausdruck davon war ein Repräsentationsgedanke, der an die Stelle des imperativen Mandats der alten Stände ein freies Mandat, daß die Anteilnahme an den Gemeinschaftsangelegenheiten vor die Interessenvertretung stellen konnte, setzte.[254] Gerade eine solche aktive und

---

242 Insbesondere den des lokal Governments; zurückhaltend: *Heffter* 1969, S. 88 u. differenzierend S. 100 f.; In der Ablehnung des Zentralismus und einem rousseauschen Demokratiemodell war Stein britisch; den englischen Einfluß heben auch *Wolter* 1993, S. 642 ff., *Menger* 1983, S. 26, *Forsthoff* 1932, S. 9 hervor. *Von Unruh* (1983, S. 403) verweist insbesondere auf Burke und Smith.
243 *Vor Unruh* 1983, S. 405 u. 428 f. verweist auf den Einfluß der Physiokraten (zu deren Selbstverwaltungskonzeption auch *Heffter* 1969, S. 41 f.) in bezug einen elitären Zug in der Konzeption vom Steins und sieht in einem empirischen Ansatz Elemente von Montesquieu; *Becker* 1986, S. 748 insoweit eher zurückhaltend.
244 Immerhin läßt sich hier der Gedanke der Solidargemeinschaft gemeinsamer Lastentragung anführen, v. *Unruh* 1981, S. 59; *Forsthoff* (1932, S. 8) erinnert an die deutsche genossenschaftliche Tradition.
245 So *Becker* 1986, S. 750.
246 *Von Unruh* 1981, S. 61 f.
247 Es ging ihm darum „der Nation selbst einen Anteil an der Verwaltung zu geben", Brief an Minister Schroetter vom 27.6.1808, zit. nach *Hendler* 1990 Rn. 4; vgl. auch *von Unruh* 1983, S. 407, 410, 416, 423; *Hendler* 1984, S. 9.
248 *Hendler* 1984, S. 11; *Wolter* 1993, S. 643; *Peters* 1926, S. 43. Gerade an dieser Haltung zeigt sich zugleich, daß sich die höhere Bürokratie nicht nur als Vollstrecker der Staatsinteressen, sondern zugleich als Anwalt der Gesellschaft und ihr Repräsentant verstand (*Koselleck* 1970, S. 111). Auch dies deutet darauf hin, daß die Ausdifferenzierung von Staat und Gesellschaft noch nicht weit fortgeschritten war.
249 *Hendler* 1984, S. 13 f.
250 *Wolter* 1993, S. 643; *Koselleck* 1989, S. 177; *von Unruh* 1983, S. 409.
251 *Menger* 1983, S. 27; *Bieback* 1976, S. 84.
252 Und nicht zuletzt, die Stände zu finanziellem Engagement in der äußerst angespannten Finanzlage nach am Ende des ersten Jahrzehnts des 19. Jh. anzuregen, *Koselleck* 1989, S. 182 f.; *Hendler* 1984, S. 10 f.; *Bieback* 1976, S. 84.
253 *Hendler* 1984, S. 12; *Bieback* 1976, S. 85; diese Stabilisierung bezog sich sicherlich auch auf eine innere Stärkung der Preußen gegenüber Napoleon, also im Interesse einer Abgrenzung nach außen, *Heffter* 1969, S. 91.
254 „Den Ausdruck ‚Repräsentanten' halte ich für ganz unpassend. Es sind ständische Mitglieder der Kollegien", die „wirklich als Offizianten, nicht als Volksrepräsentanten" handeln, zit. nach *Koselleck* 1989, S. 176 f.; *Von Unruh* 1983, S. 407.

C. Geschichte der Körperschaft des öffentlichen Rechts 93

institutionalisierte Freiheit sollte sowohl den Einzelnen als auch das lokale Gemeinwesen vor staatlicher Bevormundung nicht durch ein abstraktes System von Checks and Balances, sondern durch eine sachgemäße Zuordnung von politischen Tätigkeitssphären schützen.[255] Der Rückgriff auf die Erfahrung der Bürger und ihre Indienstnahme für die öffentliche Verwaltung wäre aber nicht sinnvoll gewesen, wenn Stein nicht davon hätte ausgehen können, daß die Honoratioren auch in organisatorischer Hinsicht bereits eine Bildung erfahren hätten, die sie dann in die Selbstverwaltung einbringen konnten. Vom Stein versprach sich also eine Stärkung und Verbesserung der öffentlichen Verwaltung, indem er gesellschaftliche Selbstorganisationsfähigkeit in sie einband und zugleich eine unbürokratische Ordnung der Gesellschaft, indem der Staat subtiler in sie hineinwirken konnte.

Die aus diesem Geist entworfene und am 18. November 1808 erlassene Städteordnung[256] muß nicht so sehr wegen ihrer tatsächlichen Veränderungen, sondern wegen ihres Dezentralisierungskonzepts[257] an den Anfang der Lehre von den neuen Körperschaften gestellt werden.[258] Sie begründete eine administrative Eigenständigkeit der Gemeindeebene, ohne deren Einbindung in die staatliche Verwaltung aufzuheben.[259] Die Städteordnung gehört vielmehr noch in das Programm des Abbaus überkommener Privilegien und gerade dadurch der Stärkung der Staatsmacht durch Integration gesellschaftlicher Kräfte.[260] Das unterschied sie von den mittelalterlichen und frühneuzeitlichen Formen genossenschaftlicher Selbstverwaltung. Dieser Unterschied kommt auch in dem geänderten Sinn des Ausdrucks „moralische Person" oder auch „Rechtssubjekt" zum Ausdruck, der der Gemeinde verliehen wurde.[261] Gemeinsam mit der auf sie bezogenen Selbstverwaltung steht der Ausdruck nicht mehr für die unbedingte Einbindung in den Staat, sondern für Verselbständigung eines Bereichs des Öffentlichen aus der staatlich hierarchischen Verwaltung.[262] Mit diesem Status wurde der Gemeinde eine Rechtsfähigkeit ge-

---

255 „Die Gemeindeverfassung sicher die wahre praktische Freiheit, die täglich und stündlich in jedem dinglichen und persönlichen Verhältnis sich äußert und schützt gegen amtliche Willkür und Aufgeblasenheit.", Brief Nr. 128 v. 5. November 1822, zit. nach *von Unruh* 1983, S. 416 ferner 395, 405, 431 f.; vgl. auch *Menger* 1983, S. 26.
256 Das BVerfG (E 11, 266 ff. (274) – Wählervereinigung) faßt die Ziele der Steinschen Reform des Städtewesens, wie sie Eingang in die Preußische Städteordnung von 1808 gefunden hat zusammen: „Ihr Ziel war es, das bürgerliche Element enger mit dem Staate zu verbinden, den Gegensatz zwischen Obrigkeit und Untertan zu mildern und durch selbstverantwortliche Beteiligung der Bürgerschaft an der öffentlichen Verwaltung in der Kommunalebene den Gemeinsinn und das politische Interesse des Einzelnen neu zu beleben und zu kräftigen". Achterberg (1979, S. 582) nennt sie zu Recht „die einschneidendste Neuerung dieser Epoche".
257 *Forsthoff* 1932, S. 6; *v. Unruh* 1981, S. 61; *Gern* 2003, Rn. 5.
258 *Hendler* 1984, S. 14; unzutreffend die Ablehnung von *Endrös* 1985, S. 100; mißverständlich *Wolter* 1993, S. 642.
259 *Hendler* 1984, S. 16.
260 *Altenstein* beurteilte das aus seiner Perspektive so: „Der Hauptgewinn bleibt, die Nation an die Administration zu fesseln und sich dadurch ihrer ganzen Kraft zu versichern", zit. nach *Koselleck* 1989, S. 174 und *Hardenberg* sprach von einer „Amalgamierung der Repräsentanten mit den einzelnen Verwaltungsbehörden", *Koselleck* 1989, S. 175; vgl. auch *Heffter* 1969, S. 98 f.; *von Unruh* 1983, S. 405.
261 §§ 49 f., 52. 68, 108 StO.
262 *Bieback* 1976, S. 94: „Der Begriff ‚öffentliche Korporation' bezeichnete bei der Gemeinde nicht mehr eine vom Staat voll beherrschte Verwaltungseinrichtung, sondern einen institutionalisierten ‚öffentlichen' Bereich mit einer neuen Struktur, die der hierarchisch-bürokratischen, in sich abgeschlossenen und den Bürgern als ‚Obrigkeit' entgegentretenden monarchischen Verwaltung entgegengesetzt war."

währt, die über die Vermögensfähigkeit hinausging, sondern sich auch auf die freie gemeindliche Finanz- und Vermögensverwaltung bezog.

Die Gemeinden waren als Bürgergemeinden, nicht als Einwohnergemeinden konzipiert.[263] Die Aufgaben der Städte konzentrierten sich vor allem auf die Verwaltung des städtischen Grundbesitzes, die Armenpflege (§ 179 StO), wozu Armenschulen, aber auch Krankenhäuser gehörten, und die lokale Polizei.[264] Indem sie jedoch in den §§ 4 f. alle Einwohner und sämtliche Grundstücke zum Gemeindebezirk zählte, konstituierte die StO erstmalig gebietskörperschaftliche Elemente.[265] Stimmberechtigt waren Männer und unverheiratete Frauen (§ 18 StO), die ein bestimmtes Einkommen besaßen (§ 15 StO).[266] Als zentrales Selbstverwaltungsorgan sah die Städteordnung die aus freien, gleichen und direkten Wahlen hervorgegangene Stadtverordnetenversammlung vor (§§ 69 f. StO). Die Stadtverordneten besaßen aus oben genannten Gründen ein freies Mandat (§ 110 StO). Aus ihrer Mitte wurde der Magistrat als exekutivisches Kollegialorgan gewählt.[267] Er bestand aus ehrenamtlichen, auf sechs Jahre gewählten und besoldeten, auf zwölf Jahre bestimmten Mitgliedern. Hinzu traten der hauptamtliche Syndikus, der Kämmerer und ein Baurat. Ihm oblagen die Geschäfte der laufenden Verwaltung. Dort und in der Finanz- und Vermögensverwaltung waren sie der Kontrolle der Stadtverordnetenversammlung unterworfen.[268] Exekutive Eigenständigkeit besaß der Magistrat nur in den Polizeiangelegenheiten, die den Städten übertragen wurden. In diesen Angelegenheiten unterstanden die Städte auch einer weitgehenden Staatsaufsicht (§§ 166 f. StO).[269] Ansonsten beschränkte sich die Aufsicht (§§ 1, 2 StO) auf die Einhaltung der Gesetze und der „Staatszwecke".[270]

Der Körperschaftsstatus der Gemeinden kam ihnen also nicht mehr als „Staat im Staat", als Stadtrepublik[271] und auch nicht deshalb zu, um sie stärker an den Staat zu binden als die privaten Vereinigungen ohne Körperschaftsstatus wie im Absolutismus, sondern genau umgekehrt, um einen verselbständigten Status innerhalb der öffentlichen Verwaltung zu institutionalisieren und so im Rahmen der weiter bestehenden staatlichen Hoheit über das Gemeinwohl einen Bereich der Verwaltung im Bürgerinteresse zu bezeichnen, der bürgerliche Honoratioren in die öffentliche Verwaltung einbezog.[272] Allerdings war die Linie nicht einheitlich: Liberale Denker wie *Rotteck* betonten die Parallelität von Staat und Gemeinden und damit – zugleich in schwer aufzulösender Spannung zum Konstitutionalismus – die Unableitbarkeit des Rechts der letzteren von ersterem.[273]

---

263 *Hendler* 1984, S. 17; *Wolter* 1993, S. 642; *von Unruh* 1983, S. 417.
264 *Hofmann* 1984, S. 583.
265 *Von Unruh* 1983, S. 461.
266 Die übrigen Einwohner waren die sog. Schutzverwandten, § 5 StO.
267 *Von Unruh* 1983, S. 417.
268 *Von Unruh* 1981, S. 69; *ders.* 1983, S. 417.
269 Die Einzelheiten des Umfangs der Staatsaufsicht sind allerdings umstritten, vgl. Bieback 1976, S. 89 ff.
270 *Kahl* 2000, S. 74 f.; *Hendler* 1984, S. 18; *von Unruh* 1983, S. 417.
271 *Heffter* 1969, S. 96. Gerade Stein war es, der sich weitergehenden Vorstellungen seiner Mitarbeiter widersetzte und auf einer Staatsaufsicht bestand, die aber rechtlich geordnet und umgrenzt sein sollte, *Kahl* 2000, S. 77 f.
272 *Bieback* 1976, S. 95.
273 *Forsthoff* 1932, S. 13; *Kahl* 2000, S. 103: Entsprechend schränkt er auch Aufsicht über die Gemeinde auf eine Kontrolle, die keine Weisungen enthält, ein.

Hatten Änderungen unter den Vorzeichen der Restauration schon zu einem allmählichen Verlust des Freiheitsgehalts der ursprünglichen Städteordnung geführt[274] und war sie in den später zu Preußen hinzugekommenen Gebieten gar nicht erst eingeführt worden, so beschränkte die – nur in den neuen preußischen Provinzen eingeführte – Revidierte Städteordnung von 1831 die Selbstverwaltung, indem sie umfangreichere staatliche Aufsichtsbefugnisse vorsah (§§ 117 f., 139)[275] und reduzierte die Bedeutung der Stadtverordnetenversammlung dadurch, daß die Wirksamkeit ihrer Beschlüsse von der Zustimmung des Magistrats abhing, der damit („echte Magistratsverfassung") als gleichwertiges Beschlußorgan neben die Versammlung trat.[276] Außerdem wurde die Möglichkeit der Auflösung der Stadtverordnetenversammlung eingeführt (§§ 83, 93). Die Polizeiverwaltung oblag ihr insgesamt nur noch als staatliche Auftragsverwaltung (§§ 84, 105, 109). Immerhin bewegte sie sich mit liberaleren Regelungen über das Bürgerrecht in Richtung auf eine echte Einwohnergemeinde.[277] Den Gemeinden, die der älteren Städteordnung unterstanden, wurde allerdings die Übernahme der revidierten Fassung freigestellt, was dann auch nur in wenigen Fällen geschah.[278]

Die Selbständigkeit in der Verwaltung der inneren Angelegenheiten und des Vermögens wurde mit der Verordnung vom 26. Dezember 1808 auf alle „Kommunen, Sozietäten, Korporationen und Stiftungen" ausgedehnt.[279] Insgesamt ist es jedoch kaum möglich, konkrete Verbindungslinien zwischen den verschiedenen, nach recht unterschiedlichen Gesichtspunkten ins Leben gerufenen Selbstverwaltungsorganisationen zu ziehen.[280] Schon die Reform der Landgemeinden blieb in den Anfängen stecken.[281] Die Zünfte wurden aufgelöst, konnten sich als Innungen mit freiwilliger Mitgliedschaft neu gründen und erhielten nach 1845 aufgrund der Allgemeinen Gewerbeordnung[282] nach Genehmigung durch die staatliche Behörde die Rechte einer privilegierten Korporation.[283] Die Industrie- und Handelskammern, die in Süddeutschland nach 1802 durch Napoleon ins Leben gerufen wurden,[284] besaßen

---

274 *Hendler* 1984, S 19.
275 Diese weitreichende Generalklausel erlaubte weitreichende Eingriffsbefugnisse des Staates. Hinzu traten enumerative Befugnisse, die die Freiheit der Gemeinden etwa in Steuerangelegenheiten praktisch ganz beseitigten, *Kahl* 2000, S. 91.
276 *Von Unruh* 1981, S. 69. *Koselleck* (1989, S. 565) weist aber darauf hin, daß dies nicht nur einem obrigkeitlich-bürokratischen restaurativen Zeitgeist entsprach, sondern auch mit einer faktischen Überforderung der Stadtverordnetenversammlungen durch die neu gestellten Aufgaben zusammenhing.
277 *Hendler* 1984, S. 19.
278 *Hendler* 1984, S. 20.
279 *Bieback* 1976, S. 96.
280 *Hendler* 1984, S. 45.
281 *Menger* 1983, S. 26; *Heffter* 1969, S. 129 f.; *Hendler* 1984, S. 32.
282 Vom 17. Januar 1845, GS S. 41. *Huber* 1969, S. 998.
283 *Hendler* 1984, S. 98 f.; insgesamt trug die Gewerbeordnung von 1845 aber einen Kompromißcharakter. Sie gewährte angesichts der schwierigen wirtschaftlichen Lage der Handwerker keine Volle Gewerbefreiheit, sondern erhielt Momente der Zunftverfassung aufrecht, worin die anderen deutschen Staaten Preußen mehr oder weniger – nämlich eher noch zünftlerischer – folgten, *Ullmann* 1988, S. 17.
284 1791 waren in Frankreich durch die „Loi Le Chapelier" mit den Ständen auch die alten Zünfte, Gilden und Innungen aufgelöst worden. Art. 1 lautete: „Die Vernichtung aller Arten von Vereinigungen der Bürger desselben Standes und desselben Berufes ist ein Grundprinzip der französischen Verfassung. Es ist verboten, sie wieder zu errichten, unter welchem Vorwand und in welcher Form auch immer". Hierzu *Kaiser* 1978, S. 32 f. Um Möglichkeiten der Interessenvertretung zu schaffen, wurden zwischen 1802 und 1804 im französischen Kaiserreich Handels- und Gewerbekammern eingerichtet, *Ullmann* 1988, S. 22 f.

wie die französischen Chambres des Commerces eher den Charakter von staatlichen Hilfsorganen als von Selbstverwaltungskörperschaften.[285] Das war allerdings in Preußen anders. Im Zuge der Aktivierung des wirtschaftlichen Potentials der Gesellschaft bildeten sich in den zwanziger Jahren, von Berlin ausgehend, Korporationen der Kaufmannschaft, deren Verfassung durchaus Ähnlichkeiten mit der gemeindlichen Selbstverwaltung besaßen und jedenfalls genossenschaftlich strukturiert waren.[286] Zwar waren sie keine juristischen Personen, ihr Hauptorgan, das Kollegium der Ältesten wurde aber durch die Handel- und Gewerbetreibenden gewählt. Es bestimmte seinerseits den Sekretär der Kammer als Leitorgan und nahm die Aufgaben der Interessenvertretung, der Aufstellung von Standesrichtlinien war. Zudem kamen den Kammern noch die Aufgaben der Erstellung von Gutachten, bestimmte Registeraufgaben und die Einziehung der Gewerbesteuer von den Mitgliedern zu. Ein Etat stand ihnen nach einer Genehmigung durch die Regierung zu.[287] Sie behielten allerdings für lange Zeit einen privatrechtlichen Charakter.[288] 1830 wurde in Elberfeld-Barmen die erste Preußische Handelskammer, zwar im großen und ganzen nach dem französischen Modell, aber modifiziert durch korporative Elemente, errichtet:[289] Vorbild für die weiteren Preußischen Handelskammern. Sie hatten zunächst beratende Funktionen im Interesse der Staatsregierung und der Mitglieder. Erst 1870 kam die Interessenvertretung hinzu (s. u.).

Die einzige wirkliche Neugestaltung im Bereich der funktionalen Selbstverwaltung fand im Bereich der Universitäten statt.[290] War ihr korporativer Charakter im absolutistischen Staat immer stärker von anstaltlichen Elementen überlagert worden,[291] so bedeutet die Neugründung der Universität Berlin 1810 zugleich einen Neubeginn der Theorie der Universität.[292] Das Hauptanliegen der Universitätskonzeption *Wilhelm von Humboldts* war die Vervollkommnung des Menschen aufgrund methodisch geleiteter wissenschaftlicher Wahrheitssuche. Ihr Prinzip, die Einheit der Wissenschaften, stand gegen das von Napoleon vorangetriebene Konzept der Fachhochschulen („Grandes Écoles").[293] Entsprechend wurde das Ansehen der Professoren erheblich gesteigert.[294] Der innovative Charakter der Konzeption betraf jedoch weniger die Verselbständigung der Universität gegenüber dem Staat. Von Humboldt lag es fern, der Universität wirkliche Selbstverwaltung zu verleihen.[295]

---

285 Ihre Mitglieder wurden ernannt und traten unter dem Vorsitz des Präfekten eines Departements zusammen mit der Aufgabe der Beratung bei Gesetzgebungsvorhaben und der Übermittlung der Auffassungen der Handeltreibenden, *Brohm* 1983, S. 779, *Hendler* 1984, S. 24; *Bieback* 1976, S. 103; *Tettinger* 1997, S. 40; *van Eyll* 1984, S. 76; *Huber* 1953, S. 210 f.; ders. 1969, S. 998 ff.; *Kluth* 1997, S. 124 f.
286 *Bieback* 1976, S. 104; *Ullmann* 1988, S. 23; unter Anknüpfung an die kaufmännischen Korporationen, *Huber* 1953, S. 210: Faktisch näherten sich beide Formen aber einander an, *Brohm* 1969, S. 59; ders. 1983, S. 779.
287 *Bieback* 1976, S. 103 f.; *Hendler* 1984, S. 25 f.
288 *Van Eyll* 1984, S. 74.
289 *Brohm* 1983, S. 780.
290 *Scheuner* 1978, S. 109.
291 Das preußische ALR bezeichnete sie als „Veranstaltungen des Staates" und verlieh ihnen die Rechte privilegierter Korporationen II 12, §§ 1 u. 67 ALR (s. o.).
292 *Ellwein* 1997, S. 112 f.
293 *Oppermann* 1996, S. 1016.
294 *Mußgnug* 1993, S. 150: Was zugleich ihren sozialwissenschaftlichen Forschungen zunehmendes politisches Gewicht verlieh.
295 *Hendler* 1984, S. 32.

Es ging ihm eher darum, sie näher an den Staat heranzuführen.[296] Immerhin erhielt sie das Recht, ihre Organe frei zu wählen, akademische Grade zu verleihen, war von Zensur freigestellt und konnte ihren Lehrbetrieb durchführen. In ihrer limitierten Autonomie wurde sie durch einen Kurator des Kultusministeriums überwacht.[297] *Schleiermachers* weitergehende Vorschläge, sie zum Schutz ihrer Rechte als moralische Person anzuerkennen, fand kein Gehör.

5. Zusammenfassung

Das zu Anfang des 19. Jahrhunderts zunehmend ausgebildete Bewußtsein der rationalen Organisierbarkeit der Gesellschaft erfaßte sowohl den sich von ständischen Beschränkungen befreienden und staatlicherseits befreiten Bereich der bürgerlichen Gesellschaft als auch die staatliche Organisation selbst. Rationalisierung bedeutete auch im ausgehenden Absolutismus noch die Aufhebung aller überkommenen intermediären Gewalten und ihre Einbindung in die öffentliche Verwaltung. Auch die Selbstverwaltung, wie sie musterhaft in der Steinschen Städteordnung von 1808 ausgebildet wird, verfolgt dieses Ziel. Sie basiert auf den sich verstärkt selbst organisierenden Kräften der bürgerlichen Gesellschaft, ihrem Sachverstand, ihre Initiativkraft, aber eben auch ihrem Organisationspotential. Dieses wurde von Stein in die öffentliche Verwaltung integriert und so neben der gesellschaftlich-politischen auch eine staatlich-politische Wirksamkeit verliehen, die wiederum Rückwirkungen auf die Entfaltung der gesellschaftlichen Kräfte besaß.[298] Die Konstruktion der Körperschaft des öffentlichen Rechts konnte hierzu auf die gegenüber dem Institut der „persona moralis" rechtstechnischere Figur der juristischen Person zurückgreifen, die seit 1837 durch Albrecht auch dem öffentlichen Recht zugeführt worden war.[299] Dabei unterschieden sich öffentlich-rechtlicher und zivilrechtlicher Begriff der juristischen Person von Anfang an dadurch, daß es um die rechtliche Verselbständigung des Herrschaftsbereichs gegenüber dem Monarchen und allgemein gegenüber der Identifikation mit personaler Macht ging. Soweit sich am Anfang des Jahrhunderts bereits ein spezifischer Begriff der Körperschaft oder Korporation des öffentlichen Rechts ausmachen läßt, wurde sie damit einerseits als eine solche juristische Person des öffentlichen Rechts aufgefaßt und ihr personales Substrat akzentuiert.[300] Zum anderen aber unterschied sie sich von der alten Korporation dadurch, daß die Körperschaft eine staatlich errichtete Rechtsperson war und nicht ein gesellschaftlich gebildeter Verband, der über den korporationsrechtlichen Status an den Staat gebunden, nämlich von ihm privilegiert und beson-

---

296 *Bieback* 1976, S. 102; *Rüfner* 1983, S. 491; anders *Oppermann* 1996, S. 1016.
297 *Rüfner* 1983, S. 491.
298 Es ist daher verkürzt, nur auf den parlamentarischen Einfluß des Bürgertums zu sehen – wie etwa in *Hefftrers* Untersuchung – und festzustellen, daß hier das Bürgertum zur Zeit der preußischen Gemeindeordnung noch nicht angekommen war.
299 1837, S. 1489 ff., 1508 f. Der Begriff der juristischen Person sollte auf die öffentlichen Verbände auch nicht nur in vermögensrechtlicher Hinsicht angewendet werden, wie es *Weiß* und *Maurenbrecher* annahmen. Der Begriff wurde allerdings primär an der Rechtspersönlichkeit des Staates entwickelt und diese als der genuine Rechtsträger erfaßt von dem die anderen juristischen Personen ihre Rechtspersönlichkeit ableiteten.
300 *Bieback* 1976, S. 107.

ders verpflichtet wurde. Sollte die Integration gesellschaftlichen Sachverstands und Selbstorganisationsfähigkeit in die öffentliche Verwaltung aus staatlicher Perspektive einer gestuften, aber nach wie vor primär hoheitlichen Gemeinwohlverwirklichung dienen, so betonte insbesondere die liberale Vereinstheorie die Funktion der gesellschaftlichen und gemeindlichen Organisation der öffentlichen Interessen, der gegenüber der Staat nur subsidiär zuständig sei.[301]

Danach ist es jedenfalls in einer (verwaltungs-)organisationstheoretischen Perspektive zumindest verkürzt, die Entstehung der Körperschaften des öffentlichen Rechts aus einem „Antagonismus" von Staat und Gesellschaft begreifen zu wollen.[302] Es ging dem Einzelnen nicht nur um die freie Entfaltung im staatsfreien Raum und seine private Vereinigung mit anderen[303] – die Bürger hatten sich längst in einem privaten Vereinswesen vergesellschaftet, das auch auf die Erledigung von Zielen im öffentlichen Interesse drängte;[304] vielmehr war das Ziel die Einbeziehung der sich selbst organisierenden Kräfte in die Verwaltung ihrer gemeinsamen öffentlichen Angelegenheiten, die die Bürger nach dem Abbau des wohlfahrtsstaatlichen Paternalismus und der ständischen Beschränkungen als eigene auffassen konnten.[305] Der gesellschaftliche Bereich war nicht nur der Ort der besitzindividualistischen Entfaltung des wirtschaftlichen Egoismus des Bürgers als Bourgeois, sondern zugleich der Übungsplatz seines öffentlichen Engagements in zahllosen Vereinen als Citoyen.[306] In den Worten von *Reinhard Koselleck*: „Für Svarez war es noch selbstverständlich, daß beide, Staat und bürgerliche Gesellschaft, ineinander verflochten blieben, deren größte Identität ja gerade im gebildeten Beamtentum vorhanden war. Die Hoffnung, daß der Staat, der ständische Sonderrechte und Einzelpflichten abbaut, die freiwerdenden Energien gesetzlich einzubinden versteht, bezeichnet die Richtung, die auch die Reformer einzuschlagen gedachten".[307] Zur Errichtung einer Demokratie war Preußen noch nicht bereit;[308] in der körperschaftlichen Selbstverwaltung wurde aber eine Form gefunden, in der das sich auch politisch emanzi-

---

301 *Bieback* 1976, S. 194.
302 Differenzierend *Bieback* 1976, S. 60 f., 190 f., 210.
303 *Forsthoff* 1931, S. 9. Der politische Impetus des Bürgertums war also nicht nur auf die Sicherung einer staatsfreien Sphäre gerichtet, sondern auch auf eine geordnete Einflußnahme auf öffentliche Aufgaben.
304 *Huber* 1971, S. 191: „In Deutschland. hat die bürgerliche Gesellschaft sich seit dem frühen 19. Jahrhundert in intermediären Verbänden organisiert, um für partielle Interessen kultureller, sozialer oder wirtschaftlicher Art ein Mitbestimmungsrecht im Staatlichen Ganzen zu gewinnen". Die Vergesellschaftung erfolgte also nicht erst *durch* die öffentlich-rechtlichen Körperschaften (so aber *Kluth* 1997, S. 223); vielmehr nutzt der Staat die erfolgreichen privatinitiativen Vergesellschaftungen, um sie in den Dienst seiner Aufgabenerfüllung zu stellen.
305 Die These vom Antagonismus von Staat und Gesellschaft ist einseitig auf den Gegensatz staatliche Machtfülle auf der einen und eine nur in Ansätzen ausgebildete gesellschaftliche Repräsentation in Kammern fokussiert. *Conze*, der auch auf diese Kategorien fokussiert ist (1970, S. 207 ff.) konzediert aber immerhin, daß das von seinen ständischen Schranken befreite Individuum nicht in die bindungslose Isolierung der anonymen Gesellschaft verfällt, sondern sich sogleich unter Bewahrung letzter korporativer Traditionen zu neuen Gesellschaften assoziiert (a. a. O., S. 260).
306 Entsprechend kann auch nicht von einer neo-liberalen „Wiederbelebung des Modells der ‚Gesellschaft der Individuen'" am Ende des 20. Jahrhunderts gesprochen werden (so aber *Ladeur* 1993, S. 153 f.). In Deutschland ist ein solches Modell bisher Modell geblieben und kann allenfalls eingeführt werden oder sich durchsetzen, worauf allerdings die von Ladeur angeführten Anzeichen hindeuten.
307 *Koselleck* 1989, S. 149.
308 *Mußgnug* 1992, S. 8.

pierende und von ständischen Schranken befreite Bürgertum im Allgemeininteresse an der Gestaltung seiner lokalen Angelegenheiten teilhaben konnte. Huber faßt zusammen: „Der Staat hat der parlamentarischen Demokratie in Deutschland Grenzen gesetzt; er hat gleichzeitig aber der Tendenz und den Möglichkeiten nach den Weg für eine Verbände-Demokratie geöffnet. Das Verbandswesen ist eine Form der gesellschaftlichen Selbstbestimmungsmacht".[309]

Der Staat nutzt die durch die Befreiung von den überkommenen Ständen und den alten Korporationen, die die ganze Person in ihren lebensweltlichen, beruflichen, bedürftigen und anderen Aspekten umfaßten, ermöglichten, sich rasch ausdifferenzierenden freiwilligen Organisationsformen, um seine Verwaltung durch Verselbständigung von Entscheidungseinheiten differenzierter zu strukturieren. Das schloß ein, daß er die weitere Entfaltung dieser Kräfte aktiv förderte. Dies geschah nicht nur direkt, indem er die Gründung von Interessenverbänden unterstützte,[310] sondern vor allem – in dem hier interessierenden Bereich der Körperschaften – dadurch, daß er das Prinzip der gemeinschaftlichen Verantwortung für einen Bereich eigener Angelegenheiten im Interesse der Erfüllung öffentlicher Aufgaben nutzte. Gerade insofern besteht ein durchgreifender Unterschied zwischen der staatlich eingeräumten Selbstverwaltung und den staatlich verliehenen Privilegien.[311] So sehr es also in der Perspektive des staatlichen Gewaltmonopols einen strukturellen Unterschied zwischen der genossenschaftlichen Selbstverwaltung und der landesherrlichen Staatsverwaltung gab, ist doch in organisationstheoretischer Perspektive ein allgemeiner, Staat und Gesellschaft ausmachender Trend zur Rationalisierung und Differenzierung der jeweiligen Organisationen auszumachen, der in beiden Sphären zu spezialisierten Organisationen geführt hat. Eine Möglichkeit für die Organisation öffentlicher Aufgaben, darauf zurückzugreifen, war die Schaffung von Selbstverwaltungskörperschaften.

So wenig die Ausbildung der Körperschaften des öffentlichen Rechts aus der Unterscheidung von Staat und Gesellschaft alleine erklärt werden kann, so wenig bedeutete sie aber eine Rückkehr zu einer ständisch gegliederten Gesellschaft ohne ausdifferenzierte politische Führungsorganisation. Hierfür fehlte ihr die traditionale Legitimation, die im englischen Self-government noch über den wenig ausdifferenzierten Adel vermittelt war. Die Körperschaft des öffentlichen Rechts war vielmehr von Anfang an im genauen Sinn des Wortes Organisation: Nicht von natürlichen oder traditionalen Kräften – die besonders in der kommunalen Selbstverwaltung weiterhin wirksam blieben aber eingebunden wurden – durchströmter Organismus, sondern eine zweckrational eingerichtete Funktionseinheit, die der öffentlichen Verwaltung einen internen Legitimationsmodus und dem Bürgertum einen bescheidenen politischen Einfluß als Ausdruck seiner öffentlichen Ambitionen vermittelte.

---
309 *Huber* 1971, S. 192 f. – Huber vernachlässigt durchaus nicht die Gefahren dieser Entwicklung. Mit der Ausbildung der Demokratie im 20. Jahrhundert wurde dann aber auch der andere Legitimationsmodus der Verbände deutlich: In der parlamentarischen Demokratie durch das Gesamtvolk – über die Verbände als Ausdruck individuellen Freiheitsgebrauchs und der Interessen.
310 *Ullmann* 1988, S. 61.
311 Forsthoff sieht hingegen in den Privilegien, Selbständigkeiten und Bevorrechtigungen im ALR „der Sache nach" das Gleiche wie in der Selbstverwaltung (1937, S. 177).

V. Zur Ausdifferenzierung der Körperschaften des öffentlichen Rechts von 1850 bis 1914

1. Die Organisation der Gesellschaft

Die zweite Hälfte des 19. Jahrhunderts ist gekennzeichnet durch eine ansteigende Organisationsvielfalt, die Formalisierung der Organisationen und ihrer internen Differenzierungen. Immer mehr Ziele schienen nicht durch gemeinsames Handeln alleine, sondern nur durch Organisationen realisierbar zu sein. Das brachte neue, aber auch zunehmend typisierte Organisationsformen hervor, so daß gleichzeitig eine gewisse Konsolidierung der Organisationslandschaft eintrat. Das war wiederum die Grundlage für Konzentrationsprozesse durch die Entstehung von Dachverbänden. Organisationen grenzten sich durch eine spezifische Zwecksetzung[312] und Rechtsfähigkeit von anderen ab und schufen durch eine ausdifferenzierte Binnenstruktur die Grundlage für gezielten gegenseitigen Einfluß.

a. Die Trennung von Staat und Gesellschaft

Organisiertheit ergreift im 19. Jahrhundert immer weitere Bereiche des menschlichen Lebens. Schon *Hegel* und in eher objektivistischer Wendung auch die romantische Tradition hatten darauf aufmerksam gemacht, daß sich konkrete Freiheit nicht in der abstrakten, negativen Form des isolierten Individuums, sondern in konkreten Gemeinschaften realisiert. Diese konkrete Freiheit verwirklicht sich vielmehr elementar zunächst in der Familie, in der der Einzelne Erfüllung in einer überpersönlichen Einheit finden kann. Sie spezifiziert sich in der bürgerlichen Gesellschaft. Hier bringt die Konkurrenzgesellschaft aufgrund der gegenseitigen Abhängigkeit der Bedürfnisse, der arbeitsteiligen Mittel zu ihrer Befriedigung sowie der Verfeinerung der Fähigkeiten sittliche Werte als emergenten Effekt hervor und institutionalisiert sie in Korporationen.[313] Zugleich besteht aber auf dieser Stufe der Freiheit immer die Gefahr des Scheiterns, sogar des Verlustes elementarer Freiheitsvoraussetzungen und der Armut. In der Perspektive des sittlichen Staates schließlich wird die überpersönliche Einheit wie in der Familie mit den ausdifferenzierten Interessen und Fähigkeiten der bürgerlichen Gesellschaft vermittelt.[314]

Schien so bei allen Problemen das Entstehen von Armut[315] und sozialer Ausgrenzung noch als zufälliges Produkt der bürgerlichen Gesellschaft, das die

---

312 *Teubner* 1978, S. 31 ff.
313 Vgl. auch *Bieback* 1976, S. 242 f.
314 *Hegel* 1972, § 257. Der Staat mithin als „Wirklichkeit der konkreten Freiheit (§ 260). Zum Ganzen auch *Kirste* 2000, S. 642 f.
315 Schon 1846 betrug die Quote der bedürftig oder gefährdet Lebenden 50–60 % der Bevölkerung (*Rüfner* 1983, S. 486). Diese Zahl blieb zwar im Laufe des Jahrhunderts trotz des erheblichen wirtschaftlichen Aufschwungs in den 50er und 60er Jahren, in denen sich die industrielle Revolution auch in Deutschland voll durchsetzte (*Nipperdey* 1998a, S. 715) etwa gleich, doch schwand das „soziale Netz" der traditionalen größeren Familienverhältnisse und anderer Solidarverbände immer mehr, *Hofmann* 1984, S. 600; *Pohl* 1984, S. 59.

Integration der differenzierten Interessen und Freiräume im Staat nicht in Frage stellte,[316] ergab sich für *Lorenz von Stein* fast fünfzig Jahre später ein wesentlich spannungsreicheres Bild,[317] das er bereits auf der Grundlage ausdifferenzierter Klassenstrukturen nachzeichnen konnte.[318] Zwar hält auch er daran fest, daß das Individuum seine Freiheit in freien Vereinigungen realisiert.[319] Auch scheint er Hegel in der aufsteigenden Ordnung der Gemeinschaften von der Familie über dauerhafte Vertragsbeziehungen ohne eigene Organisation (Societates), faktisch-historische Gemeinschaften (z. B. die Dorfgemeinschaften), freiwillig spontane Versammlungen, individuelle Interessen verfolgende Gesellschaften, eigentliche oder Verwaltungsvereine, die sich Gesamtinteressen in freier Selbstbestimmung zu eigen machen und bereits für die „freie Verwaltung" eingesetzt werden können, bis hin zum Staat zu folgen.[320] Das Allgemeine läßt sich nun aber nur noch dadurch realisieren, daß der Staat mit einem Monopol auf die öffentlichen Aufgaben, der Förderung aller und nicht nur des Partikularinteresses und der Durchsetzung des Rechts diesem Kräftespiel gesellschaftlicher Gruppen gegenübertritt.[321] Unter dem Eindruck der Machtkonkurrenz adelig-feudaler, bürgerlicher und sozialistischer Gruppen ist bei *Gneist* schließlich das Vertrauen in die Selbstorganisationsfähigkeit oder auch nur Integrationsfähigkeit gesellschaftlicher Interessen erloschen. Der Staat stellt sich diesem Treiben als Träger einer objektiven Wertordnung gegenüber und versucht das Pflichtbewußtsein der Bürger für sich zu aktivieren.[322] Ihm geht es mithin weniger um Partizipation der Gesellschaft an politischen Entscheidungen als vielmehr um deren Integration in die öffentliche Verwaltung.[323] Entsprechend entwickelt er ein stark eingreifendes, etatistisches Konzept der Staatsaufsicht.[324]

Johann-Caspar Bluntschli faßt den Gegensatz am entschiedensten, indem er der Gesellschaft als „Masse der Privatpersonen" den Staat als in sich gegründete Einheit gegenüberstellt.[325] Endlich beseitigt *Georg Jellinek* konzeptionell das mit der Unterscheidung von Staat und Gesellschaft verbundene Problem, daß jeder Gegensatz eines Vergleichkriteriums bedarf, in bezug auf das er besteht, und ordnete gesellschaftliche Organisationsformen und Staat dem Begriff der „Gesellschaft" unter.[326] Innerhalb der Gesellschaft unterscheidet er den Staat durch die Kriterien von absoluter Herrschafts- und Rechtsetzungsgewalt von allen übrigen gesellschaftlichen

---

316 Zum Problem der Armut als Notwendiges Gegenstück zu den zufälligen Gewinnen, die sich in der bürgerlichen Gesellschaft einstellen, vgl. *Hegel*: Grundlinien der Philosophie des Rechts § 241 f. (1972, S. 206 f.).
317 Daß er Hegel thematisch und auch in seinen idealistischen Ansätzen vielfältig verbunden blieb, hebt zu Recht *Böckenförde* 1992/8, S. 173 f. hervor.
318 *Böckenförde* 1992/8, S. 170 f. u. 190 f.
319 *Bieback* 1976, S. 261.
320 *Stein* 1887, S. 82 f.; vgl. auch die Übersicht von *Türk/Lemke/Bruch* 2002, S. 171.
321 *Böckenförde* 1992/8, S. 188; zu den Implikationen für eine Verwaltungswissenschaft auch *Luhmann* 1966, S. 18 f.; und in dieser entschiedenen Entgegensetzung von Staat und Gesellschaft unterscheidet sich der Rechtshegelianer von seinem Vorgänger. Das verkennt *Winkler* (2000, S. 141).
322 *Bieback* 1976, S. 268 f.
323 *Hofmann* 1981, S. 73.
324 *Kahl* 2000, S. 143 f.
325 *Bieback* 1976, S. 308 f.
326 *Jellinek* 1959, S. 92 ff.

Verbänden.³²⁷ Das Kaiserreich, und hier insbesondere die Miquelsche „Sammlungspolitik" hatten aber bereits zu einer Wiederannäherung des Gegensatzes geführt, indem die nach Macht drängenden Verbände durch eine öffentlich-rechtliche Form an den Staat gebunden werden sollten.³²⁸

b. Arbeitsteilung und Arbeitsorganisation

War am Anfang die Gewerbefreiheit, die aufkommende arbeitsteilige Produktionsweise auch von den Frühsozialisten noch fortschrittsoptimistisch als Möglichkeit der Überwindung der ständischen Ordnung durch Organisation und diese als Grundlage einer neuen Gesellschaft gefeiert worden,³²⁹ so zeigten sich im weiteren Verlauf des 19. Jahrhunderts nur allzu deutlich die Ambivalenzen dieser Arbeitsorganisation. Auch insofern wurde Hegels Vorstellung von Freiheitsverwirklichung in Organisationen problematisch.

Allen voran verlangte die industrielle, kapitalbasierte Produktionsweise in Fabriken anders als in Manufakturen eine ausgefeilte Spezialisierung und Koordination der Arbeit.³³⁰ Die erforderliche Disziplin der Arbeiter sollte nicht nur im Betrieb, sondern auch durch die Anbindung des ganzen Lebens an die Fabrik etwa durch Fabrikdörfer erreicht werden.³³¹ Die Trennung zwischen Durchführung der Arbeit und ihrer Organisation erforderte zugleich die Unterscheidung zwischen Arbeiter und den mit der Leitung beauftragten Angestellten.³³² Zugleich setzte im letzten Drittel des 19. Jahrhunderts eine wirtschaftliche Konzentrationsbewegung durch die Ausbildung von Produktionskartellen ein.³³³

Die Oligarchisierungstendenzen, die *Robert Michels* im Parteienwesen untersuchte,³³⁴ waren also nicht auf dieses beschränkt, sondern kennzeichneten die Organisationsentwicklung in der zweiten Hälfte des 19. Jahrhunderts. Um Interessen schlagkräftig vertreten zu können, bedurfte es großer und straffer Organisationen. Die zunehmende Arbeitsteilung in diesen Organisationen erzeugte ein Spezialwissen, das in Ämterhierarchien asymmetrisch verteilt wurde und zu immer differenzierteren bürokratischen Strukturen führte. Zugleich wurde die Erhaltung der Organisation zum Selbstzweck, der sich von den unmittelbaren Interessen der Mitglieder entfernt. Das Überraschende an Michels Entdeckung war nur, daß dies auch

---

327 *Jellinek* 1959, S. 97 u. passim.
328 *Winkler* 1991, S. 35.
329 *St. Simon*, vgl. *Dohrn-van Rossum* 1977, S. 330 f.; als erster sprach wohl *Luis Blanc* 1839 von "organisation du travail".
330 *Türk/Lemke/Bruch* 2002, S. 152 ff.
331 *Türk/Lemke/Bruch* 2002, S. 154.
332 Eine Differenzierung, die der zwischen höheren und niederen Beamten entsprach, *Türk/Lemke/Bruch* 2002, S. 155 f.
333 *Wehler* 1995, S. 633; zu den damit verbundenen Problemen Beispiele bei *Blaich* 1979, S. 42 f.
334 *Michels* (1970 [1911], S. 366 ff.): „Es ist ein unabänderliches Sozialgesetz, daß in jedem durch Arbeitsteilung entstandenen Organ der Gesamtheit, sobald es sich konsolidiert hat, ein *Eigeninteresse*, ein Interesse an sich selbst und für sich selbst entsteht. Die Organisation ist die Mutter der Herrschaft der Gewählten über die Wähler, der Beauftragten über die Auftraggeber, der Delegierten über die Delegierenden. Wer Organisation sagt, sagt Oligarchie". zu ihm *Scott* 1986, S. 405 f. *Blau/Scott* 1966, S. 227 f.; *Teubner* 1978, S. 84 f.; *Selznick* 1994, S. 244 f.: Sie waren allerdings bei Interessenverbänden besonders überraschend.

auf demokratische Organisationen, die dem gemeinsamen Vorteil der Mitglieder dienen sollen, zutraf.[335]

c. Die Lehre von der juristischen Person

Mit der Konsolidierung der Organisationen erhalten auch die rechtlichen Formen deutlichere Konturen. Auch wenn zwischen der romanistischen Fiktionstheorie und der vom konkreten Menschen ausgehenden Lehre der Germanisten vieles streitig bleibt, gewinnt doch die Lehre von der Rechtsperson und insbesondere von der juristischen Person einen mehr rechtstechnischen Charakter. Mit der Entpolitisierung des Begriffs[336] wird deutlich, daß die Rechtsperson als Rechtsinstitut die Basis der Zuschreibung von Rechtssätzen ist und damit gewissermaßen die Eintrittskarte des Subjekts, oder von Verbänden in das funktional ausdifferenzierte Rechtssystem: „Person ist der Mensch nur durch das Recht".[337] Aber ebenso gilt auch: „Ohne die Person gäbe es keine Rechte. Die Person ist das Recht als Subjekt".[338] Auf dieser Basis konnte sich die Auffassung durchsetzen, daß die Rechtspersönlichkeit nicht von einer bestimmten Beschaffenheit des natürlichen Subjekts abhänge, sondern davon – wie *Zitelmann* es formuliert – „wem das objektive Recht eine solche zuerkenne".[339] Folgt man *Alois Brinz* in der Annahme subjektloser Rechte, ist der Weg geebnet, diese Qualität auch solchen Organisationen zu verleihen, die wie die Aktiengesellschaften nicht Ausdruck der hinter ihnen stehenden Personen, sondern von Vermögensmassen sind.[340] Nach *Albrecht* hat besonders der staatsrechtliche Positivismus diese Theorie für das öffentliche Recht fruchtbar gemacht. So nutzte *Friedrich von Gerber* die Unterscheidung zwischen natürlichem Willen und öffentlichem Willen dazu, den Monarchen als Organ des Staates zu erfassen, indem sein Wille nur als Ausdruck des allgemeinen öffentlichen Willen erschien.[341] Zugleich schien ihm im Staat das Volk zu einer Persönlichkeit zu werden.[342] Allerdings blieb gegenüber dieser Herrschermacht die Rechtsstellung des Subjekts problematisch. Die Gleichsetzung des Willens des Volkes als Ganzes mit der Souveränität des Staates wurde erkauft durch Ausschluß jeder Partizipation oder unabhängigen Rechtsstellung der Subjekte.[343] Diese Theorie wurde noch zugespitzt von *Paul Laband*.[344] Für ihn hatte der Staat eine einzige Rechtspersönlichkeit mit umfassender Handlungsmacht, ohne daß seine Untergliederungen oder die Subjekte in ihm eine eigene Rechtspersönlichkeit hätten besitzen können (Impermeabilitätstheorie). Gerade in der Impermeabilitätstheorie erscheint der Staat in seiner ausdifferenzierten Form: losgelöst von der Gesellschaft einerseits, unabhängig vom Monarchen

---

335 Seine Ergebnisse wurden durch eine Reihe weiterer Untersuchungen späterer Organisationssoziologen bestätigt, *Scott* 1986, S. 407 f.; *Etzioni* 1971, S. 24 f.
336 Türk/Lemke/Bruch 2002, S. 141.
337 Vgl. auch *Puchta* 1841, S. 66.
338 *Eduard Gans* 1971, S. 37 – 154, S. 74, vgl. hierzu auch *Kirste* 2000, S. 37 f.
339 Nachweise bei *Coing* 1989, S. 340 f.
340 Zu dieser Entwicklung *Kirste* 2001, S. 337 f.
341 *Häfelin* 1959, S. 131 f.
342 *Gerber* 1865, S. 1 f.
343 *Uhlenbrock*, S. 80.
344 *Häfelin* 1959, S. 133 f.

andererseits. Im Staat ist sowohl Macht als auch legitimes Recht zentriert. Indem so das Recht auf einen letzten Punkt zurückgeführt wird, dem es seine Geltung verdankt, wird zugleich deutlich, daß alles andere, was in ihm gelten können soll, auf diesen Ursprung zurückgeführt werden muß: Keine vorstaatliche Freiheit, die der Staat rechtlich zu respektieren hätte.[345] Schließlich wird so auch der Unterschied zwischen dem öffentlichen und dem Privatrecht deutlich: Während das letztere den koordinationsrechtlichen Beziehungen der Bürger untereinander dient, bezieht sich das erstere auf die hoheitliche Zuteilung und Beschränkung dieser Rechte. Der Preis für diese säuberliche Trennung ist aber die Selbstverwaltung. Sie hat in diesem Modell keinen Platz (s. u.). Ein weiteres Problem war, daß die Lehre von der juristischen Person vor allem deren (fiskalische) Handlungsperspektive nach außen betrachtete. Die für die Körperschaften kennzeichnende Binnenstruktur blieb dabei ebenso unberücksichtigt[346] wie die innere Struktur der konstitutionellen Monarchie unangetastet.

Es fehlte auch nicht an Versuchen, wie etwa beim jungen *Georg Jellinek*, zivilrechtliche Elemente dieser Theorie zu entlarven und die Rechtspersönlichkeit auf den Fiskus zu beschränken.[347] Später akzeptierte jedoch auch Jellinek die umfassende Rechtspersönlichkeit des Staates: Persönlichkeit erschien ihm nun als relationaler Begriff auf der Basis des Rechts, nicht als eine naturale Tatsache.[348] Entsprechend mußte sich auch die Herrschaft des Staates, sollte sie nicht nur faktische Unterwerfung sein, rechtlich legitimieren.[349] Voraussetzung dafür war es, daß sich Monarch und Bürger als Rechtssubjekte anerkannten. Auf der Basis des staatlichen Rechts konnte dies nur geschehen, wenn sich der Staat in einem Akt der Selbstverpflichtung selbst beschränkt (zum Rechtssubjekt kraft des von ihm ausgehenden objektiven Rechts macht) und dadurch eine juristische Person wird.[350] Auf diese Weise mußte Jellinek seine Aufmerksamkeit auch auf die innere Struktur der Verbände richten. Seine Statuslehre wendet er nicht nur auf den Staat, sondern auch auf die Gemeinden an und zeigt dadurch ihre Strukturähnlichkeit.[351]

Leichter fiel es der germanistischen Theorie, die Binnenstruktur rechtlicher Organisationen zu begründen, da sie alle Rechtspersönlichkeit vom personalen Substrat her konstruierte. Zwar lehnte sie die Technizität des Begriffs der Rechtsperson

---

345 Das zeigt sich etwa bei *Gerber*: Die Bedeutung der Gemeinden als natürliche Gemeinschaften einer lokalen Bevölkerung wird von ihm anerkannt und in ihrer Bedeutung als Ergänzung des Staates gewürdigt. Ihr Status als „öffentliche Corporation" stützt sich aber nicht auf diese außerstaatliche Funktion, sondern auf die staatlich verliehenen hoheitlichen Befugnisse, *Bieback* 1976, S. 378.
346 *Bieback* 1976, S. 375.
347 „Denn wie immer man über die vielbestrittene juristische Person denken mag, das Eine muß zugegeben werden, daß sie nur innerhalb der staatlichen Rechtsordnung entstehen kann, daß sie, wie schon ihr Name andeutet, die Schöpfung einer Rechtsordnung ist, welche über denjenigen stehen muß, durch deren Willen sie gebildet werden kann. Denn zwar sich selbst kann der Einzelstaat im Verhältnis zu den Individuen den Charakter als juristische Person beilegen, indem er als Fiscus auftritt, aber einem Verein, dem er selbst nur als Mitglied angehört, kann weder er noch die anderen Theilnehmer das verleihen, was außerhalb seiner Machtsphäre liegt". (1882, S. 179).
348 *Jellinek* 1963, S. 28, auch 310 f.
349 Herrschaft ist die Fähigkeit, den eigenen Willen zur unbedingten Erfüllung aufzuerlegen, *Jellinek* 1959, S. 180.
350 *Jellinek* 1963, S. 32.
351 *Jellinek* 1959, S. 427; *Bieback* 1976, S. 387 f.

C. Geschichte der Körperschaft des öffentlichen Rechts   105

dezidiert ab³⁵² und wollte insbesondere auch alle Organisationen auf den natürlichen Willen der Menschen gründen,³⁵³ so daß auch sie als eine wirkliche, wenn auch zusammengesetzte Person erschienen.³⁵⁴ Körperschaft oder Korporation war danach jeder zur einheitlichen Gesamtperson organisierte Personenverband. Dabei verkannte *Otto von Gierke* nicht, daß der öffentliche Status auf staatlicher Verleihung beruht.³⁵⁵ Aufgrund ihrer personalen Fundierung wiesen die Germanisten jedoch stärker als die Romanisten und gegen die konstitutionalistische Impermeabilitätstheorie auf die Rechte von Subjekten in Organisationen³⁵⁶ und auf die Binnenstruktur in Form von Organen hin. Dies erlaubte wiederum Rückfragen an die Legitimation der rechtlichen Ganzheiten.³⁵⁷ Zudem bot das Verbandskonzept die Möglichkeit, den Staat selbst als den höchsten Verband in einer Hierarchie der Verbände zu fassen.³⁵⁸ Fraglich war jedoch, wie dieser natürliche Wille in rechtliche Formen zu übersetzen ist, damit rechtliche Konstruktion und ihr natürlicher Bezug sinnvoll gekoppelt werden können. Im Grunde hatte *Lorenz von Stein* den Weg dazu gewiesen, indem er jede in sich gegründete Gemeinschaft als „Persönlichkeit" ansah. Diese Persönlichkeit behielten sie auch dann, wenn sie als „freie Verwaltung" in die öffentliche Verwaltung einbezogen waren. Ihre Persönlichkeit bleibt dem Staat vorgegeben, weil sie einen außerhalb seiner liegenden Entstehungsgrund darstellt.³⁵⁹ Die Gemeinde und der Staat stehen sich dann als „zwei Organismen mit sehr verschiedenem Lebensprinzip gegenüber".³⁶⁰

Otto Mayer endlich kritisiert, ausgehend von dessen innerer Verfassung, die Auffassung des Staat als juristischer Person. Ihn als solche anzusehen, würde voraussetzen, daß man ihn gegenüber seinem Träger, dem Souverän, verselbständigen könnte. Die innerstaatlichen Verbände hingegen sind juristische Personen, gegliedert nach ihrer Trägerschaft. Sind sie von außen getragen, handelt es sich um Anstalten.³⁶¹ Wird sie nicht nur von den Mitgliedern getragen, sondern kann

---

352 Das Recht „kann weder natürliche noch sociale Organismen aus dem Boden stampfen" *Gierke* 1887, S. 23.
353 Als einen organisch gegliederten Gesamtwillen wie bei *Beseler* und *Bähr*, *Bieback* 1976, S. 430 f. oder eben als Gesamtperson bei *Gierke* (1895, S. 470 f.).
354 *Gierke* 1895, S. 470.
355 1887, S. 28; 1895, S. 488 f.
356 „... für das jus publicum gab es nur Ein Subjekt, für welches alle Einzelnen und alle andern Verbände nichts als unselbständige Theile waren; dieses Eine Subjekt aber war der römische Staat, der als einziges Wesen seiner Gattung keiner Subsumtion unter einen höheren Begriff bedurfte. Für das jus privatum dagegen gab es eine große Zahl von Subjekten, die innerhalb dieser Sphäre sogar dem Staate ebenbürtig waren". *Gierke* 1887, S. 27.
357 „So ist uns auch das Allgemeine nirgend blos Mittel der Selbstsucht, sondern ein durch sich bestehender höherer sittlicher Zweck; und ebenso ist uns das Individuum nirgend blos Mittel für das Allgemeine, sondern trägt seinen nächsten Zweck und Werth in sich selbst. Aber das letzte Ziel, an welchem wir die sittliche Berechtigung allgemeiner wie individueller Zwecke messen, ist die harmonische Uebereinstimmung beider", *Gierke* 1873, S. 42.
358 *Bieback* 1982, S. 439; *Häfelin* 1959, S. 113 f.
359 *Bieback* 1976, S. 250 u. 264 f.; *Wolff* 1933, S. 19 Fn. 1.
360 *Stein* 1887, S. 93.
361 1917, S. 590 ff.; ähnlich insofern schon Gierke (1895, S. 474; 1887, S. 140) und *Hugo Preuß* (1889, S. 248): „Eine Körperschaft lag also vor, wenn die einer Gesamtheit immanente Einheit als Person erkannt und anerkannt war. In der Körperschaft ist die der Genossenschaft immanente Idee zu voller Entfaltung gediehen. Möglich ist es aber auch, daß die Körperschaft sowohl in ihrer Gestaltung aus der Vielheit als in der Bethätigung ihrer Herrschaft über die Vielheit beeinflußt wird von einem außer ihr stehenden transzendenten Willen; – in diesem Falle ist sie keine rein genossenschaftliche Bildung;

sie nur durch Rechtsübertragung von den Mitgliedern entstehen, ist die juristische Person eine Körperschaft.[362] Daraus folgt die Betonung ihrer demokratischen Struktur.

2. Die Ausdifferenzierung des Verbandswesens in der zweiten Hälfte des 19. Jahrhunderts.

Der Aufschwung des Vereinswesens hielt in der Einschätzung *Lorenz von Steins* und *Otto von Gierkes* auch in den 60er Jahren noch an.[363] Freiwillige Vereinigungen paßten, wie Zeitgenossen feststellten, besser zur industrialisierten Gesellschaft als überkommene Korporationen.[364] Das Vereinswesen bewirkte, daß „der Gesellschaftsorganismus zwar mit weniger sichtbaren, aber mit viel umfassenderen und vielfältigeren Fäden verknüpft" wurde als durch die alten Korporationen, „welche das ganze Individuum mit seinem ganzen Leben absorbierte[n], Stand gegen Stand, Korporation gegen Korporation stellte[n], ausschließend und bindend waren".[365] Organisationssoziologisch bedeutete dies einen Gewinn funktionaler Kooperation durch Verzicht auf die Totalinklusion des Individuums in den Vereinigungen. Während die Zielsetzung der meisten Interessenorganisationen zunächst mehr auf die Verbesserung der sozialen, wirtschaftlichen und bildungsmäßigen Situation ihrer Mitglieder gerichtet war, verfolgten sie nun immer stärker politische Zwecke.[366] Gegen Ende des Jahrhunderts erreichen die Interessengruppen und Parteien eine Machtfülle und polarisierten sich in einer Weise, die eine unabhängige Regierungspolitik erheblich beeinträchtigte.[367] Vor diesem politischen Hintergrund war es weitsichtig, wenn auch nur bedingt erfolgreich, diese Interessengruppen über eine Verkammerung näher an den Staat zu binden. Kammern verknüpften das der Assoziation verwandte Prinzip der Teilinklusion der Person nach bestimmten Funktionen ihrer Betätigung, ihres Besitzes oder ihrer Niederlassung mit dem korporativen Prinzip der Zwangsmitgliedschaft und der Monopolisierung der Verbandsaufgaben, um so möglichst alle jeweiligen Funktionsträger zu erfassen. Viele der heute noch bestehenden Formen von Körperschaften der funktionalen Selbstverwaltung wurden in dieser Zeit ausgebildet. Da viele soziale Gruppen aufgrund des Zensus im Rahmen des Dreiklassen-Wahlrechts von der politischen Mitwirkung ausgeschlossen waren,[368] versuchten sie über Interessenverbände zu öffentlicher Wirksamkeit zu gelangen. Insgesamt differenziert sich das Verbandswesen in dieser Zeit sehr

---

sondern sie nimmt in ihr Wesen neben den genossenschaftlichen anstaltliche Elemente auf". Die Anstalt ist dagegen eine von außen konstruierte Einheit. Zwischen beiden besteht ein unüberwindbarer Gegensatz, wie Preuß im Anschluß an Rosin feststellt (S. 251).
362 1917, S. 593.
363 *Tenfelde* 1984, S. 57 ff.; *Wehler* 1987, S. 317. Allerdings fand nach der gescheiterten Revolution während der Reaktionszeit zunächst ein Rückgang der Verbandsbildung und die Auflösung einiger wichtiger Interessenverbände statt, *Ullmann* 1988, S. 29.
364 Belege bei *Tenfelde* 1984, S. 77 f.
365 *Schäffle* 1873, S. 96 f., zit. nach *Tenfelde* 1984, S. 110 f.
366 *Teubner* 1978, S. 48 ff.
367 Beispiele finden sich bei *Blaich* 1979, S. 24 ff., *Nipperdey* 1998c, S. 708, s. u.; zu den Parteien im Kaiserreich: *Huber* 1969, S. 3 ff.
368 *Hofmann* 1981, S. 82.

C. Geschichte der Körperschaft des öffentlichen Rechts 107

stark aus, wozu insbesondere auch eine klarere Unterscheidung von privaten und öffentlichen Vereinen gehörte.³⁶⁹

Nach der nicht realisierten Forderung der Vereinsfreiheit in der Paulskirchenverfassung³⁷⁰ enthielt die revidierte oktroyierte Verfassung Preußens von 1850 endlich eine Garantie der Vereinsfreiheit.³⁷¹ Allerdings blieb es dabei, daß für Vereine, die sich öffentlichen Angelegenheiten widmeten, besondere Meldepflichten bestanden und politische Vereine zusätzlichen Beschränkungen unterworfen waren bzw. rundheraus verboten wurden.³⁷² Kennzeichen des Vereins war seine privatautonome Gründung, das Fehlen der Verleihung wesentlicher hoheitlicher Privilegien und eine Aufsicht, die die Rechtmäßigkeit von Verbandshandlungen überprüfte.³⁷³ Teilweise wurden die Vereine allerdings in die öffentliche Verwaltung einbezogen und sogar staatlich gegründet.³⁷⁴ Abgrenzungskriterium zu der ansonsten funktional äquivalenten Selbstverwaltung blieb aber auch dann der privatautonom gesetzte Zweck gegenüber der öffentlichen Aufgabenzuweisung.³⁷⁵ Die Rechtsfähigkeit war weiterhin umstritten und jedenfalls an die staatliche Verleihung gebunden.³⁷⁶ Bei allen Rückschlägen in der Zeit der Reaktion läßt sich doch eine zunehmende Verrechtlichung und damit Absicherung der Vereinsstrukturen, insbesondere eine zunehmend klare Unterscheidung zwischen Erwerbsgesellschaften und anderen Vereinigungen in dieser Zeit feststellen.³⁷⁷

In diesem Rahmen läßt sich nun eine zunehmende Formalisierung der Verbandsstrukturen feststellen: Die Vereine vertraten immer speziellere Interessen und bildeten dazu Branchenverbände.³⁷⁸ Gleichzeitig fand, besonders nachdem infolge der Reichsgründung³⁷⁹ für die Verbände einerseits ein zusammenhängender Wirtschaftsraum und andererseits ein einheitlicher politischer Ansprechpartner in Form von Reichsregierung und Reichstag entstanden war, eine sich steigernde

---

369 Tenfelde 1984, S. 83 ff., 100.
370 „§ 162. Die Deutschen haben das Recht, Vereine zu bilden. Dieses Recht soll durch keine vorbeugende Maaßregel beschränkt werden". (hierzu auch Hueber 1984, S. 121) § 161 sollte die Versammlungsfreiheit regeln.
371 „Art. 30. Alle Preußen haben das Recht, sich zu solchen Zwecken, welche den Strafgesetzen nicht zuwiderlaufen, in Gesellschaften zu vereinigen.
Das Gesetz regelt, insbesondere zur Aufrechthaltung der öffentlichen Sicherheit, die Ausübung des in diesem und in dem vorstehenden Artikel 29 gewährleisteten Rechts.
Politische Vereine können Beschränkungen und vorübergehenden Verboten im Wege der Gesetzgebung unterworfen werden".
372 Hardtwig 1990, S. 823; Bieback 1976, S. 226 Fn. 56 m.w.N.
373 Bieback 1976, S. 227.
374 Bieback 1976, S. 228 f.
375 Bieback 1976, S. 230. Lorenz von Stein konnte daher auch diese Verbände ganz zwanglos zur von ihm sog. „freien Verwaltung" rechnen, von Stein 1887, S. 86 f.
376 Bieback 1976, S. 227; häufig wurden Auflagen gemacht.
377 Tenfelde 1984, S. 103 f.
378 Türk/Lemke/Bruch 2002, S. 178. So gelang es etwa den Interessenverbänden erst in der zweiten Hälfte des Jahrhunderts von ad hoc gebildeten, auf konkrete Ereignisse bezogene und stark von individuellen Persönlichkeiten geprägten Vereinigungen zu dauerhaften Organisationen zu werden, Ullmann 1988, S. 62.
379 Schon zuvor war 1861 der „Deutsche Handelstag" als freier Zusammenschluß von Handelskammern entstanden. „Der Handelstag stellte ein Forum dar, auf dem die Interessen der Unternehmer ganz Deutschlands diskutiert, gefiltert, verdichtet und schließlich nach außen hin einheitlich artikuliert werden konnten" (Ullmann 1988, S. 30; Blaich 1979, S. 3), ein Mechanismus, wie er für die privatrechtlich organisierten Dachverbände typisch war und ist.

Konzentrationsbewegung der Vereine mit der Bildung von Dachverbänden statt.[380] Im Bereich der Industrie waren dies etwa der „Centralverband Deutscher Industrieller"[381] und der 1895 aus Gegnern dieses Verbandes gebildete „Bund der Industriellen".[382] Dem privaten „Centralverband" gehörten dabei auch Handelskammern und Berufsgenossenschaften an.[383] Der Übergang der Periode des Freihandels zu der des Schutzzolls bedeutete auch für die Handwerker die erste Gründung einer wirksamen Interessenvertretung in Form des „Vereins selbständiger Handwerker und Fabrikanten".[384] Effektiv konnten diese Verbände ihre Interessen nur vertreten, wenn sie eine klarere Binnenstruktur und eine professionelle Verbandsspitze besaßen.[385] Nur so konnten die Vereine zu Protagonisten gesellschaftlicher Interessen und zur dominierenden Erscheinungsform gesellschaftlicher Organisation avancieren.[386]

Vereine sollten eine Reihe von Funktionen erfüllen: Sie waren Ausdruck der gesellschaftlichen Interessengegensätze; indem sie diese aber effektiv organisierten, verschärften sie sie auch.[387] Zwischen „promotional groups" und wirtschaftlichen Interessenverbänden angesiedelt waren etwa der „Kongress deutscher Volkswirte" zur Beförderung wirtschaftsliberaler Ziele und die lose organisierte „Freihandelspartei".[388] Sie sollten die sich zunehmend pluralisierenden Interessen integrieren[389] und so zu einer Beruhigung der als instabil erfahrenen sozialen Gegensätze beitragen.[390] Je mehr sie jedoch Aufgaben im Allgemeininteresse übernahmen und je bürokratischer und insgesamt professioneller ihre Struktur wurde, desto schwieriger waren sie strukturell von den Formen körperschaftlicher Selbstverwaltung zu unterscheiden.[391]

Schließlich differenzierte sich auch der sozial-karitative Bereich durch die Gründung von Selbsthilfeverbänden aus. Unterschiedlichen Interessen dienend, hatten schon in der ersten Jahrhunderthälfte solche mehr liberalen Verbände den aufkommenden Pauperismus zu bekämpfen und die armen Schichten zur Teilnahme an der bürgerlichen Gesellschaft instandzusetzen versucht.[392] Die zunehmende Auflösung der traditionalen Solidargemeinschaften begünstigte das Fort-

---

380 *Türk/Lemke/Bruch* 2002, S. 175; *Ullmann* 1988, S. 29, 76, 115 („Verreichlichung"): Dies war in einer Zeit der Krisen, in der sich der Staat vom „Nachtwächterstaat" zum modernen Interventionsstaat wandelte, von besonderer Bedeutung, *Petzina* 1985, S. 55 f.
381 *Huber* 1969, S. 1017. Zuvor waren 1869 der Mittelrheinische Fabrikantenverein und 1871 der Verein zur Wahrung der gemeinsamen wirtschaftlichen Interessen in Rheinland und Westfalen, der sog. „Langnamverein" und andere als Unternehmerverbände gegründet worden, vgl. auch *Kaiser* 1978, S. 99; *Huber* 1969, S. 1015.
382 Dieser sah den „Centralverband" als Vertreter der Rohstoffproduzenten an und verstand sich selbst als Interessenorganisation der verarbeitenden Branchen, *Ullmann* 1988, S. 80.
383 *Ullmann* 1988, S. 78. Gerade die korporativen Mitglieder gaben dem „Centralverband" nicht nur wirtschaftliche Macht, sondern über die Kammern auch direkten Einfluß. Darüber hinaus wurde er bei der Vorbereitung von Gesetzen angehört, von den Ministerien häufig als Hauptgutachter herangezogen und stand so insgesamt in besonders enger Beziehung zu Regierung und Verwaltung, *Ullmann* 1988, S. 83.
384 *Winkler* 1991, S. 19; zu dieser Entwicklung auch *Huber* 1969, S. 1047 f.
385 *Türk/Lemke/Bruch* 2002, S. 175.
386 *Bieback* 1976, S. 225.
387 *Ullmann* 1988, S. 114.
388 Die im Grunde aus lokal organisierten politischen Agitationsverbänden bestand, *Ullmann* 1988, S. 57.
389 *Bieback* 1976, S. 228.
390 *Hardtwig* 1990, S. 819.
391 *Bieback* 1976, S. 344.
392 *Hardtwig* 1990, S. 819; zum Pauperismus auch *Conze* 1970, S. 254 f.

bestehen dieser Vereinigungen.³⁹³ Sie richteten sich so explizit sowohl gegen die staatliche Vereinnahmung dieser Aufgabe als auch gegen deren proletarische Organisationen.³⁹⁴ Genossenschaftlichen Selbsthilfeverbänden hingegen ging es um den gemeinsamen Betrieb von Erwerbsgeschäften zum Gruppenvorteil.³⁹⁵

Als neues Phänomen kamen die Interessenverbände der Arbeiter auf. Früher als anderswo war in Deutschland eine klassenbewußte Arbeiterbewegung entstanden.³⁹⁶ In doppelter Frontstellung sowohl gegen den sich konsolidierenden Anstaltsstaat als auch zur Organisierung der als zunehmend homogen angesehenen Arbeiterklasse gegen die bürgerliche Gesellschaft formierte sich eine Vielzahl von Arbeitervereinen als „Assoziationen".³⁹⁷ Sie zielten zum einen auf Förderung der kulturellen, vor allem Bildungs- und Konsuminteressen der Arbeiter durch Selbsthilfe; vor allem aber gingen aus ihnen die sozialistischen Arbeiterparteien ADAV (1863)³⁹⁸ und die radikalere SDAP (1869)³⁹⁹ hervor.⁴⁰⁰ Indem sich diese, gestützt auf *Marx* und *Engels*, für die Vergesellschaftung von Grund und Boden einsetzten, war der Bruch zwischen „proletarischen" Sozialdemokraten und „bürgerlichen" Demokraten vollzogen.⁴⁰¹ Hier ging es also nicht nur um die Vertretung partieller Interessen innerhalb der Bevölkerung, sondern um die Bündelung der Interessen der neu entstandenen Schicht der Industriearbeiter. Die Integration und Kräftigung dieser Positionen wurde nicht zum wenigsten durch die Sozialistengesetze zwischen 1878 und 1890 begünstigt.⁴⁰² Für die Vertreter der eigentlichen Berufsinteressen der Arbeiter entstanden die Gewerkschaften.⁴⁰³ Diese Organisationen wie auch die sozialen Folgen der Depression von 1873 führten dann zu einer weiteren Polarisierung der Interessen quer durch die Gesellschaft.⁴⁰⁴

Nachdem politische Verbände wie der „Deutsche Nationalverein" und der großdeutsche, aber föderale „Deutsche Reformverein" sich zwar allgemeinpolitischen, nämlich nationalen Fragen gewidmet hatten, doch nicht auf Wahlen, sondern auf politische Mobilisierung im gesellschaftlichen Bereich gerichtet waren,⁴⁰⁵ gewan-

---

393 *Pohl* 1984, S. 61.
394 *Hardtwig* 1990, S. 820 f.
395 *Hardtwig* 1990, S. 825; *Tenfelde* 1984, S. 85 f.
396 *Nipperdey* 1998a, S. 736. In den 60er Jahren gab es bereits 225 Arbeitervereine; *Stolleis* 2001/10, S. 255.
397 „Assoziation" war „geradezu ein Zauberwort der Zeit", *Nipperdey* 1998a, S. 737; *Hardtwig* 1990, S. 817 u. 827.
398 Allgemeiner deutscher Arbeiterverein Ferdinand Lassalles, der unter bewußter Distanzierung vom liberalen „Erzfeind" gegründet worden war, *Nipperdey* 1998a, S. 743, vgl. auch *Winkler* 2000, S. 256 f.; *Tenfelde* 1984, S. 91 f.; *Huber* 1969, S. 93 f.
399 Von August Bebel und Wilhelm Liebknecht, vgl. *Winkler* 2000, S. 196 f.
400 *Türk/Lemke/Bruch* 2002, S. 182.
401 *Winkler* 2000, S. 196 f.
402 *Nipperdey* 1998c, S. 357; *Huber* 1969, S. 1144 ff.
403 Unter bewußter Anknüpfung an das „Werk" und unter Abgrenzung der überkommenen Begriffe der Genossenschaft, der – vor allem durch Schulze-Delitzsch – zunächst die Forderungen der Arbeiter unter liberalen Vorzeichen aufnehmen sollte *Nipperdey* 1998a, S. 737; *Hardtwig* 1990, S. 826 f.
404 *Nipperdey* 1998c, S. 324; *Bieback* 1976, S. 314; *Huber* 1969, S. 1038 ff.
405 Sie hatten Publikationsorgane und hielten Versammlungen ab und können als Frühformen politischer Förderverbände angesehen werden, *Ullmann* 1988, S. 55. Hierher gehören auch die nationalen Vereine wie der „Alldeutsche Verband", die „Deutsche Kolonialgesellschaft" und der „Deutsche Flottenverein", *Ullmann* 1988, S. 104 ff. In diesen Vereinen spiegelt sich die politische Mobilisierung größerer Bevölkerungsschichten für den zunehmend radikalen Nationalismus und abstrakte Ziele wider.

nen schließlich auch politische Parteien zunehmend an Einfluß.[406] Gebunden an die sehr heterogenen Milieus und teilweise auch Klassen, folgten sie deren Konsolidierung und Polarisierung.[407] Die Liberalen, ehedem die allgemeine Partei der bürgerlichen Bewegung, spalteten sich, veranlaßt durch die unterschiedlichen Auffassungen hinsichtlich der Indemnitätsvorlage,[408] und differenzierten sich bald in die die Interessen der höheren bürgerlichen Schichten vertretenden Nationalliberalen und die Fortschrittspartei.[409] Es folgten weitere Abspaltungen und Neuformierungen. Zugleich verfolgten die „staatstragenden" Nationalliberalen zwar Dezentralisierungsbestrebungen, unterstützten Bismarck aber in seiner Politik der Einrichtung der staatsnahen Sozialversicherungen. Ein starker Staat sollte sich den gesellschaftlichen Kräften entgegenstellen, um deren wachsende Probleme zu lösen. Die Fortschrittspartei hingegen fürchtete einen übermächtigen Sozialstaat und setzte eher auf Selbsthilfe und Selbstorganisation der gesellschaftlichen Kräfte.[410] Die Konservativen hatten in der ostelbischen Junkerschaft ihre Basis, die eine liberale Wirtschaftsverfassung, überhaupt egalitäre Bestrebungen und jede Machteinbuße des Adels ablehnte.[411] Ihr Widerstand gegen die Kreisreform, die die gutsherrliche Macht beschränken sollte, war daher vorprogrammiert. Die dezidiert konservative preußische Basis, traf jedoch im Deutschen Reich auf Schwierigkeiten, alle konservativen deutschen Kräfte zu bündeln. Auch gerieten sie laufend in eine prekäre Opposition zu dem politisch unorthodox agierenden Bismarck. Doch gelang es ihnen ab 1878, die Mehrheit im Reichstag zu bilden und sich insbesondere in der Agrarkrise Anfang der 90er Jahre mit dem mächtigen „Bund der Landwirte" zusammenzutun und damit gegen den Plan der Landwirtschaftskammern zu agieren.[412] Ohne ausgeprägte lokale Basis, dafür mit eindeutig katholisch konfessioneller und damit antipreußischer Haltung war das Zentrum.[413] Als Reaktion auf die „Kirche in Gefahr" während des Kulturkampfs setzte sich das Zentrum für eine Stärkung ihrer öffentlichen Stellung ein.

Mit der Reichsgründung wandelte sich auch der Charakter der bisherigen einzelstaatlichen locker zusammenhaltenden Parteien. Sie erhielten Reichsverbände, ihre Organisation wurde gefestigt, und statt der ehemaligen Honoratioren wirkten

---

406 Das zeigt sich nicht zuletzt daran, daß die Zahl der unabhängigen Abgeordneten im Bundestag und dann im Reichstag immer weiter zurückging und insgesamt die Parteien das politische Leben prägten, *Nipperdey* 1998c, S. 311.
407 *Nipperdey* 1998c, S. 312 f.; dies entsprach einem allgemeinen Trend im Vereinswesen, das sich entlang der Klassenzugehörigkeit ordnete, *Tenfelde* 1984, S. 98 f.
408 Zum Ausgang des preußischen Verfassungskonflikts, *Willoweit* 2001, S. 277; *Huber* 1963, S. 305 ff., zum Indemnitätsgesetz S. 351 f.
409 *Nipperdey* 1998c, S. 314 ff.
410 *Nipperdey* 1998c, S. 330.
411 *Nipperdey* 1998c, S.331 ff.; *Huber* 1969, S. 24 ff.
412 *Ullmann* 1988, S. 86. Für die Landwirtschaftsvereine mußte die Verkammerung einen Bedeutungsverlust mit sich bringen. Angesichts einer Mitgliederzahl von 220 000 im Jahr 1895, organisiert in 2195 Vereinen, war das ein wichtiges Argument. Zu den Landwirtschaftsvereinen auch *Tenfelde* 1984, S. 93 f.; *Huber* 1971, S. 187 ff.
413 *Nipperdey* 1998c, S. 337 ff.; auf der Basis der katholischen Soziallehre, die Ansätze *Franz von Baaders* romantischer Ständetheorie, im Sinne einer berufsständischen Selbstverwaltung weiterentwickelt hatte, trat gerade das Zentrum für korporatistische Arrangements und damit auch für öffentliche Körperschaften ein, *Nocken* 1981, S. 26 f.; auch *Mayer-Tasch* 1971, S. 47 ff.

nun hauptberufliche Funktionäre.[414] Diese Verbandspolitiker „organisierten Interessen, die sie selbst nicht besaßen".[415] Das bedeutete eine Professionalisierung und damit auch Rationalisierung der Verbandsorganisation im Sinne Webers. Zugleich wuchs damit die Kluft zwischen der Verbandsführung und den einfachen Mitgliedern, mit den Problemen, die *Robert Michels* mit Stichwort der „Oligarchisierung" erfaßt hat (s. o., S. 102).

Am Ende des Jahrhunderts gab es kaum einen Bereich des öffentlichen Lebens, für den kein Interessenverband bestanden hätte.[416] Wer nicht in einem der großen spezifischen Verbände organisiert war oder seine Interessen dort nicht hinreichend wahrgenommen sah, organisierte sich in Querschnittsverbänden, die eher aus einer gemeinsamen wirtschaftlichen Bedrohung heraus entstanden als klar definierten Zielen dienten, wie die Mittelstandsvereinigungen. Der Wille zum politischen Einfluß, der über demokratische Wahlen noch nicht oder nur unzureichend ausgeübt werden konnte, bahnte sich seinen vielfach vermittelten, dabei undurchsichtigeren und doch mächtigen Weg durch das Netz der Interessenverbände.

Das BGB hat diese Vielfalt nur teilweise eingefangen und strukturiert. Rechtliche Selbständigkeit in der Form der Rechtsfähigkeit erlangten nicht-politische Vereine aufgrund der staatlichen Eintragung, ansonsten aber auf gesellschaftlicher Grundlage (§ 21 BGB).[417] Wirtschaftliche Vereine sollten sie durch staatliche Verleihung erhalten (§ 22 BGB). Für Vereine mit „politischen, sozialpolitischen oder religiösen Zwecken" war im § 61 BGB ein Einspruchsrecht der Verwaltungsbehörden vorgesehen. Für die innere Verfassung sollte weitestgehend der Mitgliederwille maßgeblich bleiben, wobei die Mobilität der Mitglieder der liberalen Tendenz des Gesetzes entsprechend durch Austrittsmöglichkeiten garantiert war und ist (§ 39 BGB). Als Organe sind Mitgliederversammlung und Vorstand vorgesehen. Das Verhältnis zur Umwelt ist durch Vertretungsregelungen, Haftungsregelungen des Vereins, die Möglichkeit des Entzugs der Rechtsfähigkeit und das schon erwähnte Austrittsrecht der Mitglieder geregelt.

3. Entwicklungstendenzen der staatlichen Verwaltung in der zweiten Hälfte des 19. Jahrhunderts.

Die Entwicklung der Verwaltungsorganisation in der zweiten Hälfte des Jahrhunderts ist gekennzeichnet durch eine zunehmende Verrechtlichung, die Erfassung immer weiterer Lebensbereiche durch die staatliche Verwaltung, eine Zentralisierung und Unitarisierung der Bundes- und dann der Reichsverwaltung, aber auch durch eine wachsende Ausdifferenzierung des Verwaltungsaufbaus. Dabei kam den Bindungen des formalen Rechtsstaats an gesetzliche Grundlagen und wenigstens ihrer teilweisen Kontrolle durch die Verwaltungsgerichtsbarkeit wachsende Bedeutung zu.[418]

---
414 *Pohl* 1984, S. 62.
415 *Ullmann* 1988, S. 118. Das machte sie austauschbar, ja einen Austausch zwischen Verbandsleitung oder einer Tätigkeit in Politik oder Verwaltung wünschenswert, *Ullmann* 1988, S. 119.
416 *Pohl* 1984, S. 65.
417 Zum folgenden *Teubner* 1978, S. 22 ff.
418 *Bieback* 1976, S. 326; *Huber* 1963, S. 985 ff.

Die Verrechtlichung der Verwaltung wurde schon durch die Preußischen Verfassungen von 1848 und 1850 erheblich vorangetrieben.[419] Die zunehmenden Verwaltungsaufgaben führten dann aber auch rein faktisch zur Notwendigkeit der Koordinierung zwischen verschiedenen Verwaltungsträgern oder auch innerhalb des hierarchischen Verwaltungsaufbaus. Liberale Forderungen gingen zudem auf mehr Kontrolle und Absicherung gegenüber Machtmißbrauch.[420] Als Kompromiß mit den Regierungen, die für eine verwaltungsinterne Kontrolle der eigenen Entscheidungen plädierten, entstanden Organe der Selbstkontrolle auf den unteren Verwaltungsebenen und Gerichte wie etwa das Preußische OVG auf der oberen Verwaltungsebene.[421] Schließlich brachte auch die Rechtsvereinheitlichung durch den Norddeutschen Bund und noch stärker durch das Deutsche Reich ab 1871 die Schaffung rechtlicher Grundlagen für die Verwaltung mit sich. Allerdings bedeuteten beide Verfassungen nicht sofort einen fühlbaren Einschnitt.[422] *Lorenz von Stein* gelang es, Organisationsdifferenzierung als ein Mittel der Sicherung von Freiheit herauszuarbeiten. Das betraf sowohl die Trennung der Staatsfunktionen[423] als auch die Gliederung der Gesellschaft in die verschiedenen Formen des freien Verbandswesens.[424]

Nachdem mit den preußischen Reformen und in ihren Folgen eine Reduzierung der Aufgaben des Staates von der wohlfahrtsstaatlichen Rundumversorgung hin zum liberalen Schutz von Sicherheit und Ordnung, später auch der Kulturpolitik stattfand, wurden die Gegenstände staatlicher Verwaltung in der Kaiserzeit wieder ausgedehnt.[425] Nicht nur trat die Notwendigkeit der Absicherung der Marktbedingungen ins Bewußtsein, der Staat ging zu gezielten Interventionen über und nahm sich der Daseinsvorsorge an. Insbesondere die staatliche Wirtschafts- und Sozialverwaltung wurde stark ausgebaut.

Der Umstand, daß die Verfassung des Norddeutschen Bundes und später die des Reiches praktisch keine Vorgaben für den Verwaltungsaufbau machte, begünstigte es, daß *Bismarck* einen Spielraum besaß, sie auf sich auszurichten und seinen Bedürfnissen anzupassen.[426] Dies geschah zunächst durch eine starke Zentralisierung, insbesondere durch die Ausrichtung der Weisungs- und Kontrollketten auf das Bundes- und später Reichskanzleramt. Verantwortlich war nur er.[427] Eine Bundes- oder Reichsregierung war in der Verfassung nicht vorgesehen. Unterstützt wurde die zentrale Reichsverwaltung durch den Aufbau einer Beamtenschaft des Bundes/Reiches.[428] Rivalitäten mit dem Amtschef des Reichskanzleramtes[429] und

---

419 *Mayer* 1969, S. 149.
420 *Nipperdey* 1998c, S. 118.
421 *Nipperdey* 1998c, S. 118.
422 *Rüfner* 1984, S. 678.
423 *Bieback* 1976, S. 262.
424 *Türk/Lemke/Bruch* 2002, S. 171.
425 *Nipperdey* 1998c, S. 110.
426 *Morsey* 1984, S. 147, eine Konstruktion, der bekanntermaßen die späteren Reichskanzler, insbesondere der unmittelbare Nachfolger Bismarcks, *Caprivi*, nicht gewachsen waren, *Morsey* 1984, S. 181; *Nipperdey* 1998c, S. 114.
427 *Nipperdey* 1998c, S. 100. Ein Kollegialprinzip galt demnach nicht.
428 *Morsey* 1984, S. 145.
429 *Nipperdey* 1998c, S. 113.

C. Geschichte der Körperschaft des öffentlichen Rechts 113

von Bismarck behauptete, aber auch tatsächliche Aufgabenüberlastung[430] der Behörde führten dann, beginnend mit dem Reichseisenbahnamt 1873,[431] zur Verselbständigung von ehemals im Kanzleramt Abteilungen zugeordneten Aufgaben in Form von weisungsgebundenen Reichsämtern. Deren Leiter waren dem Reichskanzler nachgeordnete Staatssekretäre.[432] Bismarcks Intention war, die Wahrnehmung dieser Aufgaben durch die Ausgliederung von dem über *Delbrück* als Leiter des Kanzleramtes vermittelten politischen Einfluß insbesondere der Liberalen abzuschirmen und sie so stärker an sich selbst zu binden.[433] Diese Ausdifferenzierung von Verwaltungsorganisation führte dann auch dazu, daß 1878 eine eigene Reichskanzlei eingerichtet wurde, die Bismarck unmittelbar zuarbeitete.[434] Neben dieser aus Abwehr politischer Einflüsse und zur Stärkung der Zentrale eingerichteten Verwaltungsbehörde entstand eine ganze Reihe Reichsbehörden, die aus sachlichen Gründen mehr oder weniger verselbständigt waren: so etwa der Reichsrechnungshof (1871), die Reichsschuldenverwaltung (1874) und die Reichsbank, der gegenüber aber eine Aufsicht und Weisungsrechte des Reichskanzlers erhalten blieben.

Die Verfassungen von 1867 und 1871 legten die Aufgaben des Bundes bzw. des Reiches positiv fest und schufen so dem Grunde nach eine klare Kompetenzabgrenzung.[435] Allerdings waren wichtige Zuständigkeiten wie Außen- und Verteidigungspolitik, Wirtschafts-, Rechts- und Sozialpolitik dem Bund/Reich zugewiesen.[436] Das Reich baute zum Vollzug seiner Gesetze kaum eigene Behörden auf, so daß eine Art „Verwaltungsföderalismus" entstand, bei dem die Länder die hauptsächlichen Träger der Verwaltung waren.[437] Die Länder hatten auch prinzipiell die Organisations-, Verfahrens- und Personalhoheit in bezug auf ihre Verwaltung.[438] War auf diese Weise eine Reichsaufsicht ausgeschlossen,[439] so war nicht zu verhindern, daß der Reichsgesetzgeber sehr detaillierte, auch verfahrensrechtliche Vorgaben machte und die Reichsverwaltung nach gesetzlicher Ermächtigung aufgrund von Art. 7 I Nr. 2 RV eingehende Verwaltungsvorschriften für die Ausführung der

---

430 Hierbei spielte die Vergrößerung des Reiches durch die Angliederung Elsaß-Lothringens 1871 eine wichtige Rolle, *Morsey* 1984, S. 147.
431 *Morsey* 1984, S. 148, 153 f., weitere Verselbständigungen waren etwa 1877 das Reichsjustizamt, 1879 das Reichsschatzamt und das Reichsamt des Innern, 1876/80 das Reichspostamt, 1889 das Reichsmarineamt, *Morsey* 1984, S. 152 ff.; *Nipperdey* 1998c, S. 113; *Huber* 1963, S. 840 ff.
432 Hier zeigt sich auch eine wichtige Tendenz zur Professionalisierung. Waren lange die Minister aus dem Kreis adliger Grandseigneurs (Nipperdey: „adlige Dilettanten") hervorgegangen, wurden sie nun aus dem Beamtenapparat rekrutiert, wodurch die Laufbahn bestimmend wurde, *Nipperdey* 1998, S. 102.
433 Tatsächlich und auch rechtlich (Art. 17 S. 2 RV: „Die Anordnungen und Verfügungen des Kaisers werden im Namen des Reichs erlassen und bedürfen zu ihrer Gültigkeit der Gegenzeichnung des Reichskanzlers, welcher dadurch die Verantwortlichkeit übernimmt".) regierte der Kaiser so nur über den Reichskanzler statt über das ganze Kabinett.
434 *Morsey* 1984, S. 162; *Nipperdey* 1998c, S. 113: das eigentliche Zentrum der Politik.
435 *Morsey* 1984, S. 129; eingehend zur Verfassunggebung *Forsthoff* 1931, S. 47 ff.
436 Zudem konnte das Reich – allerdings unter erschwerten Voraussetzungen – seine Kompetenzen erweitern (Art. 78 RV) oder neue schaffen. Eine besondere Stellung hatte Preußen, das den größten Anteil an der Heeresverwaltung innehatte, *Nipperdey* 1998c, S. 112.
437 *Mußgnug* 1984, S. 188; *Nipperdey* (1998c, S. 85 f.) unterscheidet: Verwaltungsföderalismus, Verwaltungsföderalismus, Finanzföderalismus, Kulturföderalismus.
438 *Mußgnug* 1984, S. 189.
439 Im Bereich der Zölle, des Eisenbahn- und des Heereswesen fanden sich aber bereits Ansätze zu einer Auftragsverwaltung im modernen Sinn, *Mußgnug* 1984, S. 194 f.

Gesetze erlassen konnte.[440] Hinzu kamen Reichsverwaltungsgerichte zur Kontrolle der Länderexekutiven.[441] Schließlich war die Ausführung der Reichsgesetze nicht nur Recht, sondern auch Pflicht, die nach Art. 7 I Nr. 3 RV vom Kaiser überwacht, ggf. gerügt und durch den Bundesrat als verletzt erklärt werden konnte.[442] Über das Reichsministerium für die Reichslande fand für Elsaß-Lothringen eine noch engere Anbindung statt.[443] Entscheidend war jedoch, daß Bismarck auf der Ebene der Staatsorgane auf das föderale Organ des Bundesrates angewiesen blieb, um die Machtansprüche des unitarisch wirkenden Reichstages einzudämmen.[444] Insgesamt wird man wohl das Verhältnis zwischen Reichs- und Länderexekutive, dem Kompromißcharakter der Reichsverfassung entsprechend,[445] als einen noch nicht abgeschlossenen Versuch der Austarierung zwischen unitarischen und föderalen Ambitionen kennzeichnen dürfen.

Wahrgenommen wurden diese Befugnisse im Reich und den Ländern von einer zunehmend professionalisierten, juristisch gebildeten Beamtenschaft, die nach Leistungsfähigkeit ausgewählt wurde.[446] Deren Bedeutung zeigt sich auch im Anwachsen des öffentlichen Dienstes von 1882 mit 815000 bis 1907 auf 2,042 Millionen Beschäftigte.[447] Hier galten bereits das Laufbahnprinzip, die grundsätzliche Lebenszeitstellung mit Pensionsberechtigung auf der einen und besonderen Pflichten auf der anderen Seite. Unbedingte Staatsloyalität war neben Sachlichkeit und Unparteilichkeit wohl die wichtigste Pflicht und diejenige, die die Beamten zur maßgeblichen staatstragenden Schicht werden ließ.[448] Versetzungsmöglichkeiten sollten damals wie heute eine sachdienliche Verwendung gewährleisten.[449] In ihrer Tätigkeit war die Beamtenschaft darauf bedacht, durch Innovationen ihren Einflußbereich auszudehnen, und wurde so zu einem erheblichen Machtfaktor im Staat.[450]

In den Bundesländern gab es mit der Staatsregierung, Bezirken oder Provinzen und den Kreisen als unteren Verwaltungsbehörden einen dreistufigen, streng hierarchischen Verwaltungsaufbau.[451] Das Kollegialprinzip war weitgehend aufgehoben worden. Arbeitsteilung, Spezialisierung, bürokratischer Betrieb kennzeichneten

---

440 *Mußgnug* 1984, S. 190 f.
441 *Mußgnug* 1984, S. 193.
442 Eine weitere Widersetzlichkeit konnte dann über die Reichsexekution nach Art. 19 RV zwangsweise beseitigt werden, zum Ganzen: *Mußgnug* 1984, S. 199 f.
443 Das Ministerium wurde 1875 gebildet, *Morsey* 1984, S. 167.
444 *Nipperdey* 1998c, S. 92 f., eine Wirkung, die der Bundesrat nur besitzen konnte, wenn sich die Landesregierungen einig waren, so daß diese Opposition zum Reichstag in geradezu paradoxer Weise ebenfalls unitarische Tendenzen förderte.
445 *Nipperdey* 1998c, S. 85.
446 *Nipperdey* 1998c, S. 111 u. 117, vgl. schon oben Fußn. 431.
447 *Nipperdey* 1998c, S. 128, ohne Militär. Die größten Zuwächse verzeichnete die Leistungsverwaltung.
448 *Nipperdey* 1998c, S. 136.
449 *Nipperdey* 1998c, S. 130. Auf die zu dieser Tendenz der Verobjektivierung der Rechtsstellung des Beamten im Dienste des Allgemeinen des Staates gegenläufigen Tendenzen einer an sozialem Stand und jedenfalls der Nichtzugehörigkeit zu bestimmten Religionsgemeinschaften sowie der faktischen Bevorzugung von Adligen bei Führungsämtern kann hier nicht weiter eingegangen werden.
450 *Nipperdey* (1998c, S. 138) weist auf eine eigentümliche Ambivalenz der Beamtenschaft zwischen Konservativismus und Innovationsfreudigkeit hin.
451 Der in Preußen durch die Differenzierung der Mittelinstanz zwischen Oberpräsidenten an der Spitze der Provinz und den Regierungsbezirken mit Regierungspräsidenten weiter aufgegliedert war, *Nipperdey* 1998c, S. 115.

die Verwaltungen der mittleren und unteren Ebene.[452] Die adligen Einflüsse konnten auch im Bereich der Kreisverwaltung durch Verstaatlichung der Funktionsträger („der preußische Landrat") zurückgedrängt werden. Daß der Kreis zugleich ein Selbstverwaltungsträger war, wird weiter unten zu behandeln sein.

Zur Interessenvermittlung zwischen Staat und Gesellschaft entstanden verselbständigte Verwaltungseinheiten in Form von Volkswirtschafträten, Beiräten aus gesellschaftlichen Vertretern, verschiedene Formen gemischtwirtschaftlicher Unternehmen und andere Formen der Zusammenarbeit im Interesse der Daseinsvorsorge im kommunalen Bereich.[453]

4. Die Ausdifferenzierung der Selbstverwaltungskörperschaften bis 1914

Die zweite Hälfte des 19. Jahrhunderts ist geprägt durch eine fortschreitende Rationalisierung der immer größeren und damit auch stärker hierarchischen Verwaltungsorganisation einerseits und die Zentrifugalkräfte der sich immer stärker pluralisierenden und organisierenden Interessenverbände der bürgerlichen Gesellschaft andererseits.[454] Besonders nach 1873 werden zahlreiche neue Selbstverwaltungskörperschaften geschaffen.[455] Zugleich werden die Aufgaben der bestehenden kommunalen Gebietskörperschaften ausgeweitet, verstärkt durch professionelle Funktionsträger erledigt und insgesamt ihre Binnenverfassung differenziert. Die Körperschaften übernehmen dabei die Funktion, den auseinanderstrebenden Kräften der bürgerlichen Gesellschaft die zentripetalen Kräfte des Zusammenhalts entgegenzusetzen und sie in den monarchischen Staat zu integrieren. Ganz in dem Sinne des Liberalismus der „Realpolitik" *Rochaus* und anderer nach 1848 sollte der Staat die freigesetzten Interessen der Einzelnen und Gruppen doch wieder steuern, um des Zusammenhalts des Ganzen, auf den letztlich auch das Marktgeschehen angewiesen war, und der „vorbeugenden Bekämpfung des revolutionären Sozialismus"[456] willen.[457] Entsprechend wurden die Selbstverwaltungskörperschaften der staatlichen Organisation funktional eingegliedert und als Teil der staatlichen Politik angesehen. Über seine Gesetzgebungsbefugnisse und die Entscheidung über

---

452 *Nipperdey* 1998c, S. 116.
453 *Bieback* 1976, S. 320 f. u. 343, zu den Volkswirtschaftsräten auch S. 327 f. u. *Ullmann* 1988, S. 123.
454 *Holmes* (1985, S. 34) referiert die gegensätzlichen Positionen von *Spencer* und *Hobhouse*: Während ersterer behauptete, zentrifugale Gesellschaften könnten kein Zentrum besitzen, rechtfertige zunehmende Differenzierung Zentralisierung und politische Macht. Gerade die zuvor geschilderte Entwicklung von Staat und den Organisationen der bürgerlichen Gesellschaft rechtfertigt es, jedenfalls für Deutschland einen dialektischen Prozeß anzunehmen, bei dem der sich stärker konsolidierende Staat die zentrifugalen gesellschaftlichen Kräfte freisetzt, während diese ihn umgekehrt von Aufgaben entlasten. Daß es aber Formen politischer Herrschaft gibt, die weder der zentralistische, hierarchische und rational-bürokratisch durchorganisierte Staat noch die tendenziell egoistische, pluralistische und in ihren Leistungen und Bedürfnissen immer stärker partikularistische bürgerliche Gesellschaft erfüllen können, das ist das Grundproblem, zu dessen Lösung auf die in der preußischen Städteordnung von 1808 entwickelte Idee der körperschaftlichen Gesellschaft zurückgegriffen wird.
455 *Bieback* 1976, S. 318.
456 *Winkler* 2000, S. 139.
457 *Nipperdey* 1998a, S. 728.

Finanzmittel konnte das Reich in erheblichem Umfang auch direkt auf die Körperschaften Einfluß nehmen. Im Bereich der Auftragsverwaltung behielt es ohnehin die Hoheit über das Handeln der Körperschaft.

Angesichts der zunehmenden Ausdifferenzierung der gesellschaftlichen Wirtschaftsformen war die staatliche Verwaltung aber nicht nur auf die Beeinflussung eines Willens zur Einheit, sondern auch auf die Informationen aus den verschiedenen Wirtschaftsbereichen angewiesen. Dies war eine zweite wichtige Aufgabe insbesondere der funktionalen Selbstverwaltung. Zugleich bot sich so die Möglichkeit, öffentliche Aufgaben auch finanziell auf mehrere Träger zu verteilen und die staatlichen Finanzen zu entlasten.

Konzeptionell entfaltet sich eine große Bandbreite von Körperschaftsmodellen zwischen der Annahme einer Selbstverwaltung eigener Angelegenheiten und etwa *Gneists* Theorie der Verwaltung staatlicher Angelegenheiten durch Ehrenbeamte nach staatlichen Gesetzen und unter staatlicher Aufsicht. Vom Gedanken ausgehend, die Selbstgesetzgebung in der Legislative durch eine Selbstverwaltung in der Exekutive zu ergänzen,[458] entwirft *Lorenz von Stein*, wie oben (S. 79) bereits erwähnt, ein Tableau von Organisationen („freie Verwaltung"), das sich in das Vereinswesen und die Selbstverwaltungskörperschaften gliedert. Das Vereinswesen umfaßt ein Spektrum von Vereinigungen, die das Allgemeine durch die individuellen Antriebe der Mitglieder fördern, sei es dadurch, daß das Gesamtwohl durch die Realisierung der Erwerbsinteressen (Erwerbsgesellschaften) oder durch öffentliche Einrichtung erwerbsorientierter Gesellschaften (Banken, Eisenbahnen) gesteigert wird, oder daß sich die Einzelnen zu Vereinen zusammenschließen, in die sie freiwillig Leistungen im Dienste des Allgemeinen einbringen („eigentliche Vereine"), wie die Interessenvereine, Vereine für die Aufgaben des geistigen Lebens oder soziale Vereine. Die zweite Gruppe der freien Verwaltung sind die Selbstverwaltungskörperschaften mit den Gebietskörperschaften, den Räten, Kammern etc. und den Genossenschaften. Sie entstehen für Aufgaben, die über die Einzelinteressen hinausgehen und weder durch Vereine auf der einen noch den Staat auf der anderen Seite bewältigt werden können.[459] Hierfür schafft der Staat dann künstliche Vereine.[460] Nach den unterschiedlichen Gefahren für Gemeinschaften skizziert er ein System von Genossenschaften zur Bewältigung von Naturgefahren bis zu Versicherungsgenossenschaften mit Zwangsmitgliedschaft.[461] Während bei Lorenz von Stein also die Selbstverwaltungskörperschaft ein integraler Bestandteil des

---

458 1869, S. 129.
459 „Dem Principe nach muß eine Genossenschaft da gebildet werden, wo der Mangel, die Ungewißheit und die wahrscheinliche innere Zerfahrenheit einer freien Vereinsbildung für die Anforderungen ganz bestimmter gemeinschaftlicher Interessen als eine Gefährdung des Ganzen durch die Gefährdung des Einzelnen erkennen läßt, ohne daß die Macht der amtlichen Polizei im Stande wäre, diese Gefährdung in ihren Ursachen zu bekämpfen". *Stein* 1887, S. 92.
460 *Stein* 1887, S. 91: „Die Grundlage aller Genossenschaft ist nämlich die Erkenntnis der Staatsverwaltung, daß es eine Gemeinschaft von Interessen gibt, welche zu ihrer guten Vertretung und Verwaltung einer Vereinsorganisation bedürfen, ohne daß ein Verein für dieselbe da wäre. Dadurch entsteht das Organisationsprincip der Verwaltung, solche Vereine im Namen des bestimmten Bedürfnisses selbst herzustellen, ohne sie von der freien Vereinsbildung abhängig zu machen. Das geschieht, indem die einzelnen Betheiligten durch die Staatsverwaltung verpflichtet werden, solche Vereine zu bilden, während die so gebildeten Vereine sich dann ganz wie die freien Vereine selbst verwalten".
461 1887, S. 92 f.

Gesamtsystems der öffentlichen Verwaltung ist, ergänzt sie bei *Rudolf von Gneist* die öffentliche Verwaltung um ein hilfreiches, aber keineswegs notwendiges Element.[462] Zwar berücksichtigt auch er das breite Spektrum verschiedener privater und öffentlicher Verbände; von Gneist teilt jedoch nicht Hegels und von Steins dialektische Auffassung, daß aus den Einzelinteressen ein sinnvoller Beitrag für das Ganze entstehen könnte. Sinnvolle Verwaltungsleistungen im Dienste des Allgemeinen können so nicht im Wege der staatlich eingerichteten Selbstorganisation, sondern nur durch die Inpflichtnahme des Einzelnen für den Staat erbracht werden. Pflicht gegenüber dem sittlichen Staat statt Selbstverwaltungsrecht, das durch nicht professionell geschulte Bürger wahrgenommene Ehrenamt,[463] nicht die Selbstverwaltungskörperschaft, und Gemeinsinn statt Selbstorganisation sind die Institutionen, auf die Gneist setzt. Hoheitlich eingebundene sachliche Aufgabenerledigung im Dienste des Allgemeinen einer andernorts festgelegten Politik wird so mit dem Unpolitischen der nach dem Dreiklassen-Wahlrecht ausgewählten, lokalen Interessen verhafteten Honoratioren zu einem Konzept einer letztlich – entgegen der Bezeichnung für dieses Selbstverwaltungskonzept als politisch – unpolitischen Selbstverwaltung zusammengebunden. Das erste Element wird institutionalisiert im Magistrat, das zweite in der Stadtverordnetenversammlung. „Selbstverwaltung war für ihn Staatsverwaltung, wenn auch in einer besonderen Form" – der ehrenamtlichen.[464] Immerhin gelingt von Gneist in dieser staatsbezogenen Perspektive deutlicher als anderen die rechtsstaatliche Begründung der Selbstverwaltung, ja Selbstverwaltung und Rechtsstaat schienen ihm „in der That ein und dieselbe Sache" zu sein.[465] Dem rechtsstaatlichen Gedanken der Mäßigung der Staatsgewalt entsprechend sollte sie als Bollwerk gegenüber willkürlich agierenden Amtsgewalten fungieren.

Optimistischer in bezug auf die Fähigkeit der Individuen, das Ganze hervorzubringen, damit im Gegensatz zur Lehre von Gneist und näher an den Grundsätzen von Stein ist die Genossenschaftslehre.[466] Das mitgliedschaftliche Moment ist hier konstitutiv für die öffentliche Körperschaft und daher das Repräsentativorgan zentral: Denn durch die Mitglieder wird eine zu der auch von Gierke anerkannten notwendigen staatlichen Verleihung des öffentlichen Status[467] an die Körperschaft hinzutretende Legitimation erzeugt, die in einer notwendig eigenständigen Verbandssphäre resultiert. In dieser Sphäre übernimmt die Körperschaft Aufgaben, die ihre eigenen Angelegenheiten und nicht nur verliehene staatliche sind, die dennoch nicht privaten Charakter besitzen, der aus den Interessen der Mitglieder hervorgeht,

---

462 Vgl. die Darstellung bei *Bieback* 1976, S. 267 ff.; *Hendler* 1984, S. 57 ff.; *Heffter* 1969, S. 372 ff.
463 *Gneist* 1870, S. 9. Ihm folgend etwa *Otto von Sarwey* und *Edgar Loening*. Schon zu seiner Zeit stellte sich aber durchaus das Problem, daß die Komplexität der Verwaltungsentscheidungen kaum durch die nicht geschulten Freizeitbeamten erledigt werden konnte, *Herzfeld* 1957, S. 12.
464 *Forsthoff* 1932, S. 18; zu den strukturellen Leistungen von Gneists für die Kreise und für den Rechtsstaat, *Achterberg* 1979, S. 583.
465 *Gneist* 1870, S. VI, hierzu auch *Sobota* 1997, S. 355 f.
466 Auch in ihren überwiegend an die deutsche Tradition seit Althusius anknüpfenden historischen Referenzen steht diese Theorie im Gegensatz zu dem am self-government Englands orientieren von Gneist, *Heffter* 1969, S. 526.
467 1887, S. 28: „auch heute besteht das Erforderniss staatlicher Genehmigung für alle Vereinigungen, denen eine publicistische Bedeutung zugeschrieben werden wird".

sondern öffentlichen:[468] „Man entschließe sich endlich einmal, wenigstens im Kreise der Gemeinde den Ursprung einer öffentlichen Gewalt im Volke zu finden". Auf dieser Grundlage entfaltet Gierke ein Spektrum der Verbände von den freien Vereinen als Genossenschaften im engeren Sinn über diejenigen im weiteren Sinn zu denen die freien Genossenschaften, die Kirchen und die Gebiets- und Realgenossenschaften gehören bis hin zum Herrschaftsverband des Staates. Durch die Betonung der Selbstbestimmung der Mitglieder tritt bei ihm wie auch bei *Hugo Preuß* der Unterschied zur Anstalt als außengeleiteter Organisation deutlich hervor. Die Linien, die *von Stein* gezeichnet hat, werden hier einerseits weiter gezogen und die Legitimation staatlicher Herrschaft von der Integration körperschaftlich gestufter Repräsentation abhängig gemacht,[469] anderseits aber auch kritisiert, indem der Staat und Selbstverwaltungskörperschaften als prinzipiell gleichrangige Verbände angesehen werden, denen je genuine, nicht vom anderen verliehene oder abgeleitete Aufgaben zukommen. Die Willensbildung ist folglich bei allen Verbänden prinzipiell gleich zu organisieren.[470] Die Gneistsche Unterscheidung von „politischer" – ehrenamtlich wahrzunehmender – und „rechtlicher Selbstverwaltung, nämlich professionell ausgeführter mittelbarer Staatsverwaltung, paßt nicht in dieses Konzept. – Der Auffassung des in vielfältigen Beziehungen zum Allgemeinen stehenden Individuums, dessen Betätigungen über zahlreiche Vereinigungen mit der umfassenden Organisation des Staates vermittelt ist, stehen Auffassungen gegenüber, die an der Entgegensetzung von individualistischer, partikularistischer und egoistisch agierender Gesellschaft auf der einen und dem Staat auf der anderen, festhalten. Zwischen beiden findet dann keine Vermittlung, sondern allenfalls eine Indienstnahme des Einzelnen für den Staat statt. In einem solchen Modell machen die öffentlichen Aufgaben gewidmete und doch mitgliedschaftlich getragene Verbände im Grunde keinen Sinn.

Das gilt sowohl für Theorien, die natürwüchsige Verbände wie Gemeinden und andere Genossenschaften dem Staat entgegenstellen wie die Konzeptionen von *von Mohl*,[471] *Stahl*[472] und auch *von Gerber*,[473] als auch für einige positivistische Konzeptionen, die die Körperschaften ganz in den Bereich des Staates eingeordnet, als dessen Instrument und von ihm rechtlich wie materiell-sachlich bestimmt

---

468 *Gierke* 1868, S. 744 ff., 761.
469 „Beruht nun. die moderne Auffassung des Rechtsstaats auf der Erkenntnis, dass der Staat ein Glied ist in der langen Kette rechtlich organisierter Gesamtpersonen, deren erste Erscheinungsform, die Familie zugleich mit der Menschheit überhaupt gegeben ist; dass die dem Staate eingegliederten Gesamtpersonen nicht Geschöpfe seiner Willkür, sondern Evolutionen der gleichen Idee sind, wie er selbst; und dass endlich auch das Recht jener Gesammtpersonen keine willkürliche Schöpfung des Staates, sondern die Entwicklungsformen einer dem Staate ebenbürtigen Idee ist, so ergibt sich, dass im Rechtsstaat die Eigenschaft als Selbstverwaltungskörper dem Staate gemeinsam ist mit allen ihm eingegliederten Gesammtpersonen", *Preuß* 1889, S. 223 f. Alle Gesamtpersonen sind Selbstverwaltungskörperschaften und beziehen ihre Legitimation aus deren Realisierung, und die Volksvertretung ist überall ein „Organ der zur Einheit organisierten Vielheit", a. a. O., S. 217.
470 Diese Auffassung führte dann zum Art. 17 II WRV, der die Homogenität des Wahlverfahrens im Reich, den Ländern und den Gemeinden vorsah.
471 Immerhin hebt *von Mohl* hervor, daß es sich etwa bei der Gemeinde um eine „auf der Wechselbeziehung von Staat und Gesellschaft beruhende gesellschaftliche Veranstaltung, deren sich aber der Staat zu seinen Zwecken, oft über Gebühr, zu bemächtigen pflegt" handelt (1855, S. 89); zu seiner Selbstverwaltungskonzeption auch *Heffter* 1969, S. 178 ff.
472 *Bieback* 1976, S. 289; *Forsthoff* 1932, S. 14.
473 *Bieback* 1976, S. 378.

ansehen, wie etwa bei *Paul Laband*.[474] „Selbstverwaltung" bedeutet für ihn zwar „seinem Wortsinne nach den Gegensatz zum Verwaltetwerden"; eine wirkliche Autonomie kommt aber den auf der Basis einer freiwilligen „Selbstbeschränkung des Staates hinsichtlich der Durchführung seiner Aufgaben" geschaffenen „Selbstverwaltungskörpern" nicht zu.[475] *Körperschaftliche Selbstverwaltung kann danach nicht natürliche Selbstbestimmung sein, sondern ist vom Staat eingeräu*mte Selbstorganisationsmacht. Laband verwendet den Begriff des „Selbstverwaltungskörpers", worunter er die Gebietskörperschaften, aber auch die Gliedstaaten faßt.[476] Die Staaten fallen nur deshalb nicht unter diesen Begriff, weil „Selbstverwaltung" die potentielle Fremdverwaltung mitdenke, dies aber beim Staat nicht der Fall sein könne. Der Gedanke der Gliedstaaten als Selbstverwaltungskörper ist freilich nicht unwidersprochen geblieben.[477] Es fällt aber auf, daß diese Kritik den Selbstverwaltungsbegriff als politisch und nicht juristisch bezeichnet. Der Ausdruck scheint erst dort wieder Konturen zu gewinnen, wo er, wie bei *Heinrich Rosin*, mit dem Begriff des Trägers der Selbstverwaltung, der Körperschaft verbunden wird. Die Körperschaft dient Rosin gerade dazu, den staatsrechtlichen vom politischen Begriff der Selbstverwaltung abzugrenzen.[478] Rechtliche Selbstverwaltung liegt danach nur vor, wenn eine Aufgabenerledigung durch einen vom Staat zu diesem Zweck erst geschaffenen Rechtsträger erfolgt. Auch *Georg Jellinek* verwendet diese Differenzierung zwischen der politischen als der Betroffenenverwaltung[479] und der juristischen Selbstverwaltung[480] als der Beziehung der selbständigen Verbandskompetenz zu den Kompetenzen des Staates.[481] Die juristische Selbstverwaltung ist damit praktisch gleichbedeutend mit Dezentralisierung.[482] Der Zusammenhang beider Formen, die nach außen eigenverantwortliche Entscheidung durch die rechtlich selbständige Körperschaft

---

474 Während Autoren wie *Sarwey* den bei Gneist angelegten Zwischenbereich des „Self-Government" eher ausbauten, ohne jedoch zu einer wirklichen Selbständigkeit kommen zu können, kritisierte Laband diese Konstruktion dezidiert und nimmt sie zurück, *Hendler* 1984, S. 110.
475 *Laband* 1876, S. 102 f. ohnehin rechnet er zu diesen Selbstverwaltungskörpern nur die Gebietskörperschaften, vgl. auch *Kahl* 2000, S. 151, insbesondere auch zu den umfassenden „Überwachungsbefugnissen" als Grundlage der Staatsaufsicht.
476 Kritisch dazu *Hölder*, S. 315 f.: Bei Laband laufe die Selbstverwaltung auf bloße Dezentralisation hinaus; vgl. auch *Hendler* 1984, S. 111.
477 *Hendler* 1984, S. 114.
478 *Rosin* 1883, S. 319 f.; *Hendler* 1984, S. 116.
479 1963, S. 290 f.: „Der politische Begriff der Selbstverwaltung legt das Schwergewicht auf die Natur der verwaltenden Personen, er besteht in der Verwaltung eines öffentlichen Interessenkreises durch die Interessenten selbst". Noch weiter, und insofern in größerer Nähe zu Gneist, formuliert er in der Allgemeinen Staatslehre (1959, S. 632), politische Selbstverwaltung sei „die nicht oder nicht ausschließlich von öffentlichen Berufsbeamten" ausgeübte Verwaltung.
480 1963, S. 291: „Das juristische Wesen der Selbstverwaltung hingegen kann nur liegen in der Beziehung der Kompetenz eines subjizierten Verbandes zur staatlichen Kompetenz".
481 *Jellinek* 1963, S. 290: „Als Selbstverwaltung stellt sich dar jene Verwaltung der Verbände, vornehmlich der Gemeinden [hier kritisiert er insbesondere die Auffassung von Gneist von der Identifikation von Selbstverwaltung und Kommunalverwaltung, S. K.], welche ein staatliches Imperium als im Verband zustehendes Recht zur Erfüllung der Verbandszwecke in Uebereinstimmung mit den Gesetzen und unter Kontrolle des Staates ausübt". Bei beiden Formen der Selbstverwaltung sei der Ursprung ein politischer gewesen, 1963, S. 290 u. 1959, S. 630 f.
482 Vgl. auch *Jellinek* 1959, S. 633; Neukamp 1889, S. 384 f. u. 538: „ Ich definiere demnach Selbstverwaltung als die von den Minister (Cabinets-) Verwaltung rechtlich unabhängige, nur den Gesetzen des Landes unterworfene und desshalb von Weisungen einer vorgesetzten Behörde unabhängige Verwaltung", wobei hier der Akzent auf der Ministerial- und nicht der Staatsverwaltung als Gegenbegriff zur Selbstverwaltung liegt (S. 549).

mit der Trägerschaft durch die mitentscheidungsberechtigten Mitglieder, kommt dieser dualistischen Betrachtungsweise nicht in den Sinn.

Der Begriff der öffentlichen Körperschaft bekam in der Gesetzgebung immer festere und typischere Konturen. Zugleich wurde ihre Rechtsstellung gesichert. Zu diesem Typus gehörte (1.) ihre Rechtspersönlichkeit mit der Dienstherrenfähigkeit, der Einbeziehung in das öffentliche Haftungsrecht, der Befreiung von Steuern und Privilegierungen im Zwangsvollstreckungsrecht; (2.) die Übertragung bestimmter Aufgaben als eigener Wirkungskreis; (3.) die Mitglieder als Träger der Körperschaft, die ihr autonome Legitimation nicht nur über die regelmäßigen Wahlen, sondern auch über die laufende repräsentative Partizipation an den Angelegenheiten der Körperschaft vermittelte. (4.) die beschränkte Aufsicht in diesem und die Möglichkeit der gerichtlichen Kontrolle von Beeinträchtigungen.[483] Auch auf diese Weise bildeten die Körperschaften ein Gegengewicht zur monarchischen Verwaltung.[484] Allerdings lassen sich die öffentlichen Körperschaften dieser Zeit häufig dort nicht genau von Vereinen unterscheiden, wo sie deren Aufgaben übernahmen, wie etwa bei den Landwirtschaftskammern, oder nur Verbände waren, die auf überregionaler Ebene die gleichen Aufgaben wahrnahmen, die auf regionaler von Vereinen übernommen wurden.[485] Weiter gab es private Dachverbände, die zur Bestärkung ihres Einflusses den Status einer Körperschaft des öffentlichen Rechts erstrebten. Schließlich organisierten sich die Selbstverwaltungskörperschaften in wirkmächtigen privatrechtlichen Dachverbänden als gesamtstaatlichen Interessenverbänden.

Insgesamt entwickelten sich die Körperschaften im Spannungsverhältnis zwischen der sich konsolidierenden Staatlichkeit und der gesellschaftlichen Pluralisierung der Interessen und ihrer schlagkräftigen und zunehmend antagonistischen Organisation in einer eigentümlichen Ambivalenz: Einerseits wurden sie stärker in die öffentliche Verwaltung eingebunden; anderseits aber blieben die Übergänge zu gesellschaftlichen Kräften unscharf, über die Interessenvertretung politisch aber sehr stark verbunden. Anderseits gab gerade die gesellschaftliche Verbindung den Selbstverwaltungskörperschaften ein besonderes organisatorisches Gewicht innerhalb der Verwaltung, das eigenen Bildegesetzen folgte und so auch zur Ausbildung eigenständiger Machtzentren beitrug.[486] Rechtsstaatliche Absicherung,[487] demokratische Legitimation wachsende Interessenvertretungsfunktion prägen so das Bild der Körperschaft in der zweiten Hälfte des 19. Jahrhunderts bis zum Ersten Weltkrieg.

Daß die Körperschaften der zweiten Hälfte des 19. Jahrhunderts aus der nunmehr verfestigten Differenz der Organisation von Staat und Gesellschaft hervorgehen, zeigt sich auch an einer geänderten Mitgliederstruktur: Einten die Gemeinden heterogene Bevölkerungsgruppen durch den lokalen Bezug und die hieraus

---

483 *Bieback* 1976, S. 342 f.
484 *Mayer* (1917, S. 665) hebt deshalb zu Recht hervor: Wäre der Staat eine Gemeinde, so wäre seine Staatsform Republik.
485 *Bieback* 1976, S. 345; *Huber* 1969, S. 1008 f.
486 *Bieback* 1976, S. 350 f.
487 *Mayer* (1917, S. 707 ff.) betont die Notwendigkeit der rechtlichen Grundlage für das Verhältnis zwischen Staat und Körperschaften.

entspringenden gemeinsamen Interessen, fassen die Körperschaften der funktionalen Selbstverwaltung homogene Interessengruppen zur Vertretung spezifischer Interessen zusammen. Spezialisierte Interessen und Aufgaben unterscheiden diese Körperschaften grundlegend von den Gebietskörperschaften.[488]

a. Die Gebietskörperschaften

Die wachsende soziale Differenzierung der Gesellschaft zeigt sich gerade auch in den Gemeinden und kennzeichnet ihre Weiterentwicklung in dieser Zeit stärker als rechtliche Erneuerungen.[489] Das betrifft zum einen das immer stärkere Gefälle von Städten und ländlichen Gemeinden in bezug auf die Leistungsfähigkeit der Verwaltungsorganisation und auch die ganze Lebensweise der Bevölkerung. Angesichts der erheblichen Strukturunterschiede zwischen den etwa 76000 Gemeinden und Gemeindeverbänden in Deutschland läßt sich für beide kaum noch ein aussagekräftiger gemeinsamer Gemeindebegriff entwickeln.[490] Um sowohl den Bedürfnissen der Städte als auch der angrenzenden Gemeinden Rechnung tragen zu können, kommt es einerseits zu Eingemeindungen der Umlandgemeinden[491] und andererseits zu Errichtung von Zweckverbänden,[492] die der Erfüllung solcher Aufgaben dienten, die die Einzelgemeinden überfordern. Mit den Eingemeindungen und auch dem übrigen Wachstum der Städte[493] nimmt aber die Differenzierung von Zentrum und Peripherie zu.[494] Auch in den Städten selbst treiben die sozialen Gegensätze und die spezialisierte, zunehmend industrielle Wirtschaftsweise die Strukturen auseinander. Einerseits werden Wohnviertel von Gewerbegebieten deutlicher unterschieden; andererseits werden die sich verfestigenden Klassenstrukturen[495] städtebaulich durch die stärkere Unterscheidung zwischen Arbeitervororten, bürgerlichen Villenvierteln, kulturellen Zentren und ländlicher Peripherie zum Ausdruck gebracht[496] und, beginnend mit der Frankfurter Zonenbauordnung von 1875, auch rechtlich erfaßt und geordnet.[497] Diese Gegensätze werden stark erlebt. Die politisch einflußreiche „Deutsche Gartenstadtgesellschaft" propagiert die Errichtung von lose bebauten, organisch wachsenden und mittelalterlich-korporativ strukturieren Ansiedlungen an der Peripherie der Großstädte, um die Differenz von Stadt und Umland zu lin-

---

488 *Mayer* 1917, S. 635 ff.; vgl. a. *Bieback* 1976, S. 406.
489 *Hofmann* 1981, S. 72.
490 *Nipperdey* 1998c, S. 154; *Hofmann* 1984, S. 579.
491 Die vermehrten Eingemeindungen seit der Jahrhundertmitte dienten zunächst noch der Konsolidierung der Gemeindeflächen. Nach 1885 und vermehrt mit dem Beginn des 20. Jahrhunderts werden sie aber zu einem Instrument der gezielten Stadtpolitik, *Hofmann* 1984, S. 580 f. Die Eingemeindungen förderten ihrerseits die Inhomogenität der Städte, *Nipperdey* 1998c, S. 145.
492 Insofern ließe sich auch von einer funktionalen Differenzierung sprechen, die einzelne Aufgaben aus der Organisation der im übrigen lokal allzuständigen Gemeinden (segmentäre Differenzierung) herauslöst und auf selbständige Organisationsträger verlagert.
493 *Hofmann* 1981, S. 72, S. 81: Höhepunkt der Eingemeindungen war dann zwischen 1901 und 1910.
494 Die zunehmend wichtige Infrastrukturpolitik setzt leistungsfähige Zentren voraus, die wiederum einer gewissen Gemeindegröße als Basis bedürfen.
495 Gerade sie differenzieren sich in der zweiten Hälfte immer weiter aus (*Nipperdey* 1998a, S. 715 f.) und waren als durch Besitz und Leistung strukturierte Ordnungen an die Stelle der ständischen, durch die Geburt gegebenen Ordnung getreten.
496 *Nipperdey* 1998c, S. 142 f.
497 *Hofmann* 1981, S. 81.

dern.⁴⁹⁸ Der von der britischen Fabian-Society inspirierte „Verein für Sozialpolitik" versucht über eine gezielte Integration der Arbeiter und eine Kommunalisierung lokaler Energiebetriebe eine Art „Municipalsozialismus" zu errichten.⁴⁹⁹ In dieser Art werden eine ganze Reihe kommunalpolitischer Vorschläge von öffentlich engagierten Vereinen gemacht, die den Selbstverwaltungsgedanken gestärkt und zu seinem Ausbau beigetragen haben. Liegt der Ursprung des körperschaftlichen Selbstverwaltungsgedankens in der Preußischen Städteordnung von 1808, so ist doch unverkennbar, daß von der geschilderten Entwicklung entscheidende Impulse zu seiner Fortbildung im Sinne der modernen, im wesentlichen noch heute bestehenden kommunalen Selbstverwaltung ausgingen, so daß sie sich als effektive und innovative Antwort auf die sozialen Herausforderungen darstellte und darstellt.⁵⁰⁰

Erweiterung der bisherigen Leistungen, soziale Notwendigkeiten und politische Forderungen haben zu einem erheblichen Wandel in der Aufgabenstruktur der Gemeinden in der zweiten Jahrhunderthälfte geführt.⁵⁰¹ Zu den klassischen Aufgaben treten nun verstärkte Aktivitäten im Bereich der Armutsbekämpfung bis hin zu ersten lokalen Arbeitslosenversicherungen zu Beginn des 20. Jahrhunderts⁵⁰² sowie vor allem neue Aufgaben im Rahmen der Infrastrukturleistungen: Die Versorgung gerade auch der ärmeren Stadtteile mit Gas (-beleuchteten Straßen), Wasser und Elektrizität und teilweise auch der Wohnungsbau wird als eine Aufgabe angesehen, die allenfalls sekundär mit Gewinnerzielungsabsicht betrieben und daher in gemeindlicher Hoheit wahrgenommen oder – sofern sie bisher privat geleistet wurde – übernommen werden sollte.⁵⁰³ Hinzu kamen Leistungen einer spezifisch bürgerlichen Kultur, wie die Errichtung von Theatern und Opernhäusern, und im Interesse der wirtschaftlichen Entwicklung, wie etwa Betrieb und Ausbau der Häfen.

Die Erfüllung dieser immer komplexeren Aufgaben erforderte die Professionalisierung der Gemeindeverwaltung.⁵⁰⁴ Das betraf einerseits den Ausbau des verbeamteten Personals,⁵⁰⁵ vor allem aber auch der Leitung der Gemeindeverwaltung,

---

498 *Nipperdey* 1998c, S. 153. Sie war aber nicht die einzige Vereinigung, die in der Rückkehr zu genossenschaftlichen Modellen eine Möglichkeit der Überwindung der sich vertiefenden Klassengegensätzen sah, *Hofmann* 1984, S. 585.
499 *Hofmann* 1984, S. 584 f.
500 *Nipperdey* 1998c, S. 161; sehr skeptisch rückblickend zu den Auswirkungen dieser Entwicklungen auf die kommunale Selbstverwaltung: *Forsthoff* 1932, S. 50 f. Wenn *Hofmann* (1984, S. 579) meint, daß sich aufgrund der gewandelten Aufgabenstruktur erst in dieser Zeit die moderne kommunale Selbstverwaltung entwickelt habe, so wird man dem in der politischen Dimension zustimmen können. Bei der sogleich folgenden Analyse der Kommunalverfassung werden allerdings die Kontinuitätslinien zur Steinschen Städteordnung deutlich werden, so daß insofern von einem Ausbau und einer Fortentwicklung der kommunalen Selbstverwaltung zu sprechen ist.
501 Vgl. auch *Wehler* 1995, S. 523 ff.; das führte insbesondere zu einem erheblichen Anwachsen der Aufgaben im Bereich der Leistungsverwaltung, *Nipperdey* 1998c, S. 159 f.; *Hofmann* 1981, S. 79 f.
502 *Hofmann* 1981, S. 81 f.; *Hofmann* 1984, S. 600 f. Daneben muß hier die Schaffung und der Betrieb von Krankenhäusern und Bildungseinrichtungen genannt werden.
503 *Nipperdey* 1998c, S. 160; *Hofmann* 1984, S. 584 ff.; *Hofmann* 1981, S. 81.
504 *Forsthoff* 1973, S. 526 f.; später verstärkte auch die Einführung des Verhältniswahlrechts die Verdrängung der Honoratioren zugunsten der Ausbreitung von Parteien und ihrer Vertreter in den Gemeindevertretungen.
505 Bei einer Vervierfachung der Einwohnerzahl von Mannheim zwischen 1870–1906 stieg die Zahl der Beamten um das Vierzehnfache, *Hofmann* 1981, S. 83. Unter Zurückdrängung des Anteils Ehrenamtlicher an der gemeindlichen Aufgabenerfüllung dominierte die Beamtenschaft die Kommunalverwaltungen bis zum Beginn des 20. Jahrhunderts immer mehr, *Hofmann* 1984, S. 613.

insbesondere der Oberbürgermeister. Zugleich wuchs aber auch die Zahl der mit sozialfürsorglichen Leistungen betrauten ehrenamtlich tätigen Personen. Ingesamt kann ein Anwachsen der Kommunalverwaltungen festgestellt werden.[506] Die Professionalisierungstendenz wird auch durch eine immer stärker büromäßige Erledigung der Aufgaben unterstrichen.

Neben den schon erwähnten Vereinen machte sich in den Gemeinden immer stärker ein nicht nur von den besonderen lokalen Interessen geprägter Parteieneinfluß geltend. Diese waren auch bei der Auswahl der Kandidaten für die kommunalen Ämter an die Stelle der Stadtteilvereine getreten, so daß schließlich 1911 die bei weitem meisten Gemeinderatsmitglieder parteigebunden waren.[507] Der Idee nach hielten aber die Gemeindeordnungen und die Preußische Kreisordnung von 1872 an dem Gedanken des Ehrenamtes fest. Gerade so sollte eine Anbindung der gesellschaftlichen Kräfte an die öffentliche Verwaltung erreicht werden.

Die rechtliche Ausgestaltung kam in der zweiten Hälfte des 19. Jahrhunderts voran: Die in § 184 der Paulskirchenverfassung geforderte kommunale Selbstverwaltung[508] wurde in Preußen in Art. 104 der oktroyierten Verfassung von 1848[509] und Art. 105 der revidierten oktroyierten Verfassung von 1850[510] für die Gemeinden und in beschränkterem Umfang für die Kreise, Bezirke und Provinzen anerkannt. Die Preußische Gemeindeordnung von 1850[511] normierte dann auch, daß Gemeinden Korporationen seien, denen die „Selbstverwaltung ihrer Angelegenheiten" zustehe (§ 6).[512] Getragen vom Gedanken eines einheitlichen Staatsbürgertums in Stadt und Land, sah sie die Einwohnergemeinde, Dreiklassen-Wahlrecht, beschränkte Staatsaufsicht vor und reduzierte die staatlichen Bestätigungsrechte auf den Bürgermeister.[513] Auf dem Land hätte dies, wenn nicht eine Revolution, so doch eine dramatische Einschränkung der traditionalen patrimonialen Befugnisse bedeutet. Erbitterter ostelbischer Widerstand verhinderte zunächst die Einführung in Teilen von Preußen. Und bald wurden im Geiste der Reaktion viele der kommunalrechtlichen Errungenschaften wieder rückgängig gemacht.[514] Mit den neuen Städteordnungen von 1853 kehrte Preußen zum Rechtszustand von 1831 zurück.[515]

---

506 *Hofmann* 1984, S. 616.
507 *Nipperdey* 1998c, S. 157 f.; *Hofmann* 1984, S. 611.
508 Den Gemeinden sollten als „Grundrechte ihrer Verfassung" die Wahl ihrer Vorsteher und Vertreter (Art. XI, § 184, a) und die selbständige Verwaltung ihrer lokalen Angelegenheiten mit Einschluß der Ortspolizei unter der Oberaufsicht des Staates (§ 184, b) garantiert werden. Die Veröffentlichung des Gemeindehaushalts (§ 184, c) und regelmäßig öffentliche Verhandlungen (§ 184, d) waren vorgesehen. Die Nähe zur Regelung über die parlamentarische Verantwortung (Art. XII, § 186) zeigte den Zusammenhang der grundrechtlich gesicherten kommunalen Selbstverwaltung mit der Staatsorganisation als Ausdruck eines materialen Rechtsstaatsprinzips, *Schmidt-Aßmann* 1987, S. 256.
509 GS, S. 375; abgedr. in: *Huber* 1978, S. 163.
510 GS, S. 17, abgedr. in: *Huber* 1978, S. 168.
511 GS, S. 213.
512 „Die Gemeinden sind Korporationen. Jeder Gemeinde steht die Selbstverwaltung ihrer Angelegenheiten zu".
513 *Hofmann* 1981, S. 75.
514 Die Gemeindeordnung von 1850 wurde mitsamt ihrer Grundlage, dem Art. 105 der revidierten Verfassung von 1850, mit mehreren Gesetzen vom 24.05.1853 (GS, S. 228 u. 238) wieder aufgehoben.
515 Zunächst wurde die Städteordnung für die sechs östlichen Provinzen der Preußischen Monarchie (v. 30.05.1853, GS, S. 261), dann eng an sie angelehnt die Städteordnung für die Provinz Westfalen (v. 19.03.1856, GS, S. 237) und schließlich die Städteordnung für die Rheinprovinz vom 15.05.1856 (GS, S. 406) erlassen, die gemeinsam mit den entsprechenden Landgemeindeordnungen die Rechtsgrund-

Die Differenzierung von kommunaler Stadt- und Landgemeindeverfassung wurde wieder hergestellt, wobei aber erst 1891 durch die preußische Landgemeindeordnung für die ländlichen Gebiete eine tragfähige Grundlage geschaffen wurde.[516] Auch die Verfassung des Norddeutschen Bundes von 1867 und die Reichsverfassung 1871 treffen in bezug auf die kommunale Selbstverwaltung insoweit keine Festlegungen. Nach 1873 wurde das Gemeinderecht nicht mehr wesentlich geändert.[517]

Sieht man von der wenig erfolgreichen, weil stark reglementierten, von staatlicher Zuwendungen abhängigen und mit geringen Befugnissen versehenen dörflicher Selbstverwaltung ab,[518] so bestand auf lokaler Ebene die funktionierende gemeindliche Selbstverwaltung. Ihr oblag die grundsätzlich ehrenamtliche Erledigung aller Aufgaben der örtlichen Gemeinschaft sowie weiterer neuer Aufgaben in diesem Wirkungskreis. Angehörige der Korporation waren nun alle Gemeindeeinwohner.[519] Ihr „Wahlrecht" war allerdings eher eine Wahlbefugnis im Interesse des Gemeinwohls als ein subjektives Recht, das dazu noch die Hürde eines Zensus zu überwinden hatte und nach den drei Klassen unterschiedlich gewichtet wurde.[520] Die innere Gemeindeverfassung unterschied sich in Deutschland in signifikanter und noch lange fortdauernder Weise:[521] (1.) Im größten Teil Preußens[522] galt die echte Magistratsverfassung. Danach gab es zwei Hauptorgane der Gemeinde, die Gemeindeverordnetenversammlung und den Magistrat.[523] Der Magistrat war ein Kollegialorgan aus gleichberechtigten, von der Gemeindeverordnetenversammlung gewählten teils ehrenamtlichen, teils hauptberuflichen Mitgliedern, in dem der Bürgermeister (in kreisfreien Städten der Oberbürgermeister) den Vorsitz führte. Er war zuständig für die Aufgaben der laufenden Verwaltung und mußte zu Entscheidungen der Gemeindeverordnetenversammlung seine Zustimmung erteilen, damit sie wirksam wurden. Dieses Zusammenwirken zwischen monokratischem Behördenchef in Zusammenarbeit mit gewählten Laien in einem Kollegium war kennzeichnend für alle Selbstverwaltungsbestrebungen in Preußen in dieser Zeit.[524] In Hessen und den Rheinprovinzen galt (2.) die Bürgermeisterverfassung. Hier wählte die Stadtverordnetenversammlung den Bürgermeister. Ihm waren zur Erfüllung seiner Aufgaben weisungsabhängige Dezernenten zugewiesen.[525] (3.) Die Süddeutsche Ratsverfassung galt in Bayern, der Pfalz und Württemberg. Sie sah keine Trennung von beschließendem und ausführendem Organ vor. Vielmehr war der Stadtrat das zentrale Gemeindeorgan, das aus den von den Gemeindebürgern gewählten Bürgermeister als seinem Vorsitzenden und den Gemeinderatsmitglie-

---

lage des Kommunalrechts bis zum Preußischen Gemeindeverfassungsgesetz von 1934 bildeten, *Kahl* 2000, S. 120 f.).
516 *Hendler* 1984, S. 22 f.; zur Entwicklung vgl. auch *Rüfner* 1984, S. 692 f. u. 700 f.
517 *Bieback* 1976, S. 329.
518 *Nipperdey* 1998c, S. 120 f.
519 *Hendler* 1984, S. 22.
520 Bis zum Ende des 19. Jahrhunderts stieg der Anteil der an den Wahlen beteiligten Bevölkerung nicht über 10 %, *Hofmann* 1981, S. 82; *Hofmann* 1984, S. 607 u. 610; *Nipperdey* 1998c, S. 156.
521 Zu den Entwicklungen in den einzelnen Staaten auch *Hofmann* 1981, S. 77 f.
522 Hier wäre hinsichtlich der jeweiligen Rechtsgrundlagen nach Landesteilen weiter zu differenzieren, *Rüfner* 1984, S. 691 f.
523 Hierzu *von Unruh* 1984, S. 563 f.; *Nipperdey* 1998c, S. 158.
524 *Rüfner* 1984, S. 679.
525 *von Unruh* 1984, S. 564 f.

dern bestand.⁵²⁶ Der Umfang der Aufgaben nahm zwar mit der Reduktion des Polizeibegriffs auf die Erhaltung der öffentlichen Sicherheit und Ordnung ab. Zugleich billigte die Rechtsprechung der Verwaltungsgerichte den Gemeinden den Ausbau der kommunalen Anstalten und der Daseinsvorsorge zu und sicherte insgesamt den Bereich der gemeindlichen Aufgaben.⁵²⁷ Die Finanzierung dieser Aufgaben erfolgte über Erlöse aus dem Gemeindevermögen, Gebühren, Beiträgen, teilweise über Gemeindesteuern und seit der kommunalen Finanzreform von 1893 durch die Verfügung über Realsteuern.⁵²⁸ Nachdem für die preußischen Gemeinden schon früh das Prinzip der gesetzlichen Oberaufsicht eingeführt worden war, wurde 1869 auch in Bayern die alte vormundschaftsähnliche Kuratel zugunsten einer limitierten förmlichen Aufsicht beseitigt.⁵²⁹ Um die zunehmenden Aufgaben im Bereich der Leistungsverwaltung bewältigen zu können, wurden immer häufiger Zweckverbände gegründet, die dann in Preußen mit der Landgemeindeordnung von 1891 und dem Zweckverbandsgesetz eine tragfähige rechtliche Grundlage erhielten.⁵³⁰

Die Kreisebene bekam durch die vom preußischen Innenminister *Friedrich Albrecht Graf zu Eulenburg*⁵³¹ vorangetriebene Kreisordnung von 1872⁵³² neue Impulse. Die bisherige ständische Kreisverwaltung wurde deutlicher in einen staatlichen und einen mitgliedschaftlichen Einflußbereich geschieden, indem die polizeilichen Aufgaben staatlich ernannten Amtsvorstehern und die Ernennung des Landrats aus einer Vorschlagsliste dem Staat übertragen wurde, auf der anderen Seite aber die Einflußmöglichkeiten der Einwohner durch die nach dem Dreiklassen-Wahlrecht erfolgenden Wahlen gestärkt wurden.⁵³³ Die gegen erheblichen konservativen Widerstand⁵³⁴ durchgesetzte Ordnung war von den Ideen *von Gneists* durchdrungen.⁵³⁵ Er erhoffte sich davon, daß durch die Kreise Aufgaben im Bereich der Sozial- und Wirtschaftsverwaltung besser als auf der Ebene der kleineren Gemeinden gelöst werden könnten.⁵³⁶ Zu diesen Aufgaben gehörten zunehmend auch weiträumiger gefaßte Aufgaben wie der Straßenbau, Landwirtschaftsförderung und Sparkassen für den ländlichen Raum.⁵³⁷ Auch hier zeichneten sich deutlich die heutigen Formen der Kreisverwaltung ab. Der Kreis war gekennzeichnet durch das Nebeneinander von Vertretungskörperschaft und Verwaltungsgremium einerseits und die enge Verbindung von kommunaler und staatlicher Organisation in der Person des Landrats andererseits.⁵³⁸ Gerade im Landrat zeigt sich der von *Gneist* erstrebte Aus-

---

526 In Baden und Hamburg kam die Besonderheit der Bürgerausschüsse hinzu, die die Tätigkeit der beschließenden und vollziehenden Kommunalorgane begleitete, *von Unruh* 1984, S. 567.
527 *Bieback* 1976, S. 331.
528 *von Unruh* 1984, S. 561.
529 *von Unruh* 1984, S. 565.
530 *Bieback* 1976, S. 331.
531 Zu seinen Reformen auch auf Provinzialebene, *Kahl* 2000, S. 126; *Heffter* 1969, S. 548 f. u. 641 f.
532 Vom 13.12.1872, GS, S. 661; dazu auch *Heffter* 1969, S. 637 f. auch zum Einfluß von Gneists auf die KreisO.
533 *Hofmann* 1981, S. 78.
534 Das bezog sich vor allem auf die Beseitigung der gutsherrlichen Polizei (§ 46 PrKrO).
535 *Hendler* 1984, S. 73 f.
536 *Nipperdey* 1998c, S. 122.
537 *Hofmann* 1984, S. 626 f.; *Hendler* 1984, S. 75.
538 Der Landrat war „Organ der Staatsregierung" (§ 76 PrKrO) und zugleich Vorsitzender des Repräsentativorgans, dem Kreistag, *Hendler* 1984, S. 74; *Hofmann* 1984, S. 623.

gleich staatlicher und kommunaler Interessen.⁵³⁹ Der Landrat war Vorsitzender des Kreistags, wurde vom Kreistag vorgeschlagen und vom König ernannt.⁵⁴⁰ Organe der Kreise waren der nur zweimal pro Jahr tagende gewählte⁵⁴¹ Kreistag und der durch diesen gewählte kontinuierliche Kreisausschuß als Verwaltungsgremium der ländlichen Honoratioren, der zugleich eine kontrollierende Gerichtsfunktion ausübte.⁵⁴²

Auch auf der Provinzebene fand sich⁵⁴³ eine körperschaftliche Selbstverwaltung mit einem von den Kreisen gewählten Provinzlandtag, einem kontinuierlich tagenden Provinzausschuß, dessen Vorsitzender der staatliche Oberpräsident war.⁵⁴⁴ Sie waren Kommunalverbände aus den in den Provinzen liegenden kreisfreien Städten und Landkreisen als Mitgliedern. Zuständigkeiten besaßen sie etwa im Bereich Straßenbau, Landarmen- und Korrigendenwesen, die ihnen durch Dotationsgesetze auferlegt wurden, und solchen, die sie sich selbst gaben. Der Provinzialverband verfügte nicht über ein eigenes Steuererhebungsrecht, sondern erhielt Reichssteuerüberweisungen und zweckgebundene Dotationen aus Steuermitteln für den Straßenbau, hatte Erträge aus eigenem Kapitalvermögen und über Verwaltungsgebühren und bezog Mittel aus einer – auch dies Anzeichen für seinen Charakter als Verbandskörperschaft – Provinzialumlage.⁵⁴⁵ Schließlich bilden sich ab 1863 kommunale Interessenverbände in Form von Städtetagen und Landkreistagen, die dem Erfahrungsaustausch, aber auch der Vertretung kommunaler Interessen dienten.⁵⁴⁶

b. Die Körperschaften der funktionalen Selbstverwaltung

Während die Entwicklung der Gebietskörperschaften bis zum ersten Weltkrieg eine Weiterentwicklung bzw. Realisierung der mit der Steinschen Städteordnung grundgelegten Prinzipien war, beruhten die jetzt entstehenden Körperschaften der funktionalen Selbstverwaltung auf sehr unterschiedlichen Zielsetzungen der verschiedenen Akteure, den Interessenverbänden und dem Staat. Den einen ging es um eine Rückkehr zu alten korporativen Formen, um den Unwägbarkeiten der gewährten Freiheiten zu begegnen, den anderen darum, die Freiheiten zu nutzen und ihren Einfluß und ihre Wirksamkeit zu stärken, dritten schließlich darum, aufkommende soziale Klassen in den Staat einzubinden. Es ist folglich nicht verwunderlich, daß aus diesen Interessengegensätzen kaum ein einheitliches Modell körperschaftlicher Selbstverwaltung hervorging. Jedenfalls mußten Körperschaften,

---

539 *Rüfner* 1984, S. 680. Dies war der Kern von Gneists Gedanken der politischen Selbstverwaltung. Es ging nicht um gemeindliche Selbständigkeit gegenüber dem Staat, sondern um die Integration beider Sphären durch ehrenamtlich tätige Bürger.
540 Allerdings entstammten die Landräte noch bis 1904 mehrheitlich dem Adel, so daß deren Interessen zwar nicht mehr rechtlich, aber doch politisch gesichert waren, *Hofmann* 1981, S. 78.
541 Nach Verbänden, *Rüfner* 1984, S. 696.
542 *Hofmann* 1981, S. 78; *Rüfner* 1984, S. 679 u. 693 f.
543 Seit der Preußischen Provinzialordnung vom 29. Juni 1975, Preußische Gesetzsammlung, S. 457.
544 *Teppe* 1977, S. 1 f.; *Nipperdey* 1998c, S. 123; *Hofmann* 1984, S. 639; *von Unruh* 1984, S. 572; *Rüfner* 1984, S. 687.
545 *Teppe* 1977, S. 169 f.
546 *Hofmann* 1984, S. 642 f.; 1855 in Berlin und noch bis 1879 durch die Preußische Staatsregierung wurden aber Zusammenschlüsse von Städten in Städtebünden verboten, *Jeserich* 1985, S. 503.

die der Bündelung und Konzentration gesellschaftlicher Interessen dienten, wie die Handelskammern mitgliedschaftliche Partizipation in den Mittelpunkt der Körperschaftsverfassung stellen, während diejenigen Körperschaften, die wie die Sozialversicherungsträger der Einbindung der Arbeiterklasse in den Staat dienten, den staatlichen Einfluß sicherstellen mußten, so daß fraglich sein konnte, ob es sich nicht in Wahrheit um Anstalten handelte.

Die neu geschaffenen Organisationen erfüllten besonders in der Sozialversicherung immer mehr die Kriterien rationaler Organisationen mit zweckgerichteter, arbeitsteiliger, aktenmäßiger und über die Ausbildung mächtiger Dachorganisationen zunehmend zentralisierter Arbeitsweise.

aa. Die Handelskammern

Das Modell der Interessenvertretung wurde am stärksten von den Handelskammern, wenigstens denen, die der preußischen Form folgten, vorbildhaft auch für andere Körperschaften institutionalisiert.[547] Im preußischen Gesetz von 1870[548] stand anders als bei den 1854 in Württemberg, 1861 in Sachsen und 1866 in Hannover nach dem französischen Modell der Chambres de Commerces[549] entwickelten Handelskammern[550] der Selbstverwaltungsgedanke im Mittelpunkt. War in der preußischen Verordnung über die Errichtung von Handelskammern von 1848 noch die Vorstellung der beratenden, nichtrechtsfähigen, der königlichen Genehmigung bedürftigen und so eng an die unmittelbare Staatsverwaltung gebundenen Organisation dominant gewesen,[551] so stellte zweiundzwanzig Jahre später das Handelskammergesetz von 1897 schon in seinem § 1 klar, daß es Aufgabe der Kammer sei, die Interessen ihrer Mitglieder zu vertreten.[552] Ein Schritt nach vorne war es, daß jetzt die preußischen Handelskammern einheitlich als Rechtspersönlichkeiten anerkannt wurden.[553] Handelskammern waren juristische Personen mit Finanzautonomie. Es bestand Zwangsmitgliedschaft. Die von den Gewerbetreibenden gewählten Mitglieder, zu denen ab 1897, als die letzten kaufmännischen Korporationen aufgelöst wurden, auch eingetragene Gesellschaften gehörten,[554] wählten aber ihrerseits die Körperschaftsorgane. Die Handelskammern hatten neben der Interessenvertre-

---

547 *Van Eyll* 1984, S. 73.
548 vom 24. 2. 1870, GS S. 134 ff.
549 Vgl. zu diesen oben, S. 73
550 *Bieback* 1976, S. 223 f.
551 Die manche zuvor eingeräumte Selbstverwaltungsbefugnisse wieder einschränkte, *Brohm* 1969, S. 60; vgl. auch *Hendler* 1984, S. 26 f.
552 „Die Handelskammern haben die Bestimmung, die Gesamtinteressen der Handel- und Gewerbetreibenden ihres Bezirks wahrzunehmen, insbesondere die Behörden in der Förderung des Handels und der Gewerbe durch thatsächliche Mittheilungen, Anträge und Erstellung von Gutachten zu unterstützen". – eine Formulierung, die bereits wesentliche Elemente des § 1 I IHKG enthält. Die Ausbreitung der Industrie- und Handelskammern war zu diesem Zeitpunkt schon sehr weit gediehen: Bis 1848 gab es 24 Handelskammern, bis 1870 kamen 39 dazu, während nach 1871 nur noch 9 gegründet wurden, *Ullmann* 1988, S. 24.
553 Gesetz vom 19.8.1897, GS, S. 343, § 35, *Bieback* 1976, S. 332. Sie wurden zwar nur als „juristische Personen" bezeichnet. In der Sache waren sie damit aber als Körperschaften angesprochen, *Huber* 1953, S. 211; *Brohm* 1983, S. 780.
554 Daß sie zuvor nicht aufgenommen werden konnten, hatte besonders in der Schwerindustrie zur Gründung zahlreicher privatrechtlicher Branchenorganisationen geführt, *Ullmann* 1988, S. 31.

tung noch die Aufgaben der Beratung und der Ausarbeitung von Vorschlägen zur deutschen Einheit auf rechtlichem und wirtschaftlichem Gebiet, insbesondere auch im Bereich des Verkehrswesens eigenverantwortlich wahrzunehmen.[555] Durch die öffentlich-rechtliche Errichtung der Organisation und ihre Ausstattung mit Kompetenzen, regelmäßige Einkünfte und über die Pflichtmitgliedschaft garantiertem ausreichendem Mitgliederbestand waren die Handelskammern privatrechtlichen Konkurrenzorganisationen überlegen und erfolgreicher als sie.[556] Dieser Erfolg weckte den Argwohn des Reichskanzlers: Bismarck bemühte sich um eine engere Einbindung der wirtschaftlichen Interessen in den Staat durch die Errichtung von Volkswirtschaftsräten, bestehend aus ministeriell berufenen und von den Selbstverwaltungskörperschaften gewählten Mitgliedern mit lediglich beratender Funktion.[557] Dieser und andere gleichgerichtete Pläne scheiterten jedoch ebenso wie das ältere Vorhaben der Gewerberäte nach 1849 und wurde bald wieder aufgegeben, so daß die Gewerbe- und Arbeitnehmerkammern nicht zustande kamen.[558] Allerdings gab es bis 1914 in Preußen, Baden und Oldenburg noch Gebiete ohne Handelskammern. In einigen Bundesstaaten fehlten sie ganz.[559] Hinzu kam die Konkurrenz mit privaten Interessenvertretungen des Handels.[560]

bb. Die Landwirtschaftskammern

Nicht weniger mächtig als die ökonomischen Interessenvertretungen, allen voran der seit 1861 bestehende Handelskammertag, waren die landwirtschaftlichen. Besonders der aus den verschiedenen agrarökonomischen Vereinen hervorgegangene landwirtschaftliche Zentralverein verfügte über weitreichenden Einfluß. Unzufriedenheit mit der für eine wirkmächtige Interessenvertretung unzureichenden Finanzierung durch freiwillige Mitgliedsbeiträge, der angesichts der Agrarkrise Anfang der 90er Jahre offenbar gewordene Reformbedarf, die unerfüllten Erwartungen in tatsächliche Reformen und das Bestreben, eine Radikalisierung der Interessen zu vermeiden sowie die Konkurrenz weckten die Forderung nach einer den Handelskammern vergleichbaren öffentlich-rechtlichen Interessenvertretung.[561] Hinzu kam, daß trotz ihrer weiten Verbreitung und ihres Einflusses keineswegs alle Bauern von den landwirtschaftlichen Vereinen erfaßt worden waren.[562] Die Lösung dieser Probleme in Form einer Interessenvertretung und Agrarverwaltung integrierenden Organisation wurde allerdings zunächst eher in einer Verstaatlichung von sehr weit verbreiteten (staatsabhängigen) landwirtschaftlichen und

---

555 van Eyll 1984, S. 75; Ullmann 1988, S. 24.
556 Ullmann 1988, S. 63 – der „Preis" dafür war (und ist) eine geringere Spannbreite von Interessen, die vertreten werden können und die Einschränkung der Mittel zu ihrer Durchsetzung.
557 van Eyll 1984, S. 78 f.; Blaich 1979, S. 12 f.; Huber 1969, S. 1026 ff.; zugleich bewies er durch die Einforderung von durch die Ministerien vorzensierten Jahresberichten und die Drohung (und gegenüber der HK Hildesheim und Görlitz auch durchgesetzten), ihnen sonst ihre Selbstverwaltungsrechte zu entziehen, wie er auch die Kammern an die staatliche Politik binden wollte.
558 Bieback 1976, S. 335.
559 van Eyll 1984, S. 80.
560 Ullmann 1988, S. 25.
561 Pohl 1984, S. 64; Nipperdey 1998c, S. 124; Türk/Lemke/Bruch 2002, S. 179.
562 Nicht einmal die Mehrheit gehörte einem landwirtschaftlichen Verein an, Ullmann 1988, S. 86.

freien Bauernvereinen⁵⁶³ oder in der Errichtung von kollegialen Beratungsstellen bei den Fachministerien⁵⁶⁴ und nicht in Form der Selbstverwaltung gesehen. Landwirtschaftsvereine, die eher konfessionell orientierten Bauernvereine und der als „pressure group" der agrarischen Interessenpolitik 1893 gegründete „Bund der Landwirte" waren aber auch weiterhin von Bedeutung.⁵⁶⁵

Sieht man von einem Vorläufer, der bremischen Landwirtschaftskammer, die aufgrund des Gesetzes von 1849 errichtet wurde, ab,⁵⁶⁶ so machte auch hier Preußen 1894 den Anfang.⁵⁶⁷ Die Wahl der Mitglieder der Land- und Forstwirtschaftskammern erfolgte grundsätzlich durch die Kreistage. Die adlige Dominanz dort sicherte eine konservative politische Ausrichtung der Kammern. Wählbar waren Eigentümer, Nutznießer und Pächter von land- und forstwirtschaftlichen Grundstücken ab einer bestimmten Größe und Bevollmächtigte oder gesetzliche Vertreter von solchen. Bis zu einem Zehntel konnten außerdem Sachverständige hinzugewählt werden. Die Mitglieder wählten dann den aus dem Vorsitzenden, seinem Stellvertreter und zwei weiteren Beisitzern bestehenden Vorstand. Auch die Land- und Forstwirtschaftskammern hatten die typische zweiseitige körperschaftliche Aufgabenstruktur: Einerseits nahmen sie die gemeinsamen Interessen der Land- und Forstwirte wahr und wirkten bei der Preisnotierung an den Produktbörsen mit. Andererseits sollten sie die staatlichen Behörden in vielfältiger Weise unterstützen.⁵⁶⁸ Entsprechend finanzierten sie sich auch über staatliche Zuschüsse sowie über grundstücksgrößenbezogene Beiträge der Mitglieder. Dem preußischen Beispiel folgten zu Beginn des zwanzigsten Jahrhunderts elf weitere Bundesstaaten.

cc. Die Innungen und Handwerksammern

Ganz anders war die organisatorische Lage der Gewerbetreibenden. Der absolutistische Staat hatte die Zünfte nie ganz beseitigen können.⁵⁶⁹ Bestrebungen, sie in neuen Körperschaften zu ordnen, begegneten Vorstellungen unter den Handwerkern, die eher auf eine Wiederbelebung des alten Korporationsgedankens und die Einschränkung der Gewerbefreiheit gerichtet waren.⁵⁷⁰ Die Handwerker hatten

---

563 So in Württemberg, wo 1848 die „Zentralstelle des landwirtschaftlichen Vereins" in eine Behörde, die „Zentralstelle für Landwirtschaft" umgewandelt wurde, *Ullmann* 1988, S. 34; zu weiteren Gründungen *Huber* 1969, S. 1004.
564 In Preußen etwa gab es seit 1842 das Landesökonomiekollegium, *Ullmann* 1988, S. 34.
565 *Ullmann* 1988, S. 89 f. Der „Bund" stellte eine schlagkräftige, straff organisierte mit Publikationsorganen wirkmächtige und über Beziehungen zur Politik einflußreiche Organisation dar. Dominiert wurde der Verband von der mitgliedermäßig kleinen, jedoch mächtigen Gruppe der ostelbischen Großgrundbesitzer (*Blaich* 1979, S. 21). Ihre Politik trug zum Rücktritt des Reichskanzlers *Caprivi* 1894 bei.
566 Hierzu und zum Folgenden *Hendler* 1984, S. 94 ff.; *Ullmann* 1988, S. 86.
567 Gesetz vom 30. Juni 1894 (GS 126), *Huber* 1953, S. 231; *Kluth* 1997, S. 155.
568 *Ullmann* 1988, S. 86. Diese Ambivalenz – mag auch die Interessenvertretung die Beratungsaufgaben überwiegen – hebt sie deutlich von den privaten Vorgängerorganisationen und parallelen Vereinen ab. Zweifelnd insofern *Bieback* 1976, S. 345.
569 Sie lebten auch in der Folgezeit in der alten Form weiter, existierten als freiwillige Zusammenschlüsse mit staatlicher Anerkennung fort oder blieben, ihrer Sonderrechte entkleidet, als privatrechtliche Vereine bestehen, *Ullmann* 1988, S. 41. Zur Entwicklung der Organisationen des Handwerks auch *Huber* 1969, S. 1010 ff.
570 Und – wie die Forderungen des Preußischen Landeshandwerkertages 1860 und 1862 des Deutschen Handwerkertages lauteten – gegen die Gewerbefreiheit, *Ullmann* 1988, S. 48; *Hendler* 1984, S. 99.

lange Zeit die größte Schwierigkeit, gegenüber den fortbestehenden ständischen Organisationen zu dauerhaften privatrechtlichen Vereinen zu gelangen. Der Einfluß der Gewerbevereine blieb auch nach der Reichsgründung gering und führte nie zur Bildung von Großorganisationen, die einen vergleichbaren Einfluß gehabt hätten, wie die von Handel und Landwirtschaft.[571]

1849, 1869, 1881 und 1897 wurden Versuche der Neuordnung des Handwerks unternommen.[572] Dabei wurde zwischen den auf die Vertretung der Interessen spezieller Gewerbe gerichteten und zunächst privatrechtlich organisierten Innungen und den Handwerkskammern zur Vertretung der gemeinsamen Interessen des Handwerks eines Bezirks unterschieden. Die schon 1881 durch eine Novellierung der Gewerbeordnung[573] neu gefaßten Innungen erhielten erst am Ende des Jahrhunderts durch die Gewerbeordnung von 1897 eine öffentlich-rechtliche, genossenschaftliche Struktur.[574] Danach bestand, falls eine Mitgliedermehrheit sich dafür aussprach, Zwangsmitgliedschaft mit Zwangsrechten der Innung gegenüber ihren Mitgliedern.[575] Sie hatten die Aufgaben der Aufrechterhaltung der Standesehre, Durchführung von Ausbildung und die Erstellung von Gutachten. Dabei unterstanden die Innungen der Aufsicht der unteren Verwaltungsbehörde. Bereits 1885 schlossen sich die Innungen zu einem „Zentralausschuß der Vereinigten Innungsverbände Deutschlands" als einem privaten Dachverband zusammen.[576]

Die Mitglieder der Handwerkskammern wurden hingegen von den Innungen und Gewerbevereinen gewählt, wobei ein Fünftel der Mitglieder kooptiert werden konnte (§ 103d GewO v. 1897).[577] Sie wählten ihren Vorstand, der für die Geschäfte der laufenden Verwaltung zuständig war, setzten den Haushalt fest, prüften die Jahresrechnung, erließen Ausbildungs- und Prüfungsvorschriften und wählten den Sekretär der Kammer. Zu diesen Organen trat noch ein Gesellenausschuß (§ 103k GewO), der durch die Gesellenausschüsse der Innungen gewählt wurde. Die Handwerkskammern hatten zu beraten, Gutachten zu erstellen und die Berufsbildung

---

In die gleiche Richtung gingen Forderungen des „Allgemeinen Deutschen Handwerkerbundes", *Blaich* 1979, S. 24 f.; während es unter den Handwerkern, besonders den Kleinhandwerkern durchaus auch solche gab, die der Arbeiterbewegung nahestanden, waren ihre Interessenverbände überwiegend auf Besitzstandswahrung ausgerichtet, *Winkler* 1991, S. 9, 19 u. 23.
571 Das muß auch für den 1873 gegründeten „Verein selbständiger Handwerker und Fabrikanten" oder seinen Nachfolger, den 1883 gegründeten „Allgemeinen Deutschen Handwerkerbund" gelten (*John* 1987, S. 296 f.). Der Zentralausschuß der vereinigten Innungsverbände Deutschlands erlegte sich ohnehin mit Rücksicht auf den öffentlich-rechtlichen Charakter seiner Mitglieder eine größere Zurückhaltung auf, *Winkler* 1991, S. 20.
572 Sie wurden ohne Bedenken auf der Ebene des Norddeutschen Bundes bzw. des Reichs vorgenommen, obwohl es sich bei den Innungen und Handwerkskammern weiterhin um gliedstaatliche Körperschaften handeln sollte, *Forsthoff* 1931, S. 76; vgl. auch *Huber* 1953, S. 224 f.; *Brohm* 1969, S. 61; *John* 1987, S. 277 ff.; ders. 1983, S. 62 ff.
573 Dieses Gesetz (vom 18. Juli 1881, RGBl. S. 233) gab den Innungen auch die öffentliche Rechtsfähigkeit, *Forsthoff* 1931, S. 75; *Huber* 1969, S. 1012 f.; zum Ganzen *John* 1987, S. 290 f.
574 RGBl. S. 663 ff.; *Blaich* 1979, S. 3, 24; *John* 1987, S. 300 ff., obwohl sie seit 1869 gegen ihre „Privatisierung", d. h. gegen die Aufhebung öffentlicher Privilegien protestiert hatten.
575 *Winkler* 1991, S. 18; *Hendler* 1984, S. 101; *Blaich* 1979, S. 26; *Huber* 1953, S. 227. Zuvor hatte es zwar keine Zwangsmitgliedschaft gegeben; jedoch durften in bestimmten Handwerken nur derjenige Lehrlinge ausbilden, der Innungsmitglied war, *Ullmann* 1988, S. 41.
576 *John* 1987, S. 297. Der aber nicht zu einer Effektuierung der Interessen des Handwerks, sondern in Konkurrenz zum Handwerkerbund zu einer Schwächung führte, *Ullmann* 1988, S. 98.
577 *John* 1987, S. 314 ff.

durchzuführen. Dabei unterstanden sie einer recht weitgehenden Aufsicht und der Kontrolle durch einen Kommissar der Aufsichtsbehörde. Die oberste Verwaltungsbehörde erließ auch die Kammersatzung. Die Handwerkskammern wurden über die Gemeinden, die Beiträge für Betriebe festsetzten finanziert. Auch hier kam es zu einer freiwilligen Dachorganisation, dem Deutschen Handwerks- und Gewerbekammertag".[578] Ähnlich wie schon bei den Handelskammern führte die öffentlich-rechtliche Organisation der Mitglieder zu einem Machtzuwachs, so daß die Dachorganisation der Handwerkskammern gegenüber den anderen Organisationen des Handwerks bald an Bedeutung gewann.[579] Reichsunmittelbare Körperschaften des öffentlichen Rechts waren die durch den Bundesrat errichteten, der Aufsicht der Landesbehörden unterstehenden länderübergreifenden Innungsverbände.[580]

dd. Die Kammern der freien Berufe

War bei den bisher erwähnten Körperschaften die Bewältigung der Folgen der neu gewährten Freiheiten der Anlaß für ihre Errichtung, so ging es bei der Gründung der Selbstverwaltung der freien Berufe um die Etablierung einer Organisationsform, die der besonderen Verantwortung der vormals „staatlich gebundenen Berufe"[581] für die Gesellschaft gerecht werden und doch zu einer Ablösung von der Einbindung in die staatliche Verwaltung führen sollte. Die Errichtung der Selbstverwaltungskörperschaft diente also umgekehrt wie bei den gewerblichen und Handelskammern der Verselbständigung von der staatlichen Verwaltung.[582] Auch hier gab es in Form der Hamburger Notarkammer von 1811 einen Vorläufer. Seit 1864 wurden zunächst in Baden und Braunschweig Ärzte- und Apothekerkammern eingerichtet.[583] Mit der Rechtsanwaltsordnung von 1878 folgten dann mitgliedschaftlich verfaßte Rechtsanwaltskammern.[584] Sie waren juristische Personen mit Zwangsmitgliedschaft.[585] Ihre Aufgabe war es, die beruflichen Interessen ihrer Mitglieder wahrzunehmen, Standesrecht auszubilden und auf dessen Einhaltung ggf. unter Anwendung von Disziplinarmaßnahmen durch Berufsaufsicht und Ehrengerichtsbarkeit zu achten. Die Mitglieder waren zur Finanzierung der Körperschaftsaufgaben über Beiträge verpflichtet.

---

578 *John* 1987, S. 336 ff.
579 *Ullmann* 1988, S. 101 f.
580 Zu dieser sehr ungewöhnlichen Konstruktion: *Forsthoff* 1931, S. 77.
581 Der Ausdruck stammt von Triepel („Staatsdienst und staatlich gebundener Beruf", 1911) der damit „Halbbeamte" als „öffentlich angestellte Gewerbetreibende" bezeichnete. Zu den Angehörigen dieser Berufe gehören solche „Personen, die ohne Beamte zu sein und ohne ein Amt zu haben, kraft eines besonderen Rechtsverhältnisses des öffentlichen Rechts dem Staate oder einem Selbstverwaltungskörper für die Ausübung ihres Berufs verantwortlich sind", zit. nach *Gassner* 1999, S. 431 dort auch S. 428 eingehend zur genannten Schrift Triepels; vgl. auch *Brohm* 1969, S. 95.
582 *Bieback* 1976, S. 355; *Brohm* 1983, S. 781.
583 Dabei muß berücksichtigt werden, daß es kein einheitliches Berufbild des Arztes gab. Vielmehr bestanden sehr unterschiedliche Ausbildungsvoraussetzungen. Auch führte erst die Gewerbe- (v. 21.06.1869, BGBl. S. 245) und dann die Reichsgewerbeordnung (v. 10.11.1871, RGBl. S. 392) zur Aufgabe der Vorstellung eines beamtenähnlichen Berufbildes des Arztes, *Brohm* 1969, S. 62 f. Zu den Ärztekammern in Preußen vgl. *Kluth* 1997, S. 82 f.
584 Reichsrechtsanwaltsordnung vom 1. Juli 1878 (RGBl. I, S. 177 f.); *Van Eyll* 1984, S. 83 f.; *Hendler* 1984, S. 104 f.; *Kluth* 1997, S. 92 f.; *Zimmermann* 1993, S. 159 f.
585 Bei den Ärztekammern hielt sich teilweise noch die freiwillige Mitgliedschaft.

Eine starke gesellschaftliche Initiative zur Verkammerung gab es bei den Ärzten. Ärztevereine waren hier zwar schon seit 1808 überall in Deutschland entstanden.[586] In ganz Deutschland waren Ärzte aber, wo nicht ohnehin verbeamtet, so doch einer strengen staatlichen Disziplinarordnung unterworfen, die sie in eine Mittelstellung zwischen Staatsdienern und Gewerbetreibenden brachte.[587] Obwohl bereits 1848 Forderungen nach einer „Ärzteordnung" als Grundlage des Berufsstandes und nach öffentlich anerkannter Selbstverwaltung laut wurden, verwandelte erst die Gewerbeordnung des Norddeutschen Bundes[588] den Arztberuf in eine private Tätigkeit.[589] Gegen diese „Vergewerblichung" des Ärztestandes und den Rückschritt in der Etablierung einheitlicher Berufsstandards („Kurpfuscherei" durch medizinische Laien war damit zugelassen) erhoben sich allerdings immer wieder Proteste – die jedoch erst im Dritten Reich zu einer Reichsärzteordnung als Grundlage von Ausbildung und Prüfung der Ärzte geschaffen wurde.[590] 1872 entstand als privatrechtlicher Verein und unter starker Förderung der an sich Forschungszwecken gewidmeten Gesellschaft Deutscher Naturforscher und Ärzte der Deutsche Ärztevereinsbund als einziger zentraler Ärzteorganisation bis 1936.[591] Die Verkammerung ging auch hier auf starke Forderungen aus der Ärzteschaft zurück, die sich davon größeren Einfluß auf die staatliche Gesundheitspolitik und einen Beitrag zur Wahrung der inneren Ordnung des Berufsstandes versprachen.[592] Diese Forderung vereinte sich mit der weitgehenden Freigabe des Berufs durch die Gewerbeordnung. Erste Ärztekammern waren 1864 in Baden, ein Jahr später in Sachsen und Braunschweig, dann 1871 in Bayern, 1875 in Württemberg und 1877 in Hessen errichtet worden. Preußen folgte erst 1887 mit der Errichtung von Ärztekammern in der Form von Körperschaften des öffentlichen Rechts mit Zwangsmitgliedschaft und neben anderen auch der Aufgabe der Vertretung der Interessen des Berufsstandes für die Provinzen nach.[593]

ee. Realkörperschaften

Die Realkörperschaften entstanden aus dem Gedanken, daß in bestimmten Grundstückslagen die Verwirklichung des Eigentums die Leistungsfähigkeit des Einzelnen überfordert und zugleich nicht sinnvoll durch die zentrale staatliche Verwaltung erbracht werden konnte.[594] Nur dieser letzte Aspekt der Dezentralisierung spielte bei dem preußischen Gesetz über das Deichwesen von 1848[595] eine Rolle. Die

---
586 *Vogt* 1998, S. 47.
587 *Vogt* 1998, S. 47 u. 63 f.: Hier führte Preußen ab 1825 eine einheitliche akademische Ausbildung, Approbation und Berufsstandards ein. Ärzte mußten einen Diensteid ablegen, arbeiteten aber finanziell selbständig auf Honorarbasis in eigenen Praxen und vor allem in Form von Hausbesuchen.
588 § 69 Gewerbeordnung des Norddeutschen Bundes vom 21.6.1969, RGBl. I, S. 245.
589 *Brohm* 1983, S. 781; *Vogt* 1998, S. 65.
590 §§ 2 ff. Reichsärzteordnung v. 13.12.1935, RGBl. I, S. 1433; *Vogt* 1998, S. 66.
591 *Vogt* 1998, S. 48.
592 *Vogt* 1998, S. 49.
593 Königliche Verordnung betreffend die Einrichtung einer ärztlichen Standesvertretung vom 25.5.1887 GS, S. 169.
594 *Bieback* 1976, S. 337.
595 Vom 20. Januar 1848, GS S. 54.

C. Geschichte der Körperschaft des öffentlichen Rechts   133

auf dieser Grundlage entstandenen Zwangsverbände können noch nicht als Selbstverwaltungskörperschaft bezeichnet werden, da sie umfassender, auch fachlicher Staatsaufsicht unterlagen und folglich wenig Eigenverantwortlichkeit besaßen. 1879 wurden dann auch in Preußen nach Vorbildern in Bayern, Hessen und Baden Deichverbände als freie und öffentliche Genossenschaften errichtet, die nur der staatlichen Rechtsaufsicht unterworfen waren (§ 49 DeichGenG).[596]

Wegen des besonderen öffentlichen Interesses an der Wasserwirtschaft besaßen die Bewässerungsgenossenschaften ab 1843 und die Entwässerungsgenossenschaften ab 1853 durch erheblichen staatlichen Einfluß einen stark anstaltlichen Charakter. Dies änderte sich in Preußen erst 1913, als auch für sie die staatliche Einflußnahme auf die Rechtsaufsicht beschränkt wurde.[597] Hier wurden ab 1874 Fischerei- und ab 1875 Waldgenossenschaften gegründet. Daneben blieben lange Zeit noch ältere genossenschaftliche Formen bestehen.

ff. Die Sozialversicherungsträger

Aus überwiegend staatlichen Gründen[598] kam es Anfang der 80er Jahre zur Gründung der verschiedenen Sozialversicherungsträger.[599] Während bei den anderen gerade vorgestellten Formen der funktionalen Selbstverwaltung die Abgrenzung zu privatrechtlichen Verbänden mitunter schwierig war und zumeist der Korporierung private Vereine vorangingen, unterschieden sich die Sozialversicherungsorganisationen von diesen und auch von privaten Solidarvereinen durch diesen staatlichen Einfluß. Der Peitsche des Sozialistengesetzes von 1878 sollte das Zuckerbrot einer öffentlichen Versorgung der besitzlosen und sozial schwachen Klassen entgegengestellt und sie so in den Staat eingebunden werden.[600] Auch hier ging es jedoch um die Disziplinierung und Einbindung der unteren erwerbstätigen Schichten. Durch die Exklusion des nichtbeschäftigten unteren Proletariats und anderer Bevölkerungsschichten konnten die Vorzüge der Inklusion in die gemeinsam mit den Arbeitgebern erbrachten Leistungen im Krankheitsfall deutlich werden. Außerdem wurde über die statistische Erfassung der Krankheitsfälle ein gesundheitlicher „Normalzu-

---

596 *Hendler* 1984, S. 41.
597 *Hendler* 1984, S. 37 f.
598 Zu der ansonsten umstrittenen Motivationslage, *Stolleis* 2001/9, S. 227.
599 Es darf aber nicht übersehen werden, daß Industrieunternehmen damit begonnen hatten durch besondere Sozialangebote nicht nur in Form von Werkswohnungen, sondern auch von Kranken- und Alterskassen die Arbeiter stärker an sich zu binden. Sie fürchteten den so erkauften Einfluß durch die Sozialversicherung wieder zu verlieren und wandten sich deshalb dagegen (*Blaich* 1979, S. 14). Insofern lag die Sozialversicherung durchaus im Interesse der Unabhängigkeit der Arbeiter, denen bei den Verhandlungen im Bereich der Krankenversicherung auch ganz überwiegend der Vorrang gegenüber den Interessen der Arbeitgeberseite eingeräumt wurde.
600 *Hendler* 1984, S. 81 mit anschaulichen Zitaten aus der Gesetzesbegründung und der Kaiserlichen Botschaft vom 17.11.1881 „Der engere Anschluß an die realen Kräfte dieses Volkslebens und das Zusammenfassen der letzteren in Form kooperativer Genossenschaften unter staatlichem Schutz und staatlicher Fürsorge werden, wie wir hoffen, die Lösung auch von Aufgaben möglich machen, denen die Staatsgewalt allein im gleichen Umfang nicht gewachsen sein würde"; *Bieback* 1976, S. 338; zu bedenken ist allerdings, daß sich Bismarck schon bald nach der Revolution von 1848 mit dem Gedanken der Sozialversicherung auseinandersetzte, so daß sie jedenfalls nicht ausschließlich als Reaktion auf die sozialrevolutionäre Bewegung in den 70er Jahren gesehen werden darf, *Huber* 1969, S. 1192 f.; *Muckel* 2001, S. 168; *Frerich/Frey* 1999 § 1, Rn. 4; *Schlenker* 1994, § 1, Rn. 17 u. 44; *Breuer* 1996 § 1, Rn. 43 f.

stand" statuiert, der durch die Arbeitsfähigkeit konkretisiert und als erstrebenswert vorgestellt wurde.[601] Schließlich unterschieden sich diese bereits funktional differenzierten Organisationen von ihren älteren korporativen Vorgängern dadurch, daß sie spezifische Leistungen erbrachten und wie auch die anderen Körperschaften nicht mehr die ganze Person, sondern nur ein spezielles Risiko erfaßten.

Die Organisationen der Sozialversicherungsträger wurden nach dem Einfluß von Staat, Arbeitnehmern und Arbeitgebern sehr unterschiedlich strukturiert. Besonders die Rentenversicherung war durch starke bürokratische Elemente geprägt, die lediglich durch staatlich ernannte Ehrenbeamte ergänzt wurde. Verbunden mit erheblichen staatlichen Zuschüssen, waren die anstaltlichen Elemente hier am ausgeprägtesten, so daß *Rosin* nicht zu Unrecht von „Anstalten mit körperschaftlichen Elementen" sprach. Bei Kranken- und Unfallversicherung bestand hingegen eine stärker dezentrale Organisation. Die berufsgenossenschaftlich organisierte Unfallversicherung, zu der sich die Unternehmer zusammengeschlossen hatten, um Risiken bei Betriebsunfällen zu versichern, war gewissermaßen am reinsten körperschaftlich ausgestaltet. Die von Arbeitnehmern und Arbeitgebern gemeinsam finanziell getragene Krankenversicherung sah paritätische Besetzung der Organe vor und nur bei Stimmgleichheit eine Entscheidung der staatlichen Aufsichtsbehörde.

Die *Rentenversicherung*[602] blieb vom InAVG[603] bis zur RVO von 1911[604] in ihren organisatorischen Grundstrukturen etwa gleich: Der Vorstand der auf Kommunalverband, Bundesstaatsebene für mehrere Bundesstaaten oder Teile von ihnen errichteten Versicherungsanstalten wurde durch die staatliche Verwaltung mit Beamten besetzt.[605] Die Ergänzung durch Mitgliedervertreter (Arbeitnehmer/Arbeitgeber) konnte statutenmäßig vorgesehen werden. Die Geschäftsführung des Vorstands wurde durch einen paritätisch besetzten Ausschuß ausgeübt, dem zugleich die Prüfung der Jahresrechnung und der Beschluß über Statusänderungen oblag. Die Aufsicht des Reiches über die Träger der Alters- und Invalidenversicherung diente der Interessenwahrnehmung des Reiches und anderer Versicherungsträger (§ 63 InAVG) und wurde durch das Reichsversicherungsamt bzw. durch Landesversicherungsämter durchgeführt. Außerdem wurden die Versicherungsanstalten durch Staatskommissare kontrolliert, die beratende Funktion besaßen, aber auch Anträge stellen, Akteneinsicht nehmen und Rechtsbehelfe einlegen konnten. Die RVO von 1911 brachte dann insofern eine Veränderung, als nach § 4 allen Versicherungsträgern Rechtsfähigkeit zuerkannt wurde und die §§ 30 ff. die Aufsicht auf eine Rechtsaufsicht durch Versicherungsämter beschränkten. Als Selbstverwaltungseinrichtung ohne wirklichen körperschaftlichen Charakter kam dann ab 1911 noch die Angestelltenversicherung hinzu.[606] Die Finanzierung ihrer Leistungen

---

601 *Tauchnitz* 1999, S. 133 ff., 136: Die großen sozialen Asymmetrien zwischen Unternehmern und Arbeitern wurde in die kleine Münze eines subjektiv-rechtlichen Versorgungsanspruchs bei krankheitsbedingter Arbeitsunfähigkeit heruntergebrochen und lösbar gemacht.
602 Zum folgenden *Frerich/Frey* 1999 § 1, Rn. 4 ff.; *Pitschas* 1999, § 42 Rn. 19 f.; *Hendler* 1984, S. 85 f.; *Forsthoff* 1931, S.80 f.
603 Vom 22. Juni 1889, RGBl. S. 97.
604 Vom 19. Juli 1911, RGBl. S. 509.
605 *Hendler* 1984, S. 85.
606 *Hendler* 1984, S. 90 f.; *Frerich/Frey* 1999 § 1, Rn. 26 f.

bei Berufsunfähigkeit, Alter und für Hinterbliebene wurde anders als bei Rentenversicherung der Arbeiter nur aus Beiträgen der Versicherten und der Arbeitgeber erbracht (§ 170 AVG). Die Reichsversicherungsanstalt war nach der gesetzlichen Regelung als eine rechtsfähige Behörde ausgestaltet, in deren Organen (Direktorium und Verwaltungsrat)[607] allerdings auch Vertrauensleute von Arbeitnehmern und Arbeitgebern Mitwirkungsbefugnisse besaßen.

Mit dem KVG vom 15. Juli 1883[608] wurde erstmals flächendeckend eine versichertennahe *Krankenversicherung* auf dem Prinzip der Selbstverwaltung als Körperschaften der Länder errichtet. Ermächtigungen an die Gemeinden, per Ortsstatut eine Verpflichtung von Gesellen und Gehilfen und seit 1849 auch Selbständigen vorzusehen, gewerblichen Unterstützungskassen beizutreten, wie sie in Vorläuferregelungen (wie etwa in § 169 PrGewO) vorgesehen waren, wurden kaum umgesetzt. Bestehende Krankenkassen mit Versicherungszwang aufgrund Ortsstatut o. ä. sollten fortbestehen, wurden aber dem Rechtsregime des KVG unterworfen (§ 85 KVG).[609] Materiell gebunden an das KVG, konnten auch die Innungen weiterhin Kassen für Mitglieder nach der GewO errichten.[610] Eine Besonderheit waren dabei die Gemeindekrankenversicherungen als Auffangkassen ohne eigene Rechtspersönlichkeit.[611] Die Binnenorganisation zeigte von Anfang an echte körperschaftliche Züge:[612] Zentralorgan war die Generalversammlung, die entweder aus allen Versicherten oder aus deren Vertretern sowie einer Arbeitgebergruppe bestand.[613] Die Stimmverteilung bemaß sich nach dem tatsächlichen Anteil der Gruppen am Gesamtbetrag der Beiträge, so daß die freiwillig Versicherten, die ihre Beiträge voll selbst aufzubringen hatten, zu einem Übergewicht der Stimmen der Versicherten führen konnten.[614] Mit der RVO verschoben sich die Gewichte der Gruppen zugunsten von 2/3 Arbeitnehmervertretern sowohl im Vorstand als auch im zentralen Beschlußorgan, dem Ausschuß.[615] Die Generalversammlung kontrollierte den von Versicherten und Arbeitgebern getrennt gewählten Vorstand. Diesem oblagen die Geschäfte der laufenden Verwaltung. Die Aufsicht beschränkte sich schon nach § 45 KVG auf die Rechtmäßigkeit des Körperschaftshandelns. Die Änderung des KVG vom 10. April 1892[616] brachte eine Beschränkung der freien Arztwahl der Versicherten auf Vertragsärzte des Krankenversicherungsträgers.[617] Außerdem enthielt sie eine Ausdehnung der Versicherungspflicht und konsolidierte die Zahl der Versicherungsträger von 23.000 auf 8.500.[618] Erst jetzt wurde das Berufs- durch das Lokalitätsprinzip abgelöst und so die Grundlagen für AOKs geschaffen.[619]

---

607 Dazu kam der Rentenausschuß, der über die Leistungsfeststellung zu entscheiden hatte.
608 RGBl. S. 73; *Huber* 1969, S. 1199. f
609 *Schlenker* 1994, § 1, Rn. 41.
610 *Schlenker* 1994, § 1, Rn. 42.
611 *Schlenker* 1994, § 1, Rn. 39.
612 *Schlenker* 1994, § 1, Rn. 44.
613 *Hendler* 1984, S. 82
614 *Schlenker* 1994, § 1, Rn. 46.
615 Für die Krankenversicherung trat sie am 1.1.1914 in Kraft, *Leopold* 1996, S. 86; *Hendler* 1984, S. 88.
616 RGBl. I, S. 397.
617 *Schlenker* 1994, § 1, Rn. 31.
618 *Schlenker* 1994, § 1, Rn. 51.
619 Ebd.

Die dritte Säule der Sozialversicherung schließlich, die *Unfallversicherung* war notwendig geworden,[620] weil ähnlich wie schon die Gewerbeordnung des Norddeutschen Bundes von 1869[621] das Reichshaftpflichtgesetz von 1871 zu restriktive Regelungen sowohl für den geschützten Personenkreis als auch den Beweis des Vorliegens eines Versicherungsfalls enthielt.[622] Die Absicherung dieses Risikos durch private Haftpflichtversicherung erschien als unzureichend.[623] Nachdem in den Verhandlungen zunächst die Idee einer Reichsanstalt erwogen worden war,[624] favorisierte Bismarck später die vom Bundesrat (§ 15 UVG) zu errichtenden Berufgenossenschaften als Träger der Unfallversicherung, die zu berufsständischen Vertretungen ausgebaut werden sollten.[625] Die neue Regelung[626] sah eine starke Stellung des Vorstands vor, der zuständig war, soweit nicht qua Gesetz oder Statut die Generalversammlung zu handeln befugt war. Unternehmer waren zur Mitgliedschaft verpflichtet. Neben den Leistungen bei Betriebsunfällen hatte die Unfallversicherung die Aufgabe, Unfallverhütungsvorschriften aufzustellen, zu überwachen und ggf. einen Verstoß mit Sanktionen zu belegen. Für die entsprechenden Entscheidungen hatten auch Arbeitnehmervertreter ein Stimmrecht. Die Aufsicht führte das Reichsversicherungsamt als Rechtsaufsicht (§§ 20 u. 87 UVG) durch.

Daß Deutschland so früh zu einer selbstverwalteten und öffentlichen Sozialversicherung kam, lag nicht einfach an der Originalität Bismarcks. Vielmehr konnte er an die lebendige Tradition einer nie ganz manchester-liberalen Wirtschaftstheorie anknüpfen, die vielmehr in verschiedenen Abstufungen immer den Staat als sittlichen und damit letztverantwortlichen für das wirtschaftliche Geschehen ansah.[627] Er konnte ferner an die Tradition staatlicher Intervention gerade auch durch Zwangszusammenschlüsse, die die Kontinuität der Aufgabenerfüllung eher zu gewährleisten schienen als freiwillige anschließen.[628] Ihm stand weiter eine Bürokratie zu Gebote, die sich seit den friderizianischen Reformen in der Pflicht auch für gesellschaftliche Reformen sah.[629] Endlich konnte er ein sich ausbildende Tradition der Selbstverwaltung aufgreifen, die er allerdings sehr frei adaptierte.

---

620 Zu früheren Regelungen *Breuer* 1996 § 1, Rn. 18 f.; *Huber* 1969, S. 1201 f.
621 Darin wurden die Unternehmer verpflichtet, „alle diejenigen Einrichtungen herzustellen und zu unterhalten, welche mit Rücksicht auf die besondere Beschaffenheit des Gewerbebetriebes und der Betriebsstätte zu tunlichster Sicherheit gegen Gefahren für Leben und Gesundheit erforderlich sind.", zit. nach *Breuer* 1996, § 1 Rn. 27.
622 *Breuer* 1996, § 1 Rn. 31; *Blaich* 1979, S. 16: Der Arbeitnehmer mußte ein Verschulden des Arbeitgebers beweisen. Etwa 80% der Verunglückten enthielten keine Leistungen.
623 Die Zahlungen verzögerten sich, weil die Versicherungsgesellschaften rechtskräftige Urteile abwarteten. Diese belastete wiederum das Verhältnis zwischen Arbeitnehmern und den Unternehmern. Massenunfälle konnten trotz der Versicherung zum wirtschaftlichen Ruin des Unternehmens führen, *Breuer* 1995, § 1 Rn. 39 u. 59: Gerade auch Bismarck war daher dagegen, dieses Risiko zum Gegenstand erwerbswirtschaftlicher Spekulationen zu machen.
624 *Breuer* 1996, § 1 Rn.59 u. 62, bis zum 2. Entwurf, der dann die Idee der Zwangsgenossenschaften der Unternehmer enthält.
625 *Blaich* 1979, S. 17; *Stolleis* 2001/9, S. 243 f.
626 Unfallversicherungsgesetz vom 6. Juli 1884, RGBl. S. 65, *Breuer* 1996 § 1, Rn. 63 f.
627 *Stolleis* 2001/9, S. 238.
628 Und die auch zu anstaltlichen Zwangsinstrumenten wie dem Anschluß- und Benutzungszwang im Rahmen der Daseinsvorsorge führte, *Stolleis* 2001/9, S. 241; das zeigt gerade auch die kaiserliche Botschaft vom 17.11.1881 (s. o. Fußn. 599).
629 *Stolleis* 2001/9, S. 245 f.

Der deutsche „Nachtwächterstaat" der zweiten Hälfte des 19. Jahrhunderts,[630] sorgte also auch nicht unbedingt für das umfassende Wohlergehen seiner Bürger; aber er achtete doch darauf, daß die „nächtliche Ruhe und Ordnung" nicht durch Bürger, die auf der Straße schlafen mußten, gestört würde. Ob diesen Bestrebungen Erfolg beschieden war, ist allerdings eher skeptisch zu beurteilen. Die Unfallversicherung sah die Selbstverwaltung nur durch die Arbeitgeber vor, bewirkte also keine prozedurale, sondern allenfalls eine paternalistische Integration der Arbeiter. Von der in der Krankenversicherung gewährten Möglichkeit machten die Versicherten nur sehr zögerlich Gebrauch. In der Rentenversicherung dominierten ohnehin die anstaltlichen Elemente. „In der anbrechenden Massengesellschaft war Selbstverwaltung durch einen mechanischen gesetzgeberischen Akt offenbar nicht mehr herstellbar".[631]

5. Zusammenfassung

Das Ende des Kaiserreichs zeigt eine in sich vertiefenden Interessengegensätzen zerklüftete Gesellschaft, in der Interessenverbände machtvoll und vielfältig Einfluß auf die staatliche Politik zu gewinnen versuchen. Mag auch die Entwicklung insbesondere der Handwerkskammern den Forderungen der handwerklichen Interessenverbände selbst entsprochen haben, bedeutete doch die Bildung neuer Körperschaften des öffentlichen Rechts in dieser Zeit den Versuch, diese Interessen enger an den Staat zu binden, ihnen hoheitliche Befugnisse zu übertragen, sie zugleich damit aber auch einer stärkeren staatlichen Aufsicht auszusetzen. Da diese Selbstverwaltung in körperschaftlicher Form, insbesondere durch parlamentsähnlich gebildete Entscheidungsgremien geschah, konnte die Hoffnung auf eine Vermittlung der Interessen bestehen. Die zunehmende Einbindung der öffentlich-rechtlichen Körperschaften in privatrechtlich organisierte Dach- und Spitzenorganisationen, in denen zugleich nicht-öffentlich vermittelte Interessen prägend waren, führte allerdings zu einer negativen Rückwirkung auf die Körperschaften selbst. Die Zwangsmitgliedschaft in diesen diente den Spitzenorganisationen dann häufig vor allem dazu, eine ausreichende Mitgliederbasis zu besitzen. So konnte sich die Verselbständigung gegen die öffentliche Verwaltung selbst richten, indem die Interessengegensätze in sie hineingetragen wurden.

Von einer „Refeudalisierung" des Staates durch die Hoheitsbefugnisse der Selbstverwaltungskörperschaften zu sprechen, geht an der Sache vorbei.[632] Gerade die Sozialversicherung zeigt, daß die Errichtung der Körperschaften die Ausbildung einer selbständigen Staatsmacht voraussetzte. Die gesellschaftlichen Selbstorgani-

---

630 Lassalles Ausdruck bezieht sich freilich auf den Staat der ersten Hälfte des 19. Jahrhunderts.
631 *Stolleis* 2001/9, S. 249.
632 So aber *Winkler* 1991, S. 34 (m. w. N.): „Die staatlich verfügte Einrichtung und Privilegierung von Innungen und Handwerkskammern steht in einem historischen Zusammenhang, der mit einem gewissen Recht als ‚Refeudalisierung' bezeichnet werden kann. Die Übertragung öffentlicher Kompetenzen auf – ihrer Interessenstruktur nach – private Körperschaften bedeutete tendenziell eine Rückwendung zu den Herrschaftsständen der Feudalzeit und insoweit eine Durchbrechung des Dualismus von Staat und Gesellschaft, der sich mit der Emanzipation des absoluten Staates aus der ständisch verfaßten Gesellschaft herausgebildet hatte. Die Mobilisierung der Hoheitsgewalt beim Staat als einer der ‚societas civilis' gegenüber eigenständigen Organisationsform (O. Brunner) wurde durch den interventionistischen Klassenstaat des ausgehenden 19. Jahrhunderts partiell rückgängig gemacht".

sationskräfte wurden genutzt und mit Hoheitsbefugnissen versehen. Stärker als bei den zu Beginn des Jahrhunderts gebildeten Körperschaften sollten diese neuen Verwaltungseinheiten jedoch durch gesellschaftliche Kräfte an den Staat gebunden und dem Antagonismus mit anderen gesellschaftlichen Kräften durch die Zuweisung eines Bereichs eigenverantwortlicher Aufgabenwahrnehmung im Allgemeininteresse entgegengewirkt werden.[633] Gerade den in der zweiten Hälfte des 19. Jahrhunderts entstandenen Körperschaften wurden also nicht alte Privilegien zurückgegeben, sondern Kompetenzen im Interesse des Ganzen verliehen. Daß dabei eine Annäherung von Staat und Gesellschaft stattfand, war aber in der Tat beabsichtigt.

VI. Die Festigung und Formalisierung der Körperschaften des öffentlichen Rechts in der Weimarer Republik

1. Organisation und Organisationstheorie in der Weimarer Republik

Die allgemeine Organisationsentwicklung der Weimarer Republik ist durch Rationalisierung der Organisationen in der Gesellschaft gekennzeichnet. Rationalisierung[634] meinte dabei zunehmende arbeitsteilige Spezialisierung der Tätigkeitsbereiche innerhalb der Organisationen. Einhergehend damit fand eine Formalisierung der Arbeitsprozesse und ihre Standardisierung statt, um ihre Koordinierung zu verbessern.[635] Insbesondere die Theorie des scientific management von *Frederick W. Taylor* versuchte über eine Standardisierung und Systematisierung der Arbeit zu einer größeren Effizienz der wirtschaftlichen Produktion zu gelangen. Hierarchie, Kontrolle, Koordination durch die auch zeitliche Quantifizierung von Arbeit im Dienste des Produktionsprozesses,[636] die Differenzierung von Stab und Linie,[637] Trennung von Hand- und Kopfarbeit, von Angestellten und Arbeitern waren einige der Prinzipien für eine rationale Organisation, die bald von Industriellen wie *Henry Ford* oder *Henri Fayol* aufgegriffen und weiterentwickelt wurden. Hierher gehört auch die Rationalisierung der Rekrutierung der Organisationsmitglieder,[638] die allgemeiner gefaßt eine Verwissenschaftlichung von Inklusion und Exklusion in die Organisation bedeutete. Die Entdeckung und Anwendung dieser und ähnlicher Prinzipien führte einerseits zu einer Entpersönlichung und Funktionalisierung der Arbeit, die nicht mehr vom Individuum, sondern von der Organisation her beurteilt

---

633 *Stolleis* (2001/10, S. 259) sieht deshalb zu Recht die Selbstverwaltungsidee als Gegentendenz zur Etatisierung in der zweiten Hälfte des 19. Jahrhunderts.
634 Geradezu ein „Erlösungswort" in dieser Zeit und eine Projektionsfläche für die verschiedensten Vorstellungen der Verbesserung von Organisationen, die zunehmend als omnipräsent erfahren wurden.
635 *Kieser* 2001, S. 69.
636 Über Taylor auch *Rainey* 2003, S. 23 f.; *Harmon/Mayer* 1986, S. 83 ff.; zu den dadurch aufgeworfenen Problemen der Zeitgerechtigkeit vgl. auch *Kirste* 2002b, S. 33 f.; zur Anwendung quantifizierender Zeitvorstellungen auf die Verwaltungsorganisation auch *Becker* 1989, S. 583 f.
637 Alle Tätigkeiten, die unmittelbar der Erfüllung von Organisationszielen dienen, gehören danach zur Linie-Funktion, während die Stabsfunktion darin besteht, Anweisungen oder Ratschläge zu erteilen, vgl. *Scott* 1986, S. 102.
638 Sehr anschaulich dargestellt bei *Perrow* 1986, S. 1 f.; vgl. auch *Kieser* 2001, S. 81.

wurde; andererseits aber auch zu einer Verwissenschaftlichung von Organisation überhaupt.[639] Insofern wiesen sie über den Bereich wirtschaftlicher Organisation hinaus und leisteten bei aller Kritikwürdigkeit[640] und Zeitbedingtheit[641] ihrer Annahmen Pionierarbeit auf dem Gebiet der Organisationstheorie[642] und weckte das Vertrauen in die Steuerbarkeit von Organisationen. Aus seinen Arbeiten im Bereich der Betriebsorganisation, die neben den Konzeptionen *Max Webers* zu den klassischen Organisationstheorien gerechnet werden, ergaben sich auch wichtige Anregungen für die Theorien der Verwaltungsorganisation, wie etwa die Arbeiten von *Gulick* und *Urwick*[643] und in Deutschland *Kosiol*.[644] Bernd Becker schreibt aber zu Recht über die beschränkte Reichweite einer auf Taylor fußenden Theorie der Verwaltungsorganisation: „in der öffentlichen Verwaltung sind taylorisierte (programmierte) Handlungsprozesse nur dort nützlich, wo das innerbetriebliche (innerbehördliche) Wirtschaftlichkeitsziel alle anderen Zwecke und Ziele verdrängen darf".[645] Obwohl diese Voraussetzungen schon kaum je vorliegen dürften, ist daran zu erinnern, daß insbesondere institutionalistische Organisationstheorien deutlich gemacht haben, daß Organisationen und ihre Strukturen schon im Bereich der wirtschaftlichen Produktion zu komplex sind, um in einem derart mechanistischen Modell adäquat erfaßt werden zu können. Das muß wegen der komplexen Zielstruktur erst recht für die Theorie der öffentlichen Verwaltung gelten (vgl. dazu unten D).

Die Ausbreitung des Organisationsgedankens bedeutete nun immer mehr auch Zentralisation, Entstehung und Vergrößerung von immer weiteren Kartellen,[646] die immer weitere Lebensbereiche erfaßten, und von Monopolen, der Diversifizierung von Konzernen, die für die Materialien ihrer Produkte weniger auf Fremdhersteller zurückgriffen, sondern dies selbst durchführten.[647]

Waren die Organisationstheorien dieser Zeit zumeist eher Spezialtheorien, die vom Arbeitsprozeß ausgehend, zu wenig allgemeinen Aussagen kamen, hat *Max Weber* diese Organisationsentwicklungen in eine allgemeine Theorie bürokratischer Herrschaft eingeordnet.[648] Insbesondere vermeidet er auch jede Engführung auf wirtschaftliche Produktionsprozesse.[649] Sein Rationalitätskonzept beruht im

---

639 Daß dabei durchaus naiv naturwissenschaftliche Annahmen auf die Sozialwissenschaften übertragen wurden, hebt unter anderen *Denhardt* 2000, S. 52 f. hervor.
640 *Scott* 1986, S. 103; *Kieser* 2001, S. 90 f.
641 Taylors Prinzipien waren auf einen Massenmarkt mit langfristig gleichbleibenden Produkten ausgelegt, *Luhmann* 2000, S. 14 f.
642 *Scott* 1986, S. 104.
643 *Rainey* 2003, S. 28; *Denhardt* 2000, S. 58 f.; *Harmon/Mayer* 1986, S. 126 f.; bei ihm standen Funktionsweisen der Arbeitsteilung, der Kompetenzen und der Hierarchie im Vordergrund des Interesses, s. u
644 *Becker* 1989, S. 548 f.
645 *Becker* 1989, S. 550.
646 Ein Trend, der allerdings schon seit den 1890er Jahren festzustellen ist (*Petzina* 1985, S. 51) und für den hochentwickelten Industrie-Kapitalismus dieser Zeit typisch ist, *Brohm* 1969, S. 65; vgl. hierzu auch die Auseinandersetzung um die Kartellgesetzgebung in den 20er Jahren, *Blaich* 1979, S. 69 f.
647 *Türk/Lemke/Bruch* 2002, S. 194 ff.; *Ullmann* 1988, S. 80 f.
648 Während die Organisationssoziologie häufig einzelne Organisationen analysiert, richtet sich Max Weber auf den Herrschaftsverband im Rahmen der politisch-sozialen Ordnung der Gesellschaft (*Mayntz* 1968, S. 33), so daß sich schon daraus die Notwendigkeit einer breiteren Theorie ergibt.
649 Deren Organisationsentwicklung hin zu immer weiterer Konzentration er vielmehr mit der Entwicklung bürokratischer Staaten parallelisiert, *Kieser* 2001, S. 49.

Bereich der Institutionen auf der Berechenbarkeit und Zweckrationalität und der darauf gegründeten Beherrschbarkeit von Organisationen.[650] – Wobei als Zweck nicht die der Mitglieder einer Organisation, sondern in einer eher anstaltlichen Perspektive der der Unternehmer oder des Herrschers angesehen wird.[651] Auf der Prozeßebene geht es um die Zurückdrängung nicht-rationaler Wertmuster und auf der Ebene der praktischen Lebensführung um methodisch geleitetes, konsistentes Verhalten. Die auf dieser Grundlage errichtete, nicht mehr charismatische, traditionale, sondern legale Herrschaft zeichnet sich durch Unpersönlichkeit, Sachlichkeit, Kontinuität und Berechenbarkeit aus. In ihrer reinsten – idealtypisch gedachten – Form ist sie Bürokratie.[652] Diese bürokratische Herrschaft ist gekennzeichnet durch (1.) einen Verwaltungsstab aus hauptberuflichen Fachbeamten ohne Spezialinteressen, mit festem Gehalt und langfristigen Zukunftsperspektiven. Die Beamten werden aufgrund ihrer technischen Qualifikation rekrutiert und steigen in vorgefügten Laufbahnen nach Beurteilungen durch Vorgesetzte auf. Ihre Arbeitsmittel und Positionen stehen nicht in ihrem Eigentum. Wie bei Taylor führt die Trennung von persönlicher Sphäre einerseits und Besitz und Amt andererseits zu einer „entmenschlichten", „maschinenhaften" Erledigung der Amtsgeschäfte.[653] Die Organisation besteht auch bei Weber nicht aus den natürlichen Einzelnen, sondern aus Personen, deren Status sich aus dem Handlungssystem ergibt, in das sie kontraktuell eingebunden sind.[654] Anders als Taylor und auch anders als handlungstheoretische Ansätze in der Systemtheorie vertraut Weber aber auf die unter diesen Bedingungen rational handelnden Personen als Beamte, nicht auf die Rationalität des Systems selbst. (2.) beruht die bürokratische Organisation auf klaren und schriftlich fixierten Kompetenzabgrenzungen.[655] Ferner sind (3.) Bürokratien durch Amtshierarchien strukturiert,[656] die nicht auf die Rationalität der Mitglieder oder gar aller Mitglieder, sondern der Spitze setzt.[657] (4.) sind die Handlungen der Beamten (auch der „Vorgesetzten" bis zum Herrscher) rational, weil sie von allgemeinen, stabilen und umfassenden technischen oder Rechtsregeln angeleitet werden und (5.) alle Vorgänge aktenförmig behandeln. Es kann hier nicht auf die vielfältige Kritik an diesem Modell eingegangen werden.[658] Deutlich dürfte aber sein, daß in dieser Theorie – auch wenn sie idealtypisch konzipiert ist und nicht alle Momente auf jede Organisation passen müssen – kein Platz für die auf der mitgliedschaftlichen Rationalität beruhende Selbstverwaltung öffentlich anerkannter Interessen in Körperschaften besteht. Selbstverwaltung begreift Weber in dem überkommenen Sinn von

---

650 Zum Rationalitätskonzept Webers eingehend auch *Brugger* 1980, S. 144 ff.
651 *Luhmann* 1964, S. 134.
652 *Weber* 1980, S. 126, 551 ff.; hierzu und zum folgenden auch *Etzioni* 1971, S. 87 f.; *Denhardt* 2000, S. 29 f.
653 Unter Ausschaltung alles Persönlich-Subjektiven, *Weber* 1980, S. 563 u. 835.
654 *Brugger* 1980, S. 150 f.
655 Das heißt: Sachlich abgegrenzter Bereich von Leistungspflichten, Zuordnung der notwendigen Befehlsgewalt, Abgrenzung von Zwangsmitteln und Voraussetzungen ihrer Anwendung, *Weber* 1980, S. 125.
656 „d. h. die Ordnung fester Kontroll- und Aufsichtsbehörden für jede Behörde mit dem Recht der Berufung oder Beschwerde von den nachgeordneten an die vorgesetzen". *Weber* 1980, S. 125.
657 *Luhmann* 1964, S. 141.
658 Dazu etwa *Mayntz* 1968, S. 27 ff.; *Luhmann* 1964, S. 134 f.; *Kieser* 2001, S. 58 f.; *Scott* 1986, S. 108 f.

Honoratiorenverwaltung,⁶⁵⁹ die nur als beratende funktional ist, darin aber eine „bedeutende Zukunft" hat.⁶⁶⁰ Hier bedeutet Verwaltung nicht die Alltäglichkeit der Herrschaft, sondern Selbstbestimmung.⁶⁶¹ Insgesamt beschreibt Weber die ausdifferenzierte, technisch überlegene bürokratische Verwaltung, die über die strikte Bindung an Konditionalprogramme besonders geeignet ist zweckrational zu handeln. In Aufgabenbereichen, die sich einer derartigen Programmierung entziehen – und diese weiten sich im Sozial- und Umweltstaat aus – kann Webers Organisationstheorie nicht mehr die alleinige Grundlage für die Rationalität der Organisation abgeben.⁶⁶² Abgesehen davon hat seine Theorie aber nicht nur fortdauernden Einfluß auf die Organisationstheorie der Gegenwart, sondern auch unmittelbaren Einfluß auf die Vorberatungen zur Weimarer Reichsverfassung, insbesondere in bezug auf die starke Reichsspitze, den Reichspräsidenten.⁶⁶³

2. Zur Entwicklung gesellschaftlicher Organisationen in der Weimarer Republik

Krisenzeiten sind günstig für die Ausbildung korporatistischer Organisationen.⁶⁶⁴ So verwundert es nicht, daß derartige Arrangements in der Weimarer Republik Konjunktur hatten. Betrachtet man die Entwicklung gesellschaftlicher Organisationen in der Zeit des Ersten Weltkriegs und der Weimarer Republik, so lassen sich bei den Interessenverbänden exemplarisch vier Tendenzen ausmachen:⁶⁶⁵ Eine gesteigerte Konzentrationsbewegung während des Krieges,⁶⁶⁶ ein Macht- und Funktionszuwachs, eine damit korrespondierende Expansion der Verbände und schließlich ihre Ideologisierung. Die Konzentrationstendenz ist auf die „Verreichlichung" zahlreicher Aufgaben und die Einbindung der Interessenorganisationen in die Kriegswirtschaft zurückzuführen.⁶⁶⁷ Manchen Organisationen, die zuvor zerstritten waren, gelang die Bildung von mehr oder weniger mächtigen Dachorganisationen oder Spitzenverbänden, bis hin zum Zentralausschuß der Unternehmerverbände, der 14 Spitzenorganisationen zusammenfaßte.⁶⁶⁸ Die Machtsteigerung äußerte sich in einem gewandelten, besonders aber von der Industrie auf vielen po-

---

659 „Innerhalb lokal geschlossener, namentlich städtischer Einheiten ist ... kollegiale Verwaltung urwüchsig als Form der Honoratiorenherrschaft ... zu Hause. Sie sind daher normaler Bestandteil der Organisation der ‚Selbstverwaltung', d. h. der Erledigung von Verwaltungsaufgaben durch lokale Interessen unter Kontrolle bürokratischer staatlicher Instanzen", *Weber* 1980, S. 575.
660 „Diese ... Entwicklung ..., welche die konkrete Sachkenntnis der Interessenten in den Dienst der rationalen Verwaltung fachgebildeter Beamter zu stellen sucht, hat sicherlich eine bedeutende Zukunft und steigert die Macht der Bürokratie noch weiter", *Weber* 1980, S. 576.
661 „... Herrschaft ist im Alltag primär: Verwaltung", *Weber* 1980, S. 126.
662 Vgl. zu dieser Einschätzung auch *Hill* 1997, S. 66; *Becker* 1989, S. 556 f.
663 *Wengst* 1988, S. 64. Zur Stellung des Reichspräsidenten: *Huber* 1981, S. 316 ff.
664 *Nocken* 1981, S. 30 f.; *Mayer-Tasch* 1971, S. 26.
665 Vgl. *Ullmann* 1988, S. 173 f.
666 *Türk/Lemke/Bruch* 2002, S. 200 f.; *Ullmann* 1988, S. 176 ff.; *Forsthoff* 1931, S. 82 f.
667 *Ullmann* 1988, S.173, 176. Sie war im übrigen nicht auf die Interessenverbände beschränkt, sondern betraf in erheblichem Umfang auch die Wirtschaftsunternehmen selbst. Über Konzernbildung (wie etwa die IG-Farbenindustrie oder 1926 die „Vereinigten Stahlwerke") über Kartelle (1925 gab es etwa 3050) in immer mehr Bereichen sollte eine rationalisierte und effektive Produktion und Vertrieb garantiert werden, *Ullmann* 1988, S. 130 f.; *Türk/Lemke/Bruch* 2002, S. 206 f.
668 *Ullmann* 1988, S. 147.

litischen Ebenen vorgetragenen gesteigerten Einfluß und einen Funktionszuwachs zurückzuführen, der sich auch in steigenden Mitgliederzahlen ausdrückte. Der Interventionsstaat versuchte sich umgekehrt der Verbände für seine Wirtschaftspolitik zu bedienen und förderte die Entstehung neuer Interessenverbände.[669] Eben dadurch wurde das Ganze des Staates abhängig von diesen Verbänden.[670] Während des Krieges inkorporierte er sie in seine Politik.[671] Später gewährte er ihnen über formalisierte Anhörungsrechte und informale Zusammenarbeit erhebliche Einwirkungsmöglichkeiten. Insgesamt läßt sich also von einer kriegswirtschaftsbedingten „wachsenden Osmose von Staat und Gesellschaft" sprechen.[672]

Die Kriegswirtschaft hatte eine enge Zusammenarbeit zwischen dem Staat und insbesondere der Industrie notwendig gemacht.[673] Hier bildete sich 1914 der Kriegsausschuß der deutschen Industrie, der nicht nur die Interessenvertretung gegenüber der Politik betrieb, sondern auch die Kriegsverwaltungswirtschaft organisierte, indem er die Erfüllung der Kriegsverpflichtungen koordinierte.[674] Um dies effektiv durchführen zu können, förderte er die Gründung neuer Fachverbände in Bereichen, die bisher nicht organisiert waren. Erstmals gelang es der Industrie dann 1919, einen einheitlichen Spitzenverband zu gründen, den Reichsverband der deutschen Industrie (RDI).[675] Auch er verstand sich nicht nur als Interessenvertreter, sondern übernahm zusätzlich Aufgaben innerhalb der Wirtschaftspolitik.[676] Insgesamt erreichte er einen Organisationsgrad von 70–80 % aller Betriebe.[677] Der Verband war straff organisiert. Zentrales Organ war die Mitgliederversammlung. Sie war jedoch ebenso wie der Hauptausschuß – als dem Repräsentationsorgan von Fachgruppen und Regionalorganisationen – viel zu groß, um wirksam sein zu können. Selbst der Vorstand mit zuletzt 120 Mitgliedern und das Präsidium mit 36 Angehörigen, waren so aufgebläht, daß man schließlich auf die informale Einrichtung eines „Engeren Präsidiums" verfiel, dem der Präsident und fünf Stellvertreter angehörten.[678] Zu den Mitgliedern des Verbandes zählten unter anderem auch 74 Handelskammern. Nicht nur über die Körperschaften war er der öffentlichen Verwaltung eng verbunden:

---

669 „Gesellschaftliche Großorganisationen und Verbände waren das gesellschaftspolitische Spiegelbild des sich ausdehnenden staatlichen Interventionismus", *Petzina* 1985, S. 63. Die Entflechtung zwischen Politik und Wirtschaft, die nach dem Kriegsende einsetzte, führte deshalb nicht unbedingt zu einer Lockerung der engen Verbindung zwischen Staat und Interessenverbänden. Die Staatsquote war nach dem Krieg doppelt so hoch wie vorher, *Ullmann* 1988, S. 125.
670 *Stolleis* 2001/10, S. 264: Der Interventionsstaat „interveniert also nicht aus Stärke, sondern aus einer Schwäche. Die Inhalte der Intervention werden zunehmend im Arrangement des politisch-administrativen Systems mit den gesellschaftlichen Gruppen festgelegt".
671 *Ullmann* 1988, S. 181 f.
672 *Böckenförde* 1985, S. 16; ausführlich auch *Huber* 1978, S. 73 ff. Sie zeigte sich in „umgekehrter Richtung" auch durch eine sich verstärkende Tendenz staatlicher und kommunaler Stellen zur Wahrnehmung von öffentlichen Aufgaben in Privatrechtsform, vgl. etwa *Groß* 1999, S. 136 f.
673 *Stolleis* 2001/10, S. 276. Sie zeigte sich auch in der Gründung zahlreicher gemischtwirtschaftlicher Unternehmen.
674 *Wauer* 1923, S. 8; *Ullmann* 1988, S. 134; *Blaich* 1979, S. 52 f.
675 Als Zusammenschluß von „Bund der Industriellen" (BDI), Chemieverein und „Centralverband deutscher Industrieller" (CdI), *Petzina* 1985, S. 61; *Huber* 1981, S. 1064 f.
676 Wie etwa die Festsetzung von Höchstpreisen oder Produktionsmengen, *Türk/Lemke/Bruch* 2002, S. 202.
677 *Ullmann* 1988, S. 135 f.
678 *Ullmann* 1988, S. 136.

Alle Geschäftsführer des Verbandes kamen aus der höheren Reichsbürokratie.[679] Darüber hinaus unterhielt er enge Beziehungen zu liberalen und konservativen Parteien, besonders der DDP. Diese Einflußmöglichkeiten reichten dem RDI offenbar nicht mehr aus, so daß er zunehmend parlamentarismus-kritisch wurde und sich erst mit den Präsidialkabinetten – und damit dem geschwundenen Einfluß des Parlaments – wieder effektiv mit der Politik (dabei eher opportunistisch) arrangieren konnte. Insgesamt versuchte er am parlamentarischen Regierungssystem vorbei, aber nicht direkt gegen es zu agieren und bemühte sich insofern um die Kontinuität der in der Kaiserzeit erfolgreich betriebenen Interessenpolitik.

In eine Krise gerieten die landwirtschaftlichen Interessenvertretungen. Zwar hatte es hier ebenfalls seit 1917 einen Kriegsausschuß der deutschen Landwirtschaft gegeben,[680] dem auch 145 Landwirtschaftskammern angehörten; dennoch machte sich die alte Zersplitterung der Interessenrepräsentation aus der Kaiserzeit bei den agrarischen Interessenverbänden stärker bemerkbar als in der Industrie. Ein wichtiger parlamentarischer Einflußmechanismus des ostelbischen Großgrundbesitzes und seiner Interessenverbände, das Dreiklassenwahlrecht, wich dem freien und gleichen Wahlrecht.[681] Man fühlte sich angesichts des starken Bündnisses zwischen Staat und Industrie in der Kriegswirtschaft aber an die Seite gedrängt. Zudem sah man die eigenen Interessen durch die sozialdemokratischen Regierungen kaum parlamentarisch und staatlich repräsentiert. Die Republik hatte zudem die noch stark durch die Junker geprägte ostelbische Landwirtschaft düpiert. Immerhin bildete sich eine Landbundbewegung, die dezentraler als der alte „Bund der Landwirte" einen losen Dachverband einer Vielzahl von landwirtschaftlichen Interessenbünden darstellte.[682] Schließlich gab es noch den Deutschen Landwirtschaftsrat als Dachorganisation der 38 Landwirtschaftskammern. Eine etwas festere Organisation formierte sich erst 1929 mit der „Grünen Front", der neben anderen Verbänden auch Landwirtschaftskammern angehörten.[683] Die politische Ausrichtung gegen das parlamentarische System war hier wesentlich deutlicher als bei der Industrie.[684] Insgesamt mag die gegenüber der Industrie geringere Organisiertheit der Interessenverbände auch mit dem bestehenden Kammerwesen verbunden gewesen sein.

---

679 *Ullmann* 1988, S. 139.
680 *Türk/Lemke/Bruch* 2002, S. 203.
681 In Preußen „hatte das bis zum Zusammenbruch der Monarchie geltende Dreiklassenwahlrecht den Steigbügel für die Vertreter des BdL [Bund deutscher Landwirte, SK] und des CDI [Centralverband Deutscher Industrieller, SK] zur Beherrschung des preußischen Landtages abgegeben, von wo aus dies dank der engen personellen und administrativen Verzahnung zwischen der Regierung Preußens und der Reichsleitung auch auf die Reichsämter politischen Einfluß ausüben konnten", *Blaich* 1979, S. 57.
682 *Blaich* 1979, S. 59; *Huber* 1969, S. 1005 f. Neben die eigentlich wirtschaftlichen traten auch hier ideologische Ziele, wie mit der „Landvolkidee", der Vorstellung des Lebens-, Arbeits- und Schicksalsgemeinschaft der Landbevölkerung, formuliert wurden, *Ullmann* 1988, S. 148.
683 Kein förmlicher Dachverband, aber doch ein festeres Zusammenwirken der vier bedeutendsten Interessenverbände der Landwirtschaft, *Blaich* 1979, S. 84 f.; *Petzina* 1985, S. 62.
684 *Ullmann* 1988, S. 144, 150, 153. *Winkler* (1991, S. 38) faßt die politische Haltung von Kleinhandel und Handwerk zusammen: „Der gewerbliche Mittelstand blieb über das Ende des Kaiserreiches hinaus von der sozialprotektionistischen Politik des Obrigkeitsstaates geprägt und favorisierte während der Gesamtdauer der Weimarer Republik jeweils diejenige politische Gruppierung, von der er sich in der konkreten Situation ein Höchstmaß an Schutz vor den Ansprüchen der Arbeitnehmer und den sozialen Folgen einer Wettbewerbswirtschaft versprach".

Dieser Zusammenhang war offensichtlich bei den Verbänden des Handwerks und des Kleinhandels. Für deren mittelständischen Organisationen war mit der Revolution eine Welt zusammengebrochen und mit den Sozialdemokraten der politische Gegner an die Macht gekommen.[685] Auch das Handwerk brachte es nicht zu einer der Industrie vergleichbar straffen Organisation der Interessen.[686] Immerhin fanden sich im Handwerks- und Gewerbekammertag[687] alle 66 Kammern zusammen und bildeten so den Kern des privatrechtlichen Reichsverbandes des deutschen Handwerks (RDH).[688] Hervorzuheben ist hier der Entwurf einer Reichshandwerksordnung, den der Verband 1921 vorlegte und in dem – anknüpfend an Forderungen aus der Kaiserzeit – eine weitere Ausbreitung der Kammerorganisation und des Innungswesens gefordert wurde, das die Zuständigkeiten für Preisbindungen, Absatz und das Vergabe- und Auftragswesen als berufsständische Organisation erhalten sollte.[689] Das Vorhaben scheiterte an einem breiten, vor allem von den Gewerkschaften unterstützten Widerstand.[690] Wie im Bereich der Industrie gelang auch dem Handwerk erst unter den Präsidialkabinetten Anfang der 30er Jahre einiger Einfluß auf die Regierung.[691] Die große Unzufriedenheit innerhalb der handwerklichen Interessenvertretungen und den Eindruck der fehlenden Repräsentanz in der Politik der demokratischen Parteien[692] ebenso wie unter den noch lockerer organisierten Kleinhandelsverbänden machte sich schließlich die NSDAP zu eigen und vertrat sie im Publikationsorgan das „Deutsche Handwerk – Kampfblatt des deutschen Handwerks, Gewerbes und Einzelhandels" lautstark.[693] In der Tat entfaltete sich also im Bereich der handwerklichen Interessenverbände eine „negative Dialektik": „Der Mittelstand konnte nur so lange staatserhaltend sein, wie der Staat mittelstandserhaltend war"[694] – und das war durch die Kriegspolitik nachhaltig in Frage gestellt worden und hat sich während der Weimarer Republik kaum geändert.

---

685 Sie sahen sich insbesondere auch als Opfer des „Kriegssozialismus", *Huber* 1978, S. 95 ff.; *Winkler* 1991, S. 11 f., 40: Die anfängliche Unterstützung der bürgerlichen Republik entsprach mehr einem politischen Opportunismus als einer langfristigen Überzeugung, daß dadurch den eigenen Interessen am besten gedient sei.
686 *Ullmann* 1988, S. 155 f.
687 Das Gesetz (vom 16. Dezember 1922, RGBl. I, S. 927 dadurch § 103r RGewO eingeführt) bezeichnete ihn als Körperschaft des öffentlichen Rechts, vgl. auch *Huber* 1953, S. 225.
688 *John* 1987, S. 371: Zielsetzung des Verbandes war die Sicherung der Existenz des Handwerksberufs und seiner Organisationen.
689 *John* 1987, S. 386 ff.; *Blaich* 1979, S.65; *Winkler* 1991, S. 42; *van Eyll* 1985, S. 73.
690 Aber auch an dem Widerstand der Arbeitnehmervertreter im Handwerkerbeirat des Reichswirtschaftsministeriums, *John* 1983, S. 105 f.; *Blaich* 1979, S. 65, 66: „Das Scheitern der Reichshandwerksordnung brachte den Verbandsfunktionären die bittere Erfahrung, daß es ihnen im parlamentarischen System der Republik offenbar nicht gelang, ihrer Gruppenforderungen gegenüber der Regierung, den Parteien und den anderen Interessenorganisationen auch nur annähernd so gut durchzusetzen wie einst im Kaiserreich".
691 Das entsprach ebenfalls einer Tradition, die seit dem Kaiserreich ungebrochen bestand, *Winkler* 1991, S. 44.
692 Das parlamentarische System gewährte ihnen nicht den Schutz, den sie nach ihrer Einschätzung im Kaiserreich erhalten hatten, *Winkler* 1991, S. 12.
693 Die anfängliche Skepsis, ob es sich bei den Nationalsozialisten nicht doch eher um verkappte Sozialisten handele, wich, als diese langgehegten Forderungen der Gewerbetreibenden wie dem Großen Befähigungsnachweis und dem Eintreten gegen die Warenhäuser entgegenkamen. *Huber* 1969, S. 1012 f. zur Geschichte der NSDAP auch *ders.* 1981, S. 285 ff.; *Winkler* 1991, S. 44, 49, 13: Nur um schon 1933 von den Nationalsozialisten wieder enttäuscht zu werden. Vgl. auch *Ullmann* 1988, S. 163.
694 *Winkler* 1991, S. 37.

Neben diesen wirtschaftlichen Interessenverbänden traten wieder, wenn auch aufgrund des Kriegs zum Teil in neuer Formation, die nationalen Verbände in wachsender Zahl, gesteigertem Organisationsgrad und verstärktem Einfluß auf. Eine Vielzahl von Veteranen-, Offiziers- und anderen Vereinen hatte mit dem Vertrag von Versailles ihr Thema gefunden. Der „Alldeutsche Verband" setzte sich zunehmend an die Spitze antisemitischer Umtriebe, forderte eine „völkische Widergeburt" und kämpfte gegen eine vermeintliche „jüdische Weltverschwörung" an.[695] Am erfolgreichsten aber war der „Stahlhelm, Bund der Frontsoldaten". Ausgehend von 2000 Mitgliedern im Jahr 1919 über 260 000 im Jahr 1925, wurde er schließlich 1933 zu einer Massenorganisation mit einer Millionen Mitgliedern. Zielstrebig hatte er über Orts- und Landesverbände eine straffe Organisation aufgebaut, die zudem von zahlreichen Hilfsorganisationen wie dem „Jungstahlhelm" und dem „Stahlhelm-Frauenbund" unterstützt und verbreitet wurde.

Einen Zugewinn an Einfluß auf die Politik aufgrund des neuen gleichen und freien Wahlrechts nach dem Verhältniswahlprinzip konnten sich diejenigen Verbände versprechen, die homogene Wählergruppen zu ihren Mitgliedern zählten.[696] Das waren insbesondere die Gewerkschaften. Sie erhielten im Stinnes-Legien-Abkommen mit den Arbeitgebern die volle Anerkennung als Vertreter der Arbeiterschaft,[697] zugleich akzeptierten sie die Marktwirtschaft und verhinderten so weitere Sozialisierungen.[698] Mit der Bekräftigung des Abkommens durch die Verordnung vom 23. Dezember 1918 handelt es sich hierbei um ein zwar formalisiertes, jedoch in der Sache klassisch-korporatistisches Arrangement.[699]

Es fällt auf, daß die wirtschaftlichen und auch die ideologischen Interessenverbände sich kaum mit dem parlamentarischen Regierungssystem der Weimarer Republik angefreundet haben. Offizieller Einfluß wurde ihnen durch eine Ausweitung der Anhörungsrechte vor Gesetzesvorhaben in der Geschäftsordnung der Reichsregierung eingeräumt.[700] In institutionalisierter und organisierter Form konnte dies im Reichswirtschaftsrat geschehen (Art. 88 WRV).[701] Der Verbandseinfluß hier verhinderte die Durchsetzung weitgehender Sozialisierungspläne der Regierung

---

695 *Ullmann* 1988, S. 169. Schon zu Beginn des ersten Weltkriegs hatten sich die „Alldeutschen" mit großer Wirkung auch auf Wirtschaftsverbände und Intellektuellen mit weitreichenden Gebietsforderungen hervorgetan, *Winkler* 2000, S. 341.
696 *Blaich* 1979, S. 57 f.
697 *Böckenförde* 1985, S. 14. Gegenstand war die Gründung der „Zentralarbeitsgemeinschaft der industriellen und gewerblichen Arbeitgeber- und Arbeitnehmerverbände Deutschlands". Ziel war auf Gewerkschaftsseite die Beseitigung der Konkurrenz durch die Arbeiter- und Soldatenräte und ihre Anerkennung als Vertreter der Arbeiter und auf der Arbeitgeberseite die Gewinnung eines verläßlichen Verhandlungspartners als Vertreter der Arbeiter und auf der Basis der Marktwirtschaft, *Huber* 1978, S. 768 ff.; *Blaich* 1979, S. 61 f.; *Petzina* 1985, S. 60 f.; *Ullmann* 1988, S. 135; *van Eyll* 1985, S. 67 f.; *Kaiser* 1978, S. 188.
698 *Winkler* 1991, S. 38 f.: „… der ‚Stinnes-Legien-Pakt' vom 15. November 1918, bildete ein gewerkschaftlich-großindustrielles Rückversicherungsabkommen auf Gegenseitigkeit, das gegenüber der Rätebewegung, staatlicher Bürokratie und revolutionärer Regierung einen quasi-syndikalistischen Primat der Ökonomie proklamierte".
699 RGBl. II, S. 1456, *Kaiser* 1978, S. 189, 192.
700 *Blaich* 1979, S. 60. Umgekehrt nahm der Reichswirtschaftsminister wiederholt an den Vereinssitzungen großer Verbände Teil.
701 Zu seiner Stellung *Huber* 1981, S. 390 ff.; *Glum* 1924, S. 40 u. 130 ff., der ihn als durch seine Funktion im Rahmen der Gesetzgebung die Selbstverwaltung übersteigende Organisation ansah.

1920.⁷⁰² Doch fing das die Bedürfnisse nach Einfluß auf die Macht kaum auf.⁷⁰³ Am mildesten war es noch, wenn sie am Parlament vorbei Einfluß auszuüben versuchten.⁷⁰⁴ Häufiger wirkten sie ihm entgegen und arrangierten sich mit dem Parlament erst, als es im Grunde durch die starke Stellung des Reichspräsidenten und den von ihm ernannten Kabinetten, schon zu Ende ging. Problematisch in bezug auf die Körperschaften des öffentlichen Rechts war dabei, daß sie wie im Fall der Landwirtschafts- und der Handwerksorganisationen einerseits den organisatorischen Kern der privatrechtlichen Dachorganisationen bildeten, andererseits aber in deren Interessenpolitik eingespannt wurden.⁷⁰⁵ Die öffentlich-rechtlichen Körperschaften wurden so umlagert und eingebunden in neue Formen der Zusammenarbeit zwischen Staat und Interessenverbänden.

Die Arbeitnehmerinteressen wurden von stark in sich zerstrittenen Gewerkschaften und Vereinen vertreten. Für die Arbeiter waren dies die Freien Gewerkschaften, die christlichen Gewerkschaften und der Deutsche Gewerkverein.⁷⁰⁶ Später kamen noch Vereine für speziellere Arbeitnehmergruppen hinzu.⁷⁰⁷ Bei den Angestelltenvertretungen ergab sich ein entsprechend zerklüftetes Bild von kaufmännischen, Technikerverbänden, Vereinen der Büro- und landwirtschaftlichen Beamten und andere berufbezogen organisierte Verbände. Sie alle hatten auch infolge der Konzentration und staatlichen Beeinflussung der Kriegswirtschaft einen erheblichen Aufschwung erfahren. Immer breitere Massen zunächst nicht organisierter Arbeitnehmern hatten das Bedürfnis nach einer Organisation zur effektiveren Durchsetzung ihrer Interessen.⁷⁰⁸ Die Anerkennung dieser Bedeutung und ihre Befestigung erfolgte dann in dem erwähnten Stinnes-Legien-Abkommen. Ausdifferenzierungsprozesse der Berufsbilder, die die Zuordnung zu jeweils unterschiedlichen Gewerkschaften nicht mehr sinnvoll erscheinen ließen, dann der Übergang vom Berufs- zum Industrieprinzip als Grundlage der Einteilung der Verbände sowie die Syndikats- und allgemein Konzentrationsbewegung innerhalb der Wirtschaftsunternehmen führte auch bei den Gewerkschaften zu Zusammenschlüssen und zu größeren Organisationen. 1919 wurde schließlich der Allgemeine Deutsche Gewerkschaftsbund (ADGB) als Spitzenorganisation von 52 Fachverbänden gegründet.⁷⁰⁹

---

702 *Blaich* 1979, S. 63 f., auch wenn das Vorhaben der Sozialisierung des Kohlebergbaus letztlich daran scheiterte, daß in diesem Fall eine Zugriff der Alliierten darauf gedroht hätte.
703 Weitere Einflußmöglichkeiten ergaben sich dadurch, daß die Reichsminister häufig zugleich Aufgaben in Aufsichtsräten hatten oder Interessenverbänden angehörten und sich so die Interessengegensätze bis in die Reichsregierung hinein fortsetzten. Schließlich ergaben sich infolge der Wirtschaftskrise seit 1925 schwierigen Regierungsbildung weitreichende Einflußmöglichkeiten auf die verwaisten Ministerien, aber auch auf den Reichspräsidenten, *Blaich* 1979, S. 78 f.
704 Das zersplitterte Parteienspektrum bot ihnen vor dem Hintergrund des Verhältniswahlrechts keinen vergleichbar erfolgreichen Einflußbereich wie zur Zeit des Kaiserreiches, *Blaich* 1979, S. 58 f.
705 Eine Win-Win-Situation: „Konnte man einerseits als Verband der Regierung notfalls offensiv gegenübertreten, so blieb andererseits dem Kammerwesen die Rückversicherung einer institutionalisierten Partnerschaft mit der Obrigkeit". *Winkler* 1972, S. 30.
706 *Huber* 1969, S. 1141 ff. u. 1225 ff.
707 *Tennstedt* 1977, S. 109; unter organisationsrechtlichem Aspekt zur Geschichte der Gewerkschaften vgl. *Teubner* 1978, S. 43 f.
708 *Tennstedt* 1977, S. 111.
709 *Tennstedt* 1977, S. 113.

3. Verwaltungsorganisation in der Weimarer Republik

Die Verwaltung der Weimarer Republik ist „geprägt von augenfälliger Diskrepanz zwischen rechtlichem Neuanfang von 1919 und tatsächlicher Kontinuität".[710] Es ging mehr um eine fachlich angemessene Ausgestaltung als um die Übernahme neuer politischer Vorgaben.[711] Wichtigste Veränderung mit Auswirkung für die Verwaltungsorganisation war die Beseitigung des konstitutionell-monarchischen Systems am Ende des Ersten Weltkrieges durch die Deutsche Revolution[712] und ihre Ersetzung durch den demokratischen Legitimationsmodus (Art. 1 II WRV). Insofern kann allerdings von einer „Wendemarke in der Verfassungsgeschichte" gesprochen werden.[713] Ohne das monarchische Gegengewicht in den Ländern verstärkten sich die unitarischen Tendenzen.[714] Grundsätzlich erhalten blieb im Reich wie auch in den meisten Ländern die Grundstrukturen der Behördenorganisation.[715]

Für den hier interessierenden Bereich der Verwaltungsorganisation enthielt die WRV nur wenige Vorgaben.[716] Schon die Gewaltenteilung war zwar vorgesehen, jedoch im einzelnen wenig differenziert.[717] Im Zentrum der Rechtsetzung stand nach der Verfassung der im Wege der Verhältniswahl bestimmte Reichstag.[718] Er beschloß abschließend über Gesetze (Art. 68 II WRV)[719] und konnte sich damit auch über Einsprüche des Reichsrates hinwegsetzen, so daß die „Vertretung der deutschen Länder bei der Gesetzgebung" (Art. 60 WRV) eher schwach ausgebildet war.[720] Einschränkungen seiner Gesetzgebungstätigkeit in bezug auf die Exekutive gab es kaum, da die Verfassung keinen Eigenbereich der Verwaltung vorsah.[721] Möglich waren danach auch sehr detaillierte und einzelfallbezogene Gesetze.[722] Allerdings bestand die (auch häufiger genutzte) Möglichkeit der Delegierung der Rechtsetzung an die Exekutive durch Ermächtigungsgesetze.[723] Auch wenn er nicht allzu machtvoll auftrat, besaß der Reichstag doch im Verhältnis zur Exekutive einige Kontrollrechte.[724] Ebenfalls unmittelbar demokratisch legitimiert[725] war der Reichspräsident (Art. 41 I WRV).[726] Seine starke Stellung gründete sich neben seiner außenpolitischen Vertretungsmacht (Art. 45 WRV) auf das Prüfungsrecht von Ge-

---

710 *Gusy* 1997, S. 163; vgl. auch *Dittmann* 1983, S. 40.
711 *Wengst* 1988, S. 75.
712 *Böckenförde* 1985, S. 8 f.; *Boldt* 1988, S. 44 f.
713 *Mußgnug* 1993, S. 143 f. u. 157 f.
714 *Huber* 1981, S. 55 ff.; ohne jedoch den Föderalismus erheblich zu verkürzen. Insbesondere wurde eine gleichmäßige Aufteilung des Reiches in 14–16 Teilgebiete im Januar 1919 abgelehnt, *Wengst* 1988, S. 66.
715 *Gusy* 1997, S. 163.
716 *Dittmann* 1983, S. 44 f.
717 *Gusy* 1997, S. 143.
718 *Boldt* 1988, S. 52.
719 Näher *Mußgnug* 1985, S. 316; *Schneider* 2003, Rn. 47 ff.; *Gusy* 1997, S. 156 f.; *Wengst* 1988, S. 71.
720 *Mußgnug* 1985, S. 311; *Schneider* 2003, Rn. 57 f. *Stern* 2000, S. 636 ff.; *Dittmann* 1983, S. 56 f.; *Wengst* 1988, S. 70 f.
721 *Gusy* 1997, S. 164; *Mußgnug* 1985, S. 318.
722 *Mußgnug* 1985, S. 317 f.; *Gusy* 1997, S. 154 f.
723 *Gusy* 1997, S. 151 f.; *Schneider* 2003, Rn. 53 f.
724 *Mußgnug* 1985, S. 321 f.
725 Wenn es auch nur zwei Volkswahlen zum Reichspräsidenten gegeben hat.
726 Dessen Amtszeit nahezu doppelt so lange dauerte, wie die des Reichstages, *Wengst* 1988, S. 72. Allgemein zu seiner Stellung *Huber* 1978, S. 1192 f.; *ders.* 1981, S. 316 ff.

setzen anhand der Verfassung mit der Möglichkeit der Einleitung einer Volksabstimmung (Art. 70, 73 WRV), auf das Notverordnungsrechts (Art. 48 II WRV) und der Ernennung der Reichsminister und des Reichskanzlers (Art. 53 WRV).[727] Die nach dem Kollegialprinzip organisierte Reichsregierung mit der Ressortverantwortung der Fachminister war vom Vertrauen des Reichstages abhängig (Art. 54 WRV).[728] Da dies nach der überwiegenden Auffassung nur bedeutete, daß der Reichstag nicht widersprach, waren die Präsidialkabinette in der späten Weimarer Republik möglich.[729] Allerdings zeigte sich eine gewisse Ausdifferenzierung der Gubernative in der Weimarer Zeit darin, daß an die Stelle der aus der Beamtenschaft rekrutierten Minister nun Parteipolitiker traten.[730] Der Reichskanzler bildete die monokratische Spitze der Exekutive mit Richtlinienkompetenz und entsprechender Verantwortung gegenüber dem Reichstag (Art. 56 WRV).[731] Nach der Auffassung einiger Stimmen eher dem liberalen Selbstverwaltungsgedanken entsprungen, nach der anderer eher ein korporatives Korrektiv zur parlamentarischen Demokratie, sollte der Reichswirtschaftsrat die Form eines weiteren sachverständig beratenden und interessenvertretenden Organs mit – eingeschränktem (Art. 165 IV, S. 2 u. 3 WRV) – Gesetzesinitiativrecht erhalten.[732] Die Berufsgruppen sollten „entsprechend ihrer wirtschaftlichen und sozialen Bedeutung darin vertreten" sein (Art. 165 III 2 WRV, Paritätsgedanke). Das Nähere wurde in einer Verordnung über den „vorläufigen" Reichswirtschaftsrat geregelt, die aber bereits seine Aufgaben erheblich zurücknahm. Auch das politische Interesse an ihm ließ nach, so daß seine 326 Mitglieder nach 1923 nicht mehr zusammentraten.[733]

Zeigten sich schon bei der Rechtssetzung gegenüber der Reichsverfassung von 1871 starke unitarische Tendenzen, so verstärkten sie sich auch im Bereich der Reichsverwaltung. Zwar blieb auch hier der grundsätzliche föderale Aufbau des Reiches erhalten,[734] doch wurden dem Reich schon verfassungsrechtlich zahlreiche neue Kompetenzen zugewiesen.[735] Überdies konnte es im Wege der Gesetzgebung neue hinzugewinnen.[736] Auswärtige (Art. 78 WRV), Wehr- (Art. 79 WRV), Kolonial- (Art. 80 WRV),[737] Zoll- (Art. 83 WRV), Post- und Fernmelde- (Art. 88 WRV), Eisenbahn- (Art. 89 ff. WRV), Wasserstraßen- (Art. 97 WRV) und weitere Verwaltungen[738]

---

727 Kritisch dazu *Mußgnug* 1993, S. 159: Die Wahl des Reichskanzlers durch den Reichstag hätte integrierende und disziplinierende Wirkungen auf die Parteien ausgeübt und so vielleicht ihre Zerrissenheit vermeiden können; vgl. im übrigen: *Gusy* 1997, S. 98 ff.; *Delbrück* 1985, S. 142 f.; *Schneider* 2003, Rn. 64 f.; *Boldt* 1988, S. 52.
728 *Mußgnug* 1985, S. 313; *Schneider* 2003, Rn. 61.
729 *Gusy* 1997, S. 139 f.
730 *Mußgnug* 1985, S. 314.
731 *Delbrück* 1985, S. 144 f.
732 *Glum* 1924, S. 40 f.; *Gusy* 1997, S. 366 f.; *Schneider* 2003, Rn. 59 f.
733 *Gusy* 1997, S. 368; *van Eyll* 1985, S. 69: Zu dem vorgesehenen territorialen Unterbau kam es ebensowenig.
734 *Gusy* 1997, S. 163.
735 Andere behielt es – wie die Wehrverwaltung, obwohl die kriegsbedingte Begründung dafür weggefallen war.
736 Art. 14 WRV war hier eine wichtige Grundlage zur Erweiterung der zentralstaatlichen Verwaltungskompetenzen, *Frotscher* 1985, S. 113 f.
737 Die jedoch aufgrund des Versailler Vertrages weitgehend gegenstandslos geworden war, *Dittmann* 1983, S. 41.
738 *Dittmann* 1983, S. 43 f.

waren dem Reich schon von Verfassungs wegen zugeordnet worden.[739] Aber auch die weiteren Reformen wiesen in eine unitarische Richtung.[740] „Die Reichsgesetze werden durch die Landesbehörden ausgeführt, soweit nicht die Reichsgesetze etwas anderes bestimmen", regelte Art. 14 WRV. Doch das „soweit" war die Grundlage für die weitere Ausdehnung der Reichsverwaltung.[741] Reichsrechtlich konnten so auch Organisation und Verfahren der Verwaltungsvollziehung geregelt werden. Obwohl umstritten, wurde über den Art. 14 WRV auch die ansonsten nicht vorgesehene Reichsauftragsverwaltung mit weitgehender Kontrolle der Länder eingeführt.[742] Die weitere Konkretisierung erfolgte über Verwaltungsvorschriften der Reichsregierung mit Zustimmung des Reichsrates (Art. 77 WRV).

In den Ländern überwog trotz des staatsrechtlichen Bruchs mit der konstitutionellen Monarchie die Kontinuität in der Verwaltung. Die Anerkennung der eigenen Staatsgewalt der Länder (Art. 5 WRV) half ihnen nicht gegenüber Bedeutungsverlusten: Sie verloren ihre Staatsoberhäupter, deren Funktionen zusammen mit den Regierungsaufgaben von Staatsministerien übernommen wurde. Auch der Verwaltungsaufbau blieb weitgehend erhalten: Preußen etwa war weiterhin in Provinzen, Regierungsbezirke und Kreise gegliedert, so daß auch der Aufbau von ministerialer Zentralbehörde, den zweigeteilten Mittelbehörden (Oberpräsidien, Regierungspräsidien) und den Landräten als unteren Verwaltungsbehörden weiter bestand.[743] Immerhin wurden 1927 schließlich die 12 000 Gutsbezirke aufgelöst.[744] Bayern hielt im wesentlichen seine alte Form aufrecht, baute nur einige Bezirksämter ab und – worauf noch zurückzukommen sein wird – stärkte die kommunale Selbstverwaltung.[745] Auch im Südwesten wurden die bewährten Formen aufrechterhalten und ausgebaut.[746]

4. Von hohen Erwartungen zum Bewußtsein der Krise: Die Selbstverwaltungskörperschaften in der Weimarer Republik

Zwischen den sich verschärfenden gesellschaftlichen Spannungen einerseits und den kaum zu erfüllenden wirtschaftlichen Anforderungen an die demokratische Republik andererseits waren die Selbstverwaltungskörperschaften den größten Gefahren ihrer bisherigen Geschichte ausgesetzt. Sie drohten von den organisierten gesellschaftlichen Interessenverbänden instrumentalisiert zu werden und schienen deshalb als öffentliche Organisationen einer engeren und strengeren staatlichen Einbindung

---

739 *Frotscher* 1985, S. 113 f., 132.
740 *Frotscher* 1985, S. 133.
741 *Mußgnug* 1985, S. 331; *Dittmann* 1983, S. 44, 50 f; *Boldt* 1988, S. 56; *Wengst* 1988, S. 76.
742 *Dittmann* 1983, S. 55; *Mußgnug* 1985, S. 341 f.
743 *Frotscher* 1985, S. 124 f.
744 *Möller* 1985, S. 555. Die tatsächliche Durchsetzung zog sich aber bis nach 1930 hin, *Gusy* 1997, S. 232.
745 *Volkert* 1985, S. 562.
746 Baden fand nach den verfassungsrechtlichen Umwälzungen zu seinen alten Formen zurück und verabschiedete sich erst in den 30er Jahren von seinem Verwaltungsgesetz von 1863 (*Ott* 1985, S. 578). Württemberg gelang immerhin eine Umstrukturierung seines vierstufigen Aufbaus durch die Abschaffung der vier Kreisregierungen – die Aufhebung der Oberämter scheiterte am Widerstand des Landtages, *Mann/Nüske* 1985, S. 575.

unterworfen werden zu müssen. Beides hätte ihre Funktion als Organisationen der Vermittlung zwischen hierarchischem Staat und freiheitlicher Gesellschaft zerstört.

Zudem mußten die Selbstverwaltungskörperschaften nach der Revolution den Beweis antreten, daß sie nicht nur als Gegengewicht zum monarchischen Staat von Bedeutung waren, sondern auch in der demokratischen Republik eine, wenn nicht notwendige, so doch sinnvolle Funktion besaßen.[747] Die zeitgenössische staatsrechtliche Literatur hat dies überwiegend kritisch gesehen und verstand Selbstverwaltung als eine „polykratische Gefahr" für den hoheitlichen Staat.[748] Vielfach wurde die Krise der kommunalen Selbstverwaltung auf diese Ortlosigkeit der Selbstverwaltung im demokratischen Staat zurückgeführt:[749] „Konsequent verwirklichte Demokratie schließt die Selbstverwaltung aus – und umgekehrt", schrieb *Ernst Forsthoff* auf der Basis eines rousseauisch geprägten Demokratieverständnisses und der Analyse der geringen Bedeutung der Selbstverwaltung in Frankreich und den USA.[750] Nur eine unpolitische Selbstverwaltung könne Reich und Länder als Ort der demokratischen Entscheidungen unangetastet lassen.[751]

Hugo Preuß und andere hatten hingegen schon früher die prinzipielle Gleichartigkeit von lokaler Selbstverwaltung und gesamtstaatlicher Demokratie, wie sie auch im Art. 17 II WRV zum Ausdruck gekommen sei,[752] hervorgehoben. Doch machte gerade diese Bestimmung den Abstand zwischen den Gemeinden und anderen Selbstverwaltungsträgern deutlich. Die Bildung und das Fortbestehen solcher weiteren Selbstverwaltungsträger war an zwei Stellen ausdrücklich vorgesehen: Nach Art. 156 II WRV konnten Zusammenschlüsse von Wirtschaftsunternehmen und Verbänden auf der Basis von Selbstverwaltung gebildet werden.[753] Art. 165 VI WRV sprach von „Arbeiter- und Wirtschaftsräten" und „anderen sozialen Selbstverwaltungskörpern".[754] Die in diesen beiden Bestimmungen genannten Selbstverwaltungsträger unterlagen aber nicht dem Homogenitätsgebot des Art. 17 II WRV. Sie verfügten also über keine gleichgeartete Legitimationsstruktur. Mithin stellte sich für sie das Problem ihres Verhältnisses zum demokratischen Staat anders. Sollten auch insofern nur Körperschaften Selbstverwaltungsträger sein? – Eine derartige

---

747 *Laux* 1983, S. 53.
748 *Herzfeld* 1957, S. 32 f.
749 So etwa *Peters* 1926, S. 43 f.; differenzierend aber *Köttgen* 1968a, S. 26: Die Krise liege in der gesteigerten Migration, der Vergroßstädterung der Gemeinden und der einseitig betriebswirtschaftlichen Beurteilung der Gemeinden begründet. Dies aber sei kein demokratisches Problem: „Nicht die Demokratie hat eine Krise der Selbstverwaltung heraufbeschworen, sondern die Denaturierung der Demokratie in dem Parteienstaat...", *Köttgen* 1968a, S. 32.
750 *Forsthoff* 1932, S. 21.
751 *Forsthoff* 1931, S. 175.
752 Art. 17 II WRV: „Die Grundsätze für die Wahlen zur Volksvertretung gelten auch für die Gemeindewahlen. Jedoch kann durch Landesgesetz die Wahlberechtigung von der Dauer des Aufenthalts in der Gemeinde bis zu einem Jahr abhängig gemacht werden".
753 Art. 156 II WRV: „Das Reich kann ferner im Falle dringenden Bedürfnisses zum Zwecke der Gemeinwirtschaft durch Gesetz wirtschaftliche Unternehmungen und Verbände auf der Grundlage der Selbstverwaltung zusammenschließen mit dem Ziele, die Mitwirkung aller schaffenden Volksteile zu sichern, Arbeitgeber und Arbeitnehmer an der Verwaltung zu beteiligen und Erzeugung, Herstellung, Verteilung, Verwendung, Preisgestaltung sowie Ein- und Ausfuhr der Wirtschaftsgüter nach gemeinwirtschaftlichen Grundsätzen zu regeln".
754 Art. 165 VI WRV: „Aufbau und Aufgabe der Arbeiter- und Wirtschaftsräte sowie ihr Verhältnis zu anderen sozialen Selbstverwaltungskörpern zu regeln, ist ausschließlich Sache des Reichs". Zur Gesetzgebungsgeschichte des Art. 165 WRV und seiner Umsetzung *Heréus* 1922, S. 135 ff.

Beschränkung der Selbstverwaltungsträger war in Art. 156 II WRV nicht ausgeschlossen und durch die Formulierung „Selbstverwaltungskörper" in Art. 165 VI WRV nahegelegt. Der Verzicht auf die Homogenität hätte dann den Zweck gehabt, aus der Art der Aufgabe notwendige andere Willensbildungsmodi der genannten Körperschaften zu ermöglichen. Wenn diese aber keine der staatlichen gleichartige Legitimationsbasis hatten, entstand ein Spannungsverhältnis etwa zwischen einer mehr oder weniger paritätischen Stimmverteilung zwischen Arbeitgebern und Arbeitnehmern in der Selbstverwaltungskörperschaft und der demokratischen durch die Prinzipien von Allgemeinheit, Gleichheit und Freiheit vermittelten staatlichen. Hiermit wäre ein Teil öffentlicher Hoheitsgewalt von einer Organisation ausgeübt worden, die nicht vollständig vom Volk der gleichen Staatsbürger bestimmt wurde. Zudem bestand ein unabweisbares politisches Bedürfnis, Verwaltungsaufgaben zu verselbständigen, sie aber durch staatlich beherrschte Organisationen ausführen zu lassen. Diese Formen waren mangels Mitgliedschaftsbasiertheit nicht unter den Körperschaftsbegriff zu subsumieren. Lag es da nicht näher, auf *von Gneists* Unterscheidung von unpolitischer, professionell ausgeführter rechtlicher Selbstverwaltung von öffentlichen Aufgaben einerseits und politischer ehrenamtlicher, vorstaatlicher Selbstverwaltung andererseits zurückzugreifen?[755] Die erstere wäre dann als „mittelbare Staatsverwaltung" zu konzipieren gewesen, die ihre Legitimation aus dem demokratisch über das Staatsvolk legitimierten Gesetz bezog und daher nicht auf eine mitgliedschaftliche Binnenverfassung angewiesen war. Die Veränderung der Staatsform von der konstitutionellen Monarchie zur Republik hätte damit eine Erweiterung des Begriffs des Selbstverwaltungsträgers zur Folge gehabt. War es die Funktion der Körperschaft in der konstitutionellen Monarchie gewesen, in einem kleinen Aufgabenbereich einen mitgliedschaftsbasierten Legitimationsmodus der Ausübung öffentlicher Gewalt in eigener Verantwortung zu ermöglichen,[756] so war in der Republik alle öffentliche Gewalt durch die Mitglieder als Staatsvolk legitimiert. Von den Funktionen der Selbstverwaltung blieb nun nur noch die eigenverantwortliche Erfüllung öffentlicher Aufgaben übrig. Sie konnte prinzipiell in körperschaftlicher, anstaltlicher oder sonstiger Form erfolgen. Verfassungsrechtliche Voraussetzung dafür war dann noch, daß man die Art. 156 II und 165 VI WRV so interpretieren konnte, daß der Begriff der Körperschaft in einem untechnischen Sinne zu verstehen war. Selbstverwaltung war nicht mehr auf körperschaftliche Selbstverwaltung angewiesen. Umgekehrt gewährleistete ein Festhalten an einer spezifisch körperschaftlich vermittelten Legitimation, angesichts der Fülle der neu entstehenden verselbständigten Organisationseinheiten und der beklagten Unklarheit über ihre Einordnung[757] eindeutige Abgrenzungskriterien zu anderen verselbständigten Verwaltungseinheiten. Auf dieser Basis konnte aber weder die Einordnung dieser Legitimation in die durch die grundsätzliche Gleichheit der Staatsbürger vermittelte demokratische Legitimation aller öffentlichen

---

755 Nach *Peters* (1926, S. 6) die einzig brauchbare Einteilung. In diesem Sinne etwa *Meyer-Anschütz* 1919, S. 386. Zu der Kontroverse in der Weimarer Zeit *Peters* 1926, S. 6 ff.; *Forsthoff* (1932, S. 3) nannte sie irreführend, weil beide Formen sowohl juristische wie politische Elemente enthielten.
756 *Heffter* 1969, S. 497.
757 *Hendler* 1984, S. 160 f.

Gewalt erfolgen, noch konnte die in bezug auf die Eigenverantwortlichkeit und Verselbständigung gleichartigen Organisationen, denen aber die körperschaftliche Struktur fehlte, anderer Verwaltungsaufgaben erfaßt werden. Die entgegengesetzte Auffassung von Selbstverwaltung als mittelbarer Staatsverwaltung nahm diese beiden Punkte zwar ernst und fand einen einheitlichen Begriff für alle Formen der Selbstverwaltung, trug aber ihren Unterschieden, insbesondere auch dem durch den Art. 17 II WRV gebotenen zwischen der gemeindlichen und den übrigen Formen der Selbstverwaltung nicht ausreichend Rechnung.

Daneben gab es noch weitere Vorschläge zur Bestimmung des Selbstverwaltungsbegriffs anhand seiner Verselbständigung gegenüber der unmittelbaren Staatsverwaltung. Selbstverwaltung sollte danach auf einer Zurücknahme der Durchführung von Hoheitstätigkeit auf die Festsetzung von Normen und die Ausübung von Aufsicht bestehen. Dies konnten dann ebenfalls Körperschaften oder andere Verwaltungseinheiten sein. Daraus folgte auch, daß es keine genuinen öffentlichen Aufgaben der Selbstverwaltungsträger gab, sondern der Staat die Erfüllungsverantwortung für staatliche Aufgaben einschränkte und sie anderen übertrug. Schließlich fehlte es nicht an Bemühungen, eine Abgrenzung der Selbstverwaltung von der staatlichen anhand der Aufgaben, also insbesondere der Frage vorzunehmen, ob der betreffenden Organisation auch genuine Aufgaben verblieben. Endlich hatte schon *Heinrich Rosin* eine vermittelnde Position vorgeschlagen, indem er von der Anerkennung einer nichtsouveränen Selbstverwaltungskörperschaft durch den Staat sprach.[758] Auch hier blieb der Begriff der Selbstverwaltung sehr stark auf die Organisationsform der Körperschaft bezogen, ließ sich aber durchaus auf andere juristische Personen des öffentlichen Rechts erweitern, weil nicht schon aus der Mitgliedschaftsbeziehung als solcher der Rechtscharakter der Organisation begründet wurde, sondern jede Rechtspersönlichkeit solche besitzen muß. Zugleich konnte eine Pflicht zur Anerkennung statuiert werden und so zwischen der Absicherung verschiedener Selbstverwaltungsträger unterschieden werden.

Auch *Hans Peters* war um eine vermittelnde Position zwischen der eher positivistischen Auffassung von Selbstverwaltung als mittelbarer Staatsverwaltung und den genossenschaftlichen Theorien bemüht. Angesichts der Professionalisierung insbesondere der Gemeindeverwaltungen sei der Selbstverwaltungsbegriff von Gneists überholt.[759] Der von Preuß entwickelte stelle aber ein Idealrecht dar und werde damit der Aufgabe der Rechtswissenschaft, die vom positiven Gesetzesrecht auszugehen und es zu systematisieren habe, nicht gerecht.[760] Beginne man bei den gesetzlichen Regeln, so sei zwischen dem Selbstverwaltungssubjekt und dem -objekt zu unterscheiden. Selbstverwaltung stehe im Gegensatz zu staatlicher Verwaltung. Maßgeblich für diesen Gegensatz sei eine eigene Rechtspersönlichkeit als „Selbstverwaltungskörper".[761] Aus der Anerkennung dieses Selbstverwaltungsträgers als

---

758   1883, S. 309 ff.
759   *Peters* 1926, S. 19.
760   *Peters* 1926, S. 28 f.
761   *Peters* 1926, S. 20. Dieser Körper ist eine juristische Person, so daß eine Selbstverwaltung durch natürliche Personen, wie man sie für die Preußischen Gutsbesitzer angenommen haben mochte, gegenwärtig nicht mehr zutreffend sei. Insofern handele es sich eher um Beleihung.

Körperschaft folge ein Recht auf eigene Organisation und eigene Organe, eigene Finanzverwaltung, kurz auf diejenigen Kompetenzen, die zur Existenzerhaltung der Körperschaft notwendig seien. Aus der Perspektive der Selbstverwaltungskörperschaft und der eines unabhängigen Beobachters handelt es sich insofern um „eigene Angelegenheiten", während sie aus der Perspektive des Staates mittelbare, nämlich überlassene Kompetenzen seien.[762] Auch alle weiteren Aufgaben (Selbstverwaltungsobjekte) haben nicht einen natürlichen, sondern einen rechtlichen Grund. Ihre Zugehörigkeit ergibt sich aus dem Gesetz, nicht unmittelbar aus ihrem Charakter als Körperschaften und schon gar nicht aus ihrer „Natur". Sie seien übertragene Aufgaben.[763] In Peters' Konzeption der Selbstverwaltung steht also die Rechtspersönlichkeit in der Form der Körperschaft im Zentrum. Geschützt ist alles, was notwendig zu diesem Zentrum – ist es einmal rechtlich anerkannt – gehört. Daß das Selbst in einer Rechtspersönlichkeit, mithin im Charakter des Selbstverwaltungsträgers als juristischer Person besteht, ist einsichtig; der von ihm immer wieder betonte Umstand, daß dies eine Körperschaft sein müsse, überzeugt angesichts des Tatsache, daß er bei der Begründung der Selbstverwaltung auf die Binnenverfassung der juristischen Person wenig eingeht, nicht. Es mag vor dem Hintergrund erklärbar sein, daß er in erster Linie an die Gebietskörperschaften denkt und damit vieles voraussetzt. Dabei macht er aber stärker als die genossenschaftliche Theorie die Unterschiede zwischen Staat und Selbstverwaltungsgebietskörperschaften deutlich, so daß ihm das Homogenitätsargument nur im Rahmen der Verfassung, jedoch nicht prinzipiell zu Gebote steht.[764] Immerhin gelingt ihm eine Vermittlung der erwähnten, sehr entgegengesetzten Ansichten, indem er den Streit auf unterschiedliche Perspektiven relativiert.

Der hier idealtypisch zugespitzte Streit durchzog die Weimarer Diskussion und wurde in der Bundesrepublik zu neuem Leben erweckt, ohne befriedigend gelöst worden zu sein.

Hintergrund für die intensiv geführte Auseinandersetzung war aber auch die besondere wirtschaftliche Lage des Reiches nach dem ersten Weltkrieg. Die in starkem Maße staatlich dirigierte Kriegswirtschaft, die private Verbände und Unternehmen eng an den Staat gebunden hatte,[765] wurde zwar nach 1918 wieder abgebaut; doch blieb – später verfassungsrechtlich legitimiert durch die genannten Art. 156 II und 165 WRV – die Tendenz vorhanden, private Vereinigungen als öffentliche Selbstverwaltungsträger zu inkorporieren.[766] Die Gemeinwirtschaftsdiskussion brachte dies gleich nach Kriegsende zum Ausdruck[767] und zeigte, daß wirtschafts- und sozialpolitisch von vielen die Verschärfung eines Gegensatzes

---

762 *Peters* 1926, S. 31 f.
763 *Peters* 1926, S. 33.
764 Gerade wegen ihrer Ähnlichkeit ergibt sich das Spannungsverhältnis zwischen Demokratie, die zum Zentralismus tendiert, und Selbstverwaltung, die ein Prinzip der Dezentralisierung ist, *Peters* 1926, S. 43.
765 Zur Selbstverwaltung im 1. Weltkrieg auch *Glum* 1924, S. 45 f.
766 *Türk/Lemke/Bruch* 2002, S. 199, 205.
767 Zum Begriff der Gemeinwirtschaft *Glum* 1924, S. 13 ff. Kerngedanke dieses umstrittenen Begriffs ist die im Interesse des Gemeinwohls staatlich gelenkte Betätigung der individuellen Wirtschaftskraft durch die öffentliche Verwaltung. Es bleibt also bei einer auf privater Initiative beruhenden Wirtschaft, die jedoch durch die staatliche Verwaltung gefördert und gesteuert wird.

von Staat und Gesellschaft nicht gewünscht war.[768] Wirtschaften wurde von vielen nicht nur als Mittel privater Gewinnerzielungsabsicht mit der Gemeinwohlförderung im Smith'schen Sinne als vis a tergo, sondern als zugleich im öffentlichen Interesse bestehende Tätigkeit verstanden, die entsprechend öffentlich einzubinden war. Hieraus konnte dann zugleich die Rechtfertigung für die Übertragung öffentlicher Aufgaben auf private Verbände abgeleitet werden.[769] Neben anderen ist der Reichswirtschaftsrat Ausdruck dieser besonders zu Beginn der Republik verbreiteten Tendenz. Die Probleme einer „pluralistischen Auflösung des Staates"[770] durch seine Öffnung gegenüber den (in Weimar wie oben angedeutet außerordentlich heterogenen) Verbandseinflüssen und dem durch die Übertragung von Hoheitsgewalt nur zu leicht begründeten Schwierigkeit des Verlust an staatlicher Autorität wurden im Verlauf der Weimarer Geschichte immer deutlicher.[771]

Ein weiteres drängendes Problem war, daß die immer wieder ausgesprochen schwierige Wirtschaftslage der Weimarer Republik zusammen mit der betont zentralistischen Finanzpolitik – worauf bei den kommunalen Gebietskörperschaften zurückzukommen sein wird – besonders den Gemeinden das finanzielle Überleben schwer machten.

a. Die kommunalen Gebietskörperschaften

Die wissenschaftliche Diskussion um die Gebietskörperschaften ist durch eine Verfestigung und Polarisierung der schon im Kaiserreich ausgetauschten Positionen gekennzeichnet.[772] Drei Richtungen waren dominant: Erstens eine,[773] die den Gegensatz von Staat und Gesellschaft hervorhob und die Gemeinden als mittelbare Staatsverwaltung konzeptionell stärker an den Staat binden wollte; zweitens eine, die die Genossenschaftstheorie Gierkes im öffentlichen Recht ausbaute und die prinzipielle Gleichartigkeit der Gebietskörperschaften von Staat, Ländern und Gemeinden als Verbänden hervorhob; schließlich korporatistische Theorien,[774] die die Bedeutung von Nähebeziehung betonten und sie den sich verschärfenden antagonistischen Kräften der Gesellschaft entgegensetzen wollten.[775]

„Es ist bekannt, daß sich die kommunale Selbstverwaltung seit Jahren in einer schweren Krise befindet", konnte *Ernst Forsthoff* 1932 feststellen.[776] Die Krise sollte darauf beruhen, daß aufgrund der wirtschaftlichen (Finanzlage der Gemeinden aufgrund der geänderten Industriestruktur), sozialen (geänderte Siedlungsstrukturen), politischen (Aktivitäten der kommunalen Spitzenverbände) und rechtlichen (Einführung der Demokratie mit der Weimarer Reichsverfassung) Verhältnisse die

---

768 Zur Staatswirtschaft in der „Gemischten Wirtschaftsverfassung" *Huber* 1981, S. 1045 ff.
769 *Ullmann* 1988, S. 181.
770 *Forsthoff* 1931, S. 176, bezogen auf die von ihm abgelehnte Politisierung der Gemeinden.
771 *Köttgen* 1968a, S. 23 ff.
772 *Matzerath* 1970, S. 24 f.; eine Übersicht der Diskussion um die kommunale Selbstverwaltung gibt *Stolleis* 1999, S. 232–234.
773 *Matzerath* a. a. O. „etatistisch-bürokratisch".
774 *Matzerath* 1970, S. 29: „konservativ-genossenschaftliche".
775 *Matzerath* 1970, S. 28.
776 *Forsthoff* 1932, S. 59.

"geistig-politischen Voraussetzungen der Selbstverwaltung" entfallen seien.[777] Die Gemeinden seien keine engen Gemeinschaften mehr, denn der Gemeinsinn der Bürger sei durch die starke Migration verloren gegangen und die Gemeinsamkeiten würden sich sektoral auf einzelne aus dem Wohnsitz resultierende Bedürfnisse beschränken.[778] Eine ehrenamtliche Betätigung sei durch die Ausdifferenzierung der Lebensverhältnisse und die Spezialisierung, Technisierung und Professionalisierung der zur Befriedigung der hieraus erwachsenen Bedürfnisse notwendigen Daseinsvorsorge ausgeschlossen.[779] Eine Strukturgleichheit von Gemeinde und Staat ergebe sich somit nicht, wie Preuß meine, aus einer gleichursprünglichen demokratischen Gewalt, sondern aus der bei Gemeinde wie Staat zu beobachtenden zunehmend bürokratischen Form der Aufgabenerledigung. In eigenartiger Spannung hierzu stellt Forsthoff eine starke Politisierung der Gemeinden fest. Das bedeute jedoch eine Verkennung des von Unterschiedes von technisch-praktischer Verwaltung und politischer Regierung[780] und führe dazu, daß sich die Gemeinde um Angelegenheiten kümmere, die sie überforderten und daher frustrierten, statt um diejenigen Einzelaufgaben, die sich tatsächlich in ihrem Wirkungsbereich ergäben. Damit sei der Dualismus von Staat und Gesellschaft, als deren Überwindung durch Integration des Bürgertums die Selbstverwaltung eingeführt worden sei, relativiert, die Schranken des Staatlichen und Politischen gegenüber den öffentlichen Korporationen aufgehoben und eine unübersichtliche polykratische politische Struktur entstanden, die die Gefahr einer pluralistischen Auflösung des Staates mit sich bringe.[781] Indem Forsthoff Politik und Staat gleichsetzt, kann er aus dieser Politisierung der Selbstverwaltung zugleich die Gefahr des „totalen Staats" konstruieren.[782] Besonders über die Aktivitäten der kommunalen Spitzenverbände finde unter Umgehung der zur Kontrolle der Kommunen zuständigen Länder und auf Kosten ihres Einflusses eine Entwicklung zum „Selbstverwaltungsstaat" als einem „dezentralen Einheitsstaat" statt.[783] Diese Entwicklung ließe sich nicht revidieren, wohl aber – von Forsthoff in der Monographie von 1932 nur angedeutet – unter deutlicherer Trennung von Regierung und Verwaltung durch die Verstaatlichung von gemeindlichen Funktionen mildern.[784] Die Selbstverwaltungskörperschaften und die Gemeinden im Besonderen müßten wieder unpolitisch werden.

---

777 *Forsthoff* 1932, S. 50 u. 59; durch die faktischen Ursachen habe sich die Lage der Organisationsformen immer weiter von ihren verfassungsrechtlichen Voraussetzungen entfernt, *Forsthoff* 1931, S. 174; *Forsthoff* 1932, S. 46.
778 *Forsthoff* (1932, S. 53) bezeichnet sehr präzise den problematischen Stand der Selbstverwaltung in der modernen funktional ausdifferenzierten Gesellschaft: Das „sachliche Substrat" der Selbstverwaltung „ist ein anderes geworden, es ist nicht mehr eine umfassende Raumgemeinschaft, die ‚anspruchsgemäß alle sonstigen sozialen Spannungen in sich überwindet' (Köttgen), sondern eine Gemeinsamkeit, die sich aus dem Wohnsitz im Bereiche eines kommunalen Selbstverwaltungskörpers ergibt. Diese Gemeinsamkeit ist freilich nicht universal, man kann sie darum auch nicht als Gemeinschaft bezeichnen. Sie setzt sich zusammen aus vielen speziellen Gemeinsamkeiten. Diese Gemeinsamkeiten sind die Basis der modernen Selbstverwaltung, ein über sie hinausgreifendes, totales genossenschaftliches Bewußtsein gibt es nicht mehr".
779 *Forsthoff* 1932, S. 56.
780 Die von vom Stein entwickelt hatte, *Forsthoff* 1932, S. 16 u. 60.
781 *Forsthoff* 1931, S. 181 f.; *Forsthoff* 1931, S. 176.
782 *Forsthoff* 1932, S. 60 f.
783 *Forsthoff* 1932, S. 46 f. u. 67; *Forsthoff* 1931, S. 131.
784 *Forsthoff* 1932, S. 53 f.; *Forsthoff* 1931, S. 175.

Arnold Köttgen sah angesichts der Strukturgleichheit von Staat und Gemeinde die Krise der kommunalen Selbstverwaltung zugleich als eine Krise des Staates.[785] Kern war ein Verlust des Bewußtseins des Volkes von der Bedeutung der Zugehörigkeit der Bürger zu einem differenzierten System von Gemeinschaften.[786] Beide – Staat wie Gemeinde – würden überwältigt von den modernen Parteien.[787] Köttgen betonte den genossenschaftlichen Charakter, die „geistige Geschlossenheit" der lokalen Gemeinschaft als Grundlage der Gemeinde, die eine Umwendung des Trends von der stark integrierten Bürgergemeinde zur Einwohnergemeinde notwendig mache.[788] Migration, Vergroßstädterung und rein betriebswirtschaftliche Analyse der Gemeinden seien die Zerstörungskräfte dieser Selbstverwaltungseinheiten. Anders als die Träger funktionaler Selbstverwaltung, bei denen die wirtschaftliche Betrachtungsweise der Homogenität der Interessen Rechnung tragen könne, ginge es bei der lokalen Selbstverwaltung um die Integration einer Heterogenität von Interessen. Hier wie im Staat komme es auf eine Repräsentation als Grundlage der demokratischen Funktion, der Legitimationsbegründung, an. Auswege aus der Krise sieht Köttgen in einer „Regeneration der genossenschaftlichen Einheit" und ebenfalls eher traditional – an die Preußischen Reformen erinnernd – in einer Stärkung des Kommunalbeamtentums. Die Einschätzung seiner Untersuchung bleibt ambivalent: So sehr die Mittel gegen die Krise die Heraufbeschwörung der nicht mehr bestehenden historischen Voraussetzungen für die Entstehung der Gebietskörperschaften bedeutete, so überzeugend ist doch seine Analyse ihres besonderen Legitimationsmodus und der Gefahren, die sich aus einem absolut gesetzten und den Parteien überantworteten Staat ergeben: Die deutsche Demokratie sei traditionell in viele mitbestimmende Zentren ausdifferenzierte und nicht die des zentralistischen Einheitsstaates.[789] Daß diese „geistige Differenzierung" sich auf Lokalität stützt, besagt nicht notwendigerweise etwas dagegen, sie in einer funktional differenzierten Gesellschaft auch auf die mehr sachbezogenen Kriterien der Begründung der Träger funktionaler Differenzierung anwenden zu können.

Gingen die Gegensatztheorie und die korporatistische Theorie von einem Dualismus von Staat und Gesellschaft aus und ordneten die Körperschaft nur auf seiner einen Seite – als mittelbare Staatsverwaltung – oder der anderen – durch Revitalisierung der gesellschaftlichen Kraftquellen – ein, bemühten sich *Hugo Preuß* und

---

785 *Köttgen* 1968a, S. 10.
786 *Köttgen* 1968a, S. 35 f.
787 Im Parteienstaat finde eine „Denaturierung der Demokratie" statt, *Köttgen* 1968a, S. 32. Damit wendet er sich gegen eine Vorstellung vom Staat als eine „alle sonstigen sozialen Gruppen überwölbende" Einheit, *Köttgen* 1968a, S. 31.
788 *Köttgen* 1968a, S. 21, zudem „Seßhaftigkeit" und „bodenmäßige Bindung" (15).
789 „Wie aber auch ... gerade dem demokratischen Staate, sofern das Staatsvolk keine nationale Homogenität besitzt, in nationalkultureller Richtung wesensnotwendige Schranken gezogen sind, die er nicht ohne Verletzung seiner Legitimität überschreiten kann, so gilt ähnliches auch in allen anderen Richtungen sozialer Differenzierung. Ist geistige Differenzierung jedoch unter anderem entscheidend auch in der Verschiedenheit der räumlichen Situation begründet, so ergibt sich daraus die besondere Aufgabe, die gebietskörperschaftliche Selbstverwaltung gerade im demokratischen Staate zu erfüllen hat. War die Selbstverwaltung im Gefüge des monarchischen Staates als Konzession an die demokratischen Tendenzen der Zeit zu verstehen, so ergibt sich ihre Daseinsnotwendigkeit heute unmittelbar aus der Struktur der Demokratie. Was für die konstitutionelle Monarchie lediglich akzidentielle Bedeutung besaß, ist in der Demokratie zu einem Essentiale des Staatsaufbaus geworden", *Köttgen* 1968a, S. 32.

andere um eine Vermittlung, die die Gemeinsamkeiten beider Seiten diese Dualismus betonte. Beide Gegensatztheorien sahen die sich erweiternden und differenzierenden Großstädte als Problem an: Konnte die „konservativ-genossenschaftliche" Theorie in ihnen die nachbarschaftlichen Beziehungen, die Grundlage jeder wirklichen Gemeinschaftsbildung sein sollten, nicht mehr erkennen (Köttgen), so sah die „etatistisch-bürokratische" Theorie in der Machbildung der Großstädte ein Problem für die Staatlichkeit von Ländern und Reich.[790] Zudem war beiden der zunehmende Einfluß der Parteien in den Selbstverwaltungen suspekt: den einen wegen der Überformung der politischen Interessen der lokalen Selbstverwaltung mit gesamtstaatlichen Interessen, den anderen wegen der unkontrollierten Einflußnahme der parteipolitisch instrumentalisierten Städte auf die Staatsinteressen der Länder und des Reiches. Es ist nicht zu bestreiten, daß die Entwicklung der Weimarer Republik Anschauungsmaterial für die Besorgnis beider Theorien bereithält; ein prinzipieller Einwand gegenüber der Gleichartigkeit der Gebietskörperschaften ergab sich daraus nicht; denn auch diese Theorie betonte die Autonomie der jeweiligen Sphäre, so daß etwa eher an die Notwendigkeit hinreichend großer Länder und des Umfangs der gemeindlichen Aufgaben, als an deren umstandslose Eingliederung in die hierarchische Verwaltung zu denken war. Es ist vielleicht das größte Verdienst von Köttgens Schrift, den Versuch unternommen zu haben, diese Selbstverwaltung in den demokratischen Staat zu integrieren.[791] Zugleich entwickelte Köttgen eine so anspruchsvolle genossenschaftliche Konzeption der Selbstverwaltung, daß sie – wie Forsthoff insofern zu Recht kritisierte –[792] den Strukturen insbesondere der Großstädte nicht mehr gerecht wurde.

Die Entwicklung der Gebietskörperschaften in der Weimarer Republik ist gekennzeichnet durch eine verfassungsrechtliche Fundierung, dabei großer Kontinuität im einfachgesetzlichen Bereich[793] und großen politischen Veränderungen, die je länger je mehr zu der erwähnten Krise der Gemeinden führten.[794]

aa. Die Regelungen der Weimarer Reichsverfassung und ihre Folgen

„Demokratie und Selbstverwaltung dienen ein- und demselben Ziel und leiten ihre Legitimation von ein- und demselben Souverän her, dem Bürger".[795] Das Verhältnis der kommunalen Selbstverwaltung und der demokratisch legitimierten Staatsgewalt war nicht mehr durch die abwehrrechtliche Freiheitssicherung, sondern durch eine Kompetenzabgrenzung geprägt. Des Schutzes bedurften die Gemeinden im neuen demokratischen Staat mit starken zentralistischen Tendenzen gleichwohl weiterhin. Und so konnte man sie dennoch im Grundrechtsteil erfassen. Mit der Revolution war dies die neue demokratische Realität geworden, mit der die Weimarer Reichsverfassung umzugehen hatte. Die verfassungsrechtlichen Regelungen hatten im Art. 127

---
790 *Matzerath* 1970, S. 29.
791 Ganz im Gegensatz sowohl zu Peters als auch zu Forsthoff, *Laux* 1983, S. 60.
792 1932, S. 71.
793 *Stolleis* 1999, S. 78; *Hendler* 1984, S. 138.
794 *Matzerath* 1970, S. 21.
795 So *Knemeyer* (1983, S. 209) über den systematischen Zusammenhang zwischen Demokratie und Selbstverwaltung seither, vgl. auch *Schmidt-Aßmann* 1991b, S. 124 f.

WRV die Forderungen der Paulskirchenverfassung (§ 184) nach Selbstverwaltung aufgegriffen. Eingeordnet im Grundrechtsteil im zweiten Abschnitt zum „Gemeinschaftsleben" nach Familie und der Vereinigungsfreiheit und am Beginn der Mitwirkungsrechte und -pflichten des Bürgers im Staat, wurde die gesellschaftliche Verankerung der Gemeinden und Gemeindeverbände hervorgehoben. Mit der Anordnung allgemeiner, gleicher, unmittelbarer und geheimer Wahl nach den Grundsätzen des Verhältniswahlrechts bei Reichs-, Länder- und Gemeindewahlen in Art. 17 II WRV akzentuierte die neue Verfassung die Gleichartigkeit der Gebietskörperschaften im Legitimationsmodus.[796] Daß sie nun weder der Seite der Gesellschaft noch einfach des Staates zuzurechnen waren, wurde[797] durch die Auffassung des Art. 127 WRV als institutioneller Garantie deutlich. *Carl Schmitt* hielt ein solches Institut für notwendig, weil die Selbstverwaltungsautonomie der Gemeinden anders als die Grundrechte der Bürger nicht „vorstaatlicher" Natur seien, sondern nur aufgrund verfassungsrechtlicher Verleihung bestünden.[798] Danach sollte Art. 127 WRV keine individuelle Bestandsgarantie für eine bestimmte Ausformung individueller Gemeinden, sondern lediglich das Verbot an den Gesetzgeber, Gemeinden mit Selbstverwaltung überhaupt aus dem Aufbau der Gemeinschaften in Deutschlands zu eliminieren, enthalten.[799] Diese Ansicht wurde in der Staatsrechtslehre, wenn auch nicht unwidersprochen, geteilt und fand Aufnahme in die Rechtsprechung des Staatsgerichtshofs.[800] *Hans Peters* differenzierte allerdings: Art. 127 WRV sollte durchaus die Existenz der Gemeinden als Körperschaften des öffentlichen Rechts sichern. Ihre Rechtspersönlichkeit war Voraussetzung der Selbstverwaltung. Hieraus folgte, daß ihnen das Recht zustünde, alle existenzerhaltenden Maßnahmen vornehmen zu dürfen. Hinsichtlich der Gegenstände, die den Gemeinden zur Selbstverwaltung zu überlassen waren, sollte es sich aber nur um einen Programmsatz handeln, der dem Gesetzgeber nicht die Belassung bestimmter Aufgaben vorschrieb.[801] Schließlich war die Garantie der gemeindlichen Selbstverwaltung auch wegen des umfassenden Gesetzesvorbehalts

---

796 Zu den Beratungen auch *Emde* 1991, S. 219 f.
797 Nicht unbedingt Schmitts Intentionen entsprechend.
798 Die Prämissen dieser Annahme sind durchaus in Frage zu stellen. Auch eine vorstaatliche Freiheit wird zu einem verfassungsrechtlichen Grundrecht nur durch ihre rechtliche Anerkennung und Normierung und in ihrem Umfang. Verdanken aber Gemeinde und „vorstaatliche Grundrechte" ihrer Anerkennung als verfassungsrechtliche subjektive Rechte der Verfassung, so bedeutet das umgekehrt nicht, daß sie nicht auch Sozialgebilde Unterschiede aufweisen: Mag auch bei der natürlichen Freiheit des Einzelnen die Gemeinschaftsgebundenheit eine wichtige Rolle spielen, so ist sie doch nicht in dem Maße ausschlaggebend wie bei den Gemeinden, die sich nicht mehr als historische Gebilde aus eigener Kraft, sondern als staatlich geformt zeigen. Ihre staatliche Prägung sagt aber nichts über ihre rechtliche Verselbständigung. Trotz des unterschiedlichen staatlichen Einflusses auf die soziale Form von bürgerlicher Freiheit und gemeindlicher Selbstverwaltung besteht also aufgrund dieser Tatsache alleine keine *rechtliche* Notwendigkeit, Art. 127 WRV als institutionelle Garantie zu verstehen. Das schließt andere Gründe für die Konstruktion institutioneller Garantien nicht aus.
799 In diesem Sinn auch *Forsthoff* 1931, S. 102 f., der von einer „organisatorischen Garantie" spricht, die den Organisationstyp Selbstverwaltung „als Tätigkeit eines von der Staatsorganisation distanzierten Verwaltungssubjekts. in der allein möglichen Form der öffentlichen Körperschaft" gewährleistet.
800 *Hendler* 1984, S. 137. Auch das betonte aber, daß die Landesgesetzgebung die Selbstverwaltung nicht derart einschränken [darf, S. K.], daß sie innerlich ausgehöhlt wird, die Gelegenheit zu kraftvoller Betätigung verliert und nur noch ein Schattendasein führen kann". *RGZ* 126, Anhang, S. 14 ff. (22); vgl. v. Mangoldt/Klein/Starck-*Tettinger* Art. 28 Rn. 128.
801 In diesem Sinne auch *Forsthoff* 1931, S. 103.

sicher nicht die von *Preuß* geforderte „pouvoir municipal"[802] als unterste Ebene eines „Volksstaates", aber sie war auch nicht das „leerlaufende Recht"[803] als das sie manche Stimmen in der Staatsrechtslehre auffassen wollten.

Der Art. 17 II WRV beseitigte endgültig das Dreiklassen-Wahlrecht in den Gebieten, in denen es noch nicht abgeschafft worden war. Damit war das Ungleichgewicht der Stände und die rechtlich noch bestehende Abhängigkeit von den Gutsherren nach den gescheiterten Versuchen von 1808, 1848/49 und nur teilweise erfolgreichen von 1872 nun erstmals auch für die Landgemeinden beseitigt. Die Folge war auch eine Zurückdrängung der Honoratioren und ein Vordringen des Parteieneinflusses in den Gemeinden und damit ihre Politisierung,[804] eine Entscheidung gegen Gneist und für Preuß. Damit öffnete sich die Gemeindeorganisation aber auch den Gefahren einer nicht mehr nach Interessensphären gegliederten Massendemokratie.[805]

bb. Landesrechtliche Umsetzung dieser Vorgaben

Die Kommunalrechtsgesetzgebung der Länder war angesichts der überwiegend für wenig aussagekräftig gehaltenen Bestimmungen der Reichsverfassung weniger Umsetzung ihrer Vorgaben als vielmehr Weiterentwicklung der ohnehin schon geltenden Grundsätze.[806] Die Länder gingen auch alsbald an eine Reform ihrer Kommunalverfassungen, die allerdings nicht überall erfolgreich war.

Deutlicher als bisher bildeten sich drei Formen der Kommunalverfassung heraus. Das Einkörpersystem der Stadtratsverfassung, wonach es ein sowohl beschließendes als auch ausführendes Organ, den Stadtrat gab. Daneben trat als dessen Vorsitzender der direkt gewählte (Ober-)Bürgermeister. Ihm stand das Zweikammersystem der Magistratsverfassung mit zwei Beschlußorganen, den Stadtverordneten und dem aus haupt- und ehrenamtlichen Vertretern gebildeten Magistrat gegenüber. Gewissermaßen zwischen beiden kann das Einkammersystem der Bürgermeisterverfassung eingeordnet werden, bei dem die Stadtverordnetenversammlung als Beschlußorgan fungierte, während der durch diese gewählte Bürgermeister diese Beschlüsse ausführte und den Vorsitz in der Versammlung führte.

---

802 *Forsthoff* 1931, S. 110: Die Vorschrift sichere vielmehr die Homogenität der politischen Willensbildung und damit die Integration des Reiches. – Preuß' Gedanke des „pouvoir municipal" stützt sich auf die Entwicklung der Lehre in der französischen Konstituante, die dann vor allem für die Art. 31 und 108 der Belgischen Verfassung von 1831 prägend geworden ist. Danach ist der „pouvoir municipal" ein eigenständiger Teil der Staatsgewalt, *Heffter*, S. 57; vgl. auch v. Mangoldt/Klein/Starck-*Tettinger* Art. 28 Rn. 126.
803 So Gerhard Anschütz, *Gusy* 1997, S. 232.
804 *Hendler* 1984, S. 138; *Matzerath* 1970, S. 23; *Rebentisch* 1981, S. 88. In der zeitgenössischen Diskussion wurde diese Regelung daher durchaus kritisch beurteilt. Köttgen etwa spricht vor dem Hintergrund des Einbrechens der „staatspolitisch gerichteten" Parteien in die traditionell lokal radizierte genossenschaftliche Verbundenheit der Gemeindebürger von einer „Krise der Repräsentation" (*Köttgen* 1968a, S. 22) und einem „Antagonismus von Parteienstaat und jeder Selbstverwaltung" (S. 32). Ihnen sei die Selbstverwaltung nur ein Sprungbrett zur Erlangung der Macht im Staat.
805 *Herzfeld* 1957, S. 18. Herzfeld faßt die dramatischen Folgen zusammen (S. 20): „Das scheinbare Vorkriegsidyll der nur von den sachlichen Gegebenheiten bestimmten Kommunalarbeit machte einem von den politischen Parteien beherrschten, besonders in Notzeiten stürmisch erregten Klima der Kommunalpolitik Platz, in dem das nüchterne Bild sachlich erheblicher Leistungen oft durch den Lärm des Agitationskampfes verdeckt wurde".
806 *Gusy* 1997, S. 232.

Vorbereitet durch das Gesetz über die Selbstverwaltung von 1919, führte Bayern mit der Gemeindeordnung von 1927 die Stadtratsverfassung ein.[807] Zusammen mit dem Homogenitätsprinzip von Art. 17 II WRV genügenden Wahlrecht wurde durch die unmittelbare Wahl der beiden Gemeindeorgane der demokratische Charakter der gemeindlichen Legitimation hervorgehoben. In Württemberg und Baden galt mit Abwandlungen dasselbe System.[808] Württemberg behielt als Besonderheit im kommunalen Aufbau auch noch die Oberämter bei, die einerseits Teil der staatlichen Verwaltung, andererseits aber Kommunalverband der angeschlossenen Gemeinden waren.

In Preußen fanden sich 1918 dreiundzwanzig verschiedene Städte- und Gemeindeordnungen.[809] In den östlichen Provinzen galt das Zweikammersystem der Magistratsverfassung, während in den westlichen und einigen weiteren Provinzen das Einkammersystem bestand. Die Reformbestrebungen, die eine Vereinheitlichung für das ganze Land bringen sollten, sahen zunächst eine stärkere Stellung der Stadtverordnetenversammlung als einzigem Beschlußorgan und dem Magistrat als reinem Administrativorgan vor, wurden dann aber in eher verwaltungsfreundliche Varianten mit einem Mitbeschlußrecht des Magistrats geändert. Sie scheiterten schließlich 1924.[810] Immerhin gelang 1927 die bereits erwähnte Auflösung der zwölftausend Gutsbezirke. Im Bereich der Landkreise erfolgte die erforderliche Anpassung des Wahlrechts 1920. Die wichtige Klärung der Rechtsstellung des Landrats und eine eventuelle Kommunalisierung gelang aber ebenfalls nicht mehr. Es blieb dabei, daß er vom Staat ernannter Leiter des Landkreises und zugleich der Gebietskörperschaft war.[811] Auf der Provinzebene kam es infolge des Versailler Vertrages zu regionalen Neugliederungen. Zu einer durchgreifenden inneren Neuordnung der Provinzen konnte man sich jedoch nicht verstehen.[812] Art. 72 II der Preußischen Verfassung vom 30. November 1920 enthielt die Verpflichtung, den Aufgabenkreis der Provinzen zu erweitern. Auch die Reichsverfassung wertete sie auf, indem sie in Art. 63 I S. 2 eine Mitwirkung der Provinzen bei der Bestellung der Vertreter Preußens im Reichsrat vorsah.[813] Das Wahlgesetz für die Provinziallandtage und die Kreistage vom 3. Dezember 1920 brachte insofern eine Änderung im ganzen Charakter der Provinzen mit sich, als nun eine direkte Wahl der Mitglieder der Vertretungskörperschaft durch die Provinzbürger stattfand und nicht mehr nur eine indirekte Wahl durch die angehörigen kreisfreien Städte und Landkreise. Die Diskussion, ob die Provinzen damit ihren Charakter als Verbandskörperschaften verloren hätten, hielt lange an.[814]

Erfolgreicher waren andere Länder: So gab sich Sachsen 1923 mit einer neuen Gemeindeordnung ein einheitliches Kommunalverfassungsrecht für Städte und

---

807 *Jeserich* 1985, S. 494; *Volkert* 1985, S. 562 f.
808 *Jeserich* 1985, S. 494; *Mann/Nüske* 1985, S. 574; *Ott* 1985, S. 583 f. Baden behielt allerdings anders als Württemberg, das sie 1919 abschaffte, seine Bürgerausschüsse bei.
809 *Jeserich* 1985, S. 492 f.
810 *Rebentisch* 1981, S. 90; *Jeserich* 1985, S. 493 f.
811 *Jeserich* 1985, S. 507.
812 *Jeserich* 1985, S. 500.
813 Vgl. das „Preußische Gesetz über die Bestellung der Mitglieder des Reichsrats durch die Provinzialverwaltungen" vom 3. Juni 1921, Preußische Gesetzessammlung, S. 379 – der Verfassungsauftrag wurden hingegen nicht erfüllt, zum Ganzen auch *Teppe* 1977, S. 9 f.; *Huber* 1981, S. 378 ff.
814 *Teppe* 1977, S. 12 f.

C. Geschichte der Körperschaft des öffentlichen Rechts   161

Landgemeinden, stärkte die Gemeindeverordnetenversammlung gegenüber dem Gemeinderat als Administrativorgan, reduzierte die staatliche Aufsicht und führte eine „Gemeindekammer" beim Landesinnenministerium ein, die aus dem Staatsminister und zehn Mitgliedern aus dem Kreis der Gemeinderäte und Gemeindeverordneten zu wählen war.[815] Vereinheitlichung dieser Vielfalt von Kommunalverfassungen und Einführung einer deutlicheren Trennung von Beschluß- und Administrativorgan[816] war auch der Gegenstand zahlreicher Vorschläge, die die kommunalen Spitzenverbände – allen voran der Deutsche Städtetag – in den Gesetzgebungsprozeß einbrachten. Ein entsprechender Referentenentwurf in Preußen ging 1930 in der sich verschärfenden Krise von Staat und Gesellschaft unter.[817]

Wesentliche Veränderungen ereigneten sich aber im Bereich der Gemeindewirtschaft, der Gemeindefinanzen und des Zuschnitts der Gemeinden. Die Aufgaben der Gemeinden besonders im Bereich der Sozialleistungen erweiterten sich ständig.[818] Dies ging zu Lasten der Polizeibefugnisse, die immer häufiger nur noch zum übertragenen Wirkungskreis gerechnet wurden. Daraus folgte eine gegenüber der Rechtsaufsicht intensiver kontrollierende Fachaufsicht der Länder.[819] Zum anderen fiel die Wahrnehmung dieser Aufgaben in den Zuständigkeitsbereich der Bürgermeister, was ihre Stellung gegenüber den Vertretungsorganen stärkte.[820] Sie konnten dazu auf anwachsende Beamtenapparate zurückgreifen, was der bürokratischen Gemeindeverwaltung gegenüber den eigentlichen Selbstverwaltungsorganen einen erheblichen Machtvorsprung sicherte – auf Kosten des genossenschaftlichen Elements.[821] Wohnungsbau- und Infrastrukturförderung (Flughäfen, Wasserstraßen) von den Gemeinden als von ihnen zu erfüllende öffentliche Aufgabe begriffen.[822] Die wirtschaftlichen Interessenverbände kritisierten dies je länger desto mehr unter dem Stichwort einer „kalten Sozialisierung" oder auch des „Municipalsozialismus". Unter dem Eindruck katastrophaler finanzieller Verhältnisse nahmen die Gemeinden später dann diese Aufgabenwucherung durch die Privatisierungen der Gemeindebetriebe wieder etwas zurück und suchten insgesamt eine Nähe zur Privatwirtschaft.[823] Abgesehen von teilweise selbstverschuldetem Aufgabenwachstum und der ungezügelten Kreditaufnahme, war für die Finanzkrise der Gemeinden, als ihrem drückendsten Problem in der Weimarer Zeit, die Erzbergersche Finanzre-

---

815 *Blaschke* 1985, S. 594 f.; *Jeserich* 1985, S. 494.
816 Und damit der umständlichen Doppelbeschlußfassung und Mehrfachberatung, *Rebentisch* 1981, S. 90.
817 *Jeserich* 1985, S. 496. Zu dem Entwurf auch *Herzfeld* 1957, S. 29; *Kahl* 2000, S. 193 f.
818 Ohnehin enthielt zwar die Reichsverfassung keine Vorgaben für den Aufgabenkreis; durchgesetzt hatte sich aber die Auffassung von der lokalen Universalzuständigkeit der Gebietskörperschaften, *Gusy* 1997, S. 234.
819 Das Reich besaß freilich keine eigene Aufsicht für die Erfüllung der den Gemeinden von ihm auferlegten Aufgaben, so daß die Erreichung der erstrebten Ziele durch eine eingehende Durchnormierung durchgesetzt werden mußte, was den Handlungsspielraum der Gemeinden zusätzlich verengte. Die Gemeinden wurden „vielfach zu bloßen Vollzugsorganen des Reiches oder Landes herabgedrückt", *Köttgen* 1968a, S. 2.
820 *Gusy* 1997, S. 234.
821 *Köttgen* 1968a, S. 7 f.
822 Ob dabei eine wesentliche Ausdehnung ihrer Tätigkeiten stattfand, ist umstritten, *Rebentisch* 1981, S. 94 f.
823 *Rebentisch* 1981, S. 97 f.; *Matzerath* 1970, S. 23. Herzfeld sieht in der Ausbreitung der gemeindlichen Tätigkeit durchaus eine der Industrialisierung korrespondierende und auch infolge des Wiederaufbaus nach dem Ersten Weltkrieg notwendige Entwicklung, *Herzfeld* 1957, S. 23.

form von 1920 verantwortlich.[824] Sie strebte eine Zentralisierung der Finanzhoheit beim Reich an.[825] Im Zuge dieser Reform wurde den Gemeinden der Zuschlag zur Einkommensteuer gestrichen und an deren Stelle staatliche Dotationen und andere, weniger einträgliche neue Abgaben gesetzt.[826] Diese hielten jedoch weder den anwachsenden Aufgaben noch der Inflation stand. In Preußen weigerten sich die Gemeinden teilweise, die von ihnen für unzweckmäßig erachteten Abgaben zu erheben, was 1930 – unter Berufung auf § 192, II, 6 ALR (!) und Gewohnheitsrecht – zur Einsetzung von sechshundert Staatskommissaren führte.[827] Auch der in der Steuernotverordnung von 1924 vorgesehene vertikale Finanzausgleich von Reich, Ländern und Kommunen und andere Übergangsregeln konnte die Finanzlasten kaum ausgleichen. Die Gemeinden nahmen verstärkt Auslandskredite auf, deren Tilgung immer schwieriger wurde und gaben schließlich sogar „Notgeld" in einem Umfang, der der offiziellen Währung entsprach, aus. Daraufhin wurde die Kreditaufnahme genehmigungspflichtig, was allerdings zu einer verstärkten Einflußnahme des Reichsbankpräsidenten *Hjalmar Schacht* in die kommunale Aufgabenpolitik führte. Schließlich durften 1931 auch die Sparkassen den Gemeinden keine Kredite mehr gewähren.[828] Insgesamt schmolz damit der Gestaltungsspielraum der Gemeinden auf ein Minimum zusammen.[829]

Um die Leistungsfähigkeit der Gemeinden zu erhöhen, wurde vermehrt zum Mittel der Neugliederung in Gestalt von Eingemeindungen und der Bildung größerer Leistungsträger gegriffen.[830] Verwaltungsrationalisierung führte insbesondere für Berlin 1920 zu einer Großgemeinde, die in zwanzig Verwaltungsbezirke untergliedert wurde.[831] Auch Zweckverbände wie der „Siedlungsverband Ruhrkohlenbezirk" sollten diesem Ziel dienen.[832]

---

824 Zu den Finanzproblemen der Kommunen in der Weimarer Republik, die auch mit der Ausweitung ihrer Aufgaben zusammenhing, *Petzina* 1994, S. 237 f.
825 Dazu und zu den Folgen: *Rebentisch* 1981, S. 90 f.; *Matzerath* 1970, S. 23, *Jeserich* 1985, S. 492, 511 f.; *Gusy* 1997, S. 243 f.; *Forsthoff* 1932, S. 35 f. u. 145 f.; *Laux* 1983, S. 61 f. hebt die Bedeutung der Finanzreform für die Stabilität der Gemeinde- und Staatsfinanzen hervor und zeigt Kontinuitätslinien der Finanzsteuerung bis zur Gegenwart.
826 *Herzfeld* 1957, S. 20. Den Gemeinden blieben die Realsteuern auf Grundbesitz und dessen Erträge, dazu Gewerbe-, Vermögens-, Verkehrs-, Verbrauchs- und Aufwandsabgaben, *Gusy* 1997, S. 244.
827 *Herzfeld* 1957, S. 22; *Rebentisch* 1981, S. 99 f.; *Huber* 1981, S. 486. Ein klarer Verstoß gegen die Selbstverwaltungsgarantie des Art. 127 WRV, *Forsthoff* 1931, S. 104; 1932, S. 29 f.: „Man kann angesichts der heutigen [Finanz-, SK] Lage durchaus der Ansicht sein, daß die kommissarische Verwaltung. ein unentbehrliches Aufsichtsmittel geworden ist und daß es die Länder schleunigst in ihre Gemeindegesetze aufnehmen sollten. Solange das aber nicht geschieht, ist die Regelung des Verhältnisses von Staat und Gemeinde lückenhaft. Diese Lücke kann die Verwaltung nicht von sich aus schließen, ohne sich mit dem Art. 127 RV – von den landesrechtlichen Vorschriften ganz abgesehen – in Widerspruch zu setzen". Forsthoff sieht also eine rechtspolitische Lücke, die angesichts des in Art. 127 WRV enthaltenden Gesetzesvorbehalts nur durch den zuständigen Gesetzgeber selbst geschlossen werden könne.
828 *Jeserich* 1985, S. 517.
829 Die steigende Belastung mit Pflichtaufgaben führte dazu, daß 1929 gerade noch 3 % der Haushaltseinnahmen für freiwillige Aufgaben und damit individuelle Gestaltung zur Verfügung standen, *Köttgen* 1968a, S. 1.
830 Eine Übersicht gibt *Gusy* 1997, S. 233, Fn. 7.
831 *Rebentisch* 1981, S. 96. Für diesen Verband galt subsidiär die Magistratsverfassung von 1853 weiter. 1931 wurde eine straffere Organisation geschaffen, die nach eher verwaltungstechnischen Prinzipien erfolgte und partizipatorische Gesichtspunkte hintanstellte.
832 *Jeserich* 1985, S. 501; *Rebentisch* 1981, S. 96.

cc. Kommunale Spitzenorganisationen in der Weimarer Republik

Zunehmende Zentralisierung und die Bildung von Dachorganisationen anderer Spitzenverbände verstärkte auch innerhalb der Gebietskörperschaften das Bedürfnis, bestehende Verbote zu beseitigen und zu eigenen Spitzenverbänden zu gelangen. Dies geschah in wenig formalisierter und damit kaum koordinierter privatrechtlicher – und damit der Zuständigkeitsordnung der öffentlichen Verwaltung entrückten –[833] Form für alle Körperschaftsformen gesondert.[834] Am wichtigsten und einflußreichsten war die anläßlich der Städteausstellung in Dresden bereits 1904 gegründete Dachorganisation der Großstädte, der Deutsche Städtebund.[835] Er war die stärkste kommunale Interessenvertretung, die für einen dezentralen Einheitsstaat plädierte, um so das Gewicht der großen Kommunen zuungunsten der Länder zu erhöhen.[836] Weniger bedeutend waren der Reichsstädtebund als Interessenvertretung der kreisangehörigen Städte,[837] der in starker Opposition besonders zu den Reformentwürfen des Deutschen Städtetages stand,[838] der Reichsverband der Deutschen Landgemeinden von 1922 (später „Deutscher Landgemeindetag") und der Verband der Preußischen Provinzen. Stärker war der Staatseinfluß über die Dienstgewalt gegenüber den Landräten auf den Landkreistag.[839]

Der Versuch, diese Aktivitäten in einer „Zentralstelle der kommunalen Spitzenverbände" zu koordinieren, scheiterte,[840] so daß sich Überlegungen verdichteten, die kommunalen Dachverbände im Reichsinnenministerium zusammenzuführen, um so auch den öffentlichen Einfluß auf deren Interessenpolitik sicherzustellen.[841] 1933 konnte diese Tendenz in gewisser Hinsicht durch die Bildung des Deutschen Gemeindetages als Verbandskörperschaft aufgefangen werden.[842]

---

833 *Forsthoff* 1932, S. 48.
834 *Forsthoff* (1931, S. 168) schreibt dazu treffend: „Die Besonderheit liegt hier in der Tatsache, daß es sich nicht um irgendwelche Interessenverbindungen handelt, sondern um öffentliche, den Ländern untergeordnete Körperschaften, die ihr Interesse nicht auf dem gesetzlichen Wege durch die Landesregierungen, sondern unter Umgehung dieses Weges durch eine eigene Organisation dem Reich gegenüber wahren".
835 Daß er zum „gemeinschaftlichen Bollwerk der Selbstverwaltung" gegenüber der Politik geworden sei, wird man angesichts der Interessengegensätze zwischen den verschiedenen Gemeindeformen und ihren Spitzenverbänden, kaum behaupten können, so aber *Herzfeld* 1957, S. 26.
836 *Forsthoff* 1931, S. 168 f. und öfters. Der Städtetag forderte die Einrichtung einer eigenen kommunalen Abteilung im Reichsinnenministerium, einen kommunalen Ausschuß im Reichstag und eine Vertretung im Reichsrat (*Forsthoff* 1932, S. 67). Umfang und Einfluß des Verbandes nahmen so stark zu, daß seit 1925 ein hauptamtlicher Präsident des Deutschen Städtebunds eingeführt wurde.
837 Vorläufer war der „Verbund kleinerer und mittlerer Städte" 1910, *Jeserich* 1985, S. 508.
838 Zu diesen *Herzfeld* 1957, S. 27.
839 Zu seiner Gründung war auch eine ministerielle Zustimmung eingeholt worden. Zu seinen Generalversammlungen mußte ein Vertreter des preußischen Innenministeriums eingeladen werden, *Forsthoff* 1932, S. 48.
840 *Jeserich* 1985, S. 506.
841 *Matzerath* 1970, S. 26; *Peters* 1926, S. 267 f.
842 *Jeserich* 1985, S. 523; sehr kritisch gegenüber diesem Spitzenverband: *Herzfeld* 1957, S. 30 „Ausdruck des folgerichtigsten Absolutismus"; skeptisch schon 1931 *Forsthoff* (1931, S. 173; 1932, S. 49). Außerdem ergaben sich in der Zeit der Weimarer Republik verfassungsrechtliche Bedenken hinsichtlich der Errichtung einer kommunalen Verbandskörperschaft durch das Reich.

b. Die Selbstverwaltungskörperschaften der funktionalen Selbstverwaltung

Stand im Zentrum der politischen und theoretischen Auseinandersetzung um die Gebietskörperschaften ihre Bedeutung im demokratischen Staat und die Bewältigung ihrer wirtschaftlichen Krise, so ergab sich im Bereich der funktionalen Selbstverwaltung einerseits die Frage der Beibehaltung des status quo[843] oder eine Fortentwicklung der bestehenden Körperschaften, andererseits aber ein erheblicher Aufschwung an neuen Formen besonders in der wirtschaftlichen Selbstverwaltung. Um eine angemessene Allokation knapper Güter zu gewährleisten, wurden insbesondere im Energiesektor neue verselbständigte Verwaltungseinheiten geschaffen. Problematisch war dabei, daß nicht für alle neuen verselbständigten Aufgaben die herausgebildeten Formen körperschaftlicher Selbstverwaltung passen wollten, so daß es eine Fülle von neuen Organisationsformen gab, die zahlreiche Abgrenzungsprobleme aufwarfen. Art. 156 II WRV war hier die Grundlage dafür, daß verschiedene neue Selbstverwaltungskörperschaften gebildet werden konnten, so etwa der „Eisenwirtschaftsbund".[844] Zweifelhaft konnte der Körperschaftscharakter bei anderen Organisationen wie dem „Schwefelsäureausschuß" und dem „Reichskohlenrat" sein: Im „Schwefelsäureausschuß" bestimmte der Reichswirtschaftsminister die Vertreter, und im „Reichskohlenrat" wurden sie teilweise durch die Länder bestimmt, teilweise gewählt. Die Aufsicht lag beim Reichswirtschaftsminister.

Ein weiteres Anliegen war die auf Art. 165 WRV gestützte Forderung nach einer gleichberechtigten Beteiligung der Arbeiter und Angestellten an der Selbstverwaltung. Sollte die gesellschaftliche Bedeutung dieser und der Arbeitgeber als solcher aber auch zur Herausbildung eigener öffentlich-rechtlicher Vertretungen führen? Die in Bremen 1921 in diesem Sinne eingeführten Arbeitnehmer- und Arbeitgeberkammern wurden nicht vorbildhaft.[845] Sachlich zu heterogen waren die auf diese Weise zu repräsentierenden Interessen, als daß sie noch dem Modell der in ihren Aufgaben beschränkten Selbstverwaltungskörperschaft entsprochen hätten. Das Verhältnis von funktionaler Selbstverwaltung insgesamt und demokratischem Staat wurde allerdings kaum gelöst. Eine Erstreckung der demokratischen Legitimationskriterien, wie sie in Art. 17 II WRV auf die Gemeinden erfolgte, war für die funktionale Selbstverwaltung nicht vorgesehen.[846]

Der im Kaiserreich zu beobachtende Zentralisierungsprozeß der Körperschaften hielt auch in der Weimarer Republik an. Stärkere Wirtschaftslenkung hatte schon mit den Erfordernissen der Kriegswirtschaft eingesetzt und zeigte sich in privaten Zwangskartellen oder Syndikaten, die teilweise unzutreffend als Körperschaften des öffentlichen Rechts angesehen wurden.[847] Kohlensyndikate waren Zwangszu-

---

843 Wie etwa bei den Realkörperschaften.
844 *Hendler* 1984, S. 157.
845 *van Eyll* 1985, S. 71.
846 *Emde* 1991, S. 221 f.
847 Zu den Unklarheiten auch *Glum* 1924, S. 35 f. und 94, der sie unscharf als „juristische Personen des öffentlichen Rechts den öffentlichen Genossenschaften verwandt, öffentlich-rechtliche Syndikate mit teilweise privatwirtschaftlicher Kartelltätigkeit" bezeichnete. Einen engen Begriff verwendet *Most* (1927, S. 16 f.), der zu Recht die Eigenschaft der Selbstverwaltungskörperschaft vom Kriterium

sammenschlüsse der Zechenbesitzer eines Bergbaubezirks,[848] die zum Reichskohlenverband vereinigt wurden und durch den Reichskohlenrat,[849] der dem Reichswirtschaftsminister unterstellt war, beaufsichtigt wurden.[850] Der Reichskohlenrat war mit Vertretern der Unternehmer und der Arbeitnehmer besetzt. Nur der Reichskohlenrat war öffentlich-rechtlich organisiert.

aa. Die Körperschaften der wirtschaftlichen Selbstverwaltung

Im Bereich der Handelskammern gab trotz größeren Reformbedarfs[851] größere Veränderungen nur in bezug auf die Anpassung des Wahlrechts durch einen demokratischen Wahlmodus sowie durch die Aufnahme von Minderkaufleuten als Mitglieder.[852] Die auf Art. 165 WRV gestützten Forderungen nach einer stärkeren Arbeitnehmerbeteiligung führten aber nicht zu deren paritätischer Beteiligung an den Willensbildungsprozessen der Körperschaften. Wichtig war die Einführung der Möglichkeit, in öffentlichrechtlichen Zweckverbänden zur Erfüllung gemeinsamer Aufgaben zusammenarbeiten zu können. Außerdem konnte der zuständige Minister einen solchen Verband anordnen. Gegen Ende der zwanziger Jahre setzte dann eine verstärkte Fusionierungswelle ein.[853] Schon seit 1918 bestand allerdings der Deutsche Industrie- und Handelstag.

Auch im Bereich der Handwerkskammern war die wichtigste Neuerung der Weimarer Zeit die Anpassung ihrer Strukturen an die republikanische Verfassung. Die Änderung der Gewerbeordnung brachte 1929 – einer alten Forderung des Handwerks entsprechend – die Führung der Handwerksrolle als neue Aufgabe der Kammern.[854] Auch der Wahlmodus wurde geändert: Statt der Wahl der Versammlung („Handwerkskammer") durch die Innungen und Verbände fand nun eine unmittelbare und allgemeine Wahl durch die selbständigen Handwerker statt. Bei den Innungen kam die Pflichtmitgliedschaft für juristische Personen hinzu.[855] Mit Inkrafttreten des ArbGG am 1.7.1927 gingen jedoch wichtige traditionelle Kompetenzen der Innungen im Bereich der Streitschlichtung zwischen Arbeitnehmern und Betriebsinhabern auf die staatlichen Gerichte über.[856] Dies bedeutete aber ebenso

---

der freien Wahl der Organwalter durch die Mitglieder der Körperschaft abstellt und angesichts der beschränkten Aufgabenstellung und der Besetzung der Körperschaftsorgane mit Vertretern der beteiligten Kreise die Selbstverwaltung verneinte. Der Eisenwirtschaftsbund etwa gehöre zwar zu den Körperschaften, nicht aber zu den „Selbstverwaltungskörperschaften, sondern lediglich vom Staat zur Erledigung von Aufgaben der Staatsverwaltung geschaffene Zweckvertretungen der Interessenten". Körperschaften der wirtschaftlichen Selbstverwaltung seien nur die Industrie- und Handelskammern mit den Landwirtschafts- und Handwerkskammern (a. a. O., S. 19).
848 *Wauer* 1923, S. 41 f.; *Huber* 1969, S. 1117 ff.; *ders.* 1981, S. 1067 ff.
849 *Huber* 1981, S. 1070 f.; *Glum* 1924, S. 95 f.; *Wauer* 1923, S. 27 f. Die Organe des Reichskohlenrates waren die Vollversammlung als Beschlußorgan und der Vorsitzende, Schriftführer und Geschäftsführer als Verwaltungsorgane, *Wauer* 1923, S. 86.
850 *Brohm* 1969, S. 65 f.
851 *Heréus* 1922, S. 155 f.
852 Zu den Handelskammern in der Weimarer Republik *Heréus* 1922, S. 31 ff.; *Most* 1927, S. 26 ff.
853 *Hendler* 1984, S. 149 f.; *van Eyll* 1985, S. 70.
854 Novelle vom 11. Februar 1929, RGBl. I, S. 927; *Huber* 1981, S. 1061.
855 *John* 1983, S. 105 f.; hatten die Innungen noch 1897 nur 25 % der selbständigen Handwerker erfaßt, stieg dieser Anteil auf 80 % in den 30er Jahren, *John* 1987, S. 405.
856 *John* 1987, S. 410 f.

wie die Abschaffung der Staatskommissare und die Beschränkung der staatlichen Aufsicht auf die Rechtskontrolle ein Stück Entflechtung von Selbstverwaltungsaufgaben und solchen des demokratischen Staates. Damit war ihr Status dem der Handelskammern im wesentlichen angepaßt.[857]

Als Spitzenvereinigung des Handwerks bestand der „Reichsverband des deutschen Handwerks", dessen Mitglieder sich sowohl aus privatrechtlichen Verbänden als auch aus öffentlichen Genossenschaften zusammensetzten.[858] Daneben wurde aber als Körperschaft des öffentlichen Rechts der Deutsche Handwerks- und Gewerbekammertag, dem die Handwerkskammern oder nach § 103q GewO gleichgestellten Körperschaften angehörten und über die der Reichswirtschaftsminister die Aufsicht führte.[859] Auf dem Forderungskatalog der Handwerksverbände stand außerdem die stärkere Verkammerung der Innungen durch Spitzenverbände, zu denen es dann mit der Novelle der HwO 1928 kam.[860] Die Abgrenzung der Kompetenzen zwischen den Kammern und Innungen, aber auch zwischen den privatrechtlichen und öffentlich-rechtlichen Spitzenverbänden wurde zunehmend unklar.[861]

Sofern noch nicht vorhanden, holten die Länder – zuletzt Hamburg 1927 – die Bildung von Landwirtschaftskammern, Preußischem Vorbild, folgend nach.[862] Einzig Bayern schuf „Bauernkammern" mit einem eigenen organisatorischen Unterbau in Form von Bezirks- und Kreisbauernkammern. Gemeinsam war allen die Eigenschaft als Selbstverwaltungskörperschaft mit Satzungsautonomie, Zwangsmitgliedschaft und einer Staatsaufsicht. Ihre Aufgabe bestand in der Förderung der Landwirtschaft durch Forschung, Prüfstellen und landwirtschaftliche Schulen.[863] Die Finanzierung der Aufgaben erfolgte über Umlagen und Zuschüsse. Auch hier stand die Umstellung auf demokratische Wahlen an, die 1920 erfolgte. Dabei tat man sich jedoch schwer, neben den Eigentümern, Nutznießer, Pächter und deren im Betrieb arbeitende Ehegatten, sofern es sich nicht nur um Nebenbetriebe handelte, als wahlberechtigte Mitglieder anzuerkennen.[864] Die Spitzenverbandsbildung gelangte zwar in Preußen mit der „Hauptlandwirtschaftskammer" 1924 zu einer öffentlichen Verbandskörperschaft mit den Landwirtschaftskammern als Mitgliedern, nicht jedoch auf der Reichsebene, wo es bei dem 1924 gegründeten „Deutschen Landwirtschaftsrat, Verband der Landwirtschaftskammern e.V." blieb.[865]

bb. Die Sozialversicherungsträger

Neue Rechtsgrundlage der Sozialversicherung wurde der einer alten Forderung der Sozialdemokratie nach maßgeblicher Beteiligung der Versicherten entsprechende

---
857 *Brohm* 1969, S. 60 ff.; *ders.* 1983, S. 780.
858 *Blaich* 1979, S. 64; *van Eyll* 1985, S. 72 f.; *Hendler* 1984, S. 150 f.
859 *Hendler* 1984, S. 150 f.
860 *Winkler* 1991, S. 42.
861 *Van Eyll* 1985, S. 73.
862 *Huber* 1981, S. 1059 f.
863 *Van Eyll* 1985, S. 72; *Winkel* 1985, S. 436.
864 *Van Eyll* 1985, S. 72; *Hendler* 1984, S. 151; *Winkel* 1985, S. 436.
865 *Hendler* 1984, S. 152; *Huber* 1969, S. 1003 f.

Art. 161 WRV.⁸⁶⁶ Für die Krankenversicherung bedeutete das zunächst, daß die im Krieg eingeschränkte Selbstverwaltung zügig (1919) wieder hergestellt⁸⁶⁷ und den Arbeitnehmern mit einem Zweidrittel Gewicht ein überwiegender Einfluß eingeräumt wurde. Diese Einflußmöglichkeit wurde besonders bei den ersten Wahlen zu den Ortskrankenkassen 1921 von den Gewerkschaften vehement genutzt. Die verschiedenen Gewerkschaften sahen gerade hier eine Chance, öffentlichen Einfluß zu gewinnen, bekämpften sich jedoch gegenseitig vehement.⁸⁶⁸ Dieser starke Verbandseinfluß wurde 1927 im „Gesetz zur Wahl nach § 14 RVO" verbindlich festgeschrieben.⁸⁶⁹ Für Mitglieder der Arbeiterschaft bedeutete die Mitwirkung in der Selbstverwaltung der Krankenversicherungen nicht nur demokratische Partizipation, sondern zugleich eine soziale Aufstiegsmöglichkeit in der Selbstverwaltungsbürokratie und die Gewinnung von Organisationserfahrung.⁸⁷⁰ Weil man dennoch befürchtete, nicht immer genügend Kandidaten für die Wahlen gewinnen zu können, sahen die Wahlordnungen Friedenswahlen vor, die bei einem einzigen Kandidaten eine Einigung ohne Wahlvorgang ermöglichten.⁸⁷¹ Während der Weimarer Zeit schlossen sich die Ortskrankenkassen zu verschiedenen Dachorganisationen zusammen, die zunehmend straff organisiert waren und einen starken Einfluß auf ihre Verbandsmitglieder ausübten.⁸⁷² An der Spitze stand der „Centralverband der Ortskrankenkassen", darunter bildeten sich Provinzialverbände. Diese öffentlich-rechtlichen Zusammenschlüsse waren gewissermaßen umlagert von privaten Interessenverbänden teils spezieller Berufsgruppen, teils der Arbeitgeber, die sich auf diese Weise ihren Einfluß sichern wollten.⁸⁷³

Teilweise wurden Organisationen aber auch als öffentlich-rechtliche Gegenstücke für bereits öffentlich-rechtlich organisierte Aufgaben, bei denen die Mitglieder der Selbstverwaltungskörperschaft aber gegenläufige Interessen besaßen, geschaffen. Dies war bei den kassenärztlichen Vereinigungen der Fall. Für die niedergelassenen Ärzte war es finanziell wenig attraktiv, Kassenpatienten zu behandeln. Dies wurde daher eher widerwillig oder nur vorübergehend übernommen.⁸⁷⁴ Die zunächst ab 1919 bevorzugten tariflichen Einigungen zwischen den Ortskrankenkassen und Vertretern der Ärzte wurden immer wieder durchlöchert. Ihre Regelungen hatten erst Erfolg, als sie 1923 durch Notverordnung verbindlich

---

866 „Zur Erhaltung der Gesundheit und Arbeitsfähigkeit, zum Schutz der Mutterschaft und zur Vorsorge gegen die wirtschaftlichen Folgen von Alter Schwäche und Wechselfällen des Lebens schafft das Reich ein umfassendes Versicherungswesen unter maßgebender Mitwirkung der Versicherten". Hierzu auch *Schlenker* 1994 § 1, Rn. 57 f.
867 *Berg* 1985, S. 236.
868 Dies entsprach der insgesamt gesteigerten Bedeutung der Gewerkschaften in der Weimarer Republik, wie sie auch schon im Stinnes-Legien-Abkommen zur Anerkennung gekommen war, *Tennstedt* 1977, S. 114 u. 118 f.
869 *Tennstedt* 1977, S. 121.
870 *Tennstedt* 1977, S. 124.
871 Zunächst wurde von dieser Möglichkeit etwa in Württemberg nur in einem Drittel der Fälle Gebrauch gemacht, während ansonsten echte Wahlen stattfinden konnten. Bereits 1913 enthielt aber § 10 der vom Bundesrat des des Deutschen Reiches erlassenen Musterwahlordnung für die Wahl der Ortskrankenkassen eine Regelung von Friedenswahlen, Zentralblatt für das deutsche Reich 1913, S. 264; vgl. dazu *Schnapp* 2000, S. 809.
872 *Tennstedt* 1977, S. 133.
873 *Tennstedt* 1977, S. 140.
874 *Tennstedt* 1977, S. 125 f.

gemacht wurden. Durch diese Verordnung wurde auch ein Reichsausschuß für Ärzte und Krankenkassen eingerichtet. Für diesen Ausschuß bestand Zwangsmitgliedschaft. Er hatte öffentlich-rechtliche Funktion, und seine Mitglieder wurden aus den beiden Gruppen paritätisch besetzt (§§ 368 f. RVO). Zu seinen Aufgaben gehörte der Erlaß von Richtlinien für angemessene vertragsärztliche Vereinbarungen. 1928 wurden eine Zulassungsordnung, eine Vertragsabschlußordnung und weitere Richtlinien erlassen. Schließlich wurden durch eine Notverordnung des Reichspräsidenten vom 8. November 1930 Kassenärztliche Vereinigungen entsprechend § 368a RVO für die Kassenärzte eines Bezirks eingerichtet, zu deren Aufgabe es gehörte, Kollektivverträge mit den Krankenkassen abzuschließen. Für die Kassenärzte bestand Zwangsmitgliedschaft. Sie waren als Körperschaften des öffentlichen Rechts ausgestaltet.[875]

Eine vergleichbare Ausweitung des Arbeitnehmereinflusses fand sich auch in den Kranken-, Invaliden-, Angestellten- und Rentenversicherung umfassenden Knappschaftsvereinen (2/5 Arbeitgeber, 3/5 Versicherte).[876] Das Reichsknappschaftsgesetz vom 23. Juni 1923 sorgte für eine verbesserte organisatorische Grundlage der Knappschaften. Danach wurden die beiden Hauptorgane des Reichsknappschaftsvereins (Hauptversammlung und Vorstand) und der Bezirksknappschaftsvereine (Bezirksversammlung und Bezirksvorstand) je paritätisch von Arbeitnehmern und Arbeitgebern gewählt, wobei bei den Bezirksvereinen auch die Knappschaftsältesten und die Angestelltenältesten mitwirkten. Der Reichsarbeitsminister übte die Aufsicht über die Reichsknappschaft und der zuständige Landesminister die über die Bezirksknappschaften aus.[877]

Während es bei der von den Arbeitgebern getragenen Unfallversicherung naturgemäß keine Veränderungen[878] und bei der Angestelltenversicherung eine Systematisierung der zahlreichen kleineren Rechtsänderungen durch ein Angestelltenversicherungsgesetz von 1924 gab,[879] wurde die Arbeitslosenversicherung auf eine neue Grundlage gestellt. Hier trat an die Stelle der seit 1918 dem Fürsorgeprinzip folgenden staatlichen und kommunalen Organisation ab 1927 der Versicherungsgedanke und die Organisation in Form eines Selbstverwaltungsträgers mit ausdrücklicher Verbindung zur staatlichen Verwaltung und Arbeitsvermittlung.[880] Allerdings zog sich der Staat hier nicht so weitgehend zurück, wie dies in den anderen Bereichen der Sozialversicherung erfolgte. Sinn der rechtlichen Verselbständigung war es, den Versicherten einen eindeutigen, neben dem Staat stehenden „Schuldner des Entschädigungsanspruchs" präsentieren zu können.[881] Die „Reichsanstalt für Arbeitsvermittlung und Arbeitslosenversicherung" machte schon im Namen deutlich, daß

---
875 Zum Ganzen *Tennstedt* 1977, S. 125 ff., 133.
876 Seit 1926 fiel dem öffentlich-rechtlichen Charakter entsprechend die Bezeichnung „Verein" weg.
877 *Hendler* 1984, S. 145.
878 Hauptorgan der Berufsgenossenschaft war die Genossenschaftsvertreterversammlung, der Kreations- und Kontrollfunktion zukam. Der Vorstand erfüllte Verwaltungsfunktionen, *Breuer* 1996 § 1, Rn. 191 f.
879 *Frerich/Frey* 1999 § 1, Rn. 41 f., 36 ff.: faktisch waren allerdings die Invaliden-, Angestellten- und Knappschaftsversicherungen durch die Kriegsfolgen, insbesondere durch die wirtschaftliche Nachkriegsentwicklung vor außerordentliche Schwierigkeiten gestellt. *Hendler* 1984, S. 144; *Berg* 1985, S. 237.
880 *Führer* 1990, S. 280; *Hendler* 1984, S. 146 f.
881 So der 3. Entwurf des AnVG, *Führer* 1990, S. 252 f.

C. Geschichte der Körperschaft des öffentlichen Rechts 169

ihr über die über den Versicherungsgedanken solidarisch zu erfüllenden Aufgaben auch noch die weitere der Arbeitsvermittlung zukam. Diese Verbindung schränkte zugleich die aus dem Versicherungsprinzip erwachsende Selbstverwaltung – an der das Reichsarbeitsministerium entgegen den Widerständen im eigenen Kabinett festhalten wollte[882] – weiter ein. Sie war zudem hierarchischer in die Hauptstelle, die Landesarbeitsämter und die Arbeitsämter organisiert. Die Organe sowohl der Reichsanstalt als auch der Landesarbeitsämter wurden durch Reich, Länder und Gemeinden besetzt: Weder in der Reichsanstalt, in den Landesarbeitsämtern noch in den kommunalen Arbeitsämtern hatten die Selbstverwaltungsorgane Einfluß auf die Wahl der jeweiligen Vorstände.[883] Das galt für den Präsidenten der Anstalt ebenso wie für die Vorsitzenden der Arbeits- und Landesarbeitsämter. Arbeitgeber und Arbeitnehmer übten paritätischen Einfluß aus.[884] Insgesamt bestand aber kein maßgeblicher Einfluß der Versicherten. Obwohl die Reichsanstalt im § 1 III AVAVG als Körperschaft des öffentlichen Rechts bezeichnet wurde, ist deshalb ihr Körperschaftscharakter in der Sache zweifelhaft.[885] Heftig kritisiert wurde die Regelung von den Kommunen. Ihre Vertreter sprachen von „der stärksten Zentralisation, die überhaupt jemals geplant oder durchgeführt worden ist".[886] Und die freien Gewerkschaften kritisierten sie als „Zerrbild einer Selbstverwaltung".[887]

cc. Weitere Körperschaften

Die Selbstverwaltung der freien Berufe wurde in der Weimarer Zeit weitergeführt und ausgebaut.

Die Ärztekammern vertraten die Interessen der Ärzteschaft, überwachten als staatliche Aufgaben die Standesehre und die öffentlichen Gesundheitspflege und richteten neuerdings auch eine Altersversorgung der Ärzte durch Versorgungskassen ein. Sie wurden jedoch zunächst noch nach den Prinzipien aus der Kaiserzeit geordnet.[888] Bei ihnen bestand Zwangsmitgliedschaft. Erst 1926 wurden sie in Preußen und 1927 in Bayern Körperschaften des öffentlichen Rechts.

Am ehesten wären Veränderungen im Bereich der Hochschulen zu erwarten gewesen. Der Umstand jedoch, daß mit dem Art. 142 WRV für die Hochschulen eine verfassungsrechtliche Grundlage gefunden wurde, führte nicht zu durchgreifenden

---

882 *Führer* 1990, S. 266 f.
883 *Führer* 1990, S. 247.
884 Sowohl Vorstand und Verwaltungsrat der Reichsanstalt als auch die Verwaltungsausschüsse der Arbeits- und Landesarbeitsämter waren paritätisch sowie durch Vertreter öffentlicher Körperschaften (je 10) besetzt. Der Präsident der Reichsanstalt und die Vorsitzenden der Landesarbeitsämter wurden vom Reichspräsidenten, die Vorsitzenden der Arbeitsämter vom Vorstand der Reichsanstalt ernannt. Die jeweiligen Präsidenten führten den Vorsitz in Verwaltungsrat bzw. den Verwaltungsausschüssen, *Hendler* 1984, S. 146 f.
885 Zu Recht faßt daher *Emde* (1991, S. 199) zusammen: „man wird § 1 III AVAVG als einen frühen Meilenstein in dem damals einsetzenden – und schließlich in der im Dritten Reich gängigen Gleichsetzung von Körperschaft und Rechtsfähigkeit mündenden – Verfallsprozeß des genossenschaftlichen Körperschaftsbegriff erkennen müssen." – Ein Verfallsprozeß, der weder durch § 189 I S. 1 AFG noch durch § 367 SGB III aufgehalten oder auch nur korrigiert worden wäre.
886 Zit. nach *Führer* 1990, S. 281.
887 *Führer* 1990, S. 274.
888 Hinzu kamen vermehrt Aufgaben der Sozialfürsorge, *Hendler* 1984, S. 153.

Änderungen ihrer Struktur.[889] Ihre Rechtsgrundlagen waren weiterhin eine Gemengelage aus altem Reichsrecht, überkommenem Landesrecht, Gewohnheitsrecht und teilweise sogar Kommunalrecht sowie hochschulautonomen Rechts.[890] Innerhalb der Universitäten änderte sich vor allem die Stellung der Ordinarien in der Selbstverwaltung, die zugunsten der Studenten und Extraordinarien geschwächt wurde. In Preußen wurden ab 1920 freiwillige staatlich anerkannte Studentenschaften gebildet, die weder Parteipolitik betreiben noch religiöse Zwecke verfolgen durften.

5. Zusammenfassung

Die Weimarer Epoche kann, wie im Einzelnen gezeigt wurde, nicht als Beginn der Organisationstheorie aufgefaßt werden, wohl aber als Zeitalter ihrer Klassiker: Weber, Taylor und andere entdeckten an den Großbürokratien und Industrieunternehmen Grundprinzipien rationaler Organisation. Ihr Ziel ist es, diese Prinzipien auf wenige wesentliche Momente zu reduzieren und auf dieser Basis Modelle zur zweckrationalen, zentralisierten, hierarchisch über minutiöse Konditionalprogramme erfolgenden Steuerung von Organisationen zu entwickeln. Die gesellschaftlichen Verbände und Parteien folgten der Entwicklung zur Zentralisation. Sie wird noch dadurch begünstigt, daß mit der Reichsgründung ein zentraler Ansprechpartner für politische Forderungen entstanden war, der nun nach der weiteren Zurückstufung der Länder zusätzliche Bedeutung erlangt hatte. Hinzu kam noch die kriegsbedingte Notwendigkeit zur Rationalisierung und auch zur Zusammenarbeit von Staat und gesellschaftlichen Kräften. Dieses Zusammenwirken brachte einerseits eine Reihe neuer Spitzenverbände auf Reichsebene hervor, die um Einfluß kämpften und sich allgemeinpolitisch betätigten. Oft genug vollzog sich der Einfluß nicht nur am Parlament vorbei, sondern geradezu gegen es gerichtet. Die Unitarisierung der Verwaltungskompetenzen ließ die direkte Einwirkung auf die Exekutive erfolgversprechender erscheinen. Andererseits entstand auch das Bestreben, diese Zusammenarbeit förmlich zu organisieren. Das brachte neue Körperschaften des öffentlichen Rechts hervor. Doch sah sich die Körperschaftsidee selbst einer zweifachen Herausforderung ausgesetzt: Auf der einen Seite wurde ihre Selbstverwaltung durch mächtige private Spitzenorganisationen beeinflußt, die keiner staatlichen Kontrolle unterstanden. Auf der anderen Seite mußten sie erst noch den Beweis antreten, daß sie auch im demokratischen Staat zu legitimieren waren. Schlossen sich Selbstverwaltung und gesamtstaatliche Demokratie aus, wie *Forsthoff* meinte, waren gemeindliche und staatliche alternative Formen von Demokratie, wie *Preuß* behauptete, oder gab es schließlich vermittelnde Lösungen, wie sie etwa *Peters* oder *Köttgen* vortrugen? Bei letzterem tritt nun auch die Krise der Körperschaften in das Zentrum der Aufmerksamkeit, ein Verlust an „Gemeinschaft" durch zunehmende Migration und Überbürdung mit Aufgaben im Allgemeininteresse. Das bezog sich vor allem auf die Gebietskörperschaften. Die institutionelle Garantie des Art. 127 WRV, die Homogenitätsregel des Art. 17 II WRV und

---

889 Hendler 1984, S. 143; *Ellwein* 1997, S. 228 u. 232.
890 *Oppermann* 1996, S. 1018.

die neuen Gemeindeordnungen in den Ländern konnten nicht verhindern, daß die Gemeinden in eine Aufgaben- und Finanzkrise gerieten, die 1930 in Preußen in der Einsetzung von 600 Staatskommissaren gipfelte. Demgegenüber fuhren die Körperschaften der funktionalen Selbstverwaltung, sieht man von den Neuerrichtungen ab, rechtlich gesehen, in ruhigerem Fahrwasser. Sie wurden nur neu gebildet, wo sie, wie etwa die Landwirtschaftskammern, bisher noch fehlten. Ansonsten vollzog sich die rechtliche Veränderung vor allem in der Anpassung der demokratischen Binnenstrukturen.

VII. Nationalsozialismus

In der Weimarer Republik war die Selbstverwaltung faktisch zum Problem geworden, weil in der Konkurrenz verschiedenster Verbände jeder den Versuch unternahm, maßgeblichen Einfluß auf die zentrale Reichsverwaltung zu erlangen. Besonders belastend war dabei, daß sich öffentlich-rechtliche Selbstverwaltungsträger mit privaten zu privatrechtlichen Spitzenverbänden zusammenschließen konnten, die das partikulare Interesse entsprechender Sparten nach außen vertreten und nach innen gegenüber den eigentlich primär öffentlich gebundenen Mitgliedern durchsetzen konnten. Auf diese Weise konnten sich partikularistische Interessen durchsetzen und dem Staat der Einfluß auf seine, wenn auch dezentral und autonom ausdifferenzierte Verwaltung geschmälert werden. Statt eigenverantwortlich Teilorganisation im Rahmen einer primär staatlichen Gemeinwohlverantwortung zu sein, bemächtigten sich die Teile des Ganzen und versuchten den Staat ihren Interessen einzuordnen.

Der Nationalsozialismus, einig in seiner antiindividualistischen, völkischen Einstellung und der Idee eines totalitären, alle gesellschaftlichen Bereiche umfassenden Staates bedrohte nun die Selbstverwaltungskörperschaften durch eine entgegengesetzte Entwicklung: Wenn ohnehin die gesamte Gesellschaft staatlich organisiert war, welchen Sinn, welchen Platz sollte dann die Einbeziehung gesellschaftlicher Kräfte in eine ausdifferenzierte öffentliche Verwaltung haben? Wenn körperschaftliche Selbstverwaltung die Ausdifferenzierung der öffentlichen Verwaltung durch die Einbeziehung der Selbstorganisationskräfte der Gesellschaft bedeutet, dann drohen ihr idealtypisch zwei Gefahren: Die „Vergesellschaftung" der öffentlichen Verwaltung und die Verstaatlichung der autonomen Selbstverwaltung. Die erstgenannte Gefahr ließ sich am besten an der Weimarer Entwicklung beobachten; die letztgenannte am Nationalsozialismus. Hierzu ist wiederum etwas weiter auszuholen und auf grundlegende Organisationsprinzipien des nationalsozialistischen Staates und seiner Verwaltung einzugehen. Eine separate Darstellung der gesellschaftlichen Organisation kann infolge ihrer „Gleichschaltung" für die vorliegende Untersuchung entfallen. Da, anders als die Entwicklung im 19. Jahrhundert, die Auswirkungen des Nationalsozialismus auf die Selbstverwaltungskörperschaften bisher kaum untersucht wurden, ist dem hier etwas breiterer Raum zu geben.

1. Einige Aspekte nationalsozialistischer Organisationsstrukturen

Dem Nationalsozialismus lag kein geschlossenes Konzept zugrunde, und selbst grundlegende Strukturentscheidungen der Gesellschaft erfolgten eher situativ und improvisiert.[891] „Organisieren heißt wachsen lassen" postulierte der Reichsorganisationsleiter *Robert Ley*.[892] Gleichwohl sind doch durchgreifende Verschiebungen in den Organisationsstrukturen von Gesellschaft und Staat nach 1933 auszumachen.[893] Diese Veränderungen betreffen eine dramatische Steigerung der Organisation der Gesellschaft, sowohl in bezug auf die Reichweite der Organisiertheit als auch auf deren Intensität:[894] Der Dualismus von Partei und Staat und die Konkurrenz verschiedener Herrschaftsträger trieb eine geradezu wild wuchernde Organisationsvielfalt aus sich hervor, die am ehesten als „Polykratie",[895] wenn nicht geradezu als „organisiertes Chaos"[896] bezeichnet werden kann.

Der neue Organisationsstil wurde vom Chefideologen des Dritten Reichs, *Alfred Rosenberg*, als der einer „marschierenden Kolonne" beschrieben.[897] Propagandaminister *Joseph Goebbels* machte deutlich, wohin der „Marsch" gehen sollte: „Wir wollen gar nicht, daß jeder dasselbe Instrument bläst, wollen nur, daß nach einem Plan geblasen wird ..., daß nicht jeder das Recht hat, zu blasen, wie er will".[898] Den Taktstock schwang dabei nicht – wie es vielleicht zu erwarten gewesen wäre – ein starker Staat, der alle anderen Mächte mediatisiert und instrumentalisiert. Die wechselseitige Bezogenheit dreier Ordnungsmächte gab vielmehr den Takt vor, der Trialismus: Partei – Staat – Führerabsolutismus.[899] Die Partei hatte die nationalsozialistische Revolution in Gang gebracht. Nach der Machtergreifung stellte die NSDAP aber zugleich – jedenfalls in Form der SA, die die Bewegung perpetuieren wollte – ein Problem für einen Staat dar, der dem Bedürfnis der Bevölkerung nach – wenn auch autoritär – geordneten Verhältnissen Rechnung zu tragen hatte, wollte

---

891 *Benz* 2000, S. 84; *Rebentisch* 1989, S. 29: Hitler hatte kein Interesse an Fragen der Verwaltungsorganisation und behandelte sie daher nicht systematisch, sondern opportunistisch. Im einzelnen ist freilich das Verhältnis zwischen der Bedeutung von Strukturen und Absichten Gegenstand einer ausgebreiteten historischen Kontroverse zwischen „Intentionalisten" und „Funktionalisten" innerhalb der historischen Ansätze zur Erforschung des Dritten Reichs, die hier nicht ansatzweise entschieden werden kann (dazu *Kershaw* 1998, S. 18 f.; *Thamer* 1993, S. 523 f.; *Rebentisch* 1989, S. 6 f.). Es werden im folgenden, der organisationstheoretischen Fragestellung entsprechend, aber eher die strukturellen Dimensionen hervorgehoben.
892 Soldaten der Arbeit, München 1938, S. 179 ff., zit. nach *Rebentisch* 1989, S. 287.
893 Die folgende Darstellung soll lediglich einige Grundprinzipien dieser unter der ständigen Gefahr vollständiger Amorphisierung stehenden nationalsozialistischen Ordnung geben, so daß auch auf die erheblichen Veränderungen der staatlichen, gesellschaftlichen Organisation und ihres Zusammenhangs nur sehr bedingt eingegangen werden kann und soll.
894 *Türk/Lemke/Bruch* 2002, S. 240 f.
895 *Hüttenberger* 1976, S. 417 ff.; *Ullmann* 1988, S. 185.
896 *Rebentisch* 1989, S. 283: „polykratisches Herrschaftsgefüge des Nationalsozialismus mit seiner zunehmend chaotischen Behördenstruktur"; *Achterberg* (1979, S. 585): „kaum zu überbietende Vielfalt von Sonderbehörden".
897 „Die deutsche Nation ist eben drauf und dran, endlich einmal ihren Lebensstil zu finden ... Es ist der Stil einer marschierenden Kolonne, ganz gleich [!, K. D. Bracher], wo und zu welchem Zweck diese marschierende Kolonne auch eingesetzt sein mag...", *Alfred Rosenberg*: Gestaltung der Idee. München 1936, zit. nach *Bracher* 1997, S. 367; vgl. auch *Rebentisch* 1989, S. 14.
898 *Joseph Goebbels*, zit. nach *Bracher* 1997, S. 373.
899 *Broszat* 1995, S. 246.

C. Geschichte der Körperschaft des öffentlichen Rechts 173

er nicht deren Zustimmung zu verlieren. Der Staat trug in Form der Verwaltung die zur Durchsetzung der Politik erforderliche hierarchische Organisation bei, die freilich durch den konsequenten Aufbau von Parallelstrukturen in der NSDAP einem ständigen Konkurrenzkampf ausgesetzt war. Auf den Führer, dessen überpositives Recht es zu sein schien, selbst das Recht zu sein, waren beide ausgerichtet und ihre Organisationen vom Führerprinzip durchdrungen. Zugleich war Hitler faktisch auf sie angewiesen,[900] da er seine Entscheidungen nur über die Partei- oder Staatsmacht durchsetzen konnte – ohne daß sie dabei zu mächtig werden durften.[901]

Der NSDAP als „Körperschaft des öffentlichen Rechts"[902] kam dabei eine ebenso wichtige wie – angesichts ihres letztlich nicht geklärten Status und des Verhältnisses ihrer Funktionäre zu den staatlichen Amtsträgern – problematische Funktion zu. Das „Gesetz zur Sicherung der Einheit von Partei und Staat" hob gleich zu Beginn hervor, daß die NSDAP zur „Trägerin des deutschen Staatsgedankens" geworden „und mit dem Staat unlöslich verbunden" sei. Hitler brachte aber die Ambivalenz dieser Konstruktion auf den Punkt: „Die Partei ist jetzt der Staat geworden. Alle Macht liegt bei der Reichsregierung".[903] Der Partei kam in diesem Zusammenwirken die Funktion zu, für den ideologischen Hintergrund und die Rekrutierung der leitenden Mitglieder der Staatsorganisation zu sorgen. In einem nicht geklärten Umfang sollte die Hoheitsgewalt aber bei der Reichsregierung und damit bei Adolf Hitler liegen.

Als Grundlage der Untersuchung der Entwicklung der nationalsozialistischen Organisationen und insbesondere der Selbstverwaltungskörperschaften lassen sich vier Tendenzen der Veränderung der Organisationsstruktur der nationalsozialistischen Gesellschaft ausmachen: erstens die Personalisierung von Herrschaft durch das Führerprinzip; zweitens die totale Vergemeinschaftung in nationalsozialistischen Organisationen; drittens die totale und autoritäre Struktur dieser Organisationen und die Unterdrückung freier Assoziationen bzw. deren Gleichschaltung; viertens die Homogenisierung dieser Strukturen durch Propaganda und durch starke und inhumane Exklusionsmechanismen.

a. Personalisierung

Die Personalisierung der Organisation von Herrschaft geschah aufgrund des Führerprinzips.[904] An die Stelle autonomer gesellschaftlicher Selbstbestimmung und

---

900 In dieser überpositiven, gleichwohl rechtswirksamen Spitze des Reiches lag das Problem der zahllosen Parallel- und Verwaltungsorganisation, *Broszat* 1995, S. 246; *Bracher* 1997, S. 494.
901 So ließen sich vielleicht die verschiedenen Richtungen (zu diesen *Thamer* 1993, S. 525) in der Beurteilung der Bedeutung bzw. Bedeutungslosigkeit Hitlers im Rahmen der polykratischen Strukturen der nationalsozialistischen Herrschaft (vgl. o. Fn. 890) vermitteln. *Rebentisch* (1989, S. 552) faßt zutreffend zusammen: „In gewisser Weise war die polykratische Desorganisation des Reichsverwaltungssystems geradezu eine Voraussetzung für die führerstaatliche Autokratie Hitlers, weil ein mächtiger Staatsapparat mit institutionalisierten Sachkompetenzen die Führungsentscheidungen stärker präjudiziert und rationalisiert hätte, als es mit Hitlers ideologischen Maximen vereinbar war".
902 § 1 II des „Gesetzes zur Sicherung der Einheit von Partei und Staat", vom 1. Dezember 1933. RGBl. I, S. 1016.
903 § 1 I des genannten Gesetzes.
904 „Das Führerprinzip steht und fällt mit der Persönlichkeit" hieß es in einer undatierten Denkschrift, die vermutlich von dem Gauleiter Weser-Ems, *Carl Röver* stammte, *Rebentisch* 1989, S. 288 u. 287 Fußn. 17.

freier politischer Willensbildung trat der Wille des Führers. Hier fand die „kampfbereite" Kommandostruktur der „Marschformation" der – dem Anspruch nach – sozialen und klassenlosen Gesellschaft aller Deutschen ihren Abschluß.[905] Dieses Prinzip durchzog „das Reich und die Länder, alle öffentlichen und halböffentlichen Organisationen in Wirtschaft, berufsständischem Aufbau usw".[906] Staat und Partei waren nach ihm ausgerichtet. Die gesellschaftlichen Kräfte „arbeiteten dem Führer entgegen", indem sie seine Kommandos antizipierten, auch wo sie nicht bereits geäußert geworden waren.[907] Der Führer war der einzige Repräsentant des Volkes, agierte als einheitsbildendes Moment des Staates selbst legibus solutus und war zugleich die Quelle allen Rechts,[908] in welcher Form auch immer.[909] Gebunden sein sollte er nur an die „Wesensgesetze des Volkes".[910] Alle anderen staatlichen Institutionen und die Bevölkerung hatten ihm Folge zu leisten. In der Rückwendung zu einer geradezu „orientalischen" Despotie[911] ging Hitler davon aus, „daß das (deutsche) Volk zur Selbstregierung im Grunde ungeeignet ist. An seiner Stelle steht kraft eigenen, einzig ‚richtigen' Willens der einzige, der frei ist: der Führer".[912] Dabei wurde aber das Führerprinzip nach „unten", auf kleinere Einheiten weitervermittelt, wo speziellere Führer-Gefolgschaftsbeziehungen entstanden.[913] Sein Gewicht wurde noch verstärkt durch das letztlich ungeklärte[914] Verhältnis von Partei und Staat.[915] Herausgehoben aus der Rechtsordnung und doch Fluchtpunkt aller Rechtspflichten, ging damit selbst die am Ende des Absolutismus herausgearbeitete Differenzierung zwischen der natürlichen Person und der Person als Amtsträger

---

905 Dazu *Bracher* 1997, S. 486 ff.
906 *Drews* 1934, S. 199.
907 *Kershaw* 1998, S. 663 ff.
908 *Huber* 1939, S. 195: „Das völkische Führerreich beruht auf der Erkenntnis, daß der wahre Wille des Volkes nicht durch parlamentarische Wahlen und Abstimmungen gefunden werden kann, sondern daß der Wille des Volkes nur durch den Führer rein und unverfälscht hervorgehoben wird". Und Seite 237: „Träger der gesetzgebenden Gewalt ist also stets der Führer selbst".
909 Selbst seine Reden wurden als Rechtsquellen angesehen, *Bracher* 1997, S. 488 f.
910 *Huber* 1939, S. 195: „Der Führer ist der Träger des völkischen Willens; er ist unabhängig von allen Gruppen, Verbänden und Interessen, aber er ist gebunden an die Wesensgesetze des Volkes. In dieser Doppelung U n a b h ä n g i g k e i t   v o n   a l l e r   I n t e r e s s e n b i n d u n g, aber u n b e d i n g t e   G e b u n d e n h e i t   a n   d a s   V o l k, spiegelt sich das eigentliche Wesen des Führertums".
911 *Hegel* 1955, S. 62 f.: „Die Weltgeschichte ist der Fortschritt im Bewußtsein der Freiheit... Die Orientalen wissen es nicht, daß der Geist oder der Mensch als solcher an sich frei ist. Weil sie es nicht wissen, sind sie es nicht. Sie wissen nur, daß Einer frei ist; aber ebendarum ist solche Freiheit nur Willkür, Wildheit, Dumpfheit der Leidenschaft oder auch eine Milde, Zahmheit derselben... Dieser Eine ist darum nur ein Despot, nicht ein freier Mann, ein Mensch... In den Griechen ist erst das Bewußtsein der Freiheit aufgegangen...; aber sie... wußten nur, daß einige frei sind... Erst die germanischen Nationen sind im Christentum zum Bewußtsein gekommen, daß der Mensch als Mensch frei ist..."
912 *Bracher* 1997, S. 489. Dessen Willkür sollte dadurch verbrämt werden, daß der Führer nicht als Individuum, sondern als „Gemeinschaftspersönlichkeit" vorgestellt werden sollte, „die der Gemeinschaft richtunggebend vorangeht", *Höhn* 1935, S. 683.
913 Dabei schien eine Art segmentärer Differenzierung stattzufinden: *Broszat* 1995, S. 345: „Die Institution der Führergewalt mit ihren spezifischen, dem inneren Gefüge der NS-Bewegung entstammenden Führer-Gefolgschafts-Strukturen tendierte dazu, gleichsam in einem Prozeß permanenter Zellteilung, selbst immer neue ‚unmittelbare' Führerverhältnisse und entsprechende Sonderbestrebungen ihrer Einzelglieder hervorzubringen".
914 Auch nicht durch das erwähnte „Gesetz zur Sicherung der Einheit von Partei und Staat" und seine Änderungen, *Broszat* 1995, S. 263 f.
915 *Bracher* 1997, S. 345; es fällt allerdings auf, daß Hitler möglichst nicht selbst in Konflikte eingriff, ihnen vielmehr möglichst aus dem Wege ging und sich, wo es unumgänglich war, eher seines Systems von Kanzleien und Adjuntanturen bediente, *Broszat* 1995, S. 400 ff.

verloren. Der Führer war nicht mehr Organ des Staates, sondern Glied der Bewegung.[916] Mit Hitlers Selbstmord fand folglich auch das Dritte Reich sein Ende.[917] Einen Nachfolger des „Führers" konnte es nicht geben, auch wenn *Dönitz* – ohne das dafür vorgesehene Verfahren – Hitlers Nachfolger als Reichspräsident wurde.[918] Dem entspricht es, daß auch dem Grunde nach staatliche Organisationen wie insbesondere die Gestapo bei ihrer „Verreichlichung" nicht in den zuständigen Apparat des Reichsinnenministeriums eingegliedert wurden,[919] sondern Hitlers treu ergebenem *Himmler* als „Reichsführer der SS", also einer Parteiorganisation unterstellt wurden.[920] Erst nachdem *Wilhelm Frick* 1944 als Innenminister gänzlich gescheitert war, übernahm Himmler auch die staatliche Führungsaufgabe. Aber auch die Anordnung des Hitlergrußes für Beamte[921] und die – zunächst ohne gesetzliche Grundlage vorgenommene – Vereidigung der Soldaten auf den Führer und nicht auf die Verfassung[922] sowie die Einrichtung von Feiertagen rund um die Persönlichkeit des Führers[923] brachte diese Personalisierung der Herrschaft zum Ausdruck. Hierzu paßte es schließlich, daß Hitler die zur professionellen Aufgabenerledigung zuständige Beamtenschaft als gefährliche Gegenmacht einschätzte.[924]

b. Statt Gesellschaft: Gemeinschaft

Zur Ausbildung der „Marschformationen" wurde die Bevölkerung in zahlreichen Organisationen in Beruf und Freizeit (und nicht selten mehrfach) erfaßt und – nicht nur sinnbildlich in den Massenaufmärschen – auf den Führer ausgerichtet. Jugendliche wurden in der HJ organisiert. Das Arbeitsverhältnis war über das Führerprinzip öffentlich-rechtlich überlagert: Der Unternehmer als Betriebsführer schuldete den Arbeitern Fürsorge, diese ihm eine fast dienstrechtlich anmutende Treue.[925] Arbeiter und Arbeitgeber waren Zwangsmitglieder in der Deutschen Arbeitsfront (DAF), und

---

916 *Höhn* 1935, S. 685; *Höhn* 1935a, S. 71.
917 Organisationstheoretisch betrachtet ein typisches Problem charismatischer Herrschaft, die auf eine Führungspersönlichkeit fixiert ist, vgl. im Anschluß an Max Weber etwa *Etzioni* 1971, S. 91.
918 *Bracher* 1997, S. 655 f.; *Bracher* 1985, S. 658.
919 Auf den Einspruch des Reichsinnenministers Frick lautete die genaue Bezeichnung Himmlers dann (Erlaß Hitlers vom 17.6.1936, RGBl. I, S. 487): „Reichsführer-SS und Chef der Deutschen Polizei im Reichsministerium des Innern" – eine Formulierung, die der Sache, der Einheit der Innenverwaltung, keinen Dienst erwies, *Broszat* 1995, S. 342.
920 *Broszat* 1995, S. 340 f.; 269: „Deutlicher als in irgendeinem anderen Bereich der Staatsgewalt wurde hier die in der NS-Bewegung ausgebildete Funktionsweise des personalen Führer-Gefolgschaftsverhältnisses zum Strukturelement eines Machtapparates, den man deshalb mit Recht als die klarste Verkörperung der außerhalb von Partei und Staat stehenden ‚Führergewalt' [Buchheim] bezeichnet hat".
921 Anordnung des Reichsinnenministers Frick vom 20.7.1933, *Broszat* 1995, S. 126 f.
922 Gesetz vom 20. August 1934 (RGBl. I, S. 785): „Ich schwöre: ich werde dem Führer des Deutschen Reiches und Volkes Adolf Hitler treu und gehorsam sein, die Gesetze beachten und meine Amtspflichten gewissenhaft erfüllen, so wahr mir Gott helfe", dazu auch *Bracher* 1997, S. 354.
923 *Benz* 2000, S. 76.
924 *Broszat* 1995, S. 161 f.; die Haltung innerhalb des Nationalsozialismus war aber durchaus ambivalent: Der Reichsinnenminister versuchte die Beamtenschaft für den autoritären Staat zu gewinnen; die „Alten Kämpfer" der nationalsozialistischen Bewegung betrachteten sie hingegen als „Staat im Staate" und versuchten auf allen Ebenen den Einsatz politisch genehmer Beamter durchzusetzen, was mangels geeigneten Personals nur sehr unzureichend gelang. Umgekehrt war auch die Haltung der Beamtenschaft durchaus ambivalent, *Broszat* 1995, S. 301 ff.
925 *Türk/Lemke/Bruch* 2002, S. 256.

ihre Freizeit und die Art der Freizeitgestaltung[926] wurde durch das Feierabendwerk bzw. später durch die Organisation „Kraft durch Freude" gesteuert.[927] Ab 1935[928] mußten alle Männer einen halbjährigen Arbeitsdienst ableisten. Der „Reichsorganisationsleiter" und Chef der DAF, *Robert Ley*, triumphierte 1938, es gebe keine Privatbürger mehr: Aus dem liberalen Nachtwächterstaat war der totale Überwachungsstaat geworden, der die Privatheit des Bürgers auf den Schlaf beschränkte.[929]

Grundrechte, die Privatheit und freie Assoziation gegenüber solcher Zwangsvergemeinschaftung hätten schützen können, waren konsequent sogleich nach dem Reichstagsbrand durch die Notverordnung „zum Schutz von Volk und Staat"[930] außer Kraft gesetzt worden. Die innere Verfassung dieser Organisationen revidierte die Unterscheidung von Assoziation und umfassender Korporation, wie sie sich zu Beginn des 19. Jahrhunderts herausgebildet hatte,[931] indem sie den Anspruch erhoben, umfassende, stark integrierte Gemeinschaften für ihre „Genossen" zu sein, die unter der Führung der NSDAP nicht nur für eine spezialisierte Aufgabe, sondern zugleich für die gesamte sittliche Erziehung des zuständig waren: von der Volksgemeinschaft selbst und „Kampfgemeinschaften" bis hin zu kleineren, etwa Hochschulgemeinschaften.[932] In ihnen hatte der Einzelne keinen durch konkrete Rechte und Pflichten bezeichneten Mitgliedschaftsstatus, sondern war umfassend eingebundener Genosse.[933] An die Stelle gewählter Organe traten partielle Führer, deren Befehlen Folge zu leisten war.[934] Diese gegenüber der Weimarer Gesellschaft unvergleichlich stärker integrierte Gesellschaft der Volksgenossen erzeugte erst die Identifikation mit dem System und eine Op-

---

926 Vgl. etwa die „Bekanntmachung über die Entartung im Tanzwesen" durch den Präsidenten der Reichsmusikkammer vom 13. Mai 1939 (zit. nach *Faustmann* 1990, S. 162): „Gewisse Erscheinungen im geselligen Tanz, insbesondere einige neue ausländische ‚Tänze', deren Einführung in Deutschland mit den Grundsätzen einer artbewußten Kultur nicht vereinbar wäre, geben Veranlassung, die Verbreitung neuartiger in- oder ausländischer Tänze von einer Unbedenklichkeitserklärung abhängig zu machen... Vor Bekanntgabe der Unbedenklichkeitserklärung ist jede Verbreitung solcher Tänze ... zu unterlassen".
927 *Broszat* 1995, S. 193.
928 Gesetz vom 26. Juni 1935, RGBl. I 769.772.
929 So *Ley*, zit. nach *Bracher* 1997, S. 486 u. 508; *Jeß* 1935, S. 30: „Das neue Reich. anerkennt nicht mehr eine dem Staat ausgesonderte, ihm gegenüber ‚freie' Sphäre des einzelnen Volksgenossen, sondern will und muß alle Lebensgebiete des sich in ihm verkörpernden völkischen Daseins mit seiner Zielsetzung erfüllen und erfassen. Andererseits hat sich auch alle Tätigkeit des einzelnen Volksgenossen ihrer Bindung an die Gemeinschaft eingedenk zu sein. Nie darf sie sich zu den Belangen der Gemeinschaft in Widerspruch setzen, sondern muß stets ‚im Rahmen des Gesamten und zum Nutzen aller erfolgen.'" (zuletzt: Punkt 10 des Parteiprogramms der NSDAP).
930 Kurz „Reichstagsbrandverordnung" vom 28. Februar 1933, RGBl. I, S. 83. § 1: „§ 1: Die Artikel 114 [Freiheit der Person], 115 [Unverletzlichkeit der Wohnung], 117 [Brief-, Post-, Fernmeldegeheimnis], 118 [Meinungsfreiheit], 123 [Versammlungsfreiheit], 124 [Vereinigungsfreiheit] und 153 [Eigentumsfreiheit] der Verfassung des Deutschen Reichs werden bis auf weiteres außer Kraft gesetzt. Es sind daher Beschränkungen der persönlichen Freiheit, des Rechts der freien Meinungsäußerung, einschließlich der Pressefreiheit, des Vereins- und Versammlungsrechts, Eingriffe in das Brief-, Post-, Telegraphen- und Fernsprechgeheimnis, Anordnungen von Haussuchungen und von Beschlagnahmen sowie Beschränkungen des Eigentums auch außerhalb der sonst hierfür bestimmten gesetzlichen Grenzen zulässig.
931 Vgl. *Müller* 1965 und oben S. 59.
932 *Bracher* 1997, S. 385 f.
933 *Höhn* 1935, S. 680: „Persönlichkeit in der Gemeinschaft ist, wer als artgleicher Genosse in der Lage ist, im Geiste der Gemeinschaft zu handeln und die Gemeinschaft richtunggebend voranzuzeigen".
934 *Bracher* (1997, S. 498) nimmt an, daß es etwa zwei Millionen Führungsstellen gab, so daß zwar alle Bürger irgendwem Gehorsam schuldig waren, ein hoher Prozentsatz aber zugleich auch irgendwo befehlen konnte.

C. Geschichte der Körperschaft des öffentlichen Rechts 177

ferbereitschaft, die seinen Erfolg herbeiführten.⁹³⁵ Die positive Gesinnung der Bevölkerung gegenüber dem nationalsozialistischen Staat wurde auch äußerlich durch eine Vielzahl von Uniformen bekundet, durch Orden selbst für Leistungen im privaten Bereich honoriert⁹³⁶ und durch ein Strafrecht, das nicht auf die Schuld des Täters, sondern auf das gemeinschaftswidrige Verhalten des Volksgenossen abstellte, erzwungen.⁹³⁷ Die Verdichtung der Gesellschaftsbeziehungen zu Gemeinschaften hatte dann auch eine Intensivierung des bereits in der Weimarer Republik verstärkten Ausbaus des Leistungs-, Vorsorge- und Verwaltungsstaats, kurz: der „Daseinsvorsorge"⁹³⁸ zur Folge. Als Kompensation für seine Entmündigung unter dem Führerprinzip sollte dem Bürger nun ein größeres Maß staatlicher Fürsorge zuteil. Das damit verbundene Aufgabenwachstum bedeutete auch ein Anwachsen von staatlichen und Parteiorganisationen und Intensivierung und Extensivierung der Regelungsdichte.⁹³⁹

c. Homogenisierung und Exklusionsmechanismen

Die umfassende Organisiertheit der Gesellschaft, zusammen mit ihrer über das Führerprinzip gegebenen Hierarchisierung in Weisungsketten, sollte durch eine umfassende Homogenisierung an der Stelle der pluralistischen Gesellschaft der Republik erzielt werden. Auf der Ebene der Einzelnen geschah die Homogenisierung durch das Einschwenken vieler Intellektueller und Künstler auf die nationalsozialistische Ideologie („Selbstgleichschaltung").⁹⁴⁰ Die „Volksgemeinschaft" bedurfte aber vor allem des Gegenbilds des „Anders-" oder „Abartigen", „Kranken", von dem sie „gereinigt" werden sollte.⁹⁴¹ Dazu wurden starke Exklusionsmechanismen ins Werk gesetzt, die anhand beschränkter künstlerischer, rassischer und nationalistischer Kriterien immer weitere Bevölkerungsgruppen aus der Gesellschaft oder von Teilbereichen ausschlossen. Im kulturellen Bereich wurden dazu insbesondere die Kompetenzen der Reichskulturkammer und der ihr eingegliederten Einzelkammern genutzt.⁹⁴² Hier ist zunächst die Diskriminierung der nationalsozialistischen Ästhetik widersprechender Künstler durch die immer wieder erneuerte und umgebaute Ausstellung „entartete Kunst" zu nennen, die 600 Werke von 120 Künstlern umfaßte.⁹⁴³ Bücher mißliebiger Autoren wurden schon im Mai 1933 in spektakulären

---

935 *Broszat* 1995, S. 428.
936 Wie etwa der für Mütter, *Benz* 2000, S. 76.
937 *Höhn* 1935, S. 682.
938 *Forsthoff* 1938, S. 12
939 *Matzerath* 1970, S. 327.
940 *Bracher* 1997, S. 360 ff. Er faßt die Auffassung vieler nationalsozialistischer Denker zusammen (366): „An die Stelle von Marxismus und Liberalismus tritt ein nationaler Idealismus, an die Stelle der Menschenrechte die Pflicht, Treue und Disziplin einer Gefolgschaft, an die Stelle des interessengebundenen Pluralismus der monolithische Führerstaat, der allein die inneren Schwächen einer jahrhundertealten Zersplitterung überwindet und die optimale Stärke nach außen garantiert." – eine Form von „Idealismus", der auch unter Juristen viele Anhänger fand, vgl. auch *Stolleis* 1994/5, S. 137 f.
941 *Petzina* 1985, S. 677.
942 *Steinweis* 1993, S. 32 ff.
943 *Benz* 2000, S. 65. Es folgte ein „Gesetz über die Einziehung von Erzeugnissen entarteter Kunst vom 31. Mai 1938 (RGBl. I, S. 612) – und die Versteigerung der kommerziell durchaus wertgeschätzten Gemälde in Luzern 1939; ohnehin bestand nach einer Anordnung („betreffend die Veranstaltung von

Aktionen verbrannt.[944] Der Ausschluß politisch unzuverlässiger Künstler aus der oder die Nichtaufnahme in die Reichsschrifttumskammer kam der Vernichtung ihrer Existenz gleich.[945] Emigrierten die Autoren, so konnte ihnen die Wiedereinreise verwehrt und das Vermögen eingezogen werden.[946] Ideologisierung des Bildungssystems gehört ebenfalls hierher.[947] Behinderte konnten nach dem „Erbgesundheitsgesetz" vom Juli 1933 zwangssterilisiert, abgetrieben oder getötet werden („Euthanasie").[948] Nicht-„arische" Beamte wurden aus den Verwaltungen entfernt[949] oder bei politischer Unzuverlässigkeit aus dem Dienst entlassen.[950] Vor allem aber wurden „Juden" (nach der in einem chaotischen Verfahren zusammengeschriebenen Bestimmung der Nürnberger Gesetze auf der Grundlage der nationalsozialistischen Rassetheorie[951]) vertrieben, ihres Vermögens beraubt, ghettoisiert und ermordet.[952] Auf diese Weise verschwanden alle kritischen und nicht-„arischen" Bürger aus der Gesellschaft. Ziel dieser von weiten Bevölkerungsschichten geteilten Politik der „Säuberungen" war die Erzielung einer gleichen Gesinnung aller „Volksgenossen".[953]

Auf der Verbandsebene geschah die Homogenisierung der Gesellschaft durch die „Gleichschaltung" von Organisationen oder auch deren „Selbstgleichschaltung". Am deutlichsten zeigte sich dies im Zusammenschluß der Deutschen Nationalen Front mit der NSDAP und der Auflösung oder Selbstauflösung sämtlicher anderer Parteien außer der NSDAP in der kurzen Zeit von der Machtergreifung bis zum Sommer 1933.[954] Das Vermögen der kommunistischen[955] und sozialdemokratischen Parteien[956] wurde eingezogen und zum Schutz gegen eine Revidierung dieses Pro-

---

Kunstausstellungen und Kunstmessen" vom 10. April 1935) der Reichskammer der bildenden Künste eine Verpflichtung, für Ausstellungen die „Bestätigung durch den Präsidenten der Reichskammer der bildenden Künste" einzuholen, *Faustmann* 1990, S. 177.
944 Die Reichsschrifttumskammer stellte diese Vernichtung mit einer Anordnung vom 24. April 1935 auf Dauer (*Faustmann* 1990, S. 205 mit näheren Nachw.). Darin hieß es (§ 1): „Die Reichsschrifttumskammer führt eine Liste solcher Bücher und Schriften, die, soweit sie nicht bereits verboten sind, das nationalsozialistische Kulturwollen so gefährden, daß ihre Daseinsberechtigung im deutschen Buchwesen verloren haben. Die Verbreitung der in diese Liste aufgenommenen Bücher und Schriften durch öffentlich zugängliche Büchereien und durch den Buchhandel in irgendeiner Form ... hat unter allen Umständen zu unterbleiben".
945 *Dahlheimer* 1985, S. 138; *Faustmann* 1990, S. 81. Der private „jüdische Kulturbund" konnte nur vorübergehend sehr bescheiden Abhilfe schaffen (*Steinweis* 1993, S. 120 f.). 1935 waren 46 Bünde unter dem Dach des Reichsverbandes mit 50.000 Mitgliedern vereint. Geführt wurde er von Hans Hinkel und war damit an die Reichskulturkammer angebunden (*Steinweis* 1993, S. 121). Juden durften so Konzerte für Juden anbieten. Im November wurde auch dieser bescheidenen Möglichkeit ein Ende gesetzt.
946 § 2 des „Gesetzes über den Widerruf von Einbürgerungen und die Aberkennung der deutschen Staatsangehörigkeit" vom Juli 1933, RGBl. I, S. 480.
947 *Bracher* 1997, S. 378 ff.
948 *Broszat* 1995, S. 399 f.; zum Verfahren *Braß* 1993, S. 9 ff., mit Regionalstudien, S. 32.
949 § 3 I des „Gesetzes zur Wiederherstellung des Berufsbeamtentums" vom 7. April 1933 (RGBl. I, S. 175-177), zynisch auch „Gesetz zur Beseitigung von Beamten" genannte (*Matzerath* 1970, S. 74) – etwas Positives läßt sich diesem Gesetz immerhin insofern abgewinnen, als es willkürlichen Säuberungen ein Ende setzte und sie in relativ geordnete Bahnen lenkte, *Broszat* 1995, S. 306.
950 § 4 I 1 Gesetz zur Wiederherstellung des Berufsbeamtentums; zum Ganzen: *Benz* 2000, S. 135 f.; *Broszat* 1995, S. 250 f.
951 *Bracher* 1997, S. 370 ff.
952 *Benz* 2000, S. 127 ff.; *Bracher* 1997, S. 595 ff.;
953 *Benz* 2000, S. 87 u. 109.
954 *Benz* 2000, S. 33 f.; *Bracher* 1997, S. 323 f.; *Broszat* 1995, S. 117 ff.; *Geiger* 1985, S. 147 f.
955 „Gesetz über die Einziehung kommunistischen Vermögens, RGBl. I, S. 293.
956 „Gesetz über die Einziehung volks- und staatsfeindlichen Vermögens", RBGl. I, S. 497.

zesses am 14. Juli 1933 ein „Gesetz gegen die Neubildung von Parteien" erlassen.[957] Die Auflösung der anderen Verbände oder ihre Umwandlung in ns-dominierte öffentliche Organisationen wird später noch ausführlich zu behandeln sein. Der Versuch über einen Staatsvertrag relative Selbständigkeit zu bewahren, den die katholische Kirche mit dem Reichskonkordat vom 20.3.1933 unternahm, mußte angesichts dieses Konformitätsdruckes scheitern.[958]

Die Kohärenz der Gesellschaft und ihrer Organisationen sollte durch Propaganda erzielt werden.[959] Dazu wurden ein eigenes „Reichsministerium für Volksaufklärung und Propaganda" eingerichtet,[960] mehrere Vereinigungen mit Zwangsmitgliedschaft unter dem Dach der später noch zu besprechenden „Reichskulturkammer" errichtet und mit dem Schriftleitergesetz vom Oktober 1933 Journalisten zu quasi-öffentlichen Sprachrohren[961] dieser Propaganda gemacht.

War danach die nationalsozialistische Gesellschaft keine Privatgesellschaft mehr, sondern ein zunehmend durch öffentliche Pflichten geprägter Personenverband, der idealiter auf den „Führer" ausgerichtet war, so kann im folgenden auch die Darstellung nicht mit den gesellschaftlichen Organisationen, sondern muß mit der Organisation der öffentlichen Verwaltung beginnen.

2. Die Organisation der nationalsozialistischen Verwaltung

Eine auch nur annähernd erschöpfende Darstellung der Verwaltungsorganisation im „Dritten Reich" würde den Rahmen dieser Arbeit sprengen. Sie hätte neben der Herausarbeitung spezifisch nationalsozialistischer Organisationsstrukturen zu untersuchen, inwiefern diese tatsächlich in der Verwaltung Platz griffen (und nicht durch einzelne Beamte oder Dienststellen und eine insgesamt um Rechtsstaatlichkeit bemühte Verwaltungsgerichtsbarkeit[962] abgebremst wurden) und vor allem auf die Entwicklung während der Phase der Machtergreifung, der Stabilisierung, der

---

957 RGBl. I, S. 479; dazu auch *Broszat* 1995, S. 126; Sommer nannte es „ein Grundgesetz neuen Staatsrechts", weil es den ungeliebten „Parteienstaat" endgültig ablöste (1937, S. 168).
958 vgl. das päpstliche Rundschreiben „Mit brennender Sorge" vom März 1937; *Türk/Lemke/Bruch* 2002, S. 239; *Benz* 2000, S. 42 ff., 121; zur Vorgeschichte auch *Broszat* 1995, S. 115 u. 123 f.
959 *Benz* 2000, S. 59 f.; *Boelcke* 1985b, S. 951.
960 Im Erlaß des Reichspräsidenten über die Errichtung eines Reichsministeriums für Volksaufklärung und Propaganda, RGBl. I 1933, S. 104, sowie die Zuständigkeitsregelungen aufgrund des Führererlasses vom 30. Juni 1933, RGBl. I, S. 449, hieß es, das Ministerium sei zuständig „für alle Aufgaben der geistigen Einwirkung auf die Nation, der Werbung für Staat, Kultur und Wirtschaft, der Unterrichtung der in- und ausländischen Öffentlichkeit über sie und der Verwaltung aller diesen Zwecken dienenden Einrichtungen", zur Errichtung eingehend *Faustmann* 1990, S. 26 ff.
961 *Benz* 2000, S. 62.
962 Besonders der Präsident des Preußischen OVG bis 1937, Bill Drews (*Rüfner* 1985, S. 1102); *Stolleis* (1994/8, S. 218) weist auf die Ambivalenz hin: „Die Verwaltungsgerichtsbarkeit im Nationalsozialismus blieb, aus der Perspektive des Regimes, bis zum Ende ein die Dynamik bremsendes Element liberaler Herkunft. Sie bewahrte in hohem Maße die personelle und ideelle Kontinuität zur Richtertradition des bürgerlichen Rechtsstaates". Dabei blieb jedoch der wichtige Bereich der Aktionen von Gestapo und SS von einer gerichtlichen Überprüfung ausgeschlossen; vor allem aber erwies sich Rechtssicherheit („Recht" dabei im nationalsozialistischen, nicht auf das positive Gesetzesrecht beschränkten Sinn) durch Verwaltungsgerichtsbarkeit als vertrauensbildende Maßnahme des Gesamtsystems: „Die Fassade des Normenstaates mit seiner Verwaltungsgerichtsbarkeit verdeckte den tatsächlichen Machtgewinn des ‚Maßnahmestaates' so lange, bis es für effektive Gegenmaßnahmen zu spät war".

Kriegsverwaltung und schließlich des Zusammenbruchs einzugehen.⁹⁶³ Wiederum soll hier nur auf einige Charakteristika der Organisationsstrukturen hingewiesen werden, vor deren Hintergrund dann im dritten Unterabschnitt auf die Degeneration der Begriffe von „Körperschaft des öffentlichen Rechts" und „Selbstverwaltung" eingegangen werden kann. Schon das bereitet Schwierigkeiten, weil wesentliches Kennzeichen der nationalsozialistischen Verwaltungsorganisation ihre Strukturlosigkeit war.⁹⁶⁴

Die mit dem Führerprinzip verbundene Personalisierung der Verwaltung führte zu dem oft beschriebenen System polykratischer Herrschaft und den mit diesen verbundenen endlosen Kompetenzstreitigkeiten. Homogenisierung der Verwaltung erfolgte im Wege der Zentralisierung von Kompetenzen beim Reich und dem Bemühen der Amtsträger von Partei und Staat um Vermehrung ihrer Zuständigkeiten und damit der Konzentration von Befugnissen, wobei die Vergemeinschaftung der Gesellschaft insgesamt zu einem Aufgabenwachstum der staatlichen Verwaltung und einem Anwachsen der Apparate führte.⁹⁶⁵

a. *Aspekte der Reichsverwaltung*

Zentraler Einheitspunkt des nationalsozialistischen Staates und seiner Verwaltung war der „Führer" als natürliche Person (siehe bereits o. S. 153). Das Führerprinzip war „eine allgemeine Gestaltungsform im öffentlichen Leben des völkischen Reiches. Es gilt nicht nur für bestimmte Einzelbereiche, sondern ergreift alle Organisation, Einrichtungen und Verbände, die am Gemeinschaftsleben des Volkes teilhaben".⁹⁶⁶ Anfangs gewählter Reichskanzler, dann nach Hindenburgs Tod 1934 auch Reichspräsident, entwickelte sich Hitlers Stellung immer mehr aus den rechtlich organisierten Formen heraus und bezog alle Autorität aus seiner Person. Indiz dafür war es, daß Hitler darauf bestand, die Amtsbezeichnung „Reichskanzler und Führer" durch „der Führer" zu ersetzen.⁹⁶⁷ Aus seinem Willen mußten zugleich die Strukturen der Äußerung dieses Willens entspringen, die die gesetzliche Rechtsordnung nicht mehr vorsah und ihre Selbstkontrolle, da sonst eine andere Instanz die Führung übernommen hätte:⁹⁶⁸ „Die allmächtige Führergewalt war das Grundgesetz des Dritten Reiches".⁹⁶⁹ So nahm er in dem seit dem 1937 verlängerten Ermächtigungsgesetz für sich in Anspruch, Recht auch

---

963 Zu Ansätzen einer Phasenbildung in der Verwaltungsgeschichte des Nationalsozialismus vgl. Kohl/Stolleis 1988, S. 2852 f.
964 *Rebentisch* 1989, S. 533: „Niemals zuvor in der deutschen Geschichte war eine Herrschaftsform von so extremer Machtentfaltung wie der Führerstaat Hitlers zugleich auf so widersprüchliche Elemente gegründet und von derart erbitterten Kompetenzkämpfen in dem unübersichtlichen Gelände einer heillos zerrütteten Verwaltungsorganisation geprägt".
965 *Bracher* 1997, S. 339.
966 *Huber* 1939, S. 198; *Maunz* 1935, S. 219 f.; *Schmitt* 1935, S. 33: „Die Stärke des nationalsozialistischen Staates liegt darin, daß er von oben bis unten und in jedem Atom seiner Existenz von dem Gedanken des Führertums beherrscht und durchdrungen ist".
967 *Rebertisch* 1989, S. 44.
968 Führerprinzip und juristische Festlegung schlossen sich aus, *Rebentisch* 1989, S. 46; vgl. a. *Bracher* 1985, S. 654 f.
969 *Bracher* 1985, S. 663; gegen seinen Willen konnte kein Gesetz in Kraft treten, ders. 1985, S. 657 f.

entgegen der Verfassung setzen zu können.⁹⁷⁰ Seit der wiederholt verlängerten „Reichstagsbrandverordnung"⁹⁷¹ war der „Ausnahmezustand" in Permanenz (Bracher) hergestellt und Hitler zugleich zum „obersten Gerichtsherrn" avanciert.⁹⁷² Mit Kriegsbeginn griff er schließlich auch offiziell zur obersten Befehlsgewalt.⁹⁷³ Die gegliederten Gewalten waren im Willen des Führers untergegangen.⁹⁷⁴

„Erst der Führer, dann die Organisation" war die konsequente Anwendung des Führerprinzips auf die Einrichtung der öffentlichen Verwaltung.⁹⁷⁵ Zusammen mit dem „Primat der Partei" gehört dieser Grundsatz zu den wenigen verfassungspolitischen Grundsätzen, die unverrückbar durchgehalten wurden.⁹⁷⁶ Für die öffentliche Verwaltung bedeutete das Persönlichkeitsprinzip, daß „die staatliche Organisation von der kleinsten Zelle der Gemeinde bis zur obersten Leitung auf die Autorität

---

970 Bezeichnenderweise wurde die Verlängerung von vielen schon gar nicht mehr für notwendig gehalten, weil der Führer auch ohne positivrechtliche Ermächtigung Recht setzen könne, *Rebentisch* 1989, S. 44.
971 „Verordnung des Reichspräsidenten zum Schutz von Volk und Staat" vom 28. Februar 1933, RGBl. I, S. 83.
972 *Bracher* 1985, S. 657. *Carl Schmitt* 1934, Sp. 946 f.: „Der Führer schützt das Recht vor dem schlimmsten Mißbrauch, wenn er im Augenblick der Gefahr kraft seines Führertums als oberster Gerichtsherr unmittelbar Recht schafft:,In dieser Stunde war ich verantwortlich für das Schicksal der deutschen Nation und damit des deutschen Volkes oberster Gerichtsherr'. Der wahre Führer ist immer auch Richter. Aus dem Führertum fließt das Richtertum. Wer beides voneinander trennen oder gar entgegen setzen will, macht den Richter entweder zum Gegenführer oder zum Werkzeug eines Gegenführers und sucht den Staat mit Hilfe der Justiz aus den Angeln zu heben. (.) In Wahrheit war die Tat des Führers echte Gerichtsbarkeit. Sie untersteht nicht der Justiz, sondern war selbst höchste Justiz. (.) Inhalt und Umfang seines Vorgehens bestimmt der Führer selbst".
973 4. Februar 1938, RGBl. I, S. 111; zusammengefaßt ist diese Vereinigung der Gewalten in Hitlers Rede vor dem Reichstag v. 26. April 1942 und dem diesen umsetzende Reichstagsbeschluß (RGBl. I, S. 247) zum Ausdruck gebracht worden: „Es kann keinem Zweifel unterliegen, daß der Führer in der gegenwärtigen Zeit des Krieges, in der das deutsche Volk in seinem Kampf um Sein oder Nichtsein steht, das von ihm in Anspruch genommene Recht besitzen muß, alles zu tun, was zur Erringung des Sieges dient oder dazu beiträgt. Der Führer muß daher – ohne an bestehende Rechtsvorschriften gebunden zu sein – in seiner Eigenschaft als Führer der Nation, als Oberster Befehlshaber der Wehrmacht, als Regierungschef und oberster Inhaber der vollziehenden Gewalt, als oberster Gerichtsherr und als Führer der Partei jederzeit in der Lage sein, nötigenfalls jeden Deutschen – sei er einfacher Soldat oder Offizier, niedriger oder hoher Beamter oder Richter, leitender oder dienender Funktionär der Partei, Arbeiter oder Angestellter – mit allen ihm geeignet erscheinenden Mitteln zur Erfüllung seiner Pflichten anzuhalten und bei Verletzung dieser Pflichten nach gewissenhafter Prüfung ohne Rücksicht auf sogenannte wohlerworbene Rechte mit der ihm gebührenden Sühne zu belegen, ihn im besonderen ohne Einleitung vorgeschriebener Verfahren aus seinem Amte, aus seinem Rang und seiner Stellung zu entfernen". – Damit konnte er auch die sichernde Funktion der hierarchischen Differenzierung für die Verwaltungsebenen (s. u. D) aushebeln.
974 *Huber* 1939, S. 236: „Die nationalsozialistische Revolution hat den parlamentarischen Gesetzgebungsstaat vollends zerstört, zugleich aber sowohl den Justizstaat der gerichtsförmigen Politik als auch den präsidialen, auf die Diktaturgewalt gestützten Exekutivstaat überwunden. Das neue Reich ist kein gewaltenteilender Staat und kann deshalb nicht mehr in die aus dem Gewaltenteilungssystem gewonnenen Kategorien ,Gesetzgebungsstaat, Justizstaat, Exekutivstaat' eingeordnet werden. An ihrer Stelle ist die neue Verfassungsform des völkischen Führerreiches geschaffen worden".
975 Hitler in einer Richtlinie zur Neuaufstellung der NSDAP vom 26.2.1925. Die genaue Bedeutung war aber unklar. Während *Maunz* (1937, S. 31 f.) und *Höhn* etwa einen Unterschied machten zwischen dem Führer als Teil der Volksgemeinschaft bzw. dem notwendigen Geführtwerden von Gemeinschaften auf der einen und der nach Befehl und Gehorsam organisierten bürokratischen Verwaltung auf der anderen Seite, hob auch Huber die durchgängige Geltung des Führerprinzips hervor als deren Mittel Befehl und Gehorsam erschienen, 1939, S. 199.
976 *Rebentisch* 1989, S. 227.

und ‚Verantwortlichkeit' einer führenden Person aufgebaut sein sollte".[977] Was das Führerprinzip aber genau für die öffentliche Verwaltung bedeutete, ist nicht klar gefaßt worden und unterlag wohl auch einem Bedeutungswandel. Theodor Maunz schrieb 1937 dazu: „Von den drei ursprünglichen Begriffsverwendungen des Führergedankens: Einheit der Reichsgewalt auch in der Verwaltung – Einmann-Entscheidung statt pluralistischer Willensbildung in der Verwaltung – Aufbau des Rechts auf konkreten Gemeinschaften, die Führer und Gefolgschaft in sich schließen, ist nunmehr die dritte Bedeutung Sieger geblieben".[978] Es verstand sich daher fast von selbst, daß der „Führer" nicht als Organ der juristischen Person „Staat" aufgefaßt werden konnte.[979]

Die Befugnisse der Verwaltungsspitzen bemaßen sich eher an ihrer persönlichen Autorität, die ihren Grund wiederum in der Nähe zum „Führer" besaß,[980] als nach rechtlichen Kompetenzzuweisungen:[981] Die Zuständigkeit einer Stelle richtete sich nach der politischen Macht des Amtsträgers, nicht bestimmte umgekehrt die rechtliche Kompetenzzuweisung die Legitimität der Machtausübung. Jede nicht von der Persönlichkeit her abgeleitete Amtsgewalt erschien als Ausdruck eines mechanistischen Organisationsverständnisses, an dessen Stelle die Vorstellung eines lebendigen Organismus' zu treten hatte.[982] Das führte dazu, daß jede Kompetenzverkürzung zu einem Autoritätsverlust des Amtsinhabers führen mußte – ein Umstand, der zu den endlosen und teilweise erbittert geführten Zuständigkeitsstreitigkeiten beitrug.[983] Personabhängiger Machtbereich zusammen mit den Parallelorganisationen von staatlicher und Parteimacht konnten zum Auseinanderfallen von parteilichem und verwaltungsmäßigen Herrschaftsgebiet bei den Gauleitern führen, so daß in einer Art Erneuerung des mittelalterlichen „Reisekönigtums"[984] die betroffenen „Gaufürsten" in erheblichem Umfang herumreisen mußten, um ihren Einflußbereich zusammenhalten zu können[985]– personenverbandsstaatliches Gebaren in der ersten Hälfte des 20. Jahrhunderts.

Auf den „Führer" liefen alle staatlichen Willensbildungsprozesse zu, so daß es keine selbständigen Entscheidungseinheiten daneben geben konnte.[986] Damit wurde „der Zugang zu dieser Stelle und dieser Person das wichtigste politische,

---

977 Rebentisch 1989, S. 177. Drews 1934, S. 199: „Führerprinzip bedeutet aber Bestellung eines verantwortlichen Leiters in jeder Organisation unseres öffentlichen Lebens von oben – letzten Endes also vom obersten Führer, nicht durch Wahl von unten; und sie bedeutet umgekehrt Verantwortung der bestellten Leiter nicht, wie bisher, von oben nach unten, sondern von unten nach oben".
978 Maunz 1937, S. 31.
979 Kempermann 1936, S. 77: „Beim Organ ist Urgrund des Gesamtwillens die juristische Person; bei der Gemeinschaft liegt der Wille in der Einheit von Führer und Gefolgschaft begründet".
980 Broszat 1995, S. 347 f.
981 Freisler 1933, S. 795: „Der Nationalsozialismus legt nirgends den entscheidenden Wert auf den Begriff des Rechtes, sondern stets auf den der Aufgabe, die als sittliches Postulat die Pflicht und ihre Erfüllung an die Spitze stellt".
982 Rebentisch 1989, S. 35, 43; Rebentisch 1985, S. 733.
983 Beispiel etwa bei Rebentisch 1989, S. 222 f.; 285 f.; der „Führer" selbst hatte häufig wenig Interesse, sich in diese schwierigen Auseinandersetzungen aktiv einzumischen und sie zu entscheiden, Rebentisch 1989, S. 372 f.
984 Dazu Schulze 1994, S. 355 ff.
985 Rebentisch 1989, S. 281; zur Gaustruktur Teppe 1976, S. 369 ff.
986 Maunz 1935, S. 219 f.; Bracher 1985, S. 655.

organisatorische und verfassungsrechtliche Problem".[987] Für sein Kabinett wurde das zunehmend schwieriger und eine Frage des persönlichen Verhältnisses zu ihm.[988] Das war um so mißlicher, als das Kollegialprinzip (Art. 42 ff. WRV) durch immer seltenere Kabinettsitzungen immer weiter ausgehöhlt wurde.[989] An ihre Stelle trat ein Umlaufverfahren, das vom Reichskanzler jederzeit blockiert werden konnte. Die Reichsregierung war vom Kabinett zum „Führerrat" geworden,[990] demgegenüber die Richtlinienkompetenz (Art. 56 S. 1 WRV) zur Führergewalt mutierte. Um zu Hitler persönlich vorgelassen zu werden, mußten die Minister insbesondere die Reichskanzlei (*Lammers*) passieren. Diese war, neben der Parteikanzlei (zunächst *Bouhler*, später *Bormann*), nach der Übernahme des Amtes des Reichspräsidenten auch der Präsidialkanzlei (*Meißner*) und dem innersten Befehlsapparat, der „Adjuntantur des Führers", der wichtigste Teil der „Führerexekutive".[991] Ihre Wichtigkeit wuchs umgekehrt-proportional zum Bedeutungsverlust des Kabinetts – weniger als Entscheidungsträger oder zur inhaltlichen Einflußnahme als vielmehr zur Informationsübermittlung.[992] Nachdem Bormann Leiter der Parteikanzlei geworden war, verschärfte sich aber die Konkurrenz mit dieser.[993] Der jederzeit mit einem Notizblock ausgestattete Bormann, der immer in der Nähe Hitlers war, mußte die zahlreichen Bemerkungen, Hinweise, Meinungsäußerungen, Anordnungen und Befehle, die allesamt potentielle Rechtsquellen, jedenfalls Grundlagen der Verwaltungssteuerung sein konnten,[994] mit denen der Führer in einer Rückwendung zur Mündlichkeit das Reich regieren zu können glaubte, in eine zeitgemäße Schriftform übersetzen. So konnten sie dann an die Reichskanzlei oder die Fachministerien weitergegeben und ggf. in eine Rechtsform gegossen werden, wobei es nicht an Versuchen fehlte, auch diese durch die Amorphisierung der Befehlsformen herbeigeführte Entdifferenzierung der Regierung zu rechtfertigen. So schrieb etwa der Leiter der staatsrechtlichen Abteilung beim Stellvertreter des Führers, *Walther Sommer*: „Eine gesunde Verwaltung hat mit Paragraphen überhaupt nichts zu tun".[995] Der Wildwuchs von Verwaltungsnormen, auch das beliebige „Herunterdelegieren von Verordnungsbefugnissen",[996] die nicht oder an nicht offiziellen Stellen veröffentlicht worden waren, ließ im Reichsinnenministerium 1936/37 die Forderung und auch Entwürfe für ein „Gesetz über die Regierungsgesetzgebung"

---

987 *Schmitt* 1973, S. 430 ff.
988 *Broszat* 1995, S. 387.
989 Die letzte fand am 5. Februar 1938 statt, *Broszat* 1995, S. 349.
990 *Rebentisch* 1989, S. 44.
991 *Rebentisch* 1989, S. 46 f.; *ders.* 1985, S. 734 f.; *Broszat* 1995, S. 389 f.
992 *Rebentisch* 1989, S. 55.
993 *Rebentisch* 1985, S. 761 f.
994 *Rebentisch* 1989, S. 411; zu Recht sprach *Forsthoff* (1934, Sp. 308) von einer Personalisierung des Gesetzes: „Der hervortretende Unterschied des gegenwärtigen im Vergleich mit dem rechtsstaatlichen Gesetzesbegriff ist der, daß das heutige Gesetz nicht mehr normative abstrakte Ordnungen, sondern personale Wirkenszusammenhänge herstellt".
995 *Sommer* 1937a, S. 427; *ders.* 1937, S. 176: „Für das kommende deutsche Staatsrecht sind wichtiger als alle Paragraphen die grundlegenden Verkündigungen des Führers, wie er sie z. B. auf der Schlußrede des Nürnberger Kongresses 1935 ausgesprochen hat... Die einfache und klare Redeweise des Führers schließt solches [Paragraphenrecht, S. K.] wohl für die Zukunft überhaupt aus. Seine Gedanken und seine Worte werden an die Stelle eines paragraphenmäßig verschlüsselten Staatsrechtes treten".
996 *Broszat* 1995, S. 354 f.

entstehen. Doch Hitler wandte sich gegen das Gesetz und bevorzugte es, auf der Grundlage des ihn nicht zu bestimmten Rechtssetzungsformen anhaltenden Ermächtigungsgesetzes zu agieren.[997] *Maunz* faßt im Sinne des „konkreten Ordnungsdenkens"[998] zusammen: „Die Verwaltung, die sich in den gegebenen Ordnungen hält, ist nicht auf geformte Regeln angewiesen. Sind sie da, so wird und muß sie mit ihnen arbeiten und sie aus der hinter ihr stehenden Ordnung erklären, wohl auch aus ihnen Rückschlüsse auf die Ordnung selbst machen. Sind sie nicht da, so wird sie nicht minder ordnungsgemäß handeln".[999] Recht erschien als „der unmittelbare Ausdruck des völkischen Lebens und der völkischen Ordnung".[1000] Damit kam auch für den Bereich des Verwaltungsrechts der Verzicht auf die formale Rationalität des modernen gesetzten Rechts, der sich inhaltlich durch die Einzelfallgesetze, zeitlich durch Maßnahmegesetze und rückwirkende Strafgesetze[1001] und in der Anwendung dadurch zeigte, daß die bestehenden Gesetze umgangen wurden und so nur als Camouflage für Willkür dienten.[1002]

Neben diesen formalen Bedeutungsverlust der Reichsregierung trat ein inhaltlicher durch das Abwandern von Kompetenzen infolge eines inflationär anwachsender Heeres von Führungsstellen in Form von Bevollmächtigten und „sektoralen Sonderbeauftragten".[1003] Dem Versuch des Reichsinnenministeriums, dessen Bedeutung diese Zersplitterung am meisten treffen mußte, sich demgegenüber als Hüter der Einheit der Verwaltung zu gerieren, war kein Erfolg beschieden.[1004] So wurde 1935 ein „Generalbevollmächtigter für die Kriegswirtschaft" (*Hjalmar Schacht*), 1936 ein „Generalbevollmächtigter für den Vierjahresplan" (*Herrmann Göring*), 1938 ein „Generalbevollmächtigter für die Reichsverwaltung"[1005] (*Frick*), schließlich 1944 ein „Reichsbevollmächtigter für den totalen Kriegseinsatz" (*Goebbels*)[1006] und der „Generalbevollmächtigte für den Arbeitseinsatz" bestimmt.[1007] Sie waren Hitler „persönlich" unterstellt, hatten also eine Immediatsstellung und konnten in ihrem

---

997 *Broszat* 1995, S. 360 f.
998 Vgl. eingehend *Lepsius* 1994, S. 205 ff. mit weiteren Belegen insbes. zu Carl Schmitt.
999 *Maunz* 1937, S. 44.
1000 *Huber* 1939, S. 244: „Im Führerwillen erlangt dieses Recht seine verbindliche Gestalt; der im Gesetz hervortretende Wille des Führers kann nichts anderes sein als die bewußte und geprägte Form der völkischen Gerechtigkeit... Wo er gesprochen hat, ist der Inhalt des völkischen Rechts mit unbedingter Verbindlichkeit festgestellt".
1001 *Broszat* 1995, S. 403 f.
1002 *Bracher* 1997, S. 330 f.
1003 *Broszat* 1995, S. 363.
1004 Die Auflösung der Länder hatte dabei zunächst zu einem Machtzuwachs des Reichsinnenministeriums geführt. Frick stand jedoch besonders im Spannungsverhältnis zwischen den Zugriffen der NSDAP auf staatliche Ämter und der staatlichen Verwaltung, die seine Vorhaben für eine Verwaltungsreform scheitern ließen. Für Hitler war er ein wenig geliebter Minister der von ihm wegen ihrer Macht kritisch beurteilten Beamten. Bürokratie hemmte die „Bewegung" aufgrund ihrer formalen Arbeitsweise, und doch wußte der Reichskanzler, daß er zur Durchsetzung seiner Ziele auf ihr effektives Funktionieren angewiesen war, *Rebentisch* 1989, S. 29 f.; *Bracher* 1997, S. 337. Daß Fricks Nachfolger Himmler infolge seiner mit Parteifunktionen verquickten Stellung der Bedeutungsverlust der Bürokratie recht war, zeigt schon sein Einsatz für das, was er unter „Selbstverwaltung" verstand, die nur ein Mittel für die Beschränkung ihrer Machtfülle sein sollte.
1005 ReichsverteidigungsG v. 4. September 1938 (nicht veröffentlicht), *Rebentisch* 1989, S. 143 f.
1006 Führererlaß vom 25. Juli 1944, RGBl. I, 161 ff.
1007 Führererlaß vom 21. März 1942, RGBl. I, S. 179.

C. Geschichte der Körperschaft des öffentlichen Rechts   185

Aufgabenbereich den allgemeinen und obersten Fachbehörden Weisungen erteilen.[1008] Sinn dieser Positionen sollte es sein, den Willen des Führers unmittelbarer als über Ministerien mit Ressortverantwortlichkeit durchzusetzen.[1009] Mit der regen Verordnungstätigkeit, die die Generalbevollmächtigten für Wirtschaft, für Verwaltung und der Vertreter des Oberkommandos der Wehrmacht im „Dreierkollegium der Beauftragten" entwickelten, nahm ihre Bedeutung noch zu.[1010] Hinzu traten „sektorale Sonderbeauftragte",[1011] die Hitler ebenfalls persönlich unterstanden und mit speziellen Aufträgen versehen waren: Schon 1933 war der „Generalinspekteur für das deutsche Straßenwesen" (Amtsinhaber: *Todt*) gebildet worden.[1012] „Der Jugendführer des Deutschen Reiches", der ab 1936 eine oberste Reichsbehörde bildete, ist hier ebenso zu nennen wie die Reichskommissare, etwa der „zur Festigung des deutschen Volkstums"[1013] oder für den sozialen Wohnungsbau. Zusammen mit der Ämtervervielfältigung auf lokaler und Kreisebene wurden so das „Durcheinander und Gegeneinander von Führungs- und Verwaltungshierarchie" vertieft[1014] und geradezu groteske Abläufe von Verwaltungsverfahren hervorgebracht.[1015]

b.   *Die Verwaltung in den Ländern*

Zentralisierung ist kein spezifisch nationalsozialistisches Phänomen,[1016] sie erhielt aber durch die Gleichschaltung der Länder und die Erfordernisse der Kriegsverwaltung ein zuvor nicht gekanntes Ausmaß.[1017] Den Auftakt bildete die aufgrund der Not-„Verordnung des Reichspräsidenten zur Herstellung geordneter Regierungsverhältnisse in Preußen" vom 6. Februar 1933 in Preußen eingesetzte Kommissariatsregierung. Durch sie wurde die gewählte preußische Regierung unter Ministerpräsident *Braun* abgesetzt und zugleich eine Vertretung des Landes im Reichsrat durch die Reichskommissare ersetzt.[1018] Die Rückführung der Legitimation der Landesregierung durch das Landesvolk war damit durchbrochen – ein Angriff auf die Staatlichkeit Preußens, die auch anderen größeren Ländern Sorgen bereitete. Nicht ohne Grund, wie sich wenig später zeigen sollte: Die „Reichstagsbrandverordnung" vom 28. Februar 1933 gab der Reichsregierung die Möglichkeit, in einem Land, das ihrer Auffassung nach nicht genügend zur Herstellung der öffentlichen Sicherheit und

---
1008 Im einzelnen waren diese Befugnisse unterschiedlich ausgestaltet, worauf hier nicht näher einzugehen ist, vgl. *Rebentisch* 1989, S. 118 f.
1009 *Rebentisch* 1989, S. 552.
1010 *Rebentisch* 1989, S. 128 f.
1011 *Rebentisch* 1989, S. 331 ff.
1012 RGBl. I, S. 1057, ab 1938 „Generalbevollmächtigter für die Regelung der Bauwirtschaft", *Broszat* 1995, S. 330 f.
1013 *Rebentisch* 1989, S. 332 ff.
1014 *Bracher* 1985, S. 659.
1015 Beispiel bei *Rebentisch* 1989, S. 366 f.
1016 *Broszat* 1995, S. 162.
1017 Wunschdenken war es, gegenüber solchen Tendenzen zu behaupten, daß der nationalsozialistische „Volksstaat" seinem Wesen nach anders als der demokratische Staat, volksnah und damit dezentral sei, *Wiedemann* 1937, S. 193.
1018 § 1 II der VO, RGBl. I, 43. Obwohl der Staatsgerichtshof schon 1932 in einem Urteil eindeutig erklärt hatte, daß Reichskommissare abhängige Organe der Reichsgewalt seien und nicht des Landes und dieses daher nicht im Reichsrat vertreten könnten, *Broszat* 1995, S: 131.

Ordnung tat, insoweit die Befugnisse der obersten Landesbehörden wahrzunehmen.[1019] Einen guten Monat später löste das „Vorläufige Gesetz zur Gleichschaltung der Länder mit dem Reich"[1020] die Landtage auf (§ 4 I), bestimmte ihre Neubildung entsprechend den Mehrheitsverhältnissen im Reich (§ 4 II)[1021] und gab den Landesregierung die Befugnis, auch außerhalb der landesverfassungsrechtlich vorgesehenen Verfahren Gesetze zu beschließen (§ 1 I). Auf Hitlers Drängen wurde eine Woche später am 7. April 1933 von der Reichsregierung das sog. „Reichsstatthaltergesetz" erlassen.[1022] § 1 I S. 1 gab dem Reichspräsidenten das Recht, in den Ländern „Reichsstatthalter" zu ernennen. Diese hatte die Aufgabe, die „Vorsitzenden der Landesregierung" und auf deren Vorschlag die Mitglieder derselben zu ernennen (§ 1 I S. 2 Nr. 1); er übte die Befugnis aus § 8 des Gleichschaltungsgesetzes zur Auflösung des Landtags und Anordnung von Neuwahlen aus (§ 1 I S. 2 Nr. 2) und nahm andere Funktionen wahr, die üblicherweise dem Oberhaupt des Landes zugewiesen waren. Ein letzter Rest von möglichem Einfluß des Landtags auf die Landesregierung, das Mißtrauensvotum, wurde abgeschafft (§ 4). Um hinsichtlich des politischen Einflusses sicher zu gehen, wurden in allen Ländern bis auf Bayern Funktionsträger (zumeist Gauleiter) der NSDAP eingesetzt, denen zugleich auf Reichsebene der Rang von Reichsministern eingeräumt wurde.[1023] In Preußen übte der Reichskanzler selbst die Rechte des Reichsstatthalters aus (§ 5 I 1), wobei er nach der Bestellung Görings zum Ministerpräsidenten von der Delegationsmöglichkeit nach § 5 I 2 Gebrauch machte.[1024] War so die Bedeutung der Länder schon formal herabgesetzt, kam durch die umfangreiche Verreichlichung von Gesetzgebungskompetenzen auch inhaltlich ein starker Verlust von Zuständigkeiten hinzu.[1025] Mit der horizontalen war damit auch die vertikale Gewaltenteilung im Reich beseitigt. Der letzte Schritt geschah dann am Jahrestag der Machtergreifung: Mit dem „Gesetz über den Neuaufbau des Reiches" gingen die Hoheitsrechte der Länder auf das Reich über (Art. 2 I) – ihre Eigenstaatlichkeit war beseitigt. Einer Volksvertretung bedurfte es nicht mehr (Art. 1). Die gleich nachgeschobene erste Verordnung zu diesem Gesetz bestimmte die Landesbehörden zu Vollzugsorganen des Reiches bei der Wahrnehmung der auf dieses übergegangenen Hoheitsrechte (§ 1). Sie beließ den Ländern zwar eine gewisse Gesetzgebungsautonomie, machte die erlassenen Nor-

---

1019 Verordnung des Reichspräsidenten zum Schutz von Volk und Staat, RGBl. I, S. 83; § 2 „Werden in einem Lande die zur Wiederherstellung der öffentlichen Sicherheit und Ordnung nötigen Maßnahmen nicht getroffen, so kann die Reichsregierung insoweit die Befugnisse der obersten Landesbehörde vorübergehend wahrnehmen".
1020 Vom 31. März 1933, RGBl. I, S. 153 f.
1021 Die Sitze die auf Vertreter der Kommunistischen Partei entfielen, wurden allerdings nicht gezählt, § 4 II 2. Die neuen Landtage „gelten mit dem 5. März 1933 als auf vier Jahre gewählt. Eine vorzeitige Auflösung ist unzulässig". § 8 S. 1.
1022 Zweites Gesetz zur Gleichschaltung der Länder mit dem Reich, RGBl. I, S. 173.
1023 Und in der persönlichen Wertschätzung Hitlers diesen noch vorgeordnet gewesen sein dürften, *Rebentisch* 1989, S. 251.
1024 Auch hier galt das Personalitätsprinzip, insofern als die Reichsstatthalter nach ihrer Bedeutung in der Partei und der Nähe zum Reichskanzler ausgewählt wurden, *Broszat* 1995, S. 152.
1025 Berücksichtigt man die Einsetzung des Vorsitzenden des Lenkungsorgans, des Landtags, und die ungesicherten Kompetenzen, so kann man kaum davon sprechen, daß den Ländern noch der Charakter von „Selbstverwaltungskörpern" innewohnte, so aber *Boldt* 1993, S. 275. Sie besaßen den Charakter von Verwaltungsbezirken, *Rebentisch* 1989, S. 189.

men aber von der Zustimmung des zuständigen Reichsministers abhängig (§ 3) und gab ihm ein Weisungsrecht gegenüber den obersten Landesbehörden (§ 4). Die Landesverwaltungen wurden in Reichsverwaltung überführt. Dies war insbesondere auch der erste Schritt zum vollen Zugriff der nationalsozialistischen Reichsorgane auf die Polizei, dessen beide weiteren die Verklammerung der Polizei mit der SS und die Herauslösung der Politischen Polizei aus der allgemeinen inneren Verwaltung waren:[1026] Im Juni 1936 ging die oberste Leitung der ganzen Polizei auf den Reichsführer der SS Himmler über.[1027] An zentraler Stelle waren damit Parteimacht und Staatsmacht verbunden worden.

c. *Zusammenfassung*

In einer hochkomplexen und kriegsbedingt noch unübersichtlicher gewordenen gesellschaftlichen Umwelt hatte die Beseitigung der horizontalen und vertikalen Gewaltenteilung, der funktionalen Ausdifferenzierung der inneren Verwaltung und die Überlagerung mit den politischen Ambitionen der ideologisch homogenisierten Partei, zu einer Entdifferenzierung der Verwaltung geführt. Damit ging der Wildwuchs einer neuen, der personalisierten charismatischen Form des Führerprinzips gehorchenden, Verwaltungsorganisation einher, die auf die entlastende Funktion rechtlicher Verfahren verzichten und so den einzelnen Amtsträger überfordern mußte.

An die Stelle selbständiger Länder traten Reichsgaue, die neben einer Verwaltung in eigener Verantwortung Auftragsverwaltung des Reiches auszuführen hatten, wobei es Vorschläge gab, ihnen die Eigenschaften von Selbstverwaltungskörperschaften unter der Rechtsaufsicht des Reichskanzlers zu verleihen.[1028] Schon im Bereich der Ostmark blieben aber die Selbstverwaltungsbefugnisse hinter denen der preußischen Provinzen zurück.[1029] Im einzelnen erfolgte die rechtliche Ausgestaltung dieser Gaue keinem einheitlichen Prinzip und verkomplizierte sich noch durch den Verwaltungsaufbau in den eingegliederten Gebieten.[1030] Insbesondere die Zusammenführung von Partei- und Reichsgau gelang nicht immer.[1031] Der Verwaltungsaufbau war teilweise zweistufig mit nur einer Stufe unter dem Reichsgau (in den Ostgauen) und teilweise dreistufig mit Reichsgau – Regierungsbezirk – Stadt oder Landkreis (Ostmark) ausgestaltet. In Preußen blieb das Amt des Oberpräsidenten zwar erhalten; bis 1944 gelangten jedoch alle Positionen in die Hände von Gauleitern. Mit der „Zweiten Verordnung über den Neuaufbau des Reiches" vom 27. November 1934 wurden die Oberpräsidenten zu Repräsentanten der Reichsregierung in den Provinzen umfunktioniert und somit der Rechtsstellung der Reichsstatthalter angeglichen.[1032] 1944 wurden ihnen schließlich die Regierungspräsidien,

---

1026 *Götz* 1985, S. 1017 f.; *Rebentisch* 1989, S. 743.
1027 Führererlaß vom 17. Juni 1936, RGBl. I S. 487.
1028 *Rebentisch* 1989, S. 237 u. 242; *Teppe* 1967, S. 370.
1029 *Teppe* 1977, S. 223.
1030 *Rebentisch* 1989, S. 189 ff.; *ders.* 1985, S. 752 f.; *Broszat* 1995, S. 166 f.
1031 In Hessen etwa war der Parteiführer staatlicher Reichsstatthalter nur über den hessischen, nicht über den preußischen Teil des Reichsgaus.
1032 *Rebentisch* 1985, S. 744.

die zunächst aufgelöst werden sollten, untergeordnet.[1033] Der politische Einfluß der NSDAP wuchs mit der Entfernung zur Reichszentrale im Laufe der ersten Kriegsjahre.[1034] Für die nicht ins Reich eingegliederten eroberten Gebiete wurden Generalgouverneure (entspr. Gebiete Polens), Reichsprotektoren (Böhmen und Mähren) und Reichskommissare (Norwegen und Niederlande) eingesetzt, die Hitler direkt unterstellt waren.[1035]

3. Die NSDAP

Die bisherige Darstellung wurde dem Verwaltungssystem des Nationalsozialismus insofern nicht gerecht, als sie die mit diesem personell und sachlich aufs engste verwobene NSDAP ausklammerte. Ihrer besonderen Stellung ist im folgenden nachzugehen. „Die Partei soll den gefühls- und willensmäßigen Zustand des Volkes für die Gesetzgebung vorbereiten, damit die seelische Verfassung des Volkes mit der tatsächlichen Gesetzgebung des Staates übereinstimmt" hieß es im „Organisationsbuch der NSDAP".[1036] Sie verstand sich als die „Bewegung", aus der alle Institutionen des Staates hervorgehen und dauerhaft mobilisiert werden sollten:[1037] „Die einzige Partei und ihr [sic.!] deutscher Staat können nur eine Einheit sein".[1038] Hitler sah sie als „Trägerin der Staatsgewalt" und Erzieherin des Volkes.[1039] Sie sollte also nicht Ausdruck einer freien Vereinigung der Bürger sein, sondern umgekehrt diese kontrollieren, formen und durch eine allumfassende Organisation die Macht des Nationalsozialismus festigen.[1040] So weit öffentliche Aufgaben – in der langen deutschen Tradition, die oben aufgezeigt werden konnte – auch durch Private erbracht wurden, sollte die Partei an deren Stelle treten.[1041]

Das „Gesetz zur Sicherung der Einheit von Partei und Staat" vom 1. Dezember 1933[1042] brachte die enge Verbindung zwischen NSDAP und Staat zum Aus-

---

1033 *Rebentisch* 1989, S. 266 ff. u. 511 f.
1034 Der Kampf gegen die als „minderwertig" perhorreszierten Juden erschien insbesondere in den östlichen Gebieten als eine politische Aufgabe ersten Ranges, für die die Wehrmacht nach Auffassung von Goebbels „zu weich und nachgiebig" war, *Rebentisch* 1989, S. 165 f., 169.
1035 *Rebentisch* 1989, S. 172 u. 294 ff.
1036 Zit. nach *Benz* 2000, S. 88; *Jeß* bündig in seiner Dissertation (1935, S. 31): „Die Partei ist die Seele des Staates".
1037 So schon Hitler in „Mein Kampf", vgl. *Bracher* 1997, S. 341; auch *Rebentisch* 1989, S. 13 f. *Koellreutter* (1936, S. 31) schreibt in seinem Verwaltungsrecht „Schon die Tatsache, daß nach dem Willen des Führers ,die besten Parteigenossen die Führung des Staates übernehmen' sollen, beweist, daß es sich bei dieser Aufgabe nicht bloß um die Beherrschung eines technischen Apparates handeln kann, sondern um die sinnvolle und planmäßige Gestaltung der deutschen politischen Lebensform nach innen und außen mit Hilfe der Führung. Darin liegt die Bedeutung der weitgehenden Personalunion in obersten Partei- und Staatsämtern".
1038 *Sommer* 1937, S. 168.
1039 *Bracher* 1997, S. 338; Hitler folgend *Schmitt* 1935, S. 20: „Sie ist der staat- und volktragende Führungskörper" – und in diesem Sinne eine Körperschaft.
1040 *Bracher* 1997, S. 342.
1041 *Koellreutter* 1936, S. 31: „Auf der anderen Seite sind der Partei als Hüterin und Gestalterin der politischen Volksgemeinschaft zahlreiche wichtige eigene Verwaltungsaufgaben zugewachsen, deren Erfüllung im liberalen Staate der ,privaten' Initiative überlassen war. Diese private Initiative ist aber heute entweder diesen Aufgaben nicht mehr gewachsen oder die ,Privatisierung' dieser Gebiete führt zu schwersten Zersetzungserscheinungen".
1042 RGBl. I, 1016.

C. Geschichte der Körperschaft des öffentlichen Rechts

druck. Dieses letztlich ungeklärte Verhältnis trug wesentlich zu den endlosen Kompetenzstreitigkeiten zwischen den verschiedenen öffentlichen Stellen bei. Die Partei war eifersüchtig darauf bedacht, in allen Bereichen der öffentlichen Verwaltung Fuß zu fassen. Sie erhob den Anspruch, für die Rekrutierung des Personals der staatlichen Verwaltung auf allen Ebenen[1043] zuständig zu sein, und sicherte sich über die parteiinterne Befehlsgewalt die Macht auch über solche Verwaltungsbedienstete, die nur Mitglieder der NSDAP, nicht aber auch Funktionsträger waren. Ohnehin besaß sie Informationsrechte gegenüber der öffentlichen Verwaltung und konnte Sonderkommissare entsenden.[1044] Die personelle Verschmelzung von Partei und Staat an der Spitze war durch § 2 S. 2 des „Gesetzes zur Sicherung der Einheit von Partei und Staat" insofern gewährleistet, als „der Stellvertreter des Führers und der Chef des Stabes der SA Mitglieder der Reichsregierung" wurden. Auf den unteren Ebenen führten die zahlreichen Kompetenz- und auch Hierarchiekonflikte allmählich zu einer skeptischeren Beurteilung von Personalunionen, so daß sie auf der kommunalen Ebene ab 1935 zurückgingen und nach einer Anordnung des Stellvertreters Hitlers ab dem 1. Oktober 1937 grundsätzlich aufzulösen waren.[1045]

Mit dem „Gesetz zur Sicherung der Einheit von Partei und Staat" wurde die NSDAP zur „Körperschaft des öffentlichen Rechts" (§ 1 II). Was dies genau bedeuten sollte, blieb unklar. Einig war man sich nur insofern, als sie keine verwaltungsrechtliche Körperschaft im herkömmlichen Sinn sein sollte.[1046] Das konnte sie schon deshalb nicht sein, weil sie ihrem Anspruch nach Grundlage des Staates sein wollte und nicht ein partiell verselbständigter Träger öffentlicher Aufgaben.[1047] *Ernst Rudolf Huber* schrieb daher: „Durch diese Kennzeichnung soll die Bewegung natürlich anderen öffentlich-rechtlichen Körperschaften nicht gleichgestellt werden. Das Gesetz will mit dem Ausdruck ‚Körperschaft des öffentlichen Rechts' lediglich anzeigen, daß die NSDAP. eine öffentliche, mit hoheitlichen Befugnissen ausgestattete Gemeinschaft ist, beabsichtigt aber nicht, sie einem allgemeinen Begriff der

---

1043 So konnte Reichsinnenminister Frick schon 1934 feststellen, „daß keine leitende Beamtenstelle, auch nicht in der Kommunalverwaltung in Preußen, ohne Fühlungnahme mit der zuständigen Gauleitung besetzt worden ist", zit. nach *Matzerath* 1970, S. 269.
1044 *Broszat* 1995, S. 149.
1045 *Matzerath* 1970, S. 237 f., Anordnung vom 19. Februar 1937. Wegen der besonderen politischen Aufgaben in den eroberten Gebieten wurde die Trennung dort jedoch weniger praktiziert.
1046 *Schmitt* 1935, S. 20; *Jeß* 1935, S. 31; *Johannes Heckel* stellte fest, „daß alle Rechtsbegriffe, die für öffentliche Körperschaften gelten, ihr gegenüber notwendig versagen". *Weber* (1943, S. 75) meinte, die Bezeichnung als „Körperschaft des öffentlichen Rechts" diene im „Grunde nur dazu ..., allgemein auf ihren betont hoheitlichen Rang hinzuweisen und daneben ihre Rechtsverkehrsfähigkeit deutlich zu machen"; *Friesenhahn* 1937, S. 262 f.: „Verfassungs-‚Körperschaft', die völlig selbständig und losgelöst neben dem Staatsapparat steht", ähnlich *Kempermann* 1936, S. 41 f., der aber meinte, „daß von Zeit zu Zeit der Inhalt des Körperschaftsbegriffs sich grundlegend geändert" habe und daher „die Partei sehr wohl der Ausdruck eines neuen Körperschaftstypus sein" könne; als eine eigene Kategorie neben der unmittelbaren Staatsverwaltung und den verwaltungsrechtlichen Körperschaften des öffentlichen Rechts faßt sie auch *Keibel* 1939, S. 14 u. 19 (kritisch zu Kempermann) auf. Sie könne keine Körperschaft sein, da er diese als „Untergliederungen der Volksgemeinschaft zur Erfüllung von Verwaltungsaufgaben" ansieht. „Da die NSDAP. aber als Vermittlerin oder Vertreterin des gesamten Volkes gilt, kann also die Körperschaftsform in keiner Weise auf sie Anwendung finden und irgendwelche Deutungsversuche sind darum müßig". Dezidiert gegen die Verwendung des Begriffs wandte sich *Höhn* 1935, S. 686 f.; *Höhn* 1935a, S. 67: „Die juristische Konstruktion der Körperschaft leugnet ... die NSDAP als Gemeinschaft und löst sie in eine individualistische Organisation auf".
1047 Hierzu und zum folgenden *Geiger* 1985, S. 150 f.

öffentlich-rechtlichen Körperschaft zu unterstellen und dadurch mit Gemeinden, Sozialversicherungsträgern, Marktverbänden und anderen Organisationen gleichzusetzen".[1048] Als unterscheidende Merkmale gegenüber der öffentlichen Körperschaft im verwaltungsrechtlichen Sinn zählt er auf: 1. Sie sei eine Einrichtung des Verfassungslebens, nicht der Verwaltungsordnung; 2. Sie sei „die gestaltende Kraft, die die Verfassung bildet, trägt und erhält"; 3. Ihre gleichwohl vorhandenen verwaltungsrechtlichen Befugnisse und Mitwirkungsrechte stünden im Dienste des Ausbaus und der Festigung ihrer verfassungsrechtlichen Stellung.[1049] Entsprechend sollten auch Rechts- und Finanzaufsicht für sie nicht in Betracht kommen.[1050] Neben diesem besonderen verfassungsrechtlichen Status als Körperschaft wurde immer wieder die hieraus folgende Rechts-, Handlungs-[1051] und Deliktsfähigkeit gem. Art. 131 WRV i.V.m. § 839 BGB betont.[1052] Sommer wiederum setzte Körperschaft und juristische Person gleich und wollte mit dem Begriff nur die Rechtsfähigkeit angesprochen wissen.[1053] Zumeist vermied die nationalsozialistischer Rechtstheorie jedoch den Begriff der juristischen Person des öffentlichen Rechts, weil er auf eine liberale Rechtstheorie zurückgeführt wurde.[1054] Zwar stand auch der Begriff der Körperschaft des öffentlichen Rechts in der Gefahr, diesem Verdikt zu unterfallen, weil er nach Auffassung mancher einen Gegensatz von Organisation und individuellen Mitgliedern evozierte.[1055] Es gelang jedoch im Wege der Verordnungsgesetzgebung zum „Einheitsgesetz", dem Körperschaftsbegriff eine der nationalsozialistischen Auffassung entsprechende Wendung zu geben, indem von „Gesamtgemeinschaft" gesprochen wurde,[1056] ein Begriff, der nach nationalsozialistischer Auffassung das Geführtwerden und damit das Führerprinzip voraussetzte.

Zur Rechtsfähigkeit besaß die NSDAP eine Gerichtsfähigkeit, die sich auf die Überwachung der besonderen Pflichten der Mitglieder erstreckte.[1057] In diesem Zusammenhang kam ihr auch eine eigene Strafgewalt zu, die über Dienststrafen hinaus auch Haftstrafen umfaßte (§ 5 des „EinheitsG"). Nach § 6 hatten öffentliche Behörden ihr hierbei Rechtshilfe zu leisten, die – weil sie Hoheitsgewalt aus eigener Macht, nicht aus abgeleiteter staatlicher besaß – nicht zur Grundlage einer etwaigen Rechtskontrolle gemacht werden konnte.[1058]

1048 *Huber* 1939, S. 297.
1049 *Huber* 1939, S. 297 f.
1050 *Broszat* 264 f.
1051 Vgl. die Ausführungsverordnung zur Durchführung des Gesetzes zur Sicherung der Einheit von Partei und Staat vom 29. April 1935 (RGBl. I, S. 583).
1052 RG vom 29.4.1939 in DR 1939, S. 1785; allein hierin soll nach *Keibel* (1939, S. 20) die Bedeutung der Bezeichnung als Körperschaft liegen.
1053 *Sommer* 1937, S. 175: „Die Partei trägt zwar äußerlich die Form einer Körperschaft des öffentlichen Rechts, sie ist aber längst darüber hinausgewachsen, die Rechtsfigur ist eine bloße Formsache, die notwendig war, damit die Partei in vermögensrechtliche Beziehungen eintreten konnte".
1054 Einen juristischen Grund gibt *Weber* (1943, S. 14, Fn. 1) an: Juristische Personen des öffentlichen Rechts seien nur solche der mittelbaren Staatsverwaltung; dazu gehöre aber die NSDAP unstreitig nicht. – Ein solch enger Begriff schloß aber zugleich einerseits den Staat selbst und andererseits auch die Kirchen aus seinem Gegenstandsbereich aus.
1055 Vgl. *Maunz* 1937, S. 34. So etwa auch *Höhn* 1935, S. 686 ff.
1056 Die oben Fußn. 1049 genannte Verordnung sprach von „NSDAP als Gesamtgemeinschaft".
1057 § 3 II des „Einheitsgesetzes".
1058 *Geiger* 1985, S. 156.

C. Geschichte der Körperschaft des öffentlichen Rechts   191

Die NSDAP gliederte sich 1933 in zweiunddreißig Gaue als die eigentlichen
Machtzentren der Partei, denen gegenüber das „braune Haus" in München als eigentliche Parteizentrale (nicht zuletzt wegen der Zerstrittenheit des „Stellvertreters
des Führers", Heß, und des Reichsorganisationsleiters Ley) an Bedeutung zurücktrat.
Die Gauleiter bezogen ihren besonderen Einfluß daraus, daß sie ihrem Führer direkt
unterstellt waren und unumschränkte Macht in ihrem Gebiet ausüben konnten.[1059]

Neben die regionale Differenzierung in Gaue trat die sachliche in *„Gliederungen
der NSDAP"* und *„angeschlossene Verbände"*. Die „Gliederungen" waren besondere
Organisationen ohne eigene Rechtspersönlichkeit und daher auch ohne Vermögen,
die einen „integrierenden Bestandteil der Partei" darstellten, in dem „die Partei
selbst in die Erscheinung" trat.[1060] Ihre Spitzen waren Reichsleiter der NSDAP. Diese
Gliederungen stellten den dynamischen Teil der Bewegung dar, erfaßten die Bevölkerung in verschiedensten Betätigungen und traten in vehemente Konkurrenz zu
den traditionellen Selbstverwaltungsorganisationen.[1061] Zu diesen „Gliederungen"
gehörte die von Anfang an eng auf Hitler ausgerichtete SS („Schutzstaffel").[1062] Sie
machte ihrem Selbstverständnis nach den Kern der NSDAP aus, die Parteipolizei mit
dem SD als Geheimpolizei. Auch sie besaß eine eigene Gerichtsbarkeit. Über ihren
Reichsleiter Himmler wurden sie zwar zunächst mit der Sicherheitspolizei zusammengeführt, zugleich aber als eigenständige Macht mit der gleichen Befugnis zum
Waffengebrauch wie die Reichswehr als parteibezogene Gegenmacht aufgebaut. Ferner gehörten zu den Gliederungen: die SA („Sturmabteilung"), die eigentlich revolutionäre Bewegung, die nach dem sog. „Röhm-Putsch" fest in die Partei eingegliedert
wurde;[1063] die HJ, die nach der Zerschlagung aller nicht-nationalsozialistischen Jugendverbände fester Bestandteil der NSDAP wurde und umfassende Erziehungsaufgaben besaß;[1064] schließlich der Nationalsozialistische Studentenbund (NSDStB), das
Nationalsozialistische Kraftfahrer Korps (NSKK), das Nationalsozialistische Fliegerkorps (NSFK), der Nationalsozialistische Dozentenbund und die NS-Frauenschaft.

Die *„angeschlossenen Verbände"* besaßen eine eigene Rechtspersönlichkeit (z.
T. als eingetragene Vereine) und Vermögensfähigkeit,[1065] Satzungsgewalt und Gerichtshoheit.[1066] *Ernst Rudolf Huber* sah sie insofern als „der NSDAP zugeordnete öffentliche Körperschaften" im überkommenen Sinne an,[1067] bei denen an die Stelle
der Staatsaufsicht die „Führung durch die NSDAP" trete.[1068] Vorausgesetzt war bei
dieser Klassifikation, daß das Führerprinzip mit dem für öffentliche Körperschaften nach dem überkommenen Verständnis zentralen Aspekt des Getragenseins der

---
1059 *Benz* 2000, S. 91; *Rebentisch* 1985, S. 737.
1060 *Huber* 1939, S. 301; *Kempermann* 1936, S. 43.
1061 *Matzerath* 1970, S. 420.
1062 Nach ihrer Aufgliederung in Allgemeine SS, SS-Verfügungstruppe und Totenkopf-SS wurden die
    letzten beiden Untergliederungen vermögensrechtlich von der NSDAP abgetrennt, *Geiger* 1985, S. 162.
1063 *Bracher* 1997, S. 349 f.
1064 „Gesetz über die HJ" vom 1. Dezember 1936, RGBl. I, S. 993.
1065 § 17 der AusführungsVO (vgl. oben Fußn. 1049), vgl. auch *Weber* 1943, S. 57 f.
1066 *Huber* 1939, S. 302.
1067 Was allerdings bei einer privaten Vereinsform zweifelhaft ist.
1068 *Huber* 1939, S. 302; hierzu auch *Hendler* 1984, S. 185 f.; auch andere wollten den Begriff der Staatsaufsicht durch den der Führung ersetzen, vgl. etwa *Jeß* 1935, S. 19; *Köttgen* 1939, S. 44; *Maunz* 1935,
    S. 219 f.; zum Ganzen *Kahl* 2000, S. 233 f.

Organisation durch ihre Mitglieder vereinbar war. Auch insofern liegt jedenfalls eine Aufweichung des Körperschaftsbegriffes vor. Zu den „angeschlossenen Verbänden" gehörten der Nationalsozialistische Deutsche Ärztebund, der Nationalsozialistische Rechtswahrerbund, die Nationalsozialistische Volkswohlfahrt, der Nationalsozialistische Beamtenbund, der Nationalsozialistische Lehrerbund, die Nationalsozialistische Kriegsopferversorgung, der Nationalsozialistische Bund Deutscher Techniker und vor allem die Deutsche Arbeitsfront (DAF). Auf sie wird im Zusammenhang mit der wirtschaftlichen Selbstverwaltung gesondert einzugehen sein.

Eine Besonderheit stellte auch der „Zweckverband Reichsparteitag Nürnberg" dar,[1069] dem die Stadt Nürnberg, das Land Bayern, das Reich und die NSDAP als Mitglieder angehörten. Seine Aufgabe bestand darin, den Reichsparteitag zu ermöglichen, wozu er die notwendigen Befugnisse besaß.[1070] Eine Staatsaufsicht bestand nicht.[1071]

Insgesamt ist nicht zu übersehen, daß durch die Bezeichnung sowohl der NSDAP als auch der „angeschlossenen Verbände" als „Körperschaften des öffentlichen Rechts" der Begriff erheblich strapaziert wurde. Insbesondere fehlten zentraler Elemente, wie die Staatsaufsicht, sowie die zentrale Stellung der Mitglieder als Legitimationsquelle des gegenüber der Staatsverwaltung verselbständigten Verwaltungsträgers. Dies hatte zur Folge, daß sie nicht unter den Begriff der mittelbaren Staatsverwaltung fielen und somit durch den überkommenen Begriff der Körperschaft nicht zu fassen waren. Das mangelnde Interesse und auch die Konzeptionslosigkeit der Nationalsozialisten an Verwaltungsorganisation führte hier zu einer diffusen Anlehnung an eine überkommene Begrifflichkeit, die erheblich zur Auflösung klarer Begriffsstrukturen beigetragen hat. Das wird bei der Betrachtung der weiteren Selbstverwaltungskörperschaften noch deutlicher werden.

4. Zur Neuinterpretation der Funktion der Selbstverwaltungskörperschaften in der nationalsozialistischen Verwaltungslehre

Das Grundproblem, das der nationalsozialistische totalitäre Führerstaat für die Körperschaften des öffentlichen Rechts aufwarf, war, ob in einem auch die Gesellschaft umfassenden dezidiert antiindividualistischen, völkischen Staat mitgliedschaftsbasierte Formen öffentlicher Verwaltung noch eine Funktion besaßen. Wenn dies nicht der Fall war, stellte sich die Frage, ob überhaupt an den Begriffen von Selbstverwaltung und Körperschaft festgehalten werden konnte[1072] und wenn dies

---
1069 Vgl. das entsprechende Gesetz vom 29. März 1935, RGBl. I, S. 459.
1070 *Jeß* 1935, S. 39.
1071 *Keibel* (1939, S. 95) meinte im übrigen die Frage, ob es sich um eine Körperschaft des öffentlichen Rechts handle, deshalb verneinen zu müssen, „weil der personelle Unterbau fehlt" – dies ist allerdings ein typisches Kennzeichen von Zweckverbänden.
1072 *Forsthoff* (1937, S. 176) war der Auffassung, daß Selbstverwaltung „heute zu einer umfassenden Gestaltungsform öffentlicher Verwaltung geworden" sei, um sogleich hinzuzusetzen „Aber so stark auch die Tradition sein mag, die offenbar von urtümlichen politischen Anlagen des Deutschen getragen wird: – die außerordentlichen Wandlungen, deren die Selbstverwaltung fähig ist, und die sie in unserer Zeit gerade durchlaufen hat, dürfen darüber nicht übersehen werden. So wenig der heutige Staat mit dem des 19. Jahrhunderts in Parallele gesetzt werden darf, so wenig hat die heutig Selbstverwaltung mit der überkommenen gemein".

der Fall war, welchen Sinn sie dann haben konnten. Der Streit um beide Begriffe im Dritten Reich war durch die Frage geprägt, ob man sie im nationalsozialistischen Sinn weiterentwickeln oder an ihrem überkommenen Verständnis festhalten und zeigen sollte, daß es sich bei den nationalsozialistischen Organisationsformen um etwas durchgreifend anderes handelte.

a. *Aufgabe des Begriffs der Körperschaft des öffentlichen Rechts*

Eine Reihe von Verwaltungsrechtlern hielt den Begriff der Körperschaft für nicht mehr zeitgemäß. Ausgangspunkt der Kritik war dabei die Kritik an dem als „individualistisch" verstandenen Institut der juristischen Person. *Theodor Maunz* etwa nahm an, daß sich die „Körperschaft des öffentlichen Rechts" immer weiter von ihren genossenschaftlichen Wurzeln entfernt habe und wie zuvor bereits die Anstalt gleichbedeutend geworden sei mit der aus Haftungs- und Zurechnungsgründen verabstrahierten Fiktion der juristischen Person.[1073] Im Verwaltungsrecht des Dritten Reiches würde diese Entwicklung nun revidiert und an die Stelle der Abstraktion die konkrete Gemeinschaft als Personenverband gesetzt, der durch das Führerprinzip geprägt sei und angesichts der staatlichen Dominanz aller Verbände zugleich den Unterschied zwischen öffentlichen und privaten Verbänden überwunden habe.[1074] Während Maunz in diesem gegen ihre Rechtspersönlichkeit gerichteten Sinn den Begriff der Körperschaft aber noch verwendbar fand, wurde er von *Reinhard Höhn*[1075] zusammen mit dem Rechtsinstitut der „Juristischer Person"[1076] gänzlich verworfen.[1077] Beide seien Ausdruck des individualistisch-liberalen Denkens,[1078] das den Einzelnen im Gegensatz zum Ganzen verstehe.[1079] Das nationalsozialistische Recht habe aber beide Begriffe überwunden.[1080] An die Stelle von „Volksgeist" und „Rechtsgemeinschaft" als Wertgemeinschaft trat hier in mißverstanden nietzscheanischen Duktus die auf die „bluts- und artmäßig geeinte", durch Gefolgschaft und das Gemeinsame der Tat gegründete konkrete „Betriebsgemeinschaft" des neuen Menschen.[1081] Sie erfasse ihn in seinen konkreten Ordnungen

---

1073 *Maunz* 1936, S. 2 f.
1074 *Maunz* 1936, S. 3 f.
1075 1935, S. 686; 1937, S. 201 ff.; *Jerusalem* 1935, S. 206 ff.; zu beiden auch *Stolleis* 1999, S.
1076 Davon sind Stimmen, wie etwa die von *Wieacker* (1941, S. 307 f.) zu unterscheiden, die mit dem Begriff der juristischen Person nur zivilrechtliche Rechtsfähigkeit verbinden und daher seine Anwendung auf die Körperschaften des öffentlichen Rechts ablehnen.
1077 Zu bedenken bleibt zwar, daß Höhn von der Bezeichnung der NSDAP als „Körperschaft" ausging; seine Kritik des Individualismus, sowie vor allem, daß das Führerprinzip mit dem Körperschaftsprinzip nicht zusammenpaßte, trifft aber auch die nach dem Führerprinzip organisierten, eigentlich verwaltungsrechtlichen Körperschaften des öffentlichen Rechts. Kritisch gegenüber dem Individualismus, den der Begriff der juristischen Person des öffentlichen Rechts in die Organisationen trüge, auch *Köttgen* 1939, S. 12 f.
1078 *Höhn* 1935a, S. 67: „Körperschaft ist ursprünglich nichts anderes als eine Organisation von Individuen".
1079 Für das Höhn besonders Jellinek verantwortlich machen zu können glaubte und gegen den er Gerber ins Feld führen wollte, *Höhn* 1935, S. 656 f.
1080 *Höhn* 1935, S. 656: „die juristische Staatsperson, der ,Grund und Eckstein' des bisherigen Staatsrechts, ist gefallen, das gesamte Rechtssystem des Staatsrechts ist damit ins Wanken geraten".
1081 *Höhn* 1935, S. 676 f.

und nehme ihn als ganzen in sich auf.[1082] Da die Körperschaft ebenfalls eine solche unsichtbare, gespensterhafte Rechtspersönlichkeit sei, müsse auch sie aufgegeben werden: „Der Begriff der Körperschaft diente als juristisches Hilfsmittel, weil das juristische Denken noch nicht soweit war, um die Gemeinschaftsvorstellungen juristisch zu fassen".[1083] Auf gleicher Grundlage, aber mit dem entgegengesetzten Ergebnis behauptet *Karl-Ludwig Kempermann* in seiner von Friesenhahn betreuten Dissertation, es gebe nur noch „eine juristische Person, die öffentliche Körperschaft im weiteren Sinne".[1084] – die ungeliebte Ausdifferenzierung des Rechtsstaats in die Rechtsverhältnisse von Bürgern als natürlichen Personen und die juristische Person des Staates sollte durch die genossenschaftliche Auflösung beider in einer konkreten Gemeinschaft überwunden werden.

b. Korporatistische und ständestaatliche Konzeptionen

Die Diskussion der – sehr zahlreichen – neuen und beibehaltenen aber grundlegend veränderten Formen von Selbstverwaltungsträgern wird zeigen, daß von einer Selbstverwaltung, jedenfalls einer körperschaftlichen, wie sie im 19. Jahrhundert entwickelt und auch unter der Weimarer Reichsverfassung beibehalten worden war bei aller Vielgestaltigkeit der bis dahin ausgebildeten Formen nicht mehr gesprochen werden kann.[1085] Dabei gab es gewichtige Stimmen, die sich von der „großen Bewegung" der „nationalen Revolution" eine Überwindung des ungeliebten Parteienstaates und eine Neubegründung des Selbstverwaltungskorporativismus versprachen. *Heinrich Triepel* etwa versprach sich zunächst die Begründung einer gegliederten, das ganze Volk umfassenden Gemeinschaft, die seine schon in der Weimarer Zeit realisierten Ideen von einem organischen Aufbau des Staates auf der Grundlage körperschaftlicher Selbstverwaltung realisieren würde.[1086]

Es fällt auf, daß in der wissenschaftlichen Diskussion der Funktion körperschaftlicher Selbstverwaltung – und Selbstverwaltung wurde noch häufig gleichgesetzt mit einem möglichen Träger, der Körperschaft[1087] – wie auch in der Gesetzgebung an den überkommenen Ausdrücken festgehalten und wiederholt auf den *Reichsfreiherrn vom Stein* rekurriert wurde.[1088] Zugleich wurde die

---

1082 *Höhn* 1935, S. 678.
1083 *Höhn* 1935, S. 688; auch *Köttgen* (1939, S. 33) betont die „irrationale Wirklichkeit eines Gemeinschaftslebens", auf der die rationale Organisation ruhe, vgl. auch S. 39.
1084 *Kempermann* 1936, S. 8 und 60, um sogleich zwischen „Selbstverwaltungskörperschaften bzw. genossenschaftlichen Körperschaften" und „Körperschaften mit vorwiegend sachlichem Einschlag", nämlich „Anstalten oder Anstaltskörperschaften" zu unterscheiden; kritisch hierzu auch *Weber* 1943, S. 16; *Forsthoff* 1973, S. 488 Fn. 1.
1085 Ausdrücklich für den Bereich der politischen Selbstverwaltung: *Kempermann* 1936, S. 56.
1086 Schiffbruch mußte Triepel mit seinen Vorstellungen schon deshalb erleiden, weil er diesen selbstverwaltungsbasierten Staat als Rechtsstaat und als freie Gemeinschaft verstand, *Gassner* 1999, S. 421 ff.; *Hollerbach* 1966, S. 426 f. zur Rechtsstaatskonzeption und S. 434 f. zur Parteienkritik und der Selbstverwaltungstheorie Triepels.
1087 1935, S. 14 f. (16): „Selbstverwaltung ist die eigenverantwortliche Verwaltung bestimmter ‚staatlicher' Angelegenheiten i.w.S. durch dem Staat ein- und untergeordnete, innerhalb ihres Wirkungskreises jedoch weitgehend selbständiger Körperschaften des öffentlichen Rechts (Selbstverwaltungskörper) an Stelle des Staates".
1088 Vgl. die unten Fußn. 1170 genannten Stimmen.

„individualistische Fehlentwicklung" im 19. Jahrhundert beklagt und die dadurch hervorgebrachten Organisationsformen als unvereinbar mit dem nationalsozialistischen Staat identifiziert.[1089] So wurde teilweise eine Art Erneuerung der ursprünglichen Selbstverwaltungsidee im Sinne eines von der Volksgemeinschaft ausgehenden Führerstaats proklamiert. Was nun, wenn überwiegend an den Rechtstermini festgehalten wurde, mit den Ausdrücken gemeint sein sollte, war umstritten. Eine Argumentationslinie, die aus autoritären Wurzeln der Weimarer Zeit hervorging und besonders in den ersten Jahren der nationalsozialistischen Herrschaft auch für die Gesetzgebung[1090] eine gewisse Bedeutung hatte, betonte ständische Momente.[1091] Sie konnte sich dazu insbesondere auf den Punkt 25 des Programms der NSDAP, der zur Durchsetzung des Grundsatzes „Gemeinnutz geht vor Eigennutz" (Punkt 24)[1092] die Bildung von „Stände- und Berufskammern" forderte, berufen.[1093] Die gesamte Wirtschaftsgesellschaft sollte berufständisch aufgebaut werden.[1094] Dabei war „Stand" im Sinne des Nationalsozialismus neu zu interpretieren.[1095] Das war mitunter gefährlich. *Othmar Spann*, der nach dem Grundsatz, daß das Ganze den Teilen seinen Ort zumesse,[1096] jedem in einer hierarchisch-ständischen Ordnung seinen Platz in der Volksgemeinschaft zuweisen und den Ständen als bescheidenes Gegengewicht zur kritisierten Staatsallmacht eine Art „Sachsouveränität" mit beratender Funktion zubilligen wollte,[1097] wurde zunächst auch vom Thysseninstitut[1098] und auch der NSDAP unterstützt, später aber als Gegner des Nationalsozialismus angesehen und 1938 verhaftet.[1099] *Hess*

1089 *Huber* 1933/34, S. 307: „Die körperschaftliche Selbstverwaltung ist ein altes Prinzip deutscher Verfassungsgestaltung, das im Zeitalter eines individualistischen und positivistischen Liberalismus überdeckt worden ist, das aber heute wieder nach echter Geltung verlangt. Ebenso wie in der Epoche der preußischen Wiederaufrichtung der Freiherr vom Stein dem Volke eine neue Form gab, indem er es in der gemeindlichen Selbstverwaltung Anteil am Leben des Ganzen gewinnen und es so in dem Erlebnis des Ganzen zur politischen Einheit werden ließ, so ringt sich heute in der Wirtschaft der Gedanke einer Selbstverwaltung durch, die das arbeitende Volk gliedhaft in die Nation einfügt und aus ihm eine neue politische Einheit erwachsen läßt".
1090 Vgl. die Begründung zum Reichskulturkammergesetz (Deutscher Reichsanzeiger 1933, Nr. 225, zit. nach *Haarkens* 1935, S. 85): „Ständischer Aufbau bedeutet die Erfassung des Einzelnen. Er ist auch in seiner Gesamtheit keine Einrichtung *innerhalb* des Staates oder gar neben ihm, sondern der Staat selbst in einer neuen Form. Die rechtsstaatlichen Einrichtungen, die bisher im Mittelpunkt standen (Gesetz, Gerichtsbarkeit, Polizei), werden nicht entbehrlich. Sie treten aber zurück hinter den Einrichtungen, die bestimmt sind, den Willen der Glieder der Nation zu erfassen".
1091 Schon *Tatarin-Tarnheyden* 1922, S. 6: Stände sind „Gruppen von Menschen, die durch eine gemeinsame Stellung im sozialen Leben den übrigen Menschen des gleichen Gebiets gegenüber dauernd eine Einheit bilden".
1092 Hierzu eingehend *Stolleis* 1974, S. 76 ff.
1093 *Huber* 1937, S. 239.
1094 Van Eyll 1985a, S. 682; zum Ganzen *Dahlheimer* 1985, S. 122 ff.
1095 *Haarkens* 1935, S. 41.
1096 Das Ganze war gegliedert in „Verrichtungskreise". In diesen sollte jeder jeweils sein Bestes geben: „Die Schuster sollen daher im Bereich der Schusterei, die Lehrer im Bereiche der Erziehung, der Feldherr im Bereiche des Kriegswesens, der König mit seinen Räten im Bereiche der politischen Ganzheit herrschen.", Spann: Der wahre Staat, S. 163, zit. nach *Mayer-Tasch* 1971, S. 36.
1097 Dem sozialen Atomismus der individuellen Gesellschaftsanschauung sollte ein politischer Zentralismus ebenso entsprechen wie dem organologisch verstandenen sozialen Organismus ein politischer Dezentralismus, *Mayer-Tasch* 1971, S. 35.
1098 Das 1933 gegründete und von *Fritz Thyssen* finanzierte „Institut für Ständewesen" in Düsseldorf, vgl. zu diesem *Broszat* 1995, S.189 u. 226 f.
1099 Zu ihm und seiner Konzeption: *Dahlheimer* 1985, S. 124 f.; *Mayer-Tasch* 1971, S. 27 ff., S. 46 f. zu den Divergenzen gegenüber dem Nationalsozialismus.

untersagte schließlich jede parteiinterne Diskussion eines ständischen Aufbaus.[1100] Während Spann unter Rückgriff auf antikisierende Vorstellungen (Platon) und einen mißverstandenen Idealismus (Hegel) Stände als Totalinklusionen der ganzen Person konzipierte,[1101] wurden sie doch überwiegend unter bewußter Entgegensetzung zu historischen Vorbildern,[1102] insbesondere eines Ständestaats,[1103] unter Betonung des revolutionär Neuen des Nationalsozialismus verstanden.[1104] An die Stelle des Ständestaates, vor allem aber zur Überwindung des liberalen Staates, der statt harmonischer Wirtschaftsordnung nur ein Wirtschaftssystem der Konkurrenz und statt Arbeitsordnung nur Klassenkampf gebracht habe, sollte eine neue gegliederte „Volksordnung" entstehen, die die Kräfte des Einzelnen und seine Interessen an das Ganze band und für es wirksam macht.[1105] Stände wurden als „natürlich gewachsene", organische Gebilde vorgestellt, die nur zur Herstellung von Handlungsfähigkeit organisiert, aber nicht insgesamt geschaffen werden könnten.[1106] Sie sollten lebendige Gliederungen des Volkes als „Organismus" und mit wesentlicher Funktion zu dessen Erhaltung sein.[1107] Als solche organischen Gebilde fehle ihnen aber noch die Handlungsfähigkeit und der innere rechtliche Zusammenhang. Um dies zu erlangen, müßten die Stände vom Staat als Körperschaften zu „Reichsständen" organisiert werden.[1108] Aus der Oberhoheit des Staates über diese „Reichsstände" und ihrer Gliedstellung als Teil der Totalität des Staates folge dann auch, daß ihm die Befugnis zustehen müsse, deren innere Ordnung zu regeln, ihre Organe zu besetzen und zu kontrollieren.[1109]

1100 *Mayer-Tasch* 1971, S. 229.
1101 So auch *Friesenhahn* 1937, S. 263: „Darum erfassen diese Körperschaften die ihnen angehörenden Volksgenossen in ihrer ganzen Persönlichkeit". Ähnlich für die nationalsozialistische Volksgemeinschaft: *Höhn* 1935, S. 678. Dagegen schrieb *Hermann Heller* in der Weimarer Zeit treffend: „Jeder Mensch gehört, er mag sich noch so vollständig selbst einem ‚totalen' Staat hingeben, stets einer Mehrzahl von Organisationen, sei es kirchlicher, politischer, wirtschaftlicher oder sonstiger Art an, die ihn zwar in verschiedener Stärke und oft auch in verschiedenen Schichten seiner Persönlichkeit beanspruchen, die er aber alle durch von ihm ausgeschiedene Einzelleistungen verwirklicht" (1983, S. 268 f.).
1102 Kritisch gegenüber Spann deshalb etwa *Huber* 1933/34, S. 301; ders. 1937, S. 241; *Haarkens* 1935, S. 43; zustimmend *Bülow* 1933/34, S. 323 f.
1103 Und faschistisch-korporatistischer Organisationen, *Huber* 1933/34, S. 296 u. 308; ders. 1937, S. 242: Sie seien nicht verfassungsgestaltend und staatstragend, sondern empfingen ihre hoheitlichen Funktionen von diesem; *Bülow* 1933/34, S. 341 f.; vgl. auch *Bracher* 1997, S. 473. Der wesentliche Unterschied liege darin, daß der Faschismus keine wirkliche Selbstverwaltung, sondern nur eine autoritäre Organisation kenne.
1104 Kritisch etwa *Haarkens* 1935, S. 44 f., der völlig zu Recht darauf hinweist, daß auch die Begründung einer nationalsozialistischen Ständelehre auf *Hegel* ausscheidet, da dieser 1. seine Ständekonzeption logisch und nicht aus der „unmittelbaren Lebensanschauung" gewinne und 2. von der Einzelperson und nicht von der Gemeinschaft ausgehe. (a. a. O., S. 45); *Huber* 1939, S. 461: „Deshalb ist die ständisch gegliederte Ordnung kein ‚Ständestaat'. Von einem Ständestaat kann man nur reden, wo der Staat aus den Ständen erwächst, wo die lebendige Kraft und die politische Führung aus den Ständen kommt, wo die Einheit und Ordnung des Ganzen auf den Ständen beruht... Das völkische Reich ist kein Ständestaat, sondern ein Bewegungsstaat; nicht die Stände, sondern die Bewegung ist der politische Willensträger der Nation".
1105 *Huber* 1933/34, S. 294 f.
1106 *Haarkens* 1935, S. 47; *Huber* 1937, S. 241.
1107 *Haarkens* 1935, S. 51 u. 81 f., S. 55: „Der Stand ist somit zu bestimmen als die besondere Lebenseinheit, die in ununterbrochenem Fortgang eine besondere Lebensfunktion des Volkes verwirklicht und von einem besonderen Ehrenbegriff getragen wird".
1108 *Haarkens* 1935, S. 69 f.
1109 *Haarkens* 1935, S. 70; gerade diese Oberhoheit sollte sie auch vom „korporativem Pluralismus" unterscheiden, *Huber* 1937, S. 241.

Ausschließlich vom Ganzen her bestimmt, sollte für ihre Stellung nicht Recht und Interesse, sondern die Pflicht kennzeichnend sein.[1110] „Stände", so definierte etwa *Ernst Rudolf Huber*, „sind öffentliche, sich selbstverwaltende Körperschaften, die berufen sind, am inneren Aufbau der politischen Grundordnung mitzuwirken. Nicht alle Selbstverwaltungskörperschaften sind somit Stände, sondern nur diejenigen, die für den inneren Aufbau der politischen Grundordnung von wesentlicher Bedeutung sind".[1111] Ein Stand waren danach die Landwirtschaft, der Handel, die Wirtschaft.[1112] In eingeschränkter Form und bezogen auf eigentümliche Tätigkeiten, wurde dann aus dem Stand auch ein Berufsstand.[1113]

Körperschaften waren nach *Huber* „deutschrechtliche Genossenschaften" als Glied einer höheren Einheit.[1114] Als Genossenschaften hatten die Körperschaften eine Zwischenstellung zwischen privatautonom gegründeten und Einzelinteressen gewidmeten Vereinen einerseits[1115] und der fremdbestimmten Anstalt andererseits:[1116] Von jenem nehme sie die private Interessenwahrnehmung, von dieser die Einordnung in die höhere Einheit des Staates. Als solche waren sie Teil der außerdem „Bewegung" und Staat umfassenden öffentlichen Ordnung.[1117] Diesem weiten Begriff der Körperschaft konnten ohne weiteres die der NSDAP angeschlossenen Verbände, die Gemeinden, Sozialversicherungsträger, Realkörperschaften und die Berufsstände untergeordnet werden.[1118] Gegenüber positivistischen und auch gegenüber Ansichten der Körperschaft wie etwa der von Forsthoff war es konsequent, eine größere Autonomie der Selbstverwaltung der Körperschaften anzunehmen.[1119]

1110 Haarkens 1935, S. 56. Der Reichsstand ist mithin auch keine Interessenvertretung seiner Angehörigen: „Der Reichsstand ist seinem Wesen nach keine Vertretung eines Standes, sondern der Stand selber, nur in einer organisierten Verfassung. Er hat eben nicht die Aufgabe, die Gesamtheit der Standesgenossen zu vertreten. Er umfaßt vielmehr alle Standesgenossen. Der einzelne Standesgenosse ist Glied des Reichsstandes, er hat in ihm Pflichten". Ähnlich schreibt *Huber* (1933/34, S. 304): „Nicht die Bildung eines Gruppenegoismus und nicht die Organisierung von Interessengegensätzen, sondern die Z u o r d n u n g   d e s   g e g l i e d e r t e n   V o l k e s   z u m   S t a a t e ist der Sinn der beruflichen Neuordnung... Nicht das zusammenhanglose Nebeneinander einer Vielheit von organisierten Interessengruppen und machtlüsternen Verbänden ist der Sinn der Berufsordnung, sondern die gefügte und gegliederte Einheit von Körperschaften, die wissen, daß über allen Wünschen und Bedürfnissen der Einzelnen und ihrer Gruppen der Staat und seine umfassende Aufgabe steht".
1111 1939, S. 460; auch *Keibel* 1939, S. 37.
1112 Haarkens 1935, S. 51; *Huber* (1937, S. 247) gliederte in „Arbeitsstand" (im wesentlichen die DAF), „Wirtschaftsstand" (Reichsnährstand, Ordnung der gewerblichen Wirtschaft und Ordnung der Verkehrswirtschaft) und „Kulturstand" (Wissenschaft, für das Recht: Deutsche Rechtsfront, Reichsrechtsanwaltskammer, Akademie für deutsches Recht [vgl. hierzu auch *Keibel* 1939, S. 49 f.], für die Gesundheit: Reichsärztekammer, für die übrige Kultur: Reichskulturkammer mit den Einzelkammern).
1113 Haarkens 1935, S. 61; *Huber* 1933/34, S. 300 f.
1114 Huber 1937, S. 243; ders.: 1933/34, S. 300: „Die Genossenschaft kann also tragendes Glied eines neuen übergeordneten sozialen Verbandes sein, in dem ein von den eingeordneten Verbänden her gewonnener, aber ihnen gegenüber selbständiger Gemeinwille herrscht".
1115 Huber 1937, S. 243: „Nur wo die Einzelnen gliedhaft und pflichtgebunden in der Gemeinschaft stehen und auf die Gemeinschaft bezogen sind, darf der Begriff der Körperschaft verwandt werden".
1116 Huber 1933/34, S. 297 f. (auch 304): Die Genossenschaft sei in diesem Sinn nicht individualrechtlich, andererseits auch nicht kollektivrechtlich, sondern „sozialrechtlich" aufgebaut. In ihr gehe es nicht um den isolierten Einzelnen, sondern um ihn als „Glied einer beruflichen Gemeinschaft", *Huber* 1937, S. 239.
1117 Huber 1937, S. 243: „Es gibt deshalb Körperschaften überall dort, wo eine lebendige Genossenschaft der Bewegung, der Staatsorganisation oder dem ständischen Aufbau zugeordnet ist".
1118 Huber 1937, S. 244.
1119 Huber 1933/34, S. 305: „Der juristische Positivismus hat die Selbstverwaltung zur technischen Form der lokalen Staatsverwaltung denaturiert und damit ihr eigentliches Wesen zerstört. Die Selbstverwaltung ist ... Verwaltung eines nicht vom Staate übertragenen, sondern ursprünglich eigenen Le-

Huber bemerkte die Spannung, die diese Autonomie zum Konzept des totalen Staates erzeugen mußte, und versuchte ihr zu begegnen, indem er die „Gleichschaltung" des gesellschaftlichen Lebens als dessen „Einschaltung", als Eingliederung in das geordnete Ganze verstand.[1120] Selbstverwaltung, schrieb Huber noch 1939, „setzt voraus, daß eine Körperschaft in sich genossenschaftliches Eigenleben entwickelt, daß sie selbst wollen, entscheiden und handeln kann".[1121] Besser sei es aber, den Begriff durch den der Selbstgestaltung zu ersetzen, die „Selbstgesetzgebung", „Selbstverwaltung" und „Selbstgerichtsbarkeit" umfasse.[1122] Der Staatsaufsicht oder -führung kam deshalb nur die Aufgabe zu, für den Rahmen dieser Betätigung zu sorgen und über seine Einhaltung zu wachen.[1123] Im Grunde strebten diese ständischen Theorien nach einem Korporationenstaat deutscher Prägung.[1124] Dies stand aber im Spannungsverhältnis zur Ideologie des totalen Staates.[1125] Es wird sich zeigen, daß die exemplarisch vorgestellten Konzeptionen und auch andere[1126] sich nicht durchsetzen konnten. Sie mußten pragmatischen Konzeptionen weichen[1127] und gerieten, obwohl durchaus von kleineren und mittleren Gewerben und ihren Verbänden favorisiert,[1128] insgesamt in den Sog der Konkurrenzen zwischen Staat, Partei und anderen nationalsozialistischen Organisationen.[1129]

c. *Körperschaft und totaler Staat*

Oberhand gewannen in der theoretischen Diskussion etatistische Konzeptionen. *Otto Koellreutter* meinte, es könne keine politische Selbstverwaltung geben.[1130] Im übrigen betonte er die autoritären Elemente einer eingehenden, nicht auf die bloße Rechtskontrolle beschränkten Staatsaufsicht[1131] und hob die Bedeutung der Partei

---

bensbereichs durch den Verband selbst. Selbstverwaltung ist also Eigenverwaltung, nicht delegierte Staatsverwaltung".
1120 *Huber* 1933/34, S. 306, S. 307: „Die körperschaftliche Selbstverwaltung ist auch im totalen Staate möglich, weil sie die Eigenständigkeit der sozialen Teilgebiete dem staatlichen Lebensgesetz unterordnet, und sie ist notwendig, weil das staatliche Lebensgesetz die selbständige Gestaltung der gesellschaftlichen Bereiche verlangt"
1121 *Huber* 1939, S. 463; 1933, Sp. 211.
1122 *Huber* 1937, S. 245: Den Ständen sei „im Rahmen der politischen Führung die umfassende Zuständigkeit eingeräumt, mit allen rechtlichen Mitteln das eigene Sein zu gestalten und die eigenen Aufgaben zu lösen".
1123 *Huber* 1939, S. 464; allerdings hieß es auch (*ders.* 1937, S. 245): „Stets ist zu bedenken, daß die politische Führungsgewalt nicht auf die ausdrücklich im Gesetz aufgezählten einzelnen Führungsmittel beschränkt ist, sondern daß sie alle Maßnahmen treffen kann, um die Tätigkeit der Berufsstände im Einklang mit den gesamtvölkischen Zielen und dem gesamtvölkischen Recht zu halten".
1124 So ausdrücklich in der noch unklaren Situation der Ziele einer Verwaltungsorganisationsreform nach der Machtergreifung *Huber* (1933), Sp. 212: „Das Deutsche Reich ist also nicht nur ein Bundesstaat und ein Parteienstaat, sondern auch ein Korporationenstaat".
1125 Dezidiert gegen den totalen Staat etwa *Haarkens* 1935, S. 87 f., den er aus der „abstrakten Unterscheidung von Staat und ‚Gesellschaft' hervorgegangen ansieht.
1126 Vgl. etwa die Übersicht über neuere Ansätze von *Bülow* 1933/34, S. 340 ff., der in Verkennung der Entwicklungen schrieb: „Eins ist sicher: Der Ständestaat marschiert", auch *Dahlheimer* 1985, S. 127 f.
1127 Insbesondere hatte die die Großindustrie begünstigende Arbeitsbeschaffung zunächst Vorrang vor dem ständischen Aufbau, *Winkler* 1991, S. 57.
1128 *Ullmann* 1988, S. 194.
1129 *Dahlheimer* 1985, S. 139; *Ullmann* 1988, S. 216, 222; *van Eyll* 1985a, S. 689.
1130 Zu ihm auch Kohl/Stolleis 1988, S. 2850 u. 2855 f.
1131 1936, S. 55 ff.; *Kahl* 2000, S. 246 f.

für die Sicherung „des nationalsozialistischen Geistes in den Selbstverwaltungsführungen" hervor.[1132]

Gerade die enge Verbindung und Durchdringung von Volk und Staat konnte den Staat als mehr denn als bloße Bürokratie erscheinen lassen und der Selbstverwaltung die Funktion als Beteiligung des Volkes an und Integration in ihn zuzumessen.[1133] In diesem Sinne hielt *Roland Freisler* den nationalsozialistischen Staat ohne Selbstverwaltung für nicht denkbar".[1134] Aus der engen Vereinigung von Volk und Staat resultierten danach für das Volk Aufgaben, die es eigenverantwortlich zu erfüllen habe: Selbstverwaltung als eigenverantwortliche Pflichterfüllung. Die Stellung des Einzelnen in diesen Selbstverwaltungsorganisationen war folglich nicht die eines mitbestimmenden Aktivbürgers, sondern eines Mitverpflichteten.[1135] Konsequent war es auch, der NSDAP eine gewichtige Aufgabe im Bereich der Selbstverwaltung zuzumessen.[1136] Während ständestaatliche Konzeptionen in den Selbstverwaltungskörperschaften durchaus ein Gegengewicht zur Staatsmacht erblickten, war für die dialektische Ansicht Selbstverwaltung ein Mittel zur Zusammenfassung, Organisation, Disziplinierung und Gliederung des Volkes. Und nur in diesem Kontext spielten dann auch die neuen, nationalsozialistischen Stände eine gewisse Rolle.

War für die genossenschaftlich-ständischen Theorien die hoheitliche Kompetenzzuweisung für die Körperschaft Mittel zur Erreichung ihrer Ziele,[1137] so bedeutete sie für die Anhänger der Theorie der „mittelbaren Staatsverwaltung"[1138] deren gattungsbildendes Moment. Auf dieser Grundlage, gelang ihnen eine klare Differenzierung zwischen den in der Sache gesellschaftlichen und den öffentlichen Organisationsformen. Dem Vorteil, damit auch ohne allzu große Manipulationen an dem überkommenen Begriff der Körperschaft festhalten zu können, korrespondierte aber der Nachteil, die zahllosen Mischformen im Bereich der Körperschaften nicht den gesetzgeberischen Intentionen entsprechend einordnen zu können und sich vielmehr über dessen Willen hinwegsetzen zu müssen. Zwanglos konnte *Ernst Forsthoff* bei seiner Bestimmung des Selbstverwaltungsbegriffs an seine Krisendiagnosen aus der Weimarer Zeit anknüpfen.[1139] Zwar hob er dezidiert die notwendige Bedeutung des „Eigenlebens" eines kleineren Lebenskreises für die Verwirklichung von Selbstverwaltung hervor, ergänzt dann aber: „Der diesem Autonomiebegriff

---

1132 1936, S. 61. Im übrigen verzichtet er aber im „Deutschen Verwaltungsrecht" darauf, dem distanzierten Referat der liberalen Selbstverwaltungskonzeption einen die verschiedenen positiv-rechtlichen Regelungen zusammenfassenden Begriff der Selbstverwaltung entgegenzusetzen.
1133 *Freisler* 1933, S. 794.
1134 *Freisler* 1933, S. 795.
1135 *Freisler* 1933, S. 797: „Die gemeindliche Selbstverwaltung muß aufgebaut sein auf dem Grundsatz der Einordnung jedes Gliedes der Gemeinde an seiner Stelle, die ihm im Gemeindekörper organisch zukommt...".
1136 „Mit dem staatsrechtlichen Einbau der Partei und ihrer Nebenorganisationen, der SA, SS, HJ, ist ... wohl das wichtigste Gebiet des Volkslebens der Selbstverwaltung im höchsten und in diesem Zusammenhange sicher nicht mißverstandenen Sinne vom Staat anvertraut worden", *Freisler* 1933, S. 795.
1137 Huber 1937, S. 243.
1138 Neben den sogleich Aufgeführten etwa auch *Wieacker* 1941, S. 310.
1139 Seine Analyse der Krise hatte 1932 mit den Sätzen geendet (S. 70): „Die soziale Frage entscheidet der Staat. Sollte das Schicksal der Selbstverwaltung damit besiegelt sein?" – Die Antwort auf diese Frage erfolgte 1937.

zugrunde liegende, spezifisch rationale Glaube an soziale Eigengesetzlichkeiten gehört der Vergangenheit an... Die Einordnung der Selbstverwaltung in die politische Führung ist eine Selbstverständlichkeit".[1140] Ein Führerstaat konnte keine Autonomien anerkennen.[1141] Auf dieser Basis war die wesentlich intensivere Aufsicht über die Selbstverwaltungskörperschaften im nationalsozialistischen Staat gegenüber der Weimarer Republik zu rechtfertigen.

Werner Weber verstand in seiner noch in der Bundesrepublik einflußreichen Studie unter Körperschaften des öffentlichen Rechts „rechtsfähige Verwaltungseinheiten in verbandsmäßiger Rechtsgestalt" die durch den Staat kraft dessen Organisationshoheit errichtet werden.[1142] Sie gehörten neben den Anstalten und Stiftungen zu dem abschließend bestimmten Kreis der mittelbaren Staatsverwaltung.[1143] So sehr Weber den rechtstechnischen Begriff der Körperschaft des öffentlichen Rechts gegenüber seinen Auflösungserscheinungen in der nationalsozialistischen Gesetzgebung und Lehre zu retten versuchte, wurde er eben dadurch der Rechtswirklichkeit des Dritten Reichs nicht gerecht. Die neuen Erscheinungsformen von „Körperschaften des öffentlichen Rechts" und „Selbstverwaltungs-Trägern", die diese Begriffe, wie sogleich insbesondere im Kommunalrecht deutlich werden wird, weiterentwickeln und auf andere Organisationsformen anwenden wollten, wurden von ihm entweder aus dem Bereich der Körperschaft des öffentlichen Rechts verbannt – wofür gute systematische, nicht aber historische und rechtdogmatische Gründe sprechen mochten – oder in ihrer Degeneration nicht gesehen. So verkannte er insbesondere, daß die von ihm völlig zu Recht betonte mitgliedschaftliche Verfassung der Körperschaften[1144] des öffentlichen Rechts sogar in ihren überkommenen Formen längst nicht mehr der Rechtswirklichkeit entsprachen.[1145] Schließlich setzte der Begriff der „mittelbaren Staatsverwaltung" eine Trennung von Staat und Gesellschaft voraus, die keinen Ort mehr in der der Vorstellung der Volksgemeinschaft verhafteten nationalsozialistischen Politik besaß.[1146]

Unter dezidierter Ablehnung der liberalen Begriffsbildung bis zur Weimarer Zeit faßte auch *Keibel* die Körperschaft als Untergliederung der Gesamtheit der Volksgemeinschaft nicht mehr als „personifizierte Organisation von Einzelpersonen",

---

1140 *Forsthoff* 1937, S. 183.
1141 *Forsthoff* 1934, S. 310.
1142 *Weber* 1943, S. 89.
1143 *Weber* 1943, S. 75: „Die Körperschaften, Anstalten und Stiftungen des öffentlichen Rechts stellen sich heute ... deutlich als spezifische Kategorien des Bereichs der mittelbaren Staatsverwaltung und als die organisatorischen Träger dieser Art von Verwaltung dar. Als solche grenzen sie sich ab vom staatsunmittelbaren Behördensystem nach der einen und von den rechtsfähigen Organisationen des volksgenössischen Verbandswesens nach der anderen Seite".
1144 „Die Körperschaft erfüllt ihre öffentliche Aufgabe stärker nach innen gekehrt, d. h. an und mit ihren Mitgliedern, von denen sie auch ihre eigentliche Substanz bezieht", *Weber* 1943, S. 87 – 1943 waren längst alle Körperschaften nach dem Führerprinzip organisiert, was u. a. die staatliche Einsetzung ihrer Leitungen und umfangreiche Weisungsrechte bedeutete.
1145 Insgesamt gewinnt man den Eindruck, daß Weber das überkommene Rechtsinstitut der Körperschaft des öffentlichen Rechts gegenüber seiner nationalsozialistischen Auflösung zu retten versuchte, indem er sich im alten Streit, ob die Körperschaften nun nur dezentralisierte Verwaltungseinheiten oder öffentliche Organisationen mit genuiner Herrschaftsmacht sind, auf die erstere Seite schlagen wollte, statt zu zeigen, daß auch nach der letztgenannten Ansicht nicht mehr von autonomen mitgliedschaftsgetragenen Organisationen gesprochen werden konnte.
1146 *Keibel* 1939, S. 30; zu Webers Stellung im Nationalsozialismus vgl. *Starck* 2004, S. 997 f.

sondern als „Ausschnitt der Volksgemeinschaft".[1147] Als Teil der Volksgemeinschaft konnte und mußte die Körperschaft wie der Staat vom Führerprinzip beherrscht werden.[1148] Kennzeichen der Körperschaft sei eine im nationalsozialistischen Sinne zu interpretierende „Selbstverwaltung".[1149] Keibel verlangte hierfür jedoch auch ein gewisses Maß an Selbständigkeit,[1150] so daß er bei einigen in Gesetzen als solche bezeichneten Körperschaften wie etwa der Reichskulturkammer und dem Reichsnährstand die Eigenschaft der Selbstverwaltung ablehnte. Das führte dann zu dem überraschenden – aber infolge der sogleich zu zeigenden Aushöhlung des weiterhin verwendeten Körperschaftsbegriffs im nationalsozialistischen Staat zutreffenden – Ergebnis, daß es nach ihm auch Körperschaften ohne Selbstverwaltung geben sollte.[1151] Sie dienten der staatlichen Lenkung und nicht der Selbstverwaltung dieser Gemeinschaften.[1152] Nur wo keinerlei personales Substrat festzustellen war, empfahl er die Verwendung des Begriffs der Anstalt auch für solche Organisationsformen, die gesetzlich als „Körperschaften" bezeichnet worden waren.[1153] Während Weber sowohl an der Trennung von staatlicher und gesellschaftlicher bzw. Parteisphäre sowie an der Verbindung von Selbstverwaltung und Körperschaft festhielt, machte Keibel den Versuch, die Trennung zwar mitzuvollziehen, den Begriff der Körperschaft aber von dem der Selbstverwaltung zu lösen und an den Staat zu binden.[1154]

Wie weit auf der anderen Seite die Begriffsverwirrung reichte, die durch die Ausweitung der Termini „Selbstverwaltung" und „Körperschaft" entstand, die stärker genossenschaftlich denkende Autoren in dem Bemühen herbeiführten, ihre

---

1147 *Keibel* 1939, S. 29.
1148 Bezeichnend ist hier auch die bei Laun und Ipsen entstandene Dissertation von *H. Peters* (1941), die nach dem zustimmenden Referat der Körperschaftstradition bis auf den Freiherrn vom Stein anmerkt (S. 16): „Es ist selbstverständlich, daß im nationalsozialistischen Staate die Selbstverwaltung mit der staatlichen Verwaltung übereinstimmen muß". Das betraf zunächst die notwendige Verbindung von Selbstverwaltung und Aufsicht. Dann aber heißt es weiter: „Der Gleichklang zwischen Selbstverwaltung und politischer Führung wird ferner noch dadurch hergestellt, daß die Leiter und führenden Beamten der Selbstverwaltungskörperschaft nach Fühlungnahme mit der Partei vom Staat berufen werden. Im nationalsozialistischen Staat muß die Organisation der Selbstverwaltungskörper nach dem Führerprinzip aufgebaut sein. Eine beschließende Funktion kann den aus mehreren Personen bestehenden Organen (Gemeindevertretung, Beirat) nicht zugebilligt werden". Die „genossenschaftliche Willensbildung" wird von ihm zwar anerkannt, dient aber nur dazu, „daß den leitenden Männern der Selbstverwaltungskörper der wirkliche Wille der Geführten bekannt wird". Wie selbstverständlich sind hier die tragenden Prinzipien der körperschaftlichen Selbstverwaltung bereits über Bord geworfen und gegen die ganz anderen Strukturen der „neuen Gemeinschaftsform" (*Forsthoff* 1932, S. 182) ersetzt worden.
1149 *Keibel* 1939, S. 31: Die Selbstverwaltung sei auch im autoritären Staat möglich, müsse aber „in die Machtsphäre des staatlichen Verwaltungsapparates eingebaut" sein.
1150 *Keibel* 1939, S. 100.
1151 „Wenn in der bisherigen Terminologie der Körperschaft des öffentlichen Rechts dieser Begriff mit dem der Selbstverwaltung gleichgesetzt wurde, so kann dem auf Grund dieser Untersuchung nicht mehr zugestimmt werden. In den meisten Fällen, in denen der nationalsozialistische Staat die Verleihung der Körperschaftseigenschaft vornahm, diente dies ihm dazu, entweder die durch die Körperschaft erfaßten Volksgenossen an den Staat heranzuführen, um sie im Rahmen eines staatlichen Führungsanspruchs zu beeinflussen, oder einen maßgeblichen Einfluß auf die Verwaltungsgestaltung sich zu schaffen", *Keibel* 1939, S. 100.
1152 *Keibel* 1939, S. 73.
1153 *Keibel* 1939, S. 103.
1154 Nicht immer wird jedoch klar, ob Selbstverwaltung nationalsozialistisch-autoritär zu interpretieren oder im Sinne einer starken Autonomie zu verstehen ist.

Vorstellungsbildung der nationalsozialistischen Gesetzgebung anzupassen, zeigt die erwähnte Arbeit von *Karl-Ludwig Kempermann*: Nachdem zunächst der Begriff der Körperschaft des öffentlichen Rechts so stark erweitert wurde, daß er mit dem der juristischen Person des öffentlichen Rechts zusammenfiel – wobei zuvor schon „Anstalt" und „Stiftung" konfundiert waren – stellt er schließlich die Ähnlichkeit von rechtsfähigen Reichsstellen mit Anstalten fest, was ihn zur Bildung des Begriffs der „Staatskörperschaft" als einer Körperschaft im Bereich der unmittelbaren Staatsverwaltung veranlaßt.[1155] Die nur behauptete Vereinbarkeit von Führerprinzip und mitgliedschaftlicher Verfassung verwischte die Grenzen, ab der die Körperschaft als Anstalt aufzufassen war, und der unklare Begriff eigener Selbstverwaltungsangelegenheiten mußte die Unterscheidung von unmittelbarer Staats- und eigentlicher Selbstverwaltung aufheben.[1156]

5. Die Auflösung der Körperschaftsstruktur der kommunalen Selbstverwaltung

Die Machtergreifung äußerte sich im kommunalen Bereich dadurch, daß in Preußen alsbald (12. April 1933) Neuwahlen zu den Gemeindevertretungen angesetzt, mit Wirkung zum 8. Februar 1933 die bestehenden Vertretungskörperschaften aufgelöst[1157] und in den übrigen Ländern des Reiches die Zusammensetzung der Gemeinderäte wie bei den Landtagen den Mehrheitsverhältnissen im Reichstag angepaßt wurden. Alle neuen Ehrenbeamten waren einer Bestätigungspflicht durch die staatliche Aufsichtsbehörde unterworfen.[1158]

a. *Preußisches Gemeindeverfassungsgesetz und Gemeindefinanzverfassungsgesetz*

In Preußen ging man aber darüber hinaus sogleich daran, lang gehegte und angesichts der kritischen Situation der Gemeinden in der Weimarer Republik auch erforderliche[1159] Reformpläne des Gemeinderechts zu realisieren. Gegen den Widerstand Hitlers, der – freilich zu spät – versucht hatte, dies zu verhindern, um nicht eine Reform der Gemeinden per Reichsgesetz zu verzögern, wurden am 15. Dezember 1933 das Preußische Gemeindefinanzverfassungsgesetz und das Preußische Gemeindeverfassungsgesetz[1160] verabschiedet. *Ernst Forsthoff* feierte das Gesetz: „es fügt das Gemeindeleben in den Staat des 20. Jahrhunderts ein und unterstellt es seinem Gesetz".[1161] Im-

---

1155 Die „Staatskörperschaft" sei zu umschreiben „als die zur juristischen Person erhobene staatliche Verwaltungsstelle ohne besondere sachliche Unterlage und ohne jegliche genossenschaftliche Grundlage, die durch planmäßige Tätigkeit staatliche Aufgaben durchführt und durchsetzt".
1156 „Selbstverwaltungskörperschaft", so definierte *Kempermann*, sei „die zur juristischen Person erhobene Mehrheit von Personen, die unter Einordnung in den Staat selbständig und eigenverantwortlich staatliche Aufgaben oder Aufgaben körperschaftlicher Zwecksetzung erfüllt".
1157 *von Mutius* 1985, S. 1062.
1158 *Matzerath* 1981, S. 103; daß daneben Verfolgungen durch Parteiverbände der NSDAP und auch offizielle Absetzungen von Bürgermeistern stattfanden, sei nur vermerkt, eingehend *Matzerath* 1970, S. 75 ff.
1159 *von Mutius* 1985, S. 1059 f.
1160 Pr GS, S. 427 u. 442.
1161 *Forsthoff* 1934, S. 308.

C. Geschichte der Körperschaft des öffentlichen Rechts   203

merhin gelang es der neuen Kommunalordnung erstmals in der Geschichte, nicht nur eine einheitliche Gemeindeverfassung[1162] für das ganze Land aufzustellen, sondern auch Land- und Stadtgemeinden einem einheitlichen Rechtsregime zu unterwerfen.

Daß damit aber mehr bewirkt werden sollte, als lang gehegte Reformüberlegungen zu realisieren, nämlich die Durchsetzung der nationalen Revolution auf der kommunalen Ebene, hob *Bill Drews* hervor: Die individualistischen „Fehlentwicklungen" seit der Preußischen Städteordnung von 1808 sollten revidiert und der „Primat des Staatswillens gegenüber der Selbstverwaltung als ‚roche de bronce' statuiert" werden.[1163] Dazu wurden die drei nach Drews wesentlichen Elemente der Selbstverwaltung, 1. Selbständigkeit der Gemeinden gegenüber der Staatsgewalt, 2. lokale Universalität und 3. „Selbstbestellung der Gemeindeorgane"[1164] im nationalsozialistischen Sinn uminterpretiert.[1165] Die Gemeinderatsmitglieder wurden zukünftig auf Vorschlag der Gauleiter von den Aufsichtsbehörden ernannt. Die so bestimmten Gemeinderäte hatten keine Beschlußfunktion, sondern sollten den Bürgermeister beraten. Hinzu traten Parteivertreter kraft Amtes.[1166] Drews hob hervor, daß das Ziel die Zerstörung des als unzuträglich empfundenen Parlamentarismus auf kommunaler Ebene war, der mit der nationalen „volonté générale" ohnehin nicht mehr vereinbar war.[1167] Mehr als eine Akzentverschiebung war es, wenn § 15 des Gesetzes festhielt, daß Parteimitglieder bei einem Wohnsitzwechsel in ein anderes Gemeindegebiet sofort wieder in den Besitz des aktiven und passiven Wahlrechts gelangten, was bei anderen Gemeindebürgern nicht der Fall war: Die fehlende lokale Verbundenheit wog also weniger als die fortdauernde Parteizugehörigkeit. Hier deutete sich an, daß politischer Träger der Körperschaft nicht die Gemeindeangehörigen, sondern die Partei sein sollte. Die meisten Befugnisse, insbesondere auch die Rechtsetzung, wurden beim Gemeindevorstand konzentriert. Auch auf dieser Ebene sollte damit dem Führerprinzip zur Durchsetzung verholfen werden. Die Selbständigkeit der Gemeinden war hier wie im Gemeindefinanzverfassungsgesetz durch die Ausweitung der Aufsicht beschränkt.[1168] Eine Aufgabengarantie gab es nicht mehr. *Carl Goerdeler* kritisierte zu Recht, daß „durch die preußische Regelung der Begriff der Selbstverwaltung vollkommen aufgehoben" werde.[1169]

1162 Als Ersatz für die bisher geltenden fünfzehn Gemeindeordnungen, *von Mutius* 1985, S. 1068.
1163 *Drews* 1934, S. 199; zu einem moderateren Verständnis der Tradition kommunaler Selbstverwaltung *Wiedemann* 1937, S. 190 f.
1164 *Drews* 1934, S. 197.
1165 Immer wieder wurde betont, daß es nicht um die Beseitigung von Selbstverwaltung, sondern um ihre „zeitgemäße Anpassung" gehen sollte. So hieß es etwa in einem Runderlaß des PrMdI vom 21. Dezember 1933 (MBliV I, S. 1493, zit. nach *Matzerath* 1970, S. 124): „Gemeindeverfassungs- und Gemeindefinanzgesetz schaffen die Form der Selbstverwaltung, die den Grundlagen nationalsozialistischer Staatsführung entspricht. Nichts liegt der Staatsführung ferner, als das Gut der Selbstverwaltung in seinem Wesen anzutasten".
1166 *Matzerath* 1970, S. 122.
1167 *Drews* 1934, S. 199.
1168 Hierzu *Kahl* 2000, S. 235 f.
1169 Zit. nach *Matzerath* 1970, S. 126.

b. Die Stellung der Gemeinden unter der Deutschen Gemeindeordnung

Die Bemühungen um eine reichsweite Reform der Gemeindeordnung wurden jedoch nicht zurückgestellt. Ein gutes Jahr nach der Verabschiedung der Preußischen Gemeindeverfassung und des Gemeindeverfassungsfinanzgesetzes konnte am 30. Januar 1935 die Deutsche Gemeindeordnung erlassen werden.[1170] Ihr vorangegangen waren heftige Auseinandersetzungen über den Charakter von Selbstverwaltung und ihren Einbau in eine durch das Führerprinzip geprägte Verwaltung.[1171]

Wie das Preußische Gemeindeverfassungsgesetz sollte auch die DGO die Gemeinde auf die neue Grundlage des „nationalen Willens", der verstärkten Einflußnahme von Partei und Staat auf die Gemeindeangelegenheiten, des Führerprinzips und der Volksgemeinschaft stellen.[1172] Auch sie berief sich auf den *Reichsfreiherrn vom Stein*[1173] und kennzeichnete die Gemeinden durch den überkommenen Begriff der Körperschaft des öffentlichen Rechts mit Selbstverwaltung, konkretisiert ihn jedoch sogleich in einem neuen Sinn.[1174] Moderater als der preußische Vorgänger sah die DGO eine lokale Universalzuständigkeit vor (§ 2 I DGO), band Eingriffe an eine gesetzliche Grundlage (§ 2 III DGO) und gewährte der Gemeinde eine Satzungsautonomie (§ 3 I). Im Zentrum der Gemeindeverwaltung stand der Bürgermeister als ihr „voll und ausschließlich verantwortlicher" Leiter (§§ 6 I u. 32 I DGO), dem außerdem der Vorsitz in den Gemeinderatssitzungen (§ 57 I DGO), das Hausrecht (§ 57 II DGO) und die Vertretung der Gemeinde nach außen (§ 36 I DGO) zukam. Hauptamtliche Bürgermeister wurden „durch das Vertrauen von Partei und Staat"

1170 RGBl. I, S. 49 ff.
1171 Insbesondere der schon erwähnte einflußreiche Leipziger Oberbürgermeister *Carl Friedrich Goerdeler* hatte sich in einer Denkschrift für ein grundsätzliches Festhalten an der Tradition der Selbstverwaltung mit einer Beschränkung der Staatsaufsicht auf die Rechtskontrolle ausgesprochen, die er lediglich um einige Genehmigungsvorbehalte ergänzen wollte, *Matzerath* 1970, S. 138 f.; *von Mutius* 1985, S. 1081.
1172 Ihr Geltungsbereich nahm nur die Reichshauptstadt Berlin (§ 122 DGO; vgl. dazu das Gesetz über die Verfassung und Verwaltung der Rechtshauptstadt Berlin vom 1. Dezember 1936, RGBl. I, S. 957) und die Stadtstaaten von seiner Geltung aus, *Matzerath* 1970, S. 155.
1173 So in ihrem Vorspruch: „Die Deutsche Gemeindeordnung will die Gemeinden in enger Zusammenarbeit mit Partei und Staat zu höchsten Leistungen befähigen und sie damit instand setzen, im wahren Geiste des Schöpfers gemeindlicher Selbstverwaltung, des Reichsfreiherrn vom Stein, mitzuwirken an der Erreichung des Staatsziels: in einem einheitlichen, von nationalem Willen durchdrungenen Volke die Gemeinschaft wieder vor das Einzelschicksal zu stellen, Gemeinnutz vor Eigennutz zu setzen und unter der Führung der Besten des Volkes die wahre Volksgemeinschaft zu schaffen, in der auch der letzte willige Volksgenosse das Gefühl der Zusammengehörigkeit findet. Die Deutsche Gemeindeordnung ist ein Grundgesetz des nationalsozialistischen Staates..." *Von Mutius* 1985, S. 1070 führt diesen Einfluß auf Eindämmungsbemühungen zur Autonomiesicherung durch konservative Kommunalpolitiker wie *Fiehler, Goerdeler, Weidemann* und *Jeserich* nicht aber fanatische Nationalsozialisten zurück. Die Stellungnahmen von *Drews* schon zum Preußischen Gemeindeverfassungsgesetz machen aber deutlich, daß der Vorspruch vom Stein nationalsozialistisch uminterpretiert (vgl. auch *Hendler* 1984, S. 175 f. „propagandistisch-dekorativer Wert"), so daß die Berufung auf ihn der Steigerung der Autorität und des Ansehens der neuen Gesetzgebung dienen konnte. Zu weiteren Stimmen gehören auch *Kempermann* 1936, S. 53; *Keibel* 1939, S. 21 ff.
1174 § 1 II DGO „Die Gemeinden sind Gebietskörperschaften. Sie verwalten sich selbst unter eigener Verantwortung. Ihr Wirkungen muß im Einklang mit den Gesetzen und Zielen der Staatsführung stehen". Mit dem Satz 2 war eine völlige Unterwerfung unter den jeweiligen Staatswillen möglich. *Keibel* (1939, S. 35) meinte, daß damit der Gegensatz von Selbstverwaltung und Staat überwunden sei und die Gemeinde „die unterste Instanz der Staatsverwaltung" darstelle. Vgl. auch *von Mutius* 1985, S. 1070; *Hendler* 1984, S. 174.

auf Vorschlag des Beauftragten der NSDAP von der Aufsichtsbehörde für zwölf Jahre, ehrenamtliche auf sechs Jahr in ihr Amt berufen (§ 6 II i.V.m. §§ 41 I, II und 44 I, III DGO).[1175] Der vom Stellvertreter des Führers bestimmte (§ 118 DGO) Beauftragte der NSDAP hatte insofern maßgeblichen Einfluß auf die Gemeinde, als er neben seinem Vorschlagsrecht bei der Berufung und Abberufung von Gemeinderäten mitwirkte und die Verleihung von Ehrenbürgerrechten sowie die Hauptsatzung seiner Zustimmung bedurfte (§ 33 I DGO).[1176] Ohne Mitglied des Gemeinderats zu sein, hatte er das Recht der Teilnahme an dessen Sitzungen in allen Angelegenheiten, die seiner Mitwirkung bedurften (§ 50 DGO). Gleichwohl war der Partei die staatliche Letztentscheidung über die Einsetzung des Bürgermeisters ein Dorn im Auge, den sie faktisch immer wieder zu beseitigen suchte. Der Parteieinfluß war auch über die Befugnisse der Reichsstatthalter gegeben, die etwa über eine Änderung des Gemeindegebiets befinden konnte.[1177] Tatsächlich erfolgten Gebietsänderungen aus sehr heterogenen Gründen: zur Steigerung der Leistungsfähigkeit der Gemeinden, aber auch zur Angleichung an Parteistrukturen. Der in der Perspektive der Partei instrumentelle Charakter solcher Änderungen wird dabei aus einer Richtlinie der Reichsorganisationsleitung deutlich: „Die Gemeinden sind so zu gestalten, daß sie die Bildung zweckmäßiger Ortsgruppen der NSDAP ermöglichen. Der Volksbetreuung entgegenstehende, veraltete Grenzen der Gemeinden sind zu ändern".[1178]

Führerprinzip und homogenisierender Parteieinfluß zeigten sich auch bei der Berufung der Gemeinderäte. Wie das Preußische Gemeindeverfassungsgesetz sah auch die DGO keine Wahl vor. Vielmehr wurden die Gemeinderäte vom Beauftragten der NSDAP „im Benehmen" mit dem Bürgermeister nach den Kriterien der „nationalen Zuverlässigkeit, Eignung und Leumund" berufen.[1179] Waren diese Kriterien nicht mehr gegeben, schieden sie aufgrund einer Entscheidung der Aufsichtsbehörde – im Einvernehmen mit dem Beauftragten der NSDAP – aus (§ 54 DGO). Die Bedeutung des Gemeinderats war denkbar gering: „Der Bürgermeister hat wichtige Angelegenheiten der Gemeinde mit den Gemeinderäten zu beraten" (§ 55 I 1 DGO).[1180] In aufgezählten wichtigen Angelegenheiten stand ihnen ein Äußerungsrecht zu, wenn nicht gerade Eile geboten war (§ 55 II DGO). Man dachte sich die Gemeinderäte durchaus als genossenschaftliche Elemente der Selbstverwaltung,[1181] deren Repräsentanz jedoch nicht durch demokratische oder verbandsmitgliedschaftliche Entscheidungen vermittelt war.[1182] Daß die Gemeinde nur noch dezentralisierte, rechtsfähige Verwaltungseinheit war, als deren Träger Staat und

---

1175 Bei hauptberuflichen Bürgermeistern konnte die Amtszeit durch Hauptsatzung auf Lebenszeit verlängert werden, § 44 II DGO.
1176 Gerade der Beauftragte bringt die veränderte Stellung der Gemeinde zum Staat und zur Partei zum Ausdruck, *Kempermann* 1936, S. 54.
1177 Nach § 9 II DGO konnte der Reichsstatthalter Gemeindebezeichnungen und nach § 10 DGO Gemeindenahmen und nach § 11 II 3 DGO Wappen und Flaggen verleihen oder ändern und nach § 15 I DGO eine Änderung des Gemeindegebiets aussprechen.
1178 Rundschreiben Nr. 2/38 des Reichsorganisationsleiters vom 15. Mai. 1938.
1179 Wobei solche Persönlichkeiten zu berücksichtigen waren, „deren Wirkungskreis der Gemeinde besondere Eigenart oder Bedeutung gibt oder das gemeindliche Leben wesentlich beeinflußt". (§ 51 I 2 DGO).
1180 Sie sollten den „Führerrat" der Gemeinde bilden, *Koellreutter* 1936, S. 68.
1181 So die amtliche Begründung zu § 48 DGO.
1182 *Matzerath* 1970, S. 290.

Partei fungierten, zeigte sich auch an dem jederzeit möglichen Verzicht auf Öffentlichkeit der Sitzungen des Gemeinderats (§ 56 II DGO): Der Bürgermeister sollte, beraten durch die Gemeinderäte, paternalistisch im wohlverstandenen Interesse der Gemeindeeinwohner handeln. Die Bürger – schließlich der eigentliche Träger der Gemeinde – sollten daran keinen Anteil nehmen und ihn auf diese Weise kontrollieren.[1183] Mangels Mitsprache oder politischer Aufgabe waren die Unterschiede zwischen Einwohner und Bürger auf die Pflicht der letzteren zur Übernahme von Ehrenämtern reduziert. Im Grunde glichen beide eher Anstaltsnutzern als Mitgliedern einer Körperschaft. Von ihnen ging keine Macht mehr aus. Sie sollten vielmehr zu „verantwortungsbewußten Volksgenossen" erzogen werden.[1184]

Die Regeln über die Aufsicht waren zurückhaltend formuliert und sollten der Gemeinde einen Gestaltungsspielraum belassen.[1185] Allerdings bestanden zahlreiche Genehmigungsvorbehalte der Aufsichtsbehörde, die diesen Spielraum wieder erheblich einschränkten.[1186] Die Aufsichtsmittel reichten bis zur Einsetzung eines Kommissars (§§ 109 ff. DGO). Diese Regelungen machen deutlich, daß die Legitimationsketten der Gemeindeverwaltung nur noch von der Partei und vom Staat her zur Gemeinde liefen und nicht vom Bürger ausgingen.

Die DGO wurde trotz der erheblichen Einengung der gemeindlichen Freiheiten vor allem wegen der Eindämmung des Parteieinflusses und der proklamierten Förderung der Eigenverantwortlichkeit der Gemeinden im In- und Ausland positiv rezipiert.[1187] Das System des Gesetzes stand jedoch unter der kaum zu überwindenden Spannung zwischen dem schwach ausgeprägten Selbstverwaltungsprinzip und dem dominierenden Führerprinzip.[1188] Wie die Vermittlung dieser beiden Prinzipien, deren Vereinbarkeit doch postuliert wurde,[1189] erfolgen sollte, blieb unklar.

1183 *Wiedemann* 1937, S. 217: „Öffentliche Sitzungen dienen jetzt nicht mehr der Ermöglichung einer Kontrolle der Verwaltung durch die Bürgerschaft, sondern der Befriedigung eines berechtigten Interesses in dazu besonders in Betracht kommenden Fällen". Tatsächlich nahm die Zahl der öffentlichen Sitzungen auch immer weiter ab, *Matzerath* 1970, S. 299.
1184 *Keibel* 1939, S. 35: „Dadurch lernt er es, im kleinen Rahmen der Gemeinde in den Interessen der Gemeinschaft zu denken und trägt damit zur Verwirklichung des Grundsatzes ‚Gemeinnutz geht vor Eigennutz' [Keibel verweist hier auf Jeserich, S.K.] bei".
1185 § 106: „Der Staat beaufsichtigt die Gemeinde, um sicherzustellen, daß sie im Einklang mit den Gesetzen und Zielen der Staatsführung verwaltet wird. Die Aufsicht soll so gehandhabt werden, daß die Entschlußkraft und Verantwortungsfähigkeit der Gemeindeverwaltung gefördert und nicht beeinträchtigt wird".
1186 Z. B. § 3 II 1 DGO (Hauptsatzung); § 18 I DGO (Satzung über Anschluß- und Benutzungszwang); § 21 I Verleihung des Ehrenbürgerrechts; besonders im Bereich der Gemeindewirtschaft (§§ 62 II [Veräußerungen], § 71 I [Zustimmung zur Aufnahme von Krediten], §§ 76 I 3, 78 III 2 (Genehmigung von Darlehen), § 86 I (Haushaltssatzung).
1187 *Matzerath* 1970, S. 156 f.
1188 Eine wirkliche Autonomie konnte es vor diesem Hintergrund nicht geben, *Forsthoff* 1934, S. 310; *Wiedemann* (1937, S. 187) meinte lapidar: „Die Gemeindeverwaltung ist unter Ausschaltung jeder Form von Parlamentarismus und jeden Kollegialsystems nach dem Führergrundsatz aufgebaut"
1189 *Wiedemann* 1937, S. 192: Er war der Auffassung, „daß der Führergrundsatz des nationalsozialistischen Staates nicht gegen, sondern für die Selbstverwaltung streitet". Der „Führergedanke" sei „nur scheinbar ein Feind der Selbstverwaltung. Gerade er verlangt vielmehr, wenn er wirklich den ganzen Staat durchdringen soll, gebieterisch seine Anwendung auch auf die Gemeinden, und er kann sich in ihnen nur im Wege der Selbstverwaltung verwirklichen". – Wie diese Selbstverwaltung aussehen sollte, bestimmt Weidemann jedoch nicht. Vielmehr wendete er sich dezidiert gegen jede überpositive Festlegung und unterstellte damit, dem Gesetz sei eine solche Vermittlung gelungen. Danach sollte ihr „Selbst" in der Funktion, „Keimzelle des Staates" zu sein, wie es in der amtlichen Begründung zur DGO hieß, und die Verwaltung durch das Ermessen der Gemeindeleitung begründet sein (S. 194 u. 196).

Das mußte zu Unsicherheiten in der Praxis führen: Der schon gesetzlich festgestellte und nicht immer klaren Grenzen unterworfene Parteieinfluß sowie die weiten Genehmigungsvorbehalte und generalklauselartig formulierten Regeln zur Übereinstimmung mit den staatlichen Zielen[1190] überließen die Entscheidung über eine eher selbstverwaltungsfreundliche oder eine autoritäre Anwendung in erheblichem Umfang der NSDAP und dem Staat. Diese Anwendung erfolgte vor dem Hintergrund des nationalsozialistischen Normenverständnisses, das die „Weltanschauung" der NSDAP als unhinterfragbare Auslegungsregel ansah.[1191] Weltanschaulich „verantwortungsbewußt" zeigte sich dann insbesondere das Reichspropagandaministerium, in dessen Dienst die Bürgermeister dann zu „Gemeindeversammlungen" zu kommunalpolitischen Diskussionen einberufen durften.[1192] Die NSDAP bemächtigte sich im übrigen dann auch des bürgerschaftlichen Engagements in Bürgervereinen.[1193]

Die noch in der Tradition des 19. Jahrhunderts relativ klar und präzise formulierten Regeln über die Aufsicht standen nach Auffassung von *Carl Schmitt* und anderen im Widerspruch zum Führerprinzip. Sie zogen es daher vor, von „Führung" zu sprechen, um die umfassende Einbindung in den Staat entgegen der „liberalistischen Trennung von Staat und Gesellschaft" deutlich zu machen.[1194] In den Folgejahren wurde der Handlungsspielraum durch Erweiterung der Genehmigungsvorbehalte und eine immer feinmaschigere Rechtssetzungstätigkeit weiter eingeengt.[1195] Dabei mag freilich auch das Bemühen des Reichsinnenministeriums eine Rolle gespielt haben, auf diese Weise dem Parteieinfluß entgegenzuwirken. Auch in bezug auf die Finanzzuweisungen wurden die Gemeinden an eine kürzere Leine genommen:[1196] Die eigenen Steueranteile wurden durch Zuweisungen aus dem allgemeinen Steueraufkommen ersetzt. Zu Kriegsbeginn wurden ihnen dann eigene Steuern völlig genommen.[1197] Außerdem wurde eine stärkere Ausgabenkontrolle und eine Beschränkung der Aufgaben bis hin zur Reduktion auf die gesetzlichen Pflichtaufgaben angeordnet.[1198] Damit wurde immerhin auch den stark expansiven Anforderungen der NSDAP an die Gemeinden auf den verschiedensten Gebieten ein gewisser Riegel vorgeschoben.[1199] Mit Kriegsbeginn fielen schließlich ohnehin alle Beschränkungen

---

1190 Insbesondere die Betonung des Gemeinschaftscharakters der Gemeinde (Vorspruch, § 1 DGO) konnte sich als Einfallstor parteipolitischer Einflüsse entwickeln, sofern sie überhaupt nach einem Einflußtor danach suchen mußte. Hier konnte sich dann insbesondere die Großstadtfeindlichkeit der nationalsozialistischen Ideologie geltend machen.
1191 *Matzerath* 1970, S. 162.
1192 *Matzerath* 1970, S. 309.
1193 *Matzerath* 1970, S. 311 f.; *von Mutius* 1985, S. 1074; das zeigt, daß bürgerschaftlichem Engagement im Nationalsozialismus keine Bedeutung beigemessen wurde, *Hendler* 1984, S. 184.
1194 *Schmitt* 1935, S. 37 f.; das Verhältnis von „Aufsicht" und „Führung" blieb allerdings umstritten (vgl. schon Fußn. 1066); für manche war Aufsicht nur ein Teilmoment von „Führung", auf diese aber in der liberalen Tradition verkürzt worden sei, vgl. etwa *Schmitt* a. a. O., S. 38; *Huber* 1939, S. 464; *Jeß* 1935, S. 19 f.: In bezug auf die Körperschaft soll er die nicht primär rechtliche, sondern politische Verantwortung derselben gegenüber dem Staat zum Ausdruck bringen (S. 21).
1195 *Matzerath* 1970, S. 321, hinzu kam die Rechtsunsicherheit durch eine Fülle von Geheimerlässen.
1196 *von Mutius* 1985, S. 1076.
1197 *Matzerath* 1970, S. 354 f.
1198 *Matzerath* 1970, S. 358 f.
1199 *Matzerath* 1970, S. 370, vgl. auch den Erlaß des Preußischen Innenministeriums vom 22. Mai 1934, das Verbot der Zuwendungen an Parteien betreffend.

der Aufsicht. Die Gemeinden wurden einem umfassenden Weisungsrecht der Aufsichtsbehörden unterstellt und zu „nachgeordneten Dienststellen degradiert".[1200] Ihr Sinn bestand darin – wie *Jeß* es ausdrückte –, als „volksnächste Stufe der öffentlichen Verwaltung. die Volksgenossen zur verantwortungsbewußten Mitarbeit an staatlichen, öffentlichen Aufgaben heranzuziehen".[1201] Andere versuchten unter Rückgriff auf den Begriff der Selbstverwaltung die Regeln über die Aufsicht restriktiv zu interpretieren und die notwendigen Entscheidungsspielräume der Gemeinde zu akzentuieren.[1202] Faktisch konnten sie aber ihren Spielraum erweitern, weil die Kriegswirtschaft und -versorgung ihre Eigeninitiative voraussetzte.[1203]

Den Kreisen erging es nicht besser.[1204] 1938 unternahm das Reichsinnenministerium den Versuch der Reform der Landkreisordnung unter dem Motto „Menschenersparnis in der öffentlichen Verwaltung".[1205] Hierbei entbrannte ein heftiger Streit mit der NSDAP über den Einfluß ihrer Kreisleiter auf den Verwaltungsführer, der schließlich mit einem Kompromiß dahingehend endete, daß eine Informationspflicht in wichtigen Angelegenheiten bestand, während die geforderte Anordnungsbefugnis der Partei vermieden werden konnte. In den Ländern wurden die Kompetenzen der Landkreise beim Landrat unter Entmachtung der Kreistage konzentriert und als beratende Gremien die Kreisausschüsse herangezogen.[1206] 1939 wurden dann per Erlaß die letzten Beschlußkompetenzen der Kreistage beseitigt, so daß es sich auch hierbei nur mehr um „dezentralisierte Verwaltungseinheiten handelte", denen eine nennenswerte Selbstverwaltung nicht zukam.[1207]

Hinzuweisen ist schließlich noch auf den letztlich aus der Finanzkrise der Gemeinden hervorgegangenen Gemeindeumschuldungsverband, dem Gemeinden und Gemeindeverbände als Mitglieder angehörten (§ 14 GUG[1208]), in den auf Antrag an den Reichsfinanzminister aber auch die Länder und Zweckverbände aufgenommen werden konnten (§§ 15 u. 14 II GUG). Dieser übte auch die Aufsicht über den Verband aus.[1209]

1200 Führererlaß v. 28. August 1939, RGBl. I, S. 1535; hierzu auch der Erlaß des Reichsinnenministers v. 30. August 1939 (RMBliV, S. 1811): Mit dem Erlaß seien „Beschränkungen, denen die Staats- (Kommunal-) Aufsicht nach den Gemeindeverfassungsgesetzen unterliegt, für die Dauer der Geltung des Erlasses aufgehoben. Die Gemeinden und GV haben ... gegenüber den Aufsichtsbehörden die Stellung nachgeordneter Dienststellen und unterliegen ... deren Weisungsrecht". Vgl. auch *Matzerath* 1970, S. 317.
1201 *Jeß* 1935, S. 35.
1202 *Wiedemann* 1937, S. 198, 208: „Der genannte Grundsatz [§ 106 II DGO, Sk.] schließt jede Bevormundung der Gemeinde aus. Die Aufsichtsbehörde soll beaufsichtigen, nicht aber selbst verwalten, und darf keinesfalls die Gemeinde gängeln wollen; und wenn es die Tugend des Bürgermeisters ist, zu handeln, so muß die Tugend der Aufsichtsbehörde die weise Zurückhaltung sein". – ohne dabei allerdings zu klaren Abgrenzungen zu gelangen.
1203 *von Mutius* 1985, S. 1080.
1204 *von Mutius* 1985, S. 1072 f.
1205 *Rebentisch* 1989, S. 146.
1206 *von Mutius* 1985, S. 1073.
1207 *Rebentisch* 1989, S. 157.
1208 Gemeindeumschuldungsgesetz vom 21. September 1933, RGBl. I, S. 647.
1209 *Jeß* 1935, S. 41.

c. Die preußische Provinzialverwaltung

Auch in den Preußischen Provinzen gingen die Nationalsozialisten zügig an den Abbau der Selbstverwaltung. Dies geschah zunächst spektakulär durch das Gesetz zur die Übertragung von Zuständigkeiten der Provinzlandtage auf die Provinzausschüsse vom 17. Juli 1933[1210] und das Gesetz über die Erweiterung der Befugnisse der Oberpräsidenten vom 15. Dezember 1933.[1211] Später unterblieben solche weithin sichtbaren Veränderungen, und es fanden eher stille Veränderungen vor allem durch Kompetenzabbau statt. Die einzigen neu zugewiesenen Aufgaben waren Weisungsaufgaben.[1212]

Auch in den Provinzen fanden sich Konzentrationstendenzen bei den Ämtern von Landeshauptmann und Oberpräsidenten, die auf die Durchsetzung des Führerprinzips zielten. Dem Oberpräsidenten wurde ein beratender Provinzialrat an die Seite gestellt, dessen Mitglieder außer ihm die Regierungspräsidenten, Landeshauptmänner sowie ernannte Staatsräte und Parteivertreter waren.[1213] Der Provinzialrat stellte mithin kein Repräsentativorgan der Provinzialbürger dar. Hier gab es schließlich eine bei Gemeinden und Kreisen schon beobachtete Ausweitung und Intensivierung der Aufsicht, die die Selbstverwaltung in Frage stellte.[1214] Von einer geregelten Haushaltsführung blieb nicht mehr viel übrig, so daß die Provinzen in eine immer heftigere Krise durch einerseits rückläufige Mittelzuweisungen und andererseits gesteigerte Ausgaben und Anforderungen gerieten. Dies alles überführte sie in verselbständigte Verwaltungseinheiten, bei denen der Umfang ihrer Selbständigkeit oder gar deren Schutz völlig offen einer Art „Verwaltungsdarwinismus" überantwortet wurde, da die Nationalsozialisten mangels Interesses kein eigenes Konzept für diese mittlere Selbstverwaltungskörperschaft ausarbeiteten.[1215] Insgesamt ist aufgrund der eingeschränkten Selbstverwaltung und der fehlenden bürgerschaftlichen Mitbestimmung auch hier der Charakter einer Selbstverwaltungskörperschaft sehr fraglich.

d. Die kommunalen Spitzenverbände

Bis 1933 gab es als Spitzenverbände, wie oben erwähnt, den Deutschen Städtetag als Vertretung der Großstädte, den Reichsstädtebund als Vertretung der kleineren, den Deutschen Landkreistag, den Landgemeindetag West, den Deutschen Landgemeindetag und den Verband der Preußischen Provinzen. Pläne zur verstärkten Zusammenarbeit, um den kommunalen Anliegen stärker Gehör verschaffen zu können,

---

1210 GS, S. 257 – ein der Entwicklung in den Kreisen analoger Vorgang.
1211 GS, S. 477, zum Ganzen *Teppe* 1977, S. 53 ff.
1212 *Goerdeler* konnte in seiner Denkschrift von 1944/45 „die Neuordnung der Selbstverwaltung" zu Recht resümieren, „dass die provinzielle Selbstverwaltung eines sanften Todes gestorben ist. Sie hat noch Funktionen; aber deren Erfüllung vollzieht sich abseits der Öffentlichkeit, von niemandem wahrgenommen oder mit Interesse verfolgt. Auf diesem Gebiet ist die Selbstverwaltung wohl noch mehr verödet als bei den Gemeinden". Zit. nach *Teppe* 1977, S. 247.
1213 Gesetz über den Provinzrat, GS, S. 254.
1214 Zit. *Teppe* 1977, S. 141.
1215 *Teppe* 1977, S. 168.

hatte es schon vor der Machtergreifung gegeben.[1216] Bereits am 22. Mai 1933 konnte mit der Bildung des „Deutschen Gemeindetags" begonnen werden. Mit dem Gesetz über den Deutschen Gemeindetag vom 15. Dezember 1933[1217] wurden die Spitzenorganisation zur Verbandskörperschaft und andere Organisationen verboten. Zu dem Verband bestand eine Zwangsmitgliedschaft der Gemeinden und Gemeindeverbände. Die Aufgabe des Gemeindetages bestand in der Beratung der Gemeinden, dem Erfahrungsaustausch unter ihnen und der Erstellung von Gutachten (§§ 2 u. 5 DGTG). Seine Untergliederungen waren die Landesverbände, Kreis- und Bezirksabteilungen. Später gab es auch Reichsgaudienststellen.[1218] Die Leitung oblag Nationalsozialisten, die Verwaltung wurde Fachleuten anvertraut; Geschäftsführer war *Kurt Jeserich*. Sie wurden vom Reichminister des Inneren ernannt,[1219] der auch den Vorsitz in den Sitzungen führen konnte und die Aufsicht über den Verband ausübte (§§ 7 ff. DGTG). Auch auf den unteren Ebenen wurden die Kommunalverbände in gleicher Weise zusammengefaßt. Der Verband war eng an die Ministerialverwaltung und die Partei gebunden: Die Leistung war aber seine Gründung als Verbandskörperschaft, die eine gewisse Selbständigkeit gegenüber beiden wahren konnte und die Eingliederung als Abteilung des Reichinnenministeriums vermied.[1220]

Als NSDAP-Parallelorganisation wurde dem „Deutschen Gemeindetag" das Hauptamt für Kommunalpolitik bei der Parteizentrale im „braunen Haus" in München an die Seite gestellt.[1221] Seine Aufgabe bestand in der Beratung in kommunalpolitischen Fragen und sollte insgesamt die politischen Ziele der Partei im kommunalen Bereich durchsetzen. Tatsächlich gerierten sich insbesondere die untergeordneten Ämter häufig als eine Art weiterer Aufsichtsbehörde.[1222] Ihr Einfluß auf den Deutschen Gemeindetag wurde durch die Personalunion des Vorsitzenden und des Leiters des Hauptamtes, dem Reichsleiter *Fiehler* gewährleistet). Er vermochte es kaum, die Rivalitäten der ihm unterstellten Organisationen im Zaum zu halten.[1223] Insgesamt war aber der Deutsche Gemeindetag aufgrund eindeutiger finanzieller Grundlagen über das mit der Zwangsmitgliedschaft der Gemeinden und Gemeindeverbände gewährleistete Beitragsaufkommen und die klarere Aufgabenzuweisung die überlegene Organisation. Umgekehrt sicherte die Parallelstruktur von Hauptamt und Gemeindetag letzterem sein Bestehen, auch wenn er nie die Bedeutung erlangte, die seine Vorgängerorganisationen in Weimar besessen hatten.

6. Der Bereich der funktionalen Selbstverwaltung

Wie auch sonst vollzog sich hier die Gleichschaltung opportunistisch und nicht nach einem einheitlichen Wirtschafts- und Gesellschaftskonzept.[1224] Äußere

---
1216 *Matzerath* 1970, S. 100 f.; *Jeserich* 1985, S. 519 ff. zu seinen eigenen Plänen in dieser Zeit.
1217 RGBl. I, 1065.
1218 *Matzerath* 1970, S. 166
1219 § 3 II Gemeindetagsgesetz vom 15. Dezember 1933, RGBl. I, S. 1065.
1220 von *Mutius* 1985, S. 1065.
1221 *Matzerath* 1970, S. 170 ff.
1222 *Matzerath* 1970, S. 210.
1223 Die sich immer mehr auf den Geschäftsführer des DGT, *Kurt Jeserich*, konzentrierten, *Matzerath* 1970, S. 191.
1224 *Broszat* 1995, S. 241; *Bracher* 1997, S. 473; *Ullmann* 1988, S. 219.

Einwirkungen durch Partei und Staat auf die bestehenden Verbände gingen einher mit Versuchen einer Selbstgleichschaltung der Verbände, um sich auf diese Weise ein Mindestmaß an Autonomie zu bewahren.[1225]

Auffällig ist neben einer geradezu inflationären Verwendung des Ausdrucks „Körperschaft des öffentlichen Rechts" auch für Organisationen, die nicht mitgliedschaftlich getragen waren,[1226] die Ausbildung einer ganzen Reihe von Organisationsformen, die zwar als privatrechtliche Vereine, eingetragene Genossenschaften, Aktiengesellschaften oder auch GmbHs organisiert waren, jedoch – wie etwa die Kalisyndikate[1227] und die Gemeinschaftswerke[1228] – Zwangskartelle waren und öffentliche Aufgaben wahrnahmen,[1229] die über eine Beleihung hinausgingen.[1230] Teilweise wurde aber auch die Konsequenz gezogen, eine zunächst mit hoheitlichen Kompetenzen ausgestattete privatrechtliche Organisation in eine Körperschaft des öffentlichen Rechts umzugestalten.[1231]

a. Die Organisationen der Landwirtschaft

Am schnellsten vollzog sich die Gleichschaltung der Landwirtschaft.[1232] Schon im April 1933 wurden die Bauernvereine mit dem Reichslandbund, den landwirtschaftlichen Genossenschaften und den Landwirtschaftskammern zum Reichsverband vereinigt.[1233] Ausgangspunkt der staatlichen Regelung der Organisation der Landwirtschaft war die Überleitung der Gesetzgebungsbefugnisse auf das Reich durch das Gesetz über die Zuständigkeit des Reichs für die Regelung des ständischen Aufbaus der deutschen Landwirtschaft vom 15. Juli 1933. Der eigentliche Aufbau des Reichsnährstandes geschah dann aufgrund des Gesetzes vom 13. September 1933.[1234] Seine Funktion bestand in der Schaffung einer berufsständischen Einheitsorganisation der Landwirtschaft als einer einheitlichen Bewegung der Landwirtschaft,

---

1225 *Broszat* 1995, S. 174 f.
1226 Bis hin zur „Internationalen Forstbehörde", die zwar eine Körperschaft des öffentlichen Rechts sein sollte (Gesetz vom 4. April 1940, RGBl. I, S. 614), tatsächlich aber keine mitgliedschaftliche Struktur besaß und diesen Status nur wegen einer Sonderstellung durch Exterritorialität und Rechtsfähigkeit erhielt, *Weber* 1943, S. 81.
1227 Kaliwirtschaftsgesetz vom 18. Dezember 1933, RGBl. II, S. 1027 – hier bestanden aber Vorläufer in der Weimarer Republik, zu diesen *Wauer* 1923, S. 43 f.; *Huber* 1981, S. 1072.
1228 *Weber* 1943, S. 61 m.w.N.
1229 *Weber* 1943, S. 57 ff.
1230 Bei ihnen konnte dann die Frage entstehen, ob sie einheitlich nach öffentlichem Recht zu behandeln waren oder, wie bei den gerade erwähnten Zwischenformen, je nach dem öffentlichen oder privatrechtlichen Aspekt auch unterschiedlichen Rechtsregimen zu unterwerfen waren, *Weber* 1943, S. 70 f.
1231 Etwa den Reichsluftschutzbund mit (§ 1) VO vom 11. Mai 1940 (RGBl. I, S. 784); die Technische Nothilfe mit (§ 2) Gesetz vom 25. März 1939, RGBl. I, S. 989.
1232 *Bracher* 1997, S. 319, 480 f.
1233 *Broszat* 1995, S. 231. Zur Vorgeschichte *Huber* 1981, S. 1062; *Walther Darré* als Leiter des „agrarpolitischen Apparats" der NSDAP und späterer Landwirtschaftsminister und Reichsbauernführer ließ den Leiter des Reichsverbandes der landwirtschaftlichen Genossenschaften-Raiffeisen verhaften und sich selbst zum Präsidenten wählen, *Ullmann* 1988, S. 203; vgl. auch *Winkel* 1985a S. 811.
1234 Gesetz über den vorläufigen Aufbau des Reichsnährstandes, RGBl. I, S. 626. Ziel war die „Zusammenfassung aller auf diesem Gebiet tätigen Kräfte ... unter Ausschaltung der überkommenen Vielzahl selbständiger Interessengruppen", um „eine einheitliche Willensbildung und eine einheitliche Zielsetzung und Zielstrebigkeit ... zum Wohle des Volksganzen" zu gewährleisten, *Jeß* 1935, S. 53; *Huber* 1953, S. 231.

der Schaffung von Stabilität und sozialer Sicherheit im Agrarbereich durch Marktregulierung,[1235] der Gewährleistung der Ernährungsautarkie des Reiches durch staatliche Lenkung der Landwirtschaft und auch der Interessenvertretung der Landwirtschaft.[1236] § 1 II der ersten Durchführungsverordnung zu diesem Gesetz bezeichnete den Reichsnährstand als „Selbstverwaltungskörperschaft des öffentlichen Rechts".[1237] Zum Beleg dieser normativen These läßt sich immerhin anführen, daß der Reichsnährstand eine Organisation mit Zwangsmitgliedschaft aller mit Erzeugung und Verwertung landwirtschaftlicher Produkte Beschäftigter war,[1238] Satzungsbefugnis (§ 16 der 1. DVO) und eine Schiedsgerichtsbarkeit besaß.[1239] Er unterstand der Aufsicht des Reichsministers für Ernährung und Landwirtschaft (§ 15 der 1. DVO). Seine Mittel erhielt der Reichsnährstand aus Beiträgen, Gebühren und staatlichen Zuweisungen (§ 12 der 1. DVO). Der Reichsnährstand gliederte sich in einen wirtschaftsständischen und einen berufsständischen Zweig, der ein Verwaltungsamt mit den Unterabteilungen „Der Mensch", „Der Hof" und „Der Markt" besaß. Vom Reichsnährstand über die Landesbauernschaften, die Kreisbauernschaften bis hin zu den Orts- und Bezirksbauernschaften waren die Untergliederungen nach dem Führerprinzip geordnet.[1240] Wesentlichen Einfluß konnten die Mitglieder auf die Organbildung und die wichtigsten Entscheidungen des Reichsnährstandes nicht nehmen. Nach herkömmlichem Verständnis konnte der Reichsnährstand daher nicht als Körperschaft des öffentlichen Rechts angesehen werden.[1241] In der Kriegswirtschaft wurde er weiter zentralisiert und schließlich in die unmittelbare Verwaltung als Sonderverwaltungsbehörde des Reichslandwirtschaftsministerium integriert.[1242]

1235 Hierzu erhielt der Verband entsprechende Kompetenzen zur Absatz- und Preisregulierung und aufgrund der Erbhofgesetze vom 15. Mai und 29. September auch für die Siedlungspolitik, die auf „rassischer Grundlage" die „unauflösliche Verbundenheit von Blut und Boden" sichern sollte, *Bracher* 1997, S. 319; in diesem Zusammenhang wurden auch die Marktordnungsverbände als Leitungsverbände geschaffen, *Köttgen* 1939, S. 51 f.
1236 *Ullmann* 1988, S. 204 f.; *Huber* (1937, S. 251 f.) fügt als Funktionen hinzu: das Bewußtsein der Bauernschaft für ihren Beitrag zum Gemeinwohl zu schaffen, seine Mitglieder zu unterstützen und ihre Verhältnis untereinander zu ordnen.
1237 Verordnung über den vorläufigen Aufbau des Reichsnährstandes vom 8. Dezember 1933, RGBl. I, S. 1060.
1238 § 4 erfaßte alle mit der Erzeugung, Verwertung oder dem Absatz landwirtschaftlicher Produkte Beschäftigten, die landwirtschaftlichen Genossenschaften, die Landhandel Treibenden und weitere Vereinigungen.
1239 *Huber* 1937, S. 251; *Keibel* (1939, S. 55 ff.) war der Ansicht, daß „Eigengesetzgebung", „Eigenverwaltung" und „Eigengerichtsbarkeit" beim Reichsnährstand so stark ausgeprägt waren, daß immerhin von einem „Kern ständischen Eigenlebens" gesprochen werden könne. Jedoch müsse festgestellt werden, daß „die Stellung des RNSt nicht mehr in dem Sinne einer starken Eigenständigkeit als Selbstverwaltungskörperschaft charakterisiert werden kann, sondern daß auch hier dem Staat durch die Verleihung der öffentlich-rechtlichen Körperschaftseigenschaft das Instrument zur Geltendmachung seines Führeranspruchs in der Ernährungswirtschaft geschaffen wurde". (S. 58).
1240 *Huber* 1937, S. 251; *Brohm* 1969, S. 92.
1241 *Bracher* nennt ihn „pseudokorporatistisch" (1997, S. 320), *Ullmann* einen „Zwitter aus Selbstverwaltungskörperschaft und faktischem Organ des NS-Staates" (1988, S. 206), ähnlich auch *Blaich* 1979, S. 104.
1242 *Winkler* 1985a, S. 816.

a. Die Körperschaften der wirtschaftlichen Selbstverwaltung

„Die Wirtschaft führt sich nicht selbst, sondern sie steht unter der Führung des Reiches, durch die sie Ziel, Richtung und Sinn erhält".[1243] Wirtschaften sollte grundsätzlich gemeinwohlgebundene Tätigkeit sein, und ihr organisatorischer Ausdruck war die allseitige Einordnung der Wirtschaftszweige in Körperschaften des öffentlichen Rechts.[1244] Die Körperschaften der wirtschaftlichen Selbstverwaltung waren im nationalsozialistischen System das organisatorische Mittel, um die Arbeitskraft des Einzelnen „an den Staat heranzuführen und in eine neue, nationalsozialistische Wirtschaftsordnung einzufügen".[1245] Wirtschaftliche Selbstverwaltung sollte die „Gemeinschaft der Unternehmer" in den Dienst dieser Ziele stellen.[1246]

Sogleich nach der Machtübernahme begann die Umgestaltung der Wirtschaftsorganisation. Dabei waren am Anfang noch ständische Gedanken prägend, so daß gegliederte Organisationen zur Einordnung der Leistungen der verschiedenen Wirtschaftszweige und Beteiligten in einen von Partei und Staat gelenkten Zusammenhang erfolgen sollten. Da dies nicht nach einheitlichen und dazu mit wechselnden Prinzipien geschah und anfänglich alte Körperschaften als Teil von nationalsozialistischen weiterbestehen ließ, bietet sich ein recht verwirrendes Bild. Hitler ging im Bereich der Industrie vorsichtiger vor als in anderen, weil er auf ihren Beitrag für wirtschaftliche Erfolge besonders angewiesen war.[1247] Die Gleichschaltung war hier nicht nur mit Einflußverlust der gesellschaftlichen Kräfte, sondern durchaus auch mit der Einflußsteigerung einzelner verbunden.[1248]

Die Umwandlung des Reichsverbandes der Deutschen Industrie vollzog sich in drei Schritten:[1249] Zunächst erfolgte eine freiwillige Annäherung des RDI an den zunächst aufgrund der sozialrevolutionären Kräfte argwöhnisch-distanziert betrachteten Nationalsozialismus. Zugleich wurden die alten Führungsstrukturen durch autoritäre ersetzt. Diese Phase endete mit der Gründung des „Reichsstandes der Deutschen Industrie" im Juni 1933. Die zweite Phase, die bis Anfang 1934 dauerte, ist durch die Umorganisation des Verbandssystems nach dem Führerprinzip und eine zunehmende Zentralisierung gekennzeichnet. Mit dem „Gesetz zur Vorbereitung des organischen Aufbaues der deutschen Wirtschaft" vom 27. Februar 1934[1250] begann die dritte Phase. Hierdurch wurde der Reichswirtschaftsminister ermächtigt, Wirtschaftsverbände zu monopolisieren und konkurrierende aufzulösen oder zu vereinigen, ihnen Unternehmen zwangsweise anzuschließen, ihre Satzungen zu

---

1243 *Huber* 1939, S. 471. In einer Dissertation heißt es auch bündig (*Peters* 1941, S. 18): „Der nationalsozialistische Staat beansprucht für sich die Führung auf allen Gebieten des völkischen Lebens. Ein Eigendasein der Wirtschaft ist daher nicht mehr möglich".
1244 *Jeß* 1935, S. 42 f.: „Das organisatorische Mittel des Staates, dem gemeinschaftsgebundenen Wesen der deutschen Wirtschaft Ausdruck zu verleihen, stellen die Körperschaften des öffentlichen Rechts dar".
1245 *Jeß* 1935, S. 44.
1246 *Peters* 1941, S. 18: „Die Selbstverwaltung, wie sie sich heute darstellt, gibt die Gewähr dafür, daß die Ziele, die der Staat setzt, erreicht werden, gleichzeitig aber auch die lebendigen Kräfte der Gemeinschaft der Unternehmer für die Durchführung der gemeinschaftlichen Aufgaben eingesetzt werden".
1247 *Ullmann* 1988, S. 200; *Blaich* 1979, S. 99; *Winkler* 1991, S. 55.
1248 *Bracher* 1997, S. 321 f.; *Broszat* 1995, S. 218.
1249 *Ullmann* 1988, S. 193 f.
1250 RGBl. I, S. 185 f.

verändern, ihre innere Organisation nach dem Führerprinzip aufzubauen und ihre „Führer" zu ernennen".[1251] Obwohl Hitler zunächst auch korporatistische Bestrebungen unterstützte,[1252] wurde mit diesem Gesetz ein anderer Weg eingeschlagen.[1253] Durch die Verordnung des Reichswirtschaftsministers vom 27. November 1934 zu dem Gesetz[1254] wurden dessen Vorgaben umgesetzt und die „Reichsgruppe Industrie" zu einer „Körperschaft" umgestaltet. Es bestand eine Zwangsmitgliedschaft der Unternehmen. Ihre Binnenverfassung war nach dem Führerprinzip geordnet. Das bedeutete, daß die Mitwirkungsmöglichkeiten der Mitglieder abgebaut und der Leiter der Reichsgruppe vom Reichsinnenminister ernannt wurde.[1255] Sie wurde sowohl fachlich (in 31 Wirtschaftsgruppen, 161 Fachgruppen und 137 Fachuntergruppen) als auch regional (in 26 Industrieabteilungen, 63 Zweig- und Nebenstellen und 322 Bezirksgruppen) untergliedert.[1256] Die Reichsgruppe wurde schließlich neben solchen des Handwerks, des Handels, der Banken, Versicherungen, der Energiewirtschaft und des Fremdenverkehrs der Reichswirtschaftskammer unterstellt (§ 32 VO v. 27.11.34), die ebenfalls zu den Reichsgruppen noch regionale Untergliederungen in Form von Wirtschaftskammern besaß.[1257] Diese waren zunächst nicht rechtsfähig und erhielten erst 1935 eine Rechtspersönlichkeit als „rechtsfähige Vereine".[1258] Die anfänglich ebenfalls noch bestehenden Industrie- und Handelskammern wurden zunächst nach dem Führerprinzip umgestaltet,[1259] der Industrie- und Handelstag in die Arbeitsgemeinschaft der Industrie- und Handelskammern als Vertretung bei der Reichswirtschaftskammer überführt[1260] und schließlich nach Planungen nach 1940 in Gauwirtschaftskammern aufgelöst.[1261] Da dem Reichswirtschaftsminister

---

1251 § 1 Gesetz zur Vorbereitung des organischen Aufbaues der deutschen Wirtschaft.
1252 Insbesondere das oben Fußn. 1096 erwähnte „Institut für Ständewesen".
1253 *Broszat* 1995, S. 227; *Ullmann* 1988, S. 194; *Blaich* 1979, S. 109.
1254 RGBl. I, S. 1194.
1255 Er wurde zudem mit dem Präsidenten des Deutschen Industrie- und Handelstages vereinigt, § 35 der VO vom 27. November 1934.
1256 Und als rechtsfähige Vereine organisiert, (§ 5 VO v. 27.11.34); *Huber* (1937, S. 253) hebt allerdings hervor, daß sie sich wesentlich von privatrechtlichen Vereinigungen unterschieden, weil eine Pflichtmitgliedschaft in ihnen bestand, ihre Grundlage das Verwaltungsrecht war und ihre Befugnisse hoheitlichen Charakter gehabt hätten: „Das heißt, sie sind unter politischer Führung zur Selbstgestaltung der ständischen Aufgaben in der gewerblichen Wirtschaft berufen und gehören damit zur Gruppe der Berufsstände innerhalb der öffentlichen Körperschaften". Sie hatten sich insbesondere um die innerständischen Angelegenheiten zu kümmern.
1257 *Peters* 1941, S. 21; *Huber* (1937, S. 255) faßt ihre Aufgabe dahingehend zusammen: „Während ... die einzelnen Gruppen der gewerblichen Wirtschaft die Angelegenheiten eines bestimmten fachlichen Berufszweigs verwalten, haben die Wirtschaftskammern die gesamte gewerbliche Wirtschaft einschließlich der Verkehrswirtschaft zu vertreten".
1258 Anordnungen des Reichswirtschaftministers vom 12. Januar 1935, 5. Februar 1935, 23. März 1935 (RuStAnz. Nr. 12, 33, 71), 11. November 1939 (RuStAnz. Nr. 267), 9. Juni 1941 (RuStAnz. Nr. 135) und 6. Januar 1942 (RuStAnz. Nr. 6), vgl. auch *Weber* 1943, S. 58; *Brohm* 1969, S. 90; ungenau *van Eyll* 1985a, S. 690.
1259 Verordnung über die Industrie- und Handelskammern vom 20. August 1934, RGBl. I, S. 790, insbesondere wurde ihr Präsident durch den Staat ernannt (§ 4 der VO); hierzu: *Keibel* 1939, S. 61 f.; *Peters* 1941, S. 20 ff.
1260 *Keibel* 1939, S. 62.
1261 Gauwirtschaftskammerverordnung vom 20. April 1942 (RGBl. I, S. 189) und Gauwirtschaftskammeraufbauverordnung vom 30. Mai 1942 (RGBl. I, S. 371); dazu *Weber* 1943, S. 52 f.; *Brohm* 1969, S. 91 Fn. 31; *van Eyll* 1985a, S. 692; *Huber* 1953, S. 206: Körperschaften des öffentlichen Rechts, obwohl die Regeln für die juristischen Personen auf sie nur „entsprechend" Anwendung finden sollten, soweit dies ausdrücklich angeordnet war (§ 17 GWKAV).

weitreichende Weisungsbefugnisse und das Recht zur Ernennung der Präsidenten verliehen waren, bestehen erhebliche Zweifel hinsichtlich des Merkmals, das ihre Einordnung als Körperschaften rechtfertigen soll.[1262] Die Selbständigkeit der Wirtschaftsverwaltung wurde, obwohl das Ministerium Todt ab 1942 nach dem Prinzip der „Selbstverantwortung der Industrie" im Bereich der Rüstung immer neue „Selbstverwaltungskörperschaften" zur Wirtschaftslenkung ins Leben rief,[1263] zusehends zurückgedrängt. *Köttgen* schrieb daher zu Recht: „Die aus dem Bereich der Selbstverwaltung entnommenen Vorstellungen lassen sich auf diese Wirtschaftsgruppen ... ebensowenig übertragen wie auf die sonstigen Leistungsverbände".[1264]

Daneben waren die Unternehmer des Verkehrsgewerbes in sieben „Reichsverkehrsgruppen" gegliedert worden, deren innere Organisation der Organisation der gewerblichen Wirtschaft entsprach.[1265]

b. Die Organisation des Handwerks

Die Handwerkskammern waren schon im April 1933 vom nationalsozialistischen „Kampfbund des gewerblichen Mittelstandes"[1266] überwältigt worden.[1267] Dies gelang um so leichter, als die NSDAP den Kleinhandwerkern bereits vor 1933 große Hoffnungen auf Maßnahmen zu ihren Gunsten gemacht hatte.[1268]

Es begann mit der Umwandlung des „Kampfbundes" in die ebenfalls nach dem Führerprinzip organisierte „Hago" (nationalsozialistische Handwerks-, Handels- und Gewerbeorganisation).[1269] Mit dem „Gesetz über den vorläufigen Aufbau des deutschen Handwerks" vom 29. November 1933[1270] begann eine zweite Phase. Die Durchführungsverordnung zu dem Gesetz vom 15. Juni 1934 errichtete dann den Reichsstand des deutschen Handwerks als nach dem Führerprinzip verfaßte Körperschaft mit Zwangsmitgliedschaft.[1271] Der Reichsstand führte die Aufsicht über die Handwerkskammern und war seinerseits der Aufsicht durch den Reichswirtschaftsminister unterworfen, der auch das Lenkungsorgan, den Reichshandwerksmeister als Führer des Reichsstandes des Deutschen Handwerks, ernannte.[1272]

1262 Für diesen aber etwa *Peters* 1941, S. 23 sah die Industrie- und Handelskammern „als mit dem Rechte der Selbstverwaltung ausgestattete, innerhalb der Organisation der gewerblichen Wirtschaft stehende Körperschaften des öffentlichen Rechts" an.
1263 Dazu gehörten 1942 200 Ausschüsse und „Ringe", die in 21 Hauptausschüssen und „-Ringen" zusammengefaßt waren und zu denen noch weitere Reichsvereinigungen zur eigenverantwortlichen Steuerung ganzer Wirtschaftszweige traten, *Ullmann* 1988, S. 200.
1264 *Köttgen* 1939, S.
1265 *Huber* 1937, S. 254 f.
1266 Zu diesem *Winkler* 1991, S. 53 f.; *Ullmann* 1988, S. 210 f.; *Broszat* 1995, S. 207 f.
1267 *Blaich* 1979, S. 101; die Handwerkerbünde, Gewerbevereine und auch der Reichsverband des deutschen Handwerks wehrten sich vehement gegen diese Gleichschaltung, *Ullmann* 1988, S. 211.
1268 *John* 1987, S. 435 f. u. 453 f.
1269 Diese Umwandlung markiert zugleich das Ende der revolutionären Phase in der NS-Bewegung, *Broszat* 1995, S. 215.
1270 RGBl. I, S. 1015, *John* 1983, S. 138 f.
1271 RGBl. I, S. 493; *Huber* 1953, S. 227.
1272 § 1 II der 2. Verordnung zum Gesetz über den vorläufigen Aufbau des deutschen Handwerks vom 18. Januar 1935. Diese Verordnung ist auch deshalb von Bedeutung, weil sie einen aus der Kaiserzeit herrührenden Wunsch der Handwerker erfüllte und den großen Befähigungsnachweis einführte, *Winkler* 1991, S. 61; *Blaich* 1979, S. 106.

Auf der Länderebene wurden Landeshandwerksmeister eingerichtet. Unter dem Reichsstand, später der Reichsgruppe, bestanden als fachliche Untergliederungen 59 Reichsinnungsverbände mit Bezirksstellen der Innungsverbände und als regionale Untergliederungen 65 Handwerkskammern. In den Handwerkskammern waren nun alle Handwerker eines Bezirks, die in einer Handwerksrolle eingetragen waren, zusammengefaßt. Sie, wie auch die Verbindungen der Innungen in den Kreishandwerkerschaften, waren Körperschaften des öffentlichen Rechts im Sinne des Nationalsozialismus.[1273] Ihr Spitzenverband, der Deutsche Handwerks- und Gewerbekammertag bestand zunächst auch noch als Körperschaft des öffentlichen Rechts weiter. Die lokalen Innungen wurden durch § 23 der Verordnung vom 15. Juni, einer alten Forderung der Handwerker entsprechend,[1274] zu allgemeinen Pflichtinnungen in der Form von Körperschaften des öffentlichen Rechts umgestaltet.[1275]

Anfang 1936 wurde dann die NS-Hago aufgelöst und in die Reichsbetriebsgemeinschaft Handel und Handwerk im Rahmen der Deutschen Arbeitsfront überführt. Sie wurde in Personalunion vom Reichshandwerksmeister *W. G. Schmidt* geführt.[1276]

Die Kriegswirtschaft brachte auch hier eine weitere Konzentration. Durch eine Verordnung vom 2. Juni 1942 wurden Gauwirtschaftskammern errichtet. Mit der Verordnung vom 23. Dezember 1942 wurden die Handwerkskammern aufgelöst und am 27. März 1943 auch der Deutsche Handwerks- und Gewerbekammertag, der in der Reichswirtschaftskammer aufging.[1277]

c. *Die Deutsche Arbeitsfront (DAF)*

Mit all diesen öffentlich-rechtlichen Organisationen, die „Selbstverwaltungskörperschaften" im nationalsozialistischen Sinn waren, stand die Deutsche Arbeitsfront in einem permanenten Kampf um Einfluß, der besonders durch ihren machtbewußten Führer *Robert Ley* immer neue Nahrung erhielt. Gegründet am 10. Mai 1933, war die Organisation zunächst auch nur über ihren Führer und nicht rechtlich institutionell mit der NSDAP verbunden.[1278] Sie verstand sich als Nachfolgeorganisation für die am 2. Mai faktisch durch Besetzung aller ihrer Gebäude von SA und SS aufgelösten Gewerkschaften.[1279] Nach dem Scheitern der NSDAP-eigenen Betriebszellenorganisation der Arbeitnehmer (NSBO) wurden ihre Mitglieder von der DAF übernommen.[1280] Infolge des „Röhm-Putsches" und der Ermordung der sozialistischen Führer innerhalb der NSDAP, besonders in der SA, war dann die DAF

1273 § 5 der VO v. 15. Juni. 1934, *Huber* 1953, S. 228.
1274 *Winkler* 1991, S. 60; *Blaich* 1979, S. 106; *van Eyll* 1985a, S. 687.
1275 *Huber* 1937, S. 254; 1953, S. 228.
1276 Diese Nähe zur öffentlich-rechtlichen Verwaltungsorganisation des Handwerks befriedigte die DAF und insbesondere ihren Führer *Robert Ley* noch nicht. Ab 1938 führte er einen heftigen Streit gegen den Reichswirtschaftsminister *Schacht*, in dem es um die Ausgliederung eines Teils der Handwerkerschaft aus dem öffentlichen System und ihre Einordnung in die DAF ging. Der Streit legte sich erst mit der Entlassung Schachts 1939, als mit dem Ley-nahen *Walter Funk* der Einfluß zugunsten der DAF entschieden wurde, *Winkler* 1991, S. 82.
1277 *John* 1983, S. 156 f.; *Ullmann* 1988, S. 217; *Winkler* 1991, S. 97; *Huber* 1953, S. 225.
1278 *Broszat* 1995, S. 184.
1279 *Bracher* 1997, S. 317; *Broszat* 1995, S. 183; *Blaich* 1979, S. 98.
1280 *Bracher* 1997, S. 475 – ohnehin war die DAF als bewußte Gegengründung zur NSBO entstanden.

C. Geschichte der Körperschaft des öffentlichen Rechts 217

die einzige Arbeitnehmerorganisation der NSDAP. Seit einer Führerverordnung vom 29. März 1935 wurde sie offiziell zum „angeschlossenen Verband" der NSDAP. Die DAF hatte sowohl natürliche als auch juristische Personen und Vereinigungen als Mitglieder.[1281] Ihr kamen hoheitliche Funktionen zu, indem sie Verwaltungsakte und Satzungen und durch ihre Gerichtsbarkeit Urteile erlassen konnte.[1282] Ihre regionale Gliederung in Gaue, Kreise und Ortsgruppen entsprach der der NSDAP.

Die Koordination der DAF mit anderen staatlichen Organisationen blieb ebenso prekär wie die der NSDAP. Hauptstreitpunkt der DAF-Führung mit den Selbstverwaltungskörperschaften der Wirtschaft waren ihre Aufgaben. Hinsichtlich der normativen Festlegung derselben war die DAF im Hintertreffen und bemühte sich daher um so mehr, informell Kompetenzen an sich zu ziehen, was ihr zum Ärger des Reichswirtschaftsministers Schacht besonders im Bereich der Berufsbildung gelang. Sein Versöhnungsvorschlag, die DAF sei für den Leistungs*willen* der Arbeitnehmer, die Selbstverwaltungsorganisationen für die Leistungs*fähigkeit* zuständig, fand keine Gegenliebe des Reichsorganisationsleiters und Führers der DAF, Ley.[1283]

Als angeschlossener Verband war sie nach Ansicht *Hubers* „eine gegenüber der NSDAP organisatorisch selbständige, aber der Wesensbestimmung und Führung durch die Bewegung unterworfene Körperschaft",[1284] für die es *Otto Koellreutter* angemessen fand, von „Selbstverwaltung" zu sprechen.[1285] Vehement kritisiert wurde diese Ansicht von *Werner Weber*. Er hielt die DAF für eine Organisation des Parteienrechts, die daher nicht zum Bereich der „mittelbaren Staatsverwaltung" gerechnet, und folglich auch keine Körperschaft des öffentlichen Rechts sein könne.[1286] Ähnlich schied *Keibel* die Rechtskreise von Partei und Staat und behauptete: „Die NSDAP. hat sich damit eine Organisationsform geschaffen, die in ihrer Rechtsstellung und in ihren Funktionen für den Rechtskreis der Bewegung dasselbe darstellt wie die Körperschaft des öffentlichen Rechts für den Bereich des Staates".[1287] Diese Auffassungen übersahen aber, daß die NSDAP im nationalsozialistischen Staat aufgrund des „Gesetzes zur Sicherung der Einheit von Partei und Staat"[1288] eine völlig veränderte Funktion gegenüber den Parteien in demokratischen Staaten besaß. Sie war in der gekennzeichneten Weise personell und ideologisch aufs engste mit dem Herrschaftsapparat verflochten. Wenn sie nicht zum Bereich der mittelbaren

---

1281 *Jeß* 1935, S. 86.
1282 *Huber* 1939, S. 476; ders. 1937, S. 249.
1283 *Winkler* 1991, S. 73 f.; *Huber* (1939, S. 475) verstand ihre Aufgabe als die der „politischen Führung" der Arbeitnehmer und deren „Erziehung zur völkischen Leistungsgemeinschaft und die Bewahrung des sozialen Friedens". Vgl. auch *Jeß* 1935, S. 86 f.: „Aufgabe der Menschenformung". Er hebt außerdem hervor, daß die DAF eine Organisation mit Aufgaben im Bereich der sozialen Selbstverwaltung sei.
1284 *Huber* 1937, S. 249; ders. 1939, S. 475: „Sie ist, wenn auch nicht ‚kraft Gesetzes', so doch ‚kraft Wesens' eine öffentliche Körperschaft der deutschen Volksordnung". Das war nicht unumstritten: Wie Huber auch *Jeß* (1935, S. 88): „Die Deutsche Arbeitsfront erscheint ... als eine die gesamte organische Gliederung des deutschen Volkes umspannende und überhöhende Körperschaft, durch welche die Neuformung des deutschen Menschen neben der rein politischen durch die NSDAP, im Laufe der Entwicklung sichergestellt zu sein scheint". Das Reichsarbeitsgericht (Urteil v. 16. Dezember 1936) lehnte diese Auffassung ab und verstand sie mangels gesetzlicher Errichtung als „Verband sui generis".
1285 1936, S. 57.
1286 *Weber* 1943, S. 76: Sie sollte in einer Reihe von Beziehungen diesen aber gleich behandelt werden.
1287 *Keibel* 1939, S. 70.
1288 Vgl. bereits oben S. 168.

Staatsverwaltung zu rechnen war, spricht das eher gegen diesen Begriff als gegen ihre Eigenschaft als Körperschaft des öffentlichen Rechts im nationalsozialistischen, d. h. durch das Führerprinzip geprägten Sinn. Mit der Auflösung der der Unterscheidung von Staat und Gesellschaft im Nationalsozialismus entfiel auch die Möglichkeit, von einer staatsdistanzierten „mittelbaren Staatsverwaltung" zu sprechen. Körperschaften des öffentlichen Rechts im nationalsozialistischen Sinn – wenn man diese Organisationen bei aller Heterogenität und Umstrittenheit unter diesem Begriff zusammenfassen will – waren Personenverbände mit einer nach dem Führerprinzip organisierten Binnenstruktur.

Teilweise wurde neben der DAF auch die NS-Gemeinschaft „Kraft durch Freude" als Körperschaft des öffentlichen Rechts ohne eigene Rechtspersönlichkeit angesehen.[1289] Als Grund dafür wurden insbesondere ihre öffentlichen Aufgaben angegeben.

d. Die Reichskulturkammer

In einem bisher nicht als eine staatliche Aufgabe erfaßten Bereich der kulturellen Betätigungen wurde durch die Errichtung der Reichskulturkammer mit dem Reichskulturkammergesetz vom 22. September 1933[1290] erstmals eine öffentliche Organisation geschaffen, die den Anspruch erhob, „Gesamtkörperschaft des öffentlichen Rechts" für den Bereich der Kultur zu sein.[1291] Wie ihre prototypische Vorläuferorganisation, die Reichsfilmkammer,[1292] sollte sie an die Stelle der wertneutralen Kulturpolitik in der Weimarer Zeit[1293] eine völkische Kulturpolitik setzen, die nach dem Führerprinzip organisiert war.[1294] Dabei ging es insbesondere auch darum, alle „rassefremden Elemente" aus dem kulturellen Leben zu verdrängen (Frick).[1295] „Die Organisation der Körperschaften des öffentlichen Rechts dient dem Staat. dazu, den einzelnen Kultur-

---

1289 *Jeß* 1935, S. 88.
1290 RGBl. I, S. 661. Zur Entstehungsgeschichte und zum folgenden *Steinweis* 1993, S. 38 ff.
1291 § 15 der VO vom 1. November 1933, RGBl. I, S. 797.
1292 „Gesetz über die Errichtung einer vorläufigen Filmkammer" vom 14. Juli 1933, RGBl. I, S. 449. Auch sie war gem. § 1 der DVO zu diesem Gesetz vom 22. Juli 1933 (RGBl. I, S. 529) eine „Körperschaft des öffentlichen Rechts" mit der Aufgabe (§ 2 der DVO) der Filmförderung und Förderung der Belange der Mitglieder des Gewerbes. Es bestand eine Zwangsmitgliedschaft für alle Angehörigen des Filmgewerbes, sofern sie „zuverlässig" waren (§ 3 I 1 u. V des Gesetzes). Die Mitgliedschaft wurde nicht durch Aufnahme in die Kammer, sondern kraft Mitgliedschaft in einem der Branche angehörigen Fachverband begründet. Der Vorstand wurde nicht durch die Mitglieder gewählt, sondern durch den Reichspropagandaminister bestellt. Außerdem gehörte ihm ein Beauftragter des Reichswirtschaftsministeriums an (§ 7 der DVO). Zu den Befugnissen der Körperschaft gehörte unter anderem auch die Schließung von Filmbetrieben, *Steinweis* 1993, S. 40.
1293 „Das neue System hat diese ‚Freiheit' des gesellschaftlichen Kultursystems beseitigt", schrieb *Huber* (1937, S. 258) lapidar; vgl. auch *Keibel* 1939, S. 38.
1294 Zu den Aufgaben: § 3 der DVO. Der Geschäftsführer der Reichsmusikkammer formulierte dies für die Reichsmusikkammer so: „Dieses Ziel heißt heute: ‚Zentrale Führung und Verwaltung aller Berufsgruppen und Personenkreise, die mit dem Musikleben des deutschen Volkes in Verbindung stehen. Liebevolle, fürsorgliche Betreuung und Pflege des gesamten deutschen Musiklebens im Rahmen der kulturpolitischen Ziele der nationalsozialistischen Reichsregierung".
1295 Entsprechend formulierte auch *Keibel* in seiner Dissertation (1939, S. 39): „So zeigt sich die Aufgabe nationalsozialistischer Kulturführung darin, unter innerer Übereinstimmung mit Willen und Wesen des Volkes Gutes und Schlechtes zu scheiden, Deutsches und Fremdes von Blut und Geist zu trennen". Zur Germanisierung: *Steinweis* 1993, S. 103 ff.

schaffenden näher an ihn heranzuführen und durch die Körperschaft eine unmittelbare Einflußmöglichkeit auf das Kulturschaffen des Einzelnen zu gewinnen".[1296]

Präsident war der Reichsminister für Volksaufklärung und Propaganda (§ 11 I 1 der Ersten DVO zum Reichskulturkammergesetz), *Joseph Goebbels*. Ihm standen drei Geschäftsführer zur Seite.[1297] Sie hatten die organisatorische Aufsicht über die Einzelkammern in bezug auf die allgemeine Verwaltung, die Personalverwaltung und das Haushaltswesen. Dem Präsidenten kam deren Führung zu.[1298] Er konnte Angelegenheiten der Fachkammern an sich ziehen (§ 21 der DVO) und ihre Entscheidungen aufheben (§ 22 der DVO).

Die Reichskulturkammer war als „Gesamtkörperschaft" der Einzelkammern organisiert. Mit ihr wurden die Reichspressekammer, die Reichsschrifttumskammer, die Reichstheaterkammer, die Reichsmusikkammer und die Reichsrundfunkkammer errichtet. Deren Präsidenten wurden von Goebbels in seiner Funktion als Präsident der Reichskulturkammer und nicht als Reichspropagandaminister ernannt (§ 13 I 1 der DVO). Er bestimmte auch einen „Präsidialrat", der dem Präsidenten beistehen sollte (§ 13 I 2 der DVO). Einen Verwaltungsbeirat ohne Entscheidungsbefugnisse konnte sich der Präsident der Einzelkammer selbst zulegen (§ 14 I u. III der DVO).[1299] Die Präsidenten der Einzelkammern bildeten ab 1935 mit ihren Geschäftsführern und „verdienten Persönlichkeiten des Kulturlebens" zusammen einen Reichskultursenat (§ 11 I S. 3 u. 4 der DVO).[1300]

Die Einzelkammern gliederten sich in Fachverbänden mit Rechtspersönlichkeit (zumeist eingetragene Vereine) und Fachschaften als unselbständigen Verwaltungseinheiten zusammen (§ 15 der DVO). Schon die Fachverbände waren aber einer weitgehenden Einflußnahme durch die Einzelkammern ausgesetzt. Das galt erst recht für die Fachschaften. Ab 1937 wurden die Einzelkammern dann in Abteilungen untergliedert. In räumlicher Hinsicht wurde die Reichskulturkammer auf Gauebene in Landeskulturverwalter unterteilt. Die Landeskulturverwalter waren in Personalunion staatliche Landesstellenleiter des Reichspropagandaministeriums und Gaupropagandaleiter, die der Aufsicht des Präsidenten der Reichskulturkammer unterstanden. Ihre Hauptaufgabe bestand aber in der Durchsetzung der zentralen Kulturpolitik. Eine Kulturverwaltung auf Kreisebene war geplant, die nähere Realisierung blieb aber unklar.[1301]

Eine Mitgliedschaft wurde nur in Ausnahmefällen in den Einzelkammern direkt, zumeist aber durch die Mitgliedschaft in den Fachverbänden und Fachschaften begründet. Die Mitgliedschaft natürlicher Personen in der Reichskulturkammer war nicht vorgesehen (§ 2 der DVO). Es bestand also nur eine mittelbare Mitgliedschaft in den öffentlichrechtlichen Kammern. Da sich die Reichskulturkammer zwar aus den Einzelkammern als „Gesamtkörperschaft" zusammensetzte, diese jedoch nicht als ihre Mitglieder erfaßte, kann die Reichskulturkammer auch

---

1296 *Keibel* 1939, S. 48.
1297 Seit 1935 „Reichskulturverwalter", *Faustmann* 1990, S. 51.
1298 Das Reichskammergesetz (§ 5 S. 2) sprach noch von Aufsicht, § 3 I der DVO hingegen verwendete – angesichts der weitreichenden Befugnisse war das ehrlicher – den Begriff der „Führung".
1299 Diese wurden jedoch 1935 aufgelöst, *Faustmann* 1990, S. 64.
1300 *Faustmann* 1990, S. 63.
1301 *Faustmann* 1990, S. 75 f.

nicht als Verbandskörperschaft verstanden werden.[1302] Auch die Mitgliedschaft in den Fachverbänden war kompliziert gestaltet: Wer die Voraussetzungen nach § 4 der DVO erfüllte, war verpflichtet, einen Antrag auf Aufnahme zu stellen (§ 18 I der DVO). Dieser Antrag konnte bei fehlender Eignung – dieses Kriterium spielte eine immer geringere Rolle – oder bei mangelnder „Zuverlässigkeit" ausgeschlossen werden.[1303] Da ohne die Mitgliedschaft ein Berufsverbot bestand, gab es also eine wirtschaftliche Notwendigkeit zur Regimetreue.[1304] Somit war eine Pflichtmitgliedschaft vorgesehen, die jedoch nicht zu einem automatischen Erwerb der Zugehörigkeit bei Erfüllung der gesetzlichen Voraussetzungen führte, sondern zur Stellung eines Antrags verpflichtete. Mit der Ablehnung des Antrags konnte dann eine besondere Ächtung ausgesprochen werden, da der Betreffende nun als „politisch unzuverlässig" stigmatisiert war und seinen Beruf nicht mehr ausüben durfte.[1305] Nicht erfaßt von der Zwangsmitgliedschaft wurden lediglich geringfügig Beschäftigte und solche Personengruppen, die aufgrund ihrer Tätigkeit bereits Mitglied in einer anderen berufsständischen Kammer (kulturelle oder auch andere) waren. Entsprechend dem oben skizzierten ständischen oder eher etatistischen Selbstverwaltungsgedanken bedeutete die Mitgliedschaft in der Kammer in erster Linie eine Pflichtenstellung. Eine Willensbildung von den Mitgliedern zur Kammerleitung fand nicht statt. Die Organbestellung erfolgte, wie geschildert dem Führerprinzip entsprechend, durch die staatlichen Stellen. Umgekehrt kamen den Einzelkammern weitreichende Befugnisse in bezug auf den Betrieb, die Eröffnung und ggf. auch die Schließung der zugehörigen Unternehmen zu (§ 25 der DVO). Einfluß hatten diese sowie die Reichskulturkammer auch auf die Vertragsgestaltungen.

Der Präsident als Zentralorgan einer Einzelkammer hatte den Haushaltsplan aufzustellen. Bei der Finanzierung standen den Kammern die Beiträge der Mitglieder der Fachverbände zur Verfügung, wobei per Umlage ein Teil an die Reichskulturkammer abzuführen war. Daß das Beitragssystem bei der inneren Organisation der Kammern und ihrer allgemeinpolitischen Aufgaben nicht mehr das angemessene Finanzierungsinstrument war (und die Mitglieder im Zuge der Kriegswirtschaft auch tatsächlich überforderte), erkannte der Geschäftsführer der Reichskulturkammer deutlich und plädierte für eine allgemeine Finanzierung, zu der es jedoch nicht mehr kam.[1306]

Auch ohne daß an dieser Stelle auf die Einzelkammern näher eingegangen werden kann,[1307] bestätigt sich doch insofern das Bild, das schon bisher über das Wesen der Körperschaften im öffentlichen Recht zur Zeit des Nationalsozialismus

---

1302 *Keibel* 1939, S. 47.
1303 *Keibel* 1939, S. 40.
1304 *Faustmann* 1990, S. 81.
1305 Goebbels ließ an der Exklusionsfunktion des § 4 keinen Zweifel: 1935 sprach er von einer Bewährungsfrist zum Beweis der politischen Zuverlässigkeit: „Diejenigen, die sie nicht nutzten, sind ausgeschieden, diejenigen, die sie verdienten, mit offenen Armen in unserem Kreis aufgenommen worden", zit. nach *Faustmann* 1990, S. 102.
1306 Die „Kammern sind eben keine Interessenverbände, sondern Führungsorgane und Hoheitsträger. Das Ideal muß die Finanzierung der Kammern aus allgemeinen Mitteln bleiben", zit. nach *Faustmann* 1990, S. 128.
1307 Und muß, vgl. dazu *Faustmann* 1990, S. 151 ff.

gezeichnet werden konnte. Körperschaftliche Selbstverwaltung und nach dem Führerprinzip organisierte Verwaltungseinheiten, bei denen man zwar von Dezentralisierung, nicht aber von echter Selbständigkeit sprechen konnte, vertrugen sich nicht.[1308] Die Verwendung der überkommenen Begriffe ist auch hier nur ein Ausdruck des politischen Bedürfnisses der Nationalsozialisten, mit ihrer Verwendung auch die Legitimation bei der Aktivierung der Bürger zu übernehmen, die die Institute von Körperschaft und Selbstverwaltung im 19. Jahrhundert vermittelt hatten. In Wissenschaft und Praxis setzte sich dann auch die Erkenntnis durch, daß sich der Körperschaftsbegriff in bezug auf die Reichskulturkammer und die Einzelkammern nicht mit der sonstigen Wortverwendung deckte, so daß von einem „völlig neuen Typus von Selbstverwaltungskörperschaft" zu sprechen sei.[1309] Hinter der korporatistisch-ständischen Fassade entwickelte sich so „kaum verhüllt eine allumfassende Überwachungs- und Zwangsorganisation".[1310]

e. *Weitere Körperschaften*

aa. Freie Berufe

Die Kammern der freien Berufe wurden ebenfalls neu geordnet. Auch hier galt es die Organisationen nach dem Prinzip zu formen, daß der Beruf Aufgabe sei, „die zum Wohl und Gedeihen des Volkes wahrzunehmen ist.[1311] Entsprechend fand alsbald nach der Machtergreifung ihre Umgestaltung in nationalsozialistische Organisationen nach dem Führerprinzip statt. Ende 1933 wurden alle juristischen Fachverbände aufgelöst und die Deutsche Rechtsfront überführt.[1312] Eine Neufassung der Reichsrechtsanwaltsordnung vom 13. Dezember 1935 brachte die Zugehörigkeit aller Rechtsanwälte bei der Reichsrechtsanwaltskammer als einer nach dem Führprinzip, aber mit „Selbstverwaltung" versehenen Körperschaft des öffentlichen Rechts[1313] mit den Rechtsanwaltskammern als unselbständigen Untergliederungen (§ 44 RAO). Daneben trat als Parteiorganisation der aus dem Bund Nationalsozialistischer Deutscher Juristen hervorgegangene Nationalsozialistische Rechtswahrerbund. Entsprechendes galt für die Anwaltskammer der Patentanwälte und die ihnen verwandten Kammern für die Heilberufe.[1314]

1308 Das wurde durchaus auch von zeitgenössischen Autoren gesehen, so etwa *Keibel* (1939, S. 55), der der Ansicht war, daß bei der Reichskulturkammer und den Einzelkammern „nicht von einer Selbstverwaltung gesprochen werden kann. Dies besonders darum, weil bei der Selbstverwaltung auch heute eine gewisse Unabhängigkeit und Distanz von der unmittelbaren Staatsverwaltung gefordert werden muß".
1309 Nachweise bei *Faustmann* 1990, S. 148. *Forsthoff* (1937, S. 176) sprach vorsichtig von einem „Selbstverwaltungsgebilde".
1310 *Bracher* 1997, S. 373.
1311 *Keibel* 1939, S. 78. So hieß es etwa in § 19 der Reichsärzteordnung vom 13.Dezember 1935 (RGBl. I, S. 1433 f.), die Ärzte seien dazu berufen, „zum Wohle von Volk und Reich für die Erhaltung und Hebung der Gesundheit, des Erbguts und der Rasse des deutschen Volks zu wirken".
1312 *Van Eyll* 1985a, S. 693; *Weber* 1943, S. 50.
1313 RGBl. I, S. 1470 f.; *Huber* 1937, S. 257; *Weber* 1943, S. 50.
1314 *Weber* 1943, S. 50; *van Eyll* 1985a, S. 694, wobei die Ärzte Mitglied in der Bezirksärztekammer waren, *Huber* 1937, S. 258; zu dieser und der Kassenärztlichen Vereinigung Deutschlands, *Keibel* 1939, S. 74 f.; *Kluth* 1997, S. 200.

Für die Ärzte[1315] brachte die Machtergreifung die Anerkennung und Erfüllung ihrer jahrzehntealten Forderung nach einer Reichsärzteordnung.[1316] Aus der Streichung der entsprechenden Bestimmungen der GewO ergab sich die Anerkennung der Tätigkeit der Ärzte als freier Beruf. Dies führte zu einer erheblichen Steigerung ihres gesellschaftlichen Ansehens.[1317] In organisatorischer Hinsicht stand aber die Erfüllung einer jahrzehntelang erhobenen Forderung durch die Errichtung der Reichsärztekammer im Zentrum.[1318] Diese brachte jedoch zugleich die Unterordnung der Ärzteschaft und ihrer Berufsausübung unter die nationalsozialistischen Herrschaftsprinzipien und ideologischen Vorgaben für die Berufsausübung.[1319] Der „Reichsärzteführer" Wagner formulierte es so: Die RÄO beseitige „nach einer unbefriedigenden Übergangszeit mit einem Schlage alle Reste einer noch auf die liberalistische Zeit zurückgehenden Ordnung der Rechtsverhältnisse und der Eingliederung des deutschen Ärztestandes in Staat und Volk".[1320] Das bedeutete zunächst die Zwangsmitgliedschaft in einer nach dem Führerprinzip geordneten Organisation (§ 21 RÄO).[1321] Ferner folgte daraus die Ernennung des Reichsführers der Reichsärztekammer durch den Führer und Reichskanzler (§ 33 RÄO). Die in § 24 RÄO vorgesehene Mitwirkung der Mitglieder in Form eines Reichsärztetages realisierte sich nicht, denn die für den September 1939 als einzige Zusammenkunft vorgesehene Veranstaltung wurde wieder abgesagt.[1322] Innerhalb der Reichsärztekammer bestand die Kassenärztliche Vereinigung Deutschlands (KVD) als selbständige Körperschaft des öffentlichen Rechts.[1323] Die auf Landesebene bestehenden Ärztekammern gingen als regional unselbständige Untergliederungen in der Reichsärztekammer auf (§ 86 RÄO). Zugleich wurden der Deutsche Ärzteverein und der Hartmannbund aufgelöst. Aufgrund der vierten Verordnung zum Reichsbürgergesetz erlosch dann 1938 die Approbation („Bestallung") von jüdischen Ärzten.[1324] Neben der Kammer bestand als nationalsozialistische Parallelorganisation der schon erwähnte Nationalsozialistische Deutsche Ärztebund (NSDÄB).

bb. Realkörperschaften

Der Nationalsozialismus hatte „seit der Machtergreifung nicht den geringsten Abbau" an den bestehenden Realkörperschaften vorgenommen.[1325] *Friesenhahn* bezeichnete sie als „öffentliche Genossenschaften", denen nicht Selbstverwaltung,

---

1315 Zur Entwicklung der Kassenärztlichen Vereinigungen auch *Rüther* 1997; 94: A-437.
1316 Reichsärzteordnung vom 13. Dezember 1935, RGBl. I, S. 1433 f.; zur Vorgeschichte *Rüther* 1997; 94: A-434 f.
1317 *Vogt* 1998, S. 57.
1318 *Vogt* 1998, S. 59.
1319 Wozu bei den Ärzten etwa auch die Eugenetik gehörte, *Rüther* 1997; 94: A-511 auch zu den nationalsozialistisch geprägten Berufspflichten.
1320 Zit. nach *Rüther* 1997; 94: A-438.
1321 *Rüther* 1997; 94: A-437; *Vogt* 1998, S. 59; *Kluth* 1997, S. 83 f.
1322 *Vogt* 1998, S. 61.
1323 *Vogt* 1998, S. 60; *Rüther* 1997; 94: A-43.
1324 Vom 25. Juli 1938, RGBl. I, S. 1146.
1325 *Friesenhahn* 1937, S. 280.

sondern „Eigenverwaltung" zukomme, weil es sich bei ihnen „um alte, deutschrechtliche Gebilde" handele, „die der Staat zur Wahrnehmung begrenzter, unpolitischer, verwaltungstechnischer Aufgaben in Pflicht genommen hat, weil er erkannte, daß diese Angelegenheiten in der Hand der Beteiligten am besten aufgehoben sind".[1326] Sie unterschieden sich von den berufsständischen und kommunalen Körperschaften durch die Freiwilligkeit der Organisation ihres gesellschaftlichen Substrats.[1327] Angesichts ihrer spezifischen Aufgaben finde auch keine Totalinklusion der ganzen Persönlichkeit in sie statt.[1328] Friesenhahn untergliederte sie in Genossenschaften zur planmäßigen Ausführung gemeinschaftlicher Unternehmen (Wasser-, Deich- und Bodenverbesserungsgenossenschaften und Umlegungsverbände), Genossenschaften zum gemeinschaftlichen Schutz von im privaten Eigentum verbleibenden Vermögensgegenständen (Wald- und Fischereischutzgenossenschaften), Genossenschaften zur gemeinschaftlichen Nutzung von im privaten Eigentum verbleibenden Vermögensgegenständen (Wald- und Fischereiwirtschaftsgenossenschaften, Bodenverbesserungsgenossenschaften, Jagdgenossenschaften und gemeinschaftliche Fischereibezirke) und schließlich Genossenschaften zur gemeinschaftlichen Nutzung und Bewirtschaftung von im öffentlichrechtlichen Gemeineigentum stehenden Vermögensgegenständen (Realgemeinden, Haubergsgenossenschaften nach preußischem Recht).[1329] Sie stellten keine „echten Gemeinschaften" im nationalsozialistischen Sinn dar und waren daher auch nicht in den ständischen Aufbau einbezogen.[1330] Ihre Bildung erfolgte zwar notwendig staatlich. Dies konnte jedoch durch Anerkennung eines privaten Zusammenschlusses geschehen. Diese Sonderstellung konnte sie nach Auffassung Friesenhahns auch vor ihrer Organisation nach dem Führerprinzip bewahren: Als öffentlicher Interessenverband war hier vielmehr ein Mindestmaß an Mitgliedereinfluß erforderlich, so daß es in der Regel bei der Bestellung der Genossenschaftsorgane durch die Mitglieder blieb.[1331] Die Aufsicht erfolgte freilich nach Regeln, die denen über die Gemeindeaufsicht vergleichbar waren, so daß über den Reichsstatthalter auch eine politische Aufsicht stattfand.[1332]

cc. Sozialversicherung

Im Bereich der Sozialversicherung gab es durchgreifende Änderungen. Die Versicherungspflicht wurde auf neue soziale Gruppen ausgedehnt.[1333] So wurden ins-

---

1326 *Friesenhahn* 1937, S. 280; ähnlich auch Keibel 1939, S. 91.
1327 Wie auch *Keibel* 1939, S. 14, 85 f.; Kempermann 1936, S. 66 f.
1328 „Während der Berufsstand die ihm Angehörenden in ihrer ganzen beruflichen Persönlichkeit erfaßt, erfaßt der gewillkürte Verband, der nur einen begrenzten wirtschaftlichen Einzelzweck verfolgt, auch seine Mitglieder nur in dem Maße, als es zur Erreichung des gemeinsamen Zieles erforderlich ist".
1329 *Friesenhahn* 1937, S. 271.
1330 Wie Friesenhahn auch *Kempermann* 1936, S. 66 f.; vgl. auch Keibel 1939, S. 85 ff.
1331 Auch *Keibel* 1939, S. 85, um sogleich festzustellen, daß „der. Zwangsmitgliedschaft der einzelnen Jagdberechtigten. keinerlei Mitwirkungsrechte an Verwaltung und Gestaltung der Jagdgenossenschaft" entsprächen (S. 86). Bei den Wasser- und Bodenverbänden findet er allerdings echte Selbstverwaltung durch Mitwirkungsbefugnisse auf (S. 90).
1332 *Friesenhahn* 1937, S. 279.
1333 *Wannagat* 1965, S. 88.

besondere die Rentner in die Krankenversicherungspflicht einbezogen und die Handwerker in die Rentenversicherung.[1334]

Bei der Organisation der Sozialversicherungsträger mußte angesichts des bedeutenden Einflusses der Gewerkschaften in der Weimarer Republik deren Auflösung zu erheblichen Veränderungen führen. Tatsächlich wurden schon infolge des Gesetzes über die „Ehrenämter in der sozialen Versicherung und der Reichsversorgung" vom 18. Mai 1933[1335] drei Viertel der Arbeitnehmervertreter in den Organen der Krankenversicherung ausgetauscht[1336] und alsbald in 103 Krankenkassen und 41 Krankenkassenverbänden durch Kommissare des Reichsarbeitsministers ersetzt. Wesentliche Änderungen im Bereich der Organisation der Sozialversicherung brachte dann das Gesetz über den Aufbau der Sozialversicherung vom 5. Juli 1934.[1337] Infolge des Gesetzes blieben die Sozialversicherungsträger zwar erhalten, die Funktion ihrer Selbstverwaltungsorgane wurde aber, sofern sie nicht ganz abgeschafft wurden, bis zur Bedeutungslosigkeit ausgehöhlt.[1338] Das Prinzip der Ehrenamtlichkeit wurde beseitigt. In allen Bereichen der Sozialversicherung wurde das Führerprinzip durchgesetzt, wobei umstritten war, ob nicht der Versicherungsgedanke eine Modifikation und Mäßigung erfordere. Der Umstand, daß die Sozialversicherung entgegen anderslautenden Überlegungen nicht in den berufsständischen Aufbau der Selbstverwaltung einbezogen worden war,[1339] hätte dies nahegelegt. Jedenfalls stand den Sozialversicherungsträgern ein durch den Reichsarbeitsminister ernannter Leiter als „Führer" vor, dem ein „Beirat" an die Seite gestellt war, bei dessen Besetzung nicht nur ebenfalls der Reichsarbeitsminister, sondern auch die DAF mitwirkte. Sie wurden nach den üblichen Kriterien der „Zuverlässigkeit" ausgewählt.

Die Ersatzkassen, die bis dahin Versicherungsvereine auf Gegenseitigkeit waren, wurden mit dem Gesetz über den Aufbau der Sozialversicherung vom 5. Juli 1934[1340] Träger der gesetzlichen Krankenversicherung (Art. 3 § 1) und seit 1937 Körperschaften des öffentlichen Rechts.[1341] Gegen Ende des Dritten Reiches kam es zu Forderungen der gänzlichen Auflösung der Ersatzkassen, was aber das ganze System durcheinander gebracht hätte. Es war ausgerechnet der Generalbevollmächtigte für die Reichsverwaltung im totalen Krieg, der Reichsführer-SS *Heinrich Himmler*, der dies im Januar 1945 verhinderte.[1342]

Die Spitzenverbände der Sozialversicherungsträger wurden 1933 per Verordnung gleichgeschaltet[1343] und ihre Organe durch einen Reichskommissar

---

[1334] Gesetz über die Altersversorgung für das Deutsche Handwerk vom 21. Dezember 1938, RGBl. I, S. 1900.
[1335] RGBl. I, S. 277
[1336] *Tennstedt* 1977, S. 186.
[1337] RGBl. I, S. 577, auf das Gesetz folgten insgesamt 17 Durchführungsverordnungen, die es näher bestimmten.
[1338] *Schnapp* 2000, S. 809 spricht zu Recht von der Beseitigung der Selbstverwaltung und ihrer Ersetzung durch das Führerprinzip.
[1339] *Tennstedt* 1977, S. 198.
[1340] RGBl. I, S. 577.
[1341] Art. 2 § 2 Abs. 1 Satz 3 der 12. Verordnung zum Aufbau der Sozialversicherung vom 24. Dezember 1935 idF. der 15. Verordnung vom 1. April 1937) RGBl. I, S. 439.
[1342] *Tennstedt* 1977, S. 225.
[1343] Vom 17.März 1933, RGBl. I, S. 131.

marginalisiert.[1344] Eine Änderung des § 414 der RVO machte 1937 alle Spitzenverbände zu „Körperschaften des öffentlichen Rechts". Ihnen stand ein vom Reichsarbeitsminister ernannter Leiter als Führer vor, zu dem ebenfalls ein Beirat trat.

Erhebliche Änderungen trafen die Arbeitslosenversicherung. Die Reichsanstalt für Arbeitsvermittlung und Arbeitslosenversicherung blieb zwar als juristische Person des öffentlichen Rechts („Körperschaft des öffentlichen Rechts") bestehen, die Kompetenzen ihres Präsidenten gingen jedoch auf den Reichsarbeitsminister über. Ihr Verwaltungsunterbau, die Landesarbeitsämter und Arbeitsämter wurden in Form von Reichsbehörden in die unmittelbare Staatsverwaltung des Reichsarbeitsministeriums integriert. Daß dies nicht nur eine verwaltungstechnische Maßnahme, sondern eine Richtungsentscheidung innerhalb der Arbeitslosenversicherung war, wird auch dadurch belegt, daß der Versicherungsgedanke durch das Fürsorgeprinzip ersetzt wurde.

dd. Akademische Selbstverwaltung

Auch die akademische Selbstverwaltung wurde durch Verreichlichung und Gleichschaltung im Kern aufgehoben und durch das Führerprinzip verdrängt.[1345] Das bedeutete das Ende von Wahlen an den Hochschulen und die Ersetzung der Vorstände von Fakultäten und Hochschulen durch Dekane und Rektoren, die als Führer ihrer Einheiten vom Reichswissenschaftsminister ernannt wurden.

Schließlich wurde auch die Studentenschaft, die bereits 1931/32 bei den Wahlen zu den verbliebenen Allgemeinen Studentenausschüssen für die Vertreter des Nationalsozialistischen Deutschen Studentenbundes votiert hatte,[1346] nach dem Führerprinzip organisiert.[1347] Gegenüber ihrer Gleichschaltung erhob sich nur vereinzelter Widerstand.[1348]

1344 *Tennstedt* 1977, S. 192.
1345 *Oppermann* 1996, S. 1018; *Ellwein* 1997, S. 232 ff. u. 279 ff.
1346 *Roellecke* 1996, S. 31; Zahlen bei *Ellwein* 1997, S. 280.
1347 Was dies in der Universität bedeutete, illustriert eine Antwort des Rektors der Freiburger Universität, *Martin Heidegger*, vom 7. Dezember 1933 an den von ihm eingesetzten Dekan, den Rechtsphilosophen, Kirchen- und Strafrechtler *Erik Wolf*. Dieser hatte den Rektor nach tiefen Zerwürfnissen innerhalb der Staatswissenschaftlichen Fakultät gebeten, ihn von seinen Verpflichtungen zu entbinden. Darauf Heidegger: „Es liegt im Sinne der neuen Verfassung und der gegenwärtigen Kampflage, daß Sie in erster Linie mein Vertrauen besitzen und nicht so sehr das der Fakultät. Weil Sie aber mein Vertrauen haben, kann ich Sie von dem überaus wichtigen Amt nicht entbinden". (Wiedergegeben von *Hollerbach* 1991, S. 96). – Nur am Rande sei vermerkt, daß Anfrage und Antwort kennzeichnend waren für die Haltung beider zum Nationalsozialismus: Der Dekan, kein glühender Verehrer des Nationalsozialismus, versucht gleichwohl unter dem Einfluß des als Philosophen hochverehrten Rektors (*Hollerbach* 1991, S. 95) Reformen im Sinne der neuen Universitätsideologie einzuleiten, ohne so hinter ihnen zu stehen, daß er sie auch durchsetzen kann. Der Rektor („Heidegger war – im Sinne der Partei – kein Nationalsozialist, hat aber dem Nationalsozialismus massiv in die Hände gearbeitet", *Martin* 1991, S. 21) will die neue Gemeinschaft der Lehrenden und Lernenden gemäß dem Führerprinzip durchsetzen. Beide scheiden, wenn auch aus unterschiedlichen Gründen, am 15.4.34 aus dem Amt.
1348 HRG Denninger-*Lüthje* vor § 3, Rn. 11

7. Zusammenfassung

Die Strukturen der Verwaltungsorganisation im nationalsozialistischen Staat auf einer gemeinsamen Nenner zu bringen, ist nicht einfach und soll auch hier nicht versucht werden. Einige auffällige Momente können aber festgehalten werden: Führerprinzip, die Einheit von Partei und Staat, die Ersetzung des Organisationsprinzips der Assoziation durch das der Gemeinschaft und die stark exkludierende Wirkung dieser Gemeinschaften, die nach innen homogenisierend wirkte. Die Einheit von nationalsozialistischer Bewegung und Staat, die ihre Spitze in der natürlichen Individualität des „Führers" besaß, führte zugleich zu einer Personalisierung von Herrschaft. Das mußte bei einer funktional hochgradig differenzierten industriellen Gesellschaft zu einer dramatischen Entdifferenzierung führen, die sich insbesondere in der Indienstnahme aller gesellschaftlichen Tätigkeiten durch die Volksgemeinschaft zeigte. Organisatorischer Ausdruck dieser Entdifferenzierung war die Erfassung und Einordnung aller wichtigen gesellschaftlichen Tätigkeitsbereiche in öffentlichen Organisationen, bevorzugt als „Körperschaften des öffentlichen Rechts".[1349] Auf diese Weise gelang dem nationalsozialistischen Staat eine Erfassung, Lenkung und Disziplinierung dieser Tätigkeiten, die zuvor unbekannt war.[1350] Indem die nationalsozialistische „Zuverlässigkeit" zum Kriterium für die Mitgliedschaft gemacht wurde, war bei den meisten Körperschaften außerdem ein wichtiges Exklusionskriterium gegeben. Zusammen mit der Zwangsmitgliedschaft war bei den berufsständischen Körperschaften zugleich sichergestellt, daß der entsprechende Beruf nur noch von zuverlässigen Nationalsozialisten ausgeübt werden konnte. Personalisierung von Herrschaft bedeutete besonders bei allen „echten nationalsozialistischen Gemeinschaften" weit mehr als nur eine sektorale Erfassung bestimmter Tätigkeiten; sie bedeutete die Inklusion der gesamten Person und ihre Unterwerfung unter das Homogenisierungsdiktat weitreichender Mitgliedschaftspflichten.

Personalisierung von Herrschaft hieß aber auch die Überordnung der Führer und ihrer Gemeinschaften über das Recht: Die konsequente Aversion gegenüber den Konstruktionen der juristischen Person, der zentralen Stellung der Mitglieder und des Organisationsleiter als Organ des Rechtsträgers führte zu einer Amorphisierung der Körperschaftsverfassung.[1351] Ihren Rückhalt wie auch ihren Auftrag gewannen die Amtswalter der Körperschaften nicht mehr aus einer Wahl durch die Mitglieder, sondern aufgrund ihrer Einsetzung durch staatliche Stellen und ihrer Personalunion mit Parteiämtern in der „Bewegung".[1352] Entsprechend kontrovers wurde das Rechtsinstitut der Körperschaft des öffentlichen Rechts in der zeitgenössischen Rechtsdogmatik diskutiert. Als gemeinsamer Nenner des Körperschaftsbegriffs blieb im Grunde nur die schon für die juristischen Personen des öffentlichen

---

1349 Daß dies weit über die im Institut der Körperschaft ebenfalls angelegte moderate Ausdehnung des staatlichen Einflusses auf den gesellschaftlichen Bereich (*Schuppert* 1988, S. 400; *Weber* 1959, S. 40) hinausging, braucht kaum erwähnt zu werden. Denn wie später noch zu zeigen sein wird, lassen auch die Leitungs- und Lenkungsverbände, die hier zu untersuchen wären, echter Selbstverwaltung noch einen Raum.
1350 *Brohm* 1969, S. 90; *Mayer-Tasch* 1971, S. 230.
1351 Ähnlich die Einschätzung von *Scheuner* 1952, S. 610.
1352 *Matzerath* 1970, S. 251.

Rechts, erst recht für ihre Unterform, die Körperschaft, angenommene Rechtsfähigkeit.[1353] Strittig war schon, ob die Selbstverwaltung notwendiges Merkmal der Körperschaft des öffentlichen Rechts sein sollte. Zwei Antworten boten sich an: Entweder man konnte Selbstverwaltung in einem autoritären, nationalsozialistischen Sinne uminterpretieren. Diesen Weg wählten Ansätze einer berufständischen Konzeption (*Spann*, *Huber*). Oder aber man hielt am überkommen Begriff der Selbstverwaltung fest und verzichtete dort, wo man Organisationen nicht darunter subsumieren konnte – wie bei den meisten durch den Nationalsozialismus geschaffenen Körperschaften – auf sie (*Keibel*). Die Körperschaft unterschied sich dann von der unmittelbaren Staatsverwaltung durch das Merkmal des – wie auch immer näher zu bestimmenden – personalen Substrats.

Der Gesetzgeber war von solcher Gedanken Blässe nicht angekränkelt. Er ließ vielmehr die einen als Träumer von einer „besseren", ständisch gegliederten, harmonischen Welt, die anderen aber als die Gralshüter der untergegangenen Welt rechtsstaatlicher Begriffe von Organisation erscheinen. Er verteilte das Prädikat „Körperschaft des öffentlichen Rechts" munter auch für juristische Personen des öffentlichen Rechts ohne personales Substrat, für solche ohne mitgliedschaftliche Mindesteinflußnahme auf die Organbildung und -betätigung und nicht nur für Organisationen der mittelbaren Staatsverwaltung, sondern auch für die NSDAP und die ihr angeschlossenen Verbände. „Führer" als wahre Interpreten des Willens der Gemeinschaft ersetzten deren Willen und machten ihre Repräsentationsorgane überflüssig. Führung durch Weisungen, umfangreiche Genehmigungen und teilweise die Aufhebung der Satzungsautonomie diente der Durchsetzung der nationalsozialistischen Politik und ersetzte eine Aufsicht, die die – auch in den meisten nationalsozialistischen Körperschaftsgesetzen verankerte „Eigenverantwortlichkeit" der Aufgabenwahrnehmung auf die Einhaltung der gesetzlichen Vorgaben überprüfen und somit Selbstverwaltung durchsetzen sollte. Die Anknüpfung an die (nationalsozialistisch verstandenen) Ursprünge der körperschaftlichen Selbstverwaltung unter Umgehung ihrer weiteren Ausformung im 19. Jahrhundert sollte dabei wie überhaupt beim Umgang mit überkommenen Rechtsfiguren der anfangs noch zurückhaltenden Öffentlichkeit eine Kontinuität suggerieren, die in der Sache nicht mehr bestand. Die Eingliederung immer weiterer Körperschaften in die unmittelbare Staatsverwaltung im Rahmen der Kriegswirtschaft ist somit nicht eine vorübergehende Notmaßnahme angesichts der besonderen Bedrohungslage, sondern die konsequente Fortsetzung der unmittelbar nach der Machtergreifung eingeläutete Zerstörung einer körperschaftlichen Selbstverwaltung, die die Bürger einlädt, ihre Initiativkraft und Organisationsfähigkeit in den Dienst der Erfüllung öffentlicher Aufgaben zu stellen.

Köttgen verwendete für einige dieser neuen Körperschaften (Reichskulturkammer, Wirtschaftskammern) den Begriff des Leitungsverbandes, der sich dadurch auszeichne, „eine in sich abgeschlossene juristische Einheit mit eigener Rechtspersönlichkeit" zu sein, „der ein bestimmter Personenkreis korporativ angehört. Im Unterschied zu den Selbstverwaltungskörpern sind jedoch diese in der Regel als

---

1353 *Keibel* 1939, S. 100.

Körperschaften des öffentlichen Rechts angesprochenen Verbände der unmittelbaren Reichsverwaltung mit einer Vorbehaltlosigkeit verbunden, wie sie sonst nur innerhalb des reichseigenen Behördenapparats anzutreffen ist ... Maßgeblich für die Organisation dieser Leitungsverbände ist allein der praktische Gesichtspunkt, mit ihrer Hilfe möglichst schlagkräftige Instrumente der Staatsführung zu gewinnen".[1354] Mit der Idee der Körperschaft, wie sie im 19. Jahrhundert ausgearbeitet worden war, hatte dies nichts mehr zu tun.

Unbestritten besaß die Selbstverwaltung als „Selbstschutz der Staatsverwaltung vor der eigenen Bürokratie" (*Walther Sommer*)[1355] noch eine gewisse Funktion im Sinne der Dezentralisierung. Daß schließlich am Ende des Dritten Reiches, als ohnehin schon jede tatsächliche Selbständigkeit in den persönlichen Querelen von Parteifunktionären und Amtsträgern zerrieben war, der neue Reichsinnenminister *Heinrich Himmler* als „Schirmherr der Selbstverwaltung"[1356] aufgefaßt wurde, zeigt, wie weit die Auflösung des Rechtsinstituts Körperschaft des öffentlichen Rechts gediehen war.[1357] *Carl Goerdeler*, lange um eine Vereinigung von kommunaler Selbstverwaltung und nationalsozialistischer Ideologie bemüht, diagnostizierte schließlich 1944 den „Tod der Selbstverwaltung".[1358] Dieses Schicksal ereilte auch die Körperschaft des öffentlichen Rechts. *Reinhard Höhn* ist in einem Punkt Recht zu geben, wenn er schreibt: „Man mag es drehen, wie man will, der Führerbegriff ist für den Begriff der Körperschaft juristisch unmöglich, er steht mit diesem Begriff in völligem Widerspruch, es sind zwei Welten, die hier zusammenstoßen und die sich nicht versöhnen lassen, die individualistische und die Welt der Gemeinschaft. Verwendet man individualistische Konstruktionen, um damit gemeinschaftsmäßige Vorstellungen zu erklären, so nimmt man ihnen jenen Inhalt"[1359] – und vice versa!

1354 *Köttgen* 1939, S. 60. Auch Werner Weber hob noch lange nach dem Krieg (1967/1968, S. 144 f.) die Ordnung des Systems der juristischen Personen des öffentlichen Rechts zu einem straffen System der mittelbaren Staatsverwaltung hervor. – Eine Einschätzung, die angesichts der politischen Rivalitäten zwischen staatlichen, Partei- und anderen Stellen kaum der historischen Lage entsprach. Sein Fazit daraus dürfte aber wohl zutreffen: „Der totale Staat überwand so den Pluralismus der Gesellschaft" – wenn es auch überrascht, daß hier keinerlei Bedauern über diesen Umstand mitschwingt.
1355 Mündlicher Vortrag 1940, zit. nach *Teppe* 1977, S. 226 f.
1356 Worunter er „Heimatverbundenheit" und „germanisches Genossenschaftsrecht" verstand und im übrigen mit allen Versuchen einer Umsetzung scheiterte, *Rebentisch* 1989, S. 503, 508.
1357 Diese Frage ist stark umstritten: Während *Jeserich* (1966, S. 164 u. 167), bezogen auf die kommunale Selbstverwaltung, der Auffassung ist, daß „das Prinzip der kommunalen Selbstverwaltung nicht verloren ging", faßt *Matzerath* (1970, S. 448) seine umfangreiche Studie hinsichtlich des Selbstverwaltungsbegriffs zusammen: „Im Kern zerstört, wesentlicher Elemente beraubt, trotzdem von Aufrechterhaltung einer Fassade wie zur Bewahrung der Reste der kommunalen Position krampfhaft verteidigt, spiegelt er das Schicksal der Institution selbst". *Hendler* (1984, S. 174) spricht davon, daß der Begriff „kräftig abgeschliffen" worden sei; vorsichtiger *von Mutius* 1985, S. 1081, der auf die zur Bewältigung der kriegsbedingten Notlage faktisch erforderliche und häufig auch ergriffene kommunale Autonomie hinweist – was aber an dem strukturellen Bedeutungsverlust nichts ändert, wohl aber auf die sachliche Notwendigkeit von Selbstverwaltung hinweist.
1358 Zit. nach *von Mutius* 1985, S. 1081; vgl. auch *Teppe* 1977, S. 247.
1359 *Höhn* 1935a, S. 68.

VIII. Einige zusammenfassende Bemerkungen

Es kann und soll hier nicht die Entwicklung der Körperschaften des öffentlichen Recht im beobachteten Zeitraum von hundertundfünfzig Jahren auf eine abschließende Formel gebracht werden. Vielmehr sollen noch einmal einige Grundanliegen besonders hervorgehoben und auf einige Probleme besonders hingewiesen werden.

Die rechtliche Entstehung der neueren Körperschaften des öffentlichen Rechts verdankt sich zwar durchweg dem staatlichen Handeln, allen voran dem Gründer dieser neuen Form, dem *Freiherrn vom Stein*; dabei wird aber in rechtlicher Gestalt anerkannt, wonach gesellschaftliche Kräfte streben: in einem Staat zu leben, der nicht wohlfahrtsstaatlich für sie sorgt und sie in ihrer privatautonomen Wirtschaftstätigkeit absichert, sondern selbst an seiner Gestaltung teilzuhaben. So war tatsächlich in der konstitutionellen Monarchie die (kommunale) Selbstverwaltung die Form, in der die Bürger politisch mitgestalten konnten. Ein lebendiges Vereinswesen, das sich nie auf das Niveau von Freizeitclubs beschränkt, sondern sich schon im 18. Jahrhundert Gemeinwohlzielen gewidmet hatte, begleitete die kommunale Selbstverwaltung und zielte auf eine vergleichbare politische Verantwortung. So ließ sich für die Entstehung des Kammerwesens nachweisen, daß die privatrechtlichen Interessenvertretungen selbst nach dem öffentlich-rechtlichen Status strebten,[1360] mochten sie dadurch auch ihre Unabhängigkeit verlieren, um dafür aber ihren Einfluß zu erhöhen. Ausgangspunkt dieser Entwicklung war nicht das demokratische Bedürfnis des Gesamtvolkes nach einer Entscheidung über die es betreffenden Fragen, sondern das Streben in lokal oder sachlich begrenzten Bereichen Selbstbestimmung auch im Rahmen der Erfüllung einer öffentlichen Aufgabe zu realisieren. Aus der Perspektive des einzelnen und der Verbände stellt sich diese Entwicklung nicht als Dezentralisierung der Verwaltung, sondern als eine Form des gesellschaftlichen Einwirkens in die öffentliche Verwaltung dar. Es ging mithin in dieser Perspektive nicht um die Verselbständigung von Verwaltungseinheiten, sondern um eine sektorale Teilnahme gesellschaftlicher Verbände an öffentlichen Verwaltungsentscheidungen. Diese Feststellung soll die Entwicklung keineswegs idealisieren und die damit verbundenen Probleme marginalisieren. Die Darstellung des Verbandseinflusses in der Krise der Kriegswirtschaft des ersten Weltkriegs und das erstarkte Selbstbewußtsein der Verbände gegenüber der unmittelbaren Staatsverwaltung, vor allem aber auch ihre Unterordnung unter selbst nicht öffentlich verantwortliche private Verbände in der Weimarer Republik haben solche Probleme nur allzu deutlich werden lassen. Gezeigt hat sich aber, daß die von der Weimarer Krisenerfahrung geprägte, den Staatseinfluß idealisierende Vorstellung von der

---

1360 Für die Bundesrepublik ließen sich dafür ebenfalls Beispiele finden. So geht aus der Begründung der Bundesregierung zu ihrem Gesetzentwurf für die BRAO hervor, daß die Bundesrechtsanwaltskammer auf Bestreben des bisher privatrechtlichen Dachverbandes der Rechtsanwaltskammern gebildet wurde: „Wie die Erfahrungen der Vergangenheit gelehrt haben, kann die Vereinigung der Rechtsanwaltskammern im Bundesgebiet, wie die Arbeitsgemeinschaft sich jetzt nennt, ihre Aufgaben als Spitzenorganisation der amtlichen Berufsvertretungen in der losen Form einer Gesellschaft nicht erfüllen. Die vorgenannte Vereinigung hat deshalb auch den dringenden Wunsch geäußert, daß eine Bundesrechtsanwaltskammer errichtet werden möge. Der Deutsche Anwaltsverein hat sich diesem Wunsche angeschlossen. Der vorliegende Entwurf trägt diesem als berechtigt anzuerkennden Wunsche Rechnung". BT-Drucks. 3/120, S. 113; vgl. auch *Zimmermann* 1993, S. 173 f.

Disziplinierung der gesellschaftlichen Kräfte durch ihre Verkammerung, für sich gesehen, einseitig ist und so zunächst auch die Vorstellungswelt der Verwaltungsrechtsdogmatik der Zeit nach dem Zweiten Weltkrieg geprägt hat, mag sie auch noch so wichtige Aspekte für das Gesamtbild der Stellung der Körperschaften im Verwaltungssystem liefern. Im Gegenzug zu gesellschaftlichen Hoffnungen durch den Erwerb eines Körperschaftsstatus für einzelne Verbände die Selbstbestimmung auch im Bereich der öffentlichen Verwaltung realisieren zu können, wird hier die Zielsetzung des Staates deutlich, die durch die Einbeziehung der Verbände in die öffentliche Verwaltung diese dem Regime des öffentlichen Rechts mit besonderen Pflichten unterwerfen konnte. Ob sie nun gesellschaftlichem Drängen nach sektoralem politischem oder dem staatlichen Ziel einer Einwirkung auf die gesellschaftlichen Verbände entsprang: Das Ergebnis ist eine dezentralisierte öffentliche Verwaltung, die einerseits durch die Unterstellung genuin gesellschaftlicher Kräfte unter das Regime des öffentlichen Rechts den Bereich hoheitlichen Handelns ausdehnte. Auf der anderen Seite schuf diese Einbeziehung gesellschaftlicher Kräfte aber einen Raum im öffentlichen Hoheitsbereich, der verbunden mit der Zulassung eigenverantwortlicher Erledigung öffentlicher Aufgaben und einer Lockerung der staatlich-hoheitlichen Entscheidungshierarchien kompensierende autonome Legitimation aufgrund individueller und gemeinschaftlicher Selbstbestimmung in der öffentlichen Verwaltung ermöglichte. Die Struktur der Körperschaft des öffentlichen Rechts ist gekennzeichnet durch diese eigentümlich dialektische Spannung, daß der Einfluß gesellschaftlicher Kräfte auf öffentliche Verwaltungsentscheidungen erkauft ist durch die Freiheitsverluste, die mit der Unterstellung unter das Regime des öffentlichen Rechts verbunden sind, und daß die Differenzierung der Verwaltung hin zu einer sachnahen und gesellschaftlich effektiven Aufgabenerledigung bedingt ist durch eine Lockerung der Weisungszusammenhänge und damit im demokratischen Staat auch der auf das Staatsvolk als Ganzem zurückzuführenden demokratischen Legitimation. Die Körperschaften unterscheiden sich in ihrer Struktur dadurch, daß dieser dialektische Zusammenhang mal mehr in die Richtung verstärkter staatlicher Disziplinierung, mal mehr in die Richtung gesellschaftlichen Einflusses verschoben wird.

Der staatlich-disziplinierende Einfluß scheint im Nationalsozialismus am ausgeprägtesten zu sein. Doch ist gerade die Charakterisierung der allzu heterogenen und noch viel zu wenig erforschten Vorstellungswelt des Körperschaftswesens im Nationalsozialismus am schwierigsten.[1361] Ohne rechtlich gefestigte Absicherung gegenüber dem Staat und in permanenter Konkurrenz zu halbstaatlichen Parteiorganisationen, die bestrebt waren, alle gesellschaftlichen Kräfte in den Dienst der Ideologie des totalen Staates zu stellen, fehlte den öffentlichen Körperschaften das Gegenlager zur zentralen Staatsmacht, deren dialektisches Spannungsfeld die fragile Grundlage für ihre Existenz bildet. Nachdem die Partei selbst zur „Körperschaft des öffentlichen Rechts" – wenn auch nach übereinstimmender Auffassung in einem besonderen, und doch zugleich die Legitimität, die mit diesem Institut

---

1361 Von *Weber* (1967/68, S. 144 f.) hervorgehoben als Entstehung eines „straff geordneten" „Systems der ‚mittelbaren Staatsverwaltung'".

verbunden war, erheischenden Sinn – geworden war, zerfielen auch die historisch einigermaßen ausgebildeten Konturen dieses Rechtsinstituts und konnten seiner Instrumentalisierung keinen Widerstand mehr entgegensetzen.

Will man die Potentiale der Körperschaft des öffentlichen Rechts sichern und die Gefahren, die in ihrer spannungsreichen Vermittlungsposition zwischen dem staatlichen Gemeinwohlauftrag und gesellschaftlicher nicht nur nutzenmaximierender Interessenverfolgung abwehren, ist – so kann vielleicht das vorsichtige Fazit lauten – eine den Veränderungen dieses Spannungsverhältnisses immer neu Rechnung tragende Besinnung auf die Grundstrukturen dieses Instituts notwendig. Dies soll hier beileibe nicht zum ersten und nicht zum letzten Mal versucht werden. Der Beitrag, den die nachfolgenden Überlegungen dazu liefern, soll nicht aus Mißachtung der Einzeluntersuchungen bestehen, sondern ihrer Ergänzung in der Skizzierung einiger ihrer Grundstrukturen dienen, die angeleitet ist durch einige neuere Erkenntnisse der Organisationstheorie.

D. Die Körperschaft des öffentlichen Rechts als Organisation

Bei der abstrakten begrifflichen Analyse des Terminus „Körperschaft des öffentlichen Rechts" war die These aufgestellt worden, daß ihr Spezifikum nicht in ihrem Charakter als juristische Person oder der Selbstverwaltung liegt, sondern in einer ausdifferenzierten Binnenstruktur. Gerade für die Analyse der Binnenstruktur ist aber eine auf Zurechnungsfragen konzentrierte verwaltungsorganisationsrechtliche Perspektive mit der juristischen Person als letztem Fluchtpunkt unzureichend.[1] Die Rechtsfähigkeit, die Aufbau- und Ablauforganisation, die Aufsicht – um nur Stichworte zu nennen – muß vor dem Hintergrund einer Theorie der Verwaltungsorganisation gewürdigt und systematisiert werden.[2] Von ihr sind nicht in einem normativen Fehlschluß rechtliche Forderungen an die Organisationswahl[3] und -gestaltung abzuleiten,[4] wohl aber Aufklärung über Grundstrukturen und Funktionsweisen von Organisationen und damit über die Anknüpfungspunkte verwaltungsrechtlicher Regelung und Steuerung.[5]

Die Hoffnung, daß der durch die Vielfalt der Entstehungsgründe bedingte Mangel an Systematik der gesetzlichen Regelungen der Körperschaft des öffentlichen Rechts durch die Anwendung organisationstheoretischer Kriterien behoben werden könnte, wird im folgenden nicht voll erfüllt werden können. Auch in der Organisationstheorie läßt sich kein konsentierter Begriff von Organisation oder gar der Verwaltungsorganisation[6] ausmachen,[7] dessen Merkmale als Grundlage einer Systematik der öffentlichen Körperschaft dienen können.[8] Einer ihrer nach wie vor gewichtigsten Autoren, *Dwight Waldo*, hat deshalb schon früh Organisationstheorie

---

1 *Groß* 1999, S. 10 f.; zu der damit verbundenen – aber zu weitreichenden – Kritik an der juristischen Person auch *Böckenförde* 1973, S. 286 f. u. 292 f., und ihm folgend *Uhlenbrock* 2001, S. 158 ff.; zu diesen wiederum *Kirste* 2002a, S. 696 f.
2 „Verwaltungsorganisation" soll hierbei, soweit nicht anders angegeben, im Sinne einer einzelnen Organisationseinheit verstanden werden, wie es in der Organisationstheorie üblich ist, und nicht im Sinne des wie immer strukturierten Gesamtsystems dieser Organisationen (dazu auch unten S. 131).
3 Vgl. dazu *Schuppert* 1994a, S. 647 ff.; *Müller* 1993, S. 99 f., 209 f. u. 453 f.; *Bull* 2001, S. 545 f.; zu ihrer Bedeutung auch *Pappermann* 1983, S. 138 f.
4 Es geht also nicht um die Infiltration der Verwaltungsrechtswissenschaft mit betriebswirtschaftlichen oder organisationstheoretischen Begriffen oder deren Umorientierung, um daraus normative Ableitungen vorzunehmen (diese Bedenken äußern zu Recht etwa *Hoffmann-Riem* 1997, S. 437; *ders.* 1990, S. 81; *Burgi* 2006, § 51 Rn. 19; *Möllers* 2002, S. 22 f.), sondern darum, die Organisation als Sachbereich des Verwaltungsorganisationsrecht in ihren Strukturprinzipien so hinreichend herauszuarbeiten, daß die Verwaltungsrechtsnormen auf sie bezogen werden können. Zum Sachbereich in der Methodik vgl. *Müller* 2002, Rn. 544 ff.
5 Zur Transformierung von sozialwissenschaftlichen Wissensbeständen in rechtswissenschaftliche Verwendungszusammenhänge vgl. *Hoffmann-Riem* 1990, S. 88 ff.: Den Rahmen der Rezeptionsleistung gibt auch insofern der normative Kontext ab.
6 Becker vermißt sowohl in der nationalen wie in der internationalen Diskussion eine Theorie der Verwaltungsorganisation, *Becker* 1989, S. 191 f.; so auch *Dehnhardt* 2000, S. 11, für die amerikanische Verwaltungswissenschaft.
7 Hierzu *Scott* 1986, S. 15 f. u. passim.
8 Das beklagt zu Recht schon *Brohm* 1969, S. 18 f.; *Schmidt-Aßmann* 1977, S. 338; für eine vorsichtige Einbeziehung organisationstheoretischer Erkenntnisse auch *Groß* 1997, S. 149 f.; *Burgi* 2006, § 51 Rn. 19.

als ein „elephantöses Problem" bezeichnet.⁹ Für eine Anwendung der Organisationstheorie sind zunächst schon die jeweiligen Erkenntnisinteressen zu heterogen – immerhin wird Organisationstheorie in der Soziologie, der Politikwissenschaft und besonders der Betriebswirtschaftslehre¹⁰ betrieben.¹¹ Die jeweils gewonnenen Erkenntnisse werden dann auf öffentliche Organisationen übertragen: In ökonomischer Perspektive werden Verwaltungen in Unternehmen wie in öffentlichen Organisationen primär nach Effizienzgesichtspunkten beurteilt, in politikwissenschaftlicher die Beobachtungen, die an der Regierungsorganisation gemacht werden, auf die Organisationen der mittelbaren Staatsverwaltung angewendet.¹² Auch die Prämissen zwischen rationalistischen, human-relations-, kommunitaristischen und (neo-) institutionalistischen, hermeneutischen und phänomenologischen und schließlich systemtheoretischen Ansätzen, Auffassungen von Organisationen als natürlichen oder offenen Systemen etc. weichen erheblich voneinander ab. Schließlich liegt hier gewissermaßen das andere Extrem zu den rechtsdogmatischen Einzeluntersuchungen zu Fragen der Körperschaft vor:¹³ Während diese in bezug auf eine allgemeine Systematik (und nur darauf bezogen!) zu detaillierte Untersuchungen anstellen, schweben die allgemeinen Organisationstheorien auf einer Abstraktionshöhe,¹⁴ die ihnen nicht selten paradoxe Ergebnisse liefert,¹⁵ weil sie sehr unterschiedliche Organisationsformen unter gemeinsamen Aspekten untersuchen.¹⁶ Hier bestätigt sich der allgemeine Befund, daß das Anwachsen und die Vervielfältigung der Verwaltungsaufgaben von der Verwaltungsrechtswissenschaft die Berücksichtigung von Erkenntnissen immer stärker ausdifferenzierter Spezialdisziplinen verlangen,¹⁷ die sie als Rechtsdogmatik zugleich in den Status von (bloßen) Voraussetzungen umschmelzen muß, um nicht ihr Proprium, das System

---

9 Der Titel seines Aufsatzes lautet „Organization Theory: An Elephantine Problem" (*Waldo* 1961, S. 210 ff.) Waldo bezieht sich auf einen von *Mason Hair* herausgegebenen Sammelband zur Organisationstheorie: "Hair recalls the fable of the blind men describing an elephant: 'There is little doubt here that it is a single elephant being discussed, but, by and large, each of the observers begins his description from a different point, and often with a special end in view'" und setzt hinzu (S. 216): "In view of the inclusiveness, the diversity, the amorphousness of the materials put under Organization Theory heading nowadays, one must conclude that, if they all concern the same elephant, it is a *very* large elephant with a generalized elephantiasis".
10 Hier liegt gegenwärtig der Schwerpunkt der Organisationstheorie und der Organisationslehre, vgl. die Übersichten von *Frese* (1992, Sp. 1706 ff.) und *Lehmann* (1992, Sp. 1538 ff.), eingehender der Sammelband von *Ortmann/Sydow/Türk* 1997, S. 35 ff. u. 424 ff.; das gilt besonders auch für die Theorie öffentlicher Organisationen (*Dehnhardt* 2000, S. 14 f.) in Form des New Public Management (s. u., S. 250).
11 Schon *Waldo* 1966, S. 285 f.; *Wolff/Bachof* 1976, S. 3; kritisch dazu schon *Forsthoff* 1973, S. 443, der zu Recht auf die Gefahr hinweist, daß dadurch die Besonderheiten öffentlicher Organisationen nicht hinreichend berücksichtigt würden.
12 *Dehnhardt* 2000, S. 12 f.
13 Und zum Verwaltungsorganisationsrecht insgesamt, *Krebs* 1997, S. 343; *ders.* 1996, S. 312.
14 Eine Ausnahme bildet der Teil (!) der (vorwiegend politikwissenschaftlichen) Organisationstheorie, der sich mit der Steuerung von Organisationen beschäftigt, *Schmidt-Aßmann* 1997, S. 15.
15 So schon *Simon* 1946, S. 53: Die Organisationstheorie hätte es bis zu seiner Zeit nicht zu klaren Begriffen, sondern nur zu „proverbs" gebracht, deren Charakteristikon es sei, sich gegenseitig zu widersprechen.
16 Ein Umstand, der in den USA zu einer erheblichen Entfremdung von herrschenden Management-Theorien der öffentlichen Verwaltung und der Praxis geführt hat, *Dehnhardt* 2000, S. 3. Wegen dieser Abstraktionshöhe wird dann auch ausdrücklich vor voreiligen Schlüssen von organisationssoziologischen Überlegungen auf konkrete Anleitungen für Organisationsgestalter gewarnt, *Türk* 1992, Sp. 1646.
17 *Luhmann* 1966, S. 12 f., 59 f.

von Rechtssätzen zu opfern. Organisationstheoretische Erkenntnisse sind jedoch besonders im Bereich der Körperschaften notwendig. Denn hier gilt wegen ihrer vielfältigen Erscheinungsformen, der fehlenden verfassungsrechtlichen Entscheidung für einen Strukturtypus und den wissenschaftlichen Kontroversen darüber in besonderer Weise, was für das Organisationsrecht allgemein anzunehmen ist: daß nämlich die besonderen Sachstrukturen bei der Steuerung durch das Organisationsrecht zu berücksichtigen sind.[18] Dabei kann sich dann die Abstraktionshöhe sogar als Vorteil erweisen, weil vorschnelle Analogien vermieden und statt dessen allgemeine Grundbegriffe gefunden werden können.[19] Außerdem führt sie dazu, von Grundstrukturen der Organisationen auszugehen und nicht vorschnell einen schematischen Graben zwischen privaten und öffentlichen Organisationen auszuheben.[20]

Abgesehen von ihrer Abstraktionshöhe, haben aber auch die Ausgangspunkte der Theorien öffentlicher Organisationen bisher eine angemessene Erfassung der Körperschaft des öffentlichen Rechts verhindert. Ihre Ursprünge liegen in der Bürokratieforschung[21] einerseits und der betriebswirtschaftlichen Arbeitsteilungslehre andererseits.[22] Beide Ansätze ermöglichen es zwar, daß konkretere Maßstäbe für die Organisationsgestaltung gefunden werden konnten, wie sie etwa der Theorie des New Public Management (s. u., S. 250) und anderen zugrunde liegen. Sie wurden jedoch den Besonderheiten der Körperschaften nicht gerecht. So mag es sicherlich reizvoll sein, den Begriff der Selbstverwaltung einmal in die Kategorien von Dezentralisierung, Divisionalisierung und Autonomisierung im Sinne der betriebswirtschaftlichen Organisationstheorie zu übersetzen;[23] jedoch liegt der Reiz dieses Experiments eher im Verfremdungseffekt, der die Specifika körperschaftlicher Selbstverwaltung als Differenz nur um so deutlicher hervortreten läßt: Dezentralisierung allein kann nicht erklären, wie über die Bürgerpartizipation autonome Legitimationsstrukturen innerhalb der Verwaltung konstruiert werden. Einbindung von Experten mit ihrem Sachverstand, aber auch ihren Interessen, ist etwas anderes als die Versammlung der produktrelevanten Ressourcen in einer Untereinheit der Organisation („Divisionalisierung"). Man mag einer Verwaltungseinheit noch so viel Autonomie zugestehen; das alleine macht sie noch nicht zu einer Körperschaft,

---

18 Entsprechend wurden kybernetische oder wenigstens interdisziplinäre Ansätze gerade auch in bezug auf die Selbstverwaltungskörperschaften immer wieder eingefordert, vgl. etwa *Laux* 1983, S. 72 f.; *Schuppert* 2000, S. 562.
19 In diesem Sinne schon *Wolff* 1933, S. 205 f.
20 *Schuppert* 1981, S. 85 f., mit der Gefahr allerdings, die Unterschiede zwischen beiden nicht genügend zu berücksichtigen (S. 151). Für eine organisationsrechtliche Untersuchung, die Grundstrukturen und Gemeinsamkeiten bestimmter Organisationsformen vorliegend eben der Körperschaft des öffentlichen Rechts herausarbeiten will, sind ihre Leistungen durch den Rückgang auf elementare Organisationsbausteine unverzichtbar.
21 Klassisch *Max Weber* 1980, S. 551 ff.; neuere Diskussionen etwa bei *Peabody/Rourke* 1970, S. 802 ff.; zur Kritik an der anhaltenden Orientierung an den Bürokratien komplexer Organisationen, bei denen dann zumeist hierarchische und Autoritätsstrukturen analysiert und als notwendig für Organisationen überhaupt ausgegeben werden, *Denhardt* 2000, S. 14 f.
22 Allgemein: *Scott* 1986, S. 29 f.; *Rainey* 2003, S. 8 f.; *Luhmann* 2000, S. 11 ff.; *Türk/Lemke/Bruch* 2002, die allerdings zu Recht auf die Vorläufer und die frühere Entfaltung der Semantik der Organisation eingehen; hierzu auch *Böckenförde/Dohrn-van-Rossum* 1978, Sp. 519 ff.; zu den Gemeinsamkeiten der Betriebsstrukturen öffentlicher Verwaltungen und privater auch *Roellecke* 1996, S. 7 f.
23 So der Versuch von *Hauschild* 1983, S. 82 ff.

deren Träger ihre Mitglieder sind.[24] Zumeist besteht jedoch die Gefahr der Verzerrung, weil sowohl die bürokratietheoretische als auch die betriebsorganisatorische Perspektive nur Teilaspekte der öffentlichen Verwaltungsorganisation erfassen[25] und jedenfalls nicht die kennzeichnenden Merkmale der Körperschaft des öffentlichen Rechts. Zugespitzt: Hierarchie ist wichtig, aber bei den Selbstverwaltungsträgern gerade nicht der maßgebliche Gesichtspunkt; Ökonomie ist wichtig, kann aber Legitimationsfragen nur bedingt erklären.

Entsprechendes gilt für die Entgegensetzung von Bürokratie und Markt. Auch dabei – durchaus in ähnlicher Frontstellung wie die zwischen der Auffassung der Körperschaften des öffentlichen Rechts als mittelbare Staatsverwaltung oder als politische Selbstverwaltung der Gesellschaft – fällt die Körperschaft in organisationstheoretischer Perspektive gewissermaßen in der Mitte durch: Sie gehorcht weder den Organisationsprinzipien der Bürokratie noch denen des Marktes (oder von Netzwerken),[26] sondern integriert beide in spezifischer Weise. Und gerade für diese spezifische Organisationsform gibt es kaum einschlägige organisationssoziologische Forschung. Auf der einen Seite steht die Verbandsforschung, die die Einflußnahme privater Verbände auf staatliche Entscheidungen untersucht.[27] Öffentliche Verbände wie etwa die Kammern werden dann in der gleichen Perspektive wahrgenommen, was jedoch ihrem öffentlich-rechtlichen Charakter nicht gerecht wird. Auf der anderen Seite rückt die Perspektive der „mittelbaren Staatsverwaltung" die öffentlich-rechtlichen Verbände so nahe an den Staat heran, daß sie der Bürokratieforschung unterfallen. Diese Perspektive kann wiederum den spezifischen Modus bürgerschaftlicher Partizipation nicht erfassen.[28] Damit wird es schwierig, sie mit Gewinn nicht nur für das äußere Organisationsrechtsverhältnis, sondern auch für das die Körperschaft auszeichnende innere Verhältnis heranzuziehen.[29] Es fällt auf, daß auch die Steuerungsdebatte eher die „bürokratische" Seite der Körperschaften – ihre Leistungserbringung – erfaßt als die legitimatorische der Selbstbestimmung. Wenn aber die Selbstverwaltung eine Berechtigung hat, dann betrifft dies die im Rahmen der Gesetze selbstbestimmte Leistungserbringung. Vernachlässigt man den Aspekt der – nicht nur – Eigenverantwortlichkeit der Organisation selbst, sondern der Teilnahme der Organisationsmitglieder an den autonomen Entscheidungen, kann man die Organisationsform schon aus theorietechnischen Gründen beliebig durch andere

---

24 Ohnehin wird die Annäherung durch eine Uminterpretation des Effizienzbegriffs als Ausdruck für alle Wirkungen, die von der Organisation ausgehen (*Hauschild* 1983, S. 89), der Terminus so strapaziert, daß er sich weit von seinen klassisch betriebswissenschaftlichen Bedeutungsgehalten entfernt, ohne einen verwaltungswissenschaftlich spezifischen Sinn zu erhalten, vgl. zum Effizienzbegriff die sorgfältige Analyse von *Simon* 1955, S. 117 ff.; *Harmon/Mayer* 1986, S. 38 ff.
25 Hierarchische Organisationen erscheinen immer noch als der Standardtyp öffentlicher Verwaltung, von dem nicht-hierarchische Formen der Verwaltung als Abweichung in den besonderen Teilen der Darstellungen des Verwaltungsrechts abgehandelt werden, vgl. *Schmidt-Aßmann* 1997, S. 25; kritisch zu einer betriebswirtschaftlichen Perspektive etwa *Luhmann* 1966, S. 36 f.
26 Als öffentlicher Betrieb etwa kann bestenfalls ein ganz kleiner Teil von ihnen eingeordnet werden, vgl. hierzu *Lüder* 1992, Sp. 1448 f.
27 Klassisch dazu: *Kaiser* 1978, der Sammelband von *Steinberg* (1985), *von Beyme* 1980; aus jüngerer Zeit: *Triesch/Ockenfels* 1995; *Schütt-Wetschky* 1997.
28 *Brohm* 1969, S. 17.
29 *Brohm* 1969, S. 18 f.

D. Die Körperschaft des öffentlichen Rechts als Organisation   237

Organisationsformen ersetzen.³⁰ Schließlich wird es der Körperschaft auch nicht gerecht, wollte man sie gewissermaßen „gewaltenteilig" in zwei separate Unterorganisationen, das politische Vertretungsorgan und die nach Kategorien der bürokratischen Verwaltungsorganisation zu beurteilende Exekutive trennen. Mag auch die stark ausdifferenzierte Struktur der Kommunalverwaltungen einer Unterscheidung in Parlament und Regierung nahekommen; Kennzeichen der Körperschaft des öffentlichen Rechts ist doch erstens, daß sie Verwaltungsaufgaben eigenverantwortlich wahrnimmt, also nur über einen gesetzlich beschränkten politischen Gestaltungsspielraum verfügt, und daß zweitens das Zusammenwirken zwischen dem Rat und der Exekutivspitze wesentlich enger ausgestaltet ist, als dies der staatlichen Organisation von Parlament und Regierung entspricht. Das bedeutet nicht, daß sich nicht entsprechende Struktur*elemente* auch in den Körperschaften wiederfinden würden. Sie sind jedoch der besonderen Organisationsform der eigenverantwortlich, aufgrund einer mitgliedschaftlichen Struktur erfolgenden Wahrnehmung öffentlicher Aufgaben durch die Körperschaft untergeordnet.

Anders als im Bereich der bürokratisch organisierten unmittelbaren Staatsverwaltung fehlt es bislang an einer solchen Begründung für die Körperschaft des öffentlichen Rechts. Scheinbar reicht es, auf die gesetzlichen Regelungen zu verweisen und diese evolutiv aus der Verwaltungsgeschichte herzuleiten.³¹ Doch greift dieser Ansatz zu kurz. Wie die Analyse des Wortgebrauchs des Grundgesetzes und der Begriffe von „Körperschaft des öffentlichen Rechts" deutlich gemacht hat, fehlt es an einem einheitlichen Konzept der Körperschaft des öffentlichen Rechts. Der Gesetzgeber – das wird die spätere Darstellung der Körperschaftsformen erweisen – hat bei seinen Regelungen ebensowenig eine klare Vorstellung zugrundegelegt.³² Eine Ordnung der verschiedenen Organisationselemente und Körperschaftsformen hängt mithin von einer Systematik ab, die hinreichend abstrakt ist, um der großen Bandbreite der Formen gerecht werden zu können, und zugleich hinreichend konkret, um die Besonderheiten der Körperschaften gegenüber anderen Organisationen fassen zu können, in die sich die einzelnen Formen einordnen lassen. Auf die Organisationstheorie, insbesondere die Organisationssoziologie, soll hier zurückgegriffen werden, um dafür ein begriffliches Gerüst zu entwickeln.³³ Bei allem wissenschaftlichen Streit lassen sich doch basale Strukturen von Organisationen ausmachen, die zwar sehr abstrakt sind, die jedoch ein erstes Raster für die weitere Untersuchung bilden können. Verfeinert man dieses durch bereits vorliegende Kriterien der Verwaltungsrechtsdogmatik, so läßt sich eine Ordnung entwickeln, in

---
30 Allerdings wird auch die prinzipielle Unterschiedlichkeit der Verwaltungsorganisationen betont sowie, daß diese von den Steuerungsmechanismen zu berücksichtigen seien, *Schmidt-Aßmann* 1997, S. 19.
31 Zu den Motiven bei der Organisationswahl auch *Loeser* 1994, S. 90 f.; *Müller* 1993.
32 Und hat dadurch zum Wildwuchs im „Rechtsformen-Dschungel" der Verwaltungsorganisation (*Loeser* 1994, S. 33) beigetragen.
33 Organisation wird also hier nicht als principium individuationis eingeführt, das *Wolff* (1933, S. 207) für notwendig befunden hatte, weil juristischen Personen der Mensch fehlt, der dieses Prinzip bei der natürlichen Person darstellt. Als natürliches Datum würde die Individualität eines Menschen wie eines bestimmten Organisation dem Recht nicht zum Prinzip dienen können. Menschen wie einige Organisationen treten im Recht als nach allgemeinen Merkmalen bestimmte Rechtspersonen auf, nicht als Individuen, *Kirste* 2001, S. 357.

die dann die gemeinsamen Merkmale aller Körperschaften des öffentlichen Rechts und die Modifikationen ihrer Erscheinungsformen einfügen lassen. Auf diese Weise soll die Körperschaft gewissermaßen von innen her rekonstruiert werden. Um hierfür eine tragfähige Grundlage zu gewinnen und nicht nur bekenntnishaft einer Ansicht anzuhängen, ist zunächst eine Übersicht über wichtige Strömungen in der Organisationstheorie zu erarbeiten.

I. Organisationstheorien

Über die Organisiertheit menschlichen Zusammenlebens wird wohl so lange nachgedacht, wie es politische Theorie überhaupt gibt. Die Planbarkeit von Organisation tritt typisch erst mit der Renaissance ins Bewußtsein.[34] Der Terminus „Organisation" schließlich stammt aus der Zeit der Französischen Revolution.[35]

Hier soll es darum gehen, einige grundlegende Aspekte der Organisationssoziologie aufzuzeigen und Konsequenzen für eine Erfassung der Körperschaft des öffentlichen Rechts als Organisation zu verdeutlichen. Zwei Perspektiven müssen unterschieden werden: Zunächst gibt es Ansätze, die eher auf die Makro- und andere, die eher auf die Mikrodimension der Organisation abstellen. In der Makrodimension beschäftigt sich Organisationstheorie mit der Organisation als gesellschaftlichem Phänomen.[36] In der Mikrodimension geht es um die Rationalität, Funktionsweise und Struktur der Organisationen selbst. Das Interesse der vorliegenden Untersuchung betrifft eher den zweiten Aspekt; die mehr politikwissenschaftliche Makrodimension soll in diesem Rahmen als Umweltbeziehung der Organisation thematisiert werden. Hier geht es um die Körperschaft als öffentlich-rechtlicher Verband und ihr Verhältnis zu anderen gesellschaftlichen Verbänden.

Die zweite Unterscheidung betrifft instrumentale und institutionale Ansätze in der Organisationstheorie.[37] (1.) *Instrumentale Theorien* betonen die Funktion der Organisation als Mittel zur Erreichung bestimmter Zwecke.[38] Hier geht es um die Beobachtung der Aufbauorganisation, also die Festlegung, welche Aufgaben von welchen Organisationsmitgliedern mit welchen Organisationsmitteln erfüllt werden,[39] und der Ablauforganisation, die den „Vollzug, die Ausübung oder Erfüllung von Funktionen, derentwegen Bestände geschaffen wurden", betrifft.[40] (2.) *Institutionale Theorien* stellen die Gebildestruktur einer Organisation als Krankenhaus, Gefängnis, Universität, Behörde etc. ins Zentrum ihrer Untersuchungen.[41] Die Organisation wird hier zwar als spezifische, gegliederte, aber als juristische Person

---

34 *Türk/Lemke/Bruch* 2002, S. 10 f.; zum Verhältnis des Einzelnen zum Gemeinwesen in der Renaissance Kirste 2008, S. 187 ff.
35 *Böckenförde* 1978, S. 566; *Kieser* 1992, Sp. 1651 f.
36 *Türk/Lemke/Bruch* 2002, S. 14.
37 Hierzu *Schanz* 1992, Sp. 1459 f.
38 *Schanz* 1992, 1460; *Schmidt-Preuß* (2001, S. 45) und *Burgi* (2002 § 51 Rn. 4) nennen diese Dimension „instrumentell", was aber in der Sache keinen Unterschied ergibt.
39 *Hoffmann* 1992, Sp. 208 ff.
40 Zum Begriff der Ablauforganisation vgl. *Gaitanides* 1992, Sp. 1 ff.
41 *Walgenbach* 1999, S. 319 ff.; zum Begriff der Gebildedimension *Türk/Lemke/Bruch* 2002, S. 25 ff.

ansprechbare Ganzheit genommen. Nicht ganz in diese Unterscheidung passen neuere (3.) *prozedurale Ansätze* wie z. B. der von *Weick*[42] oder auch der systemtheoretische Ansatz *Luhmanns*, da sie weder zentral auf den Gebildeaspekt abstellen – weil es eher um den Prozeß des Organisierens geht[43] – noch den instrumentellen Charakter hervorheben, weil etwa von systemtheoretischen Ansätzen Theorien rationale Zwecke kritisiert werden (s. u.).[44] Eine Theorie des Organisations*rechts* berücksichtigt bei allen drei Perspektiven die Strukturen der Prozesse, der Ablauforganisation und der Aufbauorganisation sowie der Gebilde.

Bevor einige allgemeine Organisationsdimensionen herausgearbeitet werden, sollen exemplarisch Vertreter dieser drei Richtungen vorgestellt werden.[45] Sie haben sich als typische Richtungen im letzten Jahrhundert herausgebildet, deren Verständnis zugleich Schneisen in den dichten und stark anwachsenden Wald neuerer Organisationstheorien schlagen kann.[46] Die nachfolgenden Ausführungen verzichten wegen der Ferne zu Rechtsproblemen weitestgehend auf die besonders vom Human Relations Approach und in verhaltenswissenschaftlichen Organisationstheorien[47] akzentuierten emotionalen, insbesondere motivationalen Aspekte[48] von Organisationen, die bei einer organisationsrechtlichen Untersuchung naturgemäß in den Hintergrund treten.[49]

1. Rational Choice

a. *Grundannahmen*

Rational Choice-Theorien sehen Organisationen als zweckrationale Gebilde an. Sie stehen in ihrer Vergemeinschaftungsdimension in einem Spannungsverhältnis zu individuellen Interessen und bedürfen daher sowohl einer Rechtfertigung als auch

---

42 *Weick* 1995, S. 9 ff.; *Harmon/Mayer* 1986, S. 348 f.; *Luhmann* 2000, S. 35.
43 Dazu auch *Grimmer* 1998, S. 485 f.; *Wolff/Bachof* 1976, S. 5 f.
44 Vgl. auch *Türk* 1992, Sp. 1633.
45 Daß dies nur drei wichtige Perspektiven der Organisationstheorie darstellt, versteht sich. Für weitere organisationstheoretische Ansätze vgl. die Sammelbände von *Kieser* 2001 und *Ortmann/Sydow/Türk* 1997 sowie die Darstellungen von *Scott* 1986, S. 89 ff.; *ders.* 2001, S. 21 f. und für die etwas älteren Ansätze *Perrow* 1986, S. 49 ff., zu Theorien der öffentlichen Verwaltung vgl. *Denhardt* 2000, S. 21 ff.; *Harmon/Mayer* 1986, S. 53 ff.; *Rainey* 2003, S. 22 ff.
46 *Scott* 1986, S. 89
47 Zu diesen *House/Singh* 1987, S. 669 ff.; *Perrow* 1986, S. 79 ff.; *Becker* 1989, S. 558 f.
48 Etwa das „Organisationsklima" (*von Rosenstiehl* 1992, S. 1514 ff.; *Mayntz* 1963, S. 65 f.) oder die „Organisationskultur" (*Luhmann* 2000, S. 245 f.; *Schreyögg* 1992, Sp. 1526 ff.; *Türk* 1992, Sp. 1643), ferner „Karriere" (dazu *Luhmann* 2000, S. 101 ff., 297 f.; *Weber* 1980, S. 555 f.); dabei soll keineswegs übersehen werden, daß diese Faktoren gerade bei der Entwicklung der Körperschaften des öffentlichen Rechts, die an Gemeinschaft, Nähe, Solidarität etc. appellieren und daraus besondere gegenseitige Einstandspflichten gewinnen, eine wichtige Rolle spielten und auch spielen. Doch entziehen sie sich weitgehend einer rechtlichen Erfassung. Die durch die nicht-bürokratische und kollegiale Struktur von Körperschaften des öffentlichen Rechts begünstigt Motivationen, die in anderen öffentlichen Organisationen nicht in gleicher Weise zum Tragen kommen können. Generell scheinen – jedenfalls in den USA – beim Personal öffentlicher Organisationen finanzielle Motive gegenüber dem Streben nach politischem Einfluß, der Öffentlichkeit zu dienen, Solidarität, Altruismus zurückzutreten (so das Fazit, das *Rainey* der Auswertung einer Reihe von Studien zum Unterschied der Motivation in öffentlichen und privaten Organisationen entnimmt, 2003, S. 240 ff.).
49 Und in der artifiziellen Atmosphäre der öffentlichen Verwaltung tendenziell zurücktreten, *Luhmann* 1966, S. 44 f.

Mechanismen zur Gewährleistungen der individuellen Freiheit in ihnen.[50] Grundannahme ist dabei, daß alles Sozialverhalten als wirtschaftliche Transaktion verstanden werden kann, die von der rationalen Wahl des Akteurs zwischen verschiedenen Ergebnissen geleitet wird.[51]

Ausgangspunkt der Rational Choice-Theorie, die hier am Beispiel von *James S. Coleman*[52] vorgestellt wird, ist ein konsequenter Individualismus: Das Individuum ist der Gesellschaft vorgeordnet, und diese ist das Ergebnis seines zweckrationalen Handelns.[53] Rational handelt das Subjekt, wenn es von möglichen Handlungsalternativen diejenige wählt, die gemäß einer konsistenten Präferenzordnung optimal ist.[54] Seine rationalen Ziele bleiben zugleich Bewertungsmaßstab für gesellschaftliche Organisation.[55]

Zwischen Individuen und die aus ihnen zusammengesetzte Gesellschaft schieben sich nach James S. Coleman als intermediäre Gewalten in komplexeren modernen Gesellschaften notwendig „korporative Akteure".[56] Sie prägen die gesellschaftliche Wirklichkeit weit mehr als natürliche Personen,[57] indem sie deren Leistungen ersetzen. Unter korporativen Akteuren versteht er juristische Personen mit eigenen Ressourcen und eigener Handlungsfähigkeit. Sie bestehen nicht mehr aus Menschen, sondern – abstrahiert von ihnen – aus Handlungen und Positionen.[58] Die vom Wechsel der Personen unabhängige Rechtspersönlichkeit verleiht dem „korporativen Akteur" Dauer und verringert Transaktionskosten.[59] Grundlegend für die Begründung solcher korporativer Akteure ist die Übertragung von Kontrollrechten über Handlungen von den Individuen auf diese.[60] Korporative Akteure

---

50 Zum hier nicht näher beleuchteten Stellenwert von Rational Choice Ansätzen in der Rechtswissenschaft vgl. *van Aaken* 2003, S. 45 ff. zum dort verwendeten Begriff der Zweckrationalität, S. 288 ff.
51 *Zey* 1998, S. 2: „The fundamental core of RCT is that social interaction is basically an economic transaction that is guided in its course by the actor´s rational choices among alternative outcomes."
52 *Scott* hat eine Nähe zwischen *Coleman* (2001, S. 44), Rational Choice-Theorien (2001, S. 34 f.) und dem Neo-Institutionalismus aufbauen wollen. Der Grund liege darin, daß sie sich mit Institutionen beschäftigen. Das strapaziert jedoch den Begriff des Neo-Institutionalismus sehr und verwischt die sogleich noch zu erörternden Unterschiede zwischen beiden, die sogleich und weiter unten auszuführen sein werden.
53 *Coleman* 1986, S. 69 ff. „Dem liegt ein naturrechtliches Verständnis des Individuums zugrunde, das mit unveräußerlichten Rechten ausgestattet und zur vernünftigen Durchsetzung seiner Interessen fähig ist", *Kappelhoff* 1997, S. 219 f.
54 Kritisch *Kappelhoff* 1997, S. 222: „Die mit dem Begriff der Wahl verbundene Vorstellung von Handlungsfreiheit erweist sich bei genauerem Hinsehen als irreführend, da die Entscheidung des Akteurs durch die im Rahmen des Modells extern vorgegebene konsistente Präferenzordnung determiniert ist. Die Interessen selbst sind nicht Gegenstand einer rationalen Wahl. Der Akteur der Rational Choice-Theorie ist also nichts weiter als eine logische Leerstelle in einem formalen Optimierungskalkül".
55 *Coleman* 1991, S. 5 ff.
56 *Coleman* 1992, S. 279 ff.
57 *Coleman* 1992, S. 426.
58 *Coleman* 1986, S. 175. Zusammenfassend: „Körperschaft sollte als ein Handlungssystem betrachtet werden, das aus Positionen (nicht aus Personen) zusammengesetzt ist. In einem solchen System ist die Beziehungsstruktur zwischen Personen nicht, wie in einem selbstkonstituierten sozialen System, autonom organisiert, sondern wird durch ein zentrales Management festgelegt, um das Erreichen bestimmter Ziele zu gewährleisten, die den Zweck der Körperschaft ausmachen. Akteure innerhalb dieser Struktur verfolgen ihre eigenen Ziele. Ist die Struktur gut angelegt, wird mit dieser Verfolgung von Zielen auch der Zweck der Körperschaft erreicht", *Coleman* 1992, S. 166.
59 Vgl. hierzu auch *Voss* 2002, S. 174 f. unter Heranziehung von spieltheoretischen Argumenten.
60 Hierdurch entstehen „konjunkte Normen". „Im Falle einer konjunkten Norm haben Individuen ein Recht als Individuen aufgegeben und es als Kollektiv übernommen" *Coleman* 1992, S. 3, S. 5: „Normen

D. Die Körperschaft des öffentlichen Rechts als Organisation

unterscheiden sich dadurch von Einzelakteuren, daß ihr Handeln eine größere Reichweite besitzt, sie eine weit komplexere Binnenstruktur haben, Anreizstrukturen hier anders wirken und schließlich dadurch, daß von den beiden Momenten der sozialen Kontrolle – Sozialisation durch die Familie und Sanktion durch die Gesellschaft – nur das letztere wirksam ist.[61] Gleichwohl soll ein vollständiger korporativer Akteur erst vorliegen, wenn er faktisch ein vergleichbar homogenes Substrat besitzt, wie Coleman es der natürlichen Person unterstellt.[62]

Sobald korporative Akteure ausgebildet sind, entsteht ein Interessengegensatz zwischen diesen selbst und ihren Mitgliedern.[63] Das wirft eine Reihe von Problemen auf.[64] (1.) Noch stärker als Michels[65] sieht Coleman einen „Trend zur Oligarchisierung": Wo immer eine verselbständigte Einheit errichtet wird, hat sie die Tendenz, Eigeninteressen zu entwickeln, die sich von denen der sie bildenden Einheit unterscheiden und ihnen zuwiderlaufen können.[66] (2.) Organisationen sind zweckrationale Gebilde mit einer ausdifferenzierten Binnenstruktur, Haftungsbeschränkungen und einer günstigeren Risikoverteilung im Außenverhältnis. Zur rationalen Binnenstruktur gehört eine klare Zielorientierung und eine Formalisierung der Innerorganisationsbeziehung durch Kompetenzen und Verfahren.[67] Dies führt zu einer stärkeren Stellung der korporativen Akteure auf dem Markt und zu asymmetrischen Beziehungen gegenüber den Mitgliedern.[68] Während in einem „vollkommenen Wettbewerbsmarkt" („perfectly competitive market") „jeder Akteur ein möglicher Partner für eine Transaktion mit jedem der anderen Akteure ist", stellt die formale Organisation „dagegen ein Handlungssystem dar, in dem die Beziehungen zwischen den Akteuren durch die Sozialstruktur stark beschränkt werden".[69] Diese Restriktionen bestehen darin, daß 1. Organisationen aus „Positionen" bestehen, die von Personen besetzt werden, daß 2. zwischen diesen spezifische und limitierte Beziehungen herrschen, daß 3. zwischen den Positionsinhabern Verpflichtungen und „Rechte" bestehen und daß schließlich die Kommunikationen durch Dienstwege

---

sind konjunkt, wenn Nutznießer und Zielakteure ein und dieselben Personen sind, und disjunkt, wenn es sich dabei um unterschiedliche Personen handelt". Gesellschaftsverträge sind danach konjunkte Regelwerke.
61 *Coleman* 1986, S. 113 f.
62 Coleman ist der Auffassung, „daß man die Körperschaft nicht als rationalen Akteur ansehen kann, der die gleichen Handlungsprinzipien verfolgt wie ein rationales Individuum, wenn nicht eine von zwei Bedingungen erfüllt ist: Die Körperschaft fügt sich dem Willen eines einzelnen Individuums (eines Diktators), oder der Zusammensetzung der Körperschaft sind Grenzen gesetzt, so daß die Interessen aller Mitglieder eine gewisse Kohärenz aufweisen", *Coleman* 1992, S. 98.
63 „Das Interesse der Körperschaft liegt in den Dienstleistungen oder anderen Ressourcen, die von der Person bereitgestellt werden, und das Interesse der Person liegt in der Gegenleistung der Körperschaft", *Coleman* 1992, S. 358.
64 Zusammenfassend *Coleman* 1992, S. 333.
65 *Michels* (1970 [1911], S. 366 ff.): „Es ist ein unabänderliches Sozialgesetz, daß in jedem durch Arbeitsteilung entstandenen Organ der Gesamtheit, sobald es sich konsolidiert hat, ein *Eigeninteresse*, ein Interesse an sich selbst und für sich selbst entsteht. Die Organisation ist die Mutter der Herrschaft der Gewählten über die Wähler, der Beauftragten über die Auftraggeber, der Delegierten über die Delegierenden. Wer Organisation sagt, sagt Oligarchie". zu ihm *Scott* 1986, S. 405 f. *Blau/Scott* 1966, S. 227 f.; *Teubner* 1978, S. 84 f.; *Selznick* 1994, S. 244 f.
66 *Coleman* 1986, S. 84; *Coleman* 1992, S. 138 u. 282.
67 *Scott* 1986, S. 93 ff.
68 *Coleman* 1992, S. 332 f.
69 *Coleman* 1992, S. 133.

kanalisiert werden.⁷⁰ (3.) können sich korporative Akteure leichter Informationen über Kunden beschaffen, so daß zwischen ihnen und diesen eine Informationsasymmetrie zu ihren Gunsten entsteht.⁷¹ Entsprechende Informationsprobleme ergeben sich auch gegenüber dem Staat, und das, obwohl doch die informierten Bürger den Staat kontrollieren sollen.⁷² Schließlich entstehen noch die bekannten Entfremdungsprobleme, weil die Personen, die in korporativen Akteuren arbeiten, nur partielle, arbeitsteilige Berührungspunkte haben, während traditionale Gesellschaften durch starke wechselseitige Abhängigkeiten und häufige und wiederholte Sozialkontakte mit denselben Personen geprägt sind. Diese Probleme verschärfen sich, wenn nicht natürliche Personen, sondern korporative Akteure die Mitglieder anderer korporativer Akteure sind.⁷³

Gegenüber diesen Gefahren müssen die individuellen Interessen, aus denen die korporativen Akteure hervorgegangen sind, wieder zur Geltung gebracht werden.⁷⁴ Staatliche Schutzmaßnahmen, die diesen Gefahren entgegenwirken sollen, haben zumeist ein Anwachsen der Macht eines korporativen Akteurs zur Folge, nämlich des Staates.⁷⁵ Als eine Möglichkeit, die diese Gefahren nicht herbeiführt, sieht Coleman die Rückverlagerung individueller Zurechnung und Verantwortlichkeit auf die Mitglieder korporativer Akteure unter Durchbrechung ihrer Rechtspersönlichkeit an.⁷⁶ Dabei ist entscheidend, daß die Organisationen so strukturiert sind, daß die (typisierten)⁷⁷ Interessen des Einzelnen nicht mit denen des korporativen Akteurs konfligieren.⁷⁸ Auch im Bereich der Informationsasymmetrien besteht Colemans Lösung darin, Informationskompetenzen wieder an den Bürger zurückzugeben, was im Bereich des Marktes Verbraucherschutz und im Bereich der Politik die Forderung nach Informationsgesetzen zur Folge hat.⁷⁹ Daneben bieten sich verschiedene Formen von Checks-and-Balances an. Institutionelle Kompensationsmöglichkeiten in Form von Mitentscheidungsrechten im kleineren Rahmen sieht er nicht vor. Es gibt für das Individuum prinzipiell zwei Möglichkeiten, gegenüber der Organisation seine Autonomie zurückzuerhalten: Die „Exit-Option" und das Stimm- bzw. Kontrollrecht.⁸⁰ Auch wenn in gewisser Hinsicht selbst der Staat als „korporativer Akteur" verstanden werden kann, unterscheiden sich die privaten von diesem doch durch eine prinzipiell einfachere „Exit-Option" der Mitglieder.⁸¹ Daraus folgt für Coleman der Grundsatz, daß das Gewicht des Stimmrechts des

---

70 Ebd.
71 *Coleman* 1986, S.146 f.
72 *Coleman* 1986, S. 149 ff., 160.
73 *Coleman* 1992, S. 58 ff.
74 *Colemen* 1992, S. 28: „Die Frage, die sich dann stellt, lautet einfach, wie die Ziele der Körperschaft so eingeschränkt werden können, daß sie die Interessen des rationalen Individuums als Nutznießer wie auch als Ziel der gemeinschaftlichen Handlung wahrnimmt"
75 *Coleman* 1986, S. 87.
76 *Coleman* 1986, S. 124, 126; zu weiteren Möglichkeiten vgl. auch *Coleman* 1992, S. 53 ff.
77 Der Käufer, der Wähler, der Bürokrat, vgl. *March/Olsen* 1984, S. 736.
78 *Coleman* 1986, S. 131.
79 *Coleman* 1986, S. 160.
80 „Hierzu gehören Wahlrechte, Petitionsrechte und Abberufungsrechte sowie das Recht auf Zugang zu bestimmten Informationen..." Sie beziehen sich auf öffentliche wie private korporative Akteure, *Coleman* 1992, S. 183. Austritt ist ein individuelles Kontrollrecht, Mitbestimmung ein kollektives, ibid., S. 442.
81 *Coleman* 1986, S. 92.

Einzelnen in der Organisation mit Anwachsen der Austrittskosten steigen muß.[82] Dieses Gesetz läßt sich auf private wie öffentliche Organisationen anwenden. Partizipation und demokratische Mitwirkungsrechte erscheinen dann als Kompensation für faktisch und ggf. auch rechtlich gegenüber privaten Vereinigungen erschwerte Austrittsoptionen.

Um das Problem der Oligarchisierung zu lösen, ist es in formalen Organisationen mit stark ausdifferenzierten Positionen wichtig, das Problem der Schnittstellen zwischen diesen Positionen zu bewältigen.[83] Dabei verwirft Coleman das Konzept der Identifikation der Einzelinteressen mit den gesamtkörperschaftlichen Interessen – offenbar weil er hier eine Überforderung des Einzelnen annimmt.[84] Er geht vielmehr von der Mandeville'schen Bienenfabel aus, der zufolge der Einzelne das Ganze um so mehr fördert, je mehr er nur seinen eigenen Interessen nachgeht.[85] Aufgabe der Organisationsleitung ist es, „existenzfähige" Positionen zu konfigurieren und sie mit entsprechenden Rechtspositionen auszustatten, die die Kompatibilität in der Verfolgung der Eigeninteressen ermöglichen. Diejenige „Regierungseinheit" ist dann die effizienteste, die nur so viele Akteure berücksichtigt, wie von der einschlägigen Tätigkeit direkt betroffen sind.[86] Mit dieser Betonung der Relevanz der Interessen unterscheidet sich Coleman wesentlich vom Weberschen Bürokratiemodell, das von einer Interessendivergenz zwischen Organisationsleitung und Organisationsmitglied ausgeht. – Insoweit ist er gerade auch für die Organisationsform „Körperschaft des öffentlichen Rechts" von Interesse. Auch hier kommt es bei aller Divergenz der Interessen der Führungsorgane und der Mitglieder gerade auf ihre Konvergenz an. Jedoch geht der „Synenergie-Effekt" der kombinierten Interessen nach Coleman nicht über eine vis a tergo für die Beteiligten hinaus und ist kein von ihnen intendiertes Ziel. Insofern bleibt er aber hinter *Hegels* Theorie der Korporation zurück. Positive Effekte für das Gemeinwohl, die sich nach Hegel in der „bürgerlichen Gesellschaft" als emergenter Effekt im Sinne der Bienenfabel einstellen, sollen in den Korporationen institutionalisiert werden. Schon *Fichte* hatte auf dieses Potential hingewiesen,[87] und bis heute gehört es zu den hervorstechenden Möglichkeiten, die eine Organisation in der Form der Körperschaft bietet.[88] Im Bereich der Kammern beruht die Möglichkeit der Erfüllung einer beschränkten Verwaltungsaufgabe auf der fachlichen Tätigkeit der Einzelnen, ihrem Sachverstand und ihren Interessen.

Neben diesem auf die Wahrnehmung von Interessen bezogenen Vorschlag zur Rückgewinnung individueller Autonomie macht Coleman noch einen institutionellen, der hier besonders interessieren muß: Oligarchisierungstendenzen können

---

82 *Coleman* 1992, S. 177, mit der Konsequenz, daß „die innere Demokratie zwischen den Aktionären eines Unternehmens für die Kontrolle der Aktionäre über das Unternehmen weniger wichtig [ist], als die innere Demokratie einer Gewerkschaft für die Kontrolle der Mitglieder über die Gewerkschaft ist [weil hier die Exit-kosten höher sind, S.K.]; und diese wiederum ist weniger wichtig als die innere Demokratie in einem Nationalstaat für die Kontrolle der Bürger über den Staat".
83 *Coleman* 1992, S. 158.
84 *Coleman* 1992, S. 161.
85 Die Bienenfabel ist abgedruckt bei *Rohbeck* 1991, S. 116 ff.; zu ihr auch *Busche* 2001, S. 338 ff.
86 *Coleman* 1992, S. 163.
87 Grundlage des Naturrechts § 17 (1960, S. 203), vgl. schon oben C IV 1.
88 Darauf weist auch *Geis* (2001, S. 68) zu Recht hin.

auch durch den Einbau weiterer, selbständiger Organisationen in Organisationen gemildert werden: „Eine Organisation kann Oligarchie zur Folge haben, doch das Gegenmittel zur Oligarchie ist eine Organisation innerhalb der Organisation, wodurch eine effektive Opposition gegen diese Führer begründet werden kann".[89] In einem solchen aufgefächerten System von Checks-and-Balances gerade auch öffentlicher Organisationen könnte eine wichtige Funktion der Körperschaften des öffentlichen Rechts liegen, die dadurch im Interesse der Bürgernähe[90] die über Hierarchie stark integrierte unmittelbare Staatsverwaltung auflockern, ohne aus der grundsätzlichen demokratischen Legitimation entlassen zu werden.

b. Bedeutung des Ansatzes für eine Theorie der Körperschaft des öffentlichen Rechts

Aus den hier skizzierten Argumenten der Rational Choice-Theorie läßt sich die Körperschaft des öffentlichen Rechts nicht rekonstruieren. Dazu ist ihr Interesse nicht nur zu allgemein, sondern auch zu sehr auf private Organisationsformen ausgerichtet.[91] Selbst wenn man annimmt, auch öffentliches Handeln diene letztlich dem Einzelnen, so geschieht diese Befriedigung in Formen der öffentlichen Verwaltung häufig nur sehr mittelbar. Es finden sich bei Coleman aber Aussagen, die Elemente diese Organisationsform rechtfertigen können. Dabei ist er für eine juristische Organisationstheorie generell deshalb besonders interessant, weil er die korporativen Akteure als juristische Personen auffaßt und über weite Strecken auf rechtliche Konstruktionen Bezug nimmt.

Ein erster Punkt betrifft die Rechtfertigung von Selbstverwaltung überhaupt und nicht nur der körperschaftlichen. In dieser wie in der anstaltlichen Selbstverwaltung findet eine Verselbständigung von Aufgaben auf einen zumeist rechtsfähigen Verwaltungsträger statt. Diese Aufgaben nimmt er in einer mehr oder weniger stark ausgeprägten Eigenverantwortung wahr. Damit wird in *Colemans* Sinn eine Organisation innerhalb der Organisation „öffentliche Verwaltung" geschaffen, die die Tendenz zur Oligarchisierung, die in einem streng zentralistischen System besteht, durchbricht.

Bei der Körperschaft tritt noch ihre Binnenverfassung hinzu. Denn gerade die Körperschaft des öffentlichen Rechts dient in ihrer Zielsetzung besonders im Bereich der Kammern[92] auch der Vertretung der Interessen ihrer Mitglieder und nicht nur der öffentlichen Aufgabe ihrer Ordnung. Mag es über das Maß, in dem sie dies zu vertreten hat, noch Streit geben, so gehört ein zweiter Aspekt zu ihren notwendigen Momenten, nämlich daß die Mitglieder in die Willensbildung ihrer Organe

---

89 *Coleman* 1992, S. 51. Auf diese Gefahr bei Verbänden hat *Teubner* 1978, S. 84, mit zahlreichen Belegen hingewiesen.
90 Hier lohnt es sich hervorzuheben, daß gerade die Selbstverwaltung dem europäischen Ziel der Bürgernähe (Art. 1 II EUV) dient, *Stober* 2001, S. 402.
91 Allerdings wird deutlich, daß der Gegensatz zwischen Organisation und Individuum, der im öffentlichen Recht zahlreiche Fragen aufwirft, auch bei privaten Organisationen problematisch ist und so auf gemeinsame Grundstrukturen verweist, vgl. auch *Schuppert* 1981, S. 84.
92 *Tettinger* 1997, S. 45 ff.; *Fröhler/Oberndörfer* 1974; *Wolff/Bachof/Stober* 1987 § 84 Rn. 7; kritisch etwa *Emde* 1991, S. 92 ff., 103 f.

einbezogen werden. Hierdurch wird zur Rechtskontrolle als Überprüfung der allgemeinen demokratisch-gesetzlichen Vorgaben noch eine interne Kontrolle durch diejenigen hinzugefügt, die in besonderer, nämlich gegenüber den übrigen gesetzesunterworfenen Bürgern herausgehobener Stellung spezifische Verpflichtungen gegenüber der Körperschaft haben. Die Kontrolle des Bürgermeisters durch den Rat einerseits und dessen Widerspruchsrecht gegenüber rechtswidrigen Gemeinderatsbeschlüssen als Formen der internen Kontrolle werden so gerechtfertigt. Hierin könnte man im Sinne der Rational Choice Theorie eine Rückübertragung von Kontrollrechten sehen.

Gerechtfertigt wären Körperschaften des öffentlichen Rechts danach, weil sie zusätzlich zu der gesamtstaatlich vermittelten demokratischen Legitimation ihrer Strukturen für die Mitglieder eine zusätzliche autonome Legitimation ermöglichen, die Machtasymmetrien in der Organisation kompensieren kann. Durch die Vermeidung von Oligarchisierung könnten sie somit zur Erfüllung bestimmter öffentlicher Aufgaben besser geeignet sein als die unmittelbare Staatsverwaltung. Die freiheitssichernde Funktion der Verselbständigung von Verwaltungseinheiten zur eigenverantwortlichen Wahrnehmung öffentlicher Aufgaben ist daher seit längerem in der verwaltungswissenschaftlichen Diskussion anerkannt.[93]

Wenn es schließlich zutrifft, daß politische Gemeinschaften wesentlich stärker durch die Beziehungen zwischen natürlichen Personen als durch die zwischen korporativen Akteuren zusammengehalten werden, dann bildet das Netz der mitgliedschaftsgeprägten Körperschaften des öffentlichen Rechts in den verschiedensten Bereichen einen Zusammenhang partiell stärker integrierter Gemeinschaften als Grundlage des Staates. Da sie auch staatliche Funktionen übernehmen, ist seine eigene Kohärenz durch diese Verstärkung des personalen Elements verbessert.

c. *Kritik am Rational Choice-Ansatz*

Die Rationalitätsannahmen der Rational Choice-Theorie sind von modernen Ansätzen als Mythen kritisiert worden.[94] Danach ist Rationalität deshalb funktional für die Organisationen, weil sie ihr Legitimation verschafft, nicht weil die Organisation tatsächlich rational verfährt. Andere, wie etwa *Herbert Simon*, haben betont, daß es gerade ihre begrenzte Rationalität („bounded rationality") ist, die Individuen die Entscheidung für Organisationen nahelegt:[95] die Unvollständigkeit des Wissens, die Schwierigkeit der Bewertung zukünftiger Ereignisse und die begrenzte Auswahl von Entscheidungsalternativen.

---

93 *Berg* 1985, S. 2299; *Maurer* 2006, § 23 Rn. 50.
94 *Meyer/Rowan* 1977, S. 340: „Many formal organizational structures arise as reflexions of rationalized institutional rules. Institutional rules function as myths which organizations incorporate, gaining legitimacy, resources, stability, and enhanced survival prospects". Eingehend auch *Zey* 1998, S. 87 ff; vgl. auch *Türk* 1992, Sp. 1640; *Etzioni* 1975, S. 285 f.
95 Vgl. dazu *Bendor* 2003, S. 435 f.; *Scott* 1986, S. 114 f.; *Perrow* 1986, S. 120 f.; *Berger/Bernhard-Mehlich* 2001, S. 140 f.; zustimmend auch für das Verwaltungshandeln: *Schuppert* 2000, S. 765 f.; *Becker* 1989, S. 71 ff.

Rational Choice-Ansätze, wie sie hier am Beispiel von *Coleman* vorgestellt wurden,[96] tendieren dazu, gegenüber den Individuen verselbständigte Akteure als Gefahr anzusehen und als Lösung nur deren Rückführung auf Individuen vorzuschlagen.[97] „Für jede aus der Rational Choice-Theorie zu entwickelnde Organisationstheorie stellt sich daher die doppelte Frage nach der Möglichkeit, wie soziale Gebilde in einer individualistischen Theorie konzipiert werden können, und nach der Übertragbarkeit des individuell rationalen Handlungsmodells auf die Ebene sozialer Gebilde".[98] Die Interessenaggregation bleibt aber letztlich unklar, weil nur die Einzelnen – als Agenten der korporativen Akteure – Interessen haben, nicht aber die Organisation selbst.[99]

Coleman übersieht auch, daß es bei öffentlichen Organisationen kein Mangel ist, daß sie sich nicht auf die Interessen ihrer Mitglieder zurückrechnen lassen; vielmehr ist es typisch für sie, daß sie im öffentlichen Interesse errichtet werden. Überhaupt bleiben bei ihm, obwohl er wiederholt auf sie zurückkommt, die öffentlichen Organisationen unterbelichtet.[100]

In der Theorie Colemans werden die natürlichen Gegebenheiten Individuum und Gemeinschaft durch die menschlichen Konstrukte der korporativen Akteure „verdrängt" – wobei ihr „Naturzustand" weiterhin als Ideal bestehen bleibt.[101] Beide sind jedoch gesellschaftliche Konstrukte,[102] jedenfalls in der rechtlich relevanten Form als Rechtssubjekte. Für diese kann aber nur ein idealer gesellschaftlicher, nicht ein natürlicher Zustand das Ziel sein. Organisationen sind daher auch nicht nur Beschränkungen der menschlichen Freiheit, sondern deren Voraussetzungen, aber auch Ausdruck ihrer Ausübung: Freiheit realisiert sich unter den Bedingungen der Moderne in Organisationen.[103] Nicht anders als die rechtliche Konstruktion der Person, die erforderlich ist, damit der Mensch im Rechtssystem Rechte geltend machen kann, setzen schon die von Coleman als grundlegend angesehenen Tauschbeziehungen eine rechtliche Rahmenordnung voraus, die von ihm aber nicht thematisiert wird.[104]

Eine Theorie des Verwaltungsorganisationsrechts muß jedoch Colemans berechtigten Bedenken Rechnung tragen. Sie muß daher mit wesentlichen Elementen der

---

96 Neben diesem handlungstheoretischen Ansatz könnten noch der herrschaftstheoretische Ansatz Max Webers (dazu unten mehr) oder ein sozialtechnologisches Modell angeführt werden, *Türk* 1992, Sp. 1640.
97 „Körperschaften besitzen nur insofern ein Daseinsrecht, als sie die Ziele natürlicher Personen fördern", *Coleman* 1992, S. 271 f.; zum individualistischen Ansatz von Rational Choice-Theorien vgl. ausführlich *van Aaken* 2003, S. 55 f.
98 *Kappelhoff* 1997, S. 247.
99 *Scott* 1986, S. 354.
100 Das ist besonders evident, wenn er die Nationalstaaten zwar als korporativen Akteure betrachtet, diese aber von den übrigen durch die Totalinklusion der Person meint unterscheiden zu können: „Die Elemente, aus denen sie sich zusammensetzen, sind Personen, nicht Positionen. Sie übernehmen Verantwortung für die Person als ganze und erheben einen Herrschaftsanspruch über die Person als Ganze", *Coleman* 1992, S. 440 f. Wie steht es dann aber mit verselbständigten Verwaltungseinheiten: Sind die Gemeinden mit ihrer lokalen Universalzuständigkeit korporative Akteure mit staatlicher Struktur und die Fischereigenossenschaften solche der übrigen Art? Was aber soll bei einem modernen, weltanschaulich neutralen Staat Totalinklusion der Person bedeuten? Vgl. dazu eingehend *Luhmann* 1991, S. 166 ff.
101 *Coleman* 1992, S. 298 f.; kritisch dazu auch *Habermas* 1994, S. 405.
102 *Berger/Luckman* 2001, S. 124 ff.
103 Das gilt gerade auch für öffentliche Organisationen, *Wengert* 1942, S. 314: Es geht deshalb nicht um die Angewiesenheit des Einzelnen auf Organisationen, sondern um eine diesem Umstand Rechnung tragende angemessene Partizipation an ihr.
104 *Kappelhoff* 1997, S. 233 f.

Theorie der rationalen Organisation arbeiten. Der Rechtsstaat verlangt nach einer Rechtfertigung belastender Organisation, nach möglichst klaren Kompetenzabgrenzungen, das Demokratieprinzip nach Legitimation durch das Staatsvolk und nicht persönlich motivierter Herrschaftsausübung; die Grundrechte fordern klare und möglichst allgemeine Entscheidungsregeln für Eingriffe in die persönliche Freiheit. Der Einwand gegen die Theorie rationaler Systeme, daß Organisationshandeln seiner Rechtfertigung häufig vorangehe,[105] darf in juristischer Perspektive jedenfalls nicht so verstanden werden, daß dieses Handeln nicht bereits vor einem Eingriff zu rechtfertigen ist. Dazu bedarf es aber klarer Ziele.[106] Zugleich muß beachtet werden, daß die Grundrechte öffentlichen Organisationen Vorgaben machen, die eine an persönlichen Rechtspositionen orientierte Ausgestaltung dieser Organisationen erfordern. Individuum und Organisation müssen also in öffentlichen Organisationen anders vermittelt werden, als dies in gesellschaftlichen Organisationen geschehen mag. Dies ist auch in die Theoriekonzeption einzustellen. Sie kann die Einwände eines überzeichneten Individualismus berücksichtigen, muß aber für das Individuum einen im Sinne moderner Verfassungen adäquaten Platz bereithalten. Akzeptiert sie die Idee einer begrenzten Reichweite der Zielvorgaben und der Limitierung der hierauf gestützten Organisationsrationalität, wird zugleich die Aufmerksamkeit auf Differenzierung der Organisationsprozesse gerichtet, die diesem Mangel gegensteuern sollen.[107] Auch hier deutet sich schon eine besondere Leistung der Körperschaft des öffentlichen Rechts an, die nicht nur diese Rationalitätsdefizite durch die Inkorporierung von Sachverstand in die Entscheidungsstrukturen, sondern auch die mit der begrenzten Reichweite der Zielvorgaben verbundenen Legitimationsdefizite durch den Ausbau der Partizipationsmöglichkeiten der Betroffenen kompensiert.

d. Rationalistische Ansätze in der Theorie der öffentlichen Verwaltungsorganisationen

Rationalistische Ansätze bildeten lange Zeit die dominierenden Theorien zur Erforschung öffentlicher Verwaltungen und erfreuen sich auch gegenwärtig noch einer gewissen Prominenz, insofern sie ihren formalen „Kern" besonders plausibel analysieren. Grundlage des Ansatzes ist ein szientistisches Wissenschaftsmodell,[108] das Verwaltungen aufgrund von Beobachtungen des tatsächlichen Verhaltens nach

---

105 *Scott* 1986, S. 349.
106 Der Unterschied wird in einem Zitat von *Cohen, March* und *Olsen* deutlich: „Organisationen [sind] eine komprimierte Sammlung von Entscheidungen, die nach Problemen Ausschau halten, von Standpunkten und Meinungen, die nach Entscheidungssituationen suchen, in die sie eingehen können, von Lösungen, die nach Fragen suchen, auf die sie die Antwort sein können, und von Entscheidungsträgern, die nach Arbeit suchen". (zit. nach *Scott* 1986, S. 362, vgl. *March/Olsen* 1984, S. 740 u. 743) Ergibt sich diese Überlegung aus dem Gedanken, daß Organisationen Selbsterhaltung vor Zielerreichung geht und zieht man die Beispiele, die Cohen, Olsen und March anführen, in Betracht, kann man dieser Theorie eine Folgerichtigkeit nicht bestreiten. Rechtliche Steuerung setzt jedoch darauf, daß die Organisationsentscheidungen im voraus zu determinieren oder doch zu beeinflussen sind, und es stellt sich juristisch dann vor allem die Frage, wie man rechtliche Regelungen so ausgestalten kann, daß sie dieser Tendenz von Organisationen bestmöglich begegnen. Insbesondere die Notwendigkeit demokratischer Legitimation von öffentlichen Organisationen läßt eine derartige Verselbständigung nicht zu.
107 *Luhmann* 1966, S. 51.
108 *Simon* 1955, S. 160.

objektiven Gesetzen wertfrei beurteilen will und das Verhalten der Organisation und des Einzelnen in ihr nach Kausalitäten erforscht. Dabei wird die öffentliche Organisation in Analogie zur privaten gesehen.[109] Hier wie dort ist eine eng wirtschaftlich verstandene Effizienz das Beurteilungskriterium[110] der primär untersuchten technischen Abläufe.

Für die Theorie der öffentlichen Verwaltung ist *Herbert A. Simon* ein prominenter Vertreter.[111] Auch er geht vom rational handelnden menschlichen Individuum aus, dessen organisationale Rahmenbedingungen für optimales Entscheiden untersucht werden, betont jedoch stärker das Verhalten als die rationale Entscheidung.[112] Für Simon stellen sich Organisationen generell als Mittel dar, die beschränkte Rationalität des Einzelmenschen durch die Strukturierung und Koordinierung der Entscheidungsprozesse zu verbessern.[113] Der Mensch tauscht jedoch seine Autonomie gegen die organisationsvermittelten Rationalitätsgewinne als „Organisations-Persönlichkeit" („administrative man").[114] Insofern haben Organisationen einen deutlich positiveren Wert auch für den rationalen Nutzenmaximierer als im Modell von Coleman. Allerdings sind es auch hier sehr begrenzte Ziele und eine sehr begrenzte Rationalität,[115] die den Einzelnen veranlassen, Organisationen beizutreten: Soziale Werte gehören nicht dazu und politische Partizipation bleibt ausgeklammert.[116] Die Rationalität der Organisation wird von ihrer (monokratischen) Leitung bestimmt und hierarchisch nach unten vermittelt. Einer solchen Fremdbestimmung setzt sich der Einzelne nur aus, wenn die Vorteile, die er davon hat, größer sind als die Nachteile. Entsprechende Anreizstrukturen müssen also geschaffen werden. Diese bestehen in der erwähnten entlastenden Funktion und schließlich in der Stabilisierung dieser Entscheidungen. Organisationen sind Entscheidungsmaschinen, die durch Informationsgewinnung, durch Ausbildung von Alternativen und durch Wahl unter ihnen zu rationalen Ergebnissen kommen.[117]

---

109   *Denhardt* 2000, S. 72 ff.
110   Klassisch *Herbert A. Simon* (1955, S. 27): „Die Verwaltungstheorie befaßt sich damit, wie eine Organisation aufgebaut sein soll und wie ihre Arbeitsweise sein muß, damit die Arbeit nach der Maxime der Leistungsstärke erledigt werden kann [accomplish its work efficiently]". Vgl. dazu auch *van Aaken* 2003, S. 288 ff.; *Davis* 1996, S. 32 f.; zu engen ökonomischen Effizienzbegriffen auch *Schmidt-Aßmann* 1998a, S. 246 f. *van Aaken* 2003, S. 325 ff.; *Burgi* 2003, S. 436 ff.; zur Verwendung im Verwaltungsverfahrensrecht *v. Mutius* 1982, S. 2151.
111   Vgl. zu Herbert Alexander Simon: *Larkey* 2002, S. 239 ff.; *Jones* 2002, S. 269 ff.; *Bendor* 2003, S. 433 ff. (zur Organisationstheorie, S. 449 f.); *Augier, Mie/Feigenbaum, Edward* 2002, S. 194 ff; *Davis* 1996, S. 31 ff.; *Harmon/Mayer* 1986, S. 134 ff.; *Denhardt* 2000, S. 77 ff.; *Scott* 1987, S. 111 ff.
112   Da auch Simon einen dezidiert individualistischen Ansatz verfolgt, obwohl er dabei Engführungen klassischer Rational Choice-Ansätze vermeidet, wird er nicht bei institutionalistischen Theorien eingeordnet, obwohl er zu diesen in ihrer rationalistischen Variante (im Gegensatz zu ihrer kulturalistischen, die unten dargestellt wird) wesentliche Grundlagen geliefert hat, vgl. Maurer/Schmid 2002, S. 19 f.; Voss 2002, S. 183 f.; *Davis* 1996, S. 40.
113   *Simon* 1955, S. 56 f.; *Jones* 2002, S. 276.
114   *Simon* 1955, S. 131.
115   *Simon* 1955, S. 156: „Die Rationalität der Stenotypistin betätigt sich bei der Übertragung eines Stenogramms, gleichgültig welchen Inhalts, in ein maschinenschriftliches Manuskript. Die Rationalität ihres Vorgesetzten bestimmt den Inhalt des Schriftstücks...". Zum Konzept von limitierter Rationalität auch *Bendor* 2003, S. 435 f.
116   *Denhardt* 2000, S. 79.
117   *Simon* 1955, S. 142 f.; *Denhardt* 2000, S. 82.

Gegenwärtig wird immer heftiger kritisiert, daß die Klarheit der Analysen *Simons* durch eine reduktionistische Blickverengung erkauft ist.[118] Wenn Organisationen Entscheidungsprozessen dienen, diese aber nicht mehr aufgrund legislativ oder gubernativ klar vorgefaßter Ziele erfolgen, sondern selbst prozeduralisiert und nur noch vage vorstrukturiert werden, muß auch die Organisation der Verwaltung Strukturen bereithalten, die Rationalität erzeugen können, wenn sie nicht vorgegeben ist. Nachfolgende Theorien (etwa: *Charles E. Lindblom*: „The Science of Muddling Through")[119] berücksichtigen dies und versuchen Strategien der Erreichung von Mindeststandards der Rationalität auch angesichts dieser Probleme aufrechtzuerhalten.[120] Hierher gehören „inkrementelle" Ansätze, die auf eine Zerlegung komplexer Entscheidungsprozesse in seine Bestandteile dringen, um auf diese Weise leicht und rational zu entscheidende Elemente von komplexeren absondern und entscheidbar machen zu können.[121] Das Problem offener Zielvorgaben besteht aber bekanntlich auch in größeren Spielräumen für Ermessens- und somit auch für echte Wertentscheidungen. Sind aber die Entscheidungskriterien offener, verlagert sich auch die Verantwortung für die Entscheidung stärker nicht nur an die Spitze der Organisation – das würde mit Simons Zweck-Mittel-Rationalität noch erklärbar sein – sondern an verschiedene Stellen der Organisation. Wertungsfragen, Organisationsdemokratie und Partizipation sind aber in Simons Modell ausgeklammert.[122] In überkommenen Kategorien könnte man von einer anstaltlichen Sichtweise sprechen, die zugrundegelegt gelegt wird, indem die Organisation als ein Instrument extern vorgegebener Ziele angesehen wird.[123] An dem Modell wird daher die Ausblendung der für die moderne Verwaltung so wesentlichen Aspekte der sozialen Gerechtigkeit, der Gleichheit, der bürgerschaftlichen Partizipation kritisiert. Auch das unterkomplexe Rationalitätsmodell von Zweck-Mittel-Relationen wird den final gesteuerten Entscheidungsprozessen der Verwaltung und ihren komplexen Abwägungsprozessen nicht mehr gerecht.[124]

---

118 *Denhardt* 2000, S. 75 f.: „... how should the study of administration evaluate the German prison camps of World War II, most of which were apparently highly efficient?"; *Davis* 1996, S. 36 f.
119 *Lindblom* 1959, S. 79 ff.; Gegenreaktionen auf rationalistische Modelle waren einerseits kontingenztheoretische Ansätze, die auf Organisationen hinweisen, in denen der Organisationsführung sehr komplexe Ziele vorgegeben sind, wenig Klarheit über die Mittel besteht, diese zu erreichen und die daher keinen durchstrukturierten Entscheidungsverfahren folgen können, sondern vielmehr versuchen, über Verhandlungstaktiken, Manövrieren und eher intuitive Entscheidungen zum Erfolg zu gelangen. Eine Zuspitzung hat diese Richtung im „Garbage Can Modell" gefunden. Dieses will zeigen, daß Probleme nicht dadurch gelöst werden, daß rationale Verfahren durchlaufen werden, um zu Entscheidungen zu kommen, sondern umgekehrt Entscheidungen getroffen werden, wenn Entscheidungsmöglichkeiten auftauchen (vgl. bereits oben Fußn. 108) *March/Olsen* (1989, S. 12 ff.) testen dieses Modell im politischen und *Olsen* (2001, S. 191 ff.) im europolitischen Bereich. Auf die Ursprünge des Modells bei Karl Popper weist Etzioni (1975, S. 290) hin.
120 *Simon* 1955, S. 83 f.
121 *Rainey* 2003, S. 164 f.; *Lindblom* 1959, S. 81 ff.; *Etzioni* 1975, S. 290 f., der das Modell in demokratietheoretischer Hinsicht kritisiert, weil es keinen konsequenten Wertbezug, keinen längerfristigen Interessenausgleich und keine demokratische Steuerung ermögliche und daher sowohl deskriptiv als auch normativ unzureichend sei (S. 294 f.). Er versucht daher ein konventionelles System von höherrangigen fundamentalen und nachgeordneten, inkrementellen Entscheidungen einzuführen (Zweiphasenmodell, S. 308 f.).
122 *Davis* 1996, S. 41.
123 *Davis* 1996, S. 42.
124 *Luhmann* 1999, S. 99 ff.; *ders.* 2000, S. 26 ff.

e. Public Choice-Ansätze und New Public Management (NPM)

Ebenfalls auf der Basis eines methodischen Individualismus haben seit den siebziger Jahren Public Choice-Theorien diese Ansätze weiterentwickelt.[125] Auch bei öffentlichen Organisationen sollte der individuelle Nutzenmaximierer im Zentrum stehen: Politiker streben solche Ziele an, mit denen sie Bürgerinteressen befriedigen, um auf diese Weise ihre Stimmen zu „kaufen"; öffentliche Verwaltungen streben nach immer größeren Budget;[126] Verwaltungsbeamte nach höherem Verdienst und sind daher durch finanzielle Anreize über Leistungslöhne zu steuern.[127] Hinzugetreten ist nun aber die Theorie der „öffentlichen Güter" („public goods").[128] Diese unterscheiden sich von privaten Gütern unter anderem dadurch, daß sie nicht teilbar sind: Volksgesundheit nutzt allen und unterscheidet sich von der Gesundheit der Einzelnen; Bildungsstandards, die öffentliche Sicherheit[129] etc. gehören hierher. Verwaltungseinheiten dienen der Bereitstellung dieser öffentlichen Güter. Ferner wird die Bedeutung von dezentralen Entscheidungsstrukturen („democratic administration") für sachgerechtes Verwaltungshandeln in bezug auf die Verteilung öffentlicher Güter betont.[130]

In der Programmschrift des New Public Management („Reinventing Government") haben *Osborne* und *Gaebler* 1992 auf dieser Basis[131] zehn Punkte der modernisierten Verwaltung festgehalten: 1. katalytisches Verwalten: „Lieber Steuern als Rudern", was bedeuten soll, daß es vorzugswürdig sei, neue Möglichkeiten zu definieren, als überkommene auszuführen;[132] 2. ermöglichende oder aktivierende Verwaltung statt vorschreibender oder dienender;[133] 3. Schaffung von Wettbewerbsstrukturen bei der Erbringung öffentlicher Leistungen zwischen der öffentlichen Verwaltung und anderen Anbietern;[134] 4. unternehmerische Aufgabenorientierung statt Regelbefolgung;[135] 5. Ergebnis-[136] und 6. „Dienstleistungs-" bzw. „Kunden"-Orientierung;[137] 7. alternative, auch Profit nicht ausschließende

---

125 Zu den Prämissen vgl. etwa *Budäus* 1998a, S. 110 ff.; differenzierend *Wallerath* 1997, S. 16 f.; *Rehbinder* (2003, S. 209) betont die Wurzeln im „Managerialism" und dem Konzept des „Lean Management".
126 Vgl. dazu *Rainey* 2003, S. 160 ff.
127 Kritisch *Mastronardi* 1998, S. 108 f.
128 Zu Kollektivgütern auch *Anderheiden* 2002, S. 402 f. m.w.N.; *ders.* 2006, S. 60 ff.; *Mastronardi* 1998, S. 92 f. zu öffentlichen Gütern und New Public Management.
129 Vgl. *Brugger* 2004, S. (im Erscheinen)
130 *Denhardt* 2000, S. 140 ff.; *Rehbinder* 2003, S. 210 f.
131 Über den Zusammenhang von Public Choice-Ansätzen und der Bewegung des New Public Management *Kamensky* 1996, S. 250 f., der außerdem auf die Einflüsse der „principal-agent theory", aus der die Idee von Zielvereinbarungen zwischen dem ministerialen Prinzipal und Behördenleitern oder den Leitungsorganen von verselbständigten Verwaltungseinheiten hervorgegangen ist, und der Transaktionskosten-Analyse – Effizienz- und Gewinnsteigerung durch Verringerung der Transaktionskosten (insbes. Unsicherheit) – hinweist; vgl. auch *Mastronardi* 1998, S. 55 f.; *Schedler/Proeller* 2003, S. 24 f. Unterstützung erfährt die Public Choice-Theorie auch durch spieltheoretische Perspektiven (*Noll/Ebert* 1998, S. 61 ff. bes. 75 f.).
132 *Osborne/Gaebler* 1997, S. 33 f.; vgl. auch die Übersicht von *Kamensky* 1996, S. 250.
133 *Osborne/Gaebler* 1997, S. 51 ff.
134 *Osborne/Gaebler* 1997, S. 71 ff.
135 *Osborne/Gaebler* 1997, S. 95 ff.
136 Vgl. auch *Mastronardi* 1998, S. 98 ff.
137 *Osborne/Gaebler* 1997, S. 119 ff. u. 141 ff.; *Schedler/Proeller* 2003, S. 51 f.

Verwaltungsfinanzierung;[138] 8. präventives Verwalten statt repressivem; 9. dezentralisierte Verwaltung, bei der es eine Vielzahl von Entscheidungseinheiten oft mit kollegialer Struktur gibt anstatt hierarchischer[139] und schließlich 10. marktorientierte Verwaltung.[140] Das zugrundeliegende Staatsmodell ist der die Aufgabenbreite, sowie die Leistungstiefe reduzierende und durch die Bürgeraktivierung kompensierende Gewährleistungsstaat.[141] Nachdem in den USA (Administrationen von Carter,[142] Reagan und in der National Performance Review Clintons[143]) und besonders in Neuseeland derartige Gedankengänge schon zur Deregulierung und zur Reorganisation im Dienste der Effizienzsteigerung nutzbar gemacht wurden, ist dieses Programm in der deutschen Diskussion die Grundlage des „Neuen Steuerungsmodells" geworden.[144] Es ist ziemlich offensichtlich, daß hier abermals ökonomische Vorstellungen der Produktorientierung, der Effizienz, der Markt- und insbesondere Wettbewerbsorientierung in die Verwaltungsorganisation eingeführt werden.[145] Private und öffentliche Organisationen sind in diesem Modell prinzipiell gleich strukturiert.[146] Diese effiziente Aufgabenerledigung soll selbst legitimationsstiftend sein.[147] Während das demokratische Legitimationssubjekt das ganze Staatsvolk sei, fungiere bei der kundenvermittelten Legitimation der individuelle Bürger als Legitimationssubjekt und seine Leistungswahrnehmung als Legitimationsmodus.[148] Der Bürger wird zum Kunden, zum privaten Nutzenmaximierer.[149] Dabei wird durchaus gesehen, daß in der öffentlichen Verwaltung zwischen dem Gesetzgeber als „Auftraggeber" und dem Kunden als Leistungsbezieher zu

---

138 *Osborne/Gaebler* 1997, S. 163 ff.
139 *Osborne/Gaebler* 1997, S. 205 ff.; zum Begriff *Groß* 1999, S. 45 f.; *Schedler/Proeller* 2003, S. 79 f.
140 *Osborne/Gaebler* 1997, S. 227 ff.; dabei wird durchaus berücksichtigt, daß sich nicht alle Leistungen der öffentlichen Verwaltungen marktmäßig erbringen lassen. Um aber hier den Wettbewerbsgedanken zur Effektuierung der Verwaltung ins Spiel bringen zu können, werden analoge Mechanismen installiert, *Schedler/Proeller* 2003, S. 19 f., 72 f. u. 163 ff.: Leistungsvergleiche, Preiswettbewerbe, ggf. interne Ausschreibung von Leistungen. – Diese Prinzipien werden auch unter dem Stichwort „Neue öffentliche Verwaltung" diskutiert, *Wolff/Bachof/Stober* 1999, Rn. 31.
141 *Schedler/Proeller* 2003, S. 33 f.
142 Vgl. den Civil Service Reform Act aus dem Jahre 1978, *Rainey* 2003, S. 12
143 *Kamensky* 1996, S. 250 f.; *Rainey* 2003, S. 6 f. u. 14, der infolge des 11. September in der Bush-Administration aber Gegentrends beobachtet, die sich insbesondere in der Errichtung des Departement of Homeland Security äußert.
144 Vgl. hierzu etwa den Sammelband von *Damkowski/Precht* 1998 und die Monographie *Damkowski/Precht* 1995; *Schneider* 2001, S. 103 ff.; Literaturübersicht bei *Wolff/Bachof/Stober-Kluth* 2004, § 80 Rn. 288; zum philosophischen Hintergrund: *Wallerath* 1997, S. 1 ff.; zu den bisher zentralen haushaltsrechtlichen Aspekten *Kube* 2002, S. 507 ff.; zum Verhältnis des Modells zu gleichzeitigen Bestrebungen einer Anregung bürgerschaftlichen Engagements: *Klie/Meysen* 1998, S. 452 ff.; *Reichard* 2002, S. 63 ff.; *König* 1995, S. 349 ff.; kritisch etwa *Pensky* 1999, S. 85 ff.
145 *Schäfer* 1999, S. 1101 f.; *König* 1997, S. 239 ff., wobei es um Quasi-Märkte und virtuellen Wettbewerb geht (a. a. O., S. 244 f.).
146 *Budäus* 1998, S. 1 ff.
147 *Mastronardi* 1998, S. 91 u. 94: „Die Kundschaft soll der Verwaltung eine ‚betriebliche' Legitimation vermitteln, welche die demokratisch abgestützte politische Legitimation ergänzt: Neben die Gerechtigkeitsforderung (Bürger) soll die Nutzensicht (Kunden) treten".
148 *Schedler/Proeller* 2003, S. 11.
149 *John Boston*; der im Zusammenhang mit dem Großversuch dieser Theorie in der Neuseeländischen Verwaltung schreibt: „The central tenet of the public choice approach is that all human behavior is dominated by self-interest", zit. nach *Kamensky* 1996, S. 251.

unterscheiden ist und daß Kunden häufig keine Alternativen haben.[150] Die Kundenzufriedenheit wird im Wesentlichen durch Befragungen festgestellt. Der Kritik an ineffektiver Aufgabenerledigung durch bürokratische öffentliche Verwaltungen entsprungen,[151] geht es ihr um Transparenz und Effizienz dieser Verwaltungen. Der Kunde soll wissen, was er kauft.

Das Konzept schließt, wie das Programm der Kommunalen Gemeinschaftsstelle zeigt, die vollziehende Organisation jedenfalls der Gebietskörperschaften mit ein,[152] muß dafür jedoch ergänzt werden.[153] Daneben wird es auch auf die anstaltliche Seite der Hochschulen und im Sinne einer dezentralen Ressourcenverantwortung auch bei den Sozialversicherungsträgern[154] angewandt. Hierfür werden zahlreiche Aspekte der Bürokratiekritik (s. u., S. 305) aufgegriffen und in innovative Lösungen transformiert. Das ist hier im Einzelnen nicht zu erörtern. Beispielhaft sind nur einige Aspekte zu nennen: Während Selbstverwaltung das Problem offener Aufgabenformulierung durch eine autonom legitimierte Entscheidungsstruktur bewältigen soll, geht das NPM auch bei öffentlichen Verwaltungen von klaren Zielvorgaben aus bzw. versucht, sie über Zielvorgaben herzustellen.[155] Das eingeräumte Maß an Autonomie bleibt aufgrund starker Controlling-Mechanismen regelmäßig unter dem, das Selbstverwaltungsträgern eingeräumt wird bzw. ist ohnehin von diesem abgeleitet.[156] Es fällt daher auf, daß sich im Rahmen der Diskussion um das NPM bzw. das Neue Steuerungsmodell kaum Aussagen zur Selbstverwaltung finden. Allenfalls wird etwa die wirtschaftliche Selbstverwaltung pauschal dem Staat zugeschlagen und unter den Stichworten Deregulierung, Entstaatlichung, Entbürokratisierung und Entkammerung etc. kritisiert.[157] Letztlich wird das Vertretungsorgan der Körperschaften entsprechend dem Parlament behandelt.[158] Verwaltung bedeutet demgegenüber die betriebswirtschaftlich strukturierte Vorbereitung, vor allem aber der in Form der Erbringung von Dienstleistungen erfolgende Vollzug dieser politischen Entscheidungen.[159]

---

150 *Schedler/Proeller* 2003, S. 59. Auch hier zeigt sich ein Unterschied zur körperschaftlichen Selbstverwaltung: Der „Kunde" ist als Mitglied der Versammlung oder des Repräsentativorgans selbst Auftraggeber (Genossenschaftsprinzip).
151 *Osborne/Gaebler* 1997, S. 24 f.; *Schedler/Proeller* 2003, S. 3 f.; zur Kritik: *Rehbinder* 2003, S. 216 f.
152 Zu den Grenzen des Neuen Steuerungsmodells vgl. Wolff/Bachof/Stober-*Kluth* § 81 Rn. 186 f.
153 *Mehde* 2001, S. 257 f., und zwar insbesondere um demokratische Elemente.
154 *Pitschas* 1997, S. 172 f.; *ders.* 1999, § 47 Rn. 15: Das neue Steuerungsmodell „leitet die Rentenversicherung in die Richtung einer schlanken, wirtschaftlichkeitsorientierten Dienstleistungsbehörde, die ihre Aufgaben dezentral, problemorientiert sowie bürger- und sachnah erbringen will und kann".
155 *Schedler/Proeller* 2003, S. 44.
156 Globalbudgetierung, die an eine Leistungsvereinbarung gebunden ist (*Schedler/Proeller* 2003, S. 139 ff.), bedeutet beispielsweise weniger Autonomie als eine Finanzhoheit, vgl. auch *Pitschas* 1998, S. 912: Es geht um Verantwortungsdezentralisierung durch Abbau von Hierarchien und Zurücknahme der verwaltungsinternen Kontrolle unter Ausbau von Strukturen der beratenden Begleitung und insgesamt der Selbststeuerung von Behörden.
157 *Stober* 2001, S. 393 mit Nachweisen zu Reformvorhaben in der 13. u. 14. Legislaturperiode.
158 Dies schon deshalb, weil Verwaltung als unpolitisch und die politisch vorgegebenen Aufgaben vollziehend, aufgefaßt wird, *Mastronardi* 1998, S. 52; *Schedler/Proeller* 2003, S. 187 u. 54.
159 *Schedler/Proeller* 2003, S. 18 f. u. 35: „Die öffentliche Verwaltung trägt im Gewährleistungsstaat die Verantwortung für die Sicherstellung der Leistungserbringung der demokratisch festgelegten Aufgaben".

D. Die Körperschaft des öffentlichen Rechts als Organisation

Daneben – und auch im konzeptionellen Spannungsverhältnis[160] hierzu – bestehen aber auch Ansätze zur Bürgeraktivierung („empowerment"), die noch ausgebaut werden müssen, um auch nur ansatzweise an das Potential der Selbstverwaltung heranzureichen.[161] In der Praxis findet sich der Citoyen als Bourgeois, der von der Partizipation als technisch wenig hilfreich ausgeschlossen ist, wieder.[162] Er artikuliert sich bei Wahlen; zur Befriedigung seiner Anliegen an die Verwaltung werden ihm, notfalls demoskopisch belegt, nur noch egoistische Nutzenkalküle unterstellt.[163] Die mit dieser Analyse gewonnen Einsichten in technische Verwaltungsentscheidungen sind unbestreitbar. Auf dieser Grundlage lassen sich gewiß dezentrale und auch dekonzentrierte Verwaltungsstrukturen rechtfertigen; Selbstverwaltung durch eine Betroffenenpartizipation, die auf Interessenintegration und freiwilliges Eintreten für ein wenn auch partielles Gemeinwohl setzt, wie es der klassischen Konzeption der Körperschaft entspricht, hat in diesem Modell keinen Platz: Selbstverwaltung bedeutet wie Demokratie input-orientierte Legitimation, während die Kundenzufriedenheit des New Public Management eine output-orientierte Legitimation vermitteln soll.[164] Der letztlich aus der Würde des Menschen abzuleitende Anspruch auf breite Partizipation an Entscheidungen für die Gesamtheit[165] wird auf die Stimmabgabe bei Wahlen als Grundlage der Zielfestlegungen reduziert:[166] Der Kunde steht außerhalb der Verwaltung als Dienstleister und richtet Erwartungen an sie; das Körperschaftsmitglied übernimmt Mitverantwortung im Rahmen der Selbstverwaltung.

Es wäre also verfehlt, wenn man sich von einer Reform der Körperschaften im Bereich ihrer autonome Legitimation vermittelnden Binnenstruktur einen Legitimationsgewinn versprechen würde. Hier muß der Zugehörigkeitsstatus anspruchsvoller, partizipativer und konsensualer analysiert und ggf. ausgestaltet werden, um

---

160 Zur Frage, ob es sich um ein Spannungs- oder ein Symbioseverhältnis handelt: *Mehde* 2001, S. 258 u. 277 f.; dafür: *Box/Marshall/Reed/Reed* 2001, S. 613.
161 *Klie/Meysen* 1998, S. 454 f.; nach *Schedler/Proeller* (2003, S. 222) dient die Bürgeraktivierung der partnerschaftlichen öffentlichen Leistungserstellung in so gewichtigen Angelegenheiten wie der „Bepflanzung von Grünflächen".
162 *Box/Marshall/Reed/Reed* 2001, S. 608 f.; *Klie/Meysen* 1998, S. 454 u. 457, die feststellen, daß das Demokratisierungsversprechen des Neuen Steuerungsmodells, das sich allerdings auf autonom organisierte Formen des Bürgerengagements bezieht, in der Praxis zumeist uneingelöst bleibt
163 Kritisch hierzu etwa *Denhardt* 2000, S. 151 f., der insbesondere das Bild des Verwaltungsleiters als eines Unternehmers kritisiert, weil diese Vorstellung eine Risikobereitschaft, eine Entfernung von rechtgeleiteten Entscheidungen und Opportunismus unterstellt, die mit der öffentlichen Verwaltung schwer vereinbar ist.
164 *Box/Marshall/Reed/Reed* 2001, S. 610: Substanz (Aufgabe, Leistung) und Prozedur (demokratischer oder partizipativer Prozeß) werden getrennt; vgl. a. *Schliesky* 2004, S. 418 f.; *Schedler/Proeller* 2003, S. 8 f., zur Wirkungs- und (produktbezogenen, kundenbezogenen, prozeßbezogenen, wertbezogenen und politischen) Qualitätsorientierung auch S. 62 f.
165 BVerfGE 5, S. 85 ff. (204 f.) – KPD-Verbot: „Um seiner Würde willen muß ihm eine möglichst weitgehende Entfaltung seiner Persönlichkeit gesichert werden. Für den politisch-sozialen Bereich bedeutet das, daß es nicht genügt, wenn eine Obrigkeit sich bemüht, noch so gut für das Wohl von „Untertanen" zu sorgen; der Einzelne soll vielmehr in möglichst weitem Umfange verantwortlich auch an den Entscheidungen für die Gesamtheit mitwirken".
166 *Burgi* (2003, S. 450 u. 456) spricht in bezug auf das neue Steuerungsmodell auch von der „Gefahr der Entbürgerlichung durch Entpolitisierung" und zusammenfassend: „Das Verhältnis zu den Menschen in ihrer Rolle als Selbstverwaltungsbürger bleibt ausgeblendet".

den gestellten Anforderungen gerecht zu werden.[167] Sinnvoll ist der Ansatz hingegen dort, wo es um die Leistungserbringung durch Körperschaften geht, dort wo es also möglich ist, dem Mitglied der Körperschaft einen anspruchsvolleren Benutzerstatus zu vermitteln, als er vielleicht traditionell besteht.

2. Institutionalistische Theorien

Gegenüber output-orientierten New Public Management-Ansätzen sind institutionalistische Theorien für die Rekonstruktion von Körperschaften des öffentlichen Rechts, insbesondere ihrer input-betonten mitgliedschaftlichen Binnenstruktur, von besonderem Interesse. Dies liegt an der stärkeren Berücksichtigung der Verbindung von formaler und informaler Organisationsstruktur und des Mitgliederverhaltens. Institutionalistische Theorien[168] stellen die Gebildestruktur der Organisation ins Zentrum der Untersuchung, betonen dabei aber zugleich ihre Einbindung in einen näheren oder weiteren kulturellen Rahmen[169] und gehen damit von einer starken Umweltabhängigkeit der Organisation aus, die ihre konkrete Gestalt nicht in erster Linie einer rationalen Zwecksetzung, sondern einem Prozeß der Institutionalisierung durch vielfältig wirkende soziale Kräfte verdanken.

Auch wenn es einen deutschsprachigen, vor allem von *Helmut Schelsky* entwickelten[170] Institutionalismus gibt,[171] wird er doch eher mit rechtstheoretischen[172] als mit organisationstheoretischen Fragen in Verbindung gebracht. Der organisationstheoretische Institutionalismus ist weitgehend unabhängig davon in den USA entwickelt worden.[173] Institutionen werden definiert als „übergreifende Erwartungsstrukturen, die darüber bestimmen, was angemessenes Handeln und Entscheiden ist".[174] Sie erscheinen so nicht nur als Beschränkung, sondern gerade auch als Ermöglichung von gesellschaftlichem Handeln und von Organisationen.[175]

---

167 Auch unter den Rational Choice Theorien sind auf der Basis der klassischen Vertragstheoretiker (Hobbes, Locke, Rousseau, Kant, aber auch von Neo-Kontraktualisten wie Rawls, Nozick, Gauthier und Buchanan) Ansätze zur theoretischen Erfassung der Bedeutung von Konsensen für die Entwicklung rationaler Ergebnisse entwickelt worden, vgl. *van Aaken* 2003, S. 235 ff., besonders der Überblick S. 263.
168 Nicht zu verwechseln mit institutionenökonomischen Ansätzen, die Verfeinerungen von Rational Choice-Theorien sind, vgl. *Maurer/Schmid* 2002, S. 9 f. u. 15 f.; ferner den Sammelband von *Ortmann/Sydow/Türk* 1997, S. 35 ff.; *Ebers/Gotsch* 2001, S. 199 ff.; *Müller* 1993, S. 136 spricht auch von „Neuem Institutionalismus", mit dem aber im wesentlichen der institutionenökonomische Ansatz und die Theorie von institutional choice gemeint sind; ferner: *Groß* 1997, S.147 f.; *Noll/Ebert* 1998, S. 61 ff. mit einer spieltheoretischen Untermauerung dieser Theorien; praktische Aspekte bei *Reichard* 1998, S. 121 ff.
169 Von institutionalistischen Schulen gehen daher wesentliche Impulse für eine Theorie der Organisationskultur aus (*Frese* 1992, Sp. 1722), insofern sie ihre Einbettung in das gesellschaftliche Ganze betrifft, *Schreyögg* 1992, Sp. 1526; *Wallerath* 2000, S. 351 f.; ohne den Hintergrund der institutionalistischen Theorie, jedoch mit vergleichbaren Ergebnissen: Wolff/Bachof/Stober-*Kluth* 2004, § 80 Rn. 353 f.
170 Dazu *Schröder* 2000, S. 91 ff.; zum Zusammenhang von Schelsky und dem neueren Institutionalismus auch: *Edeling* 2002, S. 225 f.
171 Mit Bezug auf Verwaltungsorganisationen, *Wolff/Bachof* 1976, S. 3.
172 Hier sind vor allem *Ota Weinberger, Werner Krawietz* 1985, S. 706–714, und in Schottland *Neil MacCormick* zu nennen, vgl. *Schröder* 2000.
173 *Krücken* 2002, S. 228; Übersicht bei *Scott* 2001, S. 1 ff.; zum politischen Institutionalismus *March/Olsen* 1989, S. 1 ff., 21; *Hasse/Krücken* 1999, S. 5. Im einzelnen gehen aber die institutionalistischen und insbesondere die neo-institutionalistischen Theorien recht weit auseinander, vgl. *Powell/DiMaggio* 1991, S. 27 f.
174 *Hasse/Krücken* 1999, S. 7; Definitionen gehen allerdings weit auseinander, vgl. *Türk* 1997, S. 145 f.
175 Vgl. schon *Heller* 1983, S. 263.

Institutionen sind so unterschiedliche Strukturen wie die Ehe, der Handschlag, der Urlaub.[176] Auch Organisationen sind Institution verstanden, insofern auf die Gesamtheit der sie prägenden Normen gesehen wird.[177] In ihrer Betonung der Umwelt als relevantem Faktor der Organisationsbildung und -betätigung teilt der Institutionalismus mit der Theorie offener Systeme die Frontstellung gegenüber Rational Choice-Theorien.[178] Gegenüber den von der Rationalität einzelner Akteure ausgehenden klassischen Theorien hebt er zudem die Bedeutung kollektiv-irrationaler Strukturen, die selbsterhaltend sein können, hervor.[179] Akteure erscheinen selbst durch Institutionen geprägt[180] und keinesfalls bloß als rationale Nutzenmaximierer. Institutionen sind entsprechend auch nicht das wechselnde Ergebnis individueller Präferenzbildung, sondern relativ dauerhafte Strukturen.[181]

a. Klassischer Institutionalismus

Klassiker institutionalistischer Theorien ist *Philip Selznick*.[182] In kritischer Distanz zu ursprünglichen rationalistischen Ansätzen (besonders *Chester J. Barnard*) richtet er seine Aufmerksamkeit auf informale und häufig irrationale Strukturen von Organisationen, die innerhalb der formalen Struktur entstehen und sie erheblich modifizieren.[183] Durch die sozialen Eigenschaften und Leistungen ihrer Mitglieder

---

176 *Powell/DiMaggio* 1991, S. 9.
177 *Edeling* 2002, S. 225.
178 *Selznick* 2002, S. 98: „A business enterprise or another organization may begin, in the minds of its founders, as a coolly rational and wholly controllable instrument for achieving predetermined purposes. Over time, however, the enterprise becomes a dense network of human relations, vested interests, and customary practices. Commitments are made to employees, clients, customers, investors, and a surrounding community [sic! die Beschränkung auf die lokale Umwelt, SK]. At a minimum, standards of lawabiding conduct must be met ..." und genau um diese rechtlichen Regeln der Organisation geht es im Organisationsrecht; „As this tension-laden drama unfolds, organizations become institutions". Diesen Prozeß der Ausbildung einer geschichtlichen, unverwechselbaren Organisationskultur nennt Selznick „Institutionalisierung" vgl. a. *Powell/DiMaggio* 1991, S. 12.
179 „While institutions are certainly the result of human activity, they are not necessarily the products of conscious design", *Powell/DiMaggio* 1991, S. 8; Hierzu insbesondere die Analyse „rationaler Mythen" durch *Meyer/Rowan* 1977, S. 340 ff.
180 *Hasse/Krücken* 1999, S. 60 f.; *Powell/DiMaggio* 1991, S. 28.
181 *Powell/DiMaggio* 1991, S. 8, 10. *Lynne Zucker* hat in diesem Zusammenhang zwischen Institutionalisierung als Prozeß und Institutionalisierung als Zustand unterschieden. „Institutionalisierung als Prozeß bezieht sich auf den Vorgang, durch den sich soziale Beziehungen und Handlungen zu nicht mehr zu hinterfragenden entwickeln, d. h. zu einem Bestandteil einer Situation werden, die als ‚objektiv gegeben' betrachtet wird. Institutionalisierung als Zustand bezieht sich auf Situationen, in denen die von einer Gesellschaft oder Kultur geteilte gedankliche Struktur der ‚Wirklichkeit' bestimmt, was Bedeutung besitzt und welche Handlungen möglich sind". (Zucker 1983, zit. nach *Walgenbach* 2001, S. 321).
182 Zu ihm auch *Brugger* 2003, S. 149 ff.; zu den Vorläufern des klassischen Institutionalismus vgl. *Scott* 2001, S. 1 ff.: Die später von neoklassischen Ansätzen in der Ökonomie wieder verdrängten Ursprünge finden sich durchaus in Mitteleuropa, wo etwa *Gustav Schmoller* und *Carl Menger*, die sich selbst nicht als Institutionalisten bezeichneten, doch erste Überlegungen entwickelten, die in eine institutionalistische Richtung wiesen, wie etwa die Einbettung von Organisationen in sich wandelnde kulturelle Arenen und ihr Einfluß auf die individuellen Präferenzen.
183 *Selznick* 1943, S. 47: „Every organization creates an informal structure... In every organization, the goals of the organization are modified (abandoned, deflected, or elaborated) by processes within it... The process of modification is effected through the informal structure... The actual procedures of every organization tend to be molded by action toward those goals which provide operationally relevant solutions for the daily problems of the organization as such". Teilaspekte werden von der Organisationskultur erfaßt, *Wallerath* 2000, S. 359.

sowie durch Umwelteinflüsse werden Organisationen im Laufe der Zeit zu Institutionen transformiert, die sich von einem zweckrationalen Werkzeug im Dienste ihrer Gründer zu einem Gebilde mit eigenem Wert entwickeln.[184] Dieser Prozeß ist die Institutionalisierung der Organisation.[185] Während formale, insbesondere bürokratische Organisationen auf der Delegation von Funktionen sowie der Bifurkation von Interessen und Kontrolle beruhten, stellen nach Selznick die informalen Strukturen die Einheit der Person wieder her und sind offen gegenüber der moralischen Dimension von Organisationen.[186] Der Grund hierfür liege darin, daß die Personen, mit denen es Organisationen zu tun hätten, dazu tendierten, nicht nur partiell in bezug auf die spezialisierten Rollen, sondern als Ganze zu agieren:[187] Danach wäre die Entpersönlichung, die seit *Max Weber* zentral für formale Organisationen ist, in Wahrheit dysfunktional. Entsprechend entstehen informale Strukturen spontan, basieren auf persönlichen Beziehungen, und diese Beziehungen sind Machtverhältnisse, die auf Kontrolle zielen.[188] Zugleich sind gerade sie es, die die Integrität der Person in der Organisation garantieren.[189] Informale Strukturen haben die grundlegende paradoxe Wirkung, daß sie einerseits unentbehrlich für den Fortbestand von Organisationen, zugleich aber die Grundlage von Verkürzungen, Dilemmata, Zweifel und Ruin sind.

Fünf Strukturentscheidungen („Imperative") sollen Organisationen die Überlebensfähigkeit von Organisationen garantieren: (1.) die Sicherheit der Organisation als Ganzes im Verhältnis zu sozialen Kräften ihrer Umgebung; (2.) die Stabilität der Weisungsketten und der Kommunikation; (3.) die Stabilität der informalen Strukturen innerhalb der Organisation; (4.) Kontinuität der Politik und der Quellen ihrer Bestimmung; (5.) eine Einheitlichkeit der Perspektive („outlook") und der Rolle der Organisation. Hierbei spielt Führung weniger durch Zielsetzung als vielmehr durch Verdeutlichung von sinnhaften Wertstrukturen der Organisation eine wichtige Rolle.[190] Nur wenn die Mitglieder einer Organisation deren Werte teilen und andere Tugenden üben, kann eine Organisation funktionieren.[191]

---

184 In den Worten von Selznicks Schüler *Perrow* (1986, S. 159): Organisationen sind im Kern ungeplante Institutionen. Der Grund dafür „is not in the formalities of constitutions and elections, but in the submerged part of the iceberg – ethnic identity, social class, generational experiences, and population changes. The explanation of organizational behaviour is not primarily in the formal structure of the organization, the announcements of goals and purposes, the output of goods and services. It lies largely in the myriad subterranean processes of informal groups, conflicts between groups, recruitment policies, dependencies on outside groups and constituencies, the striving for prestige, community values, the local community power structure, and legal institutions."
185 „Institutionalization is a process. It is something that happens to an organization over time, reflecting the organization's own distinctive history, the people who have been in it, the groups it embodies and the vested interests the have created, and the way it has adapted ist environment", *Selznick* 1948, S. 16 f.; *Selznick* 1994, S. 234 f.
186 *Selznick* 1943, S. 51; *ders.* 1994, S. 240.
187 *Selznick* 1948, S. 26; vgl. auch *Denhardt* 2000, S. 88 f. die Zentralität des Individuums und der Rückführung der Organisation auf es reklamiert neuerdings gegenüber dem Neo-Institutionalismus wieder *Stinchcombe* 1997, S. 2.
188 *Selznick* 1943, S. 47.
189 Wie Selznick im Anschluß an *Chester I. Barnard* betont, *Selznick* 1943, S. 48; zu Barnards wichtigen Studien über die Bedeutung von Anreizstrukturen in Organisationen auch *Rainey* 2003, S. 33 f.
190 *Frese* 1992, Sp. 1722; *Stinchcombe* 1997, S. 10.
191 *Stinchcombe* 1997, S. 16.

Im klassischen Institutionalismus sind die Interessen die treibende Kraft bei der Prägung von Organisationen. Es geht um Einfluß, Koalitionen, Partikularismen, Abweichung der mit der Errichtung der Organisation verfolgten Absichten.[192] Lokale Organisationen und ihre Umwelten stehen im Zentrum der Überlegungen. *Selznick* hebt hervor, daß durch ein Modell der Kooptation mit beratender Einbeziehung interessierter lokaler Kräfte die Stabilität der Organisation erhöht werden kann:[193] Statt sich durch Abgrenzungen von der Umwelt zu echauffieren, werden der Organisation so laufend aufbauende Kräfte zugeführt – allerdings mit dem Preis einer höheren Umweltabhängigkeit. Interessant ist hier die Weiterführung der Untersuchung von Oligarchisierungstendenzen durch *Robert Michels* (s. o. Fußn. 67).[194] Selznick kommt zum Schluß, daß in allen Organisationen ein Interessengegensatz zwischen Führung und Mitgliedern entsteht.[195] Demokratie und Dezentralisierung hätten dann die Funktion, durch Unterstützung aus der Umwelt die Organisation zu mobilisieren und so die Verselbständigung des Organisationsmanagements zu begrenzen.[196] Hier zeigt sich der konzeptionelle Unterschied zum Rational Choice Modell: Während dies auf die Rationalität einer geschlossenen Organisation baut, der der Bürger als Kunde von außen entgegentritt, erwartet der Institutionalismus umgekehrt von der Öffnung der Organisation und der Inklusion des Bürgers Rationalitätsgewinne.

Die Frage der informalen Strukturen muß hier nicht weiter verfolgt oder gar entschieden werden. Körperschaften, auch wenn sie nicht der Interessenintegration, -vermittlung und -vertretung dienen, ermöglichen bei aller formalen Ausdifferenzierung eine breitere Artikulation verschiedener Interessen von Personen als andere bürokratische, output-orientierte Organisationen. Diese Einbeziehung der Person reicht am weitesten bei den lokal radizierten Gebietskörperschaften und ist am geringsten bei den Realkörperschaften. Dies zeigt sich etwa beim Ausschluß von Mehrfachmitgliedschaften bei den Gemeinden im Gegensatz etwa zu Wasserverbänden.

b. Neoinstitutionalismus[197]

Die ursprüngliche Beschränkung *Selznicks* auf die Analyse von Organisationssystemen in ihren lokalen Umwelten[198] und weiterer Aspekte haben inzwischen Anlaß gegeben, seine Theorie zu einem Neo-Institutionalismus weiterzuentwickeln, der sich innerhalb der Organisationstheorie einiger Prominenz erfreut.[199] Institutionen

---

192 *Powell/DiMaggio* 1991, S. 13.
193 *Selznick* 1949, S. 13.
194 Zum Verhältnis von Michels und Selznick *Gouldner* 1955, S. 504 f.
195 *Selznick* hat dies an der TVA, einem öffentlichen Unternehmen untersucht (1949, S. 9): „wherever there is organization, whether formally democratic or not, there is a split between the leader and the led, between the agent and the initiator".
196 *Selznick* 1949, S. 220.
197 *Hasse/Krücken* 2002; *Türk* 1997, S. 124 ff.; *Powell/DiMaggio* 1991, S. 1 ff.
198 „From organization to institution to community", mit sich verdichtender sozialer Integration und Verbreiterung der Organisationsziele, *Selznick* 1994, S. 237.
199 *Scott* 2001, S. 205 f.; *Powell/DiMaggio* 1991, S. 1 ff.; *Türk* 1997, S. 124 ff.; ein Prozeß, der nicht unumstritten geblieben ist: vgl. aus der kritischen Sicht eines Anhängers des klassischen Institutionalismus, *Stinchcombe* 1997, S. 2.

sind danach regelhafte, sozial-tatsächlich organisierte Verhaltensmuster, in die die formalen Strukturen von Organisationen eingebettet sind.[200] Wichtig ist aber schon der Unterschied, daß der ältere Institutionalismus Organisationen selbst als die primären Institutionen auffaßt, der neuere hingegen Organisationsstrukturen und Organisationsmuster als Institutionen ansieht, die in tatsächlichen Organisationen nur lose gekoppelt sind.[201] Sie werden nach drei Perspektiven untersucht: die institutionalisierte Umwelt, der Einfluß anderer Organisationen und die innere Struktur von Organisationen selbst.[202] Damit wird das Organisation-Umwelt-Verhältnis differenzierter als vom klassischen Institutionalismus thematisiert. Gemeinsam ist beiden Formen des Institutionalismus die Annahme eines gegenüber den technischen Erfordernissen der Aufgabenerfüllung weitergehenden Mehrwerts von Organisationen und der Einwirkung sog. organisationaler Felder bzw. „scripts" (*Powell/ DiMaggio*), „social settings" und „taken-for-granted"-Unterstellungen (*Zucker*) in der Umwelt des Organisationssystems und innerhalb seiner selbst.[203] Wie sehr sich Organisationsstrukturen ausdifferenzieren, hängt dann auch von der Homogenität oder Heterogenität ihrer Umwelt ab.[204] Sechs zentrale Annahmen können mithin den Neo-Institutionalismus kennzeichnen:[205] 1. Die wichtigsten Regulative von Organisation und Verhalten sind nicht in erster Linie explizite Normen,[206] sondern auch unhinterfragte Traditionen, Ideale und Grundüberzeugungen;[207] 2. stärker als der klassische Institutionalismus werden Freiräume gegenüber der Einbettung in institutionelle Vorgaben betont, die allerdings nicht beliebig, sondern beeinflußt durch konkurrierende Institutionen gefüllt werden; 3. dies folgt schon daraus, daß die Vielzahl institutioneller Vorgaben untereinander disharmonieren können; 4. institutionelle Vorgaben haben nicht nur positive Funktion für den Betroffenen; 5. im Neoinstitutionalismus wird der Wandel stärker berücksichtigt, während in der klassischen Variante die Stabilität im Zentrum der Überlegungen stand;[208] 6. das konkrete Individuum tritt aus der zentralen Stellung, die es im klassischen Institutionalismus einnahm, zurück und das Eigenleben der Institutionen diesem gegenüber in den Vordergrund.[209]

---

200 *Zucker* 1987, S. 444. *Krücken* 2002, S. 232: „Institutionen werden als übergreifende und verfestigte gesellschaftliche Erwartungsstrukturen verstanden, die individuelles und kollektives Handeln nicht nur einschränken sondern auch ermöglichen".
201 *Powell/DiMaggio* 1991, S. 14.
202 *Zucker* 1987, S. 449 ff.
203 *Scott* 2001, S. 42 f.; *ders.* 1986, S. 199, Fn. 1. *Powell/DiMaggio* (1991, S. 8) kennzeichnen den Neo-Institutionalismus durch folgende Kriterien: „The new institutionalism in organization theory and sociology comprises a rejection of rational-actor models, an interest in institutions as independent variables, a turn toward cognitive and cultural explanations, and an interest in properties of supraindividual units of analysis that cannot be reduced to aggregations or direct consequences of individuals' attributes or motives."
204 *Zucker* 1987, S. 457.
205 *Hasse/Krücken* 1999, S. 10 f.
206 Einige klassische Ansätze innerhalb des Institutionalismus hatten sehr stark die Stabilität durch rechtliche Institutionen hervorgehoben. Das wird durch den Neo-Institutionalismus nicht geleugnet, aber relativiert (*Powell/DiMaggio* 1991, S. 6; *Edelmann/Suchmann* 1997).
207 *Walgenbach* 2001, S. 319.
208 Vgl. auch *Scott* 2001, S. 33 f.; *Gouldner* 1955, S. 506 f.
209 *March/Olsen* 1984, S. 738.

Institutionen werden in einer gegenüber dem klassischen Institutionalismus ausgebauten kognitivistischen Perspektive als Ermöglichungsfaktoren von Rationalität angesehen. Dabei liegt jedoch ein sowohl im Verhältnis zu klassischen Rational Choice-Theorien breiteres, als auch durch die Betonung der Umweltabhängigkeit anders strukturiertes Verständnis der Rationalität von Organisationen zugrunde. Neoinstitutionalistische Autoren sprechen von bounded rationality (s. o.), rational nicht ganz auflösbaren „organizational constraints" und der „embeddedness" von Organisationen.[210] Auf der Grundlage dieser „bounded rationality" kommt den Organisationen in neo-institutionalistischer Perspektive der Charakter von Rationalitätsspeichern für „passende" Handlungen zu. Institutionen wirken auch nicht über bloße Kosten-Nutzen-Kalküle, sondern über Nachahmung, normative Steuerung und Zwang.[211]

Hatte schon der klassische Institutionalismus Kritik an einer vollständigen Durchrationalisierung von Organisationen geübt und die Einbettung in lokale Lebenswelten betont, so weitet der Neo-Institutionalismus diese Perspektive aus: Organisationsstrukturen erscheinen *Meyer* und *Rowan* als Ausdruck von „Mythen",[212] die in der gesellschaftlichen Umwelt institutionalisiert sind. Können Organisationen eine „Isomorphie",[213] eine Strukturähnlichkeit, mit anderen Organisationen ihres organisationalen Feldes[214] erreichen, erlangen sie zugleich Legitimation und Stabilität.[215] Ist eine solche Einbettung in die institutionelle Umgebung erreicht, treten Fragen der Effizienz der Organisation zurück.[216] Optimale Einpassung in die institutionelle Umwelt bedeutet danach optimale Legitimation.[217] Allerdings wird man hier unterscheiden müssen: Je mehr Gewinnorientierung zu den Zielen der Organisation gehört, desto bedeutsamer sind technische Umwelten und damit auch Zweck-Mittel-Kalkulationen; je eher es sich um „non-profit"-Organisationen handelt, desto größer die Legitimationswirkung durch überzeugungsbildende

---

210 Diesen Einbindungen gegenüber tritt dann die rationale Zielverfolgung und Aufgabenerfüllung zurück, *Zucker* 1987, S. 443.
211 *Powell/DiMaggio* 1991, S. 66 ff.; *Scott* 2001, S. 43.
212 1977, S. 340 ff.; De-Mystifizierung von Rationalität ist ein Hauptkriterium des Neo-Institutionalismus, *Krücken* 2002, S. 233.
213 „Isomorphismus meint den Prozeß, der eine Einheit in einer Population dazu bewegt, sich anderen Einheiten anzugleichen, die mit den gleichen Umweltbedingungen konfrontiert sind", *Walgenbach* 2001, S. 334; es läßt sich ein zwangsweiser Isomorphismus mit Verpflichtungen zur Anpassung an bestimmte Umweltstrukturen, normativer Isomorphismus mit der faktischen Orientierung an professionellen Standards und moralischen Normen und schließlich ein mimetischer Isomorphismus unterscheiden, der entsteht, wenn Organisationen sich gegenseitig nachahmen, *Rainey* 2003, S. 89.
214 Näher *Walgenbach* 2001, S. 333: Gemeint sind abgrenzbare Bereiche von Organisationen mit gleicher Betätigung. Sie haben die Tendenz, auch organisationell immer ähnlicher zu werden.
215 „Institutional rules function as myths which organizations incorporate, gaining legitimacy, resources, stability, and enhanced survival prospects", *Meyer/Rowan* 1977, S. 340.
216 „once institutions are established, they may persist even though they are collectively suboptimal" (*Powell/DiMaggio* 1991, S. 4 unter Berufung auf *Lynne Zucker* (vgl. *dies.*, S. 33 u. 63 f.). Es ist allerdings zu berücksichtigen, daß sich die neo-institutionalistischen Untersuchungen lange Zeit auf Organisationen bezogen, die nicht in einem starken Wettbewerb standen (*Hasse/Krücken* 1999, S. 24). Inzwischen haben aber auch ökonomische Ansätze nachweisen können, daß voll marktmäßig operierende Unternehmen fehlende Effizienz durch institutionelle Einbettungen mindestens kompensieren können, *Hasse/Krücken* 1999, S. 39 ff.
217 *Walgenbach* 2001, S. 331.

institutionelle Umwelten.²¹⁸ Mechanismen der Angleichung sind, entsprechend den Ausgangspunkten, weniger rationale Zweck-Mittel-Kalkulationen als vielmehr Zwang (durch staatliche Vorgaben), Imitation der Strukturen anderer Organisationen von technischen Innovationen und sonstigen Trends (Neues Steuerungsmodell) und normativer Druck etwa durch die Dominanz bestimmter Professionen in Organisationen.²¹⁹

Die gegenüber dem klassischen Institutionalismus stärkere Akzentuierung der Institutionenkonkurrenz und ihrer Variabilität führt auch zur Annahme von eher losen Kopplungen zwischen der Organisation und ihrer institutionellen Umwelt.²²⁰ Je komplexer das Aufgabenfeld der Organisation, desto stärker die Konkurrenz institutioneller Umwelten²²¹ und desto schwieriger die Erfüllung der Hauptfunktion von Institutionen: der Reduzierung von Umweltkomplexität.²²² Einige Alternativen sind durch institutionelle Vorgaben ausgeschlossen, zwischen anderen bedarf es der Wahl. Institutionalisierung ist eine Variable und entsprechend das Maß an Stabilität, das die institutionalisierte Umwelt der Organisation vermitteln kann.²²³ Steuerung durch zielgerichtete Rechtsetzung kann hier zwar korrigieren, hat aber nicht nur positive Effekte. Sie kann die Institutionalisierung, die häufig unbewußt geschieht, beieinträchtigen oder sogar zu De-Institutionalisierung führen.²²⁴ Somit ist zu berücksichtigen, daß sich aus dem institutionellen Umfeld Trägheitsmomente gegenüber Steuerungsversuchen ergeben, die nur schwer zu überwinden sind und positive Effekte haben können.

Ansatzpunkt ist eine Differenzierung, die *W. Richard Scott* vorgenommen hat, indem er drei Säulen als wesentliche Elemente von Institutionen herausstellt: regulative, normative und kognitive. Als regulative beschränken Institutionen organisationelles Handeln durch Regeln, Gesetze und Sanktionen (Legalität);²²⁵ die normative Dimension betrifft die Werthaftigkeit von Institutionen (Legitimität);²²⁶ die kognitive Dimension von Institutionen bezieht sich auf die „Wirklichkeitskonstruktion" (*Berger/Luckmann*²²⁷), so daß Organisationen, die dies aufnehmen, „kognitive Legitimität" besitzen (Zweckmäßigkeit, Realdimension).²²⁸ Es fällt nicht schwer, in einer

---

218 *Meyer/Rowan* 1977, S. 354; zur Weiterentwicklung dieser Überlegungen: *Walgenbach* 2001, S. 328 f.
219 *March/Olsen* 1984, S. 738; *Hasse/Krücken* 1999, S. 17, bringen als Beispiel Verwaltungsjuristen in deutschen Unternehmen; es ist aber auch an Ausbildungssysteme zu denken, *Zucker* 1991, S. 105.
220 Allerdings muß hier zwischen umweltbezogenen und eher autonomen Ansätzen unterschieden werden, *Zucker* 1987, S. 445 f.: Die Umwelt als Institution, die die Organisationen prägt, einerseits und die Organisation selbst als Institution.
221 *Hasse/Krücken* 1999, S. 57 f.; *Powell/DiMaggio* 1991, S. 29.
222 *Powell/DiMaggio* 1991, S. 19; hier kann ein Grund ihrer Autonomie liegen: Die von ihnen entwickelten und institutionalisierten Routinen erzeugen eine leicht übersehbare Verläßlichkeit, die als stärkerer Referenzpunkt für das Organisationsverhalten dient als Umweltaspekte, *Zucker* 1987, S. 446.
223 *Zucker* 1991, S. 83.
224 *Zucker* 1991, S. 105.
225 *Scott* 2001, S. 51 f.; dazu auch *Walgenbach* 2001, S. 341.
226 *Scott* 2001, S. 54 f. – sie sind „moralisch" legitimiert.
227 Zu ihrem Institutionenbegriff *Berger/Luckmann* 2001, S. 49 ff. Sie heben die Konstruktivität von Institutionen als Kondensate von Vorstellungen, Routinen etc. hervor: „Institution ... ist ... so etwas wie ein ungeschriebenes Textbuch eines Dramas, dessen Aufführung von der immer wiederkehrenden Darstellung vorgeschriebener Rollen durch lebendige Akteure abhängt ... Behauptet man also, daß Rollen Institutionen repräsentieren, so bedeutet das zugleich, daß Rollen es ermöglichen, daß Institutionen bestehen und immer wieder neu und gegenwärtig von lebendigen Menschen erlebt werden".
228 *Scott* 2001, S. 57 f.

D. Die Körperschaft des öffentlichen Rechts als Organisation   261

normativen Wendung in diesen drei Dimensionen die Elemente des Gemeinwohls wiederzufinden, wie sie von *Winfried Brugger* in Anlehnung an den Rechtsbegriff von *Gustav Radbruch*[229] aufgestellt wurden.[230] Brugger konkretisiert den Begriff des Gemeinwohls als vorgegebenes „Ziel des Rechts", durch die genannten Dimensionen von Rechtssicherheit, Legitimität und Zweckmäßigkeit.[231] Verbindet man dies mit Scotts Organisationsmodell, lassen sich diese drei Dimensionen ebenso als sinnvolle Ausrichtung von Organisationen begreifen: Zur Rechtssicherheit gehören auch Bedeutungssicherheit, Befolgungssicherheit, Stabilität und Funktionsabgrenzung. Besonders Rational Choice-Ansätze hatten die Wichtigkeit von Bedeutungssicherheit in Form klarer Organisationsziele betont. Befolgungssicherheit betrifft effektive Autoritätsstrukturen der Organisation. Stabilität oder – mit *Parsons* – Latenz unterscheidet Organisationen von temporären Interaktionssystemen.[232] Funktionsabgrenzung bedeutet ebenfalls im Sinne der klassischen Theorien klar ausdifferenzierte Stellenstrukturen mit eindeutigen Kompetenzzuweisungen und Koordinations- resp. Kooperationsstrukturen zur Integration der Organisation. Während diese Kriterien die formale Rationalität von Organisationen betonen,[233] stellt die Frage der Legitimität auf den Inhalt der Ziele und der inneren Ordnung der Organisation ab. Hinzu kommt die Legitimation durch Prozeduren.[234] Hier öffnet sich die Organisation ihrer Umwelt, fragt nach der Qualität der Ziele und ordnet sie damit in ein ethisches Umfeld ein. Sie stützt ihre Legitimation aber nicht nur auf materiale Festsetzungen, sondern auf demokratische Prozeduren, die sowohl außerhalb als auch innerhalb von Organisationen stattfinden können.[235] Die stärkste Umwelteinbindung ergibt sich aus der dritten Dimension, der Zweckmäßigkeit bzw. der von Scott so genannten „Wirklichkeitswahrnehmung". Hier rechtfertigen sich Organisationen gesellschaftlich durch ihre adäquate Einpassung in ihre soziale Umgebung unter Berücksichtigung ihrer Sachstrukturen einerseits und eine hierauf bezogene effektive Mittelbeschaffung und Verwaltung andererseits. Wie im Rechtssystem als Funktionssystem so führt auch in Organisationssystemen der Gemeinwohlbegriff zu einer starken Umweltabhängigkeit: Das Rechtssystem gewinnt seine Legitimation nicht aus sich selbst, sondern insofern es diese auf seine Umwelt verweisenden und zum Teil auch von ihr ausgefüllten Dimensionen des Gemeinwohls erfüllt. Entsprechend sind Organisationen dann legitim, wenn sie sich auf Wertmuster beziehen, die in ihren sozialen Umwelten (die häufig ebenfalls Organisationen sind) etabliert werden. Eine Organisation wäre somit gerechtfertigt, wenn sie sich erstens über klare Ziele und Zuständigkeiten gegenüber ihrer Umwelt verselbständigt; wenn zweitens diese Abgrenzung der Organisation und ihrer Ziele material und prozedural über ihre privatautonome oder demokratische Gründung sowie die laufende Anpassung ihrer Ziele demokratisch oder mitgliedschaftlich-partizipativ legitimiert werden und drittens die Organisation zweckmäßige Leistungen für ihre Umwelt erbringt und kognitiv

---
229 Zu dessen eigener Konzeption von Gemeinwohl vgl. Radbruch 1990, S. 39 ff.
230 *Brugger* 1999, S. 44 ff.; *ders.* 2001, S. 17 ff.
231 *Brugger* 2000, S. 22 ff.; *ders.* 2000a, S. 50 ff.; *ders.* 1999, S. 45 ff.
232 *Blau/Scott* 1966, S. 5.
233 Entsprechend der formalen Rationalität durch Rechtssicherheit im Rechtssystem.
234 *Brugger* 2002, S. 32 f.; *ders.* 2000a, S. 59 ff.
235 *Brugger* 2002, S. 32 f.

lernfähig auf Umweltanforderungen reagieren kann. Mit anderen Worten: Eine Organisation muß Zurechnungspunkt für eine sichere Erwartungsbildung sein können, durch legitimationsstiftende Prozeduren begründet und perpetuiert werden, zweckmäßige Ergebnisse liefern und auf Umweltveränderungen durch kognitive Offenheit angemessen reagieren können, um gerechtfertigt zu sein.

c. Kritische Würdigung

Neo-institutionalistische Konzepte können stärker als Rational Choice-Ansätze einen Mehrwert von Organisationen gegenüber den individuellen Zwecksetzungen durch den Prozeß ihrer Institutionalisierung verdeutlichen. Hierdurch werden Orientierungsstrukturen des Handelns geschaffen, die die Rationalität der Einzelnen übersteigen.[236] Die Betonung der nichtrationalen, gleichwohl organisationsprägenden und funktionsnotwendigen Strukturen richtet ferner den Fokus auf Momente wie Solidarität und andere kulturelle Organisationsvoraussetzungen. Organisationskultur in der Form der Verwaltungskultur[237] wird zunehmend auch bei der Untersuchung von Entscheidungs- und Kontrollbedingungen von Verwaltungsentscheidungen berücksichtigt[238] und war als „Beamtenethos" schon lange Funktionsbedingung bürokratischer öffentlicher Verwaltungen.[239] Ferner hat die Organisationskultur in genossenschaftlichen Verbänden, die der besonderen Nähebeziehungen korrespondierend ihren Mitgliedern nicht nur besondere Rechte, sondern auch gesteigerte Pflichten auferlegen, eine besondere Bedeutung.[240]

Nähere Rückschlüsse über die Organisationsstruktur der Körperschaft zu ziehen, ist aber kaum möglich.[241] Gerade der offene Prozeß der Meinungsbildung in der

---

236 *Walgenbach* (2001, S. 350).
237 Vgl. hierzu etwa die Untersuchung der Verwaltungskultur in Sachsen: *Krone* 2005, S. 59 f.; *Wallerath* 2000, S. 351 ff.
238 Das gilt zunächst ganz allgemein für den Verwaltungsvergleich nach der Wiedervereinigung. Vgl. neben den in der nächsten Fußnote genannten Fundstellen speziell auch zur Rechtskontrolle vgl. *Hoffmann-Riem* 2001, S. 350 f., der darauf hinweist, wie eine Kultur kooperativer, vertrauensbasierter Kontrolle die Kontrollintensität senken und zu milderen Kontrollmitteln führen kann; vgl. auch *Goerlich* 1993, S. 1 ff.; *Czybulka* 1996, S. 596 ff., der Implementationsdefizite im Umweltschutz auf problematische Strukturen der Verwaltungskultur zurückführt; *Vogel* 2004, S. 127 f.
239 Zum Beamtenethos klassisch: *Morstein Marx* 1963, S. 323 ff.; Wolff/Bachof/Stober § 3 Rn. 30.
240 Hierbei ergeben sich aus einer diachronen Vergleichung der Verwaltungskulturen (etwa der DDR und der Bundesrepublik) sowie der internationalen interessante Perspektiven. Vgl. zur Verwaltungskultur in Gemeindeverwaltungen rechtsvergleichend: *Thedieck* 1992; zur Verwaltungskultur in Ministerien der neuen Bundesländer Anfang der 90er Jahre im Vergleich zu der in Ministerien der alten vgl. *Damskis/Möller* 1997; zu Verwaltungskulturen im Vergleich USA-Deutschland *Brohm* 1991, S. 1025 ff. 1028 f.
241 Seit Selznicks und Barnards Untersuchungen wird der Ausdruck „Organisationskultur" für eine Reihe von Hintergrundannahmen von Organisationen geradezu inflationsartig gebraucht (*Rainey* 2003, S. 307 ff.; zur Bedeutung der Verwaltungskultur im New Public Management: *Schedler/Proeller* 2003, S. 255 ff.). *Hofstede, Neuijen, Ohayv, Sanders* (1990, S. 286 ff.) haben 10 Dimensionen von Organisationskultur unterschieden: 1. Mitgliedschaftsidentität (Ausmaß, in dem sich die Mitglieder eher mit der Gesamtorganisation als mit einer Teilgruppe identifizieren, 2. höhere Bedeutung der Gruppe für die Organisation der Arbeit eher als der Einzelne, 3. Ausmaß in dem die Auswirkungen der Organisation auf das Individuum berücksichtigt werden, 4. Integration zur Einheit als Ausmaß der Anregung zu koordinierter wechselbezüglicher Aktivität in der Organisation, 5. Kontrolle, 6. Risikotoleranz im Sinne von Anreiz zu risikofreundlichem und innovativem Verhalten, 7. Anerkennung die auf Leistung eher als auf Rang beruht, 8. Konflikttoleranz, 9. Zweck-Mittelorientierung und 10. Fokus auf offene Systeme.

Körperschaftsversammlung beläßt sicherlich auch institutionellen Rahmenbedingungen Einfluß auf die Körperschaftsentscheidungen und dürfte auch unter diesem Aspekt die Legitimation der Körperschaft als Isomorphie begünstigen.

d. Rechtliche Konsequenzen

Edelman/Suchman haben aus neo-institutionalistischen Überlegungen heraus wichtige Konsequenzen für das Verhältnis von Recht und Organisation gezogen. Im Zentrum der Überlegungen steht wiederum nicht der instrumentelle Charakter von Recht als Mittel in den Händen der Nutzenmaximierer oder als Sanktion von Fehlverhalten,[242] sondern das wertbezogene Verhalten der Organisationen als kollektiver Akteure. Der Fokus ist auf die die Organisation *ermöglichenden* Rechtsnormen, die Rechtsform, die grundlegenden Institutionen von Vertrag, Verfahrensrecht und solchen über Beginn und Ende der Organisation gerichtet.[243] Recht gehört danach zur institutionellen Umwelt der Organisationssysteme, so daß Rechtsbefolgung als Isomorphismus[244] zwischen Organisation und institutionalisierten Normsystemen aufgefaßt werden kann, die Legitimation und Stabilität zur Folge haben:[245] „Law constructs and legitimates organizational forms, inspires and shapes organizational norms and ideals, and even helps to constitute the identities and capacities of organizational ‚actors'".[246]

Eng mit der institutionellen Umwelt verbunden, passen sich Organisationen nicht nur dem Recht an, sondern bringen selbst normative Muster, Werte hervor, die informal zu rechtlichen Regelungen erstarken oder kodifiziert werden.[247] Der Einfluß von Organisationen auf den Rechtsbildungs(-setzungs- wie -anwendungs-)prozeß wird nicht als Ausnahme, sondern als Normalfall angesehen.[248] Dabei geht es ebenfalls nicht nur um die von neo-korporativistischen Theorien thematisierten gezielten Einflußnahmen, sondern auch um die Ausbildung wirtschaftlicher Standards, Wertkriterien und bewährte Praktiken als Grundlage der Ausfüllung von Generalklauseln und Regelungslücken. Während also Rational Choice-Theorien den unabhängigen Charakter von Recht und Organisation betonen, heben neo-institutionalistische Ansätze ihre innige Verwobenheit hervor.[249]

---

242 *Edelman/Suchman* 1997, S. 484 – die verschiedenen Rational Choice-Ansätze werden von ihnen unter dem Stichwort „Materialist Perspectives" zusammengefaßt und den als „Cultural Perspectives" bezeichneten (klassischen wie neo-) institutionalistischen Theorien gegenübergestellt.
243 *Edelman/Suchman* 1997, S. 503 f.
244 *Edelman/Suchman* 1997, S. 497.
245 Die Auffassungen gehen allerdings auseinander und können in ein dem Rational Choice-Ansatz nahestehendes Zwangsmodell, nach dem Normen wegen ihres Zwangscharakters (und der bei Verletzung befürchteten sozialen Ächtung) befolgt werden, einem normativen Modell, nach dem das Recht wegen seiner Werthaftigkeit befolgt wird, und einem kognitiven Modell, nach dem rechtliche Formen befolgt werden, weil sie als natürlich, passend/plausibel angesehen werden, unterschieden werden, *Edelman/Suchman* 1997, S. 496.
246 *Edelman/Suchman* 1997, S. 493.
247 *Edelman/Suchman* 1997, S. 494: „in many settings, legal and organizational understandings of rationality, propriety, and meaning coalesce simultaneously and endogenously, through an ongoing exchange of symbols and enactments, gestures and interpretations".
248 „The two emerge in tandem, and as the underlying belief system permeates both the legal and the organizational worlds, the boundaries between these realms become increasingly ambiguous".
249 *Edelman/Suchman* 1997, S. 504.

3. Prozedurale Theorie der Organisation: Die Organisation als Entscheidungssystem

a. Der Begriff der Organisation

Während die institutionalistischen Theorien die Umweltabhängigkeit von Organisationen behaupten, gehen systemtheoretische Organisationstheorien von deren Selbständigkeit aus.[250] Ziel der systemtheoretischen Organisationstheorie *Luhmanns*[251] ist eine nicht-normative Theorie[252] der Organisation.[253] Soziale Systeme sind Kommunikationssysteme. Organisationen unterscheiden sich von sozialen Funktionssystemen durch die Art ihrer Kommunikation.[254] Sie sind Entscheidungssysteme.[255] *Weick* folgend[256] vertritt auch *Niklas Luhmann* eine prozessuale Theorie des Organisierens.[257]

Die Grundfrage einer solchen Perspektive ist es, unter welchen Bedingungen eine Organisation als soziales und damit als Kommunikationssystem angesichts stark dynamischer und vielfältiger Umwelten überlebensfähig ist.[258] Dies ist nur möglich, wenn es der Organisation gelingt, die ihr zugehörigen Kommunikationsakte von anderen zu unterscheiden und aufeinander zu beziehen. Grundsätzlich gelingt das, weil Organisationen Mitglieder rekrutieren und damit deren organisationsbezogene Kommunikationen von denen von Nichtmitgliedern unterscheiden können.[259] Die Entscheidung über Mitgliedschaft-Nichtmitgliedschaft ist die zentrale Art von Entscheidungen jeder Organisation.[260] Das ergibt sich für Luhmann führt aus Erkenntnissen der systemtheoretischen Kognitionstheorie. Während Individuen ebenso wie das biologische Leben zur Umwelt sozialer Systeme gehören und als solche nicht an den systemkonstituierenden Kommunikationen teilnehmen, müssen ihre Leistungen als Systemereignisse betrachtet werden. Wahrnehmung, Beobachtung, Handlung, Entscheidung, Gedächtnis etc. sind nur Elemente

---

250 Hiervon ist allerdings die vor allem von *Karl E. Weick* entwickelte Theorie offener Organisationssysteme zu unterscheiden. Er versteht Organisationen als „Koalition wechselnder Interessengruppen, die ihre Ziele in Verhandlungen entwickelt; die Struktur dieser Koalition, ihre Absichten und deren Resultate sind stark geprägt durch Umweltfaktoren" (1985, S. 212 ff.).
251 Zu anderen systemtheoretischen Ansätzen innerhalb der Theorie öffentlicher Verwaltungsorganisationen, *Harmon/Mayer* 1986, S. 155 ff.; *Rainey* 2003, S. 42 ff.
252 Normative Theorien der Organisationen sind insbesondere die den Critical Social Studies entsprungenen Organisationstheorien. Einen entsprechenden Ansatz vertritt etwa *Denhardt* 2000, S. 169 ff.
253 *Luhmann* 1999, S. 54.
254 *Luhmann* 2000, S. 66 ff., 123 ff.; zum Begriff der Entscheidung auch ders. 1991a, S. 337 f.
255 Organisationen sind „autopoietische Systeme auf der operativen Basis der Kommunikation von Entscheidungen ... Sie produzieren Entscheidungen aus Entscheidungen und sind in diesem Sinne operativ geschlossene Systeme", *Luhmann* 1997, S. 830.
256 *Luhmann* 2000, S. 35 f.
257 Vgl. allgemein die Darstellung von *Brans/Rossbach* 1997, S. 417 ff.
258 Dies steht durchaus in Übereinstimmung mit einer Reihe weiterer funktionalistischer Ansätze, *March/Olsen* 1984, S. 737.
259 *Luhmann* 2000, S. 390.
260 *Luhmann* 1991a, S. 364; Mitgliedschaft unterscheidet Organisations- von funktionalen Systemen: Aus dem Rechtssystem der Gesellschaft kann man nicht ausgeschlossen werden, weil selbst diese Frage rechtlich weder danach beurteilt würde, ob der Ausschluß rechtmäßig oder rechtswidrig wäre, mithin als Frage des Rechtssystems. Wohl aber ist der Ausschluß aus Organisationssystemen möglich.

D. Die Körperschaft des öffentlichen Rechts als Organisation

sozialer Systeme, wenn sie kommuniziert werden.[261] Alles, was in der Organisation vorkommt, muß als ihre Leistung erscheinen, damit sie als eigenständig identifizierbar bleibt.[262] Strukturen kommen dabei nicht als solche in Betracht – in ihrer Potentialität, sondern nur in ihrer Aktualität als Thema je gegenwärtiger Kommunikationsakte. Da diese Akte temporäre Erscheinungen sind, die sogleich wieder verschwinden, stellt sich das Problem der Kontinuität der Kommunikation:[263] Persistierende Organisationen haben daher ein Zeitproblem.[264] Die Antwort darauf ist das Organisationsgedächtnis.[265] Entscheidungen müssen ferner zurechenbar sein. Dies geschieht durch ihre normative Zuordnung zu Stellen und Kompetenzen, sowie faktisch dadurch, daß das Organisationsgedächtnis festhält, wer entschieden hat.[266] Dabei bezeichnet das „Wer" den jeweiligen Stelleninhaber, da die Stelle selbst als Brennpunkt von entsprechenden Erwartungen ohne Aussage bleibt. Ziel des Entscheidens der Organisation ist die Beseitigung von Unsicherheit.[267] Die Stabilität der Organisation ist damit nicht auf eine Verläßlichkeit gegenüber ihrer Umwelt begründet, sondern eine Leistung der Organisation selbst:[268] Sie verläßt sich auf das, worüber sie selbst entschieden hat.

Diese Selbständigkeit von Organisationen hat wichtige Konsequenzen für ihre Steuerung und auch für die Möglichkeit von Körperschaften des öffentlichen Rechts. Steuerung kann nicht in einem Befehl-Gehorsam-Modell bestehen. Vielmehr muß der „Befehl" als Störung der Organisation organisationsintern als eigene Entscheidung rekonstruiert werden. Sinnvoll ist es daher, auf Selbststeuerungsmechanismen von Organisationen zu setzen und entsprechende Organisationsstrukturen zu installieren. Sie bedeutet dann aber nicht eine Außensteuerung durch Betroffene. Vielmehr werden den an der Organisation Interessierten oder auch anderen Beteiligungen an der Organisation eingeräumt, d. h. sie werden zu Mitgliedern gemacht.[269] Institutionell führt dies zu einer Binnendifferenzierung durch Gremien, Konferenzen und verfahrenstechnisch zu Wahlen und Abstimmungen. Dadurch werden organisationsbezogene Erwartungen in die Einflußmöglichkeiten der eigenen Position einbezogen, die organisationsspezifisch sind und sich von den

---

261 Die Organisation wird damit noch weiter von den Individuen abgelöst vorgestellt, als von der institutionalistischen Theorie.
262 Weil die Organisation als entscheidungsbasiert angesehen wird, kann Luhmann auch davon sprechen, daß die „Organisation ... ein System [ist], das sich selbst als Organisation erzeugt", *Luhmann* 2000, S. 45.
263 Zur systemtheoretischen Zeitkonstruktion vgl. auch *Kirste* 1998, S. 289 ff.
264 *Luhmann* 2000, S. 152 ff.
265 Die Leistungen des individuellen Gedächtnisses zunehmend mobiler Organisationsmitglieder reichen dazu nicht mehr aus. Erforderlich sind Mechanismen der Organisation selbst, die dieses ersetzen können. Dazu gehört insbesondere die Aktenmäßigkeit der Vorgänge. Vgl. dazu insbesondere *Esposito* 2002, S. 310 ff. In der Aktenförmigkeit liegt damit die Sicherheit der Organisation, *Luhmann* 1991a, S. 363.
266 *Luhmann* 2000, S. 147, zum Begriff der Stelle auch S. 232 f.
267 *Luhmann* 2000, S. 216 f.
268 Ebenso wie Unsicherheit, die als die Alternativität des Entscheidens ebenfalls produziert wird und eine der wichtigsten Systemressourcen, nämlich für weiteres Entscheiden, ist, *Luhmann* 2000, S. 186, *Luhmann* 1997, S. 838.
269 *Luhmann* 1991a, S. 345.

außerorganisatorischen Erwartungen unterscheiden.[270] *Luhmann* befürchtet, daß Demokratie so zu einem „Wachstumsprinzip" der Organisation wird, das den Aufbau von Folgekomplexität hervorruft. Die Organisation gewinnt jedoch durch Differenzierung etwas, was sonst nur von außen an sie herangetragen werden kann: Legitimation. Während die Legitimation von Organisationen in anderen Modellen vom Einfluß von Außenstehenden abhängt, gewinnen demokratische Organisationen durch den Aufbau entsprechender Verfahrensweisen die Möglichkeit, intern Legitimation zu erzeugen. Gerade für den bei der Körperschaft des öffentlichen Rechts interessierenden Zusammenhang zwischen autonomer Rationalitätsgewinnung und Mitgliederpartizipation bleibt Luhmann jedoch skeptisch. Er vermutet, daß die Aufbürdung von Legitimationsfunktionen die öffentliche Verwaltung in einer funktional differenzierten Gesellschaft überlasten könnte.[271] Daher bezweifelt er auch, daß mehr Partizipation zu Freiheitsgewinnen führt und verweist lieber auf die Möglichkeit von Exit-Options.[272]

Auch die Körperschaft des öffentlichen Rechts sieht Luhmann mit dem Problem belastet, daß sie die Unbestimmtheit ihrer Zwecksetzung durch die Gewährung eines Mitgliedschaftsstatus an das Publikum der bürokratischen Organisation kompensieren will.[273] „Das System entzieht sich dadurch aber zugleich einer planmäßig-rationalen Steuerung und einer Leistungskontrolle. Die Rationalisierungsfunktion des Zweckes wird seiner adaptiven Funktion geopfert".[274] – An ihre Stelle tritt aber eine Rationalität der Partizipation und des Sachverstandes, die sicherlich komplexer ist als die Zwecksteuerung, die zugleich aber auf eine gesamtgesellschaftliche Koordination verzichtet und so die Umweltkomplexität durch den lokalen Wirkungskreis kompensieren kann. Luhmann hat allerdings, während er zunächst noch Publikum und Verwaltung als Umwelt des politischen Systems annahm,[275] gesehen, daß diese strikte Trennung nicht aufrechtzuerhalten ist:[276] Alle drei können mit Macht zu tun haben und daher am Funktionssystem der Politik teilhaben. Ihre Unterscheidung wird dann in das an der Unterscheidung von Macht/Ohnmacht orientierte Kommunikationssystem Politik verlegt, wo sie in Form von Gegenkreisläufen aufeinandertreffen, und zwar insbesondere in organisierter Form. Damit wird es aber auch möglich, Legitimationsbegründung nicht auf das politi-

---

270 *Luhmann* 1991a, S. 346: „Die Notwendigkeit, Beteiligungen zu organisieren, erzeugt ihrerseits Entscheidungsbedarf und erzeugt im Sog der anfallenden Entscheidungen die Notwendigkeit, Meinungen zu haben, zumindest ad hoc. Was vorausgesetzt war und befriedigt werden sollte, wird so in tausendfacher Weise erst produziert; und es ist klar, daß die Enttäuschungsquote größer sein wird als die Befriedigungsquote" – wenn nicht ohnehin die Organisation durch derartige Mechanismen zu bloßen Verhandlungssystemen degeneriere. So lautet seine skeptische Entscheidung der Effektivität solcher Demokratisierungsbemühungen.
271 1983, S. 11: Sie müßte hierzu Strukturen der Enttäuschungsverarbeitung aufbauen, was die Rationalität ihrer Entscheidungen belasten würde. – Derartige Strukturen bestehen aber in Selbstverwaltungskörperschaften typischerweise, und fördern die Rationalität der Entscheidungen durch Einbeziehung von Sachverstand.
272 *Luhmann* 1991a, S. 350.
273 *Luhmann* 1991, S. 219.
274 *Luhmann* 1991, S. 220.
275 *Luhmann* schrieb 1966 (S. 76), daß „die Staatsverwaltung" mehrere Grenzen habe: „die zur Politik, die zum Publikum und die zum Personal der Verwaltung.
276 *Luhmann* 2000a, S. 253 f.; zu dieser Konzeptionserweiterung auch *Grunow* 1994, S. 30 ff.

D. Die Körperschaft des öffentlichen Rechts als Organisation

sche System als Funktionssystem einzuschränken und nur als Überfrachtung der Verwaltung anzusehen, sondern entsprechende Prozesse auch hier zu beobachten. Verwaltung bleibt dann ein Untersystem des Funktionssystems Politik, zu der auch das Publikum gehört, und die Einbeziehung in ihre Organisationen wird möglich.

Jedenfalls ist festzuhalten: Auch wenn die Legitimationsbeschaffung durch Organisationsdemokratie zu einem weiteren Wachstum der Organisationskomplexität führen kann, ist sie durchaus ein Faktor, der Organisationen von ihrer Umwelt unabhängig macht und somit ihre Selbständigkeit und Überlebensfähigkeit stärkt.

Ferner läßt sich mit *Luhmanns* System-Umwelt-Konzeption die Differenzierung von Verwaltungsorganisationen erklären. Organisationen als Entscheidungssysteme können sich zu ihrer Umwelt nur auf der Basis eigener Entscheidungen verhalten. Das aber gelingt ihnen am besten, wenn ihre Umwelt ebenfalls aus Organisationen besteht.[277] Daraus folgt, daß Organisationen, historisch gesehen, zwar aus Situationen entstanden sein mögen, die einen besonderen Organisationsbedarf hervorbrachten, Organisationen jedoch zunehmend aus anderen Organisationen hervorgehen, um dann in einer Art symbiotischer Beziehung zu diesen fortzubestehen:[278] „Verbände und Interessenvertretungen gründen sich auf die Voraussetzung entscheidungsfähiger Organisationen in ihrer Umwelt, die es ihnen möglich machen, über Kooperation oder Konflikte zu entscheiden".[279] Somit mag es für die öffentlichen Verwaltungen als Organisationen ein sinnvolles Organisationsprinzip sein, sich in weitere selbständige Organisationen auszudifferenzieren, um sich eine organisierte Umwelt mit vorstrukturierter Komplexität zu schaffen.

Das dezidiert nicht-normative Erkenntnisziel verbietet vorschnelle Rückschlüsse auf Prinzipien des Verwaltungsorganisationsrechts. Organisationsrecht muß in der Organisation zwar als Entscheidungsprämisse erscheinen – jedoch nur, wenn es tatsächlich als Voraussetzung einer wirklichen Entscheidung genommen wird.[280] Über die Entscheidungsprämissen werden die Grenzen der Organisation definiert[281] und das Bild, das sie sich von ihrer Welt macht.[282] Alle Umweltvorgaben – auch Organisationsziele – müssen erst zu Entscheidungen werden, um zur Realität der Organisation zu gehören.[283] Die normative Perspektive setzt dieses Problem insofern voraus, als sie auch für den Fall der Nichtverwendung des Rechts

---

277 So daß sie insofern umweltabhängig sind, als ihr Weiterbestehen durch eine organisierte Umwelt begünstigt wird, *Luhmann* 1991a, S. 359.
278 *Luhmann* 1991a, S. 361.
279 Die Richtigkeit dieser These zeigt sich etwa mit der Entstehung von Spitzenverbänden in dem Moment, als nach der Reichsgründung ein zentraler Ansprechpartner für diese Organisationen vorhanden war, und verstärkte sich, als in der Weimarer Republik die Stellung der Länder zwischen dem Reich einerseits und den Gemeinden andererseits geschwächt wurde (s. u.).
280 *Luhmann* 2000, S.228 – mit der interessanten Konsequenz, daß Entscheidungsprämissen auf Entscheidungen beruhen.
281 Sie treten damit an die Stelle der binären Codierung (z. B. „Recht/Unrecht", „Wahrheit/Unwahrheit") der Funktionssysteme, denen zwar die Organisationen als Organisationen der Wirtschaft, der Politik etc. ebenfalls folgen, die jedoch für konkrete Organisationen noch nicht hinreichend aussagekräftig sind, *Luhmann* 2000, S. 238. Anders als durch die durch Codes identifizierte Kommunikationsakte können sie so in verstehbarer Weise mit ihrer Umwelt kommunizieren, *Luhmann* 1997, S. 834.
282 *Luhmann* 1997, S. 833.
283 Luhmann unterscheidet drei Arten von Entscheidungen über Entscheidungsprämissen: 1. die Entscheidung über die Personalrekrutierung und -einsatz, 2. über die Bedingungen richtigen Entscheidens und 3. die Entscheidung über die Kommunikationswege und Kompetenzen, *Luhmann* 1991a, S. 366.

als Entscheidungsprämisse rechtliche Antworten parat hält.[284] Das Organisationsrecht taucht in dieser Perspektive im Sinne von Entscheidungsregeln auf, die Kommunikationswege (Dienstweg, z. B.) vorschreiben, insbesondere Kompetenzen zuweisen,[285] aber auch Entscheidungen als solche der Organisation abstrakt bestimmen[286] – jedenfalls ist sie das, wenn sie tatsächlich als solche benutzt wird.[287] Genau diese Frage führt dann aber aus der rechtsdogmatischen in eine rechtssoziologische oder verwaltungswissenschaftliche Fragestellung hinein.

b. Ertrag

Der Ertrag der systemtheoretischen Organisationsanalyse liegt im Nachweis der Grundfaktoren des Fortbestandes von Organisationen als Entscheidungssystemen. Auch wenn die Perspektive der systemtheoretischen Organisationssoziologie nicht mit der hier interessierenden Frage nach Kriterien zur Systematisierung der Strukturen von Verwaltungsorganisationen vermengt werden darf, fallen doch eine Reihe von Erkenntnissen ab, die auch für eine Theorie des Verwaltungsorganisationsrechts hilfreich sind. Diese Erkenntnisse betreffen vor allem die Eigenständigkeit von Organisationen und Verselbständigung ihrer Beziehungen gegenüber ihrer Umwelt. Die Systemtheorie analysiert hier einen hochkomplexen Apparat von Verfahrensweisen der innerorganisatorischen Informationsverarbeitung, die von rechtlichen Regelungen teilweise erfaßt und formalisiert werden. Die Begünstigung der Organisationsentstehung durch eine organisierte Umwelt, die Autonomisierung von der Umwelt durch den Aufbau differenzierter Eigenstrukturen, die dadurch ermöglichte Erbringung von Eigenleistungen wie etwa einer autonomen demokratischen Legitimation, dies sind – auch wenn diese Strukturmerkmale in ihrer Perspektive nur Entscheidungsprämissen sind – doch Erkenntnisse, die die systemtheoretische Organisationsanalyse stärker als andere herausgearbeitet hat und die auch für eine Theorie der Verwaltungsorganisation fruchtbar gemacht werden können. Hinsichtlich öffentlicher Organisationen stellt sich aber die Frage, ob es nicht einige Besonderheiten gibt, die das Modell nicht hinreichend berücksichtigt. Auch bei diesen Organisationen geht es darum, eine komplexe Umwelt durch Aufbau von Eigenkomplexität zu reduzieren. Das öffentliche Recht enthält jedoch etwa durch die hoheitlichen Einwirkungsbefugnisse der Verwaltungsorganisation gegenüber ihrer Umwelt und Aufsichtsmitteln gegenüber der Organisation zahlreiche Mechanismen, die die Unsicherheit der Umwelt der Organisation erheblich reduzieren. Auch wenn sicherlich, empirisch gesehen, immer die Frage bleibt, wie Organisationen Ziele weiter prozeduralisieren, fällt doch bei den hier interessierenden Körperschaften auf, daß die Verfolgung der Ziele, die ihr als Aufgabe gestellt werden, laufend im Wege der Aufsicht überprüft wird. Bei der Erhöhung

---

284 Ebenso zieht sie den Umstand, daß alle Rechtssetzung ebenfalls auf Entscheidung beruht, nur für den Fall der Abweichung dieser Entscheidung von normativen Vorgaben in Betracht.
285 *Luhmann* 2000, S. 225; *Luhmann* 1999, S. 233.
286 *Luhmann* 2000, S. 238; gerade dadurch stellen sie das Äquivalent zum Code der Funktionssysteme dar.
287 *Luhmann* 2000, S. 228.

der Binnenkomplexität sind sowohl der Organisation der unmittelbaren Staatsverwaltung als auch der mittelbaren Grenzen gesetzt: Bei der bundeseigenen Verwaltung bestehen Grenzen der Dezentralisierung (Art. 87 I GG); die Grundstrukturen der juristischen Personen sind mit ihrer Verfassung gegeben und nur bedingt veränderbar, außerdem liegt hier zumeist eine gesetzlich vorgegebene Typenbildung vor. Schließlich operieren die meisten öffentlichen Organisationen nicht in einem marktmäßigen Umfeld, vielmehr ist etwa die Rekrutierung ihrer Mitglieder durch Zwangsmitgliedschaften geregelt und die „Produktion ihrer Güter" durch Verfahrensregeln und letztlich durch die Pflicht zur Beachtung der Grundrechte beschränkt. Auch wenn öffentliche Organisationen sich von privaten erheblich unterscheiden, gibt es doch gemeinsame Prinzipien, über die, jedenfalls sofern das System-Umwelt-Verhältnis betroffen ist, die Systemtheorie hilfreiche Erkenntnisse beitragen kann.

4. Nicht Kunde als König, sondern partizipierender Bürger: New Public Service

Unzufriedenheit mit reduktionistischen Rationalitätsannahmen, die Inadäquanz des szientistischen Weltbildes, angenommene Demokratieverluste[288] haben zu wachsender Kritik an den bisher dargestellten Organisationsmodellen in der Theorie der Verwaltungswissenschaften in den USA geführt.[289] Auf der Grundlage phänomenologischer,[290] psychologischer, diskurstheoretischer und postmoderner Ansätze[291] wird inzwischen eine Vielzahl von neueren Konzeptionen von Verwaltungsorganisation vertreten, deren gemeinsamer Nenner die Forderung nach aktiverer Einbeziehung des Bürgers in die Verwaltung und die Erweiterung der Rationalitätskriterien und der Entscheidungsspielräume des Verwaltungspersonals ist.[292] Entsprechende Modelle gehen von der Verbesserung des Wissens über politische Entscheidungen in der Verwaltung, von Selbstbestimmungsfähigkeit der Bevölkerung und Übernahme von Mitverantwortung aus.[293]

Längst beschreibe das rationale Modell der Zwecksetzung durch die Politik und der Ausführung durch die Verwaltung die wahren Verhältnisse nicht mehr

---

288 Hierzu besonders: *Box/Marshall/Reed/Reed* 2001, S. 609 f.; *Denhardt/Denhardt* (2000, S. 549) spricht von New Public Service" als "a movement built on work in democratic citizenship, community and civil society, and organizational humanism and discourse theory."
289 *Denhardt* (2000, S. 159) hebt drei Punkte hervor: „(1) the rational model is based on a limited and confining view of human reason; (2) the rational model is based on an incomplete understanding of knowledge acquisition; and (3) theorists working within the framework of the rational model fail to adequately connect theory and practice". – Zum Spannungsverhältnis von rationalistischem Neuen Steuerungsmodell und Ansätze zur Förderung von Bürgerengagement, aber auch zu Möglichkeiten ihrer Vermittlung in Deutschland vgl. *Klie/Meysen* 1998, S. 452 ff.
290 Erst *Alfred Schütz*, dann *Berger* und *Luckmann* (2001, S. 21 ff.) haben Vorstellungen *Husserls* Begriffe wie „Lebenswelt", „Arbeitswelt" und „Intentionalität" auch für die Analyse von Organisationen herangezogen (2001, S. 124 ff.) und nicht nur den konstruktiven Charakter der sozialen Welt gezeigt, sondern damit zugleich deutlich gemacht, daß eine solche Welt nicht mit einem naturwissenschaftlichen Rationalitätsverständnis erklärbar ist, 2001, S. 13 ff.; vgl. auch *Harmon/Mayer* 1986, S. 291 f.
291 Zur postmodernen Organisationstheorien vgl. *Weik* 1996, S. 390 f.
292 *Denhardt* 2000, S. 157 ff.; *ders.* 2000a, S. 552 f.
293 *Box/Marshall/Reed/Reed* 2001, S. 616 m. w. N.

angemessen. Politik sei bei der Implementation von Entscheidungen auf die Verwaltung angewiesen, und diese bereite die Entscheidungen vor, die jene dann als Grundsätze festlegten. Dieser Umstand sei aber konzeptionell bislang nicht angemessen berücksichtigt worden. Wenn die Verwaltung in so hohem Maße Politik gestalte, sei sie auch selbst stärker demokratisch zu strukturieren und müsse sich ihrer Verantwortung bewußt sein. Der Verwaltungsangehörige dürfe nicht länger als entpersonalisiertes und austauschbares Rädchen im Getriebe, sondern müsse als kreativer und verantwortlich Handelnder erfaßt werden.[294] So weit besteht noch Einigkeit mit den Grundannahmen des New Public Management. Diese Verantwortung müsse an Werten orientiert sein, so daß es einer Ethik der Verwaltung bedürfe. Die so aufgezeigten Freiräume sollen durch tugendhaftes Handeln umhegt werden: Menschlichkeit und Einzelfallgerechtigkeit, Respekt und Toleranz sollen ein Gefühl der Verbundenheit und der Kooperation zwischen dem Verwaltungsmenschen und dem Bürger erzeugen.[295] Menschen werden nicht mehr als Umwelt von Verwaltungen verstanden, sondern als ihre aktiven Angehörigen, denen ein angemessener Status einzuräumen ist. Auf der Basis hermeneutischer Ansätze sollen die kognitiven, verstehenden und kommunikativen Fähigkeiten der Verwaltungsangehörigen verbessert werden.[296]

Wo die Zweck-Mittel-Rationalität nicht mehr trägt, sind auch Verwaltungsstrukturen, die darauf aufbauen, unzweckmäßig.[297] Hierbei komme es auf den Ausbau der partizipativen Strukturen an, um auch dem Bürger zu verdeutlichen, daß er eine Mitverantwortung an der Produktion öffentlicher Güter trage. Schon *Alexis de Tocqueville* hatte betont: „Town meetings are to liberty what primary schools are to science; they bring it within the people's reach, they teach men how to use and how to enjoy it. A nation may establish a free government, but without municipal institutions it cannot have the spirit of liberty".[298] Freiheit wird damit nicht primär im Sinne von liberalen Abwehr- und allenfalls noch von Leistungsrechten gegenüber dem Staat verstanden, die dem New Public Management zugrunde liegen, sondern positiv im Sinne der aktiven Teilhaberechte an politischen Entscheidungen als Grundlage privater Freiheiten aufgefaßt.[299] Ausbau der Entscheidungen in kleineren Gruppen, Stärkung freiwilliger Übernahme von Gemeinwohlaufgaben in Nachbarschaften und Gemeinden stehen auf der Agenda. Hierbei treffen sich Organisationstheorien mit kommunitaristischen Ansätzen in der Politikwissenschaft. Konzeptioneller Ansatzpunkt ist *Michael Sandels* Theorie der beiden Formen von Demokratie: Die formal-liberale Form beruht auf negativen Freiheitsrechten und Verfahren. Die lebendigere, „republikanische" Form

---

294 *Denhardt* 2000, S. 164.
295 *Denhardt* 2000, S. 183. Auch in Deutschland wird eine Wandelung des Leitbilds des Verwaltungsmenschen im 20. Jahrhundert vom Offizier in seinem Beginn (*Nipperdey* 1998c, S. 230 f.) bis zum Konzernvorstand an seinem Ende hingewiesen (*Oebbecke* 2003, S. 368; zu Orientierung am Bild des „CEO" auch Hommelhoff), ohne daß sich zu Beginn des 21. Jahrhunderts schon ein neues Leitbild abzeichnen würde.
296 *Denhardt* 2000, S. 167 f.
297 *Denhardt* 2000, S. 174.
298 *Tocqueville*: Democracy in America, Bd. 1, Kap. 5, zit. nach *Sandel* 1996, S. 27.
299 *Sandel* 1996, S. 26, 202: „The republican tradition taught that to be free is to share in governing a political community that controls its own fate. Self-government in this sense requires political communities that control their destinies, and citizens who identify sufficiently with those communities to think and act with a view to the common good."; zu den beiden Freiheitsbegriffen *Böckenförde* 1992/2, S. 44 f. u. 52 f.

D. Die Körperschaft des öffentlichen Rechts als Organisation   271

hingegen stellt auf die aktive Anteilnahme des Bürgers an der Hervorbringung des Gemeinwohls im Interesse seiner Selbstbestimmung[300] ab und betont Zugehörigkeiten zu Gemeinschaften, einen Sinn für das Ganze der Gemeinschaft und eine moralische Verantwortung ihr gegenüber.[301] Organisationen vermitteln Identitäten und dienen nicht nur der individuellen Interessenverfolgung.[302] Manche der frühen Organisationstheoretiker melden sich auf der Bühne dieser normativen Theorien wieder zurück: *Amitai Etzioni* etwa mit der Verantwortungsgesellschaft[303] und *Philip Selznick* mit seiner Konzeption des „Moral Commonwealth".[304]

Herausgekommen ist eine „kritische Theorie der Verwaltung", der es nicht mehr in erster Linie um die Analyse von Verwaltungsorganisationen geht, sondern um Praxis und um deren Verbesserung.[305] Indem sie nicht nur Bürgerorientierung, sondern auch seine aktive Einbeziehung in die Verwaltung fordert, ist sie das Gegenstück zum New Public Administration-Modell.[306] Gerade in der Aktivierung des Bürgers liegt die Mobilisierung des „Sozialkapitals" (*Robert Putnam*). Diese Ideen fließen auch in die Organisation der Kammern der wirtschaftlichen Selbstverwaltung und der freien Berufe mit ein. Auch wenn hier sorgfältig mit den Beiträgen der Mitglieder umzugehen ist, sieht doch „der gesetzliche Kammerauftrag. nicht vor, daß das einzelne Kammermitglied wie ein Kunde König ist".[307] Die Einrichtungen, die die Kammern schaffen, und die Leistungen, die sie erbringen, kommen prinzipiell allen Kammermitgliedern zugute, die darüber entsprechend mit*entscheiden* dürfen – und nicht nur nach ihrer Zufriedenheit befragt werden.[308]

---

300 Vgl. auch *Barbers* (2003, S. 117) Konzept von „strong democracy": „Strong democracy is a distinctively modern form of participatory democracy. It rests on the idea of a self-governing community of citizens who are united less by homogeneous interests than by civic education and who are made capable of common purpose and mutual action by virtue of their civic attitudes and participatory institutions rather than their altruism or good nature."
301 *Sandel* 1996, S. 4 f.
302 *Sandel* 1996, S. 25.
303 1998, bes. S. 137 ff. u. 159 ff., zur politischen Partizipation als „kommunitäre Aktion par excellence" und der Bürgeraktivierung hierfür als „empowerment" S. 166 ff.
304 *Selznick* 1994, S. 502 in bezug auf die demokratische Selbstbestimmung: "People act democratically, not as isolated or self-sufficient units, but as bearers of a common culture, including a political culture, and as interdependent participants in the group structure of society." Auf dieser Basis konstruiert Selznick dann einen Vorrang der lokalen Gemeinschaften vor dem Staat (a. a. O., S. 505 f.), vgl. bereits oben Fußn. 199; vgl. hierzu auch *Brugger* 2001, S. 161 ff.
305 „Good theory does not merely analyze, but it synthesizes a variety of elements and looks toward the future", *Denhardt* 2000, S. 206.
306 *Denhardt/Denhardt* (2000, S. 553 f.) faßt in dezidierter Antithese zu Osborne/Gaebler das Anliegen des New Public Service in 7 Punkten zusammen: „1. Serve, rather than steer..., 2. The public interest is the aim, not the by-product..., 3. Think strategically, act democratically..., Serve citizens, not customers..., 5. Accountability isn't simple. Public servants should be attentive to more than the market; they should also attend to statutory and constitutional law, community values, political norms, professional standards, and citizen interests..., 6. Value people, not just productivity..., 7. Value citizenship and public service above entrepreneurship". vgl. a. *ders*. 2000, S. 187 u. 190 f.; die Formulierung „Kunde" sollte zwar nicht überbewertet werden, weil sie als Platzhalter für das ökonomische Denken in der Verwaltung fungieren soll (*Burgi* 2003, S. 449), aber auch nicht unterbewertet, denn in der Sache ist die Rolle, die das NPM dem Kunden beimißt ein Minus gegenüber dem Selbstverwaltungsbürger.
307 *Stober* 2001, S. 399: „die gelegentlich vertretene Ansicht, Kammerbeiträge müßten den einzelnen Mitgliedern einen unmittelbaren Vorteil bringen, [ist, SK] der Kammerphilosophie fremd".
308 Derartige Umfragen müssen gleichwohl zur Qualitätsverbesserung zusätzlich erfolgen. Wo sie durchgeführt werden, zeigen sie in den letzten Jahren wieder steigende Zufriedenheit mit der Kammerarbeit, vgl. etwa die Studie von MIND (Mittelstand in Deutschland) zu den Wirtschaftskammern, http://www.mind-mittelstand.de/studie/pdf/gesamt.pdf.

Der bei manchen Autoren nicht nur moralische, sondern moraline Unterton in der Imagination der neuen Verwaltung muß sich vor der Realität hochkomplexer Verwaltungsapparaturen als Sozialromantik erweisen. Doch ist nicht zu übersehen, daß zugleich Dimensionen von Verwaltungsorganisation freigelegt werden, die von klassischen Modellen nicht erfaßt werden. Zwar ist dieser Ansatz teilweise noch diffus, mit sehr hohen Erwartungen an die Tugendhaftigkeit der Bürger und starken Wertannahmen belastet. Er stellt gleichwohl ein beachtliches, in anderen Sozialwissenschaften aufgegriffenes Modell einer nicht am naturwissenschaftlichen Paradigma orientierten Organisationstheorie und Theorie der Verwaltungsorganisationen dar. Dabei fällt auf, daß die Organisationstheorie in einem Land mit fest verankerter demokratischer Tradition Forderungen erhebt,[309] die seit den Reformen des *Reichsfreiherrn vom Stein* zum Kernbestand der Selbstverwaltungstheorie gehört: Selbstbestimmung durch Bürgeraktivierung und -verantwortung über den Weg der Schaffung eines Mitgliedschaftsstatus in öffentlichen Verwaltungsorganisationen mit darauf begründeten Partizipationsbefugnissen sind die Formprinzipien, die von Anfang an Charakteristika der Körperschaft des öffentlichen Rechts waren. Was aber von Organisationstheoretikern des New Public Service als Forderung an öffentliche Organisationen erhoben wird, findet sich in den Körperschaften des öffentlichen Rechts, wie sie sich im 19. Jahrhundert entwickelt und in verschiedenen gesellschaftlichen Funktionsbereichen ausdifferenziert haben, wieder. Hier besteht eine Organisationsform, die Selbstbestimmung im lokalen oder sachlich begrenzten, überschaubaren Rahmen im Interesse und unter den Beschränkungen des Gemeinwohls ermöglicht.[310] Durch die neueren Organisationstheorien werden diese Prinzipien aber bekräftigt und finden Anschluß an eine Theorie der Verwaltungsorganisation, die auch in Deutschland in der Gefahr steht, Verwaltung auf den technisch-bürokratischen Aspekt einerseits und den nur staatlich-demokratisch vermittelten Legitimationsaspekt andererseits zu verkürzen und so Gesichtspunkten der Freiheitsentfaltung durch autonome Legitimation verselbständigter Verwaltungseinheiten aufgrund von Bürgerpartizipation zu vernachlässigen. Das soll die theoretischen Defizite dieses Ansatzes nicht verdecken und einer Sozialromantik Vorschub leisten.[311] Die Theorien des New Public Service rufen aber ins Gedächtnis, daß um der Realisierung konkreter positiver Freiheit sich selbst bestimmender Bürger willen, der Verwaltung Freiräume der Selbstverwaltung belassen werden müssen. Dies geschieht zugleich im Interesse einer durch Engagement und Sachverstand geförderten effektiven Erledigung öffentlicher Aufgaben.

---

309 „... the very survival of democracy itself ... requires a theory of democratic governance that includes democratic administration", *Denhardt* 2000, S. 206.
310 Und daher eher auf Institutionen als auf Tugenden vertraut, aber *Sandel* 1996, S. 320 f., 324 ff.
311 Vgl. aber die Beispiele von *Sandel* (1996, S. 333 ff.) aus der amerikanischen Politik zur Wieder-Befähigung der amerikanischen Großstadtbewohner, ihre gemeinschaftlichen kommunalen Angelegenheiten zu meistern in Form von Städtebauvorhaben des „New Urbanism", Bildungsprogrammen (Industrial Areas Foundation), die ganz konkret versuchen, Herausforderungen zu begegnen, die *Köttgen* schon in den zwanziger Jahren in den deutschen Großstädten mit hoher Mobilität und Entfremdung diagnostiziert hatte, *Köttgen* 1968a, S. 35 f.

5. Zusammenfassung: Die drei Dimensionen von Organisationen

Es sollte nicht die Aufgabe der Erörterung wichtiger Strömungen der Organisationstheorie sein, eine von ihnen als die richtige zu erweisen oder eine Vermittlungstheorie zwischen ihnen zu entwerfen.[312] Vielmehr bringt jede wichtige Teilaspekte von Organisationen ans Licht.

Rational Choice-Ansätze machen deutlich, daß Organisationszugehörigkeit aufgrund ihrer Binnenstrukturen zu Freiheitsverlusten des Einzelnen führen kann, denen aber durch klare Zielvorgaben, verläßliche Strukturen, vor allem aber auch durch den Aufbau von Gegenorganisationen, von Organisationsdifferenzierung, insbesondere Dezentralisierung entgegengesteuert werden kann. Institutionalistische Theorien haben allerdings zu Recht vor übertriebenen Rationalitätserwartungen gewarnt. Irrationale Rahmenbedingungen durch das kulturelle Umfeld von Organisationen prägen die Zielverwirklichung und lassen die ursprünglichen Ziele in den Hintergrund treten.

Der Institutionalismus weist außerdem darauf hin, daß Organisationen nicht nur Beschränkungen von Freiheit sind, sondern zugleich den Wirkungsradius des Individuums erweitern und so freiheitsförderlich sind. Die organisationsrechtliche Perspektive wird beides, die beschränkende wie die freiheitsförderliche Wirkungsweise von Organisationen zu berücksichtigen haben und für die erstere, wenn sie zwangsweise und ohne Exit-Option geschieht, nach einer rechtlichen Rechtfertigung suchen. Sie wird auch der kulturellen und lebensweltlichen Einbindung von Organisationen Rechnung tragen, aber gerade diesen Umstand für Organisationen, die Leistungen im öffentlichen Interesse zu erbringen haben, dadurch nutzen, daß die hieraus erwachsenden Sachkenntnisse und Interessen aufgegriffen und integriert werden.

Während beide Ansätze eine starke Umweltanbindung von Organisationen annehmen, macht die Systemtheorie Luhmanns deutlich, daß Organisationen nur dann überlebensfähig sind, wenn es ihnen gelingt, sich gegenüber ihrer Umwelt abzugrenzen und sich in ihrem Handeln auf sich selbst zu beziehen. Hierbei gewinnen dann die Organisationsziele ein Eigenleben, eine Signifikanz für weitere Operationen der Organisationen, die mehr von organisationseigenen Entscheidungen als von äußeren Vorgaben abhängt. Bei entsprechender Ausdifferenzierung gelingt es der Organisation immer besser, Ergebnisse als Eigenleistungen zu erbringen, die zunächst von ihrer Umwelt bereitgestellt wurden. Dies gilt etwa auch für ihre eigene Legitimation. Die Abhängigkeit von der Umwelt nimmt dadurch nicht ab: Je spezifischer die Aufgaben der Organisation, desto stärker ist sie auf die Erbringung spezifisch anderer Aufgaben durch ihre Umwelt angewiesen. Aber sie kann sich expliziter auf sie beziehen. Die Ausdifferenzierung von Organisationen ermöglicht also selektive

---
312 In der Organisationstheorie wird durchaus bezweifelt, ob es überhaupt möglich und sinnvoll ist zu, einheitlichen Definitionen der Organisation zu gelangen, *Rainey* 2003, S. 18, entscheidet sich daraufhin für eine Merkmalssammlung, die viele der hier angesprochenen Merkmale aufgreift. Organisationen sind danach gekennzeichnet durch Zielverfolgung, Führung und Strategie, Organisationskultur, Umweltverhältnisse, stabile Strukturen, Prozesse, „organizational performance" und Effektivität, Anreize, Aufgaben und Technologien und die Organisationsmitglieder. Die bloße Ansammlung dieser Begriffe ist allerdings unbefriedigend.

Beziehungen zu ihrer Umwelt. Das bedeutet auch, daß es ein Vorteil für Organisationen ist, spezifische Funktionen in weiteren Organisationen zu verselbständigen, um sich auf eine klarer strukturierte Umwelt beziehen zu können. Zu diesen Leistungen der Ausdifferenzierung gehört – entgegen der Skepsis Luhmanns – auch, daß Organisationen autonome Legitimation erzeugen können, wenn sie ihren Mitgliedern qualifizierte Mitwirkungsrechte gewähren. Sie steigern dann deren Freiheit im Sinne eines aktiven Status. Um diese legitimierende Wirkung zu erzeugen, müssen die entsprechenden Mitwirkungsrechte um so weiter reichen – dies hatte sich aus Rational Choice-Ansätzen ergeben – je geringer die Exit-Options reichen.[313]

Als Essenz aus diesen Theorien lassen sich drei grundsätzliche Dimensionen von Organisationen festgehalten:

1. Um überhaupt von einer Organisation sprechen zu können, bedarf es einer Unterscheidung von ihrer Umwelt. Mit ihrer Gründung oder Errichtung werden der Organisation Potentiale verliehen, die Grundlage ihrer weiteren Binnendifferenzierung und Ausgangspunkte der Reaktionen auf ihre jeweilige Umwelt sind. Welche Rolle dabei die Zielsetzung spielt, ob es stärker auf die bewußte Zielverfolgung ankommt oder ob sich die Selbständigkeit aus der Reflexivität der Operationen der Organisation ergibt und vielleicht sogar – wie der Institutionalismus meint – nur in sehr geringem Umfang möglich ist, bleibt umstritten. Keine Organisation kommt aber umhin, sich in irgendeiner Weise auf eigene Ziele zu beziehen (*Selbständigkeitsdimension*).

2. bedarf es einer differenzierten Binnenstruktur, die eine die gewährte oder genommene Selbständigkeit realisierende und bestätigende Betätigung der Organisation ermöglicht. Mindestens ist es erforderlich, daß das Verhalten der Mitglieder und/oder der Sachmittel der Organisation geordnet und die Realisierung dieser Ordnung überwacht wird. Man ist gewohnt, insofern von Aufbau- und Ablaufstrukturen zu sprechen. Inwieweit dies geschieht oder allmählich ausgebaut wird, ist eine Frage der Differenzierung der Organisation. Sie kann so weit reichen, daß die Organisation nicht mehr auf externe Ziele oder Legitimation angewiesen ist, sondern sich insofern selbst reproduziert (*Binnenorganisation*).[314]

3. muß sich jede Organisation auf ihre Umwelt beziehen (kognitive Öffnung), von der sie Leistungen empfängt, die sie selbst nicht erbringen kann und an die sie diejenigen Leistungen abgibt, für die sie zuständig ist. Auch der Umstand, daß die potentiellen Mitglieder sich zu einer Organisation zusammenschließen oder von ihr rekrutiert werden müssen, gehört zum Verhältnis der Organisation zu ihrer Umwelt (*Organisation-Umwelt-Verhältnis*).[315]

---

[313] Besteht die Organisation im öffentlichen Interesse, kommt es für die Erreichung eines bestimmten Legitimationsniveaus allerdings vor allem auf die demokratische, externe Legitimation an, die von der autonomen verstärkt, aber nicht ersetzt werden kann.
[314] Hierzu gehören Fragen wie die Organisation der Handlungen, Führung und Hierarchie, Differenzierung und Integration.
[315] *Scott* (1986, S. 31) untergliedert weiter: „Alle [Organisationen, S.K.] müssen ihre Ziele definieren (und umdefinieren); alle müssen ihre jeweils Beteiligten dazu bringen, gewisse Dienste zu leisten; alle müssen diese Dienste kontrollieren und koordinieren; Geldmittel und Ressourcen müssen beschafft, auch Produkte und Dienstleistungen verteilt werden; Mitglieder müssen ausgewählt, geschult und ersetzt werden; und ein Modus des Zusammenlebens und -wohnens mit den Nachbarn muß gefunden

Die erste Dimension betrifft ihre formale Selbständigkeit; die zweite die innere Identität und Integration der Organisation; mit der letzten muß sich die Organisation mit den Strukturen ihrer Umwelt auseinandersetzen und sich effektiv auf sie beziehen. In der steuerungstheoretischen Perspektive erfassen die drei Dimensionen die input-orientierte Finalsteuerung, die partizipative strukturierbare Selbststeuerung und die vom neuen Steuerungsmodell/New Public Management favorisierte Output-Steuerung, ohne vor einer Gewichtung dieser drei Steuerungsmechanismen eine vorschnell als die allein maßgebliche festzulegen. So können diese drei grundlegenden Strukturen in normativer Hinsicht in bezug auf die oben vorgestellten Dimensionen des Gemeinwohls von Sicherheit, Legitimität und Zweckmäßigkeit von Organisationen gesetzt werden.

Zusammengefaßt meint Organisation damit im Sinne eines integrativen Begriffs von *Renate Mayntz* einen „bestimmten Typ sozialer Gebilde..., die deutlich von ihrer sozialen Umwelt abgegrenzt sind (angebbarer Mitgliederkreis), eine differenzierte Binnenstruktur besitzen und an der Verfolgung spezifischer Zwecke bzw. der Erfüllung umrissener Aufgaben orientiert sind".[316]

II. Gesellschaftliche Organisationen und Organisationen der öffentlichen Verwaltung

Die bisherige Darstellung hat bereits versucht, die allgemeinen organisationstheoretischen Linien bis hin zu Konsequenzen für eine Theorie der Körperschaften des öffentlichen Rechts zu verlängern. Dabei blieb bislang die Frage offen, ob es anerkannte organisationstheoretische Kriterien für die Unterscheidung zwischen öffentlichen und privaten Organisationen gibt. Für eine Theorie der Körperschaft des öffentlichen Rechts kann es dabei nicht bleiben, wie dies einige Organisationstheoretiker angesichts der Schwierigkeit, allgemeingültige Kriterien zu finden und der verbreiteten Neigung zu Übersimplifikationen vorschlagen. Es kann auch nicht auf einer Abstraktionshöhe verharrt werden, die die Unterschiede ausblendet.[317] An Gründen, die gegen eine Unterscheidung sprechen, fehlt es nicht: Es gibt öffentliche Unternehmen, die privatwirtschaftlichen nicht nur ähneln, sondern funktionale Äquivalente darstellen. Private und öffentliche Organisationen haben häufig die gleichen Funktionen (Krankenhäuser). Komplexe öffentliche Aufgaben werden von öffentlichen Organisationen und in ihrem Dienst von privaten gemeinsam erfüllt. Interessen von Berufsständen werden zu unterschiedlichen Zeiten von privaten oder von öffentlichen Verbänden vertreten. Sollten nicht öffentliche wie private Organisationen gleichermaßen profitabel operieren?[318] Vor diesem Hintergrund sind vorschnelle Unterscheidungen unangebracht. Das Grundgesetz macht jedoch über

---

werden". Die von ihm aufgezählten Aspekte lassen sich aber ohne weiteres den genannten drei Anforderungen an die Grundstruktur von Organisationen einordnen.
316 *Mayntz* 1997, S. 82.
317 *Herbert Simon* etwa geht davon aus, daß öffentliche und private Organisationen in allen wesentlichen Dimensionen gleichartig sind, *Rainey* 2003, S. 56 f.; *Roellecke* 1996, S. 7 f.
318 *Rainey* 2003, S. 59 f.

die Notwendigkeit demokratischer Legitimation und die Bindung an Grundrechte selbst Vorgaben für Unterschiede, bei denen zu erwarten ist, daß sie Konsequenzen für die Organisationsstrukturen besitzen.

Die folgenden Überlegungen greifen auf die Auswertung einer größeren Anzahl von Untersuchungen zu diesem Unterschied zurück, die *Hal G. Rainey* zusammengestellt hat.[319] Dabei werden allerdings die von ihm gefundenen Ergebnisse den hier herausgestellten drei Dimensionen von Organisationen zugeordnet.

In der Selbständigkeitsdimension unterscheiden sich öffentliche Organisationen von privaten durch ihre öffentlich-rechtliche (gesetzliche, oder durch hoheitliche Einzelmaßnahme) Errichtung oder Aufhebung im Gegensatz zu einer privatautonomen Gründung. Ihre Ziele sind häufig breiter gefaßt als die privater Organisationen, so daß eine höhere Gefahr von Zielkonflikten besteht. Ihre Vagheit kann nicht nur ihre Steuerungsfähigkeit für die Organisation in Frage stellen, sondern auch die Meßbarkeit der Ergebnisse an ihnen erschweren. Vor allem ergeben sich diese Ziele aus gemeinwohlgebundenen öffentlichen Aufgaben. Öffentliche unterscheiden sich danach von privaten sowohl in bezug auf die Form als auch den Inhalt dieser Organisationszwecke: Der Form nach, weil anders als bei privaten Organisationen die Ziele der öffentlichen extern durch den Gesetzgeber festgelegt werden;[320] dem Inhalt nach, weil sie das Gemeinwohl oder einen thematischen Ausschnitt daraus, nicht aber unmittelbar das Einzel- oder Gruppeninteresse betreffen.[321]

Auch die inneren Strukturen sind durch ein höheres Maß an Formalisierung gekennzeichnet. Klassische Ansätze der Theorie der Verwaltungsorganisation (*Weber, Gulick*) gingen von notwendig hierarchischen Strukturen aus.[322] Dies entspricht jedoch seit Beginn des 19. Jahrhunderts nicht mehr der Verwaltungswirklichkeit. Spätestens seit den 80er Jahren tritt dies auch verstärkt ins Bewußtsein der Organisationstheorie, die sich wieder Formen von Teamentscheidungen und Kollegialstrukturen zuwendet.[323] Die Entscheidungsträger öffentlicher Organisationen unterliegen größeren rechtlichen Beschränkungen als vergleichbare Manager in privaten Unternehmen. Verschiedene Umweltabhängigkeiten (Verbände, z. B.) wirken in die öffentlichen Organisationen hinein und können deren Hierarchiestrukturen untergraben. Diese und andere Faktoren wie diffusere Organisationsziele und heterogene Mitgliederstrukturen führen dann auch dazu, daß die Binnenstrukturen von öffentlichen Organisationen häufig komplexer und konfliktträchtiger sind als bei vergleichbar großen privaten Organisationen.[324] Zumeist wird auch die stärkere Bürokratisierung der Strukturen betont. Angehörige öffentlicher Organisationen scheinen eher intrinsisch (Anerkennung) als extrinsisch durch finanzielle

---

319 Unter ausdrücklichem Vorbehalt, daß es sich um eine vorläufige Abgrenzung der beiden Organisationsregime handelt, *Rainey* 2003, S. 75 ff. Im folgenden werden nur die wichtigsten von insgesamt 42 Unterpunkten erwähnt.
320 *Peabody/Rourke* 1970, S. 805: „Newly formed public bureaucracies differ from most private organizations in that the goals of the organization, at least in theory, are externally determined by legislative enactment or executive order".
321 *Maurer* 2006, § 1 Rn. 9.
322 *A. Downs* sprach in einem einflußreichen Buch 1967 geradezu von einem „law of hierarchy", das die innere Struktur von Organisationen der öffentlichen Verwaltungen präge, *Rainey* 2003, S. 184 f.
323 *Groß* 1999, *Rainey* 2003, S. 186 f. u. 332 ff.
324 *Rainey* 2003, S. 351.

D. Die Körperschaft des öffentlichen Rechts als Organisation

Leistungsanreize, Beförderung etc. motiviert zu sein.[325] Insbesondere Organisationen mit hoch spezialisierten, durch Fachstudiengänge ausgewiesenen professionellen Mitgliedern vertragen sich aber nicht mit einer bürokratischen Organisation. Ihr Personal besitzt eine hohe Identifikation mit seiner Arbeit, erhebt ethische Ansprüche in bezug auf die Art und Weise ihrer Ausführung und handelt in dem Bewußtsein, mehr Sachverstand zu besitzen als staatliche oder gerichtliche Stellen, so daß sie nur selbst die Standards ihrer Tätigkeit festsetzen können.[326] Nachteil von mit Fachexperten besetzten Organisationen oder Teilorganisationen ist allerdings, daß gegenüber den technischen Standards und Regeln der Kunst Fragen der Effizienz zurücktreten.[327]

In ihrer Umweltdimension reagieren öffentliche Organisationen häufig auf Marktversagen oder Unzulänglichkeiten marktmäßiger Aufgabenerledigung: Das „Free Rider"-Problem bei der Erbringung öffentlicher Güter (Sicherheit, Bildungsstandards etc.),[328] die sich nicht aufgliedern lassen, für die daher kein individueller Preis zu ermitteln ist und die entsprechend von einigen ohne eine Gegenleistung mitgenommen werden; negative Externalitäten und Spill-over-effects, die durch Marktmechanismen nur schwer wieder internalisiert werden können; Inkompetenz der Verbraucher zur Marktteilnahme aufgrund mangelnder Aufklärung oder schlicht Überforderung.[329] Öffentliche Organisationen haben für die Erbringung ihrer Leistungen häufig ein Monopol. Sie werden zur Erledigung dieser Aufgaben zumeist mit einer hohen rechtlichen und faktischen Autorität ausgestattet, die jedenfalls rechtlich diejenige privater Unternehmen überwiegt.[330] Umgekehrt sind sie dafür aber auch in besonderer Weise rechtfertigungsbedürftig, was öffentliche Organisationen von den sie unterstützenden gesellschaftlichen Verbänden abhängig machen kann. Ihre staatliche Gründung und Aufhebung macht sie unabhängig gegenüber Marktgeschehen, was Kontrollmechanismen für Effizienz an Stelle der marktmäßigen Beeinflussung erfordert. Auch führen die gegenüber gesellschaftlichen Unternehmen stärkeren rechtlichen Bindungen und internen und externen Rechtfertigungszwänge zu relativ unflexiblem Handeln. Die größere Umweltoffenheit öffentlicher Organisationen steigert schließlich zugleich den Bedarf an

---

325 *Rainey* 2003, S. 241 f. *J. Perry* und *L. R. Wise* (1990, S. 367 ff.) unterscheiden bei ihren Studien zu „Public Service Motivation" innerhalb dieser Motivation drei Kategorien: „Instrumentelle Motive" (das sind Motive, die sich auf einen größeren politischen Einfluß, aber auch die Identifikation mit den Verwaltungszielen beziehen), „norm-basierte Motive" (Wunsch, dem Gemeinwohl zu dienen, Loyalität und Gefühl der Verpflichtung gegenüber der Regierung, Widmung dem Ziel der sozialen Gerechtigkeit) und „affektive Motive" (Wohltätigkeit und Patriotismus). Es ist nicht zu übersehen, daß Körperschaften des öffentlichen Rechts derlei Motivationslagen eher entgegenkommen (sie auch bewußt nutzen), als die hierarchische unmittelbare Staatsverwaltung. – Insgesamt sollen die stärkere Bürokratisierung, die höhere Reglementierung und Umweltabhängigkeit allgemein, sowie die gegenüber privaten Organisationen häufig diffuseren Zielvorgaben in öffentlichen Organisationen eher demotivierend wirken, *Rainey* 2003, S. 224 ff., 284 f.
326 *Rainey* 2003, S. 280. – Idealisierungen sind nicht zu übersehen, die Tendenz zu einem solchen Berufsverständnis wird aber genau von den berufsständischen und akademischen Kammern eingefangen, genutzt und im Interesse des Berufsstandes und der Öffentlichkeit geschützt.
327 *Lüder* 1993, S. 267. Die Frage ist aber, ob dies nicht über die gemeinsame Verantwortung der Körperschaftsmitglieder für die Finanzen des Verbandes wiederum kompensiert werden kann.
328 Vgl. hierzu *Anderheiden* 2002, S. 402 f.
329 *Rainey* 2003, S. 63.
330 *Rainey* 2003, S. 69.

Informationsfluß zwischen Organisation und Umwelt, sowie innerhalb der Organisation.[331] Kennzeichen öffentlicher Organisationen scheint also eine höhere Umweltabhängigkeit zu sein. Hier kann zwar hoheitlich gesteuert und damit Umwelt nur selektiv zugelassen werden. Das mag aber wiederum ungünstige Folgen haben, wie etwa Trägheit in der Anpassung an Umweltveränderungen. Auch hier scheint die Integration von Umwelt in die Organisation wiederum ein Mittel zu sein, durch höhere Bindungen der etwa mit einem Mitgliedschaftsstatus versehenen Bürger zu interessengerechten Ergebnissen zu gelangen.

III. Die drei Organisationsdimensionen

Ausgehend von den drei grundsätzlichen Dimensionen von Organisationen als Institutionen,[332] ihrer Selbständigkeit, ihrer Binnenstruktur und des Verhältnisses zu ihrer Umwelt,[333] sollen jetzt einige Grundstrukturen erörtert werden, um so das theoretische Gerüst für die Untersuchung des Rechts der öffentlich-rechtlichen Körperschaften zu gewinnen.

1. Selbständigkeit

Selbständig ist eine Organisation, (1.) wenn sie eine „Adresse" hat, die sie von anderen unterscheidet, wenn also Äußerungen ihrer Mitglieder ihr selbst zugerechnet werden, und wenn sie (2.) eine Identität besitzt, die sich aus ihren Zielen ergibt. Organisationen sind zwar keine Festungen gegenüber ihrer Umwelt.[334] Sie müssen aber doch eine Einheit bilden, die sich von anderen Interaktions- und Organisationssystemen unterscheidet. Die Einheit ist zugleich der Ausgangspunkt für ihre innere Differenzierung oder Ausdifferenzierung. Durch diese Einheit unterscheiden sich Organisationen von Interaktionssystemen wie Markt und informellen Gruppen.[335] Diese Einheit der Organisation ist daher etwas anderes als die Summe ihrer Elemente, zu der auch die Mitglieder informaler Interaktionssysteme gerechnet werden können.[336] Deshalb spielt auch die Größe der Organisation keine Rolle für die Abgrenzung von anderen Sozialsystemen.[337] Versteht man

---

331 *Rainey* 2003, S. 215 ff.
332 Es wird im folgenden um diese Dimension der Organisation gehen. Die Prozesse des Organisierens treten demgegenüber in den Hintergrund, vgl. zum Organisieren der Verwaltung auch *Siepmann/Siepmann* 1992, S. 3 ff.
333 Vgl. zu drei Aspekten auch *Groß* 1997, S. 140 f., der sich innerhalb des ersten Aspekts auf die Zielorientierung konzentriert; auch *Krebs* 1988, Rn. 2: 1. Abgrenzung der Verwaltungsaufgaben wahrnehmenden Wirkeinheit gegenüber ihrer Umwelt; 2. die rechtliche Binnenstruktur; 3. Verhältnis der Entscheidungen zu ihrer Umwelt.
334 *Scott* 1986, S. 189.
335 *Scott* 1986, S. 202 f. u. 207 f.
336 *Mayntz* 1963, S. 37.
337 Anders aber *Mayntz* (1963, S. 38): „Auch der Staat ist kaum als eine Organisation zu bezeichnen. Versteht man unter dem Staat die Zusammenfassung aller Mitglieder einer nationalen Gesellschaft in einer politischen Ordnung, dann ist das schon deshalb keine Organisation, weil eine Organisation immer nur ein Teil, ein Gebilde in einer Gesellschaft ist und somit auch nicht die ganze Bevölkerung als Mitglied zählen kann".

nämlich Organisation als „gegenwärtige und ständig sich erneuernde Existenz eines geordneten Handlungsgefüges"[338] oder, wie oben ausgeführt, mit Luhmann als „Entscheidungssystem",[339] dann unterscheiden sich Organisationen qualitativ von Interaktionssystemen, die keine solchen Wirkungseinheiten sind bzw. von den funktional differenzierten Kommunikationssystemen, die keine Entscheidungssysteme sind. Organisationen können danach noch so groß sein; sie fallen nicht mit der Gesellschaft als ganzer zusammen.

Eine juristische „Adresse" erhält die Organisation dadurch, daß sie Rechtspersönlichkeit wird.[340] Juristische Personen sind rechtsfähige Einheiten, die unabhängig von ihren Elementen in Form von Mitgliedern oder Sachmitteln bestehen.[341] Diese Möglichkeit der Verselbständigung soll hier nur ganz allgemein festgehalten werden, weil sie später breiter erörtert wird. Organisationstheoretisch betrachtet, stellt sie nur eine von mehreren Möglichkeiten der Verselbständigung von Organisationen dar.[342] In systemtheoretischer Perspektive etwa wird die selbständige Einheit der Organisation dadurch hergestellt, daß sie als autopoietisches System jedes ihm zuzurechnende Element selbst hervorbringt.[343] Organisations*rechtlich* ist dieses System dann zum Zurechnungspunkt für Rechtsnormen.

Zumeist wird auf den inneren Zusammenhang als Kriterium für die Einheit abgestellt. So etwa auch *Wolff/Bachof*: „Organisation ist die institutionelle Zuordnung von Funktionen zu Menschen und deren Neben- und Unterordnung zwecks Herbeiführung gleichsinniger Wirkungen. Sie ist mithin ein von anderen Handlungssubjekten unterschiedener, in Funktionseinheiten (Organe) gegliederter aufgabenbezogener Wirkungszusammenhang".[344] Der innere Zusammenhang kann wiederum formal als reflexives Entscheidungssystem verstanden werden oder material als zielgerichtete soziale Gebilde.[345]

a. Die Formalität der Organisation

Die Formalität einer Organisation[346] wird zumeist durch die Existenz von genau und explizit formulierten Regeln, unpersönlichen Rollenstrukturen und teilweise

---

338 *Heller* 1983, S. 262.
339 Wobei Entscheidung keinen bloß innerlichen Vorgang bezeichnet (so für eine Theorie der Verwaltungsorganisation aber *Stene* 1940, S. 1130), sondern eine Form von Kommunikation.
340 Dazu *Kirste* 2000, S. 25 ff.; *ders.* 2001, S. 319 ff.
341 Zur Bedeutung der Zurechnung für die Verwaltungsorganisation vgl. auch *Groß* 1999, S. 11 f.
342 Pitschas kritisiert aus organisationstheoretischer Perspektive die einseitige Festlegung auf die Rechtspersönlichkeit als Zurechnungspunkt von Kompetenzen nicht zu unrecht und weist statt dessen auf „komplexe Handlungs- und Interaktionszusammenhänge" hin, die sachlich Organisation ausmachen und von der Umwelt abgrenzen (*Pitschas* 1997, S. 182 ff.; *ders.* 1998, S. 914). Rechtstheoretisch betrachtet wird es nur schwierig, einem solchen Handlungsgefüge Rechtsnormen zuzuordnen. Zum vergleichbaren Problem in der Theorie der Rechtssubjektivität Karl-Heinz Ladeurs (*Ladeur* 1995) vgl. *Kirste* 2001, S. 320 ff.
343 *Luhmann* 2000, S. 45: „Eine Organisation ist ein System, das sich selbst als Organisation erzeugt".
344 *Wolff/Bachof* 1976, S. 74.
345 *Mayntz* 1963, S. 36; *Etzioni* 1971, S. 12: „Organisationen sind soziale Einheiten (oder menschliche Gruppenbildungen), die mit dem Zweck errichtet wurden, spezifische Ziele zu erreichen".
346 Klassisch *Blau/Scott* 1966, 2 ff.; *Luhmann* 1999; *Pfiffner/Sherwood* 1960, S. 206 ff.

auch mit einer zweckrationalen Struktur gekennzeichnet.[347] Sie dient der Aufrechterhaltung der Organisation in ihrer errichteten Gestalt[348] und setzt so den Willen des Inhabers der Organisationsgewalt dauerhaft durch. Klassisch wird auch die Zweckrationalität als Kennzeichen der formalen Struktur der Organisation angesehen (s. u.).[349] Organisationsrecht ist damit selbst ein Teil der formalen Struktur. Seinem Inhalt nach muß es damit rechnen, daß sich innerhalb der Organisation informale Strukturen ausbilden und versuchen sie zu erfassen.

Da die Tätigkeiten und Beziehungen der Mitglieder und des Personals der Organisation durch vorher festgelegte Regeln bestimmt werden, ist die Körperschaft eine formale Organisation.[350] Sie ist – unbeschadet der Tatsache, daß es sich um eine Selbstverwaltungsorganisation handelt – auch eine bürokratische Organisation:[351] Neben der Regelordnung folgt die Tätigkeit der „Mitglieder" einer genauen Kompetenzabgrenzung,[352] unpersönlichen Organisationspositionen und häufig dem Aufbau einer Körperschaftsbürokratie, die mehr oder weniger den Kriterien der Bürokratie der staatlichen Verwaltung gehorcht.

b. Das Organisationsziel als Einheitskriterium der Organisation

Ziele spielen in der klassischen Organisationstheorie eine zentrale Rolle für die Klassifikation von Organisationen.[353] Als Organisationsziel gilt dabei „ein angestrebter Zustand, den die Organisation zu erreichen sucht".[354] Ihre Relevanz resultiert für diese Ansätze schon aus der Zweck-Mittel-Rationalität von formalen Organisationen.[355]

aa. Funktion und Struktur von Organisationszielen

Ziele haben zunächst eine *klassifikatorische Funktion*: Zielorientierung dient erstens als Abgrenzungskriterium zwischen allgemeinem Gesellschaftssystem und Organisationen.[356] Die explizite Orientierung an ihnen unterscheidet zweitens formale

---

347 *Scott* (1986, S. 95) hebt hervor, daß „eine Struktur in dem Maße formalisiert ist, in dem die Regeln, die das Verhalten der Beteiligten steuern, genau und explizit formuliert sind und in dem Rollen und Rollenbeziehungen unabhängig von den persönlichen Eigenschaften derjenigen, die bestimmte Positionen in der Struktur innehaben, vorgegeben sind".
348 *Becker* 1989, S. 627: „Die Grundfunktion der Formalisierung ist die Sicherung des Bestandes des gewählten Strukturdesigns". *Pfiffner/Sherwood* 1960, S. 221.
349 Vgl. etwa auch *Selznick* 1948, S. 25, der seine institutionalistische Theorie kritisch davon abhebt.
350 *Mayntz* 1963, S. 86; *Luhmann* 1999, S. 29 ff.
351 *Weber* 1972, S. 124–130 u. 551–559.
352 Kompetenz als Versorgung von Können mit Adressen und Adressen mit Können, *Luhmann* 2000, S. 320 f.
353 Weitere Funktion von Zielen ist es 1. Richtschnur für die Tätigkeit von Organisationen, 2. Quelle ihrer Legitimität und 3. Maßstab ihrer Leistungsfähigkeit und ihres Erfolges zu sein, *Etzioni* 1971, S. 15; *Scott* 1986, S. 39. In der ersten dieser weiteren Funktionen können Ziele dann definiert werden als „Kriterien, anhand deren einzelne Aspekte der Funktionsweise der Organisation bestimmt und bewertet werden können", *Scott* 1986, S. 349.
354 *Etzioni* 1971, S. 16; *Rainey* 2003, S. 130.
355 *Schmidt-Preuß* 2001, S. 46: „Organisation ist der Inbegriff für eine Zusammenfassung von Menschen mit institutionalisierten Regeln zur Erreichung von Zielen".
356 *Parsons* 1960, S. 17: „As a formal analytical point of reference, primacy of orientation to the attainment of a specific goal is used as the defining characteristic of an organization which distinguishes it from other types of social systems".

von informalen Organisationen.³⁵⁷ Schließlich können formale oder informale Organisationen nach dem Inhalt ihrer Ziele differenziert werden.

Ziele haben ferner Funktionen für die Binnenstruktur von Organisationen. Ihnen kommt hier zunächst eine *Strukturfunktion* zu, insofern nicht jede Aufbau- und Ablauforganisation auch zu jeder Art von Aufgabe paßt. Insbesondere eignen sich bürokratisch-hierarchische Strukturen nicht zur Durchführung vage programmierter Aufgaben.³⁵⁸ Weiterhin wird Zielen eine *Orientierungs- und Stabilisierungsfunktion* beigemessen. Sie haben Einfluß auf die Motivation der Mitglieder.³⁵⁹ Dabei kommt einer spezifischeren Zielsetzung höhere Integrationskraft und damit eine höhere Stabilisierungsfunktion zu als Zielbündeln, deren Kohärenz erst durch eine Steigerung der Binnenkomplexität von Organisationen in Form von Abstimmungsverfahren hergestellt werden muß.³⁶⁰ Insbesondere bei Verwaltungsorganisationen kann sich diese stabilisierende Funktion auch gegen die Mitgliederinteressen richten. Bei Klientelorganisationen beispielsweise,³⁶¹ die sich auch als Interessenvertretung ihrer Mitglieder verstehen – wie dies bei den berufsständischen Körperschaften der Fall ist – kann die Zielorientierung auf die Erfüllung öffentlicher Aufgaben auch gegenüber anders gerichteten Ambitionen der Mitglieder dienen.

Ziele haben ferner eine *normative Funktion*: Das Organisationsverhalten kann anhand der Übereinstimmung mit ihren Zielen gemessen, beurteilt und ggf. korrigiert werden.³⁶² Damit sind sie auch Anknüpfungspunkte zur Entscheidung über die Legitimität der Organisation.³⁶³ *Parsons* nahm noch an, daß sich diese Wertorientierung notwendig und generell an höheren gesellschaftlichen Werten ausrichten müsse, da jedes Organisationssystem ein Subsystem der Gesellschaft sei. Die grundlegenden Werte einer Organisation fungieren dann intern als Rechtfertigungen untergeordneter Wertentscheidungen und Ziele, sowie der zu ihrer Verfolgung installierten Programme.³⁶⁴ Die Annahme eines so wohlgeordneten Systems der Werte und Ziele erlaubt gegenwärtig kaum noch, eine realistische Perspektive auf die Vielzahl der gesellschaftlichen Organisationen.³⁶⁵ Das betrifft nicht nur den Gegensatz von faktisch verfolgten legalen und illegalen Zielen,³⁶⁶ sondern auch die Gegensätze innerhalb der rechtmäßigen. Wenn etwa die Interessenverbände betrachtet werden, zeigen sich tiefgreifende Differenzen in den Zielen, die in einer pluralistischen Gesellschaft nicht nur hingenommen werden müssen, sondern im Interesse der Erhaltung der Innovationsfähigkeit einer Gesellschaft wünschenswert sind. Die Divergenz von Organisationszielen und allgemeinen gesellschaftli-

---

357 *Blau/Scott* 1963, S. 5; *Blau* 1970, S. 201: Danach sind formale Organisationen „organizations deliberately established for explicit purposes and composed of employees"; *Luhmann* 1999, S. 31 f.
358 Vgl. hierzu unten S. 116 zu den Gründen für bürokratische und andere Organisationsformen.
359 *Luhmann* 1999, S. 100 ff.; *Teubner* 1978, S. 37 f.
360 *March/Simon* 1961, S. 125; *Teubner* 1978, S. 59.
361 Hierzu *Schuppert* 2000, S. 573.
362 Etwa auch im Hinblick auf ihre Effektivität. Womit auch deutlich wird, daß Effektivität von Organisationen wertungsabhängig ist, *Rueschemeyer* 1977, S. 5.*Luhmann* 1991, S. 224.
363 *Schliesky* 2004, S. 162 m.w.N.
364 *Parsons* 1960, S. 21.
365 Differenzierend schon *Perrow* 1961, S. 854 f.
366 *Mayntz* 1963, S. 61 f.; auch von „official goals", die nach außen ausgewiesen werden, und „operative goals", die die mittelfristigen, konkreteren Ziele betreffen, auch *Perrow*, 1986, S. 10 f.; *ders.* 1961, S. 855 f.

chen Zielen läßt aber gerade den Wunsch aufkommen, daß für einen Teil der gesellschaftlichen Ziele, die allgemeine Anerkennung gefunden haben, Organisationen geschaffen werden, die sich an ihnen ausrichten. In einer normativen Perspektive scheint also gerade angesichts der faktischen Differenz der Ziele die von Parsons als typisch unterstellte Wertkongruenz bestimmter gesamtgesellschaftlicher Werte mit den Zielen bestimmter Organisationen sinnvoll.[367] In diesem Fall wird das Ziel zur Aufgabe.

Während private Organisationen im Wettbewerb um die Exklusivität der (besten, billigsten etc.) Zielverfolgung stehen, wird öffentlichen Organisationen das Ziel als Aufgabe auferlegt. Hierdurch wird die Unterscheidung, aber auch das koordinierte Zusammenwirken mit anderen öffentlichen und privaten Organisationen erleichtert.[368]

Nach der *Art der Ziele* können verschiedene Organisationen unterschieden werden:[369] 1. „Selbstzweckorganisationen" („mutual-benefit associations"), deren Ziel die soziale Gemeinschaft ist. Diese Art scheidet im öffentlichen Recht praktisch aus. 2. Einwirkungsorganisationen:[370] Zweck dieser Organisationen ist es, auf bestimmte Personengruppen einzuwirken. Die Einbeziehung der Zugehörigen kann freiwillig oder gezwungen sein. Sofern man die Körperschaften besonders der funktionalen Selbstverwaltung als Lenkungsorganisationen versteht, fallen sie unter diese Kategorie. 3. Leistungsorganisationen („service organizations"), deren Betätigung auf ihre Außenwirkung gerichtet ist, wobei weiter in altruistische, egoistische und schließlich solche mit Interessen-Zieldivergenz[371] untergliedert werden kann. Anstalten des öffentlichen Rechts können hierunter subsumiert werden. Die verschiedenen Körperschaftsformen fügen sich nicht eindeutig in diese

---

367 Hier kann dann zwischen Organisationen unterschieden werden, die marktmäßig in ihrer Konkurrenz gemeinwohlförderlich handeln, ohne dies anzustreben, solchen, die es anstreben, ohne dazu verpflichtet zu sein und endlich solchen öffentlichen Organisationen, die in koordinierter Weise Gemeinwohlaufgaben erfüllen, hierzu *Kirste* 2001, S. 360 ff.
368 *Parson* selbst (1960, S. 44 f.) erstellt auf der Grundlage seines AGIL-Schema der notwendigen gesellschaftlichen Funktionen (adaptation, goal attainment, integration, latency) eine zielorientierte Typologie der Organisationen (vgl. auch *Scott* 1986, S. 56 f.): (1.) Wirtschaftsorganisationen, die er primär der Adaption zuordnet, (2.) politische Organisationen, zu denen er die meisten Organisationen der öffentlichen Verwaltung rechnet, weil sie auf Ziele als Werte orientiert seien, (3.) integrative Organisationen, wozu er eine ganze Reihe von Organisationen rechnet, die der Effektuierung gesellschaftlicher Ziele dienen, von den Gerichten über die politischen Parteien und Interessengruppen bis zu Krankenhäusern und schließlich (4.) struktur-erhaltende Organisationen, die der Latenzfunktion der Gesellschaft dadurch dienen, daß sie ihre grundlegenden Identitätsmuster pflegen und entwickeln, wie dies etwa bei Schulen, Museen und anderen kulturellen Einrichtungen der Fall ist. Versucht man die Körperschaften des öffentlichen Rechts in dieses Schema einzuordnen, so wird deutlich, daß das Schema zu grob ist: Sie finden sich in der 2., der 3. (berufständische und Wirtschaftskammern) und auch in der 4. Gruppe (Universitäten, soweit sie Körperschaften sind) wieder. Das bestätigt die Vermutung, daß das Organisationsziel keine hinreichende Erklärung für die Organisation einer bestimmten Aufgabe in der Form der Körperschaft des öffentlichen Rechts ist. Vielmehr wird deutlich, daß bestimmte gesellschaftliche Ziele prinzipiell sowohl privatrechtlich wie öffentlich-rechtlich organisiert werden können, *Schuppert* 1981, S. 85 f.
369 Zum folgenden *Blau/Scott* 1966, S. 40 ff.; *Mayntz* 1963, S. 59 f.
370 Diese Kategorie fehlt bei *Blau/Scott*, statt dessen werden noch „business concerns" (1966, S. 49 f.) – Organisationen, die zum Vorteil der Eigentümer errichtet wurden und „commonweal organizations" (1966, S. 54 f.), die den Vorteil einer breiten Öffentlichkeit betreffen, unterschieden.
371 *Mayntz* 1963, S. 60: „Schließlich können die Mitglieder dem Organisationsziel deshalb dienen, weil diese Mitwirkung ihnen Vorteile bringt, die mit dem Ziel selbst nicht identisch sind".

Kategorie. Sie erfüllen öffentliche Aufgaben, die nicht nur im Interesse der Organisation bestehen, wären insofern also „altruistisch" zu nennen. Zugleich dienen sie auch den Mitgliederinteressen, wären also egoistisch. Außerdem verfolgen sie Eigeninteressen, die weder mit den staatlichen noch mit den Mitgliederinteressen deckungsgleich sein müssen. Auch kann man nicht sagen, daß eine dieser Formen maßgeblich ist, vielmehr ist gerade das Mischungsverhältnis – das allerdings variieren kann – kennzeichnend.

Es kann ferner nach dem *Rang der Ziele* zwischen Primär- und Sekundärzielen unterschieden werden.[372] Primärziele werden in der Regel mit der Gründung der Organisation festgelegt und können schwer oder gar nicht geändert werden. Gerade auf diese Weise stiften sie eine Identität der Organisation. Sekundärziele hingegen können von den Organisationen ggf. mit Zustimmung einer weiteren Organisation abgeändert werden. Das bedeutet nicht, daß faktisch kein Widerspruch zwischen beiden bestehen könnte; normativ sind die Sekundärziele jedoch an den Rahmen gebunden, den die Primärziele abstecken. Tatsächlich kann es auch geschehen, daß der Primärzweck der Organisation erfüllt wird, die Organisation den Mitgliedern aber als ein Selbstzweck erscheint, der die Suche nach neuen Zielen rechtfertigt.[373] Auch dies relativiert Funktion von Zielen für die Einheitsstiftung.[374]

Ein wesentlicher Einwand gegenüber der Maßgeblichkeit der Ziele für die Bestimmung der Einheit der Organisation ist ihre *Vagheit*.[375] Ziele sind häufig nicht als Konditionalprogramme formuliert, die Regeln für die Setzung von Rechtsfolgen wären, sondern – und zwar gerade im Bereich der Verbände[376] – als Zielvorgaben.[377] Diese Bedenken gelten insbesondere für öffentliche Organisationen; denn gerade sie zeichnen sich häufig durch eine gegenüber privaten sehr vage Zieldefinition aus, die deshalb jedenfalls in der Konkretisierung konfliktträchtig sind.[378] Außerdem ist ihre Realisierung schwerer meßbar. *Mayntz* hebt hervor, daß in diesen Fällen eine stärkere partizipatorische Binnenstruktur an die Stelle der klaren Zielvorgaben tritt. Sie ermöglicht dann die Konkretisierung und Adaption der Rahmenvorgaben an konkrete Situationen. Die ursprüngliche Einheit der Organisation aufgrund ihrer Zwecksetzung wird dann ergänzt und konkretisiert durch die innere, partizipativ strukturierte Einheit.

Schließlich besteht die Möglichkeit von *Zielkonflikten*.[379] Sie können durch widersprüchliche Zielbündel, durch Streit innerhalb verschiedener Mitgliedergruppen

---

372 *Etzioni* 1971, S. 15.
373 Vgl. das Zitat von *Cohen/March/Olsen* zum „garbage-can-Modell" der Organisation oben Fußn. 108; zur Bedeutung des Modells für öffentliche Organisationen vgl. *Rainey* 2003, S. 122; *Mayntz* 1963, S. 72.
374 *Luhmann* 1999, S. 75. Den Funktionsmechanismus von Primär- und Sekundärzielen hat *Hoffmann-Riem* (1980, S. 82 f.) am Beispiel der Handwerkskammern näher untersucht. Das Primärziel wird hier als „Vertretung der Interessen des Handwerks" in § 90 I HwO festgelegt und in § 91 in Sekundärziele näher aufgefächert. In diesem Rahmen, der die Sekundärziele nicht abschließend regelt, können per Satzung der Kammer weitere Sekundärziele festgelegt werden.
375 *Mayntz* 1963, S. 66 f.
376 *Mayntz* 1963, S. 67.
377 Zur Unterscheidung *Luhmann* 2000, S. 266 f.; ders. 1991, S. 101 ff. u. 257 ff; ders. 1999, S. 282 f.
378 *Rainey* 2003, S. 132.
379 *Mayntz* 1963, S. 74 f.; *Scott* 1986, S. 360 f.

über die Organisationsziele[380] oder durch eine Abweichung von den offiziellen und den tatsächlich verfolgten Zielen[381] entstehen. Auch hier wird die Aussagekraft der Ziele für die Einheit der Organisation gemindert, wenn es nicht gelingt, diese Konflikte zu harmonisieren oder – wiederum über Partizipation und damit über die innere Struktur der Organisation – zu temporalisieren, d. h. zu ermöglichen, daß zu unterschiedlichen Zeiten unterschiedliche Ziele die Organisation prägen.[382]

bb. Kritik an der Relevanz von Zielen für Organisationen

Der Aspekt der Zielorientierung von Organisationen ist deshalb nicht unbestritten geblieben.[383] Neben postmodernen Organisationstheorien[384] kritisiert auch *Luhmann* die Zweckorientierung von Organisationen: Erstens könnten nicht alle systemnotwendigen Leistungen auf einen gemeinsamen Zweck zurückgeführt werden[385] und zweitens könnten konkrete Handlungen nie ausschließlich aus einem bestimmten Zweck erklärt werden.[386] Schließlich ginge es Organisationen in erster Linie um ihr Überleben. Im Hinblick darauf werde eine äußere Zwecksetzung geprüft und verworfen.[387] Hier unterscheidet sich abermals die normative von der soziologischen Perspektive. Rechtlich gesehen vollzieht sich der Wandel von den ursprünglichen zu neuen Zielen nur im Rahmen der normativen Vorgaben. Abweichungen der

---

380 *Perrow* 1961, S. 861.
381 *Perrow* (1961, S. 855 f.) unterscheidet zwischen „official goals" („general purposes of the organization as put forth in the charter, annual reports, public statements by key executives and other authoritative pronouncements") und „operative goals" („they tell us what the organization actually is trying to do, regardless of what the official goals say are the aims").
382 *Luhmann* 1994, S. 76 ff. Temporalisierung bedeutet: Steigerung der Problemverarbeitungskapazitäten der Organisation durch ihre zeitliche Streckung. Was entsteht, ist ein System mit „dynamischer Stabilität".
383 Vgl. auch *Vogel* 2004, S. 119 f.
384 Die Systemtheorie Luhmanns versteht sich nicht als postmodern, auch wenn sie verschiedene Aspekte mit diesen teilt (*Luhmann* 1997, S. 1143 f.). Zu *postmodernen Organisationstheorien* vgl. *Parker* 1992, S. 1 ff., zur Rationalitätskritik insbes. S. 3 f. *Weik* 1996, S. 390 f. – Auf die postmoderne Organisationstheorie wird hier nicht näher eingegangen. Als Wissenschaftsperspektive bringt sie ausgesprochen anregende Beobachtungen über bestehende Organisationen und Kritik an klassischen Organisationstheorien, die weit über die Beobachtung informaler Strukturen in Organisationen hinausgehen und damit zugleich ihre eigene These belegen, daß eine Perspektive kaum je zur Erklärung von Organisationen ausreicht (*Parker* 1992, S. 10). Sie beugt damit einer Blickverengung durch die rechtliche Perspektive vor. Wenn aber Grundstrukturen von Organisationen herausgearbeitet werden sollen, ist sie wenig hilfreich. Postmoderne Organisationstheorie versucht ferner Organisationen zu entdecken oder fordert sie, die in Abkehr vom überkommenen Bürokratiemodell durchlässigere, flexiblere aber auch instabilere und netzwerkartige Strukturen aufweise. Eine solche Organisation ist die Körperschaft des öffentlichen Rechts gerade nicht. Allenfalls könnte also eine Ergänzung und Modifikation ihrer Strukturen in diesem Sinn gefordert werden. Dies ist aber eine rechtspolitische Frage, auf die bei der Analyse der Grundstrukturen der Organisationsform der Körperschaft des öffentlichen Rechts nicht näher einzugehen ist.
385 Vielzweckorganisationen können sich sogar als leistungsfähiger erweisen (*Etzioni* 1971, S. 29f.), weil die Erfüllung einer Aufgabe auch die einer anderen begünstigt und derartige Organisationen eine größere Aufmerksamkeit und Attraktivität genießen können.
386 *Luhmann* 1999, S. 32: „Es ist weder möglich noch sinnvoll, alles Handeln in organisierten Systemen aus dem Organisationszweck abzuleiten". Vgl. auch 75 f.
387 *Baecker* 1994, S. 24: „Man darf ... damit rechnen, daß Organisationen ... innerhalb eines immer erst auszuprobierenden Rahmens des Möglichen bereit sind, ihre Ziele und Mittel gegen andere Ziele und Mittel auszutauschen, wenn das der Sache dient, vor dem Hintergrund des Selbstverständnisses und der bisherigen Programme der Organisation legitimierbar ist und den Budgetrahmen nicht sprengt".

D. Die Körperschaft des öffentlichen Rechts als Organisation

tatsächlich verfolgten von den vorgegebenen Zielen sind Rechtsverstöße.[388] Während die soziologische Perspektive beobachtet, daß tatsächlich von der Organisation eine Reihe von Zwecken verfolgt wird, die ihr nicht als Aufgabe von außen vorgegeben sind, achtet die normative Perspektive primär auf die vom Organisationsträger gesetzte Aufgabe und beobachtet die weiteren Zwecke entweder im Bereich freiwilliger Aufgaben oder aber als Abweichungen, die ggf. nicht mehr gerechtfertigt sind. Auch wenn festgestellt wird, daß Organisationsziele nichts der Organisation Vorgegebenes seien, vielmehr sich aufgrund der Auseinandersetzung mit ihrer Umwelt, besonders in Konkurrenzsituationen, wandelten,[389] so stellt sich doch die Frage, ob dies nicht eher die Sekundärziele bei Aufrechterhaltung der primären betrifft: Um diese besser erfüllen zu können, tauscht man untergeordnete aus.

Ein weiterer Kritikpunkt an Zielen ist, daß sie nicht effektiv seien, weil sie die Motivation der Organisationsmitglieder nicht steuern könnten.[390] Auch der Begriff der Aufgabe setze Weisungsbefugnisse voraus und verschleiere damit das Problem, wie diese „Vorgegebenheiten" tatsächlich Eingang in die organisationelle Kommunikation finden könnten. *Luhmann* bevorzugt daher den Begriff der Entscheidungsprämisse, die – wie oben bereits erwähnt – nur in der Entscheidung als solche Realität gewinnt.[391] Da nun aber zu den Entscheidungsprämissen auch die normativen Entscheidungsprogramme gehören,[392] spricht nichts dagegen, auch Aufgabenprogramme als Entscheidungsprämisse und damit als Grundlage der Organisation zu akzeptieren. Ferner kann die Zielvorgabe so offenlassend sein, daß sowohl die inhaltliche Vorstrukturierung der Entscheidung betreffend als auch in bezug auf die Kontrolle kein Weisungsverhältnis vorausgesetzt werden muß, sondern nur eine Kontrolle der Übereinstimmung des Organisationsverhaltens mit den Entscheidungsprämissen. Luhmann selbst geht von der Funktionsfähigkeit von Aufgabennormen in Form von Finalprogrammen aus.[393] Sie müssen organisationsintern angenommen und verarbeitet werden.[394]

Eine andere Art von Kritik haben „Public-Policy-Theorien" (*Appleby, Long, Lasswell, Easton*) für öffentliche Verwaltungen vorgetragen: Sie hinterfragen den scheinbar wertneutralen Ansatz instrumenteller Zielverfolgung und betonen, daß Verwaltung grundsätzlich auch Politikgestaltung bedeute.[395] Das betrifft nicht nur Fragen von Ermessensentscheidungen, sondern die ganze Implementationsproblematik, insbesondere die Schwierigkeit, daß Regierungen zur Durchsetzung ihrer

---

388 Dazu auch *Etzioni* 1971, S. 24 ff.
389 Vgl. etwa *Schuppert* 1981, S. 293 ff. unter Berufung auf *Thompson/McEwen*.
390 *Luhmann* 1999, S. 100 f. pointiert: „Kein Beamter möchte sein Gehalt davon abhängig wissen, daß der Staat die Staatszwecke erfüllt".
391 *Luhmann* 2000, S.257; *Luhmann* 1991a, S. 342.
392 *Luhmann* 1966, S. 84.
393 *Luhmann* 2000, S. 265 f. und 1991a, S. 341: „Zweckprogrammierung ist eine der Techniken, die im Rahmen organisierter Systeme ausgebildet werden können, um sehr komplexe Sachverhalte zu erfassen und zu bearbeiten".
394 Entgegen anderslautenden Vorurteilen sieht die Systemtheorie Organisationen damit als steuerbar an, wie sie auch auf die Schwierigkeiten, insbesondere darauf verweist, daß sich nicht jeder Zweck zur Steuerung eignet, *Luhmann* 1989, S. 8; zu Möglichkeiten politischer Steuerung in der Systemtheorie auch *Brans/Rossbach* 1997, S. 432 f.
395 *Denhardt* 2000, S. 119 f.; *Harmon/Mayer* 1986, S. 23 ff.

Politiken auf bürokratische Administrationen angewiesen sind (*Rourke*).[396] Geht man zunächst von der Richtigkeit dieser Analysen aus, stellt sich die Frage nach der Legitimation bürokratischer Verwaltung zur Einflußnahme auf politische Entscheidungen. Hier werden vor allem[397] stärkere Partizipationsmöglichkeiten der Betroffenen, die wiederum einen höheren Grad ihrer Informiertheit, Zugang zu Entscheidungsforen, bevorzugte Einbeziehung von Minderheiten, Initiativrechte und prozedurale Ansprüche auf Berücksichtigung von Belangen erfordern, in die Debatte eingeführt (*Emmett S. Redford*):[398] „... we would not seek democratic ends through nondemocratic (elitist, hierarchical, authoritarian) organizations". Dabei werden aber die von *Selznick* anhand der kooptiven Verwaltungsverhältnisse problematisierten asymmetrischen Einflußnahmen auf die Verwaltung zu berücksichtigen sein.[399] Bei allen Schwierigkeiten der Steuerung im einzelnen gebietet aber auch hier die Aufrechterhaltung eines Mindestmaßes an demokratischer Legitimation die Orientierung an parlamentsgesetzlich vorgegebenen Zielen, in deren Rahmen dann aber durchaus Freiraum für ergänzende Legitimationsformen besteht, die Defizite von Großbürokratien kompensieren können.

Insgesamt kann man also festhalten, daß Ziele zwar nicht die Dominanz für die Einheit der Organisation besitzen, die ihnen von den klassischen Organisationstheorien zugedacht worden war. Daß Zielvorgaben praktisch problematisch sind, bedeutet aber nicht, daß nicht versucht werden kann und ggf. auch muß, dem normativ entgegenzuwirken, indem es der Organisation unmöglich gemacht wird, Entscheidungen durch andere als die offiziellen Ziele zu rechtfertigen, und im übrigen Kontrollsysteme eingeführt werden. Öffentliche Organisationen besitzen jedoch sachliche Legitimation nicht, insofern sie material „richtige" Ergebnisse erzielen, sondern insofern sie sich an ihren parlamentsgesetzlich begründeten Primärzielen und den diese konkretisierenden Sekundärzielen orientieren.

---

396 *Denhardt* 2000, S. 122 f.
397 Daneben wird die Verpflichtung auf gesamtgesellschaftliche Werte ins Spiel gebracht. Hier kamen dann Fragen einer entsprechenden, zu gesellschaftlicher Verantwortung (*T. Coopers*: „The Responsible Administrator" 1998) erziehender Ausbildung der Verwaltungsangehörigen in den Blick (*Denhardt* 2000, S. 126 f.), aber auch von „Ethics for bureaucrats" (so der Titel eines Buches von *John Rohr*, 1978). Cooper (1998, S. 223) schlägt vier Stufen der administrativen Entscheidung vor: 1. eine expressive Stufe, die emotional geleitet ist, 2. eine Überprüfung dieser Entscheidungen anhand von moralischen Regeln, die der Organisationskultur, aber auch der Gesellschaft entnommen sind, 3. eine ethische Analyse aufgrund von moralischen Prinzipien, und schließlich 4. eine Art Fundamentalkritik der bis hin gefundenen Ergebnisse anhand von Grundannahmen über das menschliche Wesen und andere grundlegende Wahrheiten. Auffällig ist nicht nur das nahezu grenzenlose Vertrauen in eine im übrigen nicht diskursiv ausgewiesene persönliche Wahrheitsfindung des Verwaltungsangehörigen und das völlige Fehlen der Erwähnung seiner rechtlichen Bindungen. Die Entscheidung wird so herausgelöst aus dem demokratischen Legitimationszusammenhang und den kaum zu kontrollierenden inneren Prozessen des Entscheiders anvertraut.
398 *Denhardt* 2000, S. 124, 131 f.
399 In den USA hat besonders *Lowi* auf die partikularen Interessen hingewiesen, die bei derartigen Repräsentationsmodellen Platz greifen können, und die Notwendigkeit parlamentsgesetzlicher Steuerung und der Verantwortung und damit zusammenhängenden Notwendigkeit der Entscheidungsräume von Regierung betont, *Denhardt* 2000, S. 133 f.

c. Kritik der Innen-Außen-Unterscheidung von Organisationen

Auch ohne daß damit schon über das Ausmaß entschieden ist, besitzen Organisationen durch die Zurechenbarkeit der Organisationshandlungen nicht zu den Mitgliedern, sondern zu ihnen selbst und die – bei öffentlichen Verwaltungsorganisationen – gesetzlich abgegrenzten Zuständigkeitsbereiche eine Identität und damit Selbständigkeit gegenüber ihrer Umwelt, die im Umfang ihrer Formalität eindeutig ist. Besonders postmoderne Theorien von Organisationen nehmen an, daß eine „statische" Innen-Außen-Unterscheidung nicht mehr tragfähig ist, daß sich Organisationen vielmehr in einem permanenten Prozeß der Selbstkonstruktion befänden.[400] Was eine Organisation auszeichne, bilde sich häufig erst in einem Prozeß des Verhandelns heraus und bleibe in beständigem Fluß. Orientierungswissen bekäme „konstruktiv-experimentellen" Charakter und müsse daher laufenden Korrekturprozessen offenstehen.[401]

Gewiß ist das Problem im Bereich der öffentlichen Verwaltung nicht einfach zu entscheiden. Klar ist inzwischen, daß es rechtlich gesehen nicht mehr um einen rechtsfreien Innenbereich und einen rechtserfüllten Außenbereich geht.[402] Auch weiß man zwar zumeist, was den „Außenbereich" der Verwaltung bezeichnet. Gemeint ist damit aber der Bereich derjenigen Verwaltungshandlungen, die über das Funktionssystem der Verwaltung hinausgreifen und den Bürger in seinen subjektiven Rechten betreffen.[403] Auch im interorganisationsrechtlichen Bereich kommt es im wesentlichen auf die Selbständigkeit der Rechtskreise für die Beurteilung von Innen und Außen an.[404] Soziologisch gesehen kann, wie oben gezeigt, zwischen reflexiven Entscheidungszusammenhängen als „Innenbereich" und der dadurch abgegrenzten Umwelt unterschieden werden. Juristisch gesehen ist durch das Kriterium der juristischen Person als Zurechnungssubjekt von Verwaltungsrechtssätzen ein klares Abgrenzungskriterium gegeben, das ggf. noch durch weitere Formen der Verselbständigung ergänzt werden kann. Bei dekonzentrierten Verwaltungseinheiten ohne eigene Rechtspersönlichkeit kann die Aufgabenzuweisung als Abgrenzungskriterium dienen. Notwendig bleibt die Innen-Außen-Unterscheidung schließlich auch als analytisches Instrument zur Beobachtung und Steuerung von „Friktionen bei der Vermittlung an den Übergängen".[405]

---

400 Vgl. auch *Ladeur* 1993, S. 152 ff.
401 *Ladeur* 1993, S. 158 f.
402 *Rupp* 1991, S. 33: „Die Unterscheidung zwischen ‚Innen' und ‚Außen' ist für eine Grenzziehung zwischen rechtserfülltem und rechtsfreiem Raum schlechterdings nicht verwertbar".
403 Stelkens/Bonk/Sachs-*Stelkens/Stelkens* 2001, § 35 Rn. 84
404 Die Regelungsperspektive des Verwaltungsakts, bei dem Mitwirkungshandlungen von unterschiedlichen Behören keine Außenwirkung besitzen sollen (Stelkens/Bonk/Sachs-*Stelkens/Stelkens* 2001, § 35 Rn. 91) ist aber hier eine andere als die organisationstheoretische, die die Behörden als Entscheidungseinheiten und damit nicht als Organisationen fassen kann. Anders steht es nur, wenn es um regelnde Maßnahmen von Verwaltungsorganisationen geht, die andere in ihrem eigenen Rechtskreis betreffen, wie etwa im Bereich der Rechtsaufsicht gegenüber den Kommunen, Stelkens/Bonk/ Sachs-*Stelkens/Stelkens* 2001, § 35 Rn. 107.
405 *Schmidt-Aßmann* 1977, S. 339.

2. Die Binnenstruktur der Organisation

Während die Selbständigkeit die Abgrenzung der Organisation gegenüber ihrer Umwelt ermöglicht, erfolgt die Bewältigung ihrer Aufgaben aufgrund einer Differenzierung ihrer Binnenstruktur.[406] Eine Organisation kann den „Anforderungen" ihrer Umwelt um so besser gerecht werden, je spezifischer sie einzelne Funktionen ausdifferenziert und koordiniert hat.[407] War die Formalität ihres Status Grundlage ihrer Abgrenzung gegenüber der Umwelt, wirkt sich die mehr oder weniger starke Formalisierung ihrer Binnenstruktur auf die Beherrschbarkeit der Organisation und die Flexibilität ihrer Reaktionen auf Umweltanforderungen aus.[408]

a. Differenzierung von Organisation

Mit Differenzierung reagieren Organisationen auf die gesteigerte Komplexität ihrer Umwelt.[409] Sie ist zu unterscheiden von sozialer Differenzierung, die den Prozeß der Arbeitsteilung durch Herausbildung sozialer Rollen bezeichnet.[410] Das bedeutet nicht, daß die soziale Differenzierung für die Theorie von Organisationen bedeutungslos wäre; im Gegenteil: Gerade die Vermittlerrolle von Organisationen zwischen Staat und Gesellschaft tritt bei dieser Art der Differenzierung besonders ins Bewußtsein.[411] Bekannte Funktionsweisen der Differenzierung sind Arbeitsteilung und Gewaltenteilung.[412] In der Verwaltungswissenschaft treten ferner Dezentralisierung und Dekonzentration hinzu. Schließlich ist zu bedenken, daß es nicht nur Differenzierungs-, sondern gerade im Bereich der kommunalen Selbstverwaltung durch den Aufgabenentzug und andere Tendenzen Entdifferenzierungsprozesse gibt.[413]

aa. Funktionsweisen der Differenzierung

Funktionsweisen der Differenzierung sind Zergliederung, Aggregation und funktionelle Reduktion. Organisationen steigern ihre Leistungsfähigkeit dadurch, daß sie komplexe Aufgaben in einzelne Teilaufgaben zergliedern und einzelnen Funktionsträgern zuweisen. Ein zweiter Mechanismus ist die Aggregation, bei der Einheiten aus der Umwelt des Systems in dieses eingegliedert werden. Ein dritter Mechanismus der Differenzierung ist die *funktionelle Reduktion*.[414] Hierbei verliert ein Teilsystem eine zunächst mit ihm verbundene Funktion.

---

406 Die hier interessierenden Fragen werden in normativer Perspektive auch unter dem Stichwort „Organizational Design" diskutiert, *Rainey* 2003, S. 194 ff.
407 *Teubner* 1978, S. 142 f.
408 *Becker* 1989, S. 628 f.
409 *Rainey* 2003, S. 84 f.; Theorie der Differenzierung vgl. *Schimank* 2000, S. 8 ff.; *Nassehi* 2004, S. 98 ff.
410 *Reimann/Lautmann* LzS, S. 143; *Schimank* 2000, S. 251 f.
411 *Mayntz* 1963, S. 25.
412 *Luhmann* 1999, S. 74 f.
413 *Bryde* 1988, S. 185; *Nassehi* 2004, S. 108 f.
414 *Mayntz* 1988, S. 29; *Blau* 1970, S. 212, der hervorhebt, daß das Wachstum einer Organisation zwar die Differenzierung befördert, von einer gewissen Größe aber die weitere Differenzierung so starke Probleme aufwirft, daß eine weitere Differenzierung verhindert wird.

Differenzierung von Organisationen verringert die Verantwortung pro Stelle, erhöht aber zugleich die Komplexität der Struktur der Organisation.[415] Damit hängen Koordinierungs- und Steuerungsprobleme zusammen.[416] Als Problem tritt ferner eine verstärkte Partikularisierung auf. Diese Heterogenität der differenzierten Organisation würde an sich zu einem erheblichen Anstieg des koordinierenden und überwachenden administrativen Apparats führen.[417] Berücksicht man jedoch, daß es bei der Steuerung und Kontrolle um die Vermittlung von Legitimation, die Herstellung der Rechtmäßigkeit des Handelns der verselbständigten Organe und schließlich um sachgerechte Lösung geht, kann an die Stelle der zentralen Kontrolle eine dezentrale treten, wenn sie diese Ziele in angemessener Weise realisieren kann.

Gerade hierin liegt der Vorteil der Selbstverwaltung in differenzierten administrativen Organisationen: Die zusätzliche autonome Legitimation der Hauptorgane der Körperschaft ermöglicht eine Abkoppelung von der sonst notwendigen eingehenden zentralen Steuerung, erhält so die Vorteile der Differenzierung und verhindert den Nachteil des anwachsenden administrativen Aufwands. Zugleich wird die zentrale Administration von solchen Überwachungsaufgaben entlastet, die nicht notwendig sind, weil insofern kein Koordinierungsbedarf besteht.

bb. Formen der Differenzierung

Formen der Differenzierung sind segmentäre Differenzierung, die Differenzierung von Zentrum und Peripherie, stratifikatorische Differenzierung und funktionale Differenzierung. Von *segmentärer Differenzierung* kann gesprochen werden, wenn gleiche gesellschaftliche Teilsysteme entstehen, die füreinander wechselseitig Umwelten bilden.[418] *Stichweh* behandelt etwa die Organisationen der Wissenschaft, insbesondere die Hochschulen, als segmentär differenzierte Systeme.[419]

Von einer Differenzierung nach *Zentrum und Peripherie* kann gesprochen werden, wenn eine Differenzierung Ungleichheit zwischen den Teilsystemen (gezielt) zuläßt.[420] Historisch gesehen beginnt diese Differenzierung mit der Ausbildung des Zentrums. Sowohl das Zentrum – wo der Differenzierungsdruck am größten ist und ggf. hierarchische Differenzierungen eingebaut werden können – als auch die Peripherie – wo alte segmentäre Differenzierungen beibehalten werden mögen,[421] differenzieren sich weiter, so daß die Differenzierung zwischen Zentrum und Peripherie insbesondere dann zum Tragen kommt, wenn sich „die Form der Hierarchie als zu restriktiv erweist".[422] Das gilt insbesondere auch für das politisch-administrative

---

415 *Blau* 1970, S. 212.
416 *Mayntz* 1997, S. 13; *Reimann/Lautmann* LzS, S. 143.
417 *Blau* 1970, S. 217.
418 *Luhmann* 1997, S. 613; 634 ff. (für Sozial- nicht für Organisationssysteme).
419 *Stichweh* 1988, S. 89: „Sie behandeln Disziplinen bis in Details ihrer wissenschaftlichen Rollenausstattung als strukturell zu homogenisierende Segmente, so daß die Inkommensurabilität disziplinärer Weltentwürfe auf der Ebene der organisatorischen und rollenförmigen Verankerung der Disziplin kaum irgendwelche Folgen zeitigt".
420 *Luhmann* 1997, S. 613 u. 663 ff.
421 *Luhmann* 1997, S. 674 mit historischen Bezügen.
422 *Luhmann* 1993, S. 334.

System.[423] Ruft man sich die Entstehung der modernen Körperschaft des öffentlichen Rechts mit der Städteordnung von 1808 in Erinnerung, so könnte sie auf der Basis dieses Differenzierungsmodells rekonstruiert werden. Der gerade erst voll bürokratisch durchstrukturierte zentrale Verwaltungsapparat läßt an der Peripherie des Verwaltungssystems eine nicht-bürokratische Differenzierung in Gestalt der sich selbst verwaltenden Städte zu. Das 19. Jahrhundert hätte dann mit der Anwendung des Selbstverwaltungsprinzips auf nicht nur regional, sondern auch sachlich unterschiedene Formen der Erledigung öffentlicher Aufgaben zu einer funktionalen Differenzierung der Peripherie geführt, die im Zentrum des Einheitsstaates noch nicht möglich schien.

Stratifikatorische Differenzierung[424] bezeichnet eine rangmäßige Ungleichheit der Teilsysteme.[425] Sie setzt ein Zentrum voraus.[426] Organisationen scheinen intern eine hierarchische Differenzierung zu bevorzugen.[427] Sie bleibt nach wie vor eine der wichtigsten Formen der Integration von Organisationsentscheidungen.[428] Stratifikatorische Differenzierung hat jedoch engere Grenzen als die funktionale Differenzierung, da sie leicht zu einer Überlastung der Hierarchiespitze führt.[429]

„Das Spezifikum der sogenannten *funktionellen Differenzierung* ist die sinnhafte Spezialisierung (Verengung + Intensivierung + Abkoppelung von Zusatzgesichtspunkten)".[430] Die Organisation steht dann unter dem Primat einer bestimmten Funktion, die nur das Gesellschaftssystem, dem sie angehört, für die Gesellschaft erbringen kann.[431] Wenn man vom Dekompositionsparadigma her denkt, ergänzen die Teile einander im Hinblick auf das Ganze.[432] Hier steht am Ende des Differenzierungsprozesses ein neues Teil- oder Subsystem,[433] das eine jedenfalls partielle Autonomie[434] oder – wenn man so will Autopoiesis besitzt. Dabei wiederholt die weitere Gliederung die Primärdifferenzierung und kann im übrigen nach anderen Differenzierungsformen ablaufen.

Die aus der Theorie der Arbeitsteilung hervorgegangene Theorie der Organisationsdifferenzierung kann nicht ohne weiteres auf die Körperschaften des öffentlichen Rechts angewendet werden. Die allgemeine Theorie der Differenzierung formaler Organisationen geht davon aus, daß der Grad der Spezialisierung mit der Breite der Differenzierung zu- und das Maß der Verantwortung abnimmt, so daß umgekehrt die meiste Verantwortung an der (monokratischen) Spitze der Organisation liegt.[435] Bei der Körperschaft des öffentlichen Rechts ebenso wie bei anderen „demokratischen Organisationen" liegt es jedoch umgekehrt: Das Maß der

---

423 *Luhmann* 1993, S. 335 f.
424 *Mayntz* 1963, S. 109 f.: „vertikale Differenzierung".
425 *Luhmann* 1997, S. 613; 678 ff.
426 *Luhmann* 1997, S. 682.
427 *Luhmann* 1997, S. 835.
428 *Luhmann* 2000a, S. 20.
429 *Luhmann* 1999, S. 200.
430 *Mayntz* 1988, S. 19; vgl. auch *Luhmann* 1997, S. 613. u. 1997, S. 707 ff.; *Schimank* 2000, S. 153 ff.
431 *Luhmann* 1997, S. 747.
432 *Reimann/Lautmann* LzS, S. 143.
433 *Mayntz* 1997, S. 13.
434 *Mayntz* 1997, S. 13.
435 *Blau* 1970, S. 203.

Verantwortung nimmt mit der Breite der Organisationsträger zu und der Grad der Spezialisierung ab. Die Hauptverantwortung trägt die Mitglieder- oder Repräsentativversammlung, während dem monokratischen Leitorgan nur untergeordnete administrative Aufgaben zukommen und ggf. die Leitung der Versammlung als Primus inter pares.

Diese Einschränkung vorausgeschickt kann man jedoch mit *Schuppert* die Verwendung der Organisationsformen von Körperschaft und Anstalt als Ausdruck der Differenzierung der Verwaltung ansehen.[436] Gebietskörperschaften sind danach noch primär segmentär differenziert, d. h. flächendeckend gleich strukturiert, wobei hiermit nur der Primat einer Differenzierungsform festgehalten wird. Die Körperschaften der funktionalen Selbstverwaltung sind im wesentlichen funktional differenziert. Grundrechtsgetragene Selbstverwaltung realisiert in hohem Maße Kriterien der *professionellen Organisation*. Diese zeichnet sich dadurch aus, daß die Organisation aus den Inhabern hochspezialisierter Berufe besteht, die mit hoher Sachkompetenz Maßstäbe der Erfüllung ihrer Arbeit selbst setzen und schon deshalb eine dezentrale Organisation bevorzugen, weil der zentralen, hierarchischen Verwaltung der entsprechende Sachverstand fehlt.[437] So besteht eine geringe Dichte und Tiefe der Verhaltensregeln, um den Organisationsangehörigen den Spielraum zu sichern, um die erstrebten Sachlichkeits- und Innovationseffekte zu erzielen, eine flexible Geschäftsverteilung und schließlich eine eher kollegiale als hierarchische Entscheidungsstruktur.[438] Typisch für professionelle Organisationen sind freiwillige Verbände, die sich selbst kontrollieren.[439]

cc. Ausdifferenzierung

Zentral für die charakteristische Binnenstruktur der Körperschaft des öffentlichen Rechts ist jedoch ihre interne Ausdifferenzierung. Wie oben (B) bei der Darstellung einiger Auffassungen von Körperschaften des öffentlichen Rechts ausgeführt wurde, wird häufig der Versuch unternommen, sie als Form der mittelbaren Staatsverwaltung,[440] als verselbständige Verwaltungseinheit[441] und als Selbstverwaltungsträger anzusehen. Gemeinsam ist diesen Ansätzen, die Körperschaft durch ihre Staatsdistanziertheit zu bestimmen. Kriterien der Distanziertheit sind dann die Rechtspersönlichkeit („mittelbare Staatsverwaltung"), die Herauslösung der Aufgabenerfüllung und ihre Übertragung auf eine nicht notwendig rechtsfähige Verwaltungseinheit oder – jedenfalls, sofern primär auf den Begriff der juristischen und nicht der politischen Selbstverwaltung abgestellt wird – die Eigenverantwortlichkeit der Aufgabenerfüllung durch den Selbstverwaltungsträger. Die Berechtigung dieser Ansätze steht außer Frage. Sie wurde gerade im Konzept der Organisationsdifferenzierung der Körperschaften aufgegriffen und wird im zweiten

---
436 1988, S. 400.
437 Dazu: *Blau/Scott* 1966, S. 60 f., *Blau* 1968, S. 453 f.
438 *Mayntz* 1997, S. 120 f.
439 *Blau* 1966, S. 62.
440 Etwa *Forsthoff* 1973, S. 485; *Weber* 1943, S. 20 ff.
441 *Schuppert* 2000, S. 862 ff.; ders. 1981, S. 5 f. u. 65 f.; *Gogos* 1998, S. 39 f.

Hauptteil auch verwaltungsrechtlich bestätigt werden. Alle Ansätze sind jedoch auf die Herauslösung der Körperschaft aus ihrer staatlichen Umwelt fokussiert.[442] Sie betreffen also die erste hier angesprochene Organisationsdimension, die Selbständigkeit. Stimmt jedoch die These, daß das Spezifische der Körperschaft in ihrer mitgliedschaftlichen Binnenstruktur zu finden ist, kann von diesen Ansätzen keine Aussage zu den Besonderheiten der Körperschaft des öffentlichen Rechts erwartet werden. Organisationstheoretisch kann diese besondere mitgliedschaftliche Binnenstruktur mit dem Begriff der Ausdifferenzierung erfaßt werden.

Ausdifferenzierung bedeutet zunächst, daß neue Teilsysteme im Innern eines Systems entstehen.[443] Das sich ausdifferenzierende System unterwirft sich eigenen Beschränkungen. Ein Teilsystem löst sich aus dem bisherigen Systemzusammenhang, so daß dieser nun zur Umwelt wird. Allerdings zu einer Umwelt, auf die sich das ausdifferenzierte System spezifischer und selektiver beziehen kann. Mit der Ausdifferenzierung eines Untersystems wird das Gesamtsystem Teil der Umwelt des Untersystems. Zugleich wird die Einheit des Gesamtsystems damit zum Problem.[444] An dieser Stelle lassen sich dann die Koordinierungs- und Überwachungsprobleme einordnen. Sinn der Bildung von Untersystemen ist die Ermöglichung von Veränderungen, ohne daß dadurch die Identität des Gesamtorganisationssystems in Frage gestellt wird.[445]

Während Verselbständigung die Ablösung von der staatlich-hierarchischen Verwaltung bezeichnet, meint Ausdifferenzierung die hierdurch ermöglichte Ausbildung von äquivalenten Funktionen: Die verselbständigte Verwaltungseinheit muß nun im Maße ihrer Verselbständigung selbst einige Funktionen ausbilden, die vordem die staatliche Verwaltung innehatte. Dies kann dann etwa auch Mechanismen betreffen, die den Verlust demokratischer Legitimation infolge der Verselbständigung kompensieren. Ein weiterer Aspekt ist die Satzungsautonomie der Körperschaften, durch die sie eingeschränkt aus der Hierarchie der staatlich gesetzten Normen verselbständigt ist, um autonomes Recht zu setzen.[446]

Schließlich ist – und das muß hier besonders interessieren – die Komplexität der Binnenstruktur ein Anzeichen seiner der mehr oder weniger ausgeprägten Ausdifferenzierung der Organisation.[447] Mit der Ausdifferenzierung von Organisationssystemen entstehen neue Nahbeziehungen, die dieselbe oder stärkere Integrationskraft haben können als die bisherigen, die jedoch nicht deren, sondern systemeigenen

---

442 Zudem sind die Mechanismen negativ, durch „Ausgrenzung aus der staatsunmittelbaren hierarchischen Verwaltungsorganisation" (*Schuppert* 1988, S. 400) formuliert: „De-zentralisierung", „De-konzentration", Verselbständigung und in gewisser Hinsicht auch „Selbst-Verwaltung". Sie geben also aus sich heraus noch keine Antwort auf die Frage der Struktur des neu entstandenen „Selbst". Diesen negativen Zusammenhang spricht Hauschild an, wenn er darauf hinweist, daß nicht nur sprachlich, sondern auch in der Sache Dezentralisierung die Entfernung von einem Zentrum bedeutet, dieses also voraussetzt, *Hauschild* 1983, S. 82.
443 *Luhmann* 1999, S. 76.
444 *Luhmann* 1999, S. 79.
445 *Luhmann* 1999, S. 306 f.: „daß bestimmte Erwartungen konstant gehalten und erfüllt werden können, auch wenn andere sich ändern. Das Gesamtsystem gewinnt dadurch an ... Reaktionsfähigkeit nach außen".
446 *Engel* 2001, S. 29 ff.
447 *Mayntz* 1988, S. 23.

D. Die Körperschaft des öffentlichen Rechts als Organisation

Kriterien genügen.[448] Sofern die Betroffenen an der Verwaltung beteiligt werden,[449] können die Verwaltungsorganisationen in ihrem durch die Einbindung in das Verwaltungssystem beschränkten Rahmen autonome Legitimationsleistungen erbringen.

Zusammengefaßt ist eine Organisation um so stärker ausdifferenziert, je mehr sie für jede dieser Funktionen eigene Organe ausgebildet hat. In diesem Sinne zeigt sich gerade die *Körperschaft des öffentlichen Rechts als ein hochgradig ausdifferenziertes Organisationssystem*, indem sie ihren Mitgliedern im Rahmen der Gesetze maßgeblichen Einfluß auf die grundlegenden Entscheidungen der Organisation und ihres außenwirksamen Handelns einräumt, zumeist eine eigene Rechtspersönlichkeit besitzt und spezifische Aufgaben – und zwar in der Form der Selbstverwaltung – wahrnimmt. Innerhalb der Körperschaften kann dann wiederum nach dem Grad der Ausdifferenzierung unterschieden werden. Nach ihrer Binnenverfassung wären solche Verwaltungsorganisationen stärker differenziert, die klar zwischen dem für die Grundsatzentscheidungen zuständigen Lenkungs-, dem zu deren Vorbereitung und Vorsitz zuständigen Leitungsorgan und den ausführenden Organen unterscheiden. Eine stärkere Herauslösung von Entscheidungsbefugnissen durch die Rücknahme der staatlichen Aufsicht auf die Rechtmäßigkeit von Organisationsentscheidungen würde den Aufbau differenzierter Sachentscheidungs- und interner Kontrollmechanismen begünstigen und auch fordern.

Damit trägt die Körperschaft des öffentlichen Rechts durch ihre rechtliche Verselbständigung, die eigenverantwortliche Aufgabenwahrnehmung und die beschränkte staatliche Aufsicht über ihr Verhalten nicht nur zur *Differenzierung* der öffentlichen Verwaltung bei; gerade ihre *ausdifferenzierte* Binnenstruktur in Form der Mitgliedermitwirkung an grundlegenden Verwaltungsentscheidungen ermöglicht die Übernahme staats-analoger Funktionen in dem Rahmen, der ihr als Untersystem des Verwaltungssystems gesetzlich zugemessen wird, wie etwa die Normsetzung in Form von Satzungen und Begründung autonomer Legitimation ihrer hoheitlichen Entscheidungen.

b. Integration

Integrationsfähigkeit ist bei differenzierten Organisationen ein zunehmend knappes Gut.[450] Das betrifft besonders die Möglichkeiten gezielter Integration durch formale Organisationen. Mit der Komplexität von Organisationen (definiert durch Größe, Differenzierung und Interdependenz der Organisationselemente) steigert sich nicht nur das Konfliktpotential, sondern auch die Fähigkeit, Konflikte auszuhalten.[451] Differenzierte Organisationen halten verschiedene Kanäle der Konfliktvermeidung oder formalisierter Austragung bereit.[452] Vor allem sind Konflikte eine Quelle von Innovation, aber auch von Integration, indem bei jeder die Ver-

---
448 *Luhmann* 1999, S. 83.
449 *Hendler* 1984, S. 315 ff.; *ders.* 1990, Rn. 67 ff.
450 Das hat *Brohm* für Verwaltungsorganisationen schon 1971 festgestellt (1972, S. 293). Dessen Verknappung zeit die „Grenzen der Organisierbarkeit von Organisationen" auf, *Klages* 1977, S. 44. Zu Strategien auch *Hill* 1997, S. 331 f.
451 *Teubner* 1978, S. 291.
452 *Luhmann* 1999, S. 239 f.

fahrensregeln berücksichtigenden Form ihrer Austragung die Grundstrukturen der Organisation bestätigt werden.

Je spezifischer ihre Funktionen werden, desto weniger vielfältige Leistungen kann die jeweilige Unterorganisation erbringen, desto stärker ist sie insofern auf ihre Umwelt angewiesen. Damit die jeweilige Untereinheit zu ihren Ressourcen gelangt und umgekehrt der Organisation ihre spezifischen Leistungen erbringen kann, haben sich verschiedene Koordinationsstrukturen[453] wie Regeln und Programme (Gesetz, Verwaltungsvorschrift, Geschäftsordnung, Zielvereinbarungen), Arbeitspläne, Aufteilung in Abteilungen, Hierarchie (Rechtskontrolle), Delegierung,[454] „laterale Verbindungen", bei denen der Informationsfluß nicht hierarchisch-vertikal, sondern „horizontal" verläuft, Verbindungsrollen,[455] Sonderkommissionen (Zweckverbände), Projektgruppen, Matrixorganisation (etwa auch Ausschüsse) und andere Mechanismen herausgebildet. Aber auch die vom Institutionalismus betonten gemeinsamen Ziele und Werte im Sinne einer Organisationskultur dienen der Integration von Organisationen.

Unterscheidet man nach Arten von Organisationen, können insbesondere Vereine eine gesteigerte Integrationsleistung erbringen.[456] Aufgrund der höheren Mitspracherechte der Mitglieder kann unter ihnen ein höheres Maß an Verbindlichkeit und Loyalität in bezug auf die Organisationsziele entstehen als bei hierarchisch gegliederten Organisationen.[457] Insofern können entsprechende Strukturen vorausgesetzt – motivationale Aspekte einen wichtigen Einfluß auf die Koordination von Organisationen besitzen.[458] Zu starke Routinisierung der Organisationsabläufe in bürokratischen Organisationen führt zu Demotivation, so daß die geringere Programmierung in körperschaftlichen Organisationen auch insofern integrative Effekte haben kann, die insbesondere gebraucht werden, wenn sich Aufgaben der Routinisierung und Formalisierung entziehen.[459] In öffentlichen Organisationen ist Voraussetzung für die Wirksamkeit derartiger Koordinationsmechanismen aber das Bestehen von Entscheidungsspielräumen.[460]

Gleichwohl werden zur Absicherung der Integration ausdifferenzierter Verwaltungsorganisationen und des Makrosystems der Verwaltung aufwendige Koordinationsmechanismen und -organisationen eingerichtet.[461] Sie sind in der öffentli-

---

453 *Scott* 1986, S. 288; näher zu verwaltungsrechtlichen Koordinationsstrukturen *Brohm* 1972, S. 298 ff.
454 „Die Arbeit der einzelnen Spezialisten findet zwar innerhalb eines Regelsystems und unter hierarchischer Kontrolle statt, aber den einzelnen Mitarbeitern wird ein erhebliches Maß an Entscheidungsfreiheit zugestanden, vor allem in bezug auf Entscheidungen darüber, welche Mittel oder Techniken sie anwenden", *Scott* 1986, S. 301.
455 *Scott* 1986, S. 332.
456 Räumliche Verbundenheit, in Vereinsfesten ritualisierte und rhythmisierte Festigung der Mitgliedschaftszugehörigkeit und damit der Identitätsbildung gehören zu den Integrationsmechanismen.
457 *Siewert* 1984, S. 168 f.
458 *Becker* 1989, S. 562 unter Verweis auf die verhaltenswissenschaftliche Organisationstheorie Likerts.
459 *Becker* 1989, S. 568 u. 571; *Rainey* 2003, S. 83.
460 *Becker* 1989, S. 563. Zugleich muß die Orientierung auf die übergeordneten Gemeinwohlziele, die in bürokratischen Organisationen die Programmierung und die Autoritätsstruktur übernehmen, durch andere Strukturen gesichert werden.
461 *Klages* 1977, S. 37 f.; *Rainey* 2003, S. 83; *Becker* 1989, S. 364 f. Da Koordination nicht der einzige Integrationsmodus ist, geht es aber zu weit, wenn Becker eine direkte Relation zwischen Differenzierung und Koordinationsbedarf herstellt.

chen Verwaltung spiegelbildlich zu den Differenzierungskriterien vertikale und horizontale Dezentralisierung und Dekonzentration.[462] Fraglich ist aber, welches die Ziele der Koordination sind. Dies kann nicht einfach die Wiederherstellung der Einheit insbesondere räumlicher Art sein, die durch die Differenzierung aufgebrochen wurde.[463] Dies würde im Bereich der öffentlichen Verwaltung zu einer Einheit der Verwaltung führen, die auch die Vorteile der Differenzierung in Frage stellte. Ziel der Koordination muß es somit sein, die Vorteile der gezielten Differenzierung gegenüber den möglichen negativen Folgen zu sichern, soweit dies nicht durch andere Integrationsmechanismen gewährleistet ist.

Die Integrationsfunktion wird hier unter der Perspektive der inneren Verfassung der Organisation betrachtet. Damit ist nicht ausgeschlossen, daß Organisationen zugleich Integrationsfunktion für ihre Umwelt haben.[464]

c. *Differenzierungs- und Koordinierungsstrukturen*

Die innere Struktur der Organisation – nach *Talcott Parsons* „operative code"[465] – betrifft die Mobilisierung der Organisationsmittel und -angehörigen im Dienst der Ziele. Nach ihrer Reichweite können die hier getroffenen Entscheidungen mit Parsons in 1. politische Entscheidungen („policy decisions"), 2. Verteilungsentscheidungen („allocative decisions") und 3. integrative oder Koordinationsentscheidungen („integrative decisions") unterschieden werden.[466] Die „politischen Entscheidungen" treffen nach Parsons die grundlegenden Weichenstellungen einer Organisation angefangen von der Entscheidung, sie zu gründen, über die Auswahl der Ziele, eventuelle Auflösungen oder das Zusammengehen mit anderen Organisationen. Für sie stellt sich in besonderer Weise das Legitimationsproblem der Entscheidungsträger. Zumeist werden sie von den Trägern der Organisation selbst getroffen. Die „Allokationsentscheidungen" betreffen die Verwendung der Organisationsressourcen. Hier werden Fragen der Zuordnung der Mitglieder zu Stellen, sowie deren Schaffung und die Verwendung der materiellen Organisationsmittel entschieden.[467] Bei integrativen oder Koordinationsentscheidungen geht es um optimale Mobilisation der richtig verteilten Organisationskräfte im Dienste der Organisation. Parsons nennt hier insbesondere motivationale Aspekte; man wird jedoch dieser Überlegung nicht Unrecht tun, wenn man hierzu alle Maßnahmen der Koordination der Stellen und der Anregung von Kooperation zählt.[468]

---

462 Zu den Begriffen und Formen der Dezentralisierung *Furniss* 1974, S. 961 ff.; *Becker* 1989, S. 365; *Wagener* 1976, S. 39; zu Dezentralisierung und lokaler Selbstbestimmung *Fesler* 1965, S. 540 u. 557 f.
463 So aber *Becker* 1989, S. 367.
464 *Teubner* (1978, S. 170 f. u. 257) rechnet die Integration in der Organisation-Umwelt-Perspektive zur „Input-Funktion".
465 *Parsons* 1960, S. 29.
466 *Parsons* 1960, S. 29 ff.
467 *Parsons* 1960, S. 31 f.
468 Parsons weist zu Recht darauf hin, daß Kooperation und Koordination zwei Seiten derselben Sache des Zusammenwirkens in der Organisation sind: „What is coordination from the point of view of the operation of the organization is 'cooperation' from the point of view of the personnel", *Parsons* 1960, S. 34.

aa. Die politischen Entscheidungen

Parsons' Bestimmung der politischen Entscheidung muß jedoch hinsichtlich der Organisationen der öffentlichen Verwaltung eingeschränkt werden: Um zu hoheitlichem Handeln legitimiert zu sein, bedarf die Errichtung einer öffentlichen Organisation und die Festsetzung ihrer Primärziele einer gesetzlichen Festlegung. Nach dem unter 1. zur Selbständigkeit Ausgeführten, betrifft diese Entscheidung die Abgrenzung der Organisation von ihrer Umwelt und ist keine eigene Entscheidung der Organisation selbst. Entsprechendes gilt für den actus contrarius, die Auflösung. Durch bewußt offen lassende Zielsetzungen können allerdings der Organisation bewußt Freiräume zur Festlegung von Sekundärzielen eingeräumt werden.

bb. Allokationsentscheidungen und Zurechnungsentscheidungen

Im Zentrum der Fragen der inneren Struktur von Organisationen stehen die Allokationsentscheidungen. Hier werden zumeist drei Aspekte diskutiert: 1. das Verhältnis der Mitglieder zur Organisation, 2. die Verteilung der Mittel innerhalb der Organisation und 3. die Frage der Differenzierung der Organisation und ihrer Integration. Der zweite Aspekt kann hier mit Rücksicht auf die Hauptfrage der Arbeit vernachlässigt werden: Bei Körperschaften spielt die Frage der Organisation der Sachmittel, die ihr für die Erreichung ihrer Aufgaben zur Verfügung stehen, eine sekundäre Rolle.[469]

(1.) Mitgliedschaft

Die Ausgestaltung des Mitgliedschaftsverhältnisses in einem breiten soziologischen Sinn ist zentral für Organisationen. Über ihre Mitglieder grenzt sich die Organisation nicht nur von der Umwelt ab; die Möglichkeit ihrer Zielverwirklichung ist auch ganz zentral durch einen geordneten Einsatz der Mitglieder bedingt.

Mitgliedschaft kann mit *Luhmann* „als Symbol für eine besondere Rolle mit bestimmten Rechten und Pflichten" aufgefaßt werden, „d. h. als abgesonderter Komplex von Verhaltenserwartungen, der unter Bedingungen gestellt werden kann. Das Mitglied erhält dadurch einen besonderen Status, der als solcher verliehen und entzogen oder aufgegeben werden kann je nachdem, ob das Mitglied gewisse Erwartungen teilt oder nicht".[470] Sie werden durch besondere Befugnisse und Pflichten an die Organisation gebunden.[471] Diese besonderen Pflichten werden in der Regel vertraglich begründet. Nur in öffentlichen Organisationen sind besonderer Status als

---

[469] Natürlich besitzt auch sie einen Haushalt und verfügt über Sachmittel; doch stehen diese anders als bei Leistungsorganisationen im Dienst ihrer primären Aufgaben, die nicht solche der Güterproduktion sind.

[470] *Luhmann* 1999, S. 35; wenn Luhmann allerdings den Begriff später eher an professionellen Beziehungen (Personal) orientiert, ist der Begriff allerdings zu eng. So, wenn er zum Potential der Mitgliedschaft eine dreifache Motivunterstellung rechnet: ökonomische Nutzenkalkulation, Normbindung und Karriereinteresse (*Luhmann* 2000, S. 110). Bei Körperschaften spielen die Nutzenkalkulationen nur eine untergeordnete Rolle.

[471] *Mayntz* 1997, S. 135 f.

D. Die Körperschaft des öffentlichen Rechts als Organisation   297

Beamter oder als qualifiziertes Mitglied möglich.⁴⁷² Mitglieder sind daher mit Bezug auf die Organisation definiert und gehören nicht in die Umwelt der Organisation.⁴⁷³

Menschen⁴⁷⁴ werden als Organisationsmitglieder rechtlich und soziologisch nicht primär als natürliche Personen erfaßt. Sie sind vielmehr Träger organisationsrechtlicher Befugnisse und Pflichten. Soziologisch betrachtet, sind sie nicht einfach „natürlich" Handelnde, sondern Angehörige von „korporativen Akteuren", deren Handlungen durch die Organisationsstrukturen geprägt sind.⁴⁷⁵ Dabei geht es in organisationspsychologischer Perspektive nicht um die Disziplinierung des Individuums durch die Organisation (*Foucault*),⁴⁷⁶ sondern darum, daß das kreative, spontane Individuum sich in seiner Kommunikation/Entscheidung den von der Organisation zur Verfügung gestellten Formen anbequemen muß und von der Organisation nur in diesen Formen berücksichtigt wird.⁴⁷⁷ Dem Einzelnen werden über Stellen und Kompetenzen Handlungsmöglichkeiten eingeräumt, die er ohne diese nicht hätte. Korrespondierend werden ihm dann auch gegenüber der Allgemeinheit besondere Pflichten auferlegt. Durch die Ausdifferenzierung einer Mitgliedschaftsrolle wird das Ausgreifen der Organisation auf die Gesamtpersönlichkeit des Menschen verhindert. Mitgliedschaft betrifft den Menschen also regelmäßig nur in einer bestimmten Funktion.⁴⁷⁸ Das schließt nicht aus, daß Mitgliedschaftsstrukturen Menschen in Aspekten betreffen, die nicht zur Organisation gehören, wie etwa die Zwangsmitgliedschaft die allgemeine Handlungsfreiheit.⁴⁷⁹ Wie oben

---

472 *Mayntz* 1997, S. 138. Hierher wäre etwa das wahlberechtigte Mitglied („Bürger") einer öffentlichen Körperschaft zu zählen im Unterschied zum bloß leistungsberechtigten Angehörigen („Einwohner").
473 So aber etwa *Teubner* 1978, S. 137 u. 312. In die Umwelt nicht nur der Organisation, sondern auch des Rechts gehören Menschen als natürliche Wesen, als Individuen. Sie füllen die Mitgliedschaftsstrukturen aus, aber doch nur nach Maßgabe der Formen, die ihnen die Organisation zur Verfügung stellt. Diese Formen aber sind Teil der Organisation. Das schließt nicht aus, daß Mitglieder mit anderen subjektiven Funktionseigenschaften strukturell gekoppelt sind.
474 Zur Terminologie Mensch/Individuum/Subjekt und Organisation vgl. *Neuberger* 1997, S. 490 f.
475 *Luhmann* 1966, S. 34: „Auch Mitglieder einer Organisation gehören als konkrete Personen ihrer Umwelt an; selbst Beamte sind als individuelle Menschen nicht Teil der Verwaltung, sondern Teil der Verwaltungsumwelt". Anders als bei Luhmann an dieser Stelle (zu anderen Verwendungsweisen des Ausdrucks vgl. auch *Kirste* 2001, S. 326 f.) soll vorliegend der Ausdruck *„Person"* für das Zurechnungssubjekt sozialer Verhaltenserwartungen und *Rechtsperson* für das Zurechnungssubjekt von Rechtssätzen verwendet werden, Kirste 2001, S. 320 u. 357 f.; vgl. auch *Heller* 1983, S. 268; *Coleman* 1986, S. 17. Die andere Ansicht, die annimmt, Menschen als solche seien Mitglieder von Organisationen (vgl. etwa *Siepmann/Siepmann* 1992, S. 24) ist daher ebenso abzulehnen, wie die Auffassung, die die Mitglieder als Umwelt des Organisationssystems ansehen möchte.
476 Zum Begriff der Disziplinierung bei Foucault und seinen Implikationen für Organisation und Recht vgl. *Chiang* 2003, S. 23 ff., u. 143 ff.; in diesem Zusammenhang werden dann auch „Organisationspathologien" wahrgenommen (*Neuberger* 1997, S. 520 f.). Als Grundlage des Organisationsrechts sind diese Beobachtungen insofern relevant, als sie über die Ermöglichung und Beschränkungen von Artikulationsmöglichkeiten des Individuums in der Organisation zu seiner Beeinträchtigung als natürlicher Person in subjektiven Rechten führen, Probleme also, die bei öffentlichen Organisationen unter dem Stichwort „Sonderrechtsverhältnis" behandelt werden.
477 Die Organisationssoziologie berücksichtigt dabei auch das informale Verhalten, das zusammen mit dem Status in der formalen Organisation den tatsächlichen Mitgliedschaftsstatus ausmacht, vgl. *Luhmann* 1999, S. 35 ff. u. 39 ff.; allgemein zu Mensch und Verwaltungsorganisation *Becker* 1989, S. 122 f. u. 808 ff.
478 „Die Mitgliedschaftsrolle [verhindert] ein Ausgreifen des Sozialsystems auf die Gesamtpersönlichkeit der Teilnehmer und sichert sie vor totalen Ansprüchen des Systems. Die Formalisierung der Mitgliedschaft eröffnet einen Toleranzbereich, in dem eine Selbstdarstellung der Person und die Entwicklung einer persönlich-individuellen Verhaltenslinie in Grenzen möglich wird"., *Gabriel* (1979), S. 108.
479 „… schließlich besteht das Verwaltungssystem ja aus menschlichen Handlungen, die neben dem, was sie für die Verwaltung bedeuten, immer zugleich auch Funktionen im persönlichen Handlungs-

bei der Erörterung der Rational-Choice-Ansätze und insbesondere des institutionalistischen Ansatzes hervorgehoben wurde, haben dabei die Organisationsstrukturen nicht nur limitierende, sondern auch ermöglichende Funktion.[480]

Dies zugrundegelegt bleiben die Grenzen zwischen Mitgliedern und Nichtmitgliedern von Organisationen dennoch umstritten. So wird etwa in verhaltenstheoretischer Perspektive die Grenze weiter gezogen und das Verhalten der Wähler, Aktionäre, Versorger, Kunden und anderer Klientel einer Organisation mit zu den Organisationsbeziehungen und diese damit zu Mitgliedern gerechnet.[481] In diesem weiten soziologischen Sinn wären bei öffentlichen Anstalten auch die Anstaltsnutzer „Mitglieder". Dadurch werden die rechtlich notwendigen Unterscheidungen in den Mitgliedschaftsbegriff selbst verlagert. Hier muß zwischen solchen Mitgliedern unterschieden werden, denen grundlegende Mitwirkungsbefugnisse zukommen und solchen, die nur von ihnen profitieren („Angehörige") oder nur umgrenzte Aufgaben erfüllen (Personal).

Grundlegend ist die Entscheidung über die Mitgliederstruktur. Sollen die Angehörigen einer Organisation professionelle Mitglieder, oder Laien sein oder soll ein Mischverhältnis von beiden bestehen? Auch muß entschieden werden, inwieweit die Organisationsmitglieder ihre persönlichen Interessen als organisationsrelevant einführen dürfen oder ob nur eine gewissermaßen interessenlos-bürokratische Mitgliedschaft etabliert werden soll. Dies betrifft die Unterscheidung der Mitglieder im soziologischen Sinn in Personal und Mitglieder im engeren Sinn. Das Personal besitzt ein professionelles Interesse an der Organisation, bringt seine technischen Fertigkeiten ein, wird hierfür entlohnt, trägt aber auch eine gewisse Verantwortung für seine Leistungen der Organisation dieser gegenüber. Mitglieder i.e.S. bringen demgegenüber ihre persönlichen Interessen in die Organisation ein und sind nicht für das Ergebnis ihrer Entscheidungen verantwortlich.

Nicht zur Binnenstruktur der Organisation gehört die Frage, wie sie diese Mitglieder rekrutiert. Rekrutierung bedeutet die Aufnahme einer Person in die Organisation dadurch, daß ihr ein organisationsbezogener Status verliehen wird. Soweit die Befugnisse und Pflichten reichen, betrifft das Mitgliedschaftsverhältnis die Binnenstruktur der Organisation und gehört nicht mehr zum Organisation-Umwelt-Verhältnis. Durch die Rekrutierung und ggf. auch durch die Beendigung der Mitgliedschaft wird die Person hingegen in ihren außerorganisatorischen Beziehungen betroffen.

---

system der beteiligten Menschen erfüllen" (*Luhmann* 1966, S. 44, – diese Aussage ist nicht „an sich" spektakulär, relativiert aber die These von der Inhumanität der Systemtheorie, dazu *Lepsius* 1999; *van der Pfordten* 2001, S. 119 ff., 128 f.). Das sind Fälle der Rollenverknüpfung, die, gerade, wenn man die Verschiedenheit der Systembeziehungen berücksichtigt, zu einer gezielten Anerkennung der über den Menschen verbundenen Interessen in Form von subjektiven Rechten führen kann, *Luhmann* 1999, S. 65.
480 *Edelman/Suchman* 1997, S. 507: „Constitutive environments come into play as legal forms, and categories help to define the very nature of organizations and their environments; but the rules, principles, and values that comprise legal forms and categories often arise out of organizational practices and norms." Hier werden Teile der Bereitstellungsfunktion des Rechts erfaßt.
481 *Peabody/Rourke* 1970, S. 808; insofern ist es sinnvoller von Beteiligtem zu sprechen, worunter dann derjenige zu verstehen ist, der „in Reaktion auf eine Vielzahl von Anreizen einen Beitrag zum Fortbestand" der Organisation leistet, im Anschluß an Barnard und Simon, *Scott* 1986, S. 39.

(2.) Kommunikationsstrukturen

Basis von Entscheidung ist Information.[482] Wichtig sind hier die Wechselbezüglichkeit oder Reflexivität der Kommunikationsstruktur, ihre Zentralisierung und die Medien der Kommunikation.[483] Zur Kommunikationsstruktur einer Organisation gehört zunächst die *Informationsstruktur*.[484] Dabei ist die Informationsverteilung ein wichtiges Unterscheidungsmerkmal zwischen einer körperschaftlichen Organisation und einer hierarchischen: Während bei letzterer der Kreis derer, die wichtige Informationen erhalten und für ihre Entscheidungen benötigen, gering ist, verhält es sich bei Körperschaften gerade umgekehrt: Hier sind die unwichtigen Informationen (etwa die Geschäfte der laufenden Verwaltung betreffend) regelmäßig nur einem kleinen Kreis (dem Leitungsorgan) bekannt, während die wichtigen Informationen dem großen Kreis der Mitglieder der Versammlung bekannt sein muß, weil hier die wesentlichen Entscheidungen fallen. Organisationstheoretisch gesehen sind nicht nur Probleme der Informationsbeschaffung, sondern auch ihrer Weiterleitung zu berücksichtigen.

Sieht man eine Organisation als ein (formalisiertes) Kommunikationsnetz an,[485] ist das zentrale Merkmal der Organisationsstruktur die Regelung dieser Kommunikation.[486] Über Verfahrensregeln und die Festlegung von Entscheidungseinheiten[487] werden nicht nur Kommunikationswege,[488] die Speicherung von Informationen und die Kommunikationsformen (schriftlich, mündlich) strukturiert, sondern ganz elementar Arten und mögliche Themen von Kommunikationen festgelegt und als Zuständigkeiten verteilt.[489] Da Organisationen anders als Funktionssysteme (Recht, Politik, Wirtschaft etc.) nicht nur systemintern, sondern auch -extern kommunizieren (Vertretung)[490] können, muß das Organisationssystem deutlich von seiner Umwelt unterscheidbar gehalten und Verantwortung zugerechnet werden. Dazu bedarf es der Auswahl von Trägern der Außenkommunikation, deren Verhalten für die Organisation insgesamt zurechenbar sein soll.

---

482 Vgl. *Pfiffner/Sherwood* 1960, S. 303 zur Bedeutung von Information für öffentliche Verwaltungsorganisationen. Diese bekommen für die kundenorientierte Perspektive des NPM eine besondere Bedeutung *Schedler/Proeller* 2003, S. 216 ff.
483 *Becker* 1989, S. 569 f.
484 Gerade hier spielt Organisation eine zentrale Rolle in der Steuerung des Informationsflusses: „Organisation ist die Grundlage der Datenverarbeitungskapazität eines Systems; sie entscheidet über das Ausmaß an Komplexität, die das System verarbeiten kann. Sie wird daher theoretisch erfaßt als ‚Entscheidungsprämisse', als zentralisierte Selektion, die durch die Art, wie sie den Entscheidungsprozeß strukturiert, wie sie den Informationsbedarf regelt und die Informationen verteilt, ihre Bewährung findet. Die Rationalität des Entscheidens wird so zum Kriterium der Rationalität der Organisation", *Luhmann* 1966, S. 50.
485 *Luhmann* 1999, S. 192 f.; vgl. für Verwaltungsorganisationen auch *Pfiffner/Sherwood* (1960, S. 295 ff.), *Schuppert* (2000, S. 585) und *Trute* (1997, S. 254), der Organisationen „als korporative Akteure, als Handlungs- bzw. Kommunikationszusammenhänge, die aufgrund sinnhaft aufeinander bezogener Kommunikation/Handlungen sich als Identische in der Zeit erhalten und beschreiben" versteht.
486 *Mayntz* 1963, S. 90 f.; *Stene* 1940, S. 1132 f.
487 *Schmidt-Preuß* 2001, S. 47; *Becker* 1989, S. 617 f.
488 *Luhmann* 1999, S. 194 f.; *Trute* 1997, S. 256; *Bryde* 1988, S. 202 f.; *Pfiffner/Sherwood* 1960, S. 303 f.
489 *Becker* 1989, S. 618; *Siepmann/Siepmann* 1992, S. 235 f.
490 *Luhmann* 1999, S. 221 f.

(3.) Autoritätsstrukturen

Gewissermaßen auf der Kommunikationsstruktur schwimmend, besteht die Autoritätsstruktur einer Organisation. Sie dient der Koordination der Organisationsentscheidungen. Im Wege der Kontrolle wird hierbei in öffentlichen Organisationen Rechtmäßigkeit, Ordnungsmäßigkeit, Wirtschaftlichkeit, Rollenkonformität etc. hergestellt.[491] Idealtypisch können drei Formen unterschieden werden, in die sich wiederum die Körperschaft des öffentlichen Rechts nicht bruchlos fügt:

(a.) *Hierarchisch aufgebaute Organisationen*. Der – bildlich gesprochen – pyramidale Aufbau ergibt sich erstens durch die Befugnis einer Stelle, einer anderen Befehle zu erteilen und das Handeln anderer zu beaufsichtigen; dies ist wohl immer noch die wichtigste Form der „Führung".[492] Zweites Kriterium ist die Art der Tätigkeit: Die Spitze ist durch Handlungen gekennzeichnet, die entweder final oder jedenfalls wenig detailliert programmiert sind und nur in geringem Maß auf entlastende Routinen in ihrem Entscheidungsverhalten zurückgreifen können.[493] Für die unteren Stufen der Pyramide sind hingegen detailliert gesteuerte und routinemäßige Entscheidungen charakteristisch.[494] Drittens bezieht diese Hierarchie des Entscheidens ihre materiale Rationalität aus einer Hierarchie der Organisationsziele, bei denen die unteren Ausschnitte aus den allgemeiner gefaßten höheren sind, deren Spitze wiederum die Rationalität der gesamten Organisation dadurch sichern, daß sie an die Interessen der Organisatoren anknüpfen.[495] Idealtypisch ist hier die unmittelbare Staatsverwaltung zu nennen.

Auf jeder dieser Ebenen sind wiederum Differenzierungen möglich. Während typischerweise die Stelle einen Amtsträger aufweist (monokratische Struktur), kann es sinnvoll sein, die Zuständigkeiten einer Stelle mehreren Amtsträgern, die nur gemeinsam handeln können, anzuvertrauen (Kollegialprinzip).[496] Kollegium ist ein „mehrgliedriges, d. h. aus mindestens drei Mitgliedern bestehendes, durch Rechtsnorm mit Beschlußkompetenzen ausgestattetes Gremium".[497] Kennzeichnend ist die Gleichrangigkeit aller Kollegiumsmitglieder und der daraus folgende

---

491 *Becker* 1989, S. 626.
492 *Stene* (1940, S. 1131) etwa vertritt einen engen Begriff von Führung: „Leadership, as an element of organization, is a system of coordinating action by concentrating in a small number of persons the function of making decisions for the organization." *Mayntz* 1963, S. 88 f.; *Luhmann* 1999, S. 206 ff. auch zu netzwerkartigen Führungsstrukturen; *Loschelder* 1988, Rn. 1 ff. zur Verwaltungshierarchie.
493 *Luhmann* 1994a/7, S. 114: „Je größer das System ist, desto spezieller können diese Kleinstaufgaben definiert werden, und desto häufiger wiederholen sich im Arbeitsvollzug die einzelnen Handlungen. Die kontinuierliche Verrichtung derselben Tätigkeit läßt die speziellen Fähigkeiten dafür wachsen... Das Ergebnis ist Routinearbeit", zur Unterscheidung von Zweck- und Routineprogrammen dann S. 118 f.; zum Begriff der Routine und ihrer Bedeutung für Verwaltungsorganisationen auch *Stene* 1940, S. 1129.
494 Klassisch *Weber* (1980, S. 551): Bürokratische Herrschaft setzte eine Amtshierarchie voraus, „d. h. ein fest geordnetes System von Über- und Unterordnung der Behörden unter Beaufsichtigung der unteren durch die oberen, – ein System, welches zugleich dem Beaufsichtigten die fest geregelte Möglichkeit bietet, von einer unteren Behörde an deren Oberinstanz zu appellieren". Wobei die reinste Form durch die monokratische Spitze dargestellt würde. Vgl. auch *Peabody/Rourke* 1970, S. 806; *Blau/Scott* 1966 S. 183 f.; *Luhmann* 1999, S. 152 f. zu weiteren Kriterien.
495 *Peabody/Rourke* 1970, S. 807.
496 Eingehend *Groß* 1999, S. 45 f.; *Becker* 1989, S. 610.
497 *Groß* 1999, S. 46. Derartige Kollegien kommen häufig gerade außerhalb der hierarchischen Ministerialverwaltung vor.

D. Die Körperschaft des öffentlichen Rechts als Organisation 301

Koordinierungsbedarf der Entscheidungen, der über das Mehrheitsprinzip gelöst werden kann.[498]

(b.) *„Demokratisch" aufgebaute Organisationen.* Hier entscheiden die Mitglieder gemeinsam über die Ziele und Zieltätigkeiten, so daß die Autorität von unten nach oben delegiert wird.[499] Im Unterschied zu den nach dem Kollegialprinzip strukturierten Stellen beziehen sich die gemeinsamen Mitgliedsentscheidungen hier auf die Gesamtorganisation und werden durch kollegiale Stimmkörper – aller Mitglieder oder eines Repräsentativorgans – wahrgenommen. Idealtypisch dafür ist der privatrechtliche Verein. Hierher gehören auch alle Organisationen, in denen eine konsensuale Entscheidungsfindung besteht. Das betrifft alle Organisationen, die von ihren Mitgliedern getragen werden, also alle Körperschaften. Prima facie könnte man auch bei der Körperschaft des öffentlichen Rechts an das Modell demokratisch aufgebauter Organisation denken. Dabei würde aber übersehen, daß ihre Autorität abgeleitet ist von der staatlichen Autorität und nicht eine originäre, nur über die Mitglieder vermittelte Autorität darstellt. Die der demokratischen Legitimation bedürftige Autorität der Körperschaft wird in erster Linie über die staatlichen Gesetze vermittelt und über die (Rechts-)Aufsicht kontrolliert. Die mitgliedschaftlich vermittelte Autorität spielt sich also in den Grenzen der staatlichen Autorität ab. Auch hier führt wiederum das Mischungsverhältnis zu spezifischen Autoritätsstrukturen und auch -problemen, die zum Charakter der Körperschaft des öffentlichen Rechts gehören.

(c.) *Einwirkungsorganisationen.*[500] Hier besteht eine obere Mitgliedergruppe, die über eine untere bestimmt und die Zieltätigkeiten der Organisation selbst ausübt. Die untere Mitgliederschicht konsumiert die Leistungen der oberen. Gemeint sind hiermit anstaltliche Organisationsverhältnisse.[501] Dazu gehört nach *Mayntz* auch die Universität, also jedenfalls ein Teil der Körperschaften.

Die Einteilung wird allerdings unterlaufen durch Beobachtungen, daß selbst in hierarchischen Organisationen Abhängigkeiten der Hierarchiespitze von untergeordneten, aber durch fachliche Kompetenz einflußreichen Stellen bestehen können.[502] Auch aufgrund der Unterscheidung von fachlich orientiertem Stab und bürokratischer Linie[503] konnten Hierarchiekonflikte beobachtet werden.[504] Hierzu zählt auch, daß mit der Anzahl der Hierarchieebenen die Unzufriedenheit zu- und die Leistungsbereitschaft der Mitarbeiter abnimmt.[505] Diese können wiederum durch die Wahl eines professionell-teamartigen Organisationsmodells kompensiert werden (vgl. o., S. 290). Untersuchungen zu Führungsstilen haben ergeben, daß unterschiedliche Aufgaben mehr hierarchische oder mehr kooperative Formen

---

498 *Groß* 1999, S. 49 f.
499 *Mayntz* 1963, S. 97. „Demokratisch" kann nicht in einem direkten Sinne verstanden werden, da zu diesen Organisationen auch solche gehören, bei denen die Mitgliederentscheidung zwar autonome, nicht aber „demokratische Legitimation" vermittelt (zu dieser Abgrenzung im zweiten Hauptteil A).
500 *Mayntz* 1963, S. 98 f.
501 Zugrundegelegt wird der weite Mitgliedschaftsbegriff.
502 *Weick* 1995, S. 242 f.; *Peabody/Rourke* 1970, S. 806 f.
503 „In short, line officials possess formal authority, whereas staff members usually function in a research and advisory capacity", *Blau/Scott* 1966, S. 172.
504 *Peabody/Rourke* 1970, S. 816 f.
505 *Klages* 1977, S. 35 f.

der Führung erfordern, um so das Organisationsverhalten in bestmöglicher Weise koordinieren zu können. Nach *Rainey* können vier Führungsstile unterschieden werden:[506] "*directive*, where the leader gives specific directions and expectations; *supportive*, marked by encouraging, sympathetic relations with subordinates; *achievement-oriented*, where the leader sets high goals and high expectations for subordinates' performance and responsibility; and *participative*, where the leader encourages subordinates to express opinions and suggestions." Rainey hebt hervor, daß sich unterschiedliche Führungsstile für unterschiedliche Aufgabenarten eignen: „Participative leadership works best for ambiguous tasks in which subordinates feel that their self-esteem is at stake, because participation allows them to influence decisions and work out solutions to the ambiguity." Auch im Bereich der öffentlichen Verwaltung wird inzwischen gesehen, daß hierarchische Kontrolle im Bereich professioneller Organisationen durch Supervision ersetzt werden kann, da die beruflichen Standards und Werthaltungen die Amtsausübung strukturieren.[507]

Koordination setzt unter anderem voraus: Die Verbindung der individuellen Leistungen mit der Organisationsaufgabe, die Vermeidung von Entscheidungen, die sich widersprechen, sonst kollidieren oder sich gar gegenseitig aufheben, die Vornahme aller für eine Entscheidung notwendigen Unterstützungshandlungen und die zeitliche und örtliche Abstimmung der Entscheidungen in einer den Zielen der Organisation förderlichen Weise.[508] Ferner ist subjektive Voraussetzung das Wissen um die Formen und Verfahren der Entscheidungen.[509] Die Informationsbeschaffung wird in Organisationen aber häufig von spezialisierten Stellen vorgenommen, so daß insofern von der von institutionalistischen Theorien hervorgehobenen beschränkten Rationalität auszugehen ist.

Besteht ein hoher Koordinierungsbedarf für entscheidendes Handeln, ist die hierarchische Organisation zu bevorzugen.[510] Kommt es hingegen auf individuelle Leistungen an, reicht eine dezentrale, von unten nach oben aufgebaute Autoritätsstruktur aus. Der Sinn von Hierarchie scheint abhängig zu sein vom Qualifikationsgrad des Personals, der Größe der Organisation, der Anzahl der Hauptgliederungen, der Automation und anderer Faktoren.[511] Anders als *Weber* vor dem Hintergrund der Theorie steigender Formalisierung und Rationalisierung meinte, korrelieren Professionalisierung und Hierarchie nicht.[512] Beide ruhen, wie *Parsons* nachgewiesen hat, auf unterschiedlichen Autoritätsstrukturen: Professionelle Autorität auf der erwiesenen übergeordneten Kompetenz des Experten, bürokratische Autorität hingegen auf der legitimen Befehlsgewalt, die einem Befehlsgeber gegenüber seinen Untergebenen eingeräumt wurde.[513] Professionelle Autorität setzt keine bürokratische und diese nicht jene voraus. Demnach stehen Organisationen, deren Aufgaben ein hohes

---

506 *Rainey* 2003, S. 294.
507 *Pitschas* 1998, S. 915.
508 *Stene* 1940, S. 1128, der allerdings Koordination zu Unrecht als zentrales Prinzip der Verwaltung ansieht und dabei vernachlässigt, daß ohne Zielorientierung und Differenzierung/Arbeitsteilung kein Bedarf für Koordination besteht.
509 *Stene* 1940, S. 1136.
510 Allerdings sind auch hier Durchsetzungsschwächen zu beobachten, *Bryde* 1988, S. 197.
511 *Blau* 1968, S. 453.
512 *Blau* 1968, S. 455.
513 Ebd.

Maß an fachlicher Autorität erfordern, einem bürokratisch-hierarchischen Aufbau entgegen. Organisationen mit stark standardisierten oder einfachen Tätigkeiten sind hingegen für eine hierarchische Autoritätsstruktur offen.

Hierarchie kann schließlich substituiert werden etwa durch bestimmte fachliche Vorbildung des Personals. Wenn regelmäßig wiederkehrende erlernbare Tätigkeiten den Hauptteil der Organisationsleistung ausmachen, sorgt die ähnliche oder gleiche Ausbildung des Personals alleine schon für eine gewisse Homogenität der Arbeitsabläufe.[514] Diese Organisationen tendieren zu einem höheren Dezentralisierungsgrad, zugleich aber zum Anwachsen der Kommunikationsstrukturen.[515]

(4.) Legitimationsstrukturen

Die Mitgliedschaft wirft schließlich besondere Legitimationsprobleme auf. Mitgliedschaft bedeutet eine längerfristige Beziehung des Einzelnen mit der Organisation. Soll diese Bindung nicht im Sinne von *Coleman* zu einseitigen Asymmetrien führen, müssen entweder die Organisationsziele mit seinen Interessen harmonieren, um als legitim gelten zu können,[516] oder ihm muß eine unkomplizierte Exit-Option eingeräumt werden.[517] Andernfalls wird auch die Motivationsfähigkeit der Mitglieder gefährdet.[518] Fehlt die Austrittsmöglichkeit, muß die bei Motivationsverlusten eine interne Veränderung im Bereich der sekundären Organisationszwecke möglich sein.[519] Bei öffentlichen Organisationen kommt allerdings noch eine gesetzlich vermittelte demokratische Legitimation in Betracht. Dadurch entfernt sich jedoch die Loyalität der Mitglieder von einer freiwilligen zu einer geschuldeten Organisationsloyalität, deren Erbringung im Rahmen des organisatorisch Notwendigen und Zulässigen kontrolliert werden muß. In jedem Fall wird durch eine Verringerung der Austrittstatbestände die Gewährleistung der Wirksamkeit der Organisation vom Verselbständigungskriterium des Zwecks auf ihre innere Verfassung verlagert.[520]

Autonome Legitimation kann durch eine Ausdifferenzierung der Organisationsstrukturen erreicht werden. Hierzu gehören Anreizstrukturen für die Ausbildung innerorganisatorischer Opposition, interne Gewaltenteilung und überhaupt

---

514 *Blau* 1968, S. 456 unter Verweis auf Stinchcombes Untersuchungen.
515 *Blau* 1968, S. 457, 462; ein Effekt, der auch zu einer Zerfaserung von professionellen Organisationen führen kann, *Klages* 1977, S. 39.
516 „Am Verhältnis zu ihren Mitgliedern hat sich jede soziale Organisation zu beweisen; jedes soziale System ist auf Kongruenzen mit seinen singulären Elementen angewiesen – und sei es nur in Partialbereichen -, die als überlebensnotweniges Legitimationsreservoir dienen und ohne die sein weiteres Fortbestehen fraglos gefährdet wäre", *Schönweiss* 1984, S. 156.
517 Zur demokratischen Funktion der Exit-Option vgl. *Teubner* 1978, S. 185 f. Noch anders formuliert: Je höher die Austrittskosten, desto höher muß der Einfluß des Mitglieds auf die Entscheidungen der Organisation sein. *Coleman* 1992, S. 177, vgl. a. oben Fußn. 84.
518 Die Austrittsmöglichkeit etwa des § 39 BGB garantiert der Organisation des freiwilligen Vereins einen Mindestmaß an motivierten Mitgliedern bei gleichzeitiger Aufrechterhaltung seiner primären Organisationsziele, *Teubner* 1978, S. 38.
519 *Von Beyme* 1980, S. 130: „Je stärker das Ausmaß der Abhängigkeit eines Verbandsmitgliedes vom Verband wird, um so wichtiger werden die demokratischen Postulate".
520 Immobilismus ist also nicht eine Belastung der Organisation, sondern forciert deren Binnendifferenzierung durch Änderungsstrukturen und Kontrolle. Teubner (1978, S. 75 f.) ist zuzugeben, daß damit noch nicht das Oligarchisierungsproblem der Verbandsdemokratie gelöst ist; doch ist dies ein Problem der prozeduralen Strukturen des Verbandes.

„Organisationen in der Organisation"[521] und Verfahren zu ihrer Artikulierung, Pflicht zu Dekonzentrationsmaßnahmen, Förderung der Verbändekonkurrenz und andere. Formen von Mitgliederentscheidungen über Sachfragen oder ihre Beteiligung an diesen, Verpflichtung zur Durchführung und Publikation von Umfragen, Ausschüsse über Sachfragen können ferner eine inhaltliche Interessenermittlung begünstigen.[522]

Das Legitimationsproblem stellt sich bei Körperschaften des öffentlichen Rechts in verschärfter Form. Nicht nur besteht zumeist Zwangsmitgliedschaft, so daß keine „Exit"-Option vorliegt; ihnen kommt auch eine Monopolstellung in ihrem Bezirk zu, so daß gar keine Alternative gegeben ist. Legt man *Hirschmans* „Exit-Voice"-Modell zugrunde, demzufolge Defizite in der Austrittsmöglichkeit einer Organisation durch deren gesetzliche Korrektur im Sinne von Mobilitätserleichterungen, öffentliche Kontrolle der Zugangsbedingungen oder Verstärkung des „Voice"-Elements beseitigt bzw. kompensiert werden können, so wird man die Körperschaft des öffentlichen Rechts als Organisation ansehen müssen, die die zumeist fehlende Austrittsmöglichkeit durch eine Steigerung sowohl der Kontrolle der Zugangsbedingungen als vor allem auch durch die Erweiterungen der Artikulationsmöglichkeiten in der Organisation kompensiert.[523] Die Zugangsbedingungen sind gesetzlich geregelt und können gerichtlich überprüft werden. Die „Voice"-Optionen sind über unterschiedlich intensive Partizipationsmöglichkeiten, aber immer durch eine demokratisch gewählte Versammlung jedenfalls formal gewährleistet.

d. Die Organisationsgröße als Strukturvorgabe für die Binnenorganisation[524]

Die Organisationsgröße, die über die Komplexität ihres Aufgabenbereichs, ihren räumlichen Wirkungskreis, über ihre Mitglieder etc. bestimmt werden kann, grenzt die Organisation von anderen ab. Insofern gehört sie zur konstituierenden Dimension von Organisationen. Hier soll kurz auf die Auswirkungen der Größe auf die Binnenstrukturen der Organisation hingewiesen werden. Größere Organisationen scheinen ein höheres Maß an Spezialisierung der Stellen zu ermöglichen als kleinere Organisationen, die weniger differenziert sein können, weil auf jede Stelle unterschiedliche Aufgaben zukommen.[525] Außerdem wächst mit der Größe der Organisation auch die Größe ihrer Bestandteile.[526] Zugleich verringert sich die Verantwortung, die jeder Bestandteil zu übernehmen hat. Auf der anderen Seite wächst mit der Größe auch die organisationsinterne Ungewißheit und damit der Koordinierungsbedarf, so daß hierfür spezifische Instrumente eingeführt werden müssen wie klare Kompetenzabgrenzungen, Weisungshierarchie, Abstimmungserfordernisse oder ähnliches.[527]

---

[521] Wie es oben schon bei Coleman erwähnt worden war. In großen Organisationen haben nur organisierte Interessen eine Chance, gehört zu werden, kritisch *Teubner* 1978, S. 197 f. u. 303 f.
[522] *Teubner* 1978, S. 195 – Politisierung verbandsinterner Prozesse ist aber nur *eine* Möglichkeit.
[523] Zu *Hirschman* und den Kriterien seiner Theorie, *Teubner* 1978, S. 265 f.
[524] *Luhmann* 2000, S. 307 f.; *Pfiffner/Sherwood* 1960, S. 4 ff.
[525] *Blau* 1970, S. 204 f.: je größer die Organisation, desto höher das Maß an Differenzierung sowohl in bezug auf ihre Hierarchie als auch in bezug auf ihre Spezialisierung, *Luhmann* 2000, S. 312.
[526] *Blau* 1970, S. 207. Diese Bestandteile tendieren zu weiterer Differenzierung, *Blau* 1970, S. 212.
[527] *Luhmann* 2000, S. 317 f.; *Blau* 1970, S. 212, 217.

Dies mag die gesteigerte Formalisierung größerer Organisationen erklären.[528] Insgesamt nehmen mit der Größe der Organisation sowohl die Gefahren als auch die Chancen von Bürokratie zu.[529] Das hat insbesondere auch Auswirkungen auf eine stärkere Oligarchisierung und damit – bei entsprechenden Organisationen – auf die Verbandsdemokratie[530] und bei öffentlichen Verwaltungsorganisationen auf die demokratische Legitimation und Kontrolle der Organisation insgesamt.[531]

Die Größe der Organisation wird insbesondere unter wirtschaftlichen Gesichtspunkten diskutiert und ist bei Körperschaften insbesondere beim Neuzuschnitt der Gemeinden im Rahmen der Gebietsreform erörtert worden. Als Problem wird dabei insbesondere die Partizipation angesehen.[532] Bei Körperschaften der funktionalen Selbstverwaltung scheint Größe eher ein Problem der sinnvollen Organisation zu sein, nicht der Legitimation. Sie wird dann durch ökonomische aber auch durch verwaltungsorganisationelle Gründe, etwa die Bezugnahme auf Gebietskörperschaften oder Gerichtsbezirke bestimmt. Daß dies nicht nur ein fernliegendes Problem bürokratischer Großorganisationen, sondern auch der zur Selbstverwaltung eingerichteten Kammern ist, hat *Kleine-Cosack* in seiner Untersuchung über die berufsständischen Kammern deutlich gemacht.[533] Auch organisationstheoretisch zu Recht hat daher das BVerfG in der schon erwähnten Rastede-Entscheidung die Relativität der Organisationsgröße als Faktor der Organisationsstruktur hervorgehoben: Effizienz mag zwar größere Organisationen rechtfertigen; dient eine Organisation wie die Körperschaft aber zugleich der Bürgerpartizipation, ist ein Mindestmaß an Übersichtlichkeit der Organisation gefragt und von daher die Organisationsgröße begrenzt.[534]

e. *Bürokratische und nichtbürokratische Organisationen*

Wichtiger Typus vieler gesellschaftlicher Organisationen sowie der öffentlichen Verwaltung ist nach wie vor die bürokratische Organisation.[535] Sie ist gekennzeichnet durch eine sowohl in der Regelungsbreite als auch in der Regelungstiefe eingehende Programmierung in sachlicher und organisatorischer (Geschäftsverteilungspläne

---

528 *Schuppert* 1981, S. 198.
529 *Selznick* 1943, S. 50; ihre Binnenkomplexität steigert sich, der Verwaltungsanteil sinkt jedoch, neben Blau auch *Rainey* 2003, S. 189.
530 *Teubner* 1978, S. 86 f.; keine Auswirkungen scheinen auf die Zentralisierung zu bestehen, *Schuppert* 1981, S. 199 f.
531 *Peabody/Rourke* 1970, S. 828 f.: Als Kompensation hat etwa das US-Landwirtschaftsministerium die Einbeziehung von Betroffenen in die Durchführung und Überwachung ihrer Programme versucht.
532 *Schönweiß* 1984, S. 28 f.; *Kaiser* 1978, S. 15 f.
533 *Kleine-Cosack* 1987, S. 195: Mangelnde Beteiligungschancen führen hier – und die Beteiligungszahlen bei den Sozialversicherungswahlen bestätigen ähnliche Probleme – zu einer Apathie der Mitglieder, die sich etwa bei der Kammerversammlung zeigt, woran 1981 von 1000 Mitgliedern in der Freiburger Anwaltskammer nur 34 teilnahmen.
534 BVerfGE 79, S. 127 ff. (153) – Rastede; 82, S. 310 ff. (314). *Schmidt-Aßmann* (1991b, S. 129) faßt diesen Zusammenhang so zusammen: „Kommunale Selbstverwaltung soll sich danach von ihrem Aufgabenzuschnitt her dem Bürger so darstellen, daß er sie überschauen und mit ihr identifizieren kann".
535 *Dreier* 1991, S. 143 spricht von einer geradezu erdrückenden Plausibilität des Bürokratiemodells und der daraus folgenden Vorstellungen des hierarchischen Aufbaus von Verwaltungen; *Becker* 1989, S. 631 f.; *ders.* 1976, S. 273 ff.; Wolff/Bachof/Stober-*Kluth* 2004, § 80 Rn. 38.

etc.) Hinsicht, durch eine stark arbeitsteilige⁵³⁶ Strukturierung der Aufgabenerledigung aufgrund einer differenzierten Stellenstruktur, die über hierarchische Kommunikations- und insbesondere Autoritätsstrukturen integriert wird und durch einen hohen Grad an Formalisierung der Verfahren geprägt ist. Die Stellen werden von hauptberuflichen Amtsinhabern ausgefüllt (Trennung von Amtstätigkeit und Privatsphäre), die nach dem Laufbahnprinzip aufsteigen können.⁵³⁷ Die bürokratische Organisation sichert damit in besonderer Weise die rechtsstaatlichen und demokratischen Forderungen, die die Verfassung an die Verwaltung stellt.⁵³⁸

Sah die klassische Organisationstheorie nur arbeitsteilig differenzierte, hochspezialisierte und hierarchisch integrierte Organisationsformen als rational an, setzt sich – parallel zur Veränderung der Rationalitätskriterien – die Einsicht durch, daß diese Organisationsform nicht in jeder Umgebung rationale Ergebnisse erzielen kann.⁵³⁹ Nach wie vor scheint die bürokratische Struktur auch im Bereich der unmittelbaren Staatsverwaltung die Regelorganisationsform zu sein. Sie ist allerdings voraussetzungsvoll: die Entscheidungsprozesse müssen detailliert programmiert sein; sie müssen der Sicherung von verfassungsrechtlichen Zwecken dienen; die Arbeitsprozesse routiniert verlaufen können; die verwendeten Technologien dürfen keine zu hohe Komplexität aufweisen; die „Konsensvariablen" müssen unauffällig sein; die Umwelt muß relativ homogen sein und die benötigten Ressourcen zur Verfügung stehen.⁵⁴⁰ In weniger komplexen Umwelten führen hingegen in geringerem Maße standardisierte Organisationen zu angemessenen Ergebnissen.

Seit den ersten Untersuchungen innerhalb des „Human Relations-Approach" durch *Robert K. Merton* treten jedoch die Grenzen bürokratischer Lösungen immer stärker ins Bewußtsein.⁵⁴¹ Inzwischen wird sogar von „Bureapathology" im Sinne einer übersteigerten Konzentration auf die Amtsautorität unter Vernachlässigung der Bürgerinteressen und flexibler Evolution der Strukturen gesprochen.⁵⁴² Es wurde deutlich, daß das bürokratische Modell auf Simplifikationen und Reduktionismen in bezug auf seine Leistungsfähigkeit und die Umwelt der Verwaltung beruhte.⁵⁴³ Fehlen diese Voraussetzungen, reagieren gesellschaftliche Organisationen

---

536 In Form der quantitativen Arbeitsteilung, bei der alle Sachbearbeiter einen gleichartigen Teil der Aufgaben zu erledigen haben, oder der qualitativen Arbeitsteilung, die den Arbeitsprozeß in unterschiedliche Bestandteile zerlegt und auf unterschiedliche Stellen verteilt, *Becker* 1989, S. 590 f. *Siepmann/Siepmann* 1992, S. 79 ff.
537 Zu den Merkmalen auch *Wolff/Bachof* 1976, S. 9 f.; sowie Max Weber, s. u.
538 *Becker* 1989, S. 542 f.; kritisch *Groß* 1999, S. 120 f.
539 *Gouldner* 1955, S. 498 f. hat nachgewiesen, daß dem Bürokratiemodell ein prinzipiell pessimistisches, selbstbestimmungs-skeptisches Menschenbild zugrunde liegt; vgl. zur Bürokratietheorie allgemein auch *March/Simon* 1961, S. 199 ff.; *Luhmann* 1991, S. 77 f.; *Brohm* 1972, S. 293 f.
540 *Becker* 1989, S. 588; dies entspricht der allgemeinen organisationstheoretischen Beobachtung, daß sich formale und bürokratische Organisationen in stabilen Umwelten am besten durchsetzen, *Rainey* 2003, S. 44. *Litwak* hat schon 1961 (S. 181 f.) darauf hingewiesen, daß auch bürokratische Organisationen zu Ausdifferenzierungen in der Lage, die klassisch hierarchische, uniformistische Bereiche neben anderen bestehen lassen.
541 *Merton* 1940, S. 560 ff., spricht davon, daß Spezialisierung und strenge Regelbefolgung zu einer „trained incapacity" führen können, vgl. auch *Harmon/Mayer* 1986, S. 198, u. *Rainey* 2003, S. 53.
542 *Victor Thompson*, vgl. zu ihm auch *Rainey* 2003, S. 53; in Deutschland hat auch die Bürokratiekritik schon eine längere Tradition, die sich spätestens auf *Robert von Mohl* zurückführen läßt, *Türk/Lemke/Bruch* 2002, S. 125.
543 *Groß* 1999, S. 123. Es ist insbesondere auf klare Zielvorgaben angewiesen, um seine technische Rationalität im Rahmen seiner arbeitsteilig wirkenden Hierarchie entfalten zu können, *Dreier* 1991, S. 145.

mit der Ausdifferenzierung ihrer Strukturen, um ihre Flexibilität zu erhöhen, und werden auch in öffentlichen Verwaltungen höhere Anforderungen an die innere Organisation gestellt.[544] An die Stelle der bürokratischen Organisation treten dann Formen, die zumeist aufgrund der Negation der Elemente von Bürokratie beschrieben werden: geringere Programmierung,[545] geringere Formalisierung, Hierarchieabbau und Einführung von team-orientierten Koordinierungsstrukturen,[546] Dezentralisierung, Entprofessionalisierung etc.[547] Gemeinsam ist solchen Ansätzen, Fremdsteuerung durch Selbststeuerung zu ersetzen.[548]

Selbststeuerung kann an die Stelle von Fremdsteuerung treten, indem Umweltabhängigkeit durch Binnendifferenzierung kompensiert wird. Dies kann zunächst durch den Aufbau informaler Strukturen zur Bewältigung der Verwaltungsaufgaben erfolgen. Sie können, müssen aber nicht die Umweltoffenheit erhöhen und können so die Flexibilität der Organisation steigern. *Luhmann* hat nachgewiesen, daß auch ohne die formalen Vorgaben rekursive Kommunikationsstrukturen entstehen können, die eine operative Abkopplung von Organisationen gegenüber ihrer Umwelt bewirken: Routinen etwa bilden sich auch aus, aber sie sind schlechter vorhersehbar, stärker personengebunden und durch ihre Habitualität schwieriger zu ändern als Stellen- und Geschäftsverteilungspläne. Somit läßt die entlastende Funktion der Strukturen nach, so daß mehr Ressourcen (vor allem der Mitglieder) für die Organisation aufgebracht werden müssen. Motivationale Aspekte, Sachkompetenz etc. gewinnen an Bedeutung.[549] Selbstorganisationsfähigkeit der Organisationsmitglieder wird wichtiger, und Selbstbestimmung läßt sich hier eher realisieren. Aufgaben, deren Erledigung genau dies voraussetzen, können somit bevorzugt von nicht-bürokratischen Organisationen erledigt werden. An die Stelle der formalisierten bürokratischen Hierarchie treten Verwaltungskraft und Sachverstand von Bürgern, die zumeist sozial entsprechend vorstrukturierten Gruppen angehören.[550]

---

544 *Brohm* 1972, S. 261 ff.; *Dreier* 1991, S. 153.
545 Umbau von konditionaler zu finaler Steuerung, vgl. etwa *Groß* 1999, S. 124.
546 „Kooperationsverwaltung" und Formen der Dekonzentration, *Dreier* 1991, S. 153; *Schuppert* 1981, S. 309 ff.; ders. 1983, S. 205; *Groß* 1999, S. 204.
547 *Rainey* 2003, S. 45; *Schuppert* (1981, S. 205 f.) verweist in diesem Zusammenhang auf *Bosetzkys* Gegenüberstellung von bürokratischen und eher spontan geformten, nicht-bürokratischen und nicht-professionalisierten sog. „assoziative Organisationen", die aus Fachleuten bestehen, die fallweise rekrutiert werden und kollegial zusammenarbeiten. Nach Bosetzky eignen sich diese Organisationen besser für Aufgaben, die nur ungenau vorgezeichnet werden können („diffuse Zwecke"), stark wertbezogen sind und von großen Veränderungen in den Wissensbeständen abhängig sind. Elemente dieser Aufgabenstruktur finden sich in unterschiedlich starker Ausprägung auch bei Körperschaften des öffentlichen Rechts, die tatsächlich auch Elemente der „assoziativen Struktur" aufnehmen.
548 *Groß* 1999, S. 204; *Scharpf* 1989, S. 11 f.
549 *Becker* 1989, S. 566 f. Die Angewiesenheit auf besonderen Sachverstand bedeutet jedoch nicht dessen organisatorische Integration. Möglich sind auch punktuelle Einbeziehungen von Sachverständigen, die nicht in einem Mitgliedschaftsstatus resultieren oder die Ausgliederung der Entsprechenden Beratungsfunktionen in Beiräten oder Kommissionen, die lediglich eine besonders enge Beziehung zur Organisation aufweisen.
550 *Schuppert* 1981, S. 163; Studien des Organisationsverhaltens haben einen Zusammenhang zwischen Flexibilität der Organisation und Partizipationsmöglichkeiten nachweisen können. *Kurt Lewin* hat gezeigt, daß Veränderungen in Gruppen mit voller Partizipation schneller erfolgen als in solchen mit partieller Partizipation oder solchen, denen Veränderungen zur Aufgabe gemacht werden, *Rainey* 2003, S. 38.

Die Substituierung von Fremdsteuerung durch Selbststeuerung kann aber auch durch die Ausdifferenzierung formaler Strukturen geschehen.[551] Seit dem *Reichsfreiherrn vom Stein* sind genossenschaftliche Formen der öffentlichen Verwaltung antibürokratische oder doch bürokratieergänzende Formen der Kompensation von Defiziten hierarchisch-professioneller Verwaltungsorganisation gewesen.[552] Selbstverwaltung als dezentrale und eigenverantwortliche Aufgabenerfüllung ist dabei ganz allgemein ein Prinzip der Differenzierung des Verwaltungssystems zur flexibleren Aufgabenerledigung.[553] Die gewonnene Selbständigkeit dient der Ausbildung von Eigenrationalität durch Einbeziehung von problemnahem Sachverstand und akteursbezogenem Interessenausgleich. In ihrer am weitesten ausdifferenzierten Form, der körperschaftlichen Selbstverwaltung, erfolgt sie aber durch den Aufbau legitimierender partizipativer Binnenstrukturen. Hier wird ein zentraler Mechanismus der Binnendifferenzierung wirksam, das Kollegialprinzip.[554] Die Überführung des externen Verwaltungs-„kunden", der seine Interessen gegenüber der Organisation geltend macht, in die Position des Mitglieds, das unter dem Regime des Organisationsrechts seine Interessen mit anderen zum Ausgleich bringen und damit zugleich die Aufgaben der Organisation erfüllen muß, führt nicht zu einer Steigerung der Umweltabhängigkeit, sondern zu ihrer größeren Unabhängigkeit.

In demokratischer Perspektive korrespondiert allerdings die detaillierte gesetzliche Programmierung der Aufgaben und ihre Erledigung durch einen professionellen Beamtenstab mit einem hohen Maß an demokratischer Legitimation der bürokratisch-hierarchischen Organisation.[555]

Insgesamt kann die Frage, ob eine bürokratische oder eine weniger formalisierte Organisationsform zur Erledigung bestimmter Aufgaben sinnvoll ist, anhand der Frage 1. der Regelhaftigkeit, Gleichförmigkeit, Routineartigkeit der Aufgabenerledigung, 2. des Ausmaßes der erforderlichen Fachkenntnisse und 3. der Präzisierbarkeit der Organisationszwecke entschieden werden.[556] Schließlich verträgt sich auch der Bereich einer echten Interessenintegration durch Kompromisse[557] sowie die Einbeziehung der Betroffenen nicht mit hierarchischen Strukturen. 4. können also entscheidungstheoretische Gründe für nichtbürokratische Strukturen zu sprechen.

---

551 Schon im bürokratischen Modell kann das – wie *Litwak* nachgewiesen hat – dadurch geschehen, daß bewußt sich widersprechende Momente in die Organisationsstruktur eingebaut werden, deren Wettstreit verbunden mit der Notwendigkeit einheitlichen Entscheidens zu differenzierten Ergebnissen führen kann. Nach dem goetheschen Prinzip von „Polarität und Steigerung" soll hier über künstlich eingebaute Separierungen (Rollen, Ausgliederung von Forschungsabteilungen, Evaluationen etc.) eine Dialektik der Rationalitätssteigerung in Gang gesetzt werden, *Litwak* 1961, S. 181 ff.
552 v. Mangoldt/Klein/Starck-*Tettinger* Art. 28 Rn. 126.
553 Vgl. *Wagener* 1976, S. 31 ff.
554 *Groß* 1999, S. 196 f.
555 *Dreier* 1991, S. 121 ff., 127: „Demokratie... verlangt nach strikter Determination des Verwaltungshandelns, nach Durchsetzung des legalen Willens mit Hilfe eines loyal-gehorsamen Verwaltungsstabes".
556 *Schuppert* 1981, S. 210 f.; *Groß* 1999, S. 126.
557 *Schuppert* 1981, S. 322 ff.

3. Organisation und Umwelt

Entsprechend der Vielfalt von Organisationstheorien besteht auch wenig Konsens über die Funktion von Organisation.[558] In einem sehr allgemeinen Punkt allerdings dürfte Einigkeit zu erzielen sein: Organisationen können besser als Interaktionssysteme Unsicherheit durch eine komplexe Umwelt absorbieren.[559] Wie erfolgreich sich eine Organisation auf ihre Umwelt – die sie immer auch wenigstens mitproduziert – einstellen kann, hängt nicht nur von Steuerungsleistungen aus der Umwelt, sondern auch von ihr selbst ab.[560] Auch wenn die Organisation selbst Marktteilnehmer ist, kann sie doch in ihrer Binnenstruktur durch die Kanalisierung von Information über Verfahrensgänge und Kompetenzen (Arbeitsteilung) sowie durch die Begrenzung von Alternativen die Entscheidungsfindung erleichtern und so Marktversagen kompensieren[561] (Ausdifferenzierung). Die Marktmäßigkeit dieser Möglichkeit zeigt aber schon, daß sie bei öffentlichen Verwaltungsorganisationen, denen Spezialisierung, Marktanpassung etc. nur in geringem Maße möglich sind, weil sie eine Art Allzuständigkeit besitzen, kaum zu Gebote steht.[562] Die Organisation kann sich ferner ein internes organisatorisches Umfeld beschaffen, das sie entlastet und zugleich gezielte Beziehungen ermöglicht.[563] Die Ausdifferenzierung von Organisationen ermöglicht es ihnen, sich nun spezifisch auf ihre Umwelt zu beziehen. Das Organisation-Umwelt-Verhältnis ist also durch die innere Struktur der Organisation mitgeprägt und läßt sich daher durch ein simples Input-Output-Modell nicht mehr adäquat darstellen.[564] Je stärker es sich um eine organisationsgeprägte Umwelt handelt, desto gezielter können hier Kopplungs-, Netzwerksysteme oder korporatistische Arrangements geschaffen werden.

Ein weiterer Faktor der Umweltbeziehung ist die Eigenart der Organisation selbst. Theorien des „organizational behaviour" haben herausgearbeitet, daß unterschiedliche Organisationstypen sich unterschiedlich auf ihre Umwelt beziehen. So hat *Schuppert* etwa für die berufständischen Kammern die These vertreten, daß sie an den einmal aufgestellten beruflichen Standards festhalten und insgesamt wenig „innovationsverdächtig" sind.[565] Aufgabe und innere Struktur dieser Organisationsform scheint mithin das organisatorische Verhalten zu beeinflussen. Zwar muß auf dieser deskriptiven Ebene festgehalten werden, daß jede Organisation sich nur gemäß ihrer Binnenstruktur auf ihre Umwelt bezieht und alle Umwelteinflüsse als eigene Beobachtungen selbst kommunizieren muß; öffentliche Organisationen haben aber zahlreiche Mechanismen eingebaut, die

---

558 Vgl. auch *Groß* 1997, S. 145 f. u. 201 f.
559 Wie dies zu beurteilen ist, hängt unter anderem davon ab, welche Organisationstheorie zugrundegelegt wird. Aus der Perspektive einer Theorie offener Systeme *Emery/Trist* 1965, S. 21 f.
560 *Luhmann* 1991, S. 244; *Ladeur* 1993, S. 149 f.: Inwiefern sie sich die Erwartungen der Umwelt zu eigen machen kann.
561 *Scott* 1986, S. 203 f.
562 *Klages* 1977, S. 45: Dies ist auch der Grund dafür, daß sie unter besonderen Umwelterwartungen stehen, auf die sie primär mit gesteigerter Binnendifferenzierung reagieren müssen.
563 *Powell/DiMaggio* 1991, 63 ff.
564 Vgl. schon *Luhmann* 1966, S. 42 f. zu den Autonomien schon nach seinem älteren Ansatz, S. 65 f.; nach der „autopoietischen Wende": ders. 2000, S. 260 f.
565 *Schuppert* 1998, S. 171 ff.

eine spezifische Offenheit gegenüber dem demokratischen Gesetzgeber und der aufsichtführenden Behörde beibehalten.

Mithin können zwei grundsätzliche Perspektiven unterschieden werden: Der Einfluß der Organisation auf ihre Umwelt und der Einfluß der Umwelt auf die Organisation.

a. *Arten von Umwelten*

Die richtige Umweltbeziehung muß schon bei der Organisationsbildung berücksichtigt werden. Dabei kommt es darauf an, spezifische Offenheit gegenüber der Umwelt, um deren Ressourcen nutzen zu können, mit ebenso spezifischer Geschlossenheit, um die Identität der Organisation aufrechterhalten zu können, zu verbinden.[566] Folgende Umweltaspekte können in diesem Zusammenhang unterschieden werden:[567] der Homogenitäts- bzw. Heterogenitätsgrad der Umwelt, der Stabilitätsgrad bzw. die Veränderungsrate der Umwelt, der Verflochtenheits- bzw. Isolationsgrad mit der Umwelt, der Organisations- bzw. Nichtorganisationsgrad der Umwelt. Dabei verhält sich die Organisation keineswegs passiv gegenüber ihrer Umwelt. Vielmehr ist ihre Umwelt wesentlich von ihrer eigenen Struktur abhängig:[568] Die Organisation schafft an ihrer Umwelt mit. *Scott* sieht insofern vier Strategien,[569] für die sich auch Beispiele bei den Körperschaften finden lassen: vertikale Integration (Bildung von Regionen), horizontale Fusion (Gebietsreform), Diversifikation (Ausweitung der Aufgaben insbesondere bei Kommunen aufgrund der Kompetenz zur Entwicklung freiwilliger Aufgaben), Assoziierung und Verbindungen zu weiteren Organisationen (Bildung von Dachverbänden).

Generell sind öffentliche Organisationen wesentlich fester in ihre Umwelt eingepaßt als gesellschaftliche Organisationen.[570] Sie werden durch eine hierarchische Makrostruktur von Verwaltungssystemen, deren Spitzen über verschieden intensive Steuerungs- und damit Ingerenzmöglichkeiten verfügen, an andere Organisationen gebunden und zu bestimmten Verhaltensweisen verpflichtet, in diesem Verhalten begrenzt oder von bestimmten Mitteln ausgeschlossen.[571] In individualrechtlicher

---

566 *Scott* 1986, S. 280.
567 *Scott* 1986, S. 233.
568 *Etzioni* (1975, S. 126 f.) unterscheidet idealtypisch normative, utilitaristische und Zwangsorganisationen, die sich je spezifisch auf ihre Umwelt beziehen: Normative Organisationen sind durch gemeinsame Wertüberzeugungen integriert (Bildungsorganisationen, Religionsgemeinschaften). Sie können nicht funktionieren, wenn es ihnen nicht gelingt, einen gewissen Konsens und eine Bindung zu erzeugen. Utilitaristische Organisationen bestehen aus komplementären Relationen, bei denen die Akteure ein wechselseitig instrumentelles Verhältnis haben (Produktionsstätten). Sie erfordern weniger Bindungen und Konsens als normative Organisationen, jedoch mehr als bei Zwangsorganisationen, wie etwa die Kundenbindung zeigt. Zwangsorganisationen (Gefängnis) funktionieren idealtypisch ohne Konsens und Bindung. Körperschaften des öffentlichen Rechts sind auf dieser Skala zwischen reinen Zweckorganisationen und normativen einzuordnen, während die hierarchische Verwaltung eher reinen Utilitaristischen Organisationen zugehört, je nach Verfestigung der Hierarchiestrukturen auch zu Zwangsorganisationen tendieren kann und entsprechend ein geringeres Maß an Umweltbindung zu ihrem Funktionieren erfordert.
569 *Scott* 1986, S. 268.
570 *Rainey* 2003, S. 79 ff.; *Bryde* 1988, S. 184
571 Insofern ließe sich hier von „coercive isomorphism" sprechen, *Rainey* 2003, S. 89 f.; zum Konzept des Isomorphismus vgl. oben S. 67.

D. Die Körperschaft des öffentlichen Rechts als Organisation 311

Perspektive bedeutet dann die umfassende Grundrechtsbindung öffentlicher Organisationen (Art. 1 III GG) eine ebenso umfassende Umweltverbundenheit.[572] Hinzu kommt die Abhängigkeit von staatlich gewährten finanziellen Ressourcen.[573] Gesellschaftlichen Werten verpflichtet, stehen öffentliche Organisationen in hoher Abhängigkeit von Akzeptanz ihrer Entscheidungen[574] und der Notwendigkeiten zur Kooperation. Ausdruck davon ist schließlich ein größeres Medieninteresse an öffentlichen Organisationen, vor dem sich ihre Maßnahmen rechtfertigen müssen und die zunehmend das Bild der Verwaltung in der Öffentlichkeit prägen.[575] Das verlangt dann nach Information.

Öffentliche Organisationen müssen im Wege der Öffentlichkeitsarbeit verstärkt Selbstdarstellung betreiben,[576] die im besten Fall soziale Evidenz oder doch alltagsweltliche Plausibilität erzeugen kann.[577] Auf diese Weise versuchen sie dann ihre Politiken besser durchzusetzen, insbesondere dort, wo sie wie im Bereich der Körperschaften in besonderer Weise auf die Mitwirkung der Betroffenen angewiesen sind.[578] Öffentliche Organisationen stehen aber weiter in politischer Abhängigkeit zu gesellschaftlichen Gruppen.[579] Deshalb ist es sinnvoll, nach konfliktschlichtenden, integrativen Mechanismen zur Akzeptanzsteigerung zu suchen. Kritische Öffentlichkeit wird bewußt als Kontrollinstrument eingesetzt.[580] So verhandeln die Körperschaften des öffentlichen Rechts überwiegend öffentlich – anders als private Organisationen. Hierzu kommen prozedurale und insbesondere partizipatorische Mechanismen in Betracht.[581] Der Einfluß von pressure groups kann dann in Form von Anhörungs-, Vorschlags- und anderen Mitwirkungsrechten[582] oder von korporatistischen Arrangements (s. u.) formalisiert und kanalisiert werden.

Schließlich können sie in Form von Beratungsgremien, Beiräten, Ausschüssen etc. in die öffentlichen Organisationen integriert oder in Form von „Organisationen mit Überzeugungsfunktion" organisatorisch verselbständigt werden.[583] In dieser Perspektive erweist sich wiederum eine interessenintegrierende Körperschaft wie

---

572 *Rainey* 2003, S. 92 f. zu weiteren Umweltabhängigkeiten aufgrund verfassungsrechtlicher Bindungen.
573 „Power of the Purse", *Rainey* 2003, S. 110.
574 *Würtenberger* 1996, der Akzeptanz wie folgt bestimmt (S. 62): „Eine Entscheidung findet Akzeptanz, wenn sie zwar für nicht ‚richtig', aber doch als eine (noch) anerkennungswürdige und (noch) vertretbare Regelung angesehen wird, man selbst aber im Prinzip für eine andere Entscheidung votiert hätte". Vgl. auch *Schmidt-Aßmann* 2006, S. 102 f.
575 Aber auch zur Selbstdarstellung genutzt werden, wie die Amtsblätter der Gemeinden zeigen.
576 Vgl. zur Problematik bei den Kammern, *Tettinger* 1997, S. 159 ff.
577 *Würtenberger* 1996, S. 89 f.; die Öffentlichkeit fungiert als informales „Kontrollinstrument gegenüber der Exekutive", *Groß* 1999, S. 158; zur Öffentlichkeit auch *Schmidt-Aßmann* 2006, S. 107 f., 371 f.
578 *Würtenberger* 1996, S. 80 ff. Die Gemeindeordnungen sehen daher Unterrichtungspflichten der Bürger vor, vgl. etwa § 20 GemO BW; weitere Nachweise und auch zu weiteren Medien der Öffentlichkeitsarbeit und den Anforderungen an ihren Gebrauch: *Staak* 1983, S. 716 ff.; für die Zeitungen der Kammern *Brohm* 1983, S. 799; *Tettinger* 1997, S. 160.
579 Dabei besitzen solche Verwaltungsorganisationen, die es mit einem oder wenigen Verbänden zu tun haben, eine größere Umweltabhängigkeit, als solche, die sich auf eine Vielzahl von Interessen beziehen, *Rainey* 2003, S. 109.
580 *Groß* 1999, S. 303 f.
581 *Würtenberger* 1996, S. 98 ff.; *Schmidt-Aßmann* 2006, S. 104 f.
582 Vgl. hierzu auch *Jestaedt* 1993, S. 40 f. Diese Formen reichen noch nicht bis zur Entscheidungsteilhabe. Diese verbleibt vielmehr bei der öffentlich-rechtlichen Verwaltungsorganisation.
583 *Schuppert* 1981, S. 64.

die Handwerkskammer als stärkste Form der Akzeptanzsicherung durch Prozeduralisierung, weil hier in einem sachlich abgegrenzten Interessenbereich innerhalb der Verwaltung und unter einer Rechtsaufsicht konsensbildende Strukturen etabliert werden. Aufsicht und gesetzliche Steuerung verweisen aber zugleich auf das „iron triangle" aus öffentlichen Organisationen, politischer Steuerung und Interessenverbänden, in dem sich diese Körperschaften befinden.[584] Das alles macht es bei öffentlichen Organisationen schwieriger als bei privaten, zu entscheiden, wo die Umwelt der Organisation anfängt.[585]

b. Verhaltensweisen gegenüber der Umwelt

Organisationen können mit ihrer Umwelt temporär (vertraglich, Einzelakte) oder dauerhaft (Pläne, Dauerrechtsverhältnisse), individuell, partikulär (Zusammenarbeit mit Verbänden) oder allgemein (Öffentlichkeitsarbeit),[586] thematisch speziell oder generell interagieren. Dies kann wiederum in verfahrensrechtlich geregelten Bahnen formell oder informell geschehen.[587] Das zeitliche, personelle und sachliche Verhältnis zur Umwelt mag ferner so weit intensiviert werden, daß es zum Aufbau relativ dauerhafter Verhandlungssysteme kommt,[588] eigene Organisationssysteme geschaffen werden (Zweckverbände) oder daß einzelne Umweltbezüge gezielt in die Organisation aufgenommen werden.[589]

c. Natürliche Personen als Umwelt der Organisation[590]

aa. Das Person- Umweltverhältnis

Während die Mitgliedschaftsbeziehungen zur inneren Struktur der Organisation gehören, gibt es vielfältige Beziehungen zu natürlichen Personen als Umwelt der Organisation. Dies fällt in erster Linie bei Belastungen auf: Die Organisationszugehörigkeit oder der Ausschluß können Nachteile für Betätigungen außerhalb der Organisation mit sich bringen, Verhaltensanforderungen an diese stellen etc. Leistungen der Organisation wie Infrastruktur bringen Vorteile auch außerhalb der Organisation. Dabei kann dann die Frage auftreten, wieviel Verzicht auf subjektive Rechte dem Bürger als Angehörigem einer öffentlichen Organisation zumutbar[591] ist, bzw. welches Ausmaß an Verzicht über Verträge vereinbart werden kann.

---

584 Schon *Selznick* 1949. Der Ausdruck „iron triangle" wird in den USA zur Bezeichnung von engen Allianzen zwischen den „agencies", Interessenverbänden und Kongreßkomitees verwendet, *Rainey* 2003, S. 100.
585 *Rainey* 2003, S. 80.
586 Generell zum Verhältnis von öffentlichen Verwaltungen zur Öffentlichkeit, *Peabody/Rourke* 1970, S. 824 f.; zur Öffentlichkeitsarbeit der Gebietskörperschaften: *Staak* 1983, S. 715 ff.
587 *Luhmann* 1999, S. 220 ff.
588 Dies soll an späterer Stelle unter dem speziellen Aspekt des Neo-Korporatismus diskutiert werden.
589 Hierfür können paritätisch besetzte Gremien als Beispiel dienen.
590 Insbesondere zum Verhältnis von Verwaltungsorganisationen zum Bürger vgl. *Mayntz* 1997, S. 233 f.
591 Eine Diskussion, die keineswegs nur in Deutschland („besonderes Gewaltverhältnis"), sondern auch in den USA seit den 50er Jahren intensiv geführt wurde, *Peabody/Rourke* 1970, S. 829 f.

D. Die Körperschaft des öffentlichen Rechts als Organisation

Die Vorteile der Organisation werden in den Blick genommen, wenn sich aus Grundrechten Forderungen auf Schaffung von Organisationen (Leistungsrechte), Teilhabe an ihnen oder Anforderungen an ihre Ausgestaltung ergeben.[592] Am weitesten reichen die Forderungen der Grundrechte, wo sie zu ihrer Gewährleistung eine bestimmte Organisation fordern, wie dies etwa im Bereich der Rundfunkfreiheit der Fall ist, die nicht nur ein Abwehrrecht, sondern vor allem auch die Verpflichtung des Staates enthält, Organisationen so einzurichten, daß sie der Realisierung des Grundrechts dienen: die Rundfunkanstalten.[593] Auch im Bereich der Wissenschaftsfreiheit des Art. 5 III GG sieht das BVerfG den Staat aus seinem objektiv-rechtlichen Gehalt als verpflichtet an, organisatorische Maßnahmen zum Schutz der Betätigung des Grundrechts zu ergreifen.[594] *Schmidt-Aßmann* spricht insofern von der „Organisationsbezogenheit der Wissenschaftsfreiheit".[595] Wenn aus Grundrechten Anforderungen wie die nach Pluralitätssicherung,[596] Minderheitenschutz, Neutralitätssicherung, Offenheit des Verfahrens[597] abgeleitet werden, die sich an die innere Struktur der Organisation richten, folgen sie doch aus der Rechtsstellung des Mitglieds als Träger von Rechten aufgrund der Verfassung und nicht aufgrund der Organisationsrechtsnormen.

Die Verbundenheit von organisationsgeprägtem Mitgliedschaftsstatus mit der Zugehörigkeit zu anderen Organisations- oder Kommunikationssystemen kann zu faktischen Einflußnahmen auf die Organisation führen. Dies ist etwa bei öffentlichen Klientelorganisationen der Fall, bei denen das berufliche und als solches außerorganisatorische Interesse der Mitglieder immer stärkeren Einfluß auf das Organisationsverhalten gewinnt.[598]

bb. Rekrutierung

Da sich die Organisation gegenüber ihrer Umwelt nicht nur und nicht einmal in erster Linie durch ihren Zweck, sondern durch ihre Mitglieder unterscheidet, ist deren Rekrutierung ein wichtiges Verhältnis gegenüber ihrer Umwelt, ja vielleicht das Grundproblem der Organisation.[599] Während die Funktionssysteme der Gesellschaft von der Inklusion aller entsprechenden Kommunikationen ausgehen,[600]

---

592 *Hesse* 1994 § 5 Rn. 45 f.; *Lerche* 1992 § 121 Rn. 5; *Murswieck* 1992 § 112, Rn. 23; *Bethge* 1982, S. 3 f.
593 BVerfGE 83, S. 238 ff. [265 f., 296] – 6. Rundfunkurteil; zum organisationsrechtlichen Aspekt des Urteils auch *Schuppert* 2000, S. 556 ff.
594 BVerfGE 35, S. 79 ff., 3. Ls. U. S. 115: „Dem einzelnen Grundrechtsträger erwächst aus der Wertentscheidung des Art. 5 Abs. 3 GG ein Recht auf solche staatlichen Maßnahmen auch organisatorischer Art, die zum Schutz seines grundrechtlich gesicherten Freiheitsraums unerläßlich sind, weil sie ihm freie wissenschaftliche Betätigung überhaupt erst ermöglichen". Eine bestimmte Organisationsform ist aber nicht vorgeschrieben.
595 1993, S. 697 ff.
596 Vgl. hierzu auch das Stichwort „Verbandsdemokratie" bei der Auseinandersetzung mit korporatistischen Arrangements.
597 *Denninger* 1992, Rn. 36.
598 *Schuppert* 2000, S. 574 f.
599 *Scott* 1986, S. 252: „Wie rekrutiert man Mitglieder und macht ihre zusätzlichen Rollen und Kräfte für die Ziele der Organisation nutzbar, ohne daß man die externen Interessen oder persönlichen Aktivitäten dieser Mitglieder blockiert oder sie darin doch wenigstens nicht allzusehr behindert und einengt". Vgl. auch *Mayntz* 1963, S. 112.
600 Und nur Menschen, die auf etwa in den Favelas Brasiliens aufgrund ihrer Armut auf die reine Körperlichkeit reduziert wären, ausgeschlossen blieben, *Luhmann* 1995, S. 237 ff., 260 f.; *ders.* 1997a,

beruhen Organisationen auf der Möglichkeit der Exklusion.[601] Je stärker eine Organisation gegenüber ihrer Umwelt ausdifferenziert ist, desto selektiver ist die Entscheidung über Mitglieder an Organisationsbedürfnissen orientiert, was wiederum die Rationalität der Organisation insgesamt steigert.[602] Entsprechend der allgemeinen Frage der Mitgliederrekrutierung stellt sich an der Spitze die Frage der Sukzession bzw. allgemeiner der Substituierung.[603] Diese Frage wird bei Juristischen Personen des öffentlichen Rechts durch das Prinzip der Wahl oder Bestimmung durch den Träger der Organisation, bei der Körperschaft also durch die Mitglieder entschieden. Zugleich geht es um „Bürgeraktivierung" durch Mitgliedschaft. *Schuppert* schreibt dazu treffend: „In diesem Konzept wird also der Bürger nicht etwa nur als Konsument von Verwaltungsdienstleistungen verstanden, sondern als ‚Ressourcenträger öffentlicher Produktion', der über die ‚Bürgerressourcen' Informationen/Wissen, Engagement und Akzeptanz verfügt, auf die zuzugreifen die öffentliche Verwaltung um so mehr angewiesen ist, je weniger sie sich auf die pauschale Akzeptanz dieser Entscheidungen bei den Adressaten verlassen kann".[604]

Als Möglichkeiten der Rekrutierung kommen vertragliche Bindung, freiwillige Aufnahme, gesetzliche Aufnahmeansprüche, Pflichtmitgliedschaften, Ernennung, Kooptation und andere Formen in Betracht. Hier zeigt sich abermals ein Unterschied zwischen öffentlichen und privaten Organisationen: Während letztere sich ihre Ressourcen auf dem Markt besorgen müssen, leben öffentliche Organisationen zumeist in einer regulierten Umwelt, die ihnen Mittel und auch Personal zuweist. Auch hier muß (entgegen dem soziologischen Sprachgebrauch) von vorneherein zwischen verschiedenen Gruppen unterschieden werden: Die Mitgliederrekrutierung verläuft bei den Körperschaften anders als die Personalrekrutierung.[605] Die letztere erfolgt durch Wahlen oder über die Einstellung. Körperschaften gehören überwiegend zu der Gruppe von Organisationen, die ihre Mitglieder nicht selbst rekrutieren müssen. Die Mitgliedschaften werden zumeist durch oder aufgrund von Gesetzen begründet auch dort, wo sie freiwillig sind, wie bei den Innungen. Damit sparen sie sich aber nicht jede Form von Anreizstrukturen,[606] die für Organisationen typisch ist, die Mitglieder werben müssen. Gemeinden etwa können unterschiedliche Standortvorteile anbieten, so daß sich Firmen in ihrem Gebiet niederlassen und dann kraft Gesetzes gemeindezugehörig werden. Krankenversicherungen können angesichts von freier Kassenwahl (§§ 173 ff. SGB V) entsprechende Anreizstrukturen schaffen. Universitäten schließlich müssen zunehmend „Profil" bilden, um Mitglieder zu gewinnen. Es ist also zu unterscheiden in Körperschaften mit Zwangsmitgliedschaft, Körperschaften mit gesetzlicher Mitgliedschaft und solche mit Wahlmöglichkeit, schließlich Körperschaften mit freiwilliger Mitgliedschaft. Bieten letztere knappe Güter an

---

S. 67 ff.
601 *Luhmann* 2000, S. 232 f.; *ders.* 1995, S. 237 ff., 246 f., schon *Heller* 1983, S. 268 f.
602 *Scott* 1986, S. 249.
603 *Etzioni* 1971, S. 12.
604 *Schuppert* 2000, S. 922.
605 Leider nur zu dieser *Luhmann* 2000, S. 287 ff.; *ders.* 1999, S. 40 f.; auf die Relevanz der Rekrutierung des Personals für die Möglichkeit der Interessenrepräsentation bei Kammern verweist aber *Hoffmann-Riem* 1980, S. 78 f.; vgl. ferner *Mayntz* 1997, S. 148 f.
606 So aber *Mayntz* 1963, S. 113.

(z. B. Bildung), müssen sie umgekehrt Selektionsmechanismen ausbilden, um einen gerechten Zugang zu gewährleisten (Numerus Clausus etc.).

In Anbetracht der Ausdifferenzierung der Organisationssysteme einerseits und der zunehmenden Organisiertheit der Gesellschaft andererseits sind Mehrfachmitgliedschaften in den verschiedensten Organisationen heute der Normalfall.[607] Es können dadurch aber auch unerwünschte Rollenverflechtungen entstehen: Die Interessen, die Mitglieder an eine Organisationen binden, müssen nicht mit den Interessen einer anderen harmonieren. Darauf kann die Organisation mit Inkompatibilitätsregeln reagieren,[608] die wiederum vertraglich ausgehandelt (z. B. Konkurrenzklauseln im Arbeitsrecht) oder gesetzlich festgelegt sein können.

d. Organisations-Organisationsverhältnisse

Daß eine organisierte Umwelt für Organisationen eine erhebliche Reduzierung von Unsicherheit bedeutet, wurde bereits erwähnt. Daher verwundert es nicht, daß auch Tendenzen zu innerorganisatorischen Verflechtungen zunehmen.[609] Möglich ist aber auch die Zusammenarbeit von Organisationen. Während im Bereich des Marktes die gleiche Aufgabe von mehreren Organisationen wahrgenommen werden kann, die dann in Konkurrenz zueinander stehen,[610] wird sie im öffentlichen Bereich regelmäßig nur von einer eigens dazu bestimmten Organisation wahrgenommen. Das schließt allerdings Konkurrenz und Abstimmungsschwierigkeiten zwischen Verwaltungsorganisationen nicht aus.[611]

Hier sind insbesondere auch Netzwerke einzuordnen.[612] Netzwerke können in diesem Zusammenhang verstanden werden als durch die Häufigkeit und die Intensität der Kommunikation verdichtete Interaktionssysteme, die nicht den Charakter von Organisationen erreichen, weil sie nur eine geringe oder gar keine Innen-Außen-Differenz ausbilden sollen. Ferner können sie nicht oder nicht in erster Linie über ihre Mitglieder entscheiden.[613] Solche Netzwerke können ebenfalls zur Vorstrukturierung

---

607 Und nicht mehr wie im Zunftwesen ausgeschlossen. Zu Problemen von „overlapping memberships" in privaten Verbänden vgl. *Teubner* 1978, S. 282 f. Unvereinbarkeitsbeschlüsse sollen bei diesen dann zulässig sein, „wenn (1) ein manifester Konflikt zwischen Organisationen besteht; (2) deshalb Doppelmitgliedschaften bestandsgefährdend erscheinen; (3) deshalb die Beschränkung innerverbandlicher Opposition partiell erfolgreich ist und (4) die Lösung des Rollenkonflikts auf individueller Ebene aussichtslos ist". (S. 283).
608 *Luhmann* 1999, S. 226; *Etzioni* 1971, S. 80.
609 *Streeck* 1999, S. 237 f.
610 *Etzioni* 1971, S. 170 unterscheidet drei Formen des Verhältnisses von Organisationen zueinander: 1. ein laissez-faire-Modell, in dem sich das Zusammenwirken aus den zufälligen Marktbeziehungen ergibt; 2. ein eher ordo-liberales Modell, in dem der Staat die Beziehungen zwischen besonders wichtigen Organisationen regelt und schließlich 3. ein planwirtschaftliches Modell, in dem sich der Staat die Regelung der Beziehung der Organisationen untereinander vorbehält.
611 Bei der Untersuchung amerikanischen Verwaltungseinheiten ergab sich, daß diese durchaus über die Intensität der Konflikte zwischen Parteien hinausgehen und dabei die Politik auch stärker beeinflussen können, *Peabody/Rourke* 1970, S. 820; allgemein zu Konflikten in Verwaltungsorganisationen auch *Mayntz* 1997, S. 114 f
612 *Amstutz/Teubner* 2009, S. 187 ff.; *Luhmann* 2000, S. 408 ff.; *O'Toole* 1997, S. 45 f. belegt die wachsende Bedeutung von Netzwerken.
613 *O'Toole* 1997, S. 42: „Networks are structures of interdependence involving multiple organizations or parts thereof, where one unit is not merely the formal subordinate of the others in some larger hierarchical arrangement".

der Umwelt von Organisationen beitragen,[614] auch wenn sie sich stärker diffusen privaten und öffentlichen Einflüssen öffnen als formale öffentliche Organisationen.[615]

Eine spezifische Form der Organisations-Organisations-Verhältnisse im öffentlichen Sektor sind die Verhältnisse von Interessenverbänden und Staat (Regierung, Gesetzgebung) im Sinne von korporatistischen Arrangements.[616] Der Staat ist zur Implementation seiner Politik auf die Zusammenarbeit mit repräsentativen gesellschaftlichen Verbänden angewiesen. Diese wiederum versprechen sich von der Zusammenarbeit mit dem Staat eine Stärkung ihres Einflusses.[617] Korporatistische Arrangements verdienen hier auch deshalb einer Erwähnung, weil die Körperschaften des öffentlichen Rechts häufig zu den dabei auf gesellschaftlicher Seite beteiligten Verbänden gezählt werden.[618] Entscheidend ist jedoch, daß die öffentlich-rechtliche Errichtung von Körperschaften des öffentlichen Rechts, die repräsentative Struktur ihrer (Pflicht-) Mitglieder und die staatliche Aufsicht gerade die Nachteile korporatistischer Arrangements (asymmetrischer gesellschaftlicher Einfluß auf staatliche Entscheidungen, Intransparenz, staatliche Steuerungsverluste) vermeiden und zugleich deren Vorteile bewahren.

Zwischen Organisationen der öffentlichen Verwaltung ist ferner sowohl regionale als auch organisatorische Arbeitsteilung üblich.[619] Schließlich kommt eine organisierte Zusammenarbeit etwa in der Form von Zweckverbänden in Betracht.

e. Innovationskraft

Die neuere Organisationssoziologie betont, daß Innovationskraft für Organisationen überlebenswichtig ist[620] und zwar gerade auch in der Verwaltung.[621] Stabilität

---

614 *Ladeur* 1993, S. 162 f.
615 *Provan/Milward* 2001, S. 420 f.
616 Aus der kaum noch übersehbaren Literatur vgl. den Sammelband von v. *Alemann* 1981, die Literaturübersicht von *Grande/Müller* 1985, S. 66 ff. und den neueren Aufsatz von *Schmitter/Grothe* 1997, S. 530 ff. hier: von *Alemann/Heinze* 1981, S. 44.
617 „Das Angewiesensein auf den Sachverstand und die Mitwirkung der verbandsmäßig organisierten Wirtschaftskreise liegt in der Logik des modernen Staates, dem einerseits eine umfassende Verantwortung für das Funktionieren der Wirtschaft aufgebürdet wird, während andererseits den wirtschaftspolitischen Entscheidungsträgern (Unternehmen, Gewerkschaften) die Freiheit zuerkannt wird, ihre Entscheidungen in eigener Verantwortung zu treffen (Investitionen, Tarifabschlüsse etc.)", *Schuppert* 1983, S. 201.
618 Etwa bei *König/Brechtel* 1997, S. 707; *Streeck* 1999, S. 209 u. 220; zu derlei Konstellationen grundsätzlich auch *Schuppert* 1981, S. 265 f.; *Kaiser* (1987, Rn. 2 u. 5) zählt zwar zu den Verbänden prinzipiell nur die gesellschaftlichen; die Industrie- und Handelskammern rechnet er aber umfassend ohne nähere Begründung ebenfalls zu den Interessenverbänden bzw. „korporativen Organen", *Kaiser* 1978, S. 24 f., 105 f Dahinter steht wohl der unzutreffende Begriff gesellschaftlicher Selbstverwaltung (s. u.), demzufolge die Kammern nicht nur der Erfüllung öffentlicher Aufgaben, sondern auch der Verfolgung rein gesellschaftlicher Interessen dienen.
619 *Mayntz* 1997, S. 218 f.
620 *Corsi/Esposito* 2005. Um entsprechende Mittel zur Stabilisierung von Organisationen zu entwickeln, werden (auch bei öffentlichen Organisationen) Stadien der Organisationsentwicklung untersucht und teilweise versucht, in ein Lebenszyklus-Modell von Aufstieg, Hochphase, Verfall und ggf. weiteren Differenzierungen einzubauen (*Rainey* 2003, S. 356 f.). Zu den Mechanismen, die dem Organisationsverfall entgegenwirken sollen, gehören neben verschiedenen Anreiz- auch stärkere Partizipationsstrukturen, die Mitglieder und Ressourcen für die Organisation mobilisieren sollen (vgl. die Übersicht bei *Rainey* 2003, S. 361).
621 *Kirst* 2005, S. 107 ff.; *Hill* 2001, S. 75 ff.; zur Bedeutung der Organisationskultur hierbei *Wallerath* 2000, S. 365 f. u. 370 f.

der Organisation wird nicht über die Statik der Strukturen, sondern über Bewegung erreicht:[622] Stabilität durch Wandel.[623] Hierfür ist es insbesondere wichtig, daß sie Organisationen mit Lernstrukturen versorgt sind („Organizational Learning"/"Learning Organizations").[624] Organisationen dienen der Lösung von Problemen, die sie nach Maßgabe ihres Organisationszwecks übernehmen. Diese Aufgaben können stark typisiert und gleichbleibend oder sehr veränderbar auftreten. Im Maße dieser Veränderlichkeit der Aufgaben muß die Organisation dynamische Strukturen aufbauen, soll sie nicht überflüssig werden. Das bedeutet, daß Organisationen in dynamischen Umwelten selbst innovativ sein müssen.[625] Gerade hierin muß sich die Selbständigkeit der Organisationen beweisen.

Ein wichtiger auch bei der Einrichtung von Organisationsstrukturen genutzter Mechanismus, Stabilität und Wandel zu verbinden, ist die Einführung einer hierarchischen Organisationsstruktur, die in Primärregeln und Sekundärregeln oder -prinzipien differenziert. Nach dieser auf den Rechtstheoretiker *H. L. A. Hart* zurückgehenden Unterscheidung sind Primärregeln unmittelbare Verhaltensanweisungen, während Sekundärregeln die Geltung dieser Regeln betreffen.[626] Die Primärregeln können nur nach Maßgabe der Sekundärregeln geändert werden, so daß diese nicht zugleich mit jenen verändert werden können und so einer gewissen Stabilität unterliegen. Innerhalb einer Rechtsordnung kann das Schema zu einem Stufenbau weiter differenziert werden.[627] Innerhalb der Organisationsstrukturen haben dann den höchsten Rang solche Rechtsnormen, die der Organisation von außen gesetzt werden und für sie unverfügbar sind. Das betrifft bei öffentlichen Organisationen die Kompetenzen zur Rechtsetzung und deren Verfahren. Diese Normen bezeichnen den statischen Kern von Organisationsstrukturen. Zu den statischen Normen einer öffentlichen Organisation gehören auch solche, die aufgrund verfassungsrechtlicher Regeln, etwa dem Gesetzesvorbehalt, durch die Organisation selbst nicht geändert werden können. Unterhalb dieses Niveaus bestehen Regeln, die von der Organisation zwar geändert werden können, deren Geltung jedoch von Mitwirkungsakten von anderen Organisationen aus der Umwelt abhängig ist (Genehmigungen durch die Aufsichtsbehörde). Darunter stehen Normen, deren Inhalt im Rahmen gesetzlicher Vorgaben frei ist, zu deren Aufstellung die Organisation aber verpflichtet ist und die ggf. hoheitlich durchgesetzt werden kann. Schließlich folgen Normen, die zwar gesetzlichen Vorgaben genügen müssen und daraufhin überprüft werden können, deren Setzung aber freiwillig geschieht. In diesem Rahmen kann die Organisation dann weitere Differenzierungen einfügen. So können etwa Normsetzungsbefugnisse innerhalb von Organisationen delegiert werden, wenn kein höherrangiges Recht entgegensteht.

Durch diese Abstufungen ist der Aufbau eines fein austarierten Systems von Statik und Dynamik von formalen Organisationsstrukturen möglich.

---

622 *Türk* 1992, Sp. 1640.
623 „Ultrastabilität" *Cadwallader* 1959, S. 154 ff.
624 Zur Unterscheidung und zu theoretischen Ansätzen *Tsang* 1997, S. 73 ff.; zur Frage, ob es sich dabei um ein Ideal oder eine Tatsachenbeschreibung handelt auch *Driver* 2002, S. 33 ff.; vgl. auch *Snell* 2001, S. 319 ff.
625 *Luhmann* 2000, S. 332 ff.
626 *Hart* 1994, S. 79 ff.
627 *Merkl* 1993, S. 437 ff.

f. Leistungen für die Umwelt

Organisationen erbringen zahllose Leistungen für ihre Umwelt. Einige davon sind:

aa. Eigene Leistungen („Input-Funktion")[628]

Spezifische Leistungen sind etwa Integration von Handlungen zu Handlungseinheiten, die Leistungen effektiver als Einzelne erbringen können. Speziell Interessenverbände erzielen jedoch nicht nur eine Effektuierung der Interessendurchsetzung, sondern auch eine Vorklärung und Vereinheitlichung des Artikulationsprozesses, Identitätsstiftung und Zugehörigkeitsgefühle im Hinblick auf die Organisation.[629]

bb. Übernahme/Übertragung fremder Aufgaben

Häufig übernehmen Organisationen Aufgaben anderer Organisationen in deren Interesse, weil sie dies in spezialisierter Form oder aus anderen Gründen besser erfüllen können.

g. Einwirkung der Umwelt auf die Organisation: Steuerung

Neben der Leistungserwartung der Umwelt an die Organisation ist die Steuerungsperspektive die zweite Grundeinstellung der Umwelt zur Organisation.[630] Die Organisation wird dabei unter dem Aspekt des Steuerungsmediums betrachtet.[631] Zwei grundsätzliche Aspekte können hier unterschieden werden: erstens die „Steuerung durch Organisation"[632] und zweitens die „Steuerung der Organisation". Der erste Gesichtspunkt zielt auf die Steuerung sozialer Prozesse durch die Einrichtung von Organisationen und ihre Entscheidungen; der zweite auf die Beeinflussung der Organisation selbst.

In komplexen Gesellschaften lassen sich Ziele zunehmend weniger durch konditional programmierte Steuerung und Zwang erreichen. Erforderlich sind kooperative Formen, die den Bürger nicht nur in seinem „status subiectionis",[633] sondern auch seinen Anspruch als aktiver Bürger in der Verwaltung Ernst nehmen.[634] Dabei können Partizipationsformen bewußte Gegengewichte zu staatlicher Machtausweitung bilden.[635] Daß es hierbei auch wenig sachdienliche Entwicklungen geben

---

628 *Teubner* 1978, S. 170 u. 257.
629 *Siewert* 1984, S. 171 f. mit Rücksicht auf Vereine; allgemein *Teubner* 1978, S. 257.
630 *Scharpf* 1989, S. 10 ff.
631 *Schmidt-Aßmann* 1997, S. 19; *Groß* 1999, S. 19 f. *Schuppert* 1993, S. 65 ff.
632 *Schmidt-Preuß* 2001, S. 45 ff.
633 *Jellinek* 1963, S. 81 ff.
634 *Wengert* 1942, S. 317 f. In dieser Perspektive stellen die Körperschaften des öffentlichen Rechts Beispiele für enge Kopplungen von partizipativer Konsensbildung und Kontrolle dar, die Fehlentwicklungen von Machtausübung bereits auf organisatorischer Ebene begegnen können, *Etzioni* 1975, S. 494 f.
635 *Wengert* 1942, S. 318: In den USA ist das klassische Beispiel die 1933 errichtete Tennessee Valley Authority, mit der der Versuch gemacht wurde, das umfassende Problem der Wasserversorgung und der Produktion billiger Energie durch eine regionale Körperschaft, in deren Verwaltung gesellschaftlicher Sachverstand einbezogen wurde, zu lösen: „a corporation clothed with the power of government but possessed of the flexibility and initiative of private enterprise", U.S. Congress, House Document 15,

kann, ist in den 70er Jahren in der Bundesrepublik als „Partiziationseuphorie" wahrgenommen worden.[636]

Für die Körperschaften stehen klassisch die Formen von präventiver Steuerung über Genehmigungsvorbehalte etc. und repressiv über die Rechts- und in bestimmten Aufgabenbereichen auch die fachliche Aufsicht im Zentrum. Das neue Steuerungsmodell hat hier aber über das Kontraktmanagement und andere, flexiblere Formen der Einflußnahme auf alternative Steuerungsmöglichkeiten aufmerksam gemacht.

IV. Zusammenfassung

Organisationen sind danach Entscheidungssysteme, die eine gewisse Selbständigkeit durch ein Mindestmaß an Formalisierung in Gestalt expliziter Zurechnung von Verhalten und Zwecksetzung sowie eine differenzierte innere Ordnung besitzen und sich selektiv auf ihre Umwelt beziehen. Die Binnenstruktur betrifft das Zusammenwirken von Personen als Mitglieder und Sachmittel, ihre Differenzierung in Funktionen und Verfahren und ihre implizite oder explizite Integration über Koordinationsmechanismen oder Autoritätsstrukturen. Durch Ausdifferenzierung können Unterorganisationen Systemleistungen der übergeordneten Organisationen reproduzieren, um so zusätzlich Autonomie zu gewinnen. Staat und Körperschaft erscheinen so als Organisation und Unterorganisation, bei der sich die Körperschaft durch eine rechtliche Selbständigkeit, die eigenverantwortliche Wahrnehmung ihrer Aufgaben und vor allem die Ausbildung einer mitgliedschaftlichen Binnenstruktur, die sich auf gesellschaftliche Selbstorganisationspotentiale stützt, ausdifferenziert hat. Die rechtlichen Mechanismen dieser Ausdifferenzierung sollen im zweiten Hauptteil eingehend untersucht werden.

V. Das Makrosystem der Verwaltungsorganisationen

Nachdem solchermaßen einige Strukturen von Organisationen skizziert wurden, die dann aufgrund der verwaltungsrechtlichen Vorgaben im dogmatischen zweiten Hauptteil ausgefüllt werden, stellt sich doch zuvor noch die Frage, wie der Zusammenhang der Organisationen der öffentlichen Verwaltung zu bestimmen ist.[637]

73rd Cong., 1st sess., 1933, zit. nach *Selznick* 1994, S. 339. Die Entwicklung dieser „Grass-Roots"-Organisation ist deshalb von Interesse, weil hier der Versuch einer alle sachlich betroffenen lokalen Interessen integrierenden Verwaltungsorganisation gemacht wurde. Zwei Entwicklungen haben den Erfolg dieses Modells dann aber beeinträchtigt: 1. führten korporatistische Arrangements mit starken Interessenverbänden zu zahlreichen Kompromißentscheidungen, die die Unabhängigkeit der TVA gefährdeten; 2. entstanden externe Effekte in Form von Umweltschäden, für die sich in der Organisation keine Repräsentanten fanden (*Selznick* 1994, S. 341). Den Hauptfehler sieht Selznick aber darin, daß hier eine auf technischen Sachverstand gegründete apolitische Organisation geschaffen werden sollte. Dies habe auf der Illusion beruht, daß technische Fragen wertfrei, alleine durch Sachverstand hätten entschieden werden können. Demgegenüber müßten responsive Mechanismen in die Organisationen eingeführt werden, die ihrer Verantwortung gegenüber der Gesellschaft Rechnung trügen.
636 *Schmidt-Aßmann* 1977, S. 338.
637 Die Frage von Einheit und Vielgliedrigkeit der Verwaltung ist von zentraler Bedeutung für die Auffassung der Verwaltung, *Schmidt-Aßmann* 2006, S. 256 f.

Dabei soll es an dieser Stelle noch nicht um diese mögliche Einheit als Rechtsproblem gehen,[638] auch nicht in genetischer Perspektive um eine zunehmende Pluralisierung der Verwaltung[639] oder die Wünschbarkeit einer solchen Entwicklung.[640] Die Frage ist vielmehr, wie sich eine durch die Dimensionen ihrer Selbständigkeit, einer bestimmten Binnenstruktur und eines Umweltverhältnisses geprägte öffentliche Entscheidungseinheit zu anderen derartigen öffentlichen Entscheidungseinheiten verhält. Ist sie eine Unterorganisation des „Verwaltungsorganisation" zu nennenden Gesamtsystems der öffentlichen Verwaltungsorganisationen? Eine andere Möglichkeit wäre es, daß die Einheit dieser Organisationen nicht selbst wiederum eine Organisation ist. Sie könnte vielmehr eine Funktion dieser Organisationen darstellen. Diese Funktion wäre dann, daß die Organisationen im öffentlichen Interesse Verwaltung ausüben.

Der Staat des Grundgesetzes gliedert sich in Bund und Länder als juristische Personen.[641] Er ist insofern eine rechtliche Einheit und eine selbst rechtlich organisierte und insofern nicht impermeable Organisation.[642] Die darauf bezogene öffentliche Verwaltung kann hingegen gewaltenteilig als Funktion, als Exekutive, nicht aber selbst als Organisation, sondern nur als System von Organisationen gefaßt werden.[643] Sie stellt kein Entscheidungssystem dar, sondern besteht aus mehreren Entscheidungszentren.[644] Erst recht verfügt sie insgesamt nicht über die anspruchsvolleren Voraussetzungen eines angebbaren Mitgliederkreises und einer Vorstellung ihrer kollektiven Identität.[645] Das System der Verwaltungsorganisationen wird über Interaktions- und Netzwerksysteme, teilweise auch über Organisationen integriert. Verwaltungen sind Entscheidungseinheiten innerhalb des Funktionssystems Verwaltung.[646]

---

638 *Bryde* 1988, S. 181 ff.; *Haverkate* 1988, S. 217 ff.; *Oldiges* 1987, S. 737 ff.; *Sachs* 1987, S. 2338 ff.; *Schuppert* 1987, S. 757 ff.; *Oebbecke* 1987, S. 866 ff.; *Mögele* 1987, S. 545 ff.
639 *Krebs* 1988, S. 578 f.; *Brohm* 1972, S. 262 f. u. 293 f.; ein wahrscheinlich notwendiger und unumkehrbarer Prozeß, *Schuppert* 2000, S. 834 f.
640 Kritisch *Haverkate* 1988, S. 220.
641 *Burgi* 2006, § 51 Rn. 7. Zur Differenzierung des Makrosystems der Verwaltungsorganisationen auch *Dreier* 1991, S. 215 ff.
642 *Wolff/Bachof* 1976, S. 4; *Achterberg* 1986, § 13 Rn. 17; *Kirchhof* 1988, § 59 Rn. 87; kritisch *Ladeur* 1993, S. 139 ff.
643 *Mayntz* 1997, S. 82 f.; So definieren etwa *Wolff/Bachof/Stober* (2007, § 2 Rn. 19) „Öffentliche Verwaltung im materiellen Sinne ist also die mannigfaltige, konditional oder zweckbestimmte, also insofern fremdbestimmte, nur teilplanende, selbstbeteiligt entscheidend ausführende und gestaltende Wahrnehmung des Angelegenheiten des Gemeinwesens und seiner Mitglieder als solcher durch die dafür bestellten Sachwalter des Gemeinwesens". Diese Wahrnehmung der Angelegenheiten des Gemeinwesens stützt sich auf Organisationen, ist aber nicht selbst eine. Ohne allerdings zu bestimmen, was die „Gesamtheit" auszeichnet, wird die „öffentliche Verwaltung im organisatorischen Sinne" bestimmt als „Gesamtheit derjenigen Glieder und Organe der Europäischen Gemeinschaft, sowie der inneren staatlichen Organisationen, die in der Hauptsache zur öffentlichen Verwaltung im materiellen Sinne bestellt sind". (*Wolff/Bachof/Stober* a. a. O., Rn. 29; *Ehlers* 2002 § 1 Rn. 4; *Burgi* 2006, § 51 Rn. 13; *Krebs* 1988, Rn. 5). Immerhin sind die Merkmale der Definition der Organisation i.S.v. *Wolff/Bachof* (1976, S. 2 f.) auf diese „Gesamtheit" nicht anwendbar.
644 Deshalb kann von verselbständigten Verwaltungseinheiten nicht einfach von „Unterorganisationen des Staates" gesprochen werden, so aber *Böckenförde* 1973, S. 297.
645 Zu diesen Voraussetzungen von Organisation *Mayntz* 1997, S. 82.
646 Und in dieser Perspektive nicht umgekehrt. Der weite Begriff von Verwaltung, der Verwaltungen als Teil jeder Organisation erfaßt, hat gewiß seine Berechtigung, hilft aber für die nähere Kennzeichnung des Verwaltungsorganisationsrechts nicht weiter. Zu diesem Begriff: *Roellecke* 1996, S. 5.

D. Die Körperschaft des öffentlichen Rechts als Organisation

Zumeist wird diese Einheit von öffentlich-rechtlichen Organisationen mit dem Kollektivsingular „die Verwaltungsorganisation" bezeichnet. Worin die Einheit dieser vielen Verwaltungsorganisationen über ihre sprachliche Zusammenfassung hinaus besteht, bedarf jedoch der Klärung.

Bernd Becker verwendet auch dafür den Begriff der „Organisation", und zwar der „institutionellen Organisation". Darunter soll dann ein „soziales Gebilde ‚im großen und ganzen'" verstanden werden.[647] Davon unterscheidet er grundsätzlich den Begriff der „instrumentalen Organisation", die er auch „Organisationsstruktur" nennt.[648] Die „institutionelle Organisation" soll die gesamthafte und grundsätzliche Ordnung, die „instrumentale Organisation" den eingefrorenen Prozeß der Organisation als Struktur, der inneren Organisation, der eher konkreten Ordnung der Arbeits- und Aufgabenteilung und ihrer Koordination sowie der Formalisierung der Verhaltensweisen des Personals und der Anpassung an die Organisationsumwelt bezeichnen.[649] Die institutionelle Organisation differenziert sich dann durch Dezentralisierung in verschiedene Organisationsformen oder -bausteine,[650] die sich durch ihre „innere Organisation" unterscheiden. Es fällt auf, daß die „innere Organisation" der „Bausteine der institutionellen Organisation" etwas prinzipiell anderes sein soll als die „instrumentale Organisation", die ebenfalls die innere Organisation, allerdings eingeschränkt auf die dekonzentrierten Behörden, beschreiben soll.[651] Problematisch an diesem Modell ist, daß durch eine nicht ausgewiesene mehrdeutige Verwendung des Begriffs der Organisation Unzusammenhängendes vereint und Zusammenhängendes getrennt wird: Während die von Becker unter dem Begriff „instrumentaler Organisation" analysierten Strukturen in der Tat Organisationen im Sinne strukturierter und differenzierter Entscheidungseinheiten darstellen, fehlt dem Gesamtsystem Verwaltung als solchem, das Becker mit „institutioneller Organisation" bezeichnet, der Charakter einer Entscheidungseinheit. Dieses System ist nicht durch die Einheit von Entscheidungen, sondern der Funktion „Verwalten" gekennzeichnet. Zusammengefaßt: Die dekonzentrierten Verwaltungseinheiten Behörde, nichtrechtsfähige Anstalt etc. und die dezentralisierten Einheiten Körperschaft, Anstalt, Stiftung etc. weisen durch die Art der Differenzierung gewichtige Unterschiede auf. Sie sind aber Organisationen als Entscheidungssysteme. Das Gesamtsystem der Verwaltung und die Entscheidungsträger unterscheiden sich von diesen dadurch, daß die Verwaltung durch die Funktion des Verwaltens, die Entscheidungsträger aber durch ihren Charakter als Organisationen gekennzeichnet sind. Diese Unsicherheiten werden vermieden, wenn der Begriff der Verwaltungsorganisation auf die konkrete Organisationseinheit angewendet wird. Zu ihren Umweltbeziehungen gehört dann auch das Verwaltungssystem

---

647 *Becker* 1989, S. 190 f. Sie ist gekennzeichnet durch Ziele und Zwecke, bestimmte Grenzen gegenüber der Umwelt, die grundsätzliche interne Funktionsteilung, die grundsätzlichen Regelungen zur Rationalität der Funktionserfüllung.
648 *Becker* 1989, S. 190 u. S. 529 ff.
649 *Becker* 1989, S. 192.
650 *Becker* 1989, S. 221 ff.
651 *Becker* 1989, S. 528 f.

insgesamt, aus dem sie als Entscheidungssystem hervorgegangen und mit dem sie in vielfacher Beziehung steht.[652]

Die Umweltbeziehungen können auch Verantwortungsbeziehungen sein. Es besteht daher kein Bedürfnis danach, mit *Oldiges* von der organisatorischen Einheit der Verwaltung im Sinne eines „einheitlichen Gefüges" als Wirkungszusammenhang", der durch Verantwortungsbeziehungen hergestellt wird, auszugehen.[653] Verantwortlichkeit meint hier, daß das Verhalten aller entsprechenden Organisationen dem Minister zugerechnet und er dafür dem Parlament gegenüber verantwortlich ist.[654] Der Verantwortungszusammenhang betrifft aber die rechtliche Zurechnung, nicht den faktischen Entscheidungszusammenhang, der hiervon durchaus unterschieden werden kann.[655] Danach ist es durchaus möglich und bei den Selbstverwaltungsträgern auch der Fall, daß selbständige öffentliche Organisationen der Ministerialverwaltung gegenüber „verantwortlich" sind für die Einhaltung der gesetzlichen Vorgaben und diese wiederum für die Rechtsaufsicht dem Parlament verantwortlich ist. Die Verantwortungseinheit kann also unbeschadet der Organisationsvielfalt weiterbestehen. Die für die Einheit der Verwaltung nach Oldiges kennzeichnende „Beherrschbarkeit aller öffentlichen Verwaltung" und die Einheit der Verwaltung als Zurechnungszusammenhang bleiben trotz ihrer Pluralisierung in eigenständige Verwaltungsorganisationen gewahrt.[656]

Die aufgabenbezogene Perspektive bestätigt diese organisationstheoretische Differenzierung: Der Bereich der öffentlichen Aufgabenerfüllung ist nicht deckungsgleich mit dem der öffentlich-rechtlichen Organisation.[657] Nur durch diese Differenzierung ist es überhaupt möglich, von formeller Privatisierung zu sprechen: Dem Funktionssystem öffentliche Verwaltung gehört eine Vielzahl von privatrechtlich oder öffentlich-rechtlich eingerichteter Organisationssysteme an. Diese ergeben nicht in gleichem Sinne eine Wirkungseinheit wie eine institutionelle Ver-

---

652 Der Begriff der „Verwaltungsorganisation" im Sinne einer Entscheidungseinheit wird hier dem Begriff des Verwaltungsträgers vorgezogen, der leicht die Konnotation einer notwendigen Rechtsfähigkeit und damit eine Engführung der erfaßten Institutionen mit sich führt, Wolff/Bachof/Stober-*Kluth* 2004, § 83, Rn. 93 f., der sich um eine begriffliche Präzision bemüht. Dabei gehört zu den definierenden Merkmalen auch das Element, daß es sich bei einem Verwaltungsträger um eine „organisatorische Einheit" handle. Um der Anschlußfähigkeit an sozialwissenschaftliche Erkenntnisse willen, wird vorliegend sogleich der Begriff der Organisation zugrundegelegt.
653 *Oldiges* 1987, S. 738 u. 740 f. – dies soll sogar für die föderale Gliederung gelten. Vgl. auch Dreier (1991, S. 219): „Weit davon entfernt, sich der Formel (dem Mythos, dem Wunsch- oder Schreckbild) von der ‚Einheit der Verwaltung' gemäß als geschlossene, hierarchisch gegliederte und pyramidal aufgebaute Verwaltungsorganisation zu präsentieren, erweist sich die Verwaltung der Bundesrepublik Deutschland als hochgradig partikulares, zersplittertes, arbeitsteiliges Gefüge unterschiedlichster Teileinheiten, die große Unterschiede im Aufgabenbereich, in der Binnenorganisation, in Kontrollierbarkeit und Rechtsstatus aufweisen". „Teileinheiten" und „Verwaltungsorganisation" sind nicht in gleicher Weise Organisationen. Nur für die ersteren soll hier der Plural „Verwaltungsorganisationen" eingeführt werden; die letztere stellt sich als funktional integrierte Einheit des Funktionssystems Verwaltung dar.
654 *Oldiges* 1987, S. 739: „Die Einheit der Verwaltung als Verantwortlichkeitszusammenhang". *Dreier* 1991, S. 138.
655 Ein Zurechnungszusammenhang ist aber kein „Wirkungszusammenhang": Eine verursachte oder zu verursachende Wirkung wird vielmehr zugerechnet, d. h. auf ein bestimmtes Rechtssubjekt bezogen. Insofern ist der Staat als juristische Person Zurechnungssubjekt der Handlungen seiner Amtsträger – und zwar nicht nur „im Verhältnis zum Bürger", so aber *Oldiges* 1987, S. 739.
656 *Oldiges* 1987, S. 740.
657 *Schuppert* 1981, S. 76.

D. Die Körperschaft des öffentlichen Rechts als Organisation

waltungsorganisation, sondern sind über verschiedene Ingerenzmöglichkeiten von freiwilligen Formen der Zusammenarbeit über Aufsichts- und andere Steuerungsmittel und vor allem über gemeinsame rechtliche Verfahrens-[658] und Wertstandards miteinander verbunden.[659]

Renate Mayntz spricht wegen der Heterogenität der Momente von Verwaltung auch von deren Gesamtsystem als vom „Makrosystem der Verwaltung".[660] Die Abgrenzung dieses Makrosystems Verwaltung gegenüber seiner Umwelt ergibt sich aus seinen Funktionen[661] im Rahmen der Gewaltenteilung, nicht als Organisation. Die Einheit des Funktionssystems wird durch den überkommen Begriff der „Verwaltung im materiellen Sinn" bezeichnet.[662] Die primär dieser Funktion dienenden Entscheidungseinheiten sind Verwaltungsorganisationen. Soweit sie diese Funktion ausüben, gehören sie zu dem, was „Verwaltung im formellen Sinne" genannt wird.[663] Diese Ansicht wird inzwischen von gewichtigen Stimmen innerhalb der verwaltungsrechtlichen Literatur geteilt, die in der Sache übereinstimmend statt von Makrosystem von Verwaltung als einem Netzwerk von lose[664] gekoppelten Organisationseinheiten sprechen.[665] Dieses System ist stark differenziert durch funktionale Aufgabenverteilung,[666] Gewaltenteilung, föderale Strukturen, durch Dezentralisierung und integriert über den Vorbehalt des Gesetzes, die verschiedensten Formen der Zusammenarbeit, auch über Weisungsrechte, andere imperative Formen sowie koordiniert über verschiedene Organisationen.[667] Insgesamt wird man also festhalten können, daß die Verwaltung eine Einheit durch den Zusammenhang und die eigentümliche öffentlich-rechtliche Prägung ihrer Kommunikationen, nicht aber als Organisation ist.[668] In normativer Hinsicht findet dann eine gemeinsame Ausrichtung dieser Verwaltungsorganisationen auf die Erfüllung öffentlicher

---

658 Insbesondere auch Verfahren, an denen mehrere Behörden beteiligt sind, *Bryde* 1988, S. 199.
659 *Krebs* 1988, Rn. 22: „Die Einheitlichkeit der Verwaltung wird man eher in ihrem Entscheiden und Handeln als in ihrem organisatorisch institutionellen Gefüge suchen müssen". Dezidiert auch *Hendler* im Anschluß an die Referate von Bryde und Haverkate bei der Staatsrechtslehrertagung 1987 (VVdStRL 46 [1988], S. 314): „Die Einheit der Verwaltung gibt es nicht, jedenfalls nicht im Sinne der Einheitlichkeit der Verwaltungsorganisation".
660 *Mayntz* 1997, S. 84 ff.
661 Zu diesen *Becker* 1989, S. 96.
662 Ohne daß an dieser Stelle näher auf die Kriterien zur inhaltlichen Füllung dieses Begriffs eingegangen werden müßte, vgl. dazu nur *Maurer* 2006, § 1 Rn. 5; *Wolff/Bachof/Stober* § 2 Rn. 7 f.; *Achterberg* § 8 Rn. 7 f.; *Ehlers* 2002, § 1 Rn. 5 ff.
663 *Ehlers* 2002, § 1 Rn. 13 ff.
664 „Lose", insofern die Dichte der Entscheidungszusammenhänge, die über das Verfahrensrecht auch zwischen Organisationen bestehen können und sogar müssen (*Bryde* 1988, S. 212), nicht das für eine Organisation erforderliche Maß erreicht.
665 *Trute* 1997, S. 262 f.; *Dreier* 1991, S. 153 u. 211 ff.; *Bull/Mehde* (2005, Rn. 18) verwendet einen institutionellen/organisatorischen Begriff der Verwaltung, wozu dann alle „Behörden" der verwaltungs- und staatsrechtlichen juristischen Personen des öffentlichen Rechts (ausschließlich der Religionsgemeinschaften) gehören, ohne daß diese Gesamtheit selbst näher geklärt würde.
666 Zuweilen vielleicht sogar – wenigstens aus der Bürgerperspektive – überdifferenziert, wenn die Erfüllung einer Aufgabe auf vielen Mitwirkungsakten verschiedener Verwaltungsorganisationen beruht, zu diesem Problemkreis *Bryde* 1988, S. 209.
667 *Schmidt-Aßmann* 1997, S. 37.
668 vgl. *Bryde* 1988, S. 190: „Einheit der Verwaltung folgt selbstverständlich aus der Festlegung des gesamten Verwaltungssystems auf ein durch Grundrechte und Staatszielbestimmungen definiertes einheitliches Programm zur Gemeinwohlverwirklichung. Diesem Programm lassen sich auch Mindestanforderungen an Effizienz und Widerspruchsfreiheit der staatlichen Verwaltungstätigkeit entnehmen, jedoch ohne Festlegung auf eine bestimmte Verwaltungsorganisation".

Aufgaben[669] durch Ausübung von Staatsgewalt,[670] Beachtung der Grundrechte und das Erfordernis demokratischer Legitimation statt.[671]

Im Zentrum dieser Differenzierung steht aber in organisationsrechtlicher Perspektive die Rechtsfähigkeit der Träger der Verwaltungsorganisation: Jedenfalls alle rechtsfähigen Einheiten der Verwaltungsorganisation sind Organisationen.[672] Organisationen sind danach die unmittelbare (Bundes- und Landes-) Staatsverwaltung aufgrund ihrer Rechtsfähigkeit als Gebietskörperschaften. Organisationen sind ferner die juristischen Personen des öffentlichen Rechts (Körperschaften, Anstalten, Stiftungen). Während rechtsfähige Verwaltungsorganisationen zur Umwelt anderer Verwaltungsorganisationen gehören, stellen nichtrechtsfähige Verwaltungsorganisationen grundsätzlich Binnendifferenzierungen von Verwaltungsorganisationen dar.[673] Diese Entscheidungseinheiten können jedoch, wenn sie die drei Dimensionen der Organisation besitzen und aufgrund öffentlichen Rechts eingerichtet sind, Verwaltungsorganisationen sein. *Verwaltungsorganisationen* sind daher alle aufgrund des öffentlichen Rechts errichteten Entscheidungseinheiten, die sich von ihrer Umwelt abgrenzen, eine Binnenstruktur und einen öffentlich-rechtlich geregelten Wirkungskreis besitzen, der durch Organisationen des öffentlichen Rechts gesteuert wird.

Das Makrosystem der deutschen Verwaltung ist grundsätzlich räumlich so differenziert, daß alle öffentlichen Aufgaben in einem Territorium nur von einer Verwaltungsorganisation erfüllt werden (gebietskörperschaftliches Organisationsmodell).[674] Auf dieser Grundlage ist es primär „vertikal" differenziert nach den Verwaltungsträgern, den Gebietskörperschaften des Bundes, der Länder, der Kreise und der Gemeinden (Hauptverwaltungsträger).[675] Innerhalb dieser Differenzierungen besteht dann eine weitere „horizontale" Dezentralisierung nach räumlichen

---

669 Insofern zu Recht: *Haverkate* 1988, S. 229: „Einheit der Verwaltung ist Einheit der Verfolgung öffentlicher Interessen durch die Verwaltung".
670 Die Einheit oder Einzigkeit der Staatsgewalt (*Oldiges* 1987, S. 738) wird ebenfalls durch eine Vorstellung ihrer Ausübung durch eine Vielzahl von Organisationen so lange nicht in Frage gestellt, als nicht behauptet wird, diese Organisationen übten originäre hoheitliche Gewalt aus. Dies ist eine Frage der Kompetenz zur Errichtung von öffentlichen Organisationen, mithin der Organisationsgewalt. Will man an der Einheit der Staatsgewalt festhalten, ist es in der Tat notwendig, daß sie ihm selbst oder einem dazu ermächtigten Träger hoheitlicher Gewalt zukommt: „Einheit der Verwaltung bedeutet vor diesem Hintergrund darum die Impermeabilität der Administrative gegenüber nichtstaatlichen, insbesondere gesellschaftlichen Herrschaftsansprüchen und ihre machtverleihende Überordnung auch über heteronom organisierte administrative Teilsysteme", *Oldiges*, a. a. O.)
671 *Haverkate* 1988, S. 221 f.
672 *Köttgen* (1958, S. 185) hebt ihre organisatorische Selbständigkeit hervor: „Die mit Rechtsfähigkeit ausgestattete Verwaltungseinheit wird damit zu einem ‚fremden Haus', das von Staats wegen nur durch Gesetz oder auf Grund eines solchen organisiert werden kann. Jede Dezentralisation begründet eine Vermutung zugunsten organisatorischer Autonomie, sie unterbricht – wenngleich mit unterschiedlicher Stärke – den geschlossenen Stromkreis einer auf Befehl und Gehorsam gegründeten Hierarchie". *Bryde* 1988, S. 193 f.; *Sachs* 1987, S. 2340.
673 Der für diese relativ zum Verwaltungsträger verselbständigten Entscheidungszusammenhänge sonst gebrauchte Begriff der „Verwaltungseinheit" (vgl. etwa *Dreier* 1991, S. 246 f. m.w.N.) verschleiert, daß es sich in der Sache um Organisationen handelt. Er kann daher durch den Begriff der Verwaltungsorganisation (als Singular- und nicht als Kollektivsingular) ersetzt werden, wobei dann immer hinzuzusetzen ist, welches Kriterium die Herauslösung dieser Verwaltungsorganisation aus ihrer Umwelt bezeichnet.
674 *Wagener* 1976, S. 35; *Sachs* 1987, S. 2344.
675 *Becker* 1989, S. 200 f.; *Wagener* 1976, S. 39.

und sachlichen Kriterien, wobei das Ergebnis selbständige rechtsfähige, teilrechtsfähige oder privatrechtlichen Organisationen sind.[676] Körperschaften des öffentlichen Rechts sind in dieser Perspektive vertikal dezentralisierte Verwaltungsorganisationen.[677] In der deutschen Tradition ist dieses Prinzip aber nicht rein verwirklicht worden, indem dezentralisierte Organisationen der Landesverwaltung (mittelbare Landesverwaltung) zugleich dekonzentrierte Entscheidungszuständigkeiten für die unmittelbare Landesverwaltung besitzen, obwohl Dekonzentration ein Prinzip der Binnendifferenzierung von Organisationen ist.[678]

---

676 *Becker* 1989, S. 205 f.
677 *Becker* 1989, S. 333 mit einer Übersicht über die räumlich vertikal dezentralisierten Verwaltungsorganisationen der Länder.
678 *Becker* 1989, S.216 u. 331 f.

ZWEITER TEIL:

DIE KÖRPERSCHAFT ALS ORGANISATIONSFORM DES VERWALTUNGSRECHTS

A. Die Körperschaft des öffentlichen Rechts im System des Verwaltungsorganisationsrechts

I. Verwaltungsorganisationsrecht und rechtliche Strukturen des Makrosystems der Verwaltung

1. Verwaltungsorganisationsrecht

Nachdem bei der Darstellung der Körperschaft als Organisation eine organisationstheoretische Perspektive gewählt wurde, in der das Recht als Struktur der Organisation bzw. als Versuch einer aus der Umwelt kommenden strukturellen Steuerung fungierte,[1] wird jetzt eine normative Betrachtungsweise eingenommen, die Organisationen als Gegenstand von Rechtsnormen beobachtet.[2] In diesem Kapitel sollen Ziele und Funktionsweisen des Verwaltungsorganisationsrechts dargestellt und in Beziehung zu den genannten drei Dimensionen von Organisationen gebracht werden.[3]

Schon eingangs des organisationssoziologischen Abschnitts war auf zwei Defizite der Theorie öffentlicher Verwaltungsorganisationen hingewiesen worden. Zum einen sind Darstellungen des Organisationsrechts noch immer viel zu sehr auf das „Vorbild" der hierarchischen Verwaltung fixiert.[4] Das trifft auch auf die Untersuchungen der Körperschaften des öffentlichen Rechts zu. Sie werden nur in wenigen Stichpunkten, sonst aber zumeist verstreut und ohne Herausarbeitung der allgemeinen Strukturen in den Darstellungen des besonderen Verwaltungsrechts mitabgehandelt.[5] Eine andere Orientierung ist hier nur zu erwarten, wenn statt

---

1 *Schuppert* 2000, S. 582; *Schmidt-Aßmann* 1997, S. 20; allgemein zur „Steuerung durch Organisation" (so der Titel) auch *Schmidt-Preuß* 2001, S. 45 ff.; *Burgi* 2002, § 51 Rn. 14.
2 Zum Verhältnis von Organisation und Organisationsnormen, *Trute* 1997, S. 255 f.; *Wolff* (1933, S. 14) sprach von Organisationen als Substraten des Organisationsrechts; zu den Problemen einer Ontologisierung dieser Perspektiven in dem Sinne, daß neben einer Organisation im tatsächlichen Sinn die juristische Person als Rechtskonstruktion stünde, *Böckenförde* 1973, S. 276 f.
3 Darstellung einiger Elemente eines allgemeinen Organisationsrechts der Verwaltung, *Wolff* 1933, S. 205.
4 *Schmidt-Aßmann*: „Der Status anderer Mitglieder von Organisationseinheiten, wie z. B. der gewählten Mandatsträger oder punktuell berufener Sachverständiger, hat in den allgemeinen Lehren des Verwaltungsorganisationsrechts selten einen Platz. Allenfalls werden solche Fragen in den besonderen Teilen des Organisationsrechts, z. B. im Gemeinderecht, behandelt", *Schmidt-Aßmann* 1997, S. 25. Kritisch insofern zum gegenwärtigen Stand des Verwaltungsorganisationsrechts *Schmidt-Aßmann* 2006, S. 240 f.; *Groß* 1999, S. 8 ff.
5 Anders steht es mit den monographischen Darstellungen, die sich entweder auf eine Gruppe von Körperschaften konzentrieren (*Tettinger* 1997 für die Kammern; *Kluth* 1997 für die Träger der funktionalen Selbstverwaltung), ihr prägendes Strukturprinzip, die Selbstverwaltung, herausgreifen (*Hendler*

von einer bestimmten Organisationsform von Verwaltung vom Begriff der Verwaltungsorganisation ausgegangen wird, der dann in die besonderen Formen der hierarchischen und anderer differenziert werden kann. Dieser Zugang hat noch eine weitere Konsequenz: Die Träger kommunaler Selbstverwaltung werden nicht als Idealtypus der Körperschaft des öffentlichen Rechts genommen, wie dies oft geschehen ist.[6] Gerade der abstraktere Zugang über allgemeine Grundstrukturen des öffentlichen Rechts kann hier spezifische Unterschiede herausarbeiten, wie sie sich etwa im Legitimationsmodus der Gemeinden und Kreise im Gegensatz zu den Körperschaften der funktionalen Selbstverwaltung sogleich zeigen werden.[7]

Ein anderes Defizit der Rekonstruktion von Verwaltungsorganisationen entspringt der Übernahme organisationstheoretischer Modelle, die besonders in den Wirtschaftswissenschaften entwickelt worden sind.[8] Anders als dort ist hier die Organisation Herrschaftsausübung, so daß bei der Rekonstruktion der öffentlichen Organisation Legitimationsfragen stärker zu berücksichtigen sind. Im demokratischen Rechtsstaat sind dies die demokratische Legitimation, die sich bis in die Untergliederungen und verselbständigten Verwaltungseinheiten hinein erstreckt und durch eine autonome Legitimation ggf. ergänzt wird[9] sowie die Rechtsförmigkeit und Grundrechtsgebundenheit der Entscheidungen.

Verwaltungsorganisationsrecht wird hier in einem weiten Sinne nicht nur als das Binnenrecht der Organisation,[10] sondern als das gesamte, die selbständige Gestalt (Konstituierung), die Binnenstruktur und das Verhältnis der betreffenden Verwaltungsorganisation zu ihrer Umwelt ordnende Recht verstanden.[11] Es grenzt sich damit von dem diese Strukturen ausfüllenden Verwaltungsverfahrensrecht ab. Ziel des Verwaltungsorganisationsrechts ist es, öffentlichen Organisationen eine rechtliche Grundlage zu geben, ihre Entscheidungsverläufe zu strukturieren und ihr Verhältnis zum Bürger und zu anderen Organisationen rechtlich zu ordnen.[12]

1984) oder sich mit ihrer Legitimation im System der Verwaltungsorganisationen beschäftigen (*Emde* 1991). Hier werden dann Darstellungen der einzelnen Organisationsformen mit vorangehender oder zusammenfassender Analyse von Grundproblemen verbunden. Ältere Darstellungen waren hingegen eher systematisch-strukturell angelegt und erwähnten einzelne Organisationsformen eher beispielhaft problemorientiert (etwa *Forsthoff* 1931; *Köttgen* 1939; *Weber* 1943; *Lynker* 1960). An diese Form soll im folgenden angeknüpft werden.
6 *Forsthoff* 1931, S. 7; *Scheuner* 1952, S. 611; kritisch zu dieser Methode schon *Brohm* 1969, S. 248 f.; *Fröhler/Oberndorfer* 1974, S. 3 u. 33 f., die sich aber auch gegen die Ausarbeitung einer allgemeinen Theorie der Körperschaft wenden; *Schmidt* 2006, S. 1.
7 Das nimmt der kommunalen Selbstverwaltung nichts von ihrer historischen Vorreiterrolle, die im historischen Teil gezeigt wurde und ihrer Ausstrahlungswirkung auf andere Formen der Selbstverwaltung (vgl. auch *Hendler* 1984, S. 8 ff.).
8 Differenziert hierzu: *Müller* 1993, 187 ff.; ökonomische Perspektive bei *Reichard* 1998, S. 144 f.; nach Wissenschaftsdisziplinen unterschiedene Perspektiven bei *Schuppert* 2000, S. 551 ff.
9 So daß auch hier nicht einfach ökonomische Konstruktionen rezipierbar sind, so aber *Groß* 1999, S. 150.
10 Klassisch *Wolff/Bachof* 1976, S. 11: „Organisationsrecht ieS. ist lediglich das Recht der Bildung, Errichtung, Strukturierung, Änderung und Aufhebung der Organe und ihrer Stellung in der Organisation".
11 Zum Organisationsrecht in diesem weiteren Sinn gehören nach *Wolff/Bachof* (1976, S. 11): „das Recht der Schaffung von Organen, ihrer inneren Struktur, ihrer Rechtsstellung, ihrer Beziehungen untereinander und ihres Verfahrens sowie das Recht der Berufung von Menschen zur Ausübung der Organ-Funktionen und ihrer diesbezüglichen Stellung nebst der Bereitstellung der von ihnen benötigten sachlichen Mittel". *Böckenförde* 1998, S. 70 ff.; *Achterberg* 1986, § 12 Rn. 1; *Schröder* 1986, S. 372.
12 *Burgi* 2002, § 51 Rn. 14; *Krebs* 1988, Rn. 23. Ziel des Verwaltungsorganisationsrechts unter steuerungstheoretischer Perspektive ist mithin eine Struktursteuerung, nicht eine Handlungssteuerung

Insofern öffentliche Verwaltungen Organisationen sind, die den Rahmen für Verwaltungshandeln abstecken, strukturiert das Verwaltungsorganisationsrecht diese Vorgaben des Entscheidens.[13] Das Recht ermöglicht die verbindliche und legitime Ordnung der Zuständigkeiten der Organe einer Organisation, der Verfahren ihrer Willensbildung und -äußerung sowie der Zurechnung der Handlungen des Einzelnen zur Organisation und ist somit prägendes Moment ihrer formalen Struktur.[14] Im Organisationsrecht „finden die Forderungen nach rechtsstaatlicher Verantwortungsklarheit und Effektivität mit den Geboten demokratischer Legitimation zusammen. Gerade das Verwaltungsorganisationsrecht hat das abzubilden, was als ‚Gemeinwohlordnung' immer wieder hergestellt werden muß".[15] Voraussetzung dafür sind klar umrissene Bausteine dieser Ordnung. Daran mangelt es aber häufig: Grundproblem des Organisationsrechts ist die Unabgeschlossenheit öffentlicher Organisationsformen.[16] Im Grundsatz hat es der Organisationsgesetzgeber in der Hand, zwischen bestehenden Organisationsformen zu wählen oder neue zu entwickeln.[17] Trotz starker Bemühungen in der Verwaltungswissenschaft und Verwaltungsrechtslehre zeichnet sich noch kein einheitliches System ab.[18] Angesichts der rechtsstaatlichen, grundrechtssichernden und demokratischen Funktion des Verwaltungsorganisationsrechts[19] bleibt die weitere Ausarbeitung desselben ein dringendes Desiderat.

Im Anschluß an *Edelman/Suchman* können hier drei grundlegende Funktionsweisen des Organisationsrechts unterschieden werden:[20] (1.) eine konstitutive oder ermöglichende Funktion, die die rechtliche Verfassung der Organisation betrifft.[21] Zu dieser letzten Kategorie gehören auch Regeln über das Entstehen und das Ende von Organisationen und ihren Charakter als selbständige Rechtspersönlichkeiten oder als teilrechtsfähige Einheiten;[22] (2.) eine regulatorische Funktion, durch die den organisatorischen Tätigkeiten durch Gebote und Verbote Grenzen gezogen werden. Bekannt ist diese Dimension auch als Schutz- und Konfliktbewältigungsfunktion;[23] (3.) eine erleichternde Funktion, durch die der Organisation Mittel an die

---

(*Trute* 1997, S. 257), auch wenn sich die Struktur in Entscheidungen und anderen Kommunikationsakten realisiert und so diese mittelbar gesteuert werden.
13 Schmidt-Aßmann 1997, S. 20; Luhmann 1997, S. 834 ff.; *ders.* Ausdifferenzierung des Rechtssystems, in ders., Ausdifferenzierung des Rechts. Frankfurt/Main, S. 35 ff. (44 f.); Pitschas 1997, S. 156.
14 *Jellinek* 1959, S. 543; *Trute* 1997, S. 256. Nicht dazu gehört das Recht des öffentlichen Dienstes als der Berechtigung und Verpflichtung von natürlichen Personen zur Ausübung der Funktionen der Verwaltungsorganisationen, *Wolff/Bachof* 1976, S. 11 f.; Rupp 1991, S. 76.
15 *Schmidt-Aßmann* 2006, S. 240, und tragen so zur Schaffung der strukturellen Voraussetzungen für die Gemeinwohlkonkretisierung bei, *Brugger* 1999, S. 52 f.
16 *Loeser* 1994, S. 33 f.
17 *Brohm* 1969, S. 29.
18 *Loeser* 1994, S. 33.
19 *Loeser* 1994, S. 41 f.
20 *Edelman/Suchman* 1997, S. 481 ff. (vgl. schon oben Erster Teil, C I 2 d). Andere Einteilungen etwa von *Schuppert* 2001, S. 66 ff.: Ermöglichungs-, Strukturierungs- und Grenzziehungsauftrag des Verwaltungsrechts.
21 *Edelman/Suchman* 1997, S. 507: „Constitutive environments come into play as legal forms, and categories help to define the very nature of organizations and their environments; but the rules, principles, and values that comprise legal forms and categories often arise out of organizational practices and norms." Hier werden Teile der Bereitstellungsfunktion erfaßt.
22 *Edelman/Suchman* 1997, S. 484.
23 *Hoffmann-Riem* 1999, S. 522.

Hand gegeben werden, um ihre Ziele zu erreichen.[24] In der deutschen Diskussion ist insofern auch von Bereitstellungsfunktion gesprochen worden.[25] Insgesamt könnte die erste Funktion auch als die Legitimationsfunktion, die zweite als die Kontrollfunktion bezeichnet werden, während zur letzteren auch die Informationsordnung gehört.[26] Bei dieser Einteilung wird ein Verhältnis von Verwaltungsorganisationsrecht und -verfahrensrecht vorausgesetzt, dessen rechtliche Grundlage mit H. L. A. Harts Unterscheidung von „secondary and primary rules"[27] erfaßt werden kann. Organisationsrecht meint danach die „Gruppe von Rechtssätzen, welche unmittelbar oder mittelbar die Erzeugung, Anwendung und Durchsetzung jenes materiellen Rechtes ermöglichen",[28] das Gebote, Verbote und Gewährungen an Personen zum Gegenstand hat[29] und gehört somit zu den „secondary rules".[30]

Das Verwaltungsorganisationsrecht fügt sich in die Normenhierarchie des Rechts und erhält somit prägende Vorgaben durch die Verfassungsprinzipien. Diese Vorgaben sind jedoch nicht so engmaschig, daß aus ihnen die Formen der Verwaltungsorganisationen gewissermaßen deduziert werden könnten. Vielmehr kommt dem Gesetzgeber hier ein erheblicher Spielraum zu. Daraus ist ein nach Anlässen und Motiven sowie Organisationsformen, -aufgaben, engeren oder weiteren Koordinationsmechanismen außerordentlich heterogenes System von Verwaltungsorganisationen entstanden (s. o. Erster Teil C).[31] Die Ordnungsleistung der Dogmatik des Verwaltungsorganisationsrechts kann angesichts dieser verfassungsrechtlichen Spielräume nicht von verfassungsrechtlichen Prämissen her erfolgen, sondern von den konkreten Verwaltungsorganisationen in ihren rechtlichen Ausformungen. Deren Grundstrukturen darzustellen und darauf die verfassungsrechtlichen Anforderungen und Beschränkungen zu beziehen, ist ihre vordringliche Aufgabe.[32] In diesem ersten Abschnitt des zweiten Hauptteils soll daher zunächst eine Zuordnung einiger wichtiger Rechtsbereiche zu den Dimensionen von Verwaltungsorganisationen erfolgen, wobei die Besonderheiten der Körperschaften des öffentlichen Rechts im Zentrum stehen.

---

24 *Edelman/Suchman* 1997, S. 482: „As a facilitative environment, law provides an exogenously generated, but fundamentally passive set of tools and forums, which managers actively employ to accomplish various organizational goals". *Roellecke* (1996, S. 11) spricht von „instrumenteller" Funktion.
25 *Hoffmann-Riem* 1999, S. 522.
26 So die Einteilung von *Schmidt-Aßmann* 2006, S. 251.
27 *Hart* 1994, S. 91 ff.
28 *Wolff/Bachof* 1976, S. 11 u. Wolff/Bachof/Stober-*Kluth* 2004, § 80 Rn. 69, dort auch zu einem Organisationsrecht im engeren Sinne (Innerorganisationsrecht); vgl. auch *Forsthoff* 1973, S. 432: organisatorische seien diejenigen Normen, „welche die ämter- und behördenmäßige Gestalt des Staates zum Gegenstand haben".
29 *Wolff/Bachof* 1976, S. 12: „Verwaltungsorganisationsrecht ieS. ist der Inbegriff derjenigen Rechtssätze, welche die (idR: institutionalisierten) Subjekte öffentlicher Verwaltung konstituieren sowie ihre Funktionen und ihre Beziehung untereinander regeln".
30 Wobei es allerdings nicht um die Geltungsfrage der Primärregeln geht, die von diesen „secondary rules" zu entscheiden wäre (*Hart* 1994, S. 105), sondern um die Modalitäten der Anwendung.
31 *Schuppert* 1981, S. 5 ff.; *ders.* 2000, S. 602 ff.; *Müller* 1993, S. 392 ff.
32 *Schmidt-Aßmann* 2006, S. 244: „Ein Recht, das Organisationen von innen heraus steuern und die in ihnen angelegten Steuerungsmöglichkeiten nutzen soll, muß auf die Spezifika von Organisationen eingehen: Es muß die Vielfalt der in ihnen wirksamen Kräfte erfassen und ihrem Zusammenspiel einen flexiblen, aber verläßlichen Rahmen geben".

2. Aspekte der rechtlichen Differenzierung und Koordinierung des Makrosystems der Verwaltung

Vorgaben enthält die Verfassung zunächst für das hier im Anschluß an *Renate Mayntz* so bezeichnete Makrosystem der Verwaltung. Sie lassen dieses System als eine gegliederte Ordnung erscheinen, die weder dem Leitbild eines monolithischen Einheitsblocks noch einer vormodernen Polyarchie entspricht, sondern Prinzipien der Differenzierung und Koordinierung enthält. Einige Aspekte seien als Rahmen der genaueren Untersuchung der Ausdifferenzierung einzelner Verwaltungsorganisationen aus diesem System vorangestellt:

Grundlegende *Differenzierungsprinzipien* dieses Systems sind hier vor allem die Grundsätze der Gewaltenteilung,[33] die föderale Ordnung der Verwaltung, die Garantie der kommunalen Selbstverwaltung und die Grundrechte,[34] insofern sie wie die Wissenschaftsfreiheit und die Rundfunkfreiheit auch öffentlich-rechtliche Organisationsformen prägen. Zu den wesentlichen Strukturprinzipien gehören aber auch die parlamentarische Verantwortung der Bundesregierung und die Ressortverantwortung der Minister (Art. 65 S. 2 GG).[35]

Koordinationsprinzipien sind nach Becker:[36] die vereinheitlichende Wirkung der Grundrechte, die Harmonisierungswirkung der Art. 20 und 28 GG gemeinsam mit dem Grundsatz der Bundestreue, die Einheit der Rechtsordnung und die umfangreichen Gesetzgebungsbefugnisse des Bundes, die Einheit der Sozial- und Wirtschaftsordnung, die Einheit des öffentlichen Dienstes, die Mitwirkung der Länder an der Gesetzgebung des Bundes und am Bundesvollzug, die Art. 84 u. 85 GG, die Grundsätze der Rechts- und Amtshilfe (Art. 35 I GG) mit der engeren Koordinierungsorganisation in Notfällen (Art. 35 II u. III GG), die zu koordinierende Finanzverwaltung (Art. 108 GG) und weitere Verfahrensregeln und Haushaltsplanungsgrundsätze. Es ist allerdings nicht zu übersehen, daß hier normative Regeln und faktische Wirkungsweisen vermischt werden. Wichtigstes normatives Koordinationsprinzip dürfte auch hier das Demokratieprinzip sein. Die rechtliche Einheit der Verwaltung stellt sich als Einheit des Legitimationszusammenhanges der Ausübung von Staatsgewalt (Art. 20 II GG) dar:[37] Herrschaftsgewalt ist legitimiert, wenn sie auf den Willen des Volkes zurückgeführt werden kann. Von ihm darf sich also keine Verwaltungsorganisation so weit absondern, daß sie einen Herrschaftsbereich aus eigenem „Recht" bilden würde. Diese Einheit ist aber, wie soeben (Teil 1, C V) ausgeführt wurde, eine Einheit der Funktion von Handlungen und Entscheidungen, die eine gegliederte Organisationsstruktur zuläßt.[38]

Institutionell wird die Koordination im Rahmen des Makrosystems der Verwaltung durch Verfahren, die Aufsichtsmittel, Netzwerke (besonders im Wissen-

---

33 *Bryde* 1988, S. 187; *Oebbecke* 2003, S. 371.
34 *Bryde* 1988, S. 188; *Schmidt-Aßmann* 2006, S. 62 f. zur Bedeutung der Realisierung der Grundrechte durch Organisation und Verfahren.
35 *Oebbecke* 1987, S. 870; *Sachs* 1987, S. 2341.
36 *Becker* 1989, S. 369. *Bryde* 1988, S. 189, hebt allerdings hervor, daß die Verfassung sparsam ist mit Einheitspostulaten; auch *Oebbecke* 1987, S. 869.
37 *Haverkate* 1988, S. 221 u. 223 ff.
38 *Schmidt-Aßmann* 2006, S. 256 f.

schaftsbereich) und Organisationen durchgeführt.[39] Zu Organisationen, die horizontale Koordinationsaufgaben wahrnehmen, gehören auch Körperschaften, wie die Planungsverbände, Regionalverbände, Stadt-Umland und Regionalverbände.

II. Verfassungsrechtliche Grundlagen der Schaffung selbständiger Verwaltungsorganisationen

Die Ausdifferenzierung des Makrosystems der Verwaltung durch Bildung und Errichtung von Verwaltungsorganisationen ruft die Frage nach der Legitimation solcher Organisationstätigkeit hervor, nach weiteren Prinzipien, die diese Differenzierung stützen können, und nach dem Träger der dafür erforderlichen Befugnis, der Organisationsgewalt.[40] Diese Befugnis zur Schaffung von Verwaltungsorganisationen hat einen Aspekt, der die Gewaltenteilung und einen, der die föderalen Strukturen des Staates betrifft. Bei der unmittelbaren Staatsverwaltung, deren demokratische Legitimation institutionell sowie sachlich über gesetzliche Vorgaben und personell letztlich über die parlamentarische Verantwortung der Regierung gesichert ist, wirft dies keine Probleme auf. Die Ausdifferenzierung des Makrosystems der Verwaltung durch verselbständigte Verwaltungseinheiten ist jedoch mit Einflußknicks innerhalb der über die parlamentarische Verantwortung der Regierung vermittelten demokratischen Legitimation der Verwaltung verbunden.[41] Das Demokratieprinzip fordert gleichwohl eine hinreichende demokratische Legitimation aller Staatsgewalt.[42] Solange hier ein Mindestmaß an parlamentsgesetzlicher sachlicher Programmierung, entsprechender Kontrolle und auch eine Rekrutierung des Personals dieser Verwaltungseinheiten sich letztlich auf das Volk, wenn auch mittelbar, zurückführen läßt, werden diese Kriterien erfüllt.[43] Die Verselbständigung von Verwaltungseinheiten, die nicht nur eigenverantwortlich handeln, sondern deren Entscheidungen zudem auf den Willen der Mitglieder zurückgeführt werden sollen, erscheinen jedoch in besonderer Weise rechtfertigungsbedürftig.[44] Denn hier besteht über die eigenverantwortliche Aufgabenwahrnehmung der Selbstverwaltungsträger und die Rekrutierung der Organe durch die Entscheidungen der Mitglieder eine weitgehende Lockerung der Legitimationskette. Mit der kommunalen Selbstverwaltung ist diese Möglichkeit in der Verfassung durchaus angelegt. Für die Hochschulen kann sie aus der organisationsrechtlichen Dimension der Grundrechte gerechtfertigt sein. Im allgemeinen können sich die Körperschaften der funktionalen Selbstverwaltung auf eine derartige verfassungsrechtliche Legitimation jedoch nicht berufen. Hier stellt sich die Frage, ob die so herbeigeführte

---

39 *Becker* 1989, S. 370 f.
40 Zentral für die Grundlegung des Verwaltungsorganisationsrechts sind die Prinzipien von Demokratie, Rechtsstaat und Grundrechten, die hier bereits als Differenzierungs- und Vereinheitlichungsprinzipien eingeführt wurden, dazu auch *Schmidt-Aßmann* 1997, S. 39 f.; *Loeser* 1994, S. 41 f.
41 *Wagener* 1976, S. 33.
42 Eingehend *Emde* 1991, S. 26 ff.; *Böckenförde* 2004, Rn. 11 ff.; *Jestaedt* 1993, S. 265 ff.
43 Näher zu den Anforderungen unten B I; *Böckenförde* 2004, Rn. 15 f.; *Jestaedt* 1993, S. 265 ff.; *Emde* 1991, S. 49 ff.
44 Hierzu auch *Schmidt-Aßmann* 1991, S. 337 ff.; *Kluth* 1986, S. 721; kritisch *Schliesky* 2004, S. 280 f.

Entfernung vom Staatsvolk durch eine autonome Legitimation des Verbandsvolks kompensiert werden kann.

1. Organisationsgewalt

Organisationsgewalt ist die rechtliche Befugnis[45] der öffentlichen Gewalt „zur Schaffung, Veränderung, Zusammenordnung, Bestimmung der Aufgaben und inneren Gliederung und Geschäftsregelung öffentlicher Handlungseinheiten auf dem Boden der in der Verfassung selbst getroffenen Grund-Organisation und mit Ausnahme der nicht-exekutiven unmittelbaren Verfassungsorgane".[46] In den drei Dimensionen der Organisationen betrifft die Organisationsgewalt somit die Herauslösung der Organisation als eines Entscheidungszusammenhangs aus ihrer Umwelt (Anordnung der Rechtsform, Zuweisung von Kompetenzen und Zuständigkeiten, Bestimmung des Sitzes), die Regelung ihrer inneren Strukturen (Verfassung, innere Organisation) sowie ihres Verhältnisses zu ihrer Umwelt (Rekrutierung, Einwirkung, Kontrolle) und deren jeweilige Veränderung auf der Grundlage und im Rahmen der Verfassung.[47] Die Organisationsgewalt ist Teil der Souveränität, die als Staatsgewalt vom Volk ausgeht und somit letztlich das Volk Träger der Organisationsgewalt. Als selbst rechtlich organisierter Organisator hat der Staat dabei die strukturellen Vorgaben, die ihm die Verfassung macht, zu beachten. Sie bezeichnet also keine weitere Staatsfunktion, sondern ist lediglich ein einheitlicher Terminus zur Erfassung der differenzierten verfassungsrechtlichen Einzelregelungen (insbes. Art. 30 u. 83 ff. GG).[48] So ist im Verhältnis zu Ländern und Gemeinden die Verbandskompetenz zur Organisation und im Verhältnis der Staatsorgane untereinander die Organkompetenz dazu zu berücksichtigen.[49] Organisationsgewalt meint auch die administrative Befugnis zur Selbstorganisation und tritt so zu der erwähnten Form auch als Organisationsbefugnis im Verwaltungsinnenbereich auf.[50]

Wenn die verfassungsrechtliche Einbindung des Begriffs der Organisationsgewalt berücksichtigt wird,[51] besteht keine Notwendigkeit ihn durch den demokra-

---

45 Und nicht eine „Befugnis..., die mit der Staatsgewalt ipso iure gegeben ist" und an die das Recht nur äußerlich beschränkend herantritt, so aber *Forsthoff* 1973, S. 434.
46 *Böckenförde* 1998, S. 38, der diesen verfassungsrechtlichen Begriff von einem weiteren, deskriptiven staatswissenschaftlichen Begriff der Organisationsgewalt unterscheidet (S. 29: „die in der Staatsgewalt enthaltene Befugnis (,Gewalt'), die eine bestimmte sachliche Tätigkeit, nämlich die Herstellung, den Ausbau und die Erhaltung staatlicher Organisation zum Inhalt hat"), auch zur Geschichte des Begriffs (S. 21 f.); dazu auch *Traumann* 1998 S. 18 f.; *Köttgen* 1958, S. 155 ff.; *Burgi* 2002, § 52 Rn. 2 ff.; *Maurer* 2002, § 21 Rn. 57; *Bull* 2000, Rn. 154; *Loeser* 1994, S. 48; *Schmidt-De Caluwe* 1993, S. 116 f.; *Achterberg* 1986, § 13 Rn. 2 f.; *Wolff/Bachof* 1976, S. 128; *Wolff/Bachof/Stober-Kluth* 2004, § 82 Rn. 4 f.
47 *Böckenförde* 1998, S. 47 f., die verfassungsrechtliche Fundierung und Begrenzung der Organisationsgewalt unterscheidet den demokratischen Begriff von dem der konstitutionellen Monarchie, in der sie eine Prärogative der Exekutive war, *Böckenförde* 1998, S. 56.
48 *Böckenförde* 1998, S. 37.
49 *Maurer* 2002, § 21 Rn. 60; *Schmidt-de Caluwe* 1993, S. 117; *Stelkens* 2003, S. 490.
50 *Köttgen* 1958, S. 184: „Die Literatur pflegt sich im allgemeinen nur für die Organisationsgewalt der Regierung zu interessieren. Darüber droht in Vergessenheit zu geraten, daß ganz allgemein mit jeder Verantwortung für eine hinreichend geschlossene Verwaltungseinheit auch ein Stück Organisationsgewalt verbunden ist". Vgl. auch *Schmidt-Aßmann* 1997, S. 24; *Böckenförde* 1998, S. 42 f. u. 86 f.; zu unterschiedlichen Auffassungen über die Verwendung des Begriffs in diesem Kontext, *Butzer* 1994, S. 161 u. 171 f.
51 Zu seiner Vorgeschichte *Böckenförde* 1998, S. 21 f.; *Butzer* 1994, S. 158 f.

tietheoretisch geprägten Begriff der „Leitungsgewalt" zu ersetzen.[52] Diese soll die „auf den staats- bzw. verwaltungsinternen Bereich bezogene Ausübung von Staatsgewalt" bezeichnen.[53] Die Einführung des Begriffs der Leitungsgewalt als Zentralbegriff des Verwaltungsorganisationsrechts ist jedoch einem strukturellen und einem klassifikatorischen Einwand ausgesetzt: Der strukturelle zielt auf die unterschiedliche Funktion beider Gewalten: Organisationsgewalt ist nach der angeführten Definition auf die Schaffung und Veränderung von Organisationen gerichtet. Leitungsgewalt hingegen soll die Personal-, Sachentscheidungs- und „Organisationsgewalt i.e.S"., sowie die Haushalts- und Finanzgewalt *in* Organisationen betreffen. Als organisierende Gewalt ist die Organisationsgewalt aber der organisierten Leitungsgewalt – mag sie auch in dem gesetzten Rahmen weitere Organisationsentscheidungen treffen – vorgeordnet. – Der klassifikatorische Einwand bezieht sich auf die Ableitung und die funktionale Reichweite des Begriffs der Leitungsgewalt. Dieser allerdings noch präzisierungsbedürftige Begriff erbringt Erklärungsleistungen im Bereich der demokratischen Legitimation von Organisationen, kann jedoch nicht alle rechtlichen Facetten der Schaffung von Organisationen erfassen. Der Begriff der Organisationsgewalt ist demgegenüber spezifischer organisationsbezogen.

Welche Rechtsqualität Akte der Organisationsgewalt haben müssen bzw. ob die Legislative oder die Exekutive Träger der Organisationsgewalt ist, wird zumeist aus der Perspektive der Grundrechte,[54] dann aber auch danach beurteilt, ob verfassungsgestaltende Grundsatzentscheidungen getroffen werden (institutioneller Gesetzesvorbehalt[55]), nicht aber aus der Perspektive der Unterscheidung: Innere Organisation[56] – äußere Organisation. Sind Grundrechte betroffen oder liegt ein Fall des institutionellen Gesetzesvorbehalts vor, muß die Organisationsgewalt in der Form des Parlamentsgesetzes ausgeübt werden.[57] Aus dem institutionellen Gesetzesvorbehalt folgt insbesondere das Verbot der vollziehenden Gewalt, aus sich heraus grundlegende Veränderungen der staatlichen Hoheitsrechte und in ihrem eigenen verfassungsrechtlichen Status vorzunehmen. Daraus ergibt sich ein Gesetzesvorbehalt für die Errichtung von juristischen Personen des öffentlichen Rechts, wenn hierdurch eigene Hoheitsbefugnisse dieser Verwaltungsorganisationen begründet werden.[58] Auch wegen der zivilrechtlichen Haftungsbeschränkung sind juristische Personen des öffentlichen Rechts durch formelles Gesetz zu bilden.[59] Schließlich sind auch die Vorgaben der föderalen Ordnung des Grundgesetzes (Art. 84 ff. GG) für die Beurteilung der Organisationsgewalt zu berücksichtigen.

---

52 Kritisch etwa Berliner-Kommentar-*Groß* Art. 86, Rn. 32.
53 Wolff/Bachof/Stober-*Kluth* § 81 Rn. 198; § 84 Rn. 144 f.
54 Allgemeiner Gesetzesvorbehalt, *Böckenförde* 1998, S. 92 f.: Beschränkungen der Exekutive ergeben sich hier in bezug auf das Staat-Bürger-Verhältnis.
55 Verankert etwa in Art. 87 GG; Art. 77 I LV Bay; Art. 70 I LV BW; Art. 43 II LV NdS; Art. 77 S. 1 LV NRW; Art. 116 LV Saar; Art. 45 II LV SH; *Böckenförde* 1998, S. 95 f.; *Burgi* 2002, § 52 Rn. 4; *Maurer* 2002, § 6 Rn. u. § 21 Rn. 63 f.; *Krebs* 1988, Rn. 58 f.; *Wolff/Bachof* 1976, S. 130 f.; *Köttgen* 1958, S. 161 f.; *Schmidt-Aßmann* 2006, S. 253 f.
56 *Wolff/Bachof* (1976, S. 134) sprechen aber insofern von der Organ-Errichtungs-Gewalt für die konkrete Schaffung von Verwaltungsorganen.
57 Etwas anderes gilt nur für Organisationsakte ohne Außenwirkung gegenüber dem Bürger, für die der Verwaltung selbst die Organisationsgewalt verbleibt, *Burgi* 2002, § 52 Rn. 4 f.; *Maurer* 2002, § 21 Rn. 67.
58 *Böckenförde* 1998, S. 96 f.; *Burmeister* 1991, S. 46 f.
59 *Wolff/Bachof* 1976, S. 132.

2. Das Demokratieprinzip

Die Körperschaft des öffentlichen Rechts wird aus dem Entscheidungszusammenhang und damit auch dem Legitimationszusammenhang des Verwaltungssystems dadurch in besonderer Weise verselbständigt, daß ihren Mitgliedern maßgeblicher Einfluß auf die Zusammensetzung der Organe eingeräumt wird. Die Frage, wie dies mit dem Demokratieprinzip zu vereinbaren ist, wird seit langem kontrovers diskutiert. Auszugehen ist von den Grundlagen dieses Prinzips.

Demokratie wurzelt in der Idee der freien, seiner Würde entsprechenden Selbstbestimmung des Bürgers.[60] Sie konkretisiert damit in bezug auf die Beteiligung des Bürgers am Gemeinwesen den Gedanken des Herrenchiemseer Verfassungskonvents: „Der Staat ist um des Menschen willen da, nicht der Mensch um des Staates willen". Selbstbestimmung meint dabei im Kern, sein Leben nach den selbstgewählten Intentionen führen zu können.[61] Sie hat wie Freiheit zwei Dimensionen: eine negative, die die Unabhängigkeit der Selbstbestimmung vom Einfluß anderer privater oder öffentlicher Akteure betrifft, und eine positive, die sich auf Selbstgestaltung und Selbstverwirklichung bezieht.[62] Im politischen Kontext bedeutet sie Abwesenheit von heteronomer Fremdherrschaft und Teilnahme an Herrschaft.[63] Dieser status activus steht dem Bürger als subjektives Recht zu.[64] Auf seine Grundlage sollen nicht nur alle Belastungen, sondern auch alle Berechtigungen auf die Möglichkeit, über sie mitzuentscheiden, zurückgeführt werden: Der Staatsbürger, der nicht einfach Staatsangehöriger ist, soll als citoyen über die Rechte mitbestimmen, die er als bourgeois genießt.[65] Das bringt das Demokratieprinzip als Verfassungsprinzip in einen Begründungszusammenhang mit dem Rechtsstaatsprinzip.[66] Ausgehend von diesem Fundierungszusammenhang zwischen Rechtsstaat und Demokratie, läßt sich die Funktion des Rechtsstaatsprinzips in der Anbindung der administrativen Machausübung an diese demokratische Begründung allen Rechts verstehen: „Die administrative Macht soll sich

---

60 Für einen derart breiten Begriff der „avancierten Demokratie" *Müller* 1997, S. 62 u. passim; vgl. auch *Böckenförde* 2004, Rn. 35: „Der Einzelne soll, als Herr seiner selbst, auch sein eigener Gesetzgeber sein, der die Bindungen seines Handelns nicht (heteronom) von einer fremden Macht oder Autorität auferlegt erhält, sondern sich (autonom) selber gibt"; *Häberle* 1987, Rn. 65: „In der Menschenwürde hat Volkssouveränität ihren ‚letzten' und ersten (!) Grund". *Sandel* 1996, S. 202 u. 347 f.; auch *Enders* 1997, S. 442 ff. u. 491 f.; in bezug auf die Verwaltungsorganisation: *Schmidt-Aßmann* 1997, S. 39 f.
61 *Young* 2002, S. 32 im Anschluß an *Philipp Pettit*. Zur Selbstbestimmung im Recht eingehend *Hollerbach* 1996.
62 Zum Nachweis dieser von *Isaiah Berlin* nur aufgegriffenen traditionellen Unterscheidung der beiden Freiheitsdimensionen vgl. *Böckenförde* 1992/2, S. 44 ff.
63 *Young* 2002, S. 33.
64 *Habermas* 1994, S. 209: „Im Prinzip der Volkssouveränität, wonach alle Staatsgewalt vom Volke ausgeht, trifft sich das subjektive Recht auf die chancengleiche Teilnahme an der demokratischen Willensbildung mit der objektiv-rechtlichen Ermöglichung einer institutionellen Praxis staatsbürgerlicher Selbstbestimmung".
65 *Habermas* 1994, S. 153 f.; *ders.* 1996/10, S. 301: „Die Idee der rechtlichen Autonomie der Bürger verlangt ja, daß sich die Adressaten des Rechts zugleich als dessen Autoren verstehen können". Verfassungstheoretisch müßte entsprechend von einem notwendigen Konnex zwischen grundrechtlicher und demokratischer Freiheit gesprochen werden, *Schmidt-Aßmann* 1991, S. 331.
66 Grundlegend hierzu *Habermas* 1994, S. 151 ff.; *ders.* 1996/10, S. 293 ff.; aber auch *Schmitt Glaeser* 1987, § 31 Rn. 1 ff.

nicht selbst reproduzieren, sondern allein aus der Umwandlung kommunikativer Macht regenerieren dürfen".[67]

a. Selbstbestimmung in Form von politischer Mitwirkung und demokratischer Teilhabe im Grundgesetz

Als philosophisches Prinzip vermag jedoch diese Idee[68] – die hier nur skizziert werden kann[69] – zwar eine moralische Rechtfertigung der Verfassung zu geben, aber keine rechtliche Explikation der Demokratiegehalte der Verfassung zu liefern.[70] Immerhin kann ein solches Ideal zur Prüfung veranlassen, wieviel von ihm verfassungsrechtlich realisiert ist.[71]

Um am Gemeinwesen bzw. an der Gesellschaft mitzuwirken, sie politisch zu gestalten, stehen dem Bürger zunächst individuell die grundrechtlich geschützten Freiräume zur Verfügung.[72] „Erst in solcher Aktualisierung können Selbstbestimmung des Einzelnen und selbstverantwortliche Mitwirkung am politischen, sozialen, wirtschaftlichen und kulturellen Leben Wirklichkeit, kann die freiheitliche Ordnung des Gemeinwesens Leben gewinnen".[73] Dies geschieht im Gebrauch der Meinungsfreiheit als Teilnahme an politischer Kommunikation,[74] in glaubensgetragenem sozialen Wirken und in anderen Formen gesellschaftsbezogener individueller Grundrechtsverwirklichung. In der organisationsbezogenen Dimension ist der Zusammenhang von individueller und kollektiver Selbstbestimmung im Bereich der Rundfunkanstalten anerkannt. Dabei ist die Bedeutung dieser Form für den demokratischen Prozeß in verschiedenen medienfreundlichen Regelungen, aber auch durch die besondere Inpflichtnahme der öffentlichen Rundfunkanstalten hervorgehoben worden.[75] Die politische Mitwirkung geschieht aber auch in der gemeinschaftsbezogenen Dimension dieser Grundrechte, in der Versammlungsfreiheit, der Vereins- und Koalitionsfreiheit und in der Betätigung in und durch Parteien. Hierbei ordnen sich die politischen Meinungen der Öffentlichkeit und wird der Wille des im Staat des Grundgesetzes lebenden Personenverbandes der Staatsbürger

---

67 *Habermas* 1994, S. 187: „Die Idee des Rechtsstaates läßt sich dann allgemein als die Forderung interpretieren, das über den Machtkode gesteuerte administrative System an die rechtsetzende kommunikative Macht zu binden und von den Einwirkungen sozialer Macht, also der faktischen Durchsetzungskraft privilegierter Interessen, freizuhalten". Hieraus ergibt sich dann für Habermas konsequent der Grundsatz der Gesetzmäßigkeit der Verwaltung, (S. 213 f.). Verfassungsrechtlich kann von einem „Distanzgebot gegenüber Sonderinteressen" (*Schmidt-Aßmann* 1991, S. 336) gesprochen werden.
68 Zu ihrem geschichtlichen Hintergrund vgl. auch *Maihofer*, 1994 § 12 Rn. 48 ff.
69 Eingehend *Hollerbach* 1996, S. 15 ff.
70 Immerhin sprach schon *Anschütz* angesichts von Art. 2 WRV vom Selbstbestimmungsrecht als einem im Werden begriffenen Rechtssatz, vgl. *Hollerbach* 1996, S. 9. Hier wie auch in Art. 140 GG i.V.m. 137 III WRV erscheint das Selbstbestimmungsrecht in seiner kollektiven Form als Selbstbestimmungsrecht des Volkes „noch sozusagen im Vorhof der individuellen Selbstbestimmung", *Hollerbach* 1996, S. 10.
71 Vgl. zum Zusammenhang zwischen moralischer Fundierung und ihrer voluntativen Transformation in Verfassungsrecht durch die verfassunggebende Gewalt auch *Kirste* 2003, S. 79 ff.
72 *Böckenförde* 2004, Rn. 37; *Schmitt Glaeser* 1987, § 31 Rn. 3 ff.
73 *Hesse* 1994, Rn. 16.
74 *Schmitt Glaeser* 1987, § 31 Rn. 5 f.
75 *Gersdorf* 2003, Rn. 70 f.; *Kübler* 1999, S. 1285: „auch die Demokratie wurzelt in der normativen Prämisse individueller Autonomie; sie gewährleistet die kollektive der Bürger"; *Habermas* 1994, S. 133 f.

vorgeformt.⁷⁶ In der verfassungsrechtlich eingeräumten Mitwirkungsbefugnis der gesellschaftlich gebildeten Parteien an der politischen Willensbildung des Volkes (Art. 21 I S. 1 GG) wendet sich der Einfluß zur legitimationsbegründenden Beteiligung des Volkes an der Legitimation staatlicher Herrschaft, für den Staatsbürger individuell abgesichert über die Wahlgrundsätze des Art. 38 I GG. Vor allem aber geschieht diese „freie Selbstbestimmung" als Ausdruck von „Wert und Würde der Person"⁷⁷ in kleineren und größeren Gemeinschaften und erweist so ihre Nähe zum Prinzip der Autonomie.⁷⁸ Dieses Prinzip bezieht sich zwar als Privatautonomie auf den gesellschaftlichen Bereich, wird aber klassisch als innere und äußere politische Freiheit im Gegensatz zur Fremdherrschaft auch öffentlich verstanden.⁷⁹ Mitumfaßt waren dabei historisch immer auch die Rechte einer Gemeinschaft zu begrenzter eigenverantwortlicher Regelung ihrer Angelegenheiten, insbesondere auch zur Rechtsetzung.⁸⁰

Was solchermaßen als Tableau einer steigenden Einflußnahme des Bürgers auf die staatliche Willensbildung erscheint, ist aber sehr unterschiedlichen Prinzipien unterworfen. Zunächst ist die Nähe zum Staat mit einem Verlust an Individualität und Freiheit erkauft. Als Einzelner kann sich der Bürger eingeschränkt nur durch „allgemeine" oder sonst verhältnismäßig limitierende Gesetze an der politischen Meinungsbildung beteiligen. In Verbänden unterwirft er sich freiwillig der Verbandsmacht, um dadurch eine Steigerung seines Einflusses zu bewirken. Ihre Binnenstruktur folgt mit steigender Nähe zur staatlichen Willensbildung demokratischen Prinzipien (Art. 21 I S. 3 GG).⁸¹ Über die Verbände erreicht er den bei korporatistischen Arrangements zu kritisierenden, notwendig in der Gefahr der Asymmetrie stehenden Einfluß auf die Staatsorgane.⁸² Damit ist aber zweitens sein Einfluß zunehmend demokratischen Anforderungen unterworfen.

Selbstbestimmung ist aber nicht auf den gesellschaftlichen Bereich beschränkt. Ihrer Rückführung auf die Menschenwürdegarantie entsprechend,⁸³ verlangt sie auch im Bereich der öffentlichen Verwaltung, daß der Mensch nicht zum Objekt der Staatsgewalt gemacht wird – mag sie auch demokratisch legitimiert sein.⁸⁴ Sie prägt vielmehr die „verschiedensten Formen menschlicher Vergemeinschaftung. vom Verein und Betrieb, von der Universität und der Akademie, von Gemeinde, Kreis und Land bis hinauf zum Gesamtstaat, ja Staatengemeinschaft".⁸⁵ Nur nimmt sie dabei unterschiedliche Formen an: als demokratische Selbstbestimmung ist

---

76 *Schmitt Glaeser* 1987, § 31 Rn. 21 f.
77 *BVerfGE* 65, S. 1 ff. (41) – Volkszählung; zur Verbindung von Menschenwürde, Selbstbestimmung und Autonomie auch *Brugger* 1997, S. 32 f.
78 *Hollerbach* 1996, S. 19; zum Zusammenhang zwischen Menschenwürde und Selbstbestimmung auch *Brugger* 1999, S. 399 ff.: Im Übergang von der Menschenwürde als allgemeinem Wert zu ihrer Realisierung in der Selbstbestimmung differenziert sie sich, wird unterscheidbar und wirkt in autonomen, einer differenzierten rechtlichen Bewertung zugänglichen Rechtskreisen.
79 So etwa bei Herodot, *Pohlmann* 1971, Sp. 701.
80 *Hollerbach* 1996, S. 19 f., der ausdrücklich die Gemeinde- und Hochschulautonomie erwähnt.
81 Zum Problem der Verbandsdemokratie vgl. *Teubner* 1978, S. 169 ff.
82 *Grimm* 1994, § 15 Rn. 5 ff.; *Kaiser* 1987, § 34 Rn. 29 f.
83 *Enders* 1997, S. 88 f., 491 ff., der sich im übrigen jedoch dafür ausspricht, konkrete Rechte an den Freiheitsgrundrechten im einzelnen und nicht am Würdeprinzip festzumachen.
84 *Häberle* 1987, Rn. 62, der sogar davon spricht, daß die Menschenwürde den Art. 20 II GG „korrigiere".
85 *Hollerbach* 1996, S. 27.

sie die prinzipiell ununterschiedene Selbstbestimmung des Gesamtvolkes, in den Teilgemeinschaften hat sie den Charakter der durch das Gesamtvolk beschränkten Autonomie.[86] Soweit diese Autonomie im Interesse des Gesamtvolkes eingeräumt wird, ist sie auch inhaltlich von dem öffentlichen Interesse geprägt und geformt, unabhängig davon, daß sie zugleich den Einzelinteressen dienen mag. Selbstbestimmung als Autonomie folgt dann den Prinzipien, die die Selbstbestimmung des Volkes in Gestalt der Organisationsgesetze festgelegt hat.[87] Indem das GG in Art. 20 II deutlich gemacht hat, daß es die demokratische als die für die Begründung der Staatsgewalt vorrangige Form der Selbstbestimmung ansieht, geht es bei der Berücksichtigung der menschenwürdegetragenen Selbstbestimmung nicht um eine Korrektur des Demokratieprinzips (vgl. o. Fußn. 88). Sie vermag aber Rücknahmen der demokratischen Legitimation verfassungsrechtlich zu rechtfertigen, wenn es um die Bürgeraktivierung, seine Mitgestaltung geht. Auch die Selbstverwaltung der Körperschaften kann damit den Gedanken der Selbstbestimmung aufnehmen: In ihrer kollektiven Dimension als selbständige, eigenverantwortliche Wahrnehmung der Angelegenheiten des Selbstverwaltungsträgers; in ihrer individuellen Dimension als auf dem aktiven Freiheitsgebrauch ihrer Mitglieder beruhende körperschaftliche Verfassung dieses Selbstverwaltungsträgers. Ihre Legitimation bezieht die Körperschaft aus dem Zusammenwirken von demokratischer und ergänzender autonomer Selbstbestimmung.[88]

b. Die demokratische Selbstbestimmung des Staatsvolkes

Im demokratischen Verfassungsstaat ist jede Staatfunktion insofern demokratisch, als sie auf der Grundlage der Verfassung steht, die ihrerseits aus der verfassunggebenden Gewalt des Volkes hervorgeht.[89] In diesem Rahmen aber muß ihre Tätigkeit auf das Volk rückführbar sein.[90] Das Demokratieprinzip fordert im Kern eine hinreichende demokratische Legitimation aller Verwaltungsorganisationen, eine Willensbildung „vom Volk zu den Staatsorganen".[91] Dabei können drei hauptsächliche Anforderungen unterschieden werden: Das *Legitimationssubjekt* muß das Volk sein. Jede Form staatlicher Gewalt muß auf das Volk zurückgeführt werden können (*Legitimationsobjekt*). Die *Legitimationsvermittlung* muß in hierfür geeigneten Formen erfolgen.

---

86 Das *BVerfG* hat schon früh anerkannt, daß nach dem Zusammenbruch des autoritären Systems der Kommunalverwaltung im Nationalsozialismus das Kommunalverfassungsrecht bemüht sei, „unter Zurückdrängung des bürokratisch-autoritativen Elements dem Gedanken des Selbstbestimmungsrechts der Gemeindebürger wieder erhöhte Geltung zu verschaffen". E 6, S. 367 ff. (373); 7, S. 155 ff. (167); dazu auch *von Komorowski* 1998, S. 132; *Schmidt-Aßmann* (1997, S. 57) spricht auch von einer gemeinsamen Verwurzelung von Selbstverwaltung und demokratischer Legitimation „in den Tiefenschichten der demokratischen Idee".
87 Und verfolgt damit „das Grundanliegen der demokratischen Idee durch Mitwirkung an staatlicher Herrschaft Selbstbestimmung in organisierter Form zu gewähren", *Schmidt-Aßmann* 2006, S. 94.
88 *Schmidt-Aßmann* 2006, S. 95 spricht zu Recht von „zwei Legitimationszügen", die zu einer „dualen Ordnung ausgebaut" seien.
89 *Böckenförde* 1998, S. 79; auch *Kirste* 2003, S. 80 f.
90 Art. 20 II S. 1 GG: „Alle Staatsgewalt geht vom Volke aus".
91 *BVerfGE* 20, S. 56 ff. (99); *Krebs* 1988, Rn. 80 f.

aa. Das Legitimationssubjekt: Staatsvolk

Volk im Sinne von Art. 20 II GG ist das Staatsvolk[92] als Einheit.[93] Seine Untergliederungen sind die Völker der kommunalen und staatsrechtlichen Gebietskörperschaften mit ihrem prinzipiell gleichen demokratischen Artikulationsmodus.[94] Das Grundgesetz kennt daneben keine „Verbandsvölker" als demokratische Legitimationssubjekte.[95] Die Unterschiede zwischen dem Volk einer mit Universalzuständigkeit ausgestatteten Gebietskörperschaft und den Mitgliedern einer nach sachlichen Gesichtspunkten abgegrenzten Körperschaft sind auch so weitreichend, daß eine Übertragung der Grundsätze auf sie im Wege einer Analogie nicht möglich ist.[96] Das Staatsvolk kann für eine demokratische Legitimation nicht durch einen noch so großen Kreis Betroffener ersetzt werden.[97] Es ist damit das einzige demokratische Legitimationssubjekt.

bb. Das Legitimationsobjekt: Staatsgewalt

Legitimationsobjekt ist die Ausübung staatlicher Gewalt (Art. 20 II GG).[98] Dabei sind aufgabenbezogene, abgestufte Legitimationsanforderungen an das staatliche Handeln zu stellen.[99] Bei „verbindlichen Maßnahmen mit Entscheidungscharakter" müssen die Befugnisse des handelnden Selbstverwaltungsorgans „ausreichend vorherbestimmt" sein. Im übrigen reicht es, daß das Grundgesetz die Selbstverwaltung als Möglichkeit von Selbstbestimmung anerkennt.[100]

---

92 *BVerfGE* 83, S. 37 ff. (50) – Ausländerwahlrecht Schleswig-Holstein; *Böckenförde* 2004, Rn. 26 f.; *Jestaedt* 1993, S. 207 f. Die Grenze des Staatsvolks wird durch die Staatsangehörigkeit markiert; *Kluth* 1997, S. 369 f.
93 Das schließt nicht aus, daß das Volk außer-verfassungsrechtlich als „Summe der Einzelnen" verstanden wird (*Haverkate* 1992, S. 330 ff.). Der einheitsbildende Gesichtspunkt des „Staatsvolkes" ist die Zugehörigkeit zur Gebietskörperschaft Bundesrepublik Deutschland. Als solche Einheit ist das Staatsvolk demokratisches Legitimationssubjekt.
94 Mag man sie nun „Teilvölker" (*Böckenförde* 2004, Rn. 31) oder präziser „Volksteile" nennen, *Jestaedt* 1993, S. 211 mit Fn. 30; *Kluth* 1986, S. 719; Wolff/Bachof/Stober-*Kluth* 2004, § 81 Rn. 134.
95 *Jestaedt* 1993, S. 500 ff.; *Dreier* 1991, S. 275.
96 *Brohm* 1969, S. 249 f.; *Jestaedt* 1993, S. 502.
97 *Schmidt-Aßmann* 1991, S. 376 f.; *Tettinger* 1986, S. 39; *Jestaedt* 1993, S. 224: „Das Legitimationskonzept des Art. 20 II GG ist bezüglich der Zahl möglicher originärer demokratischer Legitimationssubjekte abschließend".
98 *Böckenförde* 2004, Rn. 12; *Jestaedt* 1993, S. 225 ff.
99 *Tettinger* 1986, S. 32 ff.; die daneben noch die soeben entfaltete Stufung nach der Staatsnähe der Verwaltungsorganisationen vorsieht.
100 Dies anerkennt auch das *BVerfG* (Beschluß vom 5. 12. 2002 – 2 BvL 5/98, DÖV 2003, S. 678–681 – Lippeverbandsgesetz): „Nicht bereits die Erledigung öffentlicher Aufgaben als solche, wohl aber die Befugnis zu verbindlichem Handeln mit Entscheidungscharakter macht es erforderlich, Maßnahmen, welche die jeweilige Selbstverwaltungskörperschaft bei der Erfüllung der ihr übertragenen Aufgaben ergreift, am Maßstab des Art. 20 II GG zu messen. Das bedeutet im Bereich der funktionalen Selbstverwaltung nicht, daß dies im Wege einer lückenlosen personellen Legitimationskette vom Volk zum einzelnen Entscheidungsbefugten zu geschehen hat. Verbindliches Handeln mit Entscheidungscharakter ist den Organen von Trägern der funktionalen Selbstverwaltung aus verfassungsrechtlicher Sicht aber nur gestattet, weil und soweit das Volk auch insoweit sein Selbstbestimmungsrecht wahrt, indem es maßgeblichen Einfluß auf dieses Handeln behält. Das erfordert, daß die Aufgaben und Handlungsbefugnisse der Organe in einem von der Volksvertretung beschlossenen Gesetz ausreichend vorherbestimmt sind und ihre Wahrnehmung der Aufsicht personell demokratisch legitimierter Amtswalter unterliegt".

Artikel 20 II GG verlangt außerdem, daß *alle* Staatsgewalt auf dieses Legitimationssubjekt zurückgeführt werden muß. Damit steht nicht nur fest, daß es keine staatliche Herrschaftsgewalt geben darf, die sich nicht auf das Volk gründet, sondern auch, daß damit das Volk das Legitimationssubjekt ist und daß es dies als Einheit ist.[101]

cc. Legitimationsformen

Das Demokratieprinzips stellt Legitimationsanforderungen an staatliche Herrschaft und Organisationsanforderungen an ihre Ausführung.[102] In legitimatorischer Hinsicht ist die Ableitung jeder Herrschaftsausübung durch eine ununterbrochene Legitimationskette vom Staatsvolk erforderlich.[103] Sie gliedert sich in die *drei wechselbezüglichen Legitimationsformen*[104] funktionell-institutionelle, die personelle und die sachlich-inhaltliche Legitimation. Die *institutionell-funktionelle Legitimation* betrifft die Legitimation aus der verfassungsrechtlich vorgesehenen Ausübung der Staatsgewalt des Volkes in den drei Gewalten (Art. 20 II 2 GG).[105] Auch hier kommt es nicht darauf an, die Verwaltung in ein einheitliches Legitimationskorsett zu pressen, sondern funktions- und aufgabenspezifische Legitimationsanforderungen herauszuarbeiten.[106] Die „*sachlich-inhaltliche Legitimation*" vermittelt die Bindung der Exekutive an inhaltliche Vorgaben der vom Volk direkt oder durch seine Repräsentanten getroffenen Willensentscheidungen".[107] Hierbei steht die Steuerung durch das Parlamentsgesetz im Zentrum. Sie erfolgt aber auch auf dieser Grundlage und im Rahmen der parlamentarischen Verantwortlichkeit der Verwaltungsspitzen durch Rechtsverordnung, Genehmigungsvorbehalte und Weisungen. Die *personelle Legitimation* betrifft die Besetzung der Stellen mit Amtswaltern: Sie muß auf das Volk zurückzuführen sein[108] und dem Prinzip der Lückenlosigkeit der Entscheidungsketten, der individuellen Berufung des Amtswalters und der normativ begründeten Legitimationsbefugnis genügen.[109] Die drei demokratischen

---

101 *Jestaedt* 1993, S. 158 f.: Als Einheit meint insbesondere auch, daß außer den in Art. 28 I S. 2 GG genannten Völkern der Gebietskörperschaften kein Teilvolk demokratisch legitimierende Wirkung besitzt. Alternative demokratische Legitimation scheidet auch deshalb aus, weil sich das Volk in Art. 20 II GG auf das deutsche Volk bezieht. Die Mitgliedschaft etwa in den IHKn knüpft aber an die gewerbliche Niederlassung eines Unternehmens in Deutschland an. Mitglieder von IHKn können daher auch ausländische Unternehmen sein, *Jahn* 2002, S. 99.
102 *Emde* 1991, S. 41.
103 *Böckenförde* 2004, Rn. 23 f.
104 *BVerfGE* 93, S. 37 ff. (67) – Mitbestimmungsgesetz Schleswig-Holstein: Maßgeblich ist die Erreichung eines bestimmten Legitimationsniveaus. „Dieses kann bei den verschiedenen Erscheinungsformen von Staatsgewalt im allgemeinen und der vollziehenden Gewalt im besonderen unterschiedlich ausgestaltet sein.", vgl. auch *Dederer* 2000, S. 404: „Fließgleichgewicht".
105 *Böckenförde* 2004, Rn. 15; *Schmidt-Aßmann* 1991, S. 363; *Trute* 1994, S. 220 f.; kritisch gegenüber einer eigenständigen Bedeutung, *Jestaedt* 1993, S. 276 ff.; *Wolff/Bachof/Stober-Kluth* 2004, § 81 Rn. 138 f.
106 *Trute* 1994, S. 222 f.
107 *Böckenförde* 2004, Rn. 21 f.; *Schmidt-Aßmann* 1991, S. 357; *Jestaedt* 1993, S. 270 f.: wobei die sachliche die personelle voraussetzt, nicht aber umgekehrt; *Trute* 1994, S. 227 f.; *Wolff/Bachof/Stober-Kluth* 2004, § 81 Rn. 152 f.
108 *BVerfGE* 93, S. 37 ff. (68) – Mitbestimmungsgesetz Schleswig-Holstein; *Böckenförde* 2004, Rn. 16; *Schmidt-Aßmann* 1991, S. 360; *Jestaedt* 1993, S. 267 f.; *Trute* 1994, S. 223 f.; kritisch: *Schliesky* 2004, S. 290 f.
109 *BVerfGE* 93, S. 37 ff. (67) – Mitbestimmungsgesetz; *Schmidt-Aßmann* 1991, S. 361 f.

Legitimationsformen werden von der Ministerialverwaltung am vollkommensten realisiert.[110] Von diesem Modell darf der Gesetzgeber nur aus verfassungsrechtlichen Gründen abweichen.[111]

a. *Zur demokratischen Legitimation der Körperschaften des öffentlichen Rechts*

Die Einräumung von Partizipationsmöglichkeiten in der Form von Anhörungs-, Vorschlags-, Einwendungs- und sonstigen Mitwirkungsrechten außerhalb von echten Entscheidungsbefugnissen durchtrennt die Legitimationskette noch nicht.[112] Durch die weitreichenden Hoheiten bzw. Befugnisse der öffentlich-rechtlichen Körperschaften werden diese Legitimationszusammenhänge jedoch unterbrochen: Am wenigsten betroffen ist die institutionell-funktionelle Legitimation.[113] Die personelle Legitimation wird durch die Personalhoheit der Körperschaften zum Problem.[114] Voraussetzung für die Vermittlung personeller Legitimation durch ein Gremium als Kreationsorgan ist nach dem BVerfG, daß „die die Entscheidung tragende Mehrheit sich ihrerseits aus einer Mehrheit unbeschränkt demokratisch legitimierter Mitglieder des Kreationsorgans ergibt".[115] Diese personell demokratisch legitimierten Mitglieder des Kreationsorgans müssen ihrerseits bei der Mitwirkung an der Bestellung eines Amtsträgers parlamentarisch verantwortlich handeln.[116] Daran fehlt es bei den Körperschaften des öffentlichen Rechts. Die Mitglieder als „Stimmkörperorgan" sind nach dem Grundsatz der Freiheit der Wahl niemandem verantwortlich und so aus der Legitimation durch das Gesamtvolk herausgelöst. Die Mitglieder der Repräsentativversammlung besitzen bei der Wahl des Vorstands ein freies Mandat.

Die sachlich-inhaltliche Legitimation wird durch die Autonomien der Körperschaften verdrängt.[117] Im Bereich der Selbstverwaltungsaufgaben findet auch eine Lockerung des Legitimationszusammenhanges statt, insofern sich die Ingerenz des Staates im wesentlichen auf eine nachträgliche Rechtmäßigkeitskontrolle beschränkt und nur ausnahmsweise über Genehmigungsvorbehalte und Weisungsrechte stärkeren Einfluß ausüben kann. Allerdings ist im Bereich der

---

110 *Jestaedt* 1993, S. 329 ff. – und vielleicht auch zu sehr an dieser Organisationsform ausgerichtet, Wolff/Bachof/Stober-*Kluth* 2004, § 81 Rn. 181.
111 *Jestaedt* 1993, S. 358; das Modell ist allerdings nicht unumstritten geblieben, vgl. ausführlich *Mehde* 2000, S. 448 ff.
112 *Emde* 1991, S. 353. *Schmidt-Aßmann* 1991, S. 371 f. Die Lockerung, die gleichwohl eintritt, ist rechtsstaatlich gerechtfertigt. Das BVerfG stellt letztlich auf die Verantwortbarkeit des Organisationshandelns durch die Ministerialverwaltung ab: „wenn sich die Bestellung der Amtsträger – personelle Legitimation vermittelnd – auf das Staatsvolk zurückführen läßt und das Handeln der Amtsträger selbst eine ausreichende sachlich-inhaltliche Legitimation erfährt; dies setzt voraus, daß die Amtsträger im Auftrag und nach Weisung der Regierung – ohne Bindung an die Willensschließung einer außerhalb parlamentarischer Verantwortung stehenden Stelle – handeln können und die Regierung damit in die Lage versetzen, die Sachverantwortung gegenüber Volk und Parlament zu übernehmen". *BVerfGE* 93, S. 37 ff. (67) – Mitbestimmungsgesetz Schleswig-Holstein.
113 Hierzu: *Schmidt-Aßmann* 2006, S. 97.
114 *Emde* 1991, S. 50 u. 122; *Muckel* 2001, S. 163 f.
115 *BVerfGE* 93, S. 37 ff. (67 f.) – Mitbestimmungsgesetz Schleswig-Holstein.
116 *BVerfGE* 93, S. 37 ff. (68) – Mitbestimmungsgesetz Schleswig-Holstein.
117 *Emde* 1991, S. 51.

Sozialversicherung die Regelungsdichte so hoch, daß hier eine starke staatsvermittelte Legitimation besteht.[118]

Fraglich ist, welche verfassungsrechtlichen Konsequenzen diese Lockerung der Legitimationsketten nach sich zieht. Zwei kommen in Betracht: Entweder die Absenkung des Legitimationsniveaus bzw. die Unterbrechung des Legitimationszusammenhangs bedarf der Kompensation, ist ihr aber auch zugänglich, um die Verfassungsmäßigkeit wiederherzustellen;[119] oder die Unterbrechung des Legitimationszusammenhangs ist nur zulässig, wenn sie verfassungsrechtlich vorgesehen ist.

Verfassungsrechtlich geboten etwa, um in den sechziger und siebziger Jahren viel beklagte Demokratiedefizite der unmittelbaren Staatsverwaltung zu beheben ist die Selbstverwaltung nicht.[120] Da das GG selbst an verschiedenen Stellen von Selbstverwaltung spricht, hält es sie offenbar nicht für unzulässig.[121] Gehört zu ihrem Kern aber die eigenverantwortliche Aufgabenwahrnehmung, nimmt es offenbar auch Lockerungen des Legitimationszusammenhanges in Kauf. Vorgeschlagen wird zunächst, daß das Legitimationsdefizit durch eine demokratischen Binnenstruktur zu *kompensieren* sei.[122] Das würde jedoch die Prinzipien vom verfassungsrechtlich vorgesehenen Legitimationssubjekt, dem Staatsvolk lösen und ihnen eine eigenständige demokratische Legitimationswirkung zumessen.[123] Andere vertreten die Auffassung, das GG enthalte in Art. 20 II nur eine Art „*Mindestration*" demokratischer Legitimation, die andere Möglichkeiten demokratischer Legitimation nicht ausschließe.[124] Doch ist dafür kein verfassungsrechtlicher Anhaltspunkt ersichtlich. Vielmehr verlangt das GG ausdrücklich, daß alle Staatsgewalt durch das Staatsvolk legitimiert sein müsse.[125] Schließlich wird eine Kompensation der demokratischen Legitimation der Selbstverwaltungskörperschaften aus dem Grundsatz der *Betroffenenpartizipation* vorgeschlagen.[126] Dem widerspricht aber die klare Fixierung des Grundgesetzes auf das Staatsvolk als demokratisches Legitimationssubjekt, wie es gerade dargestellt wurde. Das Verbandsvolk kann danach keine „alternative Ressource demokratischer Legitimation" sein.[127] Ferner stehen auch die Gleichheit der Wahl und der Grundsatz der parlamentarischen Demokratie entgegen.[128]

---

118 *Emde* 1991, S. 166: Sie reicht so weit, daß sich insofern nur noch bedingt von Selbstverwaltung sprechen läßt, *BVerfGE* 39, S. 302 ff. (313 f.): „Die Hauptaufgabe der Sozialversicherungsträger besteht in dem Vollzug einer detaillierten Sozialgesetzgebung, gleichsam nach Art einer übertragenen Staatsaufgabe. In diesem Bereich läßt sich der Sache nach nur bedingt von Selbstverwaltung sprechen. Als ‚Selbstverwaltung' kann hier nur die vom Gesetz eingeräumte und im Rahmen des Gesetzes bestehende organisatorische Selbständigkeit und die Erledigung dessen verstanden werden, was die Kassen als Maßnahmen vorbeugender, heilender und rehabilitierender Fürsorge für die Versicherten – nach den gesetzlichen Vorschriften zwar weisungsfrei, aber nicht frei von Rechtsaufsicht – ins Werk setzen".
119 Zu einem Gebot der Legitimationskompensation ausführlich: *Emde* 1991, S. 382 ff. u. 421 f.; dafür auch *Muckel* 2001, S. 171.
120 *Breuer* 1977, S. 9 f.
121 *Hendler* 1990, Rn. 50; *Püttner* 1990, Rn. 2 ff.
122 *Kleine-Cosack* 1986, S. 184 ff.; auch *Zacharias* 2001, S. 449 f.
123 Ablehnend daher *Jestaedt* 1993, S. 499.
124 *Emde* 1991, S. 326, 328, 333.
125 *Jestaedt* 1993, S. 509.
126 *Hendler* 1984, S. 309 u. 314 f.; *Kleine-Cosack* 1986, S. 186 f.; vgl. auch *Brohm* 1969, S. 253; kritisch *Böckenförde* 2004, Rn. 27 u. 33 f.
127 So aber *Emde* 1991, S. 383.
128 *Jestaedt* 1993, S. 505.

Jestaedt geht daher im Anschluß an Böckenförde[129] zu Recht davon aus, daß das Defizit demokratischer Legitimation nicht durch eine autonome „demokratische" Legitimation kompensiert werden kann. Absenkungen des Legitimationsniveaus müssen danach verfassungsrechtlich selbst gerechtfertigt werden.[130] Dies sei etwa in Art. 87 II u. III GG geschehen, wenn dort Körperschaften vorgesehen seien.[131] Bei den Gemeinden und Kreisen sehe das GG selbst eine Kompensation der Verselbständigung durch die kommunale Selbstverwaltung aufgrund homogener Strukturprinzipien (Art. 28 I S. 2 GG) vor.[132] Im Bereich der akademischen Selbstverwaltung, nehme Art. 5 III GG einen bestimmten Freiraum von der staatlichen Einflußnahme und damit auch vom Geltungsbereich des Gebots demokratischer Legitimation aus.[133] Soweit aber von Hochschulen hoheitliche Gewalt ausgeübt werde, müsse sie demokratisch legitimiert sein. Die Legitimation des Handelns der Hochschulen zerfällt danach in einen autonom legitimierten und einen demokratisch legitimierten Bereich.[134] Eine autonome demokratische Legitimation scheidet danach aus.

Das GG sieht Selbstverwaltung und die mit ihr verbundenen Minderung demokratischer Legitimation vor. Soll dem Bürger daraus ein Weniger an Selbstbestimmung erwachsen? Das ist nicht der Fall: Auf der Grundlage „Idee der Selbstbestimmung der Bürger" nimmt vielmehr die Verfassung den demokratischen Legitimationsanspruch zurück, um dem anderen Element dieser Idee, der individuellen, letztlich grundrechtsgetragenen Selbstbestimmung auch im Bereich der Ausübung öffentlicher Gewalt Platz zu machen. Kompensiert wird hier nicht die demokratische Legitimation durch eine autonome *demokratische* Legitimation; vielmehr wird die Rücknahme der demokratischen Legitimation aus der „Idee der Selbstbestimmung der Bürger" durch eine andersartige Legitimation, die ebenso der Selbstbestimmung dient, verfassungsrechtlich gerechtfertigt.[135] Beide, die demokratische durch das Staatsvolk und die autonome Legitimation wurzeln im Prinzip der Selbstbestimmung. Das Niveau der demokratischen Legitimation kann aber abgesenkt werden, um Bereiche autonomer und über die Selbstbestimmung nicht weniger verfassungsrechtlich fundierter Legitimationsformen zu öffnen.[136] Dabei wird kein überpositives „Selbstbestimmungsprinzip" als Grundlage demokratischer

---

129 *Böckenförde* 2004, Rn. 34; vgl. auch *Lepsius* 1999, S. 24.
130 Unzutreffend ist es, allein auf das zu erreichende Legitimationsniveau abzustellen, das durch eine (beliebig?) offene Anzahl von Legitimationsformen erreicht werden könne (so aber *Schliesky* 2004, S. 306 f.). Das GG legt die demokratische als die primäre Form fest. Nicht ausgeschlossen ist aber eine verfassungsrechtliche Rechtfertigung ergänzender Legitimationsformen zur Erreichung eines Mindestniveaus.
131 *Jestaedt* 1993, S. 544 f. u. 549 f.; *Böckenförde* 2004, Rn. 34; *Muckel* 2001, S. 169.
132 *Böckenförde* 2004, Rn. 25; *Jestaedt* 1993, S. 529.
133 *Jestaedt* 1993, S. 536.
134 *Haug-Herberger* 2001, Rn. 190 f.
135 *Tettinger* (1986, S. 45) schreibt: „Hier reicht es zur Wahrung des Demokratiegebots aus, wenn der zuständige demokratisch legitimierte Gesetzgeber aus grundrechtlicher Sicht vertretbare Organisationsentscheidungen trifft und die betreffenden Organe und Amtswalter ihre personelle Legitimation dann durch Wahl der grundrechtlich zulässigerweise (zwangs-) inkorporierten Gruppe(n) erhalten". – Diese Legitimation bleibt aber eine nicht-demokratische, weil sie sich nicht aus der Quelle des Staatsvolks speist.
136 Vgl. zur Differenzierung der Funktionen beider Formen *Trute* 1997, S. 284 f.

Legitimation statuiert, dessen normative Verbindlichkeit zweifelhaft wäre.[137] Nur zeigt gerade die aktive Dimension der Grundrechte, daß sich die Selbstbestimmung der Bürger nicht in der Teilnahme an der Willensbildung durch das Staatsvolk erschöpft. Die Grundrechte reduzieren den Einzelnen nicht zum Objekt demokratisch legitimierter Wohltatenausschüttung und abwehrenden Kämpfer gegenüber demokratisch legitimierter Herrschaft.[138] Insofern fordert der Grundsatz der „bestmöglichen Partizipation"[139] nicht eine Durchbrechung der letztlich die Allgemeinheit des staatlichen Handelns fundierenden demokratischen Legitimation, sondern ihre Ergänzung, wo dies möglich und sinnvoll ist.[140] In elementarer Weise geschieht dies auf der Grundlage rechtlich anerkannter Interessen oder seiner Betroffenheit, wenn dem Bürger Partizipationsmöglichkeiten durch Information, Anhörungen und Kooperation in Verwaltungsverfahren eingeräumt werden.[141] Stärker ist diese Selbstbestimmung, wenn dem Bürger Mitentscheidungsmöglichkeiten oder Zustimmungsvorbehalte eingeräumt werden. Sie verdichtet sich zur mitgliedschaftlichen Trägerschaft als organisierte Mitentscheidung bei den Körperschaften des öffentlichen Rechts, die durch das Selbstbestimmungsprinzip gerechtfertigt sein kann, bis hin zu ihrem Gefordertsein durch bestimmte Grundrechte, wie etwa Art. 5 III GG.[142] Der Einzelne kann keinen Einfluß auf das Allgemeine der Herrschaftsausübung nehmen, ohne dessen Allgemeinheit zu gefährden; hier kommt es auf seine Aggregation als Staatsvolk an. Wo aber die Herrschaft des Allgemeinen dem grundrechtlich gesicherten Recht der Einzelnen und ihrer freiwilligen Verbindungen nicht gerecht werden kann, ist es verfassungsrechtlich gerechtfertigt, ihnen

---

137 So aber *Maihofer* 1994, Rn. 75 ff.; auch *Haverkate* (1992, S. 330 ff.) begründet philosophisch und steht daher vor der Notwendigkeit, noch begründen zu müssen, warum diese philosophischen Forderungen in der ganz anderen Form des Rechts gelten sollen.
138 Häberle 1987, Rn. 65.
139 Der, wie *Maihofer* (1994, Rn. 83) zu Recht hervorhebt, kein Grundsatz der „größtmöglichen Partizipation" ist.
140 Wenn *Haverkate* (1992, S. 340) schreibt: „Das Ziel individueller Selbstbestimmung ist durchgängiges Leitprinzip von den Grundrechten des forum internum bis hin zur Teilnahme an der Willensbildung des Gesamtstaates – und nicht zu vergessen: bis hin zur Teilnahme an der Willensbildung in der Europäischen Gemeinschaft. Demokratie erweist sich hier als Verlängerung individueller Selbstbestimmung, wie sie die Grundrechte sichern, in den Bereich des Öffentlichen und Staatlichen", dann ist aber festzuhalten, daß nach der Verfassungsordnung des GG diese Selbstbestimmung im Prinzip der Volkssouveränität eine spezielle Ausformung gefunden hat, und insofern zur Begründung von Staatsgewalt positivrechtlich nicht mehr darauf zurückgegriffen werden kann. Darin erschöpft sich aber, wie der Anfang des Zitats zeigt, der Gehalt der Selbstbestimmung auch in gemeinschaftsbezogener und politischer Hinsicht nicht, und insofern ist dann Art. 20 II S. 1 GG nicht das speziellere Gesetz.
141 Schmidt-Aßmann 1991, S. 371 ff.; tragender Gesichtspunkt für die Partizipation ist hier die „Einsichtigkeit" des Verwaltungshandelns, *Achterberg* 1986, § 19 Rn. 35 f.: „Transparenz tritt in Beziehung zur Freiheit – des mündigen Bürgers gegenüber dem Staat und damit auch den Verwaltungsorganen mit dem Ziel kontinuierlicher Partizipation – und zur Gleichheit – mit demjenigen, allen unterschiedlichen Interessen Gehör zu verschaffen: Öffentlichkeit und damit Einsichtigkeit wachsen hierdurch geradezu in Grundrechtsdimensionen hinein". Vgl. auch *Hufen* (VVdStRL 62, 2003, S. 460), es gehe um „Selbst-Verwaltung des mündigen, des freien grundrechtsbezogenen Bürgers".
142 Sofern sich dies nicht ausnahmsweise aus den Grundrechten ergibt, ist die Frage also nicht, ob die Mitentscheidung im Rahmen der körperschaftlichen Selbstverwaltung verfassungsrechtlich etwa durch das Rechtsstaatsprinzip notwendig ist, sondern ob sich die Absenkung des Niveaus demokratischer Legitimation verfassungsrechtlich rechtfertigen läßt. – Zwischen den genannten Formen der Verfahrensbeteiligung und der organisierten Mitentscheidung ergeben sich zahlreiche Zwischenformen – wie der ehrenamtlichen Mitwirkung, der Heranziehung von „sachkundigen Einwohnern" zu Gemeindeausschüssen etc., *Ehlers* 2002, § 1 Rn. 27.

im Rahmen der Verträglichkeit mit dem Ganzen an der Gestaltung der besonderen Verhältnisse Mitwirkungsrechte einzuräumen.

Das BVerfG hat diesen Gedanken schon im KPD-Urteil anerkannt[143] und wendet ihn konkret auf die Körperschaften an, wenn es in der Entscheidung über das Lippeverbandsgesetz schreibt, das GG sei „offen für Formen der Organisation und Ausübung von Staatsgewalt, die vom Erfordernis lückenloser personeller demokratischer Legitimation abweichen".[144] Es fordert also *keine* Kompensation für die Abweichung von der demokratischen Legitimation, auch keinen ergänzenden demokratischen Legitimationsmodus,[145] sondern sieht „besondere Formen der Beteiligung von Betroffenen bei der Wahrnehmung öffentlicher Aufgaben" als zulässig an.[146] In diesen Partizipationsformen anerkennt das Gericht eine Ergänzung und Verstärkung des demokratischen Prinzips, die „der Verwirklichung des übergeordneten Ziels der freien Selbstbestimmung aller dient".[147] Beide Prinzipien stünden

---

143 *BVerfGE* 5, S. 85 ff. (204): „Um seiner Würde willen muß ihm eine möglichst weitgehende Entfaltung seiner Persönlichkeit gesichert werden. Für den politisch-sozialen Bereich bedeutet das, daß es nicht genügt, wenn eine Obrigkeit sich bemüht, noch so gut für das Wohl von ‚Untertanen' zu sorgen; der Einzelne soll vielmehr in möglichst weitem Umfange verantwortlich auch an den Entscheidungen für die Gesamtheit mitwirken". Auch wenn es diesen Gedanken „in erster Linie" auf den Bereich der gesellschaftlichen Meinungsbildung angewendet hat, trägt er doch weiter und ist nicht darauf beschränkt, *Kopp* 1992, S. 17.
144 *BVerfG* Beschluß vom 5. 12. 2002 – 2 BvL 5/98, DÖV 2003, S. 678–681 (678 u. 679) – Lippeverbandsgesetz; hierzu jetzt auch *Musil* 2004, S. 116; *Unruh* 2003, S. 1061 ff.; *Häußermann* 2004, S. 22 ff.
145 So aber etwa das *BVerwG* (NJW 1999, S. 2292 ff. [2295]): „Mit der Gewährung funktionaler Selbstverwaltung innerhalb eines von vornherein durch Wesen und Aufgabe der Körperschaft begrenzten Bereichs hat der Staat einzelnen gesellschaftlichen Gruppen Satzungsgewalt zu dem Zweck verliehen, durch demokratisch gebildete Organe in überschaubaren Bereichen solche Angelegenheiten zu regeln, die sie selbst betreffen und die am sachkundigsten beurteilen können. Die nach dem Demokratiegebot grundsätzlich zu fordernde demokratische Rückanbindung an die Volksvertretung wird hier durch eine mitgliedschaftliche Binnenstruktur der jeweiligen Verantwortung der Volksvertretung kompensiert".
146 *BVerfG* Beschluß vom 5. 12. 2002 – 2 BvL 5/98, DÖV 2003, S. 678–681 (679) – Lippeverbandsgesetz.
147 *BVerfG* Beschluß vom 5. 12. 2002 – 2 BvL 5/98, DÖV 2003, S. 678–681 (679) – Lippeverbandsgesetz. Das Gericht bleibt aber unklar in bezug auf das Verhältnis von Selbstbestimmung, Selbstverwaltung und Demokratieprinzip (zu Recht insofern *Jestaedt* 2004, S. 652): Neben der gerade zitierten Formulierung, die auf die Annahme eines Ergänzungsverhältnisses von Selbstverwaltung und Demokratie hindeutet, finden sich andere, die nahelegen, daß das Gericht Selbstverwaltung als Bestandteil des Demokratieprinzips ansieht: „im demokratischen Prinzip wurzelnde Grundsätze der Selbstverwaltung", „Die funktionale Selbstverwaltung kann als Ausprägung dieses Prinzips [des demokratischen, S.K.] verstanden werden". Wenn die erste Annahme zutrifft, tritt die funktionale Selbstverwaltung von außen an das Demokratieprinzip und ergänzt es; trifft die zweite zu, ist das Selbstverwaltungsprinzip Bestandteil des Demokratieprinzips. Die Frage, auf welches Verhältnis das Gericht primär abstellt, beantwortet sich durch seinen Bezug auf die Selbstbestimmung: Wäre das Selbstverwaltungsprinzip Bestandteil des Demokratieprinzips bedürfte es des Rekurses auf das Prinzip der Selbstbestimmung nicht, auf das beide ausgerichtet sein sollen. Mithin unterscheidet das Gericht nicht nur Demokratieprinzip und Selbstverwaltung, sondern sieht das erstere Prinzip als „offen" für „andere Formen der Ausübung von Staatsgewalt", nämlich die Selbstverwaltung an. Beide Prinzipien sind nicht Ausprägungen desselben Demokratieprinzips, sondern des beiden übergeordneten Prinzips der freien Selbstbestimmung. Daß dieses Verhältnis gemeint ist, bestätigt sich auch durch den Verweis auf *Maihofer* (1994, S. 490 ff.) und auf seine eigene Judikatur, insbesondere E 44, S. 125 ff. (142) – Öffentlichkeitsarbeit, wo es heißt: „Der Staat des Grundgesetzes ist der Entscheidungszusammenhang und Verantwortungszusammenhang, vermittels dessen sich das Volk nach der Idee der Selbstbestimmung aller in Freiheit und unter der Anforderung der Gerechtigkeit seine Ordnung, insbesondere seine positive Rechtsordnung als verbindliche Sollensordnung setzt". Dem Ziel freier Selbstbestimmung aller dient die demokratische Selbstbestimmung des Staatsvolkes, wie sie in Art. 20 II GG und an zahlreichen weiteren Stellen ausgeprägt ist, ihm dient auch die Selbstverwaltung, wie sie im GG nur vereinzelt Erwähnung gefunden hat. Vor diesem Hintergrund muß das Demokratiegebot mit dem BVerfG einschränkend dahin interpretiert

nicht im Gegensatz zueinander: „Sowohl das Demokratieprinzip in seiner traditionellen Ausprägung einer ununterbrochen auf das Volk zurückgehenden Legitimationskette für alle Amtsträger als auch die funktionale Selbstverwaltung als organisierte Beteiligung der sachnahen Betroffenen an den sie berührenden Entscheidungen verwirklichen die verbindende Idee des sich selbst bestimmenden Menschen in einer freiheitlichen Ordnung".[148] Die Legitimation durch die Staatsbürger kann also ergänzt und verstärkt werden durch eine letztlich grundrechtsgetragene Legitimation. Dadurch kann den Legitimationsproblemen, die Organisationen aufwerfen, die zugleich öffentliche und private Interessen in der besonderen Gestalt, die sie durch die öffentlich-rechtliche Organisation erfahren, verfolgen, Rechnung getragen werden, ohne daß die Gemengelage auseinanderdividiert werden müßte, weil ein Teil notwendig demokratisch durch das Volk, ein anderer aber durch die Betroffenen legitimiert werden könnte. Schließlich hat das BVerfG als dritten Grund für die Einräumung von Selbstverwaltung an verselbständigte Verwaltungsorganisationen neben der Aktivierung gesellschaftlicher Kräfte und der Nutzung besonderer Sachkunde der Bürger auch anerkannt, daß die Selbstverwaltung „darauf angelegt [ist, SK], eine gesetzlich angeordnete Zwangsmitgliedschaft durch Beteiligungsrechte zu kompensieren".[149] Der individuelle Nachteil durch die Zwangsmitgliedschaft läßt sich also durch gesteigerte Mitwirkungsrechte die keine demokratischen sind[150] – kompensieren.

Zusammenfassend kann also festgehalten werden: Auf allen Ebenen staatlichen Handelns sollen sich die Bürger selbst regieren. Dieses „übergeordnete Ziel der freien Selbstbestimmung aller" bzw. die Idee, „die Freiheit durch Selbstbestimmung zu sichern",[151] gliedert sich verfassungsrechtlich in das demokratische Prinzip und die dieses ergänzende und verstärkende Legitimationsform der funktionalen Selbstverwaltung.[152] Auch insofern sollen die Bürger nicht nur Adressaten und Schutzsubjekte der staatlichen Gewalt, sondern auch der Autor (Citoyen) dieser

---

werden, daß es „offen" ist für das „andere" Prinzip der Selbstverwaltung. Die Zurücknahme der demokratischen Legitimation ist also aufgrund der freien Selbstbestimmung durch eine Ausweitung des Selbstverwaltungsprinzips zu rechtfertigen.
148 *BVerfG* Beschluß vom 5. 12. 2002 – 2 BvL 5/98, DÖV 2003, S. 678–681 (679) – Lippeverbandsgesetz.
149 *BVerfG* NVwZ 2002, S. 851 f. unter Bezugnahme auf *BVerwGE* 106, S. 64 ff. (83) – Vorlagebeschluß zum Lippeverbandsgesetz. Vgl. auch BVerfG NVwZ 2002, S. 335 ff. (337) – Pflichtmitgliedschaft in der IHK. Die „Heterogenität" dieser Argumentation ist also nicht zu kritisieren (*Jestaedt* 2004, S. 652). Vielmehr kommt es gerade auf sie an: Die Rücknahme der demokratischen Legitimation wird nicht demokratisch, sondern durch ein die Demokratie fundierendes Prinzip, die aus der Menschenwürde folgende individuelle Selbstbestimmung gerechtfertigt.
150 Anders aber *Kluth* 2002, S. 300.
151 *Schmidt-Aßmann* 1991b, S. 124; ders. 1998, S. 88.
152 In dieser Aufgliederung der Wirkung des Prinzips der Selbstbestimmung in das demokratische Prinzip einerseits und das Selbstverwaltungsprinzip andererseits unterscheidet sich die vorgetragene Auffassung von der Konzeption *Emdes*. Bei ihm ist demokratische Legitimation der einzige Grund für die Rechtfertigung öffentlicher Gewalt. Diese Prinzip wird überhöht durch das „Dogma der individuellen Selbstbestimmung" (1991, S. 384). Durch diese Überhöhung spaltet sich das Demokratieprinzip in wundersamer Weise in sich selbst in einen Kernbereich demokratischer und der Möglichkeit autonomer *demokratischer* Legitimation (1991, S. 387 u. 404). Entsprechend bleibt das Staatsvolk anders als bei Emde (1991, S. 389) der alleinige legitimationsstiftende Bezugspunkt für das demokratische Prinzip; vor dem Hintergrund des übergeordneten Prinzips der Selbstbestimmung ist es jedoch einschränkend dahin zu interpretieren, daß dieser Selbstbestimmung dienende andere Formen der Einflußnahme des Bürgers auf die Ausübung von Staatsgewalt gerechtfertigt werden können.

Regelungen sein.[153] Dazu wird den Bürgern in der Körperschaft ein Freiraum eröffnet, in den sie ihre Selbstorganisationsfähigkeit einbringen können: Insofern trifft sich dieses Prinzip mit der anglo-amerikanische Idee des Self-government.[154] Das Prinzip der Selbstverwaltung trägt diesen Gedanken bis in die Verwaltung hinein und modifiziert ihn, ihrer Stellung im gewaltenteiligen demokratischen Verfassungssystem entsprechend. Hier zeigt sich, daß die Errichtung von Körperschaften des öffentlichen Rechts nicht nur eine Verselbständigung von Verwaltungsträgern bedeutet, sondern eine Ausdifferenzierung autonomer Legitimationsstrukturen, die zugleich den mit der Zwangsmitgliedschaft verbundenen Nachteil kompensiert. Der status activus kommt nur – aber immerhin – in beiden Dimensionen anders zum Ausdruck: Während es sich bei der Demokratie um ein die gesamte staatliche Ordnung durchdringendes und zudem höchstrangiges Prinzip (Art. 79 III GG) handelt, betrifft die Selbstverwaltung den status activus des Bürgers innerhalb der zweiten Gewalt mit einer Bedeutung, die entweder gar nicht (funktionale Selbstverwaltung) oder jedenfalls in einer modifizierbaren Form (kommunale Selbstverwaltung) verfassungsrechtlich geschützt ist.[155] Dieser Unterschied der Funktion hat einen unterschiedlichen Träger zur Folge: Träger des Demokratieprinzips und damit Legitimationssubjekt staatlicher Gewalt ist, das Staatsvolk;[156] Träger der Selbstbestimmungsrechte sind die Mitglieder der Verbände und in ihrer Einheit die Verbandsvölker der Körperschaften.

c. *Konsequenzen des Ergänzungsverhältnisses von Demokratie und Selbstverwaltung*

Autonome, körperschaftliche Legitimation und demokratische Legitimation können damit prinzipiell in Konflikt geraten. Aus der unterschiedlichen normativen Dignität ergibt sich ein Vorrang des Demokratieprinzips und demokratisch begründeter Entscheidungen. Das bedeutet, daß sich die Selbstbestimmung des Verbandsvolks durch die Selbstverwaltung immer nur im Rahmen der parlamentarisch legitimierten Gesetze vollziehen kann: Demokratie kommt als egalitäre, Rousseausche Demokratie ohne Selbstverwaltung, Selbstverwaltung aber nicht ohne Demokratie aus.[157]

---

153 *Habermas* 1994, S. 153 f. u. 136, zur kommunalen Selbstverwaltung S. 237; *ders.* 1996/10, S. 301.
154 *Sandel* 1996, S. 26: „On the republican view, liberty is understood as a consequence of self-government. I am free insofar as I am a member of a political community that controls its own fate, and a participant in the decisions that govern its affairs". Zur amerikanischen Tradition des Self-government und ihrer Aktualität in der gegenwärtigen Demokratiedebatte: *ders.*, a.a.O., S. 5 f. u. 25 f.; zur englischen Tradition *Heffter* 1969, S. 99 f. u. 372 ff.; *Frotscher* 1983, S. 128 f.
155 *Schmidt-Aßmann* 1991b, S. 124; der Bürger ist hier in seiner Selbstbestimmung an die über seine Wahlen an den Repräsentativorganen der Gesetzgebung selbst gesetzten Beschränkungen gebunden. Mit Habermas könnte man davon sprechen, daß das Medium seiner Selbstbestimmung, das zunächst nur über die Verfassung limitiert war (so weit *Habermas* 1994, S. 160) nun auch durch die infolge dieser Selbstbeschränkung ergangenen verfassungsmäßigen Gesetze beschränkt ist.
156 *BVerfGE* 83, S. 37 ff. (50).
157 *Schmidt-Aßmann* 1987, S. 257; vgl. auch *Frotscher* 1983, S. 143 f.

Die gemeinsame Fundierung von Demokratie- und Selbstverwaltungsprinzip im Gedanken der Selbstbestimmung[158] oder sogar Selbstregierung[159] erlaubt nun differenziertere Begründungen bei Abweichungen vom Modus der Rekrutierung der Organwalter durch die Körperschaftsmitglieder, als dies möglich wäre, wenn man nur eine demokratische Legitimation (*Jestaedt*) oder eine solche und eine ergänzende autonome demokratische Legitimation zuließe (*Emde*). Die Einheit von im Selbstbestimmungsprinzip wurzelndem demokratischen und Selbstverwaltungsprinzip bleibt auch wirksam, wenn das Grundgesetz mit dem Homogenitätsprinzip des Art. 28 I 2 nun die Einheit der staatlichen und kommunalen Gebietskörperschaften betont und die letzteren von den Körperschaften der funktionalen Selbstverwaltung abhebt: „Das Demokratieprinzip prägt das Bild der Selbstverwaltung, wie sie der Gewährleistung des Art. 28 II zugrunde liegt".[160] Die über ein Gebiet und nicht eine Gleichgerichtetheit der Interessen, Berufstätigkeit etc. integrierten Mitglieder besitzen eine demokratische Selbstbestimmung, die funktional integrierten eine „mitgliedschaftliche Partizipation".[161] Art. 28 I S. 2 verdeutlicht, daß es die Teilvölker[162] der Länder und der Gemeinden gibt, von denen demokratische Legitimation ausgehen kann (s. u.).[163] Wie diesen im Bereich ihres Staatsgebietes so kommt den Gemeinden lokale Allzuständigkeit und eine entsprechende Legitimationsstruktur zu. Zwar spricht Art. 28 I S. 2 GG von „dem Volk" im Singular, zugleich gliedert es dieses Volk aber und ordnet es staats- und verwaltungsrechtlichen Gebietskörperschaften zu. Deren Handeln soll durch diese Teilvölker demokratisch legitimiert werden. Als Mitglieder der Gebietskörperschaften legitimieren sie die Hoheitsgewalt der zurechenbaren juristischen Person, der sie unterworfen sind. Sie sind aber gleichwohl körperschaftliche Legitimationsformen.[164] Sie beruhen auf der Mitgliedschaft zu einem dem Staat eingegliederten Verband, von dessen Entscheidungen die Gemeindebürger in lokal abgehobener Weise besonders betroffen sind.

Legitimatorisch betrachtet nehmen die kommunalen Gebietskörperschaften eine Mittelstellung ein zwischen der nur durch die Verfassung begrenzten demokratischen Legitimation durch das Staatsvolk und der mitgliedschaftlichen Selbstbestimmung durch die funktionale Selbstverwaltung. Mit dieser teilen sie die gesetzliche und damit durch das Gesamtvolk vermittelte Beschränkung ihrer

---

158 *BVerfG* Beschluß vom 5. 12. 2002 – 2 BvL 5/98, DÖV 2003, S. 678–681 (679) – Lippeverbandsgesetz; und nicht, wie es im Facharztbeschluß heißt, daß „die Prinzipien der Selbstverwaltung und der Autonomie ... im demokratischen Prinzip" wurzelten, *BVerfGE* 33, S. 125 ff. (159).
159 *Böckenförde* 2004, Rn. 35 erwähnt beides; *Trute* 1994, S. 211; *Frotscher* 1983, S. 127 ff.
160 *BVerfGE* 91, S. 228 ff. (244) – Gleichstellungsbeauftragte.
161 Hier bestätigt sich also, daß nicht jede „politische Teilnahme auch demokratisch ist", *Hendler* 1986, S. 305.
162 *Böckenförde* 2004, Rn. 31. Mit der Verwendung des Singulars „das Volk" soll eine entsprechend strukturierte Vertretung in den Ländern, Kreisen und Gemeinden haben, macht das GG deutlich, daß es nicht in erster Linie an die Mitglieder der Gebietskörperschaften als Einheit, sondern auch hier an das Staatsvolk denkt, das sich in die räumlich abgegrenzten Teilvölker gliedert. Hierzu auch *Groß* 1999, S. 167 f.
163 Die Gebietskörperschaften verbreitern so die Basis der Demokratie; *Schmidt-Aßmann* 1991, S. 350, setzt hinzu: „Das demokratische Prinzip läßt es nicht beliebig zu, anstelle des Gesamtvolkes jeweils einer durch örtlichen Bezug verbundenen kleineren Gesamtheit von Staatsbürgern Legitimationskraft beizulegen". Hieraus ergeben sich Anforderungen an die Organisationsgröße von derartigen Legitimationssubjekten, die ein Mindestmaß nicht unterschreiten dürfen.
164 Anders aber *Schmidt-Aßmann* 1991, S. 380.

Selbstbestimmung, mit jener die gleiche Struktur.[165] Innerhalb der Träger der funktionalen Selbstverwaltung muß nach der Qualität dieser Partizipationsmöglichkeiten unterschieden werden: Eigenverantwortliche Betroffenenverwaltung[166] vollzieht sich in allen Formen; ob sie aber als anstaltliche Selbstverwaltung oder als körperschaftliche ausgestaltet ist, ergibt einen deutlichen Unterschied in der Selbstbestimmung des Bürgers.[167] Die der pflichtigen Einbindung in die Organisation durch den Mitgliedschaftsstatus entsprechenden ausgeprägteren Partizipationsmöglichkeiten stärken die Selbstbestimmung aller vom Organisationshandeln Betroffenen. Diese Binnenstruktur rückt die Körperschaften der funktionalen Selbstverwaltung auch in legitimatorischer Hinsicht wieder näher an die Gebietskörperschaften als die Anstalten:[168] „organization matters" also auch insofern. Innerhalb der Körperschaften der funktionalen Selbstverwaltung muß dann weiter nach dem Grund der Legitimation unterschieden werden, nämlich danach, ob sie eher dem Modell der kommunalen Selbstverwaltung angenähert ist oder ob sie als Ausdruck der Bedeutung der Grundrechte für die Körperschaft anzusehen und ggf. in ihrem Gewicht zu differenzieren ist.[169] Im Bereich der funktionalen Selbstverwaltung können nach dem Einfluß verfassungsrechtlich geschützter Interessen Abweichungen von der demokratischen Legitimation gerechtfertigt werden.[170] Die vergleichsweise geringste Bedeutung kommt den in und durch die Organisation zu schützenden grundrechtlichen Interessen in der Sozialversicherung zu. Diese Interessen sind im Kammerwesen schon stärker ausgeprägt und führen zu einer höheren entsprechenden Legitimation. Über Art. 14 GG vermittelt sind die Mitentscheidungsbefugnisse in den Realkörperschaften, bei denen sich Mitgliedschaft und Mitgliedschaftspflichten auf die Belegenheit des Grundstücks im Körperschaftsgebiet stützt.[171] Eine weitgehend staats-autonome Legitimationsbasis besitzen dann die grundrechtsgetragenen Körperschaften, wie die Hochschulen.[172] Die individuelle Forschungsfreiheit (Art. 5 III GG) tritt hier als Gegenprinzip zu Art. 20 II GG auf und fordert Mitbestimmung bei der Organisation der Wissenschaft.[173]

Da es für das autonome Legitimationssubjekt auf die Betroffenheit ankommt, ergibt sich für die möglichen Aufgaben, die Körperschaften des öffentlichen Rechts übertragen werden können, daß sie abgrenzbar sein müssen, d. h. nicht alle Staatsbürger in gleicher Weise, sondern einen abgrenzbaren Teil des Volks in besonderer Weise betreffen müssen.[174] *Trute* schreibt treffend: „Autonome Formen der

---

165 *Böckenförde* 2004, Rn. 31; eine widerspruchsfreie Einordnung ist somit möglich, anders für Theorien der Kompensation demokratischer Legitimationsdefizite *Jestaedt* 1993, S. 516.
166 So die Definition der Selbstverwaltung von *Hendler* 1986, S. 284; auch *ders.* 1996, S. 212; *Jestaedt* 2002, S. 311.
167 Zu Recht hebt *Trute* hervor, daß die autonome Legitimation bei den Körperschaften wegen dieser Binnenstruktur gewissermaßen am „greifbarsten" sei, sich aber nicht in diesen erschöpfe, und verweist auf die DFG, *Trute* 1994, S. 213.
168 *Emde* (1991, S. 387).
169 *Schmidt-Aßmann* 1991, S. 345.
170 *Brohm* 1969, S. 261: Von der Aufgabe her gerechtfertigt werden.
171 *Kluth* 1997, S. 449 f.
172 *Schmidt-Aßmann* 2006, S. 103.
173 „Nicht demokratische Egalität der Mitwirkungschance, sondern grundrechtliche Differenziertheit ist hier ein verfassungsnotwendiges Organisationsgebot.", *Schmidt-Aßmann* 1991, S. 382.
174 *Emde* 1991, S. 381; *Jestaedt* 1993, S. 37.

Legitimation reichen immer nur soweit, wie abgrenzbar eigene Interessen geregelt werden.[175] *Brohm*, der die Legitimation durch ein Verbandsvolk befürwortet, nimmt als Kriterien für sein Bestehen eine „gewisse soziale Homogenität der Betroffenen", die etwa in einer „Gruppenethik" in einer „Standesgemeinschaft" oder auch in gemeinsamen Anliegen und Interessen zum Ausdruck kommen kann, an.[176] Das BVerfG hat deshalb als zulässige Ziele der körperschaftlichen Selbstverwaltung angesehen: ein wirksames Mitspracherecht der Betroffenen zu schaffen, verwaltungsexternen Sachverstand zu aktivieren und sachgerechten Interessenausgleich zu erleichtern.[177] Das geht nicht „auf Kosten der Legitimationskraft des Parlamentsgesetzes",[178] sondern mildert die Folgen der demokratisch legitimierten Einbeziehung des Einzelnen in die öffentliche Organisation durch Mitwirkung an der im gesetzlich gesteckten Aufgaben- und Handlungsrahmen erfolgenden Selbstverwaltung der Körperschaft.

Grundrechtsbasierte Mitwirkung erlaubt eine wesentlich größere Spannbreite für Differenzierungen. So ist anerkannt, daß der Gruppe der Hochschullehrer im Rahmen der Selbstverwaltung der Universität ein besonderes Gewicht zukommen muß. Eine rein demokratische Legitimation würde hier gar nicht ausreichen, weil sie nicht auf die in gleicher Weise verfassungsrechtlich gebotenen Differenzierungen reagieren könnte.[179] Problematisch könnte der unterschiedliche Einfluß der Mitglieder bei denjenigen Realkörperschaften wie etwa den Forstbetriebsverbänden sein. Hier hängt das Stimmrecht von der Größe des belegenen Grundstücks ab (§ 28 III BWaldG). Inhabern großer Grundstücke kommen hier mehr Stimmen zu als denen kleinerer Grundstücke, so daß auch ihr Einfluß auf die Verbandsversammlung größer ist. Gerade hier zeigt sich jedoch, daß die Grundlage der autonomen Legitimation der Körperschaften Ausdruck der besonderen Betroffenheit durch die Aufgaben der Körperschaft ist. Inhaber großer Grundstücke sind aber durch die Entscheidungen der Forstbetriebsverbände stärker betroffen als die kleinerer.[180] Auch sie sind jedoch betroffen, und so muß auch den Inhabern kleinerer Grundstücke mindestens eine Stimme verbleiben (§ 28 III S. 2 BWaldG).

Das BVerfG sieht aber eine Grenze der autonomen Begründung von Körperschaften des öffentlichen Rechts dort an, wo es um Entscheidungsbefugnisse geht – also in wichtigen Bereichen ihrer Tätigkeit. Hier bedeutet die Einbindung der körperschaftlichen Selbstverwaltung in die gesetzliche Ordnung, daß die wesentlichen Entscheidungen dem demokratischen Gesetzgeber vorbehalten sind.[181]

Inwieweit mithin Körperschaften Legitimation durch ihre Willensbildung ergänzen können, ist eine Frage ihrer Binnenorganisation und ist dort abzuhandeln.[182]

---

175 *Trute* 1994, S. 382; zustimmend *Burgi* 2002, § 52 Rn. 25.
176 *Brohm* 1969, S. 262.
177 *BVerfG* Beschluß vom 5. 12. 2002 – 2 BvL 5/98, DÖV 2003, S. 678–681 (679) – Lippeverbandsgesetz.
178 So aber *Lepsius* 1999, S. 28.
179 *Trute* 1994, S. 212: „Demokratische Legitimation bezieht sich dann auf die Institutionalisierung als solche, die staatliche Zwecksetzung, deren Sicherung und die Vermittlung der eigenständigen Interessenwahrnehmung mit den übrigen staatlichen Aufgaben und Rechten Dritter, autonome Legitimation auf die Verwaltung eigner Angelegenheiten".
180 Grundlage des Stimmgewichts ist nicht die Person, sondern das Grundstück, *Emde* 1991, S. 409.
181 *BVerfG* Beschluß vom 5. 12. 2002 – 2 BvL 5/98, DÖV 2003, S. 678–681 (679) – Lippeverbandsgesetz.
182 Vgl. auch *Groß* 1999, S. 197, der allerdings eine Kompensation der Absenkung des demokratischen Legitimationsniveaus durch Kollegialstrukturen vorsieht.

Daß eine solche Kompensation aber prinzipiell möglich ist und unter welchen Voraussetzungen dies geschehen kann, wurde vorstehend gezeigt. Es ist jedoch deutlich, daß ein wichtiger Unterschied im Legitimationsmodus der Selbstverwaltungsträger zwischen den Anstalten und den demokratisch ausdifferenzierten Körperschaften besteht, der alleine schon ihre Differenzierung ermöglicht und rechtfertigt. Auszugehen ist von einem auf Selbstbestimmung gegründeten Begriff der Legitimation. Demokratische Legitimation muß dabei in den Formen der freien, gleichen, unmittelbaren, geheimen und das ganze Legitimationssubjekt erfassenden Weise begründet werden. Selbstbestimmung kann aber auch durch den aktiven Gebrauch der Grundrechte vermittelt werden. In der körperschaftlichen Selbstverwaltung findet gewissermaßen eine organisatorische Wiedervereinigung der in der hierarchischen Ministerialverwaltung in demokratische Legitimation einerseits[183] und gesellschaftlich-grundrechtliche Selbstverwirklichung andererseits getrennten „Idee der Selbstbestimmung" der Bürger statt. In einer Organisation, die Herrschaftsgewalt ausübt, wird den Bürgern zugleich die Möglichkeit der Realisierung ihrer Grundrechte geboten. Dies schafft – hier bildet die kommunale Selbstverwaltung eine Ausnahme – keine kompensierende demokratische Legitimation, stärkt aber die Stellung der Mitglieder in der Organisation und mildert so die Schwere des mit der Einbeziehung in die Körperschaft verbundenen Nachteils. Gerade wenn die Mehrheit der Körperschaften des öffentlichen Rechts nicht wie etwa die Hochschulen primär im Einzel- oder gesellschaftlichen Interesse, sondern überwiegend im Gemeininteresse errichtet werden,[184] kann die über die Mitgliedschaftsbeziehungen vermittelte autonome Legitimation die gelockerte demokratische nicht vollständig ersetzen, sondern nur die Folgen der Belastung für die Mitglieder abfedern. Zugleich kann so sachlich die über das Gesetz vermittelte Einheitlichkeit demokratischer Entscheidungen mit der Möglichkeit einer Ausdifferenzierung der Verwaltungsorganisation vermittelt werden, die den immer heterogeneren Umweltanforderungen gerecht wird.[185]

3. Zur föderalen Gliederung der Organisationsgewalt (Art. 30 u. 83 ff. GG)

Die Art. 30 und 83 ff. GG enthalten wesentliche Differenzierungsprinzipien des Funktionssystems der Verwaltung durch die Festlegung von Verwaltungskompetenzen, die das Gesamtbild eines „Vollzugsföderalismus" abgeben.[186] Sie verteilen dadurch die Organisationsgewalt auf die Gebietskörperschaften Bund und Länder

---
183 Als Typus zugleich der Fremdsteuerung, *Groß* 1999, S. 110 f.
184 *BVerwG* NVwZ 1999, S. 879 ff. (873).
185 Hierzu *Brohm* 1969, S. 285 f.
186 Berliner-Kommentar-*Groß* Art. 83, Rn. 9. Angesichts dieser Differenzierung ist es in der Tat überraschend, daß die Landesverfassungen im Verhältnis zum GG nur geringe Vorgaben für die Organisation der unmittelbaren Staatsverwaltung enthalten. Grund dafür dürfte sein, daß sich die Landesverfassungen auf generalklauselartige Regelungen beschränken, um sich nicht mit sonst erforderlichen Detailregelungen zu überfrachten, Wolff/Bachof/Stober-*Kluth* 2004, § 81 Rn. 116. Im Bereich der rechtlich verselbständigten Verwaltungsorganisationen werden jedoch die kommunalen Gebietskörperschaften und in einigen Bundesländern auch die übrigen juristischen Personen des öffentlichen Rechts näheren landesverfassungsrechtlichen Regelungen unterworfen (vgl. etwa Art. 71 LV-BW).

und stellen zugleich Forderungen an die Verselbständigung von Verwaltungsorganisationen und legen deren Grenzen fest. Parallelzuständigkeiten sind danach ausgeschlossen, auch wenn – begrenzt durch eine klare Verantwortungszurechnung („Verbot der Mischverwaltung") eine Verzahnung der Verwaltungszuständigkeiten zulässig ist.[187]

a. Die Organisationsgewalt der Länder

Nach der verfassungsrechtlichen Grundkonzeption sind die Länder für die eigenverantwortliche Wahrnehmung von Verwaltungsfunktionen zuständig. Das gilt zunächst für die nicht bundes-gesetzesakzessorische Verwaltung (Art. 30 GG). Der Vollzug der Landesgesetze bleibt danach bei den Bundesländern.[188] Im Rahmen des Grundgesetzes und der Landesverfassungen führen sie die Landesgesetze weitgehend unbeeinflußt durch bundesstaatliche Ingerenz aus.[189] Die Zuständigkeit zur Regelung der kommunalen Körperschaften liegt danach bei den Ländern, in deren Verfassungen und Organisationsgesetzen[190] sie näher ausgestaltet ist.[191]

Aber auch der Vollzug der Bundesgesetze ist vorrangig von Ländern in eigener Verantwortung als landeseigene Verwaltung eigenverantwortlich wahrzunehmen (Art. 83 GG).[192] Für bestimmte öffentliche Aufgaben sieht das GG jedoch vor, daß sie als bundeseigene Verwaltung (Art. 86 f. GG) erfüllt werden sollen („obligatorische Bundesverwaltung") oder können („fakultative Bundesverwaltung").

Dieser Grobgliederung folgend, steigen die Ingerenzmöglichkeiten des Bundes bei der Ausführung seiner Gesetze von der Bundesaufsichts- über die Bundesauftrags- bis zur bundeseigenen Verwaltung.

Am schwächsten sind die Einwirkungsmöglichkeiten bei der landeseigenen Verwaltung der Bundesgesetze, die lediglich unter einer *Bundesaufsicht* steht. Die Länder sind hier zwar verpflichtet, die Bundesgesetze effektiv auszuführen und eine hierzu geeignete Verwaltungsorganisation bereitzuhalten;[193] die Organisationsgewalt in bezug auf die Erfüllung der Verwaltungsaufgaben steht ihnen aber zu (Art. 84 I GG).[194] Abweichungen können sich nur aus der Verfassung ergeben (s. u.) oder durch ein zustimmungsbedürftiges Bundesgesetz festlegt werden.[195] Sie

---

187 *Papier* 1996, S. 276.
188 Der Bund hat allerdings im Rahmen der bundeseigenen Verwaltung die Landesgesetze zu beachten (str.), GG-Kommentar Dreier-*Hermes* Art. 83, Rn. 29 f.
189 v. Mangoldt/Klein/Starck-*Trute* Art. 83, Rn. 25; *Krebs* 1988, Rn. 60 f.
190 Zu allgemeinen Organisationsgesetzen (LVG-BW, LOG-BBg, LOG-NRW, LOG-Saar, LVwG-SH) und Gesetzen für spezielle Verwaltungsorganisationen (Kommunalgesetze, Kammergesetze) Wolff/Bachof/Stober-*Kluth* 2004, § 82 Rn. 60 ff.
191 *Bovensschulte* 2000, S. 130 ff.; *Gern* 2003, Rn. 38; *Schmidt-Aßmann* 2003, Rn. 2.
192 Art. 83 GG konkretisiert also Art. 30 GG mit Rücksicht auf den Vollzug von Bundesgesetzen, Berliner-Kommentar-*Groß* Art. 83, Rn. 7; *Traumann* 1998, S. 112 ff.
193 GG-Kommentar Dreier-*Hermes* Art. 83, Rn. 34.
194 Berliner-Kommentar-*Groß* Art. 83, Rn. 23; *Schmidt-De Caluwe* 1993, S. 117; GG-Kommentar Dreier-*Hermes* Art. 83, Rn. 33 u. Art. 84, Rn.17; v. Mangoldt/Klein/Starck-*Trute* Art. 83, Rn. 22.
195 *Schmidt-De Caluwe* 1993, S. 117; *Hebeler* 2002, S. 166; hinzu treten noch ungeschriebene Verwaltungskompetenzen des Bundes, die vor dem Hintergrund der länderschützenden Kompetenzverteilung der Art. 83 ff. GG nur unter den engen Voraussetzungen, daß die entsprechenden Verwaltungsaufgaben durch die Länder überhaupt nicht erfüllt werden können, insbesondere nur einheitlich vollzogen werden können, bestehen, v. Mangoldt/Klein/Starck-*Trute* Art. 83, Rn. 80.

können dazu eine unmittelbare hierarchisch gegliederte Landesverwaltung aufbauen und rechtlich verselbständigte Verwaltungseinheiten errichten.[196] Auch wenn das GG hier nur von „Behörden" spricht, ist der Ausdruck doch nicht eng, sondern weit im Sinne von „Organisation" zu verstehen, so daß auch juristische Personen des öffentlichen Recht damit gemeint sind.[197] Außerdem regeln die Länder die Binnenstruktur dieser Verwaltungsorganisationen und ihre Verfahren. Umstritten ist, ob Art. 84 I GG eine eigenständige Gesetzeskompetenz zur Regelung von Einrichtung und Verfahren der Behördenorganisation begründet[198] oder ob insoweit nur eine zu anderen Kompetenzzuweisungen (Art. 70 ff. GG) strikt akzessorische Regelung vorliegt.[199] Geht man von der grundsätzlichen ländereigenen Verwaltung der Bundesgesetze aus, wie sie in Art. 83 GG festgehalten ist, dann ordnet Art. 84 I GG zunächst an, daß die Länder für die Verwaltungsorganisation und das -verfahren zuständig sind, auch wenn der Bund die Sachkompetenz zur Gesetzgebung hat. Zugleich legt Art. 84 I GG die besonderen Voraussetzungen fest (Zustimmung des Bundesrates), die der Bund zu erfüllen hat, wenn er doch ausnahmsweise in diesem Bereich die Behördenorganisation regeln will.[200] Danach enthält Art. 84 I GG nur eine akzessorische Kompetenz des Bundes, die die Zuweisung der Sachkompetenz nach Art. 70 ff. GG voraussetzt. Die Folge davon ist, daß der Bund nur insofern er nach den Art. 70 ff. GG materiell die Gesetzgebungskompetenz besitzt, mit Zustimmung des Bundesrates Regelungen über die Verwaltungsorganisation auf Kommunalebene treffen darf.[201] Dabei hat er auch Art. 28 II GG zu b+eachten. Der Bund ist hier auf punktuelle Annexregelungen zu solchen Gesetzen beschränkt, für die er die materielle Gesetzgebungskompetenz besitzt.[202]

Wendet man diese Voraussetzungen auf die Errichtung von Körperschaften des öffentlichen Rechts an, so werden sie etwa von der Errichtung kommunaler Planungsverbände nach § 205 BauGB erfüllt. Sie sind aufgrund der bundesgesetzlichen Zuständigkeit für das Bauplanungsrecht (Art. 74 I Nr. 18 GG) als organisationsrechtliche Folgeregelung die Bildung von Planungsverbänden vorgesehen. Das mit Zustimmung des Bundesrates verabschiedete BauGB, das die Länder als eigene Angelegenheiten nach Art. 83 GG ausführen, regelt zugleich als Annex die dezentrale Organisation der auf den örtlichen und unter weiteren Voraussetzungen auf den überörtlichen Bereich bezogenen Planung. Da die Planung bürgernah erfolgen sollte, sah es auch das BVerfG als konsequent an, die Zuständigkeit für die Planung „in den eigenen Initiativraum der Gemeinden zu geben".[203] Da hier keine weiteren

---

[196] Der Begriff der „Einrichtung", den das GG hier verwendet, ist weit zu verstehen und erfaßt die Bildung, Errichtung und die eigentliche Ausstattung der Verwaltungsorganisation mit Personal- und Sachmitteln, *Traumann* 1998 S. 44 f.; *Schmidt-De Caluwe* 1993, S. 116 f.; Berliner-Kommentar-*Groß* Art. 84, Rn. 17; GG-Kommentar Dreier-*Hermes* Art. 84, Rn. 25; v. Mangoldt/Klein/Starck-*Trute* Art. 83, Rn. 73; Art. 84, Rn. 8; zu den Begriffen s. u.
[197] Berliner-Kommentar-*Groß* Art. 84, Rn. 18; v. Mangoldt/Klein/Starck-*Trute* Art. 84, Rn. 8.
[198] v. Mangoldt/Klein/Starck-*Trute* Art. 84, Rn. 4 f.
[199] GG-Kommentar Dreier-*Hermes* Art. 83, Rn. 39 u. 44; Berliner-Kommentar-*Groß* Art. 84, Rn. 16.
[200] GG-Kommentar Dreier-*Hermes* Art. 83, Rn. 22.
[201] Das BVerfG (E 77, S. 288 ff. [299]) sieht dies nur dann vor, wenn dies eine Annex-Regelung ist und sie „für den wirksamen Vollzug der materiellen Bestimmungen des Gesetzes notwendig ist", vgl. auch v. Mangoldt/Klein/Starck-*Trute* Art. 84, Rn. 10 f.
[202] *BVerfGE* 22, S. 180 ff. (209 f.) – Jugendhilfe; 77, S. 288 ff. (300 f.).
[203] *BVerfGE* 77, S. 288 ff. (300); zur Errichtung dieser Verbände vgl. u. B IV 4.

landesgesetzlichen Schritte zur Errichtung der Planungsverbände erforderlich sind, liegt der seltene Fall einer kommunalen Körperschaft kraft bundesgesetzlicher Regelung vor.[204] Auch die aufgrund etwa der BRAO, BNotO, StBerG (aufgrund der Gesetzgebungskompetenz nach Art. 74 I Nr. 1 GG), IHKG[205] WPO und HwO (Art. 74 I Nr. 11 GG)[206] errichteten Körperschaften gehören in diesen Bereich. Anknüpfungspunkt für die Errichtung der Wasserverbände war Art. 74 I Nrn. 11, 17, 18 u. 21 GG.[207] Ziel dieser Gesetze ist die weitgehende Beteiligung der Betroffenen an der Ausführung des Gesetzes. Dazu war die Errichtung von Selbstverwaltungskörperschaften notwendig.[208] Weiteren Einschränkungen unterliegt der Bundesgesetzgeber dabei nicht.[209] Zwar besitzt der Bundesgesetzgeber die Rahmenkompetenz zur Regelung des Hochschulwesens, die grundsätzlich auch die Organisation der Hochschulen und ihre Selbstverwaltung umfaßt,[210] die entsprechenden Vorschriften des HRG wurden jedoch inzwischen aufgehoben.[211] Mangels hinreichender entsprechender Zuständigkeit können die Kammern anderer freier Berufe wie z. B. Heilberufe und Ingenieure und der Landwirtschaft nur per Landesgesetz gebildet werden.[212] Da der Bund von seiner Kompetenz keinen Gebrauch gemacht hatte, war auch die Errichtung der Arbeitnehmerkammern durch die Länder Bremen und Saarland zulässig.[213]

Über Verwaltungsvorschriften kann auch die Bundesregierung Einfluß auf die Binnenstruktur („organisatorische Veraltungsvorschriften") und das Verfahren („verhaltenslenkende Verwaltungsvorschriften")[214] nehmen (Art. 84 II GG).[215] Punktuell kann sie ferner auch Einzelweisungen erteilen, sofern dies mit der gesetzlich eingeräumten Selbstverwaltung vereinbar ist (Art. 84 V GG). Sie sollen jedoch ebenfalls die Verwaltungsausführung durch die landeseigene Verwaltung möglichst unbeschadet lassen, weil sie von Ausnahmefällen abgesehen an die Ministerialebene zu richten sind (Art. 84 V 2 GG).[216] Vor allem übt die Bundesregierung

---

204 *Bovenschulte* 2000, S. 131
205 Die Errichtung, Auflösung und Umgestaltung der IHKn erfolgt dann über § 12 I IHKG durch Landesrecht.
206 *Tettinger* 1997, S. 95.
207 Näher über die Zuordnung der verschiedenen Verbandszwecke zu den jeweiligen Kompetenztiteln: *Rapsch* (1993, Rn. 10 f.), auch zur Fortgeltung der WVVO gem. Art. 125 Nr. 1 GG, sowie zum Bedürfnis nach bundeseinheitlicher Regelung, a.a.O., Rn. 17. Neben diesen bundesrechtlichen Verbänden verbleibt aber noch die Möglichkeit zur Errichtung von landesrechtlichen, a.a.O., Rn. 26 f.
208 *Poetzsch-Heffter* 1983, S. 120.
209 GG-Kommentar Dreier-*Hermes* Art. 84, Rn. 44; Berliner-Kommentar-*Groß* Art. 84, Rn. 19 f.; a. A.: v. Mangoldt/Klein/Starck-*Trute* Art. 84, Rn. 10 f.
210 v. Mangoldt/Klein/Starck-*Rozek* Art. 75, Rn. 35.
211 §§ 60–69 des HRG vom 9.4.1987, BGBl. I, S. 1170.
212 *Tettinger* 1997, S. 95.
213 *BVerfGE* 28, S. 281 ff. (299) – Arbeitnehmerkammern; vgl. auch *Hsu* 2004, S. 97.
214 Zur Unterscheidung *Ossenbühl* 1988, § 65 Rn. 14 ff.; vgl. auch *Traumann* 1998, S. 59 ff.
215 Auf der Grundlage der Unterscheidung von Verwaltungsvorschriften nach dem Verhältnis des Normgebers zum Normunterworfenen handelt es gleichwohl um intersubjektive Verwaltungsvorschriften, nicht um intra-subjektive, weil sie nicht zur Regelung der eigenen Binnenorganisation vom Inhaber der Organisations-, Geschäftsleitungs- und Dienstgewalt, sondern von einem Verwaltungsrechtssubjekt an ein anderes ergehen, zur Unterscheidung *Ossenbühl* 1988, § 65 Rn. 29; v. Mangoldt/Klein/Starck-*Trute* Art. 84, Rn. 27 ff. Ihrem Gegenstand nach beziehen sie sich aber auf die Binnenorganisation.
216 Berliner-Kommentar-*Groß* Art. 84, Rn. 35 ff; v. Mangoldt/Klein/Starck-*Trute* Art. 84, Rn. 39.

aber nachträglichen Einfluß durch die Rechtsaufsicht bei der Ausführung der Bundesgesetze und des Europarechts aus (Art. 84 III u. IV GG).[217] Bei der Durchführung der Aufsichtsmittel ist sie allerdings durch deren notwendige Mitwirkung auf die Zustimmung der obersten Landesbehörden oder des Bundesrates angewiesen (Art. 84 III 2 u. IV 1 GG). Adressat der Aufsichtsmaßnahmen ist, von der Ausnahme des Art. 84 III S. 2, 2. Alt. GG abgesehen, das Land und nicht eine der Verwaltungsorganisationen. Somit ist ein Durchgriff auf die juristischen Personen des Landes ausgeschlossen.[218] Das Land muß jedoch, wenn es die Erfüllung der Aufgabe einer juristischen Person auferlegen will, die Durchsetzung der Weisungen und Verwaltungsvorschriften sicherstellen.[219]

Auch soweit das GG festlegt oder zuläßt, daß Bundesgesetze im *Auftrag* des Bundes ausgeführt werden, geschieht dies durch landeseigene Verwaltung, bei der allerdings die Ingerenzmöglichkeiten des Bundes stärker sind als bei der Bundesaufsichtsverwaltung. Die vorliegend interessierende Organisationsgewalt hinsichtlich der unmittelbaren, hierarchischen Verwaltung und der rechtlich verselbständigten Verwaltungseinheiten steht dabei wie bei der Bundesauftragsverwaltung grundsätzlich den Ländern zu.[220] Die Bundesregierung kann nun aber nicht nur über Verwaltungsregeln[221] und Verwaltungsvorschriften Einfluß auf die Binnenstruktur und das Verfahren der Verwaltungsorganisationen der Länder nehmen. Sie bestimmt auch stärker deren Verhältnis zur Umwelt. Das betrifft zunächst die Rekrutierung von Personal, für die sie Standards festsetzen kann (Art. 85 II S. 2 GG), und die an wichtigen Schaltstellen, den Mittelbehörden, nicht ohne ihr Einvernehmen erfolgen kann (Art. 85 II 3 GG). Vor allem aber ist die Landesverwaltung bei der Ausführung der Aufträge an Weisungen der obersten Bundesbehörden gebunden, die zwar generell an die Hierarchiespitze, in für dringlich erachteten Fällen aber auch an andere Verwaltungsstellen ergehen kann.[222] In jedem Fall trifft die Ministerialverwaltung aber die Pflicht, die Durchsetzung der Weisungen sicherzustellen (Art. 85 III GG). Die Aufsicht umfaßt hier auch nicht mehr nur die Rechtmäßigkeit, sondern auch die Zweckmäßigkeit des Verwaltungshandelns (Art. 85 IV GG). Mit diesen weitreichenden Einflußmöglichkeiten ist die Übertragung der entsprechenden Aufgabe zur eigenverantwortlichen Erledigung an eine Selbstverwaltungskörperschaft ausgeschlossen.[223]

---

217 Maßstab der Rechtsaufsicht ist nicht das Landesrecht; zu den Einzelheiten: Berliner-Kommentar-*Groß* Art. 84, Rn. 39 ff.; GG-Kommentar Dreier-*Hermes* Art. 84, Rn. 73 ff.; v. Mangoldt/Klein/Starck-*Trute* Art. 84, Rn. 44 ff.;
218 Für die Kommunen: v. Mangoldt/Klein/Starck-*Trute* Art. 84, Rn. 53.
219 *Poetzsch-Heffter* 1983, S. 121.
220 v. Mangoldt/Klein/Starck-*Trute* Art. 85, Rn. 4 f.
221 Daß diese nicht wie in Art. 84 I GG eigens erwähnt wurden, wird als Redaktionsversehen gewertet und entsprechend korrigiert. In der Tat ist nicht einzusehen, warum der Bund bei den im übrigen stärkeren Einflußmöglichkeiten im Rahmen der Bundesauftragsverwaltung das Instrument der Verfahrensregelung nicht besitzen sollte, das ihm schon bei der Bundesaufsichtsverwaltung zukommt, v. Mangoldt/Klein/Starck-*Trute* Art. 85, Rn. 10; GG-Kommentar Dreier-*Hermes* Art. 85, Rn. 27 f.
222 Dazu gehören auch die mit der Ausführung von Bundesgesetzen beauftragten kommunalen Gebietskörperschaften, v. Mangoldt/Klein/Starck-*Trute* Art. 85, Rn. 24.
223 *Poetzsch-Heffter* 1983, S. 121.

b. Die Organisationsgewalt des Bundes

Die Organisationsgewalt liegt beim Bund, wenn das GG die Erfüllung von Verwaltungsaufgaben in seine Verantwortung legt („obligatorische Bundesverwaltung")[224] oder diese Möglichkeit vorsieht („fakultative Bundesverwaltung")[225]. Auch im Bereich der Bundeseigenverwaltung ist diese Organisationsgewalt vielfach beschränkt. Das betrifft zunächst die Staatsaufgaben, die in ihre Zuständigkeit fallen. Ferner die Frage, ob zur Ausführung eine Verwaltungshierarchie aufgebaut werden kann oder ob auf diesen Unterbau und damit auf Differenzierungsmöglichkeiten verzichtet werden muß. Schließlich vorliegend aber von besonderem Interesse legt das GG auch fest, ob bestimmte Aufgaben auf rechtlich verselbständigte Verwaltungsträger übergeben werden müssen (Art. 87 II GG). In den verbleibenden Bereichen, in denen der Bund eine eigene hierarchische Verwaltung aufbauen kann, ist sein Einfluß am größten. In diesen Bereich gehören jedenfalls alle zentralen Staatsaufgaben.

Die Bundesregierung kann hier, sofern der Gesetzgeber nicht von seinem Zugriffsrecht Gebrauch macht (Art. 86 S. 2 GG) die Organisationseinheiten errichten,[226] durch Verwaltungsvorschriften für ihre Binnenstruktur sorgen und sie schließlich auch über Einzelweisungen steuern. Wie sich aus der Abgrenzung von „bundeseigener Verwaltung" und „Körperschaften und Anstalten des öffentlichen Rechts" in Art. 86 GG ergibt, meint die erstere Form hier wie auch in den Art. 87 f. GG[227] die Verwaltung in rechtlich nicht verselbständigten Organisationsformen, die dem Direktionsrecht des Bundes unterstehen.[228] Zu den genannten juristischen Personen gehört – wie oben erwähnt – einerseits auch die Stiftung.[229] Andererseits geht es in Art. 86 GG um die föderale Zuordnung von Verwaltungsaufgaben, so daß solche Körperschaften des öffentlichen Rechts, die zwar eine Rechtspersönlichkeit besitzen, aber der Verwirklichung der Grundrechte dienen, wie die Hochschulen und Religionsgesellschaften nicht von dieser Vorschrift erfaßt sind.[230] Die Rechtsfähigkeit ist hier also das entscheidende Abgrenzungsmerkmal. Andere, auch privatrechtliche Organisationsformen sind nicht ausgeschlossen.[231] Immerhin formuliert der Art. 86 GG, indem Körperschaften und Anstalten besonders heraushebt, Regeltypen, von denen dann durch gesetzliche

---

224 Etwa Art. 87 I S. 1 (Auswärtiger Dienst, Bundesfinanzverwaltung, Wasserstraßen, Schiffart), Art. 87 II (länderübergreifende Sozialversicherungsträger), 87 b I S. 1 (Bundeswehrverwaltung), v. Mangoldt/Klein/Starck-*Trute* Art. 86, Rn. 15; allgemein auch *Traumann* 1998, S. 27 f.
225 Etwa Art. 87 I S. 2 (Bundesgrenzschutz, Zentralstellen), Art. 87 III (Angelegenheiten der Bundesgesetzgebungskompetenz), weitere bei v. Mangoldt/Klein/Starck-*Trute* Art. 86, Rn. 16; Berliner-Kommentar-*Groß* Art. 86, Rn. 12.
226 Der in Satz 2 verwendete Begriff der Behörde ist wiederum wie in Art. 84 I GG weit zu verstehen, v. Mangoldt/Klein/Starck-*Trute* Art. 86, Rn. 76.
227 v. Mangoldt/Klein/Starck-*Trute* Art. 87, Rn. 4.
228 Eingehend: *Traumann* 1998 S. 88 ff.; Berliner-Kommentar-*Groß* Art. 86, Rn. 21 f.; v. Mangoldt/Klein/Starck-*Trute* Art. 86, Rn. 44 f. – mit Ausnahme der Ministerien selbst, GG-Kommentar Dreier-*Hermes* Art. 86, Rn. 24 u. 26 f.
229 Berliner-Kommentar-*Groß* Art. 86, Rn. 24; GG-Kommentar Dreier-*Hermes* Art. 86, Rn. 31.
230 Entsprechendes gilt für die Rundfunkanstalten, v. Mangoldt/Klein/Starck-*Trute* Art. 86, Rn. 52 Fn. 141.
231 v. Mangoldt/Klein/Starck-*Trute* Art. 86, Rn. 24 f. u. 55.

Regelung abgewichen werden kann.[232] Entscheidend ist, daß auch sie der Bundesaufsicht unterstehen.[233]

aa. Rechtlich verselbständigte Bundesverwaltung

Art. 87 II GG schreibt die Errichtung von Sozialversicherungsträgern als bundesunmittelbare Körperschaften des öffentlichen Rechts vor, wenn sich deren Zuständigkeitsbereich entweder über mehr als drei Bundesländer oder über mehr als ein Land erstreckt, die beteiligten Länder aber von der Möglichkeit der Errichtung als landeseigener Körperschaft keinen Gebrauch gemacht haben. Der Begriff der Sozialversicherung ist gleichbedeutend mit dem des Art. 74 I Nr. 12 GG.[234] Ausgehend vom „Bild der klassischen Sozialversicherung" bestimmt sie das BVerfG[235] durch vier Kriterien: Es muß (1.) die Aufgabe der betreffenden Organisation sein, die „gemeinsame Deckung eines möglichen, in seiner Gesamtheit schätzbaren Bedarfs durch Verteilung auf eine organisierte Vielheit" zu gewährleisten, wobei (2.) auf einen sozialen Lastenausgleich durch Umverteilung geachtet wird, (3.) die Aufgabe eine bestimmte Organisationsform erfordern und (4.) die Finanzierung über Sozialversicherungsbeiträge der Beteiligten erfolgen.[236] In bezug auf die Binnenorganisation geht das BVerfG allerdings nicht so weit, eine mitgliedschaftliche Verfassung zu fordern, wie sie für Körperschaften typisch ist. Bei der Zuweisung anderer als sozialversicherungsrechtlicher Aufgaben an Sozialversicherungsträger kann sich der Bund nicht auf Art. 87 II GG stützen.[237]

Art. 87 II GG ist in erster Linie eine gegenüber Art. 87 III GG spezielle Kompetenznorm zur föderativen Abgrenzung der Verwaltungszuständigkeiten. Sie verlangt, daß die länderübergreifend eingerichteten Sozialversicherungsträger dem Bund zuzurechnen sind.[238] Art. 87 II GG begründet aber keine Verpflichtung dazu, Sozialversicherungsträger länderübergreifend einzurichten oder aufrechtzuerhalten.[239] Mithin ist der Bundesgesetzgeber nicht gehindert, andere als länderübergreifende Sozialversicherungsträger vorzusehen. Nachdem die Länder nun einen

---

232 Berliner-Kommentar-*Groß* Art. 86, Rn. 20; *Trute* sieht hier keinen Maßstab für die Beurteilung bestimmter Verwaltungsformen, v. Mangoldt/Klein/Starck-*Trute* Art. 86, Rn. 26.
233 Berliner-Kommentar-*Groß* Art. 86, Rn. 23.
234 *Dittmann* 1983, S. 243; GG-Kommentar Dreier-*Hermes* Art. 87, Rn. 56; v. Mangoldt/Klein/Starck-*Trute* Art. 87, Rn. 69.
235 E 11, S. 105 ff. (111 f.) – Familienlastenausgleich; 14, S. 312 ff. (317 f.); 62, S. 354 ff. (366) – Heilfürsorgeansprüche; 63, S. 1 ff. (35) – Schornsteinfegerversorgung; 75, S. 108 ff. (146 f.) – Künstlersozialversicherungsgesetz; 81, S. 156 ff. (185 f.) – Arbeitsförderungsgesetz 1981; 87, S. 1 ff. (314 f.) – Trümmerfrauen; 88, S. 203 ff. (313) – Schwangerschaftsabbruch II; eine rein traditionalistische Interpretation würde allerdings dem systematischen Anliegen von Art. 74 I Nr. 12 u. 87 II GG nicht gerecht. Auch die Schaffung neuer Sozialversicherungsbereiche wie etwa die Errichtung von Pflegekassen nach Art. 46 SGB XI ist von ihm umfaßt, *Papier* 1996, S. 274.
236 v. Mangoldt/Klein/Starck-*Trute* Art. 87, Rn. 72; *Becker* 1996, S. 118 f.; *Lee* 1997, S. 27 f.
237 In Betracht kommt aber Art. 87 III GG, wenn der Sozialversicherungsträger durch die Verbindung mit dieser Aufgabe nicht sein Gepräge verliert, v. Mangoldt/Klein/Starck-*Trute* Art. 87, Rn. 76.
238 Eine Regionalisierung ist dadurch also nicht ausgeschlossen, v. Mangoldt/Klein/Starck-*Trute* Art. 87, Rn. 82. Durch den neuen Art. 87 II S. 2 GG wird sie aber auch nicht befördert, *Papier* 1996, S. 280.
239 Es besteht mithin eine Wahlfreiheit, die nur durch eine Konditionalbedingung eingeschränkt ist: Wenn länderübergreifende Organisation, dann bundeseigene Verwaltung; wenn nicht-länderübergreifend, dann Landesverwaltung. Und entsprechend kann er den Vollzug der Sozialgesetze bundesunmittelbaren oder landesunmittelbaren Körperschaften übertragen, *Papier* 1996, S. 277.

entsprechenden Staatsvertrag über das aufsichtführende Land abgeschlossen haben,[240] ist es aber möglich, daß der Bund zwar prinzipiell eine nicht-länderübergreifende Zuständigkeit von Versicherungsträgern vorgesehen hat, diese sich aber gemäß Art. 87 II S. 2 GG länderübergreifend per Staatsvertrag zusammenschließen.[241] Erstreckt sich das Gebiet dieses Sozialversicherungsträgers allerdings über mehr als drei Bundesländer, greift Art. 87 II S. 2 GG nicht. Eine solche Vereinbarung würde zur Gründung einer bundesunmittelbaren Körperschaft führen. Dafür ist aber nach Art. 87 III S. 1 GG ein Bundesgesetz erforderlich.[242] Im Ergebnis erstreckt sich die Organisationsgewalt des Bundes in der Sozialversicherung darauf, länderübergreifende oder nicht-länderübergreifende Sozialversicherungsträger zu errichten. Sie wird aber beschränkt durch das Recht der Länder unter den Voraussetzungen des Art. 87 II S. 2 GG länderübergreifende Sozialversicherungsträger für weniger als drei Länder zu bilden.

Schwierig ist die Frage der Errichtung von Dachverbänden zu beurteilen.[243] Ausgangspunkt ist dabei, daß nur solche juristischen Personen des öffentlichen Rechts unter die Regelung des Art. 87 II GG fallen, die selbst Versicherungsleistungen erbringen. Danach gehören die Dachverbände der landesunmittelbaren Versicherungsträger nicht dazu. Soweit sie bundesrechtlich errichtet wurden, muß der Bund die Voraussetzungen des Art. 87 III beachten.[244]

bb. Exkurs: Der Begriff der Körperschaft des öffentlichen Rechts in Art. 87 II GG

Art. 87 II GG hat aber auch zuständigkeitsüberschießende, organisationsrechtliche Gehalte. Fraglich ist in dieser Hinsicht, wie streng der Begriff der Körperschaft im Sinne einer bestimmten Organisationsform hier zu verstehen ist. Wortlaut und Systematik sprechen, wie oben schon ausgeführt wurde, gegen eine terminologische Verwendung des Begriffs: Die vom GG geforderte Organisationsform setzt nicht nur eine rechtliche Verselbständigung (Art. 86 S. 1 GG), sondern auch ein gewisses Maß an Selbstverwaltung voraus.[245] Selbstverwaltung ist aber bei allen juristischen Personen möglich. Die weitere Frage ist, ob Art. 87 II GG auch die spezifische Form mitgliedschaftlicher Prägung, wie sie für die Selbstverwaltung der Körperschaften des öffentlichen Rechts kennzeichnend ist, verlangt. Nach dem Art. 116 des Entwurfs des Herrenchiemseer Konvents, der zunächst von „Selbstverwaltungseinrichtungen" sprach, bestand dazu keine Notwendigkeit. Die Änderung hin zur Fassung des Art. 87 II GG ist kaum zu erklären. Daß die Körperschaft als einzige Form der Organisation von Selbstverwaltung erschien,[246] ist historisch nicht wahrscheinlich, wurde doch im Gegenteil in weiten Teilen der Literatur „Körperschaft" mit

---

240 GVBl. NW 1996, S. 566 u. die Bekanntmachung zum Inkrafttreten: GVBl. 1997, S. 202.
241 Vgl. §§ 143 III und 144 I S. 2 SGB V für die Ortskrankenkassen.
242 *Papier* 1996, S. 278 u. 280.
243 v. Mangoldt/Klein/Starck-*Trute* Art. 87, Rn. 70.
244 *Dittmann* 1983, S. 246 f.; *Tettinger* 1997, S. 95.
245 GG-Kommentar Dreier-*Hermes* Art. 87, Rn. 61 f.
246 Das erwägt *Becker* 1996, S. 117.

„juristischer Person des öffentlichen Rechts" gleichgesetzt.[247] Wollte der Verfassunggeber trotz des Begriffswechsels an der besonders qualifizierten Form der Selbstverwaltung für die bundesunmittelbare Sozialversicherung festhalten?[248] Vermutlich hatte die Änderung aber keine sachlichen Gründe. Nachdem im Fachausschuß des Herrenchiemseer Konvents immer von „bundesunmittelbaren Selbstverwaltungseinrichtungen" gesprochen worden war, schlug der allgemeine Redaktionsausschuß erstmals vor, für den damaligen Art. 116 III S. 2 die Formulierung „neue bundesunmittelbare Selbstverwaltungskörperschaften können auch durch Bundesgesetz geschaffen werden" vor.[249] Weshalb diese Formulierung gewählt wurde, ist nicht ersichtlich. Die Anmerkung des Abgeordneten *Horch*, dadurch solle die Möglichkeit geschaffen werden, auch abgesehen von den einengenden Voraussetzungen des S. 1[250] Selbstverwaltungsträger zu errichten, erklärt jedenfalls nicht, daß an deren Binnenverfassung auch besondere, von S. 1 abweichende Anforderungen zu stellen seien. In der abschließenden Sitzung des Hauptausschusses wurde dann die insoweit ins Grundgesetz übernommene Fassung („Als bundesunmittelbare Körperschaften werden diejenigen sozialen Versicherungsträger geführt") auf der Basis einer Fassung des allgemeinen Redaktionsausschusses gewählt.[251] Aus diesen vagen Umständen lassen sich keine Schlüsse für einen spezifischen Gebrauch des Ausdrucks „Körperschaft" ziehen.[252] Aus diesen Beratungen geht aber auch hervor, daß sachlich der Kreis der Sozialversicherungsträger nicht eingegrenzt sein sollte, so daß auch Organisationen für neue Versicherungszweige geschaffen werden können.[253] An einer Aussage darüber, daß diese Träger ihre Aufgaben als Selbstverwaltung wahrnehmen sollten, wollte man wohl nicht rütteln, auch wenn es nicht der zentrale Aussagegehalt der Norm ist.[254] Zusammenfassend muß also festgehalten werden, daß der Wortlaut kein Argument für einen spezifischen Sinn des Ausdrucks „Körperschaft" darstellt, daß der systematische Zusammenhang mit den Vorschriften über die fö-

---

247 Allerdings gelangte die Erwähnung der Anstalten in Abs. 3 GG auf ausdrückliche Bitte des Abgeordneten *Laforet* in den Entwurf, Jahrbuch des öffentlichen Rechts 1 (1951), S. 647, was für eine Sensibilität hinsichtlich der Unterschiede spricht.
248 So BK-*Herrfahrdt* Art. 87, Rn. 3; kritisch dazu insoweit zu Recht: Dittmann 1983, S. 95.
249 Jahrbuch des öffentlichen Rechts n. F. 1 (1951), S. 646.
250 „in deren Bereich die Gefahrenausgleich die einheitliche Zusammenfassung für das Bundesgebiet erfordert".
251 Jahrbuch des öffentlichen Rechts n. F. 1 (1951), S. 647.
252 *Dittmanns* (1983, S. 94 f.) Gegenüberstellung der Erwähnung von „Körperschaften und Anstalten" in Art. 86 S. 1 und 87 III GG trägt sie deshalb auch nichts aus.
253 BVerfGE 88, S. 203 ff. (313): „Der weit gefaßte verfassungsrechtliche Begriff der Sozialversicherung (vgl. BVerfGE 75, 108 [146 f.] m.w.N.; st. Rspr.) erlaubt es, neue Sozialleistungen in deren Gesamtsystem einzubeziehen, wenn diese in ihren wesentlichen Strukturelementen, insbesondere in der organisatorischen Durchführung und hinsichtlich der abzudeckenden Risiken, dem Bild entsprechen, das durch die klassische Sozialversicherung geprägt ist. Entscheidend ist ein Verständnis der Sozialversicherung im Sinne der ‚gemeinsamen Deckung eines möglichen, in seiner Gesamtheit schätzbaren Bedarfs durch Verteilung auf eine organisierte Vielheit' (BVerfGE 75, 108 [146]). Neben diesem Merkmal ist auch die Art und Weise kennzeichnend, wie die Aufgabe organisatorisch bewältigt wird. Träger der Sozialversicherung sind selbständige Anstalten oder Körperschaften des öffentlichen Rechts, die ihre Mittel durch Beiträge der Betroffenen aufbringen" *Dittmann* 1983, S. 243; v. Mangoldt/Klein/Starck-*Trute* Art. 87, Rn. 70; GG-Kommentar Dreier-*Hermes* Art. 87, Rn. 60.
254 So die Einschätzung von *Emde* 1991, S. 369 u. *Schmidt-Aßmann* 1987, S. 253; er sieht hier aber auch eine „Mindestgarantie verbandlicher Institutionen", für nach der hier vorgelegten historischen Interpretation kein Anhaltspunkt besteht.

deralen Verteilung der Verwaltungskompetenzen gegen eine organisationsrechtliche Aufladung des Begriffs spricht und daß schließlich die historischen Gründe diese systematischen Überlegungen angesichts der nicht klaren Motivationslage nicht zu korrigieren vermögen. Es bleibt mithin dabei, daß „Körperschaft" hier zwar auf eine rechtlich verselbständigte Verwaltungsorganisation mit Selbstverwaltung verweist,[255] daß die Sozialversicherungsträger aber nicht die anspruchsvolleren, spezifisch körperschaftlichen Strukturen besitzen müssen.[256] Der Bund ist mithin nur dazu verpflichtet, wenn er nach Art. 87 II GG die Kompetenz dazu besitzt, den Selbstverwaltungsträgern ein gewisses Maß an Selbstverwaltung zuzugestehen.[257]

cc. Die bundeseigene Verwaltung

Obwohl der Bund im Bereich der inneren Sicherheit materiell überwiegend in der Gesetzgebungskompetenz der Länder steht,[258] gibt ihm Art. 87 I S. 2 GG hier die Möglichkeit, durch Gesetz (besonderer institutioneller Gesetzesvorbehalt") Bundesgrenzschutzbehörden und Zentralstellen zu errichten („fakultative unmittelbare Bundesverwaltung").[259] Die zudem noch auf die Wahrnehmung bestimmter Aufgaben beschränkte Organisationsform der Zentralstelle unterstreicht aber auch hier die Bedeutung des Föderalismus bei der Organisation der Verwaltung im Bereich der inneren Sicherheit. Es besteht insofern ein Typenzwang, als der Bund die genannten Verwaltungsorganisationen zwar nicht errichten muß; macht er von dieser Möglichkeit Gebrauch, steht es ihm aber wegen des Ausdrucks „Behörden" nicht frei, statt der genannten Formen rechtlich verselbständigte Organisationen zu errichten oder die Organisationseinheiten mit einem Unterbau zu versehen.[260]

Für die nicht verselbständige – bundeseigene – Verwaltung hat der Bund nach Art. 87 I S. 1 GG einen hierarchischen Verwaltungsunterbau räumlich und sachlich differenzierter Verwaltungsbehörden und Verwaltungseinheiten ohne eigene Rechtspersönlichkeit zu errichten („obligatorische unmittelbare Bundesverwaltung").[261] Detaillierte Vorgaben hinsichtlich der hierarchischen Differenzierung macht die Verfassung allerdings nicht,[262] insbesondere ist die Festlegung der Hierarchiestufen dem Bund überlassen.[263]

---

255 Nur insofern läßt sich hier eine „kompetenzüberschießende" Aussage entnehmen, anders aber *Jestaedt* 1993, S. 478.
256 Das Ergebnis entspricht der h. M.: GG-Kommentar Dreier-*Hermes* Art. 87, Rn. 56; v. Mangoldt/Klein/Starck-*Trute* Art. 87, Rn. 93.
257 Ein Mindestmaß an Eigenverantwortlichkeit der Aufgabenwahrnehmung gehört als Kerngehalt dazu. Da sich auch nichtrechtsfähige Selbstverwaltungseinheiten finden lassen, ist die Rechtsfähigkeit nicht geschützt.
258 Vgl. aber Art. 73 Nr. 10 GG bezüglich Kriminalpolizei, Bundesgrenzschutz und Verfassungsschutz.
259 Zum folgenden auch *Traumann* 1998 S. 84 ff. u. 141 ff.
260 GG-Kommentar Dreier-*Hermes* Art. 87, Rn. 32; v. Mangoldt/Klein/Starck-*Trute* Art. 87, Rn.36; Poetzsch-*Heffter* 1983, S. 117.
261 *Traumann* 1998 S. 116 ff.; eine Abweichung von den überkommenen Organisationsformen kann dabei aus sachlichen Gründen gerechtfertigt sein. v. Mangoldt/Klein/Starck-*Trute* Art. 87, Rn. 6.
262 Ganz auf einen Unterbau kann allerdings nur in Einzelfällen und aus sachlichen Gründen, die die Bedeutung auch dieser Organisationsdifferenzierung für die föderale Struktur des Systems der Verwaltungsorganisationen aufwiegen verzichtet werden, v. Mangoldt/Klein/Starck-*Trute* Art. 87, Rn. 29.
263 *Traumann* 1998 S. 117 f.

A. Verwaltungsorganisationsrecht 361

Schließlich ermöglicht es die Generalklausel des Art. 87 III GG dem Bund, auch außerhalb von Art. 87 I GG selbständige Bundesbehörden,[264] die bei dringendem Bedarf[265] einen Verwaltungsunterbau besitzen, oder rechtlich verselbständigte Verwaltungsorganisationen in Bereichen zu errichten, in denen er die Gesetzgebungskompetenz besitzt.[266] Obwohl hier auch in bezug auf die Bundesoberbehörden von „Selbständigkeit" die Rede ist, meint der Begriff doch zunächst das gleiche wie in Abs. 1 die „bundeseigene Verwaltung", schränkt den möglichen Aufgabenkreis aber auf die Sachaufgaben ein, die nur für das ganze Bundesgebiet einheitlich von einer Zentralbehörde wahrgenommen werden können.[267] Die Aufgabe muß aber auch in dem Sinne selbständig sein, daß sie keinem Ministerium eingegliedert sein darf.[268] Hinsichtlich der unspezifischen Verwendung der Ausdrücke „Körperschaft und Anstalt" ergibt sich hier gegenüber Art. 86 GG nichts Besonderes. Auch die Frage der Selbstverwaltung spielt nicht die Rolle, die ihr in Art. 87 II GG zukam.[269]

c. Zusammenfassung

Die Organisationsgewalt ist mithin zwischen Ländern und Bund dahingehend geteilt, daß den Ländern die gesamte nicht-gesetzesakzessorische Verwaltung (Art. 30 GG) sowie die Ausführung der Landesgesetze zukommt. Auch im Bereich der Ausführung der Bundesgesetze besitzen sie die Organisationsgewalt, sofern nicht bundeseigene Verwaltung vorliegt. Dabei sind sie jedoch ansteigenden Ingerenzen des Bundes von der Bundesaufsichtsverwaltung über die Bundesauftragsverwaltung ausgesetzt. Aber auch im Bereich der bundeseigenen Verwaltung ist die Organisationsgewalt des Bundes Beschränkungen ausgesetzt. So besteht hinsichtlich einiger Aufgaben ein Verbot der Errichtung von Körperschaften (Art. 87 I 1 GG), bei anderen ein Gebot der Errichtung von juristischen Personen des öffentlichen Rechts mit Selbstverwaltung (Art. 87 II GG). Eine Verpflichtung zur Errichtung von Körperschaften des öffentlichen Rechts läßt sich aber diesen Vorschriften nicht entnehmen.

Schließlich sind auch der Kooperation von Bund und Ländern durch die Art. 83 ff. GG Grenzen gesetzt. Man wird zwar nicht schlechthin von einem „Verbot der Mischverwaltung" sprechen können, die grundgesetzlichen Regeln der Kompetenzverantwortung dürfen jedoch durch die Art der Zusammenarbeit nicht verschleiert oder umgangen werden.[270] In diesem Rahmen können informelle Formen des Zusammenwirkens bestehen, Beratungsgremien und Kommissionen gebildet

---

264 GG-Kommentar Dreier-*Hermes* Art. 87, Rn. 65 f.; möglich ist insbesondere auch die Errichtung nichtrechtsfähiger Anstalten, v. Mangoldt/Klein/Starck-*Trute* Art. 87, Rn. 121.
265 Wenn die Erledigung der betreffenden Aufgaben in anderer Weise nicht möglich ist, v. Mangoldt/Klein/Starck-*Trute* Art. 87, Rn. 131.
266 *Traumann* 1998 S. 125 f.
267 v. Mangoldt/Klein/Starck-*Trute* Art. 87, Rn. 115.
268 *Stern* 1980, S. 829 – und enthält insofern ein „Gebot zur Verselbständigung", *Krebs* 1988 Rn. 56.
269 v. Mangoldt/Klein/Starck-*Trute* Art. 87, Rn. 116, daß sie aber ganz verzichtbar sein soll, ist nicht einsichtig: Eine Körperschaft ohne Selbstverwaltung wenigstens in einem minimalen Sinn gibt es nicht.
270 GG-Kommentar Dreier-*Hermes* Art. 83, Rn. 49; v. Mangoldt/Klein/Starck-*Trute* Art. 83, Rn. 28 f.; auch *Hein* 1990, S. 412 mit Bezug auf die Sozialversicherungsverbände.

werden;[271] echte *Organisationen als Entscheidungseinheiten* überschreiten ihn jedoch.[272] Hinzuweisen ist aber noch auf die Gemeinschaftsaufgaben nach Art. 91 a und b GG und Art. 108 IV im Bereich der Finanzverfassung. Unproblematisch sind auch Konstruktionen, in denen entweder bundesunmittelbare Sozialversicherungsträger zu einem bundesunmittelbaren oder landesunmittelbare Träger zu einem landesunmittelbaren Dachverband zusammengeschlossen sind.[273] Fraglich ist, ob vor diesem Hintergrund (Verbands-)Körperschaften des öffentlichen Rechts, in denen landes- und bundesunmittelbare Körperschaften zusammengefaßt sind, organisiert werden können.[274] Diese Verbände sind keine Träger der Sozialversicherung. Erstrecken sich die Aufgaben des betreffenden Dachverbandes lediglich auf die Förderung der Belange seiner Verbandsmitglieder, ohne daß ihm zugleich Entscheidungsbefugnisse – insbesondere Aufsichtsmittel – zugewiesen werden, besteht kein Problem.[275] In diesen Fällen und erst recht bei privatrechtlichen Dachverbänden liegt dann der – zulässige – Schwerpunkt der Tätigkeit im Bereich der Interessenvertretung, der freiwilligen Koordinierung der Aufgaben und Bereitstellung von Leistungen für ihre Mitglieder.[276] Nicht gerechtfertigt ist danach jedoch die verbindliche Entscheidung über Mitgliederkonflikte und andere „Grundsatzentscheidungen", auch wenn dafür eine Mehrheit der Mitgliederstimmen des Dachverbandes erforderlich ist;[277] denn hinsichtlich des in der Abstimmung unterlegenen Mitglieds besäße der bundesunmittelbare Bundesverband verbindlichen Einfluß auf einen landesunmittelbaren Sozialversicherungsträger. Die Bindung des landesunmittelbaren Sozialversicherungsträgers an diese Entscheidung des Bundesverbandes verhindert die Zurechnung seiner darauf gestützten Maßnahmen zum Land.[278] Dies ist aber nicht zulässig.

4. Das Rechtsstaatsprinzip

Neben Fragen der Formenklarheit, der spezifischen Aufgabenzuweisung und der Kompetenzabgrenzung, ergeben sich besonders aus dem im Rechtsstaatsprinzip verankerten Gewaltenteilungsgrundsatz sowohl Rechtfertigungsmöglichkeiten hinsichtlich der Errichtung von Körperschaften des öffentlichen Rechts als auch Begrenzungen hinsichtlich der Organkompetenzen hierzu.

---

271 *Papier* 1996, S. 279 f.
272 v. Mangoldt/Klein/Starck-*Trute* Art. 83, Rn. 45; die Kooperation der Länder untereinander wird von diesen Regelungen ohnehin nicht erfaßt, GG-Kommentar Dreier-*Hermes* Art. 83, Rn. 53.
273 *Langosch* 1995, S. 115 – nicht hierher gehört die hierarchische Binnenstruktur von bundes- oder landesunmittelbaren Sozialversicherungsträgern, wie etwa bei der Bundesanstalt für Arbeit.
274 Vgl. etwa § 212 SGB V für die Bundesverbände der Krankenkassen; *Hein* 1990, S. 413 f.; *Langosch* 1995, S. 114 f.
275 *Hein* 1990, S. 414 f.: Die Schaffung eines Instanzenzuges der Sozialversicherungsträger unter Beibehaltung der Organisationsform landesunmittelbarer Körperschaften ist danach ausgeschlossen.
276 *Langosch* 1995, S.119 f.
277 So vorgesehen in § 217 II Nr. 4 u. III SGB V.
278 Daher hilft es auch nichts, dies als „Ausnahmeregelung" darzustellen, auf die Partizipationsrechte des Sozialversicherungsträgers und das Ermessen des Bundesverbandes hinzuweisen (so aber *Langosch* 1995, S. 125 f.): Der Konfliktfall einer Entscheidung des Dachverbandes, der von der Regelung Gebrauch macht und das Verbandsmitglied überstimmt, führt zu dem bezeichneten verfassungswidrigen Einfluß des Bundes. Eine solche Entscheidung ist aber gerade von § 217 II Nr. 4 u. III SGB V zugelassen.

a. Zur Rechtfertigung der Körperschaften des öffentlichen Rechts durch das Rechtsstaatsprinzip

Während das Demokratieprinzip nach einer legitimatorische Rückbindung verselbständigter Verwaltungseinheiten als Ausübung von Staatsgewalt an das Volk verlangt und so tendenziell zu einer Vereinheitlichung des Systems der Verwaltungsorganisationen führt, erlaubt die föderale Struktur der Organisationsgewalt den Bundesländern und eingeschränkt auch dem Bund, bei der Ausführung von Bundesgesetzen Formen rechtlich verselbständigter Verwaltungseinheiten zu schaffen und begünstigt so die Ausdifferenzierung des Verwaltungssystems. Es ergibt sich jedoch auch hier keine verfassungsrechtliche Forderung nach einer generellen Schaffung oder Aufrechterhaltung von Körperschaften des öffentlichen Rechts in dem bei der Begriffsbestimmung vorläufig festgehaltenen Sinn von mitgliedergetragenen juristischen Personen des öffentlichen Rechts. Sieht man einmal von der Selbstverwaltungsgarantie der Gemeinden und Gemeindeverbände (Art. 28 II GG) und der Freiheit von Forschung und Lehre (Art. 5 III GG) ab, auf die im nächsten Abschnitt zurückzukommen sein wird, so stellt sich die Frage, ob in historischer Anknüpfung, etwa an *von Gneist*, aus dem Rechtsstaatsprinzip Differenzierungskriterien des Verwaltungssystems abgeleitet werden können, die eine Verpflichtung des Staates zur Schaffung einer körperschaftlichen Selbstverwaltung begründen können.[279]

Das Rechtsstaatsprinzip (Art. 20 I i.V.m. Art. 28 I S. 1 GG) verlangt, von seinen Grundpfeilern ausgehend, abwehrrechtlich den Schutz der Menschenwürde (Art. 1 I S. 2 GG) und objektivrechtlich die gewaltenteilende Verfassungsstaatlichkeit.[280] Darauf ruhend bestehen bestimmte Verfahrensgarantien wie etwa die Amtshaftung und der Grundsatz einer Differenzierung und Mäßigung der Staatsgewalt im Interesse einer Absicherung der subjektiven Rechte ihr gegenüber.[281] In verwaltungsorganisatorischer Perspektive fordert das Prinzip aufgabengerechte Organisation der Verwaltung, insbesondere Effektivität und Effizienz der Verwaltung.[282] Es verlangt, daß Entscheidungen von denjenigen Organen oder Organisationen getroffen werden, „die dafür nach ihrer Organisation, Zusammensetzung, Funktion und Verfahrensweise über die besten Voraussetzungen verfügen".[283] Insofern ließe sich auch von einem Grundsatz der „funktionsgerechten Verwaltungsorganisation" sprechen,[284] der eine laufende Prüfung und Optimierung der Organisationsstrukturen

---

279 Selbstverwaltung und Rechtsstaat schienen ihm „in der That ein und dieselbe Sache" zu sein (*Gneist* 1870, S. VI, hierzu auch *Sobota* 1997, S. 355 f.). Dem rechtsstaatlichen Gedanken der Mäßigung der Staatsgewalt entsprechend sollte sie als Bollwerk gegenüber willkürlich agierenden Amtsgewalten fungieren, *Schmidt-Eichstaedt* 1975, S. 347 f.; *Luig* 2004, S. 478 f.
280 Näher *Sobota* 1997, S. 27 ff. (Verfassungsstaatlichkeit) u. 423 f. (Menschenwürde); *Schmidt-Aßmann* 2004, Rn. 4, 28 f. u. 30 f.
281 *Schmidt-Aßmann* 2004, Rn. 46 f.; GG-Kommentar Dreier-Schulze-Fielitz Art. 20 (Rechtsstaat), Rn. 37.
282 *Schmidt-Aßmann* 2004, Rn. 79; *ders.* 1997, S. 40 f. unter Verweis auf Art. 29 I S. 1 GG und 87 e III GG; *Krebs* 1988, Rn. 77; kritisch aufgrund der Gefahr eines Sein-Sollensfehlschlusses *Sobota* 1997, S. 143 f. u. 500.
283 BVerfGE 68, S. 1 ff. (86) – Atomwaffenstationierung; 98, S. 218 ff. (251 f.) – Rechtschreibreform.
284 Vgl. etwa *Burgi* 2003, S. 431; skeptisch gegenüber einem selbständigen, aus dem Rechtsstaatsprinzip abzuleitenden Grundsatz *Sobota* 1997, S. 500.

verlangt.²⁸⁵ Zudem fordert es Klarheit der Zuweisung von Aufgaben, Kompetenzen und Verantwortungen in Verwaltungsorganisationen ²⁸⁶

Scheuner versteht das Prinzip weiter in einem materialen Sinn als Forderung nach „Schutz der persönlichen und politischen Freiheit des Bürgers und die Mäßigung und rechtliche Bindung aller öffentlichen Machtausübung".²⁸⁷ Dem dienen Dezentralisierung und Dekonzentration, die sachgerechte, weil sachnahe Entscheidungen gewährleisten sollen. Dieser Gedanke wird auch in der Selbstverwaltung aufgegriffen. Auch sie führt zu institutionellen Gegengewichten gegenüber der hierarchischen Verwaltung:²⁸⁸ Grundsatz der rechtsstaatlichen Differenz und Differenziertheit.²⁸⁹ *Hendler* hat zu Recht von der rechtlichen Selbstverwaltung durch eigenverantwortliche Erledigung öffentlicher Aufgaben als einem „Staatsdistanzprinzip" gesprochen.²⁹⁰

Demgegenüber wurde von *Breuer* kritisch eingewandt, der mögliche Freiheitsgewinn durch körperschaftliche Selbstverwaltung sei durch eine Zwangskollektivierung erkauft. Der Einzelne gerate unter den Zwang von Gruppeninteressen und stehe in der Gefahr der Majorisierung seiner eigenen Interessen.²⁹¹ Zur Realisierung des mit der Selbstverwaltung verbundenen Freiheitsgewinns seien freiheitssichernde rechtliche Voraussetzungen und effektive Kontrollen einzurichten. In der Tat: Gneist hat im Prinzip der Selbstverwaltung ein Instrument der Bürgeraktivierung gefunden, das fest eingebunden blieb in den hoheitlichen Staatsapparat. Ehrenamtliche Bürgerbeteiligung, nicht rechtliche Selbstverwaltung im Sinne der durch eine autonome Körperschaft eigenverantwortlich wahrzunehmenden Verwaltungsaufgaben, ist sein Motto. Insofern berücksichtigt ein Rekurs auf Gneist die von Breuer geforderte Einbindung in die allgemeinverbindliche staatliche Willensbildung, die von Scheuner nur von der monarchischen in eine demokratische Legitimation gewendet wird. Sie trägt jedoch nicht das ganze Konzept körperschaftlicher Selbstverwaltung, zu der neben der inneren durch Teilhabe an den Körperschaften freiheitssichernde Funktion noch die äußere, eigenverantwortliche Entscheidung der rechtlich selbständigen juristischen Person gehört.

Schließlich bringt das Rechtsstaatsprinzip den Gedanken der Beschränkung des Prinzips der Volkssouveränität durch die verfassungsrechtlich verbürgten Freiheitsrechte ein²⁹² und zeigt, daß erst eine Balance aus beiden Prinzipien Freiheitlichkeit im Sinne der Selbstgestaltungsfähigkeit²⁹³ begründet. Auch der von der Rechtsprechung immer wieder angeführte Gedanke der effektiveren Normdurchsetzung durch die Anteilnahme der Bürger an autonom gesetztem Recht und damit eine größere Nähe zwischen hoheitlicher Rechtsetzung und gesellschaftlicher

---

285 *Schmidt-Aßmann* 1993, S. 701.
286 GG-Kommentar Dreier-*Schulze-Fielitz* Art. 20 (Rechtsstaat), Rn. 192; *Krebs* 1988, Rn. 77; *Schmidt-Aßmann* 2004, Rn. 79; v. Mangoldt/Klein/Starck-*Sommermann* Art. 20, Rn. 290.
287 *Scheuner* 1960, S. 250; *Schnapp* 1983, S. 898; *Oebbecke* 2003, S. 371; *Kahl* 2000, S. 411.
288 GG-Kommentar Dreier-*Schulze-Fielitz* Art. 20 (Rechtsstaat), Rn. 72.
289 *Schmidt-Aßmann* 1987, Rn. 26.
290 *Hendler* 1990, Rn. 23 u. 36 f. *Oebbecke* 2003, S. 371, der auch auf die Möglichkeiten unterschiedlicher Problemwahrnehmung durch selbständige Entscheidungszentren hinweist.
291 *Breuer* 1977, S. 12.
292 *Sobota* 1997, S. 477.
293 *Sobota* 1997, S. 46 ff., 478 f.

Normbefolgung findet im Gedanken der Rechtsstaatlichkeit eine Bestärkung im Prinzip der Öffentlichkeit des Staatshandelns.[294]

Folgt man der Perspektive von Gneists, lassen sich Gründe anführen, die eine Einbeziehung der Bürger in die öffentliche Verwaltung und die hierdurch begünstigte Differenzierung rechtfertigten, sofern diese wiederum in rechtsstaatlichen Grenzen erfolgt. Die Möglichkeit sachnaher Entscheidungen durch dezentrale Verwaltungseinheiten kann ebenso mit diesem Prinzip verbunden werden wie die dadurch bewirkte Schaffung von Gegenlagern. Ableiten läßt sich eine Forderung nach Schaffung von Selbstverwaltungseinrichtungen aus dem Prinzip jedoch nicht. Es fungiert aber als Gegengewicht der Sicherung individueller Freiheit gegenüber dem Demokratieprinzip auch in öffentlichen Organisationen.[295]

b. Gewaltenteilung und Organisationsgewalt: Gubernative oder Legislative

Anders als die Landesverfassungen[296] enthält das GG keine ausdrückliche Bestimmung darüber, daß die Errichtung von Verwaltungsträgern durch ein formelles Gesetz zu erfolgen habe. Grund für die Zuständigkeit des Gesetzgebers ist vielmehr der allgemeine institutionelle Gesetzesvorbehalt. Danach darf die vollziehende Gewalt nicht von sich aus Veränderungen in der Substanz der staatlichen Hoheitsrechte vornehmen und ist nicht befugt, grundlegende Veränderungen der Organisationsregelungen zu treffen.[297] Die Schaffung neuer rechtlich verselbständigter Verwaltungseinheiten und neuer Behördentypen bedarf einer gesetzlichen Entscheidung,[298] weil nur so trotz der Staatsdistanzierung dieser Organisationen der demokratische Einfluß erhalten bleibt. Infolgedessen kommt zur Errichtung von Körperschaften[299] keine Organkompetenz der Regierung, sondern nur des Gesetzgebers in Betracht.[300] Dabei sind die wesentlichen Organisationsaufgaben[301] und ihre grundrechtsrelevanten Befugnisse, die Festlegung der Grundzüge der Binnenverfassung und die Bestimmungen über die staatliche Lenkung durch den

---

294 *Sobota* 1997, S. 498 f.
295 Zum Verhältnis von Demokratieprinzip und Rechtsstaatsprinzip: *Schmidt-Aßmann* 1987, Rn. 96: Beide sind komplementäre Elemente im Dienste der Freiheitsidee.
296 Vgl. etwa Art. 77 LV NRW; Art. 70 I S. 1 LV BW; weitere Nachweise bei *Schmidt-Aßmann* 1977, S. 341; *Burmeister* 1991, S. 53 f. u. *Stelkens* 2003, S. 491 f.; *Schmidt-De Caluwe* 1993, S. 143.
297 *Böckenförde* 1999, S. 95 f.; *Emde* 1991, S. 70 f. Zu seinen Grenzen in bezug auf den Eigenbereich der Exekutive/Gubernative *Schmidt-Aßmann* 1977, S. 347 u. 350; zu seiner notwendigen Abgrenzung vom Gesetzesvorbehalt im Sinne der Wesentlichkeitstheorie *Böckenförde* 1999, S. 1235; *ders.* 1998, S. 89 ff.; zurückhaltend gegenüber einem allgemeinen Gesetzesvorbehalt und Rückführung auf die besonderen in Art. 28 I S. 1 GG und in den Art. 84 ff. GG: *Krebs* 1988, Rn. 58 f.; zu seiner Fundierung im Demokratieprinzip auch Berliner Kommentar-*Groß* Art. 86, Rn. 37.
298 *Schmidt-Aßmann* 1987, S. 264; *ders.*1977, S. 347, wenn dabei das Moment der Verselbständigung im Zentrum steht und die Rechtsfähigkeit nur Akzidenz ist, bedarf es einer gesetzlichen Grundlage nicht nur bei rechtsfähigen Körperschaften des öffentlichen Rechts, sondern auch bei den nichtrechtsfähigen, wie etwa den Fakultäten.
299 Nicht aber von Behörden, soweit sie keine Befugnisse zu Grundrechtseingriffen haben, *Stelkens* 2003, S. 491.
300 *Böckenförde* 1998, S. 96 f.; *Stelkens* 2003, S. 491; *Krebs* 1988 Rn. 88; *Maurer* 2002, § 21 Rn. 66; *Schmidt-De Caluwe* 1993, S. 144.
301 Auch im Bürgerinteresse, *Maurer* 2002, § 6 Rn. 21; vor allem aber im Interesse der Sicherung des parlamentarischen Einflusses auf die Staatsleitung: *Krebs* 1988, Rn. 87; *Schmidt-De Caluwe* 1993, S. 144.

Gesetzgeber selbst zuzuweisen.³⁰² Nur die Binnendifferenzierung der Staatsverwaltung in Behörden im Rahmen des Spektrums überkommener Formen und ihre Selbstorganisation in expliziten verfassungsrechtlichen Grenzen bleibt – auch aus Gründen der Gewaltenbalance³⁰³ als „Residualfunktion"³⁰⁴ prinzipiell bei der Regierung.³⁰⁵ Insgesamt ist vor dem Hintergrund der demokratischen Fundierung des institutionellen Gesetzesvorbehalts der Grad der Verselbständigung von der Parlamentsverantwortung der Regierung entscheidend und nicht die Rechtsform.³⁰⁶ Die Kompetenz zur Selbstorganisation einer Verwaltungseinheit besteht dabei jeweils im Rahmen der Hierarchie der Organisationsgesetze. Besonders gesichert ist sie für die kommunalen Gebietskörperschaften durch die verfassungsrechtlich verankerte Organisationshoheit (s. u.).

Abgesehen von der Notwendigkeit gesetzgeberischer Organisationsentscheidung, besteht Einigkeit, daß sie prinzipiell jederzeit möglich ist, so daß der Gesetzgeber ein Zugriffsrecht auf diese Materie besitzt.³⁰⁷ Sie ist aber begrenzt durch den „Kernbereich exekutivischer Eigenverantwortung", der aus dem Grundsatz der parlamentarischen Verantwortlichkeit der Regierung abzuleiten ist.³⁰⁸ Dieser Bereich sichert jedoch keinen festen Bestand einzelner Befugnisse, sondern soll generell die Funktionsfähigkeit der Verwaltung erhalten.³⁰⁹ Ist die Organisationshoheit nicht wie bei den Gemeinden verfassungsrechtlich geschützt, kann auch hier der Gesetzgeber auf Verfahren und Organisation zugreifen.³¹⁰

c. Zusammenfassung

Faßt man diese Aspekte zusammen, lassen sie sich durch den Bezug auf die Organisationsdimensionen systematisieren: Das Rechtsstaatsprinzip trägt wichtige Bausteine zur Rechtfertigung der Dezentralisierung des Verwaltungssystems durch rechtlich verselbständigte Verwaltungsorganisationen bei. Es verlangt in der Selbständigkeitsdimension sachnahe und damit ggf. dezentrale Organisationen zur funktionsgerechten und freiheitssichernden Erledigung von Verwaltungsaufgaben, sowie eine klare Aufgabenzuweisung und entsprechende Zurechnungsfähigkeit

---

302 *Emde* 1991, S. 72; *Schmidt-Aßmann* 1977, S. 342, 347 zur Erweiterung auch auf den nichtrechtsfähig organisierten Bereich.
303 *Böckenförde* 1999, S. 1236.
304 Berliner Kommentar-*Groß* Art. 86, Rn. 40; GG-Kommentar Dreier-*Hermes* Art. 86, Rn. 58.
305 Etwa Art. 70 II LV BW; *Schmidt-De Caluwe* 1993, S. 145.
306 Das gilt insbesondere durch die Verselbständigung in Form der Verleihung von weitreichender Autonomie, die nicht an die rechtliche Verselbständigung gebunden ist, Berliner Kommentar-*Groß* Art. 86, Rn. 37; *Schmidt-Aßmann* 1977, S. 348.
307 Zum Ausdruck gebracht auch in Art. 86 S. 2 GG, ansonsten aber als allgemeiner Grundsatz schon aus der verfassungsrechtlichen Stellung des Parlaments ableitbar, *Böckenförde* 1998, S. 286; vgl. auch *Burmeister* 1991, S. 93 f.; *Schmidt-De Caluwe* 1993, S.143 f.; *Traumann* 1998 S. 363 ff.; einschränkend Berliner Kommentar-*Groß* Art. 86, Rn. 38.
308 BVerfGE 67, S. 100 ff. (139) – Flick-Untersuchungsausschuß; 68, S. 1 ff. (87) – Atomwaffenstationierung; BVerfG NJW 1985, S. 603 ff. (605); kritisch zu dieser Rechsprechung und den Ansätzen in der Literatur: *Traumann* 1998 S. 373 ff.; zum Ausdruck: *Scholz* 1980, S. 598.
309 Skeptisch gegenüber dem Begriff *Dreier* 1991, S. 184: „nicht randscharfe, konturenklare Rechtskategorie, sondern eher ein Suchbegriff".
310 *Emde* 1991, S. 75.

und Kompetenzzuweisung.[311] Die Notwendigkeit klarer Kompetenzenzuordnung strukturiert auch die Binnenorganisation von Verwaltungsorganisationen.[312] In der Umweltdimension der Verwaltungsorganisation sind klare Befugniszuweisungen, eine klare Abgrenzung der Rechtssphären von Organisation und Bürger, auch der Organisation gegenüber der unmittelbaren Staatsverwaltung und anderen hoheitlichen Eingriffen unter dem Grundsatz der Verhältnismäßigkeit, resp. dem „gemeindespezifischen Aufgabenverteilungsprinzip",[313] die maßvolle Einbeziehung des Bürgers in die Organisation und ausreichende Rechtsschutzmöglichkeiten.

5. Sozialstaatsprinzip

Schmitt Glaeser hat vorgeschlagen, aus dem Sozialstaatsprinzip eine „sozialstaatliche Minimalpartizipation" abzuleiten, die sich nicht nur auf Anhörungsrechte beschränkt, sondern echte Mitentscheidungsbefugnisse umfassen soll.[314] Unterstützung findet diese Auffassung, wenn der Begriff des Sozialstaates von dem des Wohlfahrtsstaates durch das Kriterium der Berücksichtigung der Eigenverantwortlichkeit und dem notwendigen Respekt vor dem Selbstverständnis des Hilfeempfängers heranzieht.[315] Unter Heranziehung der Menschenwürdegarantie fordert er, daß der Einzelne nicht zum „Objekt staatlicher Daseinsvorsorge" gemacht werden dürfe.[316] Andere verweisen auf ein anspruchsvoll verstandenes Republikprinzip, das im Zusammenhang mit dem Sozialstaatsprinzip die Teilnahme möglichst vieler an den Lasten der Gemeinschaft im Sinne der Solidarität nahelegt – jedoch ohne daraus eine spezifische Konsequenz in dem Sinne zu ziehen, daß daraus eine körperschaftliche Organisation dieser Solidarität notwendig folge.[317]

Es ist sicherlich nicht zu übersehen, daß gerade im Zusammenhang mit der Daseinsvorsorge gewaltige bürokratische Apparate aufgebaut wurden.[318] Wollte man jedoch hier überall von Unmenschlichkeit sprechen, liefe das auf eine Fundamentalkritik der Bürokratie hinaus. Sollte diese auf das Sozialstaatsprinzip gestützt werden, würde das Sozialstaatsprinzip gewissermaßen gegen sich selbst gekehrt: Das Sozialstaatsprinzip in seiner Mitentscheidung fordernden Variante würde den Aufbau derjenigen Bürokratie verhindern, die zur Erfüllung der von ihm als Leistungsprinzip gestellten Aufgaben notwendig ist.[319] Auch historisch zeigt sich, daß die körperschaftliche Selbstverwaltung bei den auf massenhafte Erbringung von Sozialleistungen ausgerichteten Sozialversicherungsträgern am schwächsten aus-

---
311 Wolff/Bachof/Stober-*Kluth* 2004, § 81 Rn. 222.
312 „funktionsgerechte Verwaltungsorganisation", checks-and-balances, Wolff/Bachof/Stober-*Kluth* 2004, § 81 Rn. 226.
313 v. Mangoldt/Klein/Starck-*Sommermann* Art. 20, Rn. 306 f.
314 1972, S. 257.
315 GG-Kommentar Dreier-*Gröschner* Art. 20, Rn. 17, der auch darauf hinweist, daß das Sozialstaatsprinzip nicht einfach zur Herstellung eines gerechten Zustands verpflichtet, sondern auch eine prozedurale Dimension besitzt (Rn. 51).
316 1972, S. 253.
317 Zurückhaltend *Zacher* 2004, Rn. 85. Zur Republik als Gestaltungsprinzip: Gröschner 2004, Rn. 40.
318 *Forsthoff* 1973, S. 368 ff. u. 567 f.
319 Gegen die Ableitung der sozialen Selbstverwaltung aus dem Sozialstaatsprinzip auch *Breuer* 1977, S. 12 f.

geprägt, ja ungeachtet des gesetzlich verliehenen körperschaftlichen Etiketts teilweise in Anstaltsform erbracht wird.[320]

Mit dem Rekurs auf das Verbot, den Einzelnen zum „Objekt staatlicher Daseinsvorsorge" zu machen, ist denn auch eher das Menschenwürdeprinzip angesprochen. Es verlangt nach Beachtung auch in der Verwaltungsorganisation und unterstützt, wie oben gezeigt den Aspekt der Selbstregierung auch dort, wo er nicht vom Demokratieprinzip erfaßt wird; alleine oder mit dem Sozialstaatsprinzip wird es aber nicht die grundsätzliche Forderung nach Mitentscheidung und in diesem Sinne körperschaftlicher Selbstverwaltung der gesamten Daseinsvorsorge begründen können. Die Fremdbestimmung, die auch bei der körperschaftlichen Selbstverwaltung durch den Anteil an der Willensbildung der Organisation nicht aufgehoben wird,[321] wird dadurch aber gleichwohl abgemildert.

6. Das Republikprinzip

Eine weitere Verstärkung erfährt die Körperschaft aus dem material verstandenen Republikprinzip.[322] Auch wenn dieses Prinzip am stärksten in der englischen Tradition des lokal- oder self-government zum Ausdruck gelangt, blieb es doch auch für die deutsche Tradition nicht ohne Einfluß.[323] Ist beim *Reichsfreiherrn Heinrich Karl vom und zum Stein* noch umstritten, wie stark der englische Einfluß war,[324] liegt er bei *von Gneist* offen zutage.[325] Es darf aber nicht übersehen werden, daß die Idee der Bürgeraktivierung zur Förderung des Gemeinwohls im 19. Jahrhundert von einem durchaus antidemokratischen Ressentiment getragen war.[326] Die nach der Revolution unter der Weimarer Reichsverfassung notwendig anstehende Diskussion, wie körperschaftliche Selbstverwaltung und demokratischer Staat zusammenpaßten, wurde dann bezeichnender Weise nicht mehr unter Rekurs auf ein materiales Republikprinzip geführt.[327]

---

320 Vgl. zu den Spannungen zwischen dem Sozialstaats- und dem Prinzip demokratischer Selbstbestimmung, *Zacher* 2004, Rn. 87 f.
321 *Isensee* 1995, S. 337.
322 Zu der Unterscheidung in formales und materiales Republikprinzip: *Gröschner* 2004, Rn. 1 f.; *Anderheiden*: Gemeinwohl (Manuskript), S. 258 ff., S. 285: „Die Interpretation von ‚Republik' als ‚Nicht-Monarchie' stellt nur den kleinsten gemeinsamen Nenner der wirkmächtigsten politischen Gruppierungen der Zeit [Weimarer Staatsrechtslehre, S.K.] dar"; v. Mangoldt/Klein/Starck-*Sommermann* Art. 20, Rn. 13 f.; GG-Kommentar Dreier-*Dreier* Art. 20 (Republik), Rn. 20.
323 *Henke* 1987, § 21 Rn. 13: „Die städtische Selbstverwaltung seit 1808 fand in republikanischen Formen statt". Zur Geschichte der Stadtrepubliken vgl. die Übersicht von *Henke* 1981, S. 249; ders. 1987, § 21 Rn. 20 f. Angesichts der dominierenden Rolle der Patrizier in der frühneuzeitlichen Städteverfassung muß festgehalten werden, daß wenigstens hier sich Demokratie und Republik ausschlossen, *Schilling* 2004.
324 Zurückhaltend: *Heffter* 1969, S. 88 u. differenzierend S. 100 f.: In der Ablehnung des Zentralismus und einem rousseauschen Demokratiemodell war Stein britisch; den englischen Einfluß heben auch *Wolter* 1993, S. 642 ff., *Menger* 1983, S. 26, *Forsthoff* 1932, S. 9 hervor; *Preuss* 1906, S. 235 f. betont daneben den französischen Einfluß.
325 *Heffter* 1969, S. 526.
326 *Luig* 2004, 472 f.: Die Selbstverwaltung war für ihn ein Mittel zur Eingliederung der Klassen in den Nationalstaat im Dienst der sozialen Gerechtigkeit. „Diese Selbstverwaltung läßt sich aber nur in einen monarchischen Staat einbauen und nicht in eine Demokratie".
327 Wenn man wie Preuß von der Strukturgleichheit von Gemeinde und Staat annahm, dann war zwar Art. 1 I WRV, wonach Deutschland eine Republik sei, zu beachten; „Die deutsche Republik" konnte

Den Staat als res publica zu verstehen, bedeutet, wie es *Richard Thoma* formulierte, ihn „als ein Gemeinwesen" zu begreifen, „an dem alle Bürger teilhaben, in dem jede Herrschaft zum Dienst an den Gliedern, jedes Glied zum Dienst am Ganzen verbunden wird. Republik in diesem Sinne macht den Untertan zum Bürger und verpflichtet und berechtigt ihn zu der Gesinnung und der tätigen Bereitschaft, die Friedrich Naumann in die Worte gekleidet hat: ,Der Staat, das sind wir'"[328] Mit dem materialen Begriff der Republik wird eine gegliederte Gemeinwohlverantwortung angesprochen, in die auch die verselbständigten Verwaltungseinheiten einzubeziehen sind.[329] Dabei ist hervorzuheben -später wird darauf noch näher eingegangen – daß es sich bei diesem Gemeinwohl nicht um eine Kontingenzformel für die überpositive werthafte Einheit des als Ganzheit verstandenen Staates gehen kann. Vielmehr muß das Gemeinwohlprinzip im Kontext der funktional ausdifferenzierten Gesellschaft von seinen normativen verfassungsrechtlichen Vorgaben her als sich aus dem GG ergebende Gemeinwohlordnung verstanden werden.[330] Das Republikprinzip bringt diesen Bezug des Einzelnen zum Gemeinwesen, der in den Grundrechten, im Demokratie- und Rechtsstaatsprinzip verankert sind, auf einen gemeinsamen Begriff und stellt ihn, soweit dies nicht in den Verbürgungen schon geschehen ist, in die Perspektive staatlicher Einheit.[331]

Das Republikprinzip eröffnet hier eine vorsichtige Perspektive auf das Einwirkungspotential des Einzelnen auf die öffentlichen Angelegenheiten einerseits (Partizipation, Zugang zu öffentlichen Ämtern) und die Möglichkeit seiner Inpflichtnahme und der Pflichten im Amt andererseits.[332] Die Einwirkungspotentiale betreffen den status activus des Bürgers insgesamt und gehen daher über seine demokratische Mitwirkung als Teil des Staatsvolks hinaus. Als Amtsträger kann von der Person dann Interessentranszendenz, die Berücksichtigung des Ganzen als Citoyen verlangt werden,[333] auf die gerade auch die interessenvertretenden Kammern abzielen, wenn sie die Vertretung des „Gesamtinteresses" ihrer Mitglieder zur Aufgabe der Körperschaft machen. Angesprochen ist mithin die Einbettung der

---

aber „nur die demokratische Selbstorganisation des deutschen Volkes als einer politischen Gesamtheit sein". (Preuß 1926, S. 370). Neben der Konnotation der Einheit, blieb ging also der Republikbegriff im demokratischen auf.
328 *Thoma* in: Anschütz/Thoma Staatsrecht I 1930, S. 186, zit. nach *Anderheiden*: Gemeinwohl (Manuskript), S. 281; vgl. auch v. Mangoldt/Klein/Starck-*Sommermann* Art. 20, Rn. 14 u. 30; zum Weg des Republikprinzips im Parlamentarischen Rat bis zur gegenwärtigen Fassung auch *Anderheiden*: Gemeinwohl (Manuskript), S. 258 f.
329 *Kirste* 2002, S. 342 f., u. 360 f.; zum Zusammenhang von Republik und Gemeinwohl: *Anderheiden*: Gemeinwohl (Manuskript), S. 265 f. u. 307 ff., der das Republikprinzip als „Prinzip der Bereitstellung kollektiver Güter" versteht (S. 310).
330 Wozu das Republikprinzip mit seinem Rekurs auf die Selbstbestimmung und der Ablehnung aller Arten von Herrschaft aus höherrangigem Recht selbst Anlaß gibt, *Gröschner* 2004, Rn. 39 u. 42; v. Mangoldt/Klein/Starck-*Sommermann* Art. 20, Rn. 15.
331 *Isensee* 1981, S. 8: „Republik steht als Name für das Ganze, das sonst nur in umständlicher Umschreibung („freiheitlich demokratische Grundordnung") angesprochen wird"; insofern ist der materiale Begriff der Republik nicht überflüssig, so aber GG-Kommentar Dreier-*Dreier* Art. 20 (Republik), Rn. 19; auch *Böckenförde* 2004, § 24, Rn. 96; kritisch dazu *Anderheiden*: Gemeinwohl (Manuskript), S. 261 f., 318 f.: insbesondere hat es trotz der Aufwertung der Grundrechte gegenüber der Weimarer Reichsverfassung seine Bedeutung.
332 *Gröschner* 2004, Rn. 27 u. 43 im Anschluß an Rousseau. Ohne daß aus diesem Prinzip jedoch etwa Grundpflichten abgeleitet werden könnten, *Gröschner*, a.a.O., Rn. 48; *Kirste* 2002, S. 332 f.
333 *Gröschner* 2004, Rn. 67.

subjektiven Freiheit in die verfassungsmäßige Ordnung des Grundgesetzes.[334] Hier wird auch eine Betroffenenpartizipation mit dem Republikprinzip in Verbindung gebracht: Diejenigen sollen partizipieren können, die von einem kollektiven Gut betroffen sind.[335] Bund und Länder finden damit im Republikprinzip eine Bestärkung bei der Schaffung von Körperschaften des öffentlichen Rechts zur Interessenvermittlung von Einzelnen und Allgemeininteresse. Dabei ergeben sich aber aus den weiteren Verfassungsprinzipien und insbesondere den Grundrechten Beschränkungen dieser Möglichkeiten.

Die Heranführung dieses Prinzips an die Körperschaften des öffentlichen Rechts hat jedoch zu konstatieren, daß Art. 28 I GG zwar in Satz 1 das Republikprinzip zur verfassungsmäßigen Ordnung der Länder zählt, nicht aber in Satz 2 zur notwendigen Ausstattung der Kreise und Gemeinden macht.[336] Zwar sind die kommunalen Gebietskörperschaften Teil der Landesverwaltung, die Nichterwähnung des Prinzips in Satz 2 zeigt aber, daß ihre Stellung nicht die von Stadtrepubliken sein kann: Eine Republik sind die staatsrechtlichen Gebietskörperschaften Bund und Länder, nicht aber die Gemeinden und Gemeindeverbände. Auch die Landesverfassungen beziehen das Republikprinzip nur auf das Land,[337] nicht aber auf die Gemeinden oder sonstigen Körperschaften des öffentlichen Rechts. Die Binnenverfassung der Körperschaften des öffentlichen Rechts ist mithin nicht „republikanisch".

Während also das Rechtsstaatsprinzip als Differenzierungsprinzip des Verwaltungssystems auf eine funktionsadäquate Organisation der Aufgaben drängt und das Demokratieprinzip als vereinheitlichendes Strukturprinzip eine Legitimation durch das Staatsvolk fordert, ergibt sich aus einem material verstandene Republikprinzip eine dialektische Einheit aus vereinheitlichender Tendenz der Hinordnung der öffentlichen Organisationsentscheidungen auf das Gemeinwohl und der Freiheitsbetätigung der Einzelnen in diesem Interesse. In dieser politische Freiheitsbetätigung des Einzelnen mit Hinordnung auf das politische Ganze vermittelnden Einheit unterstützt das Republikprinzip wesentliche Strukturentscheidungen der Körperschaften des öffentlichen Rechts.

7. Grundrechte

Aus den Grundrechten ergeben sich Anforderungen an Verwaltungsorganisationen in mehrfacher Hinsicht:[338] (1.) schaffen Organisationen die Voraussetzungen der Verwirklichung von Freiheit;[339] (2.) können Verwaltungsorganisationen, sofern sie

---

334 *Gröschner* 2004, Rn. 45; wenn hierbei als beschränkendes Moment des Republikprinzips der in ihm enthaltene Gedanke des Gemeinwohls angesprochen wird, ist allerdings zu bedenken, daß der Gemeinwohlentwurf des GG eine vermittelte Einheit aus Einzelinteresse und Staatsinteresse darstellt, *Kirste* 2002, S. 342 f.
335 *Anderheiden*: Gemeinwohl (Manuskript), S. 587 f., der jedoch zu Recht sehr zurückhaltend gegenüber organisatorischen Forderungen aus dem Republikprinzip ist, S. 627 f.
336 Art. 28 I Satz 2 beschränkt sich vielmehr auf spezifisch demokratische Homogenitätsvorgaben, v. Mangoldt/Klein/Starck-*Tettinger* Art. 28, Rn. 83.
337 GG-Kommentar Dreier-*Dreier* Art. 20 (Republik), Rn. 14.
338 Wolff/Bachof/Stober-*Kluth* 2004, § 81 Rn. 243 f.
339 Vgl. etwa *BVerfG* 35, S. 79 ff. (121 f.) – Hochschulurteil. Aus den Grundrechten ergibt sich jedoch nicht die Notwendigkeit einer bestimmten Organisationsform (*BVerfG* a.a.O., S. 116).

A. Verwaltungsorganisationsrecht

nicht grundrechtsverpflichtet sind, selbst Grundrechtsträger sein; (3.) ergeben sich Vorgaben für die Binnenstruktur von Verwaltungsorganisationen; (4.) können sie vor einer Pflichtrekrutierung schützen. Diese vier Aspekte der Prägung von Organisationen durch die Grundrechte können wiederum den drei Organisationsdimensionen zugeordnet werden: Auf die Selbständigkeitsdimension sind der erste und zweite, auf die Binnenstruktur der dritte und auf das Umweltverhältnis der vierte Aspekt bezogen. Weil dies an seiner systematischen Stelle ausführlicher zu behandeln sein wird, soll hier nur übersichtsweise darauf eingegangen werden.

Politische Organisation wirkt nicht nur freiheitsbeschränkend, sondern auch freiheitsermöglichend und stellt so eine „notwendige Bedingung der Freiheit" dar:[340] Grundrechte „bedürfen der Organisation".[341] In ihnen wird eine gegliederte und differenzierte Form der Selbstbestimmung des Bürgers möglich.[342] Darauf war oben schon bei der Frage der Fundierung von autonomer und demokratischer Legitimation im menschenwürde-getragenen Prinzip der Selbstbestimmung des Menschen hingewiesen worden. Ferner ist auf die Verwirklichung der Grundrechte durch Organisationen hinzuweisen, wie sie sich etwa im Hochschulbereich vollzieht. Die Bereitstellung der Organisation selbst dient hier der Verwirklichung der Grundrechte.[343]

Verwaltungsorganisationen können nicht nur gegenüber ihren Mitgliedern, sondern auch gegenüber der sonstigen staatlichen Verwaltung soweit rechtlich verselbständigt sein, daß sie selbst Träger von Grundrechten sind (Art. 19 III GG). Dies kann – auf die restriktive Rechtsprechung des BVerfGs wird einzugehen sein – insbesondere dann der Fall sein, wenn und soweit sie von staatlichem Handeln in ihrer der Verwirklichung der Grundrechte dienenden Funktion ebenso betroffen sind, wie natürliche Personen als Grundrechtsträger. Die Ausgestaltung der Binnenstruktur von Verwaltungsorganisationen wird durch Grundrechte geprägt, indem Partizipationsformen, Mitspracherechte oder Freiräume für den Grundrechtsgebrauch vorgesehen werden müssen.[344] Während gesellschaftliche Organisationen durch freiwilligen Zusammenschluß gebildet und durch freiwillige Aufnahme regeneriert werden, erfolgt die Rekrutierung der Mitglieder von Verwaltungsorganisationen als Wehrpflicht, in Gestalt der Verpflichtung zur Übernahme von Ehrenämtern oder der Zwangsmitgliedschaft in Körperschaften des öffentlichen Rechts häufig gegen den Willen des Bürgers. Hier schützen die Grundrechte vor einer nicht verfassungsrechtlich gerechtfertigten Zwangsrekrutierung.

---

340 *Böckenförde* 1992/2, S. 51 f.; für die Menschenrechte *Isensee* 1992, § 115 Rn. 49 f.; schon *Hegel* 1972, § 260, S. 221.
341 *Isensee* 1992, § 115 Rn. 152; *Hesse* 1994, § 5 Rn. 44 f.
342 *Böckenförde* (1992/2, S. 53) hebt in diesem Zusammenhang auch Dezentralisation und Selbstverwaltung hervor.
343 BVerfG v. 26. Oktober 2004 1 BvR 911/00, 1 BvR 927/00, 1 BvR 928/00: „Dem einzelnen Träger des Grundrechts aus Art. 5 III Satz 1 GG erwächst aus dieser Wertentscheidung ein Recht auf solche staatlichen Maßnahmen auch organisatorischer Art, die zum Schutz seines grundrechtlich gesicherten Freiheitsraums unerläßlich sind, weil sie ihm freie wissenschaftliche Betätigung überhaupt erst ermöglichen".
344 Wolff/Bachof/Stober-*Kluth* 2004, § 81 Rn. 254 f.

8. Zusammenfassung

Sieht man von der Selbstverwaltungsgarantie der Gemeinden (Art. 28 II S. 1 GG) und der Wissenschaftsfreiheit ab, so gibt es keine verfassungsrechtliche Verpflichtung zur Errichtung von verwaltungsrechtlichen Körperschaften des öffentlichen Rechts. Aus den grundlegenden Verfassungsprinzipien ließ sich keine allgemeine Forderung nach körperschaftlicher Selbstverwaltung begründen.[345] Im Gegenteil erschienen die Körperschaften im Hinblick auf das grundsätzlich zu erreichende demokratische Legitimationsniveau wegen der ihnen eingeräumten Autonomie und den Mitentscheidungsbefugnissen einer kleinen Gruppe von Bürgern als problematisch und daher rechtfertigungsbedürftig. Das Defizit an demokratischer Legitimation wird nicht durch eine autonome demokratische Legitimation kompensiert. Das BVerfG hat aber zu Recht hervorgehoben, daß ergänzende Legitimationsmodi bestehen, die dem Gedanken der Selbstbestimmung der Bürger Rechnung tragen können. Nicht als Forderung nach der Schaffung von Körperschaften des öffentlichen Rechts, wohl aber als verfassungsrechtlicher Gesichtspunkt zu ihrer Rechtfertigung konnte das letztlich in der Menschenwürde verankerte Prinzip der Selbstbestimmung angeführt werden. Und auch das Rechtsstaatsprinzip rechtfertigt dezentrale, sachnahe Entscheidungen. Das Republikprinzip unterstützt den Gedanken der Betroffenenverwaltung im Interesse einer gestuften Gemeinwohlverwirklichung. So wenig die Selbstverwaltung im 19. Jahrhundert das monarchische Prinzip in Frage stellte, sondern dem Bürger im öffentlichen Interesse und im Interesse der Entfaltung seiner Freiheit im öffentlichen Raum eine Einflußnahme auf Verwaltungsentscheidungen eröffnete, so wenig stellt sie im demokratischen Verfassungsstaat Demokratie und demokratische Kontrolle der Verwaltung in Frage, sondern ergänzt sie um einen eingeschränkten Bereich der Erfüllung öffentlicher Aufgabe unter Aktivierung von jeweils besonders betroffenen Bürgern.

III. Drei Dimensionen des Verwaltungsorganisationsrechts

Hauptanliegen der Arbeit ist es, die Ausdifferenzierung der Körperschaft des öffentlichen Rechts als Verwaltungsorganisation aus dem oben grob umrissenen Makrosystem der Verwaltung rechtlich zu rekonstruieren. Dazu sind aufgrund des vorgeschlagenen Organisationsmodells rechtliche Voraussetzungen, Formen und Grenzen der Herausbildung selbständiger Verwaltungsorganisationen in diesem System zu untersuchen, das Recht der Binnenstruktur dieser Organisationen zu analysieren und schließlich die Rechtsbeziehungen dieser ausdifferenzierten Verwaltungsorganisation zu ihrer Umwelt zu verfolgen.[346] Will man die den

---

345 Die Landesverfassungen (etwa Art. 155 LV Bay, die aber eine besondere Stellung besitzen) anerkennen zwar Selbstverwaltungsorganisationen; nur selten aber fordern sie deren Errichtung als Körperschaften. Sie wiederholen insofern die institutionelle Garantie der Gemeinden und sehen die Errichtung weiterer als Möglichkeit vor,
346 In etwas anderer Formulierung und Reihenfolge auch *Schmidt-Aßmann* (1998, S. 212) „Das Organisationsrecht muß die als Organisationen greifbaren sozialen Wirkungsgefüge rechtlich ordnen. Es muß ihnen ihre Stellung im Verhältnis zu anderen Sozialsystemen und überhaupt im Rechtsverkehr

Organisationsdimensionen zugeordneten Rechtsmaterien unterscheiden, könnten sie konstituierendes Organisationsrecht, Innerorganisationsrecht und Organisationsaußenrecht genannt werden. Nach der verspäteten Verabschiedung der Vorstellung rechtsfreier Innenräume der Verwaltung[347] spielt die Unterscheidung von Innenrecht und Außenrecht eine wichtige Rolle.[348] Die Differenzierung von Innerorganisationsrecht und Organisationsaußenrecht soll diese Unterscheidung nicht unterlaufen, wird die Grenzen von beiden jedoch nicht funktional, sondern organisatorisch ziehen.[349] Im folgenden sollen diese drei Perspektiven als Leitfaden der späteren Untersuchung nur kurz umrissen werden

1. Konstituierendes Organisationsrecht

Zunächst muß eine Verwaltungsorganisation auch rechtlich durch eine Innen-Außen-Unterscheidung von ihrer Umwelt abgegrenzt werden. Als konstituierende sollen hier diejenigen Rechtssätze verstanden werden, die sich auf die selbständige äußere Gestalt der Verwaltungsorganisation beziehen. Entsprechend der oben entwickelten Organisationsstruktur geht es im Kern um die Fragen der Rechtsform der Verselbständigung und die Bedeutung der Ziele als Aufgaben. Das Verwaltungsorganisationsrecht hat hier konstituierende und abgrenzende Funktion.[350]

a. Rechtliche Verselbständigung

Die grundlegende organisationsrechtliche Frage bei der Schaffung neuer Verwaltungsorganisationen ist diejenige nach ihren formalen Strukturen und den identitätsbildenden Zielen. Für den Gesetzgeber ergeben sich nur wenige Gebote hinsichtlich einer bestimmten Organisationsform, so daß er eine weitgehende Wahlfreiheit besitzt.[351] Beispielsweise ist etwa das überkommene Strukturmodell der Universität nicht verbindlich.[352] Gerade wenn es keinen Numerus Clausus der Organisationsformen gibt, ist die Frage des Umfangs der rechtlichen Formalisierung der neu zu schaffenden Organisationseinheit wichtig, um zu klar identifizierbaren Strukturen zu gelangen. Das Organisationsrecht muß hier Kriterien bereithalten, die es erlauben, die Entscheidungen, Handlungen etc. der Organisation von denen ihrer Umwelt zu unterscheiden.[353] Dies geschieht durch das statusbegründende oder konstituierende

---

zuweisen und die Bahnen der inneren Willensbildung festlegen". Der erste Aspekt betrifft das hier statusbegründende Recht genannte Gebiet, der zweite diejenigen Rechtssätze, die das Verhältnis der Organisation zu ihrer Umwelt regeln, mithin das Organisationsaußenrecht; der letzte Aspekt das Innerorganisationsrecht, vgl. auch *Krebs* 1988, Rn. 2.
347 Vgl. besonders *Rupp* 1991, S. 19 ff.
348 *Rupp* 1991, S. 34; *Groß* 1999, S. 17, Beispiel: Der Verwaltungsakt nach § 35 (L)VwVfG.
349 *Schmidt-Aßmann* 2006, S. 251 u. *ders.* 1997, S. 43: „Organisationen setzen eine *spezifische Differenz* von Innen und Außen voraus".
350 *Trute* 1997, S. 255.
351 Wolff/Bachof/Stober-*Kluth* 2004, § 81 Rn. 44 f.; *Müller* 1993; *Bull* 2001, S. 545 ff.; *Kempen* 1989.
352 BVerfGE 35, S. 79 ff., Ls. 4, S. 79 u. 115: „Die Garantie der Wissenschaftsfreiheit hat weder das überlieferte Strukturmodell der deutschen Universität zur Grundlage, noch schreibt sie überhaupt eine bestimmte Organisationsform des Wissenschaftsbetriebs an den Hochschulen vor".
353 *Trute* 1997, S. 254 f.; das betrifft ganz grundsätzlich bei jeder juristischen Person den Innen- und den Außenrechtskreis, *Wolff* 1933, S. 191.

Recht.³⁵⁴ Mit dem konstituierenden Organisationsrecht wird die Organisation errichtet, werden die grundlegenden und von der Organisation nicht zu verändernden Aufgaben, Ziele und Zuständigkeiten festgelegt und das Hauptkriterium ihrer Selbständigkeit bzw. ihr Status, ihre Rechtsstellung und die Grundzüge ihrer Handlungsfähigkeit bestimmt.³⁵⁵ Hierdurch werden insbesondere zurechenbare Rechtssubjekte geschaffen.³⁵⁶ Dies ermöglicht die Bereitstellung von Einheiten für die rechtliche Ausgestaltung der organisatorischen Binnenstruktur, der rechtlichen Erfassung, Ermöglichung und Begrenzungen ihrer Wirkungen und der rechtlichen Steuerung.³⁵⁷

Als Organisationen im Rechtssinn können jedenfalls alle Rechtsgebilde bezeichnet werden, „die als innendifferenzierte Rechtssubjekte strukturiert sind".³⁵⁸ Die Herausbildung einer Vielzahl von juristischen Personen des öffentlichen Rechts bedeutet die rechtliche *Dezentralisierung* des Makrosystems der Verwaltung.³⁵⁹ Sie kann so von der Dekonzentration als der Schaffung von nicht-rechtsfähigen, weisungsgebundenen Verwaltungseinheiten unterschieden werden.³⁶⁰ Auch nach dem GG steht die Rechtsfähigkeit für die Abgrenzung von eigener und mittelbarer Verwaltung im Zentrum.³⁶¹ Wie schon erwähnt, sieht das GG zunächst ein vertikal dezentralisiertes Verwaltungssystem durch die Verwaltungsträger³⁶² Bund, Länder und Gemeinden als Gebietskörperschaften vor.³⁶³ Zur Rechtsfähigkeit tritt für die letzteren noch Selbstverwaltung hier als wichtiges Prinzip der Dezentralisierung.³⁶⁴ Die vertikal differenzierten Verwaltungsträger besitzen die rechtliche Organisationsgewalt für eine weitere horizontale, nach dem Realprinzip und anderen Grundsätzen erfolgende Differenzierung in weitere juristische Personen des öffentlichen Rechts. Diese sind ebenfalls Verwaltungsorganisationen, für die die anderen horizontal oder vertikal differenzierten Verwaltungsorganisationen Organisationsumwelten bedeuten. Verwaltungsorganisationen grenzen sich mithin durch die Rechtsfähigkeit von ihrer Umwelt ab.³⁶⁵ Zwischen diesen und nichtrechtsfähigen

---

354 *Schmidt-Aßmann* 1997, S. 43.
355 *Schmidt-Aßmann* 1997, S. 22.
356 *Schnapp* (1980, S. 69) hat insofern auch von der Zurechnungsfunktion des Organisationsrechts gesprochen. Auch wenn dies nicht das einzige und vielleicht sogar ein Kriterium ist, das an Bedeutung verliert (*Krebs* 1988, Rn. 20; *Schmidt-Aßmann* 1977, S. 348). An seine Stelle treten zunehmend materielle Kriterien der Verselbständigung wie vor allem die Aufgabe.
357 *Kirste* 2000, S. 37 f.; *ders.* 2001, S. 357.
358 *Achterberg* 1986, § 13 Rn. 13.
359 Als einem zentralen Differenzierungsprinzip der Verwaltung der Bundesrepublik Deutschland, *Bryde* 1988, S. 186 f.; zum Folgenden *Becker* 1989, S. 194 ff.; auch *Traumann* 1998 S. 275 f.; *Löer* 1999, S. 5; *Dreier* 1991, S. 224.
360 *Burgi* 2002, § 52 Rn. 26; *Bull* 2000, Rn. 156; *Peters* 1928, S. 17 f., der statt von Dekonzentration auch von „administrativer Dezentralisierung" spricht.
361 So etwa in Art. 86 S. 1 GG, wenn zwischen der bundeseigenen Verwaltung und den „Körperschaften und Anstalten des öffentlichen Rechts" unterschieden wird (GG-Kommentar Dreier-*Hermes* Art. 86, Rn. 27 u. 31) oder in Art. 87 III 1 GG zwischen „selbständigen Bundesoberbehörden" und „Körperschaften und Anstalten des öffentlichen Rechts", GG-Kommentar Dreier-*Hermes* Art. 87, Rn. 79.
362 Zum Begriff Wolff/Bachof/Stober-*Kluth* 2004, § 83, Rn. 88; *Maurer* 2002, § 21 Rn. 1 ff.; *Köttgen* 1939, S. 1 f.
363 *Burgi* 2002, § 52 Rn. 8; In diesem Rahmen sind prinzipiell sekundäre vertikale Differenzierungen der Verwaltungsorganisationen möglich, *Becker* 1989, S. 209 f.
364 *Stern* 1984, S. 397 ff.; *Peters* 1928, S. 17 f.
365 Diese Umwelt besteht selbstverständlich noch aus einer Vielzahl anderer Elemente: nichtrechtsfähige Organisationen anderer Verwaltungsorganisationen, natürliche und juristische Personen des Privatrechts, etc.

Verwaltungseinheiten, die ihre Zuständigkeiten von der betreffenden Verwaltungsorganisation herleiten und ihren Weisungen unterworfen sind, spannt sich ein breites Spektrum mehr oder weniger fachlich oder örtlich dekonzentrierter Verwaltungseinheiten.[366]

Quer zu dieser Einteilung liegt die auf *Arnold Köttgen* zurückgehende Gliederung des Makrosystems der Verwaltung in „Verwaltungseinheiten".[367] Köttgen verstand darunter ohne Rücksicht auf ihre Rechtsfähigkeit jede „Verbindung, die durch einen Organisationsakt gesichert und damit dem organischen Wechsel von Bindung und Lösung im wesentlichen entzogen sind".[368] Sie können, müssen aber nicht Rechtsfähigkeit besitzen. Auf diese Weise erfaßt der Begriff nicht nur Organisationen, sondern auch Organe im herkömmlichen juristischen Sinn.

Stand bei Köttgen noch die Überzeugung des Vorrangs der gelebten „irrationalen Gemeinschaft" vor der „rationalen Organisation" der juristischen Person im Vordergrund,[369] so ergibt sich gegenwärtig die Prominenz des Begriffs eher aus dem kaum zu bändigenden Formenreichtum öffentlicher Verwaltungsorganisationen.[370] „Verselbständigte Verwaltungseinheiten" erfassen nun alle Verwaltungsorganisationen ohne Rücksicht auf ihre Rechtsfähigkeit und die öffentlich- oder privatrechtliche Organisationsform, die infolge einer Verselbständigung von Personal- und Sachmitteln, der Willensbildung oder der Entscheidungstätigkeit zwar nicht zu Verwaltungsträgern, wohl aber zu Organisationseinheiten geworden sind.[371] Dazu gehören nicht nur die juristischen Personen des öffentlichen und des Privatrechts, sondern auch die selbständigen Bundesoberbehörden.[372] Zugrunde liegt hier eine aufgabenbezogene Sichtweise, bei der die Rechtsgestalt der Verselbständigung die Folge der Ausgliederung der Aufgabe aus einer bestehenden Verwaltungsorganisation ist.[373]

---

366 *Becker* 1989, S. 212 ff.; *Lecheler* 1988, S. 82 f.
367 *Köttgen* 1939, S. 7 ff.; auch *Schuppert* 1981, S. 1 ff.; *Gogos* 1997, S. 27 ff.
368 *Köttgen* 1939, S. 7.
369 *Köttgen* 1939, S. 39 f.: „Organisation ist also hier keineswegs allein eine Frage der Zweckmäßigkeit, sondern steht von vornherein unter den wesensmäßigen Notwendigkeiten gegebener Gemeinschaft. Vor der Verwaltungskraft steht die Gemeinschaftskraft".
370 *Schuppert* 1981, S. 250 f.
371 *Wagener* (1976, S. 33) definiert: „Unter ‚verselbständigte Erfüllung' öffentlicher Aufgaben soll die Durchführung von Teilen der öffentlichen Aufgaben in Organisationseinheiten verstanden werden, die von den Haupteinheiten der öffentlichen Verwaltung (Bund, Länder und Kommunalverwaltungen) in einer noch näher darzulegenden Weise abgesetzt sind". Gemeindeverwaltungen (als unmittelbare Verwaltung des Verwaltungsträgers Gemeinde) werden neben den Verwaltungen der unmittelbaren Staatsverwaltung nicht zu verselbständigten Verwaltungsträgern gezählt. Für Wagener erlaubt der Begriff eine bessere Erfassung der Differenzierungen des Makro-Systems der Verwaltung, weil er Graduierungen zuläßt. Eine Verselbständigung I. Grades soll danach dann vorliegen, wenn ein gewisser „Einflußknick" besteht, eine Verselbständigung II. Grades, wenn weitere Elemente von Unabhängigkeit hinzutreten. Als solche Elemente zählt er sechs weitere auf, deren Addition jeweils einen weiteren Grad der Verselbständigung bedeutet. Verselbständigungen I. Grades sind Behörden mit eigenem Unterbau, II. Grades etwa die Bundesversicherungsanstalt für Angestellte, III. Grades juristische Personen des öffentlichen Rechts etwa Untereinheiten von juristischen Personen des öffentlichen Rechts und V. Grades eine Reihe von teils privatrechtlichen teils öffentlich-rechtlichen Organisationseinheiten. – Die Organisationsform, insbesondere die Binnenorganisation, die in unserer Untersuchung die Hauptrolle spielen muß, ist dabei jedoch nebensächlich.
372 *Schuppert* 1981, S. 249 f.; *Schmidt-Aßmann* 2006, S. 259 ff.; *Gogos* 1997, S. 39 f.; *Krebs* 1988, Rn. 19 ff.; weitere Beispiele bei *Dieckmann* 1976, S. 21 f. u. 27; *Wagener* 1976, S. 41 f.; eine Übersicht gibt *Laux* 1976, S. 119 f.
373 *Dieckmann* 1976, S. 26.

Neben den oben bei der Erörterung von bürokratischer und nichtbürokratischer Organisation genannten organisationstheoretischen Gründen, werden vor allem politische Gründe der Entlastung der bestehenden Verwaltungsstrukturen, der Erzielung von Machtbalance innerhalb der öffentlichen Verwaltung, der Differenzierung der Entscheidungsergebnisse durch die Vervielfältigung der Entscheidungsträger und der Steigerung der Wirtschaftlichkeit der Verwaltung in kleineren Organisationseinheiten genannt.[374]

Der verwaltungswissenschaftliche Befund kann und soll nicht geleugnet werden und würde sich bei näherer Untersuchung noch bestätigen. Problematisch daran ist, daß der Rekurs auf den nicht rechtlich qualifizierte Organisationsakt den Begriff der Verwaltungseinheit zu einem faktischen, nicht aber zu einem rechtlichen Begriff macht, dessen Charakter als „Sammelbegriff" ihn zudem öffnet gegenüber einer Vielzahl von Organisationsformen, die herkömmlich nicht erfaßt wurden, zugleich aber auch schwierige Abgrenzungsprobleme aufwirft.

b. Aufgaben[375]

Die Ziele der Verwaltungsorganisationen werden über Aufgabenzuweisungen bestimmt. Hierdurch wird ihr Entscheidungsrahmen im Zusammenhang des Makrosystems der Verwaltung inhaltlich festgelegt. Verwaltungsrechtliche Zielbestimmungen als Aufgabennormen legen zwar bestimmte anzustrebende Zustände fest,[376] enthalten aber keine Festlegungen über die Modalitäten der Ausführung dieser Aufgabe.[377] Dadurch unterscheiden sie sich von Verhaltensnormen und können nicht als Befugnisnormen verstanden werden. Hinsichtlich ihrer Bestimmtheit haben sie die Struktur von Finalprogrammen.[378] Ihrem Inhalt nach sind sie Prinzipien, die nicht wie Regeln nur erfüllt oder nicht erfüllt, sondern mehr oder weniger erfüllt werden können.[379] Sie sind damit Optimierungsgeboten, die nicht isoliert zu einer maximalen Verwirklichung verpflichten, sondern die Verwaltung anhalten, sie unter Berücksichtigung der tatsächlichen und rechtlichen Alternativen und Rahmenbedingungen bestmöglich zu realisieren.[380] Zielkonflikte können dann durch Abwägung bewältigt werden.[381]

Neben die organisationstheoretischen Funktionen der Aufgabe, die klassifikatorische, die binnenstrukturelle und die normative Funktion tritt in verwaltungs-

---

374 *Dieckmann* 1976, S. 24 f. u. 27 f., der diesen Aspekten aber sogleich die Nachteile gegenüberstellt: Abnahme der öffentlichen Kontrolle, Unübersichtlichkeit und Zersplitterung der Erfüllung öffentlicher Aufgaben, Entmachtung von Regierung und Parlament, Mittelverschwendung und andere; *Wagener* (1976, S. 45 f.) führt 13 Eigenarten von Aufgaben an, die zu einer Verselbständigung geführt haben an. Bemerkenswert ist, daß er überwiegend hierarchisch strukturierte Organisationen aufzählt.
375 *Loeser* 1994, S. 121.
376 Aufgabe meint die Hinordnung auf das Ziel als einem erwünschten Zustand, *Bull* 1977, S. 44.
377 Aufgabennorm kann mit *Ota Weinberger* als Norm verstanden werden, die das zu erreichende Ziel vorschreibt. Sie unterscheidet sich von der Verhaltensnorm, die bestimmte Verhaltensweisen gebietet, verbietet oder erlaubt, *Weinberger* 1979, S. 119.
378 *Luhmann* 1993, S. 195 ff.; im Bereich der Staatsorganisation könnte man relativ abstrakte Staatsziele von konkreteren Staatsaufgaben unterscheiden, *Bull* 1977, S. 44 f.; *Sommermann* 1997, S. 365 f.
379 Ausführlich zum Ganzen *Sommermann* 1997, S. 355 ff.
380 *Sommermann* 1997, S. 411 ff. unter Berufung auf *Alexy* 1994, S. 75 f.
381 *Sommermann* 1997, S. 412 f.

rechtlicher Perspektive noch die *Legitimationsfunktion* der Aufgabe. Ziele werden öffentlichen Organisationen als öffentliche Aufgaben übertragen bzw. als freiwillige öffentliche Aufgaben zugelassen. Als rechtlich gebildete, herrschaftliche Organisation mit Eingriffsbefugnissen muß die Verwaltungsorganisation demokratisch gerechtfertigt werden (Art. 20 II GG und die Grundrechte). Dies erfordert jedenfalls einen legitimen Zweck der Organisation.

Weil öffentliche Aufgaben nicht aus sich heraus einem bestimmten Subjekt zugeordnet sind, müssen sie als *sachliche Zuständigkeit* noch einer bestimmten Verwaltungsorganisation zugewiesen werden.[382] Diese Zuordnung kann sich auf einzelne genau abgegrenzte Aufgaben beziehen oder, wie im Bereich der Gemeinden, eine Allzuständigkeit für die Angelegenheiten der örtlichen Gemeinschaft begründen. Erforderlich zur Zuordnung einer Aufgabe zu einem bestimmten Verwaltungsträger ist ferner die Begründung seiner örtlichen Zuständigkeit. Über diese wird zugleich eine wesentliche Entscheidung hinsichtlich der Organisationsgröße getroffen. Die Organisationsgröße wird aber – jedenfalls im Bereich der Körperschaften des öffentlichen Rechts – auch über die Zahl ihrer Mitglieder bestimmt. Hierfür bietet sich der – soweit ersichtlich – bisher nicht allgemein in die Dogmatik des Verwaltungsorganisationsrechts eingeführte Ausdruck *„personelle Zuständigkeit"* an.[383] In der Sache wird er aber etwa im Recht der Unfallversicherung verwendet, wenn der Kreis der Mitglieder aus der Perspektive des Versicherungsträgers als „Zuständigkeit für Versicherte" abgegrenzt wird (§ 133 SGB VII).[384] Weder Aufgabe noch ihre Zuordnung zu einer Verwaltungsorganisation als Zuständigkeit sagen ferner etwas über die Befugnis aus, bestimmte Mittel zu ihrer Erfüllung zu nutzen. Sie wird vielmehr als Ermächtigung zur Erfüllung der gestellten Aufgaben mit bestimmten Mitteln verliehen.[385] Da sich die Ermächtigung als Handlungsbefugnis auf das Außenverhältnis nicht nur gegenüber anderen Verwaltungsorganisationen, sondern auch gegenüber dem Bürger bezieht, betrifft sie zugleich das Organisation-Umweltverhältnis.

2. Innerorganisationsrecht

Materiellrechtliche Vorgaben für das Verwaltungshandeln können nur nach Maßgabe des Innenrechts der jeweiligen Verwaltungsorganisation umgesetzt werden.[386] Das Innerorganisationsrecht betrifft die inneren Verhältnisse der Organisation

---

382 *Wolff/Bachof* 1976, S. 14 f. u. 18; *Maurer* 2002, § 21 Rn. 44; *Achterberg* 1986, § 13 Rn. 21; *Collin/Fügemann* 2005, S. 694 ff.
383 *Wolff/Bachof* 1976, S. 22 f. sehen dieses Moment als dem der örtlichen Zuständigkeit untergeordnet an. Dies ist jedoch keineswegs notwendig. Ebensogut ist es möglich, daß primär an bestimmte personelle Merkmale angeknüpft wird und die örtliche Zuständigkeit erst aus mehr oder weniger pragmatischen Gesichtspunkten der Funktionstüchtigkeit der Organisation sekundär verliehen wird.
384 *Bieback* (1996, § 54 Rn. 60) verwendet hier den Ausdruck „personelle Zuständigkeit".
385 *Wolff/Bachof* 1976, S. 15; *Maurer* 2002, § 21 Rn. 53. Näher zu den Voraussetzungen dieser Ermächtigungsgrundlage *Erichsen* 2002, § 15 Rn. 13 f.
386 *Trute* 1997, S. 258, der diesen Organisationsrechtsbereich als „Gestaltung von Möglichkeitsspielräumen binnenorganisatorischer Kommunikation" versteht.

zwischen den Organwaltern,[387] den Organen und der Organisation selbst.[388] Sein Adressat sind Organe und Unterorgane der Verwaltungsorganisation.[389] Seine „Quellen" sind formelle Gesetze, Rechtsverordnungen, Satzungen, Verwaltungsvorschriften und Geschäftsordnungen.[390]

a. Die verwaltungsorganisationsrechtliche Unterscheidung von Innen- und Außenrecht

Die Grenze zwischen dem „Innenbereich" und dem „Außenbereich" wird durch die Selbständigkeit der betreffenden Verwaltungsorganisation markiert. Die klarste Abgrenzung ergibt sich dabei aus der Rechtspersönlichkeit einer Organisation. Aber auch eine bestimmte Aufgabenzuweisung an einen Zusammenhang von Entscheidungsträgern kann eine solche Verselbständigung – wenn auch mit größeren Unschärfen am Rand – begründen.[391] Grundsätzlich soll hier die Grenze zwischen beiden Rechtsbereichen bereits bei der jeweiligen Verwaltungsorganisation im Verhältnis zu ihrer Umwelt gezogen werden, nicht zwischen dem Staat und dem Makrosystem der Verwaltung einerseits und dem Bürger und seinen Rechten andererseits.[392] Sie ist also nicht deckungsgleich mit der Unterscheidung zwischen Grundrechtsberechtigtem und Grundrechtsverpflichtetem, obwohl dies Rechtsverhältnis für die einzelne Verwaltungsorganisation die Grenze bezeichnen kann.[393] Gegen diese Unterscheidung läßt sich nicht einwenden, das Verwaltungsrecht teile diese Unterscheidung nicht,[394] denn das konkrete rechtliche „Innen und Außen" wird durch die Verwaltungsrechtssätze bestimmt und nicht vorausgesetzt.

---

387 Zu diesem Begriff *Wolff* 1934, S. 224 f.; *Maurer* 2002, § 21 Rn. 26; *Krebs* 1988, Rn. 28: Innenrecht bezeichne „die Rechtssätze..., die sich auf die Beziehungen der rechtlichen Untergliederungen juristischer Personen zueinander beziehen".
388 *Rupp* 1991, S. 34: „Als Innenrechtsverhältnis oder Innenbeziehung sollen in der folgenden Untersuchung diejenigen Rechtsbeziehungen verstanden werden, soweit sie ausschließlich den organschaftlichen Funktionsablauf zwischen Organwaltern, Organen und Organismus betreffen; als Außenrechtsverhältnis dagegen der Komplex von Rechtsrelationen, durch welche das Verhältnis von Verwaltungsorganisationen einerseits zu Subjekten, die nicht in der Wahrnehmung einer Organisationsfunktion begriffen sind, anderseits bestimmt wird". Vgl. auch *Wolff/Bachof* 1976, S. 5; *Schmidt-de Caluwe* 1993, S. 86.
389 *Maurer* 2002, § 21 Rn. 26.
390 *Maurer* 2002, § 21 Rn. 27; *Löer* 1999, S. 25; *Schmidt-Aßmann* 1981, S. 33 f.
391 In der Perspektive der Organisationsform als abhängiger Variabler der Aufgabenstellung hat Schuppert verschiedene Faktoren der Organisationsbildung wie etwa die Fertigungstechnologie, weitere Umweltfaktoren und Organisationszwecke untersucht, *Schuppert* 1981, S. 191 ff.
392 Dazu *Maurer* 2002, § 3 Rn. 5; *Schmidt-de Caluwe* 1993, S. 115. Kritisch zu dieser Abgrenzung in bezug auf die Rechtsnatur von Verwaltungsvorschriften: *Ossenbühl* 2002, § 6 Rn. 41.
393 Die organisationsrechtliche Unterscheidung zwischen Innenrecht und Außenrecht deckt sich entsprechend auch nicht mit der Frage, ob ein Verwaltungshandeln Außenwirkung hat, ob es also als Verwaltungsakt Rechte und Pflichten des Bürgers begründet, abermals *Maurer* 2002, § 9 Rn. 26. Es geht hier mithin auch nicht um die Frage, ob das Innerorganisationsrecht ausnahmsweise „Außenwirkung" gegenüber dem Bürger entfalten kann.
394 So zu Recht *Krebs* (1988, Rn. 28) gegenüber Vorstellungen, die das Verhältnis zwischen Staat und Gemeinden oder zwischen anderen juristischen Personen des öffentlichen Rechts Innenrecht wären. Vor dem hier angenommenen Begriff der Verwaltungsorganisation meint Krebs allerdings zu Unrecht, daß es sich bei den rechtlich selbständigen Verwaltungsträgern um Angehörige „der Verwaltungsorganisation" handelt. Insofern die Rechtsfähigkeit als Einheitskriterium der Verwaltungsorganisation fungiert, decken sich nämlich die Grenzen einer Verwaltungsorganisation mit der Grenze von Innen- und Außenrecht. Was Krebs hier mit „Verwaltungsorganisation" meint, ist das von uns im Anschluß

A. Verwaltungsorganisationsrecht 379

Im einzelnen kann unterschieden werden in: das Rechtsverhältnis zwischen Organisation und Organ,³⁹⁵ Organisation und Organwalter,³⁹⁶ Organ und Organwalter³⁹⁷ und das Verhältnis der Organe untereinander.³⁹⁸ Das Innerorganisationsrecht stellt einen gegenüber dem Organisationsaußenrecht selbständigen Bereich dar, in dem folglich auch gegenüber diesem eigenständige und nicht notwendig kongruente Rechtmäßigkeitskriterien gelten.³⁹⁹

Die vorgeschlagene organisationsrechtliche Perspektive schließt eine andere Innen-Außenunterscheidung, die die mögliche Wirkung von Verwaltungsmaßnahmen im Rechtskreis des Bürgers zugrundelegt, nicht aus.⁴⁰⁰ Diese zweite Unterscheidung ist dann etwa für die Frage des Rechtsschutzes des Bürgers gegenüber belastenden Akten der Verwaltungsorganisation und der Form, in der Organisationsrechtssätze erlassen werden müssen, von Bedeutung.⁴⁰¹ Da das Innenrecht der Verwaltungsorganisation und das Außenrecht der Bürger und anderer Organisationen (Art. 19 III GG) ihre Geltung aus übergeordneten Rechtssätzen, insbesondere der Verfassung ableiten, kann sich aus diesen auch eine Überbrückung bzw. „Durchlässigkeit" der Grenze zwischen dem Innerorganisationsrecht und dem Außenrecht der Verwaltungsorganisation ergeben. Sie besteht insbesondere dann, wenn die Grundrechte den Einzelnen vor einer übermäßigen Belastung durch die Organisationsentscheidungen schützen. Den Verwaltungsorganisationen insgesamt ist durch die Satzungsautonomie und die Ermächtigung des Art. 80 GG ihrerseits die Möglichkeit eingeräumt, allgemeine Rechtssätze⁴⁰² und über die Verwaltungsakte Regelungen im Einzelfall mit Außenwirkung zu erlassen. Die Grundrechtsgeltung in Sonderrechtsverhältnissen hat Kriterien für eine solche Überbrückung der Trennung der Rechtskreise aufgestellt.⁴⁰³ Die „Brücke" zeigt abermals zugleich die Differenz von Innen- und Außenrecht: der Organwalter ist an das Innenrecht gebunden, auch wenn er außenwirksame Rechtsakte erläßt. Gerade deshalb sind hohe Anforderungen etwa an die demokratische Qualität der Innenrechtssätze zu stellen.⁴⁰⁴

Die Ausdifferenzierung der Verwaltungsorganisation von ihrer Umwelt führt also

---

an Renate Mayntz so bezeichnete Makrosystem der Verwaltung, also der durch ihre Teilnahme am Funktionssystem der Verwaltung vereinten rechtlich selbständigen Organisationen.
395 *Achterberg* 1986, § 20 Rn. 52 f.
396 *Achterberg* 1986, § 20 Rn. 58 f.
397 Geprägt durch innerdienstliche Rechtsakte, *Achterberg* 1986, § 20 Rn. 61.
398 *Achterberg* 1986, § 13 Rn. 14 u. § 20 Rn. 64 f. – zum Organisationsinnenrecht gehört aber nur das Verhältnis zwischen Organen derselben Organisation („Intraorganisatorische Inter-Organ-Verhältnisse"); vgl. auch *Krebs* 1988, Rn. 28
399 *Rupp* 1991, S. 62 am Beispiel einer außenrechtswidrigen Organwalterweisung, die innenrechtlich gleichwohl einen Rechtsgrund darstellt; Maurer 2002, § 3 Rn. 4 f.; Löer 1999, S. 24.
400 Innerorganisationsrecht gehört zum intrapersonalen im Gegensatz zum interpersonalen Recht (zur Unterscheidung, *Maurer* 2002, § 24 Rn. 12), muß aber nicht auf dieses beschränkt sein. Denn Verwaltungsorganisationen als verselbständigte Verwaltungseinheiten bilden auch dann eine organisatorische Einheit, wenn sie keine Rechtspersönlichkeiten bilden.
401 *Rupp* 1991, S. 64 u. 98.
402 *Rupp* 1991, S. 144.
403 *Achterberg* 1986, § 20 Rn. 44 f. u. 81 ff.
404 *Rupp* 1991, S. 54 f. Hier zeigt sich also besonders deutlich, daß „das materielle Recht nur nach Maßgabe der binnenorganisatorischen Struktur umgesetzt wird" (*Trute* 1997, S. 258), daß dann aber auch die Steigerung des Grades der Binnendifferenzierung dieser Struktur zu einer differenzierteren Anwendung des materiellen Rechts führen kann.

dazu, daß sie in ihrer Binnenstruktur den Legitimationsanforderungen der Verfassung spezifisch begegnen kann und muß.

Das Innerorganisationsrecht wird vom Organisationsaußenrecht danach nicht abgegrenzt durch einen bestimmten Kreis von Rechtsquellen, sondern durch seine Funktion.[405] Das bedeutet nicht, daß nicht bestimmte Rechtsformen eine besondere Relevanz für das Innerorganisationsrecht besitzen. Verwaltungsvorschriften[406] spielen durch ihre Funktion als Selbstprogrammierung der Verwaltung eine hervorgehobene Rolle bei Regelungen der Art und Weise der Aufgabenerfüllung der Organe und Amtswalter im organisatorischen Innenbereich.[407] Ihr Erlaß erfolgt innerhalb des Funktionssystems der Verwaltung, wenn auch nicht notwendig innerhalb derselben Verwaltungsorganisation. Gegenstand ist die innere Organisation[408] und der Dienstbetrieb einer Behörde.[409] Da sie aber regelmäßig im Rahmen von Weisungsverhältnissen gegenüber nachgeordneten Behörden erlassen werden, spielen sie im Innerorganisationsrecht der Körperschaft des öffentlichen Rechts vor allem im Bereich der Vollzugsorganisation und der Fachaufsicht über die Körperschaft eine Rolle. Anders steht es mit den Geschäftsordnungen der Kollegialorgane.[410] Sie sind gegenständlich und in ihrem Adressatenkreis noch enger gefaßt und strukturieren das Verfahren in diesen Organen.[411] Inhaltlich kann das Innerorganisationsrecht in das Recht der Aufbauorganisation, der Koordinierungsregeln und der Stellenverteilung[412] und des innerorganisatorischen Verfahrensrechts gegliedert werden.[413]

b. Die Ausdifferenzierung der Organisationsverfassung

Das Organisationsverfassungsrecht betrifft den grundlegenden Aufbau der Organisation, ihre Entscheidungsträger, Organe, die innere Gliederung und den grundlegenden Status der Angehörigen oder Mitglieder.[414]

---

405 Zu den Rechtsquellen *Maurer* 2002, § 4, insbes. Rn. 14 f.; *Ossenbühl* 2002, § 5 Rn. 1 ff.
406 Sie können mit *Ossenbühl* (2002, § 6 Rn. 71) bezeichnet werden als „Regelungen, die innerhalb der Verwaltungsorganisation von übergeordneten Verwaltungsinstanzen oder Vorgesetzten an nachgeordnete Behörden oder Bedienstete ergehen und die dazu dienen, Organisation und Handeln der Verwaltung näher zu bestimmen". Vgl. auch *ders.* 1988, § 65 Rn. 4.
407 Der „Innenraum", auf den sie sich beziehen, ist durch die Nichtbetroffenheit der Rechte und Pflichten gekennzeichnet und so weiter, als die Außengrenze der jeweiligen Verwaltungsorganisation, *Dreier* 1991, S. 192. Im übrigen kann nach dem Verhältnis von Regelungsgeber und Regelungsadressat nach intrabehördlichen Verwaltungsvorschriften, die im vorliegend vorgeschlagenen Sinn innerorganisatorisch sind, interbehördlichen und intersubjektiven Verwaltungsvorschriften unterschieden werden, die vorliegend vor allem als Vorschriften im Verhältnis der Länder zu den Körperschaften von Bedeutung sind, unterschieden werden, *Ossenbühl* 1988, § 65 Rn. 29.
408 Etwa in Gestalt von Dienstverteilungsplänen, *Ossenbühl* 2002, § 6 Rn. 33; *ders.* 1988, § 65 Rn. 15.
409 *Maurer* 2002, § 24 Rn. 8; vgl. zu einer gegenstandsbezogenen Typologie auch *Ossenbühl* 2002, § 6 Rn. 32 ff.; *ders.* 1988, § 65 Rn. 14 ff.
410 Abzugrenzen von der Geschäftsordnungen von Behörden einerseits und Satzungen andererseits, *Ossenbühl* 1988, § 65 Rn. 16; *ders.* 1988, § 66 Rn. 41; *Schmidt-Aßmann* 1981, S. 33 f.
411 *Maurer* 2002, § 24 Rn. 12: Es handelt sich um „organinternes Recht".
412 Die eigentliche Rekrutierung (Zwangsmitgliedschaft, Berufung in das Dienstverhältnis etc.) betrifft das Organisation-Umweltverhältnis, die Frage nämlich in welchen Formen die Personalrekrutierung von Organisationen stattfindet, anders *Groß* 1999, S. 18.
413 Zu diesen Einteilungsgesichtspunkten, *Groß* 1999, S. 18 f.
414 *Loeser* 1994, S. 77.

Während die Prinzipien von Zentralisation und Dezentralisation die Organisation des Makrosystems der Verwaltung betreffen, ist die Dekonzentration von Entscheidungszuständigkeit ein Prinzip der Binnenorganisation.[415] Differenzierte Organisationseinheiten, die im Wege der Dekonzentration gebildet werden, sind daher nichtrechtsfähige Verwaltungseinheiten, insbesondere Behörden, nichtrechtsfähige Anstalten, Stiftungen und Körperschaften, Beauftragte, Räte und Kommissionen. Bei den Gemeinden sind dies etwa die Eigenbetriebe als nichtrechtsfähige Anstalten.[416] Sie übernehmen Funktionen für ihre Trägerorganisation, ohne hierfür rechtlich verselbständigt zu sein. Über Ziele, eine innere Struktur und bestimmte Befugnisse sind sie gegenüber der Trägerorganisation verselbständigt und daher ebenfalls Verwaltungsorganisationen. Sie gehören gleichwohl nicht zur Umwelt der Trägerorganisation, da dieser ihre Entscheidungen rechtlich zugerechnet werden. Die Verselbständigung bezieht sich also nur auf das Binnenverhältnis zur Trägerorganisation.

aa. Begriff des Organs, der Behörde, des Amtes und der Stelle

Hauptuntergliederungen von juristischen Personen des öffentlichen Rechts sind ihre Organe und Behörden. Das Verwaltungsorganisationsrecht macht sie zunächst abstrakt („Bildung") als Zurechnungssubjekt und dann konkret durch die Errichtung (als der Ausstattung mit allem zu ihrer Wirksamkeit Notwendigen) zu Teilen der betreffenden Verwaltungsorganisation.[417]

(1.) *Organe* sind relativ selbständige Funktionseinheiten einer Organisation.[418] Der Ausdruck wird rechtstechnisch und ohne Anklänge an biologische Konnotationen[419] für solche Organisationseinheiten verwendet, die ihre Zuständigkeiten von einer rechtlich selbständigen Organisation ableiten und sie für diese wahrnehmen.[420] Insofern können auch sie als Organisationen, nämlich gewissermaßen als Organisationen von Organisationen hinsichtlich ihrer (funktionalen) Verselbständigung als „institutioneller Zuständigkeitskomplex" (Wolff), der Ausdifferenzierung einer Binnenstruktur und dem Verhältnis zu ihrer Umwelt untersucht werden.

---

415 *Becker* 1989, S. 214: „Dekonzentration meint ... die Gliederung von Verwaltungsentscheidungen nach räumlichen, sachlichen oder anderen Gliederungsprinzipien ohne rechtliche Verselbständigung der dekonzentrierten Organisationseinheit eines Verwaltungsträgers". Vgl. auch *Wolff/Bachof* 1976, S. 99; *Krebs* 1988, Rn. 11; *Achterberg* 1986, § 13 Rn. 39; *Burgi* 2002, § 52 Rn. 6 f.; *Dreier* 1991, S. 224 f.; *Forsthoff* 1973, S. 458 f.; *Wagener* (1976, S. 39) unterscheidet Dezentralisation und Dekonzentration nach der Art der Kontrolle über die Verwaltungseinheit: Beschränkt sich die Kontrolle auf eine Rechtsaufsicht, liegt Dezentralisierung vor, stellt sie eine totale Weisungsabhängigkeit der Verwaltungseinheiten dar, liegt Dekonzentration vor. Einzelne Weisungsmöglichkeiten, wie sie im Rahmen der Fachaufsicht bestehen, heben jedoch die Selbständigkeit einer dezentralisierten Verwaltungseinheit nicht auf.
416 *Becker* 1989, S. 350 f.
417 *Wolff/Bachof* 1976, S. 57; *Loeser* 1994, S. 58 f.
418 Wolff/Bachof/Stober-*Kluth* 2004, § 83, Rn. 129; *Wolff/Bachof* 1976, S. 2 und 47 f.; *Wolff* 1934, S. 236 f.; *Maurer* 2002, § 21 Rn. 22 f.; *Bull* 2000, Rn. 144; *Rupp* 1991, S. 24.
419 *Schreiber* 2000, S. 132; Wolff/Bachof/Stober-*Kluth* 2004, § 83, Rn. 130.
420 *Wolff/Bachof* 1976, S. 48: „Organ im engeren juristischen Sinne ist daher ein durch organisierende Rechtssätze gebildetes, selbständiges institutionelles Subjekt von transitorischen Zuständigkeiten zur funktionsteiligen Wahrnehmung von Aufgaben einer (teil-)rechtsfähigen Organisation".

Organisationsrechtlich gesehen führt die geringere rechtliche Verselbständigung zu einer stärkeren Umweltbezogenheit als die ihrer Trägerorganisation. Als relationale Zuordnungssubjekte von Organisationsrechtssätzen[421] leiten Organe ihre Zuständigkeiten von der mindestens teilrechtsfähigen Organisation her, der ihre Äußerungen nach außen zugerechnet werden und bestehen damit unabhängig von den ihre Funktionen ausführenden Personen.[422] In diesem Umfang haben sie, bezogen auf das Binnenorganisationsrecht, Rechtsfähigkeit. Sie verrichten im Verhältnis zur Umwelt der Organisation typischerweise Handlungen für Dritte, nämlich die Organisation selbst.[423] Im Verhältnis zu anderen Organen führt die relative Verselbständigung dazu, daß Organe Befugnisse besitzen, die sie gegenüber anderen ggf. auch gerichtlich geltend machen können.[424]

Neben zahlreichen anderen Unterscheidungsmerkmalen[425] können die Arten der Organe nach ihren Aufgaben oder Funktionen in dem hier interessierenden Zusammenhang nach Vollzugsorganen und nach Willensbildungsorganen unterschieden werden. Letztere spielen besonders bei den Körperschaften, worauf weiter unten einzugehen sein wird, eine wichtige Rolle. Sie gliedern sich weiter in die Einheit der stimmberechtigten Organisationsangehörigen als *Trägerorgan*;[426] das von ihnen und aus ihnen durch Wahl bestimmte *Repräsentativorgan*, das seinerseits als Stimmorgan weitere Organe oder Amtswalter wählt und/oder als Lenkungsorgan die wesentlichen Entscheidungen der Verwaltungsorganisation trifft und ihre Ausführung kontrolliert;[427] das von dem Stimmorgan gewählte *Direktionsorgan*; schließlich das aus diesem oder selbständig bestimmte Konkretionsorgan, das die „Geschäfte der laufenden Verwaltung" erledigt.[428] Hinzu tritt ein außenvertretungsberechtigtes Geschäftsführungsorgan. Diese Organe sind wiederum personell mehr oder weniger ausdifferenziert als monokratische, durch nur einen Organwalter besetzte Organe oder als Kollegialorgane, bei denen die Organkompetenz von mehreren gleichberechtigt gemeinsam aufgrund von Mehrheitsbeschlüssen wahrgenommen wird.[429] Die letzte Differenzierung findet sich auch bei den Vollzugsorganen.

Organe sind entsprechend der Aufgabe der Verwaltungsorganisation, der sie angehören, und ihrer eigenen Hauptfunktion sehr unterschiedlich ausdifferenziert. Sie können wiederum Unterorgane oder Organteile besitzen.[430] Die Zuständigkeit wird

---

421 *Rupp* 1991, S. 24 f.
422 Klassisch *Wolff* 1934; *Schnapp* 1980, S. 73.
423 *Wolff* 1934, S. 238; *Böckenförde* 1998, S. 30 Fn. 32.
424 Im Wege verwaltungsrechtlicher Organstreitverfahren, vgl. etwa *Bauer/Krause* 1996, S. 411 ff.; *Martens* 1995, S. 989 ff.
425 Wolff/Bachof/Stober-*Kluth* 2004, § 83 Rn. 139 f.
426 Wolff/Bachof/Stober-*Kluth* 2004, § 83 Rn. 154.
427 Wie oben (Erster Teil, A I) gezeigt, wird dieses auch als „Körperschaft" bezeichnet.
428 *Wolff/Bachof* 1976, S. 66.
429 Zu weiteren Unterscheidungen hinsichtlich der Kollegialorgane, *Groß* 1999, S. 45 ff.; *Wolff/Bachof* 1976, S. 73 f.
430 Wolff/Bachof/Stober-*Kluth* 2004, § 83 Rn. 164 f.; es ist nicht zu übersehen, daß die undialektische Entgegensetzung von Organisation/juristische Person = Zurechnungsendsubjekt und Organ = Zurechnungssubjekt einer transitorischen Wahrnehmungszuständigkeit angesichts zunehmend komplexer Binnenstrukturen öffentlicher Organisationen dem Organbegriff einiges zumutet: Unterorgane, Teilorgane, Glieder von Organen müssen konstruiert werden, so daß eine große Vielzahl von Unterbegriffen entsteht, *Böckenförde* 1973, S. 275. Zugleich ist aber fraglich, wodurch der Begriff des Organs unter der Perspektive der Zurechnung von Rechtssätzen ersetzt werden könnte. Solange deutlich bleibt, daß

ihnen als Verpflichtung mit der Befugnis, die zur Erfüllung dieser Verpflichtungen erforderlichen Handlungen vorzunehmen, erteilt. Da das Organ diese Befugnis nur im Interesse des Ganzen der Organisation verliehen bekommen hat, kann es sie auch nur im Interesse der Organisation und soweit es dazu ermächtigt wurde, durchsetzen.[431] Daß es sich um Innenrechtsverhältnisse der Organisation handelt, zeigt sich auch daran, daß der Bürger sich auf diese Zuständigkeitsrechtsverhältnisse nur insofern berufen kann, als sie ausnahmsweise seine subjektiven Rechte betreffen.[432] Allerdings können bestimmte Organisationseinheiten in einer Hinsicht Organe einer anderen Organisation, in einer anderen aber selbständige Organe sein.[433] Ferner können Organe auch im Außenrechtsverhältnis teilrechtsfähig sein.[434]

Organe werden zumeist von Organisationsangehörigen als Organwaltern ausgefüllt. Sie vollziehen („walten") die Befugnisse des Organs, nicht aber ihre eigenen. Ihre Rechtsbeziehungen kommen dabei nur organisationsrelativ und nicht in bezug auf ihre außerorganisatorische Rechtsstellung in Betracht.[435] Nur dadurch, daß man diese Organwalterpflichten und -rechte als Wahrnehmungszuständigkeiten für das Organ versteht, kann die rechtliche Einheit des Organs und der Organisation aufrechterhalten werden.[436] Nur weil seine Zuständigkeiten von der Organisation abgeleitet sind, ist das Organ also trotz möglicher innerorganisatorischer Rechte- und Pflichtenstellung nicht selbst juristische Person und Zurechnungs*end*subjekt, sondern zwar Zurechnungssubjekt, aber einer Zuständigkeit, die es für die Organisation als juristischer Person wahrnimmt.[437]

Die Organe von Verwaltungsorganisationen können auch sachlich mehr oder weniger differenziert sein.[438] Sie sind nach dem oben Gesagten um so stärker differenziert, je mehr sie als Eigenleistung erbringen können, was ihnen sonst aus ihrer Umwelt zugeführt werden müßte. Am geringsten binnen-differenziert sind danach Stellen.[439] Ihre Aufgaben und Handlungsweisen sind zumeist durch auf gesetzlicher Grundlage ergangene Rechtsverordnungen und Verwaltungsvorschriften recht genau festgelegt. In diesem Sinne und insoweit sind die Versammlungen von Körperschaften besonders stark differenzierte Organe; da hier nicht nur Entscheidungen

---

auch Organe in relative Innen- und „Außen"rechtsverhältnisse eingespannt sind, die sich allerdings letztlich alle auf die Organisation beziehen, und dies auch für die Unterorgane gilt, erscheint der Begriff aber weiterhin verwendbar, um Zurechnungsfragen von Pflichten und Kompetenzen zu erfassen. Man muß allerdings auf die Notwendigkeit eines „unmittelbaren Zurechnungsverhältnisses" zur Organisation verzichten. Auch Teil- oder Unterorgane sind Organe, die nur nicht primär relativ zur Organisation, sondern zu den Organen, denen sie eingegliedert sind, bestehen.
431 *Rupp* 1991, S. 99 f.
432 *Wolff* 1934, S. 252. Ob er das tut, ist dem Gesetzgeber im Rahmen der Lehre vom Gesetzesvorbehalt freigestellt, *Rupp* 1991, S. 94 f.
433 Das ist, wenn man davon ausgeht, daß die Rechtsfähigkeit relativ zu den verliehenen Rechten und auferlegten Pflichten ist, unproblematisch, *Rupp* 1991, S. 89 f.; *Wolff/Bachof* 1976, S. 53.
434 *Bachof* 1958, S. 258
435 *Rupp* 1991, S. 86 u. 34: „Das Organwalterverhältnis ist stets ein ausschließliches Beziehungsfeld des Organwalters zu demjenigen Rechtsorganismus, dessen Funktionen der Organwalter ,organschaftlich' ausübt. Alle denkbaren Rechtsbeziehungen des Organwalters tendieren nach innen, nicht nach außen, sie sind also ausschließlich Innenrechtsbeziehungen".
436 *Rupp* 1991, S. 48; *Burgi* 2002, § 52 Rn. 28; *Bull* 2000, Rn. 144.
437 *Wolff* 1934, S. 248 f.
438 *Maurer* 2002, § 21 Rn. 35 f.
439 Als nichtrechtsfähige Organe, *Wolff/Bachof* 1976, S. 16.

nach vorgegebenen Programmen vollzogen, sondern neue Programme aufgestellt und andere Organe legitimiert werden können.[440]

Durch ihr Handeln erfüllen die Organe nicht nur transitorisch die Aufgaben der Organisation in bezug auf deren Umwelt, sondern erbringen zugleich einen spezifischen Beitrag für ihre eigene innerorganisatorische Umwelt. So schafft etwa das Repräsentativorgan in Form von Satzungen die binnenrechtlichen Grundlagen der Betätigung seiner selbst und der anderen Organe und Mitglieder der Organisation, das Direktionsorgan setzt sie in konkrete Maßnahmen um und wird dabei wiederum von einem anderen oder dem erstgenannten Organ kontrolliert. Auch hier wird sich zeigen, daß die Körperschaft des öffentlichen Rechts eigentümliche Abhängigkeiten der Organe untereinander dadurch geschaffen hat, daß Wahl der Organ„mitglieder", also die Rekrutierung der Organwalter, überwiegend nicht durch die staatliche Umwelt der Organisation, sondern durch das Repräsentations- oder Trägerorgan als Stimmorgan in seiner Kreationsfunktion erfolgt.

Organe können wiederum in Einheiten untergliedert werden, die keine Zuständigkeiten wahrnehmen, sondern nur an der Zuständigkeit des Organs teilnehmen. Das sind Organteile.[441] Sie können dann gleichwohl vereinzelt Zuständigkeiten im Innverhältnis besitzen. Solche Organteile sind dann etwa die Ausschüsse der Vertretungskörperschaften, sofern sie nicht ausdrücklich als Organe ausgestaltet sind, und die Fraktionen (s. u.).

Schließlich können Organe ihre Befugnisse im Verhältnis zu anderen Organen notfalls im Wege von Organstreitverfahren geltend machen.[442] Hierbei handelt es sich um eine öffentlich-rechtliche Streitigkeit (§ 40 I S. 1 VwGO), bei der sich die Beteiligten auf Organbefugnisse berufen und die angesichts der abschließenden Regelungen der VwGO keine Klageart sui generis, sondern je nach Klagebegehren eine allgemeine Leistungs- oder eine Feststellungsklage darstellt. Es tritt besonders im Bereich der Gemeinden als Kommunalverfassungsstreit hervor.[443]

(2.) *Behörde* ist „das Organ eines Trägers öffentlicher Verwaltung, das mit Außenzuständigkeiten zu konkreten Rechtshandlungen insbesondere auf dem Gebiet materieller Verwaltungstätigkeit ausgestattet ist".[444] Organisationstheoretisch handelt es sich mithin um eine Grenzstelle,[445] da sie notwendig Außenzuständigkeiten für

---

440 *Schuppert* 2000, S. 856 hebt deshalb zu recht die Körperschaften der funktionalen Selbstverwaltung als besondere Beispiele der Binnendifferenzierung hervor.
441 Wolff/Bachof/Stober-*Kluth* 2004, § 83 Rn. 164.
442 *Bauer/Krause* 1996, S. 411 ff. u. 512 ff.
443 Dazu aus der neueren Literatur: *Erichsen/Biermann* 1997, S. 157 ff.; *Martensen* 1995, S. 989 ff. u. 1077 ff.; *Schoch* 1987, S. 783 ff.
444 *Wolff/Bachof* 1976, S. 83; *Schnapp* 1980, S. 73; *Hufeld* 2003, S. 30 ff.; *Bull* 2000, Rn. 145; *Loeser* 1994, S. 120: Kennzeichen sind: Organisatorisch verselbständigtes Organ, autoritative Entscheidungsbefugnisse, Außenwirkung; *Becker* 1989, S. 233: „Behörde' ist eine Verwaltungsorganisation, die auf sich und in sich Beschäftigte (i.w.S.) und sächliche Mittel und finanzielle Mittel vereinigt, um die ihr zugeordneten räumlichen und sachlichen Zuständigkeiten erfüllen zu können". Vgl. auch *Wolff/Bachof/Stober* 1999, § 4 Rn.19; unterschieden werden kann die insofern angesprochene „Behöre im funktionellen Sinn" von der konkreten Behörden bezeichnenden „Behörde im organisatorischen Sinn", *Maurer* 2002, § 21 Rn. 32; *Burgi* 2002, § 52 Rn. 29.
445 Vgl. auch § 1 IV VwVfG.

konkrete Rechtshandlungen besitzt.[446] Rechtlich gesehen ist sie eine unselbständige Verwaltungseinheit ihres Rechtsträgers als Verwaltungsorganisation.[447] Behörden können nach den Verwaltungsträgern (Bund, Länder, Gemeinden, andere juristische Personen des öffentlichen Rechts), nach der räumlichen Reichweite ihrer Entscheidungen, nach sachlichen Gesichtspunkten, nach Art ihrer Entscheidungsbefugnis (Wirkung für die Umwelt der Trägerorganisation oder nur intern) und nach ihrer Hierarchiestufe unterschieden werden.[448] Auch teilrechtsfähige Körperschaften, Anstalten und Stiftungen können Behörden haben.[449]

(3.) Schließlich meint *Amt* im organisationsrechtlichen Sinn die fremdnützigen Wahrnehmungszuständigkeiten einer natürlichen Person als „Amtswalter".[450] Sie ist die kleinste Organisationseinheit der Verwaltung, durch die verschiedene Stellen zusammengefaßt werden.[451]

bb. Arbeitsteilung,[452] Zuständigkeitsverteilung

Die Verteilung der verschiedenen Aspekte der Organisationsaufgaben an einzelne Organe geschieht formal durch Zuständigkeitsvorschriften,[453] material durch Kompetenzen[454] und die Einräumung der zu ihrer Wahrnehmung erforderlichen Ermächtigungen.[455] Die Verteilung der Zuständigkeiten kann räumlich, sachlich oder in bezug auf einen bestimmten Teilaspekt der Aufgabe funktional und auch instanziell erfolgen. Die Ausdifferenzierung der Zuständigkeiten ist nicht vollständig durchgeführt und kann für besondere Fälle von Notkompetenzen, bei Gefahr im Verzug oder im Falle des Selbsteintrittsrechts der weisungsbefugten gegenüber der weisungsunterworfenen Stelle beschränkt sein.[456]

Auf die Darstellung der weiteren Binnengliederung[457] der Behörden in Abteilungen, Dezernate, Referate, Ämter, Außenstellen, ihre differenzierten Aufgaben und Kompetenzzuweisungen sowie die Koordinierung durch Aufgabengliederungspläne, Organisationspläne, Stellenpläne, Geschäftsverteilungspläne etc.[458]

---

446 *Wolff/Bachof* 1976, S. 86; *Burgi* 2002, § 52 Rn. 29.
447 Das schließt nicht aus, sondern ein, daß sie als Rechtsgebilde eine organisatorische Selbständigkeit gegenüber den sie als Organwaltern als natürlichen Personen besitzt, *Strößenreuther* 1991, S. 103.
448 *Becker* 1989, S. 234 f.
449 *Wolff/Bachof* 1976, S. 84.
450 *Schnapp* 1980, S. 73; *Burgi* 2002, § 52 Rn. 30; *Wolff/Bachof/Stober* 1999, § 4, Rn. 20; *Wolf/Bachof* 1976, S. 28 f. auch zu weiteren Verwendungen des Ausdrucks „Amt"; *Wolff* 1934, S. 240: nennt es ein „auf ein Individuum bezogenen Kompetenzkomplex".
451 *Bull* 2000, Rn. 140.
452 *Schuppert* 2000, S. 767 f.; *Becker* 1989, S. 534 f.
453 *Achterberg* 1986, § 13 Rn. 19 f.; *Wolff/Bachof/Stober-Kluth* 2004, § 84, Rn. 1 ff.; *Collin/Fügemann* 2005, S. 696 f.
454 Auch „sachliche Zuständigkeit" genannt; *Burgi* 2002, § 52 Rn. 36; *Forsthoff* 1973, S. 450 f. verwendet Kompetenz und Zuständigkeit synonym.
455 *Wolff/Bachof* 1976, S. 14 f.
456 Wolff/Bachof/Stober-*Kluth* 2004, § 84 Rn. 40 f. dort auch Rn. 49 f. zu Zuständigkeitskonkurrenzen.
457 *Loeser* 1994, S. 31; *Wolff/Bachof* 1976, S.95 f.
458 *Wolff/Bachof* 1976, S. 92 f.; *Hufeld* 2003, S. 32 f.; zur Rechtsnatur BayVerfGH NJW 1986, S. 1673 ff.; *Schmidt-Aßmann* 1981, S. 35 f.; *Collin/Fügemann* 2005, S. 696 f.

und Verfahrensregelungen (Geschäftsordnungen, Dienstordnungen etc.) kann hier verzichtet werden.[459]

c. Koordinationsstrukturen

Bei Verwaltungsorganisationen geht es um kollektiv zurechenbare Handlungen. Das stellt an die Binnenstruktur die Aufgabe, die Einzelhandlungen der Amtsträger in kollektive Handlungen zu transformieren.[460] Zunächst dient schon die Zuständigkeits- und Kompetenzzuweisung, da sie im Interesse des Ganzen erfolgt, auch der Koordination der Aufgabenerledigung.[461] Diese Zuweisungen können dann enumerativ oder generell erfolgen.[462] Darüber hinaus sind aber verschiedene alternative, teilweise auch kumulative Koordinierungsmechanismen erforderlich. Im Zentrum steht auch hier der Vergleich des tatsächlichen Behördenverhaltens mit den dafür aufgestellten Maßstäben im Wege der Kontrolle.[463]

(1.) Hierarchie und Weisung

Hauptaufgabe der hierarchischen Struktur von Verwaltungsorganisationen ist die Durchsetzung des demokratischen Willens bis in einzelne Verwaltungsentscheidungen.[464] Sie garantiert nach wie vor die stärkste Integration der ihr unterworfenen Organisationselemente zu Verwaltungseinheiten.[465] Zugleich vermittelt sie über die parlamentarische Verantwortung der Hierarchiespitze klar zurechenbare Legitimation der unteren Verwaltungsstufen.[466] Nach der Dichte der normativen Steuerung der Hierarchie kann unterschieden werden zwischen der klassischen weisungsgesteuerten, der finalgesteuerten und der realleistenden Hierarchie, die trotz eines prinzipiell hierarchischen Aufbaus fachspezifischen Rationalitätskriterien des Personals größeren Raum gibt.[467] Ausdruck des Hierarchieprinzips ist organisationsintern die Leitungsbefugnis.[468] Das Prinzip bezieht sich auf die Durchsetzung des Willens der obersten Behörde innerhalb eines Weisungsträgers gegenüber

---

459 Ohnehin werden die Regeln über das Verfahrensrecht der Ablauforganisation traditionell dem Verwaltungsverfahrensrecht zugerechnet, *Burgi* 2002, § 51 Rn. 6.
460 *Schmidt-Aßmann* 1997, S. 44.
461 *Maurer* 2002, § 21 Rn. 46.
462 *Forsthoff* 1973, S. 450 f.
463 *Schmidt-Aßmann* 2001a, S. 10.
464 *Dreier* 1991, S. 139: Gesetzesbindung der Verwaltung und Verantwortung der Regierung gegenüber dem Parlament vereinigen sich und bilden die Grundlage des demokratisch-hierarchischen Kontrollsystem der Verwaltung. *Trute* 1997, S. 275 f.
465 vgl. bereits oben im ersten Teil D III, 2 b cc
466 *Dreier* 1991, S. 125 f. u. 138; *Loschelder* 1988, Rn. 3.
467 *Schmidt-Aßmann* 1997, S. 49; *Kahl* 2000, S. 402 ff.; *Strößenreuther* 1991, S. 25 ff.; *Becker* 1989, S. 870.
468 Oder Direktions- bzw. Weisungsrecht, *Loeser* 1994, S. 65; *Kahl* 2000, S. 357; *Dreier* 1991, S. 138 f.; *Bull* 2000, Rn. 149.

den nachgeordneten Stellen.[469] Konkretisierungen davon sind die Personalhoheit, die Organisations- und die Haushaltsgewalt.[470]

Mag sie, soweit die Rationalität bürokratischer Erledigung öffentlicher Aufgaben reicht, weiterhin die effektivste Struktur von Verwaltungsorganisationen sein, ist doch schon länger deutlich, daß Hierarchie nicht mehr das Strukturprinzip darstellt, das die Einheit der Verwaltung insgesamt gewährleistet[471] und für alle Verwaltungsformen die effektivste Aufgabenerledigung ist.[472] Das sagt nichts über die rechtslogisch weiterhin erforderliche Normenhierarchie und die demokratisch notwendige Ableitung aller Staatsgewalt aus dem Willen des Volkes.[473] Schließlich wird es auch in einem dezentralisierten Makrosystem der Verwaltungsorganisationen weiterhin hierarchisch-bürokratische Binnenstrukturen zur Erledigung routinemäßiger Aufgaben geben (vgl. oben). Rein bürokratisch-hierarchische Strukturen prägen aber nicht – und, wie die historische Übersicht gezeigt hat: nicht nur nicht mehr – das Makrosystem der Verwaltung. Die hierarchisch geordnete unmittelbare Staatsverwaltung ist vielmehr Teil dieses Systems, das allerdings durch ein immer komplexer werdendes Spektrum von Verwaltungsaufgaben und eigenverantwortlich agierenden verselbständigten Verwaltungseinheiten zunehmend differenziert wird und dessen Organisationen sich zudem durch kollegiale Organstrukturen, die Integration von wissenschaftlichem oder/und interessiertem Sachverstand in Beiräten und Verwaltungsräten und andere Mechanismen auch in ihrer Binnenstruktur weiter ausdifferenzieren.[474] Verhandlungsmodelle ergänzen oder ersetzen hierarchische Strukturen.[475] Das binnenstrukturelle Gegenmodell der hierarchischen Verwaltung ist die Organisationsform der Körperschaft des öffentlichen Rechts, die nicht nur äußere rechtliche Selbstverwaltung, sondern innere besitzt, aufgrund derer im gesetzlichen Rahmen alle wesentlichen Organisationsentscheidungen von den Mitgliedern selbst getroffen werden.

(2.) Kontrolle und Aufsicht innerhalb von Verwaltungsorganisationen

Die nach wie vor wichtigste Form der rechtlichen Koordination von dekonzentrierten oder dezentralisierten, jedenfalls voneinander distanzierten Verwaltungseinheiten ist die Kontrolle.[476] Sie sichert, daß die normativen Verhaltenserwartungen, die mit der Zuschreibung von Kompetenzen, Aufgaben, Handlungsspielräumen

---

469 *Loschelder* 1988, Rn. 85 ff.; *Kahl* 2000, S. 357. Seine Bedeutung darf freilich nicht überschätzt werden: *Schuppert* 2000, S. 594 f. auf die Abhängigkeit der hierarchisch-bürokratischen Verwaltung von detaillierter konditionaler Programmierung einerseits und stabilen Verwaltungsumwelten war bereits im organisationstheoretischen Teil (D III 2 f) hingewiesen worden.
470 *Kahl* 2000, S. 357; *Böckenförde* 1998, S. 144; *Emde* 1991, S. 48 u. 343 ff.
471 *Dreier* 1991, S. 5 f.; *Bryde* 1988, S. 182 f.; *Haverkate* 1988, S. 239.
472 Mag sie auch immer noch als Vorbild für den Verwaltungsvollzug mitgeschleppt werden, kritisch: *Schmidt-Aßmann* 1997, S. 25; *Schuppert* 2000, S. 594 f.
473 Zum Problem der Legitimationshierarchie vgl. *Jestaedt* 1993, S. 159 f. u. 189 f.; zu Hierarchie und Demokratie *Dreier* 1991, S. 113 f.
474 *Groß* 1999, S. 113 ff.; *Dreier* 1991, S. 155; *Schuppert* 2000, S. 596 f.; *Loschelder* 1988, Rn. 21 u. 53 f.
475 *Schmidt-Aßmann* 2006, S. 388 f.
476 Zur Distanziertheit als Voraussetzung von Kontrolle *Schmidt-Aßmann* 2001a, S. 10; *Hoffmann-Riem* 2001, S. 326.

aufgestellt werden, auch erfüllt werden.⁴⁷⁷ Ist diese Distanz nicht vorgesehen, liegen Formen der Mitentscheidung vor.⁴⁷⁸ Die Distanz muß allerdings nicht durch das weitreichende Prinzip der Eigenverantwortlichkeit im Sinne der Selbstverwaltung begründet sein.⁴⁷⁹ Notwendig ist sie aber mit einer Grenzziehung verbunden, die mehr oder weniger ausgeprägte Verantwortungsbereiche voneinander scheidet.⁴⁸⁰ Entsprechend kann die Kontrolle sowohl organisationsintern („Selbstkontrolle") als auch organisationsextern sowie innerhalb des Funktionssystems der Verwaltung („Eigenkontrolle") oder außerhalb, etwa durch Gerichte („Fremdkontrolle"), erfolgen.⁴⁸¹ Kontrolle ist zwar klassisch mit dem hierarchischen Verwaltungsmodell verbunden, jedoch, wie zahlreiche Formen kooperativer Kontrolle und gerade auch die eingeschränkte Kontrolle von Selbstverwaltungsträgern zeigen, nicht auf diese Organisationsstruktur beschränkt.⁴⁸²

Das Kontrollverfahren geschieht durch die Überprüfung eines Ist-Zustandes mit einer Norm, die einen anzustrebenden oder zu vermeidenden Zustand als gesollt vorstellt.⁴⁸³ Entsprechend der Struktur der Handlungsmaßstäbe der kontrollierten Verwaltungseinheit und ihrer eigenen Maßstäbe ist die Kontrolle selbst mehr – Konditionalprogramme – oder weniger – Finalprogramme etc. – engmaschig. Neben dieser unterschiedlichen Struktur der Kontrollmaßstäbe ist für die Intensität der Kontrolle das Verhältnis der Handlungs- zu den Kontrollmaßstäben wesentlich.⁴⁸⁴ Je höher das Maß an Verantwortlichkeit des Kontrollierten, desto enger die Kontrollmaßstäbe und je enger die Entscheidungsfreiheit des Kontrollierten sein soll, desto breiter sind die Kontrollmaßstäbe. Klassisches Beispiel hierfür ist die Unterscheidung zwischen Rechts- und Fachaufsicht – bei aller Ambivalenz des Begriffs der letzteren.⁴⁸⁵

Neben der Relation zwischen den Entscheidungs- und den Kontrollmaßstäben spielt der Zeitpunkt des Einsatzes der Kontrollmittel eine maßgebliche Rolle für die Frage, wie breit der Entscheidungsspielraum des Kontrollierten tatsächlich ist. Während die präventive Kontrolle vor dessen Abschluß in den Entscheidungsprozeß des Kontrollierten eingreift, erfolgt repressive danach.⁴⁸⁶ In organisationsrecht-

---

477 *Hoffmann-Riem* 2001, S. 340 f., der auf den Zusammenhang des für den Brennpunkt der Verhaltenserwartungen überkommenen Begriff der Rolle mit der Gegen-Rolle oder eben der Kontrolle hinweist.
478 *Schmidt-Aßmann* 2001a, S. 10; fehlt Distanz hingegen faktisch, obwohl sie normativ geboten ist, können Kontrolldefizite auftreten, *Hoffmann-Riem* 2001, S. 357 f.
479 Es muß also keine „Staatsdistanz" im Sinne eines Herausrückens einer juristischen Person aus dem Weisungszusammenhang der unmittelbaren Staatsverwaltung vorliegen; hierzu *Hendler* 1990, Rn. 23 u. 36 f.
480 *Hoffmann-Riem* 2001, S. 327.
481 *Schmidt-Aßmann* 2001a, S. 18 f.
482 *Kahl* 2000, S. 440 ff.; *Lüder* 2001, S. 48 f.; *Hoffmann-Riem* 2001, S. 327
483 Instruktiv *Lüder* 2001, S. 45 f. Der Begriff der Norm ist dabei weit zu fassen. Hierzu gehören beispielsweise nach Lüder Ziele, Pläne, professionelle Standards, Regeln der Kunst, Rechtsvorschriften, organisationsinterne Verfahrensregeln, „best practice"-Fälle.
484 *Hoffmann-Riem* 2001, S. 328.
485 Vgl. *Groß* 2002a, S. 793 ff.
486 Die Bestimmung des Zeitpunkts ist nicht klar. Während Groß aus organisationsrechtlicher Perspektive zutreffend auf den Abschluß des Entscheidungsprozesses abstellt (2002a, S. 797), bestimmen andere den Zeitpunkt als „Vollendung des gemeindlichen Rechtsaktes" (*Stober* 1996, S. 150), „Abschluß eines Rechtsaktes" (*Schröder* 1986, S. 373).

licher Perspektive spielt für diese Unterscheidung das Moment der Wirksamkeit der Entscheidung keine Rolle, so daß eine Einwirkung des Kontrolleurs auf den Kontrollierten nach abgeschlossener Entscheidungsbildung, das Wirksamkeitsbedingung für diese Entscheidung ist, eine Form der repressiven Kontrolle darstellt.[487] Die Austarierung dieses Systems der Kontrollmaßstäbe ist an der dem Kontrollierten verfassungsrechtlich (Selbstverwaltung der Gemeinden, Rundfunkanstalten, Hochschulen) oder gesetzlich eingeräumten (Eigen-) Verantwortung auszurichten und ist bei Fehlen von Maßstäben Sache der Organisationsgewalt.

Über diese Kernbedeutung hinaus herrscht jedoch Streit in bezug auf die Zuordnung der in diesem Zusammenhang erwähnten Begriffe Steuerung, Kontrolle, Aufsicht, Lenkung.[488] Einigkeit besteht noch insofern, als der Begriff Kontrolle weiter zu verstehen ist, als der der Aufsicht. Auch wird die Wirtschaftsaufsicht des Staates einhellig ausgenommen, weil sie keine Aufsicht innerhalb des Funktionssystems der Verwaltung und auch keine Fremdkontrolle von Verwaltungsorganisationen, sondern staatliche Aufsicht über gesellschaftliche Akteure darstellt. Als Kriterium der Eingrenzung von Aufsicht gegenüber Kontrolle wird sowohl ein organisationsrechtliches Argument als auch die Art des Kontrollmittels angeführt. Organisationsrechtlich soll Kontrolle die entweder verwaltungs- oder sogar nur verwaltungsorganisationsinterne Kontrolle betreffen, während Aufsicht die insofern externe Kontrolle meint. Aufsicht ist dann Staatsaufsicht als Rechts- und Fachaufsicht. Kahl schlägt hingegen vor, die Aufsicht durch das in der Kontrolle als Überwachung nicht vorgesehene Mittel der Beanstandung als Korrektur der kontrollierten Entscheidung abzugrenzen.[489] Beide Ansätze überzeugen nicht. Kahl trifft mit der Unterscheidung anhand der Kontrollmittel sicherlich einen wichtigen Aspekt der Differenzierung zwischen verschiedenen Kontrollmitteln. Wenn aber der Aufsicht etwas möglich wäre, was nicht zum Instrumentarium der Kontrolle gehört, wäre sie der Oberbegriff und nicht der der „Kontrolle". Die Abgrenzung nach Innen- und Außenbereich der Verwaltung bzw. von einzelnen Verwaltungsorganisationen begegnet zwar einerseits Bedenken, weil rein gesetzessprachlich auch von Dienstaufsicht und der Aufsicht des Fachvorgesetzten die Rede ist. Andererseits trifft weist sie aber zutreffend darauf hin, daß sich Kontrolle über das Funktionssystem der Verwaltung hinweg von der Kontrolle innerhalb der Verwaltung unterscheidet.

Als Aufsicht soll daher nur diejenige Kontrolle verstanden werden, die insofern Eigenkontrolle der Verwaltung ist, als Kontrollierter und Kontrollinstanz

---

[487] Diese von der vorherrschenden vom individuellen Rechtsschutz geprägten Perspektive abweichende Einteilung aus organisationsrechtlichen Gründen (vgl. *Groß* 2002a, S. 798 f.) führt dazu, daß Genehmigungsvorbehalte der Aufsichtsbehörden als eine Form präventiver Kontrolle aufgefaßt werden müssen (vgl. eingehender unten).
[488] *Schmidt-Aßmann* 2001a, S. 10; *Kahl* 2000, S. 357 u. 402 ff.; breiterer Begriff von Kontrolle bei *Strößenreuther* (1991, S. 38), der sie dann auch für die behördeninterne Überprüfung anwendet; breiter auch der an Krebs angelehnte Begriff der Kontrolle, den *J. P. Schneider* der Beurteilung behördlicher Wettbewerbe zugrunde legt, *Schneider* 2001, S. 278. Danach „können auch behördliche Wettbewerbsprozesse als Kontrollarrangement verstanden werden, wenn sie zur mitlaufenden Maßstabsbildung und fortlaufenden Überprüfung von administrativen Entscheidungsprozessen anhand der so entstandenen Maßstäbe führen. *Schulze-Fielitz* (2001, S. 298) verwendet ebenfalls einen sehr weiten Begriff von Kontrolle, wenn er darunter versteht „einen Prozeß permanenter gegenseitiger Beeinflussung durch Zusammenwirken".
[489] *Kahl* 2000, S. 421; *Kluth* 1997, S. 270.

390 Zweiter Teil: Die Körperschaft als Organisationsform des Verwaltungsrechts

Verwaltungsorganisationen sind. Keine Aufsicht ist danach insbesondere die verwaltungsgerichtliche Rechtskontrolle. Ob die Aufsicht hingegen innerhalb einer Organisation der Verwaltung („Selbstkontrolle") oder zwischen mehreren Verwaltungsorganisationen als funktionsinterne Fremdkontrolle stattfindet, ist eine Frage der weiteren Unterscheidung der Aufsichtsformen.[490] Aufsicht kann also vor allem in der Form der „Verwaltungskontrolle", unter der hier nur die organisationsinterne Aufsicht erfaßt werden soll (Amtsaufsicht und „körperschaftsinterne Aufsicht"), als intra-organisatorische Kontrolle zwischen verschiedenen Verwaltungsbehörden („Behördenaufsicht") sowie als Staatsaufsicht („Körperschaftsaufsicht") über Selbstverwaltungsträger erfolgen.[491] Sie kann prinzipiell in allen ihren Hauptformen als präventive oder als repressive erfolgen. Präventive Kontrolle kann auch als „Lenkung" bezeichnet werden.

Keine Staatsaufsicht, die der Koordination verschiedener Verwaltungseinheiten (s. u.), sondern Verwaltungskontrolle, die der innerorganisatorischen Koordination des Personals dient, sind danach die „Dienstaufsicht" und die innerbehördliche Fachaufsicht.[492] Gleiches gilt für die Sicherstellung der Ordnungsgemäßheit der Organisation eines Organs einer Verwaltungseinheit, ihre Personalführung und den Geschäftsgang durch das übergeordnete Organ (allgemeine Organ- oder Behördenaufsicht).[493] Beide Formen gehören zur Vorgesetztenkontrolle als einem – klassisch-bürokratischen – Teil von Verwaltungsführung[494] oder Leitung.[495] Weitere organisationsinterne Kontrollen der Verwaltung finden durch Ausdifferenzierung ihrer Strukturen, etwa durch Querschnittseinheiten,[496] Beauftragte[497] sowie gewissermaßen von unten durch das innerbehördliche Vorschlagswesen, Beschwerden und Remonstrationen statt.[498] Während diese Formen[499] noch im klassischen

---

490 *Strößenreuther* 1991, S. 101 ff.
491 *Schmidt-Aßmann* (2001a, S. 18 f.) unterscheidet hingegen die auf der Grundlage des Gewaltenteilungsprinzips „Eigenkontrollen" (Kontrollen innerhalb des Funktionssystems der Verwaltung) von „Fremdkontrollen" (parlamentarische Kontrollen, Gerichtskontrollen, Rechnungshofkontrollen). Zur Eigenkontrolle gehören dann Amtsaufsicht und Behördenaufsicht, „Körperschaftsaufsicht" und „körperschaftsinterne Kontrollmechanismen". Der Sinn dieser Differenzierung soll nicht bestritten werden. Für die hier vorgeschlagene organisationsrechtliche Untersuchung der Körperschaft des öffentlichen Rechts ist es jedoch sinnvoll, die Kriterien von „eigen" und „fremd" an den Grenzen der Verwaltungsorganisation festzumachen. Hierdurch kann dann auch gezeigt werden, daß Selbstverwaltungsträger eine gegenüber der in der hierarchischen Verwaltung prägenden Form der Amts- und Behördenaufsicht besonders differenzierte Form der Selbstkontrolle besitzen
492 *Schröder* 1986, S. 372; *Kahl* 2000, S. 394; *Knemeyer* 1995b, Sp. 401. Zur Abgrenzung von behördeninterner und behördenexterner Kontrolle vgl. *Strößenreuther* 1991, S. 101 ff.; *Pitschas* 1998, S. 909 u. 912; zur kommunalen Dienstaufsicht: *Lübking/Vogelsang* 1998, Rn. 80 f.
493 *Kahl* 2000, S. 394 f.; *Maurer* 2002, § 22 Rn. 32; *Rudolf* 1998, § 52 Rn. 48.
494 *Strößenreuther* 1991, S. 113 f.; anders *Schröder* 1986, S. 371.
495 Leitung ist die „Direktion der untergeordneten Verwaltung durch die obersten Behörden innerhalb eines Verwaltungsträgers, bei welcher der Wille des Geleiteten durch den Willen des Leiters ersetzt werden kann", *Kahl* 2000, S. 357.
496 Hierzu sind etwa die Kontrolle durch das Organisationsamt, das Personalamt und Haushaltsbeauftragte, *Strößenreuther* 1991, S. 148 ff.
497 Wie etwa die innerbehördlichen Datenschutzbeauftragten der Haushaltsbeauftragte (§ 9 BHO) und die Gleichstellungsbeauftragten, *Strößenreuther* 1991, S. 215 ff.; *Pitschas* 1998, S. 909.
498 *Strößenreuther* 1991, S. 249 ff.
499 Allerdings erfahren auch sie einen durchgreifenden Funktionswandel von der hierarchischen Steuerung zur Anreicherung – eine vollständige Ersetzung wird wohl nur in Teilbereichen möglich sein – mit Elementen dezentraler Verwaltungsverantwortung, *Pitschas* 1998, S. 912 f.

A. Verwaltungsorganisationsrecht   391

Arsenal der Behördenorganisation verbleiben, hat das New Public Management gerade auch im Bereich der behördeninternen Steuerung zu völlig Instrumenten geführt, die outputorientiert Kundenzufriedenheit sicherstellen sollen.[500]

Nicht hierher gehört, wie *Kahl* zu Recht herausgearbeitet hat, die Steuerung der rechtmäßigen und zweckmäßigen Erledigung von Verwaltungsaufgaben im Wege der „Fachaufsicht".[501] Sie richtet sich an den rechtlich verselbständigten Verwaltungsträger, vertreten durch das hierzu befugte Organ, nicht an das Organ als solches oder seinen Organwalter.[502] Die Fachaufsicht läßt die organisatorische Selbständigkeit der ihr unterworfenen Verwaltungsorganisationen bestehen und steuert nur punktuell die Wahrnehmung und Erfüllung bestimmter Aufgaben. Dieser Zusammenhang bestätigt den Sinn der organisationsbezogenen Unterscheidung von Außen und Innen: die verschiedenen Formen der „Fachaufsicht" sind Formen der Fremdkontrolle innerhalb des Funktionssystems der Verwaltung, weil die organisatorische Einheit unberührt lassen, jedoch für eine enge funktionale Verknüpfung der kontrollierenden und der kontrollierten Verwaltungsorganisation sorgen. Die Fachaufsicht stellt damit eine partiell enge Kopplung einer verselbständigten Verwaltungseinheit an ihre Umwelt, nicht eine Koordinierung von deren Binnenstruktur dar.

Zum Bereich der organisationsinternen Kontrolle ist aber noch das Verhältnis der später eingehender zu erörternden Formen der „Kontrastorgane" der Körperschaft („körperschaftsinterne Kontrolle") zu rechnen. Diese Kontrolle liegt gewissermaßen zwischen der verwaltungsinternen hierarchischen Kontrolle und der umgekehrt hierarchischen Kontrolle (Gegenvorstellungen, Remonstrationen etc.) einerseits und der körperschaftsexternen Kontrolle andererseits.[503] Von der ersteren unterscheidet sich die körperschaftsinterne Kontrolle durch ihren „horizontalen", nicht-hierarchischen Charakter, von der letzteren durch die jedenfalls gegenüber der Rechtsaufsicht größere Kontrolltiefe.

(3.) Weitere Prinzipien des Innerorganisationsrechts

Es konnte auch hier nur darum gehen, einige wichtige Strukturen des Innerorganisationsrechts als Leitfaden der späteren Untersuchung des Innenrechts der Körperschaft des öffentlichen Rechts anzuführen, nicht eine auch nur annähernd vollständige Darstellung zu präsentieren. Nur erwähnt sei noch das für die Koordinierung in Körperschaften wichtige Kollegialprinzip, wie es pluralistische Kollegialorgane, professionelle Kollegialorgane, kooperative Kollegialorgane prägt.[504] Es bedeutet nicht nur eine stärkere Organdifferenzierung als bei monokratischen Organen, sondern bewirkt auch über die notwendig einheitliche Willensbildung die Koordination der Organglieder. Zugleich wirkt der Beratungsprozeß als Form der verwaltungsinternen Kontrolle.[505] Gerade durch die Notwendigkeit der Koordinierung

---
500 vgl. die Übersicht bei *Schuppert* 2000, S. 1002 f.
501 *Kahl* 2000, S. 395; *Groß* 2002a, S. 796
502 *Kahl* 2000, S. 396.
503 *Schmidt-Aßmann* 2001a, S. 19 f.
504 *Groß* 1999, 300 ff.; *Schuppert* 2000, S. 847 ff.
505 *Schulze-Fielitz* 2001, S. 305.

heterogener Ansichten zu einem einheitlichen Standpunkt oder Beschluß können Alternativen durchdacht und so Fremdkontrolle antizipiert werden.[506]

Eine enge Koordination wird durch Organverbindungen hergestellt: Sie können durch die Eingliederung von Organen im Sinne einer Verschmelzung oder durch die Verwendung eines Organs durch mehrere Organisationen und andere organisatorische Vorkehrungen erfolgen.[507] Weitere Koordinationsformen ergeben sich aus dem Pluralitätsprinzip,[508] dem Integrationsprinzip und anderen.[509] Schließlich wäre auf das organisationsinterne Verfahrensrecht einzugehen.[510] Hier werden die grundlegenden Informations-,[511] Kommunikations- und Entscheidungsstrukturen der Organisation festgelegt. Regeln über den Rechtsschutz gehören nur insoweit hierher, als der Rechtsschutz das innerorganisatorische Rechtsverhältnis betrifft.[512] Endlich wären auch die informalen Koordinationsmöglichkeiten und verwaltungsinterne Kontrakte zu erwähnen, die notwendige Abstimmungen herbeiführen, wenn die thematischen Aufgaben hinreichend spezifiziert und die Ziele klar sind.[513]

3. Außenrecht der Verwaltungsorganisationen

Das Organisationsaußenrecht betrifft die Rechtsbeziehungen zwischen der Organisation und Rechtssubjekten ihrer Umwelt.[514] Als solche Rechtssubjekte treten sowohl natürliche als auch juristische Personen, insbesondere auch der Bund und die Länder, als Träger ihrer unmittelbaren Verwaltungsorganisationen auf. Das Außenrecht der Verwaltungsorganisation soll hier also sowohl das gewöhnlich als „Außenrecht" bezeichnete Recht zwischen der Verwaltung und Privatrechtssubjekten (s. o. 2.) als auch das Verhältnis zu anderen Verwaltungsorganisationen, insbesondere den staatlichen Verwaltungsorganisationen, umfassen. Nach der allgemeinen organisationstheoretischen Grundstruktur geht es bei diesem Rechtsbereich zunächst um das Recht der Ressourcenbeschaffung der Organisation. Hier ist im Falle der Körperschaft die Finanzierung der Organisation und die Frage der Rekrutierung ihrer Mitglieder anzusprechen. Zweitens betrifft dieser Rechtskreis die Leistungen der Verwaltungsorganisationen für ihre Umwelt, in der eingebürgerten betriebswirtschaftlichen Terminologie: den Output. Da Verwaltungsorganisationen Zweckgebilde zur Erfüllung öffentlicher Aufgaben darstellen, die sie mit hoheitlichen Mitteln erledigen, muß um der demokratischen Legitimation willen eine Kontrolle dieser Organisationen stattfinden. Unter Berücksichtigung der Verselbständigung und der Binnendifferenzierungen hat das Verwaltungsorganisationsrecht hier eine koordinierende Funktion.

---

506 *Schulze-Fielitz* 2001, S.307.
507 *Wolff/Bachof* 1976, S. 114 f.: Angliederung, Beiordnung, Realunion, Personalunion.
508 *Schuppert* 2000, S. 597.
509 *Schuppert* 2000, S. 597.
510 *Schuppert* 2000, S. 752 u. 764 f.
511 *Schmidt-Aßmann* 1997, S. 44 f.; vgl. auch den Sammelband *Hoffmann-Riem/Schmidt-Aßmann* 2000.
512 Zu weit daher *Loeser* 1994, S. 77.
513 *Trute* 1997, S. 279.
514 Vgl. auch *Schmidt-Aßmann* 2006, S. 241.

a. Rekrutierung

Die Rekrutierung der Mitglieder von Verwaltungsorganisationen erfolgt, je nachdem es sich um eine herrschaftliche oder eine mitgliedschaftliche Organisation handelt, in grundsätzlich unterschiedlicher Weise. Bei hierarchischen Verwaltungsorganisationen erfolgt die Rekrutierung durch Berufung in ein Amt oder Zuweisung einer Amtsstelle anhand der Kriterien von Eignung, Befähigung und fachlicher Leistung (Art. 33 II GG).[515]

Bei den mitgliedschaftlichen öffentlich-rechtlichen Organisationen hingegen werden die Mitglieder (i. w. S.) in sehr unterschiedlicher Weise rekrutiert. Grundsätzlich kommt hier eine Pflichtzugehörigkeit bei Erfüllung der gesetzlichen Voraussetzungen, die Entsendung durch hierzu berechtigte Verbände oder eine Zugehörigkeit kraft Wahl in Betracht.[516]

b. Interorganisationsrecht

Das Interorganisationsrecht betrifft die Struktur des Makrosystems der Verwaltung bzw. des funktional integrierten Netzwerks der Verwaltungseinheiten.[517] Hier geht es um das Verhältnis zwischen Verwaltungsorganisationen[518] und das Verhältnis der Organe verschiedener Verwaltungsorganisationen zueinander.[519] Sein Regelungsgegenstand ist somit die Einpassung der verselbständigten und binnendifferenzierten Verwaltungsorganisation in ihre öffentlich-rechtliche und privatrechtliche Organisationsumwelt.

Wie bei den Ausführungen zum Funktionssystem der Verwaltung schon dargelegt, stehen die Organisationen dieses Systems nicht unverbunden nebeneinander, sondern sind Teil des politischen Herrschaftssystems. Die hierfür erforderliche demokratische Legitimation wird, wie oben näher untersucht, über das demokratisch gewählte Parlament vermittelt. im Fall der unmittelbaren Staatsverwaltung ist die Legitimation durch die Ministerialverantwortung und die hierarchische Weisungskette gewährleistet.[520] Um die Legitimationskette auch bei einem stark ausdifferenzierten Funktionssystem nicht abreißen zu lassen, bedarf es adäquater Kontrollmechanismen, die auch bei selbständigen Verwaltungsorganisationen die Anbindung und Unterordnung unter die gesetzgeberischen Entscheidungen als dem primären Ausdruck demokratischer Legitimation sicherstellen.

---

515 *Wolff/Bachof* 1976, S. 37.
516 *Wolff/Bachof* 1976, S. 42 f.
517 *Trute* 1997, S. 262.
518 *Achterberg* 1986, § 20 Rn. 49 f.
519 *Achterberg* 1986, § 20 Rn. 66: „interorganisatorische Interorgan-Verhältnisse" wie etwa bei Akten der Rechtsaufsicht oder bei der Organleihe, bei der ein bestimmtes Organ des einen Verwaltungsträgers einige Aufgaben eines anderen Verwaltungsträgers wahrnimmt und insofern als dessen Organ agiert, *Maurer* 2002, § 21 Rn. 54.
520 *Dreier* 1991, S. 138 f.

c. Rechtsverhältnis zum Organisationsträger

Die funktionale Einheit der ausdifferenzierten Verwaltungsorganisationen ergibt sich nicht von selbst, sondern wird durch Aufsicht gewährleistet. Ihr Ziel ist nicht die Beseitigung der Verselbständigung von Verwaltungsorganisationen, sondern die Beobachtung und ggf. Erzwingung der Beachtung der Grenzen dieser Verselbständigung und ggf. die Ermunterung, die zugewiesenen Freiräume auch zu nutzen. Wichtigstes „Mittel zur Reintegration der verselbständigten Verwaltungseinheiten"[521] in die funktionale Einheit des Verwaltungssystems ist die Rechtsaufsicht.[522] Durch die Überwachung der Einhaltung dieser Rechtsregeln wird zugleich eine gewisse Homogenität der Verwaltungsstandards erreicht.[523] Wenn die verselbständigte Verwaltungseinheit Aufgaben im Auftrag der unmittelbaren Staatsverwaltung wahrnimmt, kann diese auch inhaltlich Einfluß auf den Entscheidungsprozeß der Verwaltungsorganisation nehmen und dafür sorgen, daß deren Entscheidungen mit ihren eigenen Absichten zusammenstimmen. Selbst in diesem Fall wird die organisatorische Verselbständigung nicht beseitigt, sondern nur funktional enger an die staatliche Verwaltung angebunden. Dies zeigt sich etwa daran, daß die interne Organisation der Aufgabenerledigung der juristischen Person überlassen bleibt.[524] Sie gehört damit als Staatsaufsicht in organisationsrechtlicher Perspektive zur Fremdaufsicht, auch wenn sie funktional-gewaltenteilig eine Kontrolle innerhalb der Exekutive und somit Eigenkontrolle bedeutet.[525] Die Differenzierung von „Selbst-" und „Fremdkontrolle", die anders verläuft als die an der Gewaltenteilung orientierte Unterscheidung von „Eigen-" und „Fremdkontrolle", bleibt neben der letzteren auch rechtlich von Bedeutung, weil sie die rechtliche Verselbständigung der Verwaltungsträger in Rechnung stellt.[526] Aus der Perspektive des Rechtsschutz suchenden Bürgers handelt es sich bei alledem um eine Kontrolle „der" Verwaltung; aus der Perspektive der mit Statusrechten versehenen Verwaltungsorganisationen ist auch die Aufsicht durch staatliche Behörden eine Fremdkontrolle.

Während die interne Koordination von Verwaltungsorganisationen über Weisungshierarchien, interne Aufsicht und kollegiale Koordinationsstrukturen hergestellt wird, hat die der Sicherstellung der gesetzlichen Vorgaben dienende Aufsicht der selbständigen Verwaltungsorganisationen deren Autonomie zu berücksichtigen. Dies bedarf eines differenzierten Koordinationsinstrumentariums. Nach der prinzipiellen Stärke der Steuerungseinwirkung auf den Entscheidungsprozeß

---

521 *Dreier* 1991, S. 287 f.: „Wenn es ein Institut gibt, das als probates Mittel zur Reintegration der verselbständigten Verwaltungseinheiten in den staatlichen Apparat und als Gegengift zu den beargwöhnten ‚Tendenzen autokephaler Bürokratie' [Köttgen, SK] dienen könnte, dann kommt dafür vor allem die staatliche Rechtsaufsicht in Betracht".
522 *Wolff/Bachof* 1976, S. 105.
523 *Schmidt-Aßmann* 1997, S. 24.
524 *Kahl* 2000, S. 395 f.
525 *Schmidt-Aßmann* 2001a, S. 18. Schmidt-Aßmann unterscheidet die Eigenkontrolle innerhalb des Verwaltungssystems noch in „Eigenkontrolle im ‚Innenbereich'" und sonstige Eigenkontrolle, berücksichtigt also die Verselbständigung von Verwaltungsorganisationen.
526 Vgl. zu einer institutionell-organisatorischen Unterscheidung von Kontrollformen auch *Schulze-Fielitz* 2001, S. 298 f.: Aufsicht über Körperschaften des öffentlichen Rechts, aber auch zwischen Behörden sei „i.w.S. verwaltungsinterne" Kontrolle; wie hier *Löer* 1999, S. 32 ff.

können danach (1.) die Steuerung durch Partizipation, die der Selbststeuerung noch nahe kommt, (2.) die bloße Kontrolle ohne Korrekturbefugnis durch die staatliche Aufsichtsbehörde, (3.) die Staatsaufsicht, die sich als Rechtsaufsicht auf die nachträgliche Kontrolle getroffener Verwaltungsentscheidungen bezieht, und (4.) die Lenkung, die als stärkste Steuerungsform auf die Entscheidungsbildung Einfluß nimmt, unterschieden werden.

aa. Steuerung durch die Öffentlichkeit und durch Partizipation

Öffentlichkeit spielt eine gewichtige Rolle bei der Steuerung der Verwaltung (s. o.).[527] Ihre Äußerungen mögen diffus sein; für die generelle Akzeptanz des Handelns von Verwaltungsorganisationen ist sie von Bedeutung. Hier spielen Verbände, die Massenmedien, Betroffene und Interessenten eine Rolle.[528] Damit wird zugleich die Vermittlung des Verwaltungshandelns zentral. So wirkt die Öffentlichkeit als Anregung zur Selbstkontrolle.[529] Nachteile dieser Kontrolle sind die problematische Repräsentativität der sich artikulierenden Öffentlichkeit, ihrer Kontrollmaßstäbe, fehlende Informiertheit, Transparenz u.a.m.[530] Grenzen ergeben sich zudem aus der Gewaltenteilung, dem Recht auf informationelle Selbstbestimmung hinsichtlich der kontrollrelevanten Daten und auch Aspekte der Funktionstüchtigkeit der Verwaltung.[531]

Eine schon stärker internalisierte Kontrolle durch Private stellen Verfahren der Anhörung da, die nicht einem subjektiven Rechtsschutzinteresse dienen. Hierzu gehört etwa die Anhörung „beteiligter Kreise" nach §§ 51 BImSchG, 60 KrW/AbfG, 7 VII ChemG, 6 WRMG und 20 BBodSchG.[532] Hier wirken auch europäische Vorgaben der Informationsrichtlinie kontrollfördernd.

Die Einbeziehung eines größeren Kreises von Bürgern aber auch bei der förmlichen Selbstkontrolle von Bedeutung. Ein Mittel, um einerseits der notwendigen gesellschaftlichen Mitwirkung bei der Implementation staatlicher Politik und andererseits den Gefahren korporatistischer Arrangements gerecht zu werden, war oben bereits durch die öffentlich-rechtliche Organisierung der Zusammenarbeit in Form von Partizipationsstrukturen dieser Organisationen erwähnt worden.[533] Ganz allgemein gehört hierher aber die Betroffenenpartizipation.[534] Die Binnenorganisation tritt hier als Steuerungsmittel im Dienste einer engeren Umweltbindung der Organisation auf. Dieses Steuerungsmittel wird sowohl bei den Körperschaften als auch bei den pluralistisch zusammengesetzten Anstalten, insbesondere den Rundfunkanstalten, genutzt.

---

527 *Rossen-Stadtfeld* 2001, S. 117 ff.; *Scherzberg* 2000, S. 200 ff.; *Schmidt-Aßmann* 2001a, S. 26.
528 *Rossen-Stadtfeld* 2001, S. 165 ff.; freilich mit den Nachteilen, die ein wenig kanalisierter Verbandseinfluß mit sich bringt, *Hoffmann-Riem* 2001, S. 353.
529 *Schmidt-Aßmann* 2001a, S. 26.
530 *Rossen-Stadtfeld* 2001, S. 181 ff.; *Schmidt-Aßmann* 2006, S. 107 ff.
531 *Rossen-Stadtfeld* 2001, S.192 ff.
532 *Schulze-Fielitz* 2001, S.301 u. 307 f.
533 Vgl. auch *Schuppert* 1981, S. 368; *Schmidt-Aßmann* 2006, S. 104 f.
534 *Schuppert* 1981, S. 365 ff., 370 ff., 373 ff.

bb. Staatsaufsicht

Das Mittel für die Koordination des Verhältnisses der Verwaltungseinheiten untereinander ist die Staatsaufsicht.[535] Staatsaufsicht[536] als das klassische und nach wie vor wichtigste Koordinationsinstrument bedeutet Beobachtung, Prüfung und ggf. Beeinflussung des beaufsichtigten Selbstverwaltungsträgers durch die Aufsicht führende Behörde.[537] Als Mittel der Kontrolle mit Korrekturbefugnis bezieht sie sich auf ein im übrigen wirksames Verwaltungshandeln. Orientiert an der jeweiligen gesetzlichen Ausgestaltung der Selbstverwaltung der betreffenden Verwaltungseinheit, stellt sie die Einhaltung dieser Vorgaben sicher und unterstützt sie in der eigenverantwortlichen Wahrnehmung ihrer Befugnisse. Nicht zur Aufsicht, sondern zur Binnenorganisation gehört hingegen die oben bereits erwähnte Behördenaufsicht (etwa § 20 LVG-BW) als Dienst- und Fachaufsicht.[538]

Während sich der Weisungsbefugte gegenüber dem Weisungsempfänger mit seinem Willen durchsetzen kann, bestehen im Bereich der verselbständigten Verwaltungseinheiten Organisationen, die teilweise eigenverantwortlich öffentliche Aufgaben erfüllen.[539] Soweit diese Eigenverantwortlichkeit reicht, ist zwar eine Überprüfung ihres Verhaltens anhand bestimmter normativer Kontrollmaßstäbe möglich; ihr Verhalten kann jedoch nicht durch den Willen des Überprüfenden unmittelbar geändert werden. Bei denjenigen öffentlichen Aufgaben, die diese Organisationen im Auftrag und nach Weisung der Staatsverwaltung wahrnehmen, besteht hingegen ein Weisungsrecht derselben.[540] Sie setzt daher auch nicht notwendig ein Über- und Unterordnungsverhältnis voraus.[541]

---

535 *Krebs* 1988, Rn. 40 f.; *Kluth* 1997, S. 273; *Schröder* 1986, S. 371 f.
536 Es geht hier und im folgenden nur um die Aufsicht des Staates gegenüber verselbständigten Verwaltungsorganisationen. Deshalb wird auf die sachlich zutreffende begriffliche Differenzierung zwischen „Aufsicht" als Oberbegriff und der Aufsicht gegenüber Verwaltungsorganisationen und Wirtschaftsaufsicht gegenüber Privaten keine besondere Rücksicht genommen, zu dieser Unterscheidung: *Groß* 2002a, S. 795; *Schmidt-Aßmann* 2001a, S. 13; *Kahl* 2000, S. 364; *Gröschner* 1992, S. 46 u. 52: Staatsaufsicht zielt auf die Einheit der staatlichen Angelegenheiten, Wirtschaftsaufsicht bzw. das Überwachungsrechtsverhältnis hingegen setzt die individuelle und gesellschaftliche Freiheitssphäre voraus.
537 *Groß* 2002a, S. 799; *Kahl* 2000, S. 408 f.; *Wolff/Bachof* 1976, S. 101; *Schmidt-Aßmann* 2001a, S. 13: Sie ist wiederum abzugrenzen von der hinsichtlich der Kontrollinstrumente und der Kontrollorganisationen breiteren Verwaltungskontrolle.
538 *Wolff/Bachof* 1976, S. 103.
539 Die Hervorhebung der „Eigenverantwortlichkeit" kann nicht bedeuten, daß es innerhalb der unmittelbaren Staatsverwaltung keine Verantwortlichkeit im Sinne einer Rechenschaftspflicht für die Entsprechung des Verhaltens gegenüber der Bindung des Verantwortlichen an seine normativen Vorgaben und Verantwortung im Sinne der Übernahme dieser Verantwortlichkeit, *Luhmann* 1999, S. 172 ff.; *Strößenreuther* 1991, S. 76 f. Der Unterschied zur Eigenverantwortlichkeit im Sinne der Selbstverwaltung besteht darin, daß bei der Verantwortlichkeit der Verantwortliche, obwohl er rechtlich zu einem bestimmten Verhalten oder einer bestimmten Bandbreite von Verhaltensweisen verpflichtet ist, *faktisch* auch anders handeln kann, während die mit der Selbstverwaltung verbundene Eigenverantwortlichkeit unbeschadet dieser Möglichkeit auch *rechtlich* die Möglichkeit alternativen Zwecksetzens und Handelns, die nur durch die generelle Aufgabe begrenzt ist, eingeräumt wird.
540 *Kahl* 2000, S. 358. Das weisungsunterworfene Handeln in derselben Behörde oder einer untergeordneten wird hier nicht in diesem Sinne kontrolliert, sondern determiniert. Allerdings wird teilweise auch insofern von „Kontrolle" gesprochen, *Knemeyer* 1995b, Sp. 401.
541 *Schröder* 1986, S. 371.

Gegenstand der Kontrolle sind nicht nur Entscheidungen, sondern Verfahren, Verhaltensweisen, Systeme und organisatorische Arrangements.[542] *Kahl* faßt das Ziel von Kontrolle und Aufsicht daher treffend zusammen: „Bei der Kontrolle und der Staatsaufsicht geht es darum, die infolge von Gewaltenteilung und Sachverantwortungsparzellierung eintretenden Abstimmungsbedarfe, Steuerungsprobleme und Reibungsverluste im Interesse der Sicherung der demokratischen Legitimation und der Gesetzmäßigkeit der Verwaltung zu kompensieren".[543]

cc. Lenkung

Am intensivsten ist der Einfluß der dazu befugten Verwaltungsorganisation auf eine ihr unterworfene im Bereich der Lenkung. Hier „geht es um die vorgängig-offensive und generelle Setzung von Rechtmäßigkeits- oder Zweckmäßigkeitsmaßstäben".[544] Innerhalb der Kontrolle werden damit Aufsicht und Lenkung am zeitlichen Kriterium der vorgängigen Einflußnahme auf eine zu treffende Verwaltungsentscheidung oder der nachträglichen Überprüfung einer bereits ergangenen sowie am sachlichen Kriterium der Maßstabsetzung unterschieden.[545] Dies liegt quer zur gängigen Unterscheidung von Rechts- und Fachaufsicht als zwei Formen der Aufsicht. Sie sollen sich nicht in erster Linie durch den Zeitpunkt des Einflusses auf das Verwaltungshandeln, sondern durch den Kontrollmaßstab unterscheiden:[546] Im Rahmen der Rechtsaufsicht wird die Rechtmäßigkeit eines bereits vorgenommenen Verwaltungshandelns geprüft, während die Fachaufsicht zugleich die Zweckmäßigkeit dieses Handelns kontrolliert. Sieht man nun aber auf die Mittel der Steuerung, so finden sich staatliche Genehmigungsvorbehalte sowohl in bezug auf den Maßstab der Rechts- wie auch der Zweckmäßigkeitskontrolle, während die Weisung, die zudem noch in dem hier ausgeblendeten Direktionsrecht Verwendung findet, die staatliche Zecksetzung sichert. Die Weisung nimmt aber Einfluß auf die Verwaltungsentscheidung vor ihrem Erlaß. Somit liegt es aber näher, statt der überkommenen Unterscheidung von Rechts- und Staatsaufsicht die hier im Anschluß an *Groß* vorgenommene Differenzierung nach dem Zeitpunkt der Einflußnahme auf das Verwaltungshandeln bezogen auf deren Wirksamkeit, zu wählen und die weiteren Unterschiede dort einzubauen.[547] Danach bezieht sich die Kontrolle in der Form der Aufsicht auf bereits vorliegendes Verwaltungshandeln. Sie prüft die Rechtmäßigkeit dieses Verhaltens als Rechtsaufsicht. Lenkung hingegen nimmt Einfluß auf noch nicht abgeschlossenes Verwaltungshandeln, indem es dessen Erlaß an die

---

542 *Schmidt-Aßmann* 2001a, S. 11.
543 *Kahl* 2000, S. 408; zu den grundsätzlichen Zusammenhängen von Organisationsdifferenzierung, Integration und Kontrolle *Becker* 1989, S. 659 ff.
544 *Kahl* 2000, S. 358; *Groß* 2002a, S. 797.
545 *Groß* 2002a, S. 797.
546 Zu diesen grundsätzlich: *Schulze-Fielitz* 2001, S. 295 ff.
547 Als präventiv können solche Steuerungsmittel bezeichnet werden, „die zeitlich vor dem Abschluß eines Rechtsaktes des Selbstverwaltungsträgers liegen und/oder einem Rechtsverstoß des Selbstverwaltungsträgers vorbeugen sollen". (*Schröder* 1986, S. 373). Repressiv wirken dagegen solche Steuerungsinstrumente, die an eine bereits abgeschlossene Entscheidung eines Selbstverwaltungsträgers anknüpfen.

Einhaltung von Weisungen bindet.[548] Sie nimmt Einfluß auf die Zwecksetzung der betreffenden Verwaltungseinheit. Dies ist prinzipiell möglich in der Form allgemeiner (Verwaltungsvorschriften) oder einzelfallbezogener Weisungen.

Noch nicht geklärt ist, ob Genehmigungsvorbehalte, wie sie etwa für Satzungen bestehen, als Lenkung oder als Aufsicht einzuordnen sind. *Groß* hat zu Recht auf die Ambivalenz dieses Steuerungsmittels hingewiesen: In bezug auf die Entscheidungsbildung der Verwaltungseinheit ist die Genehmigung repressiv, weil sie diese Entscheidung auf ihre Rechtmäßigkeit und ggf. auch ihre Zweckmäßigkeit hin überprüft; in bezug auf das Wirksamwerden dieser Entscheidung ist sie hingegen präventiv, weil sie Wirksamkeitsvoraussetzung ist.[549] *Groß* will sie nun weder der Lenkung noch der Aufsicht zuordnen, sondern als „allgemeine Möglichkeit gesetzlicher Beschränkung der Selbstverwaltung".[550] Von der Aufsicht unterscheide sie sich dadurch, daß die Genehmigung – auch wenn sie in Selbstverwaltungsangelegenheiten nur eine Art Unbedenklichkeitsbescheinigung darstellt[551] – Wirksamkeitsvoraussetzung auch für eindeutig rechtmäßige Maßnahmen sei, von der Weisung aber durch den bereits abgeschlossenen Entscheidungsprozeß des Selbstverwaltungsträgers. Diese Unterscheidung kann gerade auch in organisationsrechtlicher Perspektive überzeugen: Die Genehmigung steuert den Entscheidungsprozeß des Selbstverwaltungsträgers nicht inhaltlich, sondern dient seiner Überprüfung. Insofern wahrt sie seine Selbständigkeit eher als die Weisung. Während aber die Aufsicht die erlassene Maßnahme beanstandet und ggf. korrigiert, hängt bei der Genehmigung die Wirksamkeit der Entscheidung vom Handeln der staatlichen Behörde ab.

Die Aufsicht wirkt somit maßstabsüberprüfend; die Lenkung setzt hingegen Maßstäbe für das Verwaltungshandeln.[552] Kontrollmaßstab der Aufsichtsbehörde und Handlungsmaßstab des Selbstverwaltungsträgers fallen tendenziell zusammen. Sie ist damit zielsetzungsorientiert und beschränkt als heteronome Zielsetzung das jeder Autonomie eigentümliche Moment der Entscheidung zwischen mehreren Alternativen. Diese idealtypische Differenzierung zwischen Aufsicht und Lenkung darf nicht darüber hinwegtäuschen, daß es präventive Aufsichtsformen gibt, die der Lenkung sehr nahe kommen.[553] Lenkung trifft aber generell die Autonomie eines Selbstverwaltungsträgers stärker als die Kontrolle.

d. Koordinationsstrukturen und kooperative Entscheidungsformen

Neben dem Hierarchieprinzip kommt hier das Kooperationsprinzip in Betracht[554] Dem stark ausdifferenzierten Makrosystem der Verwaltungsorganisationen entsprechend, wird Kooperation dieser arbeitsteilig wirkenden Verwaltungseinheiten

---

548 Die Weisung wäre damit als vor dem Zeitpunkt des Erlasses der Verwaltungsentscheidung liegend immer präventiv, anders aber *Knemeyer* 2000, S. 524.
549 *Groß* 2002a, S. 797.
550 *Groß* 2002a, S. 799.
551 OVG NRW, OVGE 19, S. 192 ff. (196); *Andrick* 1987, S. 547.
552 *Kahl* 2000, S. 358 f.
553 *Kahl* 2000, S. 360.
554 *Schuppert* 2000, S. 732 f. u. S. 596 f. Auch aus den Grundrechten können sich weiter Verpflichtungen des Staates zur Kooperation mit Organisationen, wie etwa wissenschaftlichen Einrichtungen ergeben *Trute* 1994, S. 313 f.

zur zentralen Funktionsvoraussetzung bei der Erfüllung öffentlicher Aufgaben.[555] Zusammenwirken mit anderen Organen oder Organisationen kann gesetzlich angeordnet und insofern notwendig sein. Dem Zusammenwirken von Bundes- und Landesverwaltung sind dabei engere Grenzen in der Erfindung neuer Verwaltungsformen gesetzt („Verbot der Mischverwaltung")[556] als den kommunalen Gebietskörperschaften, zu deren verfassungsrechtlicher Ausstattung auch die Kooperationshoheit gehört.[557] Die Grenzen einer solchen Kooperation sind nicht einfach und vor allem nicht schematisch zu bestimmen. Um eine legitimatorische Verselbständigung zu vermeiden, besteht die äußerste Grenze der Kooperation jedenfalls in einem Bezug zu den gesetzlich festgelegten oder verfassungsrechtlich garantierten eigenen Aufgaben der betreffenden Körperschaft.[558]

Das Spektrum der Kooperationsformen ist ausgesprochen weit.[559] Es reicht von losen Interaktionsbeziehungen bis hin zu organisierten Formen.[560] Häufig werden bestimmte Entscheidungen nur aufgrund eines mehr oder weniger intensiven Zusammenwirkens mehrerer Organe getroffen, nämlich entweder so, daß sie nur gemeinsam entscheiden können, daß ein Organ bei der Entscheidung eines anderen mitwirken muß (Mitzeichnung, Einvernehmen, Zustimmung, Genehmigung, Bestätigung) oder daß ein Organ zur Entscheidung eines anderen eine Stellungnahme abgibt, die bindend oder gutachtlich sein kann.[561] Diese Kooperation kommt auch zwischen Verwaltungsorganisationen vor. Als anlaßbezogenes Zusammenwirken kommt etwa die Amtshilfe in Betracht.[562]

In Entsprechung zur Bundestreue der staatsrechtlichen Gebietskörperschaften zueinander ist daher das Kooperationsprinzip im Verhältnis der Selbstverwaltungsträger zueinander entwickelt worden.[563] Ausfluß der Selbstverwaltungsgarantie wirkt es in erster Linie auf die Beziehungen des Staates zu verfassungsrechtlich geschützten Selbstverwaltungsträgern. Sehr fraglich ist, ob es auch im Verhältnis zu den nicht verfassungsrechtlich garantierten Selbstverwaltungsträgern gelten soll. Da deren Selbstverwaltung nicht weiter reicht, als sie durch Gesetz eingeräumt ist, wäre durch das Prinzip allenfalls eine gewisse Gesetzmäßigkeit der Aufsicht gewährleistet, die aber ohnehin schon gesichert ist. Daher bedarf es des Prinzips in diesem Bereich nicht.[564]

Schließlich ist hier die Möglichkeit der Kooperation mit anderen Verwaltungseinheiten in organisierter Form zu denken. Diese organisierte Kooperation hat bei

---
555 *Püttner* 1982, S. 132 f.; Motive hierzu sind hier wie bei der Kooperation von Bund und Ländern im Bereich der Verwaltung unter anderem die Inkongruenz zwischen Verwaltungsraum und Aufgabenzuschnitt und auch die Einheitlichkeit der Lebensverhältnisse, v. Mangoldt/Klein/Starck-*Trute* Art. 83, Rn. 39 f.
556 Maunz/Dürig-*Lerche* Art. 83 Rn. 85.
557 vgl. u. B IV 4 u. B V 5 e aa (5.).
558 Für die Gemeinden und Gemeindeverbände: *Schmidt-Jortzig* 1983, S. 531; für die Kooperation zwischen Bund- und Länderverwaltungen: v. Mangoldt/Klein/Starck-*Trute* Art. 83, Rn. 43; Maunz/Dürig-*Lerche* Art. 83 Rn. 90 f., 95.
559 Kritisch wegen zum Begriff der Kooperationsverwaltung aufgrund seiner Weite: *Jestaedt* 1993, S. 76 f.
560 v. Mangoldt/Klein/Starck-*Trute* Art. 83, Rn. 41 f.
561 *Wolff/Bachof* 1976, S. 120 f.; *Achterberg* 1986, § 13 Rn. 42 f.
562 *Achterberg* 1986, § 13 Rn. 46 f.
563 *Kahl* 2000, S. 510 f.
564 Wie hier *Andrick* 1987, S. 551 f.

den Körperschaften des öffentlichen Rechts wiederum zwei Erscheinungsformen: eine privatrechtliche und eine öffentlich-rechtliche. Zur privatrechtlichen Zusammenarbeit gehören insbesondere die privaten Dachverbände von Körperschaften des öffentlichen Rechts, wie etwa die Bundesärztekammer als private Arbeitsgemeinschaft der Ärztekammern, die Bundesarchitektenkammer als private Interessenvertretung aller Architekten, die Innungsverbände nach §§ 79 ff. HWO,[565] einige Spitzenverbände der Sozialversicherungsträger,[566] der Deutsche Städtetag, der Deutsche Landkreistag und der Deutsche Städte- und Gemeindebund als Interessenvertretungen der betreffenden Gebietskörperschaften[567] und andere.[568] Die öffentlich-rechtlichen Formen der Zusammenarbeit sind in Verbandskörperschaften organisiert. Sie können mehr die Form eines Zusammenschlusses zur Erledigung gemeinsamer öffentlicher Aufgaben, die die einzelne Körperschaft überfordern, wie etwa bei den Zweckverbänden annehmen oder aber eine öffentlich-rechtlich organisierte Form der Interessenvertretung auf Bundesebene, die dann mit weiteren öffentlichen Aufgaben verbunden ist, wie etwa bei den Bundeskammern der freien Berufe (z. B. die Bundesrechtsanwaltskammer, § 176 BRAO), den Bundesverbänden der Krankenkassen (§ 212 IV SGB V), und andere Formen.

IV. Zusammenfassung

Körperschaften des öffentlichen Rechts als rechtlich verselbständigte Verwaltungsorganisationen mit dem Recht der Selbstverwaltung werden durch den Inhaber der Organisationsgewalt aus dem Makrosystem der Verwaltung heraus gebildet, müssen aber als Träger öffentlicher Gewalt in den demokratischen Legitimationszusammenhang der öffentlichen Verwaltung eingebunden bleiben. Das Grundgesetz lehnt eine derartige Verselbständigung und damit eine Gliederung des Verwaltungssystems nicht ab. Abgesehen von der föderalen Gliederung der Verwaltung, hält es auch über die explizit genannten Verselbständigungsmöglichkeiten hinaus (etwa Art. 28 II GG, Art. 87 II GG) Prinzipien sowohl für die Differenzierung dieses Systems als auch für seine Koordinierung bereit. Als wichtigste Differenzierungsprinzipien erschien neben den Grundrechten, wie etwa Art. 5 III GG, das Rechtsstaatsprinzip. Es verlangt nach einer funktionsgerechten, damit auch sachbezogenen

---

565 Im einzelnen sind dies die Landesinnungsverbände als Zusammenschlüsse der Handwerksinnungen des gleichen Handwerks oder sich fachlich oder wirtschaftlich nahestehender Handwerke (§ 79 HwO) und die Bundesinnungsverbände als Zusammenschlüsse von Landesinnungsverbänden des gleichen Handwerks oder sich fachlich oder wirtschaftlich nahestehender Handwerke im Bundesgebiet (§ 85 HwO). Beide sind juristische Personen des Privatrechts, § 85 II i.V.m. § 80 S. 1 HwO, die ihre Rechtsfähigkeit mit der Genehmigung der Satzung durch die oberste Landesbehörde, resp. den Bundeswirtschaftsminister erlangen. Zur Verfassungsmäßigkeit *Kluth* 1997, S. 477 ff.
566 Eingehend und kritisch hierzu *Hein* 1990, S. 5 ff. u. 405 ff.
567 Diese Verbände haben sich wiederum in die Bundesvereinigung der kommunalen Spitzenverbände zusammengeschlossen, deren Aufgabe es insbesondere auch ist, übergreifende kommunale Anliegen zu vertreten. Um dies auch auf europäischer Ebene effektiv tun zu können, wurde in Brüssel ein gemeinsames „Europabüro der kommunalen Spitzenverbände" gegründet.
568 Teilweise auch als privatrechtliche Zusammenschlüsse von privaten wie öffentlich-rechtlichen Organisationen. So etwa die Bundesvereinigung der deutschen Apothekerverbände (ABDA). Mitgliedsorganisationen der ABDA sind die 17 Apothekerkammern und 17 Apothekervereine/-verbände.

und ggf. spezialisierten Verwaltungsorganisation und der Mäßigung und Bindung der öffentlichen Gewalt im Dienste der Freiheit der Bürger. In dieser Ausprägung hatte schon von *Gneist* im Rechtsstaatsprinzip eine Begründungsmöglichkeit körperschaftlicher Selbstverwaltung gesehen. Das Demokratieprinzip hingegen fungiert über die Notwendigkeit eines hinreichenden demokratischen Legitimationsniveaus, das über eine ununterbrochene Legitimationskette zum Staatsvolk, eine parlamentsgesetzlich vermittelte sachliche Legitimation und eine institutionelle Legitimation sichergestellt werden muß. Die Verselbständigung von eigenverantwortlich agierenden, die Organwalter selbst rekrutierenden Verwaltungsorganisationen wie den Körperschaften des öffentlichen Rechts wird diesem Einheitsprinzip zum Problem und vom Rechtsstaatsprinzip allein nicht gefordert. Mithin trat die Frage auf, die seit der Eroberung der Demokratie in Weimarer Republik die Diskussion um die Körperschaft prägte: Wie läßt sich die Absenkung des Niveaus demokratischer Legitimation verfassungsrechtlich rechtfertigen? Subjekt der demokratischen Legitimation ist das deutsche Volk (Art. 20 II S. 1 GG). Daran ist nicht zu rütteln. Nur die Gemeinden und Kreise können angesichts ihrer Strukturgleichheit ebenfalls eine beschränkte demokratische Legitimation hervorbringen und somit die Absenkung des durch das gesamte Staatsvolk vermittelten Legitimationsniveaus kompensieren. Unmittelbar verfassungsrechtlich gerechtfertigt ist die geringere demokratische Legitimation im Bereich der Hochschulen aus Art. 5 III GG. Der große Bereich der Körperschaften der funktionalen Selbstverwaltung aber steht ohne eine derartige explizite Rechtfertigungsmöglichkeit da, mag sie auch im Bereich der Sozialversicherung angesichts ihrer hohen rechtlichen Durchnormierung nicht so drängend erscheinen. Hier wurde der Vorschlag gemacht, auf den Grund der Demokratie zurückzugehen, der im Prinzip der freien Selbstbestimmung des Bürgers, wie es sich aus der Menschenwürde ergibt, besteht. Diese Selbstbestimmung hat zwar für die Begründung der Staatsgewalt in Art. 20 II GG eine spezielle Regelung gefunden. Sie ist aber keineswegs darin aufgegangen. Auch der so legitimierten öffentlichen Gewalt soll der Bürger nicht nur unterworfen sein, sondern soweit es aufgrund eigener Betroffenheit nötig und möglich ist, aktiv einbezogen werden. Hierdurch wird keine autonome demokratische Legitimation geschaffen, die Entfernung von der demokratischen Legitimation jedoch im Interesse eines Freiraums zur Selbstbestimmung des Bürgers im öffentlichen Bereich gerechtfertigt. Zugleich läßt diese Rechtfertigung eine differenzierende Strukturierung dieses Freiraums zu, je nachdem in welcher Weise hier die Selbstbestimmung zur Geltung kommen soll. Abweichungen von den Wahlrechtsprinzipien sind auf dieser Grundlage möglich.

Wenn somit eine organisatorische Verselbständigung von rechtsfähigen, eigenverantwortlich handelnden, mitgliedschaftlich strukturieren Verwaltungsorganisationen nicht ausgeschlossen ist, stellt sich die Frage nach dem Träger der hierzu erforderlichen Organisationsgewalt. In gewaltenteiliger Perspektive kommt wegen der Grundrechtsbetroffenheit und des institutionellen Gesetzesvorbehalts hierzu nur der parlamentarische Gesetzgeber in Betracht. In der föderalen Ordnung der Verwaltungskompetenzen ergeben sich differenzierte Regelungen, die einerseits klare Zuordnungen treffen, vor deren Hintergrund eine „Mischverwaltung" jedenfalls in der organisierten Form der öffentlich-rechtlichen Sozialversicherungsträger problematisch erscheint; die aber andererseits keine Vorgaben darüber machen, daß die Organisationsgewalt auch im Hinblick auf bestimmte Organisationsformen gebunden wäre. Insbesondere konnte aus den Art. 83 ff. GG nicht abgeleitet werden, daß die Körperschaft des öffentlichen Rechts die für den Bund oder die Länder gebotene Organisationsform zur Erledigung bestimmter Aufgaben, auch nicht im Bereich der Sozialversicherung ist.

Ist somit eine rechtliche Verselbständigung von Selbstverwaltungsträgern auf einer gesetzlichen Grundlage durch den zuständigen Inhaber der Organisationsgewalt verfassungsrechtlich möglich, bestand vor der Analyse des Rechts der Körperschaft nun noch die Aufgabe, Ordnungsprinzipien zu skizzieren, denen die verschiedenen rechtlichen Merkmale der Körperschaft des öffentlichen Rechts zugeordnet werden können. Dies geschah, indem die organisationstheoretisch erarbeiteten drei Organisationsdimensionen als Grundgerüst für die Zuordnung von verwaltungsorganisationsrechtlichen Regelungsmaterien herangezogen wurden. Daraus ergab sich in der Dimension der Selbständigkeit das die betreffende Verwaltungsorganisation konstituierende statusbegründende Organisationsrecht. Hierzu wurde die für die formale Struktur der Körperschaft wichtige Verleihung der Rechtsfähigkeit sowie die für ihre Identität bedeutsame Aufgabenzuweisung hervorgehoben.

Der Dimension der Binnenstrukturierung der Organisation können diejenigen Rechtsregelungen zugeordnet werden, die auf eine Differenzierung der Verwaltungsorganisation in Organe, Behörden etc., aber auch diejenigen, die auf ihre interne Koordination durch Hierarchie oder Formen der internen Kontrolle abzielen. Wichtige Weichenstellung war es dabei, daß die Grenze zwischen dem Innenrecht und dem Außenrecht anders als zumeist üblich gezogen wird. In organisationsrechtlicher Perspektive bedeutet nicht das Innenrecht die Ordnung der Organe einer Verwaltungsorganisation, während das Außenrecht das Verhältnis „der Verwaltung" zum Bürger betrifft. Die Grenze verläuft vielmehr an der Linie der organisationsrechtlichen Verselbständigung und markiert als außen (als Umwelt) das Verhältnis zu allen Rechtssubjekten, seien sie nun natürliche Personen oder auch der Staat.

Das Organisationsaußenrecht betrifft schließlich das Verhältnis zu Rechtssubjekten der Umwelt der jeweiligen Verwaltungsorganisation. Hier sind Fragen der Rekrutierung der Sach- und Finanzmittel, aber auch der Mitglieder der Organisation einzuordnen, die Frage der Handlungsformen und der Kooperation mit anderen privatrechtlichen oder öffentlich-rechtlichen Organisationen, aber auch der staatlichen Verantwortung für die Einhaltung der Grenzen der Verselbständigung durch die Aufsicht und andere Ingerenzmöglichkeiten.

B. Bildung und Errichtung der Körperschaft des öffentlichen Rechts

Mit ihrer Errichtung entsteht die Körperschaft als selbständige öffentlich-rechtliche Organisation. Es mag sie als gesellschaftliche Organisationen in Einzelfällen – und historisch gesehen öfters – schon vorher gegeben haben,[1] ihre spezifisch öffentlich-rechtlichen Potentiale erhält sie erst mit ihrer Errichtung resp. staatlichen Anerkennung.[2] Körperschaften des öffentlichen Rechts können wie andere juristische Personen des öffentlichen Rechts nur durch staatlichen Hoheitsakt errichtet werden.[3] Bei einigen Formen von Körperschaften können die Einflüsse der späteren Mitglieder bei der Errichtung größer sein als bei Anstalten[4] und Stiftungen;[5] alleine aus dem privatautonomen Willen der Mitglieder entstehen sie nie.

Von der Errichtung als der konkreten Gründung der besonderen Körperschaft,[6] ist die Bildung als die generelle Typisierung bestimmter Formen von Körperschaften einerseits und ihrer Einrichtung als dem faktischen Tätigkeitsbeginn zu unterscheiden.[7] Der actus contrarius zur Errichtung ist dann schließlich die Aufhebung der Körperschaft. Er wird ebenfalls von der Organisationsgewalt umfaßt.[8]

Mit der staatlichen Errichtung entsteht die Körperschaft als juristische Person des öffentlichen Rechts mit Kompetenzen, Zuständigkeiten und ggf. Rechten. Im folgenden ist zunächst auf diese Befugnisse, sodann auf das eigentliche Verfahren zu ihrer Errichtung einzugehen.

I. Die Körperschaft als selbständige Rechtsperson

Wichtigster rechtlicher Mechanismus der Ausdifferenzierung von Organisationen aus dem Makrosystem der Verwaltung bleibt die Verselbständigung als juristische

---

1 *Wolff/Bachof/Stober* 1987, § 84 Rn. 15.
2 Während organisationstheoretisch eine ganze Reihe von Strukturunterschieden zwischen öffentlichen und privaten Organisationen gefunden werden konnten (s. o. Teil II), ist die staatliche Gründung oder wenigstens Mitwirkung das maßgebliche Kriterium zur Unterscheidung von öffentlich-rechtlichen und privatrechtlichen Organisationen, *Groß* 1999, S. 28.
3 *Forsthoff* 1973, S. 492; *Weber* 1943, S. 28; *Tettinger* 1997, S. 104.
4 Entscheidend ist aber – worauf später zurückzukommen sein wird – daß die Mitglieder der Körperschaft zwar deren Träger, nicht aber ihre Errichter sein müssen, *Wolff* 1934, S. 255.
5 *Schulte* 1989, S. 77 ff.; *Neuhoff* 1983, S. 991 ff.; Wolff/Bachof/Stober-*Kluth* 2004, § 88 Rn. 21.
6 „Errichtung bedeutet die rechtliche Anordnung; sie umfaßt nicht nur die Entscheidung über die Schaffung eines Verwaltungsträgers oder einer Behörde, sondern auch ihre organisatorische Ausgestaltung wenigstens in den Grundzügen und die Festlegung ihrer Zuständigkeiten." *Maurer* 2006, § 21 Rn. 58; vgl. auch *Rasch* 1970, S. 766.
7 *Wolff/Bachof* 1976, S. 57; *Maurer* 2006, § 21, Rn. 66. *Forsthoff* verwendet den Ausdruck „Bildung" für den von *Wolff/Bachof/Stober* verwendeten Terminus „Einrichtung": „Ist der konkrete Organisationstyp der öffentlichen Körperschaft bereits in gesetzlicher Ausprägung vorhanden, so entsteht die konkrete Körperschaft dadurch, daß sie gebildet wird." *Rasch* (1970, S. 766) sieht vorher noch einen Akt der „Stiftung" als Erklärung, daß eine Körperschaft des öffentlichen Rechts ins Leben gerufen wird. Es ist jedoch nicht klar, ob und wenn: welche Rechtswirkung diese Erklärung haben soll.
8 *Stern* 1984, S. 824.

Person des öffentlichen Rechts. Sie bedeutet rechtlich gesehen die am weitesten reichende und am klarsten abgegrenzte Form der Selbständigkeit.[9] Die Bedeutung der Rechtsfähigkeit darf aber auch nicht überschätzt werden: Sie gehört nach dem oben zum Begriff der Körperschaft Ausgeführten zwar nicht zu ihren notwendigen, jedoch zu den typischen Eigenschaften.[10] Auch ist die Rechtsfähigkeit nicht das allein maßgebliche Kriterium für die Beurteilung der Selbständigkeit.[11] Für andere Organisationsformen ist es auch möglich, daß die Verselbständigung der Aufgabe in den Vordergrund tritt und die Rechtsform an Maßgeblichkeit einbüßt.[12] An eindeutig identifizierbarer rechtlicher Zurechenbarkeit sind diesen Formen aber die juristischen Personen des öffentlichen Rechts überlegen. Schließlich besagt sie nichts über die Selbständigkeit des Handelns.[13] Innerhalb dieses Rahmens sorgen dann die Zuweisung eigenverantwortlich wahrzunehmenden Aufgaben, die Ausdifferenzierung der Binnenstruktur und Art und Umfang der Umweltbeziehungen für die nähere Bestimmung der Selbständigkeit.

1. Rechtsfähigkeit, Rechtssubjektivität, Rechtspersönlichkeit

a. Begriffliche Abgrenzungen

Ohne Rücksicht auf die Art des Rechtssatzes als Außen- oder Innenrechtssatz ist die *Rechtssubjektivität* zunächst elementar als die Fähigkeit, Zurechnungssubjekt mindestens eines Rechtssatzes zu sein, zu verstehen.[14] Zurechnungssubjekt und damit Rechtssubjekte sind sowohl die Organisation selbst, die durch Rechtssätze errichtet, ausgestaltet, begrenzt und ggf. aufgelöst werden kann, als auch ihre Organe. Der Inhalt der Rechtssubjektivität und ihr Umfang bestimmt sich nach der Art und dem Umfang der zugerechneten Rechtssätze.

Ohne daß in der Rechtsqualität selbst ein Unterschied bestünde,[15] kann zunächst der Art nach in Außen- und Innenrechtssätze unterschieden werden. *Rechtsfähigkeit* ist die von der Rechtsordnung verliehene Fähigkeit, im Verhältnis zu anderen Träger von Pflichten und Rechten, d. h. Endsubjekt rechtlicher Zuordnung zu sein.[16] Wenn der Umfang der Rechtsfähigkeit aus den Rechtsnormen zu beurteilen ist, die einem Subjekt zugerechnet werden können, steht seine Bemessung in den verfassungsrechtlichen Grenzen im Ermessen des Gesetzgebers.[17] Rechtsfähigkeit ist mithin relativ zur Zuordnung von Rechtssätzen.

---

9 Schon deshalb ist sie mehr als ein „Kunstgriff zur effektiveren Erledigung bestimmter Verwaltungsaufgaben", *Oldiges* 1987, S. 740.
10 *Erichsen/Scherzberg* 1990, S. 12.
11 Kritisch zur Rechtsfähigkeit als Kriterium der Selbständigkeit *Jestaedt* 1993, S. 93.
12 Dazu ausführlich *Schuppert* 1981, S. 5 ff. u. 165 ff.
13 Insofern mag man von einem „bloß" formalen Kriterium sprechen, das lediglich aus rechtstechnischen Gründen verliehen wird, *Berg* 1985, S. 2296.
14 *Wolff/Bachof/Stober* 2007, § 32 Rn. 4; *Bachof* 1958, S. 259 f.; *Maurer* 2006, § 21 Rn. 4; *Erichsen* 2002, § 11 Rn. 13.
15 *Rupp* 1991, S. 21 f.
16 *Wolff/Bachof/Stober* 2007, § 32 Rn. 5; *Erichsen* 2002, § 11 Rn. 9.
17 *Kirste* 2001, S. 356.

B. Bildung und Errichtung der Körperschaft des öffentlichen Rechts

Sie kann weiter untergliedert werden in Teil- und Vollrechtsfähigkeit. Vollrechtsfähigkeit besteht dann, wenn in Gesetzen uneingeschränkt von Rechtsfähigkeit die Rede ist und sich eine solche Beschränkung auch nicht durch Auslegung ergibt.[18] Sie bedeutet dann die prinzipielle Befugnis zur Teilnahme am Rechtsverkehr.[19] Rechtssubjektivität als Zurechnungsendsubjektivität von Rechtssätzen bedeutet aber auch, daß selbst die Vollrechtsfähigkeit nicht absolut in dem Sinne ist, daß damit zugleich die Rechtsfähigkeit bezüglich aller denkbaren Rechte und Pflichten besteht. Vielmehr ist auch sie relativ zu den zugeordneten Rechtssätzen. Nur ergibt sich hier die Rechtsfähigkeit in bezug auf ganze Bereiche, nicht nur auf einzelne Rechte.[20] Beschränkungen sind Ausnahmen. Nach nicht unbestrittener Auffassung[21] liegt Teilrechtsfähigkeit vor, wenn sich die Rechtsfähigkeit nur aus einer begrenzten Gruppe von Rechtssätzen ergibt, also nur im Hinblick auf bestimmte einzelne Rechtsbeziehungen besteht.[22] Diese Einzelzuordnung von Rechten oder Pflichten verleiht ihnen also auch nur eine partielle Rechtsfähigkeit. Ohne daß immer differenziert wird, geht die überwiegende Auffassung davon aus, daß juristische Personen eine Außenrechtsfähigkeit besitzen müssen. Organe hingegen sind immer nur Adressat einzelner Binnenrechtssätze.[23] Anders als Menschen aufgrund von Art. 1 I GG besitzen Organisationen kein Recht auf Rechtsfähigkeit.[24]

Rechtsperson ist jedes vollrechtsfähige Rechtssubjekt[25] oder in den Worten des Hegelschülers *Eduard Gans*: „Person ist das Recht als Subjekt".[26] Hierzu gehören die juristischen und die natürlichen Personen. Erstere können nach der Herkunft der sie berechtigenden Rechtssätze wiederum in solche des öffentlichen Rechts und solche des Privatrechts unterschieden werden. Organisationen als Zurechnungssubjekte von Rechtssätzen sind juristische Personen.

b.   *Kritik am Begriff der juristischen Person des öffentlichen Rechts*

Am Begriff der juristischen Person des öffentlichen Rechts ist wiederholt Kritik geübt worden. Dabei braucht hier nicht erneut auf die nationalsozialistische Diskussion eingegangen zu werden.[27]

---

18 *Wolff/Bachof/Stober* 2007, § 32 Rn. 6; *Bachof* 1958, S. 263.
19 *Bachof* 1958, S. 264: „Verleihung der Vollrechtsfähigkeit heißt .: Übertragung eines Gesamtkomplexes von Rechten und Pflichten."
20 *Erichsen* 2002, § 11 Rn. 11, der einen fließenden Übergang zur Teilrechtsfähigkeit annimmt. Entscheidend für die Abgrenzung ist jedoch die Umkehrung des Regelausnahmeverhältnisses: Bei der Vollrechtsfähigkeit ist die Beschränkung des Rechtskreises die Ausnahme, bei der Teilrechtsfähigkeit die Regel.
21 *Forsthoff* 1973, S. 485, nimmt nur Vollrechtsfähigkeit an, räumt aber ein, daß die nichtrechtsfähigen Gebilde hier und dort" der juristischen Person gleichgestellt werden könnten und anerkennt auch an anderen Stellen eine beschränkte Rechtsfähigkeit an, *Bachof* 1958, S. 266.
22 *Wolff/Bachof/Stober* 2007, § 32 Rn. 7; *Maurer* 2006, § 21 Rn. 6; *Bachof* 1958, S. 264: „Die Teilrechtsfähigkeit . entsteht durch Einzelzuweisung von Rechten und Pflichten." Zur Kritik an quantitativen Ansätzen jetzt auch Wolff/Bachof/Stober-*Kluth* 2004, § 83 Rn. 15.
23 *Erichsen* 2002, § 11 Rn. 14.
24 *Kirste* 2001, S. 358; *ders.*: 2000, S. 39 f.: das gilt insbesondere – worauf noch einzugehen sein wird – in bezug auf die Grundrechtsfähigkeit (Art. 19 III GG); *Erichsen* 2002, § 11 Rn. 9; zum Recht auf Rechte *Enders* 1997.
25 *Wolff/Bachof/Stober* 2007, § 32 Rn. 9; *Bachof* 1958, S. 264.
26 1971, S. 74; hierzu auch *Kirste* 2000, S. 37 f.
27 Vgl. oben Erster Teil, C III, 4 a.

Im Zentrum steht der Vorwurf, daß der Begriff der juristischen Person zur Erfassung der komplizierten und differenzierten Rechtsbeziehungen verschiedener Verwaltungsorganisationen zueinander ungeeignet sei.[28] So hat *Böckenförde* klassisch formuliert, mit dem Begriff der juristischen Person des öffentlichen Rechts könne die differenzierte Einheit der staatlichen Organisation nicht erfaßt werden: „Eine Organisation, die sich als Juristische Person darstellt, kann nicht Organisationen, die sich ebenfalls als Juristische Personen darstellen, zu ihren – wie auch immer gearteten – Teilen haben".[29] Die Teile wären keine Teile, wenn sie insofern Zurechnungsendsubjekte wären, sondern selbst Organisationen mit Teilen. Das durch Zurechnungsendsubjektivität ausgezeichnete Ganze wäre entsprechend nicht diese Einheit, wenn die Teile selbst diese Eigenschaft besäßen.

Doch ist der Staat nicht einfach das Ganze der Verwaltung und nicht eine Organisation, deren Teile die anderen Verwaltungsrechtsträger wären. Der Staat ist als juristische Person Zurechnungsendsubjekt der staatsrechtlichen Rechtssätze. Er besitzt Staatsorganisationen. Die Verwaltung des Staates hat ihre Einheit nicht als Organisation, sondern als Funktion – herkömmlich mit „Verwaltung im materiellen Sinn" umschrieben (s. o.). Die Organisationen, die diese Funktion ausüben, bilden das erwähnte Makrosystem der Verwaltung. Dieses besteht aus juristischen Personen als Zurechnungsendsubjekten und deren nichtrechtsfähigen Organen. Die unmittelbare Staatsverwaltung mit dem Staat als Verwaltungsrechtsträger trifft auf die anderen (rechtsfähigen) Verwaltungsrechtsträger und die übrigen juristischen Personen des öffentlichen Rechts in Außenrechtsverhältnissen. Die Ersetzung der Zurechnungseinheit juristische Person durch „Organisationen als Handlungseinheiten"[30] ist danach nicht notwendig, rechtstechnisch nicht möglich und würde rechtspraktisch zu genau denselben Fragen führen wie bei der juristischen Person, nämlich nach dem Umfang der Zurechnung.[31]

Um überhaupt rechtlich erfaßbar zu sein, muß etwas (auch Prozesse, Kommunikationen etc.) entweder Gegenstand oder Subjekt eines Rechtssatzes sein. Soll es rechtlich als potentiell handlungsfähig konstruiert werden, kommt nur die Eigenschaft als Rechtssubjekt im oben gekennzeichneten Sinn in Betracht. Diese Aussagen sind rein formal und sagen nichts über die Art der Rechtsbeziehungen und die Binnendifferenzierung des Rechtssubjektes aus. Schon gar nicht bedeuten sie einen Rückfall in die Impermeabilitätstheorie.[32] Gerade deshalb trifft der häufig geäußerte Vorwurf zivilistischen Denkens durch den Einbau der Konstruktion der juristischen Person in die Systematik des Rechts der öffentlichen Organisationen[33] nicht

---

28 Wolff/Bachof/Stober-*Kluth* 2004, § 83, Rn. 22: „ ... kein verläßlicher Anhaltspunkt für die Zurechnung von Handeln".
29 *Böckenförde* 1973, S. 281.
30 *Böckenförde* 1973, S. 287.
31 Diesen nicht metaphysischen, sondern schlicht rechtstechnischen Aspekt der juristischen Person verkennt auch die Kritik von *Groß* 1999, S. 171 f.
32 Bekanntlich konstruierte Laband den Staat als Zurechnungssubjekt in Form einer undurchdringlichen Einheit, *Laband* 1911, S. 81 ff.; Daß dies keine notwendige Folge der Konstruktion des Staates als juristischer Person ist, hebt *Oldiges* (1987, S. 743) hervor.
33 Schon *Mayer* 1908, S. 56 f.; *Rupp* 1991, S. 22; *Böckenförde* 1973, S. 288 f.; *Knemeyer* 1995a, Sp. 676 f.; *Uhlenbrock* 2000, S. 91 f., 156 u. 173; *Schmidt-de Caluwe* 1993, S. 85, Fn. 109; *Forsthoff* 1973, S. 484; dagegen auch *Weber* (1943, S. 13): „In Wahrheit ist die Funktion des Begriffs der juristischen Person des

B. Bildung und Errichtung der Körperschaft des öffentlichen Rechts   407

zu.[34] Wenn man die Rechtsperson als abstrakte Form und nicht vom „Normalfall" menschlicher Rechtssubjektivität[35] her konstruiert,[36] ist die weitere Ausdifferenzierung dieser Form eine Frage der das Rechtssubjekt näher ausgestaltenden Rechtssätze.[37] Hält man an dieser rechtstechnischen Bedeutung der juristischen Person fest, entgeht man zugleich den kognitivistisch und organisations-strukturell sicherlich gut begründbaren Thesen von der tatsächlichen Auflösung der Organisationseinheiten in den Atomismus eines rechtlich kaum noch erfaßbaren „Differenzgeschehens":[38] Die solchermaßen (vielleicht) begründbare Auflösung des Subjekts in Prozesse der Selbst-(!)Konstruktion und der sozialen Zuschreibung von wechselnden Identitäten führt nicht dazu, daß seine Partikel keine – und seien es fiktive – Adressaten oder Objekte von Rechten oder Rechtspflichten wären. Auch Organisationen, „corporate actors" mögen faktisch nur noch fragile und hochkomplexe,[39] emergente Einheiten hervorbringen; als soziale Adressen fungieren sie doch schon tatsächlich nur als Personen.[40] Die Form der Person bleibt also gerade angesichts der immer

---

öffentlichen Rechts im modernen Verwaltungsrecht von so ausgeprägter Eigenart, daß sie sich vom Zivilrecht und dem System des bürgerlichen Gesetzbuchs her nicht erfassen läßt." Allerdings schließt auch Weber den Staat vom Begriff der juristischen Person aus. *Forsthoff* (1973, S. 484), der auch diese zivilistische Genese des Begriffs annimmt, hält ihn gleichfalls für verwendbar, wenn er sich von den zivilrechtlichen Konnotationen befreit.

34 Auch historisch gesehen verfolgt bereits 1837 *Albrecht* in seiner berühmten „Maurenbrecher-Rezension" das öffentlich-rechtliche Anliegen einer Konstitutionalisierung der Staatsgewalt durch die Konstruktion des Staats als juristischer Person (1837, S. 1489 ff. u. 1508 ff.; hierzu auch *Kirste* 2002, S. 697 f.); zudem war der Rezeptions- und Ausdifferenzierungsvorgang des Begriffs der juristischen Person im Zivilrecht noch nicht so weit abgeschlossen – *Savigny* selbst hatte erst 1840 in seinem System einen elaborierten Begriff der juristischen Peron, der in der Staatsrechtslehre übernommen werden konnte (*Uhlenbrock* 2000, S. 42 f.), daß hier von einer Rezeption des Rechtsinstituts im öffentlichen Recht gesprochen werden könnte. Zudem lag in der philosophischen Konzeption der *persona moralis*, die allerdings noch rechtstechnisch formalisiert werden mußte, das „Mutterinstitut" vor, auf das Zivilrechtsdogmatik wie Staatsrechtslehre gleichermaßen zurückgreifen konnten, *Kirste* 2001, S. 353 f. Die Figur der persona moralis hatte aber bereits klare politische Funktionen: Schon *Thomas Hobbes* bezeichnete den Staat als „una persona", allerdings auch als „homo" oder „persona artificialis". Aber auch *John Locke* nutzten den Begriff der Person in einer politischen Bedeutung (*Häfelin* 1959, S. 31 f.) und *Jean-Jacques Rousseau* bezeichnete ihn als öffentliche moralische Person auf der Grundlage der Zurechnung der der volonté générale entspringenden Gesetze. Schließlich sah auch *Kant* den Herrscher als „moralische oder natürliche Person" und den Staat als moralische Person an (Metaphysik der Sitten § 49, A 170/B 200, S. 435)

35 Über die Inhalte der Rechtssätze, insbesondere der Grundrechte, erhält der Mensch erst als natürliche Person und notwendiger Grundrechtsträger eine hervorgehobene Position unter allen Rechtssubjekten.

36 Ein derartiger Ansatz war in der Tat im Zivilrecht prägend: Klassisch *Rhode* (1932, S. 73 ff.), der „alle Versuche, in den Begriff des Rechtssubjekts mehr als den Menschen einzuschließen, sinnlos" findet, bis hin zu *Westermann* und *Coing*, vgl. *Kirste* 2001, S. 342 f.

37 Eingehend *Kirste* 2000, S. 25 f. u. S. 33 ff.; *ders.* 2001, S. 341 ff.; das betrifft gerade auch Fragen einer „gespaltenen Zurechnung" von Rechtssätzen, kritisch gegenüber der Verwendbarkeit des Instituts der juristischen Person in diesen Fällen etwa Wolff/Bachof/Stober-*Kluth* 2004, § 83 Rn. 28 f.

38 *Ladeur* 1995, S. 21 ff.; *Kirste* 2001, S. 320 f.

39 *Teubner* 1989, S. 176 f. sieht zwar bei solch komplexen Organisationen (etwa Konzernen) die Grenzen der Möglichkeiten der juristischen Person als überschritten an: „Der Konzern als Netzwerk sprengt die überkommenen anthropomorphen Denkfiguren der juristischen Person wie des corporate actor und die in doppelter Weise. Nicht Einheitszurechnung, sondern Vielfachzurechnung, nicht Personifizierung, sondern polyzentrische Autonomisierung werden dem Netzwerkcharakter des Konzerns gerecht". Er entwickelt statt dessen ein System von kumulativer, alternativer und komplementärer Zurechnung, bei dem sich aber bezeichnenderweise die „Teilzurechnungen auf die Konzernebenen erst in der Zusammenschau zu einem Ganzen verbinden." (S. 177).

40 *Teubner* 1987, S. 64: In „systemtheoretischer Sicht [ist, SK] die soziale Realität der juristischen Person ein ,Kollektiv': die sozial verbindliche Selbstbeschreibung eines organisierten Handlungssystems

unübersichtlicheren Konstruktionen von Selbst und Organisation gesellschaftlich gesehen notwendiger Zuschreibungspunkt von Identitäten.[41] Nicht weniger gilt dies für die Zuordnung von Rechtssätzen.[42] Wie auf die Veränderungen des „sozialen Substrats" zu reagieren ist, ist keine Frage der Notwendigkeit der Konstruktion von natürlicher und juristischer Person, sondern der sinnvollen und grundrechtsbezogenen (Art. 1 I GG u. 19 III GG) Ausgestaltung ihrer Rechtspositionen.[43] Der formale Charakter der juristischen Person des öffentlichen Rechts bedeutet dann aber auch, daß die Vielfalt ihrer Formen nicht aus dem Begriff erklärt werden kann. Auch für das Ausmaß der Verselbständigung ist die Rechtspersönlichkeit die Grundlage, enthält aber keine Aussagen über deren Reichweite. Hier bekommt dann die Aufgabenzuweisungen und die innere Organisation bestimmende Funktion.

Daß das Institut der Juristischen Person des öffentlichen Rechts heute keineswegs überflüssig ist, zeigt sich auch daran, daß zentrale Problemstellungen, für die sie eine Antwort bieten sollte, nach wie vor bestehen. Das gilt etwa für die „zentrale Transformationsleistung" von Organisationen,[44] die in der Bildung eines gemeinsamen Willen bzw. in der Formung eines kollektiven Willens besteht. Dies erscheint nur möglich, wenn eine Unabhängigkeit von konkreten Personen besteht.[45] Gerade hierfür sollte die juristische Person eine rechtliche Antwort bieten, auch dort, wo faktisch nur ein Minimum an Homogenität besteht.

2. Privatrechtliche und öffentlich-rechtliche Rechtsfähigkeit

„Zwar schließt die Rechtspersönlichkeit öffentlichen Rechts die privatrechtliche Rechtsfähigkeit ein. Dieser Satz ist aber nicht umkehrbar".[46] Jede als rechtsfähig bezeichnete juristische Person des öffentlichen Rechts ist also zugleich privatrechtsfähig.[47] Für Anstalten des öffentlichen Rechts besteht dafür allerdings anders als

---

als zyklische Verknüpfung von Identität und Handlung."; *Kirste* 2001, S. 324 f.; umgekehrt stellt die Eigenschaft als juristische Person zwar eine rechtliche Einheit der Organisation dar, schließt aber nicht aus, daß faktisch der Staat oder Verwaltungsorganisationen im Wege rekursiver Vernetzung von Kommunikationen (*Luhmann* 2000, S. 241), als Integrationsgebilde oder auf andere Weise Einheiten bilden und als solche verstanden werden können.
41 *Luhmann* 1993, S. 251: „Individuum-Sein wird zur Pflicht. Nur das Individuum selbst kann in seiner Einmaligkeit Konsistenz und Erwartungssicherheit für andere garantieren. In diesem Sinne muß es nicht nur Individuum, es muß auch Person sein. In gewissem Sinne kommt man so auf eine basale Einheit von Recht und Pflicht zurück, an die das 18. Jahrhundert geglaubt hatte. Als Person wird das Individuum soziale Adresse, wird Garant seiner eigenen Identität im sozialen Verkehr."
42 *Teubner* 1987, S. 70: „Der Schlüssel zum Verständnis steckt in der zyklischen Verknüpfung von Handlung und kollektiver Identität über Zurechnungsmechanismen." Kommunikationsakte werden danach nicht in erster Linie als Äußerungen eines Individuums, sondern als „Handlungen des Systems" zugerechnet."
43 Durch die rechtstechnische Auffassung der juristischen Person wird also gerade nicht im nachhinein den nationalsozialistischen Kritikern des Instituts (s. o.) durch eine kollektivistische Uminterpretation recht gegeben; die Rechtsperson als Zurechnungssubjekt von Rechtssätzen ist formal genug, um auch durch starke Annahmen von Persönlichkeitskonzeptionen konkretisiert zu werden oder eben als juristische Person für mehr technische Aspekte ausgestaltet zu werden.
44 *Schmidt-Aßmann* 1997, S. 34.
45 *Schmidt-Aßmann* 1997, S. 34.
46 *Forsthoff* 1973, S. 485.
47 *Wolff/Bachof/Stober* 2007, § 34 Rn. 7; *Bachof* 1958, S. 266; *Krebs* 1988, Rn. 35; vgl. auch *Winterfeld* 1986, S. 129 ff.; *Silcher* 1993, S. 89 f.; *Lynker* 1960, S. 41.

B. Bildung und Errichtung der Körperschaft des öffentlichen Rechts   409

für Körperschaften keine Notwendigkeit.[48] Da die Ausgestaltung der juristischen Person des öffentlichen Rechts aber immer von der gesetzgeberischen Entscheidung abhängt, ist es auch möglich, diese grundsätzlich bestehende öffentlich-rechtliche und privatrechtliche Rechtsfähigkeit partiell zu beschränken oder die zivilrechtliche ganz auszuschließen.[49]

Fraglich ist aber, ob die öffentlich-rechtliche Rechtsfähigkeit generell nur eine Teilrechtsfähigkeit aufgrund von Einzelzuweisungen bestimmter Rechtspositionen/ Kompetenzen bedeutet, wie es *Otto Bachof* annimmt. Die gesetzliche Zuweisung der Rechtspersönlichkeit an eine öffentlich-rechtliche Organisation würde dann nur deren zivilrechtliche Vollrechtsfähigkeit bedeuten.[50] Wenn man als juristische Person nur vollrechtsfähige Rechtssubjekte ansieht, hätte dies zur Folge, daß es keine juristischen Personen des öffentlichen Rechts gibt, vielmehr alle so genannten in Wahrheit juristische Personen des Privatrechts mit öffentlich-rechtlicher Teilrechtsfähigkeit wären.[51] Wenn Bachof als Voraussetzung für den öffentlich-rechtlichen Charakter dieser juristischen Personen auf den Schwerpunkt ihres Aufgabenbereichs im öffentlichen Recht abstellt,[52] fügt er dem Begriff der Rechtsperson ein Merkmal ein, das dieser in seiner eigenen Definition nicht enthält: Rechtsperson war danach jedes vollrechtsfähige Rechtssubjekt (s. o.). Schließlich nimmt er selbst an, daß kein notwendiger Zusammenhang zwischen der Aufgabe und der Rechtsnatur der juristischen Person besteht.[53] Dann kann auch das Schwergewicht der Aufgaben nicht das maßgebliche Kriterium nur für den öffentlich-rechtlichen Charakter der juristischen Person sein.

Ausschlaggebend für die Frage der grundsätzlichen Voll- oder Teilrechtsfähigkeit juristischer Personen des öffentlichen Rechts kann aber nur der Ausgangspunkt, der Begriff der Rechtsfähigkeit sein. Sofern einem Subjekt Rechtssätze zugerechnet werden, ist es rechtsfähig. Zurechenbar sind jedoch nicht nur Befugnisse, sondern auch Verpflichtungen.[54] Zu den Verpflichtungen gehören aber auch die Grundrechte als negative Kompetenznormen, nicht nur die aufgrund der Aufgabenstellung zugewiesenen Kompetenzen. Da die Bindung der öffentlichen Gewalt an Recht und Gesetz (Art. 20 III GG) und die Grundrechte, sofern sie sich öffentlich-rechtlicher Handlungsformen bedient, umfassend ist (Art. 1 III GG),[55] können Träger hoheitlicher Gewalt insoweit auch Zurechnungssubjekt von Rechtssätzen

---

48 *Huber* 1953, S. 184: Der Grund liegt darin, daß auch bei fehlender privatrechtlicher Rechtsfähigkeit der Anstalt, ihren Gläubigern ein neben der Anstalt bestehender Träger derselben als Haftungssubjekt zur Verfügung steht; dieses fehlt bei der verbandsmäßig organisierten Körperschaft.
49 *Bachof* 1958, S. 268.
50 So *Bachof* 1958, S. 268; Wolff/Bachof/Stober-*Kluth* 2004, § 83 Rn. 16.
51 Mit der Konsequenz, daß ein privatrechtlich vollrechtsfähiger Verband, also ein rechtsfähiger Verein, dessen Tätigkeitsschwerpunkt der Erfüllung öffentlicher Aufgaben dient, eine Körperschaft des öffentlichen Rechts wäre! *Bachof* 1958, S. 276.
52 *Bachof* 1958, S. 269.
53 *Bachof* 1958, S. 235.
54 *Kelsen* 1962, S. 94, 130 f. u. 162 f.; *Wolff* 1933, S. 148 f.
55 Und zwar der vollziehenden Gewalt im Bund und den Ländern (v. Mangoldt/Klein/Starck-*Starck* Art. 1, Rn. 138 f.; GG-Kommentar Dreier-*Dreier* Art. 1 III, Rn. 23) und der Selbstverwaltungsträger, GG-Kommentar Dreier-*Dreier* Art. 1 III, Rn. 43).

und damit rechtsfähig sein.[56] Allerdings sagt weder Art. 20 III GG noch Art. 1 III GG etwas darüber aus, wer letztlich Zurechnungssubjekt der Verpflichtung ist. Wenn aber Art. 20 III GG „die" vollziehende Gewalt ganz allgemein an Recht und Gesetz bindet und auch Art. 1 III GG keine Einschränkungen enthält, dann können keine Ausnahmen bestehen, dann ist jeder Träger öffentlicher Gewalt, mithin jede Verwaltungsorganisation zur Beachtung von Recht und Gesetz und insbesondere der Grundrechte verpflichtet. Daß der Körperschaft Kompetenzen häufig nur partiell zugewiesen werden, beschränkt zunächst ihr *Dürfen,* kann sie aber aus ihrer Verantwortung für die Wahrung der Grundrechte bei einem darüber hinausgehenden Handeln nicht entlassen. Andernfalls könnte der Gesetzgeber die Verwaltung von der Bindung des Art. 1 III GG befreien. Insofern ist auch die teilrechtsfähige Verwaltungsorganisation Verpflichtete der Grundrechte.[57] Insofern ihr Verhalten aber der hinter ihr stehenden juristischen Person des öffentlichen Rechts zugerechnet wird, dürfte dies auch für die Zurechnung der Folgen von Verstößen gelten, so daß bei Teilrechtsfähigkeit aufgrund explizit zugewiesener Befugnisse und Pflichten auch aus der umfassenden Bindung der öffentlichen Gewalt an die Grundrechte keine Notwendigkeit zur Annahme der Vollrechtsfähigkeit besteht.

3. Zusammenfassung

Danach gibt es Verwaltungsorganisationen, die öffentlich-rechtlich wie privatrechtlich vollrechtsfähig sind, und solche, die öffentlich-rechtlich vollrechtsfähig und privatrechtlich teilrechtsfähig und schließlich solche, die nur teilrechtsfähig sind. Organe dieser Verwaltungsorganisationen sind grundsätzlich nichtrechtsfähig und nur Subjekte von Innenrechtssätzen, können aber einzelne Befugnisse mit Außenrechtswirkung haben und insofern teilrechtsfähig sein.[58]

4. Verfassungsrechtliche Garantie der Rechtssubjektivität

Eine verfassungsrechtliche Garantie der Rechtssubjektivität besteht nur hinsichtlich der Gemeinden. Zu den verfassungsrechtlich überkommenen Kerngehalten von Art. 28 II S. 1 GG gehört die institutionelle Rechtssubjektsgarantie, die gewährleistet, daß es überhaupt Gemeinden als Teil des Verwaltungssystems geben muß.[59] Als Element der institutionellen Garantie der kommunalen Selbstverwaltung sichert sie keinen Bestand der einzelnen („individuellen") Gemeinde.[60] Aus dieser Garantie ergibt sich zunächst die Rechtssubjektivität der Gemeinde als juristischer Person des öffentlichen Rechts. In geschichtlicher Tradition ist damit auch ihr Charakter

---

56 Gerade die rechtliche Verpflichtung ist das entscheidende Kriterium der Rechtsfähigkeit, *Rupp* 1991, S. 8 ff. Dahinter steht die Überzeugung, daß die Verwaltung (und damit auch die Selbstverwaltungsträger) ebenso wie der Staat des GG nicht eine ursprüngliche, sondern eine rechtlich konstituierte, ausgestaltete und begrenzte Macht ist, *Sobota* 1997, S. 126; *Rupp* 1991, S. VII u. 131.
57 *Stern* 1988, S. 1333.
58 So die von Bachof untersuchten Technischen Ausschüsse, nach dem alten § 24 GewO.
59 *Schmidt-Aßmann/Röhl* 2005, Rn. 10; *Ehlers* 2000a, S. 1302; v. *Münch/Kunig-Löwer* Art. 28, Rn. 42; GG-Kommentar Dreier-*Dreier* Art. 28, Rn. 93; *Stern* 1984, S. 409; *Clemens* 1990, S. 835.
60 v. *Münch/Kunig-Löwer* Art. 28, Rn. 42.

B. Bildung und Errichtung der Körperschaft des öffentlichen Rechts

als Gebietskörperschaften garantiert und die Zuordnung eines Gemeindegebiets sowie eines gewissen, eigenverantwortlich zu erfüllenden Aufgabenbestandes.[61] Dafür spricht, daß der Verfassunggeber den geschichtlichen, insbesondere unter der WRV gebildeten Begriff der kommunalen Gebietskörperschaft vorausgesetzt hat.[62] Eine neuere Gegenauffassung versteht die Rechtssubjektsgarantie subjektiver, so daß der Gesetzgeber nicht nur ausgestaltend, sondern eingreifend tätig wird, wenn er im Rahmen von Neugliederungsmaßnahmen Gemeinden zusammenlegt.[63] Jedenfalls besteht gegenüber Neugliederungsmaßnahmen eine „beschränkt individuelle Rechtssubjektsgarantie", aufgrund derer die betroffene Gebietskörperschaft die Einhaltung der hierfür erforderlichen inhaltlichen und prozeduralen Voraussetzungen geltend machen kann.[64] Die Garantie ihrer rechtlichen Verselbständigung enthält zugleich das Recht der Selbstorganisation mit dem Recht der Ausgestaltung einer organisatorischen Binnenstruktur.[65] Schließlich gehört zur Rechtssubjektsgarantie auch die Namensfähigkeit der Gemeinden.[66]

Der Körperschaftsstatus der Gemeinden besitzt somit Verfassungsrang. Entsprechend wird er auch in allen Landesverfassungen und Gemeindeordnungen der Bundesländer sogleich am Anfang genannt.[67] Darüber, was dies im einzelnen bedeutet, schweigt sich die Verfassung jedoch aus. Eine vergleichbare Garantie für andere Körperschaften besteht nicht.

5. Einfachgesetzliche Rechtsfähigkeit

Die übrigen verwaltungsrechtlichen Körperschaften des öffentlichen Rechts besitzen entweder ausdrücklich verliehene[68] oder im Begriff der Körperschaft des öffentlichen Rechts vorausgesetzte Rechte.[69]

Nimmt man die Vertretungskörperschaften, die Organe von juristischen Personen sind, aus, so besitzen nur wenige Körperschaften des öffentlichen Rechts *Teilrechtsfähigkeit*. Hierzu gehören die Fakultäten bzw. Fachbereiche an Hochschulen.[70]

---

61 Berliner Kommentar-*Vogelsang* Art. 28, Rn. 95; *Pappermann* 1981, § 17 S. 299; *Maunz* Art. 28 Rn. 54.
62 Berliner Kommentar-*Vogelsang* Art. 28, Rn. 95; GG-Kommentar Dreier-*Dreier* Art. 28, Rn. 93; v. Münch/Kunig-*Löwer* Art. 28, Rn. 42.
63 *Ehlers* 2000a, S. 1305.
64 *Schmidt-Aßmann/Röhl* 2005, Rn. 11; v. Münch/Kunig-*Löwer* Art. 28, Rn. 43; GG-Kommentar Dreier-*Dreier* Art. 28, Rn. 96; Wolff/Bachof/Stober-*Kluth* 2004, § 94 Rn. 54.
65 v. Mangoldt/Klein/Starck-*Tettinger* Art. 28, Rn. 156; *Schmidt-Aßmann/Röhl* 2005, Rn. 10.
66 v. Münch/Kunig-*Löwer* Art. 28, Rn. 43; v. Mangoldt/Klein/Starck-*Tettinger* Art. 28, Rn. 158; Wolff/Bachof/Stober-*Kluth* 2004, § 94 Rn. 55.
67 Etwa § 1 IV GO-BW, § 1 II Hess-GO.
68 Vgl. nur § 53 S. 2 HwO.
69 So etwa in § 58 I S. 1 HRG für die Hochschulen, vgl. HRG-Hailbronner-*Hailbronner* § 58, Rn. 7.
70 *Wolff/Bachof/Stober* 1987, § 84, Rn. 18; die früher hier genannten technischen Ausschüsse nach § 24 GewO sind inzwischen weggefallen. Der gem. § 8 des Gesetzes über technische Arbeitsmittel als Ausschuß beim Bundesarbeitsministerium vorgesehene „Ausschuß für technische Arbeitsmittel" stellt keine Körperschaft dar. Dagegen spricht die Rekrutierung seiner Mitglieder durch Berufung des Bundesarbeitsministeriums im Einvernehmen mit dem Bundesgesundheitsministerium, § 8 II TechArbmG. Das gleiche gilt für den beim Bundesumweltministerium zu bildenden Ausschuß für Anlagensicherheit gem. § 31a BImSchG. Die kollegiale Struktur dieser Gremien darf nicht darüber hinwegtäuschen, daß ihnen zum Charakter der Körperschaft das Getragensein durch die Mitglieder fehlt. Das Kollegialprinzip betrifft hingegen die Ausdifferenzierung des Entscheidungsprozesses, *Groß* 1999, S. 46 f.; zu den Landes- und Bundesausschüssen der Krankenkassen und kassenärztlichen Vereinigungen nach §§ 90 f. SGB V vgl. unten C.

Neuerdings wird der Umweltgutachterausschuß[71] als Körperschaft des öffentlichen Rechts angesehen. Der Ausschuß wird zwar beim Bundesumweltministerium gebildet, genießt aber Weisungsfreiheit und besitzt ausweislich der Materialien nur Teilrechtsfähigkeit.[72] Danach soll er rechtsfähig sein, soweit seine Kompetenzen reichen.[73] Grund für die Versagung der Vollrechtsfähigkeit war es, daß man keine kostenträchtigen neuen selbständigen Verwaltungsstrukturen schaffen wollte. Insofern mag die Teilrechtsfähigkeit begründet sein; daß es sich aber um eine Körperschaft handeln soll, erscheint angesichts des Rekrutierungsmodus der Mitglieder durch Berufung des Bundesumweltministers von Vertretern aus Verbänden, Unternehmen und Behörden mehr als zweifelhaft. Man wollte den Ausschuß nur nicht als Behörde errichten, weil das Gesetz freiwillige Zusammenarbeit der Beteiligten fordert, seine Aufgaben zwecks einheitlicher Erledigung im Bundesgebiet aber nicht den Handels- oder Handwerkskammern überlassen.[74] Dieser Freiwilligkeit und Eigenverantwortlichkeit korrespondiert die Weisungsfreiheit (§ 22 I UAG), nicht aber die innere Struktur des Ausschusses. Daß dieses Motiv aber schon Grund genug für die Annahme des Körperschaftscharakters des Ausschusses sein soll, vermag angesichts der wenig körperschaftlichen Binnenstruktur nicht zu überzeugen. Der Umweltgutachterausschuß ist somit allenfalls eine nominellen Körperschaft.

Nichtrechtsfähige Körperschaften des öffentlichen Rechts können zwar gemäß der oben getroffenen Unterscheidung (Erster Teil, A I) öffentliche Körperschaften sein. Sie unterscheiden sich jedoch durch die fehlende Rechtsfähigkeit signifikant von den verwaltungsrechtlichen Körperschaften des öffentlichen Rechts. Solche nichtrechtsfähigen öffentlichen Körperschaften sind zunächst die kollegial strukturierten Repräsentativkörperschaften. Sie sind Verwaltungsorgane von Körperschaften des öffentlichen Rechts. Kennzeichnend ist, daß sie nicht Träger von Selbstverwaltung sind, sondern für den Selbstverwaltungsträger die „politische Selbstverwaltung" ausüben, also kollegiale Entscheidungen treffen. – Schwierig ist die Rechtsstellung der Hochschulen der Bundeswehr zu beurteilen. Aber auch hier reicht eine Binnenorganisation nach dem Kollegialprinzip nicht aus, um den Körperschaftsstatus zu begründen.[75] Sofern die Mitglieder der Körperschaft zwar durch die oberste Landesbehörde berufen werden, die Selbstverwaltungsorgane jedoch von ihnen gewählt werden, ist der Körperschaftsstatus auch bei fehlender Rechtsfähigkeit gegeben.[76] Keine Körperschaften sind hingegen die Schulen. Sie sind etwa nach baden-württembergischem Landesrecht (§ 23 I S. 1 SchulG) nichtrechtsfähige öffentliche Anstalten. Sie stellen auch sicherlich einen über die Aufgabe als Einheit

---

71 Vgl. hierzu *Mayen* 1997, S. 215; *Lütges* 1996, S. 234.
72 Zur Rechtsnatur des Umweltgutachterausschusses als teilrechtsfähiger Körperschaft des öffentlichen Rechts vgl. BT-Dr 13/1192, S. 22, 31 lapidar: „Er stellt rechtlich eine teilrechtsfähige Körperschaft des öffentlichen Rechts dar."
73 *Lütges* 1996, S. 234.
74 BT-Dr 13/1192, S. 22.
75 Anders *Bryde* 1988, S. 195;
76 Das gilt etwa für die „Kommission für geschichtliche Landeskunde in Baden-Württemberg". Sie wurde 1954 zur Erforschung von Geschichte, Raum und Volkstum Südwestdeutschlands vom baden-württembergischen Wissenschaftsminister errichtet. Problematisch ist aber ihre Binnenstruktur: Die ordentlichen Mitglieder der Kommission werden auf Vorschlag der Mitgliederversammlung vom Wissenschaftsminister berufen. Sie wählen aber den Vorstand.

konstituierten Entscheidungszusammenhang dar und sind somit eine Organisation. Die kollegiale Binnenstruktur, die zudem noch mit monokratisch-direktoralen Momenten durchsetzt ist,[77] macht sie noch nicht zu einer Körperschaft des öffentlichen Rechts,[78] auch wenn eine solche Verselbständigung vielleicht wünschenswert erscheinen mag.

II. Beginn der Rechtsfähigkeit

Konstitutiv für die Rechtsfähigkeit der Körperschaft des öffentlichen Rechts ist ihre Errichtung und die darin zuerkannte Rechtsfähigkeit (s. u.).

1. Die „Vor-Körperschaft" und die fehlerhafte Körperschaft

Vor dem im Errichtungsgesetz vorgesehenen Zeitpunkt besteht grundsätzlich keine Rechtsfähigkeit der Körperschaft des öffentlichen Rechts. Es ist aber die Frage, wie Handlungen der im Gründungsstadium befindlichen Körperschaft bei der Errichtung rechtlich zu bewerten sind. Hier ist einerseits zwischen privatrechtlichen und hoheitlichen Handlungen und andererseits zwischen nicht zustande gekommenen und rechtlich fehlerhaft errichteten Körperschaften zu unterscheiden.[79]

Aufgrund eines starken öffentlichen Bedürfnisses hat allerdings der BGH in Übereinstimmung mit seiner Praxis im Kapitalgesellschaftsrecht bereits im Gründungsstadium die Geschäftsfähigkeit späterer juristischer Personen des öffentlichen Rechts anerkannt und diese dann für die Verbindlichkeiten des „Vor-Verwaltungsträgers" privatrechtlich haftbar gemacht.[80] Kommt es nicht zur Errichtung der juristischen Person, haften deren Gründer. Das Problem trat insbesondere bei fehlerhaften Zweckverbänden auf.[81] Hierzu *Kolhosser*: Es „… besteht …, sofern nicht durch Gesetz oder Vereinbarung mit einem Vertragspartner etwas anderes bestimmt ist, im deutschen Recht ein rechtsformunabhängiger, allgemeiner Grundsatz, daß die Mitglieder einer nicht rechtsfähigen Vereinigung für die Schulden der Vereinigung unbeschränkt gesamtschuldnerisch haften. Da das öffentliche Recht für Vor–Zweckverbände keine abweichenden speziellen Regeln aufweist, gilt dieser allgemeine Grundsatz auch für die Mitglieder von öffentlichrechtlichen Vor–Zweckverbänden".[82] Hoheitliche Maßnahmen kann ein solcher privatrechtlicher Verband nicht in verbindlicher Form erlassen, da ihm hierzu die Kompetenz fehlt.

Es ist jedoch fraglich, ob dies auch für freiwillig von natürlichen Personen zu errichtende Verbände gelten kann. Das VG Arnsberg hat zu Recht entschieden, daß

---

77 *Groß* 1999, S. 71 f.
78 Anders aber *Bryde* 1988, S. 195.
79 *Stelkens* 2003, S. 493 f.
80 *BGHZ* 146, S. 190 ff. (196 f.) zu kommunalen Zweckverbänden, *Kollhosser* 1997, S. 3270 f.; *Stelkens* 2003, S. 492.
81 Anfang der 90er Jahre ging es um eine große Anzahl von fehlerhaft kommunalen Zweckverbänden in den neuen Bundesländern (vgl. auch zu den tatsächlichen Problemen, *Aschke* 2003, S. 918 f.). Hier hafteten dann beim Scheitern die Gemeinden, *Kollhosser* 1997, S. 3265 u. 3270 f.
82 *Kollhosser* 1997, S. 3271.

es sich „bei dem Zusammenschluß von natürlichen Personen, der aus eigenem Recht einen Anspruch auf Genehmigung der Errichtung eines Wasser- und Bodenverbandes im Sinne des § 1 WVG (Verband) verfolgt" um eine BGB-Gesellschaft handelt.[83] In der Tat besteht kein Grund, eine solche Vereinigung, die erst durch den staatlichen Mitwirkungsakt zur juristischen Person des öffentlichen Rechts wird, vor diesem Akt als öffentlich-rechtlich zu behandeln.

Wurde alles Notwendige zur Errichtung der Körperschaft getan, stellt sich aber nachträglich heraus, daß dies fehlerhaft war, weil die genehmigte Hauptsatzung gegen höherrangiges Recht verstößt, bestehen prinzipiell zwei Möglichkeiten: Entweder es wird wie bei der nicht errichteten „Vor-Körperschaft" verfahren – ihre Akte wären dann mangels vorhandenen Rechtssubjekts Nichtakte.[84] Dafür könnte der „Grundsatz der Formstrenge des öffentlichen Rechts" sprechen.[85] Oder es wird die privatrechtliche Lehre von der fehlerhaften Gesellschaft herangezogen, mit der Folge daß die Körperschaft insoweit als wirksam entstanden zu behandeln ist, wie dies inzwischen auch das BVerwG annimmt.[86] Rechtssicherheit und das Prinzip der Schadensbegrenzung beschränken hier den Grundsatz der Gesetzmäßigkeit der Verwaltung (Art. 20 III GG) und lassen die Körperschaft zunächst wirksam entstehen.[87] Nach dieser Lehre reicht es aus, daß die Körperschaft auf einer tatsächlichen, wenn auch rechtsfehlerhaften Einigung der Gründer beruht und dadurch in Vollzug gesetzt wurde, daß die Körperschaft mit ihrer Verwaltungstätigkeit begonnen hat.[88] Aus Gründen der Rechtssicherheit, der auch der hier einschlägige Grundsatz der „Formstrenge des öffentlichen Rechts" dient, ist diese Ansicht vorzugswürdig, weil so dem Bürger ein zurechnungsfähiges Rechtssubjekt für das Errichtungsstadium erhalten bleibt.[89] Hierfür spricht, daß in den entschiedenen Fällen eine, wenn auch fehlerhafte, Verbandssatzung und ihre Genehmigung bekanntgemacht wurden und so der Rechtsschein einer wirksamen Verbandsgründung erzeugt wurde.[90] Lediglich wenn bei der Gründung Vorschriften verletzt oder nicht beachtet worden sind, die überragende Interessen der Allgemeinheit oder eines Einzelnen schützen sollen, oder bei Rechtsmißbrauch,[91] kann etwas anderes gelten.[92] In bezug auf die Zeit der Errichtung besitzt dann die fehlerhafte Körperschaft alle Rechte und Pflichten einer fehlerfreien. Ihre Maßnahmen unterfallen den üblichen Fehlerfolgenregelungen. Hinsichtlich der zivilrechtlichen Handlungsfähigkeit liegt es sachlich nahe und ist auch kompetenzrechtlich geboten, auf die Grundsätze der Vor-Gesellschaft zurückzugreifen.[93]

---

83 VG Arnsberg U. v. 21.05.2002 – 8 K 1698/01.
84 So das *OLG Brandenburg* LKV 1997, S. 426 ff. (427).
85 *Kollhosser* 1997, S. 3266.
86 NVwZ 2003, S. 995 ff. (996); zum Ganzen *Stelkens* 2003, S. 493 f.; der Versuch, die Fehlerhaftigkeit über rückwirkende „Zweckverbandsheilungsgesetze" zu beheben, ist gescheitert, *Kollhosser* 1997, S. 3266.
87 *Aschke* 2003, S. 922 f. – ohne damit seinem allgemeinen „Gedanken der Fehlertoleranz des Verwaltungsrechts" zustimmen zu müssen.
88 *Kollhosser* 1997, S. 3267.
89 *Stelkens* 2003, S. 494.
90 *Aschke* 2003, S. 920, mit Berufung auf die amtliche Begründung zur alten Fassung des § 19 I 4 Thür-KGG, LT-Dr 1/788, S. 28.
91 *OVG Weimar* ThürVGRspr 2001, S. 77 ff. (83).
92 *Kollhosser* 1997, S. 3268.
93 *Kollhosser* 1997, S. 3266; *Stelkens* 2003, S. 494.

2. Erlangung der Rechtsfähigkeit durch die Genehmigung der Satzung

Handwerksinnungen und Kreishandwerkerschaften erlangen die Rechtsfähigkeit mit der Genehmigung und Verkündung ihrer Satzungen, sofern der Gründungswille der beteiligten Handwerker in diesem Zeitpunkt noch besteht.[94]

Zweckverbände als Körperschaften des öffentlichen Rechts[95] können bei einem dringenden öffentlichen Bedürfnis auf Veranlassung der Rechtsaufsichtsbehörde gegründet werden (Pflichtverband) oder als Freiverband durch einen öffentlich-rechtlichen Vertrag und einer Verbandssatzung, die von der Rechtsaufsichtsbehörde zu genehmigen ist, damit er Rechtsfähigkeit erlangt.[96] Die Genehmigung per Verwaltungsakt prüft deren Rechtmäßigkeit und bei Weisungsaufgaben auch die Zweckmäßigkeit der Übertragung der Aufgaben. Mit der öffentlichen Bekanntmachung erlangt der Verband die Rechtsfähigkeit.[97]

III. Umfang der Rechtsfähigkeit

Mit ihrer Errichtung erlangen die Körperschaften des öffentlichen Rechts Rechtsfähigkeit, die, wie oben ausgeführt grundsätzlich aus öffentlich-rechtlicher und zivilrechtlicher Rechtsfähigkeit besteht.[98] Hier soll nun dem Umfang der Rechtsfähigkeit nachgegangen werden.

1. Grundrechtsfähigkeit

Organisationen im Allgemeinen und durch ihre hoheitlichen Mittel, insbesondere auch einer eventuellen Zwangsrekrutierung, öffentliche Organisationen im Besonderen sind grundrechtsambivalent.[99] Sie können eine Verstärkung der Realisierungsmöglichkeiten von Grundrechten erbringen, indem sie den Mitgliedern gesicherte und erwartbare Entfaltungsräume zur Verfügung stellen oder deren Einflußchancen erweitern. Wie schon oben in der Auseinandersetzung mit *Herbert Simon* gezeigt, übersteigen Organisationen die Rationalität ihrer Mitglieder, und von diesem Plus profitieren diese. Zugleich bedeutet die Zugehörigkeit zu Organisationen eben um der Steigerung der Handlungsorientierung (Verhaltenserwartung) willen eine Beschränkung der Handlungsmöglichkeiten und damit eine Beeinträchtigung grundrechtsgeschützter Freiheiten.[100] Vor diesem Hintergrund, ist die Frage zu beurteilen, inwiefern sich als rechtlich zurechenbar angesehene Organisationen, zumal öffentliche, auf Grundrechte berufen können sollen. Ob Grundrechte

---

94 §§ 89 I Nr. 1 i.V.m. 53 S. 2 HwO; *Honig* 2004, § 53 Rn. 5.
95 *Schmidt-Aßmann/Röhl* 2005, Rn. 152; *Oebbecke* 1982, S. 4.
96 *Saugier* 2001, S. 36 ff.; *Bovenschulte* 2000, S. 419 f.; *Kollhosser* 1997, S. 3265; *Dittmann* 2000, Rn. 44 ff.; *Gern* 2003, Rn. 936 f.
97 VGH BW NVwZ RR 1990, S. 215; *Saugier* 2001, S. 41 f.
98 *Lynker* 1960, S. 41.
99 *Schmidt-Aßmann* 1993, S. 702.
100 Ausführlich zum Problem der Freiheitsambivalenz von Organisationen: *Trute* 1994, S. 330 f.

auf juristische Personen des öffentlichen Rechts anwendbar sind, bemißt sich sowohl nach dem Charakter des betreffenden Grundrechts[101] als auch der in Frage stehenden juristischen Person.[102]

a. Die juristische Person i.S.v. Art. 19 III GG

Der Begriff der juristischen Person in Art. 19 III GG deckt sich nicht mit dem einfachgesetzlichen Begriff:[103] Einfachgesetzliche Rechtsfähigkeit ist nicht Voraussetzung für die Grundrechtsfähigkeit. Unklar ist in der Formulierung des Art. 19 III GG („soweit sie ihrem Wesen nach auf diese anwendbar sind") jedoch, ob es für die Beurteilung der Grundrechtsfähigkeit der juristischen Personen auf die einzelnen Grundrechte oder auf das „Wesen der Grundrechte in der Rechtsordnung schlechthin" ankommen soll.[104] Für ein prinzipielles Verständnis spricht, daß die ursprünglich kasuistische Textfassung, die einzelne Grundrechte aufzählte, während der Beratungen durch die heutige, weite Fassung ersetzt wurde. Der Verfassunggeber wollte so verhindern, daß nur einzelne Grundrechte anwendbar seien und flexible Lösungen ermöglichen.[105] Zu prüfen ist daher, welches die Sachverhalte sind, die eine wesensmäßige Anwendbarkeit auslösen können und welche Grundrechte dann in Betracht zu ziehen sind.

Hier stehen sich bekanntermaßen die Durchgriffstheorie des BVerfG und die Theorie der „grundrechtstypischen Gefährdungslage" gegenüber.[106] Während nach der Durchgriffstheorie die juristischen Personen als Grundrechtsberechtigte ausgeschlossen sind, sofern sich ihre Bildung und Betätigung nicht als Ausdruck der freien Entfaltung der Person darstellt, berücksichtigt die Theorie der grundrechtstypischen Gefährdungslage die organisatorische Verselbständigung der juristischen Person. In der Perspektive der Bürger als Grundrechtsträger erscheint die Organisation als „Medium der Grundrechtsverwirklichung";[107] damit ist aber noch nicht ausgemacht, daß das Grundgesetz ausschließlich diese Perspektive einnimmt. Das BVerfG hat, ohne dies freilich näher zu erläutern, den „mißverständlichen"[108] Begriff des „Durchgriffs" durch den des „Durchblicks auf die hinter den juristischen Personen stehenden Menschen" ersetzt.[109] Dies geschah offenbar, um deutlich zu machen, daß der Rückbezug auf die in der juristischen Person organisierten natürlichen Personen gleichwohl die Grundrechtsfähigkeit der juristischen Person selbst

---

101 Umstritten: Das *BVerfG* (E 75, S. 192 ff. [195 f.] – Sparkassen) nimmt an, daß es auf das Wesen der Grundrechte in ihrer gemeinsamen Funktion ankomme.
102 *Roellecke* 2002, Rn. 89 u. 97.
103 GG-Kommentar Dreier-*Dreier* Art. 19 III, Rn. 26.
104 *BVerfGE* 21, S. 362 ff. (369 f.) – Landesversicherungsanstalt. vgl. auch v. Mangoldt/Klein/Starck-*Huber* Art. 19, Rn. 224; GG-Kommentar Dreier-*Dreier* Art. 19 III, Rn. 18.
105 Hierzu auch GG-Kommentar Dreier-*Dreier* Art. 19 III, Rn. 10.
106 Vgl. nur v. Mangoldt/Klein/Starck-*Huber* Art. 19, Rn. 226 f.; GG-Kommentar Dreier-*Dreier* Art. 19 III, Rn. 19 f.
107 *Isensee* 1988, Rn. 2.
108 v. Münch/Kunig-*Krebs* Art. 19, Rn. 38.
109 *BVerfGE* 61, S. 82 ff (101) – Sasbach, eine Metapher, die sich in der amtlichen Sammlung sonst nicht mehr findet.

B. Bildung und Errichtung der Körperschaft des öffentlichen Rechts

begründen soll.[110] Ob nun Durchblick oder -griff: Die Theorie wird dem Wesen der juristischen Person nicht gerecht. Juristische Person meint immer eine Verselbständigung der Organisation gegenüber ihren Mitgliedern. Wenn also überhaupt von der Grundrechtsfähigkeit dieser Person die Rede sein kann, verbietet sich jede Vorstellung die nicht auf den Verband selbst, sondern die in ihm zusammengeschlossenen Personen abstellt, kurz: Wenn Bedingung der Grundrechtsfähigkeit der juristischen Person der Durchgriff auf die in ihr zusammengeschlossenen natürlichen Personen sein soll bzw. „ihre" Betätigung nur als Ausdruck der freien Entfaltung der natürlichen Personen ist, wie das BVerfG meint,[111] dann gibt es keine Grundrechtsfähigkeit der juristischen Person selbst, sondern nur der zu ihr Gehörigen.[112] Art. 19 III GG statuiert jedoch mehr als die ohnehin einzelgrundrechtlich verbürgte kollektive Grundrechtsausübung,[113] indem er den Verband selbst mit in den Schutz einbezieht. Mithin kommt es auf die „grundrechtstypische Gefährdungslage" der Organisation an.[114] „Art 19 III GG begründet ... Grundrechtsfähigkeit, wenn sich ein Träger öffentlicher Verwaltung bei der Abwehr von Übergriffen in die ihm außenrechtswirksam eingeräumten Kompetenzen in einer Situation befindet, die vom Schutzzweck der in Betracht kommenden Grundrechtsnorm umfaßt ist".[115]

Nimmt man weiter die oben referierte organisationstheoretische Erkenntnis *Simons* hinzu, daß sich Individuen zur Steigerung ihrer Entscheidungsrationalität zu Organisationen zusammenschließen, Organisationen mithin eine über die einzelnen Zugehörigen hinausgehende Rationalität besitzen, so wird deutlich, daß die Verselbständigung der Organisation im Interesse der Individuen begründet sein kann. Gerade wenn man auf das Interesse der natürlichen Personen an der Organisation abstellt, muß man der Verselbständigung Rechnung tragen, soll nicht der Schutz an den Intentionen der Organisationsmitglieder vorbei gewährt werden. Die verselbständigte Organisation ermöglicht die Ausbildung von Handlungen, deren Rationalität sich nicht in jedem Detail auf die der Organisationszugehörigen zurückrechnen läßt, ja ihnen entgegenstehen mag. Die Rechtsordnung anerkennt dies, indem sie die Organisation zur Zurechnungseinheit eigener Rechtssätze zum Rechtssubjekt macht:[116] „Juristische Personen erscheinen vor diesem Hintergrund selbst als ... Elemente der freiheitlichen Ordnung".[117] Sie kann in dieser verselbstän-

---

110 Skeptisch gegenüber der klarstellenden Wirkung dieser Metapher auch GG-Kommentar Dreier-*Dreier* Art. 19 III, Rn. 20, Fn. 53.
111 Stdg. Rspr. E 21, S. 362 ff (369) – Landesversicherungsanstalt; E 61, S. 82 ff. (101) – Wyhl; E 68, S. 193 ff. (206) – Innungen; E 75, S. 192 ff. (196) – Sparkassen.
112 Hebt man allerdings die grundrechtsverstärkende Funktion der Körperschaften der funktionalen Selbstverwaltung hervor, eröffnet sich hier jedenfalls prinzipiell ein Ansatzpunkt insofern und in Übereinstimmung mit dieser Rechtsprechung eine Grundrechtsfähigkeit zu prüfen.
113 *Roellecke* 2002, Rn. 108.
114 GG-Kommentar Dreier-*Dreier* Art. 19 III, Rn. 21 m.w.N.; *Kluth* 1997, S. 438 f.
115 Erichsen/Scherzberg 1990, S. 11.
116 Die Grundrechtsfähigkeit ist allerdings nicht an diese einfachgesetzliche Zurechnung von Rechtssätzen gebunden und kann Organisationen auch dann Grundrechtsfähigkeit zumessen, wenn sie ansonsten nicht rechtsfähig sind, v. Mangoldt/Klein/Starck-*Huber* Art. 19, Rn. 257 f., der dies mit einem Erst-recht-Schluß von den juristischen Personen konstruiert.
117 So treffend v. Mangoldt/Klein/Starck-*Huber* Art. 19, Rn. 237; dabei sollen die oben geschilderten Oligarchieprobleme keineswegs unterschätzt werden. Doch können diese gesondert gesellschaftsrechtlich oder über die Geltung der Grundrechte auch in Verwaltungsorganisationen abgearbeitet werden.

digten Rationalität und den hierauf gegründeten Entscheidungen betroffen sein, auch wenn die Grundrechte der Mitglieder nicht tangiert sind. Auch eine individualistische Perspektive kommt also zur Anerkennung einer eigenen Grundrechtsfähigkeit der juristischen Person ohne den jeweiligen Durchgriff auf natürliche Personen oder andere Mitglieder.[118] So vertritt etwa die Bundesrechtsanwaltskammer die Gesamtinteressen der Anwaltschaft, nicht der einzelnen Anwälte.[119] Auf dieser Basis liegt es dann nahe, die Betätigungen der betreffenden Organisation eher über Art. 19 III GG selbst als über eine „Verlängerung" der Grundrechte in die kollektive Dimension zu erfassen.[120]

Daß die einfache Rechtsordnung die Verselbständigung der Organisation durch die Zuerkennung der Rechtspersönlichkeit anerkennen kann, bedeutet nicht, daß sich Art. 19 III GG nur auf diese bezieht. Auf der anderen Seite zeigen die durchaus auch rechtstechnischen Überlegungen im Parlamentarischen Rat (s. o.),[121] daß man diese Dimension nicht völlig beiseite stellen wollte. Zwar bedarf es mithin nicht der Vollrechtsfähigkeit, um „juristische Person" im Sinne von Art. 19 III GG zu sein; die Nichtrechtsfähigkeit schließt aber ebenfalls die Grundrechtsfähigkeit aus,[122] weil es hier an einem „Mindestmaß an organisatorischer Verfestigung fehlt".[123]

b. Die Grundrechtsfähigkeit der juristischen Personen des öffentlichen Rechts

Das BVerfG geht zwar grundsätzlich von der mangelnden Grundrechtsfähigkeit juristischer Personen des öffentlichen Rechts aus,[124] obwohl der Wortlaut des Art. 19 III GG hierfür keinen Anhaltspunkt bietet und die Entstehungsgeschichte eher dagegen spricht.[125] Zieht man jedoch die Argumente des Gerichts heran, wird deutlich, daß auch auf dieser Basis Ausnahmen möglich sind. Diese Ausnahmen sind, und zwar auch im Interesse der natürlichen Personen, geboten. Diese Verselbständigung liegt wegen ihrer organisatorischen Effekte wenigstens in einigen Formen im Interesse der besseren Realisierung der Grundrechte. Das Gericht verwendet im einzelnen zur Beurteilung der Grundrechtsfähigkeit der juristischen Personen des öffentlichen Rechts sieben Argumente. Das Konfusionsargument und das Anpassungsargument sollen gegen ihre Grundrechtsfähigkeit sprechen; das Zuordnungs- Errichtungs-, Aufgaben- und Hoheitsargument Ausnahmen rechtfertigen.

Nach dem *Konfusionsargument* ist die Grundrechtsfähigkeit von juristischen Personen des öffentlichen Rechts grundsätzlich ausgeschlossen. Der Staat kann

---

[118] Deshalb ist der Versuch abzulehnen, auch die Grundrechtsberechtigung der (wirtschaftsständischen) Kammern aus der Wirtschaftsfreiheit ihrer Mitglieder unmittelbar zu rekonstruieren, so aber *Fröhler/Oberndorfer* 1974, S. 53 ff., 60.
[119] *Zimmermann* 1993, S. 181 f. Entsprechendes gilt nach § 1 I IHKG für die Industrie- und Handelskammern, vgl. *Frentzel/Jäkel/Junge/Hinz/Möllering* 1999, § 1 Rn. 6; *Mußgnug* 1989, S. 667.
[120] v. Mangoldt/Klein/Starck-*Huber* Art. 19, Rn. 247 f.
[121] GG-Kommentar Dreier-*Dreier* Art. 19 III, Rn. 10.
[122] *Krebs* 2000, Rn. 31.
[123] GG-Kommentar Dreier-*Dreier* Art. 19 III, Rn. 27.
[124] Vgl. die ausführliche Darstellung bei *Zimmermann* 1993, S. 2 ff.
[125] Wie oben erwähnt, war zunächst an eine Formulierung gedacht worden, daß sich „Körperschaften und Anstalten" auf einzelne Grundrechte berufen können sollten, dies aber später zugunsten der jetzigen allgemeineren Formulierung aufgegeben worden, vgl. auch GG-Kommentar Dreier-*Dreier* Art. 19 III, Rn. 38; *Zimmermann* 1993, S. 80 f.

B. Bildung und Errichtung der Körperschaft des öffentlichen Rechts 419

nicht Berechtigter und Verpflichteter der Grundrechte zugleich und in gleicher Beziehung (!)[126] sein, ohne mit sich selbst in Widerspruch zu geraten.[127] Grundrechte sind negative Kompetenznormen und können daher nicht zugleich und in gleicher Weise den Staat beschränken und berechtigen.[128] Betont man damit den logischen Hintergrund des Arguments, dann kann differenziert werden nach unterschiedlichen Rechtsbeziehungen, aufgrund derer ein Rechtsträger unterschiedlich gebunden bzw. berechtigt sein kann.[129] Immerhin zeigen auch vom BVerfG anerkannte Fälle der Grundrechtsberechtigung (Universitäten, Rundfunkanstalten), daß die Grundrechtsberechtigung und -verpflichtung bei derselben juristischen Person in unterschiedlichen Beziehungen möglich ist.[130] Das hier so genannte *Perspektivenargument* stellt darauf ab, daß es für den Bürger häufig keinen Unterschied mache, ob der Staat oder eine verselbständigte Verwaltungseinheit hoheitlich handelt.[131] Dieses Argument kann jedenfalls dann und insoweit nicht entscheidend sein, als die Körperschaften Interessen ihrer Mitglieder wahrnehmen, ohne dabei hoheitliche Funktion auszuüben. Nicht überzeugend ist das *Anpassungsargument* des BVerfG, wonach jede Veränderung der Organisationsstruktur einer juristischen Person des öffentlichen Rechts bei Anerkennung der Grundrechte über mögliche Verfassungsbeschwerden zu einer Verhinderung dieser Anpassungen führen könnte.[132] Solche pragmatischen Argumente können über die rechtsstaatlich vorrangige Frage der Grundrechtsfähigkeit nicht entscheiden.[133]

Ausnahmen begründet das BVerfG aufgrund von vier weiteren Argumenten, wobei unklar ist, ob sie kumulativ vorliegen müssen oder Alternativität genügt. Nach dem ersten anerkennt es ist die Grundrechtsfähigkeit solcher juristischer Personen

---

126 Es ist also kurzschlüssig, aus dem Umstand, daß eine Organisation grundrechtsberechtigt *und* grundrechtsverpflichtet ist, auf einen Widerspruch zu folgern, denn „Ein *Widerspruch* ist . dann vorhanden, wenn die Bejahung und Verneinung sich entgegenstehen. Unter Entgegenstehen verstehe ich aber, daß beide Aussagen in derselben Bestimmung desselben Gegenstandes sich entgegenstehen, und daß die Worte dabei nicht zweideutig gebraucht werden" *Aristoteles*: Organon II, Lehre vom Satz, 6. Kap. S. 99. Nur wenn also eine Verwaltungsorganisation in bezug auf denselben Sachverhalt grundrechtsberechtigt und verpflichtet wäre, läge ein Widerspruch vor.
127 *BVerfGE* 15, S. 256 ff. (262) – Universitäre Selbstverwaltung; E 21, S. 362 ff., LS – Sozialversicherungsträger, std. Rspr.: „Wenn die Grundrechte das Verhältnis des Einzelnen zur öffentlichen Gewalt betreffen, so ist es damit unvereinbar, den Staat selbst zum Teilhaber oder Nutznießer der Grundrechte zu machen; er kann nicht gleichzeitig Adressat und Berechtigter der Grundrechte sein."
128 *Kluth* 1997, S. 413 f.
129 *Krebs* 2000, Rn. 41.
130 GG-Kommentar Dreier-*Dreier* Art. 19 III, Rn. 41.
131 *BVerfGE* 21, 362 ff. (369 f.) – Sozialversicherungsträger: „die Verfassungswirklichkeit kennt eine Fülle von Organisationsformen: von den Gebietskörperschaften mit ihren Behörden über die sonstigen Körperschaften, Anstalten und Stiftungen des öffentlichen Rechts bis zu nicht rechtsfähigen Verwaltungseinheiten verschiedener Art, Sondervermögen, beliehenen Unternehmern usw. Vom Menschen und Bürger als dem ursprünglichen Inhaber der Grundrechte her gesehen, handelt es sich jeweils nur um eine besondere Erscheinungsform der einheitlichen Staatsgewalt".
132 „Bei Anerkennung der Grundrechtsfähigkeit der juristischen Personen des öffentlichen Rechts als Träger öffentlicher Aufgaben könnte eine sinnvolle Ordnung der staatlichen Aufgabenerfüllung und eine Anpassung der Staatsorganisation an die wechselnden Erfordernisse der wirtschaftlichen, sozialen und kulturellen Entwicklung erheblich erschwert werden. Der Gesetzgeber und die Exekutive müßten bei jeder Änderung der bestehenden Verhältnisse, die in den Funktionsbereich oder Vermögen einer rechtsfähigen Körperschaft oder einer anderen selbständigen Verwaltungseinheit eingriffe, damit rechnen, daß die Betroffenen sich auch mit der Verfassungsbeschwerde zur Wehr setzten.", *BVerfGE* 21, S. 362 ff. (372 f.) – Sozialversicherungsträger.
133 *Zimmermann* 1993, S. 40.

des öffentlichen Rechts, die unmittelbar dem Lebensbereich der Bürger zugeordnet sind (*Zuordnungsargument*). „Das letztere setzt voraus, daß es sich – wie bei den Kirchen, Universitäten und Rundfunkanstalten – um eine juristische Person handelt, die den Bürgern zur Verwirklichung ihrer individuellen Grundrechte dienen und als eigenständige, vom Staat unabhängige oder jedenfalls distanzierte Einrichtungen Bestand haben".[134] Diese juristischen Personen sieht das BVerfG in der gleichen „grundrechtstypischen Gefährdungslage" gegenüber dem Staat wie den Bürger selbst. Ausreichend für die Zuordnung ist jedoch nicht jede Form organisatorischer Verselbständigung von Verwaltungseinheiten.[135] Nicht genügend sein soll ein schwach ausgeprägter Selbstverwaltungsbereich, wenn dem Staat über eine detaillierte Aufgabenzuweisung und Rechtskontrolle erhebliche Einflußmöglichkeiten verbleiben.[136]

Nach dem zweiten Argument kommt eine Grundrechtsträgerschaft von juristischen Personen des öffentlichen Rechts dann in Betracht, wenn sie nicht vom Staat geschaffen worden sind, sondern freiwillige gesellschaftliche Gründungen sind (*Errichtungsargument*).[137] Hier schadet die öffentlich-rechtliche Errichtung, wenn nicht das Zuordnungsargument einschlägig ist. Umgekehrt begründet zwar die privat-rechtliche Errichtung eine Vermutung zugunsten der Grundrechtsfähigkeit der juristischen Person; die ist jedoch dann nicht maßgeblich zur Begründung der Grundrechtsfähigkeit, wenn und soweit zugleich die Betrauung mit einer öffentlichen Aufgabe besteht.[138] Im Ergebnis kommt es also nicht primär auf die private oder öffentlich-rechtliche Rechtsform an:[139] Es begründet aber immerhin ein Regel-Ausnahme-Verhältnis zugunsten der privatrechtlichen Form. Nicht genügend sein soll hier der freiwillige Zusammenschluß als Innung,[140] da die exklusive Zuweisung bestimmter Aufgaben zugleich eine Art Monopolstellung zur Folge hat.[141]

Nach dem dritten Ausnahmeargument sind Körperschaften des öffentlichen Rechts ausnahmsweise dann grundrechtsfähig, wenn sie „in ihrem Eigenbereich weder staatliche Aufgaben wahrnehmen..." (*Aufgabenargument*)[142] „noch staatliche Gewalt ausüben" (*Hoheitsargument*).[143] Nichtstaatliche Aufgaben in diesem Sinn sind grundrechtsbezogene (Zuordnungsargument). Nicht staatliche, aber im

---

134 *BVerfGE* 45, S. 63 ff. (79) – Stadtwerke Hameln.
135 *BVerfGE* 39, S. 302 ff. (313 f.) – AOK.
136 *BVerfGE* 68, S. 193 ff. (207) – Zahntechnikerinnungen; 39, S. 302 ff. (313 f.) – AOK; zurückhaltend auch *Zimmermann* 1993, S. 125 f.
137 *BVerfGE* 21, S. 362 ff. (374) – Sozialversicherungsträger.
138 *BVerfGE* 68, S. 193 ff. (208 u. 212) – Zahntechnikerinnungen.
139 *BVerfGE* 68, S. 193 ff. (212) – Zahntechniker-Innungen; 70, S. 1 ff. – Orthopädietechniker-Innungen; 75, S. 192 ff. (197) – Sparkassen: „Maßgebend für die Frage der Anwendbarkeit der Grundrechte auf juristische Personen des öffentlichen Rechts ist danach nicht die Rechtsform als solche, sondern ob und inwieweit in der Rechtsstellung als juristische Person des öffentlichen Rechts eine Sach- und Rechtslage Ausdruck findet, welche nach dem Wesen der Grundrechte deren Anwendung auf juristische Personen entgegensteht. Es kommt namentlich auf die Funktion an, in der eine juristische Person des öffentlichen Rechts von dem beanstandeten Akt der öffentlichen Gewalt betroffen wird."
140 *BVerfGE* 68, S. 193 ff. (207) – Zahntechnikerinnungen.
141 *BVerfG* NVwZ 1994, S. 262 ff. (262) – Innungsgrenzen.
142 „Auch hier sind maßgebend die Art der wahrzunehmenden Aufgaben und die Funktion, welche die juristische Person jeweils ausübt. Sind diese Aufgaben und Funktionen solche der öffentlichen Verwaltung, so kann die Organisationsform keinen ausschlaggebenden Unterschied begründen", *BVerfGE* 68, S. 193 ff. (212) – Zahntechniker-Innungen; 70, S. 1 ff. – Orthopädietechniker-Innungen.
143 *BVerfGE* 18, S. 385 ff. (386 f.) – Teilung einer Kirchengemeinde; 19, S. 1 ff. (5) – Religionsgesellschaften; 21, S. 362 ff. (374) – Sozialversicherungsträger; 68, S. 193 ff. (207) – Zahntechnikerinnungen.

B. Bildung und Errichtung der Körperschaft des öffentlichen Rechts   421

weiteren Sinne öffentliche Aufgaben sollen die fehlende Grundrechtsfähigkeit nicht beseitigen können, weil sie aufgrund von Kompetenzen und nicht durch originäre Freiheitsrechte erfüllt werden.[144] Dem Aufgabenargument hat das BVerfG jedenfalls in der Sparkassenentscheidung eine nur untergeordnete Bedeutung bei der Begründung der Ausnahme beigemessen.[145] Die Vergleichbarkeit der Tätigkeit der öffentlich-rechtlichen Organisation mit privatwirtschaftlichen Tätigkeiten begründe, für sich genommen, nicht die Grundrechtsberechtigung. Es müsse ferner noch entschieden werden, wer Träger dieser Organisation sei. Bei kommunalen Unternehmen, stelle sich die Tätigkeit der Organisation als Ausdruck der öffentlichen Aufgabe der Gebietskörperschaft dar, der sie angehört. Diese Begründung läßt aber Raum dafür, in Fällen, in denen die juristische Person keine öffentlichen Aufgaben ihres Trägers, sondern zugleich Interessen von Grundrechtsträgern wahrnimmt, insoweit auch eine Grundrechtsberechtigung anzunehmen. Das BVerfG hat bei Innungen eine Dominanz des Staates bei der Gestaltung der Aufgabenstruktur im Bereich der Pflichtaufgaben angenommen und insoweit die Grundrechtsfähigkeit einer Innung abgelehnt.[146] Die Möglichkeit der Grundrechtsfähigkeit im Bereich der freiwilligen Aufgaben wurde bewußt offengelassen.[147]

c. *Aufgabenbezogene, teilweise Grundrechtsfähigkeit von Körperschaften des öffentlichen Rechts*

Der Gedanke einer teilweisen Grundrechtsfähigkeit ist dem Verfassungsrecht nicht fremd. Bei gemischtwirtschaftlichen Unternehmungen mit unterschiedlichen Kapitalanteilen der öffentlichen Hand, die aber unter 100 % (Eigenbetrieb) liegen,[148] nehmen Stimmen in der Literatur einen dem privaten Anteil korrespondierenden Umfang der Grundrechtsfähigkeit an.[149] Diese ursprünglich von *Bethge* vertretene These wurde zwar unter anderem deshalb stark bekämpft, weil sie zu Rechtsunsicherheit führe, da die Beteiligungen und Einflüsse nicht immer klar feststellbar seien. Das muß aber bei klaren normativen Kriterien nicht der Fall sein. Der Bayerische Verfassungsgerichtshof hat deshalb in mehreren Entscheidungen eine anhand der grundrechtstypischen Gefährdungslage orientierte Einzelfallprüfung vorgenommen.[150] Diese Möglichkeit gilt es auszuloten:

Die juristischen Personen des öffentlichen Rechts sind insoweit nicht grundrechtsfähig, als sie öffentliche Aufgaben mit hoheitlichen Mitteln wahrnehmen.[151]

---

144 *BVerfGE* 68, S. 193 ff. (207): „die Erfüllung öffentlicher Aufgaben durch juristische Personen des öffentlichen Rechts vollzieht sich in aller Regel nicht in Wahrnehmung unabgeleiteter, ursprünglicher Freiheiten, sondern aufgrund von Kompetenzen, die vom positiven Recht zugeordnet und inhaltlich bemessen und begrenzt sind."
145 E 75, S. 192 ff. (200).
146 *BVerfGE* 68, S. 193 ff. (208) – Zahntechnikerinnungen; vgl. auch GG-Kommentar Dreier-*Dreier* Art. 19 III, Rn. 44 f.
147 *BVerfGE* 68, S. 193 ff. (208 f.) – Zahntechnikerinnungen.
148 Zum Begriff vgl. *Schmidt-Aßmann* 1991a, S. 384.
149 *Bull* 1977, S. 155 f.
150 *BayVGHE* 29, S. 105 ff. (118 f.); 37, S. 101 ff. (108); vgl. hierzu auch die Urteilsanalyse von *Kluth* 1997, S. 399 f.
151 *Roellecke* 2002, Rn. 117; eingehend auch *Zimmermann* 1993, S. 115 ff.; GG-Kommentar Dreier-*Dreier* Art. 19 III, Rn. 41 f.

Das Konfusionsargument gilt auch, wenn sich der Staat „zur Erfüllung seiner Aufgaben eines selbständigen Rechtsgebildes bedient".[152] Der Auffassung kann für den Bereich der Erfüllung notwendiger und obligatorischer staatlicher Aufgaben zugestimmt werden.[153] Eine Grundrechtsfähigkeit der juristischen Personen des öffentlichen Rechts kann danach nicht bei der Erfüllung solcher Aufgaben bestehen, die nur der Staat erfüllen kann oder soll und die sie nur als Auftragsangelegenheiten nach Weisung erledigen. Ausgeschlossen ist die Grundrechtsfähigkeit der Selbstverwaltungskörperschaften dann jedoch nicht weil,[154] sondern *insofern* sich der Staat ihrer zur Erfüllung seiner staatlichen Aufgaben bedient. Bei den formellen öffentlichen Aufgaben, die materiell zugleich im gesellschaftlichen Interesse stehen (Interessenvertretung), kann dies aber nicht in gleicher Weise gelten. Hier ist die Körperschaft überwiegend nicht-hoheitlich tätig häufig genug sind die öffentlichen und privaten Organisationsformen austauschbar. Das BVerfG ist zwar der Auffassung, daß einer Gemeinde auch „außerhalb des Bereichs der Wahrnehmung öffentlicher Aufgaben das Grundrecht aus Art. 14 I S. 1 GG" nicht zustehe, weil sie sich „auch bei Wahrnehmung nicht-hoheitlicher Tätigkeit in keiner ‚grundrechtstypischen Gefährdungslage'" befände. Sie sei hier nicht in gleicher Weise wie ein Privater in ihren Grundrechten betroffen.[155] Doch trifft dies nicht auf alle Körperschaften in gleicher Weise zu. Vielmehr nimmt vom Staat selbst über die Gemeinden, die interessenvertretenden Körperschaften, die Universitäten, Religionsgemeinschaften, die freiwillig dem Gemeinwohl dienenden Verbände, bis hin zu rein privatnützig handelnden Organisationen die heterogen auferlegte Verpflichtung auf eine öffentliche Aufgabe ab und die Bedeutung der freien Zielsetzung zu. In dem Umfang, mit der die Freiwilligkeit zulässigerweise[156] zunimmt, steigt auch die Gefährdung durch staatliches Handeln und entstehen somit grundrechtstypische Gefährdungslagen. Schon die interessenvertretenden Körperschaften sind aber „Rahmen und Forum individueller Freiheitsentfaltung"[157] und ihre Verstärkung, auch wenn eben darin zugleich ihre öffentliche Aufgabe besteht.

Nicht überzeugend ist das Gegenargument aus einem Erst-recht-Schluß. Danach sei eine juristische Person des öffentlichen Rechts, auch wenn sie keine öffentlichen Aufgaben wahrnehme, erst recht nicht grundrechtsberechtigt, weil nach der Konzeption des Grundgesetzes grundsätzlich der Einzelne selbst zur Wahrnehmung seiner Grundrechte befugt sei und darin nicht durch eine Organisation mediatisiert werden dürfe.[158] Um die treuhänderische Wahrnehmung der Grundrechte kann es jedoch nicht gehen, da der natürlichen Person neben der selbst grundrechtsberechtigten juristischen Person des öffentlichen Rechts die Möglichkeit unbenommen

---

152 *BVerfGE* 21, S. 362 ff. (370) – Sozialversicherungsträger.
153 In diesem Sinne auch *Roellecke* (2002, Rn. 128): „Wenn und soweit nicht Freiwilligkeit, sondern positivrechtliche Anordnung die juristische Person erst schafft und ihr Kommunikationen ermöglicht, kann sich die juristische Person nicht auf die Grundrechte berufen, weil ihre Existenz und ihre Chancen dann durch ihre Einordnung in den politischen Apparat im weiteren Sinn gesichert werden."
154 So aber v. Mangoldt/Klein/Starck-*Huber* Art. 19, Rn. 267.
155 *BVerfGE* 61, S. 82 ff. (105) – Sasbach.
156 Also bei Körperschaften mit Zwangsmitgliedschaft im Rahmen ihrer legitimen öffentlichen Aufgaben.
157 v. Mangoldt/Klein/Starck-*Huber* Art. 19, Rn. 272.
158 *BVerfGE* 61, S. 82 ff. (104).

B. Bildung und Errichtung der Körperschaft des öffentlichen Rechts   423

bleibt, sich bei einer angenommenen Verletzung ihrer Grundrechte auf diese zu berufen.[159] Wenn die Körperschaft aber Interessen ihrer Mitglieder, deren Prägung sich aus ihrer Verkammerung ergibt, wahrnimmt, handelt sie staatsdistanziert und in Erfüllung einer öffentlichen, nicht aber staatlichen Aufgabe.[160] In der Verfolgung dieses Ziels ist sie durch staatliches Handeln potentiell ebenso gefährdet wie jeder Grundrechtsträger. Das BVerfG hat – gestützt freilich auf die hier abgelehnte Durchgriffsthese – in der Entscheidung zur Innung der Orthopädie-Techniker die Grundrechtsfähigkeit dieser Körperschaft angenommen, weil die Aufgabe des „Abschlusses von Verträgen im Interesse der hinter dem Zusammenschluß stehenden Menschen" durch die Innung erfolge.[161] Dem steht eine Entscheidung über die Unzulässigkeit einer Verfassungsbeschwerde einer Schreiner-Innung gegen die Aufforderung der Handwerkskammer zu einer Satzungsänderung nicht entgegen, sondern bestätigt sie. Die 2. Kammer des Gerichts betont, daß eine Grundrechtsberechtigung der Kammer möglich sei. Der territoriale Zuschnitt der Körperschaft sei aber kein Recht der Innung, sondern eine Frage der staatlichen Organisationshoheit.[162] Schließlich paßt zu dieser Abgrenzung auch die Rechtsprechung des Bundesverfassungsgerichts zur Grundrechtsfähigkeit juristischer Personen des Privatrechts, die abgelehnt wird, wenn sie Aufgaben im öffentlichen Interesse mit hoheitlichen Mitteln wahrnimmt.[163]

Roellecke möchte entscheidend auf die demokratische Legitimation abstellen, die die Anwendung der Grundrechte ausschließe, weil sie zu Unklarheiten führe.[164] Wendet man dieses Argument auf die Körperschaften an, muß festgestellt werden,

---

159 Deshalb überzeugt auch der Versuch von *Fröhler/Oberndorfer* (1974, S. 56 f.) mit dem „Durchgriffsargument" die Grundrechtsfähigkeit der Kammern im Bereich der Interessenvertretung zu begründen. In dieser Funktion stelle sich das Handeln der Kammer als Ausdruck der Wirtschaftsfreiheit der in ihr zusammengeschlossenen Mitglieder dar. Wäre dies richtig, dürfte der Verband gar nicht errichtet werden, wollte man die Mitglieder nicht zum Gebrauch ihrer Grundrechte zwingen. Vielmehr dürfte dann die Interessenvertretung nur in der privatrechtlichen Form eines freiwilligen Zusammenschlusses erfolgen. In ihrer staatsdistanzierten Wahrnehmung der öffentlich-rechtlich geprägten Interessen sind aber die Kammern so wie eine natürliche Person gegenüber staatlichen Eingriffen gefährdet.
160 *Zimmermann* 1993, S. 177. Auf die genaue Unterscheidung zwischen öffentlicher und staatlicher Aufgabe wird weiter unten eingegangen (vgl. u., S. 459).
161 *BVerfGE* 70, S. 1 ff. (20) – Orthopädie; dazu auch *Zimmermann* 1993, S. 16 f. u. 151 f.; kritisch: *Hsu* 2004, S. 128 f.; eine ähnliche Aufgabenbezogenheit läßt sich der Entscheidung zu den Landesinnungsverbänden entnehmen (E 68, S. 193 ff. [211]), die somit nicht vereinzelt steht; skeptisch: *Schmidt-Aßmann* 1991a, S. 389.
162 *BVerfG* NVwZ 1994, S. 262 f.; vereinbar mit dieser Abgrenzung ist auch die Entscheidung der 1. Kammer NJW 1996, S. 1588, worin es um eine Kassenärztliche Vereinigung ging, die sich hinsichtlich ihrer Honorarzuteilung an ihre Mitglieder auf Art. 2 I GG berufen wollte. Das Gericht ließ die Verfassungsbeschwerde nicht zu, weil sie insoweit öffentliche Aufgaben mit hoheitlichen Mitteln gegenüber ihren Mitgliedern wahrnehme. Zwar stellt das Gericht apodiktisch fest: „Soweit eine kassenärztliche Vereinigung in ihrer Eigenschaft als Träger öffentlicher Aufgaben und somit als Teil der Staatsverwaltung durch einen Hoheitsakt betroffen ist, kann sie nicht Inhaberin von Grundrechten gegen den Staat sein" – Es wird aber sogleich deutlich, daß nicht die Aufgabe selbst das entscheidende Argument ist, sondern die hoheitlichen Befugnisse gegenüber ihren Mitgliedern: „Daß sie hierbei mittelbar auch die Verwirklichung von Grundrechten der in ihr zusammengeschlossenen Ärzte fördert, macht sie im Innenverhältnis nicht regelmäßig zum grundrechtsgeschützten Sachwalter des einzelnen. Vielmehr nimmt sie als normsetzende Körperschaft hoheitliche Befugnisse gegenüber ihren in ihr zusammengeschlossenen Mitgliedern wahr." Vgl. auch *BVerfGE* 62, S. 354; kritisch dazu *Bogs* 1997, S. 30 f.
163 *BVerfG* NJW 1996, S. 584 (Baugenossenschaft); *BVerfGE* 75, 192 ff. (200) – Sparkassen; 68, S. 193 ff. (212 f.) Zahntechniker-Innungen; 70, S. 1 ff. (15 ff.) – Orthopädietechniker-Innungen.
164 *Roellecke* 2002, Rn. 128 u. 131.

daß diese Legitimation problematisch ist. Sie wird ergänzt und teilweise zurückgedrängt durch die autonome Legitimation, die auf die individuelle Selbstbestimmung des Bürgers auch in öffentlichen Organisationen gestützt ist (vgl. oben A II 1.). Doch stand überhaupt nicht in Frage, daß auch dann, wenn sich die juristische Person selbst auf Grundrechte berufen könne, der einzelne bei entsprechender möglicher Betroffenheit unabhängig davon berechtigt ist, Grundrechte geltend zu machen.

Möglich ist danach prinzipiell die Berufung auf Art. 5 I GG, Art. 8 GG, eingeschränkt bei den Körperschaften der funktionalen Selbstverwaltung auch Art. 14 GG und schließlich auch auf die allgemeine Handlungsfreiheit nach Art. 2 I GG.[165] Allerdings ist dies beschränkt durch die jeweilige Aufgabe.[166]

d. Die Grundrechtsfähigkeit einzelner Körperschaften des öffentlichen Rechts

Ist also die Grundrechtsfähigkeit der juristischen Personen des öffentlichen Rechts nicht in jeder Hinsicht ausgeschlossen, richtet sich die Frage, welche Grundrechte auf die Körperschaften des öffentlichen Rechts Anwendung finden, sowohl nach den Besonderheiten der betreffenden Körperschaft, den einschlägigen Aufgaben, als auch nach dem Inhalt der einzelnen Grundrechte.

Ausgeschlossen ist der juristischen Person die Berufung auf die Grundrechte hinsichtlich ihrer Gründung, Auflösung (kein Bestandsschutz) oder der Erweiterung und Beschränkung ihrer Aufgaben. Ihre Errichtung fällt, wie oben hervorgehoben, in den Bereich der staatlichen Organisationsgewalt, von dem sie im Wege des Gesetzes Gebrauch macht.[167] Dem hat die juristische Person keine „originären" Rechtspositionen entgegenzusetzen.

Mit ihrer stark objektiven Dimension können die Verfahrensgrundsätze der Art. 101 I und 103 GG[168] sowie die Rechtsschutzgarantie des Art. 19 IV GG (str.[169]) und nach umstrittener Auffassung das Petitionsrecht des Art. 17 GG[170] von allen juristischen Personen des öffentlichen Rechts geltend gemacht werden.[171] Art. 101 I und 103 GG enthalten „nach ihrem Inhalt keine Individualrechte wie die Art. 1 bis 17 GG, sondern enthalten objektive Verfahrensgrundsätze, die für jedes gerichtliche Verfahren gelten und daher auch jedem zugute kommen müssen, der nach den Verfahrensnormen parteifähig ist oder von dem Verfahren unmittelbar betroffen wird".[172]

---

165 *Kluth* 1997, S. 435, 447 f.
166 Weitergehend *Hoppe/Beckmann* 1990, S. 182 für die Wasser- und Bodenverbände: zusätzlich zu Art. 2 I auch Art. 12 I, Art. 14 I GG; für die Kammern: *Kopp* 1992, S. 21: Art. 12 I, Art. 14, Art. 5 (hinsichtlich der Interessenvertretung), Art. 13, Art. 9 GG (hinsichtlich des Zusammenschlusses mit anderen Kammern zu privatrechtlichen Verbänden), Art. 3 GG.
167 *Zimmermann* 1993, S. 142 f.
168 BVerfGE 21, S. 362 ff. (373) – Sozialversicherungsträger; 75, S. 192 ff. (200) – Sparkassen, std. Rspr.
169 Beiläufig und ohne weitere Begründung („es fehlt jeder Anhaltspunkt dafür, daß den AOK die Grundrechte aus Art. 2 Abs. 1, Art. 9 Abs. 1, Art. 19 Abs. 4 GG und vor allem aus Art. 3 Abs. 1 GG ... zustehen") lehnt das BVerfG in der AOK-Entscheidung die Anwendung ab, BVerfGE 39, S. 302 ff. (316), um sie dann im Sasbach-Urteil offen zu lassen (E 61, S. 82 ff. [109]).
170 Ablehnend etwa *Rüfner* 1992, Rn. 58; für die Anwendung GG-Kommentar Dreier-*Dreier* Art. 19 III, Rn. 25
171 GG-Kommentar Dreier-*Dreier* Art. 19 III, Rn. 25; *Zimmermann* 1993, S. 22 f.
172 BVerfGE 21, S. 362 ff. (373) – Sozialversicherungsträger.

aa. Die Gemeinden

Seit der Entscheidung über die Stadtwerke Hameln[173] geht das BVerfG zu Recht davon aus, daß die Gemeinden nicht gesellschaftlichen Ursprungs sind[174] und auch im Hinblick auf ihr Eigentum nicht in gleicher Weise wie Private von staatlichem Handeln betroffen sind. Sie können zwar privatrechtliches Eigentum besitzen, doch soll dieses nicht privatnützig sein, sondern der Erfüllung ihrer öffentlichen Aufgaben dienen.[175] Stimmen in der Literatur[176] und auch der Rechtsprechung[177] haben die Grundrechtsfähigkeit von Gemeinden hingegen bejaht. Der Bayerische Verfassungsgerichtshof argumentierte dabei freilich, daß außerhalb der Erfüllung öffentlicher Aufgaben den Gemeinden originäre Rechte aus ihrer Stellung als „ursprüngliche Gebietskörperschaften" zukämen. Mit diesen stünden sie aber dem Staat ebenso gegenüber wie der Bürger auch.[178] Diese Auffassung vermag vor dem Hintergrund von Art. 28 II GG nicht zu überzeugen. Gegen die generelle Grundrechtsfähigkeit der Gemeinden spricht auch das Hoheitsargument, denn nicht nur beim Vollzug von Auftragsangelegenheiten, sondern auch in weiten Bereichen der Durchführung ihrer Selbstverwaltungsangelegenheiten handeln die Gemeinden hoheitlich und so letztlich mit der Rückendeckung des Staates.[179]

bb. Die Sozialversicherungsträger

Die Sozialversicherungsträger sollen, soweit sie überhaupt materiell als Körperschaften anzusehen sind, aufgrund ihrer hoheitlichen Befugnisse inzwischen eher als Teil der mittelbaren Staatsverwaltung denn als Selbsthilfeeinrichtungen zu verstehen sein.[180] Als solche sind sie keine Träger von Grundrechten.[181] Der Staat sichere sich über die keineswegs nur in Randbereichen der Aufgabenerfüllung erfolgende Aufsicht eine wesentliche Einflußnahme auf die Tätigkeit der Allgemeinen

---

173 *BVerfGE* 45, S. 63 ff. (78 f.).
174 Vgl. auch *BVerfGE* 83, S. 37 ff. – Ausländerwahlrecht: „Art. 28 Abs. 1 Satz 2 GG trägt auf diese Weise der besonderen Stellung der kommunalen Gebietskörperschaften im Aufbau des demokratischen Staates Rechnung. Zwar wurden die Gemeinden im 19. Jahrhundert vielfach dem gesellschaftlichen Bereich zugeordnet und als Korporationen der Bürger in Abwehrstellung gegenüber dem Staat begriffen; die Verfassung des Deutschen Reiches von 1849 regelte das Recht der Gemeinden auf Selbstverwaltung in ihrem Grundrechtsteil (§ 184). Die Gemeinden sind jedoch im Laufe der Entwicklung, bei Aufrechterhaltung oder Ausbau ihres Rechts auf Selbstverwaltung, zunehmend in den staatlichen Bereich einbezogen und eingefügt worden. Vollends in der parlamentarischen Demokratie des Grundgesetzes steht die kommunale Selbstverwaltung nicht mehr in Abwehrstellung zur Staatsorganisation."
175 *BVerfGE* 45, S. 63 ff. (78 f.) – Stadtwerke Hameln; 61, S. 82 ff. (101) – Sasbach mit dem bekannten Ausspruch (S. 108): „Art. 14 als Grundrecht schützt nicht das Privateigentum, sondern das Eigentum Privater").
176 *Pieroth/Schlink* 2003, Rn. 163.
177 *Bay VerfGH* n. F. 3, S. 129 ff. (135); 5, S. 1 ff. (5 f.); 29, S. 105 ff. (119); 37, S. 101 ff. (106) in bezug auf die Eigentumsfreiheit des Art. 103 LV Bay.
178 *Zimmermann* 1993, S. 24 ff. und die in der vorigen Fußnote angeführten Fundstellen.
179 *Zimmermann* 1993, S. 126, der allerdings unzutreffend davon spricht, daß die Gemeinden überwiegend staatliche Aufgaben erfüllten.
180 *Papier* 1996, S. 287: Einen Anspruch auf die Erhaltung von Funktionsbereichen gegenüber Umstrukturierungsmaßnahmen genießen die Sozialversicherungsträger also nicht.
181 *Rüfner* 1992, Rn. 78; v. Mangoldt/Klein/Starck-*Huber* Art. 19, Rn. 287; BVerfGE 21, S. 362 ff (366 f.) – Sozialversicherungsträger;.

Ortskrankenkassen.[182] Die Voraussetzungen des Zuordnungsarguments liegen mithin ebensowenig vor, wie die der Errichtungs-, Aufgaben- und Hoheitsargumente.

Die Bedeutung der in älteren Landesverfassungen vorgesehenen Bestandsgarantien[183] hinsichtlich der Träger der Sozialversicherung ist vor dem Hintergrund der konkurrierenden Gesetzgebungskompetenz des Bundes und seiner umfänglichen Regelungen als gering einzuschätzen.[184]

cc. Die interessenvertretenden Körperschaften

Peter Michael Huber hat vorgeschlagen, bei Vorliegen einer Durchgriffsmöglichkeit auf die hinter der juristischen Person des öffentlichen Rechts stehenden Grundrechtsträger sowie bei Vorliegen eines durch den Zusammenschluß begründeten grundrechtlichen „Mehrwerts" eine Grundrechtsberechtigung der entsprechenden juristischen Person anzunehmen.[185] Bei Körperschaften, die nur dem Ausgleich grundrechtlich geschützter Interessen dienen wie Teilnehmergemeinschaften nach dem FlurbG und Jagdgenossenschaften, fehle aber ein solcher Mehrwert.[186]

Für die berufsständischen Körperschaften hat das BVerfG die Grundrechtsberechtigung verneint, soweit es um die gesetzlich zugewiesenen Aufgaben der öffentlichen Verwaltung ging.[187] Für die Innungen und Landesinnungsverbände hat das Gericht sie für den Bereich der Pflichtaufgaben abgelehnt, für die freiwilligen aber bewußt offengelassen.[188] Hinsichtlich der staatlich zur Verfügung gestellten Form besteht jedenfalls keine Grundrechtsfähigkeit.[189]

Berücksichtigt man aber, daß die Vertretung der Interessen der Gesamtheit der Mitglieder keine delegierte Staatsaufgabe, sondern eine öffentliche Aufgabe der Körperschaft ist, die zugleich den Interessen ihrer Mitglieder dient, dann kommt die Grundrechtsfähigkeit aufgrund grundrechtstypischer Gefährdungslage in Betracht, ist aber auch auf diesen Teil der Aufgaben beschränkt.[190] Errichtung, Beendigung und Umfang der Aufgaben und gebietlicher Zuschnitt sind nicht durch Grundrechte geschützt, wohl aber die Betätigung über Art. 2 I GG und auch das Eigentum der Körperschaft, sofern es diesen Zwecken dient.[191] Dies dürfte auch für die berufsständischen und wirtschaftlichen Kammern in gleicher Weise zu beurteilen sein.[192] Zu weit geht es danach, wenn *Kopp* umstandslos Art. 9 I (hinsichtlich ihrer freiwilligen Vereinigung zu privatrechtlichen Dachverbänden),

---

182 *BVerfGE* 39, S. 302 ff. (313): „Von dem Grundsatz der Selbstverwaltung waren sie indessen nicht derart bestimmt, daß die Staatsaufsicht nur eine Randbedeutung hatte und sie deshalb vom Staate nahezu unabhängig waren."
183 Vgl. Art. 57 Brem LV; Art. 35 Hess LV; Art.46 Saar LV.
184 *Kluth* 1997, S. 518.
185 v. Mangoldt/Klein/Starck-*Huber* Art. 19, Rn. 285; vgl. auch *Fröhler/Oberndorfer* 1974, S. 53 ff. u. 88 ff.
186 v. Mangoldt/Klein/Starck-*Huber* Art. 19, Rn. 286: Fehle also etwa bei Teilnehmergemeinschaften nach dem Flurbereinigungsgesetz und Jagdgenossenschaften.
187 E 76, S. 171 ff. – anwaltliches Standesrecht I und 76, S. 196 ff. – anwaltliches Standesrecht II.
188 *BVerfGE* 68, S. 193 ff. (207) – Zahntechnikerinnungen.
189 *BVerfG* NVwZ 1994, S. 262 ff. (262) – Innungsgrenzen.
190 *Kopp* 1992, S. 20 f.; *Fröhler/Oberndorfer* 1974, S. 17 u. 60 ff.
191 *Zimmermann* 1993, S. 183 f.
192 *Tettinger* 1997, S. 101; *Zimmermann* 1993, S. 165 ff.

B. Bildung und Errichtung der Körperschaft des öffentlichen Rechts   427

Art. 14 (Kammervermögen), 12 (hinsichtlich der Service-Betriebe), 5 I (hinsichtlich der Interessenvertretung), 13 (gegenüber Hausdurchsuchungen bei der Kammer), Art. 5 (hinsichtlich ihrer Interessenvertretung) und das aus Art. 3 GG folgende allgemeine Willkürverbot auf die Handwerkskammern anwendet.[193] Zwar zieht auch er eine aufgabenbezogene Begrenzung der Grundrechtsfähigkeit in Betracht, sieht sie aber selbst im Bereich der Ordnungs- und Disziplinierungsbefugnisse gegenüber den Mitgliedern als gegeben an.[194] Diese Befugnisse lassen sich aber nicht anders als bestenfalls im „wohlverstandenen", nicht aber im tatsächlichen Einzelinteresse bestehend auffassen. Ist diese Einzelinteresse des Mitglieds aber grundrechtlich geschützt, dann müßte bei Zugrundelegung von Kopps Auffassung genau der Fall eintreten, daß die Kammer in bezug auf ein und denselben Sachverhalt sowohl grundrechtsberechtigt als auch grundrechtsverpflichtet wäre. Festzuhalten ist danach, daß die Grundrechtsfähigkeit der interessenvertretenden Körperschaften des öffentlichen Rechts einzelfallbezogen anhand der jeweiligen Aufgabe zu beurteilen ist.[195] Sie besteht in bezug auf die Interessenvertretung, nicht aber in bezug auf einseitig hoheitliche Maßnahmen gegenüber ihren Mitgliedern.

Keinen zusätzlichen Schutz gewinnen die entsprechenden Körperschaften über die teilweise in den Landesverfassungen enthaltenen Förderungsklauseln.[196]

dd. Die Hochschulen

Träger der Wissenschaftsfreiheit gem. Art. 5 III GG sind nicht nur die Mitglieder der Hochschulen, sondern auch diese selbst.[197] Zwar kann immer nur das Individuum forschen und lehren; dazu ist es jedoch auf Sachmittel und eine Organisation angewiesen, die ihm hilft, seine Tätigkeit mit anderen zu koordinieren.[198] Die Organisation stellt sich dann selbst als Ausdruck der Grundrechtsbetätigung dar. Allerdings bestätigt sich hier – auch ohne eine Funktionalisierung des einzelnen im Dienste der Organisation –, daß die Grundrechtsfähigkeit des Art. 19 III GG nicht im Wege eines Durchgriffs auf den einzelnen heruntergerechnet werden kann, ohne den spezifischen Sinn der Organisation zu ignorieren: Der einzelne Forscher ist grundrechtlich in seiner Forschungsfreiheit geschützt. Die Organisation der Wissenschaftseinrichtung selbst ist (in einem noch zu entwickelnden Sinn) aus der Forschungsfreiheit geboten. Dies ist aber gerade deshalb notwendig, weil durch die kommunikativ ausgeübte gemeinsame Forschung ein „integraler Effekt", eine Art Mehrwert erzeugt[199] wird, der als Steigerung der Realisierung des Grundrechts selbst Schutz verdient. Als Funktionseinheit soll sie vor staatlicher

---
193 *Kopp* 1992, S. 20 f.
194 *Kopp* 1992, S. 22.
195 GG-Kommentar Dreier-*Dreier* Art. 19 III, Rn. 45.
196 Art. 44 Hess LV; Art. 28 S. 2 NRW LV; Art. 65 RPfLV; Art. 54 Saar LV, dazu *Kluth* 1997, S. 518 f.
197 *Kluth* 1997, S. 419 ff. u. 512 f.; *Erichsen/Scherzberg* 1990, S. 10 ff.; v. Mangoldt/Klein/Starck-*Starck* Art. 5, Rn. 370; HRG-Denninger-*Lüthje* § 58, Rn. 23.
198 *Erichsen/Scherzberg* 1990, S. 12; *Oppermann* 1996, S. 1012.
199 *Schmidt-Aßmann* 1993, S. 706; *Trute* 1994, S. 359 ff. mit eingehender Kritik der Durchgriffstheorie.

Ingerenz geschützt werden.²⁰⁰ Um der Wissenschaftsfreiheit des einzelnen willen muß der Mehrwert, den die Organisation erbringt, geschützt werden.

Den Universitäten und Fakultäten²⁰¹ kommt nach dem Zuordnungsargument unabhängig von ihrer Rechtsfähigkeit Grundrechtsfähigkeit zu:²⁰² „Ihre Tätigkeit betrifft insoweit nicht den Vollzug gesetzlich zugewiesener hoheitlicher Aufgaben, sondern die Ausübung grundrechtlicher Freiheiten".²⁰³ Sie besitzen daher grundsätzlich das Recht, „Eingriff in ihre organisatorischen Strukturen abzuwehren, die einer freien wissenschaftlichen Betätigung abträglich sind".²⁰⁴ Auch die verfaßten Studentenschaften wirken an der Ausgestaltung der akademischen Lehrfreiheit mit und sind daher und insoweit grundrechtsberechtigt.²⁰⁵

ee. Weitere Körperschaften

Schließlich soll auch den Realkörperschaften bei der Wahrung der Interessen ihrer Mitglieder Grundrechtsfähigkeit zukommen.²⁰⁶ Bei ihnen kommt eine Grundrechtsfähigkeit hinsichtlich Art. 14 III GG in Betracht. Das BVerfG hat sie jedoch etwa hinsichtlich der Deichverbände abgelehnt.²⁰⁷ Andere Stimmen befürworten die Grundrechtsfähigkeit von Realkörperschaften mit Rücksicht auf den Bereich „gesellschaftlicher Selbstverwaltung", in dem die Körperschaften die Interessen ihrer Mitglieder wahrnähmen und so Ausdruck von deren Grundrechtsbetätigung seien.²⁰⁸ Danach genießen die Wasser- und Bodenverbände, soweit sie „ein Zusammenschluß zum privaten Nutzen ihrer Mitglieder sind" Grundrechtsschutz.²⁰⁹ *Rapsch* hingegen vertritt die Auffassung, es komme auf das konkrete Rechtsverhältnis an, in dem die Körperschaft zum Staat steht. Soweit sie ihm eigene Interessen entgegensetze, könne sie grundrechtsfähig sein.²¹⁰ Diese aufgaben- und funktionsbezogene Sichtweise verdient Zustimmung. Sie läßt sich auch durch das hier zur Begründung der Grundrechtsfähigkeit herangezogene Konfusionsargument stützen: Sofern die Realkörperschaft hoheitliche Gewalt ausübt, ist sie nicht grundrechtsfähig, sofern sie sich aber als Ausdruck der Freiheitsbetätigung darstellt, kann sie es sein. Das WVG gibt hier allen Anlaß, Aufgaben im Interesse der Mitglieder und solche im öffentlichen Interesse zu scheiden. Dies ergibt sich schon aus § 1 II S. 1, 1. Hs.: „Der Verband dient dem öffentlichen Interesse und dem Nutzen seiner Mitglieder". Die Aufgabenstruktur bestätigt diese Interessenrichtung (§ 2 WVG). Formal wird sie durch die Möglichkeit eines freien Zusammenschlusses zum Ausdruck ge-

---

200 *Ericksen/Scherzberg* 1990, S. 12.
201 BVerfGE 68, S. 193 ff. (207) – Zahntechniker-Innungen; 75, S. 192 ff. (196) – Sparkassen.
202 *Trute* 1994, S. 366 f.; BVerfGE 15, S. 256 ff. (262) – Universitäre Selbstverwaltung.
203 BVerfGE 68, S. 193 ff. (207) – Zahntechnikerinnungen.
204 BVerfGE 85, S. 360 ff. (384 f.) – Akademie der Wissenschaften der DDR.
205 v. Mangoldt/Klein/Starck-*Huber* Art. 19, Rn. 281.
206 BK-v *Mutius* Art. 19 III Rn. 140 f.; GG-Kommentar Dreier-*Dreier* Art. 19 III, Rn. 42; ablehnend v. Mangoldt,Klein/Starck-*Huber* Art. 19, Rn. 286.
207 BVerfGE 24, S. 367 ff. (383) – Hamburgisches Deichordnungsgesetz.
208 *Hoppe/Beckmann* 1990, S. 181 unter Verweis auf BGH NJW 1982, S. 2183, wo das Gericht die Grundrechtsfähigkeit von Jagdgenossenschaften angenommen hatte.
209 *Hoppe/Beckmann* 1990, S. 182.
210 *Rapsch* 1993, Rn. 56 f.

bracht (§ 11 WVG). Grundrechtsfähig sind Realkörperschaften, sofern ihre Betätigung zugleich dem Nutzen der Mitglieder dient, sie diesen also nicht hoheitlich und somit selbst grundrechtsgebunden gegenübertreten.[211] Entsprechend haben die Obergerichte auch die Eigentumsfähigkeit des Jagdausübungsrechts der Jagdgenossenschaften im Fall von § 8 V BJagdG anerkannt.[212] Entscheidend ist hier, daß in dem aus zusammenhängenden Flächen bestehenden gemeinschaftlichen Jagdbezirk nur der Jagdgenossenschaft als Vereinigung der Grundeigentümer (§ 9 I BJagdG) selbst das Recht zur Ausübung der Jagd zusteht.[213] Dieses Recht der Körperschaft stellt sich mithin als Bündel der Rechte ihrer Mitglieder dar.

Körperschaften schließen sich überwiegend zu Dachverbänden zusammen, die als juristische Personen des Privatrechts (rechtsfähige Vereine) oder öffentlich-rechtlich als Verbundkörperschaften organisiert sein können. Für beide soll der vom BVerfG in der Entscheidung über die Landesinnungsverbände ausgesprochene Grundsatz[214] gelten, daß öffentlich-rechtliche Körperschaften keine Grundrechtsfähigkeit vermitteln können, die ihnen selbst nicht zukommt.[215] Kommt sie ihnen aber zu – wie bei der Interessenvertretung durch die Kammern und auch die Innungen –, besitzt sie auch der öffentlich- oder privatrechtliche Dachverband. Bei den vereinsmäßig organisierten Dachverbänden besteht dann freilich die Besonderheit, daß sie als juristische Personen des Privatrechts nur eingeschränkt grundrechtsfähig im Rahmen dieser Funktion sind.

2. Handlungsfähigkeit und das kompetenzüberschreitende Handeln („ultra vires")

Mit der Erlangung der Rechtsfähigkeit erhält die Körperschaft auch die öffentlich-rechtliche, hoheitliche Handlungsfähigkeit (§ 12 I Nr. Nr. 3 [L] VwVfG). Im Gebrauch dieser Befugnisse üben die Körperschaften öffentliche Gewalt aus.[216] Maßgebliches Kriterium für das Bestehen von Staatsgewalt ist dabei, „ob das jeweilige Handeln einem Organ zugerechnet werden kann, das in der Kompetenzordnung des deutschen Verwaltungsgefüges verortet ist".[217] Dazu gehörten auch die Selbstverwaltungsträger.[218] Sie sind dabei an die Gesetze (Art. 20 III GG) und die Grundrechte gebunden (Art. 1 III GG), ob ihre Entscheidungen nun hoheitlich oder in den

---

211 Bei den Wasserverbänden etwa bei der Teilnahme am Planfeststellungsverfahren, bei Umweltverträglichkeitsprüfungen, bei der Vergabe von staatlichen Subventionen, *Rapsch* 1993, Rn. 68.
212 OLG Bamberg NVwZ 1998, S. 211: Das Jagdausübungsrecht sei „ein ‚Stück abgespaltenes Eigentum' der einzelnen Jagdgenossen, das erst in der Hand der Genossenschaft als Trägerin zu einem Recht erstarkt."
213 BGH NJW 1982, S. 2183; BGH NJW 2000, 3638; BGH NJW-RR 2004, S. 101.
214 E 68, S. 193 ff. (208 f.) – Landesinnungsverbände.
215 Mit *Schmidt-Aßmann* (1991a, S. 389): „Ein Zusammenschluß grundrechtsunfähiger juristischer Personen kann aber keine grundrechtsberechtigte juristische Person sein."; vgl. auch v. Mangoldt/Klein/Starck-*Huber* Art. 19, Rn. 194 f.
216 *Emde* 1991, S. 221 ff.
217 *Schmidt-Aßmann* 1991, S. 339; vgl. auch *Jestaedt* 1993, S. 233 f.
218 V. Mangoldt/Klein/Starck-*Sommermann* Art. 20 Rn. 140; GG-Kommentar Dreier-*Dreier* Art. 20 Demokratie, Rn. 79; *Schmidt-Aßmann* 1991, S. 339 u. 343 f.; insbesondere entspricht es auch nicht der Funktion von Art. 28 I GG die kommunalen Gebietskörperschaften vom Anwendungsbereich des Art. 20 II GG auszunehmen, *Emde* 1991, S. 313.

Formen des Privatrechts ergehen.[219] Ausgenommen sind die Religionsgemeinschaften bei nichthoheitlichem Handeln.[220] Den Körperschaften stehen dabei grundsätzlich dieselben Handlungsformen wie den Behörden zur Verfügung.[221] Den Gemeinden sind darüber hinaus die überkommenen kommunalen Handlungsformen als Regelungshoheit verfassungsrechtlich garantiert.[222]

a. Die Satzungsautonomie

Spezifisch für die juristischen Personen des öffentlichen Rechts ist das Handeln durch den Erlaß von Rechtsnormen in der Form von Satzungen.[223] Ziel und Problem dieser Satzungsautonomie ist die Selbstprogrammierung des Selbstverwaltungsträgers: Ziel, weil die Satzung ein wesentliches Gestaltungsmittel zur eigenverantwortlichen Regelungen der Angelegenheiten des Selbstverwaltungsträger ist; Problem, weil sie dadurch zu einer Distanzierung von der über das Parlamentsgesetz vermittelten sachlich-demokratischen Legitimation führt. Ferner trägt sie zur Ausbildung einer Identität des Selbstverwaltungsträger bei, indem sie spezifische, auf die einzelne juristische Person zugeschnittene Lösungen ermöglicht.[224] Die Satzung ist die Handlungsform der Körperschaften, wenn sie im Bereich ihrer Selbstverwaltungsangelegenheiten allgemeine Rechtsnormen und damit von ihrem Willen abhängiges, autonomes Recht erlassen wollen.[225] Außerhalb dieses Bereiches können sie aber bei einer entsprechenden Ermächtigung (Art. 80 I GG oder entspr. landesrechtliche Vorschriften, z. B. Art. 61 I LV BW) auch Rechtsverordnungen erlassen.[226] Per Satzung werden die grundlegenden Angelegenheiten der Körperschaft, nicht zuletzt ihre innere Organisation geregelt (Hauptsatzung). Auch die Erfüllung einer Reihe von Aufgaben geschieht auf der Grundlage von Satzungen. Satzungen können ihrem Inhalt nach in gewichtige („Grundordnung", „Hauptsatzung", „Verfassung") im Gegensatz zu einfachen („Gebührensatzungen" etc.) unterschieden werden.[227] Konsequenz dieser Unterscheidungen nach ihrer Bedeutung sind die unterschiedlichen Formen präventiver Rechtsaufsicht, die sich an diese Maßnahmen knüpfen, die entweder genehmigt („anerkannt", „bestätigt", „Zustimmung erteilt") werden muß oder bei der nur eine Mitteilungspflicht besteht. Keine Rechtsnormen sind die standardsetzenden Verhaltens- insbes. Standesrichtlinien.[228]

---

219 *Schmidt-Aßmann* 1991, S. 341 f.; v. Mangoldt/Klein/Starck-*Sommermann* Art. 20 Rn. 140.
220 GG-Kommentar Dreier-*Dreier* Art. 20 Demokratie, Rn. 79.
221 Für die Kammern: *Tettinger* 1997, S. 207 ff.
222 Berliner Kommentar-*Vogelsang* Art. 28, Rn. 121.
223 *Ossenbühl* 2006, § 6 Rn. 60 ff.; *Schmidt-Aßmann/Röhl* 2005, Rn. 95; *Maurer* 2006 § 4 Rn. 14 f.; *Papenfuß* 1991, S. 23 mit Hinweisen zum Streit über das Verständnis des Begriffs der Autonomie; *Breuer* 1992, S. 66; teilweise wird auch von „Ordnungen" (Hochschulbereich) oder Ähnlichem gesprochen, *Wolff/Bachof/Stober* 1987, § 93 Rn. 67.
224 *Schmidt-Aßmann* 1981, S. 1.
225 Das BVerfG (E 33, S. 125 ff [156]) definiert: „Satzungen sind Rechtsvorschriften, die von einer dem Staat eingeordneten juristischen Person des öffentlichen Rechts im Rahmen der ihr gesetzlich verliehenen Autonomie mit Wirksamkeit für die ihr angehörigen und unterworfenen Personen erlassen werden" vgl. auch *Papenfuß* 1991, S. 24 f. *Ossenbühl* 1988, § 66 Rn. 22.
226 *Ossenbühl* 1988, § 65 Rn. 5 f.
227 *Schmidt-Aßmann* 1981, S. 5 f.; *Papenfuß* 1991, S. 29 f.; *Hsu* 2004, S. 281 f.
228 *Tettinger* 1997, S. 191 f.

B. Bildung und Errichtung der Körperschaft des öffentlichen Rechts   431

Grundsätzlich genießen Körperschaften des öffentlichen Rechts Satzungsautonomie.[229] Autonomie meint dabei die öffentlich-rechtliche Fähigkeit, objektive Rechtssätze zu erlassen.[230] Die Ratio der Verleihung von Satzungsautonomie ergibt sich für das BVerfG aus der Selbstverwaltung: „Die Verleihung von Satzungsautonomie hat ihren guten Sinn darin, gesellschaftliche Kräfte zu aktivieren, den entsprechenden gesellschaftlichen Gruppen die Regelung solcher Angelegenheiten, die sie selbst betreffen und die sie in überschaubaren Bereichen am sachkundigsten beurteilen können, eigenverantwortlich zu überlassen und dadurch den Abstand zwischen Normgeber und Normadressat zu verringern".[231] Hinzu tritt die Funktion der Entlastung des Gesetzgebers von der Berücksichtigung der lokalen oder sachlichen Besonderheiten der in der Körperschaft zusammengefaßten Mitglieder und ihrer Interessen.[232] Aktivierung gesellschaftlicher Gruppen, sachnahe Regelungsmöglichkeit, wozu auch die größere Flexibilität gehört, und Entlastungsfunktion der staatlichen Rechtsetzung sind mithin die Gründe für die Einräumung von Satzungsautonomie.[233] Faßt man die Funktion der Satzungsautonomie somit etwas abstrakter als das BVerfG im Facharztbeschluß, wird zugleich deutlich, daß dieser Sinn auch erfüllt wird, wenn die Mitglieder nicht bestimmenden Einfluß auf die Zusammensetzung der Selbstverwaltungsorgane haben, sondern eine Anstaltsform gewählt wird.[234] Verbunden ist die Satzungsautonomie mit der eigenverantwortlichen Aufgabenwahrnehmung und der Selbstverwaltung in diesem Sinn, nicht notwendig mit der Organisationsform der Körperschaft des öffentlichen Rechts.[235] Die fehlende Mitgliederpartizipation beim Erlaß von Satzungen mag dann aber die Grenzen der Satzungsautonomie bei Anstalten enger ziehen und die staatlichen Steuerungsmöglichkeiten intensivieren.

Ob Körperschaften des öffentlichen Rechts Satzungsautonomie besitzen und wie weit ihr Ermessen bei deren Erlaß reicht, ist weitgehend eine Frage der gesetzlichen Ausgestaltung.[236] Nach Auffassung *Ebsens* rechtfertigt sich die Satzungsautonomie nur als Instrument der betroffenen Bürger zur eigenverantwortlichen

---

229 vgl. etwa § 4 I GO BW; für das Kammerrecht etwa § 78 StBerG, § 57 III, IV WPO, § 59b BRAO. *Scheuner* (1952, S. 613), der einen engen, an die Organisationsform der Körperschaft gebundenen Begriff der Selbstverwaltung vertritt, hält die Satzungsautonomie für ein mögliches, nicht aber notwendiges Recht der Selbstverwaltungsträger.
230 *Hendler* 1986, S. 293; *Forsthoff* 1973, S. 480; *Breuer* 1992, S. 66 f.; *Maurer* 2006, § 4 Rn. 16.
231 *BVerfGE* 33, S. 125 ff. (156 f.) – Facharzt.
232 Neben dem Fußn. 231 genannten Facharztbeschluß des BVerfG auch BVerwGE 6, S. 247, *Wolff/Bachof/Stober* 2007, § 25 Rn. 48.
233 Vgl. allgemein *Papenfuß* 1991, S. 134 f.; für den Kammerbereich *Löwer* 2000, S. 93.
234 Anders aber *Löwer* 2000, S. 93.
235 Zur Satzungsbefugnis der Anstalten des öffentlichen Rechts *Ossenbühl* 1988, § 66 Rn. 12 ff. und der Stiftungen a.a.O., Rn. 16. Ossenbühl geht allerdings davon aus, daß „Autonomie ", soweit sie durch den Selbstverwaltungsgedanken legitimiert werden soll, eine Teil-Menge von Betroffenen, also eine korporative Basis" voraussetze (a.a.O., Rn. 24). Differenziert man die Selbstverwaltung, wie hier vorgeschlagen nach der äußeren im Sinne der eigenverantwortlichen Wahrnehmung der eigenen Angelegenheiten der juristischen Person des öffentlichen Rechts und der inneren im Sinne der mitgliedschaftlichen Partizipation, so bedarf es auch insofern der Einschränkung auf eine korporative Binnenstruktur nicht. Die Satzung ist dann das Mittel, um den Freiraum der eigenverantwortlichen Aufgabenwahrnehmung allgemeine Regelungen zu schaffen.
236 Überwunden ist die Vorstellung, es handle sich bei der Satzungsautonomie um ein quasi naturrechtliches, vorstaatliches Recht der Körperschaften. Sie beruht vielmehr auf einer staatlichen Ermächtigung, *Papenfuß* 1991, S. 139; *Wolff/Bachof/Stober* 2007, § 25 Rn. 50; *Ossenbühl* 2006, § 6 Rn. 65.

Regelung ihrer Angelegenheiten.[237] Demokratie- und Gewaltenteilungsprinzip ließen grundsätzlich nur dann eine Ausnahme von den Bestimmtheitsanforderungen des Art. 80 I S. 2 GG zu, wenn dieses Kriterium erfüllt sei.[238] In der grundrechtsgetragenen Selbstverwaltung der Hochschulen trete ergänzend eine Legitimation etwa durch Art. 5 III GG hinzu. Satzungsautonomie ist mithin zwar ein typisches, nicht jedoch ein notwendiges Kennzeichen der Körperschaft des öffentlichen Rechts.[239] Lediglich für die Gemeinden (Art. 28 II GG: „regeln")[240] und Universitäten[241] gehört die Satzungsautonomie – in bezug auf die entsprechend garantierten Aufgaben – zum verfassungsrechtlich geschützten Kernbereich ihrer Rechtsstellung.[242] Im übrigen hängt sie an der einfachgesetzlichen Verleihung.[243] Das BVerfG geht davon aus, daß sich die Satzungsautonomie in die grundgesetzliche Ordnung einfügt.[244] Da aber grundsätzlich rechtssatzmäßige Regelungen kaum auf den reinen Selbstverwaltungsbereich beschränkbar sind, bestehen hier in höherem Maße staatliche Ingerenzrechte als bei einzelfallbezogenem Handeln der Körperschaft.[245] Insbesondere muß der Staat auch hier das Wesentliche selbst regeln.[246] Nach den Ingerenzmöglichkeiten der unmittelbaren Staatsverwaltung kann dann weiter in freiwillige, genehmigungspflichtige und Pflichtsatzungen unterschieden werden. Vor dem Hintergrund der Bedeutung der Satzungsautonomie für die Selbstverwaltung der Körperschaft bedürfen Genehmigungsvorbehalte einer gesetzlichen Grundlage.[247]

Besteht grundsätzlich die Möglichkeit der Satzungsautonomie aller Selbstverwaltungsträger, so bestehen doch für die Anstalt engere Grenzen, die aus der andersartigen Binnenstruktur resultieren.[248] Für die Körperschaft ergeben sich die Grenzen der Satzungsgewalt aus dem Bereich der Selbstverwaltungsaufgaben der

---

237 *Ebsen* 1989, S. 327, was nicht bedeutet, daß sie in gleicher Weise betroffen sein müssen. Nur hat die Aufgabe der Körperschaft einen Bezug zu ihrem Tätigkeitsfeld, klarstellend *ders.* VVdStRL 62 (2003), S. 659 (Wortbeitrag).
238 *Ebsen* 1989, S. 329; anders: *Wolff/Bachof/Stober* 1987, § 86, Rn. 80.
239 *Hendler* 1986, S. 293; anders aber *Wolff/Bachof/Stober* 1987, § 86 Rn. 78; für die Gemeindeverbände *Bovenschulte* 2000, S. 478 – was jedenfalls der historisch überlieferten Ausstattung der Körperschaften des öffentlichen Rechts entspricht. Der Streit ist alt, vgl. schon *Peters* 1926, S. 37.
240 *Gern* 2003, Rn. 248.
241 Vgl. etwa auch Art. 16 LV NRW; Art. 20 II LV BW; *Wolff/Bachof/Stober* 1987, § 93 Rn. 67, *Kluth* 1997, S. 430.
242 Kritisch dazu *Emde* 1991, S. 60 f., der aus dem Schweigen des GG und der Landesverfassungen über die Satzungsautonomie schließt, daß sie kein notwendiger Bestandteil sei, dies auch historisch nicht abgeleitet werden könne, so daß auch in diesem Bereich die Satzungsautonomie von ihrer einfachgesetzlichen Verleihung abhänge.
243 Ihre praktische Bedeutung hängt in diesen Fällen angesichts eines nicht garantierten Aufgabenbereichs an der gesetzlichen Durchnormierung ihrer Tätigkeit. Dies bedeutet, daß die Bedeutung der Regelungen in Form von Satzungen im Bereich der Sozialversicherungsträger sehr zurückhaltend beurteilt werden, *Ossenbühl* 1988, § 66 Rn. 10.
244 *BVerfGE* 33, S. 125 ff. (157) – Facharzt.
245 *Wolff/Bachof/Stober* 1987, § 93 Rn. 67 für die Hochschulen.
246 *BVerfGE* 33, S. 125 ff. (163) – Facharzt; *Schmidt-Aßmann* 1987, S. 261 f.
247 *Wolff/Bachof/Stober* 1987, § 86 Rn. 85.
248 Das Thema Grenzen der Satzungsgewalt gehört streng genommen zum Thema Körperschaft und ihre Umwelt, da sich die Grenzen der Reichweite der spezifischen Satzungsgewalt der Körperschaft einerseits aus ihrer mitgliedschaftlich vermittelten Legitimation und andererseits aus den Grundrechten ergeben. Die Binnenstruktur der Körperschaft prägt das Verhältnis zu ihrer Umwelt, insbesondere zu den Inhabern subjektiver Rechte. Als Konzession an die üblicherweise im Zusammenhang erfolgende Darstellung der Satzungsgewalt und ihrer Grenzen wird das Thema hier vorgezogen.

B. Bildung und Errichtung der Körperschaft des öffentlichen Rechts 433

Körperschaft[249] sowie aus der aus dem rechtsstaatlichen Gesetzesvorbehalt folgenden Notwendigkeit einer gesetzlichen Grundlage.[250] Bestimmt genug ist die gesetzliche Ermächtigung in Abweichung von Art. 80 GG und entsprechenden landesverfassungsrechtlichen Bestimmungen[251] schon, wenn sie die Gegenstände der Satzung erkennen läßt.[252] Die Abweichung ergibt sich aus der auf die Regelung der eigenen Angelegenheiten beschränkten besonderen Legitimation gerade der körperschaftlichen Rechtsetzung aufgrund der bürgerschaftlichen Partizipation. Hierdurch unterscheidet sie sich von der Normsetzung der unmittelbaren Staatsverwaltung.[253] Die Satzungsautonomie der Körperschaften des öffentlichen Rechts findet in ihrer Aufgabe ihre Grenzen, genauer dort, wo die Wahrnehmung des Partikularinteresses das Allgemeininteresse beeinträchtigt.[254] Die allgemeine Ermächtigung zur Regelung der eigenen Angelegenheiten deckt aber nicht Grundrechtseingriffe ab.[255] Grundsätzlich bezieht sich der personelle Geltungsbereich der Satzungen auf die Mitglieder.[256] Nur sie haben an der autonomen Legitimation der Körperschaft teil.[257] Anders steht es mit den kommunalen Satzungen, die der Universalzuständigkeit für die lokalen Angelegenheiten korrespondierend auch auf diejenigen anwendbar sind, die sich auf dem Gemeindegebiet aufhalten, ohne als Bürger am Legitimationszusammenhang der Satzunggebung teilzuhaben.[258] Bei den Körperschaften der funktionalen Selbstverwaltung fehlt es an einer Dritten gegenüber wirksamen Legitimation.[259] Den Kammern ist eine Erstreckung ihrer Satzungen auf Außenstehende grundsätzlich verwehrt, wenn sie nicht ausnahmsweise gesetzlich zugelassen sind.[260] Begünstigende Regelungen ihnen gegenüber bleiben jedoch möglich.[261] Auch sind einrichtungsbezogene Satzungen (Benutzungsordnungen) sowohl auf Mitglieder wie auch auf Nichtmitglieder anwendbar.[262] Konkret ist die Satzungsgewalt im

---

249 Zu den Grenzen: *BVerfGE* 12, S. 319 ff. (325); *BVerwGE* 32, S. 308 ff. (311); *Ossenbühl* 2006, § 6 Rn. 62 u. 65; *Papenfuß* 1991, S. 134 ff.; *Maurer* 1993, S. 188 f.
250 *BVerfGE* 33, S. 125 ff. (158) – Facharzt; *BVerwGE* 72, S. 73 ff. (75); *Breuer* 1992, S. 67; *Papenfuß* 1991, S. 141 f. u. 183 f.; *Ossenbühl* 1988, § 62 Rn. 7 ff.; *Oebbecke* 2003, S. 397 f.
251 *Wolff/Bachof/Stober* 1987, § 86 Rn. 80; *Ossenbühl* 2006, § 6 Rn. 63.
252 *BVerfGE* 33, S. 125 ff. (157) – Facharzt; *Kluth* 1997, S. 488; *Wolff/Bachof/Stober* 1987, § 86 Rn 80; *Schmidt-Aßmann* 1987, S. 261.
253 „Denn es macht einen erheblichen Unterschied aus, ob der Gesetzgeber seine – der Materie nach prinzipiell unbeschränkte und allen Bürgern gegenüber wirksame – Normsetzungsbefugnis an eine Stelle der bürokratisch hierarchisch organisierten staatlichen Exekutive abgibt oder ob er innerhalb eines von vornherein durch Wesen und Aufgabenstellung der Körperschaft begrenzten Bereichs einen bestimmten Kreis von Bürgern ermächtigt, durch demokratisch gebildete Organe ihre eigenen Angelegenheiten zu regeln." *BVerfGE* 33, S. 125 ff. (157) – Facharzt; auch v. Mangoldt/Klein/Starck-*Sommermann* Art. 20, Rn. 172.
254 *BVerfGE* 33, 125 ff. (159 f.) – Facharzt: Hier tritt dann der Staat als „Hüter des Gemeinwohls gegenüber den Gruppeninteressen" in Funktion und hat die Sphären des Einzelnen, der körperschaftlichen Gemeinschaft und des Staates in ihren Grundzügen abzugrenzen.
255 *Schmidt-Aßmann/Röhl* 2005, Rn. 96; *ders.* 1981, S. 8.
256 *BVerfGE* 10, S. 20 ff. (49 f.) – Preußischer Kulturbesitz; 33, S. 125 ff. (156) – Facharzt; *Wolff/Bachof/Stober* 2007, § 25 Rn. 46.
257 *Papenfuß* 1991, S. 26 f., zu bedenken ist aber, daß die Satzungsgewalt wie auch das übrige hoheitliche Handeln demokratisch institutionell oder sachlich legitimiert sein kann, *Kluth* 1997, S. 495 u. 504.
258 *Schmidt-Aßmann* 1981, S. 4; *Papenfuß* 1991, S. 134 ff.
259 *Tettinger* 1997, S. 190; *Kluth* 1997, S. 504, sieht hier immerhin eine personelle Legitimation.
260 *Ossenbühl* 1988, § 66 Rn. 32; *Tettinger* 1997, S. 190; *Hsu* 2004, S. 291.
261 *Kluth* 1997, S. 505; *Papenfuß* 1991, S. 176.
262 *Papenfuß* 1991, S. 177 auch zu weiteren Ausnahmen. Regelungen mit mittelbarer Außenwirkung sind zulässig, wenn sie primär und überwiegend auf die Mitglieder bezogen sind, die Geltungserstre-

Hinblick auf die Beschränkung von Grundrechten begrenzt, ohne jedoch vor dem Hintergrund der Selbstverwaltung ganz ausgeschlossen werden zu können.[263] Das BVerfG hat unter Anwendung der Dreistufentheorie auf die Satzungsautonomie der Personenkörperschaften entschieden, daß „statusbildende" Regelungen die Freiheit der Berufswahl zentral betreffen und vom Gesetzgeber selbst entschieden werden müssen, während die Berufsausübung von der Körperschaft selbst geregelt werden kann.[264] Das bedeutet dann z. B. auch, daß Selbstverwaltung zwar Friktionen des egalitär verstandenen Demokratieprinzips kompensieren, nicht aber den Grundrechtsstandard senken kann. Zu berücksichtigen ist auch die über das Homogenitätsprinzip des Art. 28 I S. 2 GG begründete höhere demokratische Legitimation der Gemeinden und Kreise, so daß hier prinzipiell eine Absenkung der Anforderungen an den Gesetzesvorbehalt im Vergleich zu den Kammern möglich ist.[265] Verzichtbar ist eine gesetzliche Grundlage für Eingriffe in Grundrechte aber auch hier nicht. Zusammenfassend können die Kriterien für die Abgrenzung von Satzungsgewalt und dem Parlament vorbehaltenem Regelungsbereich anhand der vier Kriterien: Grundrechtsrelevanz, Größe des Adressatenkreises, politische Wichtigkeit, fehlende Sachkompetenz des Parlaments, resp. bestehende der Körperschaft und Legitimation der Körperschaft, bestimmt werden.[266]

Im übrigen müssen Satzungen auch formell rechtmäßig erlassen werden, wozu ein ordnungsgemäßer Satzungsbeschluß, die förmliche Ausfertigung, eine genügende Publikation und, soweit notwendig, die staatliche Genehmigung gehören.[267] Regelmäßig ist für den Erlaß der Satzungen die Körperschaftsversammlung zuständig.[268]

b. Das Handeln der Körperschaft ultra vires

Nicht immer beachten die Körperschaften die Grenzen des ihnen mit ihrer Aufgabe gesetzten Wirkungsbereichs. Beispiele sind insbesondere die Anmaßung eines allgemeinpolitischen Mandats[269] oder der kommunalwirtschaftlichen Be-

---

ckung auf insofern Externe unvermeidbar und zu Erfüllung einer legitimen Aufgabe notwendig sind und die Regelung auf eine hinreichende parlamentarische Ermächtigungsgrundlage gestützt werden kann oder im Einzelfall Ausdruck grundgesetzlich garantierter Rechte des Selbstverwaltungsträgers ist, *Papenfuß* 1991, S. 181.
263 *BVerfGE* 33, S. 125 ff. (157) – Facharzt: „Andererseits würden die Prinzipien der Selbstverwaltung und der Autonomie, die ebenfalls im demokratischen Prinzip wurzeln und die dem freiheitlichen Charakter unserer sozialen Ordnung entsprechen, nicht ernst genug genommen, wenn der Selbstgesetzgebung autonomer Körperschaften so starke Fesseln angelegt würden, daß ihr Grundgedanke, die in den gesellschaftlichen Gruppen lebendigen Kräfte in eigener Verantwortung zur Ordnung der sie besonders berührenden Angelegenheiten heranzuziehen und ihren Sachverstand für die Findung „richtigen" Rechts zu nutzen, nicht genügenden Spielraum fände."
264 E 33, S. 125 ff. (152 ff.) – Facharzt. Dies hat auch darin seinen Grund, daß die von den statusbegründenden Regelungen Betroffenen nicht am Erlaß dieser Regelungen mitwirken können. Gleiches gilt etwa teilweise auch für Prüfungsordnungen, vgl. im einzelnen *Papenfuß* 1991, S. 33 ff.
265 *Maurer* 1993, S. 188.
266 *Kluth* 1997, S. 491 f.
267 Sie ist eine Wirksamkeitsbedingung für die Geltung der Satzung. Für Satzungen der Gemeinde vgl. etwa § 4 II, III GO BW; orientiert daran für die Kammern *Tettinger* 1997, S. 189.
268 *Hsu* 2004, S. 305 ff. auch zu weiteren Besonderheiten bei einzelnen Körperschaften und zum Satzungsgebungsverfahren mit Einzelheiten zu Ausfertigung und Verkündung.
269 *Wolff/Bachof/Stober* 2007, § 32 Rn. 9. Beispielen des Überschreitens: *Oebbecke* 1988, S. 394 f.

B. Bildung und Errichtung der Körperschaft des öffentlichen Rechts   435

tätigung außerhalb des Wirkungskreises der Gemeinde.²⁷⁰ Nach wie vor ist umstritten, welche Folge eine solche Überschreitung des Wirkungskreises hat („ultra vires").²⁷¹ Ausdrückliche gesetzliche Regelungen bestehen nicht. Aber auch im übrigen ist es schwierig, klare Kriterien für Abgrenzungen von Handlungen intra und ultra vires zu finden.²⁷² Handlungen außerhalb ihres Wirkungskreises können der Körperschaft jedenfalls nicht nach den ihre Kompetenzen und Zuständigkeiten regelnden Normen zugerechnet werden. Die Frage ist aber, ob sie ihr deshalb überhaupt nicht zugerechnet werden können. Geht man nämlich von der relativen Rechtsfähigkeit aller juristischen Personen des öffentlichen Rechts aus,²⁷³ müßte man die Konsequenz ziehen, daß dort, wo kein die Körperschaft befähigender Rechtssatz besteht, auch gar kein Rechtsgebilde existiert.²⁷⁴ Ihnen fehlte dann jede Wirksamkeit, so daß von „Nicht-Akten" zu sprechen wäre.²⁷⁵ Der Einwand liegt allerdings nahe, daß hier ein „Schluß von der Inkompetenz auf die Machtlosigkeit" vorliege.²⁷⁶ Anders gewendet: Der rechtlich nicht existente Akt sei kein wirklicher Akt der juristischen Person.²⁷⁷ Die Konsequenz wäre dann in der Tat, daß ein solcher Nichtakts auch nicht im Wege der Aufhebung nach §§ 44 u. 59 VwVfG zu beseitigen sind.²⁷⁸

Eine Handlung, die durch keinerlei Rechtsnorm – und sei sie noch so weit gefaßt – tatbestandsmäßig erfaßt ist, ist *rechtlich* inexistent. Für eine rechtlich inexistente Handlung kann niemand verantwortlich gemacht werden.²⁷⁹ Soll sich also die öffentliche Gewalt ihrer Verantwortung dadurch entziehen können, daß sie die Rechtsfähigkeit von Hoheitsträgern beschränkt? Das wäre vor dem Hintergrund von Art. 20 III GG und Art. 1 III GG, der auch die Körperschaften des öffentlichen Rechts in ihren öffentlich-rechtlichen Handlungsformen erfaßt,²⁸⁰ nicht zu rechtfertigen. Rechtsnormen, die Handlungen erfassen, können insbesondere Erlaubnissätze und Verbotsnormen sein. Wenn Rechtsfähigkeit, wie oben (222) dargelegt, die Fähigkeit ist, Zuordnungssubjekt von Rechtssätzen zu sein, leitet sie sich offenbar nicht nur von Erlaubnissätzen ab. Fehlt ein Erlaubnissatz, kann also insofern Rechtsfähigkeit bestehen, als eine Rechtsnorm an eine entsprechende Handlung eine negative Rechtsfolge in Form eines *Verbots* knüpft. Eine Handlung, zu der keinerlei Rechtsnorm berechtigt oder die durch ein Prinzip erlaubt ist, kann also

---

270 *Ehlers* 2000, S. 19 f. u. 28 f.; weitere Beispiele bei *Silcher* 1993, S. 31 ff.; *Hufeld* 2003, S. 391 f.
271 Nur dieser Aspekt des Handelns „ultra vires" soll hier diskutiert werden. Nachweise dazu bei *Ehlers* 2000, S. 15, Fn. 15; ausführlich zu den Lehren vom Handeln „ultra vires" *Eggert* 1977, S. 1 ff.; *Silcher* 1993, S. 117 ff.; *Winterfeld* 1986, S. 155 ff.
272 *Ehlers* 2000, S. 59 u. 66.
273 *Rupp* 1991, S. 23.
274 *Ehlers* 2000, S. 23.
275 *Ehlers* 2000, S. 22 f.; *BGHZ* 20, S. 119 ff. (124).
276 *Hufeld* 2003, S. 390.
277 *Ehlers* 2000, S. 62: „Insoweit versucht die Lehre von der Teilrechtsfähigkeit juristischer Personen des öffentlichen Rechts bzw. die deutsche Ultra-vires-Lehre Überschreitungen des Wirkungskreises nach dem Motto, daß nicht sein kann, was nicht sein darf, als nicht existent im Rechtssinne hinweg zu denken."
278 Er leidete gewissermaßen nicht an einem rechtlichen Fehler, sondern wäre in keiner Norm als Tatbestandsmerkmal enthalten und somit rechtlich neutral.
279 Diese Folge ist, anders als *Ehlers* (2000, S. 62) meint, rechtstheoretisch zwingend.
280 GG-Kommentar Dreier-*Dreier* Art. 1 III, Rn. 43; v. Mangoldt/Klein/Starck-*Starck* Art 1, Rn. 195.

gleichwohl Rechtsfolgen nach sich ziehen. Soweit mithin ein Verbot einer Handlung oder wenigstens eine Regelung der Rechtsfolgen des Handelns der juristischen Personen des öffentlichen Rechts besteht, ist die juristische Person Zurechnungssubjekt eines Rechtssatzes und somit rechtsfähig. Sie handelt nur inhaltlich nicht rechtmäßig. Legt die Rechtsordnung der Organisation Grenzen ihrer Handlungsbefugnis auf, macht sie sie zum Verpflichtungssubjekt dieser rechtlichen Grenzen. Die Grundrechte als negative Kompetenznormen sind solche rechtlichen Grenzen aller öffentlichen Gewalt, mithin auch aller öffentlich-rechtlichen Organisationen.[281] So lange und so weit von einer solchen Organisation ein Eingriff – auch ein faktischer – ausgeht, wird sie von der Verfassung als Verpflichtungssubjekt der Grundrechte angesehen und muß sich verfassungsrechtlich rechtfertigen. Gelingt ihr dies nicht, ist die Handlung letztlich verfassungswidrig, zumeist aber schon durch einfaches Recht mit Rechtsfolgen versehen. Bei deren Fehlen ist dann auch die Lehre vom Gesetzesvorbehalt zu beachten, die Verwaltungshandeln ohne die erforderliche Ermächtigung verfassungswidrig erscheinen läßt.[282] Eine hier nicht zu diskutierende Frage ist es, *welche* Rechtsfolge dann gesetzlich vorgesehen ist (Rechtswidrigkeit mit Aufhebbarkeit oder Nichtigkeit[283]). Es geht also gar nicht um die Frage, ob der Gesetzgeber befugt ist, die Rechtsfähigkeit juristischer Personen des öffentlichen Rechts einzuschränken.[284] Ihre Befugnisse und damit ihr rechtliches Dürfen kann er beschränken – ihre umfassende rechtliche Verpflichtetheit ist ihm verfassungsrechtlich vorgegeben.

Die These, daß die Überschreitung des Wirkungskreises einen Nicht-Akt zur Folge hat, kann also vermieden werden, ohne daß die These der Relativität der Rechtsfähigkeit aufzugeben ist. Zwei Annahmen sind hierzu erforderlich: Erstens, daß die Rechtssubjektivität von der Zurechnungsfähigkeit nicht nur von Erlaubnis-, sondern auch von Verbots- und anderen Rechtssätzen abhängt. Zweitens ist die Funktion der Grundrechte als Abwehrrechte und negative Kompetenznormen zugrundezulegen.[285] Die Folge ist dann die Anwendung der üblichen Rechtsfolgenregelungen. Der Unterschied zwischen Rechtspersonen des Privatrechts und juristischen Personen des öffentlichen Rechts besteht also nicht in der prinzipiellen Vollrechtsfähigkeit der ersteren und der Teilrechtsfähigkeit der letzteren,[286] sondern in der umfassenden rechtlichen Bindung der letzteren. Wenn verselbständigte Verwaltungseinheiten als „teilrechtsfähig" errichtet werden, bedeutet das eine Beschränkung ihres Dürfens, nicht aber ihrer Verantwortlichkeit. Der Ansatz über die

---

[281] In Betracht kommt bei kompetenzüberschreitendem Verhalten von Körperschaften jedenfalls der funktionalen Selbstverwaltung Art. 2 I GG.
[282] GG-Kommentar Dreier-*Schulze-Fielitz* Art. 20, Rn. 95 ff.; v. Mangoldt/Klein/Starck-*Sommermann* Art. 20, Rn. 263 ff.
[283] Eine Besonderheit stellt § 155 I 2 AO 1977 dar: Nur ein bekanntgegebener Steuerbescheid soll ein Steuerbescheid sein, durch den die Steuer festgesetzt werden kann. Der große Senat des BFH ist der Auffassung, daß damit ein nicht bekanntgegebener Steuerbescheid ein Nichtakt sei, *BFH* NVwZ 2003, S. 895 f. (895).
[284] So aber *Ehlers* 2000, S. 69.
[285] *Pieroth/Schlink* 2003, Rn. 73 f.; Kritisch gegenüber diesem Ausdruck, GG-Kommentar Dreier-*Dreier* Vorb. Rn. 49.
[286] Zu diesem Ergebnis kommt auch *Ehlers* (2000, S. 76), jedoch mit anderer Begründung über das Rechtsstaatsprinzip.

B. Bildung und Errichtung der Körperschaft des öffentlichen Rechts

Grundrechtsbindung erscheint als spezifischer als der von Ehlers entwickelte über das Rechtsstaatsprinzip,[287] insofern hier ganz allgemein die rechtliche Fundierung aller staatlichen Gewalt grundgelegt ist. Sieht man die Grundrechte als Bestandteil der Prinzips des „materiellen Rechtsstaats",[288] sind die Begründungen ohnehin kompatibel.

Auf dieser Grundlage können die problematischen Fälle, die die Ultra vires-Doktrin lösen will, erfaßt werden. Sie betreffen die Fragen der Zurechnung: Wem wird es zugerechnet, wenn (1.) ein Noch-Nicht-Akt der öffentlichen Gewalt vorliegt, wenn (2.) eine Erklärung nicht ernst gemeint wurde, wenn (3.) eine Amtshandlung mit vis absoluta erzwungen wurde, wenn (4.) jemand öffentliche Gewalt ausübt, ohne hierzu autorisiert zu sein („Hauptmann von Köpenick") oder wenn eben (5.) der Wirkungskreis der juristischen Person des öffentlichen Rechts überschritten wurde?[289] Bei diesem hier allein interessierenden fünften Problemkreis kann sich wiederum (a.) nachträglich herausstellen, daß die juristische Person nicht wirksam errichtet wurde oder (b.) daß dies zwar der Fall ist, sie in ihrem Handeln aber ihre Zuständigkeiten überschritten hat.

Der Fall (5a.) wurde bereits oben bei den fehlerhaften Zweckverbänden diskutiert: Maßgeblich ist hier, ob überhaupt eine Organisation entstanden ist, deren Handlungen als öffentlich-rechtlich beurteilt werden können. Regelmäßig wird man das dann annehmen müssen, wenn wenigstens eine Verbandssatzung beschlossen, genehmigt, beides bekanntgemacht wurde und dies nicht rechtsmißbräuchlich geschehen ist.[290] Die juristischen Personen des öffentlichen Rechts dürfen, insofern sie durch die Mitgliedschaft der Verbandskörperschaft in ihren Rechten (für Gemeinden etwa Art. 28 II GG) verletzt sein können, die Fehlerhaftigkeit der Errichtung bzw. der auf ihrer Grundlage erlassenen Maßnahmen geltend machen. Natürliche Personen in Körperschaften mit Pflichtmitgliedschaft können sich hierzu auf Art. 2 I GG berufen.[291] Ist danach ausnahmsweise kein Verband zustande gekommen, bleibt das Handeln als fehlerhaftes den öffentlich-rechtlichen Gründungsmitgliedern zurechenbar. Sind die Gründungsmitglieder Privatrechtssubjekte, müssen sie jedoch zivilrechtlich als BGB-Gesellschaft gesamtschuldnerisch haften und können keine öffentlich-rechtliche Wirkung herbeiführen. Hier liegt weder ein staatliches (Genehmigung) noch überhaupt ein öffentlich-rechtliches zurechenbares Verhalten vor. Nur in diesen Mißbrauchsfällen entspricht das Handeln der Gründungsmitglieder der Köpenickiade und ist als Amtsanmaßung auch der Genehmigungsbehörde nur bei entsprechender Mitwirkung öffentlich-rechtlich zurechenbar. Das Handeln geschieht nicht „ultra vires", sondern „sine vi".[292]

---

287 *Ehlers* 2000, S. 68 f.
288 Kritisch dazu *Sobota* S. 448 f. u. 485, die aber ein Beziehungsgefüge zwischen Grundrechten und Rechtsstaatsprinzip annimmt, zum Zusammenhang zwischen Grundrechten und Rechtsstaatsprinzip auch differenzierend *dies.* S. 65 ff.
289 *Ehlers* 2000, S.13 f.
290 Vgl. *OVG Weimar* ThürVGRspr 2001, S. 77 ff. (83).
291 *Aschke* 2003, S. 922 f.; zur Zwangsmitgliedschaft in Körperschaften des öffentlichen Rechts näher unten Teil D.
292 *Hufeld* 2003, S. 394.

Im Fall der Überschreitung des Wirkungskreises bleibt das Handeln – ggf. den Trägerorganisationen – zurechenbar.[293] Es ist jedoch, sofern nicht besondere Gründe vorliegen, nichtig. Körperschaften existieren mithin als juristische Personen, soweit sie rechtsfähig sind. Rechtsfähig sind sie, soweit ihnen Kompetenzen und Verpflichtungen zugerechnet werden. Auch bei eingeschränkten Kompetenzen sind sie der umfassenden Bindung an die Grundrechte unterworfen und insofern umfassend verpflichtete. Sind Körperschaften nicht oder fehlerhaft errichtet worden, können sie als solche fehlerhaften Vor-Körperschaften prinzipiell gleichwohl verpflichtet sein. Darüber hinaus sind sie nach den Grundsätzen über die Vor-Gesellschaft zivilrechtlich haftbar. Die Vorstellung, die in diesem Zusammenhang abgegebenen Erklärungen seien Nichtakte (ultra vires), ist unzutreffend.

3. Haftungsfähigkeit

Die Haftung der Körperschaften des öffentlichen Rechts richtet sich weitgehend nach den allgemeinen Grundsätzen.[294] Das bedeutet, daß sich die privatrechtliche (vertragliche und gesetzliche) Haftung der Körperschaft für ihre Organe nach den §§ 31 u. 39 BGB richtet. Das Verhalten des Organs wird ihr zugerechnet, wenn es in „amtlicher Eigenschaft" geschah, ohne daß es dabei auf eine Vertretungsmacht ankäme.[295]

Für öffentlich-rechtliches Handeln haftet sie nach § 839 i.V.m. Art. 34 GG als Anstellungs- bzw. Anvertrauenskörperschaft nach den üblichen Voraussetzungen. Dies gilt auch für alle vertretungsberechtigten Bediensteten.[296] In Erweiterung einer kommunalrechtlichen Entscheidung des BGH[297] kommen als Dritte hierbei nicht nur Privatrechtssubjekte, sondern alle auch öffentlich-rechtlich organisierten Rechtspersonen in Betracht, sofern sie in einem „Interessen-Gegensatz" zu der betreffenden Körperschaft stehen.[298] Die strafrechtliche Deliktsfähigkeit fehlt allen Körperschaften des öffentlichen Rechts als juristischen Personen. Im Ordnungswidrigkeitenrecht gilt § 30 OwiG.

4. Partei- Beteiligungs- und Prozeßfähigkeit

Die rechtsfähigen Körperschaften des öffentlichen Rechts sind parteifähig (§ 50 ZPO[299]) in Zivilprozessen, beteiligungsfähig in Verwaltungsprozessen (§ 61 Nr. 1 VwGO) und Verwaltungsverfahren (§ 11 [L]VwVfG) und prozeßfähig (§§ 51, 52 ZPO, 62 VwGO).

---

293 *Ehlers* 2000, S. 77.
294 Vgl. aber für die zivilrechtliche und öffentlich-rechtliche Haftung (*Musielak/Detterbeck* 1995 § 74 Rn.1) die spezialgesetzliche Regelung des § 74 HwO für die Innungen, die gem. § 83 I Nr. 3 HwO auch auf die Innungsverbände und § 89 I Nr. 5 HwO auch auf die Kreishandwerkerschaften entsprechend anwendbar ist.
295 *Gern* 2003, Rn. 141 f.
296 *Musielak/Detterbeck* 1995, § 110 Rn. 5; *Gern* 2003 Rn. 141.
297 *BGHZ* 32, S. 146.
298 *Gern* 2003, Rn. 144; ein Grund, weshalb dies nicht auch auf die Körperschaften der funktionalen Selbstverwaltung ausgedehnt werden sollte, ist nicht ersichtlich.
299 *Weth* 2007, § 50 Rn. 20.

5. Vollstreckungsfähigkeit und Insolvenzfähigkeit

Gerade auch im Bereich von Zwangsvollstreckung und Insolvenz zeigt sich die besondere Stellung der Körperschaft des öffentlichen Rechts. Sie muß im Interesse der Gläubiger möglich sein, darf aber andererseits die Erfüllung der öffentlichen Aufgabe, um derentwillen sie errichtet wurde, nicht gefährden.[300]

a. Die Zwangsvollstreckung und öffentlich-rechtliche Vollstreckung gegen Körperschaften des öffentlichen Rechts

Die Körperschaften des öffentlichen Rechts sind gem. § 882a ZPO in gleicher Weise vollstreckungsfähig wie Bund und Länder. Sicherheitsvorkehrungen wurden jedoch getroffen, um Beeinträchtigungen der Erfüllung öffentlicher Aufgaben der Körperschaft durch die Vollstreckung zu verhindern. Deshalb muß bei der Vollstreckung von Geldforderungen[301] der private Vollstreckungsgläubiger seine Absicht, die Zwangsvollstreckung zu betreiben, dem gesetzlichen Vertreter der Körperschaft und ggf. auch dem zuständigen Finanzminister vier Wochen vor der Zwangsvollstreckung mit dem erforderlichen Inhalt[302] anzeigen (§ 882a I u. III ZPO). Auch im Umfang darf die Vollstreckung nicht die Wahrnehmung der Aufgaben der Körperschaft gefährden (§ 882a II ZPO).[303] Landesrechtlich ist zudem bei einer Vollstreckung gegen Gemeinden eine Zulassungsverfügung der Rechtsaufsichtsbehörde erforderlich.[304] Bei der Verfügung, die sowohl gegenüber der Gemeinde als auch gegenüber dem Vollstreckungsgläubiger ein Verwaltungsakt ist,[305] prüft die Rechtsaufsichtsbehörde, ob die Vollstreckung die Erfüllung der öffentlichen Aufgaben gefährden würde oder ein sonstiges überwiegendes öffentliches Interesse entgegensteht.[306] Hierbei hat sie kein Ermessen.[307]

Die Vollstreckung durch öffentlich-rechtliche Gläubiger vollzieht sich auf der Grundlage des VwVG für Forderungen des Bundes und seiner juristischen Personen des öffentlichen Rechts (§ 1 I VwVG) und der Landesverwaltungsvollstreckungsgesetze für entsprechende Forderungen. Auch hierbei ist, um die Erfüllung ihrer öffentlichen Aufgaben nicht zu gefährden, die Vollstreckung durch die Rechtsaufsichtsbehörde der Körperschaften zu genehmigen.[308] Die Anwendung von Zwangsmitteln entfällt, sofern sie nicht durch Spezialgesetze extra zugelassen wurde.[309]

---

300 *Tettinger* 1997, S. 105.
301 Die Vorschrift ist nicht auf die Vollstreckung dinglicher Forderungen anwendbar, *Becker* 2007, § 882a Rn. 2.
302 Beabsichtigter Vollstreckungsort, beabsichtigte Zeit und alle Vollstreckungsvoraussetzungen, *Becker* 2007, § 882a Rn. 3.
303 Vgl. auch *BVerfG* NJW 1982, S. 2859 ff. (2860).
304 Vgl. etwa § 127 GO BW; § 122 GO Sachs; § 69 KO Thür, zum folgenden *Pencereci/Siering* 1996, S. 401 ff.
305 *Gern* 2003, Rn. 716.
306 Es würde hier zu weit führen, auch auf die Frage einzugehen, ob dies auch für die Zwangsvollstreckung in Eigengesellschaften gilt, vgl. hierzu
307 *Pencereci* 1996, S. 402.
308 Vgl. etwa § 17 LVwVG BW.
309 § 17 VwVG; aus dem Landesrecht etwa § 22 LVwVG BW; derartige Vorschriften sind etwa § 50 I 1 KWG für das Bundesamt für das Kreditwesen, vor allem aber die Zwangsmittel der Kommunalaufsichtsbehörden.

b. Insolvenzfähigkeit

Die Insolvenz einer Körperschaft des öffentlichen Rechts würde die Erfüllung ihrer im Gemeinwohl liegenden Aufgaben ausschließen. Auf der anderen Seite müssen auch die Interessen der Insolvenzgläubiger berücksichtigt werden.[310] Nachdem das BVerfG schon früher gegenüber der Insolvenz von juristischen Personen des öffentlichen Rechts verfassungsrechtliche Bedenken erhob,[311] wird sie nun von § 12 InsO ausgeschlossen, insofern das Landesrecht dies vorsieht.[312] Für die Gemeinden und Gemeindeverbände ist ein solcher Ausschluß verfassungsrechtlich aufgrund der Selbstverwaltungsgarantie des Art. 28 II GG geboten, da ein Insolvenzverfahren in die Organisations- und Finanzhoheit der Gemeinden eingreifen würde: Die Entscheidung über die Angelegenheiten der örtlichen Gemeinschaft ginge auf den Insolvenzverwalter über![313] Hinsichtlich von Arbeitnehmerforderungen wird dem Land aber in § 12 II InsO eine Ausfallhaftung auferlegt.[314] Hierbei ist allerdings manches unklar geblieben. So ist insbesondere das Verhältnis von § 12 II InsO zu anderen Haftungsregelungen offen. Bei den AOKs besteht etwa eine Haftung des Landes- oder Bundesverbandes bei Auflösung einer AOK.[315] Ausgeschlossen ist die Insolvenz mangels passiver Parteifähigkeit ohnehin bei den nichtrechtsfähigen Körperschaften des öffentlichen Rechts.[316]

Die Handwerksinnungen und die Kreishandwerkerschaften sind hingegen insolvenzfähig (§ 77 I u. § 89 I Nr. 5 HwO).[317] Die Rechtskraft des amtsgerichtlichen Beschlusses zur Eröffnung des Insolvenzverfahrens hat ihre Auflösung kraft Gesetzes zur Folge. Für die Handwerkskammern fehlt eine entsprechende Regelung. Überwiegend wird zwar die Möglichkeit des Konkurses angenommen. Dieser soll jedoch in gleicher Weise wie bei den Innungen und Kreishandwerkerschaften die öffentlich-rechtliche Auflösung zur Folge haben, da sie nach § 113 HwO nur durch Gesetz oder Rechtsverordnung aufgelöst werden können.[318] BVerwG und BVerfG haben auch die Konkursfähigkeit der IHKs nicht ausgeschlossen.[319] Das gleiche gilt für die Rechtsanwalts- und Ärztekammern.[320]

---

310 *Lehmann* 1999, S. 14 f.
311 Und dies noch in Art. IV EGÄndGKO und § 15 Nr. 3 EGZPO i.V.m. mit den einschlägigen landesgesetzlichen Regelungen für die Gemeinden ausgeschlossen war, hierzu ausführlich: *Lehmann* 1999, S. 46 ff.
312 Von dieser Regelung haben etwa Bayern in § 25 AGGVG, Hessen § 26 I 2 HessVwVG und Baden-Württemberg § 45 AGGVG, Thüringen in § 69 III KO Gebrauch gemacht, vgl. dazu *Lehmann* 1999, S. 49 f.; *Grawert* 1983, S. 587.
313 Denn mit der „Eröffnung des Insolvenzverfahrens geht das Recht der Gemeinden, das zur Insolvenzmasse gehörende Vermögen zu verwalten und über es zu verfügen, auf den Insolvenzverwalter über." (§ 80 InsO), *Lehmann* 1999, S. 102.
314 Zu den Einzelheiten: *Gundlach* 2001, S. 778 f.
315 §§ 146a S. 3 i.V. mit 155 IV SGB V, vgl. *Gundlach* 2001, S. 779; allgemein auch *Lehmann* 1999, S. 149 ff.
316 *Lehmann* 1999, S. 18.
317 Die Eröffnung des Insolvenzverfahrens hat dabei die Auflösung der Innung zur Folge (§ 77 I HwO, vgl. auch *Honig* 2004, § 77 Rn. 3, § 89 Rn. 2: Nach der Liquidation der Kreishandwerkerschaft ist unverzüglich eine neue zu errichten.
318 *Lehmann* 1999, S. 161.
319 *BVerwGE* 64, S. 248 ff. (256); *BVerfGE* 89, S. 132 ff.
320 *BVerwG* BB 1982, S. 372 f.; *Lehmann* 1999, S. 165. Nicht insolvenzfähig ist die Hessische Landesärztekammer, § 26 I S. 4 Hess VwVG; vgl. auch *Tettinger* 1997, S. 105.

6. Das Namensrecht

Zur Rechtsfähigkeit gehört auch das Namensrecht (Namensbestimmungs- und -änderungsrecht), zu dem auch das Recht einer bestimmten Bezeichnung („Stadt",[321] „Universität" „IHK" etc.) und teilweise das Recht zum Führen von Wappen, Flaggen und Dienstsiegeln[322] gehört. Die Körperschaften können sich damit gegen verwechslungsfähige Bezeichnungen schützen.[323]

Das Namensrecht basiert nicht bei allen Körperschaften des öffentlichen Rechts auf der gleichen Grundlage. Nicht zum Kernbereich der Selbstverwaltungsgarantie, aber doch Teil der Rechtssubjektsgarantie des Art. 28 II S. 1 GG ist es den Gemeinden und Gemeindeverbänden prinzipiell gewährleistet.[324] Insofern ist ihnen das Recht garantiert, überhaupt einen Namen führen zu dürfen. Das Namensbestimmungsrecht hingegen betrifft staatliche Interessen. So wird es häufig vom Staat wahrgenommen oder bedarf doch seiner Zustimmung.[325] Der von einer Namensänderung betroffenen Gemeinde sind dabei aber aus ihrer subjektiven Rechtsstellungsgarantie verfahrensrechtliche Mitwirkungsrechte garantiert. Das Namensrecht ist im übrigen zugleich privatrechtlich und öffentlich-rechtlich geschützt. Der Schutz ergibt sich einfachrechtlich aus den gemeinderechtlichen Vorschriften sowie einer analogen Anwendung von § 12 BGB.[326] Für die Kammern und Hochschulen folgt dies aus § 12 BGB.[327] Das unberechtigte Führen des Titels „Universität" ist aber zugleich öffentlich-rechtlich abgesichert, indem es gegen die öffentliche Ordnung verstößt.[328]

7. Dienstherrenfähigkeit[329]

Dienstherrenfähig sind Körperschaften des öffentlichen Rechts nur, sofern ihnen dieses Recht durch Gesetz oder Satzung mit Genehmigung der zuständigen Stelle verliehen wurde oder sie es vor Inkrafttreten des BRRG schon besaßen (§ 121 Nr. 2 BRRG). Letzteres gilt etwa für die Handwerkskammern.[330] Bei den Gemeinden folgt dies aus ihrer Personalhoheit.[331] Ferner besitzen die IHKs,[332] die Sozialversicherungsträger[333] sowie die Zweckverbände[334] diese Fähigkeit. Die Hochschullehrer und das verbeamtete Hochschulpersonal sind aber, der Doppelstruktur der Hochschule als Körperschaft und Anstalt folgend, traditionell zumeist Beamte des

---

321 *Wolff/Bachof/Stober* 1987, § 86 Rn. 9.
322 Vgl. etwa § 5 III UG BW; auch *Bethge* 2000, Rn. 131; HRG-Denninger-*Lüthje* § 58, Rn. 21.
323 Für den Bereich der berufsständischen und Wirtschaftskammern: *Tettinger* 1997, S. 105; *Frentzel/ Jäkel/Junge/Hinz/Möllering* 1999, § 1 Rn. 16.
324 Vgl. bereits oben S. 403; *Schmidt-Aßmann/Röhl* 2005, Rn. 12; v. Mangoldt/Klein/Starck-*Tettinger* Art. 28, Rn. 158.
325 Vgl. etwa § 5 I GO BW u. Art. 2 GO Bay.
326 *Wolff/Bachof/Stober* 1987, § 86, Rn. 11.
327 Tettinger 1997, S. 105; Frentzel/Jäkel/Junge/Hinz/Möllering 1999, § 1 Rn. 265.
328 *Wolff/Bachof/Stober* 1987, § 93, Rn. 76.
329 Vgl. auch die Übersicht bei *Kluth* 1997, S. 256 f.; *Mronz* 1973, S. 183 ff.
330 *Tettinger* 1997, S. 122; *Breuer* 1992, S. 63 f.
331 *Gern* 2003, Rn. 175 u. 159.
332 § 5 IHKG BW, vgl. auch *Tettinger* 1997, S. 122 f.
333 § 143 I u. 145 SGB VI; § 149 Unfallkasse Post und Telekom und § 149 a I SGB VI des Bundes.
334 Vgl. etwa § 17 GKZ BW.

jeweiligen Bundeslandes. Anders steht es mit der Stiftungshochschule (Hochschulen in der Trägerschaft rechtsfähiger Stiftungen des öffentlichen Rechts).[335] Sie besitzt nach § 58 I S. 1 HG NdS die Dienstherrenfähigkeit gem. § 2 I NBG.

IV. Formen von Bildung und Errichtung der Körperschaft des öffentlichen Rechts und ihrer Auflösung

Die Entstehung der Körperschaften des öffentlichen Rechts unterliegt einem gestuften Einfluß des Staates. Sie können durch Gesetz oder aufgrund eines Gesetzes durch Verwaltungsakt oder Vertrag *errichtet* werden.[336] Körperschaften müssen aber nach dem oben zur Organisationsgewalt Ausgeführten durch Gesetz *gebildet* werden, sofern sie nicht schon in den Verfassungen hinreichend konkret[337] vorgesehen sind.[338] Einer verfassungsrechtlichen Ermächtigung dazu bedarf es umgekehrt jedoch nicht, da dem Gesetzgeber hierbei ein Ermessen zukommt.[339] Die konkrete Ausstattung mit Personal- und Sachmitteln ist ihre Einrichtung; das Gegenstück dazu ist die Abwicklung der aufgelösten Juristischen Person. Zwar müssen ihre Form und die generellen Voraussetzungen ihrer Errichtung durch ein Gesetz festgelegt werden („Bildung der Körperschaft"), die konkrete Entstehung kann aber durchaus durch die Mitglieder selbst betrieben werden. Auch hier bedarf es dann aber wenigstens der staatlichen Genehmigung der Satzung. Im einzelnen ergeben sich unterschiedliche Anteile des Einflusses von Gesetzgeber, der unmittelbaren Staatsverwaltung und der Mitglieder der Körperschaft.

1. Errichtung durch Gesetz

Körperschaften werden durch Gesetz errichtet, wenn sie dort vorgesehen sind und keine weitere Handlung mehr zu ihrer Entstehung notwendig ist oder wenn sie die Normativbestimmungen des Gesetzes erfüllen.[340] Das Gesetz knüpft an bestimmte Merkmale von Personengruppen (Eigentümer eines von im Aufgabenbereich gelegener Grundstücke, Angehörige eines Berufs etc.) an und legt fest, daß

---

335 Vgl. auch *Ipsen* 2006, S. 582; *Battis/Griegoleit* 2002, S. 68.
336 Dies hat in der Sache allgemeingültig § 38 SchHst LVwG festgehalten; vgl. auch § 17 LOG BBg; § 18 LOG NRW; § 18 LOG Saar; eine entsprechende Vorschrift fehlt in Baden-Württemberg, Bayern, Berlin, Bremen, Hamburg, Hessen, Mecklenburg-Vorpommern, Niedersachsen, Rheinland-Pfalz, Sachsen, Sachsen-Anhalt und Thüringen.
337 Der Schutz der Selbstverwaltung der „sonstigen öffentlich-rechtlichen Körperschaften und Anstalten" in einigen Landesverfassungen (etwa Art. 71 I S. 3 LV BW) reicht dafür nicht aus, weil hierdurch noch nicht über die wesentlichen Fragen ihrer Organisation entschieden worden ist.
338 *Forsthoff* 1973, S. 440; zu Ausnahmen *Stelkens* 2003, S. 491. Eine Ausnahme war etwa die Ostfriesische Landschaft, die nach 1945 ohne gesetzliche Grundlage aufgrund der Genehmigung der frei vereinbarten Verbandsatzung durch den niedersächsischen Innenminister gebildet und zugleich errichtet worden war, *Bovenschulte* 2000, S. 101, Fn. 11.
339 Anders aber *Jestaedt* (1993, S. 358, 523 f. u. passim) vor dem Hintergrund der Annahme der hierarchischen Verwaltung als „Standardmodell"; selbst, wenn man diese Bedenken teilt, enthalten das GG mit Art. 28 II S. 2 und entsprechende Vorschriften der Landesverfassungen auch für andere Körperschaften des öffentlichen Rechts die insoweit notwendigen allgemeinen Grundlagen, *Bovenschulte* 2000, S. 104.
340 *Wolff/Bachof/Stober* 1987, § 84 Rn. 15; *Rasch* 1970, S. 768.

B. Bildung und Errichtung der Körperschaft des öffentlichen Rechts 443

diese Personen die Körperschaft bilden.[341] Bei dieser Form wird dem allgemeinen institutionellen Gesetzesvorbehalt unproblematisch Rechnung getragen;[342] eine Mitwirkung der Mitglieder wie auch der staatlichen Verwaltung findet nicht statt. Um geänderten Umständen – etwa einer Größenanpassung – Rechnung zu tragen, werden dann die Aufsichtsbehörden zu weiteren Neu- und Umbildungen ermächtigt.[343] Den Mitgliedern der Körperschaft bzw. ihren Vorständen wird jedoch ein Anhörungsrecht gewährt.[344]

Die Universitätsgesetze der Länder enthalten häufig keine Bestimmungen über die Errichtung der Hochschulen, sondern Kataloge der bestehenden Universitäten. Da zumeist keine weitere Ermächtigung zur Errichtung besteht, wird man davon ausgehen müssen, daß neue Universitäten nur per Gesetz gegründet werden können bzw. durch ihre Nennung anerkannt sind.[345]

Eine besondere Form der Entstehung durch Gesetz liegt vor, wenn eine Körperschaft als gesetzliche Folge eines bestimmten, nicht auf ihre Errichtung abzielenden Hoheitsaktes entsteht. Dies ist bei den Teilnehmergemeinschaften nach dem Flurbereinigungsgesetz der Fall: Hat die Flurbereinigungsbehörde einen Flurbereinigungsbeschluß aufgestellt und bekanntgemacht (§§ 4 u. 115 I FlurbG), dann entsteht unter den Beteiligten (gem. § 10 FlurbG) eine Teilnehmergemeinschaft als Körperschaft des öffentlichen Rechts (§ 16 FlurbG).[346]

Neue Gemeinden entstehen nur noch durch Vereinigung und Umbildung. Die Gemeinden sind dabei weder durch Institutionsgarantie des Art. 28 II 1 GG noch durch die entsprechenden Vorschriften der Landesverfassungen[347] gegenüber einer Änderung ihres Gebietsbestandes geschützt.[348] Diese Änderung vollzieht sich in den Bundesländern unterschiedlich: In einigen Bundesländern grundsätzlich durch Gesetz.[349] In anderen ist vorgesehen, daß nur Gebietsänderungen gegen den Willen der beteiligten Gemeinden durch Gesetz erfolgen,[350] in Fällen von geringer Bedeutung auch durch Rechtsverordnung.[351] Teilweise können Gebietsänderungen auch durch öffentlich-rechtliche Vereinbarung der betroffenen Gemeinden mit Genehmigung

---

341 Vgl. etwa die Jagdgenossenschaften § 9 I 1 JagdG und landesrechtlich etwa die Fischereigenossenschaften nach § 23 I 1 FischG BW; im Bereich der Kammern: § 60 u. 175 I BRAO; § 65 I 1 u. 76 I BNotO; § 53 PAO; § 4 I WPO; §§ 73 I u. 85 StBerG – die Steuerberaterkammern mehrerer Oberfinanzbezirke können sich auch zu einer neuen „Gemeinsamen Steuerberaterkammer" zusammenschließen. Eine Genehmigung durch eine staatliche Behörde ist nicht vorgesehen (§ 75 I StBerG); § 27 I SeelG für die Seelotsenkammer; landesrechtlich etwa § 1 HeilbKG-BW für die Landesärzte-, -zahnärzte-, -tierärzte-, -apotheker- und -psychotherapeutenkammer, vgl. auch § 1 S. 2 HeilBerG NW; § 10 ArchG BW u. § 7 BauKaG NW;.
342 *Kluth* 1997, S. 231.
343 So etwa in § 61 BRAO; § 65 I S. 2 BNotO.
344 Vgl. etwa § 61 I S. 2 BRAO; die Neuerrichtung ist für die bestehende Kammer ein belastender Verwaltungsakt, den sie nach § 223 BRAO anfechten kann, *Feuerich/Weyland* 2003, § 61 Rn. 3.
345 *Kluth* 1997, S. 42.
346 Zum Verfahren und den Voraussetzungen auch *Steding* 1992, S. 352.
347 Häufig ist die Möglichkeit der Gebietsänderung ausdrücklich vorgesehen, vgl. etwa Art. 74 I LV BW; Art. 98 LV BBg; Art. 59 LV Nieders.
348 *BVerfG* NVwZ 1993, S. 262 ff. (263).
349 § 12 I S. 1 GO Bay; § 19 III GO NRW.
350 Hier ist die Gesetzesform aber verfassungsrechtlich geboten, etwa Art. 74 I 1 LV BW; § 8 III GO BW; Art. 98 II LV BBg; Art. 59 II LV Nieders.
351 Die geringe Bedeutung bemißt sich nach der Größe des betroffenen Gebietes und der betroffenen Einwohnerzahl, z. B. § 12 I GO Bay; § 19 III GO NRW.

der Rechtsaufsichtsbehörde geschehen.[352] Die Neubildung erfolgt dann durch Gebietsabtrennung oder Gebietszusammenlegung. Die Gemeinden können hier Anträge stellen auf Neubildung stellen. Erfolgt die Neubildung gegen den Willen der betroffenen Gemeinden, besitzen sie jedoch mindestens ein zum Kernbereich der Selbstverwaltungsgarantie gehörendes Anhörungsrecht,[353] teilweise sind auch Bürgerentscheide vorgesehen.[354] Dabei sind mit abnehmender Freiwilligkeit gesteigerte Anforderungen an die Gründe des Gemeinwohls zu stellen, die die Änderung rechtfertigen sollen.[355] Hierbei prüft das BVerfG auch die Verhältnismäßigkeit der Gebietsänderung.[356] Bei den freiwilligen Gebietsänderungen sind die betroffenen Bürger zu hören.[357] Insgesamt zeigt sich hier das mitgliedschaftliche Element der Körperschaft an den Anhörungsrechten der Gemeindebürger und gestärkt durch die Möglichkeit von Bürgerentscheiden. Zugleich wird deutlich, daß im Konflikt zwischen dem Bestandsinteresse und dem Gemeinwohl des Bundeslandes die Gemeinde sich nicht gegenüber dem Allgemeininteresse durchsetzen kann.

Zusammenfassend kann festgehalten werden, daß neben der Bildung auch die Errichtung von Körperschaften des öffentlichen Rechts durch Gesetz erfolgen kann und erfolgen muß, wenn verfassungsrechtlich geschützte Belange der Beteiligten durch die Errichtung betroffen sind.

2. Errichtung auf gesetzlicher Grundlage durch Rechtsverordnung

Dem institutionellen Gesetzesvorbehalt wird auch dann Genüge getan, wenn die Körperschaften in einem Modellgesetz abstrakt vorgesehen, also gebildet werden und die Errichtung der individuellen Körperschaft in das Ermessen der Verwaltung gestellt wird.[358] Dies ist in einigen Landesverfassungen ausdrücklich so vorgesehen.[359]

---

352 Z. B. § 8 II GO BW; § 9 II 1 KO Thür; in einigen Bundesländern kann ein Bürgerentscheid an die Stelle eines Gebietsänderungsvertrages treten, z. B. § 12 I S. 2 GO MV.
353 *BVerfG* NVwZ 1993, S. 262 ff. (263); *BVerfGE* 50, 195 (202) – Laatzen.
354 Z. B. § 21 I Nr. 2 GO BW.
355 Zur Anforderung an das Gemeinwohl auch *BVerfG* NVwZ 1993, S. 262 ff. (263) u. *BVerfGE* 50, 195 (202) – Laatzen. Vgl. etwa § 11 II BayGO: „Änderungen im Bestand oder Gebiet von Gemeinden können unbeschadet des Absatzes 1 vorgenommen werden, 1. wenn Gründe des öffentlichen Wohls vorliegen und die beteiligten Gemeinden einverstanden sind, 2. gegen den Willen beteiligter Gemeinden, wenn dringende Gründe des öffentlichen Wohls vorliegen. Vor Maßnahmen nach Satz 1 Nr. 2 sind die beteiligten Gemeinden zu hören."
356 Zu den Voraussetzungen: *Knemeyer* 1992, S. 314. *BVerfG* NVwZ 1993, S. 262 ff. (263); *BVerfGE* 50, 195 (202) – Laatzen.
357 Z. B. § 9 II S. 2 KO Thür.
358 *Bovenschulte* 2000, S. 105; vgl. etwa § 12 I Nr. 1 IHKG i.V.m. den landesrechtlichen Gesetzen über die Industrie- und Handelskammern, etwa § 1 IHKG-BW (zu weiteren vgl. *Frentzel/Jäkel/Junge/ Hinz/ Möllering* 1999, § 12 Rn. 12).
359 Für die Errichtung, Umgestaltung und Auflösung von Gemeinden und Gemeindeverbänden etwa Art. 74 II S. 1 u. III S. 1 LV BW; Art. 98 II S. 1, III S. 1 LV BBg;

3. Errichtung auf gesetzlicher Grundlage durch Verwaltungs- oder sonstigen Hoheitsakt

Andere Körperschaften des öffentlichen Rechts können durch einen sonstigen Organisationsakt mit Rechtsnormcharakter errichtet werden.[360] Dies gilt auch, wenn in den Fällen möglicher freiwilliger Vereinigung ein Verband nicht zustande kommt,[361] seine Errichtung aber gleichwohl aus wichtigen oder dringenden Gründen des Gemeinwohls geboten ist.[362] Die Errichtung wird mit der Veröffentlichung des Organisationsaktes wirksam.[363]

4. Errichtung durch öffentlich-rechtlichen Vertrag und durch Genehmigung der Satzung

Am geringsten ist der staatliche Einfluß, wenn die Körperschaft zwar im Gesetz vorgezeichnet ist, ihre Errichtung aber auf freiwilliger Vereinbarung entweder von Privatrechtssubjekten oder von juristischen Personen des öffentlichen Rechts beruht, die selbst oder bei der nur noch die von diesen beschlossene Satzung einer Genehmigung durch die staatliche Aufsichtsbehörde bedarf. Zwar ist auch in diesem Fall aufgrund des institutionellen Gesetzesvorbehalts eine gesetzliche Grundlage notwendig, die die Ordnung der Körperschaften im wesentlichen vorzeichnet.[364] Nicht verfassungsrechtlich festgelegt ist aber der Einfluß des Staates bei der Errichtung.

Hierher gehören die als Freiverbände errichteten Zweckverbände.[365] Der Zweckverband kommt dabei auf der Grundlage einer Vereinbarung unter den beteiligten Gemeinden nach der Genehmigung der Verbandssatzung durch die Aufsichtsbehörde zustande.[366] Auch bei den freiwillig gebildeten Körperschaften ist der Staatseinfluß maßgeblich für das Entstehen der öffentlich-rechtlichen Rechtsform und sichert die Berücksichtigung der Interessen der Allgemeinheit. Abfallverbände des Landes Baden-Württemberg können nach § 7 I LAbfG BW von den Beteiligten entweder freiwillig mit Zustimmung der höheren Abfallrechtsbehörde gegründet, oder dazu verpflichtet sein, wenn diese Behörde ein dringendes Bedürfnis dazu feststellt. In diesem Fall kann bei Nichterfüllung der Verpflichtungen die Rechtsaufsichtsbehörde selbst die notwendigen Maßnahmen treffen.

Bei den kommunalen Planungsverbänden kommt es auf diese Mitwirkung nicht an (§ 205 f. BauGB). Zwar reicht die Selbstverwaltungsgarantie des GG nicht so

---

360 So die Errichtung der Handwerkskammern durch die oberste Landesbehörde gem. § 90 III S. 1, 1. Hs. HwO; die IHKs gem. § 12 I Nr. 1 IHKG i.V.m. etwa § 1 I IHKG BW, § 1 IHKG NRW; § 65 I S. 2.
361 Vgl. etwa Planungsverbände, § 205 II BauGB.
362 *Wolff/Bachof/Stober* 1987, § 91 Rn. 11 für die Zweckverbände als Pflichtverbände.
363 *Musielak/Detterbeck* 1995, § 90 Rn. 17; *Honig* 2004, § 90 Rn. 11.
364 *Bovenschulte* 2000, S. 111 f. für die Zweckverbände; dies dürfte aber vor dem Hintergrund des oben zum institutionellen Gesetzesvorbehalt Gesagten für alle Körperschaften des öffentlichen Rechts gelten.
365 *Wolff/Bachof/Stober* 1987, § 91. Rn. 8; vgl. etwa §§ 2 I u. 6 f. GKZ BW; §§ 17 f. KommZG Bay – Gegründet werden kann der Verband nur durch Gemeinden und Landkreise, auch wenn Verbandsmitglieder auch natürliche und juristische Personen des Privatrechts sein können, § 2 II S. 2 GKZ BW.
366 Etwa § 8 II GKZ BW.

weit, daß die Gemeinden sich ohne gesetzliche Grundlage zu neuen Verbänden zusammenschließen könnten.[367] Auch folgt diese Kompetenz nicht aus der Kooperationshoheit der Gemeinden und Gemeindeverbände.[368] Um der kommunalen Planungshoheit willen besteht aber hierbei nicht einmal eine Genehmigungspflicht der staatlichen Aufsichtsbehörden.[369] Die staatliche Verwaltung tritt erst in Aktion, wenn der Zusammenschluß oder die Satzung nicht zustande kommt und entweder eine Gemeinde oder eine staatliche Behörde einen Antrag stellt. Sie bildet nun den Zusammenschluß, wenn Gründe des Gemeinwohls dies erfordern, zwangsweise (§ 205 II BauGB). Schließlich ist es aus den gleichen Gründen möglich, daß die Satzung von der Landesregierung, nachdem auch ein Satzungsvorschlag nicht angenommen wurde, festgesetzt wird (§ 205 III BauGB).[370] Kommt eine Einigung nicht zustande, kann dann aus Gründen des Gemeinwohls die staatliche Behörde, die Landesregierung, mehrere Körperschaften zusammenschließen. Bei entsprechender Betroffenheit können dies auch die Regierungen mehrerer Bundesländer, bei Beteiligung von Bundeskörperschaften unter Einbeziehung der Bundesregierung (§ 205 II BauGB) vornehmen. Die staatliche Organisationsgewalt steht hier bei der Bildung der Körperschaft gewissermaßen in der Reserve, um das Allgemeininteresse auch dann durchzusetzen, wenn dies den (potentiellen) Mitgliedern der Körperschaft nicht gelingt.

Verfahren abgestufter staatlicher Ingerenz finden sich im Bereich der Realkörperschaften. Bei den Forstbetriebsverbänden stehen private Verbände und öffentliche in einem solchen Stufenverhältnis: Zum Zweck der Verbesserung der Bewirtschaftung von Waldflächen und der Aufforstung (§ 16 BWaldG), können freiwillig private Forstbetriebs*gemeinschaften* gebildet werden (§ 17 BWaldG), die aber bestimmte öffentliche Aufgaben besitzen und weitere Voraussetzungen erfüllen müssen, um staatlich anerkannt zu werden (§§ 17, 18 BWaldG).[371] Kommt eine solche Gemeinschaft auch nach einer Aufforderung durch die staatliche Behörde nicht zustande (§ 22 II Nr. 4 BWaldG), kann ein Forstbetriebs*verband* als Körperschaft des öffentlichen Rechts mit Zwangsmitgliedschaft gebildet werden, wenn weitere Voraussetzungen, die das Allgemeininteresse an seiner Bildung begründen (§ 22 BWaldG), erfüllt sind. Der Forstbetriebsverband wird dann dadurch errichtet, daß die nach Landesrecht zuständige Forstbehörde eine Versammlung der Eigentümer

---

367 Durch das BauGB ist der Verband aber immerhin als Bundkörperschaft aus den beteiligten Gemeinden und nicht als Gebietskörperschaft vorgesehen, *BVerfGE* 77, S. 288 ff. (302) – Stadtverband Saarbrücken (zu diesem auch *Wolff/Bachof/Stober* 1987, § 89a Rn. 6). Dazu werden in einigen Bundesländern (vgl. etwa § 30 III GkZ BW, weitere Nachweise bei *Bovenschulte* 2000, S. 108, Fn. 43) die Regeln über die Zweckverbände auf die Planungsverbände angewendet.
368 *Bovenschulte* 2000, S. 102 u. 421 f.
369 Brügelmann-*Grauvogel* 1990, § 205, Rn. 27; nach Kommunalverfassungsrecht steht ihr allerdings ein Informationsanspruch zu; vor dem Hintergrund der weitreichenden Auswirkungen der bauplanungsrechtlichen Entscheidungen auf die Grundrechte hält *Bovenschulte* (2000, S. 108 f.) diese Regelung für nicht unproblematisch, aber jedenfalls dann und insoweit gerechtfertigt, wenn man eine legitimierende Wirkung der Beschlüsse der unmittelbar demokratisch legitimierten Gemeindevertretungen annimmt. Eine Änderung der Satzung durch den Planungsverband wäre danach aber ausgeschlossen.
370 Diese Festsetzung selbst ist gegenüber der Gemeinde ein anfechtbarer Verwaltungsakt. Der Rechtsetzungsakt ist erst vollständig, wenn die Satzung bekanntgemacht wurde, Brügelmann-*Grauvogel* 1990 § 205, Rn. 30.
371 Vgl. auch *Klein* 1957, S. 153.

der in dem betreffenden Bezirk gelegenen Grundstücke abhält, einen Satzungsentwurf vorlegt und dann die von der Gründungsversammlung beschlossene Satzung genehmigt. Mit der Bekanntmachung der Satzung entsteht dann der Forstverband (§ 23 BWaldG). Dieses Verfahren zeigt eine dem Gedanken der Subsidiarität Rechnung tragende Lösung der öffentlichen Aufgabe der effektiven Waldbewirtschaftung: Zunächst soll die private Gemeinschaft die öffentliche Aufgabe erfüllen, und nur wenn dies scheitert, wird unter erheblichem staatlichem Einfluß die öffentliche Körperschaft gebildet.[372]

Ein gestuftes Verfahren findet sich auch im Wasserverbandsgesetz.[373] Hier ist die freiwillige Errichtung auf Antrag eines oder mehrerer Beteiligter (nach § 8 WVG) möglich, wenn sich alle Beteiligten einig sind und ihre Satzung durch die Aufsichtsbehörde genehmigt wird (§ 7 I S. 1 Nr. 1 WVG). Besteht unter den Beteiligten nur eine Mehrheit zur Gründung des Verbandes, ist außerdem noch die verpflichtende Heranziehung der übrigen Beteiligten durch die Behörde im Genehmigungsakt erforderlich (Nr. 2). Schließlich kann der Verband insbesondere bei mehrheitlicher Ablehnung der Beteiligten von Amts wegen im öffentlichen Interesse (§ 10 I u. 17 WVG) gegründet werden (§ 7 I S. 1, Nr. 3). Die Errichtung besteht insgesamt, obwohl sie auf Antrag der Beteiligten erfolgt, gleichwohl nur im öffentlichen Interesse, so daß ein Anspruch auf die Genehmigung oder eine ermessensfehlerfreie Entscheidung darüber durch die Aufsichtsbehörde nicht besteht.[374]

Wenn unterschiedliche Gruppen in einer Körperschaft zusammengefaßt werden, können bei der Errichtung auch höhere Anforderungen an Abstimmungsprozesse gestellt werden. So werden Betriebskrankenkassen auf Antrag des Betriebsinhabers nach der Genehmigung seines Antrags genehmigt, wenn weitere sachliche Voraussetzungen vorliegen. Zusätzlich ist auch die Zustimmung der Mehrheit der Beschäftigten im Betrieb erforderlich (§§ 147 I u. 148 I u. II SGB V).[375]

Der staatliche Einfluß wird in den Fällen des freiwilligen Zusammenschlusses über die Genehmigung der Körperschaftssatzung oder des Antrags gewährleistet.[376] Diese Genehmigung ist ein Verwaltungsakt gegenüber den Gründungsmitgliedern.[377] Sie ist ein Teil der Organisationsgewalt des Staates, nicht der Staatsaufsicht.[378] Bei der Genehmigungserteilung werden Recht- und Zweckmäßigkeit der Satzung geprüft, wenn dies nicht ausnahmsweise gesetzlich beschränkt wurde. Einmal erteilt, ist sie unwiderruflich.[379] Gegen die Versagung können die Gründer Klage beim VG erheben, wenn die Errichtung nicht nur im Allgemeininteresse, sondern auch im Interesse der Beteiligten liegt.

---

372 Auch wenn sich der Verfassung ein Subsidiaritätsprinzip als Rechtsprinzip über den in Art. 23 I S. 1 GG hinaus gesteckten Rahmen nicht entnehmen läßt, erfüllt doch der „Vorrang der freien Verbandsbildung", den das BVerfG Art. 2 I u. 9 I GG entnimmt im Verhältnis der öffentlich-rechtlich Verbandsbildung zur privatrechtlich organisierten eine äquivalente Funktion, BVerfG 38, S. 281 ff. (303) –
373 Hierzu auch *Rapsch* 1993, S. 43 ff.; *Breuer* 1983, S. 865 ff. (zur Rechtslage unter der WVVO).
374 VG Arnsberg U. v. 21.05.2002 – 8 K 1698/01.
375 *Becker* 1996, S. 161 f.
376 Vgl. etwa § 56 I HwO; § 40 I S. 2 LVwG SchlHst.
377 Allgemein *Wolff/Bachof/Stober* 1987, § 97, Rn. 16.
378 *Rasch* 1970, S. 768.
379 *Rasch* 1970, S. 769.

Ähnliche Regelungstechniken bestehen auch in anderen Gesetzen bei freiwilligen Zusammenschlüssen: Den gesetzlichen Normalfall bildet eine freie Vereinigung von natürlichen Personen oder juristischen Personen des öffentlichen Rechts. Von den über die Planungshoheit zu rechtfertigende Ausnahmen der kommunalen Planverbände abgesehen, ist dann zur Errichtung der neuen Körperschaft nur die Genehmigung der Satzung durch die Rechtsaufsichtsbehörde erforderlich. Kommt die Vereinigung nicht zustande, kann die Aufsichtsbehörde von sich aus tätig werden, wenn dies im Allgemeininteresse geboten ist. Sie legt dann selbst einen Satzungsentwurf vor, den sie ggf. auch gegen den Willen der Gründungsmitglieder durchsetzen kann. In einigen Bereichen ist außerdem vorgesehen, daß andere staatliche Stellen oder die unterlegene Minderheit im freiwilligen Vereinigungsverfahren entsprechende Anträge auf Vereinigung stellen können.[380]

5. Zusammenfassung

Diese Beispiele haben gezeigt: Die Bildung der Körperschaften des öffentlichen Rechts ist dem Staat vorbehalten. Ihre Errichtung aber erfolgt mit unterschiedlichen Beteiligungsanteilen von Staat und Mitgliedern. Sie kann wegen des (institutionellen und rechtsstaatlichen) Gesetzesvorbehalts niemals vollständig durch Private erfolgen. Körperschaften werden in diesen Grenzen durch Gesetz, aufgrund Gesetzes durch Rechtsverordnung, gegen den Willen der Beteiligten bei entsprechender gesetzlicher Grundlage durch sonstigen Rechtsakt, freiwillig mit Genehmigung der Gründung oder der Satzung und im Fall der Planungsverbände aus Gründen der Planungshoheit der Gemeinden ohne weiteren staatlichen Einfluß errichtet. Materiell steigen mit dem Grad der Unfreiwilligkeit die Anforderungen an die Gründe des Gemeinwohls, die die Errichtung der Körperschaft rechtfertigen können.

6. Aufhebung und Auflösung der Körperschaft des öffentlichen Rechts

a. Die Form der Auflösung

„Die Beendigung der öffentlichen Körperschaft unterliegt als actus contrarius grundsätzlich den gleichen Regeln wie die Entstehung".[381] In seltenen Fällen ist die Aufhebung der Körperschaften gesetzlich vorgesehen. Angesichts bestehender Möglichkeiten freiwilliger Vereinigung oder einer Aufhebung auf Antrag kann bei der Aufhebung jedoch nicht durchweg von einem actus contrarius zur Errichtung gesprochen werden.[382] So kann die freiwillig gebildete Handwerkerinnung auch durch die Kreishandwerkerschaft nach Anhörung des Landesinnungsverbandes

---

380 So etwa für die Vereinigung von Ortskrankenkassen § 145 SGB V.
381 *Forsthoff* 1973, S. 493; *Bovenschulte* 2000, S. 134.
382 § 39 I LVwG-SH: Aufhebung. „Eine Körperschaft des öffentlichen Rechts ohne Gebietshoheit kann nur aufgehoben werden 1. durch Gesetz oder 2. aufgrund eines Gesetzes entweder durch Verwaltungsakt (Entziehung der Rechtsfähigkeit) oder durch öffentlich-rechtlichen Vertrag."

B. Bildung und Errichtung der Körperschaft des öffentlichen Rechts

aufgelöst werden (§ 76 HwO). Der Körperschaft selbst kommen hier Einflußmöglichkeiten zu, die bei ihrer Errichtung naturgemäß nicht bestehen können.

Die Auflösung erfolgt aus unterschiedlichen Gründen. Bei den Innungen etwa, die freiwillige Mitglieder haben, sind wiederholte gesetzwidrige Beschlüsse der Mitgliederversammlung (§ 76 Nr. 1 HWO), die Verfolgung gesetzwidrige Zwecke durch die Innung (§ 76 Nr. 2 HWO) oder Gefahr, daß aufgrund schwindender Mitgliederzahlen die Verfolgung der öffentlichen Aufgaben gefährdet erscheint (§ 76 Nr. 3 HWO) Grund für eine Auflösung durch die Handwerkskammer. Unmöglichkeit der Zweckerreichung gilt auch sonst als Grund zur Auflösung von Körperschaften. Bei den Ortskrankenkassen ist etwa ausdrücklich geregelt, daß eine Kasse geschlossen werden kann, wenn ihre Leistungsfähigkeit nicht mehr auf Dauer gesichert ist (§ 146a SGB V). Gebietsreform und andere Rationalisierungsmaßnahmen innerhalb der Körperschaften des öffentlichen Rechts haben die Vereinigung als Grund der Aufhebung von Körperschaften verdeutlicht.[383] Sie ist als Grund wiederum bei den Ortskrankenkassen vorgesehen (§ 143 SGB V).[384] Dort gibt es dann auch eine Vereinigung durch den zuständigen Organisationsgesetzgeber, eine freiwillige Vereinigung durch mehrere Ortskrankenkassen oder auf Antrag einer Kasse.[385] Entsprechendes gilt mit Modifikationen für die BKKs.[386] Schließlich kommt auch eine freiwillige Auflösung in Betracht.[387]

Auf der Grundlage des Gesetzes zur Förderung der Rationalisierung im Steinkohlenbergbau wurde per Verordnung des Bundeswirtschaftsministers[388] der Rationalisierungsverband Steinkohlenbergbau mit Wirkung zum 31. Dezember 2000 aufgelöst.[389] Der Verband war 1963 zur Behebung der schwerwiegenden Probleme im Bergbau durch die Förderung seiner Wettbewerbsfähigkeit als Körperschaft des öffentlichen Rechts mit Zwangsmitgliedschaft für alle Unternehmen oberhalb einer Kohlefördermenge von 100 000 t errichtet worden.

Eine andere Form der Auflösung ist schließlich die Privatisierung von Körperschaften des öffentlichen Rechts. So wurde etwa die Deutsche Genossenschaftsbank, die eine Körperschaft des öffentlichen Rechts war, durch Gesetz[390] – rückwirkend! – zum 1.1.1998 in eine Aktiengesellschaft „DG Bank Deutsche Genossenschaftsbank Aktiengesellschaft" umgewandelt. Die Bundesregierung begründete die Auflösung damit, daß ein dauerhafter öffentlicher Auftrag nicht mehr notwendig sei, da das

---

383 Zulässig ist eine Gebietsreform nach Ansicht des LVerfG Sachsen-Anhalt (DVBl. 1994, S. 1420), wenn sie durch Gemeinwohlaspekte gerechtfertigt ist, der Gesetzgeber ein seinerseits mit der Verfassungsordnung vereinbares System zugrundegelegt hat (von dem er nur aus sachlichen Gründen abweichen darf), die Entscheidung nicht willkürlich ist und wenn die Gebietsreform auch sonst mit der Verfassungsordnung vereinbar ist, vgl. auch *Lübking/Vogelsang* 1998, Rn. 68.
384 Vgl. etwa die VO der Landesregierung zur Vereinigung der Allgemeinen Ortskrankenkassen in Baden-Württemberg zu einer Allgemeinen Ortskrankenkasse Baden-Württemberg, vom 28. Februar 1994, GBl. 1994, S. 138.
385 *Becker* 1996, S. 159.
386 *Becker* 1996, S. 161 f.
387 § 44 III NWaldLG.
388 Die Verordnung (v. 6.10.2000, BGBl. I S. 1417) sah seine Abwicklung durch den Vorstand vor.
389 Vgl. § 29 II des Gesetzes zur Förderung der Rationalisierung im Steinkohlebergbau vom 29. Juli 1963 (BGBl. I S. 549). Der Auflösungszeitpunkt wurde durch Art. 1 Nr. 1 des Änderungsgesetzes vom 15.12.1995 (BGBl. I S. 1723) auf den 31.12.2000 festgesetzt.
390 § 1 DG Bank-Umwandlungsgesetz vom 13.08.1998, BGBl. I S. 2102.

ursprüngliche Ziel, eine flächendeckende Versorgung breiter Bevölkerungsschichten mit preiswerten Finanzdienstleistungen sicherzustellen, inzwischen erreicht und somit ein Grunderfordernis für den Fortbestand der öffentlichen Rechtsform für ein wettbewerbliches Unternehmen weggefallen sei.[391]

b. Schutz gegenüber der Auflösung

Ein Schutz gegenüber ihrer Auflösung ergibt sich weder aus dem GG noch aus den Landesverfassungen. Auch die institutionelle Garantie der kommunalen Selbstverwaltung (Art. 28 II GG)[392] gewährt den Gemeinden und Gemeindeverbänden keinen absoluten individuellen Bestandsschutz.[393] Rechtsstaatsprinzip und Kern der Selbstverwaltungsgarantie erfordern jedoch ein Anhörungsrecht und die Verhältnismäßigkeit der Auflösung unter Berücksichtigung der Interessen der Gemeinde auf der einen und des Gemeinwohls auf der anderen Seite, was auf einen relativen Bestandsschutz hinausläuft.[394]

Der verfassungsrechtlich abgeleitete relative Bestandsschutz der Gemeinden und Gemeindeverbände kann nicht auf andere juristische Personen des öffentlichen Rechts, auch nicht auf die grundrechtsgetragenen, ausgedehnt werden.[395] Hierzu fehlt es an der für die Analogie erforderlichen Gleichheit der Situationen und der verfassungsrechtlichen Wertungen.[396] Die Organisationsgewalt des Staates wird auch durch das Grundrecht der Wissenschaftsfreiheit nicht grundsätzlich eingeschränkt.[397] Diese Garantie wie auch der verfassungsrechtliche Schutz der Hochschulen bewirkt jedoch, daß ihre Auflösung durch ein Gesetz zu regeln ist, das nicht willkürlich sein darf[398] und den Kriterien der Verhältnismäßigkeit genügen muß.[399] Dies gilt teilweise auch für die Landkreise.[400] Sowohl bei den Gemeinden und Gemeindeverbänden als auch bei den Hochschulen ergeben sich aber verfassungsrechtlichen Anforderungen an das Verfahren bei ihrer Auflösung. Dadurch, daß bei einer Auflösung die Abordnung oder Versetzung der beamteten Professoren an andere Hochschulen möglich ist (§ 50 II S. 2, 1. Hs. HRG), werden auch die Rechte dieser Hochschulen betroffen. Ihre Mitwirkung beschränkt sich jedoch in diesem Fall auf eine Anhörung (§ 50 II S. 2, 2. Hs. HRG).

Mit der Auflösung fällt das Vermögen der Körperschaft an deren organisationsrechtlichen Träger, zumeist den Bund oder das Land.[401]

---

391 BR-Drucks. 117/98, vgl. auch EuZW 1998, S. 456.
392 Kritisch gegenüber dieser Einordnung und Einordnung als subjektives, grundrechtsähnliches Recht etwa *Kahl* 2000, S. 450 f. m. w. N.
393 Zum folgenden auch *Gern* 2003a, S. 433 ff.
394 *BVerfG*, NVwZ 1993, S. 262, std. Rspr.; Berliner Kommentar-*Vogelsang* Art. 28, Rn. 97.
395 BVerfG NJW 1992, S. 1373 ff. (1376); *StGH BW* NVwZ 1982, S. 32 ff.;
396 *StGH BW* NVwZ 1982, S. 33.
397 *BVerfG* NJW 1992, S. 1373 ff. (1376);
398 *StGH BW* NVwZ 1982, S. 32 ff.
399 *Reich* 2005, Rn. 7.
400 Nachweise bei *Bovenschulte* 2000, S. 105 f., Fn. 29.
401 *Wolff/Bachof/Stober* 1987, § 84 Rn. 17.

V. Die Aufgaben der Körperschaft des öffentlichen Rechts

Die primären Ziele bestimmen die Verwaltungsorganisationen und ihre Untergliederungen nicht selbst, sondern werden ihnen als Aufgaben übertragen. Anders als durch selbstgesetzte Ziele wird den Verwaltungsorganisationen über die Aufgabenzuweisungen nicht nur eine Identität verliehen; zugleich werden sie auf diese Weise in ihre Umwelt eingepaßt, denn es kann nun normativ erwartet werden, daß sie diese Aufgabe auch erfüllen. Das kann auch hinsichtlich der kommunalen Gebietskörperschaften nicht mehr unter Berufung auf „originäre Aufgaben"[402] bestritten werden.[403] Wie der historische Teil gezeigt hat, konnten die Körperschaften modernen Typus' zwar an historische Wurzeln anknüpfen, wurden aber durch staatlichen Akt – und sei es durch die Genehmigung der von den Mitgliedern beschlossenen Satzung errichtet und sind daher künstliche Gebilde, deren Aufgaben dieser Errichtung entspringen.[404] Verselbständigung der Organisationsziele aus der organisatorischen Umwelt und gezielte Einpassung in sie sind also die wichtigsten Leistungen der Aufgabenzuweisung. Die Aufgabenübertragung bleibt daher bei aller Kritik der Relevanz von Organisationszielen (s. o. Erster Teil, D III 1 b bb.) ein wichtiges Mittel der Steuerung von Verwaltungsorganisationen. Zugleich bedeutet Steuerung bei den hier zu untersuchenden Körperschaften keine statische Zuweisung, sondern ermöglicht über die Differenzierung der sekundären Aufgaben, insbesondere durch die Kategorie der freiwilligen Aufgaben innovative und flexible Entwicklungsmöglichkeiten der Verwaltungsorganisationen.[405]

Während es oben bei der Untersuchung der Organisationsgewalt darum ging, ob und inwieweit der Bund oder die Länder die Organisationsgewalt beim Vollzug der gesetzlich bestimmten Aufgaben besitzen, insbesondere auch, ob die Errichtung von rechtlich verselbständigten Verwaltungseinheiten überhaupt möglich ist, soll im

---

402 So aber etwa noch *Huber* 1953, S. 110.
403 In dieser Frage wirkte die Weimarer Diskussion noch in die Kontroversen der Bundesrepublik fort. Im Anschluß an *Peters* (1926, S. 9 u. 30), der für die erste eintrat, können drei fest etablierte Positionen unterschieden werden: 1. Alle Aufgaben der Selbstverwaltungsträger sind staatliche Aufgaben, weil sie hoheitlich wahrgenommen werden, die Einheitlichkeit der Staatsgewalt aber gebietet, daß solche Aufgaben aber nur vom Staat übertragen werden könnten. Hierher gehören die meisten Auffassungen von Selbstverwaltung als mittelbarer Staatsverwaltung (vgl. auch *Forsthoff* 1973, S. 523 f.). 2. Die Gegenposition sieht sowohl Selbstverwaltungsträger als auch den Staat als eine der Formen von Gemeinschaften mit Hoheitsbefugnissen an, die eine prinzipiell gleichartige Struktur besitzen. Wie der Staat, so haben auch die Selbstverwaltungsträger (jedenfalls die Gemeinden) eigene „natürliche" Befugnisse aus der Tatsache, daß sie natürliche Lebensgemeinschaften darstellen. 3. Eine vermittelnde Position, die zwar keine „natürlichen Rechte" der Selbstverwaltungsträger annimmt, aber doch davon ausgeht, daß der Staat eigene Angelegenheiten der Selbstverwaltungskörperschaften anerkennen oder ihnen als eigene übertragen kann.
404 Art. 11 II 1 LV Bay spricht allerdings von Gemeinden als ursprünglichen Körperschaften des öffentlichen Rechts und unterscheidet davon die Möglichkeit der Aufgabenübertragung gem. Art. 11 III LV Bay. Das legt die Möglichkeit nahe, daß der bayerische Verfassunggeber davon ausgegangen ist, daß es eine originäre Aufgabenzuständigkeit gäbe. Inhaltlich mag also Kontinuität bestehen, ihre konkrete Form haben diese Aufgaben aber durch die staatliche Aufgabenzuweisung erhalten, *Lynker* 1960, S. 49 u. 51, der zu Recht neben den historischen auch systematische Einwände (Gesetzesvorbehalt, Art. 28 II GG etc.) erhebt.
405 *Schuppert* 1981, S. 212 f. Die kommunalen Gebietskörperschaften unterscheiden sich allerdings von denen der funktionalen Selbstverwaltung, da ihnen ein Aufgabenfindungsrecht zusteht, *Brohm* 1969, S. 154.

folgenden die Funktion der öffentlichen Aufgabe für die Körperschaft des öffentlichen Rechts beleuchtet werden. Dazu soll zunächst (1.) das Konzept der öffentlichen Aufgabe analysiert, (2.) die Frage diskutiert werden, ob es rechtlich notwendige Aufgaben der Körperschaft des öffentlichen Rechts gibt, (3.) die Grenzen der Übertragung von öffentlichen Aufgaben an Körperschaften ermittelt, (4.) Art und Umfang der Aufgabenübertragung analysiert, (5.) der Modus der Aufgabenerledigung als Selbstverwaltung untersucht und (6.) abschließend einige Bemerkungen über die Funktion der Aufgaben für die Körperschaft des öffentlichen Rechts angefügt werden.

1. Der Begriff der öffentlichen Aufgabe

Während oben allgemein der Begriff der Aufgabe geklärt wurde, ist hier zu prüfen, ob ein spezifischer Zusammenhang von bestimmten Aufgaben mit der Körperschaft des öffentlichen Rechts besteht. Hierbei treten dann zwei Fragen auf: 1. Unterscheiden sich die Aufgaben der Körperschaften des öffentlichen Rechts von staatlichen Aufgaben? und 2. unterscheiden sie sich von Aufgaben im Privatinteresse und kommt den Körperschaften und wenn inwiefern die Aufgabe der Vertretung der Interessen ihrer Mitglieder zu?

a. Zum Problem des Begriffs der öffentlichen Aufgabe

Aufgabe meint, wie oben schon ausgeführt wurde, die Verpflichtung zur Herstellung bestimmter Zustände. Körperschaften erfüllen faktisch Aufgaben im Interesse der Allgemeinheit, Aufgaben im Interesse ihrer Mitglieder und Aufgaben, die ihrem Erhalt dienen, wozu auch privatrechtliche gehören. Die Auferlegung der Aufgabe statt freiwilliger Vereinbarung, zumeist unfreiwillige Vereinigung der Mitglieder in der Körperschaft zur Erfüllung dieser Aufgabe sowie hoheitliche Befugnisse der Körperschaft gegenüber ihren Mitgliedern verlangen nach einer besonderen rechtlichen Rechtfertigung. Hierzu ist, wie das BVerfG ausgeführt hat, nicht jede Aufgabe in der Lage, sondern nur eine, die im Allgemeininteresse liegt. Das schließt ein Primärziel der Körperschaft im Privatinteresse aus. Erforderlich ist vielmehr eine öffentliche Aufgabe. Fraglich ist, ob dies auch eine Staatsaufgabe sein muß.[406] Ein Blick in die Aufgabenkataloge der Körperschaften des öffentlichen Rechts zeigt, daß diese Aufgaben tatsächlich mit denen der unmittelbaren Staatsverwaltung inhaltlich nicht identisch sind.[407] Insbesondere die Vertretung der gemeinsamen Interessen einer nach sachlichen Kriterien abgegrenzten Gruppe von Bürgern fällt außerhalb des Bereichs typischer Staatsaufgaben. Ohne hier schon materiell auf

---

[406] Das *BVerfG* (E 15, S. 235 ff [242] – Zwangsmitgliedschaft) hat in der Tat besonders in früheren Entscheidungen davon gesprochen, daß der Gesetzgeber „öffentliche Aufgaben . durch Körperschaften des öffentlichen Rechts erfüllen . lassen, also staatliche Aufgaben an Selbstverwaltungskörper" delegieren könne." Mithin setzte es zuweilen öffentliche und Staatsaufgabe gleich und sah die Körperschaft so als mittelbare Staatsverwaltung an. So hieß es in der AOK-Entscheidung ausdrücklich, daß diese Körperschaften „Aufgaben in mittelbarer Staatsverwaltung wahrnehmen" (E 39, S. 302 ff [313]). – Der Begriff der mittelbaren Staatsverwaltung wurde aber von dem Gericht insgesamt äußerst zurückhaltend verwendet und inzwischen aufgegeben, *von Komorowski* 1998, S. 131.
[407] Dazu unten mehr.

B. Bildung und Errichtung der Körperschaft des öffentlichen Rechts

diese besonderen Aufgaben einzugehen, liegt es doch nahe, für diese Art von Aufgaben eine eigene rechtliche Kategorie zu bilden.

In bezug auf den Begriff der öffentlichen Aufgabe herrscht jedoch alles andere als Klarheit.[408] Da es in diesem Abschnitt um typische und vielleicht notwendige Aufgaben der Körperschaften des öffentlichen Rechts geht, kann dafür die öffentliche Aufgabe nicht durch ihren Träger definiert werden. Dies wurde etwa versucht, wenn in öffentliche Aufgaben im weiteren und im engeren Sinn unterschieden wurde. Die ersteren sollen die Aufgaben aller staatlichen und verwaltungsrechtlichen juristischen Personen des öffentlichen Rechts, die letzteren nur die des Staates sein. Zu Recht kritisiert *Bull* diese Auffassung, weil die Zuordnung zu entsprechenden Organisationseinheiten von Zufälligkeiten abhänge.[409] Dem ist beizupflichten. Zwar dienen die Verwaltungsorganisationen bestimmten Aufgaben; sie lassen sich aus diesen Aufgaben jedoch nicht erklären. Vielmehr kommen regelmäßig mehrere Organisationsformen für die Erfüllung öffentlicher Aufgaben in Betracht. Besteht somit generell keine notwendige Verbindung zwischen einer Aufgabe und einer Organisationsform, kann der Charakter einer Aufgabe auch nicht durch die zu ihrer Erfüllung verpflichtete Organisation erklärt werden. Vielmehr prägen umgekehrt bestimmte Aufgaben die Organisation. Im übrigen muß die nähere Untersuchung hier offen bleiben, da hier gerade die Frage ist, wie der Kreis der Aufgaben näher zu bestimmen ist, die der Körperschaft zukommen.

Gegenständlich werden sie teilweise mit Staatsaufgaben „im weiteren Sinne" gleichgesetzt.[410] Doch ist diese Residualkategorie wenig aussagekräftig: Wann liegt eine Staatsaufgabe im weiteren, wann im engeren Sinne vor? Die inhaltliche Bestimmung dessen, was den weiteren Sinn ausmacht, führt vielmehr zur Bildung einer eigentlichen Kategorie von Aufgaben.

Als öffentliche Aufgaben werden weiter solche verstanden, die mit hoheitlichen Mitteln zu erledigen sind.[411] Da dies einerseits auch auf üblicherweise nur dem Staat zugewiesene Aufgaben zutrifft, das Kriterium mithin zu weit ist, andererseits aber auch nicht alle körperschaftlichen Aufgaben – wie beispielsweise die Beratung staatlicher Stellen – erfaßt, und somit zu eng gefaßt ist, liegt es auch insofern nahe, für die Aufgaben der Körperschaften des öffentlichen Rechts eine eigene Kategorie zu bilden.

---

408 Zum Streitstand *Kelber* 1998, S. 11 ff.; *Uerpmann* 1999, S. 32 ff.; *Schuppert* 1980, S. 333, spricht geradezu von einer „babylonischen Sprachverwirrung"; zu verschiedenen Begriffen etwa *Brohm* 1969, S. 156; ders. 1983, S. 792; *Mronz* 1973, S. 67 ff.; *Emde* 1991, S. 249.
409 *Bull* 1977, S. 48.
410 *Klein* DÖV 1965, S. 759. Das BVerfG meinte sich in seiner ersten Rundfunkentscheidung (E 12, S. 205 ff.) bei den Rundfunkanstalten in einer Verlegenheit zu befinden, da sie einerseits öffentliche Aufgaben wahrnehmen (s. u.), andererseits aber staatsfrei gestellt sein müssen. Die Lösung schien ihm die wenig überzeugende Setzung der Staatsaufgabe in Anführungsstriche zu sein: Die Veranstaltung von Rundfunksendungen ist nach der deutschen Rechtsentwicklung eine öffentliche Aufgabe. Wenn sich der Staat mit dieser Aufgabe in irgendeiner Form befaßt (auch dann, wenn er sich privatrechtlicher Formen bedient), wird sie zu einer ‚staatlichen Aufgabe'" (E 12, S. 205 ff., LS 7a, u. S. 243) – 1. Rundfunkentscheidung (Deutschland-Fernsehen). Die Verlegenheit ergibt sich aus der weiten Prämisse und nicht nur daraus, daß der Begriff der „staatlichen Aufgabe" kompetenzrechtlich verstanden wird (so aber BK-*Degenhart* Art. 5 I u. II, Rn. 763). Wenn der Staat sich nämlich mit einer Aufgabe in der Weise befaßt, daß er sie nicht durch unmittelbare Behördenverwaltung, sondern durch rechtlich verselbständigte Verwaltungsträger ausführen läßt, besteht keine Notwendigkeit, diese Ausführung in eigener Verantwortung ebenfalls als Erledigung einer staatlichen Aufgabe zu verstehen.
411 *Brohm* 1969, S. 157 f.

Oder muß man ganz auf den Begriff der öffentlichen Aufgabe verzichten?[412] *Bull* schlägt statt dessen andere Unterscheidungen vor: Er differenziert in „gemeinwohlbezogene" oder „gemeinnützige Aufgaben", sofern diese Aufgaben von gesellschaftlichen Akteuren erfüllt werden und „staatliche Aufgaben", sofern sie durch Europäisches, Verfassungs- oder Gesetzesrecht dem Staat auferlegt wurden.[413] Das vermeidet zwar die Unschärfen anderer Ansätze, ist aber gerade für den hier interessierenden Bereich der Aufgaben der Körperschaften des öffentlichen Rechts zu schematisch.

b. Öffentliche Aufgaben, Gemeinwohl und private Interessen

Der Gefahr eines Schematismus läßt sich entgehen, wenn der Begriff der Aufgabe auf den Modus (freiwillig oder öffentlich-rechtlich verpflichtet) des Handelns bei der Erfüllung eines rechtlichen Interesses bezogen wird. Daß das öffentliche Interesse notwendige, wenn auch nicht hinreichende Bedingung für das Bestehen einer öffentlichen Aufgabe ist, wird kaum bestritten.[414] Die Frage ist, wann eine im öffentlichen Interesse liegende Handlung auch eine öffentliche Aufgabe erfüllt. Kriterium dafür ist jedoch weder das handelnde Subjekt noch der Inhalt der im öffentlichen Interesse bestehenden Aufgabe.

Die Einheit der verfassungsrechtlich anerkannten Interessen kann man die Gemeinwohlordnung des Grundgesetzes nennen.[415] Aus dem GG ergibt sich dabei eine grundsätzliche Unterscheidung zwischen öffentlichem und privatem Interesse. Die privaten Interessen sind als Grundrechte geschützt und können so den rechtlich legitimen öffentlichen Interessen als den Interessen der Allgemeinheit entgegenstehen. Die Verfassung grenzt diese Sphären jedoch nicht nur gegeneinander ab, sondern vermittelt sie und bringt sie zum Ausgleich.[416] Daraus folgt, daß die Beschränkung der grundrechtlich geschützten privaten Interessen durch die an sich legitimen öffentlichen Interessen nach einer verfassungsrechtlichen Rechtfertigung verlangt. Diese Rechtfertigung kann prinzipiell nur gelingen, wenn die Verfassung selbst Kriterien für deren Ausgleich bereithält.[417] Umgekehrt kann die Betätigung der Grundrechte zugleich im Interesse des Gemeinwohls liegen.[418]

---

412 *Emde* 1986, S. 249, der die einzige sinnvolle Verwendungsweise des Begriffs in einer Gleichsetzung mit den staatlichen Aufgaben sieht. Weitere Nachweise zu derartigen Auffassungen bei *Kelber* 1998, S. 14.
413 *Bull* 1977, S. 50.
414 Vgl. etwa *Schmidt-Aßmann* 2006, S. 154 f.
415 Gemeinwohl bezeichnet danach kein überpositives Prinzip, auf das hin die Verfassung normativ verlängert würde und vor dem sie sich zu rechtfertigen hätte, sondern die verfassungsrechtliche Ordnung selbst im Hinblick auf die Ordnung der verschiedenen Interessen, vgl. hierzu eingehend *Kirste* 2002, S. 350 ff.
416 Exemplarisch kommt dies in Art. 14 III S. 2 GG zum Ausdruck, wo von der staatlichen Verpflichtung gesprochen wird, bei der Enteignungsentschädigung die Interessen der Beteiligten mit denen der Allgemeinheit gerecht abzuwägen, vgl. zur Gemeinwohlrelevanz dieser Vorschrift auch *Kirste* 2002, S. 331 f., u. 342 f.
417 *Kirste* 2002, S. 349 f.
418 So wenn das BVerfG anerkennt, daß die „Selbstbestimmung eine elementare Funktionsbedingung eines auf Handlungsfähigkeit und Mitwirkungsfähigkeit seiner Bürger begründeten freiheitlichen demokratischen Gemeinwesens ist", *BVerfGE* 65, 1 (43) – Volkszählung; oder wenn das Gericht dem „Recht auf informationelle Selbstbestimmung auch einen über das Individualinteresse hinausgehenden Gemeinwohlbezug" zuerkennt, *BVerfGE* 100, 313 (381) – Telekommunikationsüberwachung. – In dieser Perspektive ist auch die objektive Dimension der Grundrechte gemeinwohlbedeutsam, eingehend *v. Arnim* 1977, S. 89 f., 98 f.

B. Bildung und Errichtung der Körperschaft des öffentlichen Rechts

Dieses vermittelte System von rechtlich geschütztem Privatinteresse und legitimem öffentlichen Interesse kann die Gemeinwohlordnung des Grundgesetzes genannt werden:[419] Die Gesamtheit der Normen des Grundgesetzes enthält die Kriterien für die rechtliche Vermittlung dieser beiden gegenläufigen Interessensphären,[420] es hebt – wenn der Hegelsche Ausdruck hier gestattet ist – Einzel- und öffentliches Interesse in sich auf.[421] Gemeinwohl als Rechtsprinzip ist mithin nicht als überpositives, gar „metaphysisches" Prinzip zu verstehen,[422] sondern als Ausdruck dieser materialen Einheit der Interessenvermittlung.

Der Träger des Interesses ist für die Abgrenzung der Interessensphären nachrangig. Das BVerfG geht zu Recht davon aus, daß vom Interesse nicht auf seinen Träger geschlossen werden könne. Zwar sind Private Träger privater Interessen und der Staat und Verwaltungsorganisationen Träger öffentlicher Interessen; daß eine Enteignung zugunsten Privater nur möglich sein soll, wenn sichergestellt ist, daß sie im öffentlichen Interesse handeln, zeigt aber, daß sie Träger öffentlicher Interessen sein können.[423]

Dieses verfassungsrechtliche Gefüge von öffentlichen und privaten, grundrechtlich geschützten Interessen wird sowohl durch die Bürger als auch durch den Staat in allerdings je spezifischer Weise realisiert. Es geschieht ganz elementar schon dann, wenn Private von ihren legitim eingeschränkten Grundrechten Gebrauch machen und das Handeln der öffentlichen Gewalt verfassungsrechtlich zu rechtfertigen ist. Die Realisierung des Gemeinwohls geschieht freilich nicht nur und vielleicht nicht einmal überwiegend, jedenfalls nicht in den rechtlich problematischen Fällen in dieser schematischen Art. Vielmehr besteht eine Asymmetrie zwischen den Befugnissen der öffentlichen Gewalt zum Handeln im Gemeinwohlinteresse und dem der Privaten. Das Handeln der öffentlichen Gewalt kann den Interessen des Einzelnen dienen. Soweit es seine grundrechtlich geschützten Interessen betrifft, muß es aber auch, soweit es zugleich die Interessen anderer schützt, im öffentlichen Interesse erfolgen. Die Rechte der Privaten verhalten sich hierzu jedoch nicht spiegelbildlich; vielmehr sind sie nicht auf die Verfolgung ihres Eigeninteresses beschränkt, sondern befugt, im öffentlichen Interesse zu handeln. Nehmen sie alleine oder in Organisationen Ziele im öffentlichen Interesse auf, tragen sie freiwillig zur

---

419 Das Bundesverfassungsgericht sieht den Gesetzgeber als primären Gemeinwohlverpflichteten an und verlangt von ihm,„daß er den „Bereich des Einzelnen und die Belange der Allgemeinheit in einen gerechten Ausgleich" bringt *BVerfGE* 31, 229 (241 f.) – Schulbuchprivileg.
420 Diese Vermittlung ist zugleich durch Auslegung, Abwägung, insbesondere auch durch das Institut der praktischen Konkordanz im Bereich der Rechtsanwendung zu leisten.
421 Wie die Diskussion des Unterschieds von privaten und öffentlichen bzw. kollektiven Gütern zeigt (*Anderheiden* 2002, S. 402 f.), bedeutet dies gerade nicht, daß diese Aufhebung in der Auflösung aller öffentlichen Interessen in private erfolgen (so aber *von Arnim* 1977, S. 14 u. 81, der deshalb genuine Staatsinteressen ablehnt). Ebensowenig kann sie aber rechts-hegelianisch in der Auflösung aller Privatinteressen in öffentliche Interessen bestehen, wogegen gerade die subjektiven Rechte in der Verfassung sprechen (*Rupp* 1968, S. 117 f.). Die Verfassung als „Strukturplan für die Rechtsgestalt eines Gemeinwesens" (*Hollerbach* 1969, S. 46) unterscheidet sie vielmehr und ordnet sie einander zu.
422 Kritisch zu überpositiven Begründungen des Gemeinwohls auch *Rupp* 1968, S. 125; noch einem anderen Verständnis verpflichtet Art. 1 III LV-R.Pf. „Die Rechte und Pflichten der öffentlichen Gewalt werden durch die naturrechtlich bestimmten Erfordernisse des Gemeinwohls begründet und begrenzt."
423 Das sie dann im Eigeninteresse mitverfolgen. Erforderlich ist eine „gesetzlich vorgesehene effektive rechtliche Bindung des begünstigten Privaten an das Gemeinwohlziel", *BVerfGE* 74, 264 (284 f.) – Boxberg, vgl. auch *Kirste* 2002, S. 346.

Vermittlung der öffentlichen mit ihren privaten Interessen bei. Bei zahlreichen Organisationen insbesondere im karitativen, aber auch im politischen Bereich gehört dieses Handeln für das öffentliche Interesse zu ihrem Selbstverständnis. Zahllose Vereinigungen verfolgen Ziele, die sie als sektorale Aspekte des Gemeinwohls ansehen.[424] Der Staat als Träger öffentlichen Interesses anerkennt das auf vielfache Weise, nicht zuletzt durch die steuerliche Anerkennung der Gemeinnützigkeit. Die sektorale freiwillige Gemeinwohlverpflichtung der Wohlfahrtsverbände wurde im Artikel 32 des Einigungsvertrages ausdrücklich anerkannt[425] und im § 17 III SGB I zur Grundlage der Verpflichtung der öffentlichen Träger zur Zusammenarbeit[426] mit „gemeinnützigen und freien Einrichtungen und Organisationen" gemacht.[427] Ausgehend von gesellschaftlicher Selbstverpflichtung, wird der Beitrag der Wohlfahrtsverbände inzwischen immer stärker in die staatliche Sozialpolitik integriert.[428] Private können sich auf ihr Handeln im öffentlichen Interesse anderen Privaten gegenüber jedoch nur berufen, wenn sie dazu durch das öffentliche Recht beauftragt wurden. Im übrigen sind Private überwiegend negativ auf das Gemeinwohl verpflichtet, insofern etwa Vereine nicht gegen das Gemeinwohl verstoßen dürfen.[429] Weiter gehen die Presse-[430] und Rundfunkgesetze,[431] die – verfassungskonform[432] – davon sprechen, daß die freiwillig erbrachten Leistungen der Medien zugleich eine öffentliche Aufgabe erfüllen. Während also das Gemeinwohl durch Private freiwillig realisiert werden kann, wenn sie sich im öffentlichen Interesse betätigen und nur ausnahmsweise ein Handeln im öffentlichen Interesse verlangt wird, sind Verwaltungsorganisationen zur Realisierung des öffentlichen Interesses grundsätzlich verpflichtet, indem es ihnen durch einen Träger öffentlicher Gewalt zur rechtlichen Aufgabe gemacht wird.[433] Insgesamt ergibt sich also ein Bild der Leistungen im öffentlichen Interesse von der reinen grundrechtlichen Betätigung ohne explizite Bezugnahme auf das Gemeinwohl, bei der die Förderung nur im

---

424 *Kirste* 2002, S. 369 f. m. w. N.
425 Artikel 32 Einigungsvertrag „Freie gesellschaftliche Kräfte": „Die Verbände der Freien Wohlfahrtspflege und die Träger der Freien Jugendhilfe leisten mit ihren Einrichtungen und Diensten einen unverzichtbaren Beitrag zur Sozialstaatlichkeit des Grundgesetzes. Der Auf- und Ausbau einer freien Wohlfahrtspflege und einer Freien Jugendhilfe in dem in Artikel 3 genannten Gebiet wird im Rahmen der grundgesetzlichen Zuständigkeiten gefördert."
426 Auch § 10 II BSHG mit der Subsidiaritätsregelung in Abs. IV.
427 Vgl. a. § 3 II SGB VIII, der die gleichberechtigte Erbringung der Jugendhilfe durch öffentliche und Träger der freien Jugendhilfe hervorhebt, die Verpflichtungen nach dem SGB VIII aber ausdrücklich nur auf die öffentlichen Träger bezieht.
428 *Bockhaus-Maul* 2000, S. 27.
429 Dies wird in einigen Landesverfassungen zum Ausdruck gebracht: Art. 1 LV-Saar.: „Jeder Mensch hat das Recht, als Einzelperson geachtet zu werden. Sein Recht auf Leben, auf Freiheit und auf Anerkennung der Menschenwürde bestimmt, in den Grenzen des Gesamtwohles, die Ordnung der Gemeinschaft."; Art. 52 II LV-R.-Pf.: „Die wirtschaftliche Freiheit des Einzelnen findet ihre Grenzen in der Rücksicht auf die Rechte des Nächsten und auf die Erfordernisse des Gemeinwohls.", auch: Art. 58 LV-R.-Pf.; Art. 151 II 3, 4 LV-Bayern, Art. 3 I LV-Bremen.
430 § 3 LPresseG-Sachsen: „...2. Die Presse erfüllt eine öffentliche Aufgabe, indem sie in Angelegenheiten von öffentlichem Interesse Nachrichten beschafft und verbreitet, Stellung nimmt, Kritik übt oder auf andere Weise an der Meinungsbildung mitwirkt."
431 § 6 I LandesmedienG-BW: „Der private Rundfunk erfüllt eine öffentliche Aufgabe, wenn er in Angelegenheiten von öffentlichem Interesse Nachrichten beschafft und verbreitet, Stellung nimmt, Kritik übt oder auf andere Weise an der Meinungsbildung mitwirkt."
432 *BVerfGE* 20, 162 (221) – Spiegel, spricht auch von einer öffentlichen Aufgabe der Presse.
433 *BVerfGE* 49, 89 (132) – Kalkar.

B. Bildung und Errichtung der Körperschaft des öffentlichen Rechts

Gebrauch machen besteht, über die freiwillig zur Aufgabe gemachten, Förderung von öffentlichen Interessen bis hin zur staatlichen Anerkennung dieser freiwilligen Beiträge, die dann von Anforderungen an die Art und Weise der Verfolgung der selbstgesetzten Gemeinwohlziele oder gar der Erfüllung von Aufgaben abhängig gemacht werden kann. In dieses Spektrum lassen sich dann privatrechtliche Vereine mit mitgliederbezogenen Eigeninteressen über karitative und politische Vereine, Medienorganisationen, Gewerkschaften, Religionsgesellschaften, Parteien, juristische Personen des öffentlichen Rechts bis hin zur unmittelbaren Staatsverwaltung als rechtlich anerkannte Akteure im öffentlichen Interesse einordnen. Die Anerkennung reicht in den Fällen besonders weit, wo sie in der Verleihung eines öffentlich-rechtlichen Status mündet, wie bei den Religionsgesellschaften und den Universitäten.[434] Dadurch ändert sich an der Freiwilligkeit ihrer Zielsetzung nichts, auch wenn sie zugleich öffentliche Aufgaben übernehmen können und wenn der Status auch mit Pflichten verbunden ist. Indem die Rechtsordnung diese Leistungen anerkennt und ordnet, bestätigt sich der rechtsgeschichtliche Befund, daß die Realisierung der öffentlichen Interessen nach dem Ende des wohlfahrtsstaatlichen Absolutismus wieder – nämlich insofern an Leistungen der alten Korporationen und der zahlreichen bürgerschaftlichen Vereine anknüpfend – nicht beim Staat monopolisiert ist und der Gesellschaft der egoistischen Nutzenmaximierer gegenübersteht, sondern in der deutschen Tradition durch gesellschaftliche und staatliche Akteure erbracht wird.

Versteht man die Verfassung als Gemeinwohlordnung, die ein normatives Modell zur Harmonisierung der rechtlich geschützten Interessen der einzelnen mit dem öffentlichen enthält, so läßt sich sagen, daß Träger öffentlicher Gewalt verpflichtet sind, im Interesse des Gemeinwohls zu handeln, auch wo sie dabei auf die Interessen des Einzelnen abzielen, weil sie dabei zugleich die limitierenden öffentlichen Interessen zu beachten haben. Der Unterschied zwischen Privaten und der öffentlichen Gewalt besteht mithin im Modus ihres Beitrags zum öffentlichen Interesse: Grundsätzliche rechtliche Aufgabe hier – grundsätzliche rechtliche Freiwilligkeit dort. *Bull* ist also insofern recht zu geben, als das Bestehen einer öffentlichen Aufgabe von der öffentlich-rechtlichen Verpflichtung abhängig ist.[435] Dieser Befund ist aber zu differenzieren. Dabei ergibt sich eine über die öffentliche Aufgabe koordinierte Realisierung des Gemeinwohls durch die öffentliche Gewalt und eine rechtlich gesehen zufällige Realisierung durch Private.[436]

Private wie Träger öffentlicher Gewalt handeln also faktisch im öffentlichen Interesse: Private können es tun, können, wenn sie dies wollen und die Voraussetzungen erfüllen, dazu beauftragt oder ausnahmsweise auch gegen ihren Willen dazu verpflichtet werden. Ihre persönliche oder die Zielsetzung der von ihnen

---

434 Oder auch dem Bayerischen Roten Kreuz, dessen Status als Körperschaft des öffentlichen Rechts Ausdruck der staatlichen Anerkennung seiner öffentlichen Bedeutung ist, *Knöpfle* 1987, S. 108.
435 *Bull* 1977, S. 50; *Wagener* 1976, S. 32.
436 Diese rechtliche „Zufälligkeit" der Realisierung öffentlicher Aufgaben deutet zugleich auf die Problematik einer zuweilen nur vorgeblichen Gemeinwohlförderlichkeit des Verhaltens von Verbänden, ihres egoistischen Einflusses auf die Politik und der möglichen Lähmung politischer Entscheidungen durch die Rücksichtnahme auf derlei Partikularinteressen, die jedoch nicht einer Zurückdrängung des Handelns Privater im öffentlichen Interesse, sondern deren Ordnung bedarf.

gebildeten Organisationen können, müssen aber nicht im öffentlichen Interesse liegen. Sie dürfen ihnen nur nicht widersprechen.[437] Der Träger einer öffentlichen Aufgabe hat hingegen grundsätzlich die Verpflichtung, im öffentlichen Interesse tätig zu werden. Nimmt man diese Momente zusammen, so ergibt sich folgendes Spektrum: Freiwillig gebildete (private) Organisation verfolgt freiwillig Ziele im Eigeninteresse – freiwillig gebildete (private) Organisation verfolgt freiwillig Ziele im öffentlichen Interesse[438] – freiwillig gebildete (private) Organisation übernimmt freiwillig eine ihr öffentlich-rechtlich übertragene Aufgabe – freiwillig gebildete Organisation wird verpflichtet, eine öffentlich-rechtlich übertragene Aufgabe zu erfüllen – öffentlich-rechtlich errichtete (Verwaltungseinheit) erfüllt ihre mit der Errichtung übertragenen öffentlichen Aufgaben.[439]

Der öffentliche Charakter der öffentlichen Aufgabe kann mithin nicht allein durch ihren Inhalt – die Erzielung eines im öffentlichen Interesse liegenden Ergebnisses – bestimmt werden, sondern nur durch die öffentlich-rechtlich begründete Verpflichtung, dieses Ergebnis herbeizuführen. Dem entspricht es auch, daß das BVerfG die Grundrechtsfähigkeit von juristischen Personen des öffentlichen Rechts ablehnt, sofern sie Träger öffentlicher Aufgaben sind, denn insofern sind sie und sollen sie staatlich gesteuert sein (s. o.). Von allen Handlungszielen im öffentlichen Interesse sind nur solche öffentliche Aufgaben, zu deren Herbeiführung ihr Träger öffentlich-rechtlich verpflichtet wurde.[440] Der Staat tritt hier nicht nur disziplinierend an die freiwilligen Leistungen für das Gemeinwohl heran, sondern sieht bestimmte Leistungen als so gewichtig an, daß er ein Erfüllungs- oder Abwicklungsinteresse an ihnen hat.[441] Hiermit ist ein Begriff der öffentlichen Aufgabe gewonnen, der nicht auf den Träger abstellt.[442] Zugleich wird deutlich, daß das

---

437 Nähere Nachweise bei *Kirste* 2002, S. 367 f.
438 Diese Interessenverfolgung ließe sich wiederum differenzieren in von ihr behauptete *partielle* Ziele, die gleichwohl im öffentlichen Interesse liegen sollen (Hilfeleistung und Unterstützung des Roten Kreuzes) und von allgemeinen Zielen im Gesamtinteresse, die Verbände aus ihrer subjektiven Perspektive verfolgen (Parteien), hierzu *Kirste* 2002, S. 369 f.
439 Dieses Schema kann 1. noch differenziert werden durch die weiter unten zu diskutierende Interessenvertretungsfunktion öffentlicher Verwaltungsorganisationen und 2. noch verlängert werden durch die ebenfalls später zu diskutierende Übertragung genuin staatlicher Aufgaben auf öffentlich-rechtlich errichtete, aber verselbständigte Verwaltungsorganisationen und schließlich die durch die unmittelbare Staatsverwaltung zu erfüllenden Staatsaufgaben.
440 Die Frage, warum ein Ziel, das sich Private setzen, überhaupt zugleich als „Aufgabe" tituliert werden kann, wird zumeist nicht gestellt.
441 *Schmidt-Aßmann* 1987, S. 258.
442 So auch *Martens* 1969, S. 118; folglich kennt auch das *BVerfG* eine große Bandbreite von Trägern öffentlicher Aufgaben, die sich kaum auf einen anderen Nenner bringen lassen als den, daß sie mindestens mit der freiwilligen Setzung eines Ziels zugleich auch öffentlich-rechtliche Pflichten übernehmen. So hat das BVerfG etwa für die Parteien die Beteiligung an Wahlen als öffentliche Aufgabe angesehen (E 8, S. 51 ff., LS u. S. 63 – 1. Parteispendenurteil; E 20, S. 56 ff., 113 – 1. Parteienfinanzurteil); die Rundfunkanstalten wurden als Träger der öffentlichen Aufgabe, Rundfunksendungen zu veranstalten angesehen (E 12, S. 205 ff., LS u. S. 243 – 1. Rundfunkentscheidung, std. Rspr.); die Presse hat wesentliche Funktionen oder Aufgaben der Information und Verbreitung und Vermittlung von Meinungen im Rahmen der Demokratie (E 20, S. 162 ff., 175 – Spiegel); die Sozialversicherungsträger (E 21, S. 362 ff., LS – Sozialversicherungsträger); die völkerrechtlich rechtsfähige und zwischenstaatliche Einrichtung nach Art. 24 I GG, sieht das Gericht als Träger der öffentlichen Aufgabe Luftverkehrssicherungsdienste an (E 58, S. 1 ff. 31 – Eurocontrol I); Sparkassen übernehmen öffentliche Aufgaben im Bereich der Daseinsvorsorge (E 75, S. 192 ff., 200 – Sparkassen); ferner die staatlich gebundenen Berufe wie etwa die Kassenärzte (E 11, S. 30 ff., 39 – Kassenarzturteil).

Spezifische der öffentlichen Aufgabe nicht ihr Inhalt ist,[443] auch nicht die Intensität des Interesses,[444] sondern der Modus der Zielsetzung.

Finden sich Private zur Verfolgung ihrer Interessen in einer freiwilligen Organisation zusammen, so dient dies aufgrund ihrer durch Art. 9 I u. III GG geschützten Freiheit dazu, bei der Errichtung öffentlicher „Konkurrenz-Organisationen" zu berücksichtigen.[445] Kann der private Verband die Interessen in gleicher Weise wahrnehmen wie die öffentliche Körperschaft und würde deren Errichtung seine Arbeit faktisch unmöglich machen, so wäre sie verfassungswidrig.[446]

Damit wird es möglich, daß ein und dieselbe Person Träger öffentlicher Aufgaben wie privater Interessen sein kann;[447] öffentlich-rechtliche Organisationen dürfen freilich in ihren Hauptzielen nur im öffentlichen Interesse handeln und müssen beim Handeln zugunsten des Einzelinteresses das Gemeinwohl berücksichtigen. Das bedeutet andererseits nicht, daß sie nur aufgrund einer Aufgabenzuweisung im öffentlichen Interesse handeln dürfen. Es bleibt die Möglichkeit freiwilligen Handelns im öffentlichen Interesse. Die Trennung zwischen Aufgabe und Aufgabenträger ist schließlich auch die Grundlage für die formelle Privatisierung von Verwaltungsaufgaben.[448]

c. *Öffentliche Aufgaben und Staatsaufgaben*

Private Interessenverfolgung und öffentliche Aufgabe unterscheiden sich also im Modus der Zielverwirklichung: Während die öffentliche Aufgabe durch eine öffentlich-rechtliche Verpflichtung zur Zielerreichung gekennzeichnet ist, erfolgt die private Verfolgung privater oder von Zielen im öffentlichen Interesse rechtlich freiwillig. Wenn nun innerhalb der öffentlichen Aufgaben ein Bereich abgesteckt werden soll, der Körperschaften des öffentlichen Rechts zukommen kann und vielleicht sogar muß, ist auf einer ersten Konkretisierungsstufe nach Interessengegenständen

---

443 Also insbesondere auch nicht die Größe des Interessentenkreises (so aber *Kelber* 1998, S. 76 hinsichtlich der Interessenvertretung der Handwerkskammern). Denn der Umstand, daß eine Tätigkeit nicht nur im Interesse eines Einzelnen, sondern einer Gruppe besteht, nicht, daß dieses Gruppeninteresse auch öffentlich ist. Das hinzugefügte negative Kriterium, daß diese Tätigkeit keine staatliche Aufgabe sei, führt auch nicht weiter.
444 So aber *Fröhler/Oberndorfer* 1974, S. 11; und abweichend auch die 2. Rundfunkentscheidung des *BVerfG* (E 31, S. 314 ff., S. 343), wo das Gericht davon spricht, daß sich die Charakterisierung einer bestimmten Leistung (hier: des Rundfunks) als öffentliche Aufgabe aus der Rücksicht des öffentlichen Interesses an das Gemeinwohl ergebe; in der Sasbach-Entscheidung werden öffentliches Interesse und öffentliche Aufgabe dann aber wieder graduell auf gleicher Stufe angesiedelt (E 68, S. 82 ff., 103): „öffentliche Aufgaben, also Aufgaben im Interesse der Allgemeinheit".
445 *BVerfGE* 38, S. 281 ff. – Arbeitnehmerkammern.
446 „Bei echter Konkurrenz der solchen Körperschaften zugedachten Aufgaben mit solchen, die von frei gegründeten Vereinigungen ebensogut erfüllt werden können, kann in der Pflichtmitgliedschaft liegende Eingriff in die Freiheit des Einzelnen sich als übermäßig, weil nicht unbedingt erforderlich, und deshalb als verfassungswidrig erweisen. Dieses Bedenken ist noch nicht dadurch ausgeräumt, daß durch die Errichtung einer öffentlich-rechtlichen Körperschaft die Gründung eines privatrechtlichen Verbands mit paralleler Zielsetzung rechtlich nicht behindert wird. Es müßte bereits als verfassungswidrig angesehen werden, wenn eine durch staatlichen Hoheitsakt gegründete Körperschaft dem freien Verband eine Tätigkeit, die er im Rahmen seiner Zielsetzung legitimerweise ausübt, faktisch unmöglich machte", *BVerfGE* 38, S. 281 ff. (303 f.) – Arbeitnehmerkammern.
447 Tatsächlich sieht etwa § 1 II S. 1 WVG dies für Wasserverbände auch ausdrücklich vor.
448 *Kirste* 2002, S. 51 f.

und Aufgabenträgern zu differenzieren. Gegenstand öffentlicher Aufgaben können danach grundsätzlich reine Staatsinteressen[449] oder andere öffentliche Interessen sein. Wie können beide Bereiche voneinander abgegrenzt werden? Zur Beantwortung der Frage soll auf eine Unterscheidung zurückgegriffen werden, die *Josef Isensee*[450] im Anschluß an Jellineks Staatszwecklehre[451] entwickelt hat. Danach sind ausschließliche und konkurrierende, obligatorische und fakultative sowie finale und instrumentale Staatsaufgaben zu unterscheiden.

Ausschließlich und damit notwendig sind solche Aufgaben, die einer einheitlichen Entscheidung bedürfen, oder etwas weiter gefaßt: der Schutz derjenigen Rechtsgüter, die ohne das Eingreifen schutzlos blieben.[452] Zu diesen hat das Bundesverfassungsgericht die Sorge für das Gemeinwohl gerechnet: Der Staat fungiert geradezu als „Hüter des Gemeinwohls gegenüber Gruppeninteressen".[453] Insofern ließe sich von einer „Garantenpflicht des Staates für das Gemeinwohl" sprechen.[454] Das BVerwG hat insofern auch von „lebensnotwendigen Staatsaufgaben" gesprochen, die nicht auf andere Organisationen als die unmittelbare Staatsverwaltung selbst übertragen werden dürften.[455] Dem steht auch die innere Struktur selbständiger Verwaltungsträger entgegen. Das BVerwG lehnt die dezentrale Erfüllung solcher Aufgaben deshalb ab, weil so über eine Aufgabe, deren Erfüllung im Interesse aller Bürger liege, im Rahmen der Rechtmäßigkeitskontrolle durch die Träger von Partikularinteressen in den Repräsentationsorganen einer öffentlich-rechtlichen Körperschaft entschieden werden könne.[456] Hierdurch würde einer Gruppe von Bürgern ein ungleicher, stärkerer Einfluß auf die Erledigung der öffentlichen Aufgabe, die sie doch alle gleichermaßen interessiere, gewährt. Der Kreis derartiger notwendiger Aufgaben ist nicht leicht zu bestimmen. Das Gewicht der Aufgaben alleine und ihre Bedeutung für das Gemeinwohl machen sie aber nicht zu notwendigen Staatsaufgaben.[457] *Kirchhof* erwähnt neben der Sorge für das Gemeinwohl auch die Verantwortlichkeit für die Verwirklichung und Begrenzung der Grundrechte sowie die Ausübung der rechtsprechenden Gewalt.[458] *Bieback* rechnet zu diesen Aufgaben, die damit von den Körperschaften des öffentlichen Rechts nicht

---

449 Auch „Staatswohl", etwa in Art. 32 der LV-HH und in *BVerfGE* 5, 85 (199 f.) – KPD-Verbot; 20, 162 (221) – Spiegel. Bei diesem Aspekt des öffentlichen Interesses geht es dann im wesentlichen um die Sicherheit, vgl. hierzu auch *Brugger* 2003, Manuskript V., S. 16 ff.; zur Unterscheidung von Staatswohl – Gemeinwohl – öffentlichem Interesse auch *Kirste* 2002, S. 358 f.
450 1992, Rn. 150 f.
451 1959, S. 250 ff., hier besonders die Unterscheidung in Tätigkeiten, die dem Staat ausschließlich zukommen (exklusive S. 255 u. 263), und solche, die ihm zukommen können und so mit anderen geteilt werden (konkurrierende Zwecke, S. 259 f. u. 263). Zu ersteren gehören alle mit der staatlichen Selbstbehauptung, Sicherheit, Machtentfaltung, Rechtsetzung und Rechtsschutz zusammenhängenden, zu letzteren insbesondere auch sozialstaatliche Interessen.
452 Schmidt-Aßmann 1998, S. 140.
453 *BVerfGE* 33, 125 (159) – Facharzt; Böckenförde (1992/9, S. 232 f.) unterscheidet innerhalb der öffentlichen Aufgaben zwischen notwendigen und möglichen Staatsaufgaben, denen er solche öffentlichen Aufgaben gegenüberstellt, die „kraft grundrechtlicher Verbürgung" keine staatlichen Aufgaben sein dürfen. Notwendige Staatsaufgaben sind danach etwa die Rechtspflege, die Polizei und das Militär.
454 *Burgi* 1999, S. 28.
455 *BVerwGE* 106, 64–85 – es ging um den Schutz des Oberflächen- und Grundwassers; vgl. schon *Stein* 1865, S. 200; *Forsthoff* 1931, S. 96
456 *BVerwGE* 106, 64–85.
457 *BVerfG* Beschluß vom 5. 12. 2002 – 2 BvL 5/98, DÖV 2003, S. 678–681 (679) – Lippeverbandsgesetz.
458 *Kirchhof* 1988, Rn. 100.

B. Bildung und Errichtung der Körperschaft des öffentlichen Rechts 461

in eigener Verantwortung wahrgenommen werden können, die klassischen Staatsaufgaben wie Verteidigung, allgemeine Justiz, Innenpolitik, Außenpolitik, Steuern im allgemeinen.[459]

Obligatorische sind nach *Isensee* solche Aufgaben, die zwar auch ein anderer erfüllen könnte, die jedoch der Staat erfüllen „muß", zu deren Erfüllung er verpflichtet ist.[460] Das Grundgesetz ist mit ausdrücklichen Aufgabenzuweisungen sparsam,[461] nimmt solche Aufgaben aber an.[462] Verfassungsrechtliche Staatsaufgaben können sich daher aus solchen expliziten Zuweisungen ergeben. Mittelbar, nämlich in dem Sinne, daß die einfachgesetzlich erfolgende Aufgabenzuweisung an den Staat gerechtfertigt ist, erfolgt die Zuweisung auch über die Kompetenzvorschriften[463] und in eingeschränktem Maß auch aus den Grundrechten.[464] Das BVerfG hat aus dem Prinzip der parlamentarischen Verantwortlichkeit der Regierung abgeleitet, daß es „Regierungsaufgaben [gibt, S.K.], die wegen ihrer politischen Tragweite nicht generell der Regierungsverantwortung entzogen und auf Stellen übertragen werden dürfen, die von Regierung und Parlament unabhängig sind".[465] Das Grundgesetz nennt in den Art. 87 ff. eine Reihe von solchen Aufgaben, die obligatorische Aufgaben der bundeseigenen Verwaltung sind und insofern nicht auf Körperschaften des öffentlichen Rechts oder andere juristische Personen übertragen werden dürfen.[466]

Schließlich sind finale solche Staatsaufgaben, die unmittelbar auf das öffentliche Interesse gerichtet sind.[467] Diese Unterscheidung betrifft eher die Intention der Aufgabenerfüllung als die Frage ihrer Zuordnung zum Staat oder anderen. Rechtlich notwendige Staatsaufgaben wären danach nur die ausschließlichen und die obligatorischen. Damit gibt es innerhalb der öffentlichen Aufgaben solche, die nur vom Staat bzw. seiner unmittelbaren Verwaltung erfüllt werden können oder dürfen, und solche, bei denen dies möglich, aber nicht notwendig ist.[468] Die Abgrenzung ergibt sich durch die verfassungsrechtlichen Aufgabenzuweisungen. Daneben verbleibt ein großer Bereich von möglichen staatlichen Aufgaben, nämlich solchen, deren „Verstaatlichung" verfassungsrechtlich gerechtfertigt werden kann. Hierbei ist es „Sache des gesetzgeberischen Ermessens, zu entscheiden, welche dieser

---

459 *Bieback* 1982, S. 894; vgl. auch *Schuppert* 1981, S. 128.
460 *Isensee* 1988, Rn. 152.
461 Etwa in Art. 87 a I GG für die Verteidigung, *Bull* 1977, S. 149 f.
462 So etwa in Art. 24 Abs. 1a, Art. 30 GG; *Mronz* 1973, S. 199 f.
463 *Bull* 1977, S. 152 f.; auch den Staatszielbestimmungen, *Brohm* 1983, S. 794.
464 *Bull* 1977, S. 155 f.; *Brohm* 1983, S. 796 f.
465 BVerfGE 9, 268 ff. (282) – Bremer Personalvertretung: Wenn eine Übertragung stattfände, „würde es der Regierung unmöglich gemacht, die von ihr geforderte Verantwortung zu tragen . Welche Angelegenheiten von solchem politischem Gewicht sind, läßt sich nur von Fall zu Fall beurteilen. Hier genügt es festzustellen, daß im heutigen Verwaltungsstaat jedenfalls die Entscheidung über Einstellung, Beförderung, Versetzung und sonstige personelle Angelegenheiten der Beamten erhebliches politisches Gewicht hat." Vgl. zu dieser Grenze der möglichen Aufgaben von Selbstverwaltungsträgern auch *Emde* 1991, S. 380.
466 Art. 87 I 1 GG (Auswärtiger Dienst, Bundesfinanzverwaltung), Art. 87b I (Bundeswehrverwaltung), Art. 87e I 1 (Eisenbahnverkehrsverwaltung), Art. 87 f II 2 (Hoheitsaufgaben des Post- und Telekommunikationswesens), Art. 89 II (Bundeswasserstraßen). Nur Randbereiche können hier privatisiert oder von verselbständigten Verwaltungseinheiten wahrgenommen werden, GG-Kommentar Dreier-*Hermes* Art. 87, Rn. 24.
467 *Isensee* 1988, Rn. 154.
468 Wie hier *Tettinger* 1985, S. 69 f. Später spricht er zu Recht von einem weiteren Kreis der öffentlichen und einem engeren Kreis der staatlichen Aufgaben innerhalb derselben.

Aufgaben der Staat nicht durch seine Behörden, sondern durch eigens gegründete öffentlich-rechtliche Anstalten oder Körperschaften erfüllt. Das Bundesverfassungsgericht kann hierbei nur nachprüfen, ob der Gesetzgeber die Grenzen seines Ermessens beachtet hat".[469] Wenn aber der Staat nicht in verfassungsrechtlich legitimierter Weise auf diese möglichen Aufgaben zugegriffen hat, sind sie öffentliche, nicht aber staatliche Aufgaben. Der Begriff der öffentlichen Aufgabe ist somit der Oberbegriff für die rein staatlichen und einen Bereich nicht näher bezeichneter übriger öffentlicher Aufgaben.[470] Damit werden sowohl Ansichten zurückgewiesen, die von grundsätzlich staatlichen Aufgaben ausgehen und dann noch solche „im weiteren Sinn" anerkennen bzw. öffentliche und staatliche gleichsetzen,[471] wie auch solche Konzeptionen, die den Begriff der öffentlichen Aufgabe dem der staatlichen entgegensetzen.[472] Es sind nicht grundsätzlich alle öffentlichen Aufgaben staatlich, weil nicht bei allen Zielen, zu deren Erreichung ein öffentlich-rechtlicher Rechtssatz verpflichtet, eine zentrale, einheitliche Entscheidung und ihre Durchsetzung durch eine weisungsgebundene unmittelbare Verwaltung notwendig oder rechtlich geboten sind;[473] die Staatsaufgaben gehören jedoch zu dem Kreis der öffentlichen Aufgaben, da sie deren Form teilen und sich nur durch den Gegenstand unterscheiden.[474]

Deshalb ist auch die Vorstellung unzutreffend, der Staat in Form des Gesetzgebers sitze gewissermaßen auf dem Topf der öffentlichen Aufgaben, von denen er sich nur nach dem Grundsatz „nemo plus iuris transferre potest quam ipse se habet" trenne, resp. sie übertrage, indem er sie auf die Träger mittelbarer Staatsverwaltung austeile.[475] Der „Topf" – der sich allerdings laufend neu füllt – sind vielmehr

---

469 „Ob die Wahl der Organisationsform zweckmäßig oder notwendig war, hat das Bundesverfassungsgericht also nicht zu prüfen." BVerfGE 10, S. 89 ff. (102) – Großer Erftverband; 21, S. 362 ff. (370) – Sozialversicherungsträger; 38, S. 281 ff. – Arbeitnehmerkammern; BVerfG NVwZ 2003, S. 974 ff. (976).
470 In diesem Sinn auch das BVerfG, wenn es im Erdölbevorratungsurteil (E 30, S. 292 ff., 311) davon spricht, daß es sich bei der Erdölbevorratung „um eine öffentliche, ja um eine im engeren Sinn staatliche Aufgabe handelt". Ferner führt es in der zweiten Rundfunkentscheidung (E 31, S. 314 [329]) aus: „Damit haben sie [die Länder, SK] den Rundfunkanstalten eine ‚Aufgabe der öffentlichen Verwaltung' . übertragen, die sie selbst unmittelbar wegen des Gebots der Staatsfreiheit des Rundfunks nicht wahrnehmen können. Die Tätigkeit der Rundfunkanstalten vollzieht sich daher im öffentlich-rechtlichen Bereich. Die Rundfunkanstalten stehen in öffentlicher Verantwortung und erfüllen, indem sie Aufgaben öffentlicher Verwaltung wahrnehmen, zugleich integrierende Funktionen für das Staatsganze." Hiermit ist ein Bereich von öffentlichen Aufgaben bezeichnet, der nicht zu den staatlichen gehört und im Interesse der Grundrechte gehören darf, obwohl er die Verwaltungsaufgaben mitumfaßt. Vgl. zum Rundfunk als öffentlicher, nicht-staatlicher Aufgabe auch Hesse 1999, S. 139 f.
471 Vgl. nur Di Fabio 1999, S. 586 f.; Mronz 1973, S. 123 f.; zu diesen auch Kelber 1998, S. 12; auch Oebbecke (2003, S. 370) spricht davon, daß die Selbstverwaltungsträger durch die Zuweisung der Aufgabe staatliche Aufgaben wahrnähmen; gegen diese Ansichten dezidiert Burgi 1999, S. 44.
472 So Häberle 1970, S. 214; Henke 1970, S. 167: „Zwischen reinen Staatsaufgaben und rein gesellschaftlichen Aufgaben liegt eine tiefe Zone öffentlicher Aufgaben, zu deren Erfüllung die Beteiligung des Staates nicht entbehrt werden kann, ohne daß sie ganz in staatliche Verwaltung genommen werden müßten. Sie bildet den Bereich möglicher Selbstverwaltung. Er umfaßt einen breiten Fächer von Möglichkeiten zwischen den beiden Extremen reiner Staatsverwaltung und rein gesellschaftlicher Erfüllung öffentlicher Aufgaben."
473 Schmidt-Aßmann 1987, S. 258: „Nicht jede Aufgabe, die sich als ‚öffentlich' einordnen läßt, muß notwendig in Ausübung von Staatsgewalt erfüllt werden."
474 Zur staatlichen wird eine öffentliche Aufgabe auch nicht deshalb, weil der Staat auf die Einhaltung der Gesetze bei ihrer Durchführung im Wege der Staatsaufsicht achtet, Kahl 2000, S. 532.
475 So aber diejenigen Theorien, die von den Körperschaftsaufgaben als „genuin staatlichen" ausgehen, die den öffentlichen Verbänden zur weisungsgebundenen oder eigenverantwortlichen Erledigung „überlassen" worden seien, Kelber 1998, S. 111; Mronz 1973, S. 197; kritisch dazu auch Tettinger

die öffentlichen, als diejenigen Aufgaben die durch eine öffentlich-rechtliche Verpflichtung auferlegt werden. Und für diesen schreibt *Stern* zu Recht: „Niemals hatte und hat der Staat das Monopol auf das Öffentliche".[476] Nur wenige dieser Aufgaben kommen verfassungsrechtlich notwendig einem bestimmten Träger zu. Über die anderen möglichen staatlichen Aufgaben hat der Staat in Gestalt des demokratisch legitimierten Gesetzgebers zu entscheiden. Dabei hat er sich vor der Verfassung zu rechtfertigen. Daß ihn als notwenige staatliche Aufgabe (!) diese Pflicht trifft, folgt aus der ihm verfassungsrechtlich zukommenden Stellung als „Hüter des Gemeinwohls gegenüber den Gruppeninteressen".[477] Diese Aufgabe besteht aber in der vor der Verfassung zu rechtfertigenden Zuordnung der Aufgaben, nicht in ihrer Austeilung aus seinem Besitz.

Diese Einteilung hat Konsequenzen für die Art der Aufgabenwahrnehmung und die Verantwortung des Staates hierbei: Will er aus arbeitsteiligen oder anderen sachlichen Gründen eine notwendige oder obligatorische staatliche Aufgabe nicht selbst ausführen, kann er sie zwar einer anderen Verwaltungsorganisation übertragen, muß sich aber ausreichende Einflußmöglichkeiten vorbehalten, um seiner Verantwortung für diese Aufgabe gerecht zu werden.[478] Verpflichtet er eine andere Verwaltungsorganisation zur Erfüllung einer im Allgemeininteresse liegenden öffentlichen Aufgabe, so hat er nur die Verantwortung für diese Zuordnung und die sich aus ihr ergebenden näheren (und weiter unten noch zu bestimmenden) Folgen, nicht aber für ihre konkrete Ausführung. Die Aufgabenzuordnung begründet dann seine Pflicht im Wege der Rechtsaufsicht auch über die Einhaltung der gesetzlichen Grenzen zu wachen (s. u.).[479] Im Rahmen der öffentlichen Aufgaben kann dann noch der Bereich der Verwaltungsaufgaben unterschieden werden, der den Kreis derjenigen öffentlichen Aufgaben bezeichnet, der „der Verwaltung durch Rechtssatz übertragen und von ihr in rechtlich zulässiger Weise wahrgenommen" wird.[480] Diese werden vom BVerfG von der Interessenvertretung unterschieden.[481] Nicht zu den möglichen Aufgaben der Körperschaften des öffentlichen Rechts zählen danach auch solche Gegenstände im öffentlichen Interesse, die etwa im Rahmen der Gewaltenteilung der Exekutive oder der Judikative zugewiesen sind.[482]

Bisher konnte nur geklärt werden, daß es außer den notwendigen und obligatorischen innerhalb der öffentlichen Aufgaben einen Bereich von möglichen

---

1995, S. 171. Andere differenzieren in Körperschaften der mittelbaren Staatsverwaltung, auf die dieses Merkmal zutreffen soll, und den interessenvertretenden Kammern, die in den Rang von verwaltungsrechtlichen Körperschaften erhoben worden seien, jedoch weiterhin die gesellschaftlichen Interessen wahrnähmen, *Knöpfle* 1987, S. 96;
476 1980, S. 746.
477 *BVerfGE* 33, 125 ff. (159) – Facharzt.
478 „Von einer Übertragung ausgeschlossen sind diejenigen öffentlichen Aufgaben, die der Staat selbst durch seine eigenen Behörden als Staatsaufgaben im engeren Sinne wahrnehmen muß", *BVerfG* Beschluß vom 5. 12. 2002 – 2 BvL 5/98, DÖV 2003, S. 678–681 (679) – Lippeverbandsgesetz.
479 Staatsaufsicht bedeutet dann nicht, die Überwachung des Verbleibs einer Staatsaufgabe, von der sich der Staat mehr oder weniger getrennt hat (so aber *Kelber* 1998, S. 117), sondern die Überwachung der Folgen seiner Zuordnungsentscheidung.
480 *Bauer* 1995, S. 250.
481 *BVerfGE* 15, S. 235 ff. (241) – Pflichtzugehörigkeit zu den IHKs.
482 So schon Peters Definition der Selbstverwaltung, die Tätigkeiten der Rechtsprechung und Rechtsetzung ausdrücklich ausnimmt, *Peters* 1926, S. 26 u. 44 f.

Aufgaben der Körperschaften des öffentlichen Rechts gibt, nicht aber, ob es auch notwendige Aufgaben der Körperschaften des öffentlichen Rechts gibt. Die zur Unterscheidung sinnvolle, negative Abgrenzung, wie sie etwa *Loeser* vorgeschlagen hat (1. Es darf sich nicht um eine genuine Staatsaufgabe handeln. 2. Es darf sich nur um Aufgaben handeln, die „rein gesellschaftlicher Bedeutung entwachsen sind"[483]), hilft dafür nur bedingt als äußerste Grenze weiter. Eine weitere Grenze hatte sich aus der Notwendigkeit autonomer Legitimation durch die Selbstbestimmung der Betroffenen als Kompensation für die infolge Selbstverwaltung gelockerte demokratische Legitimation ergeben: Es muß sich bei den Aufgaben der Körperschaft des öffentlichen Rechts um solche handeln, die einen gegenüber dem Staatsvolk insgesamt abgrenzbaren Kreis von Bürgern in besonderer Weise betrifft.

2. Öffentliche Aufgaben der Körperschaften des öffentlichen Rechts

Die Existenz ursprünglicher, den Körperschaften – insbesondere den Gemeinden – von Natur zukommender Aufgaben wird heute zu Recht nicht mehr angenommen. Der geschichtliche Überblick konnte deutlich machen, daß an frühere rechtliche Traditionen vor den Steinschen Reformen nicht mehr angeknüpft werden kann.[484] Danach aber lag die Errichtung der Körperschaften des öffentlichen Rechts in der Hand der staatlichen Organisationsgewalt. Nachdem diese verfassungsrechtlich eingebunden ist, können sich notwendige Aufgaben der Körperschaften auch nur aus den Verfassungen ergeben. Die notwendigen Aufgaben der Körperschaften des öffentlichen Rechts können innerhalb der öffentlichen Aufgaben nicht unter den Staatsaufgaben gesucht werden, da diese durch eine notwendige oder obligatorische Verpflichtung der unmittelbaren Staatsverwaltung gekennzeichnet sind. Sie können sich auch nicht aus dem Bereich der möglichen Staatsaufgaben ergeben, da in diesem Feld ein Zugriff des Staates prinzipiell gerechtfertigt werden könnte.[485] Bleibt nur die Feststellung, daß es danach zwar einen Bereich *möglicher* Aufgaben der Körperschaften des öffentlichen Rechts gibt, aber keine Aufgaben, die ihnen *notwendig* zukommen? Mithin hätte man sich bei der Umschreibung der Aufgaben der Körperschaften des öffentlichen Rechts mit der Residualkategorie von nicht staatlichen Aufgaben zu begnügen, mit der Konsequenz, daß sie dem jederzeitigen Zugriff des Staates ausgesetzt wären.

---

483 *Loeser* 1994, S. 132. Das dritte Kriterium (Körperschaften dürfen weitere Aufgaben nur mit Bezug zu ihren „eigenen Angelegenheiten" übertragen werden) besagt nur – aber immerhin , daß sekundäre Aufgabenzuweisungen nichts über die primären aussagen, ihnen aber nicht entgegenstehen dürfen.
484 Vgl. auch *Lynker* 1960, S. 49 f.
485 Anders *Kluth* 1986, S. 718. Er bezeichnet als öffentliche solche Aufgaben, die ebensogut von Privaten erfüllt werden können. Staatlich hingegen seien solche, deren „Wahrnehmung durch Rechtssatz geregelt und einem staatlich errichteten und/oder zumindest beaufsichtigten Träger zur Wahrnehmung übertragen ist, wobei der Träger auch eine juristische oder natürliche Person des Privatrechts sein kann." Dadurch wird der Begriff der staatlichen Aufgabe sehr weit ausgedehnt. Die „öffentliche Aufgabe" bezeichnet dann alle „Aufgaben", die einer gemeinschaftlichen Bewältigung bedürfen. Danach wären auch solche Organisationsziele, zu deren Verwirklichung sich Private zusammenschließen, weil sie nur auf gemeinsam zu erreichen sind, öffentliche Aufgaben. Da diese Ziele aber, obwohl sie zweifellos im öffentlichen *Interesse* liegen können, freiwillig erstrebt werden, sollen sie hier nicht als öffentliche Aufgaben gefaßt werden. Kennzeichen der öffentlichen Aufgabe ist danach neben dem Umstand, daß ihre Erfüllung im öffentlichen Interesse liegt, die Auferlegung der Erfüllung als öffentliche Pflicht.

a. Nicht-bürokratische Aufgabenerledigung als Grund für notwendige Aufgaben der Körperschaft des öffentlichen Rechts?

Paßt man die Kriterien, die Isensee zu Begründung der Staatsaufgaben verwendet, auf die Körperschaft an, so könnte man zunächst fragen, ob sich aus der Körperschaftsstruktur, aus ihrer inneren Organisation, Aufgaben ergeben, die nur durch eine Verwaltungsorganisation erfüllt werden können, deren Mitglieder zugleich die Träger der Organisation sind. Hierfür könnte man auf die oben ausgeführten Vorteile nicht-bürokratischer Verwaltungsorganisationen zurückgreifen. So wurde in der Tat die Einbeziehung von gesellschaftlichem Sachverstand, die Interessenvertretung, die Institutionalisierung und damit bessere staatliche Kontrolle korporatistischer Arrangements usw. angeführt. Ist schon fraglich, ob derartige faktische Vorzüge auch eine rechtliche Notwendigkeit begründen können, sprechen sie jedoch für die Erledigung der Aufgabe durch eine Organisation, die durch die Betroffenen verwaltet wird, mithin eine Selbstverwaltungsorganisation, nicht aber für die besondere Form der Körperschaft des öffentlichen Rechts.

b. Notwendige öffentliche Aufgaben der Körperschaften aus dem Grundgesetz

Eine rechtliche Verpflichtung zur Übertragung einer öffentlichen Aufgabe auf eine Körperschaft des öffentlichen Rechts besteht nach dem Grundgesetz nur für die Gemeinden und Gemeindeverbände nach Art. 28 II GG und die entsprechenden Bestimmungen der Landesverfassungen[486] für den Bereich der Angelegenheiten der örtlichen Gemeinschaft. In diesem Punkt anerkennt die Verfassung die Existenz öffentlicher Aufgaben, deren Träger nicht der Staat und die unmittelbare Staatsverwaltung, sondern notwendig eine Gebietskörperschaft ist. Zwar besitzt der Gesetzgeber im Rahmen seiner Organisationsgewalt ein Zugriffsrecht auf organisationsrechtliche Entscheidungen (s. o.), gerade das Selbstverwaltungsprinzip der Gemeinden verlangt aber die Belassung nennenswerter Aufgaben und organisatorischer Befugnisse bei den Gemeinden und Gemeindeverbänden.[487] Fraglich ist aber, ob es darüber hinaus noch verfassungsrechtlich notwendige Aufgaben der Körperschaften des öffentlichen Rechts gibt.

Die Möglichkeit der Ableitung weiterer notwendiger Aufgaben von Körperschaften des öffentlichen Rechts aus dem GG wird zurückhaltend beurteilt.[488] Für die Rundfunkanstalten hat das Gericht ein Gebot der Staatsfreiheit des Rundfunks aus Art. 5 I 2 GG abgeleitet:[489] Der Beitrag des Mediums Rundfunk zur

---

486 Hierzu etwa *Schmidt-Jortzig* 1993, S. 973 ff.; zu Gemeinsamkeiten und Unterschieden etwa Wolff/Bachof/Stober-*Kluth* 2004, § 94 Rn. 100 f.
487 *BVerfGE* 91, S. 228 ff. (238) – Gleichstellungsbeauftragte; *Bovenschulte* 2000, S. 114.
488 *Schmidt-Aßmann* 1987, S. 249 ff.; *Hendler* 1984, S. 329 ff.
489 *BVerfGE* 83, S. 238 ff. (322 f.) – 6. Rundfunkentscheidung (S. 330): „Staatsfreiheit des Rundfunks bedeutet, daß der Staat weder selbst Rundfunkveranstalter sein noch bestimmenden Einfluß auf das Programm der von ihm unabhängigen Veranstalter gewinnen darf." Vgl. auch E 74, S. 297 (349) – 5. Rundfunkentscheidung. Mit Bezug auf den Charakter des Rundfunks als öffentliche Aufgabe hatte das Gericht schon zuvor ausgeführt: „Damit haben sie den Rundfunkanstalten eine ‚Aufgabe der öffentlichen Verwaltung'... übertragen, die sie selbst unmittelbar wegen des Gebots der Staatsfreiheit

Meinungsbildung soll unbeeinflußt vom Staat erfolgen. Vergleichbare Begründungen finden sich auch hinsichtlich der Hochschulen.[490] Mitgliedschaftliche, staatsdistanzierte Aufgabenwahrnehmung kann bei einer individualisierbaren „Verwaltungsklientel" naheliegen;[491] daß dies aber für die Mehrzahl der Körperschaften des öffentlichen Rechts aus den Grundrechten der Beteiligten zu begründen wäre, erscheint jedoch zweifelhaft. Im Gegenteil: Das Gericht hat die Staatsdistanziertheit oder -freiheit der Aufgabenwahrnehmung bei den genannten juristischen Personen des öffentlichen Rechts damit begründet, daß sie einem grundrechtlich geschützten Lebensbereich zugeordnet sind.[492] Dieses Kriterium erfüllen aber nur die genannten Organisationen.[493]

Auch auf diese Weise können also notwendige Aufgaben der Körperschaften des öffentlichen Rechts nicht begründet werden. Nicht in Betracht kommen nach dem oben zur Organisationsgewalt Ausgeführten auch die Vorschriften über die Ausführung der Bundesgesetze, Art. 83 ff. GG. Hier geht es um die Abgrenzung der Verwaltungskompetenzen zwischen Bund und Ländern, nicht um deren Wahrnehmung in bestimmten Organisationsformen.[494] Selbst Art. 87 II GG fordert zwar rechtlich verselbständigte und auch mit Selbstverwaltung ausgestattete Organisationen der Sozialversicherungsträger; daß diese auch in der Organisationsform der Körperschaft des öffentlichen Rechts erfolgen soll, läßt sich dieser Vorschrift nicht entnehmen.[495]

c. *Notwendige Aufgaben der Körperschaften des öffentlichen Rechts aufgrund landesverfassungsrechtlicher Vorgaben?*

Abstellen könnte man dabei auf das in einigen Landesverfassungen gewährte Recht der öffentlich-rechtlichen Körperschaften und Anstalten auf das Recht der Selbstverwaltung in den durch das Gesetz gezogenen Grenzen.[496] Zum Selbstverwaltungsrecht soll dabei nach allgemeiner Auffassung auch die Mindestausstattung mit eigenverantwortlich zu erledigenden Aufgaben gehören. Es gibt mithin einen zum Selbstverwaltungsrecht gehörenden Anspruch auf Mindestausstattung mit öffentlichen Aufgaben. Doch unterscheidet sich diese Garantie gerade dadurch von der Selbstverwaltungsgarantie der kommunalen Gebietskörperschaften, daß hier verfassungsrechtlich kein bestimmter Kreis von Aufgaben festgelegt wird.

---

des Rundfunks nicht wahrnehmen können. Die Tätigkeit der Rundfunkanstalten vollzieht sich daher im öffentlich-rechtlichen Bereich. Die Rundfunkanstalten stehen in öffentlicher Verantwortung und erfüllen, indem sie Aufgaben öffentlicher Verwaltung wahrnehmen, zugleich integrierende Funktionen für das Staatsganze." Das wurde aber nicht verbunden mit einer bestimmten Organisationsstruktur.
490 *BVerfGE* 15, S. 256 ff. (262).
491 *Krebs* 1988, Rn. 70.
492 Vgl. *BVerfGE* 15, S. 256 ff. (262); 31, S. 314 ff. (322); 59, S. 231 ff. (254); 75, S. 192 ff. (196) – Sparkassen. Hierzu zählen auch die Kirchen, E 18, S. 385 ff. (386).
493 Daher hat das Gericht auch eine Staatsdistanziertheit etwa der Innungen (*BVerfGE* 68, S. 193 ff. [207] – Zahntechniker-Innungen), Gemeinden (E 61, S. 82 ff. [102 f.] – Sasbach) Kassenärztlichen Vereinigungen (NJW 1996, S. 1588 ff., 1589) abgelehnt.
494 Vgl. etwa GG-Kommentar Dreier-*Hermes* Art. 87, Rn. 76; v. Mangoldt/Klein/Starck-*Trute* Art. 83 Rn. 1.
495 Anders *Dittmann* 1983, S. 94, dem aber hier aus den oben (A III 2 a bb. [1.]) genannten Gründen nicht gefolgt wird.
496 Etwa Art. 71 I S. 3 LV-BW; Art. 57 I LV-Nieders.

Außerdem ist vorausgesetzt, daß bereits eine Körperschaft errichtet ist, für deren Selbstverwaltung dann ein Minimum eigenverantwortlicher Aufgabenwahrnehmung notwendig sein mag. Ein Kriterium für bestimmte notwendige Aufgaben der Körperschaft läßt sich daraus nicht gewinnen.

d. Notwendige Aufgaben von Körperschaften des öffentlichen Rechts aufgrund „gesellschaftlicher Selbstverwaltung"?

Eine andere Möglichkeit, notwendige Aufgaben der Körperschaften des öffentlichen Rechts zu begründen, könnte sein, zwei Arten von Aufgaben zu unterscheiden: erstens staatliche Aufgaben und zweitens Aufgaben der gesellschaftlichen Selbstverwaltung. Träger der erstgenannten Aufgabe bleibt der Staat, der sie nur zur Erfüllung auf die öffentlich-rechtliche Körperschaft überträgt und sich zur Wahrung seiner Verantwortung weitreichende Weisung und andere Kontrollrechte vorbehält. Zweitens Aufgaben der gesellschaftlichen Selbstverwaltung, die nicht nur keine staatlichen seien, sondern die der Staat auch gar nicht erfüllen dürfe.[497] Hierzu gehöre insbesondere die Interessenvertretung als typische Aufgabe der Kammern.[498] Nach der oben vorgeschlagenen Definition der öffentlichen Aufgabe bleibt die gesetzlich vorgeschriebene Interessenvertretungsfunktion eine öffentliche Aufgabe als öffentlich-rechtliche Verpflichtung, auch wenn sie inhaltlich gesellschaftliche Partikularinteressen betrifft.[499] In den entsprechenden Gesetzen wird hierfür zumeist der Begriff des „Gesamtinteresses" verwendet.[500] Dieser Ausdruck macht schon deutlich, daß mit dem vertretenen Interesse weder eine „Summe oder Potenzierung der Einzelinteressen noch der kleinste gemeinsame Nenner" gemeint ist; die Bestimmung dieses „Gesamtinteresses" setzt vielmehr „nach einer Ermittlung dieser Einzelinteressen deren Abwägung und einen Ausgleich voraus; die Kammern sollen angesichts der vielfältigen wirtschaftlichen Interessen wie ein Filter wirken".[501] Das gleiche ließe sich für die anderen Kammern anführen: Die Handwerkskammern sollen nach § 91 I Nr. 1 HwO „die Interessen des Handwerks . fördern und für einen gerechten Ausgleich der Interessen der einzelnen Handwerke und ihrer Organisation . sorgen".[502] Auch hier bedeutet dies eine Ausrichtung auf das Interesse des Gesamthandwerks, ohne daß dadurch die Vertretung der Interessen einzelner Mitgliedergruppen ausgeschlossen würde, sofern nicht die Interessen anderer Mitglieder dadurch verletzt

---

497 Dazu *Hendler* 1986, S. 678; kritisch *Frotscher* 1983, S. 142.
498 § 91 I HwO; § 1 I IHKG; § 73 I BRAO; § 76 BNotG. Zu deren Anerkennung auch BVerfGE 15, S. 235 ff. (241); zur Doppelstruktur der Aufgaben auch *Tettinger* 1997, S. 47 u. 83.
499 Freilich tritt die Interessenvertretung nun unter den Limitationen öffentlich-rechtlicher Regelungen ihrer Form auf, die somit mehr als ein „öffentlich-rechtliches Gewand" ist, das „im Prinzip nichts an der Funktion dieser Berufsstände oder Erwerbszweige als Interessengemeinschaften" ändert, anders aber *Fröhler/Oberndorfer* 1974, S. 14 ff.; *Schuppert* 1983, S. 190 f.
500 Vgl. zu den IHKn *Möllering* 2001, S. 25 ff.
501 *Frentzel/Jäkel/Junge/Hinz/Möllering* 1999, § 1 Rn. 6; Tettinger 1997, S. 86.
502 Dieser Zusammenhang spricht also nicht gegen die Interessenvertretungsfunktion der Kammern (so aber *Emde* 1991, S. 103), sondern dafür. Er zeigt aber zugleich, daß ihnen damit gerade nicht „im wesentlichen dieselbe Funktion zu[kommt, SK] wie privaten Verbänden" (*Kopp* 1992, S. 32), sondern eine interessenintegrierende Funktion, die zugleich im öffentlichen Interesse besteht und durch dieses geprägt ist.

werden.[503] Dabei ist intern auch die Ausgleichsfunktion zu berücksichtigen.[504] Für eine Beschränkung dieser Interessenvertretung auf die Formen von Anhörung, Anregung, Vorschläge etc. ist in den Gesetzen kein Anhaltspunkt zu finden.[505] Vielmehr handelt es sich um eine diesen gegenüber eigenständige Funktion.[506] Entsprechendes gilt auch für die Rechtsanwaltskammern.[507] Gerade diese Vermittlung liegt im Gemeinwohlinteresse. Durch die Bündelung der Interessen und ihre möglichst objektive Darstellung entlasten sie den Staat im Bereich der Wirtschaftsverwaltung und ermöglichen ihm ein höheres Maß an Sachnähe und Richtigkeit seiner Entscheidungen.[508] Deshalb ist es auch unzutreffend, wenn *Fröhler/Oberndorfer* von einer funktionalen Parallelen zur privatrechtlich organisierten Interessenvertretung auszugehen und insofern mit *Salzwedel* von einem Bereich „gesellschaftlicher Selbstverwaltung" sprechen.[509] Die Vorstellung, der privaten Interessenvertretung werde mit der Korporierung lediglich ein öffentlich-rechtlicher Mantel umgehängt, der diese Interessenvertretung inhaltlich unberührt lasse, verkennt, daß diese im öffentlichen Interesse wesentlich modifiziert.[510] In der Dialektik von Staat und Gesellschaft bedeutet gerade diese Aufgabe der Körperschaft die Wahrnehmung eines partikularen Allgemeinen: Sie ist nicht selbst Träger der Aufgabe, für das Gemeinwohl aller Bürger zu sorgen, sondern trägt dem Staat, dem diese Verantwortung zukommt, ein Gruppeninteresse vor; in dieser Funktion geht es aber anders als bei der Beteiligung privater Verbände nach §§ 47 I u. III u. 74 V GGO um eine der Objektivität und Repräsentativität verpflichtete Information staatlicher Stellen. Nur aufgrund dieses Abstands zu privatrechtlicher Interessenvertretung ist auch die Zwangsmitgliedschaft zu rechtfertigen.

Gegen die Annahme der Interessenvertretung als notwendiger, weder von privaten Organisationen noch vom Staat wahrzunehmender öffentlicher Aufgaben könnte aber die Auffassung des BVerfG von der Grundrechtsfähigkeit interessenvertretender Körperschaften sprechen. Diese sollen nur insofern grundrechtsberechtigt sein, als sie keine öffentlichen Aufgaben wahrnehmen. In bezug auf ihre Interessenvertretungsfunktion aber soll eine Grundrechtsberechtigung in Betracht kommen. Also kann die Interessenvertretung keine öffentliche Aufgabe sein. Sieht man sich die Gründe näher an, so geht es um die Unterscheidung von freiwilligen,

---

503 *Musielak/Detterbeck* 1995, § 91 Rn. 2; *BVerwG* NJW 1982, S. 1298.
504 Die Integrationsfunktion ist vielleicht im Bereich des Handwerks am größten, weil hier eine stärkere Partizipation der abhängig beschäftigten Gesellen vorgesehen ist, vgl. auch *Hoffmann-Riem* 1984, S. 286; *ders.* 1980, S. 26 f.
505 So aber *Emde* 1991, S. 93.
506 *Frentzel/Jäkel/Junge/Hinz/Möllering* 1999, § 1.
507 *Feuerich/Weyland* 2003, § 73 Rn. 16 mit weiteren Nachweisen für die anderen Kammern der freien Berufe.
508 *BVerfG* NVwZ 2002, S. 336; *Jahn* 2002, S. 101.
509 So aber *Fröhler/Oberndorfer* 1974, S. 28 ff. u. 47 ff. (50): „Gesellschaftliche Selbstverwaltung liegt daher vor, wenn die im demokratischen Gemeinwesen unserer Vorstellung unerläßliche (staats-)freie gesellschaftliche Interessenartikulation von einem zwangsweise gebildeten, öffentlich-rechtlichen Organisationsgrundsätzen, – daher besonderen Anforderungen an die demokratische Legitimität des Willensbildungsprozesses -, unterworfenen Verband wahrgenommen wird."
510 Das unterscheidet sie in bezug auf den öffentlich-rechtlichen Charakter der Aufgaben von den Religionsgemeinschaften, deren Status als Körperschaften des öffentlichen Rechts nicht mit der Auferlegung öffentlich-rechtlicher Verpflichtungen verbunden ist, sondern der Effektuierung ihrer grundrechtsgetragenen Wirksamkeit dient (s. u. S. 512).

B. Bildung und Errichtung der Körperschaft des öffentlichen Rechts

gesellschaftlichen Interessen und öffentlich-rechtlicher Verpflichtung, auch Grundrechtsverpflichtung der staatlichen Gewalt. Die Interessenvertretung genügt nun beiden Kriterien: Einerseits sind die Interessen, die zu vertreten die Körperschaft verpflichtet ist, gesellschaftlicher Natur; andererseits ist die Verpflichtung zu ihrer Integration und Vertretung öffentlich-rechtlich und als solche Gegenstand der staatlichen Rechtskontrolle.[511] Das bedeutet aber, daß sie in der Form als öffentliche Aufgabe zugewiesen wird, in der Sache aber eine im Allgemeininteresse erfolgende Vertretung gesellschaftlicher Interessen bedeutet. In der Sache bezieht sie sich auf die Betätigung der Grundrechte der Mitglieder, auch wenn sie in der Form zur öffentlichen Aufgabe zählt. Das bestätigt die Grundfunktion der Körperschaft des öffentlichen Rechts, die eine organisatorische Verstärkung der Grundrechte in Bereichen darstellt, die von besonderem öffentlichen Interesse sind.

Es bleibt also bei dem oben festgestellten Befund: Wenn privatautonom gebildete Organisationen freiwillig Ziele von öffentlichem Interesse verfolgen, werden durch den Inhalt dieser Ziele weder sie selbst noch diese Ziele öffentlich. Wenn sie öffentlich-rechtlich verpflichtet werden, eine im Interesse der Allgemeinheit liegende Aufgabe zu erfüllen, liegt eine öffentliche Aufgabe vor, gegen deren Übertragung sie sich grundrechtlich wehren können. Wenn eine öffentlich-rechtlich errichtete Organisation verpflichtet wird, gesellschaftliche Interessen wahrzunehmen, weil dies im öffentlichen Interesse geboten erscheint, so ist sie formell Träger einer öffentlichen Aufgabe, die aber gesellschaftliche Interessen zum Gegenstand hat.

Diese Aufgabe kann keine staatliche sein, da sie inhaltlich Ausprägung der Interessen der Grundrechtsträger sind, auch wenn sie wegen ihrer besonderen Bedeutung im Interesse der Allgemeinheit die Form einer öffentlichen Aufgabe erhalten haben.[512]

e. *Vermeidung von Machtkonzentration als Grundlage notwendiger Aufgaben der öffentlichen Körperschaften*

Zu stärkeren Anforderungen an die Übertragung eines bestimmten Kreises von Aufgaben kommt man auch nicht, wenn man dem BVerfG darin folgt, daß zur Gemeinwohlkonzeption des Grundgesetzes die Vermeidung von Machtkonzentration auch über die Gewaltenteilung hinaus gehört.[513] Das BVerfG hat damit das Prinzip der Dezentralisierung zu den Funktionsbedingungen der freiheitlich demokratischen Grundordnung der Bundesrepublik Deutschland gezählt und dabei auch in Rechnung gestellt, daß diese Form der Verwaltung gegenüber einer zentralisierten

---

511 *Klein* 1957, S. 150 spricht daher zu Recht von einem nur scheinbaren Widerspruch, der darin liegt, daß der einzelne in einen Verband gezwungen wird, der seine privaten Interessen vertritt. Es geht hier nicht um die Mediatisierung seiner Interessenvertretung, sondern darum, daß die Vertretung der privaten zugleich im öffentlichen Interesse liegt, sei es, daß sie überhaupt artikuliert und gehört werden können, sei es, daß sie ausgewogen repräsentiert oder schließlich, daß sie integriert werden.
512 *Hendler* 1986, S. 297; *Schuppert* 1981, S. 162 f.
513 *BVerfGE* 5, 85 (199 f.) – KPD-Verbot: „Das Prinzip der Aufteilung der Staatsmacht auf verschiedene, sich gegenseitig kontrollierende und hemmende Träger dient der Vermeidung übermäßiger Machtkonzentration an einer Stelle im Staat. Das gleiche Ziel verfolgt die Abspaltung von Bereichen der Staatstätigkeit aus der zentralen Leitung durch Übertragung an Körperschaften und Personengemeinschaften zu grundsätzlich selbstverantwortlicher Wahrnehmung."

Form weniger kostengünstig sein könne.⁵¹⁴ Daraus folgt jedoch nur, daß Dezentralisierung der Staatsorganisation durch Körperschaften des öffentlichen Rechts Machtkonzentration vermeiden kann, jedoch weder, daß diese Dezentralisierung notwendig durch Körperschaften des öffentlichen Rechts und nicht auch durch andere juristische Personen des öffentlichen Rechts erfolgen kann, noch daß damit diesen Körperschaften bestimmte Aufgaben zukommen müßten.

f. Zusammenfassung

Die Körperschaften des öffentlichen Rechts nehmen also vom Gesetzgeber zugewiesene öffentliche Aufgaben in eigener Verantwortung und staatliche Aufgaben als übertragene wahr. Im Ergebnis bleibt es dabei, daß sich für das Gros der Körperschaften des öffentlichen Rechts mögliche, sinnvolle öffentliche Aufgaben finden lassen, aber keine notwendigen.⁵¹⁵ Der Gesetzgeber hat bei der Zuordnung von öffentlichen Aufgaben zu Körperschaften ein weites Ermessen.⁵¹⁶ Entsprechend hat das BVerfG festgestellt, daß eine grundsätzliche Formenwahlfreiheit des Gesetzgebers besteht hinsichtlich der Frage, ob er eine öffentliche Aufgabe durch seine unmittelbare Staatsverwaltung oder durch verselbständigte Verwaltungsträger ausführen lassen möchte.⁵¹⁷ Bei den übertragenen Aufgaben lassen sich dann Typen bilden, die aber keinen abschließenden Charakter besitzen, so daß laufend neue Arten von Aufgaben gefunden oder bestehende anderen Trägern zugewiesen werden können. Immerhin haben die vorstehenden Ausführungen ergeben, daß es staatliche Aufgaben geben kann, die keine körperschaftlichen sein können, und körperschaftliche, die keine staatlichen sein können.⁵¹⁸ So hat auch das BVerfG den Bereich der öffentlichen Aufgaben, die für eine Übertragung an Körperschaften des öffentlichen Rechts in Betracht kommen, durch das Feld der privaten Interessenverfolgung einerseits und der Staatsaufgaben andererseits abgesteckt.⁵¹⁹

Die Frage wandelt sich somit von der rechtsdogmatischen zur rechtspolitischen, welche Aufgaben im Bereich der möglichen der Körperschaft des öffentlichen Rechts sinnvoller Weise übertragen werden können. Grundlage dabei muß das Spezifikum der Körperschaft des öffentlichen Rechts, nämlich ihre mitgliedschaftliche

---

514 „Eine zentralistisch organisierte Verwaltung könnte allerdings in vielerlei Hinsicht rationeller und billiger arbeiten; die Verfassung setzt diesen ökonomischen Erwägungen jedoch den politisch-demokratischen Gesichtspunkt der Teilnahme der örtlichen Bürgerschaft an der Erledigung ihrer öffentlichen Aufgaben (oben 3. a) entgegen und gibt ihm den Vorzug." BVerfG 79, 127 (153) – Rastede.
515 Groß 1999, S. 235 ganz allgemein: „Für unterschiedliche Aufgaben können unterschiedliche Organisationsformen gewählt werden." Davon ist die Frage zu unterscheiden, ob zur Wahrnehmung der sinnvoll auf Körperschaften des öffentlichen Rechts übertragenen Aufgaben die Pflichtzugehörigkeit notwendig ist, BVerfGE 15, S. 235 ff. (242).
516 BVerfGE 38, S. 281 ff. – Arbeitnehmerkammern; Schuppert 1981, S. 157 f.
517 E 15, S. 235 ff. (242) – ; 10, S. 89 ff. (102) – Großer Erftverband.
518 Anders aber Forsthoff 1973, S. 524: „Es gibt aber ... keine Gemeindeaufgaben, die nicht Staatsaufgaben sein können und vice versa". Forsthoff schränkt dies nur in bezug auf die Aufgaben, die sich aus der Existenz der Gemeinde ergeben, wie etwa die Verwaltung des eigenen Vermögens, ein.
519 BVerfGE 38, 281 ff. – Arbeitnehmerkammern: Mit dem Begriff der „legitimen öffentlichen Aufgaben" seien solche „Aufgaben gemeint, an deren Erfüllung ein gesteigertes Interesse der Gemeinschaft besteht, die aber so geartet sind, daß sie weder im Wege privater Initiative wirksam wahrgenommen werden können noch zu den im engeren Sinn staatlichen Aufgaben zählen, die der Staat selbst durch seine Behörden wahrnehmen muß."

Verfassung sein.⁵²⁰ Ohne einen gewissen Gestaltungsspielraum bleibt die Übertragung einer Aufgabe nicht sinnvoll.⁵²¹

Wo es im wesentlichen um die fachliche Kompetenz geht, sind, wie oben gezeigt, nichtbürokratische Organisationsform vorteilhafter. Der Wissenschafts- und Forschungsbetrieb entzieht sich – abgesehen von seiner verfassungsrechtlich gebotenen Staatsdistanziertheit – einer hierarchischen Steuerung und ist wesentlich auf individuelle, kollegiale und kooperative Entscheidungsstrukturen angewiesen.⁵²² Allein aus diesen sachlichen Strukturen bedürfte es aber keiner körperschaftlichen Verfassung.⁵²³ Hier reichen andere Formen der Verselbständigung von Verwaltungstätigkeit aus. Umgekehrt werden Körperschaftsstrukturen überfordert, wenn von Körperschaften Leistungen an die Allgemeinheit oder eine Interessenvertretung einer sehr abstrakten Gruppe verlangt werden. Dies zeigt sich einerseits an den Sozialversicherungskörperschaften und andererseits an den Arbeitnehmerkammern. Bereiche, in denen die Verfassung eine besondere staatliche Aufsicht und die Herstellung eines Mindestmaßes an Egalität verlangt, wie etwa der Grundschulbereich, sind ebenfalls keine geeigneten Kandidaten für eine körperschaftliche Organisation.⁵²⁴

3. Arten der Aufgaben

Die Arten der Aufgaben der Körperschaften des öffentlichen Rechts können nach verschiedenen Gesichtspunkten unterschieden werden.⁵²⁵ Möglich wäre es, nach den bei ihrer Erfüllung verwendeten Handlungsformen,⁵²⁶ nach Pflicht-, Soll- und freiwilligen Aufgaben⁵²⁷ zu unterscheiden. Demgegenüber wird klassisch und zu Recht nach der Interessenrichtung differenziert.⁵²⁸ Wenn die Körperschaft des öffentlichen Rechts eine Verwaltungsorganisation darstellt, die durch ihre mitgliedschaftliche Prägung gekennzeichnet ist, dann kann zur Differenzierung der Aufgaben auf den Adressatenkreis der Begünstigten innerhalb oder außerhalb der Körperschaft abgestellt werden. Danach können interessenvertretende von fördernden Aufgaben im Interesse der Mitglieder und disziplinierende Aufgaben, die zugleich im öffentlichen Interesse bestehen, abgehoben werden.⁵²⁹

Zu den Aufgaben im Interesse der Körperschaftsmitglieder gehört neben der Interessenvertretung (s. u., S. 519) auch beratende Tätigkeiten,⁵³⁰ Bildungsaufgaben im Bereich der funktionalen Selbstverwaltung⁵³¹ und andere Förderungen der

---

520 *Bieback* 1982, S. 896.
521 *Kluth* 2002, S. 356.
522 *Trute* 1994, S. 339.
523 *Bieback* 1982, S. 895.
524 *Bieback* 1982, S. 896.
525 Verwaltungswissenschaftlich unterscheidet *Gulick* (1976, S. 153 ff.) nach dem Zweck, nach der Art der Verrichtung oder den Tätigkeiten (Verrichtungsprinzip), nach dem Ort oder der Region, die verwaltet werden soll (Regionalprinzip) und nach Personengruppen, mit denen man es zu tun hat (Klientelprinzip).
526 So etwa *Hsu* 2004, S. 223.
527 Vgl. etwa § 54 HwO.
528 Vgl. etwa *Kluth* 2005, S. 370.
529 *Brohm* 1983, S. 781 ff.
530 Etwa § 73 II Nr. 1 BRAO.
531 *Emde* 1991, S. 111 f.; *Brohm* 1969, S. 71.

Mitglieder, sowie soziale Dienste für notleidende Mitglieder, Ausgleich von Mitgliederinteressen, Inkassotätigkeit für Mitglieder,[532] Vertretung der Mitglieder gegenüber Behörden und Organisationen,[533] die gutachterlichen Betätigungen, Bewirtschaftung und Erhaltung des Körperschaftsvermögens und andere.

Im Interesse der über den Kreis der Mitglieder der Körperschaft hinausreichenden Allgemeinheit erfüllen Körperschaften die Aufgaben der Beratung staatlicher Stellen,[534] der Erstellung von Gutachten, Einreichung von Vorschlägen, sowie sonstige Unterstützungsleistungen. Sie vereidigen Sachverständige und entsenden Vertreter in staatliche oder andere Selbstverwaltungsorgane. Während die Körperschaften diese Aufgaben im öffentlichen und zugleich staatlichen Interesse wahrnehmen, können noch andere Aufgaben im öffentlich-gesellschaftlichen Interesse unterschieden werden. Hierzu gehört die Streitschlichtung zwischen Kammermitgliedern und ihren Auftraggebern, die Führung von Verzeichnissen,[535] die Ausstellung von Bescheinigungen und andere Urkundsfunktionen. Auch Disziplinierung der Mitglieder[536] durch die Aufstellung von Standesrecht und die Berufsaufsicht, sowie die Standesgerichtsbarkeit[537] liegen zugleich im gesellschaftlichen Interesse.[538] Auch die Berücksichtigung allgemeiner Folgen des Handelns der Körperschaftsmitglieder für die Umwelt der Körperschaft können zu Aufgaben derselben führen.[539]

4. Grenzen der Übertragung von öffentlichen Aufgaben an Körperschaften des öffentlichen Rechts

Sind somit die möglichen Aufgaben der Körperschaften des öffentlichen Rechts durch die nicht notwendig staatlichen öffentlichen Aufgaben bezeichnet und lassen sich mit der Ausnahme der Selbstverwaltungsgarantie von Gemeinden und Gemeindeverbänden nach dem GG und den entsprechenden Bestimmungen der Landesverfassungen keine notwendigen Aufgaben ausmachen, so ist zu fragen, ob es in diesem Rahmen Grenzen der Übertragung von Aufgaben an Körperschaften des öffentlichen Rechts gibt.[540] Erfolgte die Abgrenzung bisher gegenüber den notwendig oder obligatorischen staatlichen Aufgaben, so ist nun die Abgrenzung der Aufgaben der Körperschaften gegenüber gesellschaftlichen Angelegenheiten zu betrachten. Solche Grenzen bestehen insbesondere vor dem später ausführlicher zu diskutierenden Hintergrund der Zwangsmitgliedschaft, die den Bürger in seiner allgemeinen Handlungsfreiheit betrifft. Das BVerfG grenzt hier den Kreis der

---

532 § 28 SeelG.
533 § 177 I Nr. 4 BRAO. Der Begriff der „Organisationen" dürfte dabei weit zu verstehen sein und jedenfalls bei den als Körperschaften verfaßten Dachorganisationen auch europäische und außereuropäische umfassen, für die Bundesnotarkammer *Tettinger* 1997, S. 17.
534 Dies betrifft besonders die berufsständischen Kammern, *Bachof* 1958, S. 241 f.
535 Führung von öffentlichen Verzeichnissen, z. B.: Handwerksrolle (§ 91 I Nr. 3 HdwO), Handelsregister (§ 126 FGG), Architektenlisten (etwa § 13 nw.BauKaG).
536 *Zimmermann* 1993, S. 162 f.
537 *Tettinger* 1997, S. 194 f.
538 *Schuppert* 1981, S. 100; *Emde* 1991, S. 110 f.; *Brohm* 1969, S. 70; *Tettinger* 1997, S. 175.
539 Hier ist etwa die Berücksichtigung umweltgerechter Wirtschaftsweise in der Landwirtschaft zu nennen, *Tettinger* 1997, S. 10.
540 *Scheuner* 1967, S. 620.

mögliche Aufgaben einer Körperschaft durch die Notwendigkeit einer „legitimen öffentlichen Aufgabe" ein.⁵⁴¹ Es reicht also aus der nach Abzug der Staatsaufgaben verbliebenen Gruppe der öffentlichen Aufgaben nicht jede aus, sondern nur eine, „an deren Erfüllung ein gesteigertes Interesse der Allgemeinheit besteht".⁵⁴²

a. Die Legitimität der Aufgabe

Es ist durchaus fraglich, was unter dem Begriff der „Legitimität" zu verstehen ist.⁵⁴³ Für eine Klärung dieses Kriteriums der Aufgabe ist davon auszugehen, daß öffentliche Aufgaben staatliche und sonstige enthalten, die, wenn sie der Körperschaft zur eigenverantwortlichen Erledigung übertragen wurden, Selbstverwaltungsaufgaben sind. „Legitim" muß für diese nicht dasselbe bedeuten wie für die staatlichen Aufgaben.⁵⁴⁴ Sie müssen aber gegenständlich beschränkter sein. *Tettinger* hat sie daher zu Recht bestimmt als eine Agenda von Aufgaben, die deutlich umrissen und funktionsorientiert sind und an deren Erfüllung ein gesteigertes Gemeinschaftsinteresse besteht.⁵⁴⁵ Bei Selbstverwaltungsaufgaben wird dabei allgemein der Gedanke der „sachgerechten Funktionswahrnehmung" durch einen orts- und sachnäheren Verband im Vordergrund stehen.⁵⁴⁶ Doch ist damit noch nicht erklärt, warum eine Aufgabe einem bestimmten Selbstverwaltungsträger übertragen wird. Es stellt sich insbesondere die Frage, wieso zur Erfüllung einer Aufgabe ein Verband mit Zwangsmitgliedschaft erforderlich sein soll. Deshalb ist bei dem unter Abzug der staatlichen verbleibenden Kreis der öffentlichen Aufgaben weiter zu unterscheiden nach dem Träger der öffentlichen Aufgabe. Legitim sind danach angesichts ihrer mitgliedschaftlichen Prägung nur solche öffentlichen Aufgaben der Körperschaft, die einen Bezug zu diesen Mitgliedern als einer gegenüber der Gesamtheit der Staatsbürger besonders betroffenen Gruppe haben.⁵⁴⁷ Hintergrund der Bestimmung der Legitimität der Aufgabe ist dann also der unterschiedliche Legitimationsmodus durch die Partizipation der Mitglieder an den wesentlichen Körperschaftsentscheidungen. Ausgeschlossen ist damit ein allgemeinpolitisches Mandat.⁵⁴⁸

---

541 Std. Rspr. *BVerfGE* 10, S. 89 ff. (102); 38, S. 281 ff.; vgl. auch *Häberle* 1970, S. 104 f.; *Schöbener* 2000, S. 380 ff.
542 *BVerfGE* 38, S. 281 ff. – Arbeitnehmerkammern; *BVerfG* NVwZ 2002, S. 336.
543 *Kelber* 1998, S. 19 ff., lehnt allerdings die Legitimität als Kriterium der Grenzen der Aufgabenübertragung auf Körperschaften des öffentlichen Rechts ab.
544 *Schöbener* 2000, S. 383.
545 *Tettinger* 1995, S. 171, im Anschluß an das *BVerfG* (vgl. o. Fußn. 541).
546 *Schöbener* 2000, S. 384.
547 *Kelber* 1998, S. 65 ff.; für die Legitimität der Übertragung von öffentlichen Aufgaben auf sonstige Selbstverwaltungsträger mag man hingegen genügen lassen, daß auf diese Weise ein möglichst hohes Maß an „Sachnähe und Richtigkeit" erzielt wird, *BVerfGE* 14, S. 235 ff. (240).
548 *BVerwGE* 64, S. 298 ff.; für die verfaßten Studentenschaften jetzt noch einmal bestätigt durch *VG Berlin* WissR 2002, S. 366 ff.; *BVerfG* NVwZ 1998, 1286–1287; *OVG Berlin* DÖV 2004, S. 933 hat hervorgehoben, daß dies auch für die Frage der Finanzierung allgemeinpolitischer Kampagnen durch dritte gilt, die unzulässig ist. Für die Universitäten hat Ernst Cassirer den Grundgedanken 1930 prägnant zum Ausdruck gebracht: „Die deutschen Universitäten sind keine politischen Organisationen ... ihre Selbständigkeit bedeutet freilich nicht, daß sich dem Ganzen der staatlichen Gemeinschaft entziehen, daß sie einen ‚Staat im Staate' bilden sollen ... Die Universität ist freilich nicht die Stätte, an der die politischen Kämpfe zum Austrag gebracht werden können; aber sie soll diese Kämpfe in ihrem Sinn und Ursprung zu verstehen suchen", *Cassirer* 1992, S. 169.

Angesichts der durch die (Pflicht-)Mitgliedschaft in einer Körperschaft des öffentlichen Rechts verbundenen Beeinträchtigung von Art. 2 I GG der erfaßten Personengruppe kann ferner legitim nur eine Aufgabe sein, die das Übermaßverbot berücksichtigt.[549] Legitim sind damit nur solche Aufgaben, die weder notwendige staatliche Aufgaben noch solche, die in privater Initiative wahrgenommen werden können. Unter den verbleibenden öffentlichen Aufgaben sind legitim dann solche, an „deren Erfüllung ein gesteigertes Interesse der Gemeinschaft besteht".[550]

b. Interessenwahrnehmung nicht als legitime Aufgabe?

Ausgehend von der Annahme, die Körperschaften nähmen nur delegierte staatliche Aufgaben wahr,[551] wurde ihre Interessenvertretungsfunktion bestritten.[552] Interessenvertretung sei keine staatliche Aufgabe und könne daher nicht Aufgabe der Körperschaften sein. Sie hätten nur die Aufgabe, den Status der Berufsangehörigen geltend zu machen, nicht aber die wirtschaftlichen Interessen ihrer Mitglieder.[553] Diese Auffassung geht allerdings davon aus, daß alle öffentlichen Aufgaben zugleich Staatsaufgaben sind, von denen sich der Staat dann im Wege der Delegation trenne.[554] Daß diese Auffassung abzulehnen ist, wurde oben bereits begründet.[555] Das BVerfG hat deshalb schon früh[556] die Interessenvertretung als legitime öffentliche Aufgabe anerkannt: „Bei den Aufgaben der Industrie- und Handelskammern lassen sich zwar die beiden Komplexe ,Vertretung der gewerblichen Wirtschaft gegenüber dem Staat' und ,Wahrnehmung von Verwaltungsaufgaben auf wirtschaftlichem Gebiet' deutlich unterscheiden; es ist jedoch unzweifelhaft, daß es sich in beiden Fällen um legitime öffentliche Aufgaben (BVerfGE 10, 89 [102]) handelt".[557] Interessenvertretung ist mithin weder eine delegierte staatliche noch eine gesellschaftliche Aufgabe, mit der die Körperschaft „beliehen" würde.[558] Die Interessenvertretungsfunktion erschöpft sich auch nicht in den Aufgabenkatalogen der Kammern. Hier sind zwar spezielle Aufgaben aufgezählt. Sie haben jedoch keinen abschließenden Charakter[559] und bilden auch sonst keinen Anlaß dafür, daß eine

---

549 *Zimmermann* 1993, S. 172; *Brohm* 1983, S. 794.
550 *BVerfGE* 38, S. 281 ff. (299) – Arbeitnehmerkammern.
551 „was nicht Aufgabe des Staates sein kann, ist auch den Körperschaften verwehrt", *Redeker* 1982, S. 1267; kritisch dazu zu Recht *Tettinger* 1995, S. 171.
552 Besonders *Emde* 1991, S. 93. Nicht einleuchtend ist der Gedanke von *Kluth* (1997, S. 324), Interessenvertretung sei ein Reflex der Zuweisung von staatlichen Aufgaben und daher selbst eine staatliche Aufgabe. Die Interessenvertretung ist nicht nur Annex, sondern gehört neben anderen zu den den Körperschaften zugewiesenen Aufgaben.
553 *Redeker* 1982, S. 1267.
554 *Redeker* 1982, S. 1267.
555 Vgl. i. ü. auch *Fröhler/Oberndorfer* 1974, S. 10; *Zimmermann* 1993, S. 171.
556 E 15, S. 235 ff. (241) – Pflichtzugehörigkeit zu IHKs.
557 Für die Handwerkskammern bestätigt in *BVerfGE* 32, S. 54 ff. (64) – Betriebsbetreuungsrecht; in E 33, S. 125 ff. (157) – Facharzt für die Ärztekammern, vgl. auch *Tettinger* 1995, S. 172; *ders.* 1997, S. 139 f.; *Hoffmann-Riem* 1980, S. 20 f.
558 So aber *Fröhler/Oberndörfer* 1974, S. 27; anders zu Recht *Kluth* 1986, S. 723, der die Interessenvertretung als Reflex der Zuweisung einer öffentlichen Aufgabe ansieht.
559 *Frentzel/Jäkel/Junge/Hinz/Möllering* 1999, § 1 Rn. 13 f. für die IHKs und *Feuerich/Weyland* 2003, § 73 Rn. 2 für die Rechtsanwaltskammern.

B. Bildung und Errichtung der Körperschaft des öffentlichen Rechts

Interessenvertretung nur insofern möglich sei.[560] Interessenvertretung kann durchaus eine öffentliche Aufgabe darstellen.

Weiter wird vorgetragen, Interessenvertretung durch öffentlich-rechtliche Körperschaften sei ausgeschlossen, weil dies zum Meinungsbildungsprozeß gehöre und genügend private Verbände vorhanden seien, um diese Interessen zu artikulieren.[561] Auch wird die aus seiner negativen Meinungsfreiheit folgende Freiheit des Einzelnen vor staatlicher Bevormundung eingewandt.[562] Doch vertritt die Körperschaft die Meinung eines Einzelnen genauso wenig an seiner Stelle, wie sie als juristische Person der unmittelbare Ausdruck der addierten Einzelwillen ist. Vielmehr vertritt sie den gemeinsamen Willen der Rechtsperson.[563] Das BVerfG hat auch hier den besonderen Charakter der Vertretung der Gesamtinteressen hervorgehoben, der in der öffentlich-rechtlichen Verpflichtung zur Abwägung der Interessen und der Pflicht zu einem Höchstmaß an Objektivität besteht.[564] Es bleibt den einzelnen und privaten Vereinigungen unbenommen, neben der öffentlich-rechtlich überlagerten Interessenvertretung der Körperschaft auf anderem Wege ihre Interessen zu bekunden. Eine öffentlich-rechtliche Körperschaft, die genau dieselben Interessen vertritt wie ein bestehender privatrechtlicher Band, würde freilich keine legitime öffentliche Aufgabe erfüllen:[565] „Die körperschaftliche Interessenvertretung bedarf . der Rechtfertigung, weil der Staat mit ihr die Erfüllung einer Aufgabe reguliert, die grundsätzlich dem freien Spiel der gesellschaftlichen Initiativen überantwortet bleiben muß".[566]

Für die Interessenvertretungsfunktion von Körperschaften des öffentlichen Rechts wird angeführt, der Gesetzgeber habe diesen öffentlichen Verbänden die Interessenvertretung übertragen, um deren angemessene Repräsentation sicherzustellen. Dadurch habe er die Interessenvertretung aber gegenüber der gesellschaftlichen Form nicht substantiell verändert. Er halte also bestimmte Interessen im Allgemeininteresse für besonders schutzbedürftig.[567] Zwar gingen, wie oben im historischen Teil dargestellt werden konnte, zahlreiche Kammern aus gesellschaftlichen Verbänden mit ähnlicher Zielsetzung – teilweise sogar auf deren ausdrückliches Betreiben – hervor. Deshalb ist es auch verkürzend, sie aufgrund dieses Formwandels in ihrer öffentlich-rechtlichen Gestalt als bloße Hilfsorgane der staatlichen Behörden aufzufassen.[568] Andererseits unterstellte sie diese Transformation

---

560 So aber *Emde* 1991, S. 93 u. 290 f.; dagegen dezidiert auch *Tettinger* 1997, S. 44 f.
561 *Kleine-Cosack* 1986, S. 161.
562 Zu diesem Recht BVerwGE 64, S. 298 ff. (301).
563 Im Ergebnis auch *Kluth* 1997, S. 322.
564 BVerfGE 15, S. 235 ff. (241): „Die von der Beschwerdeführerin gezogene Parallele zu den Fachverbänden übersieht, daß diese primär die Interessen ihrer Wirtschaftszweige vertreten, so daß eine umfassende Würdigung entgegenstehender und allgemeiner Interessen von ihnen nicht ohne weiteres erwartet wird. Demgegenüber ist es den Industrie- und Handelskammern gesetzlich zur Pflicht gemacht, stets das Gesamtinteresse der gewerblichen Wirtschaft im Auge zu behalten und die wirtschaftlichen Interessen einzelner Gewerbezweige oder Betriebe lediglich ‚abwägend und ausgleichend zu berücksichtigen'; es ist ihnen die gesetzliche Verantwortung dafür auferlegt, daß sie im Rahmen ihrer Aufgabe, die gewerbliche Wirtschaft im ganzen zu fördern, das höchstmöglich Maß von Objektivität walten lassen."
565 *Brohm* 1983, S. 798.
566 *Mußgnug* 1989, S. 674.
567 *Oberndorfer* 1987, S. 36 f.; *Brohm* 1983, S. 797, der allerdings ebenfalls auch die Gefahr einer „Überrepräsentanz" durch öffentlich-rechtliche und zahlreiche private Interessenvertretungen hinweist.
568 So aber schon aus historischen Gründen unzutreffend, *Emde* 1991, S. 90 ff.

dem Regime des am Gemeinwohl orientierten öffentlichen Recht, so daß eine rein am Einzelwohl von Mitgliedern orientierte Interessenverfolgung ausgeschlossen sein mußte. Sie unterliegen bei der Interessenvertretung einem gewissen Objektivitätsgebot. Interessenvertretung durch öffentlich-rechtliche Körperschaften ist auf kooperative Interessenrepräsentation, nicht wie die der privaten Verbände auf konfrontative Interessendurchsetzung angelegt.[569] Vermittelnde Positionen billigen den Kammern nur eine „objektivierende", nicht auf Individuen bezogene Interessenvertretung zu.[570] So hält auch *Tettinger* die Interessenvertretung für eine legitime Aufgabe der Körperschaften des öffentlichen Rechts, schließt aber die Vertretung rein wirtschaftlicher Interessen des Einzelnen aus.[571] Entscheidend ist die Berufsbezogenheit der Interessen.[572] Soweit sie aber legitimerweise erfolge, handele es sich nicht um delegierte staatliche Aufgaben. Ohnehin kommt nicht jede Körperschaft für eine Interessenvertretung in Betracht. Erforderlich ist eine gewisse Homogenität der Interessen, wie sie etwa bei den berufsständischen Kammern, nicht aber bei den verbändegetragenen Körperschaften der Sozialversicherung besteht.[573] Für diese These spricht auch die besondere Einbeziehung in die Vorbereitung staatlicher Entscheidungen, bei der der Staat einerseits die Informationen über die Sichtweise des Standes zu einem bestimmten Sachproblem, nicht aber eine partikularistische Perspektive benötigt.[574]

Die Vertretung von Einzelinteressen kann schon deshalb nicht die Aufgabe von Körperschaften des öffentlichen Rechts sein, weil ihr Schutz auch im Allgemeininteresse durch die Grundrechte erreicht wird (s. o.).[575] Legitime Aufgabe kann nur ein Interesse sein, daß mit der Organisation dieser Aufgabe in der Form eines öffentlichen Verbandes verfolgt werden kann. Das bedeutet, daß die Körperschaft hier als Filter wirkt, der eine Gemeinsamkeit durch Abwägung und Ausgleich der Mitgliederinteressen ermittelt, dabei jedoch nicht die Gruppeninteressen anderer Lebensbereiche berücksichtigen muß.[576] Das kann auch nicht jedes Gruppeninteresse sein, da dieses regelmäßig auch in privaten Verbänden verfolgt werden kann. In Betracht kommt somit nur ein Gruppeninteresse, dessen Repräsentation durch private Organisationen nicht hinreichend geschützt ist, das aber zugleich auch im öffentlichen, und zwar im „gesteigerten Interesse der Gemeinschaft"[577] als schutzwürdig erscheint.

---

569 *Hoffmann-Riem* 1980, S. 20 f.: Während sich ein Gleichgewicht der bei der konfrontativen Interessenvertretung idealtypisch durch die Marktmechanismen extern einstellt, ist die Körperschaft des öffentlichen Rechts auf interne Interessenharmonisierung hin angelegt.
570 *Mußgnug* 1989, S. 676, was gesetzlich mit der Hervorhebung des „Gesamtinteresses", also des integrierten Interesses der Mitglieder zum Ausdruck gebracht wird.
571 1997 S. 140 f. u. 144; 1985, S. 72 f.
572 *Scharf* 1983, S. 607.
573 Innerhalb der Kammern ist diese wiederum eher bei denen der freien Berufe, als bei den Erwerbszweige repräsentierenden Handwerks- und Landwirtschaftskammern, die Mitglieder sehr verschiedener Stellung repräsentieren, gegeben, *Schuppert* 1983, S. 204 f.
574 *Mußgnug* 1989, S. 677.
575 Nicht ausgeschlossen ist damit aber – wie etwa § 1 II S. 1 WVG festhält, daß die Erfüllung der zugleich dem Nutzen der einzelnen dient.
576 *Frentzel/Jäkel/Junge/Hinz/Möllering* 1999, § 1 Rn. 6.
577 *BVerfGE* 38, S. 281 ff. (299) – Arbeitnehmerkammern.

B. Bildung und Errichtung der Körperschaft des öffentlichen Rechts

Umgekehrt sind Körperschaften auch nicht Sprachorgan des öffentlichen Interesses schlechthin: Sie verfügen über kein allgemeinpolitisches Mandat.[578] Die ihnen aufgetragene Interessenvertretung stellt vielmehr ein partikuläres politisches Mandat dar.[579] In standespolitischen, bei den körperschaftlich verfaßten Studentenschaften in hochschulpolitischen Angelegenheiten, bei den Gemeinden in Angelegenheiten mit lokalem Bezug besitzen sie ein politisches Mandat. Dieses partikular-politische Mandat hat Grund und Grenze in der Aufgabe der Körperschaften, die bei den einschlägigen Körperschaften sowohl im gemeinsamen Interesse der Mitglieder als in der Integration dieser Interessen auch im Gemeinwohl besteht. Körperschaften, die keine Interessenvertretungsfunktion besitzen, wie die Realkörperschaften, besitzen entsprechend kein, auch kein partikular-politisches Mandat.[580] Das gilt in entsprechender Weise auch für die Gemeinden. Obwohl sie eine Allzuständigkeit für die Angelegenheiten der örtlichen Gemeinschaft besitzen, ist ihr Mandat doch auf den Bezug zu eben diesen Angelegenheiten beschränkt, daher zwar thematisch breiter als das der Körperschaften der funktionalen Selbstverwaltung, in der Sache aber ebenso zuständigkeitsbegrenzt wie ihres.[581]

Der gesamtgesellschaftliche Interessenausgleich ist sicherlich eine Gemeinwohlaufgabe, die den Gesetzgeber verpflichtet. Kann er aber über Normprogramme einen Ausgleich wegen ihrer Heterogenität und Spezialität der Interessen nicht vornehmen, kann er die Interessengewichtung innerverbandlich einem eigenverantwortlich handelnden Gremium anvertrauen.[582] Seine Verantwortung ist dann auf eine Organisationsverantwortung beschränkt.

Sofern dies im Gemeinwohl geboten ist, weil von ihr eine gewisse Objektivierung der Interessen durch eine repräsentative und eine auch thematisch nicht auf Partikularinteressen fixierte Vertretung erwartet werden darf, stellt die Interessenvertretung mithin eine legitime Aufgabe dar. Je geringer jedoch das öffentliche Interesse an der Objektivität der Interessenrepräsentation ist, desto geringer ist das legitime Interesse an deren körperschaftlicher Organisation in Form eines Zwangsverbandes.[583]

---

578 *Hsu* 2004, S. 213 ff.; für die wirtschafts- und berufsständischen Kammern etwa BVerwGE 34, S. 69 ff. (74); 59, S. 231 ff. (238); 59, S. 242 ff. (245).
579 *Mußgnug* 1989, S. 667 f.; *Stober* 2001, S. 397 f. spricht im gleichen Sinne von „spezialpolitischen" bzw. „regionalpolitischem Mandat".
580 *Mußgnug* 1989, S. 669.
581 Etwas anderes läßt sich auch nicht aus der in der Rasteedentscheidung des BVerfG (E 79, S. 127 ff. [149]) vorgetragenen Vorstellung vom „nach Verwaltungsebenen gegliederten, auf Selbstverwaltungskörperschaften ruhenden Staatsaufbau" entnehmen. Die Entscheidung postuliert keine unterschiedslose Demokratie auf allen Ebenen, auch wenn den Gemeinden staatliche „Strukturelemente" zu eigen sind (*BVerfGE* 83, S. 37 ff. (54]) - Ausländerwahlrecht Schleswig-Holstein, anders aber *von Komorowski* 1998, S. 144). Den Aufgaben wie auch den Handlungsformen - insbesondere des Gesetzes - entsprechend, besitzen die Parlamente der staatsrechtlichen Gebietskörperschaften einen breiteren Befassungsbereich als die gesetzlich beschränkten und nur mit einem Satzungsrecht versehenen verwaltungsrechtlichen. Auch die Gemeinden haben mithin kein allgemeinpolitisches Mandat, mag ihr partikular-politisches auch weiter sein als das der übrigen Körperschaften anders aber *von Komorowski* 1998, S. 146.
582 *Groß* 1999, S. 258 f.
583 *Mußgnug* 1989, S. 682.

5. Die Aufgabenübertragung

Finden sich, abgesehen von den genannten Ausnahmen, bei den Hochschulen und Gemeinden keine verfassungsrechtlich notwendigen öffentlichen Aufgaben der Körperschaften des öffentlichen Rechts, hängt der Umfang der Ziele, die sie zu verfolgen hat, von der staatlichen Aufgabenzuweisung bei der Errichtung ab. Einige allgemeine Gesichtspunkte:

a. Umfang der Aufgabenübertragung

Diese Aufgabenübertragung kann grundsätzlich enumerativ oder umfassend sein, wobei nur den Gemeinden und Gemeindeverbänden die Angelegenheiten der örtlichen Verwaltung umfassend zugewiesen sind (Universalität des Wirkungskreises).[584] Zuweilen wird trotz der Allzuständigkeit der Körperschaft noch ein Aufgabenkatalog genannt. Dieser hat dann grundsätzlich beispielhaften Charakter. Der Funktionsbereich der Körperschaft erstreckt sich auf diejenigen Handlungen, die aus dem gesetzlich festgelegten Zweck zum zugedachten Wirkungskreis gehören sollen.[585]

b. Der räumliche Wirkungskreis

Der durch die Aufgabe bestimmte Wirkungskreis Körperschaften des öffentlichen Rechts wird zudem räumlich begrenzt. Die Selbstverwaltungsgarantie der Gemeinden umfaßt die Aufgaben der örtlichen Gemeinschaft, enthält aber nach überwiegender Auffassung auch die in diesem Interesse erfolgende interkommunale Zusammenarbeit.[586]

Auch den übrigen Körperschaften der funktionalen Selbstverwaltung sind jeweils Bezirke zugewiesen.

c. Aufgabendualismus und Aufgabenmonismus

Die Selbständigkeit der Körperschaft des öffentlichen Rechts von ihrer Umwelt, insbesondere von der Kontrolle durch die unmittelbare Staatsverwaltung, wird entscheidend durch das Maß der Verantwortung, das ihr bei der Erfüllung eingeräumt wird, geprägt. Danach kann prinzipiell unterschieden werden zwischen solchen Aufgaben, die der Körperschaft zur eigenen Verantwortung überlassen wurden und bei denen der Staatsverwaltung nur eine Rechtsaufsicht verbleibt, und anderen Aufgaben, die sie im Auftrag und nach Weisung der unmittelbaren Staatsverwaltung zu erfüllen hat. Insbesondere auch im letzten Fall wird sie trotz stärkerer

---

584 Art. 28 II S. 1 GG Hierzu auch *BVerfGE* 83, S. 37 ff. (54) – Ausländerwahlrecht Schleswig Holstein; 91, S. 228 ff. (236) – Gleichstellungsbeauftragte.
585 *BVerfGE* 50, S. 16 ff.; 54, S. 237; *Tettinger* 1985, S. 22; *ders.* 1997, S. 13. Sprachlich wird das durch den durch die Wendung „insbesondere" zum Ausdruck gebracht, *Hsu* 2004, S. 220.
586 Vgl. *Dittmann* 2000, Rn. 33 ff.

B. Bildung und Errichtung der Körperschaft des öffentlichen Rechts   479

staatlicher Einwirkungsmöglichkeiten nicht zu einer „geographischen Unterabteilung des Staates".[587]

Der Zusammenhang dieser beiden Aufgabenarten wird dabei unterschiedlich gesehen und hat entsprechend auch zu zwei prinzipiell unterschiedlichen einfachgesetzlichen Ausgestaltungen geführt, die besonders im Kommunalrecht prominent geworden sind.[588] Diese beiden Aufgabenarten können in unterschiedliche Wirkungskreise geschieden werden (*Aufgabendualismus*),[589] so daß hier noch die Vorstellung eines originären Aufgabenkreises der Körperschaften im Gegensatz zu übertragenen Aufgaben nachwirkt. Primäre Aufgaben sind danach die eigenverantwortlichen Selbstverwaltungsangelegenheiten (eigener Wirkungskreis), während ihnen die staatlichen Aufgaben als sekundäre, fremde Aufgaben von außen auferlegt werden (übertragener Wirkungskreis). Während sich die Aufgaben des eigenen Wirkungskreises in freiwillige und pflichtige gliedern, werden die Aufgaben des übertragenen Wirkungskreises grundsätzlich nach Weisung und nur ausnahmsweise im eigenen Ermessen ausgeführt. Die *monistische Konzeption* hingegen geht von einem einheitlichen Wirkungskreis der öffentlichen Aufgaben im Rahmen der primären Angelegenheiten (der örtlichen Gemeinschaft, bestimmte Aufgaben des Handwerks etc.) aus,[590] zu denen dann sowohl die eigenverantwortlich wahrzunehmenden gesetzlichen und (im Rahmen der Primäraufgaben bei den Gebietskörperschaften) die freien Angelegenheiten, als auch die Weisungsaufgaben im Rahmen eines staatlichen Weisungsrechts gehören.

Eindeutige verfassungsrechtliche Vorgaben lassen sich auch im kommunalen Bereich weder für das eine noch das andere Modell ermitteln.[591] Dies gilt erst recht für den Bereich der übrigen Selbstverwaltung. Die Entscheidung, welchem Modell eine Körperschaft folgt, obliegt dem Gesetzgeber. Die Länder haben teilweise in bezug auf die Gemeinden vom monistischen Modell, sonst aber wie auch der Bund im Bereich der funktionalen Selbstverwaltung überwiegend vom dualistischen Modell Gebrauch gemacht. Darüber hinaus spricht die durch das Selbstverwaltungsrecht beschränkte Weisungsbefugnis[592] dafür, daß die Selbstverwaltungsträger auch bei diesen Aufgaben organisatorisch selbständig bleiben und eine gewisse, wenn

---

587 *Kahl* 2000, S. 456.
588 Zum folgenden *Schmidt-Aßmann/Röhl* 2005, Rn. 33 ff.; *Schröder* 2000, Rn. 22 ff.; *Gern* 2003, Rn. 227 ff.; *Schmidt-Jortzig* 1993, S. 975 f.
589 § 2 I u. 3 I GO MV; § 2 I GO Nds; § 2 I u. II GO RPf; §§ 4 I u. 5 I GO SAnh; §§ 5 I u. 6 I KSVG Saarl; §§ 2 I GO SH; §§ 2 I u. 3 I KO Thür.
590 § 2 I GO BW; § 3 I GO Bbg; § 2 VerfBrhv; § 2 GO Hess;; § 2 GO NW; § 7 I GO Bay; § 2 GO Sachs.
591 vgl. *Gern* 2003, Rn. 227 ff. der auf verfassungsrechtliche Probleme beider Modelle hinweist.
592 Der Umfang der Beschränkung ist allerdings nach Aufgabenmodellen unterschiedlich: In den reinen Auftragsangelegenheiten im dualistischen Modell besteht ein unbeschränktes Weisungsrecht in bezug auf die Aufgabensubstanz, während die „existentielle Selbständigkeit der Gemeinden und das Recht, grundsätzlich alle organisatorischen Vorkehrungen zur Bewältigung der übertragenen Aufgaben eigenverantwortlich zu treffen", die Aufgabenwahrnehmung also bei der Gemeinde verbleiben. Bei den Pflichtaufgaben nach Weisung im monistischen Modell ist hingegen auch die Aufgabensubstanz und damit die Fremdsteuerung beschränkt durch das Erfordernis einer vorherigen gesetzlichen Festlegung. Möglich ist danach eine gesetzliche Ausgestaltung, die sich im Umfang der staatlichen Einflußnahme den Auftragsangelegenheiten annähert, *Schmidt-Aßmann/Röhl* 2005, Rn. 36 f.; *Schröder* 2000, Rn. 29 f.; Einzelweisungen, die Zuständigkeiten einzelner Beamter festlegen würden oder sonst gezielt in die Organisations- und Ablaufstruktur des Selbstverwaltungsträgers eingreifen würden, wären daher in beiden Modellen unzulässig, *Gern* 2003, Rn. 242.

auch reduzierte Eigenverantwortlichkeit behalten, und damit für das monistische Aufgabenverständnis.

Normative Kriterien für die Begrenzung der Auferlegung von Auftragsangelegenheiten bzw. Pflichtaufgaben nach Weisung ergeben sich nur in wenigen Fällen aus verfassungsrechtlichen Vorgaben. Sie bestehen nur für die Gemeinden und Gemeindeverbände: Nach Art. 28 II GG muß ihnen ein Bereich von weisungsfreien Aufgaben bleiben. Aufgaben im Rahmen von Art. 84 und 85 GG müssen ihnen hingegen grundsätzlich weisungsgebunden auferlegt werden.[593]

6. Modus der Aufgabenerfüllung durch Körperschaften des öffentlichen Rechts: Selbstverwaltung und Auftragsverwaltung

Anliegen der vorliegenden Untersuchung ist es, die Körperschaft als Organisation zu analysieren. Als Organisation stellt sie einen Entscheidungszusammenhang dar, der gegenüber seiner Umwelt selbständig ist, eine spezifische Binnenstruktur besitzt und selektiv, als öffentliche Organisation jedoch vergleichsweise intensiv, in seine Umwelt eingebunden ist. Als Mechanismus der Verselbständigung dient ihr vor allem die Errichtung als selbständige Rechtspersönlichkeit und die Zuweisung einer spezifischen Aufgabe, für die sie in ihrem Zuständigkeitsbereich eine Art Monopol besitzt. Durch die Verleihung der Rechtsfähigkeit grenzt sich die Körperschaft des öffentlichen Rechts sowohl gegenüber gesellschaftlichen als auch Verwaltungsorganisationen ab. Diese Abgrenzung wäre eine leere Hülle, wenn sie nicht der Erfüllung von Zielen diente, die ihr – wie gerade gezeigt – als öffentliche Aufgaben auferlegt werden. Schon über diese öffentliche Aufgabe, deren Erfüllung im Wege der Aufsicht überprüft werden kann, bleibt die Körperschaft stärker formalisiert als private Organisationen an ihre Umwelt gebunden. Es gibt jedoch erhebliche Unterschiede im Maß der Verselbständigung bei der Erfüllung der Primäraufgaben und der Möglichkeit, über weitere Aufgaben in dem dadurch gesteckten Rahmen zu entscheiden. Die Selbständigkeit bei der Aufgabenerfüllung ist eine Frage der Selbstverwaltung der Körperschaft des öffentlichen Rechts.[594]

a. Zum Begriff der Selbstverwaltung

Selbstverwaltung ist unbestritten eine zentrale Eigenschaft der Körperschaft des öffentlichen Rechts. So selbstverständlich dieser Konsens ist, so sehr divergieren jedoch die Auffassungen über den Inhalt des Begriffs und seinen normativen Status. Diese Heterogenität der Verwendung des Ausdrucks legt die Vermutung nahe, daß der Terminus selbst für recht unterschiedliche Gegenstände, jedenfalls sehr

---

593 *Bovenschulte* 2000, S. 289 f. Die Pflicht zur Erfüllung „folgt aus der gegenseitigen Unterstützungs- und Treuepflicht – Grundsatz des ‚bundestreuen Verhaltens' – im gegliederten Gemeinwesen." *Schmidt-Jortzig* 1993, S. 976.
594 vgl. schon die auf die Tätigkeit der juristischen Person abstellende Definition von *Peters* (1926, S. 36 u. 44 f.): Selbstverwaltung ist „eine sich im Rahmen der Rechts- und Staatsgesetze abspielende Tätigkeit von juristischen Personen des öffentlichen Rechts – außer von Reich und Staat –, kraft deren diese Verbände Aufgaben, welche weder solche der Rechtsprechung noch der Rechtsetzung sind, unter eigener Verantwortung erfüllen."

unterschiedliche Aspekte verwendet wird und so nur von einer Art „Verbundbegriff der Selbstverwaltung" gesprochen werden kann.[595] Verbunden werden dabei sehr unterschiedliche Elemente wie Eigenverantwortlichkeit der Aufgabenerledigung, Teilhabe der Mitglieder an den wesentlichen Entscheidungen der Körperschaft, die Frage, ob Selbstverwaltung notwendig mit einer bestimmten Organisationsform verbunden ist, und schließlich, ob es sich bei ihr um ein Verfassungsprinzip handelt – also die Frage des formalen Status des Prinzips.

aa. Verfassungsprinzip Selbstverwaltung?

Enthält das Grundgesetz also ein Verfassungsprinzip Selbstverwaltung? Es verwendet den Ausdruck „Selbstverwaltung" insgesamt sehr spärlich (Art. 28 II S. 2 u. 3, Art. 90 II, Art. 93 I Nr. 4b). Auch in der Sache findet sich weder die Aussage, daß „die Selbstverwaltung in den Gemeinden und Kreisen . dem Aufbau der Demokratie von unten nach oben" diene (Art. 11 IV LV Bay) oder auch, daß die Verwaltung der Bundesgesetze „durch die Regierung, die ihr unterstellten Behörden und durch die Träger der Selbstverwaltung ausgeübt" würde (Art. 69 LV BW). In der Sache wird sie den Gemeinden und Kreisen garantiert (Art. 28 II GG, s. u.), bei den Sozialversicherungsträgern vorausgesetzt (Art. 87 II GG) und aus Art. 5 III GG entwickelt. Hieraus mag man ein allgemeines Ordnungsprinzip der Selbstverwaltung entwickeln. Nur stellt sich sofort die Frage nach seiner Funktion: Sind die enumerativen Erwähnungen der Selbstverwaltung im GG abschließend, so daß es kein *normatives* Prinzip der Selbstverwaltung darüber hinaus geben kann, oder sind sie Ausdruck dieses selbst als verbindlich betrachteten Selbstverwaltungsprinzips? Im ersten Fall bestünde über die genannten Garantien hinaus keine allgemeine verfassungsrechtliche Fundierung der Selbstverwaltung. Sie wäre nur nach Maßgabe der Einzelbestimmungen geschützt. Über ihre einfachgesetzliche Ausgestaltung wäre damit allerdings noch nichts ausgesagt. Im zweiten Fall wäre sie umfassend verfassungsrechtlich geschützt und besäße gleichen Rang wie andere Verfassungsprinzipien auch. Außer Zweifel steht, daß der Verfassunggeber ein Prinzip der Selbstverwaltung kannte, das jedenfalls Elemente wie die Eigenverantwortlichkeit als Kern beinhaltete.[596] Selbst wenn man die Perversionen des Prinzips im Dritten Reich außer acht läßt, lag es jedoch in so heterogenen Formen und Verständnissen vor, daß eine verfassungsrechtlich Selektion und Dezision erforderlich gewesen wäre, um einen verbindlichen Gehalt festzusetzen.[597] Das ist nicht geschehen. Mit seiner Erwähnung an den genannten

---

595 *Jestaedt* 2002, S. 293 ff.
596 So schon der Abgeordnete *Laforet*, der in der 5. Sitzung des Hauptausschusses des Parlamentarischen Rates (18.11.1948, Verhandlungen, S. 60), die Ausdrücke Selbstverwaltung und selbstverantwortliche Tätigkeit synonym gebrauchte. Ebenso *von Mangoldt* im Ausschuß für Grundsatzfragen (11. Sitzung vom 14.10. 1948): „Selbstverwaltung ist das Recht, im Rahmen der Gesetze in eigener Verantwortung selbst zu verwalten." Vgl. aber nächste Fußnote.
597 *Carlo Schmid* forderte dies im Ausschuß für Grundsatzfragen (11. Sitzung v. 14.10.1948, Sten. Prot., S. 11/36): „Was schiebt man heute nicht alles der Selbstverwaltung zu! Man gebraucht heute diesen Begriff so häufig, so gleitend, daß man durch eine Legaldefinition Ordnung schaffen sollte." Das schien allerdings nicht möglich zu sein. Aufschlußreich ist eine Bemerkung des Abgeordneten *Zimmermann* in der 5. Sitzung des Hauptausschusses, am 18.11.1948 (Verhandlungen, S. 62): „Der Streit darüber, was Selbstverwaltung ist, ist nicht neu. Seit mehr als hundert Jahren geht dieser Streit. Eine Legalde-

Stellen hat der Verfassunggeber zwar zum Ausdruck gebracht, daß er es als Form der Erledigung öffentlicher Aufgaben nicht ablehnte. Die differenzierte Garantie des Art. 28 II GG und das vollständige Fehlen weiterer inhaltlicher Ausgestaltungen des Prinzips bei anderen Formen der Selbstverwaltung zeigt aber, daß im GG ein nach Selbstverwaltungstypen unterschiedlicher verfassungsrechtlicher Schutz und eine differenzierte Einbeziehung in die Verwaltungsstruktur gewollt war. Ferner spricht gegen ein allgemeines normatives Verfassungsprinzip,[598] daß es in sehr unterschiedlichen Kontexten des GG erwähnt wird: Auf den Kompetenzzusammenhang des Art. 87 II GG war oben schon hingewiesen worden. Als normativer Verfassungsbegriff ist Selbstverwaltung mithin kontextuell.[599] Ein einheitliches, verfassungsrechtlich verbindliches Ordnungsprinzip ist sie nicht.[600] Über diese Einzelfälle hinaus, in denen die Ausstattung einer Verwaltungsorganisation verfassungsrechtlich geboten ist, kann der Begriff aber deskriptiv in dem Sinne gebraucht werden, als mit seiner Hilfe beobachtet werden kann, inwiefern der Gesetzgeber einer juristischen Person Selbstverwaltung eingeräumt hat.

bb. Der organisationsbezogene Begriff der Selbstverwaltung

Häufig wird der Begriff organisationsbezogen verstanden. Eine näher spezifizierte Gruppe von Verwaltungseinheiten fungiert dann als wesentliches Merkmal von Selbstverwaltung. Zumeist werden hier die Körperschaften, Stiftungen und Anstalten des öffentlichen Rechts genannt. Wird zudem noch die mitgliedschaftliche Partizipation[601] oder Betroffenheit[602] als wesentliches Moment der Selbstverwaltung angenommen, fällt der Begriff mit der Organisationsform der Körperschaft zusammen.[603] *Emde* spricht sogar von einer „fast symbiotischen Zusammengehörigkeit

---

finition, was ein Selbstverwaltungsrecht ist und was zur Selbstverwaltung gehört, ist bis heute nicht gefunden worden. Wir finden es auch heute nicht. Ich kann mir nicht denken, wie wir im Bundesverfassungsgesetz eine Regelung oder Fassung finden sollen, die allen gerecht wird . Wir müßten einen vollkommenen Katalog aufstellen, um das zu umschreiben, was eigentlich zur Selbstverwaltung gehört und was das Selbstverwaltungsrecht schlechthin bedeutet." Anlaß dieser Bemerkung war die Regelung der kommunalen Selbstverwaltung, deren inhaltliche Bestimmung dann schließlich den Ländern überlassen bleiben sollte.
598 Vgl. *Jestaedt* 1993, S. 518 f.
599 *Jestaedt* 1993, S. 523; *Emde* 1991, S. 363 f.; *Bethge* 1983, S. 152 f.
600 Anders aber *Hendler* 1990, Rn. 1 u. 46 ff.; wie hier *Burgi* 2003, S. 411 f.
601 *Ebsen* 1989, S. 325 m.w.N.
602 *Jestaedt* 2002, S. 303: „Selbstverwaltung läßt sich nach dem heutigen Stand der Dogmatik definieren als die institutionell verselbständigte und materiell eigenverantwortliche Wahrnehmung von Staatsgewalt durch die davon virtualiter besonders Betroffenen." Zu den Konsequenzen für eine weitere Fassung des Selbstverwaltungsbegriffs *Hendler* 1986, S. 2, der allerdings auf die Organisationsform der Betroffenen abstellt (S. 284 u. *ders.* 1996, S. 212), bei der es aber wiederum nicht von Belang sein soll, ob es sich um eine Körperschaft, Anstalt oder Stiftung handelt. Vgl. auch *Burgi* 2003, S. 409.
603 Vgl. etwa *Jeß* (1935, S. 16): „Selbstverwaltung ist die eigenverantwortliche Verwaltung bestimmter ‚staatlicher' Angelegenheiten i.w.S. durch dem Staat ein- und untergeordnete, innerhalb ihres Wirkungskreises jedoch weitgehend selbständige Körperschaften des öffentlichen Rechts (Selbstverwaltungskörper) an Stelle des Staates." Vgl. auch *Huber* (1953, S. 110): „Selbstverwaltung ist die unter Einsatz hoheitlicher Mittel bewirkte Wahrnehmung eigener Angelegenheiten durch einen körperschaftlichen Verband, der mit Autonomie gegenüber dem Staat ausgestattet und zwar einer staatlichen Legalitätskontrolle, aber grundsätzlich keiner darüber hinausgehenden Weisungsgewalt unterworfen ist." Ferner *Weber* 1959, S. 41; *Papenfuß* 1991, S. 20; weitere Auffassungen oben im Kapitel „Begriff der Körperschaft des öffentlichen Rechts" (Erster Teil B III 2).

B. Bildung und Errichtung der Körperschaft des öffentlichen Rechts   483

von öffentlicher Körperschaft und Selbstverwaltung".[604] Derlei Ansätze erscheinen, wie schon oben bei der Bestimmung des Körperschaftsbegriffs hervorgehoben wurde, aus zwei Gründen als problematisch:

Erstens ist dieses organisationsbezogene Verständnis von Selbstverwaltung zu eng. Körperschaften, Stiftungen, Anstalten[605] und weitere Formen[606] etwa der wirtschaftlichen Selbstverwaltung[607] verbindet eine gewisse Eigenverantwortlichkeit und Selbständigkeit gegenüber dem primären Verwaltungsträger.[608] Diese mag bei den Körperschaften stärker ausgeprägt sein; für sie muß aber ein Begriff gefunden werden, egal in welcher Organisationsform sie ausgeübt wird. Auch ändert es an einer eigenverantwortlichen Aufgabenwahrnehmung durch die juristische Person und damit an der Selbstverwaltung nichts, daß die Mitglieder des Hauptorgans durch Verbände bestimmt werden, obwohl dadurch die Form der Organisation als öffentliche Körperschaft in Frage steht.[609] Will man an einem organisationsbezogenen Begriff der Selbstverwaltung festhalten, mag man dann in Selbstverwaltung im engeren oder weiteren oder im eigentlichen und sonstigen Sinn[610] oder einen formalen und einen materialen Begriff unterscheiden und von der körperschaftlichen als der Regelform von Selbstverwaltung sprechen.[611]

Zweitens ist jedoch die organisationsbezogene Sichtweise des Selbstverwaltungsbegriffs in bezug auf die Organisationsfunktionen zu unpräzise. Wenn die Organisation als Einheit zum Kriterium für Selbstverwaltung erhoben wird, bleibt unberücksichtigt, daß keineswegs alles, was diese Organisation auszeichnet, Selbstverwaltung ist und damit eigenverantwortlich geschieht. Insbesondere muß das Verhältnis zu den Auftragsangelegenheiten geklärt werden. Man mag das noch für einen Teil der Selbstverwaltungsträger im Sinne des Weinheimer Modells erklären, angesichts häufig dualistischer Aufgabenstrukturen im Bereich der Träger funktionaler Selbstverwaltung wird dies aber schwierig. Sämtliche

---

604 1991, S. 364.
605 Auch sie können Aufgaben im Modus der Selbstverwaltung wahrnehmen, *Tettinger* 1986, S. 47.
606 Teilweise (*Forsthoff* 1973, S. 477 f.; *Emde* 1991, S. 9 f.) wird eine Beschränkung des Selbstverwaltungsbegriffs auf rechtsfähige Verwaltungseinheiten vorgenommen. Kritisch zur Gleichsetzung von Körperschaft und Selbstverwaltung auch *Jestaedt* 1993, S. 70 f.
607 Vgl. in Auseinandersetzung mit dem BVerwG hierzu etwa *Tettinger* 1983, S. 809 ff., der von diesem Begriff auch eine Vielfalt von Phänomenen „gemeinsamer eigenverantwortlicher Beteiligung Privater an der Wirtschaftsverwaltung auch außerhalb öffentlich-rechtlicher Strukturen" umfaßt wissen will (811).
608 Aus Art. 69 u. 71 I S. 3 LV BW ergibt sich etwa, daß die Verwaltung auch durch die Selbstverwaltungsträger ausgeübt wird. Dieses Recht wird in Art. 71 I S. 1 u. 2 LV BW näher umschrieben und in Art. 17 I S. 3 LV BW auch den „öffentlich-rechtlichen Körperschaften und Anstalten in den durch Gesetz gezogenen Grenzen" zugestanden. Damit sind die Anstalten neben den Körperschaften als Selbstverwaltungsträger anerkannt. Das schließt eine Differenzierung nach der Reichweite der Selbstverwaltung innerhalb dieser Organisationsformen der Verwaltung nicht aus; auszugehen ist aber davon, daß grundsätzlich auch die Anstalten Selbstverwaltungsträger sein können.
609 Anders wohl *Ebsen* 1989, S. 323, der insofern die Selbstverwaltungseigenschaft der BA bezweifelt; wie hier auch *Jestaedt* 1993, S. 70.
610 *Forsthoff* (1973 S. 477 f.) geht von einer ursprünglichen Identität von Selbstverwaltung und Körperschaft aus, paßt sein Konzept dann aber neueren Entwicklungen an: „Die Beschränkung verdient jedoch erst recht fallen gelassen zu werden, nachdem die genossenschaftliche Gestaltung innerhalb der Strukturen rechtsfähiger Verwaltungseinheiten so stark zurückgetreten ist, wie das in den letzten zwei Jahrzehnten [bis 1973, SK] geschehen ist. Selbstverwaltung ist also die Wahrnehmung an sich staatlicher Aufgaben durch Körperschaften, Anstalten und Stiftungen des öffentlichen Rechts".
611 *Emde* 1991, S. 366.

Organisationsstrukturen auf die Selbstverwaltung zurückzuführen, erscheint aber als geradezu unmöglich. Nicht gestützt wird die Auffassung von der Trennung von Selbstverwaltungsprinzip und Organisationsform hingegen durch die (unzutreffende) Behauptung, es gebe auch Körperschaften des öffentlichen Rechts, denen keine Selbstverwaltung zukomme.[612] Die mitgliedschaftliche Binnenstruktur der Körperschaft, die über die Notwendigkeit kollegialer Entscheidungen hinaus den maßgeblichen Einfluß der Mitglieder auf die Körperschaft bedeutet, zieht als angemessene Konsequenz Eigenverantwortlichkeit in der Aufgabenwahrnehmung nach sich.[613] Somit ist zwar das Prinzip Selbstverwaltung nicht an die Organisationsform der Körperschaft gebunden, sondern kann auch anderen zukommen; eine Körperschaft des öffentlichen Rechts ohne Selbstverwaltung ist aber nicht sinnvoll und wäre im Fall der Hochschulen, Gemeinden und Gemeindeverbände auch verfassungswidrig. Das schließt auch bei verschiedenen Körperschaften einen unterschiedlichen Umfang der eingeräumten Selbstverwaltung nicht aus. Das BVerfG hat etwa im AOK-Urteil angesichts der geringen Ausstattung der Ortskrankenkassen mit Eigenverantwortung nicht den Schluß gezogen, ihr Körperschaftsstatus stünde in Frage – was bei der Annahme einer notwendigen Verbindung von Körperschaft und Selbstverwaltung zwingend wäre. Es hat vielmehr den Umfang von Selbstverwaltung aufgabenbezogen geprüft.[614] Schließlich kann auch zugegeben werden, daß die Organisationsform für die Selbstverwaltung insofern von Bedeutung ist, als die Anstalt oder andere Selbstverwaltungsträger etwa im akademischen Bereich[615] ge-

---

612 *Wolff/Bachof/Stober* 1987, § 84 Rn. 31, hinsichtlich der Lastengemeinschaften, vor allem der Berufsgenossenschaften und der Versorgungskassen. Dies wird aber grundsätzlich die Ausnahme bleiben. Der von den Autoren angeführte *Kommunale Versorgungsverband Baden-Württemberg* (GKV) wird zwar von § 1 I S. 1 des entsprechenden Gesetzes (idF. v. 16. April 1996, GBl. S. 394) als Körperschaft des öffentlichen Rechts bezeichnet. Rechtlich gesehen ist die Bezeichnung aber irrelevant, da die Binnenstruktur mit einem Verwaltungsrat als Hauptorgan, dessen Mitglieder vom Innenminister ernannt werden (§ 19 II S. 1 GKV BW), und dem von diesem gewählten Direktor nicht den Anforderungen einer von den Mitgliedern getragenen juristischen Person des öffentlichen Rechts genügt. Vor allem aber genießt er durchaus Selbstverwaltung, insofern ihm § 1 I S. 2 GKV BW das Recht zur eigenverantwortlichen Verwaltung seiner Angelegenheiten, ein Satzungsrecht (§ 3 I S. 2 GKV BW) allerdings mit Vorlagepflicht an die Rechtsaufsichtsbehörde) und neben Pflichtaufgaben noch die Möglichkeit der Übernahme freiwilliger Aufgaben (§ 15 GKV) einräumt. Der kommunale Versorgungsverband Baden-Württemberg ist also keine Körperschaft ohne Selbstverwaltung, sondern unbeschadet einer rein nominell anderslautenden Bezeichnung eine Anstalt mit ihr.
613 So etwa *Becker* (1989, S. 224): „Das Recht der Selbstverwaltung der ... Verwaltungskörperschaften (Real-, Personal- und Bundkörperschaften) folgt an sich nicht denknotwendig aus dem Körperschaftsbegriff, sondern aus dem Sinn und Zweck der Körperschaft, und zwar aus dem Element der i.d.R. zwangsweise, aber auch freiwillig begründeten Mitgliedschaft."
614 E 38, S. 302 ff. (313 f.): „Mit jeder Ausgliederung eines Verwaltungsträgers als juristischer Person ist zwar eine gewisse Verselbständigung verbunden, mit der sich die Beibehaltung einer direkten Staatsleitung im allgemeinen nicht verträgt. Jedoch kann der Grad der Ausgliederung und der Verselbständigung verschieden sein. Die Hauptaufgabe der Sozialversicherungsträger besteht in dem Vollzug einer detaillierten Sozialgesetzgebung, gleichsam nach Art einer übertragenen Staatsaufgabe. In diesem Bereich läßt sich der Sache nach nicht bedingt von Selbstverwaltung sprechen. Als ,Selbstverwaltung' kann hier nur die vom Gesetz eingeräumte und im Rahmen des Gesetzes bestehende organisatorische Selbständigkeit und die Erledigung dessen verstanden werden, was die Kassen als Maßnahmen vorbeugender, heilender und rehabilitierender Fürsorge für ihre Versicherten nach den gesetzlichen Vorschriften zwar weisungsfrei, aber nicht frei von Rechtsaufsicht ins Werk setzen."
615 Art. 7 IV LV MV erkennt diese außeruniversitäre akademische Selbstverwaltung ausdrücklich an. In Betracht kommen etwa Sonderforschungsbereiche und Großforschungseinrichtungen, *Trute* 1994, S. 492 ff., S. 560 ff.

B. Bildung und Errichtung der Körperschaft des öffentlichen Rechts 485

genüber der Körperschaft ein geringeres Potential zur Kompensation von durch die Aufgabenverselbständigung bewirkten Legitimationsdefiziten haben. Doch stellt auch dies nicht die Zuweisung von Aufgaben zur eigenverantwortlichen Wahrnehmung insgesamt in Frage,[616] sondern nur den Umfang. Selbstverwaltung bezeichnet also keine Organisation und kann auch nicht durch bestimmte Organisationsformen erklärt werden, sondern erfaßt Funktionen von Verwaltungseinheiten.[617]

cc. Funktionale Selbstverwaltung

Von einem organisationsbezogenen Konzept der Selbstverwaltung ausgehend, wurde dann auch der Begriff der *„funktionalen Selbstverwaltung"* geprägt.[618] Er wird bezeichnet „als Platzhalter für eine Vielzahl konkreter Erscheinungsformen von Selbstverwaltungsträgern, die nach ganz unterschiedlichen Kriterien geordnet werden können".[619] Gemeinsam ist ihnen das negative Abgrenzungskriterium, daß sie nicht zur kommunalen Selbstverwaltung gehören. Das Grundgesetz erwähnt sie zwar nicht explizit, setzt sie aber in einer Reihe von Bestimmungen voraus und anerkennt sie.[620] Zu dieser Begründung will es aber dann nicht recht passen, wenn die grundrechtsgetragenen Körperschaften wie die Hochschulen als Träger funktionaler Selbstverwaltung nach Ansicht einiger ausscheiden sollen[621] – um sie dann sogleich doch hinsichtlich ihrer Selbstverwaltungsangelegenheiten zu untersuchen.[622] „Funktionale Selbstverwaltung" in der hier vorgeschlagenen aufgabenbezogenen Definition von Selbstverwaltung würde eine nähere Bestimmung der eigenverantwortlich wahrgenommenen Aufgabenbereiche dahingehend bedeuten, daß solche Aufgaben erfaßt werden, die nicht lokal radiziert sind.

dd. Selbstverwaltung und mittelbare Staatsverwaltung

Abzugrenzen ist der Begriff der Selbstverwaltung schließlich noch von einem aufgabenbezogenen Begriff der mittelbaren Staatsverwaltung. *Ernst Rudolf Huber* versteht vor dem Hintergrund seiner schon erwähnten stark genossenschaftlichen Selbstverwaltungskonzeption unter mittelbarer Staatsverwaltung „die Wahrnehmung übertragener Staatsaufgaben administrativer Art durch staatsabhängige öffentliche Anstalten oder durch öffentliche Körperschaften, soweit diese Träger staatsabhängiger Auftragsverwaltung sind. Dagegen ist die Selbstverwaltungstätigkeit öffentlicher

---

616 So aber etwa auch *Traumann* 1998, S. 286.
617 *Schuppert* 1988, S. 401.
618 Der Ausdruck wird wohl erstmals von *Kloß* (1961, S. 331 f.) verwendet. Er bezeichnet damit „eine Selbstverwaltung .., deren Geltungsbereich nicht gebietlich, sondern sachlich abgegrenzt war, die also einen bestimmten Sektor der Verwaltung im gesamten Staatsgebiet in die Selbstverwaltung überführen" soll. Vgl. auch *Emde* 1991, S. 9 ff.; *Burgi* 2006, § 52 Rn. 21.
619 *Kluth* 1997, S. 30, eingehend zum Begriff S. 12 ff.; vgl. auch *Schuppert* 1981, S. 65 ff.
620 Art. 86, 87 II, u. III, Art. 130 III GG; dazu das *BVerfG* Beschluß vom 5. 12. 2002 – 2 BvL 5/98 – Lippeverbandsgesetz, DÖV 2003, S. 678–681, (678): „Der Verfassunggeber hat solche bei Inkrafttreten des GG vorhandenen, historisch gewachsenen Organisationsformen der funktionalen Selbstverwaltung zur Kenntnis genommen und durch Erwähnung ihre grundsätzl. Vereinbarkeit mit der Verfassung anerkannt."
621 *Kluth* 1997, S. 24 mit Fußn. 48.
622 *Kluth* 1997, S. 50 ff.

Körperschaften keine ‚mittelbare Staatsverwaltung' im präzisen Sinn".[623] Grundlage ist sein dualistisches Aufgabenverständnis. Die „Mittelbarkeit" bezieht sich bei Huber also auf die staatlichen Aufgaben, die die genannten Verwaltungseinheiten für den Staat wahrnehmen. Da sich bei den Körperschaften aber zumeist sowohl staatlich zugewiesene Auftragsangelegenheiten als auch freiwillige oder pflichtige Selbstverwaltungsaufgaben finden, die jedenfalls bei einigen von ihnen zu einem einheitlichen Wirkungskreis zusammengefaßt werden, reißt Hubers Modell auseinander, was zusammengehört.[624] Demgegenüber verwenden *Ernst Forsthoff*[625] und andere[626] den Ausdruck „Mittelbarkeit", um den Träger zu bezeichnen, den der Staat rechtlich verselbständigt hat und der Selbstverwaltungs- und Auftragsangelegenheiten wahrnimmt. Während Selbstverwaltung auf die Selbständigkeit und das Eigenleben ihres Trägers verweise, bezeichne „mittelbare Staatsverwaltung" die Abhängigkeit des Trägers vom Staat.[627] Unmittelbare und mittelbare Staatsverwaltung unterscheiden sich dann durch ein gewisses Maß an Staatsdistanziertheit der letzteren. Dem ist insofern recht zu geben, als nach der oben getroffenen Bestimmung der öffentlichen Aufgaben der Staat in Gestalt des Gesetzgebers der „Hüter des Gemeinwohls" gegenüber den Gruppeninteressen ist und er auch aufgrund des institutionellen Gesetzesvorbehalts für die wesentlichen Zuweisungen öffentlicher Aufgaben zuständig ist, sofern diese Zuordnung nicht bereits verfassungsrechtlich feststeht. Dies bedeutet nach dem oben zu den öffentlichen Aufgaben Gesagten aber nicht, daß sie staatlich delegiert und insofern mittelbar sind. Der Begriff ergibt deshalb in bezug auf die Aufgabenverteilung wenig Sinn.[628] Der Ausdruck mag aber als Residualkategorie für die gegenüber der unmittelbare Staatsverwaltung verselbständigten Verwaltungsorganisationen beibehalten werden.[629] Er richtet dann die Aufmerksamkeit auf die Herauslösung aus dieser und weniger auf die damit verbundene Eigenverantwortlichkeit der Aufgabenerledigung.[630] In diesem Sinne würde mittelbare Staatsverwaltung nicht die Selbständigkeit der Verwaltungsorganisation bezeichnen, sondern diese ebenso wie ihre Binnenstruktur voraussetzen

---

623 *Huber* 1953, S. 111; ders. 1958, S. 40 f.; so auch *Tettinger* 1986, S. 38.
624 Es ist freilich hervorzuheben, daß *Huber* seinen Begriff im Kontext der wirtschaftlichen Selbstverwaltung entwickelt, die keinen einheitlichen Wirkungskreis besitzt.
625 *Forsthoff* 1973, S. 471 f. u. 490; zuvor schon *Weber* 1943 und andere.
626 *Achterberg* 1986, S. 175; *Köttgen* 1939, S. 43 ff.; *Maurer* 2006, § 23, Rn. 1: „Mittelbare Staatsverwaltung liegt vor, wenn der Staat seine Verwaltungsaufgaben nicht selbst, durch eigene Behörden, erfüllt, sondern rechtlich selbständigen Organisationen zur Erledigung überträgt oder überläßt." – Er will diese Bezeichnung aber nur noch mit Vorbehalten nutzen.
627 *Forsthoff* 1973, S. 478 Fn. 2: „Mit dem Begriff ist nicht mehr gemeint als die Staatsbezogenheit aller öffentlichen Verwaltung und damit die Ablehnung eines ursprünglichen, also staatsunabhängigen Wirkungsbereichs der Gemeinden und entsprechender verselbständigter Verwaltungsträger... Der Begriff der mittelbaren Staatsverwaltung schließt weder die Ausstattung verselbständigter Verwaltungsträger mit subjektiv-öffentlichen Rechten aus..., noch sagt er etwas über den Umfang der Selbstverwaltungsbefugnisse aus..."
628 Kritisch angesichts unzureichender Differenzierungsmöglichkeiten auch *Tettinger* 1995, S. 171.
629 Zum Ganzen auch *Emde* 1991, S. 247 f.; für Zwecke der Systematisierung hält sie auch *Hendler* (1986, S. 299 u. 1990, § 106 Rn. 44) weiterhin brauchbar.
630 *Forsthoff* 1973, S. 478: Der Gegenstand des Begriffes der mittelbaren Staatsverwaltung „deckt sich weithin mit der Selbstverwaltung, aber es ist bei den Begriffsbildungen der Akzent jeweils anders gesetzt. Während er bei der Selbstverwaltung auf dem Eigenleben des Trägers liegt, weist der Begriff der mittelbaren Staatsverwaltung auf die Abhängigkeit vom Staate hin"; vgl. auch *Jestaedt* 1993, S. 90 u. 92, der die Akzessorietät zu den Staatsaufgaben betont.

und auf die verbliebenen Momente der Anbindung an die Organisation der ministerialen, hierarchischen Staatsverwaltung hinweisen.[631] So behielte der Begriff eine, wenn auch eingeschränkte, Bedeutung neben der äußeren Selbstverwaltung im Sinne der Aufgabenverselbständigung und der inneren im Sinne der partizipatorischen Ausdifferenzierung der Binnenstruktur der Organisationseinheit.

b. Selbstverwaltung als Modus der Aufgabenerfüllung

Selbstverwaltung stellt außer in den vom GG ausdrücklich anerkannten Fällen der Gemeinden und Gemeindeverbände bzw. als aus den Grundrechten der Art. 5 I S. 2 und 5 III GG geforderten Bereichen kein allgemeines Verfassungsprinzip dar. Es fungiert aber als Begriff, der bestimmte einfachgesetzlich geregelte Strukturmerkmale zusammenfaßt. Selbstverwaltung kann nicht als Organisationsform verstanden werden.[632] Sie wird deshalb nicht mit der Körperschaft des öffentlichen Rechts gleichgesetzt, sondern kann jedenfalls allen juristischen Personen des öffentlichen Rechts prinzipiell zukommen. Der Begriff der mittelbaren Staatsverwaltung ist, wenn er nicht in einem qualifizierten Sinn verwendet wird, der sich auf die Delegation staatlicher Aufgaben bezieht, wenig aussagekräftig für die nähere Bestimmung des Prinzips der Selbstverwaltung, weil er insofern vor allem eine gewisse Staatsdistanziertheit akzentuiert. Wird er aber in dem bezeichneten qualifizierten Sinne genommen, widerspricht er der oben getroffenen Unterscheidung von öffentlichen Aufgaben und Staatsaufgaben, da – wenn von einem einheitlichen Wirkungskreis ausgegangen wird – jedenfalls auch die nicht-staatlichen öffentlichen Aufgaben zu den Selbstverwaltungsaufgaben zählen, im dualistischen Verständnis aber zu den übertragenen staatlichen noch die Selbstverwaltungsaufgaben hinzukommen.

Betrifft aber die Selbstverwaltung ein Moment von juristischen Personen des öffentlichen Rechts, das sie gemeinsam haben, obwohl sie nicht alle mitgliedschaftlich verfaßt sind, kann sich der Begriff auch nicht, jedenfalls nicht in erster Linie auf ihre Binnenstruktur beziehen. Auf die Rechtsfähigkeit als Gemeinsamkeit von Körperschaften, Anstalten und Stiftungen des öffentlichen Rechts bezieht

---

631 *Schuppert* 1981, S. 72; *ders.* 1988, S. 400; zurückhaltend verwendet auch *Burgi* 2006, § 52 Rn. 11 den Begriff.
632 Für eine Trennung auch *Oebbecke* (2003, S. 369 f.), der die Eigenverantwortlichkeit „auf der Basis eigenständiger Willensbildung" hervorhebt, die aber nicht körperschaftlich verfaßt sein muß: „Der jeweilige Träger der Selbstverwaltung wird nicht anhand einer tatsächlich unausweichlich vorgegebenen engen Sachbeziehung zum Gegenstand der Selbstverwaltung festgestellt, sondern politisch bestimmt." Für einen trägerunabhängigen Begriff der Selbstverwaltung auch *Forsthoff* 1973, S. 478, der darauf verweist, daß unter Selbstverwaltung der „materielle Funktionsbereich" verstanden würde, „während die Bezeichnung mittelbare Staatsverwaltung außerdem die Organisation und das Behördenwesen mit umfaßt". *Hendler* (1990, Rn. 1 u. 20) hingegen versteht Selbstverwaltung als „besondere organisatorische Untergliederungsform des Staates" und *ders.* 1984, S. 284: „Bei der Selbstverwaltung handelt es sich um öffentlichrechtliche Organisationseinheiten, die gegenüber dem staatsunmittelbaren Behördensystem institutionell verselbständigt, aber gleichwohl dem Staatsverband eingegliedert sind und sich dadurch auszeichnen, daß bestimmte öffentliche Angelegenheiten von den davon besonders berührten Personen, den Betroffenen, eigenverantwortlich (d. h. höchstens unter staatlicher Rechtsaufsicht) verwaltet werden"; die Organisationsform offenlassend etwa *Weides* 1995, Sp. 1164: Selbstverwaltung „bedeutet die weisungsfreie Wahrnehmung von sachlich begrenzten Verwaltungsaufgaben durch besondere, gegenüber dem Staat verselbständigte, öffentlich-rechtlich organisierte Verwaltungsträger unter der Rechtsaufsicht des Staates."

sich die Selbstverwaltung nicht, weil diese nur die Zurechnungsfähigkeit von Rechten und Pflichten bezeichnet. Bleibt das oben erwähnte Element der Eigenverantwortlichkeit der Aufgabenerledigung.[633] Diese Eigenverantwortlichkeit hat neben dem bereits erwähnten demokratischen Aspekt der teilweisen Herauslösung der Körperschaft aus dem Zusammenhang der staatlich vermittelten Legitimation durch ihre Verselbständigung als Rechtssubjekt und als Entscheidungszusammenhang noch einen Zurechnungsaspekt, der die Verantwortlichkeit der juristischen Person der Körperschaft im Rechtssinne betrifft. Hiervon könnte man dann einen Strukturaspekt, der sich auf die Wahrnehmung dieser Verantwortung durch die innere Organisation des Selbstverwaltungsträgers bezieht, unterscheiden. Legitimationsaspekt und Zurechnungsaspekt sind bei den verschiedenen Selbstverwaltungsträgern prinzipiell gleichgelagert. Im Strukturaspekt weichen sie ab: Mitentscheidungsbefugnisse der Mitglieder bei der Aufgabenerfüllung kommt der Körperschaft zu. Das bedeutet keine radikale Trennung dieser Dimensionen. Das BVerfG hat vielmehr schon früh deutlich gemacht, daß eine Ausweitung der Aufgabenzuweisungen zugleich – eine entsprechende Binnenstruktur vorausgesetzt – zu einer Stärkung der Selbstbestimmung der Körperschaftsmitglieder führt.[634] Das Moment der „Stärkung" zeigt, daß Selbstverwaltung in schwächerer Form prinzipiell auch bei anderen Verwaltungsorganisationen möglich ist. Selbstverwaltung durch Körperschaften des öffentlichen Rechts stellt dann eine qualifizierte Form der Selbstverwaltung dar und kann danach definiert werden als: die einer rechtlich verselbständigten Verwaltungseinheit zurechenbare eigenverantwortliche Erfüllung öffentlicher Aufgaben aufgrund mitgliedschaftlicher Entscheidungsstrukturen. Der Selbstverwaltungsbegriff im allgemeinen bezeichnet hingegen die eigenverantwortliche Aufgabenwahrnehmung einer verselbständigten Verwaltungseinheit.

Selbstverwaltung bezieht sich somit auf den Modus der Erfüllung legitimer öffentlicher Aufgaben, nicht auf den Gegenstand der Aufgaben. Viel spricht dafür, daß etwa die oben erwähnte Interessenvertretung nur eigenverantwortlich von der Körperschaft wahrgenommen werden kann. Auch wird das Bestehen einer öffentlichen Aufgabe vorausgesetzt. Nicht jede öffentliche Aufgabe ist aber eine Selbstverwaltungsaufgabe. Die Interessenvertretung ist es, weil sie sinnvollerweise nur eigenverantwortlich wahrgenommen werden kann. Gegenständlich ausgenommen vom verwaltungsrechtlichen Begriff der Selbstverwaltung sind

---

633 *Wolff/Bachof/Stober* 1987, § 84 Rn. 36; *Achterberg* 1980, S. 616: „Selbstverwaltung kann somit definiert werden als selbständig, fachweisungsfreie Wahrnehmung überlassener oder zugewiesener öffentlicher Angelegenheiten durch unterstaatliche Rechtssubjekte." *Groß* 1999, S. 139. In diesem Sinne auch *Haverkate* (1992, S. 345): „Der Grundgedanke der Selbstverwaltung ist, daß der Bürger seine Angelegenheiten im engeren örtlichen wie im beruflichen und sozialen Wirkungskreis selbst regeln soll." Allerdings geht es bei der Selbstverwaltung zunächst um die Eigenverantwortlichkeit des Selbstverwaltungsträgers selbst, nicht des einzelnen. Erst die besondere Form der körperschaftlichen Selbstverwaltung bringt den einzelnen mit seiner Partizipation ins Spiel.
634 E 11, S. 266 ff. (275) – Wählervereinigung: „Kommunalverfassungsrecht und -wirklichkeit [sind, Sk] seit dem Zusammenbruch des nationalsozialistischen Regimes unter Anknüpfung an die Tradition der Weimarer Zeit von der Tendenz geprägt, dem Gedanken des Selbstbestimmungsrechts der Gemeindebürger vor allem durch eine Erweiterung der Zuständigkeiten der Kommunalvertretungen wieder in stärkerem Maße zum Durchbruch zu verhelfen."

B. Bildung und Errichtung der Körperschaft des öffentlichen Rechts   489

aber die speziellen Selbstverwaltungen wie etwa der gesetzgebenden Körperschaften und der Gerichte.[635]

Diese Definition soll zeigen, daß die prinzipiell unterscheidbaren Aspekte von „juristischer" oder äußerer (Eigenverantwortlichkeit der juristischen Person des öffentlichen Rechts) und „politischer" oder innerer (ehrenamtlich-partizipatorischer) Selbstverwaltung[636] in der Körperschaft des öffentlichen Rechts aufgehoben sind.[637] Sie berücksichtigt zudem, daß eigenverantwortliche Aufgabenwahrnehmung nicht nur durch Körperschaften, sondern auch durch andere zu eigenverantwortlichem Handeln befähigte Verwaltungseinheiten möglich ist. Die Körperschaft unterscheidet sich von diesen in der Ausdifferenzierung der Mitgliederpartizipation.[638] Die so eingezogenen Konturen rechtfertigen es, Selbstverwaltung als terminus technicus zu verwenden und nicht als bloßes „Schlagwort" abzutun.[639] Sie sind andererseits in bezug auf den Inhalt der Selbstverwaltung nicht so scharf gezogen, daß die konkrete Aussage, was genauer darunter zu verstehen ist, *ob* sie einem Verwaltungsträger zukommt und wenn: *inwieweit*, nicht noch durch den Gesetzgeber konkret getroffen werden müßte.[640] Beide Dimensionen erhalten vielmehr wieder einen spezifischen Sinn: die „juristische Selbstverwaltung" bezieht sich mehr auf die äußere Struktur in bezug auf ihre Selbständigkeit; die „politische Selbstverwaltung" erfaßt wesentliche Elemente der Binnenstruktur der Körperschaft, wobei die Integration in der Organisationsform beide nicht in ihrer „Reinform" erhält, in der sie im 19. Jahrhundert gedacht und einander gegenübergestellt wurden.[641] Dabei steckt die juristische Selbstverwaltung den Rahmen ab, innerhalb dessen die politische zu einem höheren Maß an Legitimation im Sinne der Mitgliederbeteiligung führen kann.[642] Von daher rechtfertigt es sich dann, die Körperschaft als die geeignetste Organisationsform anzusehen,

---

635 Ihnen fehlt es ohnehin zumeist an der Rechtsfähigkeit. Zur Selbstverwaltung der Gerichte etwa *Groß* 2003, S. 298 ff.; *Papier* 2002, S. 2585 ff.; zu einem insofern weiteren Begriff der Selbstverwaltung, der das Element der Dezentralisierung der Aufgabenerledigung in den Vordergrund stellt und die gerichtliche Selbstverwaltung mit einbezieht vgl. *Kelsen* 1993, S. 181 f.
636 Zum Begriff etwa *Hendler* 1990 Rn. 12 f.; *Wolff/Bachof/Stober* 1987, § 84 Rn. 33 f.; und schon oben im geschichtlichen Teil. Dazu daß diese Unterscheidung angesichts der gerade im kommunalen Bereich zu beobachtenden Tendenz zur Professionalisierung prekär geworden ist, vgl. *Laux* 1983, S. 51.
637 Vgl. auch etwa § 29 II „Selbstverwaltung durch die Versicherten und die Arbeitgeber" (Aspekt der politischen Selbstverwaltung) und § 29 III „Versicherungsträger erfüllen . ihre Aufgaben in eigener Verantwortung" (Aspekt der juristischen Selbstverwaltung), vgl. dazu auch die Begründung in BT-Drucks. 7/4122, S. 34 f.
638 Das hat das *BVerfG* auch in der Facharztentscheidung (E 33, S. 125 ff. [159]) hervorgehoben: Der Grundgedanke sei es, „die in den gesellschaftlichen Gruppen lebendigen Kräfte in eigener Verantwortung zur Ordnung der sie besonders berührenden Angelegenheiten heranzuziehen und ihren Sachverstand für die Findung ‚richtigen' Rechts zu nutzen."
639 So aber *Mayer* VwR II, S. 357 f.; daß der Begriff in der Weimarer Epoche dazu geworden sei, hebt auch *Peters* (1926, S. 5) hervor.
640 Hierzu auch *Stern* 1984, S. 397; *Emde* 1991, S. 118 f.
641 Es ließe sich insofern auch ein formaler, eher die Verselbständigung durch eigenverantwortliche Aufgabenerledigung des Selbstverwaltungsträgers und ein materialer, eher die staatsbürgerliche Partizipation betonender Selbstverwaltungsbegriff unterscheiden, *Jestaedt* 1993, S. 66 f.
642 Die innere Selbstverwaltung ist nicht in der Lage, den Bereich der Selbstverwaltung auszuweiten. Ist der eng gezogen, wie bei den Sozialversicherungsträgern, vermag auch die politische Selbstverwaltung im Innern daran nichts zu ändern, *Schnapp* 1983, S. 886.

wenn es um den Ausbau der „politischen" im Rahmen der rechtlichen Selbstverwaltung geht.[643]

c. Zur sozialen Funktion von körperschaftlicher Selbstverwaltung

Die eigenverantwortliche Aufgabenwahrnehmung der Körperschaft auf der Grundlage von mitgliedschaftlichen Entscheidungsstrukturen erfüllt eine Reihe von sozialen Funktionen.[644] Zunächst dient sie der Dezentralisierung von Erfüllungsverantwortung.[645] Auf diese Weise entlastet sie den Staat von der Ausführung öffentlicher Aufgaben. Insofern die Betroffenen an der Erfüllung dieser Aufgaben teilnehmen, erlangen sie einen stärkeren öffentlichen Einfluß, als sie ihn als bloße Abnehmer staatlicher Leistungen hätten,[646] werden dafür aber auch zugleich stärker in die Pflicht genommen, insofern sie regelmäßig mit ihren Beiträgen zur Finanzierung beitragen und sich sonstigen körperschaftlichen Pflichten unterwerfen. Dem Bürger wird also eine Tür zur solidarischen Übernahme von Verwaltungsverantwortung im öffentlichen Interesse aufgestoßen,[647] zugleich wird er aber bei der Artikulation seiner Interessen einer größeren Disziplinierung unterworfen, indem sie öffentlich-rechtlichen Bindungen unterliegt.[648] Gerade dadurch kann aber eine größere Integration der verschiedenen Interessen an bestimmten öffentlichen Aufgaben gewährleistet werden und so die sonst bei öffentlichen Organisationen latenten Akzeptanzprobleme beseitigt, jedenfalls internen Prozeduren zugeführt.[649] Relativ kleine Verwaltungsräume zur Aufgabenerfüllung und demokratischer Entscheidungsstil begünstigen eine Motivationssteigerung bei der Aufgabenerfüllung.[650] Es entstehen Außenstellen öffentlichen Entscheidens, die durch ihre Distanziertheit

---

643 *Schmidt-Aßmann* 1987, S. 262: „Rechtsnatur und Binnenorganisation der Körperschaft eignen sich besonders, jener Schnittstelle von Eigenständigkeit und Entscheidungsteilhabe, die die Selbstverwaltung ausmacht, rechtliche Form zu geben."
644 *Schuppert* 1989, S. 127 ff.
645 So definiert *Stern* (1984, S. 397 f.): „In ihrer Grundform erweist sich Selbstverwaltung als eine innerstaatliche Organisationsform der Dezentralisierung im Sinne einer Ausgliederung von in der Regel verselbständigten juristischen Personen des öffentlichen Rechts aus dem Bereich unmittelbarer Staatsverwaltung unter Gewährung eines Mindestmaßes an Selbständigkeit und Selbstbestimmung." Vgl. auch *Schuppert* 2000, S. 598; *ders.* 1983, S. 187.
646 *Starck* 1995, S. 180; *Schmidt-Aßmann* 1991b, S. 124 f. „Selbstverwaltung ist ein die kommunale Selbstverwaltung umschließendes, über sie aber hinausreichendes staatsrechtliches Ordnungsprinzip, das auch interessenspezifisch ausgerichtete Organisationsformen sogenannter funktionaler Selbstverwaltung erfaßt. Sie will politische Freiheit durch die Stärkung spezieller Partizipationsmöglichkeiten sichern."
647 *Starck* 1995, S. 180; *Schuppert* 2000, S. 598 f. *Kluth* 1997, S. 4: „Selbstverwaltung erweist sich als ein Instrument zur Stärkung der Stellung der Bürger als Träger der Staatsgewalt (Partizipation und Ehrenamt) sowie der Vermittlung von solidarischer Gemeinschaft im überschaubaren und erfahrbaren Lebenszusammenhängen (Genossenschaftsprinzip)."
648 *Tettinger* 1997, S. 64 f.; *Schuppert* 2000, S. 599.
649 *Habermas* (1994, S. 403) schreibt zu diesem Aspekt zu Recht: „Daraus entsteht das Bild eines von der Gesellschaft relativ unabhängig operierenden Verwaltungssystems, das sich die erforderliche Massenloyalität *beschafft* und die politischen Zielfunktionen mehr oder weniger selbst bestimmt."
650 *Mayntz* 1963, S. 130 u. 134 f.; *Coleman* 1992, S. 176: „Psychologische Untersuchungen haben erbracht, daß sich Personen unwohl fühlen, wenn sie einen Kontrollverlust erfahren, und sich zufriedener fühlen und besser lernen, wenn sie die Ereignisse, die sie betreffen, kontrollieren . Die Verlagerung der unmittelbaren Kontrolle von Personen zu Körperschaften [Kontrollbehörden, übergeordneten Aufsichtsinstanzen, S. K.] erzeugt einen strukturellen Zustand in der Gesellschaft, bei dem sich eine große Anzahl der Ereignisse, an denen Individuen interessiert sind, nicht unter deren unmittelbarer Kontrolle befinden."

zum Zentrum der hierarchischen Verwaltung informale Kontakte und gezielte Rollenüberschneidungen fördern und so eine „Pufferzone bildet, in der Vorstellungen umgebildet und angeglichen werden, um aus einem System in das andere fließen zu können".[651] Gerade diese potentiellen Überschneidungen und Ingerenzen durch Bürgerbeteiligungen fördern eine organisationstheoretische Grundforderung nach Erhaltung von Lernfähigkeit von Organisationen als Grundlage ihrer Adaptivität.[652] Insofern führt Selbstverwaltung zu einer Effizienzsteigerung der öffentlichen Verwaltung und eine Entlastung der unmittelbaren Staatsverwaltung.[653] Insgesamt ergibt sich besonders für die Selbstverwaltung der Kammern eine Art Win-Win-Situation: Die in den Kammern organisierten Interessen gewinnen öffentlichen Einfluß und die öffentliche Verwaltung steigert die Effektivität und Effizienz der Erfüllung ihrer Aufgaben und kann zugleich durch die Notwendigkeit der Repräsentativität der Interessenvertretung eine gewisse Vereinheitlichung derselben bewirken.[654]

d. Die Merkmale von Selbstverwaltung

Von den drei Problemkreisen der Selbstverwaltung (Legitimation, Eigenverantwortlichkeit, qualifizierte Entscheidungsstruktur) wurde die Legitimationsfrage bereits bei der Erörterung der Auswirkungen des Demokratieprinzips auf die Verwaltungsorganisation diskutiert. Er betraf die Absenkung des Niveaus demokratischer Legitimation von Selbstverwaltungsträgern aufgrund der „Einflußknicke" in der sachlichen demokratischen Legitimation durch die eigenverantwortliche Wahrnehmung der öffentlichen Aufgaben und der personellen demokratischen Legitimation dadurch, daß die wesentlichen Körperschaftsentscheidungen im Rahmen der Gesetze durch die Mitglieder und nicht durch staatlich ernannte Funktionsträger getroffen werden. Die Körperschaft des öffentlichen Rechts, so wurde ausgeführt, kann die demokratische Legitimation nicht durch eine autonome demokratische Legitimation kompensieren; die Rücknahme des Legitimationsniveaus bei den Körperschaften des öffentlichen Rechts erfolgt aber im Interesse der Selbstbestimmung der Bürger, die sich auch im öffentlichen Bereich nicht in seiner demokratischen Partizipation an Wahlen erschöpft, sondern umfassende Berücksichtigung verlangt. Zwar besteht kein Anspruch auf die Schaffung von Verwaltungsformen, die der Selbstbestimmung eines beschränkten Kreises von Bürgern über einen beschränkten Kreis von öffentlichen Aufgaben Raum geben; sie vermag aber einen verfassungsrechtlichen Grund dafür abzugeben, daß eine Rücknahme des Legitimationsniveaus erfolgt.

Der zweite Aspekt die Fragen der durch die mitgliedschaftlichen Strukturen qualifizierten Binnenstrukturen der Körperschaften des öffentlichen Rechts und die hierdurch mögliche gesteigerte Form von Selbstverwaltung – wird im Zentrum der Analyse der inneren Organisation der Körperschaft stehen. Im gegenwärtigen Teil der Arbeit, der sich mit der selbständigen Rechtsgestalt der Körperschaft des

---

651 *Luhmann* 1999, S. 230.
652 *Berger/Berhard-Mehlich* 2001, S. 154.
653 *Schuppert* 2000, S. 601.
654 *Schuppert* 1983, S. 189 f.

öffentlichen Rechts befaßt, soll zunächst nur die Verselbständigung der Aufgabenerfüllung durch die Einräumung von Eigenverantwortlichkeit noch näher untersucht werden. Da der Eigenverantwortlichkeit die Zurücknahme der staatlichen Ingerenz, mithin des Einflusses der staatlichen Umwelt der Körperschaft korrespondiert, ergeben sich naturgemäß enge Bezüge des jetzt angesprochenen Themas zum letzten Teil der Arbeit, die das Verhältnis der Körperschaft zu ihrer Umwelt zum Gegenstand haben wird. Während hier jedoch die Eigenständigkeit der Körperschaft im Zentrum der Aufmerksamkeit steht, an den die Kontrollmöglichkeiten des Staates nur negativ herantreten, werden diese im letzten Teil der Arbeit im Zentrum stehen und näher inhaltlich analysiert werden.

aa. Eigenverantwortlichkeit

Im Zentrum der Selbstverwaltung steht die eigenverantwortliche Aufgabenerledigung. Eigenverantwortlichkeit meint hier „das Recht, die überlassenen Angelegenheiten der örtlichen Gemeinschaft als eigene frei von staatlichen Weisungen insbes. hinsichtlich des Ermessensgebrauchs und der Zweckmäßigkeit, also dezentral, jedoch unter der Rechtsaufsicht des Staates zu verwalten".[655] Dabei bedeutet Selbstverantwortung positiv die Verwaltung eines näher zu bestimmenden Mindestbereichs eigener Angelegenheiten im eigenen Namen und auch auf eigene Kosten. Erforderlich ist insofern ein gewisses Maß autonomer Entscheidungsbefugnisse.[656] Negativ ist die Unabhängigkeit von fachlichen Weisungen, nicht aber die Unabhängigkeit von Rechtsaufsicht damit gemeint. Das Ausmaß der Selbständigkeit bemißt sich dabei auch nach der Aufgabenstruktur.[657] Als „eigene Angelegenheiten" müssen sich die Aufgaben bei der Körperschaft auf die Mitglieder beziehen. Wirkungen von Körperschaftsentscheidungen gegenüber Nichtmitgliedern sind vor diesem Hintergrund problematisch und bedürfen einer besonderen Rechtfertigung.[658]

Subjekt der Eigenverantwortlichkeit ist die Körperschaft, zu der die Mitglieder sich zusammengeschlossen haben oder zu der sie zusammengeschlossen wurden.[659] Sie ist der Aufgabenträger, und ihr gebührt der Entscheidungsspielraum gegenüber staatlicher Ingerenz.[660] Der Grund dafür ist, daß sie auch verantwortlich gemacht wird: An sie richtet sich die Rechtsaufsicht und sie trifft als privatrechtsfähiges Rechtssubjekt die Haftung. Bürgeraktivierung zur Wahrnehmung der eigenen

---

655 *Wolff/Bachof/Stober* 1987, § 86 Rn. 50.
656 *Kluth* 1997, S. 18 u 24.
657 *Fröhler/Oberndorfer* 1974, S. 48.
658 BVerfGE 33, S. 125 ff. (160) – Facharzt.
659 Anders aber *Sachs* 1987, S. 2343, der von einem Durchgriff auf die hinter der juristischen Person des öffentlichen Rechts stehenden Subjekte spricht; zustimmend auch *Jestaedt* 1993, S. 545. Da aber auch bei der Hochschule nicht nur ihre Mitglieder, sondern auch die Hochschule selbst Träger des Grundrechts der Wissenschaftsfreiheit ist, kommt es auf diesen Durchgriff nicht an, v. Mangoldt/Klein/Starck-*Starck* Art. 5, Rn. 370; *Trute* 1994, S. 366; GG-Kommentar Dreier-*Pernice* Art. 5 III, Rn. 29. Dies gilt erst Recht für Körperschaften, die zwar von ihren Mitgliedern getragen sind, jedoch nicht ihrem grundrechtlich geschützten Lebensbereich zugeordnet sind.
660 Insofern kann auch von der Eigenverantwortlichkeit als einem „Staatsdistanzprinzip" gesprochen werden, *Hendler* 1990, Rn. 36.

B. Bildung und Errichtung der Körperschaft des öffentlichen Rechts   493

Angelegenheiten als den sie besonders betreffenden[661] sind Fragen, die die Eigenverantwortlichkeit der Aufgabenerfüllung voraussetzen. Sie betreffen die Binnenorganisation der Selbstverwaltungskörperschaft. Eine Selbstbestimmung aufgrund kollegialer Verwaltung gehört wegen des aufgabenbezogenen Selbstverwaltungsbegriffs nicht zu seinen konstituierenden Merkmalen.

Inwieweit eine Körperschaft bei der Erledigung ihrer öffentlichen Aufgaben Eigenverantwortlichkeit genießt, ist gesetzesabhängig und für jede Aufgabe gesondert zu beantworten.

bb. Autonomie

Selbstverwaltung und Autonomie sind zu unterscheiden.[662] Autonomie oder Selbstverwaltungsautonomie kann verstanden werden als Befugnis von Selbstverwaltungsträgern zur Setzung objektiven Rechts.[663] Sie bezeichnet innerhalb der Selbstverwaltung den Bereich der eigenverantwortlichen Rechtsetzung.[664]

Festzulegen, wie weit die Selbstverantwortung der eigenen Angelegenheiten reicht, ist, sofern nicht wie bei der kommunalen und der akademischen Selbstverwaltung eine verfassungsrechtliche Fundierung besteht, Sache des Gesetzgebers. Bei diesen beiden Körperschaften erstreckt sie sich über den gesamten Bereich der verfassungsrechtlich geschützten Aufgaben. Das bedeutet, daß die Universitäten in Fragen von Forschung und Lehre das Satzungsrecht besitzen.[665] Zwar gehört die Satzungsautonomie regelmäßig dazu; notwendig ist dies aber nicht.[666] Das BVerfG führt dazu im Facharztbeschluß aus: „Die Verleihung von Satzungsautonomie hat ihren guten Sinn darin ., den entsprechenden gesellschaftlichen Gruppen die Regelung solcher Angelegenheiten, die sie selbst betreffen ., eigenverantwortlich zu überlassen und dadurch den Abstand zwischen Normgeber und Normadressat zu verringern".[667]

e. Grund und Umfang der Selbstverwaltung bei einzelnen Körperschaften

Nachdem zunächst allgemeine Grundmerkmale der Selbstverwaltung entwickelt wurden, soll nun die rechtliche Ausgestaltung bei einigen Körperschaften untersucht werden, entsprechend der Annahme, daß es sich nicht um ein einheitliches Verfassungsprinzip, sondern um spezifisch ausgestattete Selbstverwaltungsbereiche

---

661 *BVerfGE* 11, S. 266 (275) – Wählervereinigung: „Kommunale Selbstverwaltung – wie sie heute verstanden wird – bedeutet ihrem Wesen und ihrer Intention nach Aktivierung der Beteiligten für ihre eigenen Angelegenheiten, die die in der örtlichen Gemeinschaft lebendigen Kräfte des Volkes zur eigenverantwortlichen Erfüllung öffentlicher Aufgaben der engeren Heimat zusammenschließt mit dem Ziel, das Wohl der Einwohner zu fördern und die geschichtliche und heimatliche Eigenart zu wahren."
662 *Hendler* 1990, Rn. 38; *ders.* 1984, S. 293 f. häufig, wenn auch nicht durchgängig gleichsetzend hingegen *Kleine-Cosack* 1986, S. 33 f.
663 *Papenfuß* 1991, S. 24; *Hendler* 1984, S. 293.
664 *Hendler* 1990, Rn. 40: „ein besonderes Gestaltungsmittel der Selbstverwaltungsträger bei der eigenverantwortlichen Wahrnehmung der ihnen obliegenden Aufgaben."
665 Vgl. etwa § 7 UG BW; *Herberger* 2001, Rn. 326.
666 *Hendler* 1986, S. 293; *Emde* 1991, S. 60 f.; *Papenfuß* 1991, S. 23.
667 *BVerfGE* 33, S. 125 ff. (156 f.) – Facharzt.

handelt.⁶⁶⁸ Am stärksten ausgeprägt ist die Selbstverwaltung bei den Gemeinden, den Landkreisen und den übrigen Gemeindeverbänden (Art. 28 II GG).⁶⁶⁹ Eine starke Stellung gegenüber dem Gesetzgeber und der unmittelbaren Staatsverwaltung besitzt auch die Selbstverwaltung der Hochschulen (Art. 5 III GG). Nicht Grundgesetzlich gefordert ist dagegen die Selbstverwaltung der Körperschaften der funktionalen Selbstverwaltung. Hier hat der Staat weitgehenden Zugriff auf die Ausgestaltung der Aufgabenstruktur, von der er bei der Sozialversicherung am intensivsten Gebrauch gemacht hat, so daß der Bereich der verbliebenen Selbstverwaltung hier gering ausfällt.

aa. Die kommunale Selbstverwaltung

Von allen Körperschaften des öffentlichen Rechts in Deutschland sind lediglich die Gemeinden und grundsätzlich, wenn auch in geringerem Umfang die Kreise,⁶⁷⁰ grundgesetzlich unmittelbar gebildet und wenigstens teilerrichtet.⁶⁷¹ Wenige andere sind landesverfassungsrechtlich garantiert.⁶⁷² Die Selbstverwaltung hat bei den kommunalen Gebietskörperschaften den höchsten Grad an Ausdifferenzierung erreicht. Das betrifft nicht nur den Umfang der eigenverantwortlich wahrzunehmenden Aufgaben, sondern auch die Einbeziehung der Bürger über Wahlen und plebiszitäre Elemente in den Kommunalverfassungen. Tatsächlich ist über den lokalen Bezug auch der stärkste Anknüpfungspunkt für die Bürger zur solidarischen und eigenverantwortlichen Erledigung ihrer Angelegenheiten vorhanden.⁶⁷³ Das Rastede-Urteil des BVerfG hat aber zugleich gezeigt, daß eine wachsende Neigung dazu besteht, die Entscheidungsspielräume der Kommunen im Interesse von Effizienzerwägungen zu verkürzen.⁶⁷⁴ – Zugleich hat das Urteil aber auch die Grenzen solcher Bestrebungen aufgezeigt.⁶⁷⁵

Kommunale Selbstverwaltung bezeichnet „das Recht der Gemeinden, alle Angelegenheiten der örtlichen Gemeinschaft im Rahmen der Gesetze eigenverantwortlich, mit eigenen Mitteln, ohne fachaufsichtlichen Weisungen unterworfen zu sein, unter Beteiligung ehrenamtlich tätiger Bürger, insbesondere einer demokratischen Volksvertretung, selbst zu regeln, wozu auch das Recht gehört, in diesem Rahmen allgemeine abstrakte Rechtssätze in der Gestalt von Satzungen zu erlassen".⁶⁷⁶ Geschützt ist ein Kernbereich der Selbstverwaltung. Die Frage ist aber, wie dieser Kernbereich zu bestimmen ist. Das BVerfG bevorzugt die historische Methode, ohne jedoch zu

---

668 Vgl. auch v. Mangoldt/Klein/Starck-*Tettinger* Art. 28, Rn. 133.
669 *Von Arnim* 1988, S. 2 ff.; *Püttner* 1990, Rn. 2 ff.; *Hendler* 1984, S. 192 ff.
670 Nicht die übrigen Kommunalkörperschaften, *Bovenschulte* 2000, S. 127.
671 *Bovenschulte* 2000, S. 120.
672 *Bovenschulte* 2000, S. 128 f.
673 *Püttner* 1990, Rn. 9 f.: „Unabhängig von Gemeinde- oder Kreisbewußtsein bietet jedenfalls die kommunale Selbstverwaltung den Bürgern auch heute konkrete und überschaubare Mitwirkungsmöglichkeiten, wie sie im Staat so nicht gegeben sind." Vgl. auch *Schuppert* 1989, S. 137 ff.
674 Schon heute machen Schätzungen zufolge die Auftragsangelegenheiten bzw. Pflichtaufgaben nach Weisung, bei denen die Gemeinden keine bzw. nur eine erheblich reduzierte Eigenverantwortlichkeit besitzen, etwa 80 % der Gemeindeaufgaben aus, *Schröder* 2000, Rn. 28.
675 BVerfGE 79, S. 127 ff. (143 ff.); dazu auch *Schoch* 1990, S. 19 ff.; *Schmidt-Aßmann* 1991b, S. 127 ff.
676 Berliner-Kommentar-*Vogelsang* 2002, Rn. 90.

einer Status-Quo-Garantie zu gelangen. Die Selbstverwaltungsgarantie sei vielmehr für eine „vernünftige Fortentwicklung des überkommenen Systems" offen.[677]

Seit der Weimarer Diskussion über das „Grundrecht der Gemeinden" (Art. 127 WRV) wird nicht unumstritten,[678] aber doch ganz überwiegend davon ausgegangen, daß die Selbstverwaltung der Gemeinden im Sinne einer institutionellen Garantie geschützt ist. Sie ist damit ein verfassungsrechtliches Strukturprinzip des Makrosystems der öffentlichen Verwaltung, das dessen Dezentralisierung im Bereich der Erfüllung lokal radizierter Aufgaben verbindlich anordnet.[679] Den Gemeinden wird mithin kein individueller Anspruch auf Bestandsschutz gewährt. Gesichert ist danach ein Mindestbestand von Rechten, der von den Ländern nicht unter- wohl aber überschritten werden darf.[680]

Im einzelnen können drei Dimensionen unterschieden werden: Art. 28 II S. 2 GG enthält (1.) eine Rechtssubjektgarantie, (2.) eine Rechtsinstitutionsgarantie und (3.) eine subjektive Rechtsstellungsgarantie.

(1.) Institutionelle Rechtssubjektsgarantie

Aus der Selbstverwaltungsgarantie des Art. 28 II S. 1 ergibt sich zunächst eine institutionelle Rechtssubjektsgarantie, die Gemeinden als selbständige Rechtssubjekte im Aufbau des Verwaltungssystems vorsieht. Diese Rechtspersönlichkeit der Gemeinden, von der bereits oben (S. 223) die Rede war, ist die Grundlage für die Zurechenbarkeit der eigenverantwortlichen Aufgabenwahrnehmung.

(2.) Die objektive Rechtsinstitutionsgarantie

Diese Dimension der Selbstverwaltungsgarantie interessiert hier am stärksten. Denn sie gewährleistet der Gemeinde die Wahrnehmung des gemeindlichen Aufgabenbereichs in eigener Verantwortung und die Befugnis zur eigenverantwortlichen Führung der Geschäfte in diesem Bereich.[681] Sie läßt sich weiter untergliedern in den Schutz der Angelegenheit der örtlichen Gemeinschaft, ihrer eigenverantwortlichen Wahrnehmung,[682] und die Fragen des Gesetzesvorbehalts.

Geschützt ist zunächst die Verwaltung der Angelegenheiten der örtlichen Gemeinschaft. Dies sind nach dem BVerfG: „diejenigen Bedürfnisse und Interessen, die in der örtlichen Gemeinschaft wurzeln oder auf sie einen spezifischen Bezug haben, die also den Gemeindeeinwohnern gerade als solchen gemeinsam sind, indem sie

---

677 *BVerfGE* 38, 258 ff. (279).
678 *Knemeyer* 1983, S. 210 ff.: Die Vorstellung von der institutionellen Garantie verkenne die ganz andersartige Stellung der Garantie der kommunalen Selbstverwaltung im GG und in der WRV, wo sie bei den Grundrechten eingeordnet gewesen sei. Eine vermittelnde Lösung entwickelt *Püttner* 1990, Rn. 11.
679 Die funktionale Betrachtungsweise der Selbstverwaltungsgarantie wollte in dem dezentralen Staatsaufbauprinzip sogar den Kerngehalt der Regelung erblicken, v. Mangoldt/Klein/Starck-*Tettinger* Art. 28, Rn. 162.
680 V. Mangoldt/Klein/Starck-*Tettinger* Art. 28, Rn. 134 u. 139 f.; Berliner-Kommentar-*Vogelsang* 2002, Rn. 90; *Bovenschulte* 2000, S. 233 f.
681 *BVerfGE* 79, 127 ff. (143) – Rastede; 87, S. 228 ff. (231 f.); 92, S. 52 ff. (62); *Ehlers* 2000a, S. 1302.
682 V. Münch/Kunig-*Löwer* Art. 28, Rn. 45 ff.; Berliner Kommentar-*Vogelsang* Art. 28, Rn. 98 ff.; GG-Kommentar Dreier-*Dreier* Art. 28, Rn. 103 ff.; v. Mangoldt/Klein/Starck-*Tettinger* Art. 28, Rn. 168 ff.

das Zusammenleben und -wohnen der Menschen in der Gemeinde betreffen; auf die Verwaltungskraft der Gemeinde kommt es hierfür nicht an".[683] Auf welchen Kreis von Aufgaben sich dieser örtliche Bezug erstreckt, kann nicht ein für alle Mal festgesetzt werden, sondern unterliegt einer gewissen Entwicklung.[684] In ihrer Reichweite erstreckt sich die Garantie nach dem Universalitätsprinzip auf alle derartigen Angelegenheiten, sofern sie nicht gesetzlich dem Staat vorbehalten sind.[685] Die Aufgaben müssen aus dem Gemeindegebiet hervorgehen.[686] Darauf, daß sie finanziell auch durch die Gemeinde bewältigt werden können, kommt es seit der Rastede-Entscheidung nicht mehr entscheidend an.[687] Die Bezogenheit auf das Gemeindegebiet setzt jedoch der Aufgabe zugleich räumliche Grenzen: Grenzüberschreitende Aufgaben können gesetzlich einem Gemeindeverband anvertraut werden.[688] Auf diese Weise sind aber zugleich einem „Entörtlichungsprozeß" Grenzen gesetzt.[689] Insofern besteht eine Zuständigkeitsvermutung der Gemeinde gegenüber dem Staat,[690] lokal radizierte Aufgaben ohne weitere Kompetenztitel wahrnehmen zu dürfen.[691] Während hier also eine verfassungsrechtlich-originäre Zuständigkeit der Gemeinden begründet wird, ist die entsprechende Zuständigkeitsregelung der Gemeindeverbände eine gesetzlich abgeleitete.[692] Geschützt ist die Gemeinde sowohl vor dem Entzug von Aufgaben als auch vor Aufgabenüberbürdung. Ferner ergibt sich hieraus ein Gebot, die finanziellen Folgen einer Aufgabenübertragung zu berücksichtigen.

Zu den typischen Aufgaben der örtlichen Gemeinschaft gehören die Daseinsvorsorge und andere Aufgaben des räumlich-nachbarschaftlichen Zusammenlebens.[693] Überörtliche Angelegenheiten müssen Auswirkungen auf das Gemeindegebiet haben. Damit scheidet ein allgemeinpolitisches Mandat aus.[694] Hier wie auch sonst sind die Körperschaften des öffentlichen Rechts keine Anwälte des Gemeinwohls. Ihre Aufgabe ist es nicht, wie etwa die der Parteien,[695] sich aus ihrer subjektiven

---

683 *BVerfGE* 8, 122 ff. (134); 79, 127 ff. (127 u. 151) – Rastede ergänzt, daß es sich dabei um solche Aufgaben handelt, „die den Gemeindeeinwohnern gerade als solchen gemein sind, indem sie das Zusammenleben und -wohnen der Menschen in der (politischen) Gemeinde betreffen".
684 Berliner Kommentar-*Vogelsang* Art. 28, Rn. 103.
685 Berliner Kommentar-*Vogelsang* Art. 28, Rn. 99.
686 Die Gemeinden besitzen aber nicht nur das Recht der Selbstverwaltung in bezug auf bestehende Aufgaben, sondern darüber hinaus ein Aufgaben- und Funktionenfindungsrecht, *BVerfGE* 79, S. 127 ff. (147) – Rastede; GG-Kommentar Dreier-*Dreier* Art. 28, Rn. 104; v. Mangoldt/Klein/Starck-*Tettinger* Art. 28, Rn. 178.
687 An die Stelle der Effizienz ist hiermit das bürgerschaftliche Engagement getreten, *Schmidt-Aßmann* 1991b, S. 128 f.; zur älteren Rechtsprechung (etwa BVerfGE 8, S. 122 ff.) auch *Forsthoff* 1973, S. 531.
688 Berliner Kommentar-*Vogelsang* Art. 28, Rn. 111.
689 *Hendler* 2003, S. 201 f. Das hebt auch die Formel hervor, die *Schmidt-Jortzig* entwickelt hat (1993, S. 974): „Angelegenheiten der örtlichen Gemeinschaft' sind diejenigen Vorhaben, deren bestmögliche Verwirklichung den Menschen in einem geschlossenen Siedlungsraum für ihre gemeinsamen Lebensbedürfnisse von konkretem Interesse sind."
690 Nicht jedoch gegenüber Privaten (*Schmidt-Aßmann* 1991b, S. 131), so daß die Garantie auch keinen Eingriffstitel darstellt, v. Mangoldt/Klein/Starck-*Tettinger* Art. 28, Rn. 165.
691 Berliner Kommentar-*Vogelsang* Art. 28, Rn. 100.
692 *Knemeyer* 1983, S. 220.
693 *Schmidt-Aßmann/Röhl* 2005, Rn. 17.
694 *Mußgnug* 1989, S. 666: „Ein allgemeinpolitisches Mandat können nur private Verbände für sich in Anspruch nehmen, die von ihren Mitgliedern in freier Initiative ins Leben gerufen worden sind und daher das Recht zur autonomen, von gesetzlichen Beschränkungen unabhängigen Definition ihrer Aufgaben genießen." Vgl. auch *Oebbecke* 1988, S. 394.
695 *Kirste* 2002, S. 376 f.

B. Bildung und Errichtung der Körperschaft des öffentlichen Rechts

Sicht für die Belange der staatlichen Gemeinschaft einzusetzen, sondern ihre lokal radizierten Aufgaben wahrzunehmen. Eine andere Frage ist, ob sie im Interesse eines inhaltlich verstandenen Gemeinwohls, das sich aus der Realisierung des verfassungsrechtlichen Gemeinwohlentwurfs ergibt und somit auch die Realisierung der darin vorgesehenen Institutionen erfaßt,[696] befugt sind, die Interessen der Gemeinden als solcher gegenüber dem Staat zu vertreten. Dies beträfe nicht die Vertretung der Interessen der gesamten staatlichen Gemeinschaft aus subjektiver Perspektive, sondern die Berücksichtigung der typischen Eigeninteressen der Gemeinden als verfassungsrechtlich anerkanntem Teil des Gemeinwohls. Doch sind die gemeinsamen Angelegenheiten aller örtlichen Gemeinschaften nicht selbst lokal radizierte Aufgabe, sondern überörtliche, so daß jedenfalls dem Gesetzgeber hier die primäre Entscheidungsbefugnis zusteht. In diesen Grenzen sind aber überkommunale, privatrechtlich organisierte Zusammenschlüsse möglich.[697]

„Eigenverantwortlichkeit" bedeutet mehr als dezentralisierte Wahrnehmung der Aufgabe.[698] Auch darf nicht nur eine Mitverantwortung bei der Aufgabenerfüllung zugestanden werden.[699] Im einzelnen ist aber zwischen der Verantwortung für die Organisation und der inhaltlichen Aufgabenverantwortung zu unterscheiden. Die Verantwortung für die Organisation ist umfassend.[700] Die inhaltliche Aufgabenverantwortung reicht je nach der Aufgabe unterschiedlich weit. Staatliche Reglementierungen der Erledigung solcher Aufgaben, die sich aus dem Kreis der örtlichen Angelegenheiten ergeben, kann die Gemeinde abwehren, nicht dagegen solcher, die übertragene überörtliche Angelegenheiten betreffen.[701] In den freiwilligen Aufgaben der örtlichen Gemeinschaft besitzt sie die Entscheidung über das Ob, Wie und Wann.[702] Bei den pflichtigen hingegen fehlt die Entschließungsfreiheit. Jedenfalls haben sie in den Angelegenheiten der örtlichen Gemeinschaft das Recht zur weisungsfreien Erfüllung.[703]

Das BVerfG hat sogar einen „prinzipiellen Vorrang" der dezentral-eigenverantwortlichen, kommunalen vor der „staatlich determinierten Aufgabenwahrnehmung"[704] und der gemeindlichen vor der Aufgabenwahrnehmung durch die Kreise[705] angenommen.

---

696 *Kirste* 2002, S. 350 f.: Damit ist gemeint, daß das GG auf die Vereinigung von Einzel-, Gruppen- und Staatsinteressen abzielt, die ggf. durch Abwägung, die sich an den grundlegenden Wertentscheidungen der Verfassung zu orientieren hat, zu vereinigen sind.
697 *Dittmann* 2000, Rn. 109 ff.
698 Zu anderen Auffassungen *Knemeyer* 1983, S. 215 ff.
699 Weniger sollte nach der funktionalen Theorie genügen, *Hendler* 1986, S. 204; v. Mangoldt/Klein/Starck-*Tettinger* Art. 28, Rn. 161.
700 *BVerfGE* 83, S. 363 ff. (382) – Krankenhausfinanzierung.
701 *BVerfGE* 83, S. 363 ff. (382) – Krankenhausfinanzierung.
702 v. Mangoldt/Klein/Starck-*Tettinger* Art. 28, Rn. 178; GG-Kommentar Dreier-*Dreier* Art. 28, Rn. 106; *Ehlers* 2000, S. 1305.
703 *Bovenschulte* 2000, S. 278.
704 Bei der Beschränkung der Eigenverantwortlichkeit habe der Gesetzgeber „den verfassungsgewollten prinzipiellen Vorrang einer dezentralen, also gemeindlichen, vor einer zentral und damit staatlich determinierten Aufgabenwahrnehmung zu berücksichtigen." *BVerfGE* 83, S. 363 ff. (382) – Krankenhausfinanzierung.
705 „Er hat hierbei indes den Vorrang zu berücksichtigen, den Art. 28 Abs. 2 Satz 1 GG in den Angelegenheiten der örtlichen Gemeinschaft der Gemeindeebene auch vor der Kreisebene einräumt." *BVerfGE* 79, S. 127 ff (152) – Rastede.

(3.) Die subjektive Rechtstellungsgarantie

Als subjektive Rechtsstellungsgarantie vermittelt Art. 28 II GG den Gemeinden schließlich direkt[706] ein gerichtlich durchsetzbares Recht auf Selbstverwaltung.[707] Das ergibt sich schon sprachlich daraus, daß die Bestimmung den Gemeinden ein „Recht" gewährt.[708] Umfaßt sind nicht nur Abwehransprüche gegenüber Beeinträchtigungen, sondern auch positive Ansprüche auf Anhörung, Berücksichtigung und wenn man hierfür nicht eine eigene Kategorie der Erstreckungsgarantie vorsehen will[709] auf gemeindefreundliches Verhalten und Mitwirkungsrechte an staatlichen Planungen.[710]

(4.) Der Gesetzesvorbehalt und seine Grenzen

Das Recht auf Selbstverwaltung ist den Gemeinden nur im Rahmen der Gesetze gewährleistet. Im Umfang bezieht sich dieser Gesetzesvorbehalt sowohl auf die gemeindliche Zuständigkeit als auch die Art und Weise der Aufgabenerledigung.[711] Das bedeutet zunächst, daß Aufgabenzuweisungen und Entzug einer gesetzlichen Grundlage bedürfen und nicht nur aufgrund einer Einzelweisung ergehen dürfen.[712] Diese Schranken beziehen sich nicht nur auf den Grundsatz der Eigenverantwortung, sondern auch auf den Aufgabenbestand insgesamt,[713] so daß bestimmte Angelegenheiten der örtlichen Gemeinschaft den Gemeinden entzogen werden und auf staatliche Stellen übertragen werden können.[714]

Grenzen der Beschränkung der kommunalen Selbstverwaltung ergeben sich aus der *Kernbereichsgarantie* des Art. 28 II GG. Kriterien zur Bestimmung dieses Bereichs sind nicht leicht anzugeben. Sinnvoll ist es hier, auf einen historisch ausgebildeten, aber auch das aktuelle Leitbild miteinbeziehenden, typenbildenden Bestand an Merkmalen abzustellen.[715] Dazu gehört „kein gegenständlich bestimmter oder nach feststehenden Merkmalen bestimmbarer Aufgabenkatalog, wohl aber die Befugnis, sich aller Angelegenheiten der örtlichen Gemeinschaft, die nicht durch Gesetz bereits anderen Trägern öffentlicher Verwaltung übertragen sind, ohne besonderen Kompetenztitel anzunehmen (,Universalität' des gemeindlichen Wirkungskreises)".[716]

---

706 *Schmidt-Aßmann/Röhl* 2005, Rn. 24.
707 *Ehlers* 2000a, S. 1302; GG-Kommentar Dreier-*Dreier* Art. 28, Rn. 96 f.
708 Berliner Kommentar-*Vogelsang* Art. 28, Rn. 126.
709 *Schmidt-Aßmann/Röhl* 2005, Rn. 25
710 GG-Kommentar Dreier-*Dreier* Art. 28, Rn. 98; Berliner Kommentar-*Vogelsang* Art. 28, Rn. 150.
711 GG-Kommentar Dreier-*Dreier* Art. 28, Rn. 109; *Ehlers* 2000a, S. 1303; kritisch *Waechter* 1996, S. 47 ff. (66).
712 Berliner Kommentar-*Vogelsang* Art. 28, Rn. 127.
713 *Püttner* 1990, Rn. 19.
714 *Bovenschulte* 2000, S. 210.
715 BK-*Stern* Art. 28 Rn. 123: „Der Wesensgehalt ist das Essentiale, das man aus einer Institution nicht entfernen kann, ohne deren Struktur und Typus zu verändern" (u. 124). Stern verwendet zwar in Einklang mit dem BVerfG (etwa BVerfGE 1, 167 [174 f.]; 38, 258 [278 f.]; 76, 107 [118]; st. Rspr.) den Ausdruck „Wesensgehalt", wie er in Art. 19 II GG verwendet wird, hebt aber ausdrücklich hervor, daß dieser nicht herangezogen werden könne, da es sich nicht um ein Grundrecht, sondern eine institutionelle Garantie handele (Rn. 120); zur Begründung auch: GG-Kommentar Dreier-*Dreier* Art. 28, Rn. 116.
716 *BVerfGE* 79, S. 127 ff. (146) – Rastede; 59, S. 216 ff. (226) – Söhlde; 76, S. 107 ff. (118) – Landesraumordnungsprogramm Niedersachsen; st. Rspr.

B. Bildung und Errichtung der Körperschaft des öffentlichen Rechts

Auch außerhalb des Kernbereichs – so die Weiterentwicklung der Rechtsprechung durch das Rastede-Urteil – besitzen die Gemeinden nach der Konzeption des Grundgesetzes eine wichtige Funktion für das Gemeinwesen, die der Gesetzgeber nicht beliebig beschränken darf.[717] Gerade durch die Explikation dieser Beschränkung macht das BVerfG deutlich, daß die Zuständigkeit der Gemeinden für die Aufgaben der örtlichen Gemeinschaft eingebettet ist in die Gemeinwohlordnung des Grundgesetzes (s. o.) und daher auch dort nur auf seiner Grundlage („nur aus Gründen des Gemeininteresses"[718]) beschränkt werden darf, wo sie vom staatlichen Einfluß nicht im Kern betroffen ist. Den Staat trifft vor dem Hintergrund dieser Gemeinwohlbedeutsamkeit der Gemeinden eine besondere Argumentationslast für die einschränkenden Gesetze.[719] Hieraus ergibt sich ein allgemeines *materiales Aufgabenverteilungsprinzip*, das die Angelegenheiten der örtlichen Gemeinschaft grundsätzlich den Gemeinden zuweist.[720] Der Staat darf der Gemeinde eine derartige Aufgabe entziehen, wenn nur so sichergestellt ist, daß sie erfüllt werden kann. Reine Effizienzerwägungen reichen dazu nicht, solange der Staat über Aufsichtsmittel deren Berücksichtigung durch die Gemeinde kontrolliert und ggf. durchgesetzt werden kann.[721] Diese Erweiterung der Grenzen des Gesetzesvorbehalts durch das Rastede-Urteil beschränken die Möglichkeiten des Gesetzgebers zur Zentralisierung von Aufgaben erheblich und sichern jedenfalls ein dezentrales Verwaltungssystem durch die kommunale Selbstverwaltung auch dort, wo eine Aufgabenbeschränkung nicht dessen Kernbereich beträfe.[722]

---

717 *BVerfGE* 79, S. 127 ff. (143 f.): „Aber auch außerhalb des Kernbereichs ist der Gesetzgeber nicht frei: Indem der Verfassungsgeber die Institution gemeindliche Selbstverwaltung nicht nur in ihrer überkommenen Gestalt aufgegriffen, sondern mit eigenen Aufgaben in den Aufbau des politischen Gemeinwesens nach der grundgesetzlichen Ordnung eingefügt hat, hat er ihr eine spezifische Funktion beigemessen, die der Gesetzgeber zu berücksichtigen hat."
718 *BVerfGE* 79, S. 127 ff. (153) – Rastede.
719 *Schmidt-Aßmann/Röhl* 2005, Rn. 22; Berliner Kommentar-*Vogelsang* Art. 28, Rn. 146: „Argumentationslastverteilung zugunsten der Gemeinden."
720 Auch nicht den Kreisen, *BVerfGE* 79, S. 127 ff. (152 f.) – Rastede; dazu auch *Schmidt-Aßmann/Röhl* 2005, Rn. 22; *ders.* 1991b, S. 135 ff.; einige Landesverfassungen verstärken diese Aufgabenverteilung zugunsten der Gemeinden noch dadurch, daß sie sie zu „alleinigen Trägern der öffentlichen Aufgaben" in ihrem Gebiet erklären (vgl. etwa Art. 71 II bwVerf).
721 *BVerfGE* 79, S. 127 ff. (153): „Eine Aufgabe mit relevantem örtlichen Charakter darf der Gesetzgeber den Gemeinden nur aus Gründen des Gemeininteresses, vor allem also dann entziehen, wenn anders die ordnungsgemäße Aufgabenerfüllung nicht sicherzustellen wäre. Demgegenüber scheidet das bloße Ziel der Verwaltungsvereinfachung oder der Zuständigkeitskonzentration – etwa im Interesse der Übersichtlichkeit der öffentlichen Verwaltung – als Rechtfertigung eines Aufgabenentzugs aus; denn dies zielte ausschließlich auf die Beseitigung eines Umstandes, der gerade durch die vom Grundgesetz gewollte dezentrale Aufgabenansiedlung bedingt wird. Auch Gründe der Wirtschaftlichkeit und Sparsamkeit der öffentlichen Verwaltung insgesamt rechtfertigen eine ‚Hochzonung' nicht schon aus sich heraus, sondern erst dann, wenn ein Belassen der Aufgabe bei den Gemeinden zu einem unverhältnismäßigen Kostenanstieg führen würde. Eine zentralistisch organisierte Verwaltung könnte allerdings in vielerlei Hinsicht rationeller und billiger arbeiten; die Verfassung setzt diesen ökonomischen Erwägungen jedoch den politisch-demokratischen Gesichtspunkt der Teilnahme der örtlichen Bürgerschaft an der Erledigung ihrer öffentlichen Aufgaben (oben 3. a) entgegen und gibt ihm den Vorzug. Der Staat ist daher zunächst darauf beschränkt sicherzustellen, daß *die Gemeinden* ihre Angelegenheiten nach den Grundsätzen der Wirtschaftlichkeit und Sparsamkeit erfüllen; daß andere Aufgabenträger in größeren Erledigungsräumen dieselbe Aufgabe insgesamt wirtschaftlicher erledigen könnten, gestattet – jedenfalls grundsätzlich – keinen Aufgabenentzug."
722 *Schmidt-Aßmann* 1991b, S. 135.

(5.) Die Gemeindehoheiten

Auf dieser verfassungsrechtlichen Grundlage hat die Dogmatik einen Kreis von Aufgaben entwickelt, der in seinen Grundgedanken einen unverzichtbaren Teil der Selbstverwaltungsgarantie darstellt, jedoch nicht in allen Einzelheiten von dieser geschützt ist und gesetzlicher Beschränkung und Veränderung unterliegt: die „Gemeindehoheiten". Hierzu zählt die *Gebietshoheit* als konstitutiv für alle Gebietskörperschaften, die der Gemeinde bei Bestands- und Gebietsänderungen zwar keinen absoluten Schutz, aber doch einen verfahrensrechtlichen Anspruch auf Anhörung und Berücksichtigung gewährt.[723]

Ferner gehört dazu die *Organisationshoheit* als Befugnis, über die innere Organisation der Gemeinde, ihrer weiteren Gliederung und der Errichtung von Einrichtungen und Betrieben selbst entscheiden zu dürfen.[724] Gemäß der neueren Unterscheidung zwischen Kernbereichsschutz und Vorfeldsicherung durch ein materiales Aufgabenverteilungsprinzip hat das BVerfG aber in der Entscheidung zu den Gleichstellungsbeauftragten eine Abschichtung vorgenommen. Zur historisch überkommenen Befugnis des Gesetzgebers gehört die Festlegung der Grundstrukturen der Gemeindeorganisation.[725] Würde er der Gemeinde aber keinerlei Spielraum mehr belassen bei der weiteren Ausgestaltung dieser Typen oder diese einem umfassenden Weisungs- bzw. Fachaufsichtsrecht unterwerfen, wäre die Selbstverwaltung der Gemeinde insofern im Kern betroffen.[726] Jenseits dieses Bereichs besteht ein größerer Spielraum, der aber durch die grundsätzliche Regelungsbefugnis des Gesetzgebers einerseits und durch die verfassungsrechtliche Anerkennung der grundsätzlichen Eigenverantwortlichkeit der Gemeinden bei der Erledigung lokaler Aufgaben strukturiert ist. Das Verhältnis dieser beiden Kriterien verhindert es, ein „Prinzip der Eigenorganisation" der Gemeinde als Bestandteil ihrer Organisationshoheit anzunehmen, demzufolge jede Organisationsregelung des Gesetzgebers zu rechtfertigen wäre.[727] In diesem „Vorfeld" der Kernbereichsgarantie besteht mithin keine reine Selbstverwaltung im Sinne der eigenverantwortlichen Organisation, sondern nur eine „Mitverantwortung" für die Aufgabenerledigung und die Einrichtung der zu dieser erforderlichen Organisationsstrukturen. Im Rahmen der Verteilung dieser Mitverantwortung kommt dem Staat der Part der Festlegung der Grundstrukturen und den Gemeinden der der Anpassung an die lokalen

---

[723] *BVerfGE* 50, S. 50 ff. (50) – Laatzen: Gebietsänderungen beeinträchtigen nicht den Kernbereich; E 50, S. 195 ff. (203 f.) – Rheda-Wiedenbrück; v. Mangoldt/Klein/Starck-*Tettinger* Art. 28, Rn. 166 u. 179; GG-Kommentar Dreier-*Dreier* Art. 28, Rn. 122; Wolff/Bachof/Stober-*Kluth* 2004, § 94 Rn. 69; zu berücksichtigen ist aber, daß die Landesverfassungen hier teilweise eingehende Bestimmungen treffen, vgl. etwa Art. 74 LV-BW, Art. 98 LV-BBg; Art. 59 LV-Nieders., Art. 88 LV-Sachs.
[724] BVerfGE 91, S. 228 ff. (236) – Gleichstellungsbeauftragte: „Durch sie legen die Gemeinden für die Wahrnehmung ihrer Aufgaben Abläufe und Entscheidungszuständigkeiten im einzelnen fest und bestimmen damit auch über Gewichtung, Qualität und Inhalt ihrer Entscheidungen." *Schmidt-Aßmann/Röhl* 2005, Rn. 23; *Lübking/Vogelsang* 1998, Rn. 16.
[725] BVerfGE 91, S. 228 ff. (239). Hierzu gehört insbesondere die Konturierung von Gemeindeverfassungstypen wie der Magistrats-, Bürgermeister-, der süd- oder norddeutschen Ratsverfassung oder auch der Einbau plebiszitärer Elemente.
[726] *BVerfGE* 91, S. 228 ff. (239) – Gleichstellungsbeauftragte.
[727] *BVerfGE* 91, S. 228 ff. (240) – Gleichstellungsbeauftragte.

B. Bildung und Errichtung der Körperschaft des öffentlichen Rechts   501

Gegebenheiten zu. Hierfür ist ihnen ein ausreichender Spielraum zu gewähren.[728] Im Ergebnis bedeutet dies, daß die Organisationshoheit vernichtet und damit die Selbstverwaltungsgarantie im Kern getroffen wäre, wenn der Gemeinde keinerlei Spielraum hinsichtlich der Gestaltung ihrer Organisation eingeräumt würde. Dieser Spielraum ist aber beschränkt und reduziert auf die Adaption der Grundstrukturen an die lokalen Bedürfnisse. In engem Zusammenhang mit der Organisationshoheit steht die Kooperationshoheit der Gemeinden und Gemeindeverbände.[729] Sie bezieht sich in erster Linie auf die kommunale Zusammenarbeit.[730] Ein Recht, aufgrund dieser Hoheit ohne gesetzliche Grundlagen neue rechtsfähige Verwaltungsorganisationen errichten zu können, besteht jedoch nicht.[731]

Ferner gehört zu den Gemeindehoheiten die *Personalhoheit*, die es der Gemeinde ermöglicht, über die wesentlichen Fragen der Zahl, Vergütung, Rekrutierung ihres Personals sowie seiner Organisation und Beförderung selbst zu entscheiden.[732] In welchem Maße sie also eine bürokratische Personalstruktur aufbauen will, ist grundsätzlich Sache der Gemeinde, die hierbei besonders gut die lokalen Gegebenheiten berücksichtigen kann. Die *Finanz-* oder *Abgabenhoheit* (Art. 28 II S. 3 GG) steht im Zusammenhang mit der Finanzgarantie des Art. 106 VI 1 GG und soll der Gemeinde eine ausreichende Finanzausstattung und die eigenverantwortliche Verwaltung derselben garantieren.[733] Hierzu enthalten auch die Landesverfassungen weitere Regelungen.[734] *Planungs-* und insbesondere die *Raumplanungshoheit* sichern der Gemeinde die eigenverantwortliche Erledigung ihrer Aufgaben in zeitlicher und räumlicher Hinsicht.[735] Um ihre Ziele langfristig und sinnvoll realisieren zu können, müssen der Gemeinde Freiräume gewährt werden, um strukturelle Entscheidungen mit langfristiger Wirkung treffen zu können.[736] Ferner ist ihnen das Recht gewährleistet, das Gemeindegebiet nach eigenen Vorstellungen zu ordnen und zu gestalten.[737]

---

728 *BVerfGE* 91, S. 228 ff. (241) – Gleichstellungsbeauftragte.
729 Das *BVerfG* (NVwZ 1987, S. 123 f. [124]) sieht sie als in der Organisationshoheit enthalten an.
730 *Schmidt-Jortzig* 1983, S. 525 ff.; *Stober* 1996, S. 87: „Kooperationshoheit bedeutet, daß die Kommunen für einzelne Aufgaben zusammen mit anderen Stellen, insbesondere Kommunen zusammenarbeiten, gemeinschaftliche Handlungsinstrumente schaffen, sich mit anderen Stellen zusammenschließen und gemeinsame Einrichtungen betreiben können."
731 *Schmidt-Jortzig* 1983, S. 526; *Bovenschulte* 2000, S. 102 f.;
732 *BVerfGE* 91, S. 228 ff. (245) – Gleichstellungsbeauftragte; Wolff/Bachof/Stober-*Kluth* 2004, § 94 Rn. 71; *Gern* 2003 Rn. 175; *Schmidt-Aßmann/Röhl* 2005, Rn. 23; *Lübking/Vogelsang* 1998, Rn. 17.
733 *BVerfGE* 26, S. 228 ff. (244) – Sorsum: „Die aus der Selbstverwaltungsgarantie abzuleitende Finanzhoheit gewährt den Gemeinden die Befugnis zu einer eigenverantwortlichen Einnahmen- und Ausgabenwirtschaft im Rahmen eines gesetzlich geordneten Haushaltswesens" – hieraus folge auch, daß sich die Gemeinde eigenverantwortlich auf die ihr obliegenden Verpflichtungen einstelle, vgl. auch E 52, S. 95 ff. – Gemeindeverband; *Kirchhof* 1985, S. 3; Berliner Kommentar-*Vogelsang* Art. 28, Rn. 167 f.; v. Mangoldt/Klein/Starck-*Tettinger* Art. 28, Rn. 243 f.: Geschützt sind insbesondere die Einnahmen und Ausgabenhoheit inklusive der Haushaltsführung und der Vermögensverwaltung. Nicht geschützt sind einzelne vermögensrechtliche Positionen, Berliner Kommentar-*Vogelsang* Art. 28, Rn. 170.
734 Vgl. etwa Art. 73 LV-BW; Art. 83 I LV-Bay; Art. 49 V LV-RPf; Art. 137 V LV-Hess; Art. 87, 85 LV-Sachs mit Ausgleichsregelungen für die Übertragung weiterer Aufgaben.
735 BVerfGE 76, S. 107 ff. (118 f.) – Landes-Raumordnungsprogramm Niedersachsen; Wolff/Bachof/Stober-*Kluth* 2004, § 94 Rn. 72.
736 *Schmidt-Aßmann/Röhl* 2005, Rn. 23.
737 *Lübking/Vogelsang* 1998, Rn. 18.

Schließlich gehört zu den Gemeindehoheiten noch die *Regelungs- oder Rechtsetzungshoheit*, die den Gemeinden eine Art Formgarantie bei der Erfüllung ihrer Aufgaben im Umfang der überkommenen kommunalen Handlungsformen gewährleistet.[738] Hierzu gehört insbesondere die Satzungsautonomie, die sich anders als bei anderen Körperschaften wegen der Allzuständigkeit der Gemeinden auch auf Externe erstreckt.[739]

(6.) Zusammenfassung

Gerade diese der kommunalen Selbstverwaltungsgarantie entspringenden Gemeindehoheiten zeigen noch einmal, daß die Selbstverwaltung auf den eigenverantwortlichen Modus der Aufgabenerledigung bezogen ist. Sie beziehen sich auf den räumlichen Kreis der eigenverantwortlich wahrzunehmenden Aufgaben der Gemeinde; die Organisationshoheit gewährleistet den Spielraum, der den Gemeinden bei der Schaffung der zur Aufgabenerledigung notwendigen Einrichtungen verbleibt; die Finanzhoheit sichert die dafür erforderlichen Mittel und deren eigenverantwortliche Verteilung; die Planungshoheit sichern die Zukunft eigenverantwortlicher Aufgabenerledigung in der Langfristperspektive; die Regelungshoheit sichert insbesondere über die Satzungsautonomie der Gemeinde die der lokalen Aufgabenerledigung angemessenen Handlungsinstrumente. Es verwundert nicht, daß bei dem heterogenen Kreis der den Gemeinden über ihre lokale Allzuständigkeit zukommenden Aufgaben und ihrer Bedeutung, die Gewährleistungen hier so differenziert ausgeformt sind, wie bei keiner anderen Körperschaft des öffentlichen Rechts. Angesichts der klaren verfassungsrechtlichen Begründung bleibt es allerdings fraglich, ob diese ausdifferenzierte Form der Selbstverwaltung Modellcharakter für andere Körperschaften besitzt. Die Potentiale der Selbstverwaltungsidee zeigt sie jedoch wie keine andere Form.

Betont man die vier historischen Wurzeln der kommunalen Selbstverwaltung, die Lehre vom „pouvoir municipal", die französische Lehre von der Dezentralisierung, die Lehre von der Genossenschaft als Mittel der Zurückdrängung der Bürokratie und die englische Lehre vom „Selfgovernment", die in der Tat, wie gezeigt, die deutsche Theorie und Praxis in unterschiedlicher Weise beeinflußt haben,[740] kann man nicht feststellen, daß sich das Grundgesetz für eine von ihnen entschieden hat. Vielmehr hat es diese Wurzeln als gemeinsame Kraftquelle für eine eigen-artige Konzeption genutzt: Die öffentliche Gewalt der Gemeinde ist verfassungsrechtlich fundiert und gesetzlich umgrenzt. Das Konzept einer bloß juristischen Selbstverwaltung der Gemeinden greift sicherlich zu kurz und wird seit einiger Zeit von Literatur und Rechtsprechung wieder stärker um die – notwendige – Komponenten der politischen ergänzt.[741] Dennoch bleibt die kommunale Selbstverwaltung

---

738 Berliner Kommentar-*Vogelsang* Art. 28, Rn. 121; *Schmidt-Aßmann/Röhl* 2005, Rn. 23.
739 *Papenfuß* 1991, S. 33; *Lübking/Vogelsang* 1998, Rn. 21 f.
740 zu Recht: v. Mangoldt/Klein/Starck-*Tettinger* Art. 28, Rn. 126a.
741 *Frotscher* 1983, S. 127 ff. u. 141 f.; *Schmidt-Aßmann* 1991b, S. 126 f.;

Verwaltung und ist nicht Regierung.[742] Dezentralisierung erfolgt gerade hier auf der Grundlage von Binnenverfassungen der verselbständigten Organisationseinheiten, die deutlich über das französische Modell hinausgehen.[743] Das genossenschaftliche als das genuine Element der deutschen Entwicklung ist allerdings prägend geblieben: Gerade dieses Element vermittelt juristische und politische Selbstverwaltung, mittelbare Staatsverwaltung und gesellschaftliche Selbstverwaltung. Gemeinden können definiert werden als „Gebietskörperschaften ., die das Wohl ihrer Einwohner in freier Selbstverwaltung durch ihre von der Bürgerschaft gewählten Organe fördern".[744]

bb. Die Garantie der kommunalen Selbstverwaltung der Gemeindeverbände (Art. 28 II S. 2 GG)

Zu den Gemeindeverbänden im Sinne des Art. 28 II S. 2 GG gehören die Gebietskörperschaften oberhalb der Gemeinden (Ämter, Samtgemeinden, Verbandsgemeinden, Kreise und Landschaftsverbände[745]). Die Zweckverbände gehören als Verbandkörperschaften mit partieller Zwecksetzung demgemäß nicht zu den in Art. 28 II S. 2 GG geschützten Verbänden.[746] Eine herausgehobene Stellung nehmen die Kreise ein. Nur sie sind nach Art. 28 I S. 2 GG so in die dezentrale demokratische Struktur der Bundesrepublik eingebaut, daß ihnen eine institutionelle Garantie zukommt.[747]

Obwohl auch die Selbstverwaltung der Kreise grundgesetzlich[748] garantiert ist, fällt sie hinter die der Gemeinden zurück. Das BVerfG hat im Rastede-Urteil geradezu von einem Gefälle zwischen gemeindlicher und gemeindeverbandlicher Selbstverwaltung gesprochen.[749] Hier entfällt eine bestimmte Aufgabengarantie und verdünnt sich zur Garantie, überhaupt einen angemessenen Aufgabenbestand zugewiesen zu erhalten. Art. 28 II 2 GG fungiert hier als Ermächtigung des Landesgesetzgebers zur Bildung und Errichtung von entsprechenden Körperschaften und gewährleistet ihnen die Organisations-, Satzungs-, Personal- und Finanzhoheit, um die ihnen zugewiesen Aufgaben selbstverwaltend erfüllen zu können.

In institutioneller Perspektive schreibt das Grundgesetz in Art. 28 II S. 2 einen mehrstufigen Aufbau der Flächenbundesstaaten vor.[750] Die Eigenverantwortlichkeit als zentraler Bestandteil der Selbstverwaltung ist auch den Gemeinde-

---

742 *Heffter*, auf den sich *Tettinger* hier (v. Mangoldt/Klein/Starck-*Tettinger* Art. 28, Rn. 126a) stützt, beklagt zwar die, daß die deutsche Tradition das Potentiale des englischen Self-Government zu wenig genutzt und sich auf bescheidenere Formen beschränkt hat (1969, S. 57 u. passim); de lege lata hat man sich aber damit abzufinden und allenfalls nach Ansatzpunkten für eine rechtlich zulässige Erweiterung zu suchen.
743 GG-Kommentar-Dreier-*Dreier* Art. 28, Rn. 41.
744 v. Mangoldt/Klein/Starck-*Tettinger* Art. 28, Rn. 166 unter Verweis auf § 1 GO NRW; Art. 1 GO Bay; § 1 GO Sachs.
745 Näher zum Begriff unten Dritter Teil I 4. GG-Kommentar Dreier-*Dreier* Art. 28, Rn. 155; Berliner Kommentar-*Vogelsang* Art. 28, Rn. 156.
746 *Forsthoff* 1973, S. 530.
747 *Bovenschulte* 2000, S. 85 f.
748 Zu unterschiedlichen Regelungen in den Landesverfassungen vgl. Wolff/Bachof/Stober-*Kluth* 2004, § 94 Rn. 102 u. 103.
749 *Schmidt-Aßmann* 1991b, S. 129; BVerfGE 79, S. 127 ff. (152).
750 *Bovenschulte* 2000, S. 122 f.

verbänden garantiert.⁷⁵¹ Schwächer ist der Schutz aber vor allem im Bereich der Aufgabenzuweisung. Durch die Formulierung „im Rahmen ihres gesetzlichen Aufgabenbereichs" im Gegensatz zu „Angelegenheiten der örtlichen Gemeinschaft" im Satz 1 macht das GG klar, daß sich die Aufgaben der Gemeindeverbände nicht auf diese letzteren Angelegenheiten beziehen und garantiert sind. Die Übertragung der Aufgaben an die Gemeindeverbände steht grundsätzlich im Ermessen des Gesetzgebers.⁷⁵² Entsprechend der Entzug. Eine gewisse Aufgabengarantie besteht aber im Rahmen des Minimums, das erforderlich ist, um überhaupt von Selbstverwaltung sprechen zu können. Dieses muß weisungsfrei gestellt sein.⁷⁵³ Dazu gehört, auch wenn die Landesverfassungen hier mehr versprechen, nicht eine Universalzuständigkeit, weil dies mit dem Universalitätsprinzip der Gemeinden kollidieren würde.⁷⁵⁴ Die solchermaßen bestehenden Aufgaben müssen übergemeindlich sein und die gemeindlichen Zuständigkeiten insofern ergänzen, als die Erfüllung der Aufgaben die gemeindlichen Kapazitäten übersteigen würde.⁷⁵⁵ Ferner gehören dazu Ausgleichsaufgaben, um gleichwertige Verhältnisse innerhalb der Kreisbevölkerung zu garantieren.⁷⁵⁶

cc. Die Selbstverwaltung der Hochschulen

„Eine von gesellschaftlichen Nützlichkeits- und politischen Zweckmäßigkeitsvorstellungen befreite Wissenschaft" dient „dem Staat und der Gesellschaft im Ergebnis am besten, hielt das BVerfG bereits in seiner Entscheidung zum hessischen Universitätsgesetz fest.⁷⁵⁷ Schon von der Sache her liegt so ein gewisser Freiraum zur Selbstorganisation der Hochschulen in der rechtlichen Form der Selbstverwaltung nahe.⁷⁵⁸ Dies wird von einigen Landesverfassungen ausdrücklich garantiert.⁷⁵⁹ Diese Garantie ist deshalb von besonderer Bedeutung, weil dem Bund in diesem Bereich nur eine Rahmenkompetenz zur Gesetzgebung zukommt, wovon er in dem hier interessierenden Bereich besonders durch § 58 HRG Gebrauch gemacht hat. Innerhalb dieser rahmenhaften Vorgaben sind aber die Länder zur Hochschulgesetz-

---

751 Berliner Kommentar-*Vogelsang* Art. 28, Rn. 159.
752 *BVerfGE* 79, 127 ff. (150); BVerfG NVwZ 1992, S. 365 ff, (367).
753 *Bovensschulte* 2000, S. 281: „Daß Selbstverwaltungsaufgaben im Sinne des Grundgesetzes nur vollständig weisungsfreie Aufgaben sind und die Kreise als Gemeindeverbände in der Regel nur überörtliche Angelegenheiten wahrnehmen dürfen, folgt daraus, daß der Gesetzgeber verpflichtet ist, den Kreisen ein Minimum an vollständig weisungsfreien überörtlichen Aufgaben zur Erfüllung zuzuweisen", *Hendler* 1986, S. 207.
754 *Knemeyer* 1983, S. 214; Berliner Kommentar-*Vogelsang* Art. 28, Rn. 159.
755 § 2 I LKrO BW, Art. 4 I u. 52 I LKrO-Bay, § 2 I LKrO-BBg, § 89 I, II KVMV, § 2 I LKrO-NdS, § 2 I LKrO-NRW („überörtliche Angelegenheiten"), § 197 V S. 1 KSVG-Saar (für Stadtverbände), § 2 I LKrO-SAh,
756 v. Mangoldt/Klein/Starck-*Tettinger* Art. 28, Rn. 238; Berliner Kommentar-*Vogelsang* Art. 28, Rn. 161 f.
757 *BVerfGE* 47, S. 327 ff. (370).
758 HRG-Denninger-*Lüthje* Vor § 3, Rn. 54; vgl. auch *Rupp* 1983, S. 920 f. mit kritischen Anmerkungen zur bescheidenen Realität dieser Selbstverwaltung.
759 So heißt es etwa in Art. 20 der LV BW: „Die Hochschule ist frei in Forschung und Lehre. Die Hochschule hat unbeschadet der staatlichen Aufsicht das Recht auf eine ihrem besonderen Charakter entsprechende Selbstverwaltung im Rahmen der Gesetze und ihrer staatlich anerkannten Satzungen." Vgl. auch Art. 138 II LV Bay; Art. 60 LV Hess; Art. 16 I LV NRW; Art. 39 I LV RPf. Zum Ganzen *Kühne* 1997, S. 1 ff.; *Erichsen/Scherzberg* 1990, S. 12.

B. Bildung und Errichtung der Körperschaft des öffentlichen Rechts 505

gebung berufen und eben darin an die Landesverfassungen gebunden. Anders als im Bereich der kommunalen Selbstverwaltung durch die institutionelle Garantie des Grundgesetzes kommt mithin einer möglichen grundrechtlichen Absicherung der Hochschulselbstverwaltung aus Art. 5 III GG nur eine Minimalsicherung für die Länder zu, die keine landesverfassungsrechtliche Garantie besitzen.

Allerdings läßt sich bereits aus Art. 5 III GG eine verfassungsrechtliche Gewährleistung der akademischen Selbstverwaltung entnehmen.[760] Steht im Zentrum des Grundrechts die Freiheit des einzelnen Wissenschaftlers zu Forschung und Lehre, so kann von dieser Freiheit doch – von wenigen Ausnahmen abgesehen[761] – kein sinnvoller Gebrauch gemacht werden, ohne eine Basis an Forschungsmitteln, der freien Ausarbeitung von Forschungsperspektiven und die Koordination mit anderen Wissenschaftlern.[762] Wissenschaftliche Kommunikation vollzieht sich aber in Organisationen, so daß die Wissenschaftsfreiheit zum „Organisationsgrundrecht" wird.[763] Das BVerfG versteht Art. 5 III GG nicht nur im Sinne eines subjektiven Abwehrrechts, sondern zugleich als „wertentscheidende Grundsatznorm"[764] im Sinne einer institutionellen Garantie,[765] aus der sich eine Gewährleistungsverantwortung des Staates zur Abrundung der individualrechtlichen Freiheit ergibt.[766] Dieser Verantwortung korrespondiert kein Leistungsrecht des Bürgers;[767] sie verpflichtet den Staat jedoch objektiv, den einzelnen durch die Bereitstellung von Mitteln und Organisationsstrukturen zum Gebrauch seiner Freiheit instand zu setzen.[768] Dabei muß die Organisation zwar nicht optimal sein, aber im Hinblick auf die Aufgabe laufend optimiert werden und „typischerweise geeignet sein, freie Wissenschaft zu fördern".[769] Ausgehend von der Wertentscheidung des GG für Forschung und Wissenschaft als individueller Zielsetzung und zugleich der öffentlichen Aufgabe

---

760 V. Mangoldt/Klein/Starck-*Starck* Art. 5, Rn. 353; *Kluth* 1997, S. 36 ff.; *Oppermann* 1996, S. 1010.
761 Die grundsätzlich nicht vernachlässigt werden dürfen (*Schmidt-Aßmann* 1993, S. 704), die vorliegend nicht thematisiert sind.
762 *Trute* 1994, S. 280 ff.
763 *Schmidt-Aßmann* 1993, S. 697 ff.; *Trute* 1994, S. 84 f. u. 283: „Staatliche Institutionalisierung grundrechtlicher Freiheit äußert sich nicht nur in der Etablierung von Verfahrenssystemen mit dem Ziel der Entscheidung über mehr oder minder punktuell wirkende Verwaltungshandlungen, in der kooperativen Konkretisierung administrativer Entscheidungen, sondern auch in der Schaffung von Möglichkeiten grundrechtsgeschützter Handlungen und Kommunikationen durch die Bereitstellung von Freiheitsvoraussetzungen, von Handlungsmitteln, durch die Eröffnung und thematische Bindung von Handlungschancen. Vor allem, wenn auch nicht ausschließlich, geht es um die Inklusion von Grundrechtsträgern in Organisationen, die staatlich eingerichtet oder unterhalten werden und in unterschiedlicher Intensität zugleich mit der Erfüllung staatlicher Zwecke verbunden werden: Grundrechtsschutz in und durch Organisation ist hier der entscheidende Bezugspunkt, nicht administrative Entscheidungen."
764 Stdg. Rspr. *BVerfGE* 94, S. 268 ff. (285).
765 *BVerfG* v. 26. Oktober 2004 1 BvR 911/00, 1 BvR 927/00, 1 BvR 928/00; V. Mangoldt/Klein/Starck-*Starck* Art. 5 Rn. 346, 348.
766 *Hendler* 1986, S. 209 u. 211.
767 *Kluth* 1997, S. 40.
768 Stdg. Rspr. *BVerfGE* 88, S. 129 ff. (236). GG-Kommentar Dreier-*Pernice* Art. 5 III (Wissenschaftsfreiheit), Rn. 46; vgl. auch *Groß* 1999, S. 217 ff.
769 *BVerfGE* 35, S. 79 ff. (117) – Hochschulurteil; *Schmidt-Aßmann* 1993, S. 701: Dieses Optimierungsgebot fordert auch nicht den Anschluß an ein bestimmtes Organisationsmodell, sondern Folgerichtigkeit innerhalb des gewählten Organisationsmodells. In diesem Sinne besteht ein „Konsequenzgebot", nicht widersprüchliche Konstruktionsprinzipien in der Organisation miteinander zu verbinden.

der wissenschaftlichen Lehre,⁷⁷⁰ ergeben sich somit konkretere Forderungen an die akademische Selbstverwaltung.⁷⁷¹ Das BVerfG anerkennt die Befugnis der Hochschulen zur „eigenverantwortlichen Bewahrung" freiheitlicher Strukturen zur Erfüllung der öffentlichen Aufgaben.⁷⁷² Der Umfang der Selbstverwaltung ist allerdings weniger klar bestimmbar als bei den Gemeinden.⁷⁷³

In organisationsrechtlicher Hinsicht ergeben sich aus Art. 5 III GG vor allem verfassungsrechtliche Vorgaben für die innere Struktur der Hochschule.⁷⁷⁴ Der grundrechtlichen Fundierung entspricht am besten die mitgliedschaftliche Verfassung als Körperschaft des öffentlichen Rechts (§ 58 I S. 1 GG), auch wenn andere Organisationsformen verfassungsrechtlich so lange nicht ausgeschlossen sind, als sie der Hochschule den zur Entfaltung der Wissenschaftsfreiheit notwendigen Gestaltungsspielraum belassen.⁷⁷⁵ Verfassungsrechtlich ausgeschlossen ist jedenfalls die Eingliederung in die hierarchische Staatsverwaltung.⁷⁷⁶ Darauf wird später zurückzukommen sein. Hier ist aber festzuhalten, daß aus dem Körperschaftsstatus traditionell jedenfalls die aufgabenbezogene Teilrechtsfähigkeit der Hochschulen abgeleitet wird.⁷⁷⁷ Da sie zugleich staatliche Einrichtung ist, sind die Grenzen des Handelns aus eigenem Recht besonders scharf gezogen.

„Hoheiten", wie sie dort entwickelt wurden, finden sich hier nicht.⁷⁷⁸ Es gibt Finanzzuweisungen, aber keine Finanzhoheit.⁷⁷⁹ Die Hochschule genießt verfassungsrechtlich auch keine Personalhoheit, obwohl das Recht der Professoren zur Selbstrekrutierung mit einem Bestätigungsrecht des Staates⁷⁸⁰ und zur Heranbil-

---

770 *BVerfGE* 35, S. 79 ff. (122) – Hochschulurteil: „Insoweit ist die Universität nicht nur der Raum für die sich in wissenschaftlicher Eigengesetzlichkeit vollziehenden einzelnen Forschungs- und Bildungsprozesse, sondern Gegenstand und Mittel einer öffentlich kontrollierten Bildungs- und Forschungspolitik."
771 Zurückhaltend zunächst das *BVerfG* (E 35, S. 79 ff. [115]): „die Selbstverwaltung im ‚akademischen', d. h. dem auf Forschung und Lehre unmittelbar bezogenen Bereich, besteht faktisch unangefochten, ist in den Hochschulgesetzen anerkannt und in den meisten Länderverfassungen ausdrücklich garantiert."
772 *BVerfGE* 85, S. 360 ff. (384) – Akademie der Wissenschaften der ehemaligen DDR; vgl. auch HRG-Denninger-*Lüthje* § 58, Rn. 29; zu den Aufgaben vgl. § 4 HRG, dazu auch *Reich* 2005 § 4, Rn. 1 über den öffentlichen Charakter derselben.
773 *BVerfG* v. 26. Oktober 2004 1 BvR 911/00, 1 BvR 927/00, 1 BvR 928/00, C I 4.
774 *Kimminich* 1996, S. 121 ff. *Achterberg* 1986, § 6 Rn. 7; *Bethge* 2000, Rn. 18. Nur um diese geht es hier. Daß andere Wissenschaftseinrichtungen zu anderen organisatorischen Antworten auf die Anforderungen von Art. 5 III GG kommen mögen, insbesondere auch andere Selbstverwaltungsstrukturen entwickeln, sei hier nur erwähnt, näher dazu *Trute* 1994, S. 302 f.
775 *Oppermann* 1996, S. 1012; *Erichsen-Scherzberg* 1990, S. 9; HRG-Denninger-*Lüthje* § 58, Rn. 15. Einen weiten Gestaltungsspielraum nimmt das BVerfG an (*BVerfG* v. 26. Oktober 2004 1 BvR 911/00, 1 BvR 927/00, 1 BvR 928/00, C I 4.), der nur dadurch begrenzt ist, daß „die Strukturen die freie Lehre und Forschung hinreichend gewährleisten".
776 Das BVerfG (*BVerfG* v. 26. Oktober 2004 1 BvR 911/00, 1 BvR 927/00, 1 BvR 928/00, C I 4.) hält „auch hochschulexterne Institutionen" wie den Hochschulrat für geeignet, dazu beizutragen, „einerseits staatliche Steuerung wissenschaftsfreiheitssichernd zu begrenzen und andererseits der Gefahr der Verfestigung von status quo-Interessen bei reiner Selbstverwaltung zu begegnen."
777 *Oppermann* 1996, S. 1010; Dallinger/Bode/Dellian-*Dallinger* § 58, Rn. 3. Kritisch dazu und für umfassende Rechtsfähigkeit: HRG-Denninger-*Lüthje* § 58, Rn. 19. Zur Überschreitung ihres Aufgabenbereichs vgl. bereits oben S. 427 zur Ultra Vires Doktrin.
778 *Karpen/Freund* 1992, S. 6 f.
779 V. Mangoldt/Klein/Starck-*Starck* Art. 5, Rn. 359.
780 *BVerfGE* 15, S. 256 ff. (264) – Universitäre Selbstverwaltung: „Ein unbeschränktes Recht der akademischen Selbstverwaltung – also ein reines Kooptationsrecht – hat den deutschen Universitäten auch insoweit niemals zugestanden; vielmehr zeigt die geschichtliche Entwicklung des Universitätsrechts,

B. Bildung und Errichtung der Körperschaft des öffentlichen Rechts

dung von wissenschaftlichem Nachwuchs zur „Selbstverwaltung in personeller Hinsicht" gehört.[781] Ferner genießen die Universitäten in den zentralen Bereichen von Forschung und Lehre Planungsfreiheit.[782] Zu deren Durchführung und als wichtiges Mittel der Steuerung ihrer Angelegenheiten (insbes. durch die Grundordnung, § 58 II HRG[783]) besitzen die Hochschulen endlich ein unmittelbar aus Art. 5 III GG folgendes Recht zum Erlaß von Satzungen.[784] Die Satzungsautonomie besteht überall dort, „wo es generalisierter Regelungen wissenschaftsrelevanter Angelegenheiten bedarf".[785] Eine Bestandsgarantie hinsichtlich einzelner wissenschaftlicher Einrichtungen gewährt Art. 5 III GG schließlich nicht.[786]

Je enger zudem die Materie mit Fragen von Forschung und Lehre verbunden ist, desto geringer sind die Ingerenzmöglichkeiten des Staates bei der Wahrnehmung der Aufgaben der Hochschulen.[787] Die in § 58 I S. 3 HRG anerkannte Selbstverwaltung läßt solche Abstufungen zu.[788] Ob man aus der bloßen Garantie der Selbstverwaltung in § 58 I S. 3 HRG Satzungs-, Organisations-, Personal- und Finanzhoheit entnehmen kann, erscheint, soweit dies nicht verfassungsrechtlich geboten ist, nicht als zwingend.[789] Wie dies § 59 HRG verfassungskonform zum Ausdruck bringt, reduziert sich die Aufsicht des Staates im Kernbereich der Selbstverwaltung, der durch den engen Bezug zu Wissenschaft und Forschung gekennzeichnet

---

daß bei dieser Seite der Forschungs- und Lehrfreiheit der Universitäten in neuerer Zeit alles nur auf ein Zusammenwirken mit den staatlichen Hochschulverwaltungen angelegt ist. Bei der Besetzung von Lehrstühlen sind das Vorschlagsrecht der Fakultäten und das staatliche Berufungsrecht miteinander verbunden."; v. Mangoldt/Klein/Starck-*Starck* Art. 5, Rn. 335.
781 Dieses Recht verlangt auch nach flexiblen arbeitsrechtlichen Regelungen, die etwa Zeitverträge von wissenschaftlichem Personal in größerem Umfang erfordern können, *BVerfGE* 94, S. 268 ff. (286) – Wissenschaftliches Personal: „Zur sachgerechten Förderung des akademischen Nachwuchses, einer aus Art. 5 Abs. 3 GG folgenden Aufgabe, ist die generelle Befristung der Beschäftigungsverhältnisse von wissenschaftlichen Mitarbeitern geeignet und auch erforderlich. Entsprechende Beschäftigungsverhältnisse gewähren zugleich eine gewisse Alimentierung während einer Phase beruflicher Qualifikation, die auf eine vollwertige wissenschaftliche Arbeit vorbereiten soll. Dieser Sinn verflüchtigt sich, wenn das Arbeitsverhältnis über einen gewissen Zeitraum hinaus andauert." – Allerdings ist zu bedenken, daß zu kurze Befristungen diesen Sinn ebenfalls in Frage stellen, da die Sorge um den Arbeitsplatz die Produktivität der Forschungsarbeit beeinträchtigen kann.
782 HRG-Hailbronner-*Hailbronner* § 58, Rn. 21; *Oppermann* 1996, S. 1022.
783 Dallinger/Bode/Dellian-*Dallinger* § 58, Rn. 3 u. 11; *Oppermann* 1996, S. 1020 f., 1025 f. Die Grundordnungen sind nach den Landesgesetzen praktisch durchgängig staatlichen Genehmigungs-, Zustimmungs- oder Bestätigungsvorbehalten unterworfen.
784 Der Spielraum beim Erlaß von Satzungen ist allerdings gegenüber dem der Gemeinden deutlich stärker eingeschränkt durch gesetzliche Vorgaben, *Ossenbühl* 1988, § 65 Rn. 7; *Papenfuß* 1991, S. 105 f.; v. Mangoldt/Klein/Starck-*Starck* Art. 5 Rn. 362 f.; *Hendler* 1986, S. 214 f.; nicht unumstritten, einschränkend: *Karpen/Freund* 1992, S. 6; *Bethge* 2000, Rn. 80; vgl. die Nachweise bei HRG-Hailbronner-*Hailbronner* § 58, Rn. 29 f.: Das Satzungsrecht erstreckt sich aber nur auf den Wissenschaftsbereich.
785 *Trute* 1994, S. 378; *Bethge* 2000, Rn. 88 f.; vgl. zur Satzungsautonomie eingehend *Papenfuß* 1991, S. 110 ff.; *Karpen/Freund* 1992, 32 ff.
786 *BVerfGE* 85, S. 360 ff. (384) – Akademie der Wissenschaften der DDR; V. Mangoldt/Klein/Starck-*Starck* Art. 5, Rn. 345; HRG-Hailbronner-*Hailbronner* § 58, Rn. 27; *Schmidt-Aßmann* 1993, S. 709; *Bethge* 2000, Rn. 78.
787 HRG-Hailbronner-*Hailbronner* § 58, Rn. 19. *Oppermann* (1996, S. 1023) spricht im Anschluß an das BVerfG plastisch von Bereichen: einem „Kernbereich" (Forschung, Lehre und damit zwangsläufig verbundene akademische Angelegenheiten), der der Verfügungsgewalt des Staates und gesellschaftlicher Kräfte entzogen sei, einem „Kooperationsbereich" (weniger streng von Art. 5 III GG geprägt) und einem Außenbereich, der durch einen Vorrang staatlicher Regelungsbefugnis gekennzeichnet sei. Dem werden dann Selbstverwaltungs- Kooperations- und Staatsaufgaben zugeordnet.
788 Zur Ausgestaltung im einzelnen vgl. *Kühne* 1997, S. 1 ff.
789 Anders *Reich* 2005 § 58, Rn. 3.

ist, auf eine Rechtsaufsicht.[790] Der Kooperationsbereich in Fragen der Berufung der Professoren (§ 45 HRG) und anderen Angelegenheiten bestehen Mitwirkungsrechte von Staat und Hochschule.[791] In Bereichen, in denen die Hochschulen Aufgaben im Auftrag des Staates wahrnehmen (Personalverwaltung, Wirtschaftsverwaltung, Haushaltsrecht, Finanzverwaltung, ggf. Krankenversorgung durch medizinische Hochschulen oder Universitätskliniken und die Studienplatzbewirtschaftung) sind sie auch der Zweckmäßigkeitskontrolle des Staates unterworfen.

§ 58 HRG I S. 1 hatte hieraus zunächst die organisatorische Konsequenz gezogen, daß die Hochschulen Körperschaften des öffentlichen Rechts mit Selbstverwaltung und zugleich staatliche Einrichtungen seien.[792] Wie die Gegenüberstellung zu anderen Organisationsformen in § 58 S. 2 HRG („Sie können auch in anderer Rechtsform errichtet werden") jetzt[793] deutlich macht, ist Begriff der Körperschaft hier terminologisch zu nehmen:[794] Die Hochschule soll regelmäßig[795] als mitgliedschaftlich getragener rechtsfähiger Verband errichtet werden, der öffentliche Aufgaben mit hoheitlichen Mitteln wahrnimmt.[796] Der eingefügte § 58 S. 2 des Abs. 1 zeigt jedoch, daß die Selbstverwaltung der Hochschule auch in organisatorischer Gestalt gewährleistet werden kann, sofern diese das grundrechtlich geforderte Partizipationsniveau nicht unterschreitet.[797] Ohnehin zeigt die – umstrittene und „rätselhafte"[798]– Formulierung „und zugleich staatliche Einrichtung", daß die Hochschule in bezug auf die organisatorisch kaum abtrennbare Wahrnehmung übertragener staatlicher Aufgaben zugleich anstaltliche Elemente besitzt.[799] Teilweise wird der Ausdruck jedoch stärker, nämlich in dem Sinne verstanden, daß sie als staatliche Einrichtung unselbständige, nicht rechtsfähige Anstalten als Teil der unmittelbaren Staatsverwaltung seien.[800] Andere vertreten, daß die Formulierung sich nur auf den staatlichen Konstitutionsakt der Hochschule als juristischer Person beziehe und neben den grundrechtsbezogenen Aufgaben von Forschung und Lehre auch staatliche wahrgenommen werden.[801] Diese Auffassung ist insofern problematisch, als der staatliche Konstitutionsakt auch die Körperschaft als solche betrifft, also eine überflüssige Wiederholung darstellte. Zutreffend verweist sie aber auf die damit verbundene Erfüllung öffentlicher Aufgaben. Die zuerst genannte Auffassung

---

790 *Reich* 2005 § 59, Rn. 1; HRG-Hailbronner-*Hailbronner* § 58, Rn. 13 u. 20; *Bethge* 2000, Rn. 83 u. 93 f.
791 HRG-Hailbronner-*Hailbronner* § 58, Rn. 22 f.
792 Vgl. hierzu etwa *Oppermann* 1996, S. 1010 f.
793 § 58 I wurde durch das 4. Änderungsgesetz zum HRG vom 24.08.1998, BGBl. I, S. 2197 neu gefaßt.
794 *Bethge* 2000, Rn. 73; *Reich* 2005, § 58 Rn. 1; kritisch gegenüber einer Einschätzung als Körperschaft *Forsthoff* 1973, S. 489.
795 *Detmer* 1999, S. 832; *Bethge* 2000, Rn. 73.
796 HRG-Hailbronner-*Hailbronner* § 58, Rn. 6.
797 *Reich* 2005 § 58, Rn. 2. Diese Einfügung unterstreicht nochmals, daß Selbstverwaltung prinzipiell sowohl Körperschaften als auch Anstalten und Stiftungen zukommen kann. Denn während vor der HRG-Änderung (s. o. Fußn. 793) die Hochschulen notwendig Körperschaften waren, ist nun nur noch erforderlich, daß sie Selbstverwaltung genießen, in welcher Rechtsform auch immer, so lange es sich um eine juristische Person des öffentlichen Rechts handelt, *Bethge* 2000, Rn. 73.
798 *Kimminich* 1996a, S. 233 f.; *Bethge* 2000, Rn. 75.
799 *Trute* 1994, S. 373 f.; HRG-Hailbronner-*Hailbronner* § 58, Rn. 8 f.; kritisch dazu *Bethge* 2000, Rn. 74.
800 Dallinger/Bode/Dellian-*Dallinger* § 58, Rn. 4. Diese Ausgestaltung des staatlichen Anteils an der Hochschulorganisation ist nicht zwingend und nach der Streichung des § 58 III HRG, der Einheitsverwaltung, für die Zukunft nicht einmal als allgemeines Muster festzuhalten, s. u.
801 *Bethge* 2000, Rn. 73 ff.

B. Bildung und Errichtung der Körperschaft des öffentlichen Rechts 509

zerreißt jedoch, was zusammengehört: Je nach Aufgabe soll die Hochschule Körperschaft (oder andere Organisationsform nach S. 2) einerseits und andererseits in Fragen der Bedarfsverwaltung oder der Krankenversorgung Teil der Staatsverwaltung ansehen. Staatliche Aufgaben sind immer bezogen auf die besonderen Leistungen der Hochschulen, die sich aus der Grundrechtsverwirklichung ihrer Mitglieder ergeben. Der Wegfall der rahmenrechtlichen Vorschriften über die innere Organisation der Hochschulen hat den Ländern größere Freiräume gewährt, die zumeist im Hinblick auf eine Verbesserung der Partizipation der Mitgliedergruppen außer den Hochschullehrern und zu einer Stärkung der Hochschulleitung geführt haben.[802]

Das einfachgesetzliche Selbstverwaltungsrecht des § 58 HRG steht aber unter dem Vorbehalt landesgesetzlicher Regelung. Diese ist aber neben den landesverfassungsrechtlichen Beschränkungen auch den Grenzen der staatlichen Ingerenz nach den Aufgabenbereichen ausgesetzt, die soeben aus Art. 5 III GG entwickelt wurden. Ferner ist der Grundsatz der Verhältnismäßigkeit zu berücksichtigen.[803] Auch hier soll in Entsprechung zum Grundsatz des gemeindefreundlichen Verhaltens ein „Grundsatz des hochschulfreundlichen Verhaltens" gelten, der die Berücksichtigung der Hochschulbelange bei staatlichen Entscheidungen fordert.[804]

Die Streichung des § 58 III HRG durch das Vierte Gesetz zur Änderung des HRG[805] hat auch das Prinzip der Einheitsverwaltung aufgehoben.[806] Aufgrund dieses Prinzips war die Hochschule für alle sie betreffenden Aufgaben zuständig, gleichgültig ob es sich um die übertragenen staatlichen oder die Selbstverwaltungsaufgaben handelte.[807] Sie hatte mithin einen einheitlichen Wirkungskreis und besaß auch in Anbetracht der übertragenen Aufgaben eine gegenüber dem Staat selbständige Organisationshoheit.[808] Die Einheitsverwaltung war insgesamt „darauf angelegt, staatliche Einflußnahme und universitätseigene Initiative in ein ausgewogenes Verhältnis zueinander zu bringen".[809] Die Beseitigung dieser nie unumstrittene Lösung[810] hat nun den Ländern Freiräume zu unterschiedlichen Lösungen geschaffen.

Selbstverwaltung hat in der Hochschule eine spezifische Funktion. Sie ist zwar auch in der objektiven Dimension der Wissenschaftsfreiheit auf eine öffentliche Aufgabe gerichtet. Bezugspunkt bei deren Erfüllung bleibt aber die individuelle Wissenschaftsfreiheit und der Mehrwert, der ihr durch die Organisation zukommen soll. „Selbstverwaltung ist hier Ausdruck eines auf Kollegialität und

---
802 *Detmer* 1999, S. 833. Dabei wurde erwartungsgemäß die innere Verfassung der Hochschulen von den Ländern gegenüber der vorherigen Rechtslage wesentlich unterschiedlicher geregelt, als dies vorher der Fall war.
803 HRG-Hailbronner-*Hailbronner* § 58, Rn. 33.
804 HRG-Hailbronner-*Hailbronner* § 58, Rn. 34.
805 vom 20.8.1998, BGBl. I S. 2190.
806 Differenzierend jetzt etwa Art. 5 I HG Bay: „Die Hochschulen nehmen eigene Angelegenheiten als Körperschaften (Körperschaftsangelegenheiten), staatliche Angelegenheiten als staatliche Einrichtungen wahr." Es folgt im Abs. 2 eine Vermutung zugunsten von Körperschaftsangelegenheiten und eine Aufzählung der staatlichen in Abs. 3.
807 *Oppermann* 1996, S. 1014, 1026 f., ohne daß dadurch deren Unterschied aufgehoben worden wäre, Dallinger/Bode/Dellian-*Dallinger* § 58, Rn. 5; HRG-Hailbronner-*Hailbronner* § 58, Rn.47; Erichsen/Scherzerg 1990, S. 13.
808 *Reich* 2005 § 58, Rn. 3.
809 *Oppermann* 1996, S. 1013; vgl. auch *Erichsen/Scherzberg* 1990, S. 14.
810 Vgl. zum Streit: *Reich* 2005 § 58, Rn. 1; HRG-Hailbronner-*Hailbronner* § 58, Rn. 51.

gleichberechtigte Kommunikation angewiesenen Bereichs, sie ist ein Stück ‚Selbstorganisation' in staatlicher Organisationsverfassung".[811] Das bedeutet, daß im Bereich der Hochschulen die körperschaftliche Binnenstruktur der öffentlichen Organisation zur Erfüllung ihrer eigenverantwortlich wahrzunehmenden Aufgaben besonders naheliegt. Das bedeutet nicht, daß alle Organisationen der Wissenschaft körperschaftlich organisiert sein müssen; der spezifische Aufgabenzuschnitt der Hochschulen legt dieses aber nahe. Die akademische unterscheidet sich von der kommunalen Selbstverwaltung schließlich darin, daß „Art. 5 III GG . nicht das Selbstbestimmungsrecht einer ganzen Bevölkerungsgruppe wie Art. 28 II GG [garantiert], sondern die Eigenständigkeit des Sachbereichs Wissenschaft in individueller, aber auch in institutionell-organisatorischer Hinsicht".[812]

dd. Die wirtschaftliche und freiberufliche Selbstverwaltung[813]

Anders als für die kommunale und die akademische Selbstverwaltung besteht hinsichtlich der Selbstverwaltung der Wirtschaft und der freien Berufe kein verfassungsrechtlicher Schutz im GG.[814] Die Landesverfassungen, die ohnehin die Selbstverwaltung als zweite Säule der Verwaltung vorsehen,[815] enthalten aber teilweise Garantien der Selbstverwaltung, die den Landesgesetzgeber in den Grenzen des Bundesrechts binden.[816] Nur im übertragenen Sinne kann dann etwa von Abgabenhoheit gesprochen werden. Sie ist hier nicht verfassungsrechtlich gefordert, sondern sichert den Kammern eine ausreichende Finanzdecke, ohne daß sie auf gewinnorientierte Aktivitäten angewiesen sind.[817] Die Selbstverwaltung im Bereich der wirtschaftlichen und freiberuflichen Kammern steht damit prinzipiell zur Disposition des Gesetzgebers.[818] Solange aber überhaupt Selbstverwaltung in diesem

---

811 *Trute* 1994, S. 370.
812 *Oppermann* 1996, S. 1020.
813 Auch von diesem Begriff sollen an dieser Stelle nur seine aufgabenbezogenen Elemente diskutiert werden. Zu einem organisationsbezogenen Begriff der wirtschaftlichen Selbstverwaltung vgl. *Huber* 1958, S. 9: „Selbstverwaltung der Wirtschaft ist ein in Zuordnung zum Staatsganzen entwickeltes Gefüge von Einrichtungen und Verrichtungen, in dem die Wirtschaftstätigen in körperschaftlichen oder organschaftlichen Formen ihre eigenen gemeinsamen Angelegenheiten in eigenständiger Selbstgestaltung, doch unter öffentlicher Verantwortung zusammenwirkend wahrnehmen." Als Organisationsform soll primär die Körperschaft in Betracht kommen, daneben aber auch Beiräte, Ausschüsse, Kollegialbehörden als organschaftliche Selbstverwaltung der Wirtschaft. Diese letzteren gehören statusmäßig nicht dem öffentlichen Recht an, sondern sind „vielmehr nur ihrer Funktion nach in den Bereich der öffentlichen Verwaltung aufgenommen", S. 17 f. Diese „Funktion besteht aber in der eigenverantwortlichen Wahrnehmung bestimmter Angelegenheiten. Diese haben sie mit den Körperschaften der wirtschaftlichen Selbstverwaltung gemeinsam." Damit ist aber auch bei *Huber* unausgesprochen der Modus der Aufgabenerfüllung das einheitsbildende Kriterium für die Selbstverwaltung.
814 *Kleine-Cosack* 1986, S. 77 f.; *Tettinger* 1995, S. 170.
815 Vgl. z. B. Art. 2 II S. LV BBg; Art. 25 u. 69 LV BW; Art. 69 LV MV; Art. 82 I S. 1 Sächs. LV; Art. 86 I Sachs.-Anh. LV; vgl. auch *Schmidt-Aßmann* 2006, S. 250; *Jestaedt* 2002, S. 293: ohne ihn allerdings – wie auch das GG nicht – zu definieren (S. 304).
816 Art. 62 S. 2 LV RPf (Selbstverwaltung der Wirtschaft); Art. 154 LV Bay; Art. 59 LV Saar anerkennt die Industrie-, Handels-, Handwerks-, Landwirtschafts- und Arbeitskammern und die Genossenschaften; Art. 71 I S. LV BW, Art. 82 III LV Sachs u. Art. 57 I LV Nds sieht weitere juristische Personen des öffentlichen Rechts mit Selbstverwaltung vor, dazu eingehend *Kluth* 2005, S. 370 ff.
817 *Stober* 2001, S. 400; *Honig* 2004, § 91 Rn. 25.
818 *Kleine-Cosack* 1986, S. 93.

B. Bildung und Errichtung der Körperschaft des öffentlichen Rechts 511

Bereich bestehen soll, darf jedenfalls ein Mindestmaß an Eigenverantwortlichkeit durch die gesetzlichen Regelungen nicht unterschritten werden.

Als entscheidend für die Selbstverwaltung wurde oben der Modus der Aufgabenerfüllung, nicht ihr Gegenstand bezeichnet. Darüber sind die Grundsätze des hier einschlägigen Aspekts äußerer Selbstverwaltung durch eigenverantwortliche Aufgabenwahrnehmung bereits oben erfüllt worden. Hier soll noch auf einige typische Aufgabengegenstände eingegangen werden. Sie können nach dem primären Interesse unterschieden werden, dem sie dienen – ohne daß freilich Überschneidungen der Interessen ausgeschlossen wären. In Betracht kommen dabei die Interessen der Mitglieder, die Interessen des Staates und die Interessen der Bürger in einem weiten Sinn.[819] Die Aufgaben der wirtschaftlichen und freiberuflichen Selbstverwaltung weisen dabei untereinander große Ähnlichkeit auf und betreffen alle drei Gruppen:[820]

Im Interesse ihrer Mitglieder betreiben sie die Vertretung von deren Interessen als Gesamtheit. Die Kammern bemühen sich um den Ausgleich der Mitgliederinteressen und schlichten Streit zwischen ihnen. Sie fördern und beraten sie durch Informationsmaterial zum Berufsstand und wirtschaftlichen, steuerlichen und rechtlichen Fragen[821] und schaffen dafür ggf. weitere Einrichtungen oder Förderungswerke. Hierher gehören auch andere Fürsorge- und Vorsorgemaßnahmen. Im Interesse der Förderung des Nachwuchses werden Einrichtungen der Berufsbildung geschaffen. Die ehemals freiwillige Pflichtaufgabe ist seit 1969 durch das BBiG vereinheitlicht und zu einer pflichtigen Selbstverwaltungsaufgabe gemacht worden. Hinzu treten Forschungs- und Versuchsinstitute.[822] Im gesellschaftlichen Interesse, aber auch im Interesse der Mitglieder werden das Standesrecht in Form von Standesordnungen oder Richtlinien aufgestellt,[823] die Berufsaufsicht und Prüfungen durchgeführt. Angesichts der unterschiedlichen Berufsgruppen tritt diese Funktion jedoch im Bereich der wirtschaftlichen Kammern zurück.[824] Aber auch hier wurden Standards gesammelt, die zur Vereinheitlichung beitrugen und als Handelsbräuche Eingang in die Rechtsprechung fanden. Teilweise (Seelotsen) übernehmen sie auch Inkassofunktionen für ihre Mitglieder, wenn die Beiträge solidarisch verteilt werden sollen. Für die Bürger werden Bescheinigungen ausgestellt und Institutionen und Verfahren zur Streitschlichtung zwischen ihnen und Mitgliedern bereitgehalten und spezifische Leistungen erbracht wie etwa der ärztliche Notfalldienst durch die Ärztekammern. Diese Funktionen entlasten die staatliche Verwaltung und faktisch auch die Gerichte und liegen so mittelbar auch im staatlichen Interesse.

---

819 Gemeint ist damit nicht ein Auseinanderdividieren der Aufgaben, sondern die Darstellung der Schwerpunkte. Auch soll selbstverständlich nicht die Behauptung aufgestellt werden, daß es sich bei den Aufgaben im Interesse der Bürger um gesellschaftliche handele, vielmehr werden auch sie im öffentlichen Interesse, der Bereitstellung dieser Leistungen für die Bürger erbracht.
820 Eingehend zu den Aufgaben der Kammern: *Tettinger* 1997, S. 132 ff.
821 *Brohm* 1983, S. 783; *Fröhler/Oberndorfer* 1974, S. 4 f.
822 *Brohm* 1983, S. 782.
823 *Brohm* 1983, S. 784 f.; entsprechend hat das einzelne Mitglied keinen Anspruch auf ihre Aufstellung, VGH München NJW 1979, S. 614 f.; wohl aber gewährleisten sie, wenn sie einmal aufgestellt sind, gewisse Standards der Berufstätigkeit und schützen das einzelne Mitglied in seinem Ansehen. Auf dieser Grundlage besteht ein subjektives Recht auf Einhaltung der Berufsordnung, *Brohm* 1983, S. 806.
824 *Brohm* 1983, S. 784.

512 Zweiter Teil: Die Körperschaft als Organisationsform des Verwaltungsrechts

Primär in seinem Interesse sind aber Vorschlagsrechte, ein Berichtswesen, Gutachtentätigkeit und sonstige spezifische Unterstützung der staatlichen Verwaltung. Auch die Bestellung und Vereidigung von Sachverständigen dürfte hier einzuordnen sein. Hinzu kommt hier noch die Urkunds- und Registerfunktion durch die Führung von Rollen und Berufsregistern.[825]

ee. Die Selbstverwaltung der Realkörperschaften

Die Selbstverwaltung von Realkörperschaften[826] ist weder bundes- noch landesverfassungsrechtlich geschützt, mithin der Ausgestaltung durch den Gesetzgeber anheimgestellt.[827] Häufig wird auch einfachgesetzlich das Selbstverwaltungsrecht nicht ausdrücklich zugestanden.[828] Sie werden dann schlicht als „Körperschaften des öffentlichen Rechts" bezeichnet (etwa § 21 I BWaldG). Immerhin deutet die Notwendigkeit einer Staatsaufsicht (§ 6 I S. 2 JagdG BW; § 23 FischG BW), die – wie unten noch zu zeigen sein wird – „Korrelat der Selbstverwaltung"[829] bzw. ihr Ausdruck auf eine Staatsdistanziertheit hin, die ein Maß von Eigenverantwortlichkeit mit sich bringt, das eine Weisungsunterworfenheit im Rahmen der innerbehördlichen Kontrolle ausschließt. Auch ist die Satzungsgewalt häufig ausdrücklich geregelt (§ 23 II BWaldG; § 6 II S. 1 JagdG BW; § 25 I S. 1 FischG BW). Die damit verbundene Selbständigkeit zeigt sich etwa bei den Wasserverbänden. Ihre Satzungsautonomie wurde mit dem WVG gegenüber dem überkommenen Rechtszustand, unter dem die Gründung des Wasserverbandes mit Erlaß seiner Satzung durch die staatliche Behörde (§ 169 WVVO) erfolgte, erheblich erweitert.[830] Die Satzungsautonomie ist anerkannt (§ 6 WVG), und die Gründung bedarf nur noch – aber immerhin – der Genehmigung der Satzung durch die staatliche Behörde. Auch nach dem WVG ist allerdings eine Änderung der Satzung durch die Aufsichtsbehörde möglich, wenn der Verband ihrer entsprechenden Aufforderung nicht nachgekommen ist (§ 59 WVG).

Auch abgesehen von der später darzustellenden Binnenverfassung, besitzen die Realkörperschaften damit wesentliche Strukturelemente der äußeren Selbstverwaltung, die auf die Eigenverantwortlichkeit der Aufgabenwahrnehmung schließen lassen.

---

825 *Tettinger* (1997, S. 86 f.) faßt weiter zusammen in 1. Wirtschafts- bzw. Berufsaufsicht, 2. Interessenvertretung, 3. weitere Aufträge wie Forderung der Wirtschaft bzw. des Berufsstandes, Berufsausbildung, zusätzliche Serviceleistungen. Ohne diese Einteilung zu kritisieren, können doch in der hier gewählten organisationsrechtlichen Perspektive die gewählten Kriterien gezielter den Bezug der Aufgaben zu den Organisationsdimensionen erfassen.
826 Also etwa der Jagdgenossenschaften (§ 9 I BJagdG), Forstbetriebsverbände (§§ 21 ff. BWaldG), der Fischereigenossenschaften (etwa nach § 23 FischG BW).
827 *BVerfGE* 10, S. 89 ff. (104) – Großer Erftverband; hierzu auch *Breuer* 1983, S. 864 f. m.w.N. für ältere Stimmen in der Literatur, die eine verfassungsrechtliche Verankerung angenommen hatten.
828 So etwa findet sich für die Jagdgenossenschaften und die Fischereigenossenschaften keine explizite Regelung.
829 *BVerfGE* 6, S. 104 ff. (118) – Kommunalwahl Sperrklausel; 78, S. 331 (341) – Nordhorn.
830 *Rapsch* 1993 Rn. 69 ff.

ff. Die Selbstverwaltung der Sozialversicherungen

Von allen körperschaftlichen Selbstverwaltungsformen ist diejenige der Sozialversicherung am schwächsten ausgeprägt.[831] Die Sozialversicherungsträger sind verfassungsrechtlich vorgesehen (Art. 87 II GG), aber nicht als Institution geschützt, wie oben schon gezeigt werden konnte.[832] Es erscheint sehr fraglich, ob aus der rechtlich gesehen zufälligen Tatsache, daß die Sozialversicherung im Laufe ihrer Geschichte in Form von Selbstverwaltungseinrichtungen ausgestaltet wurde, entwickelt werden kann, daß das Sozialstaatsprinzip nun auch genau diese Form gebiete und somit über Art. 79 III GG sogar mit besonderer, unabänderbarer Dignität ausstatte.[833] Auch aus den Zuweisungen für die gesetzliche (Art. 74 I Nr. 12 GG) und die Verwaltungskompetenz (Art. 87 II GG) können keine weiterreichenden Garantien abgeleitet werden: Diese Bestimmungen setzen den Willen, daß der Bereich geregelt werden soll, voraus und grenzen die Befugnisse der Regelungswilligen gegeneinander ab; eine Verpflichtung, von der Kompetenz Gebrauch zu machen, enthalten sie nicht.[834] Das Demokratieprinzip besagt hierzu wenig und ob das Grundgesetz neben Elementen von Subsidiarität ein aus einer Gesamtschau zu ermittelndes entsprechendes Prinzip enthält, erscheint eher fraglich.[835]

Die eigenverantwortliche Aufgabenerfüllung ist in § 29 III SGB IV festgehalten. Sie reicht jedoch nicht sehr weit: „der organisatorischen Verselbständigung [steht] kein vergleichbarer Handlungsspielraum zur Seite".[836] Die Selbständigkeit der Sozialversicherungsträger ist schon durch die hohe Regelungsdichte und -tiefe bei der Beschreibung ihrer Aufgaben gekennzeichnet:[837] Die gesetzlichen Regelungen sind häufig so detailliert, daß sie den Inhalt möglicher Satzungen vorgeben und ohne weitere Konkretisierung umgesetzt werden können.[838] Im übrigen sind sie genehmigungsbedürftig. Monetäre Leistungen sind in den entsprechenden Gesetzen so präzise bestimmt, daß sie sich cent-genau ausrechnen lassen. Nicht vorher normierbaren Sachleistungen, werden durch den Vertragsarzt festgesetzt, der dabei wiederum an Richtlinien des Bundesausschusses für Ärzte und Krankenkassen gebunden ist.[839] Zu beobachten ist auch eine „heteronome Hochzonung", die Verlagerung der

---

831 Schnapp 1983, S. 893 resümiert: „Es bleibt in der Tat die Feststellung, daß sich Selbstverwaltung im Sinne eigenverantwortlichen Gestaltens nur noch in Randbereichen und Restbeständen findet." Vgl. auch Groß 1999, S. 140; Dreier 1991, S. 289.
832 A III 2 a bb. (3.); vgl. auch Schnapp 1983, S. 887.
833 So aber Schnapp 1983, S. 888; dagegen schon BVerfGE 39, S. 302 ff. (315) – AOK. – wobei Schnapp zu Recht hervorhebt, daß die Diskussion darüber nicht nach dem Grundsatz „Karlsruhe locuta – causa finita" abgebrochen werden müsse.
834 Anders auch insofern Schnapp 1983, S. 891.
835 Württemberger 1996.
836 Muckel 2001, S. 158 f.; Schnapp 2000, S. 824, S. 825 „‚Entscheiden' in der Sozialversicherung" komme „in weiten Bereichen einem Subsumtionsautomatismus gleich" oder nahe.
837 BVerfGE 39, S. 302 ff. (314) – AOK; Schnapp 2000, S. 814 f.
838 Vgl. nur die eingehenden gesetzlichen Vorgaben für Satzungen der Krankenversicherungen nach § 194 SGB V.
839 Schnapp 2000, S. 824; und dabei ist innerhalb der Sozialversicherungsträger die Selbstverwaltung im Bereich der Krankenversicherungen noch am ehesten ausgeprägt, Muckel 2001, S. 159, der hier größere Handlungsspielräume als Schnapp feststellt; zur Legitimation der Bundesausschüsse nach § 91 SGB V, Schmidt-Aßmann 2001, S. 82 ff.

verbliebenen Entscheidungsspielräume auf höherrangige Verbände.[840] Immerhin besitzen sie als wichtiges Regelungsinstrument das Satzungsrecht nach § 34 SGB IV.[841]

Im Ergebnis besteht ein nur in geringem Maße selbständiger Modus der Aufgabenerfüllung.[842] Die Selbstverwaltung der Sozialversicherung verlagert sich statt dessen auf die Binnenorganisation, versucht, was ihr nicht an Eigenverantwortlichkeit anvertraut ist, durch die legitimationsverschaffende Dramatik interner Prozesse zu kompensieren.[843]

f. Zusammenfassung

Die äußere Selbstverwaltung der Körperschaft im Sinne der eigenverantwortlichen Aufgabenwahrnehmung ist entsprechend ihrer unterschiedlichen verfassungsrechtlichen Fundierung, wenig einheitlich ausgestaltet. Sowohl in bezug auf die Breite der Aufgaben, die Tiefe der Entscheidungsfreiheit, die Absicherung und die Ausdifferenzierung einzelner Hoheiten ist die Selbstverwaltung der Gemeinden am stärksten ausgeprägt. Verfassungsrechtlich geschützt sind die Gemeinden nicht nur als Teil des Staatsaufbaus garantiert, sondern besitzen Allzuständigkeit für lokal radizierte Aufgaben, die sie über ein Aufgabenfindungsrecht ausbauen und eigenverantwortlich dürfen. Auf dieser Basis wurde eine Reihe von Hoheiten entwickelt, die inzwischen zum gefestigten Bild kommunaler Selbstverwaltung gehören. Grundrechtsgetragen genießen auch die Hochschulen einen weitgehenden Schutz ihrer Selbstverwaltung unter Einschluß des Satzungsrechtsrechts. Hoheiten, wie die der Gemeinden, kommen ihnen aber nicht zu. Einfachgesetzlich geregelt kommt den Personalkörperschaften der wirtschaftlichen und freiberuflichen Selbstverwaltung ein hohes Maß an Eigenverantwortlichkeit bei der Erledigung ihrer sachlich eingegrenzten Aufgaben zu. Obwohl die einschlägigen Gesetze hierzu wenig Aussagen enthalten, läßt sich ein gewisses Maß an Eigenverantwortlichkeit, das allerdings durch häufigere staatliche Genehmigungsvorbehalte für Satzungen eingeschränkt ist, auch bei den Realkörperschaften feststellen. Trotz der formal auch den Sozialversicherungsträgern eingeräumten Selbstverwaltung, wird die Eigenverantwortlichkeit hier doch erheblich durch rechtliche Vorgaben eingeschränkt. Insgesamt finden sich aber bei allen exemplarisch angeführten Körperschaftsformen Strukturelemente von Selbstverwaltung, auch wenn sie sehr unterschiedlich entfaltet sind.

7. Funktion der Aufgabe

Nach dem oben (Erster Teil, D III 1 b aa) angeführten organisationstheoretischen Befund haben sich die drei Funktionen von Organisationszielen bei den Aufgaben der Körperschaften des öffentlichen Rechts bestätigt: (1.) *klassifikatorische Funktion*: Neben der formalen Herauslösung aus ihrer Umwelt durch die Verleihung der

---
840 *Schnapp* 1983, S. 893.
841 Dazu auch *Schmidt-Aßmann* 2001, S. 84.
842 *Schnapp* (1983, S. 884) sprach schon 1983 davon, daß der Entscheidungsspielraum der Sozialversicherungsträger gegen Null tendiere. Vgl. auch *ders.* in VVdStRL 62 (2003), S. 463 (Wortbeitrag).
843 *Schnapp* 1983, S. 894.

B. Bildung und Errichtung der Körperschaft des öffentlichen Rechts 515

Rechtsfähigkeit erhält die Körperschaft durch die Aufgabenzuweisung eine inhaltliche Identität, die sie von anderen Verwaltungsorganisationen unterscheidbar macht. Hierzu tragen nicht nur die Aufgabengarantien, die Aufgabengegenstände und ihr Umfang, sondern auch der Modus ihrer Erfüllung bei. Die Aufgabe ist also Teil der formalen Struktur der Körperschaft und gibt ihr eine bestimmte Gestalt. Im Bereich der öffentlichen Verwaltungen hat der zunehmende Aufgabendruck[844] zu Organisationsformen geführt, die sich nicht immer in die klassischen Formen juristischer Personen oder nichtrechtsfähigen Verwaltungseinheiten als Teil der Binnendifferenzierung von Organisationen einfügen lassen. Auch wenn sich, abgesehen vom kommunalen Bereich, keine notwendigen bzw. den Gesetzgeber verpflichtenden obligatorischen Aufgaben der Körperschaften des öffentlichen Rechts finden lassen, haben die tatsächlich verliehenen Aufgaben doch eine prägende Funktion. Ein Schluß von einer spezifischen Aufgabe oder Aufgabenart auf eine bestimmte Organisationsform ist jedoch nicht möglich.

(2.) besitzen die Aufgaben für die Binnenorganisation eine *strukturierende* und eine *orientierende* bzw. stabilisierende Funktion, indem das Verhalten der Mitglieder der Organisation an ihnen ausgerichtet werden kann und bestimmte Aufgaben sinnvollerweise nur einer körperschaftlichen Organisation zugewiesen werden können.

(3.) Die Aufgaben haben ferner eine *normative Funktion*. Das Verhalten der Körperschaften kann an ihnen gemessen und ggf. korrigiert werden. Diese Funktion ist zunächst einmal Grundlage der Beurteilung der Außenwirksamkeit der Verwaltungseinheit. Umgekehrt ist das staatliche Handeln durch die zur eigenverantwortlichen Erledigung zugewiesenen Aufgaben beschränkt.

(4.) Die Aufgabenzuweisung hat schließlich eine *Legitimationsfunktion*, weil sie, in gesetzlicher Form ergangen und im legitimen Allgemeininteresse gelegen, Eingriffe in die Rechte des Bürgers rechtfertigen kann.

VI. Exkurs: Die sogenannten „nur-formellen" Körperschaften des öffentlichen Rechts

Abschließend sollen zwei Organisationen besprochen werden, die zwar als „Körperschaften des öffentlichen Rechts bezeichnet werden, die jedoch in bezug auf die Erfüllung öffentlicher Aufgaben von den übrigen Körperschaften des öffentlichen Rechts abweichen.

Konstitutives Moment juristischer Personen des öffentlichen Rechts ist, daß sie durch einen öffentlich-rechtlichen Organisationsakt errichtet werden, ihr Organisationsziel die Erfüllung öffentlicher Aufgaben darstellt und sie diese mit einem Mindestmaß an Eigenverantwortlichkeit wahrnehmen. Fraglich ist nun, wie Verbände einzuordnen sind, die gesellschaftlichen Ursprungs sind, Aufgaben im öffentlichen Interesse wahrnehmen, zum Teil nicht auf einer gesetzlichen Grundlage errichtet wurden, teilweise aber auch keine hoheitlichen Befugnisse besitzen und die Staat

---

[844] *Schuppert* 1980, S. 332 f.; *Petzina* 1994, S. 233 ff.; *Grimm* 1990, S. 296 f.

oder Verfassung zumeist, um damit eine Anerkennung ihrer öffentlichen Bedeutung zu verbinden, als Körperschaften des öffentlichen Rechts bezeichnen.⁸⁴⁵ Für derartige Verbände gesellschaftlichen Ursprungs wird in der Literatur der Ausdruck „Körperschaften des öffentlichen Recht im nur formellen Sinn" vorgeschlagen.⁸⁴⁶

1. Das Bayerische Rote Kreuz

Anders als die anderen Landesverbände des Deutschen Roten Kreuzes e.V. erhielt das Bayerische Rote Kreuz durch einen Ministerialerlaß vom 21.01.1921 den Status einer „Körperschaft des öffentlichen Rechts".⁸⁴⁷ Die nationalsozialistische Gleichstellung führte zur Unterstellung des Deutschen Roten Kreuzes und seiner Landesverbände unter das Reichsinnenministerium. Sofort nach dem Zweiten Weltkrieg wurden das Deutsche Rote Kreuz und die Landesverbände als eingetragene Vereine wiedergegründet. Bayern knüpfte an die eigene Tradition an: Schon am 22. Mai 1945 beauftragte die amerikanische Besatzungsmacht den Münchner Oberbürgermeister mit dem Neuaufbau des Bayerischen Roten Kreuzes, der dann durch seine Anerkennung am 27. Juli 1945 durch den Bayerischen Ministerpräsidenten abgeschlossen wurde. Eine Auflösung aufgrund des Kontrollratsgesetzes Nr. 2 vom 10.10.1945 als nationalsozialistische Organisation kam jedenfalls dann nicht in Betracht, wenn man den Bayerischen Ministerpräsidenten als befugt ansah, die Anerkennung auszusprechen.⁸⁴⁸

---

845 Diese Struktur besitzen traditionell einige bayerische Verbände: Der *Bayerische Gemeindetag*, dessen Vorgänger, der Verband der Landgemeinden des Königreichs Bayern, 1912 gegründet, 1947 durch die Mitglieder wiedergegründet wurde und 1954 durch Ministerialerlaß des Innenministers den Status einer Körperschaft des öffentlichen Rechts erhielt (Staatsanzeiger Nr. 25 v. 19. Juni 1954, S. 1); der *Bayerische Landkreistag*, der ein Zusammenschluß der bayerischen Landkreise „aus freiem Willen" und zugleich eine Körperschaft des öffentlichen Rechts (§ 1 der Satzung v. 26. April 1989 (StAnz Nr.28) ist und aus dem 1919 gegründeten, 1933 aufgelösten „Landesverband bayerischer Bezirke", 1947 als „Landesverband der bayerischen Landkreise" wiedergegründeten Zusammenschluß hervorging und seit der oben genannten Satzung seine neue Bezeichnung trägt; der *Bayerische Bauernverband*, der 1945 durch „freien Zusammenschluß der gesamten bäuerlichen Bevölkerung innerhalb Bayerns einschließlich der Landfrauen und der bäuerlichen Jugend" (§ 2 der Satzung) gegründet wurde und durch Beschluß der Bayerischen Staatsregierung v. 29. November 1945 den Status einer Körperschaft des öffentlichen Rechts erhielt; er hat allerdings per Verordnung Nr. 106 des Bayerischen Ministerpräsidenten vom 29. Oktober 1946 die Aufgabe erhalten: „Der Bayerische Bauernverband nimmt als Berufsorganisation der bayerischen Landwirtschaft hiernach aufklärende und beratende Aufgaben wahr, die die Förderung der gesamten Landwirtschaft auf fachlichem, beruflichem und wirtschaftlichem Gebiet zum Gegenstand haben. Zur Landwirtschaft gehört im Sinne dieser Verordnung auch die Forstwirtschaft in den Privat-, Gemeinde-, Stiftungs- und Körperschaftswaldungen und der Gartenbau"; der *Bayerische Jugendring*, der 1947 gegründet wurde. – Die *Landesgewerbeanstalt* ist ebenfalls, und zwar seit 1916, eine Körperschaft des öffentlichen Rechts (§ 1 der Satzung, Bayerischer Staatsanzeiger Nr. 35 vom 1. September 2000). In § 2 wird ihre Aufgabe formuliert: „Die LGA dient der Wirtschaft, dem Verbraucher und der öffentlichen Verwaltung in technischer, wirtschaftlicher und gestalterischer Hinsicht." Mitglieder sind natürliche und juristische Personen des Privatrechts (§ 6 der Satzung). Sie wählen den „Aufsichtsrat" (§§ 12 der Satzung) Sie untersteht der Staatsaufsicht (§ 22 der Satzung) – Auch die *Monumenta Germaniae Historica* sind seit 1963 „Körperschaft des öffentlichen Rechts" aus Anerkennung der Bedeutung, die sie zuvor als private, ursprünglich 1819 vom Freiherrn vom Stein gegründete Gesellschaft erlangt hatten. Hoheitsbefugnisse wurden auch ihnen nicht verliehen. Zu ihrer Geschichte: *Grundmann* 1969.
846 *Mronz* 1973, S. 165 ff.; *Knöpfle* 1987, S. 97 f.; *Di Fabio* 1999b, S. 449 ff.
847 BVerfGE 6, S. 257 ff. (260): *Mronz* 1973, S. 170.
848 Das war nicht unproblematisch, weil der Bayerische Ministerpräsident die Hoheitsbefugnis dazu in diesem Moment noch gar nicht besaß. Der BayVerfGH (E 15, S. 22 ff. [26]) ging aber 1962 davon aus, das das BRK diesen Status jedenfalls durch zwischenzeitliche Verfügungen des Ministerpräsidenten nach Verleihung der erforderlichen Organisationsgewalt erhalten habe. Anders daher *Renck* 1987, S. 546, Fn. 4.

B. Bildung und Errichtung der Körperschaft des öffentlichen Rechts

Mit der Anerkennung bekamen dann aber auch wieder die überkommenen wissenschaftlichen Kontroversen Bedeutung, wie dieser öffentlich-rechtliche Status rechtlich zu bewerten sei.[849] Grund der Kontroverse sind neben dem gesellschaftlichen Ursprung des Bayerischen Roten Kreuzes weitere Anomalien gegenüber anderen Körperschaften des öffentlichen Rechts. Während das Bayerische Rote Kreuz Aufgaben im öffentlichen Interesse erfüllt,[850] stehen ihm dabei jedoch keine hoheitlichen Befugnisse zu Gebote.[851] Längere Zeit bestand die Besonderheit, daß seine Satzungen keinen rechtsnormativen Charakter i.S.v. Art. 98 S. 4 LV Bay besitzen sollten.[852] Das Gesetz über die Rechtsstellung des Bayerischen Roten Kreuzes vom 16. Juli 1986 hat diesen Zustand rückwirkend bis zur Anerkennung des BRK durch den Ministerpräsidenten geändert und den seither erlassenen Rechtsakten Rechtswirksamkeit verliehen (heute § 5 II BRK-G).[853] Es bekräftig auch die Eigenschaft des BRK als Körperschaft des öffentlichen Rechts (§ 1 S. 1 BRK-G), mißt ihm Selbstverwaltung zu (§ 1 S. 2 BRK-G) und erlegt ihm Aufgaben im Zivil- und Katastrophenschutz sowie im Gesundheits- und Wohlfahrtswesen auf (§ 2 S. 2 BRK-G).

Nachdem es bei einer rechtlich selbständigen GmbH des BRK zu Unregelmäßigkeiten gekommen war, wurde eine Gesetzesänderung mit dem Ziel einer stärkeren aufsichtsrechtlichen Anbindung eingeleitet.[854] Ein erster Entwurf, der die entsprechende Anwendung der Vorschriften über die Rechtsaufsicht der Gemeinden (§§ 11–113 GO Bay) entsprechend anwenden wollte, wurde verworfen. Statt dessen sieht die jetzige Fassung eine spezielle Rechtsaufsicht des Bayerischen Staatsministeriums des Innern vor (Art. 3 BRK-G). Danach besteht eine Unterrichtungsbefugnis des Ministeriums mit dem Recht, Berichte und Akten anzufordern (Art. 3 II, S. 1 u. 2 BRK-G). Das Ministerium ist ferner zur Teilnahme an den Gremiensitzungen des BRK berechtigt und hat dort ein Rederecht (Art. 3 II, S. 3 BRK-G). Ihm kommt ferner ein Beanstandungsrecht zu (Art. 3 III BRK-G). Die Satzung muß durch das Staatsministerium genehmigt werden. Das Ministerium kann jedoch nur die zur Herstellung rechtmäßiger Zustände notwendigen Maßnahmen bzw. deren Unterlassen verlangen, besitzt aber kein Recht der Ersatzvornahme oder weitergehende Befugnisse zur Durchsetzung seiner Aufsichtsmaßnahmen. Insgesamt ist die Aufsicht beschränkt durch das Selbstverständnis des BRK, wie es in der Präambel der

---

849 Zur älteren Diskussion etwa *Weber* 1943, S. 53 f.; *Köttgen* (1939, S. 23 f.) meinte, daß die mit dem Gesetz von 1937 gewählte privatrechtliche Form des Deutschen Roten Kreuzes nur gewählt worden sei, um dem Kriterium „freiwillige Hilfsgesellschaft" des Genfer Abkommens von 1929 Rechnung zu tragen, obwohl in der Sache öffentliche Aufgaben wahrgenommen würden. Weber hielt dem zu Recht entgegen, das sich das Moment der Freiwilligkeit auch in der Form der Körperschaft des öffentlichen Rechts realisieren lasse (*Weber* 1943, S. 54); zur neueren *Knöpfle* 1987, S. 97 ff.
850 Kritisch *Renck* 1987, S. 564: „keine Verwaltungsaufgaben". Das *BayObLG* (NZBau 2003, S. 348) hat aber den Charakter der Ziele des Bayerischen Roten Kreuzes als „im Allgemeininteresse liegende Aufgaben nichtgewerblicher Art" im Sinne von § 98 Nr. 2 GWB bejaht.
851 *Knöpfle* 1987, S. 97.
852 *BayVerfGE* 15, S. 22 ff. – ohne deutlich zu machen, welcher Rechtscharakter ihnen statt dessen zukommen sollte; dagegen auch *Knöpfle* 1987, S. 116 f.
853 Freilich bestand das Problem weiter, daß keiner der Satzungsbeschlüsse seit 1945 bis zum Inkrafttreten des Gesetzes veröffentlicht worden waren und auch mit dem Gesetz nicht veröffentlicht wurden (*Renck* 1987, S. 546). Heute werden aber die Satzungen im Bayerischen Staatsanzeiger veröffentlicht, § 4 II BRK-G.
854 *Di Fabio* 1999b, S. 449 ff.

Statuten des Internationalen Rotkreuz- und Rothalbmondbewegung niedergelegt ist (Art. 3 IV BRK-G). Außerdem kann die Ausübung der rechtsaufsichtsrechtlichen Befugnisse durch eine im Staatsanzeiger zu veröffentlichende Vereinbarung mit zwischen Ministerium und Rotem Kreuz näher geregelt werden. (Art. 3 V BRK-G). Die Regeln über die Rechtsaufsicht weisen damit einige Besonderheiten auf. Dazu gehört weniger die Möglichkeit kooperativer Rechtsaufsicht,[855] obwohl sie gegenüber anderen kooperativen Formen sehr stark ausgeprägt und formalisiert ist. Auffällig ist die Nichtübernahme der Regeln über die Kommunalaufsicht, das Fehlen der Ersatzvornahme oder weitergehender Aufsichtsbefugnisse und die starke Berücksichtigung des Selbstverständnisses. Doch geht sie auch mit diesen Beschränkungen über den Umfang einer Wirtschaftsaufsicht über private Unternehmen hinaus.[856] Wenn es sich beim BRK materiell um einen gesellschaftlichen Verband handelte, dem nur mit dem Körperschaftsstatus nur ein öffentlich-rechtlicher Mantel[857] umgehängt worden wäre,[858] dann stellte sich die Frage, ob eine derart intensive Aufsicht nicht gegen die Grundrechte der Art. 9 I, 13 II S. 1 GG und Art. 114 u. 101 LV Bay verstoßen.

Daß Körperschaften des öffentlichen Rechts aus einem freien, gesellschaftlichen Zusammenschluß hervorgehen können, ist nichts Ungewöhnliches und beeinträchtigt die rechtliche Qualifikation ihres Status nicht.[859] Auf diese Weise können etwa Innungen aus freiwilligen Zusammenschlüssen hervorgehen. Ungewöhnlicher ist schon das Fehlen hoheitlicher Befugnisse.[860] Entscheidend für ihren öffentlich-rechtlichen Status ist jedoch ihre öffentliche Anerkennung. Diese ist ihnen aber – läßt man die Unsicherheiten über den genauen Moment und ob zwischenzeitliches Verhalten der Bayerischen Staatsregierung diese Wirkung haben konnte außer acht – aber spätestens mit dem Gesetz von 1986 zuteil geworden.[861] Die Grundrechtsfähigkeit der Körperschaft ist nach dem oben Ausgeführten ebenfalls keine Anomalie, die die Bildung einer eigenen Organisationskategorie rechtfertigen würde. Der Voraussetzung für eine Anerkennung als „freiwillige Hilfsgesellschaft" nach dem Genfer Übereinkommen von 1929 entsprechend, besteht eine freiwillige Mitgliedschaft (§ 8 der BRK-Satzung v. 21. Juli 2001), die ebenfalls bei Körperschaften des öffentlichen Rechts nicht der Normalfall, aber auch nicht ausgeschlossen ist. Die Finanzierung erfolgt allerdings nicht überwiegend öffentlich-rechtlich.[862] Auffällig ist aber, daß die im Gesetz dem BRK und in der Satzung näher bezeichneten Aufgaben zwar im öffentlichen Interesse bestehen, daß aber die Satzung ausdrücklich

---

855 vgl. zum „Kooperationsprinzip als Leitprinzip der Staatsaufsicht" ausführlich *Kahl* 2000, S. 518 ff.
856 Zu dieser *Badura* 2003, Rn. 74 ff.; *Schmidt* 1990, S. 338 ff; *Stober* 2006, S. 240 ff.
857 Der Körperschaftsbegriff wird bei den Religionsgemeinschaften überwiegend als „Mantelbegriff" aufgefaßt, *BVerfGE* 102, S. 370 ff. (388) – Zeugen Jehovas; *Kirchhof* 1994, S. 670; zum Streit, wie formal der Begriff dort zu verstehen sei, *Bohl* 2001, S. 43 ff
858 So *Di Fabio* 1999b, S. 450: „Janusköpfigkeit"; auch *Knöpfle* 1987, S. 98.
859 *Knöpfle* 1987, S. 108: Die Erhebung des freiwilligen Verbandes zur Körperschaft des öffentlichen Rechts ist Ausdruck der Anerkennung der Bedeutung der von ihm erfüllten öffentlichen Aufgaben. Als problematisch sieht dies *Di Fabio* (1999b, S. 449) an.
860 *Hsu* 2004, S. 12 f. hält sie wegen des Fehlens der hoheitlichen Befugnisse zu Unrecht nicht für eine Körperschaft des öffentlichen Rechts.
861 Die zunächst fehlende gesetzliche Grundlage war auch insofern unproblematisch, als dem Verband keine Hoheitsbefugnisse zugewiesen wurden, *Knöpfle* 1987, S. 103 f.
862 *BayObLG* NZBau 2003, S. 349; zur Finanzkontrolle: *Knöpfle* 1987, S. 114 f.

B. Bildung und Errichtung der Körperschaft des öffentlichen Rechts 519

davon spricht, daß *sich* „das Bayerische Rote Kreuz . aufgrund seines Selbstverständnisses und seiner Möglichkeiten folgende Aufgaben" stellt. Wäre hierin eine freiwillige Zielsetzung zu sehen, so handelte es sich bei den im Allgemeininteresse bestehenden Zielen nicht um öffentliche Aufgaben nach der oben vorgenommenen Definition, für die staatliche Auferlegung oder doch Anerkennung ausschlaggebend war. Freiwillig handeln zahlreiche private Organisationen im Interesse des Gemeinwohls.[863] Unbeschadet der Formulierung „stellt sich . folgende Aufgaben" in § 2 I S. 1 der BRK-Satzung, ist aber doch festzustellen, daß sich diese Aufgaben sämtlich unter die Oberbegriffe der in Art. 2 BRK-G gestellten Aufgaben subsumieren lassen.[864] Die Formulierung der Satzung betont somit die besondere Bedeutung der Selbstverwaltung und Eigenverantwortlichkeit, macht aber die staatliche Aufgabenstellung nicht zu einer freiwilligen Zielsetzung.

Demgemäß handelt es sich beim BRK nicht nur dem Namen nach, sondern auch in der Sache um eine Körperschaft des öffentlichen Rechts mit freiwilliger Mitgliedschaft, die einer dem freiheitlichen Charakter des Verbandes entsprechende Rechtsaufsicht besitzt, die aber eine echte Staatsaufsicht und keine Wirtschaftsaufsicht darstellt. Die Staatsaufsicht als solche „schlägt sie dem Staat" aber nicht zu.[865] Es wird später noch zu zeigen sein, daß die Hauptfunktion der Staatsaufsicht die Erhaltung der Selbständigkeit der Körperschaft in ihren gesetzlichen Grenzen ist. Die verfassungsrechtliche oder gesetzliche Verleihung von Selbstverwaltung ist Grund und Maß der Staatsaufsicht. Der Umfang der Selbstverwaltung setzt der Aufsicht Grenzen. Entsprechend war die Rechtsaufsicht hier zu beschränken und um kooperative Momente zu ergänzen. Wenn damit auf die Besonderheiten des BRK und der anderen freiwilligen bayerischen Verbände hingewiesen werden soll, mag insofern am Begriff einer „nur-formellen" Körperschaft des öffentlichen Rechts festgehalten werden. Eine besondere Kategorie von Körperschaften neben den verwaltungsrechtlichen Körperschaften des öffentlichen Rechts kann der Ausdruck jedoch nicht bezeichnen.

2. Die Religionsgemeinschaften

Anders steht es nun aber mit den Religionsgemeinschaften (Art. 140 GG i.V.m. Art. 137 V S. 2 WRV). Tragender Grund für die Verleihung des Körperschaftsstatus an Religionsgemeinschaften ist die Religionsfreiheit, das kirchliche Selbstbestimmungsrecht und das Verbot der Staatskirche.[866] Der Religionsfreiheit soll durch die Körperschaft ein institutioneller Ort zur Verfügung gestellt werden. Dieses Fundament gibt ihnen von vornherein eine eigentümliche Zielsetzung. Das bedeutet aber nicht, daß sie nicht zahlreiche Eigenschaften gibt, die sie mit anderen Körperschaften des öffentlichen Rechts teilen. Gewiß teilen die Kirchen wesentliche Merkmale mit dem Staat: Sie gehen nicht aus der Privatautonomie hervor, sind Verwaltungsgemeinschaften mit entsprechenden Organisationsstrukturen und

---
[863] *Kirste* 2002, S. 363 ff.
[864] BayObLG NZBau 2003, S. 349.
[865] Anders aber *Di Fabio* 1999b, S. 452.
[866] *Hollerbach* 1969, S. 51; *ders.* 1989, § 138 Rn. 126; *Heinig* 2003, S. 176 f.

Handlungsformen;[867] geprägt ist dies jedoch durch die Selbstorganisation der Religionsfreiheit durch die Mitglieder. Dieses Moment ist es auch, was das historische „Herauswachsen" (Liermann)[868] der Kirchen aus dem landesherrlichen Staatskirchentum von der Verselbständigung der Körperschaften der funktionalen Selbstverwaltung unterscheidet. Grund der Loslösung vom Staat ist bei den Kirchen die Selbstorganisation der Religionsfreiheit; bei den Selbstverwaltungskörperschaften ist es hingegen die sachgerechte Wahrnehmung öffentlicher Aufgaben, bei der die Grundrechte dann zur Binnendifferenzierung durch den Einfluß der Mitglieder auf die wesentlichen Entscheidungen der Körperschaft beitragen.

a. Verleihung des Körperschaftsstatus an Religionsgemeinschaften und Entzug

Die Religionsgemeinschaften erlangen ihren Status als Körperschaften des öffentlichen Rechts auf Antrag bei Vorliegen der entsprechenden Voraussetzungen durch staatliche Verleihung (Art. 140 GG i. V. m. 137 V S. 2 WRV). Der Status ist mithin wie bei anderen Körperschaften auch von einem staatlichen Organisationsakt abhängig.[869] Streit bestand bis zur Zeugen Jehovas-Entscheidung des BVerfG über die Voraussetzungen, unter denen die Verleihung möglich ist.[870] Abgesehen von der geschriebenen Voraussetzung, daß die Religionsgemeinschaft eine „Gewähr der Dauer" bieten mußte, wurden hier sehr anspruchsvolle Kriterien genannt, wie etwa eine gewisse „Dignität" und „Verleihungswürdigkeit" bis hin zu Rechtstreue und „Staatsloyalität".[871] Die Berechtigung der Annahme dieser weiteren Voraussetzungen wurde begründet mit dem Prestigegewinn dieses Status, den Vorrechten und die gesuchte Staatsnähe, die er zur Folge hat.[872] Das BVerfG hat diese weitergehenden Anforderungen zurückgewiesen und einzig das Kriterium der Rechtstreue als ungeschriebene Verleihungsvoraussetzung angenommen. Die Verleihung ist im übrigen an die Grundsätze der weltanschaulichen Neutralität des Staates und der Gleichbehandlung (Parität) gebunden.[873] Auch bei der rechtlichen Bindung der Religionsgemeinschaften zeigt sich also die besondere Stellung dieser Körperschaften: Ihr Maßstab sind nicht die gesetzlich ausbuchstabierten öffentlichen Aufgaben, sondern nur die Nichtgefährdung „fundamentaler Verfassungsprinzipien", der

---

867 *Hollerbach* 1969, S. 56 f.
868 *Liermann*: Deutsches Evangelisches Kirchenrecht, 1933: „Die Kirchen sind nicht Geschöpfe des Staates, sondern sind, ihren eigenen Wert in sich tragend, aus ihm herausgewachsen", zit. nach Winter 2001, S. 136.
869 *Lindner* 2002, S. 45 f.
870 *BVerfGE* 102, S. 370 ff.
871 So das *BVerwG* NJW 1997, S. 2396 (2397); dazu, zu den Vorinstanzen und zum Verwaltungsverfahren über die Verleihung des Körperschaftsstatus an die Zeugen Jehovas eingehend *Bohl* 2001, S. 16 ff. u. 118 ff; kritisch zum BVerwG *Huster* 1998, S. 2396; *Heinig/Morlock* 1999, S. 697 ff.
872 *BVerwG* DVBl. 1997, S. 1241: „Ebenso wie der Staat sich mit der Gewährung des Kooperationsstatus nicht in die Angelegenheiten der Religionsgemeinschaften einmischt, sondern im Gegenteil deren Eigenständigkeit stützt und fördert, kann umgekehrt von der Religionsgemeinschaft, die mit ihrem Antrag nach Art. 140 GG i.V.m. Art. 137 Abs. 5 Satz 2 WRV die Nähe zum Staat sucht und dessen spezifishce rechtliche Gestaltungsformen und Machtmittel für ihre Zwecke in Anspruch nehmen will, erwartet werden, daß sie die Grundlagen der staatlichen Existenz nicht prinzipiell in Frage stellt."
873 2001, S. 11.

B. Bildung und Errichtung der Körperschaft des öffentlichen Rechts

„Grundrechte Dritter", sowie der „Grundprinzipien des freiheitlichen Religions- und Staatskirchenrechts des Grundgesetzes".[874]

Ein Verband erwirbt damit den Status einer Körperschaft des öffentlichen Rechts im staatskirchenrechtlichen Sinn, wenn er (1.) einen entsprechenden Antrag stellt, er (2.) überhaupt eine Religions- bzw. Weltanschauungsgemeinschaft darstellt, (3.) seiner Struktur nach eine gewisse Gewähr der Dauer bietet und (4.) das Kriterium der Rechtstreue erfüllt. Liegen diese Voraussetzungen vor, besteht ein Anspruch auf die Verleihung des Status.[875] Die Verleihung erfolgt nach Bundesländern unterschieden durch Beschluß der Landesregierung, des Kultusministers, aber auch durch Rechtsverordnung oder sogar durch Parlamentsgesetz.[876] Dem Verleihungsakt kommt eine Wirkung im ganzen Bundesgebiet zu.[877] Die Entstehung von Zusammenschlüssen von Religionskörperschaften als Verbänden richtet sich nach der nicht unproblematischen Regelung des Art. 140 GG i. V. m. 137 V 3 WRV).[878]

(1.) Der dienenden Funktion des Körperschaftsstatus für die Verwirklichung der Religionsfreiheit entsprechend, kann der Status nur auf Antrag erworben und nicht von Amts wegen verliehen werden. Dies wäre mit der negativen Religionsfreiheit gem. Art. 4 I u. II GG unvereinbar.[879] Daraus folgt im übrigen auch, daß die Religionskörperschaft nicht als Körperschaft mit Zwangsmitgliedschaft entstehen oder weiterbestehen kann.[880] (2.) Der beantragende Verband muß eine Religions- oder Weltanschauungsgemeinschaft darstellen. Religionsgemeinschaft oder -gesellschaft kann bestimmt werden als „Verband ..., der die Angehörigen ein und desselben Glaubensbekenntnisses oder mehrerer Glaubensbekenntnisse zu allseitiger Erfüllung der durch das gemeinsame Bekenntnis gestellten Aufgabe zusammenfaßt".[881] Bei der Bestimmung des Begriffs der Religionsgemeinschaft ist das Selbstverständnis zu berücksichtigen.[882] (3.) Die von Art. 140 GG i. V. m. 137 V S. 2 WRV geforderte „Gewähr der Dauer" liegt nach dem BVerfG vor, wenn die Religionsgemeinschaft „durch ihre Verfassung und die Zahl ihrer Mitglieder die prognostische Einschätzung stützen, daß sie auch in Zukunft dauerhaft bestehen wird".[883] Dabei wird im Interesse einer verläßlichen Prognosebasis der Begriff der „Verfassung" weit ausgelegt, so daß ihre Verfaßtheit im Sinne des „tatsächlichen Gesamtzustandes der Gemeinschaft" eine aussagefähige Grundlage für die

---

874 BVerfGE 102, S. 370 ff. (S. 392).
875 *Kirchhof* 1994, S. 680; *Lindner* 2002, S. 86; *Bohl* 2001, S. 39.
876 *Kirchhof* 1994, S. 687; *Lindner* 2002, S. 88 und *Bohl* 2001, S. 85 ff. zu weiteren Einzelheiten von Form und Verfahren.
877 v. Mangoldt/Klein/Starck-*von Campenhausen*, Art. 140/Art. 137 WRV, Rn. 233; *Kirchhof* 1994, S. 687.
878 Zu den Voraussetzungen im einzelnen *Lindner* 2002, S. 90 ff.
879 BVerfGE 30, S. 415 ff. (423) – Mitgliedschaftsrecht.
880 *Hollerbach* 1989, § 139 Rn. 33; *Lindner* 2002, S. 51.
881 BVerwG NVwZ 1996, S. 61 f.; zum Begriff vgl. auch *Heinig* 2003, S. 65 f. u. 320; *Bohl* 2001, S. 23.
882 BVerfGE 24, S. 236 ff. (247).
883 BVerfGE 102, S. 370 ff. (384) – Zeugen Jehovas. Vgl. auch *Kirchhof* 1994, S. 684 f.; *Morlok/Heinig* 1999, S. 699: „Die Dauerhaftigkeit einer Religionsgesellschaft wurde in die Weimarer Reichsverfassung als Verleihungsvoraussetzung aufgenommen, um kurzzeitig in Erscheinung tretenden religiösen Bewegungen einen Anspruch auf den Korporationsstatus zu verwehren.".

Beurteilung ihrer Fortdauer abgeben kann.[884] Indizien dafür sind etwa die Dauer ihres Bestehens, die Intensität des religiösen Lebens und die Solidität der Finanzausstattung.[885] Die Mitgliederzahl muß ebenfalls die Prognose der Dauerhaftigkeit stützen[886].[887] Eher als Skurrilität zu verbuchen ist in diesem Zusammenhang die Auffassung K. Müllers, die Zeugen Jehovas böten wegen ihrer „extrem-eschatologischen Theologie" nicht die erforderliche Gewähr der Dauer.[888] (4.) Schon von privatrechtlichen Religionsgesellschaften kann aufgrund von Art. 9 II GG ein Mindestmaß an Rechtstreue verlangt werden.[889] Angesichts der besonderen Vorrechte, die die Religionsgemeinschaft als Körperschaft genießt, erschiene es problematisch, dies nicht auch von ihnen zu verlangen.[890] Da der Wortlaut des Art. 137 V 2 WRV dies auch nicht ausschließt, kann ein gewisses Maß an Rechtstreue zur Voraussetzung der Verleihung gemacht werden.[891] Ihrem Charakter als gesellschaftlich entstandene Vereinigungen entsprechend, kann jedoch auch für die Erlangung des öffentlich-rechtlichen Status der Körperschaft nicht generell die Einhaltung einer strikten Rechtsbindung i.S.v. von Art. 20 III GG zur Voraussetzung der Verleihung gemacht werden, sondern nur insoweit sie auch tatsächlich hoheitliche Gewalt ausübt.[892] Außerhalb dieses Bereichs wird aber im Rahmen von Art. 9 II GG wie von privatrechtlichen Vereinigungen Rechtstreue verlangt. Dafür reicht es jedoch aus, daß „die Religionsgemeinschaft im Grundsatz bereit ist, Recht und Gesetz zu achten und sich in die verfassungsmäßige Ordnung einzufügen".[893] Zur Erfüllung dieser Voraussetzungen kommt es mithin nicht auf die Beachtung der Gesetze in jedem Einzelfall an.[894] Jedenfalls muß sie aber die Gewähr dafür bieten, daß sie sich an die Verfassungsprinzipien des Art. 79 III GG, die Grundrechte Dritter, sowie die Grundprinzipien des freiheitlichen Religions- und Staatskirchenrechts des Grundgesetzes halten wird. Die lange Zeit umstrittene Forderung nach einer „Staatsloyalität" der Religionsgemeinschaft als Voraussetzung der Erlangung des Status einer Körperschaft des öffentlichen Rechts hat das BVerfG

---

884 *BVerfGE* 102, S. 370 ff. (384) – Zeugen Jehovas. Zur Dogmengeschichte des Begriffs: *Bohl* 2001, S. 27 f.; systematisch: *Heinig* 2003, S. 322 f.
885 *Lindner* 2002, S. 53 f.; *Bohl* 2001, S. 27 ff.
886 Die Bundesländer orientieren sich bei ihrer Verleihungspraxis daran, ob die Mitgliederzahl ein Tausendstel der Einwohnerzahl in dem jeweiligen Bundesland erreicht hat, ohne diesem Kriterium aber abschließende Bedeutung beizumessen, *Bohl* 2001, S. 35 f.
887 Zur letztlich zu verneinenden Frage, ob angesichts des religiös bedingten geringen Organisationsgrades der Muslime in Deutschland für diese eine Ausnahme von der hinreichenden Mitgliederzahl des Verbandes zu machen ist, *Lindner* 2002, S. 57 ff.
888 1952/53, S. 158. Selbst wenn diese Annahme inhaltlich zutreffend wäre, könnte der Staat aufgrund seiner Neutralitätspflicht auf diese inhaltliche Bewertung der Religion keine Versagung der Verleihung stützen. Zu ihr auch *Bohl* 2001, S. 37.
889 *BVerfGE* 102, S. 370 ff. (389) – Zeugen Jehovas; ablehnend zuvor *Morlok/Heinig* 1999, S. 704.
890 „Es wäre auch nicht einsichtig, daß Vereinigungen, die Körperschaften des öffentlichen Rechts sind, insoweit weniger festen Bindungen unterliegen sollten als private Vereinigungen." *BVerfGE* 102, S. 370 ff. (389) – Zeugen Jehovas.
891 Kritisch demgegenüber *Heinig* 2003, S. 328 ff.
892 *BVerfGE* 102, S. 370 ff. (390) – Zeugen Jehovas: „Sie muß die Gewähr dafür bieten, daß sie das geltende Recht beachten, insbesondere die ihr übertragene Hoheitsgewalt nur in Einklang mit den verfassungsrechtlichen und den sonstigen gesetzlichen Bindungen ausüben wird."
893 *BVerfGE* 102, S. 370 ff. (392) – Zeugen Jehovas
894 *Kirchhof* 1994, S. 683; *Lindner* 2002, S. 73.

B. Bildung und Errichtung der Körperschaft des öffentlichen Rechts

zu Recht zurückgewiesen.[895] Hier wäre die Grenze des Normprogramms ebenso überschritten wie bei weiteren genannten Kriterien, etwa der „Anerkennungswürdigkeit" und der „Dignität".[896] Einmal abgesehen von der Unbestimmtheit dieser Begriffe, würde die Anlegung dieser Kriterien schließlich bewirken, daß die Religionsgemeinschaften, obwohl sie auch als Körperschaften des öffentlichen Rechts durch die Grundrechte geschützt sind, ihr Verhalten an den Interessen des Staates orientieren müßten.[897] Das wäre aber gegenüber dem Verbot der Staatskirche (Art. 140 GG i. V. m. 137 I WRV) nicht zu rechtfertigen[898] und vor dem Hintergrund der Dienstfunktion[899] des öffentlich-rechtlichen Status zur Erleichterung und Entfaltung der Religionsfreiheit problematisch.[900]

Mit der Erlangung des Körperschaftsstatus erhalten die Kirchen eine Reihe von Vorrechten gegenüber nichtkorporierten Religionsgemeinschaften: Sie erwerben das Recht zur Erhebung von Kirchensteuern (Art. 140 i.V.m. Art. 137 VI WRV), die Dienstherrenfähigkeit,[901] die Organisationsgewalt, das Recht, eigene Vermögensgegenstände zu res sacrae zu erheben,[902] das Parochialrecht,[903] die Insolvenzunfähigkeit und das sog. „Privilegienbündel" und einige weitere Vergünstigungen.[904] Gerade diese Rechte zeigen, wie der Körperschaftsstatus ein Mittel zur Erleichterung und Entfaltung der Religionsfreiheit darstellt.[905]

Die Auflösung von Religionsgemeinschaften als Körperschaften des öffentlichen Rechts vollzieht sich bei freiwilligem Erlöschen der Religionsgemeinschaft anders als bei der Auflösung von verwaltungsrechtlichen Körperschaften nicht durch einen staatlichen Hoheitsakt.[906] Mit der Funktion der Organisationsform der Körperschaft im Dienste der Religionsfreiheit wäre es nicht zu vereinbaren, wenn die Religionsgemeinschaft in dieser Form weitergeführt würde, obwohl sie ihren Zweck nicht mehr erfüllen kann und soll.[907] Lindner hat daher vorgeschlagen, die vereinsrecht-

---

895 Zum Streit *Lindner* 2002, S. 76 ff.; BVerfGE 102, S. 370 ff. (395) – Zeugen Jehovas.
896 Jeand'Heur/Korioth 2000, Rn. 235.
897 *Lindner* 2002, S. 79 f.
898 Bei einer solchen Bindung würden die Religionsgemeinschaften zu „Quasi-Staatskirchen", *Robbers* 1999, S. 417.
899 *Hollerbach* 1988, § 138 Rn. 130.
900 *Morlok/Heinig* 1999, S. 700 f. Wie staatsnah sie sein will, ob sie demokratisch strukturiert sein will etc., ist eine Frage ihres Selbstverständnisses.
901 Zu diesen *Kirchhof* 1994, S. 670 ff.; sowie die zu seiner Realisierung erforderlich Disziplinargewalt und das Vereidigungsrecht, v. Mangoldt/Klein/Starck-*von Campenhausen*, Art. 140/Art. 137 WRV, Rn. 243 ff.
902 *Hollerbach* 1989, § 138 Rn. 133 f.; *Kirchhof* 1994, S. 672; *Lindner* 2002, S. 29; *Bohl* 2001, S. 56.
903 Das Recht also, die Zugehörigkeit eines Bekenntnisangehörigen mit Zuzug in die neue Gemeinde automatisch zu begründen, *Kirchhof* 1994, S. 671.
904 Zum „Privilegienbündel" gehören: Die Befreiung von einzelnen Steuern, Kosten und Gebühren und das Recht zur Beteiligung an öffentlichen Planungsverfahren und in öffentlich-rechtlichen Gremien, Anerkennung als Träger der freien Jugendhilfe, besonderer Enteignungsschutz und Schutz durch besondere Strafnormen. *Heinig* 2003, S. 281 ff.; *Hollerbach* 1989, § 138 Rn. 130; *Kirchhof* 1994, S. 651 ff.; zum Ganzen auch *Bohl* 2001, S. 57 ff.; *Lindner* 2002, S. 28 f.
905 BVerfGE 102, S. 370 ff. (393) – Zeugen Jehovas: „Der Status einer Körperschaft des öffentlichen Rechts ist ein Mittel zur Erleichterung und Entfaltung der Religionsfreiheit. Für die korporierten Religionsgemeinschaften begründet er eine bevorzugte Rechtsstellung." Vgl. auch *Morlok/Heinig* 1999, S. 700 f.
906 *Lindner* 2002, S. 101 ff.; aus Gründen der Rechtssicherheit für einen staatlichen actus contrarius dagegen *Heinig* 2003, S. 357 ff.
907 *Bohl* 2001, S. 97 ff.; *Lindner* 2002, S. 106.

lichen Grundsätze entsprechend heranzuziehen.[908] Die Auflösung der Religionskörperschaft gegen den Willen der Mitglieder stellt hingegen einen Eingriff in die Religionsfreiheit dar, der wegen der speziellen Regelung des Art. 140 GG i.V.m. Art. 137 V S. 1 WRV für die altkorporierten Religionsgemeinschaften nicht verfassungsrechtlich gerechtfertigt werden kann.[909] Bei neukorporierten bedarf sie einer gesetzlichen Grundlage und kann nur erfolgen, wenn die Verleihung rechtswidrig war, die Verleihungsvoraussetzungen nachträglich entfallen sind oder die Religionsgemeinschaft verboten worden ist und die Entziehung des Körperschaftsstatus dem Grundsatz der Verhältnismäßigkeit genügt.[910] Anders als bei den freiwillig gebildeten Handwerksinnungen (§ 77 HwO) und den Kreishandwerkerschaften (§ 89 I Nr. 5 i.V.m. § 77 I HwO) führt die Insolvenz nicht zum Verlust des Körperschaftsstatus. Die hierfür erforderliche Annahme der Insolvenzfähigkeit würde bedeuten, daß mit der Eröffnung des Insolvenzverfahrens eine Beschränkung der Verfügungs- und Verwaltungsbefugnisse eintreten und diese Rechte auf den staatlichen Insolvenzverwalter übergehen würden. Das aber wäre mit der Religionsfreiheit nicht zu vereinbaren.[911]

b. Der Status der körperschaftlich verfaßten Religionsgemeinschaften

Die Religionsgemeinschaften unterscheiden sich hinsichtlich ihrer Körperschaftsstruktur sowohl in bezug auf ihre rechtliche Ausstattung, ihre Binnenstruktur, als auch in bezug auf ihr Verhältnis zur gesellschaftlichen und staatlichen Umwelt erheblich von den verwaltungsrechtlichen Körperschaften. Einige Aspekte:

Wie aus dem Vorstehenden deutlich geworden ist, ist der Körperschaftsstatus für Religionsgemeinschaften nicht die Form, um aufgrund einer mitgliedschaftlichen Binnenstruktur öffentliche Aufgaben wahrzunehmen. Er dient vielmehr der Realisierung der Religionsfreiheit. Das schließt nicht aus, daß die Betätigung der Religionskörperschaften zugleich im öffentlichen Interesse liegt und daß der Status Ausdruck der öffentlichen Anerkennung dieser Bedeutung ist.[912] Primäre Funktion ist es aber nicht, vom Staat auferlegte Aufgaben zu erfüllen, sondern ggf.,

---

908 *Lindner* 2002, S. 108 ff.; Art. 140 GG i.V.m. 137 I WRV steht dem, worauf Lindner zutreffend hinweist (2002, S. 114), auch in bezug auf die altkorporierten Körperschaften nicht entgegen, wenn gewissermaßen das Substrat erloschen ist, da diese Bestimmung zwar gegenüber der zwangsweisen Entziehung des Körperschaftsstatus schützt, nicht aber dagegen, daß der Staat aus dem ohne seine Mitwirkung eingetretenen, vermeidbaren Erlöschen der Körperschaft die notwendigen rechtlichen Konsequenzen zieht.
909 *Bohl* 2001, S. 102 ff.
910 OVG Berlin NVwZ 1997, S. 396 ff. (397); v. Mangoldt/Klein/Starck-*von Campenhausen*, Art. 140/ Art. 137 WRV, Rn. 234; *Jeand'Heur/Korioth* 2000, Rn. 239. Die Form der Entziehung entspricht dabei der vorgesehenen Form für die Verleihung des Status, *Lindner* 2002, S. 125.
911 *Lindner* 2002, S. 137 f. auch zu den weiteren Folgen des Untergangs einer Religionsgemeinschaft als Körperschaft. Ferner *Heinig* 2003, S. 297 ff.
912 *Hollerbach* (1969, S. 62) faßt diesen Zusammenhang ganz im Sinne des auch hier vertretenen Verständnisses des Öffentlichen zusammen, wenn er von einer „auch nach innen offenen Staatlichkeit" spricht, „in welcher Öffentlichkeit und Staatlichkeit nicht mehr gleichgesetzt werden können. Hier wird den im Gemeinwesen lebendigen pluralen Kräften freier Raum zur vollen Entfaltung in der Öffentlichkeit gegeben. Sie werden an der Wahrnehmung öffentlicher, gemeinwohlbezogener Aufgaben beteiligt, sofern die Sache es angeht und sie einen verantwortlichen und förderlichen Beitrag leisten können. In dieser offenen Staatlichkeit, deren Struktur jenseits der starren Dichotomie von Staat und Gesellschaft begründet ist, haben auch die Kirchen ihren Platz als Faktoren, als Potenzen des Öffentlichen . Sie werden wegen ihrer verfassungstranszendenten Legitimation als etwas qualitativ anderes

B. Bildung und Errichtung der Körperschaft des öffentlichen Rechts

wenn dies dem eigenen Selbstverständnis entspricht, freiwillig für das Gemeinwohl einzutreten.[913]

In ihrer Binnenstruktur sind die korporierten Religionsgemeinschaften aufgrund ihres Selbstbestimmungsrechts darin geschützt, sich ihrem Selbstverständnis und ihren kirchenrechtlichen Grundsätzen gemäß organisieren.[914] Von den verwaltungsrechtlichen Körperschaften unterscheiden sich die Religionskörperschaften auch dadurch, daß keine verfassungsrechtlichen oder einfachgesetzlichen Anforderungen an ihre Binnenstruktur bestehen.[915] Somit sind auch autokratische Religionskörperschaften möglich.[916]

Im Verhältnis zu ihrer staatlichen Umwelt ist besonders hervorzuheben, daß die körperschaftlich verfaßten Religionsgemeinschaften keiner allgemeinen Staatsaufsicht unterliegen, sondern nur in dem Umfang, in dem sie hoheitliche Befugnisse ausüben, einer Rechtsaufsicht unterstehen.[917] Eine Staatsaufsicht hinsichtlich ihrer inneren Angelegenheiten ist damit ausgeschlossen.[918]

Geht man von der zentralen Bedeutung der Ziele für die Identität der Organisation aus, ist die öffentlich-rechtliche Rechtsform in der Tat nur der organisatorische Mantel für die Realisierung der Religionsfreiheit der Religionsgemeinschaften. In ihrem Dienst steht die Körperschaftsform, von ihm her ist sie zu beurteilen: Ihre Aufgabe ist die Grundrechtsverwirklichung durch Organisation.[919] Von diesem Ziel her ist die besondere Form der Verleihung des Körperschaftsstatus, die von der Errichtung verwaltungsrechtlicher Körperschaften abweicht, zu verstehen; ebenso die Grundrechtsfähigkeit,[920] die abweichende Binnenstruktur und die fehlende Staatsaufsicht. Daher ist es entscheidend, daß mit dem Status nicht die Übertragung öffentlicher Aufgaben verbunden ist. Mangels öffentlicher Aufgabe und aufgrund der daraus entstehenden Folgen für die Abgrenzung zu ihrer Umwelt, durch die Möglichkeit einer nicht-mitgliedschaftlichen Binnenstruktur und das Verhältnis

---

anerkannt als intermediäre Gruppen und Interessenverbände." Vgl. auch *Hollerbach* 1989, § 138 Rn. 130; ausführlich zum Religion und Öffentlichkeit *Heinig* 2003, S. 203 ff. u. 274 f.
913 Vgl. auch *Kirste* 2002, S. 373 m.w.N. dazu in Fn. 216.
914 „In ihrem eigenen Bereich lebt die Kirche nicht nach öffentlichem Recht, sondern nach Kirchenrecht, es gilt ,ecclesia vivit jure proprio', und somit ist ,kirchliche Gewalt' nicht ,öffentliche Gewalt'", *Hollerbach* 1969, S. 58; zur Organisationshoheit und auch zu vertraglich vereinbarten staatlichen Mitwirkungsbefugnissen eingehend *ders.* 1989, Rn. 11 ff.
915 *Bohl* 2001, S. 154 f.; *Robbers* 1999, S. 421.
916 *Robbers* 1999, S. 421; BVerfGE 102, S. 370 ff. (394) – Zeugen Jehovas. Das bedeutet allerdings nicht, daß zugleich auf das Merkmal der Mitgliedschaft verzichtet werden könnte. Dieses gehört vielmehr bereits konstitutiv zur Religionsgemeinschaft (*Heinig* 2003, S. 73). Nur ein Getragensein der Religionsgemeinschaft durch die Mitglieder erforderlich wie bei den Körperschaften des öffentlichen Rechts.
917 *Jeand'Heur/Korioth* 2000, Rn. 221.
918 BVerfGE 18, S. 385 ff. (386) – Teilung einer Kirchengemeinde; 102, S. 370 ff. (388) – Zeugen Jehovas stdg. Rspr.; v. Mangoldt/Klein/Starck-*von Campenhausen*, Art. 140/Art. 137 WRV, Rn. 223.
919 *Heinig* 2003, S. 265 f., der betont, daß aus dieser Funktion alleine der öffentlich-rechtliche Status der Körperschaft nicht abgeleitet werden kann.
920 BVerfGE 42, 312 ff. (322 f.): „Die Kirchen sind ungeachtet ihrer Anerkennung als Körperschaften des öffentlichen Rechts dem Staat in keiner Weise inkorporiert, also auch nicht im weitesten Sinn „staatsmittelbare" Organisationen oder Verwaltungseinrichtungen. Ihre wesentlichen Aufgaben, Befugnisse, Zuständigkeiten sind originäre und nicht vom Staat abgeleitete (BVerfGE 18, 385 [386]; 19, 129 [133 f.]). Sie können also unbeschadet ihrer besonderen Qualität wie der Jedermann dem Staat „gegenüber" stehen, eigene Rechte gegen den Staat geltend machen. Sie sind unter diesem Gesichtspunkt grundrechtsfähig." Dazu auch *Heinig* 2003, S. 277 ff.

zur Umwelt sind die körperschaftlich verfaßten Religionsgemeinschaften keine Körperschaften im verwaltungsrechtlichen Sinn. Das BVerfG hat wiederholt betont: „Die Eigenständigkeit der Kirchen wird nicht durch ihren Charakter als Körperschaften des öffentlichen Rechts (Art. 140 GG i.V.m. Art. 137 Abs. 5 WRV) in Frage gestellt. Angesichts der religiösen und konfessionellen Neutralität des Staates nach dem Grundgesetz bedeutet diese zusammenfassende Kennzeichnung der Rechtsstellung der Kirchen keine Gleichstellung mit anderen öffentlich-rechtlichen Körperschaften, die in den Staat organisch eingegliederte Verbände sind, sondern nur die Zuerkennung eines öffentlichen Status, der sie zwar über die Religionsgesellschaften des Privatrechts erhebt, aber keiner besonderen Kirchenhoheit des Staates oder gesteigerten Staatsaufsicht unterwirft".[921] Die Kirchen erhalten dadurch ein angemesseneres „weltliches Kleid",[922] als wenn sie in privatrechtlicher Form organisiert wären,[923] eine Form, die anders als der Status der übrigen Körperschaften „die Eigenständigkeit und Unabhängigkeit der Kirche vom Staat sowie ihre originäre Kirchengewalt bekräftigen" soll.[924] Der Körperschaftsbegriff erhält damit in bezug auf die Religionsgemeinschaften einen spezifischen verfassungsrechtlichen Gehalt, wird zu einem verfassungsrechtlichen Begriff, der ihn deutlich von dem verwaltungsrechtlichen abhebt.[925] Inzwischen wird daher zu Recht durchweg von einem „Körperschaftsstatus sui generis" gesprochen.[926]

Man mag dafür den allerdings etwas blassen Begriff der „nur-formellen" Körperschaft verwenden.[927] Blaß ist er insofern, als er die Modifikationen, die diese Form im Fall der Religionsgemeinschaften erhält, nicht berücksichtigt; unschädlich aber, insofern dies bei der Verwendung des Ausdrucks bedacht wird.

VII. Bildung und Errichtung der Körperschaft des öffentlichen Rechts: Zusammenfassung

Unter der Überschrift „Bildung und Errichtung" wurden im vorstehenden Abschnitt die wichtigsten Elemente der Begründung der Körperschaft des öffentlichen Rechts als selbständige Verwaltungsorganisation untersucht. Ihre selbständige rechtliche Gestalt ist geprägt von ihrer Rechtsfähigkeit und den spezifischen Aufgaben, die sie wahrzunehmen hat.

Die Rechtsfähigkeit hat zunächst einen formalen Aspekt, der ihre Funktion betrifft: die Zurechnungsfähigkeit von Rechten und Rechtspflichten. Der Begriff der juristischen Person erwies sich bei näherer Untersuchung als weiterhin brauchbar, um die die Zurechnungsfähigkeit von Rechtssätzen und zwar bei juristischen

---

921 *BVerfGE* 18, S. 385 ff. (386 f.) – Teilung einer Kirchengemeinde; 30, S. 415 ff. (428) – Mitgliedschaftsrecht; 42, S. 312 ff (321) – Inkompatibilität/Kirchliches Amt; 53, S. 366 ff. (387) – Konfessionelle Krankenhäuser; 66, S. 1 ff. (19 f.) – Konkursausfallgeld.
922 *Hollerbach* 1989, § 138 Rn. 125 u. 131.
923 *Hollerbach* 1969, S. 55, der zu Recht hervorhebt, daß der privatrechtliche Status durch die öffentlich-rechtliche Korporierung unangetastet bleibt und lediglich erweitert wird (S. 57).
924 *BVerfGE* 30, S. 415 ff. (428) – Mitgliedschaftsrecht.
925 *Hollerbach* 1989, § 138 Rn. 132.
926 Nachweis bei *Heinig* 2003, S. 271, Fn. 53.
927 *Di Fabio* 1999b, S. 450.

B. Bildung und Errichtung der Körperschaft des öffentlichen Rechts 527

Personen: von öffentlich-rechtlichen und privatrechtlichen – darzustellen. Selbst Adressat solcher Sätze zu sein, unterschied die Körperschaft dann von ihren Organen, die lediglich Träger von Innenrechtssätzen sind und die Außenrechtssätze lediglich für die juristische Person wahrnehmen. Nur den Gemeinden ist die Rechtsfähigkeit verfassungsrechtlich garantiert. Den übrigen verwaltungsrechtlichen Körperschaften des öffentlichen Rechts wird sie jedoch einfachgesetzlich zugestanden. Sie ist somit ein – formales – Abgrenzungskriterium zu den auch Körperschaften genannten Vertretungsorganen, wie Parlamenten oder anderen Repräsentativversammlungen, die nicht rechtsfähig sind. Die Verleihung der Rechtsfähigkeit erfolgt grundsätzlich mit der Errichtung, bei freiwilligen Zusammenschlüssen aber auch mit der Genehmigung der Satzung. Das wirft Fragen auf, wie zu verfahren ist, wenn der freiwillige Zusammenschluß rechtsfehlerhaft ist und die Genehmigung nicht erteilt wird. Der Rechtsschutz der Bürger kann hier das Institut einer „Vor-Körperschaft" erfordern. Neben diesen formalen Aspekten der Rechtsfähigkeit war ihr Umfang zu prüfen, allen voran die Frage der Grundrechtsfähigkeit. Das BVerfG geht prinzipiell davon aus, daß die juristischen Personen des öffentlichen Rechts nicht Träger von Grundrechten sein können, weil sie als Inhaber hoheitlicher Gewalt sonst zugleich Berechtigte und Verpflichtete der Grundrechte wären. Präzisiert man aber dieses Konfusionsargument, läßt sich eine aufgabenspezifische Grundrechtsfähigkeit der Körperschaften des öffentlichen Rechts entwickeln: Soweit sie grundrechtsverpflichtet sind, können sie keine Grundrechtsträger sein; soweit sie aber nicht hoheitlich handeln, insbesondere, soweit sie die Interessen ihrer Mitglieder vertreten, kommt eine Grundrechtsfähigkeit in Betracht, ohne daß sich Grundrechtsberechtigung und -verpflichtung im Sinne des Konfusionsarguments widersprechen würden. Abgesehen von den Hochschulen, bestehen danach insbesondere im Bereich der Kammern Möglichkeiten der Grundrechtsberechtigung. Auch die einfachgesetzliche Ausstattung der Körperschaft mit Handlungs-, Prozeß-, Vollstreckungs- und der Umstand weitgehenden Fehlens der Insolvenzfähigkeit sind vor dem Hintergrund der Stellung der juristischen Personen als gegenüber dem Staat rechtlich verselbständigte Organisationseinheiten mit öffentlicher Aufgabenstellung zu verstehen. So ist etwa der Handlungsradius der Körperschaften prinzipiell beschränkt. Insbesondere kommt ihnen kein allgemeinpolitisches Mandat zu. Dies darf aber – deshalb wird die Ultra-Vires-Lehre abgelehnt nicht zum Nachteil des Bürgers dazu führen, daß ihr Handeln insofern rechtlich nicht existent wäre. Die Diskussionen von Beginn und Ende der Körperschaft, den Formen ihrer Errichtung also und ihrer Auflösung, beschlossen die Darstellung ihrer äußeren Rechtsgestalt. Die Eigenarten der Körperschaft traten bei denjenigen Errichtungs- und Auflösungsformen besonders deutlich zutage, die auf das Betreiben der Mitglieder geschehen. Ein Staatsakt ist aber in allen Fällen erforderlich.

Ist so die Rechtspersönlichkeit deutlicher Ausdruck dafür, daß die Körperschaft Adressat normativer Erwartungen ist und gaben die Diskussion einiger Rechte bereits erste Auskunft über den Charakter dieser Rechtspersönlichkeit, so blieb der Sinn dieser selbständigen Einrichtung zunächst noch im Dunkeln. Der organisationstheoretische Befund, daß die Ziele die Identität der Organisation bestimmen, konnte durch die Analyse der Aufgaben der Körperschaft des öffentlichen Rechts bestätigt werden. Eine erste Eingrenzung ergab die Unterscheidung von öffentlichen und Staatsaufgaben: Der weite Begriff der öffentlichen Aufgaben umfaßt diejenigen Ziele im öffentlichen Interesse, die einzelne oder Organisationen nicht wie etwa die karitativen oder sonst gemeinwohlorientierten Verbände freiwillig verfolgen, sondern zu deren Erfüllung eine öffentlich-rechtliche Pflicht besteht. Staatsaufgaben bezeichnen nur einen Teil dieser öffentlichen Aufgaben, nämlich diejenigen, die entweder notwendig oder doch obligatorisch der Staat selbst erfüllen muß. Die übrigen öffentlichen Aufgaben sind mögliche staatliche Aufgaben und werden zu diesen, wenn er sie seiner unmittelbaren Verwaltung zuweist. Nur für wenige Aufgaben von allgemeinem Interesse konnte indes umgekehrt festgestellt werden, daß sie von Verfassungs wegen den Körperschaften des öffentlichen Rechts notwendig zugewiesen werden müssen: die Aufgaben der örtlichen Gemeinschaft wegen Art. 28 II GG, Forschung und Lehre wegen Art. 5 III GG. Hinsichtlich der Interessenvertretung, die eine nicht den Zielen der einzelnen Körperschaftsmitglieder dient, sondern das Gesamtinteresse dieser Mitglieder betrifft, muß jedenfalls die sachliche Notwendigkeit einer gewissen Staatsdistanziertheit zugeschrieben werden, auch wenn sie nicht verfassungsrechtlich abgesichert ist. Auf die bereits festgestellten pragmatischen, nicht rechtlichen Gründe, bestimmte Aufgaben um der sachnahen Erledigung und ggf. der Nutzung besonderen mitgliedschaftlichen Engagements wegen einer dezentralen Erfüllung zuzuführen, wurde bereits im organisationstheoretischen Teil hingewiesen. Mehr als auf die kaum einzufangende Vielfalt der körperschaftlichen Aufgaben einzugehen, konnte von der Analyse des Modus der Aufgabenerfüllung Aufschluß über charakteristische Eigenschaften von Körperschaften des öffentlichen Rechts erwartet werden. In dieser Perspektive konnte ein Teilaspekt des Selbstverwaltungsrechts als wesentliches Moment der Eigenständigkeit von juristischen Personen des öffentlichen Rechts eingeordnet werden: die äußere Selbstverwaltung, die die eigenverantwortliche Aufgabenwahrnehmung durch die juristische Person betrifft. Zwar nicht mit dem Rang eines allgemeinen Verfassungsprinzips ausgestattet, besitzt Selbstverwaltung unterschiedliche normative Dignität und ist kontextbezogen zu verstehen. Wäre dies ein zu weitgehender Begriff, so wäre es andererseits zu eng, nur bei Körperschaften wegen ihrer mitgliedschaftlichen Struktur von Selbstverwaltung zu sprechen, weil einerseits auch sie keineswegs alle ihnen aufgetragenen Angelegenheiten im gleichen Modus der Eigenverantwortlichkeit erledigen und andererseits auch Anstalten Aufgaben in dieser Weise erledigen können und teilweise (Rundfunkanstalten) erledigen sollen. Dieses Prinzip, das gegenüber dem Begriff der mittelbaren Selbstverwaltung, der die verbliebenen Momente der Anbindung an den Staat akzentuiert, die Eigenständigkeit der Körperschaft hervorhebt, ist bei verschiedenen Körperschaften sehr unterschiedlich ausdifferenziert: Am stärksten und zudem verfassungsrechtlich garantiert bei den Gemeinden und Gemeindeverbänden, verfassungsrechtlich fundiert auch bei den Hochschulen, jedoch weniger differenziert, einfachgesetzlich gesichert bei den Kammern, kann es aus Einzelregelungen auch bei den Realkörperschaften nachgewiesen werden. Nur in der Sozialversicherung, deren Trägern es in § 29 III SGB IV verliehen wurde, spielt es eine geringe Rolle,

B. Bildung und Errichtung der Körperschaft des öffentlichen Rechts

daß ein so feinmaschiges Normengeflecht die Aufgaben programmiert, daß die Entscheidungsspielräume dramatisch eingeschränkt sind. Immerhin: Ein Rest an Eigenverantwortlichkeit besteht auch hier. Somit kann festgestellt werden, daß Selbstverwaltung in diesem Sinn zwar nicht auf die Körperschaften des öffentlichen Rechts beschränkt ist, daß ein Mindestmaß an Eigenverantwortlichkeit der Aufgabenwahrnehmung aber zu den notwendigen Eigenschaften der Körperschaften des öffentlichen Rechts gehört.

Die Organisationsgröße scheint jedenfalls für die Klassifizierung der Körperschaften eine nachgeordnete Rolle zu spielen. Zwar können Körperschaften nicht als Einmann-Körperschaften errichtet werden; sinkt ihr Bestand jedoch auf ein einziges Mitglied, so ist dies alleine kein Auflösungsgrund.[928] Die ausreichende Mitgliederzahl spielt aber für die Leistungsfähigkeit der Körperschaft eine Rolle. Ist diese aufgrund der schwindenden Mitgliederzahl gefährdet, kann die Körperschaft aufgelöst werden.[929]

---

928 § 62 II WVG, der der Aufsichtsbehörde die Möglichkeit gibt, die Auflösung aus Gründen des öffentlichen Interesses zu fordern.
929 *Pappermann* 1981, S. 300; *Hsu* 2004, S. 103.

C. Die rechtliche Binnenstruktur der Körperschaft des öffentlichen Rechts

Verlieren die Staatsbürger durch die rechtliche Verselbständigung und vor allem die Möglichkeit der eigenverantwortlichen Aufgabenerledigung eines Verwaltungsträgers an demokratischem Einfluß auf die Ausübung öffentlicher Gewalt, so gewinnen sie ihn als nach lokalen, speziellen sachlichen, beruflichen oder wirtschaftlichen Bezügen geordnete Mitglieder eines solchen öffentlich-rechtlichen Verbandes wieder zurück. Die demokratische wie die mitgliedschaftliche öffentliche Willensbildung dienen der „Idee der freien Selbstbestimmung" des Bürgers.[1] Sie ist mal mehr der staatlich-politischen Willensbildung angeglichen wie bei den Gemeinden (Art. 28 I S. 2 GG), mal mehr den zusammengefaßten Interessengruppen angepaßt wie etwa bei den Hochschulen. Die der öffentlichen Aufgabe angemessene Möglichkeit der Artikulation der betroffenen Interessen gibt die Grundorientierung für die Ausgestaltung der Binnenstruktur der Körperschaft vor. In der Entscheidung über das Lippeverbandsgesetz hat das BVerfG in diesem Sinne festgehalten, daß der Gesetzgeber bei der Errichtung von Trägern der funktionalen Selbstverwaltung keine Binnenstruktur wählen darf, „die mit dem Grundgedanken autonomer interessengerechter Selbstverwaltung einerseits und effektiver öffentlicher Aufgabenwahrnehmung andererseits unvereinbar wäre".[2] Dabei sind insbesondere „ausreichende institutionelle Vorkehrungen dafür enthalten, daß die betroffenen Interessen angemessen berücksichtigt und nicht einzelne Interessen bevorzugt werden". Um diese organisatorischen „Vorkehrungen" soll es in diesem Abschnitt unter dem Stichwort „Binnenstruktur der Körperschaft" gehen. Dabei werden die Problemkreise der Mitgliedschaft, der Körperschaftsorgane und des Verhältnisses der Körperschaftsorgane untereinander, mithin desjenigen, was in Anlehnung an den im Kommunalrecht gebräuchlichen Ausdruck auch „Körperschaftsverfassung" genannt werden kann.[3]

I. Mitgliedschaft

Die Körperschaft unterscheidet sich von anderen juristischen Personen des öffentlichen Rechts nicht primär durch ihre Rechtsfähigkeit und von anderen Selbstverwaltungsträgern nicht durch die Eigenverantwortlichkeit der Erledigung der Aufgaben. Der wesentliche Unterschied besteht in der Binnenstruktur. Kennzeichen der Körperschaft ist es, wie oben angegeben wurde, daß sie von ihren Mitgliedern getragen wird. Daher ist zunächst auf den Begriff von Mitgliedschaft einzugehen und auf die Frage, wie sich Mitglieder von Nichtmitgliedern unterscheiden. Es

---

1 *BVerfG* Beschluß vom 5. 12. 2002 – 2 BvL 5/98, DÖV 2003, S. 678–681 (679) – Lippeverbandsgesetz; BVerfGE 44, S. 125 ff. (142) – Öffentlichkeitsarbeit.
2 *BVerfG* Beschluß vom 5. 12. 2002 – 2 BvL 5/98, DÖV 2003, S. 678–681 (679) – Lippeverbandsgesetz.
3 „Gemeindeverfassungsrecht" bezeichnet das Recht des inneren Aufbaus der Gemeinden und mit Arten und Zusammenwirken der Gemeindeorgane, *Schmidt-Aßmann* 2003, Rn. 55.

schließen sich einige Bemerkungen über die unterschiedliche Zusammensetzung der Mitglieder an. Schließlich sollen einige typische Rechte und Pflichten der Mitglieder zusammengestellt werden.

1. Der Begriff der Mitgliedschaft

Organisationssoziologisch wurde Mitgliedschaft oben bereits im Anschluß an Luhmann als „abgesonderter Komplex von Verhaltenserwartungen" bezeichnet.[4] Nach der Aufgabe der Lehre vom besonderen Gewaltverhältnis[5] müssen die engeren Relationen, die das Mitgliedschaftsverhältnis ausmachen und den Status des Einzelnen in der Organisation bestimmen, ebenfalls rechtlich festgelegt werden. Selbstverständlich ist heute, daß auch die Binnenorganisation der juristischen Personen des öffentlichen Rechts rechtlich strukturiert ist.[6] Mitgliedschaft meint danach ein besonderes Rechtsverhältnis,[7] und zwar – da sie auf der Grundlage von Normen des öffentlichen Rechts begründet wird – ein Verwaltungsrechtsverhältnis[8] des Einzelnen zur juristischen Person des öffentlichen Rechts. Dieses Rechtsverhältnis gehört dem Innenrechtskreis an.[9] Der Einzelne wird in diesem Abschnitt nur in diesem Sonderrechtsverhältnis betrachtet, nicht hinsichtlich seiner Rechtsstellung als natürliche Person. Die Frage der Rekrutierung der Mitglieder, insbesondere die Zwangsmitgliedschaft, betrifft das Verhältnis der Organisation zu ihrer Umwelt, das Außenrechtsverhältnis, und soll daher erst an späterer Stelle erörtert werden. Im Rechtssinne bedeutet Mitgliedschaft dann Zurechnungspunkt von organisationsspezifischen Rechten und Pflichten.[10]

a. Der Kreis der Mitglieder

Der Kreis der Mitglieder wird zunächst sachlich durch bestimmte gesetzliche Tatbestandsmerkmale, bei deren Erfüllung dann die Mitgliedschaft eintritt, festgelegt. Als solche Tatbestandsmerkmale kommen räumliche (Gemeinde- oder Kreiszugehörigkeit), persönliche (ausgeübter Beruf), wirtschaftliche (Gewerbezweige), sachliche (Eigentum an einem Grundstück) sowie Bedürftigkeit (Beitragsbemessungsgrenzen) in Betracht. Während jedoch die Zugehörigkeit zu den Gemeinden an das allgemeine Kriterium der Wohnsitznahme mit den Folgen weitreichender, den Einzelnen in einer Vielzahl von Lebensbedingungen betreffender Rechte und Pflichten anknüpft, bezieht sich die Mitgliedschaft in den Körperschaften der funktionalen

---

4 *Luhmann* 1999, S. 35.
5 Zur Entwicklung: *Maurer* 2002, § 6 Rn. 17 ff.; *Rupp* 1991, S. 41 f.
6 *Rupp* 1991, S. 4 ff. u. passim.
7 *Achterberg* 1986, § 20 Rn. 20 u. 35 f.
8 Dazu *Gröschner* 1997, S. 301 ff., der hervorhebt, daß sich gerade die an konkreten Rechtsbeziehungen orientierte Rechtsverhältnislehre eignet, zwischen Außen- und Innenrechtsbeziehungen, insbesondere auch Mitgliedschaftsverhältnissen und Verhältnissen zu Nichtmitgliedern zu unterscheiden (S. 303 f.).
9 Innenrechtsverhältnis bezeichnet diejenigen Rechtsbeziehungen, die „ausschließlich den organschaftlichen Funktionsablauf zwischen Organwaltern, Organen und Organismus betreffen", *Rupp* 1991, S. 34.
10 Er bezeichnet damit einen besonderen Status des Einzelnen als Inbegriff von organisationsbezogenen Rechten und Pflichten, *Wolff/Bachof* 1987, S. 7.

C. Die rechtliche Binnenstruktur der Körperschaft des öffentlichen Rechts

Selbstverwaltung nur auf einzelne Merkmale der Person.[11] Sekundär sind dann die meisten Körperschaften der funktionalen Selbstverwaltung noch nach Bezirken räumlich gegliedert,[12] so daß für einen Körperschaftsbezirk nur eine entsprechende Körperschaft besteht.[13]

Beginn und Ende der Mitgliedschaft ergeben sich entsprechend aus der Wohnsitznahme bzw. ihrer längeren Schwerpunktbildung, der Aufnahme einer Berufstätigkeit, eines Gewerbes oder einer sonstigen Tätigkeit[14] und ihrer Beendigung etc. Bei den IHKs können auch Personen- und Kapitalgesellschaften Mitglieder werden. Maßgeblich für den Beginn der Mitgliedschaft ist die Veranlagung zur Gewerbesteuer, mithin bei Personengesellschaften die Aufnahme der gewerblichen Tätigkeit und bei Kapitalgesellschaften grundsätzlich die Eintragung ins Handelsregister.[15] Bei den Körperschaften mit freiwilliger Mitgliedschaft wie etwa den Handwerksinnungen muß von demjenigen, der die gesetzlichen Voraussetzungen erfüllt,[16] ein entsprechender Antrag gestellt werden. Es besteht allerdings ein Aufnahmeanspruch (§ 58 III HwO). Die Mitgliedschaft beginnt dann mit der Wirksamkeit des Aufnahmeaktes.[17] Sie endet mit Austritt, Ausschluß oder Tod des Mitglieds.[18] In einigen komplizierteren Fällen wie etwa im Bereich der Sozialversicherung finden sich aber auch eingehende Regelungen über Beginn und Ende der Mitgliedschaft.[19]

Grundsätzlich gehören die Bediensteten der Körperschaft nicht zu ihren Mitgliedern.[20] Sie vollziehen unter der Leitung des von den Mitgliedern gewählten monokratischen oder kollegialen Vorstands die Beschlüsse der Selbstverwaltungsorgane, haben aber keinen eigenen Anteil an der Bestimmung über die Selbstverwaltungsangelegenheiten.[21] Eine signifikante Ausnahme ist die Hochschule. Neben den Doktoranden und den eingeschriebenen Studenten sind gerade die hauptberuflich Tätigen die Mitglieder der Hochschule, weil sie eine Organisation ist, die der Verwirklichung der Grundrechte dieser Personen dient. Der Hochschule ist ein Sachbereich – wissenschaftliche Berufsausbildung und Forschung – als Aufgabe übertragen, an deren Erledigung die einzelnen Mitglieder in verschiedenen Funktionen mitwirken. Der Umfang der Mitwirkungsrechte an der körperschaftlichen Willensbildung ist die organisatorische Kehrseite einer grundgesetzlich

---

11 *Schöbener* 2000, S. 379.
12 §§ 57 ff. WPO für die Wirtschaftsprüferkammer, deren Gebiet mit dem der Bundesrepublik Deutschland die gleiche Größe besitzt.
13 Etwas anderes ist die Untergliederung derselben Körperschaft in Bezirke, wie etwa die Ortsbezirke.
14 Vgl. etwa § 9 IV Erdölbevorratungsgesetz
15 *Frentzel/Jäkel/Junge/Hinz/Möllering* 1999, § 2, Rn. 53 zu Einzelfragen Rn. 35 f.; die freiwillige Mitgliedschaft der Gemeinden und Gemeindeverbände (§ 2 V IHKG) beginnt mit der Beitrittserklärung und endet – ebenso freiwillig – mit dem Austritt, *dies.* a.a.O., Rn. 145.
16 Weiter Voraussetzungen an den Erwerb der Mitgliedschaft dürfen nicht gemacht werden, *Musielak/Detterbeck* 1995, § 58 Rn. 1; *Honig* 1999, § 58, Rn. 2 f.
17 Dies ist ein Verwaltungsakt, *Musielak/Detterbeck* 1995, § 58 Rn.5.
18 *Musielak/Detterbeck* 1995, § 58 Rn.8 f.; *Honig* 1999, § 58, Rn. 15.
19 §§ 186–193 SGB V; §§ 20 f SGB XI; *Leitherer* 1997, Rn. 84 ff.
20 *Maurer* 2002, § 23 Rn. 40: Es genüge nicht, „daß die Körperschaft Mitglieder hat; vielmehr ist es erforderlich, daß die Mitglieder den maßgeblichen Einfluß auf die Gestaltung der Verbandsangelegenheiten haben"; *Rudolf* 2002, § 52 Rn. 11; *Hsu* 2004, S. 146.
21 *Rudolf* 1998 § 52 Rn. 11; *Wolff/Bachof/Stober* 1987, § 84 Rn. 11 u.31.

geschützten Tätigkeit, die in der Ausübung von Forschungs- und/oder Lehrfunktionen oder in der Wahrnehmung eines Rechts auf Ausbildung besteht.[22]

Da es sich außer bei den Gemeinden und Kreisen bei den Körperschaftsmitgliedern nicht um ein Teilstaatsvolk handelt, also um einen lokal begrenzten gleichartigen Ausschnitt aus dem Gesamtstaatsvolk, besteht auch außer bei diesen Gebietskörperschaften kein Bedürfnis, den Kreis ihrer Mitglieder auf deutsche Staatsangehörige zu beschränken. Nach der Einführung des Kommunalwahlrechts für Unionsbürger (Art. 28 I S. 3 GG), besteht in bezug auf diese auch für die Gemeinden und Kreise keine Beschränkung mehr. Teilweise wird in den Wahlvorschriften zu den Körperschaftsorganen inzwischen auch in anderen Organisationsgesetzen ausdrücklich festgehalten, daß auch Unionsbürger zu diesen Organen wählbar sind.

b. Angehörige und Mitglieder

Es zeichnet die Körperschaft gegenüber anderen Trägern von Selbstverwaltung aus, daß sie von den Mitgliedern getragen ist. Dies macht ihr genossenschaftliches Grundelement aus.[23] Getragen von den Mitgliedern ist die Körperschaft, wenn die Rekrutierung der Organwalter auf die Mitglieder zurückgeführt werden kann. Nicht alle, auf die sich die organisationsrechtlichen Normen in besonderer Weise beziehen (*Zugehörige*), tragen dazu bei. Vielmehr müssen zwei Gruppen unterschieden werden: diejenigen, die an den Leistungen der Körperschaft partizipieren, ihre Lasten tragen müssen, und an der Willensbildung teilhaben,[24] und diejenigen, die nur ihre Leistungen empfangen und ggf. ihre Lasten tragen müssen.[25] Die erste Gruppe bezeichnet innerhalb der Körperschaftszugehörigen die eigentlichen *Mitglieder*. Mitglied der Körperschaft ist also der wahlberechtigte Zugehörige der Körperschaft. Deshalb sind sie die Grundlage der Selbstverwaltung der Körperschaft und ihrer autonomen Legitimation. Keine Voraussetzung ist das passive Wahlrecht, das teilweise an besondere Voraussetzungen geknüpft wird.[26] Erforderlich ist daher eine Nähe zur Körperschaft und eine gewisse Mündigkeit. Die Nähe kann wiederum zeitlich (etwa die Dauer der Wohnsitznahme) oder sachlich (Eintragung in die Handwerksrolle, § 96 I HwO) bestimmt sein.

Davon ist der gesetzlich ebenfalls als „Mitglied" bezeichnete, gewählte Vertreter der Körperschaftsmitglieder im Repräsentationsorgan[27] zu unterscheiden. Auch die

---

22 Vgl. HRG-Hailbronner-*Hailbronner* § 58 Rn. 6.
23 *Köttgen* 1968a, S. 12; *Klein* 1957, S. 151.
24 Sie besitzen das aktive und passive Wahlrecht sowie – wenn dies vorgesehen ist – weitere Anhörungs- und Stimmrechte. Hinzu kommt im häufig die Pflicht, eine ehrenamtliche Tätigkeit für die Körperschaft anzunehmen, *Gern* 2003, Rn. 565.
25 *Krebs* 1985, S. 614: Es könnten „Personen, die als Mitglieder an der Willensbildung der Organisation maßgeblich beteiligt sind, auch Destinatäre oder Organisationsleistungen sein (Nutzer), und umgekehrt können den Nutzern auch Einflußmöglichkeiten auf die Willensbildung der Organisation eingeräumt sein "... Vgl. auch *Klein* 1957, S. 151
26 Etwa das Alter und die Dauer der Berufstätigkeit (§ 65 BRAO) oder zusätzlich noch die Befugnis zur Ausbildung von Lehrlingen (§ 97 I HwO).
27 § 2 I IHKG spricht allerdings von Kammerzugehörigen im Sinne der wahlberechtigten Mitglieder der Kammer und von „Mitgliedern" nur, insofern die gewählten Mitglieder der Repräsentativversammlung angesprochen sind. Auch § 90 II HwO formuliert „Zur Handwerkskammer gehören", nur um dann in § 92 HwO von einer Mitgliederversammlung zu sprechen. Man mag die Bezeichnungen dahinstehen

C. Die rechtliche Binnenstruktur der Körperschaft des öffentlichen Rechts 535

Gruppe derjenigen, die an den Leistungen der Körperschaft teilhaben, ohne wahlberechtigt zu sein, wird in den Gesetzen verschieden bezeichnet (z. B. Einwohner,[28] Versicherte). Sie soll hier allgemein als *„Angehörige"* aufgefaßt werden.[29] Ausländer können daher auch bei Kreisen und Gemeinden unproblematisch Angehörige sein. Schließlich differenzieren nicht alle Körperschaften diese zwei Status. Die Lastenverbände, wie beispielsweise der Erdölbevorratungsverband, haben keine Angehörigen, sondern ihrer Aufgabe entsprechend nur Mitglieder. Notwendig ist aber, daß es unter den zur Körperschaft gehörenden Personen auch Mitglieder und nicht nur Angehörige gibt.[30]

Auch bei den Kassenärztlichen Vereinigungen besteht dieser Unterschied, wenn er auch terminologisch anders zum Ausdruck gebracht wird. Grundlage der „Mitgliedschaft" genannten Angehörigkeitsbeziehung ist die Eintragung in das jeweilige Arztregister (§§ 77 III i. V. m. 95 II SGB V). Die reine Eintragung führt allerdings erst zu einer „außerordentlichen Mitgliedschaft" ohne Teilhabeberechtigung und Verpflichtung.[31] Erst die Kassenzulassung bewirkt die „ordentliche Mitgliedschaft" in der Kassenärztlichen Vereinigung mit allen Rechten und Pflichten (§§ 77 III S. 1 i.V.m. § 95 III SGB V).

Die Unterscheidung von Angehörigem und Mitglied spielt auch bei der Frage der Mehrfachmitgliedschaft eine Rolle. Um eine Interessenkollision zu vermeiden, besteht bei Erfüllung des entsprechenden Tatbestandsmerkmals grundsätzlich die Mitgliedschaft nur in einer Körperschaft.[32] Hiervon weichen nur die Innungen und Realkörperschaften ab. Erfüllt ein Gewerbe die Kriterien der Mitgliedschaft in mehreren Innungen, kann der Gewerbetreibende auch in verschiedenen Innungen freiwillig Mitglied werden. Da die Realkörperschaften die Mitgliedschaft an die Belegenheit des Grundstücks knüpfen, ist der Eigentümer mehrerer Grundstücke, die oder eines Grundstücks, das in das Gebiet verschiedener Körperschaften fallen, Mitglied in mehreren Körperschaften.[33] Anders steht es mit den Angehörigen.

---

lassen, so lange klar ist, welcher rechtliche Unterschied besteht. Während in diesen Gesetzen nur die in die Repräsentativversammlung Gewählten als „Mitglieder", die übrigen Körperschaftsmitglieder aber als „Zugehörige" bezeichnet werden, wird hier in systematischer Perspektive vorgeschlagen, den Begriff der Zugehörigkeit als Oberbegriff von nicht wahlberechtigten Angehörigen und wahlberechtigten Mitgliedern zu verwenden. Daß damit der Ausdruck „Mitglied" doppelt, nämlich einmal für das Körperschaftsmitglied und zum anderen für das Mitglied der Repräsentativversammlung verwendet wird, bringt zugleich die Gemeinsamkeit der Mitentscheidungsbefugnis in dem betreffenden Kollegialorgan zum Ausdruck.
28 *Ossenbühl* 1981, S. 380. Diese können wiederum unterschieden werden in solche, die mit einem Hauptwohnsitz in der Gemeinde wohnen, und die sog. „Zweitwohner", deren Hauptsitz in einer anderen Gemeinde gelegen ist, *Püttner* 1981, S. 339 f.
29 *Klein* 1957, S. 151; *Wolff/Bachof/Stober* (1987, § 84 Rn. 11) bezeichnen die Angehörigen dagegen als „Interessenten"; doch ist der Begriff zu ungenau. Abweichend auch im Sprachgebrauch von § 6 des GKV BW, er bezeichnet als leistungsberechtigte Angehörige des kommunalen Versorgungsverbandes Baden-Württemberg die bei den Mitgliedern des Verbandes beschäftigten Beamten etc. Sie besitzen keine Mitwirkungsrechte.
30 Zu eng ist es hingegen, wenn *Klein* (1957, S. 152) annimmt: „Rechtserheblich für die innere Struktur einer Körperschaft des öffentlichen Rechts ist dagegen, ob *jeder* Angehörige der Personenvereinigung den rechtlichen Status eines Mitglieds besitzt oder nicht".
31 KK-*Hess* § 77 SGB V, Rn. 5.
32 Für die Krankenversicherungen etwa *Leitherer* 1994, Rn. 25.
33 *Rapsch* 1993, Rn. 138.

Einwohner ist, wer in der Gemeinde wohnt.[34] Entscheidend ist dabei der tatsächliche Aufenthalt, so daß bei einem entsprechenden Aufenthalt auch eine Einwohnerstellung in mehreren Gemeinden möglich ist.[35] Der Mitgliedschaftsstatus mit seinen besonderen Rechten und Pflichten verlangt dann nach einer Schwerpunktbildung, die auf eine besondere Nähebeziehung zu einer der Gemeinden schließen läßt. Entscheidend dafür ist der Hauptwohnsitz für eine bestimmte Zeitspanne.[36]

Innerhalb der gesetzlichen Mitglieder der Körperschaft besteht ein notwendiger Zusammenhang zwischen Mitgliedern und Angehörigen in dem Sinne, daß ersteren auch die Rechte der letzteren zukommen müssen. Eine Ausnahme besteht nur hinsichtlich der zugewählten Mitgliedern, von Körperschaftsorganen bei denjenigen Verbänden, bei denen dies vorgesehen ist. Sie sind gerade keine Angehörigen.

Zwischenformen finden sich teilweise in bezug auf solche Personenkreise, für die weder die dem Anstaltsnutzer nahestehende Form des Angehörigen noch eine Vollmitgliedschaft angemessen wäre. Dies kann etwa der Fall sein, weil sie zwar wegen ihrer Tätigkeit eine Nähe zur Körperschaft aufweisen, diese Tätigkeit jedoch nicht ihren Lebensschwerpunkt bildet. Im Hochschulbereich ist dies bei nebenberuflich an der Hochschule Beschäftigten der Fall. Sie sind zwar „Mitglieder der Hochschule", jedoch ohne wahlberechtigt oder wählbar zu sein.[37]

c. Exkurs: Angehörige und Mitglieder in der Sozialversicherung

Einer etwas eingehenderen Erörterung bedarf der Unterschied zwischen Angehörigen und Mitgliedern in der Sozialversicherung. Die verschiedenen Versicherungsarten unterscheiden hier nicht gleichmäßig und auch innerhalb der verschiedenen Sozialversicherungsträger sind die Regelungen sehr differenziert. Das SGB IV regelt diese Frage nur ungenau.[38] Basis ist die enge Beziehung zur Versicherung.[39] § 29 II SGB IV legt die grundsätzliche Ausübung der politischen, körperschaftlichen Selbstverwaltung durch die Versicherten und die Arbeitgeber fest.[40] Anknüpfungspunkt der besonderen Rechte- und Pflichtenbeziehung ist die Ausübung der Selbstverwaltung. Einen einheitlichen Mitgliedschaftsstatus sieht diese Vorschrift jedoch nicht vor; vielmehr wird sogleich zwischen Arbeitgebern und Versicherten unterschieden. Das bestätigt sich, wenn nun innerhalb der Bestimmungen zu den nach Gruppen erfolgenden Sozialversicherungswahlen in § 47 SGB IV die Gruppenzugehörigkeit näher bestimmt wird. Diese Gruppenzugehörigkeit wird jedoch nicht für alle Versicherungsträger einheitlich beurteilt. In der Krankenversicherung ge-

---

34 § 10 I GO BW.
35 *Schröder* 2000, Rn. 47; *Gern* 2003, Rn. 526.
36 Darüber hinaus ist allgemein die Deutsche Staatsangehörigkeit vor dem Hintergrund von Art. 28 I S. 2 GG und das Erreichen eines bestimmten Alters für die Wahlmündigkeit erforderlich, § 12 I GO BW; *Schröder* 2000, Rn. 48; *Schmidt-Aßmann* 2003, Rn. 85.
37 §§ 37 I S. 2 HRG u. § 6 II S. 1 UG BW
38 *Leitherer* 1994, Rn. 3.
39 Genauer gesagt das Sozialversicherungsverhältnis, „das aus der Gesamtheit der Rechtsbeziehungen zwischen einem Versicherungsträger, einem Versicherten sowie gegebenenfalls dritten Personen (insbesondere Arbeitgebern abhängiger Beschäftigter) besteht, *Spellbrink* 1996, § 22 Rn. 6.
40 KK-*Maier* SGB V, § 29 Rn. 7. Ausnahmen können sich aus § 44 SGB IV ergeben.

C. Die rechtliche Binnenstruktur der Körperschaft des öffentlichen Rechts   537

hören zur Gruppe der Versicherten die „Mitglieder" (§ 47 I Nr. 1 SGB IV). Wer dies ist, kann nicht ohne weiteres bestimmt werden, da das SGB V in bezug auf das Versicherungsverhältnis sowohl von den „Versicherten" als auch von den „Mitgliedern" spricht.[41] Allerdings hilft hier die Unterscheidung zwischen leistungsberechtigten Angehörigen und lastentragungspflichtigen und mitwirkungsberechtigten Mitgliedern der Körperschaft weiter. Danach sind die versicherten Familienmitglieder Angehörige, denn sie haben zwar einen eigenen Leistungsanspruch gegenüber der Krankenversicherung (§ 10 SGB V), sind aber nicht zur Tragung der Lasten verpflichtet. Diese Verpflichtung trifft nur die „Mitglieder" (§ 3 SGB IV).[42] Nur bei ihnen ist also der Versicherungsgedanke, daß Leistungen erhält, wer Beiträge entrichtet, voll erfüllt.[43] Wenn das SGB V von Mitwirkungsrechten spricht, bezieht es sich ebenfalls nur auf die „Mitglieder" (§ 173 I SGB V).[44] Danach gilt, daß zwar Mitglied in der Krankenkasse nur Versicherte sein können, aber nicht jeder Versicherte in der Krankenkasse auch Mitglied ist.[45] Die Versicherten sind Angehörige der Körperschaft im Sinne der obigen Unterscheidung. Die „Mitglieder der Krankenkasse" sind auch Mitglieder in diesem qualifizierten Sinn.[46] Familienversicherte sowie solche Versicherte, deren Mitgliedschaft aufgrund des Endes der Erwerbstätigkeit erloschen ist (§ 19 II SGB V) oder deren versicherungspflichtiger Familienangehöriger verstorben ist (§ 19 III SGB V) bleiben, ohne Mitgliedschaft versichert und damit leistungsberechtigt.[47] Keine Versicherten und keine „Mitglieder in der gesetzlichen Krankenversicherung" sind die gleichwohl leistungs-, nämlich beitragspflichtigen Arbeitgeber (§ 249 SGB V). Sie gehören aber den nach Gruppen gegliederten Stimmkörperorganen der Krankenkassen an.[48] Nach dieser

---

41 Zu den Einzelheiten *Leitherer* 1994, Rn. 8 f.
42 Danach ist deutlich, daß zwischen dem Sozialversicherungsverhältnis als der Gesamtheit der Rechtsbeziehungen zwischen dem Versicherten und dem Versicherungsträger einerseits und dem Mitgliedschaftsverhältnis als der Gesamtheit der Rechtsbeziehungen zwischen einem Mitglied und dem jeweiligen mitgliedschaftlich strukturierten Sozialversicherungsträger zu unterscheiden ist, vgl. *Spellbrink* 1996, § 22 Rn. 26.
43 Ob nun das Mitgliedschaftsverhältnis das „Grundverhältnis" ist, von dem sich das reine Versicherungsverhältnis ableitet (so *Schulin/Igl* 2002, Rn. 162 ff.), oder umgekehrt das Mitgliedschaftsverhältnis ein Plus gegenüber dem basalen Versicherungsverhältnis ist, braucht hier nicht entschieden zu werden.
44 *Schulin/Igl* 2002, Rn. 217.
45 KK-*Seewald* SGB IV, § 2 Rn. 1; zu weiteren Differenzierungen der Begriff vgl. auch *Leitherer* 1994, Rn. 15.
46 Eine Besonderheit bleibt aber auch insofern bestehen, als bestimmte Versicherte (§ 5 I Nr. 5-8 SGB V), die nicht oder vorübergehend nicht aufgrund einer Beschäftigung, sondern aus anderem Grund versichert sind, alternativ in ihrer Krankenkasse auch ein Wahlrecht bei der Ortskrankenkasse ihres Wohnorts, der Krankenkasse eines Elternteils oder Ehegatten oder bei einer Ersatzkasse haben. Da sie versichert bleiben bei einer Krankenkasse zu der sie räumlich und sonst persönlich keine Beziehung mehr haben, sollen sie ihr Wahlrecht dort ausüben können, wo eine größere Nähebeziehung besteht. Leistungsbeziehung und Mitwirkungsbeziehung des Mitglieds fallen hier also auseinander.
47 Vor dem Hintergrund, daß in diesen Fällen das Mitgliedschaftsverhältnis gewissermaßen historisch-genetische Voraussetzung für das Versicherungsverhältnis ist, könnte man davon sprechen, daß hier das Angehörigkeitsverhältnis aus dem Mitgliedschaftsverhältnis folge und nicht das Mitgliedschaftsverhältnis das um die Mitwirkungsbefugnisse ergänzte Angehörigkeitsverhältnis sei, (*Schulin/Igl* 2002, Rn. 427). Doch geht es bei der Unterscheidung zwischen Angehörigem und Mitglied nicht um eine solche Ableitungsbeziehung, vielmehr soll nur festgestellt werden, daß sich der aktuelle Status beider Zugehörigen durch die Mitwirkungsbefugnisse voneinander unterscheidet.
48 Eine wichtige Ausnahme sind allerdings die Ersatzkassen, bei der die Arbeitgeber nicht an der Sozialversicherung beteiligt sind, § 44 I Nr. 4 SGB IV.

gesetzlichen Grundkonstruktion müssen sie deshalb im rechtstechnischen Sinn als Mitglieder angesehen werden, auch wenn sie im Recht der Krankenkassen nicht so bezeichnet werden.[49]

Da die Pflegeversicherung prinzipiell nach dem Grundsatz „Pflegeversicherung folgt Krankenversicherung organisiert ist,[50] wäre zu erwarten, daß sie auch wie diese strukturiert ist. Jedoch haben die Pflegekassen, obwohl sie „Körperschaften des öffentlichen Rechts mit Selbstverwaltung" sind (§ 46 II S. 1 SGB XI), keine eigenen Organe, sondern greifen im Wege der Organleihe auf die Organe der Krankenkassen zurück.[51] Problematisch ist diese Regelung im Fall derjenigen Mitglieder einer Pflegeversicherung, die nach §§ 21 u. 26 SGB XI nicht Mitglieder einer Krankenversicherung sind. Ihnen fehlt jeder Einfluß auf die Selbstverwaltung der ihres Sozialversicherungsträgers.[52] Man mag die Bedeutung der autonomen Legitimation bei Sozialversicherungskörperschaften gering einschätzen; wenn sie ganz entfiele, würde dies dem Pflegeversicherungsträger einen nichtkörperschaftlichen Charakter verleihen.

Während in der Krankenversicherung Sozialversicherungsverhältnis und Mitgliedschaftsverhältnis sich teilweise überschneidende Rechtsverhältnisse darstellten, sind sie in der Unfallversicherung getrennt.[53] Entsprechend sind auch die Mitglieder und die Versicherten[54] unterschiedliche Personengruppen: Die Unternehmer sind regelmäßig nicht versichert.[55] Hintergrund ist, wie schon oben im historischen Teil ausgeführt wurde, daß die Unfallversicherung eine Selbsthilfeorganisation der Unternehmer ist.[56] Überraschend ist daher, daß Versicherte oberhalb einer Mindestbeschäftigungszeit und bestimmte Rentenbezieher wahlberechtigt sind (§ 47 I Nr. 2 SGB IV): „Die versicherte Person [nimmt] als Außenseiter an einer kollektiven Selbstorganisation der Unternehmer teil".[57] Wieso aber sollen die Unternehmer durch die Mitwirkung der Versicherten in ihrer Selbstorganisation

---

[49] Nimmt man nicht diese rechtliche, sondern eine wirtschaftliche Perspektive ein, kommt man freilich zu einer entgegengesetzten Einschätzung: Die Sozialversicherungsbeiträge der Arbeitgeber stellen sich danach als Entgeltbestandteile und damit Betriebskosten dar. Er stellt sich für ihn nicht als Beitrag im Rechtssinne dar, weil er aus dem Sozialversicherungsverhältnis dafür keinen potentiellen Vorteil hat. In dieser betriebswirtschaftlichen Perspektive stellt sich seine durch die Beitragspflicht begründeten Personalzusatzkosten und die Beteiligung an der Sozialversicherung als eine Pflicht und ein Recht dar, die nichts miteinander zu tun haben. Die Beteiligung an der Sozialversicherung muß dann aus anderen Gründen gerechtfertigt werden wie etwa die Einbeziehung des Sachverstandes der Arbeitgeber und – problematisch genug – die Leistung eines Beitrags zum sozialen Frieden. Umgekehrt bedeutet in dieser betriebswirtschaftlichen Perspektive die Beteiligung der Arbeitgeber an der Sozialversicherung ein Element der Fremdverwaltung, da der Arbeitgeberbeitrag so als Teil der Gesamtleistung angesehen wird, den dieser für den Arbeitnehmer zu erbringen hat. Gleichwohl sollen sie an den Entscheidungen über die Bewältigung seines Krankheitsrisikos beteiligt werden (*Schulin* 1994, § 6 Rn. 89 ff.). Vor dem Hintergrund von § 29 II SGB IV ist aber davon auszugehen, daß Selbstverwaltung in der Sozialversicherung Betroffenenverwaltung durch die Sozialpartner im Sinne einer solidarischen Bewältigung des Krankheitsrisikos sein sollen.
[50] *Leitherer* 1997, § 12 Rn. 2.
[51] *Leitherer* 1997, § 12 Rn. 139.
[52] Kritisch daher zu Recht: *Leitherer* 1997, § 12 Rn. 142.
[53] *Schulin/Igl* 2002, Rn. 427; *Bieback* 1996, Rn. 65 f.
[54] vgl. jetzt § 2 SGB VII.
[55] *Spellbrink* 1996, § 22 Rn. 26.
[56] *Spellbrink* 1996, § 23 Rn. 1.
[57] *Spellbrink* 1996, § 24 Rn. 224.

beschränkt werden? Aus der Idee des Versicherungsverhältnisses kann dies nicht folgen, aus den bereits arbeitsvertraglich legitimierten Unfallverhütungsvorschriften auch nicht: „Insofern handelt es sich bei den Selbstverwaltungsrechten mithin um sozialpolitisch motivierte Rechtsgewährungen, die auch jederzeit wieder rückgängig gemacht werden könnten. Für sie spricht letztlich aber das rechtstatsächlich immer wieder zu diagnostizierende ‚gute Funktionieren' der Selbstverwaltung in der gesetzlichen Unfallversicherung".[58] – Ein politisches, aber kaum ein die Beschränkung der Selbstbestimmung der Unternehmer rechtfertigendes rechtliches Argument. *Schulin/Igl* weisen deshalb darauf hin, daß insbesondere, wenn man die Unfallversicherungsträger der öffentlichen Hand und ihre Zuständigkeit für die unechte Unfallversicherung berücksichtigt, in bezug auf die Unfallversicherung eher von einer „Anstalt mit Selbstverwaltungselementen" als von einer Körperschaft zu sprechen sei.[59]

Nicht von Mitgliedschaft spricht § 47 SGB IV und das SGB VI für die Rentenversicherung.[60] Hier haben aber die Rentenversicherten mit Versicherungsnummer und die Rentenbezieher auf seiten der Versicherten und die Arbeitgeber die entsprechenden Mitwirkungsrechte.[61]

2. Zusammensetzung der Mitglieder

a. *Natürliche und juristische Personen*

Körperschaften des öffentlichen Rechts können ferner danach unterschieden werden, ob nur natürliche Personen oder natürliche Personen, Personengesellschaften und juristische Personen des Privatrechts zu ihrem Mitgliederkreis gehören oder ob sie schließlich aus anderen Körperschaften des öffentlichen Rechts bestehen (Verbandskörperschaften). Bürger als Mitglieder der Gemeinden sind natürliche Personen.[62] Mitglieder in den berufsständischen Kammern können neben den natürlichen Personen auch Personengesellschaften sein (z. B. § 60 I BRAO). Bei letzteren kommen auch die Geschäftsführer von Gesellschaften in Betracht, da auch sie vom Standesrecht der Kammern betroffen sein können. Bei den gewerbebezogenen Körperschaften der wirtschaftlichen Selbstverwaltung natürliche und juristische Personen (§§ 58 I u. 90 II HwO), aber auch Personengesellschaften und juristische Personen Mitglieder werden (z. B. § 2 IHKG). Bei den Wirtschaftsprüferkammern können zudem auch juristische Personen des öffentlichen Rechts freiwillige Mitglieder werden (§ 58 II WPO). Auch bei Realkörperschaften spielt es keine Rolle, ob der Eigentümer eines Grundstücks eine juristische oder eine natürliche Person

---

58 *Spellbrink* 1996, § 24 Rn. 226; *Schulin/Igl* 2002, Rn. 566 f.
59 *Schulin/Igl* 2002, Rn. 427.
60 *Schulin/Igl* (2002, Rn. 209) verweisen darauf, daß mit der Öffnung der Rentenversicherung der Körperschaftscharakter der Rentenversicherungsträger zweifelhaft geworden sei und sie große Ähnlichkeiten mit Anstalten hätten.
61 KK-*Maier* SGB IV § 47, Rn. 4 f.
62 § 12 GO BW; Art. 15 II GO Bay; § 13 II GO BBg; § 8 II GO Hess; § 13 II KV MV; § 21 II GO NdS; § 21 II GO NRW; § 13 II GO RPf; § 18 II KSVG Saar; § 15 I GO Sachs; § 20 II GO SaA; § 6 II GO SH; § 10 II GO Thür.

ist. Sogar Körperschaften des öffentlichen Rechts können hier Mitglied werden (§ 4 I Nr. 5 WVG), ohne daß dadurch die Körperschaft zu einer Verbandskörperschaft wird. Verbandskörperschaften bestehen hingegen notwendig aus Körperschaften des öffentlichen Rechts, die sich freiwillig zur Erfüllung einer gemeinsamen Aufgabe zusammenschließen oder dafür zusammengeschlossen werden (vgl. etwa § 2 GKZ BW).

b. Homogene und gruppenplurale (gruppen-heterogene) Körperschaften

Nach der Zusammensetzung der Mitglieder kann in Körperschaften mit homogener Mitgliederstruktur und solchen mit gruppenpluraler Struktur unterschieden werden.[63] Homogen ist die Mitgliederstruktur, wenn das die Mitgliedschaft begründende Merkmal auf alle Mitglieder in gleicher Weise zutrifft. Dies ist etwa der Fall in bezug auf die Mindestdauer des Hauptwohnsitzes in einer Gemeinde, deutsche Staatsangehörigkeit und Mindestalter der Bürger, die Ausübung eines Berufs bei den berufsständischen Kammern oder die Belegenheit eines Grundstücks bei den Realkörperschaften. Bei den tätigkeitsbezogenen, homogenen Gruppen ist eine aufgabenbezogene Gemeinsamkeit der Interessen erforderlich.[64] Daher aber auch nur insoweit kommt eine Pflichtmitgliedschaft sowohl von freiberuflich tätigen, als auch von angestellten und beamteten Ärzten in Betracht. Vor diesem Hintergrund hat das BVerfG die Handwerkskammern als legitim angesehen und nicht nur die den verschiedenen Handwerkszweigen folgenden Handwerksinnungen: „Trotzdem stellt es [das Handwerk, SK] sich als eine einheitliche soziale Gruppe dar, die durch geschichtliche Entwicklung, Tradition, typische Besonderheiten ihrer Tätigkeiten, Lebensstil und Standesbewußtsein der Berufsangehörigen von anderen Berufsgruppen deutlich abgegrenzt ist. Auch die besondere Betriebs- und Beschäftigtenstruktur weist ihm einen eigenen sozialen Standort in der mittelständischen gewerblichen Wirtschaft an".[65]

Bei gruppenpluralen Körperschaften betrifft der Lebenssachverhalt, an den das Mitgliedschaftsverhältnis anknüpft, unterschiedliche Personenkreise in unterschiedlicher Weise. Es liegt aber im öffentlichen Interesse, daß sie gemeinsam die aus diesen Sachverhalten sich ergebenden Aufgaben eigenständig verwalten sollen. Ziel der körperschaftlichen Organisation ist hier die Vermittlung und Integration der in bezug auf eine bestimmte Aufgabe bestehenden Interessendifferenzen der beteiligten Gruppen.[66] Dies trifft etwa auf die Mitglieder der Hochschulen zu, die hier forschen, lehren und lernen; und doch sind sie bezogen auf das Grundrecht des Art. 5 III GG, dessen Effektuierung die Hochschulen dienen sollen, nach den Gruppen der Professoren, der wissenschaftlichen Mitarbeiter und der Studenten in sehr unterschiedlicher Weise von der Organisation betroffen, resp. dient sie ihnen in

---

63 *Breuer* 1992, S. 57 f., vgl. auch *Kluth* 1997, S. 235, der zwischen monistischen Selbstverwaltungsträgern einerseits und gruppenpluralen oder gruppenantagonistischen andererseits unterscheidet.
64 *Tettinger* 1997, S. 108.
65 E 13, 97 ff. (110) – Handwerksordnung.
66 *Schuppert* 1983, S. 193.

C. Die rechtliche Binnenstruktur der Körperschaft des öffentlichen Rechts   541

unterschiedlicher Weise.[67] Ein weiteres Beispiel für die Differenzierung der Mitglieder nach Gruppen ist etwa die Wirtschaftsprüferkammer, bei der die Gruppe der Wirtschaftsprüfer und Wirtschaftsprüfergesellschaften von den anderen stimmberechtigten Mitgliedern – insbes. die freiwilligen Mitglieder nach § 58 II WPO – unterschieden werden.[68] Die Gruppe ist dann gekennzeichnet durch eine prinzipielle Gleichgerichtetheit der Interessen oder durch die gleiche Funktion innerhalb der Körperschaft. So läßt sich etwa die Gruppe innerhalb der Hochschulen wie folgt definieren: „Gruppen sind Zusammenfassungen von Mitgliedern der Hochschule mit jeweils untereinander gleichen oder ähnlichen, im Verhältnis zu den Angehörigen der anderen Gruppen aber unterschiedlichen Funktionen".[69] Die Zusammenstellung dieser Gruppen ist durch das Willkürverbot begrenzt. Sie müssen in sich „homogen" sein.[70]

3. Rechte und Pflichten der Mitglieder

a. Rechte

Die Rechte der Mitglieder lassen sich grundsätzlich in zwei Gruppen unterteilen: erstens die Rechte auf Nutzung der Einrichtungen der Körperschaft und der sonstigen von ihr zu erbringenden Leistungen. Dieses Recht kommt auch den oben sogenannten Angehörigen zu. Der zweite große Bereich betrifft die Mitwirkungsrechte durch die Teilnahme an Wahlen etc. Diese Rechte kommen ausschließlich den qualifizierten Mitgliedern zu.[71] Sie können verfassungsrechtlich als demokratische (Art. 28 I S. 2 GG) oder auch als grundrechtlich fundierte Partizipationsrechte abgesichert sein, während die Nutzungsrechte nur einfachrechtlich fundiert sind.[72]

b. Pflichten

Bei den Pflichten kann eine korrespondierende Zweiteilung vorgenommen werden. Die Mitglieder sind einerseits verpflichtet, die Lasten der Körperschaft zu tragen.[73] Andererseits werden häufig Mitwirkungspflichten im Bereich der ehrenamtlichen Tätigkeiten statuiert,[74] denen sie sich nur unter besonderen Voraussetzungen entziehen können. Hinzu treten Auskunftspflichten.[75] Zu den Pflichten der Mitglieder gehören bei den berufsständischen und anderen Kammern ferner bestimmte Verhaltenspflichten bei der Ausübung ihrer Tätigkeit. Diese bestehen jedoch nicht

---

67 *Wolff/Bachof/Stober* 1987, § 93 Rn. 97.
68 Vgl. zu den Wirtschaftsprüferkammern auch *Tettinger* 1997, S. 19 f.; *Kluth* 1997, S. 106 f.
69 *Wolff/Bachof/Stober* 1987, § 93 Rn. 89.
70 BVerfGE 35, 134 ff.; 39, 255 ff.; 66, 241 ff.
71 Vgl. nur § 37 I S. 1 HRG: „Die Mitwirkung an der Selbstverwaltung der Hochschule ist Recht und Pflicht aller Mitglieder".
72 Wolff/Bachof/Stober-*Kluth* 2004, § 87 Rn. 58; ders. 1997, S. 451 ff.
73 § 10 II S. 3 GO BW; zu den Besonderheiten der Sozialversicherung siehe bereits oben, S. 526.
74 Z. B. § 15 f GO BW; einige Organisationsgesetze erklären die Mitwirkung im Hauptverwaltungsorgan zur Pflicht des Gewählten. So bestimmt etwa § 37 I S. 1 HRG, daß die Mitwirkung an der Selbstverwaltung Pflicht aller Mitglieder der Hochschule ist; § 16 I KammerG BW.
75 Vgl. Etwa §§ 3 III, 9 I IHKG; §§ 111 I HWO; § 56 BRAO, *Hsu* 2004, S. 174.

der Körperschaft gegenüber, sondern gegenüber Dritten, und werden von ihr nur überwacht und konkretisiert. Daher sollen sie hier nicht weiter erörtert werden.

Die Beitragspflicht steht im Zentrum der Mitgliedschaftspflichten und ist typischerweise mit der Körperschaft verbunden,[76] bedarf gleichwohl einer gesetzlichen[77] Grundlage.[78] Die Beiträge ermöglichen es den Mitgliedern der Körperschaft, ihre Aufgaben wahrzunehmen. Sie dienen der Finanzierung der Körperschaft im Ganzen und sind, anders als die für Anstaltsleistungen erhobenen Gebühren, keine konkreten Gegenleistungen für die Nutzung von Einrichtungen, sondern Leistungen auf die erwartbaren Vorteile.[79] Von der Steuer ist der Beitrag dadurch abgegrenzt, daß sie Begünstigte und Nichtbegünstigte zur Finanzierung einer staatlichen Leistung heranzieht.[80] Voraussetzung für die Entstehung und die Höhe des Beitrags ist aber auch hier, daß die Körperschaft ihm „einen individualisierbaren Vorteil anbietet oder von einer gruppenbezogenen Leistungspflicht entlastet".[81] Bei der Ausgestaltung der Beitragshöhe besitzen der Gesetzgeber und auch die Körperschaften auf der Grundlage ihrer Finanzautonomie breite Gestaltungsspielräume, die durch das Äquivalenzprinzip[82] und das Willkürverbot beschränkt sind.[83] Dabei kann auch berücksichtigt werden, daß die Mitglieder in unterschiedlichem Maß Vorteile aus der Verbandstätigkeit ziehen.[84] Im Sozialversicherungsrecht kann eine Durchbrechung des Äquivalenzprinzips durch das Prinzip des sozialen Ausgleichs erfolgen.[85]

II. Die Organe der Körperschaft des öffentlichen Rechts

Im Interesse einer zugleich effektiven und die Mitglieder optimal einbindenden Struktur ist die Körperschaft nicht vertikal, sondern horizontal differenziert.[86] Auch sofern sie sich zu Verbandskörperschaften zusammengeschlossen haben oder zusammengeschlossen wurden, sind diese keine rechtlich übergeordneten Organisationen. Die Körperschaft des öffentlichen Rechts hat typischerweise zwei Hauptorgane:[87] Die Versammlung als Lenkungsorgan, die wiederum als Träger- oder als

---

76 *BVerwG* NJW 1998, S. 3510 ff. (3512): „Die Befugnis des Staates, zur Erfüllung öffentlicher Aufgaben öffentlichrechtliche Körperschaften zu bilden, schließt die Befugnis ein, dies mit einer Beitragspflicht zu verbinden, die der Abgeltung der durch die Mitgliedschaft entstehenden Vorteile dient".
77 Vgl. etwa § 3 II IHKG; § 73 I HWO (Handwerksinnungen); § 113 HWO (Handwerkskammern); § 23 I KammerG-BW (Kammern der Heilberufe); § 178 I BRAO (BRAK); § 73 I BNotO (Notarkammern) u. § 91 I BNotO (BNK); § 28 I WVG.
78 *BGH* NJW 1991, S. 2290 (2292); NJW 2002, S. 3026 f.; *Kirchhof* 1990, § 88 Rn. 278.
79 *Kirchhof* 1990, § 88 Rn. 213 f. u. 181: „der Beitrag fordert eine individuelle Mitfinanzierung einer individualdienlichen öffentlichen Einrichtung"; zu den Körperschaftsbeiträgen: *Kluth* 1997, S. 308 ff.
80 *Kirchhof* 1990, § 88 Rn. 215.
81 *Kirchhof* 1990, § 88 Rn. 219.
82 *Zimmermann* 1989, S. 901 ff.
83 Näher hierzu *Frentzel/Jäkel/Junge*, 1999, § 3 Rn. 50; *Heinig* 2004, S. 1087 ff., der aus dem Gleichheitssatz des Art. 3 I GG anspruchsvollere Voraussetzungen hinsichtlich der Staffelung der Beiträge ableiten möchte.
84 Vgl. etwa § 30 I WVG; § 33 BWaldG; *Hsu* 2004, S. 172.
85 *BVerfGE* 11, 105 ff. (113) – Familienlastenausgleich; 75, S. 108 ff. (147) – Künstlersozialversicherungsgesetz.
86 Ein Unterschied besteht insoweit in bezug auf die Hochschulen als Gesamtkörperschaften, bei denen Weisungsrechte der Zentralverwaltung gegenüber den Fachbereichen vorgesehen sind.
87 *Tettinger* 1997, S. 96; *Wolff/Bachof/Stober* 1987, § 84 Rn. 32.

C. Die rechtliche Binnenstruktur der Körperschaft des öffentlichen Rechts 543

Repräsentativversammlung ausgestaltet sein und weitere Unterorgane bilden kann; der Vorstand als Leitungsorgan, der monokratisch oder kollegial strukturiert ist. Wenn das Hauptorgan als Repräsentativorgan organisiert ist, kommt bei Körperschaften notwendig noch das Trägerorgan als Stimmkörperorgan hinzu.[88] Dieses Trägerorgan als Stimmkörperorgan hat insbesondere Rekrutierungsfunktionen bei der Wahl, darüber hinaus aber im Wege direktdemokratischer Elemente in den Kommunalgesetzen auch Grundsatzfunktion bei der Entscheidung über wichtige Angelegenheiten der Körperschaft.[89] Bei einigen Körperschaften haben auch bestimmte Ausschüsse den Charakter von Organen und nicht nur von Hilfsorganen des Hauptverwaltungsorgans. Die Ausgestaltung dieser Organe sowie ihr Zusammenwirken erfolg jedoch sehr unterschiedlich.

Die Unterscheidung dieser Organe in dualistischen Modellen ist ebensowenig Ausdruck von Gewaltenteilung, wie ihre Verbindung diesem Grundsatz widerspricht.[90] Beide nehmen die Verwaltungsaufgaben der Körperschaft wahr.[91] Ihre Differenzierung folgt vielmehr anderen Gesetzen, die aber von der Gewaltenteilung jedenfalls den Gedanken der Checks-and-Balances im Interesse der Freiheitssicherung und Machtbeschränkung[92] übernommen haben.[93]

Die Zahl der Organe der Körperschaften des öffentlichen Rechts ist jedenfalls in bezug auf die Hauptorgane aufgrund des institutionellen Gesetzesvorbehalts gesetzlich zu regeln.[94] Die Einrichtung von Hilfsorganen wird hingegen der Satzungsgewalt der Körperschaften überlassen. Vereinzelt finden sich wie etwa in § 27 UG BW Verbote, andere als die vorgesehenen Organe zu errichten. Teilweise ergibt sich dies als Folgerung aus der abschließenden Aufzählung der Hauptorgane (etwa § 60 HwO).[95]

Nach dem oben bereits allgemein zu Verwaltungsorganen Ausgeführten können auch Organe wiederum nach ihrer relativen Selbständigkeit innerhalb der Körperschaft, ihrer Binnenstruktur und dem Verhältnis zu anderen Organen untersucht werden. Kennzeichnend für ihre Selbständigkeit sind ihre Rechtsstellung als Organ und ihre Zuständigkeiten. Prägend für ihre Binnenstruktur ist die Zusammensetzung des Organs, die Befugnisse seiner Mitglieder und die weitere Differenzierung in Unter- und Hilfsorgane. Im Verhältnis zueinander erfüllen sie Kreations-, Kontroll-, Rechtsetzungs-, Ausführungsfunktionen etc.

Damit vom Getragensein der Körperschaft durch die Mitglieder gesprochen werden kann, ist es nach dem oben zur demokratischen und autonomen Legitimation Gesagten zentral, daß die Mitglieder gleichberechtigt oder aus

---

88 Wenn hingegen das Hauptorgan eine Vollversammlung aller Mitglieder ist, dann stellt es selbst das Trägerorgan dar.
89 Die aber Selbstverwaltungsangelegenheiten sein müssen, vgl. etwa den Bürgerentscheid nach § 21 GO BW.
90 *Forsthoff* 1973, S.536.
91 *BVerfGE* 78, S. 344 ff. (348); *BVerwGE* 90, S. 359 ff. (362).
92 Federalist Papers No 51 (1982, S. 263): „the constant aim is to divide and arrange the several offices in such a manner as that each may be a check on the other -- that the private interest of every individual may be a sentinel over the public rights."
93 Für das Kommunalrecht: *Schröder* 2000, Rn. 61.
94 Vor diesem Hintergrund ist es durchaus problematisch, daß das ArchG-BW die Befugnisse der Organe der Architektenkammer nicht selbst regelt, sondern an den Satzungsgeber delegiert, § 15 II Nr. 5 ArchG-BW.
95 *Honig* 1999, § 60 Rn. 5.

verfassungsrechtlichen Gründen differenziert über die Zusammensetzung des Repräsentativorgans bestimmen und daß das Leitungsorgan dem Repräsentativorgan oder der Trägerversammlung gegenüber verantwortlich ist.[96]

1. Die Versammlung als Hauptorgan der Körperschaft

Hauptorgan der Körperschaft ist die kollegial strukturierte Vollversammlung der Mitglieder bzw. Repräsentationsversammlung, die von den Körperschaftsmitgliedern gewählt wird. Durch die Mitwirkungsmöglichkeiten der Körperschaftsmitglieder in diesem Organ kann die Körperschaft die besondere Legitimation erlangen, die kennzeichnend für sie ist. Ihre Binnenorganisation ist gesetzlich sehr unterschiedlich differenziert geregelt. Nur für die Kreise und Gemeinden ist sie verfassungsrechtlich vorgegeben (Art. 28 I S. 2 GG). Eingehende Vorgaben enthalten entsprechend vor allem die Gemeinde- und Landkreisordnungen, aber der Grundrechtsfundierung ihrer Selbstverwaltung gemäß auch die Hochschulgesetze, während im übrigen die weiteren Entscheidungen den Satzungen der Körperschaft überlassen werden (vgl. etwa § 9 BJagdG). Ihre Zentralstellung wird in den Organisationsgesetzen durch die Zuständigkeitsvermutung für die Erledigung der Aufgaben der Körperschaft[97] und durch ihre unmittelbare autonome Legitimation durch die Körperschaftsmitglieder zum Ausdruck gebracht. Zumeist sind sie zuständig, soweit nicht in dem Organisationsgesetz ein anderes Organ bestimmt wird.

Die Bezeichnungen für dieses Hauptorgan weichen von Körperschaft zu Körperschaft und bei landesrechtlichen Körperschaften auch nach den Landesgesetzen ab. Das kommunale Hauptorgan heißt etwa für die kleineren Gemeinden in Hessen (§ 9 I GO), Brandenburg (§ 32 II GO), Mecklenburg-Vorpommern und in Schleswig-Holstein „Gemeindevertretung", in den Städten „Stadtverordnetenversammlung" und in Schleswig-Holstein Stadtvertretung, § 27 V GO), in Baden-Württemberg (§ 23 GO), Bayern (Art. 29), Rheinland-Pfalz (§ 28 I S. 1 GO), Saarland (§ 29 GO), Sachsen (§ 27 GO), Sachsen-Anhalt (§ 35 GO) und Thüringen (§ 22 KO) „Gemeinderat" (in den Städten „Stadtrat"[98]). In Nordrhein-Westfalen heißt es schlicht „Rat" (§ 40 GO). Bei den IHKn und den Handwerkskammern wird die Vertretungskörperschaft als „Vollversammlung" bezeichnet (§ 4 IHKG; § 92 Nr. 1 HwO), sonst auch „Vertreterversammlung" (§ 31 SGB IV), „Mitgliederversammlung" (§ 10 ErdölbevorratungsG), schlicht „Versammlung" (§ 68 BNotO) und „Verbandsversammlung" (§ 26 BWaldG). Hier soll dieses Organ zusammenfassend als „Versammlung" bezeichnet werden.

---

96 *Tettinger* 1995, S. 169 ff.
97 vgl. etwa § 24 I S. 2 GO BW; § 4 S. 1 IHKG.
98 vgl. etwa § 25 I S. 2 GO BW; Art. 30 I GO Bay, § 28 II S. 1 GO RPf, § 29 II KSVG Saar, § 27 II GO Sachs, § 22 I S. 2 KO Thür.

C. Die rechtliche Binnenstruktur der Körperschaft des öffentlichen Rechts 545

a. Die Rechtsstellung der Versammlung als Hauptverwaltungsorgan

Als Organ[99] gründet sich die relative Selbständigkeit des Hauptverwaltungsorgans gegenüber der Körperschaft nicht auf eine eigene Rechtsfähigkeit.[100] Vielmehr werden ihm Aufgaben als Zuständigkeiten zugewiesen, die es transitorisch für die Körperschaft wahrnimmt. Über diese Zuständigkeiten unterscheidet es sich von den anderen Organen. Sie können ggf. auch gerichtlich im Wege von verwaltungsgerichtlichen Organstreitverfahren geltend gemacht werden.[101]

aa. Die Aufgaben der Versammlung

(1.) Abgrenzung der eigenen zu den Aufgaben der anderen Organe

Die Abgrenzung der Aufgaben, die den einzelnen Körperschaftsorganen zukommen, bedeutet zugleich eine wesentliche Entscheidung über die Ausgestaltung der Machtbalance innerhalb der Körperschaft.[102] Bei den Aufgaben kann grundsätzlich in solche unterschieden werden, die aufgrund ihrer Bedeutung notwendig der Versammlung zukommen (Vorbehaltsaufgaben), und den übrigen, freiwilligen Aufgaben, deren Kreis wiederum durch die Vorbehaltsaufgaben der anderen Organe begrenzt ist.[103] Danach sind Rechtsetzungsfunktionen, die Besetzung der Ausschüsse, das Haushaltsrecht, die Regelung der Dienstverhältnisse, die Gründung weiterer zentraler Einrichtungen und Entscheidung über Zusammenschlüsse mit anderen Körperschaften des öffentlichen Rechts grundsätzlich Sache der Versammlung.[104] Ihre Zentralstellung wird auch dadurch deutlich, daß die Versammlung etwa im Bereich des Kommunalrechts in diesem Rahmen Aufgaben anderer Organe an sich ziehen oder zurückholen,[105] oder unter der Voraussetzung, daß sie sich die Beschlußfassung vorbehalten hat, über Angelegenheiten von anderen Organen entscheiden kann. Ferner ist es möglich, daß sie sich in der Hauptsatzung vorbehält, die Entscheidungen der von ihr eingesetzten Ausschüsse zu ändern oder aufzuheben.[106]

---

99 Die Eigenschaft als Organ ist zumeist in den Organisationsgesetzen selbst festgehalten, vgl. etwa § 11 UG BW zum Senat der Universitäten und § 23 I UG BW hinsichtlich des Fakultätsrats; § 60 Nr. 1 HwO für die Innungsversammlung; § 31 I S. 1 SGB IV hinsichtlich der Vertreterversammlung/Verwaltungsrat (§ 33 III SGB IV) der Sozialversicherungsträger.
100 Für den Gemeinderat, Gemeindeverordnetenversammlung etc. *Schmidt-Aßmann* 2003, Rn. 59; *Rothe* 1992, S. 529.
101 Hervorzuheben ist, daß in einem Organstreitverfahren „nur körperschaftsinterne Rechtspositionen verfolgt werden können, die dem Kläger bzw. Antragsteller in seiner Eigenschaft als innerorganisatorisches Funktionssubjekt zur eigenständigen Wahrnehmung zugewiesen sind. Entscheidend ist dabei, daß die geltend gemachte Rechtsposition gerade dem Kläger bzw. Antragsteller zusteht. Sie darf also organisationsrechtlich nicht in die Zuständigkeit eines anderen Funktionsträgers falle". *OVG Münster* NVwZ-RR 1993, S. 157.
102 *Schumacher* 2003, S. 538.
103 *Schmidt-Aßmann* 2003, Rn. 68 f.; *Schröder* 2000, Rn. 79 f.; *Gern 2003*, Rn. 315. Vgl. etwa die Regelung der §§ 73 u. 89 BRAO, die beide zusammen den gesamten Aufgabenkreis der Rechtsanwaltskammer umschreiben, dabei aber genau nach Organkompetenzen des Vorstands (§ 73 BRAO) und der Kammerversammlung (§ 89 BRAO) differenzieren, vgl. auch *Feuerich/Weyland* 2003, § 89 Rn. 1; oder im Bereich der Realkörperschaften § 47 I u. II WVG.
104 Vgl. etwa § 4 S. 2 IHKG.
105 Vgl. etwa § 39 III GO BW.
106 Vgl. neben dem § 39 III GO BW auch § 60 GO NRW und 22 III KO Thür.

Sind beschließende Ausschüsse zur Entscheidung bei Eilfällen befugt, können ferner nachträgliche Genehmigungen durch die Versammlung erforderlich sein.[107] Umgekehrt kann sich die Versammlung aber auch von einzelnen Aufgaben trennen und sie Ausschüssen oder der Verwaltungsleitung übertragen.[108]

Eigentümlich ist hier der Fakultätsrat an Baden-Württembergischen Universitäten. Zwar ist er Organ der Fakultät (§ 23 I UG BW). Er ist auch für alle die Forschung und Lehre betreffenden Angelegenheiten der Fakultät zuständig, „für die nicht der Dekan, der Fakultätsvorstand oder die Leitung der den Fakultäten zugeordneten wissenschaftlichen Einrichtungen oder Betriebseinheiten zuständig sind" (§ 25 I S. 1 UG BW); der aus Dekan, Prodekan, Studiendekan und ggf. weiteren Mitgliedern bestehende Fakultätsvorstand ist jedoch seinerseits für „alle Angelegenheiten der Fakultät zuständig, soweit dieses Gesetz nichts Anderes regelt". (§ 23 IV S. 1 UG). Hier stellt sich die Frage, ob die gesetzliche Regelung des § 25 I S. 1 UG BW eine andere Regelung im Sinne des § 23 IV S. 1 UG ist, oder umgekehrt § 23 IV den § 25 I S. 1 UG BW beschränkt mit der Wirkung, daß der Fakultätsrat nur zuständig wäre, wenn nicht dem Fakultätsvorstand, der dann primär zur Wahrnehmung die Angelegenheiten der Fakultät berechtigt wäre, diese Aufgabe zukäme. Eine solche Regelung würde dem schwächer, nämlich nur abgeleitet legitimierten Organ den Vorrang vor dem besser legitimierten geben. Dies erscheint vor dem Hintergrund von Art. 5 III GG bedenklich. Verfassungskonform kann der durch das zweifelhafte Verhältnis der beiden Regelungen eröffnete Spielraum dahin ausgelegt werden, daß dem Fakultätsrat in Angelegenheiten von Forschung und Lehre eine vorrangige Zuständigkeit zukommt, daß mithin § 25 I S. 1 UG BW eine andere, die Befugnisse des Fakultätsvorstands im Sinne von § 23 IV UG BW beschränkende Regelung darstellt.[109] Danach verbleibt es auch hier bei der Zentralzuständigkeit der Vertretungskörperschaft in Fragen von Forschung und Lehre, die die Zuständigkeiten des Fakultätsvorstands beschränkt.[110] Allerdings ist auch dann die Zentralstellung im Vergleich mit anderen Lenkungsorganen von Körperschaften gemindert, weil der Fakultätsrat wenigstens in Baden-Württemberg nur noch eine eingeschränkte Kreationsfunktion besitzt: Der Rektor schlägt dem Fakultätsrat den Kandidaten für die Wahl zum Dekan vor, der ihn dann mit Mehrheit sowie der Mehrheit der Professorenstimmen wählt (§ 24 III S. 1 u. 2 UG BW). Verfassungsrechtlich unbedenklich erscheint es dem BVerfG, wenn die Hochschulgesetze den monokratischen Organen Koordinations-, Evaluations- und sonstige

---

107 § 60 I S. 3 GO NRW.
108 Vgl. etwa § 24 I S. 2 GO BW.
109 Nach dem jüngsten Urteil des BVerfG (*BVerfG* v. 26. Oktober 2004 1 BvR 911/00, 1 BvR 927/00, 1 BvR 928/00, C II 1.) erscheint dies aber nur als eine mögliche, nicht als eine verfassungsrechtlich gebotene, notwendige Auslegung; betont doch das Gericht, daß „aus Art. 5 III Satz 1 GG ... für die Verfassung der Selbstverwaltung von Hochschulen kein Vorrang von Kollegialorganen gegenüber monokratischen Leitungsorganen" folge, „Auch in wissenschaftsrelevanten Angelegenheiten ist eine Entscheidungskompetenz monokratischer Leitungsorgane zulässig, solange deren Tätigkeit inhaltlich begrenzt und organisatorisch so abgesichert ist, daß eine strukturelle Gefährdung der Wissenschaftsfreiheit ausscheidet".
110 Anders *Herberger* 2001 Rn. 412, der auf die negative Formulierung der Zuständigkeiten des Fakultätsrats hinweist. Wie gezeigt sind die des Fakultätsvorstands jedoch ebenfalls negativ formuliert. Es bedarf also eines weiteren Kriteriums zur Feststellung eines Vorrangs. Dies ergibt sich aus Art. 5 III GG.

C. Die rechtliche Binnenstruktur der Körperschaft des öffentlichen Rechts 547

Auffangbefugnisse zuweisen, sofern diese durch innerorganisatorische Kontrolle und Rekrutierungsbefugnisse der Versammlungen begrenzt werden.[111]

Eine weitere Besonderheit ergibt sich für die Hochschulen aus dem unterschiedlichen Staatseinfluß bei akademischen Fragen einerseits und wirtschaftlichen Fragen der Hochschule andererseits. Hier besteht inzwischen nach dem baden-württembergischen Universitätsgesetz eine Verlagerung der letzteren Fragen auf den Hochschulrat, während der Senat die Zuständigkeit für die akademischen Angelegenheiten der Universität besitzt. In diesen Angelegenheiten sind dem Senat dann aber die Aufgaben (§ 19 I UG BW) im Bereich der Rechtsetzung (Grundordnung, weitere Satzungen), Kreationsfunktionen, Festlegung der inneren Ordnung von Einrichtungen der Universität, Stellungnahmen und Mitwirkungshandlungen bei Entscheidungen anderer Organe und Erörterungsfunktionen verblieben.

(2.) Typische Aufgaben der Versammlung

Grundsätzlich hat das Hauptverwaltungsorgan zunächst die Lenkungsfunktion, indem es die Grundsätze der Planung bestimmt und abstrakte Anordnung erläßt. Insbesondere übt es die Satzungsgewalt der Körperschaft aus und besitzt Rechtsetzungsfunktion auch in bezug auf andere Normen der Körperschaft.[112] Die Versammlung ist insofern das zentrale Beschlußorgan der Körperschaft. Dem Hauptverwaltungsorgan stehen ferner im Rahmen der gesetzlichen Regelungen die Befugnis zur Konkretisierung der Organisationsstrukturen der Körperschaft und insbesondere auch ihrer eigenen durch Geschäftsordnungen zu.[113] Sie entscheidet über die Schaffung neuer Einrichtungen der Körperschaft.

Ihre Zentralstellung erhält die Versammlung ferner dadurch, daß ihr Kreations- oder Stimmfunktion zukommt, indem sie die Organwalter anderer Organe oder Hilfsorgane wählt. Korrespondierend besitzt sie Kontrollfunktionen gegenüber anderen Organen. Bei einzelnen Körperschaften ist die Kreationsfunktion nebst anderen besonders wichtigen Entscheidungen auf eigene Organe übertragen worden. So sieht das Hochschulgesetz von Berlin etwa ein Konzil als Organ der Hochschule vor (§ 51 Nr. 3 HG Berl). Es besitzt einen größeren Mitgliederkreis und hat daher ein höheres Gewicht als der akademische Senat (§ 62 HG Berl). Neben der Wahl der Hochschulleitung kommt ihm aber noch die Aufgabe der Entscheidung über die Grundordnung, die Abnahme des Rechenschaftsberichts und der Stellungnahme zu hochschulweiten Angelegenheiten zu (§ 63 I HG Berl). Es wählt sich im übrigen einen eigenen Vorstand (§ 63 II HG Berl).[114]

---

111 *BVerfG* v. 26. Oktober 2004 1 BvR 911/00, 1 BvR 927/00, 1 BvR 928/00, C II 1.
112 Angesichts der Bedeutung der Satzung einerseits und der höheren demokratischen oder autonomen Legitimation der Versammlung ist eine Delegation der Satzungsbefugnis durch die Körperschaft selbst grundsätzlich ausgeschlossen, *Maurer* 1993, S. 192, *Schmidt-Aßmann* 1981, S. 14 u. 23. Eine gesetzliche Übertragung der Satzungsbefugnis hinsichtlich bestimmter Materien auf andere Organe ist hingegen zulässig, *Hsu* 2004, S. 306 f.
113 *Maurer* 2002, § 24 Rn. 12; zu den Geschäftsordnungen des Gemeinderats: *Schmidt-Aßmann* 1981, S. 33 f.; *Gern* 2003, Rn. 440 f.; zu denen der Kammern: *Tettinger* 1997, S. 115.
114 Vgl. auch § 78 HG Thür;

Eine Ausnahme stellt hier die Wirtschaftsprüferkammer dar. Ihr Hauptorgan, die Wirtschaftsprüferversammlung hat lediglich die Funktion der Wahl des „Beirats" (§ 59 II S. 1 WPO), der Entscheidung über Satzungsänderungen sowie der Kontrolle von Vorstand und Beirat.[115] Dieser nimmt dann über seine Exekutivfunktionen zugleich wesentliche Aufgaben der Wahl (Vorstand) und der Rechtsetzung war.[116]

Schließlich entscheidet die Versammlung über die Beiträge und beschließt den Haushalt der Körperschaft.

bb. Die Größe der Versammlung und die Amtszeiten ihrer Mitglieder

Häufig[117] ist auch die Größe des Hauptverwaltungsorgans gesetzlich festgelegt.[118] Sie richtet sich nach der Größe des Mitgliederkreises,[119] ist aber manchmal auch absolut angeordnet.[120] Bei gruppenpluralen Gremien sind zudem die Proportionen der Gruppen im Organisationsgesetz bestimmt (vgl. etwa § 107 UG BW).

Nicht generell gleich große oder nicht vorhersehbare Mitgliederzahlen haben in einigen Fällen den Gesetzgeber dazu veranlaßt, neben der Regelform einer großen Mitglieder- oder Repräsentativversammlung noch die Möglichkeit der satzungsmäßigen Bildung einer kleineren Versammlung vorzusehen. So kann etwa die Mitgliederversammlung der Handwerkerinnung durch eine Vertreterversammlung ersetzt werden (§ 61 I S. 3 HwO). Im Bereich der AOKs, BKKs, IKKs und Ersatzkassen tritt zur Vereinfachung an die Stelle der Repräsentativversammlung ein kleinerer Verwaltungsrat (§ 31 I S. 3a SGB IV).[121] Außer in Hessen[122] realisiert auch der Kreisausschuß als „verkleinerter Kreistag" diese Möglichkeit.[123] Rechtsstellung und Aufgaben sind dabei sehr unterschiedlich geregelt. Teilweise wird er ausdrücklich als drittes Organ des Kreises neben Kreistag und Landrat bezeichnet.[124] In anderen Landkreisordnungen wird er nicht zu den Organen des Landkreises gerechnet. Schließlich ist er in einigen Landkreisordnungen gar nicht vorgesehen.[125] Wo er

---

115 *Löer* 1999, S. 70 ff.; *Kluth* 1997, S. 105 f.
116 *Kluth* 1997, S. 106; *ders.* 2000, S. 1931 f.
117 Anders etwa die „Vollversammlungen" der IHKn. Sie sind gesetzlich nicht festgelegt und werden durch die Wahlordnung der IHK bestimmt, § 25 III IHKG, *Frentzel/Jäkel/Junge/Hinz/Möllering* 1999, § 5 Rn. 30.
118 In anderen Fällen kann die absolute Zahl der Mitglieder, nicht aber ihr proportionales Verhältnis bei pluralen Versammlungen satzungsmäßig bestimmt werden, vgl. etwa 43 I S. 1 SGB IV, der aber für die Vertreterversammlung eine Höchstzahl von 60 und für den Verwaltungsrat von 30 Mitgliedern festlegt.
119 Vgl. etwa § 25 II GO BW: zwischen 8 Gemeinderäten bei Gemeinden mit nicht mehr als 1000 Einwohnern und 60 Gemeinderäten in Gemeinden mit mehr als 400.000 Einwohnern.
120 So beträgt die Anzahl der Wahlmitglieder im Senat der Universitäten in Baden-Württemberg höchsten 20 II S. 3 UB BW.
121 Vgl. auch *Schnapp* 2000, S. 808; *Muckel* 2001, S. 154.
122 In Hessen ist der „Kreisausschuß" als eine Art „Magistrat des Landkreises" ausgebildet worden, als seine Verwaltungsbehörde mithin (§ 41 I S. 1 LKrO), auf die auch die Vorschriften über den Magistrat entsprechende Anwendung finden, § 42 LKrO i.V.m. § 67 GO Hess.
123 Art. 27 LKrO Bay, §§ 47 ff. LKrO BBg, §§ 49 ff. LKrO NrW, § 38 LKrO RPf, §§ 174 ff. KSVG-Saar, §§ 113 ff. KVMV, §§ 49 ff. LKrO-NdS, *Schmidt-Aßmann* 2003 Rn. 148.
124 Art. 22 ff., 26 f. LKrO Bay (Überschrift: „Hauptorgane"), § 26 LKrO BBg (wo neben dem Kreistag, dem Kreisausschuß und dem Landrat auch die Bürgerschaft des Kreises als Organe erwähnt werden) § 6 LKrO Nds, § 155 KSVG Saar.
125 LKrO BW, LKrO Sachs, LKrO SaA, LKrO SH.

C. Die rechtliche Binnenstruktur der Körperschaft des öffentlichen Rechts 549

vorgesehen ist, kommt ihm die Aufgabe zu,[126] die Entscheidungen des Kreistages vorzubereiten[127] und, soweit nicht die Vorbehaltsaufgaben der anderen Organe betroffen sind bzw. in dringlichen Angelegenheiten auch selbst entscheiden.[128] Der Kreisausschuß wird vom Kreistag gewählt.[129]

Die Amtszeit der Versammlungsmitglieder richtet sich grundsätzlich nach der Wahlperiode. Bei gruppenpluralen Gremien kann sie aber innerhalb der Mitglieder abweichend geregelt sein. So beträgt die Amtszeit der Studenten im Senat nur ein Jahr, während die der übrigen Mitglieder zwei Jahre dauert (§ 19 I S. 2, II 2 UG). Bei den Kammern besteht zwar überwiegend für alle Mitglieder eine einheitliche Wahlperiode; zulässig wäre aber auch ein Ausscheiden der Hälfte der Mitglieder nach der halben Wahlperiode mit einer Ergänzungswahl für deren Ersatz.[130] Um die Legitimationskette nicht zu durchbrechen und eine unzulässige Selbstkontinuierung des Organs vorzunehmen, darf eine Verlängerung der Wahlperiode, wenn nicht ganz ungewöhnliche Umstände vorliegen, immer nur für eine zukünftige erfolgen. Entsprechend ist auch eine Verkürzung nur für zukünftige Wahlperioden zulässig.

Eine vorzeitige Auflösung der Versammlung durch die Aufsichtsbehörde kann wegen ihrer eigenständigen Legitimation nur ultima ratio sein.[131] Vor dem Hintergrund von Art. 28 I S. 2 GG gilt dies insbesondere bei der Auflösung von Gemeinde- und Kreisräten.[132]

b. Die Binnenstruktur der Versammlung als Hauptverwaltungsorgan

Zur Regelung seiner Angelegenheiten gibt sich die Versammlung eine Geschäftsordnung. Diese stellt einen inneradministrativen Rechtsakt dar.[133]

aa. Die Zusammensetzung des Hauptverwaltungsorgans

(1.) Mitgliederversammlung oder Repräsentativversammlung

Nach der Zusammensetzung aufgrund der Mitgliedschaft in der Körperschaft selbst oder der Wahl durch dieselbe können, wie schon erwähnt, Körperschaften mit einer Vollversammlung der Mitglieder und solche mit Repräsentativversammlungen

---

126 In der LKrO von RPf finden sich ebenso wie in der KO Thür zu den Aufgaben des Kreisausschusses keine weiteren Angaben.
127 Art. 26 S. 2 LKrO Bay, § 48 I LKrO BBg, § 51 LKrO Nds, § 175 IV S. 2 i.V.m. 172 I S. 1 KSVG Saar (nur soweit nicht der freiwillige „Kreistagsausschuß" zuständig ist).
128 Art. 26 S. 2 u. 30 LKrO Bay; § 48 I S. 2 u. II S. 1 LKrO BBg; § 113 II S. 2 KV MV; § 51 II LKrO NdS, § 50 LKrO NRW; § 175 II KSVG Saar.
129 Vgl. etwa Art. 26 V LKrO Bay, § 47 I LKrO BBg, § 113 KV MV, § 51 II LKrO NRW; § 38 LKrO RPf; § 147 KSVG Saar.
130 *Frentzel/Jäkel/Junge/Hinz/Möllering* 1999, § 5 Rn. 31 für die IHKn.
131 Vgl. hierzu eingehender unter D bei der Staatsaufsicht.
132 Berliner-Kommentar-*Vogelsang* Art. 28 Rn. 44 f.
133 Die Geschäftsordnung wird nicht als Satzung erlassen, sondern als eine allgemeine interne Verfahrensvorschrift, die Bindungswirkung nur gegenüber den Mitgliedern der Versammlung entfaltet, *Maurer* 2002, § 24 Rn. 12; zu den Geschäftsordnungen des Gemeinderats: *Schmidt-Aßmann* 2003, Rn. 64; *Gern* 2003, Rn. 440 f.; zu denen der Kammern: *Tettinger* 1997, S. 115.

unterschieden werden.¹³⁴ Keine Versammlung aller Mitglieder ist allerdings die von diesen gewählte „Vollversammlung" der IHKn und der Handwerkskammern.¹³⁵

Echte Mitgliederversammlungen sind hingegen die Kammerversammlungen der Rechtsanwaltskammern (§ 85 ff. BRAO),¹³⁶ der Notarkammern (§ 71 ff. BNotO), der Patentanwaltskammer (§ 78 f. PAO), die Wirtschaftsprüferversammlung (§ 59 I Nr. 1 WPO),¹³⁷ der Steuerberaterkammern (§ 77 S. 1 StBerG), der Lotsenbrüderschaften (§ 30 SeeLG) sowie die Innungsversammlung (§ 61 I S. 2 HwO). Diese kann zwar ganz oder in bezug auf bestimmte Aufgaben in der Satzung durch eine Vertreterversammlung ersetzt werden (§ 61 I S. 3 HwO),¹³⁸ Regelmodell ist aber die Vollversammlung der Mitglieder.¹³⁹ Mitglieder der Vollversammlung können, da sie Mitglieder der Innung sind (§ 58 I S. 1 i. V. m. § 1 I HwO), auch juristische Personen oder Gesellschaften ohne Rechtspersönlichkeit sein, die ein Handwerk betreiben.¹⁴⁰ Allerdings hat jede (natürliche oder juristische) Rechtsperson oder Personengesellschaft nur eine Stimme (§ 63 S. 2 HwO). Mitgliederversammlungen sind schließlich auch die Hauptverwaltungsorgane der Realkörperschaften.¹⁴¹

Sogar verfassungsrechtlich vorgesehen¹⁴² ist die Möglichkeit von Gemeindeversammlungen in kleineren Gemeinden. Von der Möglichkeit, derartige Versammlungen einzurichten, haben aber lediglich Brandenburg und Schleswig-Holstein für Gemeinden unter 100 bzw. 70 Einwohnern Gebrauch gemacht.¹⁴³

Eine Besonderheit stellt hier der erweiterte Fakultätsrat nach § 25 III UG BW dar. Aus Gründen der Freiheit von Forschung und Lehre in Art. 5 III GG erweitert sich der Fakultätsrat in zentralen Fragen von Forschung und Lehre um alle professoralen

---

134 Insofern mag man zwischen Mitgliedskörperschaften und Repräsentativkörperschaften unterscheiden (*Huber* 1953, S. 204 f.) – die Unterscheidung suggeriert allerdings, daß es um Hauptgruppen von Körperschaften geht; tatsächlich bezeichnet sie aber nur die Differenz im Hauptorgan der Körperschaft, an die sich auch keine weiteren Unterscheidungen grundsätzlicher Art anschließen, so daß auf den Begriff verzichtet werden kann.
135 §§ 4 u. 5 IHKG; §§ 92, 93 I S. 1 HwO.
136 Auch die Kammerversammlung der Rechtanwaltskammer beim BGH, § 174 BRAO u. § 2 f. GeschO der BRAK, abgedr. bei *Feuerich/Weyland* 2003, § 174 Rn. 3.
137 Der Schluß von diesen Beispielen darauf, daß alle Kammern der freien Berufe Mitgliederversammlungen hätten, ist jedoch nicht möglich. Gemäß § 11 KammerG BW sind etwa die Versammlungen der Kammern der Heilberufe als Vertreterversammlungen ausgestaltet. Werden Bezirkskammern der Landeskammern eingerichtet, so können die Mitglieder der Vertreterversammlung der Landeskammer auch durch die Vertreterversammlungen der Bezirkskammern gewählt werden, § 12 KammerG BW. – Die Bezirkskammern sind im übrigen rechtlich unselbständige körperschaftlich verfaßte Untergliederungen der Landeskammern, § 22 I u. II KammerG BW.
138 *Musielak/Detterbeck* 1995, § 61 Rn. 2.
139 *Honig* 1999, § 61 Rn. 4; *Musielak/Detterbeck* 1995, § 61 Rn. 2
140 Für eine juristische Person oder eine Personengesellschaft kann dann aber nur eine Stimme abgegeben werden (§ 63 S. 2 HwO), vgl. auch *Honig* 1999, § 63 Rn. 2.
141 Vgl. § 9 BJagdG für die Jagdgenossenschaften, § 26 BWaldG für die Forstbetriebsverbände sowie die Verbandsversammlung der Wasser- und Bodenverbände, § 46 I S. 1 WVG. Wegen der individuellen Betroffenheit von den Verbandsentscheidungen hat jedes Mitglied auch eine Stimme. Dem Problem der Entscheidungsunfähigkeit durch die Höhe der Mitgliederzahl soll teilweise durch die Einführung von Delegiertenversammlungen, teilweise durch ein an einen Mindestjahresbeitrag gekoppeltes Stimmrecht begegnet werden, das dann von Mitgliedern mit geringerem Beitrag nur gemeinsam durch Fraktionsbildung erreicht werden kann, *Rapsch* 1993, Rn. 168 f.; im übrigen kann ein Verbandsausschuß an die Stelle der Versammlung treten, § 49 I S. 1 WVG.
142 Art. 28 I S. 4 GG; Art. 72 II S. 3 LV BW; Art. 86 I LV Sachs; Art. 89,2. Hs. LV SaA; Art. 95 S. 2 LV Thür.
143 § 53 GO BBg; § 54GO SH.

Mitglieder der Fakultät, die hauptberuflich an der Universität tätig sind, zum erweiterten Fakultätsrat. Auf diese Weise wird in den sie besonders berührenden Fragen die Mehrheit dieser Gruppe sichergestellt. Der Fakultätsrat wird so gewissermaßen zur Teil-Mitgliederversammlung hinsichtlich dieser Gruppe.

Die Abgrenzung von Mitgliederversammlung und Repräsentativversammlung bezieht sich darauf, ob der Kreis der Körperschaftsmitglieder mit dem Kreis der Mitglieder im Hauptverwaltungsorgan identisch ist oder nicht. Sie sagt nichts über den Rechtscharakter der Mitglieder aus. Unerheblich ist es daher auch, ob diese juristische oder natürliche Personen sind. Den Versammlungen der Verbandskörperschaften gehören zumeist alle Mitgliedskörperschaften an.[144] Sie werden in der Versammlung durch die Präsidenten, Vorstände etc. lediglich vertreten.[145] Diese Vertreter sind also nicht gewählte Vertreter aller Mitglieder des Verbandes, sondern nur ihrer eigenen Körperschaft. Die Versammlungen der Bundkörperschaften sind danach ebenfalls Mitgliederversammlungen, da die Vertreter nicht Repräsentanten einer größeren Mitgliedergruppe, sondern des Mitglieds sind, dem sie als gewählter Organwalter vorstehen.

Die Unterscheidung von Mitgliederversammlung und Vertreterversammlung bezieht sich nur auf die Binnenstruktur der Körperschaft und die Art des Einflusses der Mitglieder auf die Körperschaftsentscheidungen, nicht auf ihre Einordnung als Körperschaften. Man mag anhand der Zusammensetzung der Versammlung dann auch in „Mitgliedskörperschaften" und „Repräsentativkörperschaften" differenzieren.[146] Damit kann dann eine terminologische Besonderheit eingefangen werden: Einige „Repräsentativkörperschaften" haben die Besonderheit, daß in den entsprechenden Gesetzen als „Mitglieder" nur die Angehörigen der Versammlung bezeichnet werden.[147] Diese Bezeichnung ändert jedoch nichts daran, daß auch die aktiv wahlberechtigten Zugehörigen im Rechtssinne Mitglieder der Kammer sind und nicht nur ihre Angehörigen.[148] In diesem Sinne wäre klar zwischen den Mitgliedern der Körperschaft und den Mitgliedern eines Organs dieser Körperschaft nämlich der Repräsentativversammlung zu unterscheiden. Problematisch wird der Begriff der „Repräsentativkörperschaft" jedoch dann, wenn er auch auf solche juristischen Personen des öffentlichen Rechts verwendet wird, bei denen, wie etwa bei der Saarländischen Arbeitskammer,[149] die Mitglieder des „Repräsentativorgans" nicht von den Zugehörigen des Verbandes, sondern von Nichtmitgliedern gewählt werden.[150] Trotz anderweitiger Bezeichnung handelt es sich dabei in Ermangelung eines Wahlrechts

---

144 Z. B. § 13 II GKZ BW; Art. 31 I S. 2 GKZ Bay; § 15 I S. 3 GKG BBg; § 15 II S. 1 GKG He; § 156 II S. 1 KV MV; § 15 I S. 2 GKG NW; §) I S. 1 ZwVG RP; § 13 II S. 2 GKG Saar; § 52 I S. 1 GKZ Sachs; § 22 I GKZ SaA; § 9 GKZ SH; § 28 I S. 2 GKG Thür; aber auch die Bundesrechtsanwaltskammer, § 175 BRAO und andere.
145 Vgl. etwa § 88 HwO für die Kreishandwerkerschaft; § 188 I BRAO für die Bundesrechtsanwaltskammer.
146 *Huber* 1953, S. 204; *Brohm* 1983, S. 786 ff; *Hsu* 2004, S. 14.
147 Etwa § 5 I IHKG. Die anderen Mitglieder der IHK im Rechtssinne werden als „Kammerzugehörige" bezeichnet (§§ 2 u. 5 II IHKG).
148 Zugehörigkeit wird, wie oben ausgeführt (S. 524), als Oberbegriff von nutzungsberechtigten Angehörigen und zudem noch wahlberechtigten Mitgliedern verstanden.
149 S. u., S. 606.
150 *Mronz* 1973, S. 52 f.

der Körperschaftszugehörigen nicht um eine Körperschaft des öffentlichen Rechts, sondern um eine Anstalt mit kollegial strukturiertem Lenkungsorgan (s. u., S. 595).

(2.) Wahlmitglieder und Mitglieder kraft Amtes, Mitglieder mit und ohne Stimmrecht

Repräsentativversammlungen setzen sich zusammen aus Mitgliedern kraft Amtes[151] und gewählten Mitgliedern. Ferner kann nach Mitgliedern mit Stimmrecht und solchen mit nur beratender Stimme differenziert werden. Daraus ergeben sich verschiedene Konstellationen: Versammlungen, zu denen neben den von den Körperschaftsmitgliedern gewählten auch ein von diesen gewählter Vorsitzender gehört;[152] Versammlungen, denen die von den Körperschaftsmitgliedern gewählten Vertreter und der von den Versammlungsmitgliedern gewählte Vorsitzende angehört.[153] Schließlich sieht die Gemeindeordnung von Nordrhein-Westfalen vor, daß der von den Bürgern gewählte Bürgermeister kein Mitglied des Rates ist, wohl aber dessen Vorsitz und ein Stimmrechtrecht innehat.[154] § 42 des Kommunalselbstverwaltungsgesetzes des Saarlands gibt dem von den Bürgern gewählten Bürgermeister als Vorsitzendem des Gemeinderates kein Stimmrecht.[155]

Bei den Lastenverbänden und in der Sozialversicherung sind Inkompatibilitäten zwischen Zugehörigkeit zum Körperschaftsvorstand und Mitgliedschaft im Repräsentativorgan vorgesehen. Im Wasserverbandsrecht (§ 52 II S. 2 WVG) dient dies der Vermeidung von Interessenkollisionen zwischen Vorstandsmitgliedschaft und Mitgliedschaft im Verbandsausschuß.[156] In der Sozialversicherung soll auf diese Weise eine völlige Dominanz des Vorstands in der Vertreterversammlung verhindert und so ein System von Checks-and-Balances installiert werden. So kann die Kontrollfunktion der Vertreterversammlung gegenüber den anderen Organen verbessert werden.[157]

(3.) Homogene und gruppenplurale Versammlungen

Schließlich kann entsprechend den verschieden strukturierten Mitgliedschaften der Körperschaften in gruppenplurale oder homogene Versammlungen unterschieden werden. Hier sollen einige Beispiele für gruppenplurale Versammlungen angeführt werden.

---

151 Nach § 19 II UG BW sind das im Senat etwa: der Rektor und die anderen Mitglieder des Rektorats, die Dekane, die Frauenbeauftragte und weitere.
152 So der Gemeinderat in Baden-Württemberg (§ 25 GO), Bayern (§ 31 I GO), Brandenburg (§ 34 u. 59 II S. 1 GO), Niedersachsen (§ 31 GO), Rheinland-Pfalz (§§ 53 II, III, 29 I GO), Sachsen (§ 29 GO), Thüringen (§ 23 KO).
153 So die Gemeindevertretung in Hessen (§ 49 S. 1 GO), in Mecklenburg-Vorpommern bei hauptamtlich verwalteten Gemeinden (§ 28 II S. 1 KV), während er in den ehrenamtlich verwalteten von seinem Amtsvorgänger ernannt wird (§ 28 III KV MV), ferner in Schleswig-Holstein §§ 31 S. 1 u. 33 I S. 1 GO.
154 § 40 II GO NRW.
155 Eine Besonderheit ist es schließlich, wenn in Sachsen-Anhalt nur in Gemeinden mit ehrenamtlichem Bürgermeister dieser der Vorsitzende des Gemeinderates ist, ansonsten aber ein gewähltes Mitglied desselben, § 36 II GO.
156 *Rapsch* 1993, Rn. 175.
157 Gleitze/Krause/v. Maydell/Merten-*Krause* 1992, §44 Rn. 35.

C. Die rechtliche Binnenstruktur der Körperschaft des öffentlichen Rechts   553

(a.) Gruppenplurale Mitwirkung in den Hochschulen

Verfassungsrechtlich vorgegeben ist ein differenzierter Einfluß nach Gruppen für die Hochschulen. Der Umfang der Mitwirkung der einzelnen Gruppen variiert aber nach den Aufgaben, über die das betreffende Beschlußorgan zu befinden hat: Grob gesprochen ist der Professoreneinfluß um so höher, je stärker der Kernbereich von Forschung und Lehre betroffen ist.[158] In Gremien, die regelmäßig über Zentralfragen von Forschung und Lehre entscheiden,[159] darf und muß also die Gruppe der Professoren ein Übergewicht der Stimmen haben, um durch „die Teilhabeberechtigung der Hochschullehrer an den Entscheidungen der Hochschulorgane über Angelegenheiten der Forschung und Lehre" die „freiheitlichen Rahmenbedingungen ihrer Forschung und Lehre" zu garantieren.[160] Die Grundrechtssicherung modifiziert hier also die Gleichheit der Stimmen im Sinne einer differenzierten Partizipationsstruktur.[161] Das Prinzip der grundrechtsfundierten Selbstbestimmung in der Organisation, das oben schon als Ergänzung der demokratischen Legitimation der Organisation eingeführt wurde, rechtfertigt und fordert hier eine Differenzierung der Mitwirkungsbefugnisse nach der Grundrechtsbedeutsamkeit der Aufgaben des betreffenden Organs.[162]

Näher ist zu differenzieren nach Qualifikation, Funktion, Verantwortung und Betroffenheit.[163] Hier genießen die Hochschullehrer also eine herausgehobene Stellung aufgrund des Differenzgebotes zu ihren Gunsten,[164] das im übrigen durch ein Recht des Hochschullehrers an der akademischen Selbstverwaltung teilzunehmen, auch individualrechtlich abgesichert ist.[165] In den wissenschaftsferneren Bereichen ist dieses Ungleichgewicht nicht mehr gerechtfertigt. Während ihnen also in Berufungsangelegenheiten und Fragen der Forschung „ausschlaggebender Einfluß" eröffnet sein muß und den anderen Gruppen nur Mitwirkungsfunktionen in Form von Informations- und Anhörungsrechten zukommen können, reicht in Fragen der Lehre ein „maßgebender" aus, und entsprechend steigert sich der Einfluß der anderen Gruppen.[166] Dieses Prinzip gilt auf den verschiedenen Ebenen der Hochschulverwaltung und bestimmt zugleich das Maß an Selbstverwaltung der einzelnen Ebene: Hier ist die Schicht der Fakultäten wissenschaftsnäher als die Trägerschicht

---

158 *BVerfGE* 61, S. 260 ff. (278 f.).
159 Das *BVerfG* (E 61, S. 260 ff. [279]) rechnet zu diesen Fragen etwa: die Forschungsplanung, das Aufstellen von Lehrprogrammen und die Planung des Lehrangebots, die Koordinierung der wissenschaftlichen Arbeit und der Lehr- und Forschungsvorhaben, auch die Mittelvergabe, die Errichtung von wissenschaftlichen Einrichtungen, die Festlegung und Durchführung von Prüfungsordnungen und Personalentscheidungen.
160 *Groß* 1999, S. 226; *BVerfGE* 35, S. 79 ff. (130 f.) – Hochschulurteil.
161 GG-Kommentar Dreier-*Pernice* Art. 5 III (Wissenschaftsfreiheit) Rn. 50; *Trute* 1994, S. 369.
162 *BVerfGE* 35, S. 79 ff. (114) – Hochschulurteil: „Daraus ergibt sich, daß auch im Bereich der Teilhabe am öffentlichen Wissenschaftsbetrieb jedenfalls der oben umschriebene Kernbereich wissenschaftlicher Betätigung grundsätzlich der Selbstbestimmung des einzelnen Grundrechtsträgers vorbehalten bleiben muß".
163 *BVerfGE* 35, S. 79 ff. (131) – Hochschulurteil; vgl. zu den Kriterien näher *Reich* 2002, § 37 Rn. 2.
164 V. Mangoldt/Klein/Starck-*Starck* Art. 5 Rn. 356; GG-Kommentar Dreier-*Pernice* Art. 5 III (Wissenschaftsfreiheit) Rn. 50.
165 *BVerfGE* 51, S. 369 ff. (379).
166 *BVerfGE* 35, S. 79 ff. (131 ff.); *Herberger* 2001, Rn. 149.

der Universität, so daß entsprechend die Mitwirkungsrechte „nach oben" abnehmen.[167] Ob weitere Vorgaben für die Binnenstruktur der Hochschulen aus Art. 5 III GG zu ermitteln sind, muß wohl, will man das Grundrecht nicht interpretatorisch überfrachten, eher zurückhaltend beurteilt werden. „Hochschulinterne Fremdverwaltung", die durch Zentralisation von Zuständigkeiten in der zentralen Universitätsverwaltung so ausgeprägt wäre, daß sie die den einzelnen Fakultäten die Ausdifferenzierung von Strukturen, die ihren spezifischen Bedürfnissen gemäß sind, und die Entscheidung über Grundfragen der von ihnen wahrgenommenen Wissenschaft und Lehre nehmen würde, dürften aber mit Art. 5 III GG nicht mehr zu vereinbaren sein.[168] Das gilt in individualrechtlicher Perspektive ohnehin schon zugunsten des einzelnen Hochschullehrers.

Zwar sind die organisationsrechtlichen Rahmenregelungen des HRG für die Hochschulen weitgehend weggefallen (§§ 60 ff. HRG a.F.), vorgegeben ist durch § 37 I S. 3, 2. Hs. HRG aber weiterhin die Notwendigkeit der Mitwirkung aller Mitgliedergruppen in den Gremien der Universität.[169] Dies gilt zunächst für den Senat (§ 11 u. 19 II UG BW), aber auch für die Fachschaftsräte bzw. Fakultätsräte.

Nicht zur Problematik der Gruppenpluralität und nicht durch Art. 5 III S. 1 GG vorgegeben erscheint dem BVerfG die Vertretung eines jeden Fachbereichs oder einer Fakultät im Senat.[170]

(b.) Die Struktur der Vollversammlung der Handwerkskammern

Die „Vollversammlung" der Handwerkskammer besteht zu einem Drittel aus gewählten Gesellen und zu zwei Dritteln aus sonstigen gewählten Mitgliedern (§ 93 I HwO).[171] Sie dient damit der Interessenintegration aller Handwerker, nicht nur der selbständig tätigen.[172] Entsprechend fehlt ein Gesellenausschuß. Außerdem besteht die Möglichkeit der Zuwahl von Personen, die sich besonders mit den Verhältnissen des Handwerks beschäftigt haben (§ 93 IV HwO).[173] Voraussetzung ist aber, daß dafür tragfähige Gründe bestehen und die Anzahl der kooptierten Versammlungsmitglieder deutlich geringer ist als die der gewählten.[174] Dies kann zwar bis zu einem Fünftel der Mitgliederzahl der Versammlung ausmachen, darf aber die Proportionen zwischen Gesellen und sonstigen Arbeitnehmer und der Gruppe der selbständigen Handwerker nicht verschieben. Dabei steht dann den Gesellen und gleichgestellten Arbeitnehmern ein Vorschlagsrecht für die Wahl der weiteren Mitglieder durch die Vollversammlung (§ 106 I Nr. 2 HwO) hinsichtlich der auf ihr Drittel entfallenden Zugewählten zu (§ 93 IV S. 2 HwO).

---

167 Eingehend dazu *Trute* 1994, S. 374 ff.
168 in diesem Sinne auch *Groß* 1999, S. 227 f.
169 Damit soll aber den Ländern nur aufgegeben sein, überhaupt gruppenplurale Gremien vorzusehen; nicht ausgeschlossen wird damit, daß es andere, nicht gruppenplurale Gremien geben kann, *Herberger* 2001, Rn. 306.
170 *BVerfG* v. 26. Oktober 2004 1 BvR 911/00, 1 BvR 927/00, 1 BvR 928/00.
171 Zu Entstehung und Entwicklung der Gesellenbeteiligung in den Handwerkskammern vgl. *Hoffmann-Riem* 1980, S. 38 ff.
172 *Hoffmann-Riem* 1980, S. 86 f.
173 Vgl. auch *Tettinger* 1997, S. 113.
174 *Tettinger* 1997, S. 114; *ders.* 1986, S. 37 ff.; *Oebbecke* 1990, S. 368 f.

C. Die rechtliche Binnenstruktur der Körperschaft des öffentlichen Rechts

(c.) Die Vertreterversammlung der Sozialversicherungsträger

Sehr differenziert sind die Regelungen bei den Sozialversicherungsträgern. Dem Grundsatz der gemeinsam ausgeübten Selbstverwaltung (§ 29 II SGB IV) entsprechend, werden prinzipiell alle Selbstverwaltungsorgane zu gleichen Anteilen aus Versicherten und Arbeitgebervertretern besetzt (§ 44 I Nr. 1 SGB IV). In der Unfallversicherung besteht, abgesehen von der Gartenbau-Berufsgenossenschaft, Drittelparität zwischen den Versicherten, den Selbständigen ohne Arbeitnehmern[175] und den Arbeitgebern (§ 44 I Nr. 2 SGB IV). Bei der Bundesknappschaft besteht mit zwei Dritteln der Mitglieder der Selbstverwaltungsorgane ein deutliches Übergewicht der Versicherten gegenüber den Arbeitgebern (§ 44 I Nr. 3 SGB IV).[176] Mitglieder der Vertreterversammlung bzw. des Verwaltungsrates der Ersatzkassen sind schließlich, ihrer Tradition als ehemaligen Vereinen auf Gegenseitigkeit entsprechend, nur Versichertenvertreter (§ 44 I Nr. 4 SGB IV), so daß es sich um eine interessenhomogene Versammlung handelt.[177] Bei den Betriebskrankenkassen und der Bundesbahnversicherungsanstalt gehört neben den gewählten Vertretern der Versicherten der Arbeitgeber als geborenes Mitglied mit derselben Zahl der Stimmen wie die Versichertenvertreter an (§ 44 II S. 1 u. 2 SGB IV).[178]

Diese Paritäten sind deshalb bemerkenswert, weil sie eine Abkehr von dem auch in der kommunalen Selbstverwaltung in Preußen im Dreiklassenwahlrecht bis 1918 zum Ausdruck kommenden Prinzip der an der Lastentragung orientierten Partizipationsmöglichkeit bedeutet. An ihre Stelle ist weniger eine demokratischen Forderungen entsprechende als vielmehr eine an der gesellschaftlichen, in Art. 9 III GG geschützten Parität der Sozialpartner orientierte Lösung getreten.[179] Hier liegt also eine Betrachtungsweise zugrunde, die weder – wie etwa in einigen Realkörperschaften – auf die individuelle Grundrechtsbetroffenheit abstellt noch auf strikte demokratische Gleichheit, wie sie in Art. 28 I S. 2 GG für die Gebietskörperschaften vorgesehen ist, sondern die sich am Betroffenheitspotential einer sozialen Gruppe, nämlich von Versicherten, Arbeitgebern bzw. zusätzlich der Selbständigen ohne Arbeitnehmer orientiert.

(4.) Mitgliedschaftsbefugnisse und Pflichten

Die Mitglieder der Versammlung sind Inhaber eines öffentlichen Amtes auch im haftungsrechtlichen Sinn (Art. 34 GG i.V.m. § 839 BGB). Sie sind Amtswalter und keine Parlamentarier. Sie sind ehrenamtlich tätig,[180] auch wenn sie in

---

175 Sie werden – nicht unproblematisch – als Versicherte gesehen, obwohl sie als Unternehmer den Arbeitgebern näher stehen, kritisch: Gleitze/Krause/v.Maydell/Merten-*Krause* 1992, § 44 Rn. 35 f.: Überrepräsentation der Unternehmerseite.
176 Kritisch dazu: Gleitze/Krause/v.Maydell/Merten-*Krause* 1992, § 44 Rn. 40: „nicht rational erklärbar".
177 Weitere Besonderheiten ergeben sich aus den Abs. 2 ff.
178 Satzungsmäßige Abweichungen sind aber nach § 44 IV SGB IV bei Sozialversicherungsträgern (AOK, BKK, IKK, ErsK, §§ 31 IIIa, 33 III i.V.m. 35a I SGB IV) mit Verwaltungsrat möglich.
179 Gleitze/Krause/v. Maydell/Merten-*Krause* 1992, § 44 Rn. 31; KK- *Maier* SGB V, § 44 Rn. 1; *Schmidt-Aßmann* 1991, S. 383.
180 Vgl. etwa § 32 I S. 1 GO BW; § 94 S. 2 i.V.m. § 66 IV HwO für die Handwerkskammer. – Eine Entschädigungspflicht für die ehrenamtliche Tätigkeit ist nicht bei allen Versammlungen vorgesehen.

Bundkörperschaften in der Mitgliedskörperschaft eine hauptamtliche Funktion innehaben.[181] Sie nehmen dann ebenso wie etwa die „berufsmäßigen Mitglieder" des bayerischen Gemeinderats (§§ 40, 41 GO Bay) eine Doppelstellung ein.

Die Mitglieder besitzen, sofern die Versammlung keine Mitgliederversammlung aller Körperschaftsmitglieder ist, ein freies Mandat im Rahmen der Gesetze, d. h. sie sind an Aufträge und Weisungen nicht gebunden, sondern nur ihrem Gewissen unterworfen.[182] Sie sind insofern an keine Verpflichtungen gebunden und handeln nach ihrer freien, durch das Gemeinwohl bestimmten Überzeugung.[183] Auch dürfen sie von Dritten nicht an der Ausübung ihres Mandats gehindert werden.[184] Die scheinbare Ausnahme, daß den Vertretern der Mitgliedskörperschaften in den Zweckverbänden durch jene Weisungen erteilt werden können,[185] löst sich auf, wenn man bedenkt, daß nicht die Vertreter, sondern die Körperschaften Mitglied in Verband und Versammlung sind.[186]

Sie genießen zwar keine Immunität und Indemnität,[187] besitzen aber eine Reihe von Hauptbefugnissen und diese abstützenden Annexrechten.[188] Zu den Hauptbefugnissen gehören die aus dem freien Mandat fließenden Mitwirkungsrechte in der Versammlung, vor allem das Rede-, Antrags-, ggf. Fragerecht.[189] Differenziert wird bei einigen Körperschaften das Stimmrecht zugewiesen. Insbesondere bei Verbandskörperschaften kann die Satzung vorsehen, daß ein Vertreter der Mitgliedskörperschaft, entsprechend deren relativer Größe, mehr Stimmen in der Versammlung besitzt.[190] Die Vertreter der Mitgliedskörperschaften des Verbandes besitzen außerdem kein freies, sondern ein gebundenes Mandat.[191] Um die Entsprechung von Mitbestimmung und Pflichtigkeit herzustellen, ermöglicht § 65 I HwO die Übertragung des Stimmrechts auf den Leiter eines Nebenbetriebes nach § 2 Nr. 2 oder 3 HwO, wenn dieser die Pflichten des Übertragenden gegenüber der Innung übernimmt.[192] Sehr differenzierte Regelungen bezüglich der Stimmen bestehen

---

181 Sie sind aber keine „Ehrenbeamte" als „natürliche Personen, die auf Grund eines Beamten-(Dienst-) Verhältnisses mit einem Dienstherrn als Wahlbeamte auf Zeit, auf Widerruf oder auch lebenszeitlich verpflichtet und berechtigt sind, neben ihrem bürgerlichen Beruf, Renteneinkünften oder einem beamtenrechtlichen Hauptamt eine hoheitliche Amtsstelle im konkreten funktionalen Sinne wahrzunehmen", *Wolff/Bachof/Stober* 1987, § 110 Rn. 4; *Schröder* 2000, Rn. 70.
182 *Schröder* 2000, Rn. 71. Für die Repräsentativversammlung der Handwerkskammer vgl. § 94 S. 1 HwO; für die Kammern der Heilberufe etwa § 16 III KammerG BW; § 37 II S. 1, 2. Hs. HRG, zum Hochschulbereich § 37 III HRG, *Reich* 2002, § 37 Rn. 7, auch hier keine Weisungen durch die dienstlichen Vorgesetzten, Wählenden oder Entsendenden und Verbänden.
183 Etwa § 32 III GO BW; §37 I GO BBg; § 35 I GO Hess.
184 § 32 II GO BW.
185 Dies ist in einigen Bundesländern ausdrücklich geregelt (etwa § 13 V GKZ BW; Art. 33 II S. 4 GKZ Bay; § 15 II S. 5 GKG BBg; § 8 II S. 1 ZwVG RPf; § 13 III GKG i.V.m. § 112 I, III KSVG Saar; § 52 IV GKZ Sachs; § 22 II S. 3 GKG SaA) aber auch in den anderen Bundesländern anerkannt, *Luppert* 2000, S. 165.
186 *VGH München* NVwZ 1999, S. 143 f.; *Luppert* 2000 S. 164 f.; *Gern* 2003, Rn. 939; *Oebbecke* 1982, S. 9.
187 Vgl. aber § 51 II GO Bay.
188 Zu diesen gehören etwa Behinderungs- und Benachteiligungsverbote, § 94 S. 2 i.V.m. § 69 IV HwO; § 37 III HRG.
189 § 47 II GO NRW; *Schröder* 2000, Rn. 70.
190 Vgl. etwa § 13 II S. 2 GKZ BW für kommunale Zweckverbände; hier können die Stimmen dann nur einheitlich abgegeben werden, § 13 II S. 3 GKZ BW; § 88 S. 3 u. 4 HwO für die Kreishandwerkerschaft. Hier kann die Satzung sogar vorsehen, daß die Stimmen uneinheitlich abgegeben werden können.
191 *Gern* 2003, Rn. 939.
192 Weitere Stimmübertragungen sind durch die Satzung möglich, § 65 II HwO.

C. Die rechtliche Binnenstruktur der Körperschaft des öffentlichen Rechts 557

auch bei den Realkörperschaften. So stellen etwa die Wasserverbände letztlich auf die zu erwartenden Nachteile durch den Verband ab.[193] § 28 III BWaldG bestimmt, daß die Stimmrechte nach der Größe der Grundstücke der Mitglieder festzulegen sei, wobei jedem Mitglied jedoch mindestens eine Stimme zukommen muß. Eine besonders qualifizierte Mehrheit verlangt § 9 III BJagdG für Beschlüsse der Jagdgenossenschaft: Es ist sowohl der Mehrheit der anwesenden und vertretenen Jagdgenossen als auch der Mehrheit der bei der Beschlußfassung vertretenen Grundfläche erforderlich.

Neben der grundsätzlichen Pflicht zur Annahme, Ausübung[194] und gewissenhaften Amtsführung[195] hat das ehrenamtlich tätige Mitglied der Versammlung Pflichten, die seine unabhängige Amtsführung unterstützen, aber auch die Rechte Dritter schützen sollen. Die Gemeindeordnungen sprechen insofern detailliert von „uneigennütziger und verantwortungsbewußter" Führung der übertragenen Geschäfte,[196] halten ihn zur Verschwiegenheit in solchen Angelegenheiten, deren Geheimhaltung gesetzlich vorgeschrieben oder kraft Natur der Sache notwendig ist,[197] und zur gewissenhaften und unparteiischen Amtsführung an und verbieten ihm, wenn er nicht als gesetzlicher Vertreter handelt, Ansprüche gegenüber der Körperschaft geltend zu machen.[198] § 64 HwO schließt das Stimmrecht eines Mitglieds aus, wenn die Beschlußfassung ein Rechtsgeschäft zwischen ihm und der Innung betrifft.[199] Der Unterstützung seiner Neutralität dienen auch die Regeln über die Befangenheit von Versammlungsmitgliedern.[200] Ferner haben sie die Pflicht, an den Sitzungen teilzunehmen.[201] Angesichts der besonderen Verflechtung der Körperschaften des öffentlichen Rechts mit dem Staat über die Ausübung von Hoheitsbefugnissen, der Aufsicht und der Wahrnehmung einer öffentlichen Aufgabe auf der einen und der Gesellschaft, besonders ihrer Interessenartikulation auf der anderen

---

193 Vgl. § 48 III i.V.m. 13 II WVG: „Maßstab für die Festlegung der Stimmenzahl ist grundsätzlich der Vorteil, den der Beteiligte von der Durchführung der Verbandsaufgaben zu erwarten hat. Hat ein Beteiligter von der Durchführung der Verbandsaufgaben nur einen Nachteil zu erwarten oder überwiegt der Nachteil gegenüber dem zu erwartenden Vorteil, ist Maßstab für die Festlegung der Stimmenzahl der Nachteil". – Deutlicher konnte das Gesetz das Betroffenheitsprinzip als Grundlage der Partizipation kaum zum Ausdruck bringen.
194 § 16 I S. 1 KammerG BW mit Befreiungsmöglichkeit durch den Vorstand (S. 2).
195 § 32 I S. 2 GO BW.
196 § 17 I GO BW; *Gern* 2003, Rn. 571 f.
197 § 17 II u. 35 II GO BW; § 20 I GO RPf; dazu auch *OVG Koblenz* NVwZ-RR 1996, S. 685 ff.: Hierbei geht es in erster Linie um den Schutz Dritter, sowie Geheimhaltung weiterer Informationen aus Gründen des Gemeinwohls.
198 § 17 I GO BW; Art. 50 GO Bay; § 26 GO Hess; § 27 GO Nds; § 43 III GO NRW; § 21 GO RPf; § 26 II KSVG Saar; § 23 GO SH; § 29 I GO BBg; § 26 KV MV; § 19 III GO Sachs; § 30 III GO SaA, „kommunales Vertretungsverbot": „Dem Vertretungsverbot liegt der Gedanke zugrunde, die Gemeindeverwaltung von allen Einflüssen freizuhalten, die eine objektive, unparteiische und einwandfreie Führung der Gemeindegeschäfte gefährden könnten. Es soll verhindert werden, daß Gemeindeeinwohner die Funktion ehrenamtlich tätiger Bürger für ihre persönlichen Interessen ausnutzen und rechtsgeschäftlich bestellte Vertreter, die zugleich ehrenamtlich tätige Bürger sind, durch diese Doppelfunktion in einen Interessenwiderstreit geraten" *VGH Mannheim* BB 1993, S. 1690; (dazu auch *Schoch* 1984, S. 626 ff.; *Wolff/Bachof/Stober* 1999, § 35 Rn. 9). Es gilt auch im Ortschaftsrat (*BVerwGE* NJW 1988, S. 1994 f.) und im Kreisausschuß (*BVerwG* NJW 1984, S. 377 u. *BVerfG* [1. Kammer] NJW 1988, S. 694).
199 § 64 HwO – weitere Gründe können in der Satzung bestimmt werden. Dies gilt auch für die Innungsverbände (§ 83 I Nr. 3, § 85 II S. 1 HwO) und die Kreishandwerkerschaften (§ 89 I Nr. 5 HwO).
200 § 18 GO BW.
201 § 34 III GO BW.

Seite, kommt diesen Regelungen zur Begrenzung illegitimen Sondereinflusses besondere Bedeutung zu.

Bei einer Verletzung ihrer Rechte durch den Vorsitzenden können die Mitglieder teilweise zunächst die Versammlung anrufen. Ansonsten ist ein Organstreitverfahren möglich.[202]

bb. Differenzierung des Hauptverwaltungsorgans in Organteile

Zur Erleichterung seiner Arbeit differenziert sich die Versammlung in weitere Organteile, deren Bildung wiederum am detailliertesten in den Kommunalverfassungen vorgezeichnet ist.

(1.) Der Vorsitzende

Als Kollegialorgan bedarf die Versammlung eines Vorsitzenden, der die Sitzungen vorbereitet, die Versammlung einberuft und leitet und die Ordnungsgewalt ausübt.[203] Dieser kann wiederum ein gewähltes Mitglied der Versammlung oder kraft Amtes der Vorstand der Körperschaft sein.[204]

Zuweilen besitzt der Vorsitzende als solcher ein Einspruchsrecht (auch „Beanstandungs-", „Widerspruchs-" oder „Rügerecht" genannt) gegenüber der Versammlung, wenn er deren Beschlüsse[205] für rechtswidrig hält (vgl. etwa § 43 II S. 1 GO BW).[206] Meist kommt dies aber dem Vorstand zu (s. u.).

(2.) Die Ausschüsse

Jedenfalls bei größeren Körperschaften bildet das Repräsentativorgan Ausschüsse zur Vorbereitung eigener Entscheidungen (beratende) oder zur Wahrnehmung spezieller Aufgaben (beschließende) Ausschüsse.[207] Zur Einrichtung von Ausschüssen kann die Körperschaft gesetzlich verpflichtet (Pflichtausschüsse)[208] oder sie kann kraft ihrer Organisationsgewalt[209] dazu berechtigt sein, weitere Ausschüsse

---

202 Zu den Rechtsschutzmöglichkeiten der Gemeinderatsmitglieder gegenüber dem Vorsitzenden des Gemeinderats: *Rothe* 1992, S. 535; *Müller* 1994, S. 120 ff.
203 Ausführlich hierzu in bezug auf das Kommunalrecht *Rothe* 1992, S. 529 ff.; allgemein *Löer* 1999, S. 153 f.
204 Im Senat der Universitäten in Baden-Württemberg etwa der Rektor der Universität (§ 19 I S. 3 UG).
205 Hat der Vorstand aufgrund seiner Eilentscheidungsbefugnis (vgl. etwa § 43 IV GO BW) als Vertreter des Gemeinderats den Beschluß gefaßt, kann das Repräsentativorgan ihn aufheben, der Vorstand oder sein Vorsitzender aber auch Einspruch dagegen einlegen.
206 Allgemein *Löer* 1999, S. 35 ff.; für das Kommunalrecht *Gern* 2003, Rn. 506.
207 Vgl. hierzu zu den Ausschüssen der kommunalen Gebietskörperschaften: *Rothe* 2003, S. 55 ff. In der bayerischen Gemeindeordnung (Art. 32) „Gemeindesenate".
208 Vgl. etwa § 57 GO NRW: ein Hauptausschuß zur Koordinierung der Arbeit der weiteren Ausschüsse (§ 26 V GO NRW), ein Finanzausschuß zur Vorbereitung der Haushaltssatzung und Durchführung des Haushaltsplans (§ 26 VI GO NRW) und ein Rechnungsprüfungsausschuß, der die Haushaltsführung der Gemeinde begleitet und die Haushaltsrechnung überprüft (§ 26 VII GO NRW), *Rothe* 2003, S. 56; *Stober* 1996, S. 206; im Hochschulbereich in Baden-Württemberg etwa die Studienkommission als Organ des erweiterten Fakultätsrates (§ 25 IV UG BW); im Bereich der wirtschaftlichen Selbstverwaltung etwa der Lehrlingsausschuß nach § 67 II HwO und der Gesellenausschuß nach §§ 68 ff. HwO.
209 *Tettinger* 1997, S. 116.

einzurichten (freiwillige Ausschüsse). Die Notwendigkeit der Einrichtung von Pflichtausschüssen muß sich nicht aus dem Organisationsgesetz der Körperschaft ergeben, sondern folgt häufig aus anderen Gesetzen, die die dort zu verhandelnden Materien regeln.[210]

(a.) Die Rechtsstellung der Ausschüsse

Die Rechtsnatur der Ausschüsse wird von den Organisationsgesetzen unterschiedlich bestimmt. Teilweise werden sie neben der Versammlung und dem Vorstand als drittes Organ der Körperschaft bezeichnet,[211] teilweise sind sie keine eigenen Organe, sondern Organteile mit eigenen Innenrechtspositionen.[212] Die Abgrenzung ist nach *Wolff/Bachof* anhand der Frage zu beurteilen, ob die entsprechende Organisationseinheit selbst, in eigenem Namen, die Kompetenzen der juristischen Person, deren Teil sie ist, wahrnehmen kann oder ob sie einem dazu befugten Organ lediglich hilft.[213] Danach ist zwischen beschließenden und beratenden Ausschüssen zu unterscheiden: Beschließende Ausschüsse entscheiden anstelle der Versammlung.[214] Ihre Beschlüsse wirken ebenso wie die der Vertretungskörperschaft nach außen.[215] Insofern haben sie die Rechtsstellung eines Organs, auch wenn sie in den Organisationsgesetzen nicht als solche bezeichnet werden.[216] Fraglich ist dies in bezug auf die beratenden Ausschüsse. Sie bereiten die Verhandlungen der Versammlung lediglich vor, so daß sie nicht mit Wirkung nach außen handeln. Gegenüber der Versammlung mögen die Empfehlungen eines beratenden Ausschusses faktisch bindend sein, rechtlich gesehen besitzt sie Entscheidungsfreiheit. Es überzeugt daher nicht, mit Rücksicht auf dieses Faktum eine Organstellung der beratenden Ausschüsse anzunehmen.[217] Mithin sind beschließende Ausschüsse, sofern die Organisationsgesetze nichts anderes regeln, Organe der Versammlung der Körperschaft und, da die Versammlung ein Organ der Körperschaft ist, Unterorgane,[218] während beratende Ausschüsse Organteile der Versammlung sind.[219]

---

210 Vgl. etwa § 46 I BauGB zu den Umlegungsausschüssen; § 192 zu den Gutachterausschüssen; § 23 II S. 1 DenkmalschutzG NRW; §§ 70, 71 SGB VIII zu den Jugendhilfeausschüssen (vgl. auch *Rothe* 2003, S. 58); §§ 56 ff. BBiG zu den Berufsbildungsausschüssen.
211 Vgl. etwa § 60 Nr. 3 HwO für die Ausschüsse der Innungen und § 92 Nr. 3 HwO für die Ausschüsse der Handwerkskammern.
212 *Stober* 1996, S. 205; *Gern* 2003, Rn. 408; *Schreiber* 2000, S. 134 f Teilweise ist die Bildung von Ausschüssen auch in anderen Gesetzen vorgezeichnet, so etwa in § 71 SGB VIII für den Jugendhilfeausschuß der Gemeinden.
213 *Wolff/Bachof* 1976, S. 52 f.; *Schreiber* 2000, S. 135.
214 Vgl. etwa § 39 III S. 1 GO BW; *Rothe* 2003, S. 56.
215 Vgl. etwa die besonderen Ausschüsse nach § 36a SGB IV und die Erledigungsausschüsse nach § 66 SGB IV.
216 *Schreiber* 2000, S. 135: Das Rückholungsrecht der Versammlung unterstreicht den Charakter der Aufgaben der Ausschüsse als transitorische Wahrnehmungszuständigkeiten.
217 So aber *Schreiber* 2000, S. 136 f. Im beratenden Ausschuß findet rechtlich gesehen keine auf die eigene Entscheidung bezogene Willensbildung, sondern eine auf die fremde Entscheidung bezogene Meinungsbildung statt.
218 Dafür, daß der Hauptausschuß ein Unterorgan der Gemeinde ist, auch *RhPfVerfGH* NVwZ 1982, S. 498.
219 Für die Fach- und Regionalausschüsse der IHK etwa *Frentzel/Jäkel/Junge/Hinz/Möllering* 1999, § 8 Rn. 4.

Auch wenn nicht überall geregelt ist, daß die Ausschüsse „mit besonderen regelmäßigen oder vorübergehenden Aufgaben" betraut werden (§ 110 HwO), ergibt sich doch aus der Zentralstellung der Versammlung, daß die Ausschüsse, sofern dies nicht gesetzlich anders bestimmt ist, nur mit umgrenzten, sachlich oder temporal engeren Aufgabenkreisen betraut werden können. Ausgenommen von der Möglichkeit der Übertragung auf Ausschüsse sind Vorbehaltsaufgaben der Versammlung. Bei Körperschaften mit einer Mitgliederversammlung kann in einigen Fällen in der Verbandssatzung ein Ausschuß vorgesehen werden, der an die Stelle der Versammlung tritt. So kann bei Wasserverbänden ein Verbandsausschuß gewählt werden, der die Befugnisse der Verbandsversammlung wahrnimmt (§ 49 II S. 1 u. I WVG).[220]

Die Größe der Ausschüsse ist kaum gesetzlich geregelt. Sie ist funktionsbezogen zu bestimmen. Einerseits sollen die Ausschüsse die Arbeit der Versammlung optimieren, indem sie sie von Fach- und Detailfragen entlasten. Hierfür müssen sie möglichst klein bemessen sein. Andererseits werden hier wichtige Vorklärungen getroffen, die den späteren Entscheidungsprozeß beeinflussen. Hierfür müssen sie jedenfalls so groß sein, daß sie eine Repräsentation der Gruppen oder Fraktionen in der Versammlung ermöglichen.[221] Die Ausschüsse können auf Zeit oder dauerhaft gebildet werden.

Besondere Ausschüsse bestehen an Baden-Württembergs Hochschulen für Studentenangelegenheiten. Hier besteht keine verfaßte Studentenschaft als Zwangskörperschaft. Vielmehr ist auf der Zentralebene der AStA und auf der Fachbereichsebene die Fachschaft als Ausschuß von Senat und Fakultätsrat eingerichtet (§ 95 III S. 1; u. § 25 V S. 1 UG BW).[222] Teilweise ergibt sich die Verpflichtung zur Bildung von Ausschüssen auch nicht aus den Organisationsgesetzen selbst, sondern aus Spezialgesetzen.[223] Die Zuständigkeiten der beschließenden Ausschüsse sind regelmäßig beschränkt und unterliegen einem Rückholrecht der Vertretungskörperschaft.

(b.) Die Zusammensetzung der Ausschüsse

Ausschüsse setzen sich aus Mitgliedern der Versammlung, teilweise deren Vorsitzendem oder dem Verwaltungsleiter der Körperschaft kraft Amtes[224] und in einigen Fällen hinzugewählten Mitgliedern zusammen. Hinzugewählte Mitglieder dürfen jedenfalls bei Gemeindeausschüssen wegen Art. 28 I S. 2 kein Stimmrecht besitzen,[225] da sie die Mehrheitsverhältnisse der Versammlung widerspiegeln sollen. Bei

---

220 Vgl. auch § 30 BWaldG für die Forstbetriebsverbände.
221 *Rothe* 2003, S. 59.
222 Alle Fachschaften der Hochschule bilden gemeinsam den Fachschaftsrat, wobei der Asta-Vorsitzende zugleich Vorsitzender des Rates ist (§ 25 V S. 5 UG BW). Die anderen AStA-Mitglieder gehören dem Rat mit beratender Stimme an (§ 25 V S. 4 UG BW). Der Fachschaftsrat ist kein Organ der Hochschule, sondern ein gemeinsames Organ der Fakultätsräte. Dies zeigt sich auch daran, daß zwar die Fachschaft der Aufsicht des Dekans und der AStA der Aufsicht des Rektors untersteht (§ 95 VI S. 1 u. 2 UG BW), für den Fachschaftsrat aber keine entsprechende Aufsicht besteht.
223 So etwa der Jugendhilfeausschuß aus § 71 SGB VIII; der Umlegungsausschuß nach § 46 BauGB, Gutachterausschüsse nach § 192 BauGB.
224 Auch hier wieder der Rektor bei Ausschüssen des Senats der baden-württembergischen Universitäten, § 13 I S. 2 UG BW.
225 *Gern* 2003, Rn. 414.

Ausschüssen von homogenen Versammlungen muß jedoch keine proporzgenaue Repräsentation im Ausschuß stattfinden, da sie Angelegenheiten von geringerer Bedeutung behandeln und ein Rückholrecht der Vertretungskörperschaft besteht.[226] Anders steht es bei gruppenpluralen Versammlungen, bei denen häufig schon (vgl. etwa § 110 HwO) gesetzlich die Abbildung der Proportionen der Versammlung vorgesehen ist, wenn nicht aus anderen Gründen eine Abweichung vorgesehen ist.[227]

Eine Besonderheit bilden hier die Innungen. Der Gesellenausschuß wird gänzlich aus Nichtmitgliedern gebildet.[228] Deshalb ist durchaus fraglich, ob es sich um ein Organ der Innung oder eine selbständige, teilrechtsfähige repräsentative Körperschaft des öffentlichen Rechts[229] handelt.[230] Für eine Organstellung spricht, daß § 73 I S. 1 HwO die Innungsmitglieder zur Kostentragung für die Handwerksinnung und „ihren" Gesellenausschuß verpflichtet. Ihm kommt insofern die gleiche Aufgabe wie der Innung zu, als beide ein gutes Verhältnis zwischen Meistern, Gesellen und Lehrlingen anstreben sollen (§ 54 I Nr. 2 HwO; § 68 I S. 1 HwO). Dagegen sprechen vier Gründe: (1.) gehören dem Ausschuß ausschließlich Nichtmitglieder der Innung an. (2.) besitzt weder die Innungsversammlung als das Hauptorgan der Körperschaft (§ 61 I HwO) noch ein anderes aus Mitgliedern besetztes Organ der Innung Einfluß auf die Zusammensetzung des Ausschusses. (3.) unterscheidet § 68 I S. 1 HwO Innung und Gesellenausschuß durch die Regelung, daß beide für bestimmte Aufgaben zuständig sind. (4.) paßt die Anrufung der Handwerkskammer gegenüber der versagten oder nicht rechtzeitigen Erteilung der Zustimmung des Gesellenausschusses zu Beschlüssen der Innungsversammlung (§ 68 IV S. 2 HwO) nicht auf ein Organschaftsverhältnis, sondern nur auf das zwischen rechtlich wenigstens teilweise selbständigen Organisationen.[231] Diese Argumente erklären aber nur negativ, warum der Gesellenausschuß kein Organ der Innung ist; dafür die Residualkategorie der „Einrichtung eigener Art" zu bilden,[232] erscheint nicht nötig, so lange sich positive Aussagen zu einer vorhandenen Organisationsform machen lassen: Dem Gesellenausschuß sind eigene Aufgaben und Befugnisse rechtlich zugewiesen worden, die er als eigene und nicht nur transitorische geltend machen kann. Er ist mitgliedschaftlich verfaßt. Er kann im Verhältnis zur Innung die Rechtsaufsichtsbehörde anrufen. Diese drei Merkmale unterstreichen seinen Charakter als wenigstens teilrechtsfähige Körperschaft des öffentlichen Rechts.[233] Allerdings ist er organisatorisch eng mit der Innung verwoben. Er ist an einer Vielzahl der Entscheidungen der Innung zu beteiligen (§ 68 II HwO), was konkret ein Stimmrecht für eines seiner Mitglieder im Vorstand der Innung (§ 68 III Nr. 1 HwO), seiner sämtlichen Mitglieder in der Innungsversammlung (§ 68 III Nr. 2 HwO) und Parität bei der

---

226 *VGH Mannheim* 1990, S. 893 ff. (894).
227 Vgl. etwa für die Studienkommission als Ausschuß des erweiterten Fakultätsrats an den Hochschulen Baden-Württembergs § 25 IV S. 2 UG BW. Mitglieder sind der Studiendekan, drei Professoren (im erweiterten Fakultätsrat: alle), zwei Vertreter des wissenschaftlichen Dienstes und vier Studierende.
228 Zu den gesellschaftspolitischen Hintergründen seiner Einführung *Hoffmann-Riem* 1980, S. 38 ff.
229 *Wolff/Bachof/Stober* 1987, § 95 Rn. 13.
230 Str., dafür, allerdings im Sinne einer „Einrichtung besonderer Art": *Honig* 1999, § 68 Rn. 2. Dezidiert für die Eigenschaft als Organ dagegen *Fröhler* 1963, 49.
231 *Musielak/Detterbeck* 1995, § 68 Rn. 1.
232 *Musielak/Detterbeck* 1995, § 68 Rn. 1.
233 *Wolff/Bachof/Stober* 1987, § 95 Rn. 13.

Verwaltung von Einrichtungen, an deren Aufwand sich die Gesellen beteiligen (§ 68 Nr. 5 HwO) bedeutet. Angesichts der geringen Ingerenzmöglichkeiten der Innung auf den Gesellenausschuß muß als eigene, mit ihr eng verbundene teilrechtsfähige Körperschaft verstanden werden. Mit der Folge freilich, daß in der Innungsversammlung und den Ausschüssen[234] der Innung Mitglieder sitzen, die keine Mitglieder der Innung sind. Dabei ist allerdings zwischen den Gesellen, die im Betrieb eines Innungsmitglieds tätig sind, und anderen Nichtmitgliedern in den Ausschüssen zu unterscheiden, weil sie in engerer Beziehung zur Innung stehen als diese.[235]

Prinzipiell unproblematisch ist die Zusammensetzung von beratenden Ausschüssen. Da ihnen kein direkter rechtlicher Einfluß auf die Entscheidungen der Körperschaft zukommt, können Sie auch mit Nichtmitgliedern besetzt sein.[236] Solche Nichtmitglieder sind im Kommunalrecht besonders die „sachkundigen Einwohner" oder „sachkundigen Bürger".[237] Sie werden meist auf Vorschlag der im Rat vertretenen Fraktionen, deren Proporz entsprechend, durch den Rat berufen. Ihre Anzahl ist der Höhe nach beschränkt, wobei die Obergrenze unterhalb der Anzahl der Ratsmitglieder im Ausschuß liegt.[238] Problematisch ist jedoch, daß sachkundigen Einwohnern kommunaler beratender Ausschüsse mehr Rechte zustehen können als denjenigen Gemeinderatsmitgliedern, die nicht Mitglieder dieser Ausschüsse sind und deshalb nur als Zuhörer teilnehmen können. Die sachkundigen Einwohner hingegen könnten über das Beratungsergebnis abstimmen. Sachsen-Anhalt hat deshalb ihre Stellung als Mitglieder dieser Ausschüsse beschränkt: Sie zählen bei der Feststellung der Beratungsfähigkeit nicht mit und haben nur noch beratende Stimme (§ 48 II 1 SachsAnhGO, § 37 II 1 SachsAnhLKO).[239] Ihre Sachkunde soll mithin keinen rechtlich entscheidenden Einfluß auf die Bewertung der Beratungen in den abschließenden Entscheidungen der Ausschüsse haben.

(c.) Die Besetzung der Ausschüsse

Einen Anspruch auf Wahl in mindestens einen Ausschuß hat ein Versammlungsmitglied nicht, wohl aber ein Recht, als Zuhörer teilzunehmen.[240] Auch dadurch wird die Zentralstellung der Versammlung unterstrichen, der die Hoheit über die behandelten Gegenstände generell verbleibt, so daß ihre Mitglieder, auch wenn sie keine Ausschußmitglieder sind, hier ihre Rechte wahrnehmen können. Im übrigen

---

234 Die Satzung der Innung kann die Besetzung von weiteren Ausschüssen auch mit Gesellen vorsehen, *Honig* 1999, § 68 Rn. 4.
235 *Musielak/Detterbeck* 1995, § 67 Rn. 4.
236 Auch der faktische Einfluß der Vorberatungen auf das Abstimmungsverhalten im Rat ändert nichts daran, daß diejenigen entscheiden, die von den Bürgern dazu gewählt wurden. Grenzen bestehen darach im Hinblick auf die Freiheit bei der Zusammensetzung von Ausschüssen mit Entscheidungsbefugnissen, BayVGH NVwZ 1999, S. 1122. Dagegen *Waechter* 1997, Rn. 330, der diese Regelungen für verfassungswidrig hält.
237 Vgl. § 41 I 3 GO BW; § 36 IV KV MV; § 58 III GO NW; § 46 II GO SH; § 27 KO Thür.
238 Zum Ganzen *Waechter* 1997, Rn. 329 f., auch zu weiteren Rechtsproblemen und zum politischen Problem, daß sich die Gemeindevertretungen zu Verbändeparlamenten entwickelten.
239 Vgl. *Kang* 1998, S. 84.
240 Vgl. etwa §§ 35 V, 36 V KV MV, vgl. auch *Rothe* 2003, S. 59.

C. Die rechtliche Binnenstruktur der Körperschaft des öffentlichen Rechts 563

müssen Ausschüsse in ihrer Zusammensetzung ein proporzgenaues Abbild der Stärkeverhältnisse der Fraktionen in der Versammlung sein.²⁴¹

Einige Körperschaften mit großem Einzugsbereich oder hohen Mitgliederzahlen bilden aufgrund der Satzung regionale Ausschüsse, die sich mit den örtlichen Angelegenheiten der Körperschaft beschäftigen.²⁴²

Die Mitglieder der Ausschüsse werden von den Versammlungen, durch deren Gruppen ggf. auch durch Verhältniswahl innerhalb der Fraktionen, die diese dann entsenden,²⁴³ gewählt. Sofern sie stimmberechtigt sind, müssen sie in den beschließenden Ausschüssen Mitglieder der Vertretungskörperschaft sein.²⁴⁴ Eine Besonderheit stellen die Berufsbildungsausschüsse (§§ 56 ff. BBiG i.V.m. § 8 IHKG) dar. Ihre Errichtung erfolgt nach § 56 I S. 1 i.V.m. § 75 BBiG für die Berufsbildung in Gewerbebetrieben, die keine Handwerksbetriebe oder handwerksähnliche Betriebe darstellen, durch die IHKn. Die Berufsbildungsausschüsse sind damit Organe der IHKn.²⁴⁵ Sie haben das Recht, von der Kammer informiert und angehört zu werden und die Befugnis zur Rechtsetzung (§ 58 I u. II S. 1 BBiG). Ihre Mitglieder werden jedoch nicht durch die Versammlung gewählt, sondern von der nach Landesrecht zuständigen Behörde berufen (§ 56 II BBiG) und ggf. abberufen (§ 56 IV, V BBiG). Dabei besitzt die IHK ein Vorschlagsrecht für die Arbeitgebervertreter im Ausschuß, die im Kammerbezirk bestehenden Gewerkschaften oder anderen Arbeitnehmerorganisationen ein Vorschlagsrecht für die Arbeitnehmervertreter. Für die Lehrer an berufsbildenden Schulen besteht kein entsprechendes Vorschlagsrecht.²⁴⁶ Die solchermaßen vermittelte Legitimation kann also nicht auf die Kammer zurückgeführt werden, sondern ist eine staatliche Legitimation aufgrund der Entscheidung einer staatlichen Behörde, die von der Kammer wie auch von den genannten gesellschaftlichen Vereinigungen lediglich vorbereitet wird.

Da die beratenden Ausschüsse mangels Entscheidungsbefugnis keine Organe der Körperschaft sind, sondern entlastende und vorbereitende Funktionen für die Entscheidungen der Beschlußorgane haben, geschieht der mitgliedschaftlichen Prägung der betreffenden Körperschaft kein Abbruch, wenn diese Hilfsorgane neben gewählten Mitgliedern auch staatlich bestimmte Mitglieder besitzen. So bestehen die beratenden Fachausschüsse für Psychotherapie bei den kassenärztlichen Vereinigungen zur Hälfte aus gewählten Mitgliedern und zur anderen Hälfte aus auf Vorschlag der Verbände der Psychotherapeuten von den zuständigen staatlichen Aufsichtsbehörden ernannten Vertretern (§ 79 b SGB V).

Keine Ausschüsse im vorgenannten Sinne von Organen oder Organteile der Körperschaften sind die Landes- und Bundesausschüsse der Krankenkassen und kassenärztlichen Vereinigungen nach §§ 90 f. SGB V. Sie bestehen neben je acht Vertretern

---
241 *Waechter* 1997, Rn. 326.
242 So etwa die auf Kreisebene in Bayern bestehenden Industrie- und Handelsgremien, ansonsten auch „Kreis-", und „Stadtausschüsse", *Frentzel/Jäkel/Junge/Hinz/Möllering* 1999, § 8 Rn. 3.
243 *Gern* 2003, Rn. 415.
244 Vgl. etwa § 13 I S. 4 UG BW; im Kommunalbereich können sachkundige Bürger als beratende Mitglieder hinzugezogen werden, § 40 I GO BW; In die beratenden Fachausschüsse der IHKn als Hilfsorgane werden fachkundige Mitglieder, regelmäßig Leiter von kammerzugehörigen Unternehmen gewählt, § 8 IHKG i.V.m. der Satzung der IHK.
245 *Frentzel/Jäkel/Junge/Hinz/Möllering* 1999, § 6 Rn. 2.
246 *Frentzel/Jäkel/Junge/Hinz/Möllering* 1999, § 8 Rn. 8.

der Kassen und der Ärzte aus einem unparteiischen Vorsitzenden und zwei weiteren unparteiischen Mitgliedern, die durch die für die Sozialversicherung zuständige oberste Landesbehörde resp. den Bundesminister für Gesundheit im Benehmen mit den Kassen und Kassenärztlichen Vereinigungen berufen werden (§§ 90 II u. 91 II SGB V). Wie sich die Bestellung durch die Verbände vollzieht, ist nicht geregelt. Sie sind Weisungen der Verbände nicht unterworfen. Die Ausschüsse unterstehen der Aufsicht der für die Sozialversicherung zuständigen obersten Landesbehörde resp. des Bundesministers für Gesundheit. Sie haben hoheitliche Befugnisse wie etwa die Anordnung von Zulassungsbeschränkungen, den Erlaß von Richtlinien (§ 92 SGB V) und andere.[247] Von den Ausschüssen der Körperschaften unterscheiden sie sich dadurch, daß sie nicht nur von zwei Körperschaften, sondern auch noch durch staatlich bestimmte Mitglieder gebildet werden. Die staatliche Berufung von Ausschußmitgliedern ist insbesondere auch für beschließende Ausschüsse ungewöhnlich. Schließlich deutet auch die eigene Unterstellung unter die staatliche Aufsicht auf eine Verselbständigung hin, die bei anderen Ausschüssen unbekannt ist. Ihre Rechtsnatur ist nebulös als „die obersten beschließenden Einrichtungen der gemeinsamen Selbstverwaltung" bezeichnet worden.[248] Der Begriff ist doppelt irreführend: Erstens besitzen sie angesichts der starken Kontrollmöglichkeiten keine echte Selbstverwaltungssubstanz; zweitens sind sie von einer – angesichts des Fehlens der Patienten legitimatorisch problematischen – Interessendivergenz,[249] nicht Homogenität der berufenden Körperschaften geprägt.[250] Ihnen allein aufgrund ihrer Kollegialstruktur das Prädikat „teilrechtsfähige Körperschaft" zu verleihen,[251] verwechselt Kollegialprinzip und Körperschaftsstruktur: Die gemeinsame Entscheidung macht die Bundesausschüsse nicht zu Körperschaften. Repräsentativkörperschaften sind sie angesichts der staatlichen Berufung der drei unparteiischen Mitglieder ebensowenig.[252] Bei aller Schwierigkeit gemeinsamer Merkmale nicht-rechtsfähiger Anstalten kann jedoch auch der Versuch, die Bundesausschüsse als solche einzustufen,[253] nicht überzeugen.[254] Der Umfang ihrer Legitimation würde nur ausreichen, sie als Sachverständigengremium zu verstehen.[255]

---

247 *Tempel-Kromminga* 1994, S. 32 f.; KK-*Hess* SGB V, § 90 Rn. 6 u. 91 Rn. 3.
248 BSG SozR 3-2500 § 92 Nr. 6.
249 Weitere „Außenseiter" sind insbesondere die Arzneimittelhersteller, Apotheker und sonstige nichtärztliche Leistungserbringer, *Muckel* 2002, S. 119, der darauf hinweist, daß inzwischen auch das Justiz- anders als das Gesundheitsministerium die demokratische Legitimation der Bundesausschüsse kritisch beurteilt. Zusammenfassend (124): „Auch die personelle demokratische Legitimation besonderer Entscheidungsgremien wie der Bundesausschüsse der Ärzte (bzw. Zahnärzte) und Krankenkassen ist, gemessen an den Anforderungen des BVerfG zu Art. 20 II 1 GG, defizitär. Ihnen fehlt nicht nur der Zurechnungszusammenhang mit dem Volk i.S. von Art. 20 II 1 GG. Sie treffen überdies Entscheidungen, die auch für Personen verbindlich sind, die nicht in ihnen vertreten sind. Die Versicherten können mit einigem Konstruktionsaufwand vielleicht noch als von den Krankenkassen mitvertreten angesehen werden; die sog. Außenseiter, etwa die Nicht-Vertragsärzte, dagegen sind eindeutig nicht in den Bundesausschüssen vertreten, obwohl sie von manchen ihrer Entscheidungen betroffen sind, etwa bei der vertragsärztlichen Bedarfsplanung".
250 *Schmidt-Aßmann* 2001, S. 89 f.
251 *Andreas* 1975, S. 42.
252 *Tempel-Kromminga* 1994, S. 22: Weder Körperschaft noch Organ derselben. Letztlich: Anstalten (S. 111).
253 *Tempel-Kromminga* 1994, S. 117: teilrechtsfähige Anstalten des öffentlichen Rechts.
254 *Schmidt-Aßmann* 2001, S. 90.
255 Auf diesen Sachverstand stellt auch das *BVerfG* (NJW 1999, S. 3404 [3405]) ab.

C. Die rechtliche Binnenstruktur der Körperschaft des öffentlichen Rechts   565

(3.) Die Fraktionen

Versammlungen mit gruppenhomogener Mitgliedschaft bilden zur Vereinfachung und Effektuierung ihrer Arbeit Fraktionen.[256] Diese sind im kommunalen Bereich teilweise in den Gemeindeordnungen bereits vorgesehen.[257] Auch sonst gründen sie sich aber auf die Organisationsgewalt der Versammlung und sind daher keine privatrechtlichen,[258] sondern öffentlich-rechtliche Organisationen. Außer in Hessen[259] erfolgt der Zusammenschluß gleichgesinnter Versammlungsmitglieder freiwillig, jedoch nicht durch natürliche Personen, sondern durch Mitglieder von öffentlich-rechtlichen Vertretungskörperschaften, die dadurch eine Verbesserung der Wahrnehmung ihrer Befugnisse erreichen wollen.[260] Als solche sind sie dann Organteile der Versammlung.[261] Sie verfügen über eigene Antrags-, Informations- Akteneinsichts- und Rede-[262] sowie Rechte auf Mitwirkung an der Besetzung der Ausschüsse und teilweise auch auf Einberufung des Gemeinderates,[263] die sie im Kommunalverfassungsstreitverfahren durchsetzen können.[264] Aufgrund dieser Befugnisse sind sie öffentlich-rechtlich teilrechtsfähig.[265] Der Zusammenschluß ist mit dem Ende der Wahlperiode aufgelöst. Ihre Mindestgröße beträgt im Gemeinderecht zumeist zwei Ratsmitglieder.[266] Die innere Ordnung der Fraktionen wird durch ein Statut geregelt. Es muß demokratischen und rechtsstaatlichen Anforderungen entsprechen.[267]

(4.) Weitere Differenzierungen der Versammlung

Einige Gemeindeordnungen oder Hauptsatzungen sehen außer den genannten noch weitere Organteile vor, die etwa den Vorsitzenden bei der Erstellung der Tagesordnung und dem Gang der Verhandlungen beraten sollen (Ältestenrat, § 33 a GO BW) oder die Bildung von Beiräten für spezielle Sachfragen.

---

256 *Stober* 1996, S. 215.
257 Vgl. z. B. 39b I GO NdS und Abs. 2: „Fraktionen und Gruppen wirken bei der Willensbildung und Entscheidungsfindung im Rat, im Verwaltungsausschuß und in den Ausschüssen mit. Ihre innere Ordnung muß demokratischen und rechtsstaatlichen Grundsätzen entsprechen"; §§ 30 VII GO NRW; 36a I 1 GO Hess; 34 V GO RPf; 30 V KSVG Saar; 32a I, III GO SH.
258 A.A. VGH München, NJW 1988, S. 2754 ff. (2755) für Fraktionen in denjenigen Bundesländern, die sie nicht in ihren Gemeindeordnungen vorsehen.
259 § 36a GO Hess, nach dem die Gemeindevertreter einer Partei oder Wählervereinigung eine Fraktion bilden.
260 *Schmidt-Jortzig/Hansen* 1994, S. 117.
261 *BVerwG* DÖV 1992, S. 832; *Schmidt-Aßmann* 2003, Rn. 66a; *Schmidt-Jortzig/Hansen* 1994, S. 117. Sie sind nicht deren Organe, weil sie nicht für das Ganze der Versammlung auftreten, *Stober* 1996, S. 213.
262 §§ 36a III, 50 II S. 2 GO Hess; § 34 IV KV MV; §§ 47 I S. 4 48 I S. 2 GO NRW; § 34 V S. 2 GO RPf; § 41 I S. 2 u. 3 KSVG Saar; § 34 IV S. 3 GO SH; § 35 IV S. 2 KO Thür.
263 § 47 I GO NRW; § 41 I KSVG Saar; § 29 II S. 3 KV MV; *Schröder* 2000, Rn. 74.
264 *Stober* 1996, S. 213.
265 *Gern* 2003, Rn. 422.
266 § 30a I GO RPf; BVerwG DÖV 1979, S. 790; OVG Koblenz NVwZ-RR 1997, S. 310; eine "Ein-Mitglied-Fraktion" nimmt *Stober* (1996, S. 213) an, weil die 5%-Hürde überwunden und dies auch aus Gründen der statusrechtlichen Gleichstellung erforderlich sei; kritisch dazu *Gern* 2003, Rn. 421 mit Rücksicht auf die Funktion der Fraktionen.
267 § 40 II S. 3 GO Bbg; § 23 V S. 3 KV MV; § 39b II S. 2 GO Nieders; § 56 II GO NRW; *Stober* 1996, S. 214; *Gern* 2003, Rn. 423.

c. Das Verhältnis des Hauptorgans zu seiner innerkörperschaftlichen und außerkörperschaftlichen Umwelt

Wie bei der Erörterung der Selbstverwaltung schon angedeutet wurde, ist das Kennzeichen körperschaftlicher Selbstverwaltung nicht die eigenverantwortliche Aufgabenwahrnehmung, die sie mit anderen Selbstverwaltungsträgern teilt, sondern ihre spezielle Binnenorganisation zur Wahrnehmung dieser Aufgaben. Die Besonderheit besteht in der Einbeziehung der Mitglieder in die Aufgabenerledigung. Entscheidend ist hier, daß zu der gesetzlich vermittelten demokratischen Legitimation der Körperschaft die autonome durch die Mitglieder hinzutritt. Sie sind nicht nur die Nutznießer der Selbstverwaltungsorganisation, sondern deren Träger. Damit die Organe der Organisation autonom legitimiert sein können, muß den Mitgliedern mithin entscheidender Einfluß auf deren Besetzung mit Organwaltern zukommen. Ohne eine solche Struktur mögen sie gleichwohl, und vielleicht sogar besser demokratisch legitimiert sein; eine körperschaftliche Legitimation besitzen sie dann nicht.

Soweit mithin den Organen der Körperschaft autonome Legitimation zukommen soll, müssen sie durch die Mitglieder gewählt sein. Das bedeutet nicht, daß diesen auch gleicher Einfluß auf die Zusammensetzung der Organe zukommt. Während die demokratische Legitimation strikt gleichen Einfluß aller Staatsbürger verlangt, ist die freiheitsbezogene autonome Legitimation Differenzierungen zugänglich, die Unterschiede nach dem Sinn der Körperschaft, vor allem aber nach der Betroffenheit in subjektiven Rechten durch die Entscheidungen der Körperschaft zuläßt.[268]

aa. Die Besetzung des Hauptorgans

Durch die beschränkten Amtszeiten der Organwalter wird ein Moment der Diskontinuität in die Versammlung eingeführt, das eine Entscheidung über die Neubesetzung verlangt. Dadurch wird das Organ in regelmäßigen Abständen an seine Umwelt gekoppelt und für Innovationspotentiale geöffnet und so in eine permanente Dynamik versetzt.[269] Vor allem aber wird den Organen eben dadurch ihre personelle Legitimation vermittelt.[270] Diese Entscheidung kann nun mehr (Wahl) oder weniger (Kooptation, Friedenswahl) umweltoffen sein. Das Wahlverfahren ist hier aber doppelt funktional: Einerseits öffnet es die Versammlung gegenüber dem Einfluß der Wahlberechtigten; andererseits schließt es eben dadurch die Besetzung der Organwalterstellen gegenüber anderen Einflüssen aus der Organisationsumwelt ab. Das bedeutet insbesondere, daß die personelle demokratische Legitimation letztlich über einen parlamentarisch verantwortlichen Minister unterbrochen und in der oben gekennzeichneten Weise durch eine organisations-autonome personelle Legitimation ersetzt wird. Diese Doppelfunktionalität des Wahlverfahrens verleiht der Körperschaft ihre Eigenart gegenüber anderen Organisationsformen von rechtlich verselbständigter Selbstverwaltung. Selbstrekrutierungsmechanismen

---
268 Vgl. bereits oben S. 542.
269 *Kirste* 1998, S. 377 f.; *Riescher* 1994, S. 207 ff. zu Macht und Amtszeiten.
270 *Schnapp* 2000, S. 821; *Tettinger* 1997, S. 113.

C. Die rechtliche Binnenstruktur der Körperschaft des öffentlichen Rechts

der Versammlung hingegen schließen das Hauptverwaltungsorgan stärker gegenüber seiner Umwelt ab. Hier droht die Diskontinuität der Amtsperioden durch eine Kontinuität der Organwalter überspielt und so eine Macht aufgebaut zu werden, die sich externer Kontrolle entzieht. Soll hier die demokratische Fundierung aller staatlichen Gewalt nicht beseitigt werden, bedarf es kompensatorischer Maßnahmen durch eine engmaschigere sachliche Steuerung oder staatlichen Einfluß auf die Selbstrekrutierung, um die demokratische Legitimation zu gewährleisten. Gemeinsam ist ihnen aber, daß sie nicht auf die Gesamtheit der Körperschaftsmitglieder zurückgeführt wird.

Weniger als in der Grundstruktur der Versammlung lassen sich bei der Rekrutierung der Organwalter Gemeinsamkeiten aufzeigen. Der Grund ist zunächst die unterschiedliche verfassungsrechtliche Fundierung der verschiedenen Körperschaften und ihrer Organe, dann aber auch Aufgabenstruktur und unterschiedliche Betroffenheit der Mitglieder durch die Maßnahmen der Körperschaften.

(1.) Die Wahlen zum Gemeinderat

(a.) Art. 28 I S. 2 GG

Die verfassungsrechtliche Regelung der Besetzung der körperschaftlichen Repräsentativversammlungen ist am stärksten ausgeprägt für die Gemeinden und Kreise in Art. 28 I S. 2 GG. Während Art. 28 II GG die Verselbständigung der kommunalen Gebietskörperschaften in bezug auf ihre Rechtsstellung und die eigenverantwortliche Aufgabenwahrnehmung der lokal radizierten Angelegenheiten sichert, verkomplettiert die Normativbestimmung[271] des Art. 28 I S. 2 GG diese Garantie um Vorgaben für die Besetzung der Repräsentativversammlung. Auf diese Weise ist verfassungsrechtlich eine ausdifferenzierte innere Struktur der Gebietskörperschaften in Form der Gemeinden und Kreise gewährleistet.

Die Mitglieder der Repräsentationsorgane der Bundesländer, Kreise und Gemeinden sollen nach den gleichen Grundsätzen der allgemeinen, unmittelbaren, freien, gleichen und geheimen Wahl bestimmt werden wie die des Bundestages. Die Homogenitätsforderung des Art. 28 I S. 2 GG gilt zwar für die Vertretungen der genannten Gebietskörperschaften, macht aber keine Vorgaben bezüglich ihrer gewaltenteiligen Stellung. Insbesondere läßt sich daraus nicht der Parlamentscharakter der Gemeinde- und Kreisräte ableiten.[272] Art. 28 I S. 2 GG ist vielmehr im Zusammenhang mit Absatz 2 zu verstehen und bezieht sich so auf die Gemeinden und Kreise als Selbstverwaltungskörperschaften.[273]

Die Regelung hat zwar ausdrücklich nur die beiden genannten kommunalen Gebietskörperschaften im Blick, schließt aber nicht aus, daß auch andere kommunale Körperschaften wie die Gemeindeverbände gleich strukturiert werden.[274]

---

[271] Als solche richtet sie sich an den Landesgesetzgeber und enthält Vorgaben für die Ausgestaltung der Kommunalwahlgesetze, GG-Kommentar Dreier-*Dreier* Art. 28, Rn. 54.
[272] GG-Kommentar Dreier-*Dreier* Art. 28, Rn. 70.
[273] *BVerwG* DVBl. 1993, S. 153 f. (154).
[274] v. Mangoldt/Klein/Starck-*Tettinger* Art. 28, Rn. 97; Berliner-Kommentar-*Vogelsang* Art. 28, Rn. 42.

Auch fordert er allgemeine, unmittelbare, freie, gleiche und geheime Wahlen nur zum kommunalen Repräsentativorgan, läßt aber Raum dafür, daß auch andere Organe direkt durch die Körperschaftsmitglieder in der genannten Weise gewählt werden.[275] Daraus ergeben sich Grenzen für die Einführung von Managementstrukturen, bei denen Entscheidungsprozesse nicht über eine aus dem Gemeindevolk sich ergebende Legitimation zurückgeführt werden würden.[276] Zwar sind die Strukturen der Wahl zu den Repräsentativorganen vorgeschrieben; nicht notwendig ist aber, daß alle Willensäußerungen der Mitglieder der Gebietskörperschaften auf ein Repräsentativorgan gerichtet sind. Möglich bleibt die Einführung von unmittelbar demokratischen Elementen in die Kommunalverfassungen.[277]

Für die Repräsentativversammlung der Kreise und Gemeinden wird durch Art. 28 I S. 2 GG eine unmittelbare demokratische Legitimation gefordert, die auf das Teilvolk der Gemeinde- bzw. Kreismitglieder zurückgeführt werden kann. Dieses Volk ist durch die deutsche Staatsangehörigkeit (Art. 116 GG) einerseits und die Zugehörigkeit zur (kreisangehörigen) Gemeinde andererseits umgrenzt.[278] Die Wahlgrundsätze strukturieren den Einfluß der Körperschaftsmitglieder auf die Besetzung des Hauptverwaltungsorgans. Sie sichern, daß alle Bürger den gleichen Einfluß besitzen (Allgemeinheit der Wahl). Der lokale Bezug der Wahl fordert auch beim passiven Wahlrecht eine Gleichheit aller lokalen Parteien und kann zur Rechtfertigung einer Differenzierung gegenüber überörtlichen Einflüssen dienen. Die aus der Betroffenheit von lokalen Problemen erwachsenen Wählervereinigungen bzw. „Rathausparteien" sind daher den landesweiten Parteien prinzipiell gleichzustellen.[279]

Um einer Selbstrekrutierung entgegenzusteuern, muß der Wahlprozeß offen gehalten werden für einen nicht durch Gemeindorgane gesteuerten Prozeß der Auseinandersetzung unter den Gemeindebürgern. Der ansonsten üblichen und notwendigen Öffentlichkeitsarbeit der Körperschaftsorgane sind damit im Umfeld der Wahlen Grenzen gesetzt, damit sie nicht zu einer Wahlwerbung mutiert und sich so die Willensbildung statt von den Bürgern zu den Gemeindorganen von diesen zu jenen hin vollzieht.[280] Insofern fordert der Grundsatz der Freiheit der Wahl[281] eine Öffnung der Gemeindorgane gegenüber der Umwelt auch auf Kosten der Gefährdung der eigenen Machterhaltung.

Ohne hier ausführlich auf die Wahlgrundsätze einzugehen, ist doch hervorzuheben, daß die Grundsätze der Unmittelbarkeit und der Freiheit der Wahl für die

---

275 v. Mangoldt/Klein/Starck-*Tettinger* Art. 28, Rn. 11; GG-Kommentar Dreier-*Dreier* Art. 28, Rn. 68.
276 GG-Kommentar Dreier-*Dreier* Art. 28, Rn. 68.
277 GG-Kommentar Dreier-*Dreier* Art. 28, Rn. 65 u. 71.
278 Berliner-Kommentar-*Vogelsang* Art. 28, Rn. 53; v. Mangoldt/Klein/Starck-*Tettinger* Art. 28, Rn. 84.
279 BVerfGE 11, S. 266 ff. (275): „Es gehört zum Wesen der in den überschaubaren Verhältnissen des 19. Jahrhunderts gewachsenen kommunalen Selbstverwaltung, daß sie von der Mitwirkung angesehener, mit den heimischen Verhältnissen besonders vertrauter Mitbürger getragen wird und sich an den besonderen Bedürfnissen der örtlichen Gemeinschaft orientiert. Aus der Garantie der kommunalen Selbstverwaltung in Art. 28 GG muß also gefolgert werden, daß die Auslese der Kandidaten für die kommunalen Wahlkörperschaften jedenfalls auch örtlich muß bestimmt werden können und daher nicht ausschließlich den ihrem Wesen und ihrer Struktur nach in erster Linie am Staatsganzen orientierten politischen Parteien vorbehalten werden darf".
280 *Gern* 2003, Rn. 320.
281 Hierzu etwa v. Mangoldt/Klein/Starck-*Tettinger* Art. 28, Rn. 111 f.

genannten Gebietskörperschaften die Friedenswahl ausschließen.[282] Problematisch in bezug auf die Gleichheit der Wahl sind dabei Modelle von *Friedenswahlen*, die bei nur einem Wahlvorschlag einen Verzicht auf die Wahl vorsehen.[283] Angesichts hoher Quoren für die Einreichung von Wahlvorschlägen wird dabei Verbandsvertretern ein höherer Einfluß eingeräumt als normalen Mitgliedern: Die Tendenz zur Oligarchisierung wird in die Körperschaft getragen. Rechtfertigungsbedürftig sind auch gruppenspezifische Wahlen, die zwar dem jeweiligen Gruppenmitglied einen gleichen Einfluß innerhalb seiner Gruppe, nicht aber in bezug auf das Organ, dessen Zusammensetzung bestimmt werden soll, einräumt.[284] Hierdurch würde die Rekrutierung der Mitglieder der Repräsentativkörperschaft in die Hände von Dritten gelegt. Im übrigen macht aber das GG keine Vorgaben für die Einzelheiten des Wahlsystems.[285] Es rechtfertigt jedoch über Art. 87 II GG auch nicht die Rücknahme der personellen Legitimation durch Friedenswahlen.[286]

Nicht vereinbar mit dem Grundsatz der Unmittelbarkeit der Wahl ist das *Kooptationsverfahren*, bei dem externe Organmitglieder durch die Organe selbst, nicht aber durch die Körperschaftsmitglieder bestimmt werden.[287] Hier verselbständigt sich dasjenige Organ, das die personelle demokratische Legitimation der Körperschaftsentscheidungen durch das Staatsvolk durchbricht, von den Mitgliedern der Körperschaft, deren Willensäußerungen alleine in der Lage sind, diesen Einflußknick zu rechtfertigen, so daß die autonome Legitimation seiner Entscheidungen ausgeschlossen ist.[288]

Auch das Prinzip paritätischer Wahlen wirft Probleme auf. Die gewählten Amtswalter erscheinen hier vielmehr als Exponenten ihrer Verbände denn als Repräsentanten der Körperschaftsmitglieder.[289] „Feste Vorschlagsrechte Dritter sind tolerabel, sofern der legitimierenden Instanz eine Auswahl unter mindestens zwei Vorgeschlagenen oder ein nicht auf eine reine Rechtskontrolle begrenztes Zurückweisungs- und Ergänzungsrecht vorbehalten bleibt.[290]

Die Wahlrechtsgrundsätze halten so den Prozeß der personellen Erneuerung des Repräsentationsorgans offen für den lokal begrenzten prinzipiell gleichen, freiwilligen Einfluß durch die Gemeindemitglieder und schirmen ihn einerseits ab gegenüber Persistenzbedürfnissen der Organisation und andererseits die lokale Funktion des Hauptverwaltungsorgans beeinträchtigenden Einflüssen überörtlicher Kräfte.

---

282 *BVerfGE* 13, S. 1 ff. (18 f.) – Friedenswahl; 47, S. 253 ff. (283) – Gemeindeparlamente; Kritisch zur Friedenswahl über die Gebietskörperschaften hinaus etwa *Stober* 2001, S. 397; *Schnapp* 2000, S. 807 ff.; *Wimmer* 2004, S. 3369: Friedenswahlen in der Sozialversicherung sind verfassungswidrig; zur beschränkten Rechtfertigung von Friedenswahlen *Muckel* 2001, S. 151 ff.
283 *Emde* 1991, S. 127 u. 164 f.; *Kluth* 1997, S. 459 f.; *Wimmer* 2004, S. 3369 bestreitet daher den Charakter dieses Rekrutierungsvorgangs als Wahl.
284 *Haverkate* 1988, S. 238; *Emde* 1991, S. 128.
285 v. Mangoldt/Klein/Starck-*Tettinger* Art. 28, Rn. 101; GG-Kommentar Dreier-*Dreier* Art. 28, Rn. 65.
286 *Wimmer* 2004, S. 3370: auch sonst ergebe sich für die fehlende Mitwirkung der Mitglieder im Falle von Friedenswahlen keine Rechtfertigung.
287 *Emde* 1991, S. 129; *Kluth* 1997, S. 472 f.
288 Organisationssoziologisch entsteht somit ein Oligarchieproblem, auf das früh schon Michels (oben, Erster Teil C V 1 b) und im Rahmen des Rational Choice Ansatzes auch Coleman (oben, Erster Teil, D I 1) hingewiesen haben. Zu diesem Zusammenhang auch *Zippelius* 2003, S. 184 f.
289 *Emde* 1991, S. 178 f.
290 *Schmidt-Aßmann* 1991, S. 361.

(b.) Aspekte des Kommunalwahlrechts

Abgesehen von der konkreten Ausgestaltung der Wahlsysteme,[291] auf die hier nicht näher einzugehen ist, sind noch Besonderheiten hervorzuheben, die von allgemeinerem Interesse für die Binnenstruktur der Körperschaft des öffentlichen Rechts sind.

Die Gemeinden beziehen ihre besondere Legitimation nicht nur aus der dem Homogenitätsprinzip folgenden demokratischen Struktur ihrer Wahlvorgänge, sondern auch aus dem lokalen Bezug und der stärkeren örtlichen Integration der Bürger. Für die politischen Parteien, deren Engagement heute aufgrund der Erkenntnis, daß auch in diesem Selbstverwaltungsbereich lokale Politik nicht nur betrieben wird, sondern in mancher Hinsicht Basis des gestuften Demokratiemodells des GG ist,[292] anders als in der Weimarer Republik unbestritten ist, bedeutet die Teilnahme an Kommunalwahlen die Chance, durch den engeren Kontakt mit den Bürgern stärkeres Profil zu gewinnen.[293] Umgekehrt fordert aber Art. 28 II GG, daß den Parteien im Sinne von § 2 PartG die lokalen Rathausparteien und Wählervereinigungen gleichgestellt werden.[294] Gerade diese Organisationen des lokalen Gemeinschaftsinteresses wirken dem Trend der Oligarchisierung und Konzentration der großen Parteien entgegen und relativieren die Instrumentalisierung der Kommunalwahlen als Stimmungsbarometer für die politischen Verhältnisse der Bundesländer.[295]

Der besondere lokale Nähebezug, der gewiß nicht sozialromantisch überzeichnet, aber auch nicht vernachlässigt werden sollte, zeigt sich darüber hinaus auch im stark personalisierenden Element der meisten Kommunalwahlsysteme. Hierzu stehen allerdings große Gemeinden mit stärker ausgebauten bürokratischen Verwaltungen und einem stärkeren Parteieneinfluß in einem Spannungsverhältnis.[296] Seit der Gebietsreform werden aber größere Gebietseinheiten aus Gründen effektiver Aufgabenerledigung, insbesondere auch der Planung, angestrebt. Den Ausgleich zwischen diesen beiden Prinzipien versuchen Modelle der Teilortswahl in Baden-Württemberg und Brandenburg.[297] Grenze solcher Bestrebungen ist aber der Charakter der Gemeinden als Gebiets- und nicht als Bundkörperschaften: Eine Aufteilung des Gemeindegebietes in zu Teilbürgerschaften verfestigten Wahlkreisen, deren Vertreter dann Mitglieder im Gemeinderat würden, wäre damit nicht vereinbar.[298] In Baden-Württemberg bleibt jedoch der einheitliche Wahlkörper erhalten, indem das personalisierte Verhältniswahlsystem für das gesamte Gemeindegebiet

---

291 Dazu etwa *Gern* 2003, Rn. 326 ff.; *ders.* 2001, Rn. 170 ff.; *Meyer* 1982, S. 54 f.; *Waechter* 1997, Rn. 417 f.
292 *Püttner* 1981, S. 9 f.: „Die Selbstverwaltung bestand niemals nur um ihrer selbst, um der Kommunen willen; sie verstand und sie versteht sich immer als die lebendige Basis des gesamten Gemeinwesens".
293 Dezidiert *von Arnim* 1988, S. 5: „Auch Kommunalpolitik ist Politik. Den politischen Parteien kann weder rechtlich noch faktisch verwehrt werden, sich in der Kommunalpolitik zu betätigen und an der politischen Willensbildung in den Kommunen mitzuwirken". Vgl. auch *Stober* 1997, S. 130.
294 *BVerfGE* 12, 10 ff. (25).
295 *Meyer* 1981, S. 52 f.: Auch wenn gerade in dieser Perspektive die Sperrklausel dysfunktional ist, vgl. auch *Waechter* 1997, Rn. 432; *Stober* 1997, S. 130.
296 *Schumacher* 2001, S. 489.
297 Zur Geschichte in Württemberg und dann in Baden vgl. *Niemann/Ruder* 1999, S. 321; zu den Bestrebungen in Brandenburg: *Schumacher* 2001, S. 489 f.
298 *Schumacher* 2001, S. 490.

gilt (§ 26 II S. 1 GO),[299] die Sitzanteile nach näher festzulegenden Proportionen aber durch Bewerber verschiedener, räumlich voneinander getrennter Wohnbezirke („Teilorte") aufzufüllen sind, wenn sich die Gemeinde per Hauptsatzung dafür entschieden hat (Art. 72 II S. 2 LV, § 27 II S. 1 GO).[300] Dem Bürger wird dieses besondere personale Element bei seiner Stimmabgabe dadurch verdeutlicht, daß die Bewerber nach Wohnbezirken getrennt aufgeführt werden (§ 27 III S. 1 GO).[301] Im brandenburgischen Kommunalwahlsystem wird Ähnliches durch die Ermöglichung der Bildung von Wahlkreisen versucht. Dies soll nicht nur in kleinen Gemeinden (§ 20 III BbgKommWahlG), sondern auch in bezug auf unterschiedlich große Ortsteile (§ 21 III 2 BbgKommWahlG), wenn sie Teil eines Gebietszusammenschlusses nach § 9 III GO BBg sind, möglich sein.[302] Die mit Rücksicht auf das Mehrheitswahlsystem problematische Asymmetrie der Wahlkreise[303] spielt deshalb nur eine untergeordnete Rolle, weil die Wahlkreise ausschließlich Bedeutung für eine Unterverteilung der nach dem Verhältniswahlsystem festgestellten Sitzverteilung auf die Vertreter der Wahlkreise hat. In beiden Bundesländern wird auf diese Weise trotz Beibehaltung der Einheit des Wahlgebiets eine Differenzierung mit Berücksichtigung der besonderen teilörtlichen Verbundenheit möglich. Zugleich zeigt sich hier, wie die Kommunalwahlgesetze durch Steigerung der Komplexität des Wahlverfahrens zum Gemeinderat, also seiner Binnenstrukturen, eine „Anpassung" an durch räumliche Zersplitterung entstandene Steigerung der Umweltkomplexität erreichen wollen, ohne dadurch die Einheit der gemeinsamen Vertretung aller Gemeindebürger in Frage zu stellen.

(2.) Die Wahlen zum Senat in den Hochschulen und Art. 5 III GG

Art. 5 III GG fordert nicht eine demokratische Binnenstruktur der Hochschulen, die ja, wie oben ausgeführt wurde, nicht selbst demokratische Legitimation erzeugen können, sondern eine „grundrechtssichernde Binnenstruktur".[304] Anders als die gerade angesprochene gemeindliche Binnenstruktur bedeutet dies keine strikte

---

299 Der Bürger kann also – „unechte" Teilortswahl – für Kandidaten auch anderer Wohnbezirke stimmen, § 27 II S. 3 GO BW.
300 Das System der unechten Teilortswahl ist nach Auffassung des VGH Mannheim verfassungsmäßig, weil kein Verstoß gegen den Grundsatz der Gleichheit der Wahl vorliegt (*VGH Mannheim*, NVwZ-RR 1996, S. 411 f. (412). Zur unechten Teilortswahl in Baden-Württemberg auch *Gern* 2003, Rn. 334. 1994 gab es in Baden-Württemberg 638 Gemeinden von 1984 bei der Einführung ursprünglich 693 Gemeinden, die das Prinzip der Teilortswahl eingeführt haben, *Niemann/Ruder* 1999, S. 321. Die Kritik, die die letztgenannten Autoren an der unechten Teilortswahl üben (S. 322 ff.), überzeugt auf der Grundlage der Rechtsprechung des VGH nicht; insbesondere stellt die Ortschaftsverfassung keine Alternative da. Dem Ortschaftsrat kommt hierbei generell nur beratende und nur insoweit entscheidende Funktion zu, als ihm in der Hauptsatzung einzelne Angelegenheiten der Ortschaft dafür übertragen wurden (§ 70 I und II GO BW). Sein Einfluß auf die die Ortschaft betreffenden Angelegenheiten hängt also von der Gemeinde ab. Beratend und entscheidend ist er außerdem nur auf die Ortschaft beschränkt und bezieht sich nicht auf die Bedeutung der Ortschaft bei den die gesamte Gemeinde betreffenden Angelegenheiten.
301 *Niemann/Ruder* 1999, S. 322.
302 Vgl. eingehend *Schumacher* 2001, S. 490 f.
303 *BVerfGE* 95, S. 335 ff. (365) – Überhangmandate.
304 *Schmitt Glaeser* 1972, S. 230.

Einflußgleichheit, sondern kann unter den Vorzeichen von Art. 3 GG auch ungleiche Partizipationsrechte vorsehen oder sie ausschließen.[305]

Ohne daß dabei ein bestimmtes Organisationsmodell vorgeschrieben[306] oder die Universität in ihrer überkommenen Form geschützt wäre,[307] folgen doch aus dem Umstand, daß die Organisation der Hochschule nicht nur staatliche Ausbildungsfunktionen übernehmen und die Interessen anderer integrieren soll, sondern vor allem auch Forschung und Lehre durch die Mitglieder dienen, Grenzen für die staatliche Einflußnahme[308] und Forderungen an die Organisationsstrukturen. Danach ist zunächst zu unterscheiden nach einem inneren und staatsfreien Bereich, der alles umfaßt, was zentral zur Forschung und Lehre gehört,[309] einem mittelbaren Bereich beschränkter staatlicher Ingerenz, der noch einen ausgeprägten Bezug zu Forschung und Lehre hat, und einem äußeren Bereich eines eher schwachen Wissenschaftsbezuges, in dem der Hochschule nur ein geringes Maß an Selbständigkeit zugestanden werden muß.[310] Gerade hier erweist sich dann die innere Selbstverwaltung als Koordinationsinstrument zwischen individueller Grundrechtsbetätigung, Koordinierungsnotwendigkeiten der Interessen der Universitätsmitglieder und den staatlichen Aufgaben.[311]

Diese grundsätzliche Unterscheidung wirkt sich dann mit Modifikationen sowohl auf die Binnenstruktur als auch auf das Verhältnis der Hochschule zu ihrer Umwelt bei der Aufsicht aus. Zwar läßt sich aus Art. 5 III GG auch kein Strukturmodell einer bestimmten Binnenorganisation der Hochschulen entnehmen – dies gerade im Interesse einer flexiblen Anpassung der Organisation an geänderte Anforderungen bei der Realisierung der Grundrechte.[312] Gerechtfertigt ist damit sowohl die Ordinarien-[313] als auch die Gruppenuniversität.[314] Weil die Organisation der Universität aber der Verwirklichung der Grundrechte dient, müssen alle Gremienvertreter jedoch per Wahl bestimmt werden. Somit erscheint tatsächlich in den grundrechtsrelevanten Bereichen die Körperschaft „als wissenschaftsadäquate

---

305 *Schmitt Glaeser* 1972, S. 231; *Groß* 1999, S. 217 ff.
306 *BVerfGE* 35, S. 79 ff. (115 f.) – Hochschulurteil; *Schmidt-Aßmann* 1993, S. 711: „Nicht einzelne Bauformen in ihrer überkommenen Gestalt, wohl aber Grundstrukturen einer pluralen, von selbständigen Einheiten unterschiedlicher Aufgaben und unterschiedlicher Entscheidungsbildung geprägten Forschungslandschaft sind von Art. 5 Abs. 3 mit umfaßt"; vgl. i. ü. GG-Kommentar Dreier-*Pernice* Art. 5 III, Rn. 17; *Hendler* 1986, S. 212; *Herberger* 2001 Rn. 147.
307 V. Mangoldt/Klein/Starck-*Starck* Art. 5, Rn. 347.
308 *Hendler* 1984, S. 212.
309 Trute weist zu Recht daraufhin, daß man jenseits noch einen – hier nicht thematischen – Bereich identifizieren kann, in dem wissenschaftliche Betätigung auch außerhalb von Selbstverwaltung geschützt ist, *Trute* 1994, S. 372 f.
310 *Hendler* 1984, S. 215 f.
311 *Groß* 1999, S. 218.
312 *Groß* 1999, S. 223 f.
313 Hierbei nimmt allerdings die Universität für die anderen Mitglieder eher den Charakter einer Anstalt denn einer Körperschaft an.
314 Die sich trotz mancher Nachteile und heftigen Streits wohl als „Modell ohne Alternative" herausgebildet hat, *Leuze* 1996, S. 881, der ihr ansonsten sehr kritisch gegenübersteht (auch zu ihrer Geschichte, S. 861 f.). Immerhin entspricht sie durch die Einbeziehung aller Gruppen eher einer körperschaftlicher Organisationsform als die Ordinarienuniversität, HRG-Denninger-*Lüthje* § 58, Rn. 14. Zu ihr auch *Hendler* 1986, S. 211 f.; *Kluth* 1997, S. 37; GG-Kommentar Dreier-*Pernice* Art. 5 III, Rn. 48; V. Mangoldt/Klein/Starck-*Starck* Art. 5, Rn. 354: Das Gebot der Konsequenz fordere aber, daß hinreichend interessen-homogene Gruppen bestehen (Rn. 355); *Herberger* 2001, Rn. 147.

C. Die rechtliche Binnenstruktur der Körperschaft des öffentlichen Rechts 573

Form der arbeitsteiligen Organisation des Forschungsprozesses".[315] Insgesamt ist bei der Ausgestaltung der Binnenstruktur der Hochschulen die Funktion ihrer Selbstverwaltung als „Zubringerdienst für die grundrechtlich gewährleistete, aber staatlich ‚veranstaltete' Wissenschaftsfreiheit" zu beachten.

Den verfassungsrechtlichen Vorgaben über den differenzierten Einfluß der Gruppen bei der Mitwirkung in der Selbstverwaltung der Hochschule entsprechend, ist auch bei der Wahl der Organe nach Gruppen zu differenzieren. Innerhalb der Gruppen gelten dann aber die Wahlrechtsgrundsätze[316] der Gleichheit, der Freiheit,[317] der Geheimheit, nach Maßgabe des Landesrechts auch der Unmittelbarkeit,[318] nicht aber Allgemeinheit der Wahl.[319] Die nähere Ausgestaltung ist nun aber mit dem Wegfall des § 39 HRG[320] in die Hand der Länder gelegt worden.

(3.) Die Wahlen zu weiteren Repräsentativversammlungen

Den Zielen der Selbstverwaltung der Industrie- und Handelskammern gemäß soll ihre repräsentative „Vollversammlung" die besonderen Wirtschaftsstrukturen des Kammerbezirks widerspiegeln. Die Wahl der Mitglieder ist also nicht geprägt durch die prinzipiell gleichen Mitglieder der Körperschaft wie bei den Kommunalwahlen und auch nicht durch ihre Unterschiedlichkeit aufgrund der Bedeutungen der Kammerentscheidungen für die Grundrechtsverwirklichung wie im Bereich der Hochschulen, sondern durch die unterschiedliche Bedeutung verschiedener Wirtschaftszweige.[321] Aus diesem Grund erfolgt hier eine Gruppenbildung nach den wirtschaftlichen Besonderheiten des Wahlbezirks und der Bedeutung der Gewerbegruppen (§ 5 III S. 2 IHKG). Sie wählen ihre Vertreter in die Versammlung. Da die Wahlgruppen ihrer Bedeutung entsprechend unterschiedlich groß sind, haben die Stimmen der Kammermitglieder zwar innerhalb der Gruppe das gleiche, zwischen den Gruppen aber ein unterschiedliches Gewicht. Da jedoch nach dem Mehrheitswahlprinzip gewählt wird, reicht nach dem BVerfG der gleiche Zählwert der Stimmen bei entsprechender Erfolgschance aus.[322] Auf diese Weise wird ein ihrer Bedeutung entsprechender Schutz der Wirtschaftsgruppen erzielt, der jedoch begrenzt ist durch eine Mindestsitzzahl der weniger mitgliederstarken Gruppen. Die Beachtung des Grundsatzes der Unmittelbarkeit der Wahl ist bei den Kammerwahlen der IHKn nicht gesetzlich vorgeschrieben. Häufig findet sich ein Wahlmodus, nach dem ein Teil der Versammlung gewählt wird, der den Rest zuwählt. Auf diese Weise können wichtige Persönlichkeiten für den Wirtschaftscharakter des Kammerbezirks in die Versammlung einbezogen werden.[323] Notwendig ist aber, daß überhaupt gewählt wird, so daß Friedenswahlen, bei denen genau so viele Wahlvorschläge zugelassen

---
315 *Groß* 1999, S. 219; *Trute* 1994, S. 302 f
316 *Reich* 2002, § 37 Rn. 6.
317 *VG Berlin* NVwZ RR 1994, S. 444.
318 § 40 I S. 1 ThürHochschulG sieht etwa keine unmittelbare Wahl vor, was § 39 HRG nicht ausschließt, *Meyn* 1993, S. 324.
319 *Reich* 2002, § 37 Rn. 6.
320 Zu diesem auch *BVerfG* NVwZ 1985, S. 559–560.
321 *Frentzel/Jäkel/Junge/Hinz/Möllering* 1999, § 5 Rn. 45.
322 Etwa *BVerfGE* 47, S. 253 ff. (277) – Gemeindeparlamente, stdg. Rspr.
323 *Frentzel/Jäkel/Junge/Hinz/Möllering* 1999, § 5 Rn. 40 f.

werden, wie Sitze auf die Wahlgruppe entfallen, unzulässig sind.[324] Da sich diese Fragen nicht einheitlich für alle Kammern regeln lassen, sieht das IHKG in § 5 vor, daß das Wahlverfahren in der Wahlordnung der Kammern näher ausgestaltet wird. Um hier die Einhaltung der gesetzlichen Vorgaben sicherzustellen, ist die Genehmigung durch die Rechtsaufsichtsbehörde Voraussetzung ihrer Wirksamkeit (§ 11 II IHKG).

Nach Gruppen wird auch die Vollversammlung der Handwerkskammer gewählt.[325] Im übrigen ist, wie schon erwähnt, die Zuwahl von nicht kammerangehörigen Versammlungsmitgliedern bis zu einem Fünftel der Mitgliederzahl möglich (§ 93 IV S. 1 HwO). Von den Wahlrechtsgrundsätzen erwähnt § 95 I HwO nur die Allgemeinheit, Gleichheit und Geheimheit, nicht aber die Freiheit der Wahl. Die Einzelheiten sind in der Wahlordnung, die als Anlage C Teil der Handwerksordnung ist, geregelt. Sie erfolgt im Wege einer Mehrheitswahl nach Listen.[326] Anders als bei den Industrie- und Handelskammern soll aber bei der Wahl zur Vollversammlung der Handwerkskammer eine Friedenswahl zulässig sein, wenn nur ein Wahlvorschlag zugelassen wird. Unter Berufung auf *Emde*[327] hat der VGH Mannheim hierin einen Verstoß gegen das Demokratieprinzip gesehen.[328] Die Unterbrechung der demokratischen Legitimationskette erfordere eine Kompensationslösung, die, auch wenn die Kammermitglieder kein Teilvolk im Sinne des Art. 28 I S. 2 GG seien, an demokratischen Grundprinzipien orientiert sein müsse.[329] Abweichungen seien nur zulässig, wenn sie aufgrund der Besonderheit der Sachlage zwingend notwendig seien. Die bloße Erwartung, daß es nicht zu mehreren Bewerbungen komme, rechtfertige dies nicht. Eine Friedenswahl, bei der nicht einmal die Möglichkeit der Ablehnung des einzigen Bewerbers bestehe, sei mithin allenfalls als ultima ratio zulässig. Nachdem das BVerfG den Vorlagebeschluß des VGH aus formalen Gründen nicht angenommen hatte,[330] ist ein anderer Senat des VGH jetzt allerdings zur Auffassung gelangt, daß die Friedenswahl nicht verfassungswidrig sei.[331] An das Wahlrecht der funktionalen Selbstverwaltung sei nicht der strikt formale

---

324 *Frentzel/Jäkel/Junge/Hinz/Möllering* 1999, § 5 Rn. 74; *Stober* 2001, S. 398.
325 Maßgeblich sind die in Anlage A und B zur HwO festgelegten Gruppen (§ 93 II S. 1 HwO).
326 §§ 7 8 u. 18 II, 19 WahlO. Der VGH Mannheim hat jetzt in den bei den Wahlvorschlägen erforderlicher Quoren Verstöße gegen den Grundsatz der Allgemeinheit und Gleichheit der Wahl gesehen, die als „ungeschriebenes Verfassungsrecht auch über den Anwendungsbereich der Art. 28 I S. 2 u. 38 GG hinaus Anwendung fänden, *VGH Mannheim* NVwZ RR 1998, S. 369. Er zieht auch Art. 3 I GG zur Begründung heran.
327 1991 S. 421 ff.
328 *VGH Mannheim* NVwZ RR 1998, S. 366 ff.
329 *VGH Mannheim* NVwZ RR 1998, S. 369: „Wie gezeigt, gestattet das Demokratieprinzip für den Sachbereich der funktionalen Selbstverwaltung zwar eine vom Volksbegriff abweichende Bestimmung des Legitimationsträgers; aus diesem Grunde paßt Art. 28 I 2 GG hier nicht. Die weitere Anforderung des Art. 28 I 2 GG, daß nämlich demokratische Legitimation nur durch Wahlen vermittelt werden kann, die (zumindest) – bezogen auf den Kreis der zum jeweiligen Legitimationsträger Gehörigen, bei zulässiger Gliederung nach Gruppen auf den Kreis der Gruppenzugehörigen – allgemein und gleich sind, ergibt sich indes schon unmittelbar aus dem demokratischen Prinzip selbst und gilt damit für jedwede Staatsgewalt, auch für die mittelbar-staatliche Gewalt im Bereich der funktionalen Selbstverwaltung".
330 GewArch 2001, S. 74.
331 *VGH Mannheim*, GewArch 2001, 422, vgl. auch *Czybulka* 2003, S. 167; *Stober* 2001, S. 393 ff.; das BVerwG hat jetzt der Revision des Klägers aus Gründen stattgegeben, die die Verfassungsmäßigkeit der Friedenswahl nicht betrafen, sah sich also auch nicht zu einer Vorlage veranlaßt, *BVerwG* NVwZ 2003, S. 110 f. Eine obergerichtliche Entscheidung über die Zulässigkeit von Friedenswahlen steht danach weiterhin aus.

Gleichheitssatz für die Wahlen zu den Gebietskörperschaften anzulegen, sondern eine einfache Gleichheitsprüfung vorzunehmen. Danach sei kein zwingender, sondern ein sachlicher Grund für Differenzierungen erforderlich, der vorliegend in der Herstellung der Funktionstüchtigkeit der Versammlung bestehe. Ratio der Entscheidung ist mithin, daß im Bereich der funktionalen Selbstverwaltung geringere Anforderungen an die Wahlgrundsätze zu stellen seien als im Bereich der Wahlen zu den Gemeinde- und Kreisvertretungen, den Landtagen und dem Bundestag. Man mag dem vor dem Hintergrund des Art. 28 I S. 2 GG zustimmen, der einen Abstand in der demokratischen Legitimation zwischen den dort genannten Gebietskörperschaften und den verfassungsrechtlich zulässigen Organisationen der funktionalen Selbstverwaltung vorsieht. Entscheidend spricht jedoch gegen die Zulässigkeit von Friedenswahlen, daß für eine autonome Legitimation – unabhängig davon, wie sie konkret begründet wird – notwendig eine Entscheidung durch die Mitglieder erforderlich ist. Bei Friedenswahlen findet jedoch im Grunde gar keine Wahl durch die Mitglieder, sondern in der Tat eine Bestimmung der Versammlungszusammensetzung durch die Vorschlagenden statt.[332]

Auch in anderen Bereichen der funktionalen Selbstverwaltung ist daher die Friedenswahl in die verfassungsrechtliche Kritik geraten.[333] Dabei stand bisher der § 46 III SGB IV im Zentrum der Diskussion, der bei den Wahlen zu den Vertreterversammlungen/Verwaltungsräten der Kranken-, Unfall- und Rentenversicherung den Vorgeschlagenen als gewählt gelten läßt, wenn keine alternativen Wahlvorschläge zugelassen wurden.[334] Faktisch ist das Problem hier am drängendsten, weil die Friedenswahlen in der Sozialversicherung zum Normalfall geworden sind.[335] Das Bundessozialgericht hatte sie für verfassungsmäßig gehalten, weil die Grundsätze für die Wahlen zu den Volksvertretungen in Art. 28 I S. 2 GG nicht herangezogen werden könnten.[336] Maßstab der demokratischen Struktur der Wahlen zu den Sozialversicherungsträgern war dann nur noch Art. 28 I S. 1 GG, den das Gericht mit pragmatischen Aspekten (geringes Interesse, Kostenersparnis etc.) einschränkte.[337] Tatsächlich liegen die Verhältnisse hier wesentlich anders als im Bereich der Kammern.[338] Der Grund ist, daß das Segment notwendiger personeller Legitimation hier bei weitem geringer ist als in anderen Bereichen der funktionalen Selbstverwaltung.

---

332 *VGH Mannheim* NVwZ RR 1998, S. 369: „Das BVerfG hat bereits entschieden, daß die sog. Friedenswahl keine Wahl ist, sondern eine solche nur fingiert. Dem Wahlberechtigten wird die Ausübung seines Wahlrechts – und damit auch die Möglichkeit, den (einzigen) Wahlvorschlag abzulehnen – verwehrt; die Bestimmung der zu wählenden Versammlung wird dem Wahlvorschlag überlassen". Zustimmend *Stober* 2001, S. 393 ff.; *Haverkate* (1988, S. 238) dezidiert: „Solche fiktiven Wahlen, wie die sogenannten ‚Friedenswahlen' in der Sozialversicherung, legitimieren nichts".
333 Vgl. etwa *Kluth* 1997, S. 460; *Tettinger* 1997, S. 111 f.; *Jestaedt* 1993, S. 546; *Emde* 1991, S. 178 f., 422; *Schmidt-Aßmann* 1991, S. 383.
334 § 46 III SGB IV „Wird aus einer Gruppe nur eine Vorschlagsliste zugelassen oder werden auf mehreren Vorschlagslisten insgesamt nicht mehr Bewerber benannt, als Mitglieder zu wählen sind, gelten die Vorgeschlagenen als gewählt". Hierzu auch *Schmidt-Aßmann* 2001, S. 83 f.
335 *Schnapp* 2000, S. 809: 1993 wurde bei über 98 % der 1400 Sozialversicherungsträger keine Wahlhandlung mehr durchgeführt. Ganze 27 („Ur-")Wahlen fanden statt. 1999 neigte sich das Verhältnis noch einseitiger zugunsten der Friedenswahlen. Unmittelbar nach ihrer Einführung (1913) wurde hingegen noch zu zwei Dritteln tatsächlich gewählt, *Muckel* 2001, S. 155.
336 BSGE 36, S. 242.
337 Kritisch dazu *Schnapp* 2000, S. 812.
338 Zum Folgenden *Schnapp* 2000, S. 825 f.; *Muckel* 2001, S. 173 f.

Wie oben schon erwähnt, verbleibt den Sozialversicherungsträgern angesichts intensiver rechtlicher Durchnormierung der Grundlagen ihrer Leistungserbringung ein minimaler Entscheidungsspielraum. Das bedeutet aber, daß insoweit eine hohe demokratische sachliche Legitimation durch das Staatsvolk besteht. Aufgabe der Vertreterversammlungen/Verwaltungsräte der Sozialversicherungsträger ist es dann auch weniger, hier zu Entscheidungen zu kommen, die mit wesentlichen Auswirkungen für die Mitglieder verbunden wären, sondern Personal für die Rekrutierung der zahlreichen Verbandskörperschaften im Bereich der Sozialversicherung bereitzustellen.[339] Diese wirken dann beratend und damit auch interessenvertretend bei der Gesetzesvorbereitung mit. Da derlei Entscheidungen aber keine Eingriffe in die Rechte der Mitglieder besitzen, ist der Legitimationsbedarf hier gering. Dort wo mitgliederrelevante Entscheidungen getroffen werden, ist aber eine weitreichende gesetzlich vermittelte sachliche Legitimation durch das Staatsvolk vorhanden. Für den verbleibenden Bereich genügt ein sachlicher Grund, wie er etwa in dem augenfälligen Desinteresse der Mitglieder an den Wahlen und auch in pragmatischen Gründen wie der Funktionstüchtigkeit der Vertreterversammlung/Verwaltungsrat besteht, um eine „Friedenswahl" zu legitimieren.[340] – Wenn aber die starke personale Legitimation gerade das Proprium der Körperschaften des öffentlichen Rechts ist, liegt die Konsequenz nahe, daß die rein gesetzesvorbereitende beratende Funktion ebensogut durch Verbände und korporative Arrangements ausgeführt werden kann. Einer Körperschaft mit Pflichtmitgliedschaft bedürfte es dafür im Grunde nicht.

Im übrigen dauert die Wahlperiode sechs Jahre (§§ 45 ff. SGB IV). Dabei findet eine Wahl getrennt nach den Gruppen der Versicherten und der Arbeitgeber statt (§ 46 I, 1. Hs. SGB IV). Obwohl die Realität der Wahlen anders aussieht, ist doch gesetzlich als Regelform die Urwahl durch die Mitglieder vorgesehen (§ 46 I SGB IV).[341]

In den Organisationsgesetzen über die Realkörperschaften sind, sofern sie überhaupt die Versammlung optional repräsentativ vorsehen,[342] nur wenige Regelungen über das Wahlverfahren zu finden. Zulässig ist es hier, der Struktur des Verbandes dadurch Rechnung zu tragen, verschiedenen Interessengruppen bestimmte

---

339 *Schnapp* 2000, S. 827 f.
340 Nicht überzeugend ist es hingegen, aus der Kompetenznorm des Art. 87 II GG und der Kenntnis des Verfassungsgebers von den Wahlmodi in der Sozialversicherung bei der Anerkennung der Selbstverwaltung durch diese Vorschrift auf die Anerkennung der Friedenswahl zu schließen (so aber *Muckel* 2001, S. 174). Zwei Gründe sprechen dagegen: Erstens erreichte die Friedenswahl noch nicht das Ausmaß, das sie heute besitzt; vor allem aber können – wie oben gezeigt – aus der Kompetenznorm des Art. 87 II GG keine weiterreichenden Folgerungen für die Binnenstruktur der Selbstverwaltungsträger gezogen werden. Muckel, der den verbliebenen Entscheidungsspielraum insbesondere der Krankenkassen betont, und nach einer Kompensationslösung für die abgesenkte demokratische Legitimation sucht, hält Friedenswahlen so lange für unbedenklich, als die Wahlberechtigten ohne zu großen Aufwand über die Einreichung von Wahlvorschlägen die Möglichkeit haben, Konsenslösungen der Sozialpartner zu verhindern. Es erscheint aber widersprüchlich, einerseits anzunehmen „für eine Wahl, von deren Ausgang nicht viel abhängt, sind Friedenswahlen ein sinnvolles Instrument", andererseits aber den Entscheidungsspielraum der Krankenkassen zu betonen. Dieser Spielraum stellt dann das Legitimationsproblem dar, das entweder durch eine weitere sachlich-demokratische Legitimation beseitigt oder nach Muckels Ansatz personell-legitimatorisch kompensiert werden muß. Diese personelle Legitimation setzt aber eine Wahl voraus, die einer Entscheidung bedarf, und sei es nur der Entscheidung, daß der einzige Bewerber nicht gewählt werden soll. Fehlt diese, liegt keine legitimationsbegründende Wahl vor.
341 *Muckel* 2001, S. 155.
342 Vgl. etwa den oben erwähnten Verbandsausschuß nach § 49 WVG.

Sitzkontingente in der Repräsentativversammlung zuzusichern, die gesondert gewählt werden.³⁴³ Zu erinnern ist schließlich an die Besonderheit bei den Realkörperschaften, daß den einzelnen Mitgliedern entsprechend, orientiert an den sie treffenden Belastungen, oberhalb einer Mindeststimmzahl und bei den Wasserverbänden bis zur Grenze von zwei Fünfteln³⁴⁴ ein unterschiedliches Stimmengewicht eingeräumt werden kann.

bb. Befugnisse in bezug auf den Vorstand und Kontrolle durch ihn

Grundsätzlich ist das Verhältnis der Körperschaftsorgane untereinander gleichgeordnet, so daß jedes im Rahmen seiner Zuständigkeit tätig wird.³⁴⁵ Zu diesen Zuständigkeiten gehören jedoch verschiedene Befugnisse in bezug auf andere Organe, insbesondere die Formen der körperschaftsinternen Kontrolle. Im Fall der Kontrolle der Verwaltung der Haushaltsmittel sind hierfür sogar eigenständige Organe vorgesehen (Rechnungsprüfungsausschüsse, Rechnungsprüfungsamt). Das Rechnungsprüfungsamt ist weisungsunabhängig, auch wenn seine Mitarbeiter einer Dienstaufsicht durch den Bürgermeister unterstehen.³⁴⁶

(1.) Kontrollbefugnisse des Repräsentativorgans

Das Repräsentativorgan besitzt gegenüber dem Vorstand Überwachungsrechte hinsichtlich der Vollziehung seiner Beschlüsse.³⁴⁷ Um die Funktionstüchtigkeit der Körperschaftsverwaltung nicht zu beeinträchtigen, ist – sofern dies nicht gesetzlich ausnahmsweise so vorgesehen ist – Adressat dieser Kontrollmaßnahmen nicht der einzelne Amtswalter, sondern das ausführende Organ selbst, zumeist also der Vorstand. Im Umfang erstreckt sich das Überwachungsrecht anders als im Aktienrecht auf die gesamte Geschäftsführung.³⁴⁸ Hierbei überwacht das Repräsentativorgan Recht- und Zweckmäßigkeit der ausführenden Tätigkeit.

Wie bei der externen Aufsicht werden dem Repräsentationsorgan oder einem dafür zuständigen Ausschuß zunächst Mittel zur Durchführung der Überwachung etwa in Gestalt von Informationsrechten,³⁴⁹ sodann aber eigentliche Überwachungsbefugnisse wie etwa Beanstandungsrechte, Befugnisse zur Vorgabe von Richtlinien oder Anweisungen verliehen.³⁵⁰ Nach *Löer* soll dabei die allgemeine Überwachungsaufgabe auch ohne gesetzliche Ermächtigung zum Erlaß von konkreten

---

343 *Rapsch* 1993, S. 86.
344 § 13 I S. 3 WVG, *Rapsch* 1993, S. 86.
345 Für die IHKn etwa *Frentzel/Jäkel/Junge/Hinz/Möllering* 1999, § 6 Rn. 17.
346 *Lübking/Vogelsang* 1998, Rn. 76 ff.
347 Zum Folgenden *Löer* 1999, S. 70 ff.; aufgrund der Binnendifferenzierung der Körperschaft handelt es sich um eine organisationsinterne, wenn auch behördenexterne Kontrolle, *Strößenreuther* 1991, S. 105.
348 *Löer* 1999, S. 78.
349 Bzw. Informationspflichten des Vorstandes. Im einzelnen bestehen: Unterrichtungspflichten (§ 23 IV S. 5 UG BW), Auskunfts-, Einsichts- (vgl. etwa § 24 III GO BW) und Befragungs- oder Anfragerechte (§ 24 IV GO BW; Art. 30 GO Bay; § 36 GO BBg; § 50 GO Hess; § 22 II u. 34 KV MV; § 40 III GO Nds; § 55 GO NRW; §§ 32, 33 GO RPf; § 37 KSVG Saar; §§ 44 II, 62 II GO SaA; § 30 GO SH; § 22 III GO Thür).
350 *Löer* 1999, S. 91 ff.

Einzelmaßnahmen berechtigen.[351] Einzelne Überwachungsbefugnisse betreffen dem Grad ihrer Einwirkung auf das überwachte Organ nach: die Beratung,[352] die Befugnis zur Beanstandung und Mißbilligung, die Aufstellung von Richtlinien.[353] Während bei Anstalten auch ein Recht zu Weisungen im Einzelfall nicht selten ist,[354] kommt dies bei den Körperschaften kaum vor.[355] Zu berücksichtigen sind auch bei dieser körperschaftsinternen Kontrolle die Zustimmungsvorbehalte.[356] Als ultima ratio bestehen schließlich bei einigen, insbesondere Gebietskörperschaften, Abwahlmöglichkeiten durch das Repräsentativorgan (vgl. etwa § 71 VII GO NRW) oder durch die Gemeindebürger (etwa § 62 GO BBg).[357] Hinzu kommen die Rechte zur Entscheidung über die Jahresrechnung (etwa §§ 109 II S. 1, III 2, 1. Hs. BHO; §§ 105 ff. LHO BW).

Sinn dieser internen Kontrolle ist die Stärkung der Selbstverwaltung durch eine selbständige Kontrolle.[358] Externe Aufsicht wird dadurch nicht in jedem Fall entbehrlich; doch stehen hier Konfliktlösungsmöglichkeiten bereit, die ein Eingreifen seltener notwendig werden lassen. So kann die Selbstkontrolle der Körperschaft als ein weiterer Beleg für die These ihrer Verselbständigung durch eine Steigerung der Ausdifferenzierung ihrer Binnenstrukturen verstanden werden. Die Selbstkontrolle der Körperschaft greift Strukturelemente der Fremdkontrolle zwischen Parlament und Regierung auf und rekonstruiert sie unter den Vorzeichen der internen Verwaltungsorganisation.

(2.) Kontrolle des Repräsentativorgans durch den Vorstand

Die grundsätzliche Weisungsfreiheit der Mitglieder der Versammlung schließt nicht jede Ingerenz durch den Vorstand aus. Vielmehr ist die Versammlung seiner Kontrolle unterworfen. In erster Linie ist hier an das Beanstandungsrecht des Vorsitzenden zu denken.[359] Wenn diese Befugnis nicht ausnahmsweise dem Vorsitzenden der Versammlung als solchem eingeräumt wird, besitzt sie regelmäßig der Vorsitzende des Vorstands (§ 38 SGB IV).[360] In jedem Fall bedeutet die Beanstandung nicht die Ausübung einer staatlichen Befugnis, sondern gehört zu den Selbstverwaltungsan-

---

351 *Löer* 1999, S. 102 u. 133.
352 Ausführlich *Löer* 1999, S. 135 ff.
353 § 40 I Nr. 1 GO Nds.
354 *Löer* 1999, S. 110 mit weiteren Beispielen.
355 Ein Sonderfall ist das Weisungsrecht des Rektors gegenüber dem Dekan in der Gesamtkörperschaft Universität nach dem baden-württembergischen UG (§ 13 VII; 2. Hs.).
356 Etwa bei überplanmäßigen Ausgaben, § 84 I GO BW und bei längerfristigen Investitionen, § 84 II GO BW.
357 Näher *Gern* 2003, Rn. 385 f., dabei ist unterschiedlich geregelt, ob nur der (Ober-)Bürgermeister oder auch einzelne Beigeordnete/Bürgermeister abgewählt werden können.
358 *Löer* 1999, S. 134.
359 Zum Beanstandungsrecht des Bürgermeisters: *Lübking/Vogelsang* 1998, Rn. 70; es besteht auch gegenüber beschließenden Ausschüssen, *dies.* Rn. 74. Weitere Beispiele: Beanstandungsrecht des Leitungsgremiums nach § 23 III S. 1 HG Bay;
360 KK-*Maier* § 38 Rn. 3; Gleitze/Krause/von Maydell/Merten-*Krause* 1992, § 38 Rn. 9 f. Die Beanstandung ist auch im Bereich der Sozialversicherungsträger Voraussetzung dafür, daß bei entsprechendem bestätigendem Verhalten des Selbstverwaltungsorgans, der Vorstandsvorsitzende nun die Aufsichtsbehörde einschalten kann, die Selbstkontrolle also in Fremdkontrolle umschlägt. – Für den Hochschulbereich etwa dem Dekan als Vorsitzendem des Fakultätsvorstands, § 24 I S. 3 UG BW.

C. Die rechtliche Binnenstruktur der Körperschaft des öffentlichen Rechts 579

gelegenheiten der auf die Gesetzmäßigkeit der Verwaltung verpflichteten (Art. 20 III GG) Körperschaft.[361] Ratio des Einspruchsrechts des Vorstandsvorsitzenden ist die Vermeidung einer Kollision zwischen der Pflicht, die Beschlüsse des Repräsentativorgans zu vollziehen und seiner Gesetzesbindung (Art. 20 III GG).[362] Ist die Vermeidung der Pflichtenkollision der Sinn seiner Befugnis, kann es einen Einspruch des Vorstands gegen nicht vollzugsbedürftige Beschlüsse des Repräsentativorgans nicht geben.[363] Zugleich ist fraglich, wie die Einspruchsbefugnis zu rechtfertigen ist, wenn sie dem Vorsitzenden des Repräsentativorgans zukommt, der nicht zugleich Vorstand ist. In Hessen ist das Beanstandungsrecht des Bürgermeisters als Vorprüfung für die Beanstandungsbefugnis des Gemeindevorstands ausgestaltet (§ 63 I u. II GO Hess). Sie kommt zur Geltung, wenn der Bürgermeister einen Einspruch unterläßt (§ 63 III GO Hess).[364]

Die ratio des Einspruchsrechts, eine rechtliche Pflichtenkollision zu vermeiden, vermag auch nur die Rechtmäßigkeitskontrolle zu rechtfertigen. Häufig ist jedoch eine im Ermessen des Inhabers der Befugnis stehende Möglichkeit der Zweckmäßigkeitskontrolle vorgesehen. Hier kann es wegen der grundsätzlichen Aufgabenverteilung zwischen dem Hauptverwaltungsorgan und dem Vorstand nicht zur Befugnis des letzteren gehören, seine Vorstellungen von einer zweckmäßigen Aufgabenerfüllung der Körperschaft an die Stelle der von den Mitgliedern gewählten Repräsentanten oder dieser selbst nach eingehenden Erörterungen beschlossenen Entscheidung zu setzen. Zumeist wird daher in den Organisationsgesetzen die Zweckmäßigkeitsprüfung auf die Abwendung von Nachteilen für die Körperschaft (§ 43 II S. 1, 1. Hs. GO BW) oder die Gefährdung des Wohls oder wichtiger Interessen der Körperschaft abgestellt.[365] Auffällig ist, daß entgegen einer Tendenz zur Einführung des Opportunitätsprinzips in der externen Aufsicht beim Beanstandungsrecht noch weitgehend das Legalitätsprinzip gilt.[366] Dies schützt einerseits das ausführende Organ davor, sehenden Auges bei der Befolgung seiner Pflicht zur Vollziehung der Beschlüsse des Repräsentativorgans seine Pflicht zur Gesetzmäßigkeit seines Handelns zu verletzen, stärkt aber andererseits auch die Autonomie der Körperschaft insgesamt, indem so eine obligatorische Selbstkontrolle stattfindet. Teilweise ist dieses Rügerecht aber als Widerspruchsrecht ausgestaltet, das im Ermessen des Vorstands steht.[367]

Folge des Einspruchs ist, daß der Beschluß des Repräsentationsorgans nicht vollzogen werden muß (Suspensiveffekt) und dieses nun den Beschluß ändern oder einen neuen fassen kann.[368] Ändert es nicht oder bestätigt es den alten Beschluß,

---

361 *Löer* 1999, S. 36. Gegenüber einer Beschwerde des Vorsitzenden an die Rechtsaufsichtsbehörde stellt die Beanstandung das selbstverwaltungsfreundlichere Instrument dar, weshalb sie etwa in der Sozialversicherung als Vorstufe einer solchen organisationsexternen Kontrolle eingeführt wurde, KK-*Maier* § 38, Rn. 2.
362 *Löer* 1999, S. 38 u. 182 f.
363 Hierunter fallen Meinungsäußerungen, Absichtserklärungen, Beschlüsse, die faktisch nicht vollzogen werden können oder bereits vollzogen sind, *Löer* 1999, S. 42 u. 44.
364 Vgl. *Gern* 2003, Rn. 506.
365 *Löer* 1999, S. 49.
366 Vgl. etwa § 43 II S. 1 GO BW; Art. 59 II GO Bay, *Knemeyer* 1999, S. 196.
367 So das Widerspruchsrecht gem. § 62 III GO SaA u. § 54 I GO NW
368 *Lübking/Vogelsang* 1998, Rn. 72.

entscheidet die Rechtsaufsichtsbehörde, weil der Vorsitzende/Vorstand zwar ein Prüfungs-, nicht aber eine Entscheidungskompetenz über die Rechtmäßigkeit des Beschlusses besitzt:[369] Die Selbstkontrolle der Körperschaft schlägt in eine Fremdkontrolle um. Überraschend erscheint es in diesem Zusammenhang, daß die Aufsichtsbehörde, die nach dem Opportunitätsprinzip nicht zur Vornahme von Aufsichtsmaßnahmen im Rahmen der Staatsaufsicht verpflichtet ist, bei einer Vorlage eines erneut für rechtswidrig gehaltenen Versammlungsbeschlusses etwa des Gemeinderats durch den Bürgermeister nun zur Entscheidung verpflichtet ist.[370] Der Grund liegt aber auch hier im Schutz des zur Ausführung verpflichteten Vorstands vor der Notwendigkeit zum Vollzug rechtswidriger Gemeinderatsbeschlüsse. Nicht möglich ist es für den Bürgermeister, um einer direkten Konfrontation mit dem Rat aus dem Wege zu gehen, gegen einen Beschluß des Rates gerichtlich zu klagen.[371] Hierfür fehlt ihm das Rechtsschutzinteresse. Auch insofern sind die körperschaftinternen Kontrollmöglichkeiten gegenüber einer Fremdkontrolle vorrangig. Dies trägt zugleich zur Verselbständigung der Körperschaft gegenüber ihrer Umwelt bei und stärkt ihre Integrationsprozesse.

Stärker als das Einspruchsrecht wirkt das Zustimmungserfordernis, wie es etwa das Baden-Württembergische UG in Prüfungsfragen zugunsten des Rektors gegenüber dem Senat vorsieht, in die Befugnisse des Repräsentationsorgans ein.[372]

2. Der Vorstand der Körperschaft des öffentlichen Rechts

Nach der Art der Körperschaft, ihren Aufgaben und anderen Aspekten sehr unterschiedlich ausgestaltet ist die Organisation der Vollzugsfunktion der Versammlungsbeschlüsse in Selbstverwaltungsangelegenheiten sowie der übertragenen staatlichen Aufgaben, der Leitungsfunktion der Körperschaftsverwaltung und der Vertretungsfunktion der Körperschaft. Das dafür zuständige Organ soll hier unabhängig von seiner Zusammensetzung „Vorstand" genannt werden. Dabei ist die Funktionstrennung häufig nicht so eindeutig wie im staatsorganisationsrechtlichen Bereich, da einige Organe neben der Vollzugsfunktion zugleich den Vorsitz und die damit verbundenen Aufgaben in der Versammlung innehaben. Besonders die Binnendifferenzierung weist nach Grad (etwa monokratische oder kollegiale Struktur) und Art große Unterschiede auf. Entsprechend kommen dann auch als Rekrutierungsformen für die Organwalter reine Wahlen durch das Repräsentativorgan, gemischte Wahlen durch das Repräsentativorgan und die Körperschaftsmitglieder oder eine reine Wahl durch die Körperschaftsmitglieder in Betracht. Der angesprochenen dualen Aufgabenstruktur entsprechend, sind ferner die Ingerenzmöglichkeiten des Staates zu beachten.

---

369 *Löer* 1999, S. 63 f.
370 *Knemeyer* 1999, S. 196.
371 *Lübking/Vogelsang* 1998, Rn. 70 f.
372 vgl. §§ 51 I S. 1, 54 II S. 3; 55 II S. 3 UG BW.

C. Die rechtliche Binnenstruktur der Körperschaft des öffentlichen Rechts

a. Die Rechtsstellung des Vorstands

aa. Formale Rechtsstellung

Recht einheitlich geregelt ist zunächst die Rechtsstellung der Organe, die Vollzugsfunktion besitzen. Soweit die entsprechenden Gesetze überhaupt eine Aufzählung oder eingehende Normierung der Organe der Körperschaft enthalten, wird diese Funktion von einem Organ als transitorische in eigener Zuständigkeit wahrgenommen. Unterschiede ergeben sich hier nur darin, ob die Funktion in Verwaltungsleitung und Vollzug der laufenden Verwaltungsgeschäfte untergliedert und unterschiedlichen Organen als eigene Zuständigkeiten übertragen werden oder nicht. So wird etwa bei den Sozialversicherungsträgern außerhalb der in § 35a SGB IV genannten Krankenkassen zwischen dem Vorstand, dem unter anderem die Verwaltungsleitung zukommt, und dem Geschäftsführer unterschieden, der in eigener Zuständigkeit laufenden Routineangelegenheiten erledigt.

Dieses Modell hat den Vorteil der Entlastung der Selbstverwaltung von den eher bürokratisch zu erledigenden Routineangelegenheiten. Es führt andererseits aber auch zu einer Verselbständigung dieser Funktion und – angesichts der Schwierigkeiten der Abgrenzung der Aufgabenbereiche – auch zu Koordinationsproblemen. Weit überwiegend wird daher die Verwaltungsleitung heute einheitlich durch ein Organ wahrgenommen.

bb. Die Aufgaben des Vorstands

Hier lassen sich die größten Gemeinsamkeiten unter den Körperschaften des öffentlichen Rechts feststellen. Sofern die monokratischen Vorstände (1.) zugleich Leiter der Versammlung sind, bereiten sie deren Beschlüsse vor, leiten ihre Verhandlungen, besitzen zumeist ein Rügerecht bei rechtswidrigen Beschlüssen und vollziehen die rechtmäßigen. Die Vorstände sind (2.) Leiter der Körperschaftsverwaltung. Als solche sind sie die Dienstvorgesetzten des Körperschaftspersonals, haben zumeist gewisse Organisationsbefugnisse, die sie allerdings in bezug auf die hauptsächliche Einteilung der Dezernate nach einigen Organisationsgesetzen mit der Versammlung teilen müssen. In dieser Funktion erledigen sie die Geschäfte der laufenden Verwaltung, haben Eilbefugnisse, falls die Versammlung oder ein zuständiger Ausschuß nicht rechtzeitig entscheiden können und erfüllen die ihnen durch die Versammlung, Gesetz und die staatliche Verwaltung übertragenen Aufgaben. Sie vertreten (3.) die Körperschaft nach außen und nehmen eventuelle Beteiligungsrechte wahr.

(1.) Aufgaben in bezug auf die Versammlung

Sind in der Organisation des Vorstands nicht nur Verwaltungs-, sondern auch Vorsitzfunktionen in der Körperschaftsversammlung vereinigt, so gehört dazu die Vorbereitung ihrer Beschlüsse, die Einberufung ihrer Sitzung mit der Aufstellung einer Tagesordnung und deren Leitung.[373] Seinem Rügerecht (s. o.) bei rechtswidrigen Beschlüssen korrespondiert dabei die Pflicht, jedenfalls Verbands- und Organkompetenz hinsichtlich der Verhandlungsgegenstände zu prüfen und – sofern das entsprechende Organisationsgesetz verlangt, daß nur Gegenstände, die zum Aufgabenbereich der Körperschaft gehören[374] – die Einberufung ggf. abzulehnen.[375] Bei der Sitzungsleitung ist auf einen ordnungsgemäßen Ablauf, ggf. unter Einsatz des Ordnungsrechts gegenüber den Versammlungsmitgliedern und des Hausrechts gegenüber der Öffentlichkeit zu achten.[376]

(2.) Aufgaben der Verwaltungsleitung

Der Vorstand vollzieht die Beschlüsse der Versammlung. Er erfüllt die ihm gesetzlich oder von der Versammlung übertragenen Aufgaben. Zu diesen Aufgaben gehören auch die Pflichtaufgaben nach Weisung der Körperschaften.[377] Sofern zu ihrer Erledigung jedoch der Erlaß von Satzungen oder Rechtsverordnungen erforderlich ist, verbleibt es bei der Zuständigkeit des Gemeinderates.

Der Vorstand oder bei stärkerer Binnendifferenzierung eines seiner Unterorgane nehmen regelmäßig die *Geschäfte der laufenden Verwaltung* (laufende Geschäfte der Verwaltung,[378] laufende Verwaltungsgeschäfte[379]) wahr.[380] Dem eher technischen Charakter dieser Angelegenheiten entspricht es, daß sie durch die unter der Leitung des Vorstands bestehende bürokratische Körperschaftsverwaltung vollzogen werden können. Unter den Geschäften der laufenden Verwaltung sind solche zu verstehen, „die wegen ihrer Regelmäßigkeit und Häufigkeit zu den herkömmlichen und üblichen Aufgaben der Verwaltung gehören, deren Wahrnehmung nach festgesetzten Grundsätzen in eingefahrenen Geleisen erfolgt und die grundsätzlich keine weit tragende Bedeutung entfalten". Sie dürfen auch finanziell nicht von erheblicher Bedeutung für die Körperschaft sein.[381]

Die Selbständigkeit des Vorstands bei der Erledigung dieser Aufgaben ist allerdings unterschiedlich ausgeprägt. Hier bestehen staatliche Genehmigungspflichten.[382] Teilweise besteht auch in bezug auf diese Geschäfte ein Vorbehalts- oder

---

373 Eingehend zu den Befugnissen des Gemeinderatsvorsitzenden *Rothe* 1992, S. 530 ff.
374 § 34 I S. 5 GO BW, vgl. auch *Rothe* 1992, S. 531; besteht eine solche gesetzliche Regelung nicht, präkludiert die Aufnahme in die Tagesordnung nicht eine spätere Entscheidung gegen eine eingehende Beratung und Beschlußfassung.
375 Für das Kommunalrecht etwa *Gern* 2003, Rn. 456.
376 *Rothe* 1992, S. 533 u. 535 f.
377 Vgl. etwa § 44 III GO BW; §§ 37 I Nr. 2 u. 59 I S. 1 GO Bay; § 53 III GO Sachs. Eine Aufteilung nimmt § 63 I c GO BBg vor.
378 § 61 II Nr. 7d HwO für den Innungsvorstand.
379 § 36 I S. 1 SGB IV.
380 Für das Kommunalrecht gehört dies in vielen Bundesländern zu den Vorbehaltsaufgaben des Gemeindevorstehers: vgl. § 44 II GO BW; Art. 37 I GO Bay; § 37 III 3 KV MV; § 47 I GO RPf; § 59 III KSVG Saar; § 53 II S. 1 GO Sachs; § 63 I GO SaA, § 29 II KO Thür. In Nordrhein-Westfalen besteht kein fester Vorbehaltsbereich des Bürgermeisters. Die Geschäfte der laufenden Verwaltung können ihm aber übertragen werden.
381 Vgl. z. B. *BGH*, DVBl. 1979, S. 514; *BGHZ* 92, S. 164 ff. (173); *BGH*, NJW 1980, S. 117.
382 *Schumacher* 2003, S. 541.

C. Die rechtliche Binnenstruktur der Körperschaft des öffentlichen Rechts 583

Rückholrecht des Repräsentativorgans oder des Hauptausschusses.[383] Diese Möglichkeit betrifft zugleich die Machtbalance zwischen Repräsentativorgan und Vorstand, ohne sie jedoch angesichts der klaren Vorbehaltszuständigkeiten, des Zusammenspiels zwischen Vorstand, Ausschüssen und Repräsentativversammlung und der vollen gerichtlichen Kontrolle der Rückholung entscheidend zu modifizieren.[384]

Nicht immer nimmt der Vorsitzende des Vorstands oder der monokratische Vorsteher der Verwaltung die Geschäfte der laufenden Verwaltung selbst war. Möglich ist es auch, daß sie einer nicht zum Organ ausgebauten Stelle zugewiesen werden, wie etwa den Kanzlern der Hochschulen in Berlin (§ 58 I S. 2 HG Berl) oder dem bzw. den (Haupt-) Geschäftsführern.

Der Vorstand besitzt auch in solchen Fällen, in denen er nicht aus anderen Gründen zuständig ist, eine *Eilzuständigkeit*,[385] um dringliche Angelegenheiten zu entscheiden.[386] Je nach der Binnenstruktur des Vorstands kommt diese Befugnis diesem,[387] dessen Vorsitzenden,[388] dem Vorsitzenden des Vorstands im Einvernehmen mit dem Versammlungsvorsitzenden,[389] primär einem besonderen Ausschuß der Körperschaft und erst wenn dieser nicht erreichbar ist, dem Vorsitzenden des Vorstands,[390] grundsätzlich einem beschließenden Ausschuß[391] oder dem Kollegialorgan zu. Um die Rechte der Versammlung oder anderer an sich zuständiger Organe zu wahren, ist dabei teilweise die Mitwirkung eines Versammlungsmitglieds[392] und eine nachträgliche Unterrichtung der Versammlung[393] bzw. eine nachträgliche Genehmigungspflicht oder Aufhebungsmöglichkeit vorgesehen. Soweit bereits Rechte Dritter durch die Eilentscheidung entstanden sind, kann allerdings die Befugnis zur Aufhebung ausgeschlossen sein.[394]

Es ist fraglich, auf welche Entscheidungsformen sich das Dringlichkeitsentscheidungsrecht erstreckt. Dies kann insbesondere bei Satzungen zweifelhaft sein. Zwar erläßt jedenfalls im Kommunalbereich der Hauptverwaltungsbeamte immer wieder Satzungen aufgrund seiner Dringlichkeitskompetenz, obwohl das Satzungsrecht zum Vorbehaltsbereich des Gemeinderats gehört, die Gerichte sehen dies zwar

---

383 §§ 40 II u. 57 II S. 2 GO NdS; § 41 III GO NRW; in Bayern gehören zu den Vorbehaltsaufgaben des Bürgermeisters nur die reinen Routineangelegenheiten, § 37 I GO Bay.
384 *Schumacher* 2003, S. 539; kritisch dazu *Nierhaus* 1995, S. 8.
385 „Die Eilzuständigkeit bedeutet eine unter den Voraussetzungen der Eilbedürftigkeit generell vorgenommene Delegation", also eine unter diesen Voraussetzungen bestehende Übertragung der Zuständigkeit von der Versammlung auf ein anderes Organ, *Achterberg* 1986, § 13 Rn. 31; *Wolff/Bachof* 1976, S. 25.
386 Für das Kommunalrecht *Schmitz* 1995, S. 73 ff.; Eine Definition der Dringlichkeit enthält § 34 III S. 2 GO RPf: „Sofern eine Entscheidung nicht ohne Nachteil für die Gemeinde aufgeschoben werden kann (Dringlichkeit)".
387 § 48 S. 1 GO RPf.
388 Art. 37 III S. 1 GO Bay; § 43 IV S. 1 GO BW; § 30 S. 1 GO Thür; § 117 UG BW generell für den Vorsitzenden des jeweiligen Gremiums.
389 § 68 I S. 1 GO BBg.
390 § 66 S. 2 GO NdS.
391 § 34 IV S. 2 LKrO BW; § 175 I S. 1 KSVG Saar.
392 § 60 I S. 2 GO NRW.
393 § 43 IV S. 2 GO BW; § 66 S. 3 GO NdS; § 61 I S. 2 KVSG Saar.
394 § 68 I S. 3 GO BBg; § 60 I S. 4 GO NRW; § 48 S. 3 GO RPf; § 61 I S. 3 KSVG Saar.

offenbar als ultima ratio in Fällen äußerster Dringlichkeit als gerechtfertigt an, prüfen aber das Vorliegen dieser Situation sehr genau.[395]

In der Verwaltungsleitungsfunktion ist der Vorstand Dienstvorgesetzter des Personals der Körperschaft.[396] In dieser Funktion besitzt er auch eine gewisse Organisationsgewalt zur Geschäftsverteilung und zum Geschäftsgang und für weitere Binnendifferenzierung der Körperschaftsverwaltung.[397] Er ist damit die zentrale Behörde der Körperschaft.

b. Größe und Amtszeit des Vorstands

Die Größe[398] der kollegialen Verwaltungsspitze ist teilweise durch Gesetz, teilweise durch die Hauptsatzung näher bestimmt. Das gleiche gilt für die Amtszeit, die im kommunalen Bereich zwischen 5 und 8 Jahren beträgt.[399] Sofern die Verwaltungsleitung durch das Repräsentativorgan und nicht durch die Körperschaftsmitglieder gewählt wird, ist seine Amtszeit an die dieses Organs gekoppelt.

c. Die Binnenstruktur des Vorstands

Daß letztlich eine mit nur einer Person als Organwalter ausgefüllte Stelle die Spitze der Verwaltungsleitung der Körperschaft ausmacht, darf nicht darüber hinwegtäuschen, daß die Funktion dieses Organteils sehr unterschiedlich ausgestaltet ist.

Die grundlegende Entscheidung ist dabei, ob die Verwaltungsspitze durch ein Kollegialorgan, dem die Verwaltungsleitung als gemeinsame Aufgabe zusteht, oder als monokratisches Organ, dem diese Aufgabe alleine zukommt, organisiert ist. Im Kollegialmodell wird dann vom Repräsentativorgan ein Vorsitzender der kollegialen Verwaltungsleitung bestimmt, dem die Aufgabe der Vorbereitung der Sitzungen dieses Organs, der Verhandlungsleitung, des Vollzugs seiner Beschlüsse und gewisser Eilkompetenzen zusteht. Auf der anderen Seite verfügt im monokratischen Modell der Verwaltungsleiter über eine Art Kabinett von Ressortleitern, die seine Tätigkeit vorbereiten. Regelmäßig kommt auch hier einem von diesen die Stellvertretung des Verwaltungsleiters zu. Zwischen diesen beiden Grundmodellen gibt es zahlreiche Übergangsformen: Zunächst kann es eine Dezernatsgliederung geben, bei der den dem Kollegialorgan angehörenden Vorstandsmitgliedern bestimmte Verwaltungsaufgaben übertragen werden können, die sie dann als Dezernatsleiter eigener Zuständigkeit wahrnehmen können und insofern auch vertretungsberechtigt sind. Ferner kann die Vorsitzfunktion in diesem Organ der Verwaltungsleitung wiederum so ausdifferenziert werden, daß in Form eines Präsidiums ein eigenes kollegiales Organ geschaffen wird, dem dann wiederum ein Präsident als Vorsitzender vorsteht. Auch im monokratischen Modell können den Ressortleitern relativ

---

395 Hierzu auch *Schoch* 1990a, S. 806.
396 Vgl. etwa § 44 IV GO BW; Art. 37 IV GO Bay; § 73 II GO Hess; § 39 II S. 2 KV MV; § 63 V GO SaA.
397 vgl. etwa § 62 I S. 2 GO NRW; § 65 I S. 2 GO SH.
398 Etwa § 108 II HwO.
399 § 45 GO BW; §§ 62 u. 65 GO NRW.

C. Die rechtliche Binnenstruktur der Körperschaft des öffentlichen Rechts

selbständige Zuständigkeiten eingeräumt werden, die ihnen gegenüber dem Vorsteher ein Eigengewicht verleihen.

Um den Besonderheiten der konkreten Körperschaft Rechnung zu tragen, ist die Frage eines kollegialen oder monokratischen Vorstands in den Organisationsgesetzen teilweise bewußt offen gelassen und der Satzung anvertraut worden. § 52 I S. 1 WVG etwa sieht vor, daß der Vorstand aus einer Person oder aus mehreren Personen bestehen kann.

aa. Mitgliedschaft im Vorstand

Maßgeblich für die Stellung der Mitglieder des Vorstands ist die Ausgestaltung dieses Organs, worauf sogleich einzugehen sein wird. Ein zweites wichtiges Kriterium ist aber die Größe, die jedenfalls im Kommunalbereich mitentscheidend dafür ist, ob die Aufgabe des Gemeindevorstehers, Beigeordneten oder Magistrats ehren- oder hauptamtlich ausgeübt wird.[400] Im Bereich der Kammern sind die Vorstandsmitglieder regelmäßig ehrenamtlich tätig.[401] Wird das Amt hauptberuflich ausgeübt, so ist der Amtswalter (Wahl-)Beamter der Körperschaft auf Zeit.[402]

Zu den Pflichten der Vorstandsmitglieder gehören etwa die Verschwiegenheit,[403] die sorgfältige Erledigung ihrer Amtsgeschäfte.[404] Sofern bei Lastenverbänden Interessenkollisionen zwischen Vorstand und Versammlung entstehen können, sind insofern auch Inkompatibilitäten vorgesehen.[405]

bb. Formen des kollegialen Vorstands

In einem reinen Kollegialvorstand ist nicht eines des aus mehreren Mitgliedern bestehenden Organs, sondern nur der Vorstand als Einheit für die Wahrnehmung der zugewiesenen Aufgabe zuständig.[406] Beschlüsse müssen von allen Mitgliedern des Vorstands gemeinsam getroffen werden.[407]

Im Kommunalbereich hat der Gemeindevorstand/Magistrat in Hessen eine kollegiale Struktur (§ 9 II S. 2 GO Hess). Ihm kommt die hauptsächliche Vollzugsfunktion sowohl der Auftrags-, als auch der Selbstverwaltungsangelegenheiten zu. Er bereitet die Beschlüsse der Gemeindevertretung vor (§ 66 I GO Hess). Zur weiteren Differenzierung seiner Verwaltungstätigkeit kann der Magistrat Kommissionen bilden, denen der Bürgermeister, Mitglieder des Magistrats und der Gemeindevertretung angehören (§ 72 GO Hess). Eingehende Regelungen über die Voraussetzungen seiner Beschlußfassung (§§ 67, 68 GO Hess) dokumentieren dessen differenzierte

---
400 Etwa gem. § 42 GO BW; § 66 IV HwO der Innungsvorstand, ehrenamtlich.
401 § 66 IV HwO Innungsvorstand; Ehrenamtlich ist auch das Amt des Vorstandsmitglieds der Handwerkskammer (Honig 1999, § 109 Rn. 7) und der IHK (*Frentzel/Jäkel/Junge/Hinz/Möllering* 1999, § 5 Rn. 11); für die berufsständischen Kammern etwa § 75 BRAO für die Mitglieder des Vorstands der Rechtsanwaltskammer; *Stober* 2001, S. 398
402 Vgl. etwa § 61 V GO NdS; § 62 I S. 1 GO NRW.
403 § 76 BRAO; § 69a BNotO; § 71 PAO.
404 § 54 II S. 1 WVG.
405 § 52 II S. 2 WVG.
406 Zum Kollegialprinzip grundlegend *Groß* 1999, S. 46 f.
407 *Groß* 1999, S. 49.

Binnenstruktur. Obwohl der Bürgermeister hier auch direkt gewählt wird (§ 39 GO Hess), ist er doch nur der Vorsitzende des Magistrats und als solcher primus inter pares.[408] Als solcher bereitet er dessen Sitzungen vor (§ 70 I GO Hess), beruft sie ein (§ 69 I GO Hess), leitet sie und widerspricht Magistratsbeschlüssen, wenn sie rechtswidrig sind oder das Wohl der Gemeinde gefährden (§ 74 GO Hess). Er hat Stimmrecht und zwar bei Stimmgleichheit sogar mit ausschlaggebendem Gewicht (§ 68 II S. 2 GO Hess). Über die Rekrutierung wird weiter unten noch zu berichten sein. Die Befugnisse des Magistrats erstrecken sich auf die Vertretung der Gemeinde (§ 71 GO Hess) und dienstrechtliche Maßnahmen (§ 73 GO).

Kollegiale Leitungen des Vollzugsorgans der Körperschaft finden sich auch im Hochschulbereich. So ist etwa das Leitungsorgan der Hochschulen in Niedersachsen ein Präsidium, das aus dem Präsidenten und mindestens einem hauptamtlichen Vizepräsidenten besteht (§§ 36 Nr. 1, 37 IV S. 1 HG NdS). Dem Präsidenten kommt zwar innerhalb des Präsidiums eine gewisse Vorrangstellung zu, indem er seine Richtlinien bestimmt und es nach außen vertritt (§ 38 I HG Berl); innerhalb seines Geschäftsbereichs nehmen der oder die Vizepräsidenten jedoch ihre Aufgaben selbständig wahr (§ 36 IV S. 3 HG NdS). Von diesem Modell unterscheidet sich etwa die Baden-Württembergische Hochschulverfassung. Sie sieht nicht nur eine Wahlmöglichkeit zwischen einer monokratischen Universitätsleitung durch einen Präsidenten oder einer kollegialen durch ein Rektorat vor (§ 15 I S. 1 UG BW), auch die Rektoratsverfassung mißt seinem Vorsitzenden dominantere Züge bei, als dies beim niedersächsischen Modell der Fall ist. Dem Rektorat gehören die Prorektoren und der Kanzler an (§ 12 I UG BW). Herrscht bei Abstimmungen Stimmgleichheit, so gibt die Stimme des Rektors den Ausschlag (§ 12 I S. 4 UG BW). Ferner setzen sich in Haushaltsangelegenheiten er und der Kanzler durch. Der Rektor ist nicht nur der Vorsitzende aller zentralen Gremien und des Rektorats, er legt auch die Geschäftsbereiche der übrigen Rektoratsmitglieder fest und bestimmt die Richtlinien für die Erledigung der Aufgaben des Rektorats (§ 12 II UG BW).

Kollegial strukturiert sind schließlich auch einige Kammervorstände.[409] Teilweise ergibt sich die Notwendigkeit der Kollegialität hier schon aus dem Erfordernis hinreichender Repräsentation der in der Kammer vertretenen Gruppen (etwa Gesellen, sonstige Arbeitnehmer mit geschlossener Berufsausbildung einerseits und selbständiger Handwerker andererseits[410]). Gesetzlich wenig geregelt ist die Struktur des Präsidiums der IHKn. Immerhin ist festgehalten, daß der Präsident der IHK Vorsitzender dieses Gremiums wie auch der Vollversammlung ist. Das schließt nicht aus, daß die Satzung ihm weitere Zuständigkeiten einräumt. Das Präsidium unterstützt ihn dabei, und sofern es dies tut, handelt es in seiner Gesamtheit und damit kollegial.[411] Die Verwaltungsgeschäfte werden von dem durch die Vollversammlung gewählten Hauptgeschäftsführer wahrgenommen, der die Kammer

---

408 *Waechter* 1997, Rn. 366.
409 § 66 HwO für die Handwerksinnung; § 108 HwO für die Handwerkskammer; § 67 I PAO.
410 § 108 I S. 2 HwO: im Vorstand der Handwerkskammer müssen ein Drittel der Mitglieder Gesellen oder andere Arbeitnehmer mit abgeschlossener Berufsausbildung sein.
411 *Frentzel/Jäkel/Junge/Hinz/Möllering* 1999, § 6 Rn. 15.

C. Die rechtliche Binnenstruktur der Körperschaft des öffentlichen Rechts   587

auch gemeinsam mit dem Präsidenten vertritt.⁴¹² Da er bei seiner Geschäftsführung an die Beschlüsse der Vollversammlung und des Präsidiums gebunden ist, dem Präsidium insbesondere auch Richtlinienbefugnisse zukommen,⁴¹³ liegt bei ihm die Verwaltungsleitung.

Auch die körperschaftlich strukturierten Sozialversicherungsträger haben einen kollegialen ehrenamtlichen Vorstand mit einem hauptamtlichen Geschäftsführer, der – selbst ein Organ der Körperschaft – für die laufenden Verwaltungsgeschäfte zuständig ist. Der Vorstand hat einen Vorsitzenden und ist in Geschäftsbereiche untergliedert. Er erläßt die Richtlinien zur Führung der Verwaltungsgeschäfte durch den oder die Geschäftsführer.⁴¹⁴ Bei den OKKs, BKKs, IKKs und Eks ist seine Funktion allerdings in dem hauptamtlichen Vorstand, der zur Gesamtgeschäftsführung berechtigt ist, aufgegangen (§ 35a SGB IV).⁴¹⁵ Zur Erreichung größerer Flexibilität im Hinblick auf Veränderungen in der Aufgabenstellung hat man hier also die Differenzierung der Verwaltungsführung zurückgenommen.

Es ist nicht leicht, in diesem bunten Bild gemeinsame Strukturen zu entdecken. Kollegiale Leitungsgremien an der Spitze der Körperschaft vorzusehen, kann seinen Grund in komplexen Entscheidungen haben, die auch im Bereich der ausführenden Körperschaftsverwaltung zu treffen sind.⁴¹⁶ Gegenläufig dazu ist die Notwendigkeit einheitlicher Entscheidungen, die ggf. auch kurzfristig getroffen werden müssen. Dies streitet für eine monokratische Struktur. Entsprechend können dann die konkreten Ausgestaltungen am ehesten von diesen beiden Polen her verstanden werden, denen sie sich von der Aufgabenstruktur der Körperschaft her mehr oder weniger annähern.

cc. Kollegialer Vorstand mit kollegialem Präsidium

Besonders differenziert ist der Vorstand bei den Rechtsanwaltskammern aufgebaut. Die Geschäftsordnung der Kammer kann zunächst die sachliche Gliederung in verschiedene Abteilungen vorsehen. Für die eigentlichen Leitungsfunktionen wählt der Vorstand aber aus seiner Mitte noch ein Präsidium.

Daß der Vorstand der Rechtsanwaltskammer ihr Organ ist, ergibt sich formal aus der Überschrift des Zweiten Abschnitts des Vierten Teils der BRAO, der die Überschrift „Die Organe der Rechtsanwaltskammer" trägt sowie in der Sache aus seiner Kompetenz, Befugnisse der Kammer für diese wahrzunehmen. Seine Zuständigkeiten betreffen eine Reihe zentraler Aufgaben der Kammer, die in § 73 BRAO nicht abschließend aufgezählt sind.⁴¹⁷ Neben einzelnen Funktionen wie der

---
412 § 7 I IHKG. Der Hauptgeschäftsführer ist ein Organ der IHK, *Basedow* 1977, S. 369. Da er zumeist nicht mit einem Mitglied der Körperschaft besetzt ist, liegt Fremdorganschaft vor.
413 *Frentzel/Jäkel/Junge/Hinz/Möllering* 1999, § 7 Rn. 4.
414 Dies bezieht sich nicht auf die laufenden Verwaltungsgeschäfte, da diese Erfüllung gesetzlicher und nicht von Selbstaufgaben darstellen, KK-*Maier* SGB V, §35 Rn. 7. Dem liegt auch eine Unterscheidung von bürokratisch durch einen hauptamtlichen Körperschaftsbeamten zu erledigenden und zu verantwortenden Aufgaben und der Selbstverwaltung vorbehaltenen grundsätzlichen, nicht alltäglichen Entscheidungen zugrunde, KK-*Maier* SGB V, § 36 Rn. 5.
415 KK-*Maier* SGB V, §35a Rn. 1 u. 2.
416 *Groß* 1999, S. 101 für das Rektorat.
417 Zu weiteren vgl. *Feuerich/Weyland* 2003, § 73 Rn. 3.

Streitschlichtung, der Beratung über die und der Überwachung der Berufspflichten, von Vorschlagsrechten, der Erstattung von Gutachten, Rechnungslegung und Prüfungsaufgaben hat er die Belange der Kammer zu wahren und zu fördern (§ 73 I S. 2 BRAO). Der Vorstand ist kollegial verfaßt: Seine sieben Mitglieder beschließen mehrheitlich (§ 72 BRAO) und tagen unter dem Vorsitz des Präsidenten der Rechtsanwaltskammer (§ 70 II BRAO).

Um die vielfältigen und teilweise mit umfänglichen Verhandlungen und Erörterungen verbundenen Fragen bewältigen zu können, kann der Vorstand zur dekonzentrierten Aufgabenerfüllung Abteilungen zu bilden, sofern dies in der Geschäftsordnung vorgesehen ist (§ 77 I BRAO).[418] Insofern sie Angelegenheiten des Vorstands selbständig und mit allen seinen Rechten und Pflichten (§ 77 V BRAO) für diesen wahrnehmen, sind die Abteilungen Unterorgane des Vorstands.[419] Ihre Selbständigkeit wird eine gewisse Eigenverantwortlichkeit einbeziehen. Sie ist aber dadurch begrenzt, daß der Vorstand zur Einheitlichkeit der Kammerverwaltung an ihrer Stelle entscheiden kann (§ 77 VI BRAO). In ihrer Binnenstruktur sind die Abteilungen kollegial verfaßt: Sie bestehen aus drei Vorstandsmitgliedern, die gemeinsam entscheiden, sich aber einen Abteilungsvorsitzenden, einen Abteilungsschriftführer und Stellvertreter bestimmen (§ 77 II BRAO).

Seine besonders ausdifferenzierte Binnenstruktur zeigt der Vorstand der Rechtsanwaltskammer nun durch die Ausbildung eines engeren Vorstands in Gestalt des Präsidiums, der für die Verwaltung des Kammervermögens und weitere durch Gesetz oder Vorstandsbeschluß übertragene Aufgaben zuständig ist (§ 79 BRAO). Diese kollegial ausdifferenzierte Kammerführung setzt sich aus dem Präsidenten als ihrem Vorsitzenden,[420] den Vizepräsidenten, dem Schriftführer und dem Schatzmeister zusammen (§ 78 II BRAO). Auch wenn das Präsidium nach seiner Überschrift als zweites Organ der Rechtsanwaltskammer geführt wird, geht es doch durch Wahl nur aus dem Vorstand hervor, nicht aus der Kammerversammlung.

Der eigentliche rechtsgeschäftliche und öffentlich-rechtliche Vertreter der Kammer ist ihr Präsident. Ihm kommt zugleich der Vollzug der Kammer- und Vorstandsbeschlüsse zu (§ 80 BRAO). Außerdem ist er der Vorsitzende der Kammerversammlung, des Vorstands und des Präsidiums mit den damit verbundenen körperschaftstypischen Aufgaben der Vorbereitung, Leitung, Aufrechterhaltung der Ordnung der Sitzungen etc. Ihm sind als ständiger Vertreter ein oder mehrere Vizepräsidenten beigegeben (§ 78 II Nr. 2 BRAO). Nicht vorgesehen, in der Praxis aber vielfach eingerichtet, ist ein Geschäftsführer für die nicht beschlußbedürftigen Routineangelegenheiten, die nicht gesetzlich oder nach den Geschäftsordnungen anderen Organen oder Unterorganen zugewiesen worden sind.[421]

---

418 Vgl. auch § 69b BNotO; § 57 V S. 1 WPO; § 68 PAO; § 59a WPO.
419 *Feuerich/Weyland* 2003, § 77 Rn. 11: Sie treten in ihrem Geschäftsbereich an die Stelle des Vorstands.
420 *Feuerich/Weyland* 2003, § 78 Rn. 2.
421 *Feuerich/Weyland* 2003, § 80 Rn. 9.

dd. Monokratischer Körperschaftsvorstand mit beigeordnetem Ausschuß der Versammlung

In Körperschaften mit einem monokratisch organisierten Körperschaftsvorsteher sind teilweise eigene Organe vorgesehen, die Funktionen in bezug auf die Körperschaftsversammlung und Verwaltungsaufgaben übernehmen. Soweit sie hierbei eigene Beschlüsse mit Wirkung für die Körperschaft fassen können, handelt es sich um selbständige Organe. Ihre Zuständigkeiten sind begrenzt durch die Zuständigkeiten der anderen Organe. Sie werden ganz oder teilweise von der Repräsentativversammlung gewählt. Solche Organe gewährleisten eine sachgerechte Aufgabenerledigung und entlasten die ehrenamtlich agierende Versammlung, die sich auf die wesentlichen Strukturentscheidungen konzentrieren kann.[422]

Im Kommunalrecht von Niedersachsen, Brandenburg und Schleswig-Holstein sind derartige Ausschüsse vorgesehen. In niedersächsischen Gemeinden werden die versammlungsbezogenen Aufgaben der Vorbereitung der Ratsbeschlüsse und der Koordination sowie die Verwaltungsentschlüsse in Angelegenheiten, die nicht anderen Organen zugewiesen wurden durch ein eigenes Organ, den Verwaltungsausschuß, wahrgenommen (§ 57 GO NdS).[423] Er setzt sich zusammen aus dem von den Gemeindemitgliedern gewählten Bürgermeister, den vom Rat gewählten Beigeordneten und ggf. weiteren Mitgliedern des Rates (§ 56 I GO NdS). Auch die Hauptausschüsse der Gemeinden in Brandenburg nehmen Funktionen in bezug auf die Vorbereitung der Sitzungen der Gemeindevertretung wahr (§ 57 I GO BBg) und beschließen in eigenen oder übertragenen Aufgaben, die auch eine Zuständigkeit für die Geschäfte der laufenden Verwaltung beinhalten kann (§ 57 II GO BBg).[424] Ein Vorsitz des Bürgermeisters im Hauptausschuß ist in der GO nicht vorgesehen und aufgrund möglicher Interessenkonflikte wohl auch nicht möglich.[425] Kein bei der Aufzählung der in § 21 KV MV erwähntes Organ, obwohl ebenfalls mit der Befugnis nicht nur der Vorbereitung der Versammlungssitzungen und der Koordinierung der Ausschüsse, sondern auch mit Vollzugsentscheidungen betraut, ist der Hauptausschuß im Mecklenburg-Vorpommern (§ 35 II KV MV).[426] Seine Zuständigkeiten umfassen auch das Eilentscheidungsrecht. Er besteht aus durch die Gemeindevertretung nach den Grundsätzen der Verhältniswahl gewählten Mitgliedern (§ 35 I KV MV). Gewählte Mitglieder, sowie den Bürgermeister als Mitglied kraft Amtes hat auch der Hauptausschuß in Nordrhein-Westfalen. Er koordiniert die Arbeit der übrigen Ausschüsse (§ 59 I GO NRW),[427] hat aber auch eine Eilkompetenz für

---

422 *Darsow* 1994, S. 419.
423 *Schmidt-Aßmann* 2003, Rn. 81; *Gern* 2003, Rn. 412. In bezug auf die von ihm wahrgenommenen Zuständigkeiten der Gemeinden ist er ein Organ.
424 Eine Befugnis zur Entscheidung über Widersprüche steht ihm aber nach der Gemeindeordnung, anders als dem Verwaltungsausschuss in Niedersachsen (§ 57 III GO NdS), nicht zu. Zu den Einzelheiten vgl. *Nierhaus* 1995, S. 9.
425 *Nierhaus* 1995, S. 9.
426 Näher hierzu *Darsow* 1994, S. 419 f. entsprechende Ausschüsse bestehen in Mecklenburg-Vorpommern auch auf der Kreisebene.
427 Hier hat der Bürgermeister allerdings Vorsitz und Stimmrecht inne, § 57 III S. 2 GO NRW, dazu auch *Rothe* 2003, S. 56.

Ratsentscheidungen (§ 60 I GO NRW) und entscheidet über die Planung der Verwaltungsaufgaben von besonderer Bedeutung (§ 61 S. 1 GO NRW).

Nicht hierher gehören die ebenfalls „Hauptausschüsse" genannten Ausschüsse des Repräsentativorgans. Sie nehmen regelmäßig keine eigenen Vollzugsentscheidungen, wenn sie ihm nicht durch die Gemeindevertretung übertragen wurden, wahr Den Hauptausschuß in Schleswig Holstein (§ 45 b GO SH) kommen vielmehr die Funktionen der Kontrolle der Verwaltungsleitung durch den Bürgermeister, der Vorbereitung der Sitzungen der Gemeindevertretung und der Überwachung der einheitlichen Arbeit der anderen Ausschüsse zu. Daß er insofern eher zu den Hilfsorganen der Gemeindevertretung zu zählen ist, wird dadurch unterstrichen, daß er nicht als selbständiges Gemeindeorgan erwähnt ist, von der Gemeindevertretung gewählt wird (§ 45a I GO SH) und der Bürgermeister zwar Mitglied ist, nicht jedoch den Vorsitz führt und kein Stimmrecht besitzt (§ 45a II GO SH).[428] In Thüringen kommt ihm nur die Vorbereitung der Gemeinderatssitzungen (§ 26 I S. 2 KO Thür) zu.

Während also die zunächst genannten „Verwaltungsausschüsse" und „Hauptausschüsse" echte eigene Verwaltungsaufgaben wahrnehmen und somit eine eigene Organstellung zwischen der monokratischen Verwaltungsleitung und der Repräsentativversammlung besitzen, sind die zuletzt genannten Ausschüsse Organteile,[429] die auf deren Arbeit inklusive ihrer Kontrollfunktion bezogen sind.

Im Hinblick auf das körperschaftsinterne System von Checks-and-Balances sind diese sowohl mit repräsentativen als auch Vollzugsfunktionen ausgestatteten Organe nicht unproblematisch. Soweit sie zu einer sachgerechten Aufgabenerledigung notwendig sind, ist es im Interesse einer differenzierten Verteilung der Gewalten innerhalb der Körperschaft erforderlich, daß ihre Befugnisse sorgfältig umgrenzt sind.

ee. Monokratischer Körperschaftsvorstand

Ein rein monokratisches System besteht dort, wo dem Körperschaftsvorsteher nur von der Versammlung gewählte Ressortleiter der Verwaltungsabteilungen beigegeben sind.

Dieses System besteht etwa in denjenigen Kommunalverfassungen, die keinen Haupt- bzw. Verwaltungsausschuß mit eigener Organstellung vorgesehen haben. So kennt etwa die Baden-Württembergische Gemeindeordnung[430] Beigeordnete, die bestimmten Aufgabenbereichen der Gemeindeverwaltung als Dezernatsleiter mit Leitungs- und Sachentscheidungskompetenz vorstehen.[431] Sie sind Stellvertreter des Bürgermeisters in ihrem Geschäftsbereich,[432] nehmen also dessen Zuständigkeit für ihn wahr. Eine herausgehobene Stellung unter ihnen besitzt der sog. „Erste Beigeordnete", der der ständige allgemeine Vertreter des Bürgermeisters ist (§ 49 IV

---

428 Er ist der Disziplinarvorgesetzte des Bürgermeisters, § 45b II GO SH.
429 *Wolff/Bachof/Stober* 1987, § 87 Rn. 16.
430 Ähnlich sind etwa die Regelungen in Rheinland-Pfalz (§ 50 GO), Sachsen (§ 55 GO); hierzu *Gern* 2003, Rn. 400 ff.
431 § 49 GO BW; dazu Gern 2003, Rn. 390 f.
432 § 49 III 1 GO BW.

C. Die rechtliche Binnenstruktur der Körperschaft des öffentlichen Rechts   591

S. 1 GO BW). Ihre bürokratische Funktion wird durch besondere Anforderungen an ihre Qualifikation (§ 49 II u. V GO BW) und ihre hauptamtliche Stellung (§ 50 I S. 1 GO BW) unterstrichen. Der Bürgermeister als Gemeindevorsteher ist ihnen gegenüber weisungsbefugt und behält die Gesamtverantwortung für die Verwaltungsleitung. Die hiermit gegebene sachliche und institutionelle Verselbständigung wird jedoch dadurch personell kompensiert, daß die Beigeordneten aufgrund von Wahlen durch den Gemeinderat rekrutiert werden (§ 50 II GO BW). Sie stellt sich so neben der Erteilung oder Verweigerung des Einvernehmens zur Einrichtung der Geschäftskreise der Beigeordneten durch den Bürgermeister als wichtigste Einflußnahmemöglichkeit auf die Organisation der Vollzugsaufgaben dar. Dieses Einvernehmen macht die Festlegung der Geschäftskreise wie auch ihre Änderung zu mitwirkungsbedürftige Entscheidungen des Bürgermeisters, die ohne dieses Einvernehmen nicht wirksam sind (§ 44 I S. 2 GO BW).[433] Im übrigen müssen die Beigeordneten keine Mitglieder des Gemeinderats sein, vielmehr werden ihre Stellen öffentlich ausgeschrieben.[434] In Nordrhein-Westfalen bilden die hauptamtlichen Beigeordneten zusammen mit dem Bürgermeister den Verwaltungsvorstand, der kein Organ mit Entscheidungsbefugnissen, sondern ein Koordinationsgremium der Verwaltungsleitung darstellt.[435]

Im Bereich der Hochschulen hat etwa Berlin ein monokratisches Modell der Universitätsleitung. Zentrales Verwaltungsorgan der Hochschule ist der Präsident (Universitäten, Technische Fachhochschule) oder Rektor (Fachhochschulen, § 51 Nr. 1 HG Berl). Ihm sind Vizepräsidenten resp. Prorektoren als Vertreter beigeordnet, die ihn vertreten und seine Arbeit unterstützen (§ 57 I HG Berl). Auch der Kanzler hat unterstützende Funktion (§ 58 I HG Berl) und ist weisungsgebunden.

Monokratische Entscheidungsstrukturen begünstigen schnelle und eindeutige Entscheidungen und entlasten so die übrigen Organe von weiteren Beratungen. Wie schon im organisationstheoretischen Teil hervorgehoben worden ist, führt dies zugleich zu einer Konzentration der Verantwortung an der Spitze und zu einer Konzentration der Verhaltenserwartungen auf sie. Dem entspricht im Kommunalrecht die direkte Wahl des Bürgermeisters, dessen weitreichenden Entscheidungsbefugnissen so zugleich die notwendige Legitimation vermittelt wird. Probleme des monokratischen Systems können sich bei sachlich oder wertungsmäßig hoch komplexen Entscheidungen ergeben. Für den ersteren Problembereich mag ein dekonzentriertes und spezialisiertes Dezernatssystem eine gewisse Abhilfe schaffen, während das zweite durch unmittelbar-demokratische Elemente in den Kommunalverfassungen aufgefangen werden kann. Ob sich ein solches System jedoch für professionelle Organisationen eignet, wie etwa die Hochschulen, die wesentlich vom Einsatz und den selbstgesetzten Leistungsstandards ihrer Mitglieder leben, erscheint sehr fraglich. Hier sind angesichts der grundrechtlichen Fundierung in der Wissenschaftsfreiheit bald Grenzen der Konzentration der Entscheidungskompetenzen bei einem monokratischen Fakultäts- oder Hochschulvorstand erreicht. Eine

---
433 *VG Dresden*, Urteil vom 22.08.2001 – 12 K 1944/01. DÖV 2002, S. 712 (Leitsatz).
434 Sie nehmen allerdings als Beigeordnete an den Sitzungen des Gemeinderats mit beratender Stimme teil (§ 33 I GO BW). Dabei sind sie weisungsgebundene Gemeindebeamte, *Gern* 2003, Rn. 392.
435 Vgl. die Regelung des § 70 GO NRW.

Verselbständigung des Rektorats oder des Rektors, die ihn nicht mehr gegenüber den Grundrechtsträgern, um deretwillen die Gesamtkörperschaft besteht, verantwortlich macht, überschreitet diese Grenzen eindeutig.[436]

d. Das Verhältnis des Vorstands zu seiner innerkörperschaftlichen Umwelt

Hier sind folgende Aspekte zu unterscheiden: Zunächst einmal wird der Vorstand per Wahl aus seiner Umwelt rekrutiert. Ihm sind verschiedene Handlungsformen und Befugnisse ihr gegenüber verliehen worden. Schließlich treffen ihn auch bestimmte Pflichten, bei deren Einhaltung er sowohl durch das Repräsentativorgan als auch durch die staatliche Verwaltung kontrolliert wird.

aa. Die Wahl des Vorstands

Kennzeichen der autonomen Legitimation der Selbstverwaltung durch Körperschaften des öffentlichen Rechts ist es, daß ihre Organe nicht durch die staatliche Verwaltung, sondern durch die Organe der Organisation selbst gewählt werden. Der Verwobenheit und dem Ausmaß der Übertragung von staatlichen Aufgaben entsprechend, kommen der staatlichen Verwaltung hier aber Mitwirkungsbefugnisse in Form von Vorschlagsbestätigungen, Vorschlägen, Ernennungen, Bestellungen[437] etc. zu. Angesichts der prägenden Bedeutung körperschaftsautonom legitimierter Organe muß es zumindest fremd erscheinen, wenn der Vorsteher der Körperschaft im Falle der Nichteinigung zwischen dem körperschaftlichen Kreationsorgan und der staatlichen Verwaltung durch diese auch gegen den Vorschlag der Körperschaft ernannt werden kann.[438] Diese Lösung ist zwar legitimationstheoretisch unproblematisch, da der Minister sogar besser demokratisch legitimiert und parlamentarisch verantwortlich ist; mit der Organisationsform der Körperschaft und der hier sogar verfassungsrechtlich geforderten autonomen Legitimation ist dies aber auch dann schwer vereinbar, wenn man den staatlichen „Anteil" an der Hochschule berücksichtigt.[439] Denn der Rektor/Präsident ist im Modell der Einheitsverwaltung der Vorsitzende des Vorstands resp. monokratischer Vorsteher der Körperschaft wie der staatlichen Einrichtung.

---

436 Vgl. hierzu im Hinblick auf das geplante neue Baden-Württembergische Hochschulgesetz, das, einem aktienrechtlichen Modell angelehnt, das Rektorat als Vorstand, den Rektor als Vorstandsvorsitzenden bzw. Chief Executive Officer, den Senat als Hauptversammlung und den Universitätsrat als Aufsichtsrat ausgestalten will, *Hommelhoff* in der Festschr. f. E. Jayme (im Erscheinen), S. 2 f. des Manuskripts, Hommelhoff selbst betont (S. 6): „Kein *top down*-System prägt die Universitäten, sondern ganz betont die Wirkrichtung *bottom up*".
437 § 53 HG Berl für den Präsidenten/Rektor an Berliner Hochschulen; § 31 SeeLG: Wahl des „Ältermann" genannten Vorsitzenden durch die Mitgliederversammlung mit Bestätigungsvorbehalt der Aufsichtsbehörde, die aber nur aus wichtigem Grund versagt werden darf.
438 So im Falle des Dissenses zwischen Auswahlausschuß und Wissenschaftsministerium nach der zweiten Ausschreibung, § 13 V S. 5 UG BW.
439 Das Vorschlagsrecht eines vom Ministerpräsidenten im Benehmen mit dem zuständigen Ausschuß des Landtages und nach Anhörung der Hochschulen bestimmten Landeshochschulrates ist danach verfassungsrechtlich unproblematisch, *BVerfG* v. 26. Oktober 2004 1 BvR 911/00, 1 BvR 927/00, 1 BvR 928/00, C II 3.

C. Die rechtliche Binnenstruktur der Körperschaft des öffentlichen Rechts 593

Die grundlegende Weichenstellung betrifft dabei zunächst die Frage, ob der Vorstand durch die Mitglieder der Körperschaft als Stimmorgan oder durch die Repräsentativversammlung gewählt wird. Das erstere Modell hat sich inzwischen in nahezu allen Kommunalverfassungen durchgesetzt und liegt naturgemäß denjenigen Körperschaften der funktionalen Selbstverwaltung zugrunde, deren Versammlungsorgan eine Mitgliederversammlung ist.

Entsprechend der unterschiedlichen Binnenstruktur der verschiedenen Vorstände gibt es aber eine große Bandbreite von Differenzierungsmöglichkeiten der Beteiligung der übrigen Organe an der Wahl der Vorstandsmitglieder. Im monokratischen Modell kann der Verwaltungsleiter durch die Körperschaftsmitglieder, seine Ressortleiter aber durch die Repräsentativversammlung gewählt werden (s. o., z. B. in der süddeutschen Ratsverfassung). Im kollegialen Modell (unechte Magistratsverfassung) besteht ebenfalls die Möglichkeit, daß der Vorsitzende durch die Körperschaftsmitglieder, die übrigen Angehörigen des Vorstands aber durch das Repräsentativorgan gewählt werden (§§ 39 I a u. 39a I GO Hess). Dadurch kommt ihnen eine nur mittelbare autonome Legitimation zu. Im differenzierten kollegialen Modell kann das Präsidium prinzipiell durch den Vorstand oder ebenfalls durch das Repräsentativmodell gewählt werden. Sofern es monokratisch verfaßt ist, muß der Präsident durch die Repräsentativversammlung gewählt werden.

Eine weitere Organisationsentscheidung betrifft dann den Wahlmodus. Er ist für die Gemeinden und Kreise jedenfalls hinsichtlich des direkt gewählten Bürgermeisters und Landrats durch Art. 28 I S. 2 GG vorgegeben, da sie eine Vertretung des Volkes sind.[440] Das BVerfG hat in seiner Entscheidung zum Lippeverbandsgesetz deutlich gemacht, daß der Art. 28 I S. 2 GG nicht auf die Körperschaften der funktionalen Selbstverwaltung ausgedehnt werden kann.[441] In dieser Entscheidung hat das Gericht aber, wie oben ausgeführt, eine ergänzende autonome Legitimation, die sich wie das Demokratieprinzip auf den Gedanken der Selbstbestimmung stützt, diesen aber in seiner grundrechtlichen Ausprägung zugrunde legt, anerkannt.[442] Zwar ging es in der Entscheidung um die Legitimität der Aufgabenübertragung, nicht in erster Linie um die Ausgestaltung der innerverbandlichen Willensbildung, doch hat das Gericht die verstärkte Legitimation durch die Einräumung von Mitwirkungsbefugnissen anerkannt. Diese Legitimationsverstärkung stützt sich auch nicht auf das Demokratieprinzip, sondern auf den in den Grundrechten enthaltenen status activus als Ausdruck der Selbstbestimmung. Das bedeutet aber, daß die innerverbandliche Willensbildung auf diese Grundrechtsautonomie zurückgeführt werden muß. Auch dann ist von einer grundsätzlich gleichen, nicht beeinflußten Mitwirkungsbefugnis aller Mitglieder der Körperschaftsorgane auszugehen. Entsprechend der gesetzlich legitimierten Zielsetzung der Körperschaft mag es dann aber Modifikationen dieser Grundsätze geben. Wie oben ausgeführt, ist eine differenzierte Einflußnahme entsprechend der unterschiedlichen Grundrechtsbetroffenheit etwa bei den Hochschulen möglich. Sofern es sich um eine gruppenplurale Körperschaft mit entsprechender Struktur des Repräsentativorgans handelt, muß

---
440 GG-Kommentar Dreier-*Dreier* Art. 28, Rn. 68.
441 DÖV 2003, S. 678 f.
442 DÖV 2003, S. 679.

auch die Verwaltungsleitung nach Gruppen gewählt werden. Dabei stellt sich dann in monokratisch wie in kollegial verfaßten Vorständen die Frage, ob eine Mindestrepräsentation in diesem Organ stattfindet oder nicht. Bei den übrigen Körperschaften ist fraglich, ob und inwieweit die Wahlrechtsgrundsätze gelten. Auch hier fordern die Grundrechte als Optimierungsprinzipien eine Kompensation der drohenden Oligarchisierung (s. o.) durch verstärkte Einflußchancen.[443] Sofern hier keine sachlichen, aus dem gesetzlich anerkannten Zweck der Körperschaft folgenden Gründe eine Abweichung rechtfertigen, muß es auch bei der Begründung von autonomer Legitimation bei grundsätzlich gleichen und freien Einflußchancen bleiben.

Schließlich ist von Bedeutung, ob sich die Bewerber aus dem Kreis der Mitglieder rekrutieren müssen oder ob, wie etwa in den Gemeindeordnungen, nicht nur jeder Deutsche, sondern jeder Unionsbürger[444] oder im Hochschulbereich ohne Rücksicht auf die Staatsangehörigkeit jeder geeignete Bewerber[445] zum Kreis der Kandidaten gehören kann.

Zu den weiteren Fragen, die sich auf die Rekrutierung des Vorstands beziehen, gehört schließlich die nach der Möglichkeit einer externen Auflösung. Hier stellt sich wiederum die Frage nach der Möglichkeit und den Voraussetzungen des Widerrufs der Wahl,[446] einer Abwahl sowie der Möglichkeit und Zulässigkeit einer Abberufung durch die staatliche Verwaltung.[447] In einigen Organisationsgesetzen, etwa den Gemeindeordnungen und einigen Hochschulgesetzen[448] ist teilweise auch eine Abwahl der Bürgermeister und Beigeordneten oder des Rektors vorgesehen.[449] Dabei sind aber bestimmte rechtsstaatliche Voraussetzungen einzuhalten.[450] Schließlich gibt es noch die Möglichkeit der vorzeitigen Amtsniederlegung.[451]

bb. Handlungsformen und Befugnisse des Vorstands

Dem Vorstand stehen zur Erfüllung seiner Aufgaben eine Reihe von Handlungsformen und Befugnissen gegenüber den Körperschaftsmitgliedern und gegenüber der Umwelt der Körperschaft zu, die trotz einiger Besonderheiten nicht sehr stark voneinander abweichen. Im Kern vertritt er die Körperschaft gerichtlich und außergerichtlich. Da es bei der vorliegenden Untersuchung um die körperschaftliche

---

443 *Kleine-Cosack* 1986, S. 187.
444 Vgl. etwa § 46 GO BW; Art. 36 GO Bay; §§ 61, 62 GO NdS; §§ 62 u. 65 GO NRW für den Bürgermeister; für den Landrat etwa: § 46 III LKrO RPf Unionsbürger mit Wohnsitz in der Bundesrepublik Deutschland.
445 § 13 III S. 1 UG BW; § 52 II S. 1 HG Berl: Der Präsident muß nicht dem Kreis der Hochschullehrer angehören, wohl aber gem. § 52 II S. 2 HG Berl der Rektor der Fachhochschule.
446 § 66 II HwO durch die Innungsversammlung möglich.
447 Auch hier ist das Selbstverwaltungsrecht der Körperschaft möglichst zu schonen. So sieht etwa § 31 IV SeelG vor, daß die Aufsichtsbehörde im Einvernehmen mit der Mitgliederversammlung den Vorsitzenden („Ältermann") der Seelotsenbrüderschaft abberufen kann. Kommt jedoch eine Einigung nicht zustande, entscheidet der Bundesverkehrsminister nach Anhörung der Bundeslotsenkammer.
448 § 13 VI UG BW; § 40 I S. 1 HG NdS.
449 § 32 IV KV MV; § 71 VII GO NRW; § 55 II GO RPf; § 56 IV GO Sachs; § 68a KSVG Saar; § 32 KO Thür; § 40a GO SH durch den Gemeinderat und etwa in Brandenburg (§ 62 GO) Hessen (§ 7 IV) auch durch das Volk.
450 *BVerfGE* 7, S. 155 ff.
451 *Musielak/Detterbeck* 1995, § 66 Rn. 14; Honig 1999, § 66 Rn. 9.

C. Die rechtliche Binnenstruktur der Körperschaft des öffentlichen Rechts   595

Organisation und ihren Formen als Voraussetzung von Entscheidungen, nicht aber um diese Entscheidungen selbst geht, und da diese Entscheidungsformen im wesentlichen den sonst üblichen entsprechen, kann sich die Darstellung hier auf einige (nicht abschließend aufgeführte) Eigentümlichkeiten beschränken.

(1.) Gegenüber der Versammlung und ihren Mitgliedern

Gegenüber der Versammlung hat der Vorstand, sofern er bzw. sein Vorsitzender hier den Vorsitz ausübt, ein Beanstandungsrecht in bezug auf unzulässige Anträge und ein Rüge- oder Widerspruchsrecht in bezug auf rechtswidrige oder das Wohl der Körperschaft beeinträchtigende Beschlüsse.[452]

Besondere Befugnisse besitzt die Leitung der Gesamtkörperschaft der Hochschule. Zur Effektuierung ihrer Gesamtverantwortung für die ordnungs- und zeitgerechte Ausführung der Aufgaben der Hochschule hat sie weitreichende Mitwirkungs- und Kontrollbefugnisse.[453] Sie hat, wie es etwa § 56 VI HG Berl formuliert „das Rede-, Informations- und Antragsrecht bei allen Sitzungen aller Gremien der akademischen Selbstverwaltung".[454] Die Hochschulleitung besitzt diesen gegenüber ferner die Dringlichkeitskompetenz und das Rügerecht in bezug auf rechtswidrige Beschlüsse (§ 56 III u. IV HG Berl).[455] Hinzu treten Mitwirkungsbefugnisse beim Erlaß von Satzungen von Fakultäts- bzw. Fachbereichsräten.[456]

Als Leiter der Versammlungssitzung stehen dem Vorsitzenden die aus dem Ordnungsrecht fließenden Befugnisse des Ordnungsrufs bei „grober Ungebühr" oder eines Verstoßes gegen die Geschäftsordnung, der Erteilung und Entziehung des Rederechts,[457] des Sitzungsausschlusses bei wiederholtem Verstoß gegen die Geschäftsordnung[458] etc. zu.[459] Hierbei hat er den Verhältnismäßigkeitsgrundsatz zu beachten und den Sitzungsausschluß für mehrere Sitzungen nur als ultima ratio anzuwenden.[460]

(2.) Befugnisse hinsichtlich der Verwaltung

Prinzipiell vertritt der Vorstand die Körperschaft gerichtlich und außergerichtlich. Dabei ist zu unterscheiden zwischen der Gesamtvertretung der Körperschaft und der Vertretung der Körperschaft in bestimmten Aufgabenbereichen. Je nach seiner Binnenstruktur kommt die Gesamtvertretung dem monokratischen Vorsteher der Körperschaft oder seinem ständigen Stellvertreter[461] oder bei einem kollegialen

---

452 Vgl. schon oben S. 571; ferner etwa § 56 III UG BW.
453 HRG-Denninger-*Lüthje* § 59 Rn. 14.
454 Ähnliche Befugnisse sieht § 12 VIII UG BW zugunsten des Rektorats vor.
455 Vgl. auch § 12 VI S. 2 UG BW.
456 Etwa die Zustimmung zu den in §§ 51 I, 54 II S. 3, 55 II S. 3 UG BW erwähnten Prüfungsordnungen.
457 Bei wiederholtem Verstoß oder Überschreiten der zugemessenen Redezeit.
458 Womit dann der Verlust einer ggf. vorgesehenen Sitzungsentschädigung für das ausgeschlossene Versammlungsmitglied verbunden ist, § 36 III S. 1 GO BW.
459 Näher *Rothe* 1992, S. 533.
460 Hierzu *VGH Kassel*, NVwZ-RR 1990, S. 371; *VGH Mannheim*, VBlBW 1983, S. 342; *VG Frankfurt*, NVwZ 1982, S. 52.
461 Eingehend *Hufeld* 2003, S. 77 ff.

Vorstand dessen Vorsitzenden und seinem ständigen Vertreter zu.[462] Die Vertretung des Geschäftsbereichs kommt hingegen bei monokratischen Organen der Verwaltungsleitung den vertretungsberechtigten Ressortleitern hinsichtlich ihres Geschäftsbereichs, sonst dem zuständigen Vorstandsmitglied zu. Der Vorstand kann kraft seiner Verwaltungsleitung Richtlinien für die nähere Ausführung erlassen, soweit diese Ausführung Selbstverwaltungsangelegenheiten betrifft.[463]

(3.) Kontrolle des Vorstands

Der Vorstand ist bei der Ausführung seiner Geschäfte entsprechend ihrer Zentralstellung der Kontrolle durch die Repräsentativversammlung unterworfen (s. o.). Hierbei unterliegt er Berichtspflichten[464] und muß den Informationsrechten der Versammlung Rechnung tragen. Hinzu kommt in bezug auf die Selbstverwaltung die Rechtmäßigkeits- und in bezug auf die übertragenen Angelegenheiten die fachliche Kontrolle durch die staatlichen Aufsichtsbehörden.

3. Weitere Organe von Körperschaften des öffentlichen Rechts

a. Die Eintragungsausschüsse der Kammern der technischen Berufe

Gesetzlich nicht durchweg als Organe geregelt sind die Eintragungsausschüsse in den Architekten-,[465] den Ingenieurs-[466] und Stadtplanerkammern. Auch dort, wo er nicht zu den Organen gezählt wird, bezeichnen die entsprechenden Kammergesetze den Eintragungsausschuß jedoch als einen von der Kammer gebildeten Ausschuß.[467] Entscheidend ist aber, daß das Verhalten der Eintragungsausschüsse den Kammern zugerechnet wird. Insofern sind sie rechtstechnisch als deren Organe einzuordnen.

Seine Aufgabe ist die Führung der Berufslisten (Architekten-, Ingenieurs-, Stadtplanerlisten etc.).[468]

Die Mitglieder des Eintragungsausschusses werden von der Kammerversammlung gewählt[469] oder vom Kammervorstand bestellt.[470] In beiden Fällen leiten sie ihre personelle Legitimation von der Kammer her. Abweichend von diesem Modell wird der Eintragungsausschuß in Niedersachsen durch die Aufsichtsbehörde bestellt.[471] Baden-Württemberg, das den Architekten noch eine kompetente Wahl ihres Eintragungsausschusses zutraut, mißtraut den Ingenieuren, deren Ausschuß vom Innenministerium auf Vorschlag des Kammervorstands bestellt wird.[472] Hier

---
462 zur kollegialen Vertretung *Hufeld* 2003, S. 160 f.
463 vgl. etwa § 35 II SGB IV, KK-*Maier* SGB V, §35 Rn. 6.
464 § 35a II SGB IV.
465 § 14 I ArchG-BW, § 16 I BauKaG-NRW rechnen den Eintragungsausschuß nicht zu den Organen der Architektenkammer; anders § 18 Nr. 3 ArchG-NdS, § 15 I Nr. 3 ArchG-Sachs.
466 § 4 I Nr. IngenieurkammerG-BW bezeichnet den Ausschuß als Organ.
467 Etwa § 25 I BauKaG-NRW.
468 § 3 I u. III ArchG-BW, § 3 I u. II BauKaG-NRW, § 9 I u. III NBVO-Hess.
469 Vgl. etwa § 18 I Nr. 5 BauKaG-NRW; § 19 VI S. 1 ArchG-Sachs.
470 § 16 II S. 2 ArchG-BW; offen lassend („von der Kammer bestellt") § 9 II NBVO-Hess.
471 § 22 II ArchG-NdS.
472 § 7 IV IngKaG.

C. Die rechtliche Binnenstruktur der Körperschaft des öffentlichen Rechts 597

besteht also die Besonderheit eines Organs einer Körperschaft, dessen Mitglieder ihre personelle Legitimation nicht von der Körperschaft herleiten. Die Mitglieder des Ausschusses müssen nicht in allen Bundesländern auch Mitglieder der Kammer sein[473] und dürfen nicht Mitglieder ihres Vorstandes sein.[474] Zumindest der Vorsitzende muß die Befähigung zum Richteramt besitzen.

Die Tätigkeit der Mitglieder des Eintragungsausschusses erfolgt unabhängig und nicht an Weisungen gebunden.[475] Zu den gegenüber den Betroffenen hoheitlichen Befugnissen[476] des Ausschusses gehört die Eintragung in die entsprechenden Listen und die Ausstellung von Bescheinigungen darüber und über weitere Qualifikationen.[477]

III. Regionale Differenzierungen der Körperschaften des öffentlichen Rechts

Um eine sach- und ortsnahe Erledigung der Aufgaben und zugleich eine legitimationsstiftende Binnenstruktur zu ermöglichen, sehen zahlreiche Organisationsgesetze die weitere Untergliederung der Körperschaften in abhängige, körperschaftlich verfaßte Organisationseinheiten vor. Die nähere Regelung erfolgt dann durch die Satzung der Körperschaft. Hierzu gehören etwa die Bezirkskammern nach § 22 KammerG BW oder die Gemeindebezirke (§ 64 GO BW) und Ortschaften (§ 67 GO BW). Auf sie finden zwar die Wahlrechtsgrundsätze des Art. 28 I S. 2 GG keine Anwendung; eine entsprechende Ausgestaltung der Bürgerbeteiligung erscheint aber unproblematisch.[478]

Auch hier bestehen wiederum unter den Körperschaften Besonderheiten. So müssen die regionalen Untergliederungen der Sozialversicherungsträger (Sektionen, Bezirksverwaltungen, Landesgeschäftsstellen) – anders als die Ausführungsbehörden nicht wiederum körperschaftlich strukturiert oder auch nur mit Selbstverwaltungsorganen versehen sein (§ 31 IV, V SGB IV).

IV. Exkurs: Die Abgrenzung zur Anstalt des öffentlichen Rechts

Der Bereich der Anstalten ist durch eine noch größere Vielgestaltigkeit und vielleicht sogar Amorphie gekennzeichnet als der der Körperschaften.[479] Dem kann hier

---

473 In Baden-Württemberg ist hinsichtlich der Beisitzer und Stellvertreter Mitgliedschaft erforderlich, § 16 II S. 4 ArchG-BW; Sachsen nimmt den Vorsitzenden und die Stellvertreter vom Erfordernis der Mitgliedschaft aus, § 15 II S. 2 ArchG-Sachs.
474 § 16 II S. 5 ArchG-BW; § 25 II BauKaG-NRW; § 19 V ArchG-Sachs.
475 § 26 I S. 1 BauKaG-NRW; § 19 III S. 1 ArchG-Sachs.
476 OVG Bautzen NJW 2003, S. 3504 ff. (3505).
477 § 16 ArchG-BW; § 5 III SVBau-Bay; § 19 I S. 2 ArchG-Sachs.
478 *BVerfGE* 47, S. 253 ff. (272 f.) – Gemeindeparlamente; *Schröder* 2000, Rn. 50.
479 *Breuer* 1992, S. 71 f.; *Berg* 1985, S. 2297. Dies mag damit zusammenhängen, daß ihr eine Art Auffangfunktion zukommt, *Wolff/Bachof/Stober* 1987, § 98 Rn. 6.

nicht im einzelnen nachgegangen werden.⁴⁸⁰ Nachdem nun aber die spezifische, mitgliedschaftliche Struktur der Körperschaft herausgearbeitet wurde, kann zu einigen Abgrenzungsproblemen zwischen beiden Organisationsformen Stellung bezogen werden. Gemäß dieser Zielsetzung geht es im Folgenden um die Anstalt als Organisation.⁴⁸¹ Damit brauchen hier zwei Perspektiven nicht berücksichtigt zu werden:

Erstens geht es damit nicht um Anstalt im funktionellen Sinne als Unterart der Leistungsverwaltung.⁴⁸² Leistungsverwaltung ist ein Untersystem des Funktionssystems Verwaltung (s. o.). Die von der Körperschaft abzugrenzende Anstalt ist aber eine Organisationsform, deren Ziel die Übernahme dieser Funktion sein kann, aber nicht muß. Diese Unterscheidung ermöglicht es auch, bei der Körperschaft des öffentlichen Rechts in bezug auf das Verhältnis der Zugehörigen zu ihr von einem anstaltlichen, nämlich einem Verhältnis im Sinne des funktionellen Anstaltsbegriffs zu sprechen. So sind etwa die Einwohner einer Gemeinde zur Nutzung ihrer Einrichtungen berechtigt (vgl. etwa § 10 II S. 2 GO BW). Sie besitzen aber gerade nicht das die Mitglieder auszeichnende Wahlrecht in der Gemeinde.⁴⁸³

Zweitens unterfällt daher die Anstalt als öffentlichrechtliche Organisation zwar dem Begriff der öffentlichen Einrichtung; dieser ist jedoch weiter als der Begriff der Anstalt, da er auch nicht-subjektivierte, verselbständigte und in diesem Sinne organisierte öffentliche Sachen umfaßt.⁴⁸⁴ Deshalb kann hier der klassische Anstaltsbegriff von *Otto Mayer* nicht herangezogen werden, demzufolge sie „ein Bestand von Mitteln, sächlichen wie persönlichen, welche in der Hand eines Trägers öffentlicher Verwaltung einem besonderen öffentlichen Zwecke dauernd zu dienen bestimmt sind", ist.⁴⁸⁵ Diesem Begriff fehlt das Moment der Organisation,⁴⁸⁶ die – wie oben ausgeführt – eine Verselbständigung gegenüber dem Organisationsträger, eine bestimmte Binnenstruktur und ein spezifisches Verhältnis zu ihrer Umwelt voraussetzt.

Dies vorausgeschickt ist die Abgrenzung der Körperschaft zur Anstalt im Grundsatz klar: Anstalt ist die nicht-mitgliedschaftlich strukturierte öffentliche Organisation.⁴⁸⁷ So definiert etwa *Rudolf:* „Die Anstalt des öffentlichen Rechts ist ein nicht verbandsmäßig organisierter rechtsfähiger Verwaltungsträger zur dauerhaften Verfolgung eines bestimmten Verwaltungszwecks des Anstaltsträgers".⁴⁸⁸ Teilweise wird sie dezidiert als Nicht-Körperschaft negativ bestimmt.⁴⁸⁹ Da nun nicht jede verselbständigte Verwaltungsorganisation, die keine Körperschaft des

---

480 Vgl. aber eingehend: *Chen* 1994, S. 14 ff.; *Breuer* 1992, S. 71 ff.
481 Dazu auch: Wolff/Bachof/Stober-*Kluth* 2004, § 88 Rn. 3.
482 Es mag deshalb insoweit dahinstehen, ob man mit *Rüfner* (1985, S. 608) auf den Begriff der Anstalt im Sinne der Anstaltsverhältnisse begründenden Tätigkeit der Verwaltung ganz verzichten bzw. ihn im Sonderrechtsverhältnis aufgehen lassen will. Vgl. auch *Chen* 1994, S. 23 f.; a. A. *Löwer* 1985, S. 937: „ Es führt kein Weg daran vorbei, daß die öffentliche Anstalt Organisations- und Handlungsform ist".
483 Allgemein: *Ossenbühl* 1981, S. 379 ff.
484 *Papier* 2002, § 41 Rn. 29; *Wolff/Bachof/Stober* 1987, § 98 Rn. 6 u. 7: „Der Anstaltsbegriff verlangt mithin nicht rechtliche Selbständigkeit, sondern lediglich ein bestimmtes Maß an organisationsrechtlicher Verselbständigung".
485 1924, S. 268. Hierzu auch *Löwer* 1985, S. 930 f.; noch darauf bezogen: *Löer* 1999, S. 14.
486 Kritisch daher auch *Berg* 1985, S. 2295; *Wolff/Bachof/Stober* 1987, § 98 Rn. 6.
487 *Burgi* 2002, § 52, Rn. 13; *Rüfner* 1985, S. 609; *Wolff/Bachof/Stober* 1987, § 98 Rn. 3; *Rudolf* 1998, § 52 Rn. 15; *Weber* 1943, S. 88.
488 *Rudolf* 1998, § 52 Rn. 15.
489 *Papier* 2002, § 41, Rn. 28.

öffentlichen Rechts ist, eine Anstalt darstellt, ist der Begriff positiv zu fassen.[490] Das soll anhand der oben herausgearbeiteten drei Dimensionen der Organisation: Selbständigkeit, Binnenstruktur, Umweltrelation geschehen.

1. Die Selbständigkeit der Anstalt des öffentlichen Rechts

In der Verselbständigungsdimension fällt sogleich auf, daß die Rechtsfähigkeit nicht dieselbe Rolle spielt wie bei der Körperschaft.[491] Einerseits kommen viel häufiger als dort nicht-rechtsfähige Organisationsformen vor, so daß die Rechtspersönlichkeit kein typisches Merkmal der Anstalten als solcher ist.[492] Zum anderen weist die fehlende Rechtsfähigkeit die entsprechenden Anstalten nicht so eindeutig als Teilorganisationen aus, wie dies bei den nichtrechtsfähigen öffentlichen Körperschaften als Organen oder als Teile einer Gesamtkörperschaft der Fall ist. Die Rechtsfähigkeit ist vielmehr wesentlich stärker als bei der Körperschaft funktionsbezogen, so daß sie die typische Form eines Teils der Anstalten ausmacht.[493] Lenkungsanstalten und solche mit Selbstverwaltung besitzen Rechtsfähigkeit. Nichtrechtsfähige Anstalten sind etwa zumeist die Schulen.[494] Schließlich ist zu beachten, daß eine relative Rechtsfähigkeit insofern bestehen kann, als bestimmte Anstalten zwar Dritten gegenüber, nicht aber in bezug auf ihren Träger rechtsfähig sein können.[495]

Dem Umfang der Rechtsfähigkeit und den mehr oder weniger weitreichenden hoheitlichen Befugnissen korrespondierend ist auch ihre Errichtung nicht notwendig den gleichen hohen formalen Anforderungen unterworfen wie die der Körperschaft.[496] Die Errichtung einer rechtsfähigen Anstalt bedarf der gesetzlichen Grundlage.[497] Demgegenüber kann die nichtrechtsfähige öffentliche Anstalt durch einfachen Organisationsakt des Inhabers der Organisationsgewalt errichtet werden.

Umstritten ist, wie die Eigenschaft der Selbstverwaltung bei Anstalten zu bewerten ist.[498] Die Ansichten, die die Körperschaft des öffentlichen Rechts mit dem Merkmal der Selbstverwaltung identifiziert haben (s. o. Teil 1, B III 2), bekommen

---

490 Eine solche positive Definition gibt Kluth (Wolff/Bachof/Stober-*Kluth* 2004, § 88 Rn. 6): „Anstalt ist eine von einer Hoheitsperson gemeinschaftlich getragene, idR. mit Hoheitsgewalt ausgestattete, rechlich subjektivierte und institutionalisierte, d. h. mit eigenen Personal- und Sachmitteln versehene, Organisation, durhc die der Träger (Anstaltsherr) eigene oder ihm gesetzlich auferlegte fremde, sachlich zusammenhängende öffentliche Angelegenheiten wahrnimmt und auf die er daher ... dauernd maßgeblichen Einfluß ausübt".
491 *Berg* 1985, S. 2296; Wolff/Bachof/Stober-*Kluth* 2004, § 88 Rn. 7.
492 Nichtrechtsfähige Anstalten können Organe anderer juristischer Personen, faktisch zumeist von Gebietskörperschaften sein, Wolff/Bachof/Stober-*Kluth* 2004, § 88 Rn.14.
493 Beispiele für rechtsfähige Anstalten des Bundes sind etwa: die Deutsche Bundesbank, die Filmförderungsanstalt oder die Bundesanstalt für Flugsicherung; auf Landesebene etwa die sogleich zu besprechenden Rundfunkanstalten und einige Studentenwerke; auf Kommunalebene die Eigen- und die Regiebetriebe.
494 § 23 I S. 1 SchulG-BW, Art. 3 I EUG-Bay, § 6 SchVG-NRW, § 32 SchulG-Sachs.
495 *Wolff/Bachof/Stober* 1987, § 98 Rn. 17 ff.: bis zu ihrer Reform etwa die Deutsche Bundesbahn; vgl. auch *Dittmann* 1983, S. 164 ff.
496 *Lange* 1986, S. 180 f.
497 Wolff/Bachof/Stober-*Kluth* 2004, § 88 Rn. 43.
498 Entschieden ablehnend *Scheuner* 1952, S. 611: „Eine Anstalt kann wegen Fehlens des genossenschaftlichen Elements keinen Selbstverwaltungskörper darstellen, selbst wenn die Beteiligten bei ihr mitwirken". Vgl. auch *Köttgen* 1939, S. 71 f.; *Weber* 1943, S. 88 f.

Schwierigkeiten, Anstalten mit Selbstverwaltung zu erfassen und einzuordnen.[499] Bestenfalls können Anstalten mit Selbstverwaltung dann mit der Residualkategorie der „Ausnahme" etikettiert werden.[500] Hier war vorgeschlagen worden, daß zwar Selbstverwaltung eine notwendige Eigenschaft der Körperschaft des öffentlichen Rechts ist, daß die Körperschaft des öffentlichen Rechts aber nicht die notwendige Organisationsform für Selbstverwaltung darstellt. Danach ist es jedenfalls *möglich*, daß Anstalten das Recht der Selbstverwaltung zukommt.[501] Näherhin wurde das Recht der Selbstverwaltung oben aber unterschieden in die eigenverantwortliche Aufgabenwahrnehmung durch die Organisation („rechtliche Selbstverwaltung") und die Mitbestimmung der Mitglieder der Organisation an wesentlichen Entscheidungen der Verwaltungsorganisation, insbesondere der Bestellung ihrer Organe. Die eigenverantwortliche Aufgabenwahrnehmung ist jedenfalls den (teil-)rechtsfähigen Anstalten möglich.[502]

Auch abseits von funktionellen Anstaltsverständnissen wird sie als Bestand an Mitteln verstanden. Dies gilt insbesondere für die Formen der nutzbaren Anstalten,[503] wie etwa die Sparkassen und Versicherungsanstalten der öffentlichen Hand. In der Tat spielt der Sachbezug eine größere Rolle als bei der Körperschaft.[504] Es muß aber die Organisiertheit der Sachen hinzutreten, um von einer Anstalt sprechen zu können.[505] Sofern die zeitliche Dimension angesprochen wird, soll auch eine gewisse Dauerhaftigkeit zum Kennzeichen der Anstalt gehören.[506] Sie dürfte dies allerdings mit allen Organisationen teilen und sie von reinen Interaktionssystemen unterscheiden (s. o. Erster Teil, D III 1).[507]

Diese beiden Aspekte verdeutlichen schon, daß der Selbständigkeit bei der Anstalt insgesamt keine so bestimmende Rolle zukommt wie bei der Körperschaft des öffentlichen Rechts. Das zeigt auch, daß die Anstalt einen stärker instrumentellen Charakter besitzt.[508] Ihre Verselbständigung hat dienende Funktion: Sie soll die fachgerechte Aufgabenerfüllung ermöglichen, flexibles Agieren gewährleisten[509] und erfüllt häufig weniger komplexe und häufig hoch spezialisierte Aufgaben.[510] Die sog. „Hilfsanstalten" bringen diesen instrumentellen Charakter am deutlichsten zum Ausdruck.[511] Die Rundfunkanstalten (s. u.) sind zwar als grundrechtsgetragene Organisationen stärker staatsdistanziert und somit nicht seinen Zwecken unterworfen. Der starke Verbandseinfluß läßt sie aber insofern stärker umwelt-

---

499 vgl. etwa *Scheuner* 1952, S. 613.
500 *Kluth* 1997, S. 544.
501 Wie hier *Hendler* 1986, S. 287 f.; *Berg* 1985a, S. 2297; keine grundsätzliche Unvereinbarkeit von Selbstverwaltung und Anstalt nehmen auch *Schuppert* 1983, S. 195 u. *Salzwedel* 1965, S. 234 an.
502 *Schmidt-Aßmann* 1987, S. 262; *Löer* 1999, S. 10 f.
503 Zur Unterscheidung von nutzbaren und nicht nutzbaren Anstalten *Forsthoff* 1973, S. 497 f.
504 *Breuer* 1992, S. 72 u. 77; *Huber* 1953, S. 115; *Köttgen* 1929, S. 112.
505 *Papier* 2002, § 41 Rn. 29.
506 *Rüfner* 1985, S. 609.
507 *Blau/Scott* 1966, S. 5.
508 *Kluth* 1997, S. 234; *Scheuner* 1967, S. 803.
509 *Breuer* 1992, S. 72 f.
510 *Lange* 1986, S. 173 f. Häufig geht es um Leistungen, die auch ein Privater erbringen könnte und häufig genug möchte, so daß sich die Frage der öffentlich-rechtlichen Organisation stellt.
511 *Breuer* 1992, S. 76: Hierbei handelt es sich um nichtrechtsfähige Anstalten, die in begrenzter technischer Eigenregie verwaltungsinterne Funktionen erfüllen.

2. Die Binnenorganisation der Anstalt

Auch die Binnenorganisation ist weniger ausdifferenziert als die der Körperschaft des öffentlichen Rechts.

Der wichtigste Unterschied besteht darin, daß die Anstalt allenfalls[512] Nutzer, nicht aber Mitglieder in dem qualifizierten Sinne besitzt, daß die Zusammensetzung ihrer Organe auf den entscheidenden Einfluß der Mitglieder zurückzuführen ist. Zwar ist der Umstand, daß sie Benutzer hat, kein hinreichendes Kriterium für die Annahme einer öffentlichen Anstalt[513] – öffentliche Sachen kennen ebenfalls Nutzer; daß sie diesen aber keinen Sonderstatus im Sinne einer Mitgliedschaft gewährt, grenzt sie notwendig von der Körperschaft ab.[514] Um von Körperschaften sprechen zu können, müssen neben eventuellen Leistungsbeziehern auch wahlberechtigte Mitglieder zur Körperschaft gehören. Die Anstaltsnutzer nutzbarer Anstalten befinden sich in einem Sonderrechtsverhältnis, aufgrund dessen sie der Anstaltsgewalt unterworfen sind.[515] Der Anstaltsbenutzer ist zur Benutzung verpflichtet, sofern ein entsprechender Zwang besteht. Er hat Benutzungs-, Anstalts- und einzelne Anordnungen von Anstaltsorganen zu beachten. In dem gesetzlichen oder auf gesetzlicher Grundlage beruhenden Maße hat er Eingriffe in seine Grundrechte zu dulden. Sofern es um eine entsprechende Leistungsanstalt geht und sie vorgesehen sind, hat er Gebühren für die Benutzung zu entrichten.[516]

Anstaltliche Elemente im Sinne des funktionalen Anstaltsbegriffs finden sich zwar auch bei der Benutzung körperschaftlicher Einrichtungen. Das Anstaltsverhältnis enthält aber niemals die gleiche Befugnis des Nutzers, über die Angelegenheiten der Organisation mitzubestimmen, wie die des Mitglieds der Körperschaft. Insbesondere werden die Organe der Anstalt nicht durch die Benutzer gewählt. Vielmehr werden die Mitglieder der Organe von außen, durch den Anstaltsträger bzw. dessen weisungsgebundene Vertreter bestellt. Insofern ist die Anstalt eine Organisation, die von außen, während die Körperschaft eine Organisation ist, die von ihren Mitgliedern getragen wird.[517] *Georg Jellinek* spricht daher treffend von einem „passiven Verband".[518] Träger der Anstalt sind eine oder mehrere

---

512 Das bedeutet, daß es auch Anstalten gibt, die einem nicht unmittelbar nutzbaren Zweck dienen und daher zwar Amtswalter jedoch keine Nutzer haben (Wolff/Bachof/Stober-*Kluth* 2004, § 88 Rn. 40). Entscheidend ist, daß es nicht zu einem Mitgliedschaftsrecht kommt.
513 *Papier* 2002, § 41 Rn. 30; als wesentliches Unterscheidungsmerkmal wird die Benutzereigenschaft etwa von *Löer* 1999, S. 15, angesehen.
514 *Chen* 1994, S. 31; *Huber* 1953, S. 114.
515 *Wolff/Bachof/Stober* 1987, § 99 Rn. 4.
516 *Wolff/Bachof/Stober* 1987, § 99 Rn. 23.
517 *Huber* 1953, S. 115. „Öffentliche Anstalt ist ein gegenüber der unmittelbaren Staatsverwaltung organisatorisch und rechtlich verselbständigter, einem bestimmten öffentlichen Zweck dauernd unter Einsatz hoheitlicher Mittel dienender Verwaltungsverband, dessen Wille nicht durch korporativ-mitgliedschaftliche Selbstbestimmung, sondern durch die vom Träger der Anstalt bestellten verbandsleitenden Organe gebildet wird". Auch *Wolff/Bachof* 1976, S. 8.
518 *Jellinek* 1959, S. 614.

rechtsfähige Körperschaften des öffentlichen Rechts[519] oder auch rechtsfähige Anstalten selbst.[520] Das darf nicht damit verwechselt werden, daß es auch in den Anstalten Kollegialorgane gibt[521] und einige Anstalten geschaffen wurden, um eine gewisse Selbständigkeit kollegialen Entscheidens zu ermöglichen. Notwendig ist selbst diese Form der Organdifferenzierung für die Anstalt nicht. Vielmehr gibt es daneben auch direktoral strukturierte Organe.

Das bedeutet aber, daß eine „innere", „politische" Selbstverwaltung im Sinne einer mitgliedschaftlichen Mitbestimmung bei der eigenverantwortlichen Aufgabenwahrnehmung („rechtliche Selbstverwaltung") tatsächlich nicht zu den notwendigen Eigenschaften der Anstalten gehört. Werden aber interessenplurale Entscheidungsgremien geschaffen, wie etwa die Rundfunkräte, kann durchaus autonome Legitimation erzeugt werden. Die Staatsfreiheit der verselbständigten Form der Anstalt einerseits, ihre nicht gesellschaftliche, sondern öffentlich-rechtliche Organisationsform soll dann ausnahmsweise[522] eine gesellschafts-spiegelbildlich getroffene Entscheidung in einer öffentlich besonders relevanten Angelegenheit ermöglichen. Die Staatsfreiheit soll dem Binnenpluralismus dienen, die öffentlich-rechtliche Organisation ein befürchtetes Marktversagen durch Entstehen von Machtasymmetrien verhindern.

Schließlich ist damit nicht a limine ausgeschlossen, daß die Anstalt „Mitglieder" hat. Ausschlaggebend ist nur, daß ihnen kein maßgeblicher Einfluß auf die Zusammensetzung der Organe und damit auf die Entscheidungen der juristischen Person zukommt. So kennen etwa die Versicherungsanstalten der Bayerischen Versicherungskammer-Versorgung „Pflichtmitglieder", ohne daß ihnen ein Wahlrecht hinsichtlich der Anstaltsorgane zukäme.[523]

Insgesamt bleibt aber die Differenzierung der Binnenstruktur deutlich hinter der der Körperschaft zurück. Wie die Verselbständigung ist auch ihr Differenzierungsgrad stärker funktionsbezogen als bei der Körperschaft, bei der die Unterscheidung der Organe (Repräsentativ-)Versammlung und Vorstand zur Grundausstattung jeder Körperschaft gehört.

3. Das Verhältnis der Anstalt zu ihrer Umwelt

Der instrumentelle Charakter der Anstalt wird schließlich bestätigt, wenn auf ihr Verhältnis zur Organisationsumwelt gesehen wird.

Das betrifft zunächst die von ihr typischerweise verwendeten Handlungsformen. Wenn sie sich auch nicht darauf reduzieren lassen, so ist doch faktisches

---
519 *Wolff/Bachof/Stober* 1987, § 98 Rn. 8.
520 *Wolff/Bachof/Stober* 1987, § 98 Rn. 16.
521 Etwa der Vorstand der Bundesbank – als ihr einziges verbliebenes Organ, § 7 I S. 1 BBankG. Der Vorstand wird durch den Bundespräsidenten bestellt (§ 7 III S. 1 BBankG). §§ 5 und 6 BBankG mit den Regelungen über den Zentralbankrat und das Direktorium wurden aufgehoben mit Wirkung vom 30. 4. 2002 durch Gesetz v. 23. 3. 2002 (BGBl. I S. 1159). Zur deren Kollegialstruktur auch *Groß* 1999, S. 99.
522 *Breuer* 1992, S. 83.
523 §§ 1, 22 des bayerischen Gesetzes über das öffentliche Versorgungswesen (VersoG), vom 25. Juni 1994 (GVBl S. 466, BayRS 763-1-I). Zum Vorgängergesetz, dem Gesetz über die Bayerische Ärzteversorgung vom 16.8.1923 (GVBl. S. 255) vgl. *BVerfGE* 10, S. 354 ff. – Ärzteversorgung I; E 12, S. 319 ff. – Ärzteversorgung II.

Handeln weit eher prägend für verschiedene Anstaltsformen als hoheitlich-rechtsförmiges.[524] Breuer hat die Anstalten anhand ihrer hoheitlichen Befugnisse in eine Ordnung gebracht, die von der verwaltungsinternen Hilfsanstalt ohne hoheitliche Befugnisse über die Leistungsanstalten (Sparkassen), die Eingriffsbefugnisse und Leistungsverpflichtungen verbindenden Sorgeanstalten (Schulen) bis hin zu den Eingriffsanstalten (Justizvollzugsanstalten) reicht.[525]

Während bei der Körperschaft der Notwendigkeit eines Bereichs eigenverantwortlicher Aufgabenwahrnehmung korrespondierend die Aufsicht insoweit auf die Rechtskontrolle reduziert ist und nur in Auftragsangelegenheiten um die weisungsberechtigte Fachaufsicht ergänzt wird, sind dem fehlenden Selbstverwaltungsrecht entsprechend bei den Anstalten vollständig weisungsunterworfene Formen möglich.[526] Auch der staatliche Zugriff auf das Anstaltsvermögen unterliegt insgesamt geringeren Beschränkungen als der Zugriff auf das Körperschaftsvermögen.[527]

Die Benutzer der Anstalt können ein freiwilliges Verhältnis zu ihr eingehen oder im Wege des Anstalts- und Benutzungszwangs zu ihrer Verwendung herangezogen werden.[528] Das Anstaltsnutzungsverhältnis wird durch Zulassung begründet.[529] Zulassung zur Anstalt erfordert aber eine hoheitliche Regelung in der Form eines Verwaltungsaktes oder als Gegenstand eines Verwaltungsvertrages.[530]

Schließlich zeigt sich die stärkere Umweltabhängigkeit der Anstalt auch an ihrer Finanzierung. Per Anstaltslast trifft sie primär ihren externen Träger,[531] ohne daß ihr aber wie den Gemeinden eigene Steuern garantiert wären. Darüber hinaus tragen die von den Benutzern für konkrete Leistungen erhobenen Gebühren zu ihrer Finanzierung bei, während die Körperschaften dauerhafte und abstrakte Beiträge von ihren Mitgliedern verlangen können.

4. Einzelne Grenzfälle

a. Die Bundesagentur für Arbeit

Keine Körperschaft des öffentlichen Rechts ist daher entgegen der gesetzlichen Bezeichnung die Bundesagentur für Arbeit („als rechtsfähige Körperschaft des öffentlichen Rechts", § 367 S. 1 SGB III).[532]

Sie ist rechtlich selbständig und besitzt auch eine Eigenverantwortlichkeit bei der Aufgabenwahrnehmung, so daß zu Recht von ihrer Selbstverwaltung zu

---

524 *Lange* 1986, S. 172; *Köttgen* 1929, S. 125.
525 *Breuer* 1992, S. 76 ff.; zur Systematisierung auch: *Wolff/Bachof/Stober-Kluth* 2004, § 88 Rn. 23 ff.
526 *Berg* 1985, S. 2296; *Lange* 1986, S. 177 f.; *Rüfner* 1985, S. 609.
527 *Bostedt/Fehling* 1998, S. 252 f.
528 *Wolff/Bachof/Stober* 1987, § 99 Rn. 16 f. u. 35; *Chen* 1994, S. 52 f. u. 75 ff.
529 *Wolff/Bachof/Stober* 1987, § 99 Rn. 9.
530 *Chen* 1994, S. 54 ff.
531 Anstaltslast ist die Pflicht des Anstaltsträgers, die Anstalt zur Erfüllung ihrer Aufgaben mit den notwendigen Finanz-, Personal- und Sachmitteln auszustatten, vgl. etwa *Bostedt/Fehling* 1998, S. 252.
532 Eine Differenzierung nimmt allerdings auch das SGB IV vor: Die Bundesanstalt gilt gemäß § 1 I S. 3 SGB IV zwar als Sozialversicherungsträger und wäre als solcher gemäß § 29 I SGB IV eine „Körperschaft des öffentlichen Rechts". Diese Bestimmung findet jedoch gemäß § 1 I S. 2 SGB IV gerade auf die Bundesanstalt keine Anwendung.

sprechen ist (§ 367 S. 2 SGB III).⁵³³ Der Umfang dieses Selbstverwaltungsrechts ergibt sich aus Gesetzen, Satzungen und anderen Rechtsgrundlagen der Bundesanstalt (§ 374 III SGB III). Wichtigste Selbstverwaltungsaufgabe ist die Feststellung des Haushaltsplans der Bundesanstalt, der aber noch der Genehmigung durch die Bundesregierung bedarf (§ 71a II SGB IV).

Ausgeübt wird diese Selbstverwaltung durch den Verwaltungsrat der Bundesanstalt für Arbeit und die Verwaltungsausschüsse bei den Landes- und den Arbeitsämtern (§ 374 I u. II SGB III). Sie sind bei einer Größe von 21 bzw. 27 Mitgliedern drittelparitätisch aus Vertretern der Arbeitnehmer, der Arbeitgeber und der öffentlichen Körperschaften besetzt. Entscheidender Unterschied zu den Körperschaften des öffentlichen Rechts ist aber, daß diese Vertreter von den außerhalb der Anstalt stehenden Verbänden und Körperschaften vorgeschlagen und vom Bundesministerium für Arbeits- und Sozialordnung in den Verwaltungsrat, von diesem in die Verwaltungsausschüsse der Landesarbeitsämter und von diesen in die Verwaltungsausschüsse der Arbeitsämter berufen werden (§§ 390 u. 392 SGB III). Weiteres Organ der Bundesanstalt ist der aus drei Mitgliedern bestehende Vorstand, der das Leitungsorgan der Anstalt darstellt und für die Geschäftsführung zuständig ist. Seine drei Mitglieder werden auf Vorschlag der Bundesregierung vom Bundespräsidenten nach Anhörung des Verwaltungsrates ernannt. Bei der Ernennung der Präsidenten der Leitungsorgane der Landesarbeitsämter kommt den kollegialen Lenkungsorganen, den Verwaltungsausschüssen, sogar nur ein Anhörungsrecht hinsichtlich der Stellungnahme des Verwaltungsrates der Bundesanstalt zum Vorschlag der Bundesregierung zu (§ 395 SGB III). Die Leistungsempfänger der Anstalt haben mithin keinen Einfluß auf die Besetzung der Versicherungsorgane.

Obwohl also von einer gewissen eigenverantwortlichen Aufgabenwahrnehmung der Bundesanstalt für Arbeit gesprochen werden kann, liegt mangels mitgliedergeprägter Binnenstruktur keine Körperschaft des öffentlichen Rechts vor. Der dafür erforderliche maßgebliche Einfluß der Mitglieder auf die Zusammensetzung der Organe der juristischen Person ist durch den Einfluß externer Organisationen ersetzt worden. Die Bundesanstalt für Arbeit ist daher eine rechtsfähige Anstalt mit Selbstverwaltung.⁵³⁴ Diese Einordnung ist verfassungsrechtlich unschädlich, da Art. 87 II GG, wie mehrfach betont wurde, keine Vorgaben hinsichtlich der Organisationsform macht, sondern der Abgrenzung der Verwaltungskompetenzen zwischen Bund und Ländern dient.

b. Die Versorgungswerke der berufsständischen Kammern

Während alle Rentenversicherungsträger juristische Personen des öffentlichen Rechts mit Selbstverwaltungsbefugnissen sind, weichen sie in ihrer Binnenstruktur erheblich voneinander ab. Die Träger der gesetzlichen Rentenversicherung

---

533 Ihr Umfang ist allerdings durch staatliche Weisungsrechte eingeschränkt, *Kluth* 1997, S. 205; Wolff/Bachof/Stober-*Kluth* 2004, § 88 Rn. 106.
534 Die Frage braucht also nicht offengelassen zu werden, so aber *Kluth* 1997, S. 204; wie hier: *Maurer* 2002, § 23, Rn. 48; *Wolff/Bachof/Stober* 1987, § 100 Rn. 4; Rudolf 1998, § 52 Rn. 15.

C. Die rechtliche Binnenstruktur der Körperschaft des öffentlichen Rechts   605

sind ungeachtet ihrer Bezeichnung als Körperschaften des öffentlichen Rechts ausgestaltet.[535]

Anders steht es aber mit einem Teil der berufsständischen Versorgungswerke,[536] die verschiedene Personalkörperschaften der freien Berufe für ihre Mitglieder eingerichtet haben.[537] Hier reicht die Satzungsautonomie deutlich weiter als bei den Trägern der gesetzlichen Rentenversicherung und umfaßt so zentrale Fragen wie die Pflichtmitgliedschaft, die Leistungserbringung und die Beitragserhebung.[538] Im Umweltverhältnis beruht die Finanzierung, anders als bei der gesetzlichen Rentenversicherung, nur auf Beitragsleistungen ohne staatlichen Zuschuß. Die Aufsicht ist auf die Rechtsaufsicht beschränkt. Die Binnenstruktur ist hier jedoch überwiegend nicht körperschaftlich ausgestaltet,[539] weil eine Verdoppelung derselben Struktur bei der berufsständischen Körperschaft und ihrer Einrichtung überflüssig erscheint.[540] Hier behält dann die Trägerkörperschaft maßgeblichen Einfluß auf die Organbesetzung. Die Rechtsprechung bezeichnet sie insofern zu Recht als Anstalten.[541]

c. *Körperschaften mit staatlich berufenen Organen?*

Getragen ist die juristische Person von ihren Mitgliedern, wenn sie maßgeblichen Einfluß auf die wesentlichen Verbandsentscheidungen haben. Das betrifft insbesondere auch die Organisation. Problematisch ist es vor diesem Hintergrund, wenn bestimmte juristische Personen des öffentlichen Rechts als „Körperschaften des öffentlichen Rechts" bezeichnet werden, obwohl sie zwar gewisse Selbstverwaltungsrechte in Form eigenverantwortlicher Aufgabenerledigung genießen, ihre Organe jedoch durch staatliche Stellen (Ministerien oder Parlamente) berufen werden. Mit Rücksicht auf ihre demokratische Legitimation mag diese Struktur sogar vorzugswürdig erscheinen;[542] die autonome, körperschaftliche Legitimation bleibt aber problematisch.

---

535 Auch die Bundesversicherungsanstalt für Angestellte und die Landesversicherungsanstalten für Arbeiter sind also Körperschaften des öffentlichen Rechts, *Pitschas* 1999, § 42 Rn. 6 u. 16; *Kluth* 1997, S. 194; *Becker* 1996, S. 130; *Emde* 1991, S. 158; *Berg* 1985, S. 2294; *Schuppert* 1981, S. 69
536 Zur Geschichte der Rechtsanwaltsversorgungswerke vgl. *Kibel* 1998, S. 424 ff.; allgemein auch *Kluth* 1997, S. 208.
537 Versorgungswerke bestehen für Ärzte, Zahnärzte, Tierärzte, Apotheker, Architekten, Rechtsanwälte, Notare, Steuerberater, Steuerbevollmächtigte, Wirtschaftsprüfer und Seelotsen.
538 *Pitschas* 1999, § 42 Rn. 10.
539 Beispiele bei *Kluth* 1997, S. 209 f., der für Nordrhein-Westfalen differenziert nach nichtrechtsfähigen (Nordrheinische Ärzteversorgung), anstaltsförmige (Notarversorgungswerk Köln) und körperschaftlichen Versorgungswerken, wie die Rechtsanwaltsversorgung Nordrhein-Westfalen, die in der Tat über eine durch die Mitglieder gewählte Vertreterversammlung, den Vorstand wählt, verfügt. Vgl. ferner Fn. 511.
540 *Pitschas* 1999, § 42 Rn. 9.
541 BVerfGE 10, S. 354 ff. (362) – Bayerische Ärzteversorgung: „Die „Mitgliedschaft" der Ärzte erschöpft sich darin, daß sie Beiträge zur Erreichung dieses Zweckes leisten müssen; sie sind nicht zu einem echten Personenverband zusammengeschlossen, der in ständigem Zusammenwirken der Mitglieder weitere, von Fall zu Fall durch Beschlüsse der Verbandsorgane konkret festzustellende gemeinsame Ziele verfolge", vgl. a. BVerfGE 12, S. 319 ff. (325) – Ärztliche Pflichtaltersversorgung; BVerwGE 27, S. 228 ff. (231 f.).
542 *Kluth* 1997, S. 465.

aa. Die kommunalen Versorgungsverbände

In verschieden Bundesländern wurden Versorgungsverbände geschaffen,[543] deren Aufgabe der Ausgleich der Lasten ist, die ihren Mitgliedern aus der Versorgung ihres beamteten oder beamtenähnlich beschäftigen Personals entstehen.[544] Diese Verbände werden als „Körperschaften des öffentlichen Rechts" bezeichnet (§ 1 I S. 1 GKV BW). Sie haben Selbstverwaltungsrechte im Rahmen der Gesetze und sind dienstherrenfähig (§ 1 I S. 2 u. 3 GKV BW).

Mitglieder sind die Gemeinden, Gemeindeverbände, Zweckverbände und weitere juristische Personen des öffentlichen Rechts, einige von ihnen als freiwillige Mitglieder (§§ 4 u. 5 GKV BW). Organe des kommunalen Versorgungsverbandes sind ein Verwaltungsrat und der Direktor (§ 17 GKV BW). Entscheidend für die Einordnung des Verbandes als Körperschaft oder Anstalt ist die Frage der Besetzung des Verwaltungsrats als Hauptorgan des Verbandes. Sie erfolgt durch Berufung des Innenministers auf Vorschlag der Mitglieder (§ 19 II GKV BW; § 19 Sächs GKV). Der Verwaltungsrat wählt den Direktor (§ 18 II S. 1 GKV BW). Auch beim kommunalen Versorgungsverband besteht also wiederum die gleiche Struktur, bei der das Hauptorgan nicht durch die Mitglieder des Verbandes sondern durch das zuständige Ministerium bestimmt wird. Die Besonderheit ist hier, daß die Mitglieder des Verbandes keine natürlichen Personen sondern verselbständigte Verwaltungseinheiten sind. Der Kommunalverband kann jedoch mangels autonomer Legitimationsmöglichkeit nicht als Körperschaft angesehen werden. Die Satzung des Bayerischen Versorgungsverbandes hat daher die rechtssystematisch einzig richtige Konsequenz gezogen und den Verband eine rechtsfähige Anstalt des öffentlichen Rechts bezeichnet (Art. 33 I S. 3 VersoG Bay; § 1 der Satzung). Diese Form wird auch dem letztlich instrumentellen Charakter dieser Versorgungseinrichtungen gerecht.

bb. Die Arbeitskammer des Saarlandes

Gemäß § 1 I des Gesetzes über die Arbeitsammer des Saarlandes[545] ist diese juristische Person eine Körperschaft des öffentlichen Rechts mit Dienstherrenfähigkeit.[546] Sie hat die Aufgabe der Beförderung der allgemeinen wirtschaftlichen, ökologischen, sozialen und kulturellen Interessen der Gesamtheit der Arbeitnehmer.[547] Dies geschieht durch die Schaffung von Einrichtungen, die Einreichung von Vorschlägen und Berichten sowie die Erstattung von Gutachten und die Wahrung von Anhörungsrechten bei Gesetzgebungsverfahren (§ 2 ArbeitskammerG).[548] Insofern liegen nach Ansicht des BVerfG legitime öffentliche Aufgaben vor.[549] Diese Aufgaben

---

543 Vgl. etwa §§ 1 ff. GKV BW; 1 ff. GKV BBg; 1 ff. GKV Sachs; Art. 32 ff. VersoG Bay; 1 ff GKV SachsAnh v. 15.11.1991 (GVBl. S. 434).
544 Vgl. etwa § 2 GKV BW.
545 Vom 8. April 1992, Amtsbl. S. 590; zum Vorgängergesetz vgl. *Mronz* 1973, S. 36; *BVerfGE* 38, S. 281 ff. (281) – Arbeitnehmerkammern.
546 Damit wird die Vorgabe des Art. 59 der LV Saar verwirklicht.
547 Zur Geschichte der Arbeitnehmerkammern, vgl. *Großmann* 1968, S. 298 f.; *Mronz* 1973, S. 23 ff.
548 Näher *Großmann* 1968, S. 299.
549 *BVerfGE* 38, S. 281 ff. (301) – Arbeitnehmerkammern; *Großmann* 1968, S. 305; *Zacher* 1971, S. 15 f.

C. Die rechtliche Binnenstruktur der Körperschaft des öffentlichen Rechts

erfüllt sie eigenverantwortlich, genießt also insofern ein Selbstverwaltungsrecht.[550] Angehörige der Kammer sind alle in § 3 ArbeitskammerG näher bezeichneten Arbeitnehmer des Saarlandes. Hautorgan der Arbeitskammer ist die „Vertreterversammlung" (§ 4 ArbeitskammerG). Sie hat Rechtsetzungs-, Kreations- und Kontrollfunktionen (§ 5 ArbeitskammerG).[551] Insbesondere wählt sie den Vorstand und den Hauptgeschäftsführer und kontrolliert ihre Tätigkeit (§§ 5 und 12 ArbeitskammerG). Die Arbeitskammer finanziert sich über von den Arbeitgebern einbehaltene Beiträge der Arbeitnehmer (§ 15 ArbeitskammerG). Sie untersteht der Aufsicht durch das Ministerium für Frauen, Arbeit, Gesundheit und Soziales des Saarlandes.

Entscheidend ist nun, daß die Wahl der Mitglieder in der „Vertreterversammlung" nicht durch die Mitglieder der Arbeitskammer, sondern „auf Vorschlag der Gewerkschaften und auf andere Vorschläge von Arbeitnehmern und Arbeitnehmerinnen, die gemäß § 3 Mitglieder der Arbeitskammer des Saarlandes sind" durch den saarländischen Landtag erfolgt. Das ist im Sinne einer demokratischen Legitimation unproblematisch, gegenüber dem körperschaftstypischen Wahlverfahren sogar geeignet, ein höheres Maß an persönlicher demokratischer Legitimation zu vermitteln. Es fehlt den Mitgliedern der „Vertreterversammlung" aber die autonome Legitimation der von ihnen Vertretenen, der Mitglieder der Arbeitskammer. Daß sie selbst Zugehörige der Arbeitskammer sind, ändert daran nichts. Ausschlaggebendes Kriterium für die Qualifikation einer juristischen Person des öffentlichen Rechts als Körperschaft ist aber das Getragensein durch die Mitglieder, mithin die Rückführung der Körperschaftsorgane auf eine Wahl durch die Mitglieder.[552] Die Bestellung der Mitglieder von zentralen Lenkungs- und Leitungsorgane durch den Staat ist hingegen typisches Kennzeichen der Anstalt des öffentlichen Rechts. Der Unterschied der Arbeitskammer gegenüber sonstigen Anstalten liegt insofern nur darin, daß hier der Landtag selbst die Mitglieder wählt, während dies sonst zumeist durch den zuständigen Minister oder die zuständige Aufsichtsbehörde geschieht. Da die Arbeitskammer nicht von ihren Mitgliedern in dem vorbezeichneten Sinn getragen ist, handelt es sich bei ihr, unbeschadet ihrer gesetzlichen Bezeichnung, um eine Anstalt.

Diese Form der nicht-mitgliedschaftlichen Rekrutierung der Mitglieder der Vertreterversammlung unterscheidet die Arbeitskammer des Saarlandes auch von der Aufgabenzuweisung her vergleichbaren (§ 2 u. 3 ArbeitnehmerkammerG) Arbeitnehmerkammer Bremen. Die Rechtsetzungs-, Kreations- und Kontrollbefugnisse stehen hier einer als „Vollversammlung" bezeichneten Repräsentativversammlung zu (§ 7 ArbeitnehmerkammerG), die von den Mitglieder der Arbeitnehmerkammer gewählt wird (§ 9 ArbeitnehmerkammerG). Aufgrund dieses Rekrutierungsmodus kann die Arbeitnehmerkammer Bremen ohne weiteres als Körperschaft eingeordnet werden.

---

550 *Großmann* 1968, S. 301 f.
551 Hoheitliche Befugnisse fehlen den Arbeitskammern außerhalb der zu ihrer Selbstorganisation (Erhebung von Gebühren und Beiträgen) notwendigen Handlungen, *Zacher* 1971, S. 18 f.
552 Problematisch ist es daher, wenn *Großmann* (1968, S. 301) annimmt, daß die Zugehörigen zur Kammer zwar mangels Mitwirkungsbefugnisse keine Mitglieder seien, gleichwohl aber am Körperschaftscharakter der Arbeitskammer festhält. Erklärlich ist dies nur durch seine unzutreffende, weil die Abgrenzung zur Anstalt verschleiernde Annahme, daß man unter der Körperschaft des öffentlichen Rechts „einen organisierten und rechtsfähigen Personenverband des öffentlichen Rechts mit hoheitlichen Mitteln unter staatlicher Aufsicht" verstehe.

d. Rundfunkrechtliche Anstalten

Die Gewährleistung der Rundfunkfreiheit (Art. 5 I S. 2 GG) ist vor allem auch ein Organisationsproblem.[553] Mit der Schaffung der rechtlichen Voraussetzungen für die Organisation des Rundfunks tritt der Staat dem Bürger nicht in erster Linie grundrechtsbeschränkend, sondern grundrechtsermöglichend gegenüber.[554] Angesichts des technischen Aufwandes zur Produktion von Rundfunk zeigt sich hier in besonderer Weise die Bedeutung des „Mehrwertes" von Organisation gegenüber einer nur durch den Einzelnen erfolgenden Betätigung. Der Staat schafft die rechtlichen Voraussetzungen dafür, wobei er der Bedeutung des Rundfunks für die Ausbildung der öffentlichen Meinung gerecht werden muß. Ihr dient die Rundfunkfreiheit nach der Auffassung des BVerfG.[555] Angesichts des faktischen Wegfalls der Beschränkung der Sendefrequenzen muß dies nicht in einem öffentlich-rechtlichen, sondern kann auch in einem dualen System erfolgen.[556] Soweit der Gesetzgeber den Rundfunk öffentlich-rechtlich organisiert, ist ihm keine bestimmte Organisationsform vorgegeben. Der dienenden Funktion des Rundfunks für die Ausbildung der öffentlichen Meinung[557] entsprechend, darf jedoch keine staatliche Organisationsform gewählt werden. Die Wahl der öffentlich-rechtlichen Organisation des Rundfunks ist umgekehrt gerechtfertigt zur Herstellung eines abgewogenen Einflusses der für die Ausbildung der öffentlichen Meinung relevanten Gruppen auf die Gestaltung des Rundfunks. Die Organisation des öffentlich-rechtlichen Rundfunks muß also so weit verselbständigt sein, daß sie maßgeblichem staatlichen Einfluß entzogen ist. Sie muß eine Binnenstruktur besitzen, die den relevanten gesellschaftlichen Gruppen den entscheidenden Einfluß auf die Gestaltung des Rundfunks erlaubt. Hierzu muß den öffentlich-rechtlichen Rundfunkorganisationen eine angemessene Finanzausstattung gewährleistet sein und die Staatsaufsicht auf die Einhaltung der Ziele der Organisation, der Rechtmäßigkeit ihres Handelns und die Rechnungskontrolle beschränkt sein.

Daß die Organisation des öffentlich-rechtlichen Rundfunks in der Form von rechtsfähigen Anstalten des öffentlichen Rechts erfolgt, ist nicht verfassungsrechtlich geboten, wohl aber von den Ländern so vorgenommen worden.[558] Dabei ist angesichts der Grundrechtsrelevanz der Rundfunkorganisationen die Frage aufgeworfen worden, ob man überhaupt von Anstalten in einem verwaltungstechnischen Sinn sprechen könne. Sofern dabei darauf verwiesen wird, Anstalten des öffentlichen

---

553 v. Mangoldt/Klein/Starck-*Starck* Art. 5 I, II, Rn. 110 f.; *Bumke* 1995, S. 86 ff.; *Brugger* 1991, S. 17 f.
554 *BVerfGE* 57, S. 295 ff. (320) – 3. Rundfunkentscheidung.
555 Rundfunkfreiheit als „dienende Freiheit" *BVerfGE* 83, S. 238, S. 315; kritisch dazu etwa BK-*Degenhart* Art. 5 I u. II, Rn. 643; zur Verteidigung der Rundfunkfreiheit als Funktionsgrundrecht *Gersdorf* 2003, Rn. 67 f.
556 Nach *BVerfG* 73, S. 118 (158) ist die Ausgestaltung der Rundfunkordnung insofern der gesetzgeberischen Entscheidung übertragen. Andere (v. Mangoldt/Klein/Starck-*Starck* Art. 5 I, II, Rn. 114) sehen die Zulassung des privaten Rundfunks als verfassungsrechtlich aus der Rundfunkfreiheit geboten und die Aufrechterhaltung des öffentlich-rechtlichen Rundfunk als rechtfertigungsbedürftig an.
557 *BVerfGE* 57, S. 295 ff. (320) – 3. Rundfunkentscheidung; *Hesse* 1999, S. 61; *Brugger* 1991, S. 19 f.; kritisch dazu BK-*Degenhart* Art. 5 I, II, Rn. 643 f.
558 *BVerfGE* 12, S. 205 ff. (143) – 1. Rundfunkurteil; BK-*Degenhart* Art. 5 I, II, Rn. 762; v. Mangoldt/Klein/Starck-*Starck* Art. 5 I, II, Rn. 112.

C. Die rechtliche Binnenstruktur der Körperschaft des öffentlichen Rechts 609

Rechts im verwaltungsrechtlichen Sinn seien Teil der mittelbaren Staatsverwaltung, die Träger staatlicher Aufgaben sei, ist daran zu erinnern, daß dies zwar für die rechtlich unselbständigen Anstalten zutrifft, daß die Rechtsfähigkeit und das mit ihr verbundene Selbstverwaltungsrecht die Möglichkeit begründen, daß eine Anstalt zwar öffentliche, nicht aber im engeren Sinne staatliche Aufgaben wahrnimmt. Staatliche Aufgaben waren nach der oben getroffenen Bestimmung solche Aufgaben, die notwendig der Staat übernehmen muß oder die er übernommen hat und ohne Verstoß gegen das GG übernehmen durfte. Öffentliche als diejenigen Aufgaben, zu deren Erfüllung der Aufgabenträger öffentlich-rechtlich verpflichtet ist, umfassen zwar die staatlichen Aufgaben, erschöpfen sich aber nicht in ihnen. Vielmehr besteht außerhalb der staatlichen ein Bereich von öffentlichen Aufgaben, auf die der Staat zugreifen kann. Solange er dies jedoch nicht getan hat oder ihm der Zugriff verwehrt ist, stellen sie keine öffentlichen Aufgaben dar, obwohl sie Selbstverwaltung und damit Verwaltungsaufgaben sein können. Diese Unterscheidung hat das BVerfG gerade auch für die Organisation des öffentlich-rechtlichen Rundfunks seit dem 1. Rundfunkurteil fruchtbar gemacht.[559] Rundfunk stellt danach einerseits im Interesse der öffentlichen Meinung insofern eine öffentliche Aufgabe dar,[560] als durch die öffentlich-rechtliche Form die Vielfalt der Meinungen in der Programmgestaltung sichergestellt wird[561] und die Veranstaltung von Rundfunk damit möglicherweise verzerrenden Tendenzen durch die Entstehung von Marktmacht entzogen wird: Rundfunk als wichtiger Faktor der Ausbildung der öffentlichen Meinung soll die Vielfalt der gesellschaftlichen Kräfte widerspiegeln, aber wie ein Spiegel sich nicht mit dem Gespiegelten verändern darf, ohne zu einem Zerrspiegel zu werden, nicht dem Wirken dieser Kräfte ausgesetzt sein.[562] Hierin liegt die besondere Funktion des öffentlich-rechtlichen Rundfunks gerade auch neben privatrechtlichen Veranstaltern von Radio und Fernsehen. Die Rückbindung an die grundrechtliche Freiheit verbietet es auf der anderen Seite, diese Aufgabe als eine mögliche staatliche anzusehen (Grundsatz der Staatsfreiheit).[563]

Für die Erfüllung dieser Aufgabe liegt es jedenfalls nahe, daß die Rechtsform der juristischen Person des öffentlichen Rechts gewählt wird. Die rechtliche Selbständigkeit bietet den Anknüpfungspunkt für die Zurechnung von Rechtspositionen, die auch inhaltlich die Staatsdistanziertheit zum Ausdruck bringen.[564] Ihre Funktion für die organisatorische Absicherung der Realisierung der Grundrechte begründen ihre Grundrechtsfähigkeit gegenüber dem Staat.[565] Sie ist allerdings beschränkt auf das Grundrecht der Rundfunkfreiheit, in deren Dienst die

---

559 E 12, S. 205 ff. (234 f.).
560 Hierzu auch *Bumke* 1995, S. 56 ff.
561 *BVerfGE* 73, S. 118 ff. (155) – 4. Rundfunkentscheidung; *Brugger* 1991, S. 39 f.
562 Das BVerfG hat in diesem Zusammenhang auf die demokratische Komponente von Art. 5 I S. 2 GG hingewiesen und auch die Verantwortung des Rundfunks für das kulturelle Leben hingewiesen, *BVerfGE* 73, S. 118 ff. (158 ff.) – 4. Rundfunkentscheidung.
563 *BVerfGE* 31, S. 314 ff. (329) – 2. Rundfunkentscheidung. BK-*Degenhart* Art. 5 I, II, Rn. 54; *Hartstein/Ring/Dörr/Stettner* 2003, vor § 11 Rn. 7; *Gersdorf* 2003, Rn. 131 f.
564 vgl. oben A und zu den Rundfunkanstalten auch *Kauffmann* 1997, S. 44.
565 *BVerfGE* 57, S. 295 ff. (320) – 3. Rundfunkentscheidung; diese Grundrechtsfähigkeit dient dem Schutz ihrer Neutralität, *Hesse* 1999, S. 143; BK-*Degenhart* Art. 5 I, II, Rn. 728.

Rundfunkanstalten errichtet wurden.⁵⁶⁶ Aus dieser zugleich im öffentlichen Interesse bestehenden Funktion geht das Selbstverwaltungsrecht der Rundfunkanstalten hervor.⁵⁶⁷ Es sichert den Rundfunkanstalten Programmautonomie unter Einschluß der für die Vorbereitung und Verwertung der Sendungen erforderlichen Handlungen, Selbständigkeit in gewissen programmbegleitenden Tätigkeiten, Organisations- und Personalautonomie sowie die zur Durchführung ihrer Aufgabe erforderliche Satzungs- und Haushaltsautonomie.⁵⁶⁸

Ist es das Ziel des öffentlich-rechtlichen Rundfunks, mit der Ausstrahlung von Programmen auf die öffentliche Meinung in einer Form Einfluß zu nehmen, die der Vielfalt der gesellschaftlichen Gruppen Rechnung trägt, so muß diesen Gruppen auf die Programmgestaltung zwar Einfluß gewährt werden.⁵⁶⁹ Da aber keine Rückwirkung auf diese gesellschaftlichen Gruppen intendiert ist, müssen sie dazu nicht Mitglieder dieser Organisation werden. Mithin liegt es nahe, diejenige Form unter den juristischen Personen des öffentlichen Rechts zu wählen, die zwar einen maßgeblichen äußeren Einfluß auf die Organisationsgestaltung, ihre Tätigkeit und die Zusammensetzung ihrer Organe erlaubt, diesen Einfluß aber nicht als Kompensation für die besonderen, aus dem Mitgliedschaftsstatus folgenden Pflichten vorsieht. Das ist aber die Anstalt des öffentlichen Rechts. Ihr Kennzeichen ist nicht eine mittelbare Staatsverwaltung im Sinne einer starken staatlichen Einflußnahme. Die Besonderheit der Anstalt lag, wie gerade gezeigt wurde, darin, daß sie ganz allgemein einen externen Träger besitzt und nicht die Mitglieder selbst maßgeblichen Einfluß auf ihre Entscheidungen üben. Deutlicher allerdings bei den aus eher technisch-pragmatischen Gründen verselbständigten instrumentellen Anstalten ist bei den Rundfunkanstalten ihre verfassungsrechtliche Funktion prägend für die Binnenstruktur. Sollen die öffentlich-rechtlichen Rundfunkanstalten die Vielfalt der gesellschaftlichen Gruppen bei der Veranstaltung von Rundfunk widerspiegeln und sichern, so ergeben sich Pluralismus und Ausgewogenheit als die maßgeblichen Anforderungen an ihre Binnenstruktur.⁵⁷⁰ Entsprechend ist das zentrale Lenkungsorgan der Rundfunkanstalten der Rundfunkrat. Ihm kommen in den Bereichen der Programmgestaltung, des Personal- und des Haushaltswesens Kreations-, Überwachungs- und Beratungsbefugnisse zu. So wählt der Rundfunkrat den Intendanten und den für die finanziellen und technischen Fragen zuständigen Verwaltungsrat. Er überwacht die Programmgestaltung, die der Intendant ihm gegenüber zu verant-

---

566 BK-*Degenhart* Art. 5 I, II, Rn. 765; v. Mangoldt/Klein/Starck-*Starck* Art. 5 I, II, Rn. 122.
567 „Selbstverwaltung" kann hier nicht im Sinne der oben erwähnten mitgliedschaftlich-partizipativen Struktur, auch nicht im Sinne einer Betroffenenverwaltung verstanden werden (vgl. auch *Bumke* 1995, S. 52 f.), sondern im Sinne der eigenverantwortlichen Aufgabenwahrnehmung der Anstalt. Vor dem Hintergrund eines engen, an die Organisationsform der Körperschaft gebundenen Verständnisses erscheint es daher konsequent, eine Selbstverwaltung der Rundfunkanstalten abzulehnen, so ausdrücklich *Scheuner* 1952, S. 612. – *Kluth* (1997, S. 81) schließt die Rundfunkanstalten ebenfalls aus dem Bereich der funktionalen Selbstverwaltung aus. Er begründet dies damit, daß die Rundfunkanstalten derartig umfassend grundrechtlich fundiert seien, daß die Rundfunkanstalten nicht zur öffentlichen Verwaltung gerechnet werden könnten. Dabei wird jedoch die zuvor ausgeführte öffentliche Funktion der Rundfunkanstalten vernachlässigt.
568 Hartstein/Ring/Dörr/Stettner 2003, vor § 11 Rn. 13 ff.
569 v. Mangoldt/Klein/Starck-*Starck* Art. 5 I, II, Rn. 124.
570 BVerfGE 73, S. 118 ff. (170) – 4. Rundfunkentscheidung, vgl. auch Hesse 1999, S. 147; BK-*Degenhart* Art. 5 I, II, Rn. 768 ff.; v. Mangoldt/Klein/Starck-*Starck* Art. 5 I, II, Rn. 132.

C. Die rechtliche Binnenstruktur der Körperschaft des öffentlichen Rechts 611

worten hat. Dieser besitzt jedoch aufgrund der Programmgestaltung, der Organisationsgewalt und der Personalauswahl und Weisungsfunktion eine starke Stellung bei der Leitung der Anstalt.[571] Die Mitglieder des Rundfunkrates – und hierin liegt nun der zentrale Unterschied zur Körperschaft des öffentlichen Rechts – werden nach den Landesrundfunkgesetzen zumeist durch die gesellschaftlich relevanten Gruppen, die hierzu berechtigt sind, entsandt.[572] Nur beim ZDF werden sie auf ihren Vorschlag durch die Ministerpräsidenten bestimmt. In jedem Fall erfolgt die Rekrutierung der Mitglieder des Rundfunkrates nicht organisationsintern durch Wahlen, sondern extern durch Entsendung. Die Legitimation dieses Anstaltsorgans ist mithin nicht autonom durch die Mitglieder geprägt, sondern aufgrund der Repräsentation der gesellschaftlichen Gruppen.[573] Daran ändert es auch nichts, daß die Mitglieder der Rundfunkräte keine Interessenvertreter der sie entsendenden gesellschaftlichen Gruppen sind, sondern ihre Repräsentanten, die bei ihrem Verhalten nur ihrem Gewissen, nicht aber den Weisungen dieser Gruppen unterworfen sind. Die Zusammensetzung dieses Hauptorgans bleibt extern bestimmt. Dies entspricht gerade auch seiner Funktion der Vielfaltssicherung durch Binnenpluralismus, der Erstellung eines repräsentativen Meinungsspektrums und dem Ziel der Offenhaltung des Meinungsbildes.[574] Anders als in den Hochschulgremien dient die Mitwirkung der Verbände nicht der Verwirklichung und Sicherung ihrer eigenen Grundrechte in dem Sinne, daß sie selbst Träger des Grundrechts der Rundfunkfreiheit wären; ihre Partizipation geschieht vielmehr im Interesse der Allgemeinheit an der Offenhaltung des Meinungsbildungsprozesses.[575]

Dies ist, unbeschadet seiner Bezeichnung, auch nicht anders beim *Deutschlandradio*. Zwar vertraut die überwiegende Auffassung der Bezeichnung des § 1 I Staatsvertrages über die Körperschaft des öffentlichen Rechts „Deutschlandradio",[576] nach der es als Körperschaft des öffentlichen Rechts bezeichnet wird, obwohl zugleich die Strukturähnlichkeit mit den Rundfunkanstalten festgestellt wird.[577] Dabei wird jedoch übersehen, daß das Deutschlandradio zwar aus den in der ARD zusammen-

---

571 *Hesse* 1999, S. 148 ff.
572 *Hartstein/Ring/Dörr/Stettner* 2003, vor § 11 Rn. 56, verstehen den Rundfunkrat als pluralistische „Vertretung der Allgemeinheit im Rundfunk", *Hesse* 1999, S. 153.
573 Bei der Bestimmung der entsendungsberechtigten Gruppen und der Gewichtung ihrer Anteile besitzt der Gesetzgeber einen Gestaltungsspielraum (*BVerfGE* 83, S. 238 ff [332 f.] – 6. Rundfunkentscheidung). Kriterien für die Repräsentanz können auch durch die Anerkennung bestimmter Gruppen in der Verfassung wie etwa der Religionsgemeinschaften (Art. 4 II, 140 i.V.m. Art. 137 WRV), der arbeitsrechtlichen Koalitionen (Art. 9 III) und auch der Parteien sein, BK-*Degenhart* Art. 5 I, II, Rn. 769.
574 Vgl. auch *Brugger* 1991, S. 43 f.
575 *BVerfGE* 83, S. 238 ff. (333) – 6. Rundfunkentscheidung: „Die Bildung der Aufsichtsgremien aus den vorwiegend verbandlich organisierten gesellschaftlich relevanten Gruppen hat aber nicht den Sinn, diesen die Programmgestaltung zu übertragen oder sie gar zum Träger des Grundrechts der Rundfunkfreiheit zu machen (so aber BVerfGE 31, 314 [337] – abw. M.). Die gesellschaftlich zusammengesetzten Kontrollgremien sind vielmehr Sachwalter des Interesses der Allgemeinheit. Sie sollen die für die Programmgestaltung maßgeblichen Personen und Gremien darauf kontrollieren, daß alle bedeutsamen politischen, weltanschaulichen und gesellschaftlichen Kräfte und Gruppen im Gesamtprogramm angemessen zu Wort kommen können, das Programm nicht einseitig einer Partei oder Gruppe, einer Interessengemeinschaft, einem Bekenntnis oder einer Weltanschauung dient und in der Berichterstattung die Auffassungen der betroffenen Personen, Gruppen oder Stellen angemessen und fair berücksichtigt werden".
576 vom 17. Juni 1993, GBl. BW S. 762.
577 Vgl. etwa *Bethge* 1996, S. 458; *Hesse* 1999, S. 136.

geschlossenen Landesrundfunkanstalten und dem ZDF als „Mitgliedern" besteht (§ 1 S. 2 des Staatsvertrages)[578] und daß es auch über (letztlich Rundfunkgebühren basierte) Beiträge dieser Anstalten finanziert wird (§ 1 II u. 29 des Staatsvertrages), daß diesen jedoch gerade nicht der für die mitgliedschaftliche Prägung der Körperschaft notwendige Einfluß auf die Besetzung der Organe der juristischen Person zukomme.[579] Der Hörfunkrat wählt zwar auf Vorschlag des Verwaltungsrates den Intendanten des Deutschlandradios (§ 26 I des Staatsvertrages), stellt Richtlinien für die Programmgestaltung auf und überwacht die Tätigkeit des Intendanten (§ 20 des Staatsvertrages); der Hörfunkrat wird aber selbst ähnlich den Rundfunkräten durch die gesellschaftlich relevanten Gruppen, dazu Bund und Länder bestimmt und nicht durch eine Wahl der Mitglieder (§ 21 des Staatsvertrages).[580] Der Verwaltungsrat schließlich wird nicht durch die Mitglieder oder den Hörfunkrat gewählt, sondern besteht aus vier Vertretern der Mitglieder der „Körperschaft Deutschlandradio", nämlich von ARD und ZDF, und vier Mitgliedern, die vom Bund und den Ländern (1 Bund, 3 Länder) entsendet werden. Da somit auch hier den „Mitgliedern" des Deutschlandradios kein maßgeblicher Einfluß zukommt, kann auch der Verwaltungsrat nicht als das für die Begründung der Eigenschaft als Körperschaft ausschlaggebende Organ angesehen werden.[581] Das Bestehen des Selbstverwaltungsrechts (§ 1 III des Staatsvertrages) und die Beschränkung auf die Rechtsaufsicht (§ 31 des Staatsvertrages) sind für die Abgrenzung ohnehin nicht von Belang. Damit ist aber externer Einfluß bestimmend auf das Hauptorgan des Deutschlandradios und kommt auch im Verwaltungsrat den Mitgliedern kein ausschlaggebender Einfluß zu. Das Deutschlandradio ist also aufgrund seiner Binnenstruktur eine Anstalt.

Ihrem Charakter als öffentlich-rechtliche Anstalten, die der organisationsrechtlichen Sicherung der Realisierung der Rundfunkfreiheit dienen, entsprechend, finanzieren sich die Rundfunkanstalten über Gebühren und nur im Falle des Deutschlandradios über gebührenbasierte Beiträge.[582] Hinzu kommen Werbe-

---

578 *Bethge* (1996, S. 458) hält das Deutschlandradio deshalb, und auf der Grundlage der Annahme ihrer Organisationsform als Körperschaft konsequent, für eine Verbandskörperschaft – allerdings mit „atypischer Organisationsstruktur".
579 Auch das gesetzgeberische Ziel war es, ARD und ZDF in die Organisation des Deutschlandradios einzubinden, *Kauffmann* 1997, S. 40.
580 *Kauffmann* 1997, S. 50 f. u.151 f. Der Hörfunkrat besitzt, anders als die Rundfunkräte der Landesrundfunkanstalten, kein Satzungsrecht. Dieses übt der Verwaltungsrat aus.
581 Zu diesem Ergebnis kommt auch die Monographie von *Kauffmann* (1997, S. 52: „Es kann festgestellt werden, daß signifikante Unterschiede zum herkömmlichen Anstaltsmodell nicht vorliegen". Statt nun aber die Konsequenz zu ziehen, und das Deutschlandradio auch unter die Anstalten einzuordnen, hält Kauffmann an der bloßen Bezeichnung als „Körperschaft" fest, spekuliert darüber, daß die solchermaßen anstaltlich strukturierte „Körperschaft" keine wesentlichen Vorteile gegenüber der Anstalt bringt, fragt sich, warum der Gesetzgeber wohl diese Form gewählt hat (- ohne sie zu finden, 1997, S. 55), und resümiert schließlich, daß die gegenüber dem „reinen" Anstaltsmodell in der Tat stärkere Einbeziehung von ARD und ZDF keine Vorteile bringt. – Diese hilflose Argumentation mag als Beleg für die Notwendigkeit einer sachlichen Abgrenzung von Körperschaft und Anstalt trotz gesetzgeberischer Fehlbezeichnungen genommen werden.
582 Aus dem Art. 5 I S. 2 folgenden „Grundsatz der funktionsgerechten Finanzierung" ist der Staat verpflichtet, für eine hinreichende Finanzdecke zu sorgen, ohne daß eine bestimmte Form der Finanzierung gesichert wäre, *BVerfGE* 74, S. 297 ff. (342) – 5. Rundfunkentscheidung: „Entscheidend ist allein, daß die Finanzierung der Tätigkeit der öffentlich-rechtlichen Rundfunkanstalten insgesamt hinreichend gesichert ist und daß den Anstalten auf diese Weise die Finanzierung derjenigen Programme ermöglicht wird, deren Veranstaltung ihren spezifischen Funktionen nicht nur entspricht, sondern

einnahmen.⁵⁸³ In ihrem Handeln sind sie nur einer geringen Aufsicht unterworfen, die die Einhaltung der Grenzen der ihnen gestellten Aufgabe und eine Rechtsaufsicht umfaßt. Die Funktion dieser Aufsicht ist es nicht, die verselbständigte Verwaltungseinheit an die staatliche Verwaltung anzubinden.⁵⁸⁴ Darüber hinaus ist die Rechtsaufsicht subsidiär zu anstaltsinternen Kontrollmechanismen, die etwa die Programmaufsicht übernehmen.⁵⁸⁵ Der grundrechtsgeprägten Organisation entsprechend, kommen als Aufsichtsmittel vor allem Informationen, nicht aber die Ersatzvornahme oder die Entsendung eines Staatskommissars in Betracht.

Insgesamt entspricht die Organisationsform des Rundfunks als Anstalt seiner gesellschaftlichen Bedeutung. Sie dient nicht nur der Grundrechtsverwirklichung, sondern berücksichtigt zugleich die Bedeutung der Institution des Rundfunks für die Bildung der öffentlichen Meinung, indem die Vielfalt der gesellschaftlichen Einflüsse auch gegenüber möglichen Asymmetrien durch die binnenpluralistische Organisationsstruktur gesichert wird. Gerade für diesen breiten externen Einfluß eignet sich die Anstalt ihrer Struktur nach besser als die Körperschaft. Das wird schließlich auch dadurch belegt, daß die Aufsicht über die privaten Rundfunkbetreiber binnenpluralistisch, aber nicht körperschaftlich in der Form von Anstalten, nämlich den Landesmedienanstalten organisiert ist,⁵⁸⁶ und daß auch der deutsche Auslandsrundfunk, die Deutsche Welle, die Organisationsform einer rechtsfähigen Anstalt besitzt.⁵⁸⁷

5. Zusammenfassung

Die öffentlich-rechtliche Anstalt unterscheidet sich von der Körperschaft dadurch, daß sie weniger gegenüber ihrer Umwelt, insbesondere gegenüber ihrem öffentlich-rechtlichen Träger verselbständigt wurde. Sie ist, wie Breuer es formuliert, „stärker an ihr Muttergemeinwesen angebunden".⁵⁸⁸ Dies zeigt sich 1. daran, daß die Rechtsfähigkeit weniger als bei der Körperschaft zu ihren typischen Merkmalen gehört, daß sie 2. nicht mit einer die Besetzung der Leitungsorgane legitimierenden Binnenstruktur versehen ist und daß sie 3. einer intensiveren Aufsicht, die regelmäßig auch Weisungen einschließt, ausgesetzt ist. Dies alles steht im Dienste der Erbringung öffentlicher Leistungen, als ihrer primären Funktion. Sie besitzt mithin einen instrumentellen Charakter, dient ihrem Träger, und danach bestimmt sich ihre Binnenstruktur. Während die Körperschaft durch eine komplexe und

---

auch zur Wahrnehmung dieser Funktionen erforderlich ist". Vgl. auch BK-*Degenhart* Art. 5 I, II Rn. 806; v. Mangoldt/Klein/Starck-*Starck* Art. 5 I, II, Rn. 146 f.
583 *Hesse* 1999, S. 186 f.
584 *Hesse* 1999, S. 169.
585 So ist etwa die anstaltsinterne Programmaufsicht des Intendanten durch den Rundfunk-/Fernsehrat vorrangig gegenüber einer staatlichen Aufsichtsmaßnahme, BK-*Degenhart* Art. 5 I, II, Rn. 823; v. Mangoldt/Klein/Starck-*Starck* Art. 5 I, II, Rn. 134 f.
586 *Bumke* 1995, S. 252; wenn Degenhart (BK-*Degenhart* Art. 5 I, II, Rn. 729 davon spricht, daß die Landesmedienstalt in ihrer Janusköpfigkeit (*Bumke* 1995, S. 197) zwar gegenüber den Rundfunkbetreibern binnenplurale Aufsichtsinstanz, jedoch „im Verhältnis zum Staat Selbstverwaltungskörperschaft" sei, dann beruht das wohl auf der irrtümlichen Gleichsetzung von Körperschaft des öffentlichen Rechts und Selbstverwaltung.
587 § 1 I Deutsche-Welle-Gesetz, dazu *Niepalla* 2003, § 1 Rn. 4.
588 *Breuer* 1992, S. 89.

ausdifferenzierte innere Organisation, die im Grundsatz bei allen Formen gleich ist, ein hohes Maß an Umweltkomplexität verarbeiten kann, weist die Anstalt eine große Bandbreite von Formen auf, eine differenziertere oder weniger differenzierte Ausbildung ihrer Elemente je nach dem externen Zweck, dem sie dienen soll.

V. Zusammenfassung: Die innere, „politische" Selbstverwaltung der Körperschaft des öffentlichen Rechts

„Politische Selbstverwaltung" hatte *Heinrich Rosin* 1883 als „diejenige Organisation der Verwaltung" bezeichnet, „nach welcher bei der Bildung der Behörden das genossenschaftliche Element des Staates neben dem herrschaftlichen zum Ausdruck gelangt, oder mit anderen Worten eine verfassungsmäßige Beteiligung der Staatsbürger als solcher stattfindet".[589] Hier liege auch im monarchischen Staat eine Form der „Selbstgesetzgebung" vor. Schon damals konnte zweifelhaft erscheinen, ob der Ausdruck „politische Selbstverwaltung" angemessen sei zur Erfassung dieser zwar nicht selbst als Rechtsperson zu adressierenden genossenschaftliche Struktur, die aber gleichwohl im Rahmen einer juristischen Person rechtlich verfaßt ist.[590] Um den Aspekt der mitgliedschaftlichen Mitwirkung an den Körperschaftsentscheidungen festzuhalten, auf den es hier ankommen soll, wird vorliegend daher von „innerer Selbstverwaltung" gesprochen, die sich von der „äußeren" als der eigenverantwortlichen Wahrnehmung von öffentlichen Aufgaben unterscheidet. Die innere Selbstverwaltung bezeichnet danach die Rückführung der wesentlichen Körperschaftsentscheidungen, insbesondere die Rekrutierung der Organe auf Willensäußerungen der Mitglieder der Körperschaft. Hierin ist das die Körperschaft auszeichnende Moment des „Getragenseins" durch die Mitglieder zu finden. Während also die Körperschaft des öffentlichen Rechts mit den anderen juristischen Personen des öffentlichen Rechts, wie der vorige Abschnitt gezeigt hat, die Eigenverantwortlichkeit der Aufgabenwahrnehmung teilt, liegt in der inneren Selbstverwaltung das Abgrenzungskriterium zu ihnen. Dies systematisch auszuführen, war das Anliegen dieses Abschnitts. Dazu wurde die Binnenorganisation der Körperschaft einer näheren Analyse unterzogen.

Dazu war zunächst das besondere Verhältnis eines nach funktionalen oder lokalen Kriterien abgegrenzten Kreises der Staatsbürger als Mitglieder näher zu untersuchen. Ihr Status unterscheidet sich von dem der Angehörigen, deren Status dem von Benutzern einer Anstalt nahekommt, durch das Wahlrecht. Zwar besitzen nicht alle Körperschaften Angehörige, die leistungsberechtigt und lastentragungspflichtig sind; notwendig für das Bestehen einer Körperschaft ist aber die Existenz

---
589 1883, S. 314.
590 *Rosin* selbst schreibt (1883, S. 320): „Bei dieser Sachlage wäre es nun eigentlich angemessen, die „Selbstverwaltung im politischen Sinne" anders zu bezeichnen. Allein es ist sehr zu befürchten, daß irgendein anderer Vorschlag bei der intensiven Art, mit der sich auch die Rechtswissenschaft jenes Wort in der politischen Bedeutung angeeignet hat, ohne Wirkung bleibt und nur die Verwirrung vermehrt". – Ein Schicksal, das vielleicht manchen neuen Systematisierungs- oder Begriffsbildungsversuch in der Rechtsdogmatik ereilt. Die ideengeschichtlichen Darstellungen des Selbstverwaltungsbegriffs von *Heffter* (1969) und *Bieback* (1976) enthalten dafür reiches Anschauungsmaterial.

von Mitgliedern in dem gerade bezeichneten Sinn. Ansonsten können die Mitglieder je nach der Aufgabenstellung der Körperschaft natürliche oder auch oder ausschließlich juristische Personen des privaten oder öffentlichen Rechts sein. Ihr Status ist schließlich durch die Existenz bestimmter Rechte und Pflichten bezeichnet, die sie von den übrigen Staatsbürgern abheben, über die sich aber entsprechend der Vielfalt der Körperschaften wenig Einheitliches sagen läßt.

Der zweite Unterabschnitt hatte die beiden Organe der Körperschaft, die Versammlung und den Vorstand, zum Gegenstand. Hier konnte sich die These von der besonderen Ausdifferenzierung der Körperschaft bestätigen.[591] Im organisationstheoretischen Teil war in dieser Hinsicht angenommen worden, daß eine Organisation um so stärker differenziert ist, je mehr sie Leistungen, die andere Organisationen aus ihrer Umwelt beziehen müssen, selbst erbringen kann. Dies zeigte sich schon daran, daß die Organe die Organisationsdimensionen (rechtliche Selbständigkeit, rechtliche Binnenstruktur, Organisation-Umweltverhältnis) unter den Vorzeichen ihrer transitorischen Wahrnehmungszuständigkeiten für die Organisation wiederholen. Daß sie Befugnisse der juristischen Person als eigene wahrnehmen, bezeichnet dabei ihre formale rechtliche Gestalt, die inhaltlich ausgefüllt wird durch die Aufgaben, die sich insbesondere durch die Vorbehaltsaufgaben der jeweiligen Organe voneinander abgrenzen. Dabei kommen der Versammlung die Grundsatzaufgaben, vor allem die Satzungsbefugnis, die Kontrolle der Ausführung ihrer Beschlüsse und Rückholrechte für Aufgaben zu, die sie an andere Organe übertragen hat. Bei ihrer Binnenstruktur war insbesondere zu unterscheiden nach Mitgliederversammlungen und dem weit häufigeren Typus der Repräsentativversammlungen, ferner – die Zusammensetzung der Körperschaft selbst spiegelnd – nach homogenen oder gruppenpluralen Versammlungen. Die anspruchsvolle Konstruktion der Binnenstruktur der Körperschaft des öffentlichen Rechts zeigt sich nun aber auch darin, daß die Versammlung abermals eine differenzierte Binnenstruktur aufweist. Hier wurden als Unter- und teilweise Hilfsorgane der Vorsitzende der Versammlung, die Ausschüsse und die Fraktionen untersucht. In der Umweltdimension der Versammlung stand zunächst die Rekrutierung ihrer Mitglieder durch Wahlen der Körperschaftsmitglieder im Zentrum. Hier zeigt sich dann der besondere Legitimationsmodus der Körperschaft des öffentlichen Rechts: Die Mitglieder der Organisation selbst verschaffen den Körperschaftsorganen in den durch das staatliche Recht gesetzten Grenzen die Legitimation, die sie für ihr Handeln benötigen. Die besondere mitgliedschaftliche Prägung dieser Legitimation zeigt sich daran, daß entsprechend den Aufgaben, die die Körperschaft auch im Interesse ihrer Mitglieder zu erbringen hat, Differenzierungen im Wahlsystem möglich sind. Dies zeigt sich insbesondere im Vergleich der durch den Art. 28 I S. 2 GG geprägten Kommunalwahlen mit den von Art. 5 III GG überlagerten Wahlen zu den Hochschulgremien. Aber auch im Bereich der wirtschaftlichen Selbstverwaltung gibt es Abweichungen vom gleichen Stimmgewicht, die sich aus der Aufgabe der Körperschaft, das Gewicht der Wirtschaftszweige im Kammerbezirk angemessen zu repräsentieren, ergeben. Die zweite autonome Leistung der Versammlung, die hier hervorgehoben wurde, war

---

591 Zu den Grundlagen des Prinzips der Ausdifferenzierung vgl. oben Erster Teil, B III 2 c cc.

die körperschaftsinterne Kontrolle, die sie über den Vorstand ausübt und der sie durch den Vorstand unterworfen ist. Gerade hierin liegt eine Möglichkeit interner Konfliktaustragung, die eine Fremdkontrolle vermeiden kann. Das zweite Organ der Körperschaft ist der Vorstand, dem Vollziehungsfunktionen und gewisse Kontrollbefugnisse in bezug auf die Versammlung zukommen, die sich vor allem auch daher rechtfertigen, daß er nicht in eine Pflichtenkollision geraten soll zwischen seiner Pflicht zur Beachtung von Gesetz und Recht (Art. 20 III GG) einerseits und der Pflicht zur Vollziehung möglicherweise rechtswidriger Gemeinderatsbeschlüsse. Ferner kommt ihm, als zumeist schlagkräftiger ausgestaltetes Organ, zumeist eine Eilkompetenz zu, die allerdings je nach Körperschaft durch unterschiedliche Mitwirkungsbefugnissen anderer Organe eingeschränkt sein kann. Auch die Binnenstruktur des Vorstands weist sehr große Unterschiede zwischen den Körperschaften auf: Von eher schlichten monokratischen Strukturen über kollegiale bis hin zu kollegialer Strukturen, deren Vorsitz wiederum ausdifferenziert ist, lassen sich diese Formen kaum auf einen gemeinsamen Nenner bringen. Entscheidend für die Struktur der Körperschaft ist aber auch hier, daß er seine autonom begründete Legitimation letztlich auf die Mitglieder stützt, auch wenn diese ihn nicht immer selbst wählen, sondern hierfür zumeist die Versammlung als Kreationsorgan zuständig ist.

Hiermit ist nun auch ein klares Abgrenzungskriterium zur Unterscheidung von Körperschaften und Anstalten gefunden. Dabei muß vorliegend nicht darauf eingegangen werden, welche Unterformen von Anstalten ggf. noch bestehen und wie sie sich von öffentlichen Einrichtungen oder anderen verselbständigten Verwaltungseinheiten abgrenzen. Entscheidend ist, daß bestimmte als „Körperschaften" titulierte Anstalten wie die Bundesanstalt für Arbeit,[592] die Versorgungswerke der Kammern, die Arbeitskammer des Saarlands und das Deutschlandradio keine Körperschaften darstellen, weil ihre Organe nicht durch die Mitglieder der Körperschaft rekrutiert werden. Als weiterer Unterschied fiel auf, daß die Anstalten, da sie über einen externen Träger verfügen, auch sachlich und legitimatorisch eine wesentlich größere Umweltabhängigkeit besitzen.[593]

Nachdem somit die Spezifika der Körperschaft aufgrund ihrer mitgliedschaftlichen Binnenstruktur dargestellt wurden, ist im abschließenden Abschnitt dieses zweiten Teils einigen Aspekten des Verhältnisses der Körperschaft zu ihrer Umwelt nachzugehen.

---

592 Die gemäß § 367 S. 1 SGB III als „rechtsfähige Körperschaft des öffentlichen Rechts" bezeichnet wird.
593 Dies zeigt sich auch daran, daß das wesentliche Motiv für Körperschaften und die Staatsverwaltung zur Errichtung von Anstalten ihre Entlastung durch Aufgabenverlagerung auf einen verselbständigten Verwaltungsträger ist, *Maurer* 2002, § 23, Rn. 50.

D. Die Körperschaft des öffentlichen Rechts und ihre Umwelt

War es die Aufgabe des zweiten Abschnitts, die selbständige Rechtsgestalt der Körperschaft und die hieraus resultierenden Potentiale zu entwickeln, und des dritten, ihre Binnenstruktur als Grundlage der Realisierung dieser Potentiale aufgrund einer hochgradig ausdifferenzierten Problemverarbeitungsstruktur zu erweisen, so ist im vorliegenden Abschnitt noch auf das Verhältnis der Körperschaft zu den Rechtssubjekten ihrer gesellschaftlichen und staatlichen Umwelt einzugehen.[1] Dabei trifft die rechtlich verselbständigte Körperschaft auf andere Rechtssubjekte, die ihr Handeln prägen: auf die Grundrechtsträger, deren Einbeziehung in den Herrschaftsbereich der Organisation nach einer Rechtfertigung verlangt, und auf den ihr selbständiges Handeln rechtlich kontrollierenden Staat.

Gemäß den oben angeführten organisationstheoretischen Erkenntnissen ist das Verhältnis der Körperschaft zu ihrer Umwelt geprägt von den personellen und finanziellen Ressourcen, die sie aus ihrer Umwelt bezieht. Aufgrund dieser Ressourcen und gemäß ihrer inneren Struktur erstellt sie Leistungen für ihre Umwelt, die im Kontext des New Public Management auch als Produkte bezeichnet werden. Das bedeutet nicht eo ipso die durch dieses Modell geforderte Output-Perspektive. Vielmehr wird die Produkterstellung wesentlich gesteuert von den Aufgaben der Körperschaft und von ihren Befugnissen. In der Steuerung der Körperschaft durch die Rechtsaufsicht, die Weisungen im Bereich der Auftragsverwaltung und weitere Kontrollmechanismen wie Genehmigungen etc. wird gewährleistet, daß die Verselbständigung der Körperschaft nicht eine Herauslösung der Organisation aus dem Makrosystem der öffentlichen Verwaltung bedeutet, sondern eine zwar organisatorische Ausdifferenzierung, die jedoch eingebunden bleibt in das Ganze der Funktionseinheit der öffentlichen Verwaltung.

Ihrem Status als juristische Person des öffentlichen Rechts mit dem Recht zur Selbstverwaltung entsprechend, steht die Körperschaft des öffentlichen Rechts in einer sowohl im Vergleich zu privaten Verbänden als auch zur unmittelbaren Staatsverwaltung besonders komplexen Umwelt. Gegenüber ihrer gesellschaftlichen Umwelt muß sie sich dafür rechtfertigen, daß sie bestimmte Aufgaben nicht dem freien Spiel der Kräfte des Marktes überläßt und Gruppen von Bürgern in Verfolgung dieser Aufgaben besondere Pflichten auferlegt. Rechtfertigungsbedürftig ist insbesondere, daß der einzelne diese Pflichten nicht freiwillig eingeht, sondern im Wege der Zwangsmitgliedschaft zur Mitwirkung herangezogen wird. Gegenüber dem Staat und seiner Verwaltung muß sie ihre Selbständigkeit behaupten und Eingriffe in ihre Autonomie zurückweisen.

---

1 Es mag sinnvoll erscheinen, daran zu erinnern, daß der Staat der Körperschaft des öffentlichen Rechts entsprechend ihrer organisatorischen Verselbständigung als juristische Person mit der Befugnis zur eigenverantwortlichen Wahrnehmung eigener Angelegenheiten und der mitentscheidenden Partizipation ihrer Mitglieder sowie, ungeachtet der funktionalen Einheit, als Teil der Verwaltung als Umwelt entgegentritt.

Zur Veranschaulichung dieses Verhältnisses konzentrieren wir uns im Folgenden auf zwei Aspekte: die Rekrutierung der Mitglieder der Körperschaft aus ihrer Umwelt und die Staatsaufsicht, und erwähnen weitere Gesichtspunkte nur beiläufig.

I. Befugnisse der Körperschaften des öffentlichen Rechts zu ihrer Aufgabenerledigung

Körperschaften des öffentlichen Rechts haben in der Regel hoheitliche Befugnisse,[2] sind Behörden und können daher Verwaltungsakte erlassen.[3] Daneben können sich die Körperschaften der üblichen verwaltungsrechtlichen Handlungsformen bedienen.[4] Sie können begünstigende und belastende Verwaltungsakte erlassen,[5] öffentlich-rechtliche Verträge abschließen,[6] schlicht hoheitlich handeln[7] und sich privatrechtlicher Handlungsformen bedienen. Nicht abschließend geklärt ist die Frage, inwieweit sie sich erwerbswirtschaftlich betätigen dürfen.

Neben formalem Verwaltungshandeln kommt hier aber insbesondere informales Verwaltungshandeln in Betracht. Hinzuweisen ist hier auch auf die erwerbswirtschaftliche Betätigung von Körperschaften, insbesondere der Gemeinden.[8] Wichtiges Handlungsinstrument sind daneben auch kooperative Handlungsformen, wie etwa bei der sogenannten gemeinsamen Selbstverwaltung der Krankenkassen und kassenärztlichen Vereinigungen.[9]

1. Hoheitliche Befugnisse

Zu den hoheitlichen Befugnissen der Körperschaften der funktionalen Selbstverwaltung gehören insbesondere die Begründung und Feststellung der Mitgliedschaft, die Festsetzung der Beiträge sowie, bei den entsprechenden Kammern, Maßnahmen der Berufs- und Wirtschaftsaufsicht als Eingriffsbefugnisse und im Bereich der Sozialversicherung die öffentlich-rechtliche Leistungserbringung.[10] Bei den Kammern ist etwa auch an die Bestellung von Sachverständigen und die Ausstellung von Urkunden zu denken.[11]

Wichtiges hoheitliches Mittel der Körperschaft zu ihrer Finanzierung ist die Erhebung von Beiträgen. Da die Beitragserhebung in ihrer Höhe durch den potentiellen und individualisierbaren Vorteil der Leistung für das Körperschaftsmitglied

---

2 Eine Ausnahme war oben (B V 1) mit dem Bayerischen Roten Kreuz vorgestellt worden.
3 Für die Kammern etwa: *Tettinger* 1997, S. 209 f.
4 *Emde* 1991, S. 212 ff.
5 *Tettinger* 1997, S. 203 f.
6 *Tettinger* 1997, S. 209.
7 Etwa Gutachten erstellen, *Tettinger* 1997, S. 209 f.
8 Eine Erörterung derselben würde hier zu weit führen. Vgl. zur erwerbswirtschaftlichen Betätigung der Gemeinden, *Knemeyer/Kempen* 2000, Rn. 1 ff.; *Gern* 2003, Rn. 718 ff.; *Schmidt-Aßmann* 2005, Rn. 118 f.; zur wirtschaftlichen Betätigung der Kammern, *Hösch* 2000, S. 393 ff.
9 *Schmidt-Aßmann* 2001, S. 86.
10 *Kluth* 1997, S. 258 f.
11 *Huber* 1953, S. 219.

D. Die Körperschaft des öffentlichen Rechts und ihre Umwelt 619

beschränkt ist,¹² kommt sie zur Finanzierung von staatlichen Auftragsangelegenheiten nicht in Betracht. „Beiträge sind Gegenleistungen für Vorteile, die das Mitglied aus der Kammerzugehörigkeit oder einer besonderen Tätigkeit der Kammer zieht oder ziehen kann".¹³ In der Höhe sind sie durch das Äquivalenzprinzip gebunden sowie durch Art. 3 I zur Herstellung von Beitragsgerechtigkeit der Beitragspflichtigen untereinander verpflichtet.¹⁴ Maßstab der Beitragshöhe ist danach der mögliche Vorteil, nicht die Höhe des Einkommens oder des Umsatzes.¹⁵ Bei den IHKn genügt aber der allgemeine Nutzen, der sich aus der Wahrnehmung ihrer Kammeraufgaben ergibt.¹⁶

2. Exkurs: Die Akademien der Wissenschaften

Die Ausstattung mit hoheitlichen Befugnissen ist ein typisches Kennzeichen von Körperschaften des öffentlichen Rechts, aber keine notwendige Bedingung. Neben den oben (B VI) genannten „formellen Körperschaften" besitzen etwa auch die acht Akademien der Wissenschaften in Deutschland keine hoheitlichen Befugnisse.¹⁷ Gleichwohl kann bei der Göttinger, der Düsseldorfer, der Heidelberger, der Mainzer und der Münchner Akademie der Wissenschaften an der Körperschaftsstruktur kein Zweifel bestehen.¹⁸ Das ergibt sich nicht nur aus der jeweiligen gesetzlichen Bezeichnung. Auch in der Sache müssen sie als solche angesehen werden: Die Akademien der Wissenschaften sind sämtlich durch staatlichen Hoheitsakt¹⁹ errichtet worden.²⁰ Zu ihren Aufgaben gehört die Wissenschaftsförderung durch Betreuung wissenschaftlicher Vorhaben, wissenschaftliche Kommunikation, eigene Forschung und Förderung des wissenschaftlichen Nachwuchses.²¹ Hinzu tritt eine breite Beratungs- und Begutachtungstätigkeit.²² Sie haben eine mitgliedschaftliche Binnenstruktur, im Rahmen derer die weiteren Organe durch die Mitgliederversammlungen²³ gewählt werden. Eine Besonderheit ist die Selbstrekrutierung der Mitglieder durch die Mitgliederversammlungen, die ein besonders hohes Maß an

---

12 *Kirchhof* 1990, § 88 Rn. 219.
13 *BVerwG* NJW 1999, S. 2292 ff. (2295).
14 *BVerwG* ebd.
15 *Dettmeyer* 1999, S. 3369, der die Beiträge für die Ärztekammern angesichts der damit finanzierten Standesaufsicht, die nicht im Interesse der Mitglieder liege, nicht für Beiträge im Sinne des Verwaltungsrechts hält.
16 *Jahn* 2000, S. 132.
17 Vgl. zu diesen näher *Meusel* 1990, S. 1 ff.
18 Eine Ausnahme ist die Leopoldina, die als eingetragener Verein konstituiert ist, vgl. § 1 der Satzung der Leopoldina v. 8.12.1998, abgedr. bei *Meusel* 1999, S. 623 f.; *Holl* 1996, S. 1342. Eine Notwendigkeit zur Errichtung als Körperschaft des öffentlichen Rechts besteht nicht, *Holl* a.a.O., S. 1343.
19 Zuletzt die Berlin-Brandenburgische Akademie der Wissenschaften durch Staatsvertrag vom 21.05.1992 zwischen den beiden beteiligten Ländern. Zu den anderen Rechtsgrundlagen vgl. die Übersicht von *Holl* 1996, S. 1343, Fn. 16.
20 Zu ihrer Geschichte etwa *Meusel* 1999, Rn. 58 ff. u. 118 ff.; *ders.* 1990, S. 2 f.; *Holl* 1996, S. 1339 f.
21 vgl. etwa Art. 2 des Staatsvertrages über die Berlin-Brandenburgische Akademie der Wissenschaften vom 21.05.1992 oder § 1 II der Satzung der Bayerischen Akademie der Wissenschaften. Zu weiteren Aufgaben *Meusel* 1999, Rn. 118; *ders.* 1990, S. 4 f.; *Holl* 1996, S. 1352 f.
22 *Holl* 1996, S. 1353. Auch ist die nationale und internationale wissenschaftliche Kooperation zu berücksichtigen.
23 Auch „Plenum", „Gesamtakademie", „Vollversammlung" oder „Versammlung" genannt.

Selbständigkeit zum Ausdruck bringt.[24] Sie bedeutet keinen Eingriff in die Rechte des Gewählten, sondern stellt eine besondere Ehre dar.[25] Ihre Finanzierung setzt sich aus Erträgnissen des eigenen Vermögens, staatlichen Finanzzuweisungen und weiteren Finanzquellen zusammen.[26] Diese Unabhängigkeit zeigt sich auch in der Beschränkung der Aufsicht auf die Rechtsaufsicht.[27]

3. Rechtsetzungsbefugnisse

Ist ein wesentliches Motiv zur Errichtung von Körperschaften des öffentlichen Rechts die Erledigung öffentlicher Aufgaben durch eine nicht bürokratisch strukturierte Verwaltungsorganisation, dann müssen ihr auch die entsprechenden Rechtsetzungsbefugnisse an die Hand gegeben werden, um diese Aufgaben strukturieren zu können. Im Zentrum steht deshalb das Instrument der Satzung. Durch sie regelt die Körperschaft des öffentlichen Rechts Selbstverwaltungsangelegenheiten allgemeinverbindlich durch zumeist generell-abstrakte Regelungen.[28]

In bezug auf die Adressaten formuliert das BVerfG enger: „Satzungen sind Rechtsvorschriften, die von einer dem Staat eingeordneten juristischen Person des öffentlichen Rechts im Rahmen der ihr gesetzlich verliehenen Autonomie mit Wirksamkeit für die ihr angehörigen und unterworfenen Personen erlassen werden".[29] Satzungen unterscheiden sich danach von Rechtsverordnungen in bezug auf die Normadressaten durch einen engeren personellen Geltungsbereich: Die Rechtsverordnung betrifft potentiell alle Bürger, die Satzung danach grundsätzlich die Mitglieder der Körperschaft.

Üben die Körperschaften des öffentlichen Rechts damit aber öffentliche Gewalt aus, sind sie zugleich an die Grundrechte gebunden (Art. 1 III GG) und begrenzt durch das Erfordernis grundsätzlich parlamentsgesetzlicher Einschränkung der Grundrechte. Die Verfassungsmäßigkeit der körperschaftseigenen Rechtsetzungsmacht ist vor dem Hintergrund dieser beiden Gesichtspunkte einzuordnen, dem Streben nach Flexibilität, Sachnähe und Einfluß der Betroffenen auf die Sachregelungen und zugleich ihrem Schutz durch das für alle Staatsbürger geltende Parlamentsgesetz.[30] Alle statusbegründenden Rechtsnormen sind daher der Rechtsetzung durch die Körperschaft entzogen.[31] – Die Einzelheiten hatten wir bereits oben (B III 2 a) im Zusammenhang mit dem Umfang der Selbstverwaltungsrechte diskutiert. Hier ist daran zu erinnern, daß die Grenzen der Satzungsautonomie bei den Körperschaften

---

24 Die Kooptation ist hier unproblematisch, da sie sich auf die Mitglieder selbst und nicht auf die ausführenden Organe bezieht. Zur Selbstverwaltung vgl. *Meusel* 1999, Rn. 244 ff.; *Holl* 1996, S. 1344 f.
25 *Holl* 1996, S. 1348. Im übrigen wird auch bei den Akademien in der Sache zwischen Angehörigen ohne Stimmrecht („korrespondierende Mitglieder") und Mitgliedern („ordentliche Mitglieder") unterschieden.
26 *Meusel* 1999, Rn. 120; *ders.* 1990, S. 8.
27 *Meusel* 1999, Rn. 101 u. 315 ff Daran ändern auch die Bestätigungs- und Genehmigungsvorbehalte etwa in Haushaltsfragen nichts.
28 *Schmidt-Aßmann* 2005, Rn. 94: Die Generalität und Abstraktheit der Satzung ist ein zwar typisch nicht jedoch durchgängig vorkommendes Merkmal der Satzung, vgl. auch *Schmid-Aßmann* 1981, S. 4.
29 *BVerfGE* 33, S. 125 ff. (156) – Facharzt; 10, S. 20 ff. (49 f.) – Preußischer Kulturbesitz.
30 *Kluth* 1997, S. 493 ff.
31 *BVerfGE* 33, S. 125 ff. (162 f.) – Facharzt.

grundsätzlich weiter zu ziehen sind als bei den Anstalten. Der Grund tritt nach der Analyse der Binnenstruktur deutlicher hervor. Ist bei den Anstalten die Lockerung der demokratischen Legitimation, die mit der Einräumung von Satzungsautonomie verbunden ist, durch die eher pragmatischen Gründe der Entlastung des Gesetzgebers, der Möglichkeit sachnaher Regelungen etc. gerechtfertigt, tritt bei den Körperschaften die Mitwirkung von Betroffenen an sie besonders betreffenden Entscheidungen und die dadurch bewirkte Verringerung der Distanz zwischen Normsetzer und Normadressaten.[32] Diese Wirkung wird aber nur in bezug auf die Mitglieder, nicht auf die Angehörigen oder Außenstehende erreicht. Ihnen gegenüber kann die Lockerung vom demokratischen Legitimationszusammenhang nur aus denselben Gründen wie bei der Anstalt gerechtfertigt werden. Die Grenzen der Autonomie sind insofern also enger als bei mitgliederbetreffenden Entscheidungen bzw. bedürfen einer engeren sachlichen Legitimation.

Keine typische Handlungsform der Selbstverwaltungsträger und entsprechend auch nicht von der Selbstverwaltungsgarantie getragen, jedoch eine mögliche ist der Erlaß von Rechtsverordnungen. Sie werden von Körperschaften in typischerweise Auftragsangelegenheiten erlassen.[33] Unter den Voraussetzungen von Art. 80 I S. 2 GG und den entsprechenden landesrechtlichen Vorschriften kommt eine Delegation der Ermächtigung zum Erlaß von Rechtsverordnungen auch an juristische Personen des öffentlichen Rechts in Betracht.[34] Sie betrifft sachlich insbesondere die Aufgaben im übertragenen Wirkungskreis.

4. Erlaß von Richtlinien

Neben der Interessenvertretung ist eine wesentliche Funktion der Kammern der wirtschaftlichen und freiberuflichen Selbstverwaltung ist von Forsthoff als „Disziplinierung von Sozialbereichen" bezeichnet worden.[35] Grundanliegen, diese Funktion in Gestalt von Körperschaften des öffentlichen Rechts zu organisieren ist es aber – dies zeigen die Bestrebungen insbesondere der Ärzte nach ihrer Verkammerung im 19. Jahrhundert –, daß dies als *Selbst*disziplinierung erfolgt. Die professionellen Mitglieder der Kammern sind so in der Lage, ihre Standards festzuschreiben und gegenüber Abweichungen durchzusetzen. Die angemessene Rechtsform dafür ist die Satzung. Bei den Rechtsanwälten, Steuerberatern und Wirtschaftsprüfern ergehen sie jedoch als Richtlinien.[36] Im Bereich der berufsständischen Kammern ist besonders der Erlaß von Richtlinien von Bedeutung. Als solche sind diese nach dem BVerfG keine Rechtsvorschriften, sondern Erkenntnisquellen für die Standards der Berufsgenossen.[37]

---

[32] *Papenfuß* 1991, S. 26 f.
[33] *Maurer* 2004, § 4 Rn. 24; möglich sind hier aber auch Rechtsverordnungen. Hierbei kann dann der Gesetzgeber der Rechtsetzung der Körperschaft engere Vorgaben machen, *Schmidt-Aßmann* 2005, Rn. 95.
[34] *Ossenbühl* 1988, § 66 Rn. 6; *Schmidt-Aßmann* 2005, Rn. 102; *ders.* 1981, S. 25 ff.
[35] *Forsthoff* 1973, S. 476 f.
[36] Vgl. etwa § 7 IV 4 BNotO, § 67 II S. 1 BNotO, § 78 I Nr. 6 BNotO; § 89 II Nr. 5 BRAO, § 177 II Nr. 2 BRAO. *Ossenbühl* 1988, § 66 Rn. 9; *Brohm* 1983, S. 802. *Kleine-Cosack* 1986, S. 65 ff. *Papenfuß* 1991, S. 34 u. 51.
[37] *BVerfGE* 66, S. 337 ff. (356); *Tettinger* 1997, S. 192.

Problematisch sind auch die Richtlinien der Bundesausschüsse der gesetzlichen Krankenkassen und der kassenärztlichen Vereinigungen nach § 91 SGB V.[38] Waren sie zunächst noch als Erfahrungssätze einzuordnen, „die unter Berücksichtigung des allgemein anerkannten Standes der medizinischen Erkenntnisse generalisierende Aussagen über die Effektivität und Effizienz einzelner Untersuchungs- und Behandlungsmethoden treffen"[39] und als Standards den Arzt banden, ist durch § 91 VIII SGB V inzwischen klargestellt, daß ihnen Rechtsqualität zukommen soll.[40] Sie werden wirksam, wenn sie nach Vorlage an den Bundesminister für Gesundheit von diesem nicht innerhalb der vorgesehenen Frist beanstandet werden (§ 94 SGB V). Das Beanstandungsrecht ist nicht durch Selbstverwaltungsrechte der Bundesausschüsse begrenzt, da sie keine besitzen, und erstreckt sich insbesondere auch auf eine eingehende Wirtschaftlichkeitsprüfung.[41] Die Richtlinien sind Bestandteil der Bundesmantelverträge und sollen wie diese Rechtsnormqualität haben.[42] Mangels Selbstverwaltungsrecht der Bundesausschüsse (s. o.) können diese nach § 92 SGB V zu erlassenden Richtlinien keine Satzungen sein.[43] Mangels organisatorischer und förmlicher Voraussetzungen können sie auch nicht als Rechtsverordnungen eingestuft werden. Da sich die Richtlinien gegenüber den Patienten, die in den Bundesausschüssen nicht vertreten sind, nicht auf eine autonome Legitimation berufen können,[44] scheidet auch die Einordnung als wie auch immer zu qualifizierende eigentümliche Rechtsquelle mit Wirkung ihnen gegenüber aus.[45] Legitimiert wären diese Richtlinien, wenn sie nicht selbst allgemeine Rechtsfolgen zeitigten, sondern nur den relativ engen gesetzlichen Rahmen interpretierten und konkretisierten.[46]

5. Schlichthoheitliches Verwaltungshandeln

Die Kammern erbringen eine Reihe von Leistungen für ihre Mitglieder, für Bürger und für die staatliche Verwaltung im Wege informalen Verwaltungshandelns. Hierzu gehört im Bereich der Interessenvertretung etwa die Mittel der Öffentlichkeitsarbeit wie die Herausgabe von Stellungnahmen und der Kammerzeitschriften.[47]

---

38 Vgl. hierzu auch *Ossenbühl* 1988, § 66 Rn. 11.
39 KK-*Hess* SGB V, § 92 Rn. 4.
40 *Tempel-Kromminga* 1994, S. 116: Satzungsrecht.
41 KK-*Hess* SGB V, § 94, Rn. 4. Außerdem besteht unter bestimmten Voraussetzungen die Möglichkeit einer Ersatzvornahme.
42 Näher *Tempel-Kromminga* 1994, S. 48 ff.
43 *Schmidt-Aßmann* 2001, S. 92.
44 Selbst ein Anhörungsrecht ist nur für die Leistungserbringer vorgesehen (§ 92 V, VII, VIIa SGB V).
45 *Schmidt-Aßmann* 2001, S. 93.
46 So KK-*Hess*, SGB V § 92 Rn.4. Das hat das BVerfG insbesondere bei der „Festbetragsfestsetzung" anerkannt: „Der Gesetzgeber hat das dabei einzuhaltende Verwaltungsverfahren in einer verfassungsrechtlich nicht zu beanstandenden Weise in seinen Grundzügen festgelegt. Die für das Verhalten der Versicherten und der Ärzte bedeutsamen Regelungen hat er selbst getroffen. Bei der Festbetragsfestsetzung für Arzneimittel hat er angesichts der Schwierigkeiten, die im Zuge dieser neuartigen Aufgabe nicht zuletzt infolge des Widerstands der betroffenen Anhörungsberechtigten zu erwarten waren, mit dem Eintrittsrecht des zuständigen Bundesministers nach § 35 VI i.V. mit § 213 III 1 SGB V auch sichergestellt, dass die Normkonkretisierung ersatzweise durch die Exekutive in Gestalt des die Aufsicht führenden Ministers (§ 214 i.V. mit §§ 212, 213 SGB V) durchgesetzt werden kann".
47 *Tettinger* 1997, S. 159 ff.; *Kleine-Cosack* 1986, S. 155 ff.; *Kluth* 1986, S. 716 ff. – Die immer wieder kontrovers diskutierte Frage der Kammerzeitschriften und sonstigen Publikationen (vgl. für die Zulässigkeit *Fröhler/Oberndorfer* 1974a, S. 177 ff.; *dies.* 1975, S. 7 ff.; contra: *Redeker* 1982, S. 1267) ist dahin-

Im Interesse der Mitglieder leisten die Kammern Förderungen, Beratungen, Inkassogeschäfte und erfüllen staatliche Aufgaben im Bereich der Aus- und Fortbildung der Mitglieder und der Berufsbildung nach dem BBiG.[48] Im staatlichen Interesse geben sie Vorschläge zu Gesetzgebungsvorhaben ab, erstellen Berichte und Gutachten (z. B. § 91 I Nr. 2 HwO; § 1 I IHKG) und andere Unterstützungsleistungen der staatlichen Verwaltung. Für den Bürger werden Bescheinigungen ausgestellt, Möglichkeiten der Streitschlichtung bereitgehalten und andere Leistungen erbracht.[49]

Hinzuweisen ist auch auf die Möglichkeit der Nutzung privatrechtlicher Handlungsformen.[50]

6. Kooperatives Verwaltungshandeln

Neben diesen klassischen Formen spielen bei allen Körperschaften des öffentlichen Rechts Formen kooperativen Handelns eine zunehmende Rolle.[51] Auf diese Weise können komplexe Aufgaben gemeinsam kostengünstiger und effektiver gelöst werden.

Im Kommunalbereich ist diese Notwendigkeit zur Bewältigung der komplexen Aufgaben der Daseinsvorsorge schon lange bekannt und anerkannt und durch die Kooperationshoheit der Gemeinden verfassungsrechtlich abgesichert.[52] Die Grenze der Kooperation ergibt sich aus dem Örtlichkeitsprinzip der übertragenen Angelegenheiten.[53] Umgekehrt kann zur Erfüllung von Aufgaben, die bereits überörtlichen Charakter haben, aus Gründen des öffentlichen Wohls die Kooperation landesgesetzlich als Pflicht auferlegt werden. Hierzu kommen öffentlich-rechtliche und privatrechtliche Vertragssysteme und ebenso entsprechende Organisationsformen in Betracht.[54] Zunehmende Bedeutung gewinnen auch staatsvertraglich oder auf der Grundlage von Verwaltungsabkommen erfolgende Formen länderübergreifender oder im Zuge der Regionalisierung von Europa auch Bundesgrenzen überschreitender Zusammenarbeit.[55] Die öffentlich-rechtlichen Formen reichen von der kommunalen Arbeitsgemeinschaft,[56]

---

gehend zu beantworten, daß die Öffentlichkeitsarbeit in Form von Kammerzeitungen den Rahmen der legitimen öffentlichen Aufgaben der Kammern beachten muß, insbesondere also nicht der Publikation allgemeinpolitischer Äußerungen oder allgemeiner Fachinformationen dienen darf. Inhaltlich ist dabei insbesondere auch die der Pflicht zur objektiven Darstellung der Gesamtinteressen korrespondierende Pflicht zur zurückhaltenden Darstellung zu beachten. In diesem Rahmen sind aber dann unterhaltende Anteile und Werbeanzeigen nicht zu beanstanden, vgl. näher *Tettinger* 1997, S. 165 f.
48 Etwa § 91 I Nr. 6 u. 7 HwO; §§ 74 f. BBiG; vgl. *Fröhler/Oberndorfer* 1974, S. 4 f.; *Tettinger* 1997, S. 167; *Huber* 1953, S. 218 f
49 *Tettinger* 1997, S. 211.
50 *Tettinger* 1997, S. 212.
51 *Tettinger* 1997, S. 209 für den Bereich der Kammern.
52 Zur Kooperationshoheit bereits oben B IV 4.
53 *Gern* 2003, Rn. 922.
54 *Dittmann* 2000, Rn. 33 ff.; *Schmidt-Aßmann* 2005, Rn. 156; *Gern* 2003, Rn. 918 ff.
55 Hierzu wurden ein „Europäisches Rahmenabkommen über die grenzüberschreitende Zusammenarbeit zwischen Gebietskörperschaften und Behörden" (BGBl. II 1981, S. 965), sowie verschiedene multilaterale Übereinkommen und Staatsverträge geschlossen, *Gern* 2003, Rn. 928; *Dittmann* 2000, Rn. 79. Neben Organisationssystemen treten zahlreiche mehr oder weniger formalisierte Verhandlungssysteme.
56 Die kommunale Arbeitsgemeinschaft stellt keine Organisation mit eigener Rechtspersönlichkeit, sondern einen Vertragszusammenhang zwischen den beteiligten Gemeinden dar mit dem Ziel der gemeinsamen Aufgabenplanung und -koordinierung, *Dittmann* 2000, Rn. 38; *Gern* 2003, Rn. 929.

öffentlich-rechtlichen Vereinbarung[57] über Verwaltungsgemeinschaften bis hin zu Zweckverbänden.[58] Zur Erfüllung nicht-hoheitlicher Aufgaben kommen ferner private Organisationsformen wie AGs oder GmbHs in Betracht. Privatrechtlich sind insbesondere auch die kommunalen Spitzenverbände in Deutschland (der Deutsche Städtetag, der Deutsche Landkreistag und die Bundesvereinigung der kommunalen Spitzenverbände) und die Zusammenschlüsse auf internationaler Ebene.[59]

Dies ist inzwischen für die IHKn durch § 1 IVa IHKG ausdrücklich geregelt.[60] Zulässig zur Erfüllung von Aufgaben, die keine Kernaufgaben der Kammern sind, ist danach auch die Bildung öffentlich-rechtlicher Zweckverbände.[61] Hier ist auch die Möglichkeit des Zusammenschlusses zu privatrechtlichen Dachverbänden zu erwähnen.[62]

Grenzen für einen solchen Zusammenschluß ergeben sich für Körperschaften des öffentlichen Rechts mit Zwangsmitgliedschaft aus dem allgemeinen Verbot der Aufgabenüberschreitung.[63] Dieses Verbot leitet sich aus Art. 2 I GG her: Danach ist der Einzelne davor geschützt, zwangsweise von unnötigen Körperschaften in Anspruch genommen zu werden.[64] Überschreitet eine Körperschaft diesen gesetzlich festgelegten Aufgabenbereich, fehlt ihr für den Eingriff in Art. 2 I GG eine Rechtsgrundlage. Die Mitgliedschaft in einem solchen Dachverband ist dann zulässig, wenn dieser die Interessen aller Körperschaftsmitglieder vertritt.[65] Die Mitgliedschaft im Dachverband verhilft der Körperschaft nicht zu Handlungsmöglichkeiten, die sie selbst nicht hat; vielmehr sind umgekehrt die Aufgaben des Verbandes durch die legitimen Aufgaben der Körperschaft beschränkt.[66]

Kooperation ist ein grundlegendes Prinzip des Wissenschaftsrechts.[67] Die Ausarbeitung staatlicher Wissenschaftsprogramme und deren Implementation ist nicht weniger auf die Kooperation mit bestehenden Wissenschaftseinrichtungen angewiesen, als die Einrichtungen auf die staatliche Unterstützung. Diese Kooperation verläuft in Form von Verhandlungssystemen, kooperativer Planung in Gestalt von Forschungsprogrammen[68] und Organisationssystemen in Gestalt von Gremien und

---

57 Dadurch übernimmt eine beteiligte Gemeinde eine bestimmte öffentliche Aufgabe für die anderen an der Zweckvereinbarung beteiligten Gemeinden, *Gern* 2003, Rn. 945. Auch hier kann der Abschluß der Vereinbarung bei einem dringenden öffentlichen Bedürfnis als Pflicht auferlegt werden („Pflichtvereinbarung").
58 *Dittmann* 2000, Rn. 34 u. 41 ff.
59 *Dittmann* 2000, Rn.109 ff
60 *Frentzel/Jäkel/Junge/Hinz/Möllering* 1999, § 1 Rn. 221 f.; *Hoffmann-Riem* 1980, S. 65 zu den privatrechtlichen Spitzenverbänden des Handwerks.
61 *Jahn* 1998, S. 1044.
62 *Fröhler/Oberndorfer* 1974, S. 6; zu verfassungsrechtlichen Aspekten *Kluth* 1997, S. 478 ff.; *Hein* 1990, S. 405 ff.
63 *BVerwGE* 64, S. 298 ff. (301); *VG Berlin* ApoR 2004, 166–173 und *VG Stuttgart* ApoR 2004, 160–166: Es besteht keine Pflicht der Landesapothekenkammern zum Austritt aus der Bundesvereinigung deutscher Apothekerverbände; anders aber, wenn der private Verband, dessen Mitglied die Körperschaft ist, nur einen Teil der Mitglieder mit ihren Interessen erfaßt, *OVG Bremen* NJW 1994, S. 1606 f.; *Meßerschmidt* 1990, S. 79; *Redeker* 1982, S. 1267; *Hoffmann-Riem* 1980, S. 67.
64 *BVerwGE* 107, S. 169; *BVerwG* NJW 1987, S. 337 u. *BVerwGE* 74, S. 254.
65 *OVG Bremen* NJW 1994, S. 1606 f.
66 68: „Die Beteiligung an dem Dachverband befreit nicht von den gesetzlichen Bindungen".
67 *Trute* 1994, S. 312 ff.
68 *Trute* 1994, S. 589 ff.

gemeinsamen Einrichtungen.[69] Staatliche, gesellschaftliche Akteure und auch die Hochschulen wirken hier in vielfältiger Weise zusammen. Wegen der engen Verzahnung von staatlichen und Selbstverwaltungsaufgaben ergeben sich im Hochschulbereich vielfache Kooperationsformen nicht nur der Hochschulen untereinander (vgl. etwa § 34 UG BW), sondern auch mit dem Staat wie etwa bei Fragen der Studienreform (§ 8 HRG), der Ermittlung und Festsetzung der Ausbildungskapazitäten (§ 29 I HRG).[70] Grenzen ergeben sich aber daraus, daß durch die Kooperation die Selbstverwaltung der einzelnen Hochschule als Ausprägung ihrer Wissenschaftsfreiheit nicht gefährdet werden darf.[71]

II. Die Ressourcen der Körperschaft des öffentlichen Rechts

Die Ressourcen der Körperschaft des öffentlichen Rechts sind ihre Finanzmittel und die Mitglieder. Da ihre Finanzierung zu wesentlichen allerdings nach Körperschaftsformen unterschiedlichen – Anteilen durch Mitgliederbeiträge erfolgt, die den Hauptnachteil für diese darstellen, ist zunächst auf diese Mittelbeschaffung und anschließend auf die Voraussetzungen und Formen der Mitgliedschaft einzugehen.

1. Die Finanzierung der Körperschaft des öffentlichen Rechts

Zur Erfüllung ihrer Aufgaben in den gerade umrissenen Handlungsformen wären die Körperschaften nicht in der Lage ohne die Verfügungsmacht über eine angemessene Finanzausstattung. Ihrer Selbständigkeit wird dabei um so mehr Rechnung getragen, als sie über eigene Mittel verfügt und nicht auf Zuweisungen angewiesen ist. Die Finanzierung der Körperschaften des öffentlichen Rechts erfolgt, ihren unterschiedlichen Aufgaben entsprechend, nicht einheitlich. Insbesondere variieren die Anteile von Mitgliedsbeiträgen und staatlichen Finanzzuweisungen erheblich. Während sich die freiberufliche und wirtschaftliche Selbstverwaltung überwiegend selbst finanziert, sind vor allem die Gemeinden und Hochschulen auf erhebliche Finanzzuweisungen angewiesen.[72]

Sofern die Mitglieder zur Finanzierung der Körperschaft herangezogen werden, ist aber allen Körperschaften gemeinsam, daß die bloße Zugehörigkeit weder Grund noch Höhe der zu leistenden Abgabe rechtfertigt.[73] Dafür ist jeweils die zu erfüllende Aufgabe heranzuziehen. Besteht sie überwiegend im staatlichen Interesse, liegt die staatliche Finanzierung nahe.[74] – Im Folgenden soll auf einige Grundzüge hingewiesen werden:

---

69 *Trute* 1994, S. 596 ff. (Beratungsgremien beim BMFT) u. 695 ff. (Hochschulrektorenkonferenz als Zusammenschluß der Hochschulen; der Wissenschaftsrat als Kooperationsform von Staat und Wissenschaft, eine Gemeinschaftseinrichtung von Bund und Ländern).
70 vgl. auch *Kluth* 1997, S. 50 f.
71 *Trute* 1994, S. 378 f.
72 *Oebbecke* 2003, S. 387.
73 *Kirchhof* 1990, § 88 Rn. 278.
74 *Kirchhof* 1990, § 88 Rn. 279.

a. Die Gemeinde- und Kreisfinanzen

„Ohne eigene, frei verfügbare Finanzen kann eine Gemeinde in einem Finanzstaat keine eigenverantwortlichen Entscheidungen treffen".[75] Deshalb steht den Gemeinden und Gemeindeverbänden ein sehr differenziertes Finanzierungssystem zur Verfügung, dessen verfassungsrechtliche Grundlage insbesondere die gemeindliche Finanz-, Abgaben-, Ertrags- und Verwaltungshoheit ist.[76] Seit 1994 umfaßt die Selbstverwaltung auch ausdrücklich die finanzielle Eigenverantwortung (Art. 28 II S. 3 GG).[77] Der Gesetzgeber hat den Auftrag, eine Hebesatzmöglichkeit für irgendeine wirtschaftsbezogene Steuer zu schaffen und den Gemeinden einen Steuerertrag zu garantieren.[78] Dadurch wird den Gemeinden aber keine finanzielle Mindestausstattung gewährt, die weiterhin nur aus Art. 28 II S. 1 GG und den entsprechenden Vorschriften der Landesverfassungen[79] abgeleitet werden kann.[80] Die Einnahmen gliedern sich in Steuern, Gebühren, Beiträge und Finanzzuweisungen von Bund und Ländern.[81] Die Steuereinnahmen gliedern sich in den Anteil am Aufkommen der Einkommensteuer gem. Art. 106 V GG und die Realsteuern (Gewerbesteuern und die Grundsteuer), bei denen die Ertragshoheit gem. Art. 106 VI S. 1, 1. Hs. GG den Gemeinden zusteht.[82] Zwar besteht kein Steuerfindungsrecht der Gemeinden, jedoch eine Bestandsgarantie vorhandener Steuern.[83] Abhängig von den tatsächlich entstehenden Kosten, können die Gemeinden auf gesetzlicher Grundlage Gebühren für bestimmte Leistungen oder die Nutzung gemeindlicher Einrichtungen erheben.[84] Sie sind in ihrer Höhe durch das Kostendeckungs-, das Äquivalenz- und das Gebot gerechter Gebührenmaßstäbe und -sätze begrenzt.[85] Sie können ferner Beiträge zur Deckung des Aufwands der Schaffung und Vorhaltung öffentlicher Einrichtungen erheben. Schließlich erhalten die Kommunen Finanzzuweisungen, sei es aus speziellen Investitionsprogrammen oder besonderen Titeln oder im Rahmen des kommunalen Finanzausgleichs.[86] Die nähere Regelung des letzteren obliegt den Ländern (Art. 106 VII GG). Das Ziel dieses Finanzausgleichs

---

75 *Kirchhof* 1985, S. 4.
76 *Schmidt-Aßmann* 2005, Rn. 127 ff.; *Mückl* 1998, S. 62 ff.; *Kirchhof* 1985, S. 10 f.; *Gern* 2003, Rn. 658.
77 Näher hierzu *Waechter* 2010, S. 329 ff.
78 *Waechter* 2010, S. 333.
79 Art. 73 I LV BW; Art. 10 IV LV Bay; Art. 99 LV BBg; Art. 137 V LV Hess; Art. 73 LV MV; Art. 58 LV NdS; Art. 79 LV NRW; Art. 49 V LV RPf; Art. 119 II LV Saar; Art. 41, 42 LV SH; Art. 87 I LV Sachs; Art. 88 I LV SaA, vgl. auch Waechter 2010, S. 341 f.
80 *Mückl* 1998, S. 75; weitergehend: v. Mangoldt/Klein/Starck-*Tettinger* Art. 28, Rn. 246.
81 Art. 28 II GG macht keine Angaben darüber, wie sich die Finanzausstattung aus diesen Quellen zusammensetzt. Aus Art 106 V-VII GG ergibt sich aber die Grundsatzentscheidung des GG zugunsten einer Steuerfinanzierung der Gemeinden, *Kirchhof* 1985, S. 4; zu sonstigen Einnahmen *Püttner* 1985, S. 280 ff.; *Gern* 2003, Rn. 673c; Zu berücksichtigen ist auch eine – durch die Aufsichtsbehörde genehmigungspflichtige – und nur grundsätzlich nur hilfsweise mögliche (etwa § 78 III, 87 II GO BW) Kreditaufnahme, *Kirchhof* 1985, S. 26 f.; *Gern* 2003, Rn. 673 f.
82 Weitere Steuereinnahmen sind die Zuweisungen der örtlichen Verbrauch- und Aufwandssteuern gem. § 106 VI S. 1, 2. Hs GG, *Kirchhof* 1985, S. 20 f.; *Waechter* 2010, S. 332.
83 *Waechter* 2010, S. 330: „Den Gemeinden muss nach Satz 3 die Ertragshoheit für eine wirtschaftskraftbezogene Steuerquelle zustehen; welche wirtschaftskraftbezogene Steuer dies ist, ist für Art. 28 Abs. 2 GG unerheblich"; *Schmidt-Aßmann* 2005, Rn. 130.
84 *Wilke* 1985, S. 246 ff.; *Gern* 2003, Rn. 678 f.
85 *Wilke* 1985, S.253 f.; *Mückl* 1998, S. 20 f.
86 *Kirchhof* 1985, S. 22 f.; *Schmidt-Aßmann* 2005, Rn. 132.

durch den Landesgesetzgeber ist die übergemeindliche Annäherung vorhandener Finanzkraftunterschiede. Dabei geht es nicht um vollständige Gleichheit, sondern um eine Ähnlichkeit der Finanzausstattung.[87] Soweit die Kommunen Aufgaben im Auftrag des Bundes erfüllen, ist dieser zur Erstattung der Kosten gem. Art. 104a II GG verpflichtet.[88] Daß diese Einnahmen immer weniger ausreichen, die kommunalen Ausgaben zu decken, wird immer stärker wahrgenommen und ruft die Erinnerung an die oben geschilderten desaströsen Verhältnisse während der Weimarer Republik wach.[89] Dies stellt eine vehemente Gefährdung der Möglichkeit zur eigenverantwortlichen Aufgabenerledigung dar.[90]

Die Einnahmen der Kreise speisen sich aus Finanzhilfen nach Art. 106 VI u. VII GG in Gestalt von landesgesetzlich festzulegenden Anteilen am Aufkommen der örtlichen Verbrauch- und Aufwandsteuern und einem Prozentsatz des Länderanteils am Gesamtaufkommen der Gemeinschaftssteuern. Hinzu treten weitere landesverfassungsrechtliche und landesgesetzliche Finanzausstattungsgarantien.[91] Ferner können sie selbst Gebühren, Beiträge und wietere Abgaben nach den landesgesetzlichen Regelungen erheben und private Entgelte für bestimmte Leistungen verlangen. Besonderes Instrument der Finanzierung der Kreise ist die Kreisumlage, die er von den zu ihm gehörenden Gemeinden erheben kann. Weil durch sie das Selbstverwaltungsrecht der Gemeinden betroffen ist, bedarf die Kreisumlage einer gesetzlichen Grundlage. Ihre Höhe wird durch die Haushaltssatzung für jedes Jahr festgelegt. Grenzen für die Erhebung der Kreisumlage ergeben sich aus dem Selbstverwaltungsrecht der kreisangehörigen Gemeinden, die durch die Umlage nicht in ihrer Lebensfähigkeit angetastet werden dürfen und dem Ausschluß zur Finanzierung von kreisfremden Aufgaben.[92] Gerade die Kreisumlage zeigt, daß die Kreise nicht nur als Gebietskörperschaften ihrer Einwohner verstanden werden können, sondern zugleich verbandskörperschaftlichen Charakter besitzen.[93]

b. Die Finanzierung der Körperschaften der funktionalen Selbstverwaltung

Bei den berufsständischen Körperschaften, den Körperschaften der wirtschaftlichen Selbstverwaltung[94] und denen der freien Berufe steht die Finanzierung über

---

87 BVerfGE 86, S. 148 ff. (251) – Finanzausgleich II, der allgemeine rechtsstaatliche Gleichheitssatz verbietet hier eine Nivellierung der Verwaltungskraft der Gemeinden; *Kirchhof* 1985, S. 23.
88 v. Mangoldt/Klein/Starck-*Hellermann* Art. 104a, Rn. 74: Die Verpflichtung des Bundes besteht auch gegenüber den Gemeinden, denen aber kein eigener Anspruch auf Erstattung der Zweckausgaben zusteht. Der 61. Juristentag hat Vorschläge dazu unterbreitet, dieses Prinzip auch in die Landesverfassungen bei der Übertragung von Aufgaben durch das Land einzuführen, *Gern* 2003, Rn. 669.
89 *Mückl* 1998, S. 15 u. 30, der auf einen seit 1990 ansteigenden negativen Finanzierungssaldo der Gemeinden hinweist.
90 Dabei befinden sich die Gemeinden gewissermaßen in einem Zweifrontenkrieg um die Erhaltung ihrer Selbstverwaltung (*Mückl* 1998, S. 35 f.): Auf der einen Seite gegenüber dem Staat, andererseits aber gegenüber den Kommunen.
91 *Gern* 2003, Rn. 909 f.
92 *Dittmann* 2000, Rn. 22 f.
93 *Dittmann* 2000, Rn. 20 f., der auch darauf hinweist, daß die Kreisumlage zunächst als subsidiäres Finanzmittel zum Ausgleich von Spitzenlasten gedacht war, sich aber zunehmend zum Hauptfinanzierungsmittel der Kreise entwickelt.
94 § 3 III IHKG; § 113 HwO.

Mitgliedschaftsbeiträge im Vordergrund.[95] Teilweise wird er auch als „Umlage" bezeichnet.[96] Der Beitrag ist hier nach Grund und Höhe gerechtfertigt, wenn und soweit dem Mitglied ein potentieller individueller Nutzen aus dem Verband erwachsen kann.[97] Sie ist begrenzt durch das Kostendeckungsprinzip. Nicht immer ist seine Erhebung gesetzlich[98] geregelt. Bei den Rechtsanwaltskammern wird die Beitragspflicht mit der Mitgliedschaft vorausgesetzt.[99] Die Bemessung der Höhe der Beiträge erfolgt bei den Kammern der freien Berufe anhand des Einkommens. Der Beitrag wird häufig allgemein in einer Beitragsordnung geregelt, in der Höhe und Fälligkeit durch ein dazu befugtes Organ festgelegt[100] und durch einen speziellen Ausschuß oder einen Beauftragten gegenüber dem einzelnen Kammermitglied konkret festgesetzt und eingezogen.[101] Ein differenziertes Beitragssystem ist in § 3 IHKG für die Industrie- und Handelskammern vorgesehen: Soweit nicht anders abgedeckt, werden ihre Kosten durch nach Leistungsfähigkeit gestaffelte Beiträge sowie eine Umlage erhoben (§ 3 III S. 1 IHKG).[102] Die Beitragsordnungen bedürfen der Genehmigung durch die Aufsichtsbehörden. Neben die Finanzierung durch Beiträge tritt die Möglichkeit, für bestimmte Leistungen von den Mitgliedern Gebühren und Auslagen zu erheben.[103]

Fraglich ist die Geltung des kommunalrechtlichen Konnexitätsprinzips für die Finanzierung der im öffentlichen Interesse erfolgenden Aufgaben der Körperschaften der funktionalen Selbstverwaltung. Außer der niedersächsischen Landesverfassung ist dies nicht verfassungsrechtlich geregelt.[104] Angesichts der Mitgliedsfinanzierung dieser Körperschaften ist diese Frage jedoch besonders dringlich.

Einen Anspruch auf eine bestimmte Finanzausstattung vermittelt Art. 5 III GG den Hochschulen und auch dem einzelnen Wissenschaftler nicht.[105] Soweit die Bundesländer wie etwa Baden-Württemberg (Art. 20 II LV BW) oder Nordrhein-Westfalen (Art. 16 I LV NRW) den Hochschulen „das Recht auf eine ihrem besonderen Charakter entsprechende Selbstverwaltung im Rahmen der Gesetze" garantieren, stellt sich die Frage, ob daraus – wie bei den Gemeinden – auch eine angemessene Finanzausstattung folgt.[106] Dafür spricht insbesondere auch die Parallelität zur Selbstverwaltung der Rundfunkanstalten, für die ebenfalls ein Anspruch auf „funktionsgerechte Finanzausstattung" angenommen wird. Auch die Erkenntnis, daß Selbstverwaltung ohne die zur eigenverantwortlichen Aufgabenwahrnehmung instand setzenden Einnahmequellen nicht möglich ist, streitet für eine entsprechende

---

95 Vgl. hierzu *Tettinger* 2001, S. 79 ff. Grundlage der Beitragsbemessung im Rahmen von Ober- und Untergrenzen ist das Einkommen, *Kluth* 1997, S. 90 etwa für die Ärztekammern.
96 § 23 I KammerG BW.
97 *Kluth* 1997, S. 314 f.
98 vgl. etwa § 61 I WPO; 79 I StBerG;
99 Feuerich/Weyland-*Feuerich* § 84, Rn. 1 u. 89 Rn. 15 ff.
100 Etwa die Kammerversammlung gem. § 89 II Nr. 2 BRAO.
101 § 13 I KammerG BW.
102 Zu den Einzelheiten: *Frentzel/Jäkel/Junge/Hinz/Möllering* 1999, § 3 Rn. 40 ff.; *Kluth* 1997, S. 140 f.
103 Vgl. etwa § 61 II WPO; § 23 II KammerG BW. Einzelheiten ergeben sich aus den von der Kammerversammlung zu erlassenden und Gebührenordnungen der Kammern.
104 Näher *Kluth* 2005, S. 375.
105 *Bethge* 2000, Rn. 120 f.
106 Hierzu und zum folgenden: *Erichsen/Scherzberg* 1990, S. 15 f.

landesverfassungsrechtliche Verpflichtung.[107] Basis der Bemessung ist dabei das Konnexitätsprinzip, so daß die Auferlegung neuer Aufgaben eine entsprechende Finanzierung verlangt. Die Finanzierung der Hochschulen ruht auf den drei Säulen staatlicher Finanzzuweisungen aus dem Haushalt, Erträgen aus hochschuleigenem Vermögen und den Drittmitteln (vgl. etwa § 8 UG BW).[108] Gerade im Hochschulbereich spielen auch Zielvereinbarungen im Rahmen des Neuen Steuerungsmodells eine prominente Rolle.[109] Gerade sie sind aber in besonderer Weise von der staatlichen Finanzierung abhängig, aber auch verfassungsrechtlich abgesichert.[110]

c. Besonderheiten der Finanzierung der Lastenverbände[111]

Reine Finanzierungsverbände für mitgliedernützliche Aufgaben sind die Lastenverbände wie etwa die Deich-, Wasser-, Fischerei-, Jagdbewirtschaftungsverbände.[112] Bei ihnen bestimmt sich die Höhe der Beiträge oder Umlage nach dem Wert der jeweiligen Rechte bzw. der zum Verband gehörenden Grundstücke der Mitglieder.[113] Dabei beziehen sie sich nur auf den Teil der Kosten, der nicht durch eigene Einnahmen gedeckt werden kann.

Die Wasserverbände werden über Mitgliedsbeiträge (§ 28 I WVG, Eigenfinanzierung) und staatliche Finanzzuweisung finanziert. Die Höhe der Beiträge bemißt sich nach dem Vorteilsprinzip (§ 28 IV WVG). Entsprechend sind die Mitglieder, die keinen Vorteil durch den Verband haben, befreit (§ 28 V WVG); es können aber auch Nichtmitglieder, die einen Vorteil durch die Unternehmen des Verbandes haben als „Nutznießer" zur Beitragspflicht herangezogen werden (§ 28 III WVG).[114] Die Finanzierung der Wasserverbände ist allerdings sehr heterogen: Während einige Verbände ihren Wasserschatz allerdings so profitabel verwalten können, daß keine beitragsgestützte Finanzierung erforderlich ist, sind andere auf staatliche Zuweisungen angewiesen.[115]

---

107 Erichsen/Scherzberg 1990, S. 16: „Auch im Hinblick auf die wissenschaftlichen Hochschulen ist es deshalb von rechtlicher Tragweite, daß die verfassungsrechtliche Gewährleistung der eigenverantwortlichen Wahrnehmung eigener Angelegenheiten eine Farce bleibt, wenn sie nicht durch einen Anspruch auf angemessene Finanzausstattung unterfangen wird". Auch Haug-Guntermann 2001, Rn. 462: Die Autonomie erstreckt sich auch auf die staatlichen Angelegenheiten unter Einschluß der finanziellen.
108 Bethge 2000, Rn. 112 ff.
109 Einzelheiten hierzu, insbesondere auch zum Einsatz neuer Steuerungsmittel im Hochschulbereich bei Haug-Guntermann 2001, Rn. 448 ff. Ziel entsprechender Reformen ist nicht in erster Linie die Förderung der Wissenschaftsfreiheit, sondern der effektive Ressourceneinsatz, Guntermann a.a.O., Rn. 448, wobei allerdings die durch Zielvereinbarungen gewonnene Planungssicherheit der Hochschulautonomie zugute kommt.
110 BVerfGE 35, S. 79 ff. (114 f.) – Hochschulurteil; 88, S. 129 ff. (136 f.) – Promotionsberechtigung; Erichsen/Scherzberg 1990, S. 15 f., ohne daß hier bei ein höhenmäßig eindeutig festzumachender Betrag garantiert wäre, Hufeld 2002, S. 310.
111 Vgl. hierzu Isensee in der Festschr. Geck 1989, S. 355 ff.
112 Kirchhof 1990, § 88 Rn. 277.
113 Vgl. etwa § 23 II S. 1 FischG BW hinsichtlich der Fischereigenossenschaften; § 33 I S. 2 BWaldG bezüglich der Forstbetriebsverbände.
114 Einzelheiten zur Finanzierung der Wasserverbände finden sich bei Rapsch 1993, Rn. 241 ff.
115 Rapsch 1993, Rn. 240. Hintergrund der Unterfinanzierung ist kein Mißmanagement der Verbände, sondern eine die Aufbürdung von Aufgaben im Interesse der Allgemeinheit (Natur- und Gewässerschutz, Landschaftspflege), Rapsch 1993, Rn. 294. Die Wasserverbände geraten hierdurch in eine planmäßige Finanzierungslücke: Nach dem Vorteilsprinzip dürfen sie nur Beiträge für Selbstverwal-

d. Die Finanzierung der Sozialversicherung

Der Sozialversicherungsbeitrag stellt eine Sonderlast dar, die ihre Existenzberechtigung stets nachweisen muß, und in der Verteilung an den verfassungsrechtlichen Grundsatz der Belastungsgleichheit gebunden ist.[116] Dieser Grundsatz wird aber überlagert durch das Solidarprinzip, sobald der Sozialversicherungsträger auch Dritten seine Leistungen anbietet.[117] Die Finanzierung der Sozialversicherungsträger weist entsprechend den unterschiedlichen Aufgaben erhebliche Abweichungen auf. In der Krankenversicherung sind die Beiträge grundsätzlich solidarisch (§ 3 SGB V), d. h. von Arbeitgebern und Versicherten je hälftig zu erbringen (§ 249 I SGB V), wenn nicht die besonderen Voraussetzungen vorliegen, unter denen entweder der Arbeitgeber die Beiträge alleine trägt, weil etwa der Arbeitnehmer nur geringfügig beschäftigt ist (§ 249 II Nr. 1 SGB V), oder umgekehrt der Versicherte, wie beispielsweise im Fall der freiwilligen Versicherung (§ 250 II SGB V). Schließlich kommt noch eine Erbringung durch Dritte, etwa Rehabilitationsträger (§ 251 I SGB V), in Betracht.

Die Leistungen der Rentenversicherung werden durch die Beiträge von Arbeitgebern und Arbeitnehmern sowie einen Bundeszuschuß gedeckt, der die von den Rententrägern zu erbringenden sog. „versicherungsfremden Leistungen" abdecken soll (§§ 168 ff. SGB VI). Für pflichtversicherte Arbeitnehmer tragen diese und ihre Arbeitgeber die Beiträge je zur Hälfte (§ 168 I Nr. SGB VI). Wie in der Krankenversicherung trägt der Arbeitgeber sie bei Geringverdienern alleine (§ 168 I Nr. 1 i. V. m. § 169 Nr. 3 SGB VI). Pflichtversicherte Selbständige tragen die Beiträge alleine (§ 169 Nr. 1 SGB VI).[118] Die Kassenärztlichen Vereinigungen finanzieren sich über Gebühren und Beiträge, die in der Satzung festzulegen sind (§ 81 I Nr. 5 SGB V). Regelmäßig wird eine Verwaltungskostenumlage in Höhe eines bestimmten Prozentsatzes des Vergütungsanspruches des Kassenarztes festgesetzt.[119]

Ohne daß hier auf die Einzelheiten des Klassifikationsstreits der Sozialabgaben eingegangen werden kann, ist doch innerhalb der Sozialversicherung zu differenzieren. Hält man an dem potentiellen, individualisierbaren Vorteil als Kriterium des Beitrags fest, sind die Leistungen der Arbeitgeber in der Unfallversicherung Beiträge zur Abdeckung ihres Haftungsrisikos gegenüber Unfällen ihrer Arbeitnehmer. Sofern hingegen die Abgabe dem Ziel des Risikoausgleichs unter den versicherten Arbeitnehmern und der allgemeinen Fürsorge der Arbeitgeber für sie entspringt, erwächst den Arbeitgebern kein individueller Vorteil. Bei ihrem Anteil handelt es sich dann nicht um einen Beitrag im technischen Sinn.[120] Am ehesten wird man diese Sozialversicherungsbeiträge daher als eine „eigenständige Abgabenart" ansehen müssen, „der an Sozialversicherungsträger von den Versicherten oder den

---

tungsangelegenheiten erheben, die ihre Mitglieder begünstigen. Eine gesetzliche Regelung von Finanzzuweisungen des Landes als Kompensation für die Auftragsangelegenheiten sieht aber das WVG nicht vor. Eine Analogie aufgrund des Art. 104a II, III GG erscheint nicht möglich, *Rapsch* 1997, S. 304 ff.
116 *Kirchhof* 1994, § 53 Rn. 1.
117 *Kirchhof* 1994, § 53 Rn. 26.
118 Zur Finanzierung der Rentenversicherung näher *Schulin/Igl* 2002, Rn. 581 ff.
119 KK-*Hess* § 81, Rn. 11.
120 *Kirchhof* 1990, § 88 Rn. 218.

D. Die Körperschaft des öffentlichen Rechts und ihre Umwelt

für die Versicherung in Verantwortung Genommenen zur Finanzierung von Versicherungsaufgaben gezahlt wird".[121] Als Sonderlast ist diese Abgabenart dann vor Art. 3 GG durch das Solidarprinzip traditional gerechtfertigt.[122] Die Höhe ist dabei begrenzt durch den Vorrang der leistungsbezogenen Gebührenfinanzierung.

2. Die Begründung der Mitgliedschaft in der Körperschaft des öffentlichen Rechts

Herkömmlich werden Mitglieder der Organisation ebenfalls als ihre Ressource angesehen und wird der Vorgang ihrer Aufnahme in dieselbe als Rekrutierung bezeichnet.[123] Bei der Körperschaft des öffentlichen Rechts wird auf diese Weise der besondere mitgliedschaftliche Status begründet. Voraussetzungen und Formen der Begründung der Mitgliedschaft in der Körperschaft des öffentlichen Rechts sind vor dem Hintergrund ihrer Aufgaben und ihrer spezifischen Binnenstruktur zu erklären. Als Formen der Begründung von Mitgliedschaft kommen freiwillige und pflichtige in Betracht. Prägend ist die Pflichtmitgliedschaft. Sie stellt sicher, daß alle Personen dem Verband angehören, die zur Erfüllung seiner öffentlichen Aufgaben notwendig sind. Die Pflichtmitgliedschaft in einer öffentlich-rechtlichen Körperschaft bedeutet einen Eingriff in die Grundrechte des Pflichtigen und ist insofern rechtfertigungsbedürftig. Zur Rechtfertigung ist auf die Ziele der Körperschaft zurückzugreifen, die einen öffentlich-rechtlichen Zwangsverband prinzipiell legitimieren müssen. Dabei ist dann aber ausgleichend zu berücksichtigen, daß die fehlende Exit-Option der Körperschaft möglicherweise durch gesteigerte Mitwirkungsmöglichkeiten an ihren Entscheidungen kompensiert wird.[124]

a. Freiwillige Mitgliedschaft

Keineswegs alle Körperschaften sind durch die Pflichtmitgliedschaft geprägt. Eine Reihe von Verbänden, besonders im Bereich der Personalkörperschaften, kennt eine freiwillige Mitgliedschaft. So besteht eine freiwillige Mitgliedschaft, wie schon erwähnt, bei den Innungen (§ 52 I S. 1 HwO). Außerdem hat der Bayerische Bauernverband, der als einziger in der Form einer Körperschaft des öffentlichen Rechts organisiert ist, freiwillige Mitglieder.[125]

---
121 *F. Kirchhof* 1990, § 93 Rn. 16.
122 *F. Kirchhof* 1990, § 93 Rn. 17.
123 Vgl. oben Erster Teil, D III 3 c. Der Begriff ist auch im Verwaltungsrecht nicht ungebräuchlich, vgl. etwa *Dreier* 1991, S. 230.
124 Angesichts der in anderen Darstellungen üblichen einheitlichen Erörterungen von Voraussetzungen und Formen der Begründung von Mitgliedschaft sowie ihres Inhalts erscheint eine methodische Bemerkung angezeigt: Die dabei angelegte grundrechtliche Perspektive würde für sich genommen eine zusammenhängende Erörterung der Mitgliedschaft fordern. Da jedoch, wie gezeigt, die Aufgabe der Körperschaft zugleich eine Bedeutung für ihre Identität und Selbständigkeit besitzt und die Mitgliederpartizipation nicht nur als Kompensation für die fehlende Austrittsmöglichkeit fungiert, sondern zugleich eine sachgerechte Aufgabenerledigung durch eine ausdifferenzierte Binnenstruktur der Körperschaft ermöglicht, waren diese Aspekte, dem organisationsrechtlichen Interesse der Arbeit folgend, eingepaßt in die drei Dimensionen von Verwaltungsorganisationen getrennt abzuhandeln.
125 § 5 I Verordnung Nr. 106 über die Aufgaben des Bayerischen Bauernverbands, vom 29. Oktober 1946, BayRS 7800-2-E, *Mronz* 1973, S. 172 f. vgl. zu ihm bereits oben B V 1, Fußn. 1.

Einige Verbandskörperschaften basieren auf freiwilliger Mitgliedschaft. Dies gilt insbesondere für die als Freiverbände gegründeten Zweckverbände (vgl. etwa § 2 GKZ BW). Der zur Förderung der Jugendarbeit in Bayern als Körperschaft des öffentlichen Rechts geschaffene Bayerische Jugendring beruht auf dem freiwilligen Zusammenschluß der Jugendverbände und Jugendgemeinschaften (§ 19 I BayKJHG).[126]

b. Pflichtmitgliedschaft

Rechtfertigungsbedürftig ist die Pflichtmitgliedschaft in einer Körperschaft des öffentlichen Rechts, da mit ihr auch gegen den Willen des einzelnen oder ggf. eines Unternehmens einseitig hoheitlich die Mitgliedschaftspflichten entstehen. Dreh- und Angelpunkt der Erörterung der verfassungsrechtlichen Zulässigkeit ist dabei die Frage, ob der einzelne gegenüber dieser Zwangsmitgliedschaft durch eine aus Art. 9 I GG zu entnehmende negative Vereinigungsfreiheit geschützt ist. Sollte der einzelne nicht durch dieses vorbehaltlos gewährte Grundrecht vor Zwangsmitgliedschaften geschützt sein, stellt sich die Frage nach anderen betroffenen Grundrechten. Wegen ihres Bezuges zur Berufstätigkeit kann bei den Personalkörperschaften der wirtschaftlichen Selbstverwaltung und der freien Berufe an den Schutzbereich der Berufsfreiheit (Art. 12 GG) gedacht werden. Bei den Realkörperschaften, insbesondere den Bodenverbänden, könnte auch der Schutz des Eigentums (Art. 14 I GG) in Erwägung gezogen werden. Da es im Kern aber um die Mitgliedschaft in einem dem öffentlichen Interesse dienenden Verband geht, kann der Schutz jedoch aus darzulegenden Gründen letztlich nur über Art. 2 I GG gewährleistet werden. Schutzbereich und Eingriffsproblematik werden für alle Verbände einheitlich erörtert, da sich hier bis auf die Gebietskörperschaften keine wesentlichen Unterschiede ergeben. Lediglich bei der verfassungsrechtlichen Rechtfertigung ergeben sich, der unterschiedlichen Zielsetzung der Körperschaften entsprechend, unterschiedliche Erwägungen bei der Verhältnismäßigkeit.

aa. Der Begriff der Pflichtmitgliedschaft

Pflichtmitgliedschaft bedeutet, daß eine natürliche oder juristische Person durch Erfüllung der gesetzlichen Voraussetzungen Mitglied in der Körperschaft des öffentlichen Rechts wird. Dem korrespondiert, daß sie die Mitgliedschaft nicht freiwillig aufgeben kann, sondern nur mit Erlöschen dieser Voraussetzungen ihre Mitgliedschaftsrechte verliert. Außerhalb der Erfüllung der gesetzlichen Voraussetzungen gibt es keine Möglichkeit, die Aufnahme in den öffentlichen Verband zu erzwingen.[127]

---

126 Mitglieder sind 29 landesweit tätige Jugendverbände, 30 regional tätige Jugendverbände/-organisationen, rund 350 örtliche Jugendgemeinschaften, weitere Mitglieder.
127 *Kluth* 1997, S. 303.

bb. Pflichtmitgliedschaft in einem privaten Verband

Abzugrenzen von der Pflichtmitgliedschaft in einer Körperschaft des öffentlichen Rechts ist diejenige in einer juristischen Person des Privatrechts. Seit langem wird insbesondere darüber gestritten, ob die Pflichtmitgliedschaft von eingetragenen Genossenschaften in Prüfungsverbänden als eingetragenen Vereinen (§ 54 GenG) verfassungsrechtlich zulässig ist.[128] Diese Mitgliedschaft ist Voraussetzung der Eintragung der Genossenschaft (§§ 11 II Ziff. 3 GenG). Die Genossenschaft ist aufzulösen, wenn sie den Prüfungsverband verläßt (§ 54a II S. 1 GenG). Das BVerfG, das im Ergebnis eine Verfassungsbeschwerde nicht zur Entscheidung annahm,[129] prüfte die Pflichtmitgliedschaft in dem privaten Verband trotz gewisser Bedenken[130] am Maßstab des Art. 9 I GG. Es sah die Regeln über die Pflichtmitgliedschaft in den privatrechtlichen Prüfungsverbänden aber als sachgerechte Ausgestaltung der negativen Vereinigungsfreiheit an. Sie seien zum Schutz der Allgemeinheit und der Genossenschaftsmitglieder notwendig und belasteten diese nicht übermäßig. Sozialstaatsprinzip und (Art. 20 I GG, 28 I GG) und der Schutz der Privatautonomie (Art. 2 I GG) rechtfertigten das Ziel, „eine selbstbestimmte, vergleichsweise risikolose Teilhabe breiter Bevölkerungskreise am Wirtschaftsleben" sicherzustellen, „um gleichzeitig dem Ziel einer gerechten Sozialordnung ein Stück näher zu kommen".[131] Dieses Ziel sei durch eine obligatorische Prüfung der Genossenschaften durch private Wirtschaftsprüfer nicht in gleicher Weise zu erreichen, auch wenn die Prüfungsverbände letztlich selbst private Wirtschaftprüfer einschalteten. Deren Auswahl würde aber nach objektivierenden Maßstäben erfolgen.

Diese Entscheidung ist auch deshalb vorliegend von Belang, weil das BVerfG sich mit der Frage auseinanderzusetzen hatte, wie die mit der Pflichtmitgliedschaft verbundene Fremdbestimmung durch einen nur über das Genossenschaftsgesetz sachlich, nicht aber personell demokratisch legitimierten privatrechtlichen Verband zu rechtfertigen sei. Das Gericht hebt hier die Kompensationsmöglichkeit durch die Mitwirkungsbefugnisse der Genossenschaft im Prüfungsverband hervor: „Die Freiheit der Selbstbestimmung der Genossenschaft, d. h. ihr Recht, eigene Angelegenheiten ohne Einfluß von außen zu regeln, wird davon auch nur punktuell berührt. Durch die gleichzeitig bestehenden Mitgliedschaftsrechte im Prüfungsverband wird das Maß der Fremdbestimmung darüber hinaus abgemildert und die Möglichkeit der Einflußnahme auf die Verbandspolitik eröffnet. Damit orientiert sich das Prüfungssystem zumindest auch am genossenschaftlichen Selbstverwaltungsgedanken".[132]

---

[128] Vgl. *Glenk* 1997, S. 110 f., Fn. 1 u. 7; *Steding* 2001, S. 355.
[129] *BVerfG* v. 19.1.2001 – I BvR 1759/91, NZG 2001, S. 461 ff.
[130] *BVerfG* NZG 2001, S. 461 ff. (463): „Bildete der Zugang zur Rechtsform der eG und deren Mitgliedschaft im Prüfungsverband eine funktionale Einheit (Rechtsformvoraussetzung), so käme der eG eine vom Prüfungsverband unabhängige Stellung nicht zu. Sie könnte sich daher hinsichtlich dieser Mitgliedschaft nicht auf Art. 9 I GG berufen. Dem braucht jedoch nicht nachgegangen zu werden, weil die Pflichtmitgliedschaft der Beschwerdeführerin im Prüfungsverband selbst dann verfassungsrechtlich unbedenklich ist, wenn man zu ihren Gunsten davon ausgeht, daß sie durch die angegriffenen Entscheidungen in ihrem Grundrecht aus Art. 9 I GG berührt wird".
[131] *BVerfG* NZG 2001, S. 461 ff. (464). Zur Problematik der Rechtfertigung des Eingriffs durch Zweckbündelung und zum Argumentationsgang der Entscheidung des BVerfG vgl. *Engel* 2001a, S. 134 f.
[132] *BVerfG* NZG 2001, S. 461 ff. (465).

Sozialstaatsprinzip und Schutz der Privatautonomie rechtfertigen hier die Pflichtmitgliedschaft in einem privaten Verband. Die damit verbundene Fremdbestimmung durch den demokratisch nicht legitimierten Verband wird durch eine mitgliedschaftlich-partizipative Binnendifferenzierung des Prüfungsverbandes kompensiert. Hier tritt im privatrechtlichen Gewand der Gedanke der autonomen Legitimation als Kompensation der Pflichtzugehörigkeit zu einem Verband auf. Bei allen Unterschieden zu Körperschaften des öffentlichen Rechts dient auch hier die autonome Legitimation als Kompensation der mit der Pflichtmitgliedschaft verbundenen Nachteile der Fremdbestimmung durch den Verband.

cc. Die gesetzliche Mitgliedschaft auf der Grundlage freiwilliger Organisationszugehörigkeit

Während bei der Pflichtmitgliedschaft eine Aufnahme des Mitglieds in die Körperschaft durch oder aufgrund eines entsprechenden Gesetzes erfolgt, gibt es einige Körperschaften, bei denen eine gewisse Rechte- und Pflichtenbeziehung zu der betreffenden Organisation freiwillig eingegangen wird, die Mitgliedschaft mit den besonderen Mitwirkungsrechten dann aber gesetzlich eintritt. Die Organisationszugehörigkeit ist dann Tatbestandsvoraussetzung für die Mitgliedschaft.

(1.) Begründung der Mitgliedschaft in der Gemeinde

Die Zugehörigkeit zur Gemeinde im Sinne einer einfachen Einwohnerstellung wird durch die freiwillige Wohnsitznahme und Innehabung begründet (§ 10 GO BW; Art. 15 GO Bay; § 13 I GO BBg etc.). Der durch sein Wahlrecht qualifizierte Bürger erwirbt seine Mitgliedschaft in diesem Sinne als Deutscher oder Unionsbürger, wenn er über einen längeren Zeitraum in einer Gemeinde mit Hauptwohnsitz wohnt. Dieser Bürgerstatus wird dann automatisch erworben.[133] Es handelt sich mithin um eine Zwangsmitgliedschaft mit über Art. 11 GG verbürgter Wahlfreiheit zwischen verschiedenen Orten.[134] Dieser freiwillig angestoßene Mitgliedschaftserwerb betrifft jeden Bürger und ist nicht an weitere, besondere, nur von einigen Bürgern erfüllbare Merkmale wie bei der Zwangsmitgliedschaft gebunden.[135] Die für die Mitgliedschaft wesentliche Nähebeziehung wird bei den Gebietskörperschaften durch räumliche Kriterien begründet, wobei jeder Bürger in einer Gebietskörperschaft auf gleicher Stufe (Gemeinde, Kreis, Bundesland, Bundesrepublik Deutschland) dieses Kriterium erfüllt. Das GG geht von der Existenz der Gemeinden und dem Mitgliedschaftsstatus der Bürger in ihnen (Art. 28 I S. 2 GG: „in den Gemeinden muß das Volk") aus und unterwirft sie wie auch die Mitgliedschaft in der Gebietskörperschaft Bundesrepublik Deutschland keiner besonderen Rechtfertigungspflicht.[136] Mit dem Erwerb der

---
133 *Ossenbühl* 1981, S. 380 f.; *Meßerschmidt* 1990, S. 82.
134 *Meßerschmidt* 1990, S. 82. Art. 11 GG schützt die Bewegungsfreiheit zwischen verschiedenen Orten (GG-Kommentar Dreier-*Pernice* Art. 11, Rn. 12 f.), nicht aber vor einer an die jeweilige Wohnsitznahme anknüpfende Mitgliedschaft in einer Gemeinde.
135 *Schöbener* 2000, S. 379.
136 *Meßerschmidt* 1990, S. 83.

D. Die Körperschaft des öffentlichen Rechts und ihre Umwelt   635

Mitgliedschaft entstehen also nur Belastungen, die mit den staatsbürgerlichen Belastungen prinzipiell vergleichbar und nur lokal differenziert sind. Ein umfassendes Klagerecht dagegen gibt es aber anders als gegenüber Einzelbelastungen nicht.[137] Die übrigen Körperschaften knüpfen an Kriterien an, die nicht von *allen* Bürgern als Grundrechtsträgern erfüllt werden und verleihen ihm mit der Mitgliedschaft einen Sonderstatus.[138] Hier kann aber der verfassungsrechtlich gerechtfertigte Eingriff (sofern man überhaupt einen Eingriff annimmt)[139] zugleich auch die gegenüber den übrigen Bürgern bestehende besondere Belastung rechtfertigen.

(2.) Die Begründung der Mitgliedschaft in Hochschulen

Die Hochschulen haben als gesetzliche Mitglieder die hauptamtlich an der Hochschule Beschäftigten und die eingeschriebenen Studenten (§ 36 I S. 1 HRG). Hauptberuflich an der Hochschule beschäftigt sind diejenigen, deren Arbeitszeit mehr als fünfzig Prozent der regelmäßigen Arbeitszeit ausmacht, und die nicht nur vorübergehend – etwa als Vertreter nach § 45 IV HRG – an der Hochschule tätig sind.[140] Die nebenberuflich Tätigen sind Mitglieder nach Maßgabe des Landesrechts. So regelt etwa § 6 I UG BW, daß auch die entpflichteten oder im Ruhestand befindlichen Professoren, die Honorar- und Gastprofessoren, die Privat- und Hochschuldozenten, die Lehrbeauftragten und andere „Mitglieder" der Universität sind. Ihnen fehlt jedoch das aktive und passive Wahlrecht (§ 6 II UG BW). Angesichts dieser fehlenden Mitwirkungsmöglichkeiten handelt es sich bei den nebenberuflich Tätigen nicht um Mitglieder im Rechtssinne, sondern um Angehörige der Universität.[141] Schließlich sieht § 6 IV UG BW eine Gleichstellungsmöglichkeit für Angehörige kooperierender Forschungseinrichtungen und Kliniken mit den Mitgliedern der Universität vor.[142]

Die Mitgliedschaft der Studierenden wird durch die Einschreibung an der Hochschule begründet (§ 89 I S. 1 UG BW). Der Studienbewerber hat zwar vor dem Hintergrund des hohen Mitteleinsatzes und der durch Art. 5 III GG geschützten Notwendigkeit, die Funktionstüchtigkeit der Hochschulen zu erhalten, keinen grundrechtlich begründeten originären Leistungsanspruch auf Zulassung zur Hochschule;[143] er hat aber einen aus Art. 12 I GG i.V.m. Art. 3 I und dem Sozialstaatsprinzip folgenden derivativen Leistungsanspruch auf Ausschöpfung der vorhanden Kapazitäten vor einer Ablehnung.[144] Dieser Anspruch richtet sich aber nur auf das mit der Zulassung verbundene Recht auf Teilnahme an den universitären Veranstaltungen und Einrichtungen, mithin auf ein Angehörigkeitsverhältnis. Da die durch die Mitwirkungsrechte in der Hochschule qualifizierte besondere Mitgliedschaftsstellung jedoch nicht über die Berufsfreiheit in Verbindung mit dem

---
137 *Meßerschmidt* 1990, S. 84.
138 *BVerwG* NJW 1998, S. 3510 f. (3511); hierzu auch *Jahn* 2000, S. 129 ff.
139 Ablehnend *Hellermann* 1993, S. 195 f.; *Kluth* 1997, S. 305 f.
140 *Reich* 2002, § 36 Rn. 1; HRG Denninger-*Nagel* § 36 Rn. 1.
141 *Reich* 2002, § 36 Rn. 1 f.
142 Vgl. auch *Herberger* 2001, Rn. 342.
143 *Brugger* 1983, S. 122; erwogen von *BVerfGE* 33, S. 303 ff. (350) – Numerus Clausus.
144 *BVerfGE* 33, S. 303 ff. (332 f.) – Numerus Clausus; *Brugger* 1983, S. 123; GG-Kommentar Dreier-*Wieland* Art. 12, Rn. 164.

Gleichheitssatz und dem Sozialstaatsprinzip, sondern über Art. 5 III GG begründet sind, besteht kein verfassungsrechtlicher Anspruch auf Einräumung eines Mitgliedschaftsstatus.[145] Der Gesetzgeber ist insofern frei, unbeschadet des Umstands, daß sich die Gruppenuniversität als ein sinnvolles Modell etabliert hat (s. o.), zu einer Organisationsform der Hochschule wie etwa der Ordinarienuniversität zurückzukehren, die eine Mitwirkung der Studenten an der Selbstverwaltung nicht vorsieht.[146] Die Besonderheit der Hochschulzulassung besteht im übrigen darin, daß mit ihr ein Dauerrechtsverhältnis begründet wird, daß „einer periodischen Erneuerung des Willens, das Studium fortzusetzen" in Gestalt einer Rückmeldung bedarf, um aufrechterhalten werden zu können.[147] Geschieht dies nicht, kann die Mitgliedschaft der Studierenden durch Exmatrikulation von Amts wegen beendet werden (§ 91 I S. 1 u. III Nr. 2 UG BW).[148]

dd. Verbände, die als freiwillige oder pflichtige Verbände bestehen: Die Zweckverbände

Zweckverbände können als freiwillige („Freiverbände") oder als pflichtige („Pflichtverbände") gegründet werden.[149] Pflichtverbände bestehen besonders dort, wo durch ihn Pflichtaufgaben und Auftragsangelegenheiten wahrgenommen werden sollen. Gegen ihren Willen können Gemeinden in Nordrhein-Westfalen[150] zu einem sog. gesetzlichen Zweckverband zusammengeschlossen werden.[151]

Durch den Pflichtzusammenschluß sind die betroffenen Gemeinden in ihrer Kooperationshoheit betroffen. Kooperationshoheit[152] oder -recht[153] ist das Recht der Kommunen, mit anderen Kommunen zur gemeinschaftlichen Aufgabenerfüllung von öffentlichen Zwecken zusammenarbeiten zu dürfen.[154] Dieser Zielrichtung gemäß betrifft die Kooperationshoheit nicht nur die organisatorische, sondern alle Formen der Zusammenarbeit mit anderen Kommunen, folgt also nicht aus der Organisationshoheit.[155] Fundiert in Art. 28 II S. 2 GG, wird die Kooperationshoheit begründet mit der Notwendigkeit, sich überschneidende Aufgabenkreise mit anderen Kommunen effektiv erfüllen zu können.[156] Von der Begründung von Pflichtverbänden betroffen ist die negative Kooperationshoheit und damit das Selbstverwaltungsrecht.[157]

---

145 *BVerfGE* 35, S. 79 ff. (125); v. Mangoldt/Klein/Starck-*Starck* Art. 5, Rn. 368.
146 Ohne daß umgekehrt eine Beteiligung der Studenten an der Selbstverwaltung schon zu einer Fremdbestimmung in der Forschung führen müßte, *BVerfGE* 43, S. 242 ff. (268); HRG-Denninger-*Nagel* vor § 36, Rn. 2.
147 *BVerfG* NVwZ 2003, S. 719.
148 Zur Rechtslage in Berlin und Brandenburg *Jobs* 2003, S. 350 f.
149 *Saugier* 2001, S. 36 ff.; § 2 GKZ BW; Art. 17 KommZG Bay; §§ 5 f. KGG Hess; 1 f. ZweckVerbG NdS; 4 f. GKG NRW; 2 f. ZwVG RhPf; 2 f. KGG Saar; 2 f. GKZ S-H; 4 f. BBg; § 150 f. M-V; 44 f. KommZG Sachs; 17 KGG S-Anh.; 16 f. KGG Thür.
150 § 22 GKG Thür.
151 *Luppert* 2000, S. 118; *Stober* 1996, § 17 II 3.
152 *Luppert* 2000, S. 23 f.; *Bovenschulte* 2000, S. 417 ff.
153 *Oebbecke* (1982, S. 67 f.) spricht etwas mißverständlich im Ausdruck von „Koalitionshoheit".
154 *Saugier* 2001, S. 33; *Luppert* 2000, S. 23.
155 *Saugier* 2001, S. 34 f.; *Stober* 1996, § 7 II 2 h; andere Auffassung *Oebbecke* 1982, S. 67 f.
156 *Stober* 1996, § 7 II 2 h.
157 *Oebbecke* 1982, S. 67 f.; *Saugier* 2001, S. 52 f.; *Luppert* 2000, S.24 f.

Es ist daher verfassungsrechtlich problematisch, wenn einzelne Bundesländer (§ 13 I GkG Hess; § 15 I S. 2 ZwVG Nds) Pflichtverbände auch im Bereich von freiwilligen Aufgaben zulassen. Zumeist werden Pflichtverbände hingegen auf den Bereich der Erledigung von Pflichtaufgaben beschränkt.[158] Die Mitgliedschaftspflicht der Landkreise und Gemeinden ist hier gerechtfertigt, wenn „dringende Gründe des öffentlichen Wohls" dies erfordern, wenn sie also nicht alleine in der Lage sind, die Aufgabe wahrzunehmen und bei der Nichterfüllung dieser Aufgabe die ordnungsgemäße Versorgung der Einwohner mit Gütern gefährdet wäre.[159]

ee. Körperschaften mit freiwilliger und pflichtiger Mitgliedschaft

Mitglieder der Sozialversicherung sind bestimmte Versicherte, denen Mitwirkungsbefugnisse in der Selbstverwaltung eingeräumt und die beitragspflichtig sind (s. o. C I 1 c). Die Versicherteneigenschaft kann mit Erfüllung der gesetzlichen oder satzungsmäßigen Tatbestandsvoraussetzungen begründet werden („Versicherungspflicht") oder bei Vorliegen der auch hierfür bestehenden gesetzlichen Voraussetzungen durch freiwilligen Beitritt oder Fortsetzung über die Pflichtmitgliedschaft hinaus entstehen („Versicherungsberechtigung"), § 2 I SGB IV. Zwischen einer reinen Pflicht- und einer freiwilligen Versicherung steht die in der Rentenversicherung mögliche „Pflichtversicherung auf Antrag" (§ 4 SGB VI).[160] Auf den Antrag hin tritt die Versicherungspflicht mit allen Rechten und Pflichten ein.[161] Hier soll einem Kreis von selbständig Erwerbstätigen, die nicht kraft Gesetzes versicherungspflichtig sind, die aber ein vergleichbares Risiko trifft, die Aufnahme in die gesetzliche Rentenversicherung ermöglicht werden.[162]

Davon sind die freiwillig in der Rentenversicherung Versicherten zu unterscheiden (§ 7 SGB VI), die innerhalb gewisser Grenzen (§§ 161 II, 167, 197 II SGB VI) frei über ihre Beitragshöhe entscheiden können, dafür aber auch nicht die Leistungen der gesetzlich Versicherten erhalten. Auch sie sind aber Versicherte und nehmen an der Selbstverwaltung der Rentenversicherung teil. Das Versicherungsverhältnis des freiwillig Versicherten wird, sofern er versicherungsberechtigt ist, durch tatsächliche Zahlungen begründet.[163] Zweck dieser freiwilligen Versicherung – das zeigt insbesondere der Ausschluß der Berechtigung zur freiwilligen Versicherung für Versicherungsfreie und von der Versicherungspflicht befreite Personen – ist nicht eine Zusatz- oder Doppelversicherung der Versicherungspflichtigen,[164] sondern in erster Linie eine Vervollständigung von solchen Versicherungsbiographien,

---

158 Vgl. etwa § 10 GkZ BW; *Luppert* 2000, S. 115 f.
159 VerfGH NW DVBl. 1979, S. 668; *Gern* 2003, Rn. 936; *ders.* 2001, Rn. 489 f.; *Luppert* 2000, S. 116 f.; *Saugier* 2001, S. 53 f.
160 Zu damit verbundenen Problemen: *Voelzke* 1999, § 16 Rn. 204 f.
161 KK-*Gürtner* SGB VI, § 4 Rn. 7. KK-*Seewald* SGB IV, § 2 Rn. 4: Sie erhalten die Rechtsstellung eines Pflichtversicherten, weil die vom Antrag veranlaßte Versicherung inhaltlich unabhängig vom Willen des Versicherten besteht.
162 *Schulin/Igl* 2002, Rn. 551.
163 KK-*Gürtner* SGB VI, § 7 Rn. 13; *Voelzke* 1999, § 18 Rn. 8 u. 35 f.
164 Die Möglichkeit einer freiwilligen Höherversicherung der gesetzlichen Pflichtversicherung, die bis 1998 bestand, hatte eher den Charakter einer privaten Altersvorsorge und warf daher die Frage nach der Notwendigkeit ihrer Organisation in der gesetzlichen Rentenversicherung auf, *Voelzke* 1999, § 18 Rn. 4.

deren Lücken nicht durch beitragsfreie Zeiten geschlossen werden können. Außerdem wird dadurch nicht pflichtversicherten Personen der Schutz der gesetzlichen Rentenversicherung eröffnet.¹⁶⁵ Anders steht es allerdings in der gesetzlichen Krankenversicherung. Hier begründet die aufgrund einer Versicherungsberechtigung beantragte freiwillige Versicherung (§ 9 SGB V) die gleiche Stellung wie den Pflichtversicherten.¹⁶⁶ Auch hier dient die Versicherungsberechtigung jedoch dazu, die Verbindung zu einer früheren Versicherungsberechtigung herzustellen und damit Personen, deren begrenztes Schutzbedürfnis der Gesetzgeber nicht als so ausgeprägt angesehen hat, um sie einer Versicherungspflicht zu unterwerfen, den Zugang oder die Fortsetzung der Versicherung bei der gesetzlichen Krankenversicherung zu ermöglichen.¹⁶⁷ Die Entlassung nach bestehender langjähriger gesetzlicher Versicherungspflicht in die Möglichkeit privater Krankenversicherungen würde wegen inzwischen eingetretener Risiken oder aus Altersgründen eine besondere Härte bedeuten.

Zusammenfassend läßt sich festhalten, daß die freiwillige Mitgliedschaft auch in der Sozialversicherung eine Ausnahme darstellt. Sie hat sich prinzipiell gegenüber der Möglichkeit der privaten Absicherung der einschlägigen Risiken zu rechtfertigen. Grund der freiwilligen Versicherung ist dann die Entstehung von besonderer Schutzbedürftigkeit oder das Bestehen sonstiger Folgen einer einmal bestandenen Pflichtversicherung. Nicht in dieser Weise sozialstaatlich motivierte freiwillige Versicherungen wie etwa die ehemalige Höherversicherung in der Rentenversicherung sind gegenüber privaten Anbietern von Versicherungsleistungen nicht mehr durch eine sozialstaatlich begründete öffentliche Aufgabe zu rechtfertigen. Bei der Unfallversicherung, bei der, wie oben ausgeführt, Versicherungsberechtigung und Mitgliedschaft personell getrennt sind, tritt die Mitgliedschaft eines Unternehmens kraft Gesetzes ein, während bei der Versicherungsberechtigung freiwillige Versicherungsverhältnisse möglich sind (§ 6 SGB VII).¹⁶⁸ Diese freiwillige Versicherung ist eine genossenschaftliche Eigenversicherung der Unternehmer als Alternative zu einer privaten Versicherung.¹⁶⁹

Wie auch bei der sogleich zu besprechenden Pflichtmitgliedschaft in den Kammern betrifft die Versicherungspflicht den einzelnen in seinem Grundrecht aus Art. 2 I GG, der allgemeinen Handlungsfreiheit.¹⁷⁰ Sie ist danach gerechtfertigt, wenn ihre Auferlegung mit der verfassungsmäßigen Ordnung zu vereinbaren und insbesondere verhältnismäßig ist. Gemeinsamer Sinn der Versicherungspflicht ist es, die Allgemeinheit vor unterlassener Risikovorsorge des einzelnen zu schützen und einen Solidarausgleich unter den Versicherten herzustellen.¹⁷¹ Zugleich dient der Gesetzgeber damit dem sozialstaatlichen Gebot der Gewährung ausreichenden

---

165 *Voelzke* 1999, § 18 Rn. 6.
166 *Bloch* 1994, § 17 Rn. 46.
167 KK-*Peters* SGB V, § 9 Rn. 2.
168 § 136 SGB VII, *Bieback* 1996, Rn. 65 f.; *Schulin/Igl* 2002, Rn. 427.
169 *Schlegel* 1996, § 21 Rn. 2.
170 BVerfGE 29, S. 221 ff. (235) – Jahresarbeitsverdienstgrenze; 29, S. 245 ff. (253); 75, S. 108 ff. (159) – Künstlersozialversicherung. Bei der Prüfung der Verfassungsmäßigkeit der Pflegeversicherung waren zusätzlich noch Art. 3 I u. 6 GG wegen der Beitragsgestaltung zu prüfen.
171 *Schulin/Igl* 2002, Rn. 80.

sozialen Schutzes seiner Bürger.[172] Im Kern geht es dabei um „die gemeinsame Deckung eines möglichen, in seiner Gesamtheit schätzbaren Bedarfs durch Verteilung auf eine organisierte Vielheit".[173] Das Versicherungsprinzip aufgrund gegenseitiger Solidarität ermöglicht es dem Bürger zugleich, einen Beitrag zur Absicherung des jeweiligen Risikos zu leisten und verhindert es, daß er zum bloßen Empfänger von Sozialhilfeleistungen gemacht wird.[174] Das Versicherungsprinzip wird dabei durch das Prinzip des sozialen Ausgleichs, das das individuelle Risiko mit den Risiken der übrigen Versicherten der Solidargemeinschaft verknüpft, erheblich modifiziert. Gerade hierin liegt der Sinn einer gesetzlichen Versicherungspflicht. Unter Zugrundelegung eines recht weiten gesetzgeberischen Spielraums kann die Versicherungspflicht in der Rentenversicherung mit der Ungesichertheit gegenüber dem Risiko der Erwerbsunfähigkeit gerechtfertigt werden.[175]

ff. Die Pflichtmitgliedschaft der Kammern der wirtschaftlichen und freiberuflichen Selbstverwaltung

Während die Begründung der Mitgliedschaft bei den bisher dargestellten Körperschaften entweder durch ein Moment der Freiwilligkeit gekennzeichnet war, neben pflichtigen auch freiwillige Formen der Körperschaftsart bestanden oder schließlich zwar eine gesetzliche Pflichtmitgliedschaft bestand, für bestimmte Personenkreise aber auch Möglichkeiten einer freiwilligen Begründung der Mitgliedschaft vorgesehen waren, ist nun auf rein pflichtige Formen der Mitgliedschaft einzugehen, wie sie zur Disziplinierung eines Berufsstandes oder zur Repräsentativität der Vertretung der Interessen der Wirtschaft in den berufsständischen und den Wirtschaftskammern vorgesehen sind. Hier wird das Verhältnis der Körperschaft zu ihrer gesellschaftlichen Umwelt zum Problem: Was rechtfertigt es, Bürger zu Mitgliedern einer Körperschaft zu machen, die nicht ihre Individualinteressen, sondern die des Berufsstandes oder der Wirtschaft vertritt und in der sie Pflichten übernehmen?

(1.) Betroffenheit in einem Grundrecht

Gezwungenermaßen einer Vereinigung anzugehören, trifft den Einzelnen in seiner Freiheit. Nach wie vor besteht keine Einigkeit darüber, vom Schutzbereich welchen Grundrechts das Interesse des Bürgers erfaßt wird, einem öffentlich-rechtlichen Verband nicht angehören zu müssen. Gesucht wird mithin ein Grundrecht, dessen negative Seite vor dieser Zugehörigkeit bewahrt.[176] Während das BVerfG seit

---

172 *BVerfGE* 27, S. 253 ff (283) – Kriegsfolgeschäden; 69, S. 272 ff. (314).
173 *BVerfGE* 75, S. 108 ff. (146) – Künstlersozialversicherung.
174 *Bloch* 1994, § 16 Rn. 5 f.
175 *Voelzke* 1999, § 15 Rn. 11: Es besteht insofern eine soziale Schutzbedürftigkeit, als infolge von verminderter Erwerbsfähigkeit, insbesondere des Alters, die eigene Arbeitskraft nicht mehr zur Erlangung eines Lebensunterhaltes verwendet werden kann.
176 Zur negativen Seite der Grundrechte generell die Arbeit von *Hellermann* 1993, zur Pflichtmitgliedschaft besonders S. 59 ff., 85 ff. u. 187 ff.

dem Erftverbands-Urteil,[177] und ihm folgend das BVerwG,[178] seiner Auffassung treu geblieben ist, daß die Pflichtmitgliedschaft in den IHKn,[179] den Arbeitnehmerkammern,[180] der „Bayerischen Ärzteversorgung",[181] den Handwerkskammern[182] und anderen Körperschaften nicht vom Schutzbereich des Art. 9 I GG umfaßt sei, sondern von Art. 2 I GG erfaßt werde, hat die Literatur lange Zeit sogar überwiegend eine gegenteilige Auffassung vertreten.[183]

(a.) Schutzbereich von Art. 9 I GG

Art. 9 I GG schützt das Recht aller Deutschen, sich zu Vereinen und Gesellschaften zusammenzuschließen. Unstreitig ist damit die positive Freiheit zur freiwilligen Bildung privater Vereinigungen gewährleistet. Aus Art. 9 I GG läßt sich kein Teilhaberecht auf Zugehörigkeit zu öffentlich-rechtlichen Verbänden herleiten, da ihre Errichtung und die Rekrutierung der Mitglieder durch staatlichen Hoheitsakt geschieht.[184] Einigkeit besteht auch insofern, als die Freiheit, einem privatrechtlichen Verband nicht angehören zu müssen, als die negative Seite dieses Grundrechts ebenfalls geschützt ist.[185] Kontrovers diskutiert wird aber, ob das Interesse, einem öffentlich-rechtlichen Verband nicht angehören zu müssen, von der negativen Seite dieses Grundrechts erfaßt wird. Der Wortlaut ist dabei unergiebig.[186] Die engere Systematik spricht gegen die Erfassung der Abwehr der Pflichtmitgliedschaft von der negativen Vereinigungsfreiheit. Sie kann nicht mehr garantieren als die positive Dimension des Grundrechts.[187] Diese bezieht sich aber nur auf privatrechtliche

---

177 E 10, S. 89 ff.; zur Geschichte der Judikatur des Gerichts über die Pflichtmitgliedschaft vgl. *Löwer* 2000, S. 91 f.;
178 NJW 1999, S. 2292 ff.; NJW 1998, S. 3510 ff.; E 59, S. 231 ff. (233) zur Studentenschaft; E 64, S. 115 ff (117) zur Steuerberaterkammer; E 64, S. 298 ff. (301) zur Ärztekammer, vgl. a. *Dettmeyer* 1999, S. 3367 ff.; E 87, S. 324 ff. (325) zum Versorgungswerk für Rechtsanwälte und BVerwG NJW 1983, S. 2650 f. zu Versorgungseinrichtungen für Ärzte, *BVerwG* NJW 1998, S. 3510 ff. zu den IHKn. Zur Rechtsprechung der Oberverwaltungs- und Instanzgerichte: *Jahn* 2002, S. 99 Fn. 10 u. 11.
179 E 15, S. 235 ff. (239 f.); BVerwG NJW 1998, S. 3510 f.; hierzu *Selmer* 1999, S. 305 f.; *Jahn* 2000, S. 129 f.; *ders.* 1998a, S. 453 f.
180 E 38, S. 281 ff. (297 f.); vgl. auch *Großmann* 1968, S. 300 f., der völlig zu Recht darauf hinweist, daß angesichts der fehlenden Mitwirkungsbefugnisse der Arbeitnehmer in den Kammern nicht von Zwangsmitgliedschaft, sondern besser von „Zwangszugehörigkeit" gesprochen werden sollte. Zum problematischen Körperschaftscharakter der Arbeitskammer des Saarlandes vgl. bereits oben C IV 4 c bb.
181 E 10, S. 354 ff. (362).
182 E 32, S. 54 ff. (63) – Betriebsbetretungsrecht.
183 *Kleine-Cosack* 1996, S. 145 ff.; *Jäkel* 1983, S. 1134 f.; *Fröhler/Oberndorfer* 1974, S. 17 ff. (auf der Grundlage der von ihnen vertretenen Vorstellung, daß die Interessenvertretung eine gesellschaftliche Aufgabe der Körperschaft des öffentlichen Rechts sei); *Mronz* 1973, S. 101 ff.; vgl. dazu auch *Kluth* 1997, S. 293 f.
184 *BVerwG* NJW 1998, S. 3510 ff. (3511); *Löwer* 2000, S. 95; *Kluth* 1997, S. 302 f.; *Hatje/Terhechte* 2002, S. 1850; *Huber* 1953, S. 198, der daraus den für die Ablehnung des Schutzes vor Zwangsmitgliedschaft in öffentlich-rechtlichen Verbänden klassischen Umkehrschluß zieht: „Besteht somit eine positive Vereinigungsfreiheit bei öffentlich-rechtlichen Körperschaften nicht, so ist bei ihnen auch die Grundlage, von der aus bei privatrechtlichen Vereinigungen auf eine negative Vereinigungsfreiheit geschlossen wird, nicht gegeben".
185 Maunz/Dürig-*Scholz* Art. 9, Rn. 88; GG-Kommentar Dreier-*Bauer* Art. 9, Rn. 41.
186 *Schöbener* 2000, S. 399.
187 *Löwer* 2000, S. 94. Eingehende Kritik dieser Auffassung bei *Hellermann* 1993, S. 67 f.: Der Vorwurf eines logischen Fehlschlusses kann jedoch nicht überzeugen. Wenn die positive Freiheit durch die kombinierten Merkmale „Freiwilligkeit" und „privatrechtlicher Zusammenschluß" gekennzeichnet ist,

Vereinigung. Entsprechend kann auch kein Schutz vor der Zugehörigkeit zu öffentlich-rechtlichen Organisationen in der negativen Dimension begründet werden.[188]

Kontrovers wird die Entstehungsgeschichte diskutiert. Unbestritten ging der Verfassunggeber von der Existenz öffentlich-rechtlicher Körperschaften mit Zwangsmitgliedschaft aus und wollte daran auch nicht prinzipiell etwas ändern.[189] Das Argument, dann könnte er den Schutz vor der Zugehörigkeit zu diesen Verbänden nicht einem vorbehaltlos gewährten Grundrecht anvertrauen, überzeugt sicherlich wenig. Seine Widerlegung begründet aber noch nicht, warum nicht aus anderen historischen Gründen die negative Vereinigungsfreiheit den gesuchten Schutz nicht gewähren kann. *Löwer* hat aus den Materialien eingehend nachgewiesen, daß dem Verfassunggeber die Notwendigkeit eines Schutzes gegenüber Zwangsmitgliedschaften bewußt war, er sie aber nicht über den Art. 9 I GG gewähren wollte.[190] Dem läßt sich auch nicht entgegenhalten, sein objektivierter Wille habe das nicht hinreichend zum Ausdruck gebracht.

Die historische Auslegung spricht auch gegen die Vorstellung eines mittelbaren Eingriffs in die Vereinigungsfreiheit durch die Zwangsvereinigung.[191] Das BVerfG entnimmt Art. 9 I GG einen prinzipiellen „Vorrang der freien Vereinsbildung".[192] Mittelbar könnte dieser Vorrang nun dadurch beeinträchtigt werden, daß der Staat „konkurrierende" öffentlich-rechtliche Zwangsvereinigungen gründet.[193] Eben dieses Konkurrenzverhältnis besteht jedoch nicht.[194] Privatrechtliche Verbände könnten gar nicht diejenigen Ziele verfolgen, die der Staat mit den Körperschaften des öffentlichen Rechts erreichen will.[195] Gemeinsam ist allen Körperschaften, daß sie, gesetzlich verpflichtet, Aufgaben im öffentlichen Interesse wahrnehmen. Wie

---

dann ist es konsequent, bei der negativen Freiheit beide Merkmale mit einem negativen Index zu versehen: „unfreiwilliger privatrechtlicher Zusammenschluß". *BVerfG* NVwZ 2002, S. 336; auch *Schöbener* 2000, S. 391.
188 *Erichsen* 1989, § 152 Rn. 69; *Jahn* 2002, S. 100 f.
189 *BVerfG* NVwZ 2002, S. 336; *Löwer* 2000, S. 90; *Schöbener* 2000, S. 400; *Hatje/Terhechte* 2002, S. 1850; *Kluth* 2002a, S. 299.
190 *Löwer* 2000, S. 90 f.: Zunächst wurde zwar erwogen, in Art. 9 III ein Verbot der Zwangsmitgliedschaft in arbeitsrechtlichen Koalitionen aufzunehmen. Hierzu brachte dann der Hauptausschuß den Vorschlag einer „Ausnahme" für öffentlich-rechtliche Verbände ein. In den weiteren Beratungen wurde dann aber klargestellt, daß die ausdrückliche Zulassung der Zwangsmitgliedschaft in öffentlichen Verbänden in Wirklichkeit keine Ausnahme war, sondern eine Regelung, die mit dem Gegenstand des Art. 9, der die Vereinigungsfreiheit privater Zusammenschlüsse betreffen sollte, nicht in Zusammenhang stand. Daß dann auch das Zwangsverbot in arbeitsrechtlichen Koalitionen gestrichen wurde, hing damit nicht zusammen, sondern geschah, weil man es für überflüssig ansah; a. A. *Schöbener* 2000, S. 395 f.
191 Etwa *Erichsen* 1989, § 152 Rn. 72 f.
192 E 38, S. 281 (298) – Arbeitnehmerkammern.
193 *Jäkel* 1983, S. 1135. Das wäre etwa der Fall, wenn die Arbeitskammern im Saarland und ehemals in Bremen die Möglichkeit der Arbeitnehmer zur Organisation in Gewerkschaften erstickt („Gefahr der Austrocknung des freien Verbandswesens") hätten, *Zacher* 1971, S. 26 f. u. 82.
194 *BVerwG* NJW 1999, S. 2292 ff. (2294); *Schöbener* 2000, S. 387. Das setzt allerdings voraus, daß man der Überlagerung des Interessenvertretung durch das öffentliche Interesse an der integrierenden Wirkung der Wahrnehmung dieser Aufgabe durch eine Körperschaft annimmt, wie dies hier vorgeschlagen wurde (B IV 3 b). Andernfalls würde in der Tat der von *Kopp* (1992, S. 35) formulierte Einwand zutreffen: „Wenn schon mit der Handwerkskammer ein zentrales Organ für die Interessenvertretung besteht, wozu sollten die Handwerker sich dann noch ergänzend dazu in Parallelorganisationen auf privatrechtlicher Basis zusammenschließen?"
195 Entsprechend können private Interessenverbände auf gewerblichen Gebiet, von Art. 9 I GG geschützt, ohne weiteres neben den Wirtschaftskammern gegründet werden, was bekanntlich auch geschieht, *Jahn* 2002a, S. 436; *Stober* 2001, S. 398 f.

oben bereits ausgeführt, geschieht dies, auch wenn sie die Interessen ihrer Mitglieder vertreten, weil sie das Gesamtinteresse ihrer Mitglieder objektiv darstellen und so dem Staat ein objektives Bild vermitteln sollen.[196] Entsprechendes gilt für die anderen Aufgaben. Diese unterschiedliche Zwecksetzung von öffentlichen und privatrechtlichen Verbänden war dem Verfassunggeber trotz der Korruption dieses Unterschiedes im Dritten Reich aufgrund der langen, bis in die Weimarer Zeit hineinreichende, Tradition der öffentlichen Körperschaften bewußt.

Deshalb verfängt auch ein folgenorientiertes Argument nicht, demzufolge die Unterscheidung des Schutzes vor privatrechtlicher Vereinszugehörigkeit in Art. 9 I GG und vor öffentlich-rechtlicher Zwangsmitgliedschaft in Art. 2 I GG die Form der Grundrechtsgewährleistung in die Hand des Gesetzgebers legen würde.[197] Danach könnte der Gesetzgeber durch die Wahl der öffentlichen oder privaten Organisationsform bestimmen, welchem Schutzbereich das Abwehrverlangen des Bürgers gegenüber öffentlichen Zwangsverbänden unterfiele. Das verkehrt jedoch die Intentionen des Gesetzgebers: Er organisiert eine Aufgabe nicht durch einen öffentlich-rechtlichen Zwangsverband, um ihre Erfüllung vor dem insoweit schrankenlos gewährten Grundrecht[198] der Vereinigungsfreiheit zu „retten". Vielmehr wählt er sie, weil sie ihm nur auf diese Weise realisierbar erscheint. Erweist sich diese Annahme als willkürlich, scheitert sie im Rahmen der Verhältnismäßigkeitsprüfung bei der Beschränkung der allgemeinen Handlungsfreiheit ebenso wie bei Art. 9 I GG.[199]

Mit der Regelung des Art. 9 GG, bei deren Entstehung ausdrücklich ein Absatz über das Verbot von Zwangsmitgliedschaften gestrichen wurde, ohne daß dies Auswirkungen auf den Schutz vor privaten Zwangsvereinigungen haben sollte,[200] hat der Verfassunggeber vielmehr deutlich gemacht, daß die negative Seite dieses Freiheitsrechts von seinem Schutz mit umfaßt sein sollte. Dabei ist er davon ausgegangen, daß sich Art. 9 I GG in beiden Dimensionen nur auf privatrechtliche Vereinigungen beziehen sollte. Danach dient Art. 9 I GG erstens dem Schutz des Einzelnen, sich mit anderen frei zu vereinigen oder dies nicht zu tun. Zweitens enthält er in institutioneller Perspektive[201] eine Garantie des Marktmechanismen folgenden freien Vereinswesens und seiner freien Gruppenbildung,[202] der Konkurrenz dieser Verbände untereinander und um Mitglieder, die ihnen frei beitreten oder aus ihnen austreten können. Dabei können die Vereinigungen diejenigen Ziele verfolgen, die nicht mit anderen Verfassungsgütern kollidieren. Nicht erfaßt sind aber

---

196 *Löwer* 2000, S. 95, 97.
197 *Schöbener* 2000, S. 402 f.; Maunz/Dürig-*Scholz* Art. 9, Rn. 90: „Der gesetzgeberische Kompetenztitel zugunsten einer bestimmten ‚öffentlichen Aufgabe' wird gleichzeitig zum grundrechtlichen Grenzmaßstab – ein klassischer Zirkelschluß". Zustimmend GG-Kommentar Dreier-*Bauer* Art. 9, Rn. 42. – Diese Ansicht verkennt zudem, daß der Gesetzgeber zwar eine Angelegenheit zur öffentlichen Aufgabe machen kann; ob dies aber legitim ist, ob also ein besonderes Interesse daran besteht, ist ein unabhängiger Maßstab, an dem seine Entscheidung gemessen wird.
198 Die Schranke des Art. 9 II GG ist hier nicht einschlägig, zu Inhalt und Umfang von Art. 9 II GG als Schranke: GG-Kommentar Dreier-*Bauer* Art.9, Rn. 49 f.
199 In diesem Sinne auch v. Mangoldt/Klein/Starck-*Starck* Art. 2, Rn. 125.
200 *BVerfG* NVwZ 2002, S. 336.
201 A. A.: v. Münch/Kunig-*Löwer* Art. 9, Rn. 22; Maunz/Dürig-*Scholz* Art. 9, Rn. 26.
202 *Erichsen* 1989, § 152 Rn. 71.

D. Die Körperschaft des öffentlichen Rechts und ihre Umwelt   643

die staatlich ins Leben gerufenen oder anerkannten Verbände, die in koordinierter Weise unter staatlicher Aufsicht dem Gemeinwohl zu dienen verpflichtet sind.

(b.) Weitere Grundrechte

Vorgeschlagen wurde auch noch, daß die Zwangsmitgliedschaft in einer Personalkörperschaft der wirtschaftlichen oder freiberuflichen Selbstverwaltung das Grundrecht der Berufsfreiheit aus Art. 12 GG betreffen könnte.[203] Hier muß aber zwischen der Begründung der Pflichtmitgliedschaft und den Maßnahmen der Körperschaft unterschieden werden. Standesrichtlinien und ähnliche disziplinierende Maßnahmen betreffen den einzelnen sicherlich in seinem Beruf. Die Pflichtmitgliedschaft selbst knüpft jedoch zwar an die Berufstätigkeit oder das Gewerbe an, hat als solche aber keine berufsregelnde Tendenz.[204] Einen Sonderfall stellte es dar, daß die Scientology-Organisation – ungeachtet der abzulehnenden Frage ihrer Religionseigenschaft – erfolglos versucht hatte, unter Berufung auf Art. 4 I GG gegen ihre Pflichtmitgliedschaft in der IHK vorzugehen.[205]

Dasselbe dürfte auch hinsichtlich der Eigentumsfreiheit des Art. 14 GG, insbesondere auch bei Realkörperschaften gelten. Das BVerwG hat auch einen Eingriff in den Schutzbereich der Meinungsfreiheit durch die Interessenvertretungsfunktion der Kammern abgelehnt, weil dem einzelnen Mitglied die Artikulation entgegenstehender Auffassungen unbenommen bleibt und keine weitergehende Identifikation verlangt wird.[206] Die Ersetzung der selbständigen Verwaltung der Fischereirechte der Fischereiberechtigten durch Beteiligungsrechte an der Fischereigenossenschaft wurde hingegen vom BVerfG als verfassungsrechtlich gerechtfertigte Inhalts- und Schrankenbestimmung angesehen.[207]

(c.) Art. 2 I GG Allgemeine Handlungsfreiheit

Zuzustimmen ist daher der Auffassung von BVerwG und BVerfG, daß die Freiheitsbeschränkung durch die unfreiwillige Zugehörigkeit zu einem öffentlich-rechtlichen Verband von der allgemeinen Handlungsfreiheit des Art. 2 I GG in ihrer negativen Dimension erfaßt wird. Art. 2 I GG schützt den einzelnen davor „von ‚unnötigen' Körperschaften in Anspruch genommen zu werden".[208]

---

203 Dafür etwa v. Mangoldt/Klein/Starck-*Manssen* Art. 12, Rn. 213, jedoch ohne Begründung.
204 *BVerfGE* 10, S. 354 ff. (363); 32, S. 54 ff. (63 f.) – Betriebsbetretungsrecht; 41, S. 231 ff. (241); *Löwer* 2000, S. 96; *Schöbener* 2000, S. 384; *Jahn* 2000, S. 130; *Hatje/Terhechte* 2002, S. 1850, die auf europarechtliche Folgeprobleme der Anwendung dieses Deutschengrundrechts hinweisen.
205 *VG Frankfurt* v. 17.03.2000, GewArch 2000, S. 332.
206 *BVerwG* NJW 1998, S. 3510 ff. (3512); *Jahn* 2000, S. 130.
207 *BVerfGE* 70, 191 ff. (209) – Fischereibezirke; *OVG Magdeburg* DVBl. 2001, S. 1876: innerhalb der Sozialbindung des Eigentums, kein Eingriff in die Berufsfreiheit; *BGH* NJW-RR 2004, 1282 f. (1283).
208 *BVerwG* NJW 1998, S. 3510 ff. (3511).

(2.) Eingriff

Während dies für die Zugehörigkeit zu einer Gebietskörperschaft abgelehnt wird, ist die Frage umstritten, ob die Begründung der Pflichtmitgliedschaft einen Eingriff darstellt.

Entgegen anderslautenden Stimmen in der Literatur[209] geht die h.M. zu Recht von einem Eingriff in Grundrechte durch die Pflichtmitgliedschaft aus. Das legen auch empirische Befunde nahe. Einer Unternehmerumfrage von „MIND-Mittelstand in Deutschland" im Bereich der IHKn zufolge ist die Zufriedenheit mit der Arbeit der Kammern in den letzten Jahren gestiegen. Die Ablehnung der Pflichtmitgliedschaft liegt hier jedoch bei 2/3 der Befragten und beträgt auch im Bereich der Handwerkskammern über 50 %.[210] Im Zentrum der Kritik steht die Pflicht zur Beitragszahlung.[211]

Nicht gefolgt ist das BVerfG auch einem Ansatz von *Kluth*, den mit der Pflichtmitgliedschaft eingeräumten status activus innerhalb der öffentlichen Verwaltung als lediglich begünstigend anzusehen, als Erweiterung der Einflußmöglichkeiten, und hiervon die Mitgliedschaftspflichten als nicht notwendige Folge abzulösen.[212] Der begünstigende Aspekt der Pflichtmitgliedschaft ist in der Tat wichtig. Es war bei der Begründung der autonomen Legitimation bereits darauf hingewiesen worden, daß dem Bürger hier ein Moment der Selbstbestimmung innerhalb der öffentlichen Verwaltung geschaffen wird. Die von Kluth vorgenommene Trennung von begünstigendem Statuserwerb und belastenden Mitgliedschaftspflichten ermöglicht auch sicherlich eine differenzierte grundrechtliche Beurteilung der mit der Mitgliedschaft verbundenen Vor- und Nachteile. Sie vernachlässigt jedoch erstens, daß die mit der Pflichtmitgliedschaft verbundene Begünstigung gewissermaßen eine „aufgedrängte Bereicherung" ist. Denn der einzelne wird, ganz abgesehen von finanziellen Nachteilen, allein dadurch in seiner Entscheidungsfreiheit beschränkt, daß er nicht frei darüber entscheiden kann, ob er diese Begünstigung annehmen

---

209 *Hellermann* 1993, S. 188 ff.
210 Vgl. unter http://www.mind-mittelstand.de/studie/pdf/gesamt.pdf. Hatten sich noch 1999 30,8 % der Entscheider in Unternehmen, die Mitglieder in der IHK sind für die Beibehaltung und 68,3 für ihre Abschaffung ausgesprochen, so waren 2001 32,7 % für die Beibehaltung und 67,1 % für die Abschaffung der Pflichtmitgliedschaft. Ablehnung und Zustimmung divergierten aber sehr stark zwischen dem produzierenden Gewerbe (Beibehaltung 41,6 %, Abschaffung 58,4 %) und dem Handel (Beibehaltung 26,7 %, Abschaffung 73,3 %). Das Dienstleistungsgewerbe lag mit 27,1 % für die Beibehaltung und 72,6 % für die Abschaffung in der Mitte. Bei den Handwerkskammern betrugen die Zahlen 1999 für die Beibehaltung 47,6 % und für die Abschaffung 51,6 %, während 2001 48 % der Entscheider für die Beibehaltung und 51,7 % für ihre Abschaffung plädierten. Hier war die Zustimmung zur Pflichtmitgliedschaft im Dienstleistungsgewerbe am höchsten (Beibehaltung 53,2 %, Abschaffung 46,8 %) und wie bei den IHKn beim Handel am geringsten (Beibehaltung 36,4 %, Abschaffung 62 %). Hier machten auch 1,6 % keine Angaben, während diese Ziffer bei allen anderen Gewerben bei 0 % lag. Rund die Hälfte der Entscheider der Unternehmen des produzierenden Gewerbes sprach sich für eine Abschaffung aus (50,3 %). „Mind02", S. 62 f.
211 *Schöbener* 2000, S. 375 f.
212 *Kluth* 1997, S. 306: „Die Begründung der Pflichtmitgliedschaft in einem Träger funktionaler Selbstverwaltung führt zu einer Erweiterung des Rechtskreises der Mitglieder, genauer in ihrem auf die Teilhabe an der Ausübung von Staatsgewalt bezogenen status activus. Sie ist demnach in allgemeinen rechtlichen Kategorien als begünstigend einzustufen. Es kann von einem grundrechtsrelevanten Eingriff nur in Bezug auf die konkreten Pflichten gesprochen werden". vgl. auch *ders.* 1986, S. 720.

möchte oder nicht.²¹³ Die fehlende Exit-Option wird auch in der Organisationstheorie (s. o. Erster Teil, D I, 1, a) durchweg als individueller Nachteil angesehen, der rechtfertigungsbedürftig ist. Aus diesem Grund vermag auch – zweitens – die Ablösung der Beitragsfrage – so sehr sie analytisch sinnvoll ist – normativ nicht zu überzeugen: Das *Entstehen* der Beitragspflicht ist jedenfalls typische Folge der Pflichtmitgliedschaft in der Körperschaft des öffentlichen Rechts.²¹⁴ Teilweise wird sie gar nicht eigens erwähnt, weil sie ihre Grundlage in der Mitgliedschaft besitzt und damit stillschweigend vorausgesetzt wird.²¹⁵ Die Belastung entfällt nicht schon deshalb, weil auch bei privatrechtlichen Vereinigungen regelmäßig Beiträge zu zahlen sind. Dort mag die Beitragshöhe und Mittelverwendung ein Grund zum Austritt sein. Das scheidet bei der Körperschaft aus. Mit der Begründung der Pflichtmitgliedschaft entsteht so die erwartbare Folge eines Mitgliedsbeitrags, gegen den sich das Mitglied nicht wehren kann. Das bedeutet nicht, daß der Beitrag in Grund und Höhe schon durch die Pflichtmitgliedschaft *gerechtfertigt* wäre.²¹⁶ Daß aber keinerlei Beitrag einer Körperschaft gerechtfertigt ist, ist nur vorstellbar, wenn für sie selbst kein legitimer Grund zu finden ist. Gerade bei einer solchen nichtlegitimierten Körperschaft stellt dann aber die Pflichtmitgliedschaft selbst die Belastung dar, nicht erst die Beitragserhebung. Der Unterschied wird auch dadurch verdeutlicht, daß der Beitrag in der Höhe die Mitglieder unterschiedlich treffen kann und in den zuständigen Gremien verhandelt wird. Die Pflichtmitgliedschaft bedeutet einen Eingriff in die allgemeine Handlungsfreiheit des betreffenden Mitglieds.

(3.) Verfassungsrechtliche Rechtfertigung der Pflichtmitgliedschaft

Rechtfertigen läßt sich der mit der Pflichtmitgliedschaft verbundene Eingriff nur dann, wenn die Körperschaft im Interesse des Gemeinwohls besteht und der Eingriff auch im übrigen verhältnismäßig ist. Überschreitet die Körperschaft den Kreis der legitimen Aufgaben, ist der damit verbundene Eingriff in die Grundrechte des betroffenen Mitglieds nicht mehr gerechtfertigt (Verbot der Aufgabenüberschreitung).²¹⁷

(a.) Ziel im Gemeinwohlinteresse

Die Körperschaft verfolgt ein Ziel im Gemeinwohlinteresse, wenn sie eine legitime öffentliche Aufgabe wahrnimmt. Dafür ist nach der bereits vorgestellten Formulierung des BVerfG in jedem Fall zu prüfen, ob an ihrer Wahrnehmung ein gesteigertes Interesse der Allgemeinheit besteht.²¹⁸ Geprüft und bejaht hat das Gericht dieses

---
213 Von ihm wird in einem gewissen Umfang eine „Zwangsidentifikation" verlangt, *Merten* 1989, § 144 Rn. 61; *Pietzcker* 1987, S. 306. Dies bezieht sich aber nicht auf die Identifikation mit der jeweiligen Mehrheitsmeinung der Kammer. Vielmehr ist er frei darin, seine entgegenstehende Ansicht weiter zu vertreten, *BVerwG* NJW 1998, S. 3510 ff. (3512).
214 *BVerwG* NJW 1998, S. 3510 ff. (3511).
215 Feuerich/Weyland-*Feuerich* § 84, Rn. 1.
216 *Kirchhof* 1990, § 88 Rn. 278.
217 Vgl. hierzu bereits oben S. 441 und die Nachweise Fußn. 64.
218 *BVerfGE* 38, S. 281 ff. – Arbeitnehmerkammern. Zuletzt *BVerfG* NVwZ 2002, S. 336; kritisch zur Tauglichkeit des Begriffs der legitimen öffentlichen Aufgabe, *Mronz* 1973, S. 94 f.

Interesse bei den IHKn,[219] den Handwerkskammern, den Kammern der freien Berufe und den Sozialversicherungsträgern.[220] Gemeinsam ist ihnen das öffentliche Interesse daran, daß ein bestimmter Sozialbereich vollständig erfaßt wird, da nur so die öffentliche Aufgabe erfüllt werden kann, sei es daß nur so die Gesamtinteressen erfaßt und gegenüber der Staatsverwaltung objektiv dargestellt werden könne, sonstige Leistungen für die Allgemeinheit erbracht[221] oder daß nur so die Solidargemeinschaft aller Betroffenen begründet werden kann. Bei den Wirtschaftskammern stehen dabei die „Vertretung der gewerblichen Wirtschaft" und die „Wahrnehmung von Verwaltungsaufgaben auf wirtschaftlichem Gebiet" im Vordergrund des Interesses.[222]

Im Bereich der Versicherungspflicht in der Sozialversicherung können also aus dem Sozialstaatsprinzip legitime Ziele abgeleitet werden.[223] Das Solidarprinzip soll hier – aber nicht nur hier – sicherstellen, daß derjenige, der die Vorteile der Körperschaftsleistungen genießt auch zu ihren Lasten beiträgt.[224]

(b.) Geeignetheit der Körperschaften zur Verfolgung der legitimen öffentlichen Aufgaben

Die Pflicht, einem Verband angehören zu müssen, der sein im öffentlichen Interesse liegendes Ziel gar nicht erreichen kann, ist verfassungsrechtlich nicht zur rechtfertigen. Bestritten wurde die Geeignetheit der IHKn zur Repräsentation des Gesamtinteresses der Gewerbetreibenden eines Bezirks angesichts der Heterogenität der Interessen der jeweiligen Gewerbe. Doch geht es bei der Vertretung des Gesamtinteresses gar nicht um Homogenität. Zwar wird eine gewisse Vereinheitlichung Voraussetzung des effektiven Einflusses auf Stellen der staatlichen Verwaltung sein. Sinn der Vertretung des Gesamtinteresses ist aber durchaus eine Einheit der Vielheit.[225]

(c.) Alternativen: Private Verbände, Austrittsmöglichkeiten und Überführung in unmittelbare Staatsverwaltung

Den einzelnen würde es gewiß weniger belasten, könnte die Aufgabe von einem privaten Verband wahrgenommen werden, in den er freiwillig ein- und aus dem er ebenso austreten könnte. In der Tat wäre hierdurch auch dem „Vorrang der freien

---

219 *BVerfGE* 15, S. 235 ff – Pflichtmitgliedschaft IHK.
220 *BVerfGE* 44, S. 70 ff. (89); *BVerwG* 32, S. 308 ff. (311 f.) – studentische Krankenversicherung.
221 vgl. etwa § 18 KrW/AbfG; *BVerfGE* 15, S. 235 ff. (241) – Zwangsmitgliedschaft, *Stober* 2001, S. 395; *Frentzel/Jäkel/Junge/Hinz/Möllering* 1999, § 1 Rn. 14.
222 *BVerfGE* 15, S. 235 ff. (241) – Pflichtmitgliedschaft IHK; *BVerfG* NVwZ 2002, S. 336. Hinzu kommt die „Forderung der Gewerblichen Wirtschaft", *Jahn* 2002a, S. 436.
223 v. Mangoldt/Klein/Starck-*Starck* Art. 2, Rn. 128; *BVerfGE* 38, S. 281 ff. (301) – Arbeitnehmerkammern.
224 *Hendler* 1986, S. 681.
225 Treffend *Möllering* 2001, S. 30: „Ein entscheidender Irrtum der Kritik ist es, daß sie offenbar stets die Vertretung des Gesamtinteresses mit der gebündelten Vertretung gemeinsamer Interessen gleichsetzt. Für letztere wären in der Tat divergierende individuelle Interessen ein unüberbrückbares Hindernis. Nur im wesentlichen gleichlaufende Interessen lassen sich zu einem gemeinsamen Interesse bündeln. Ein Gesamtinteresse läßt sich dem gegenüber auch bilden, wenn unterschiedliche – gegebenenfalls sogar gegenläufige – Interessen vorhanden sind".

D. Die Körperschaft des öffentlichen Rechts und ihre Umwelt   647

Verbandsbildung" entsprochen.[226] Das BVerfG nahm insofern jedoch nur eine Prüfungspflicht des Staates an,[227] keineswegs postulierte es, daß immer privaten Verbänden der Vorzug einzuräumen wäre. Jedenfalls dann ist ein privater Verband kein milderes Mittel im Sinne der Verhältnismäßigkeit, wenn er nicht ebenso geeignet ist, die öffentlichen Aufgaben, die der Zwangsverband erfüllen soll, wahrzunehmen. Wollte man die Aufgaben der Kammern durch privatrechtliche Vereinigungen erfüllen lassen, müßte man sie hinsichtlich der hoheitlichen Funktionen als Beliehene behandeln. Das wäre aber mit einem klaren Partizipationsdefizit verbunden.[228] Bestünden freie Eintritts- und Austrittsmöglichkeiten wie in privaten Verbänden, so stünden die Kammern in der Gefahr durch Austrittsdrohungen mächtiger Mitglieder die Gesamtinteressen nur verzerrt wiederzugeben.[229] Würde sie realisiert, könnten sie kein Abbild aller Angehörigen der Gewerbetreibenden mehr erstellen.[230] Hierzu ist es bei den IHKn auch erforderlich, alle Gewerbetreibenden zu erfassen.[231] Berufliche Standards und ihre Überwachung müßte entweder einem Zertifizierungsmodell oder der staatlichen Lenkung anvertraut werden, wobei der Erfolg bei der ersten Variante ungewiß, bei der zweiten aber durch das Opfer geringerer Beteiligungsmöglichkeiten an der Festsetzung dieser Standards erkauft ist[232] und würde zu einer gerade nicht erwünschten Expansion der staatsunmittelbaren Verwaltung führen.[233] Die Überführung der Aufgabe in unmittelbare Staatsverwaltung ist also kein milderes Mittel.[234]

---

226 E 38, S. 281 (298) – Arbeitnehmerkammern: „Bei echter Konkurrenz der solchen Körperschaften zugedachten Aufgaben mit solchen, die von frei gegründeten Vereinigungen ebensogut erfüllt werden können, kann der in der Pflichtmitgliedschaft liegende Eingriff in die Freiheit des Einzelnen sich als übermäßig, weil nicht unbedingt erforderlich, und deshalb als verfassungswidrig erweisen. Dieses Bedenken ist noch nicht dadurch ausgeräumt, daß durch die Errichtung einer öffentlich-rechtlichen Körperschaft die Gründung eines privatrechtlichen Verbands mit paralleler Zielsetzung rechtlich nicht behindert wird. Es müßte bereits als verfassungswidrig angesehen werden, wenn eine durch staatlichen Hoheitsakt gegründete Körperschaft dem freien Verband eine Tätigkeit, die er im Rahmen seiner Zielsetzung legitimerweise ausübt, faktisch unmöglich machte".
227 E 38, S. 281 (298) – Arbeitnehmerkammern; *BVerfG* NVwZ 2002, S. 336; vgl. auch *Kluth* 2002a, S. 299; *Jahn* 2002a, S. 438.
228 *Stober* 2001, S. 396.
229 *BVerfGE* 15, S. 235 ff: „Der Wert der von den Kammern erarbeiteten Vorschläge und Gutachten beruht einmal in der Unabhängigkeit ihres Urteils, zum anderen auf dem Maße des Überblicks, das die Kammern im Bereich der bei der bedeutenden Sachfrage besitzen. ... Wäre der Beitritt zu einer IHK freiwillig, so hinge die Zusammensetzung der Mitgliedschaft vom Zufall ab. Die Kammern wären auf die Werbung von Mitgliedern angewiesen. Finanzstarke Mitglieder würden sich in den Vordergrund schieben und mit Austrittsdrohungen die Berücksichtigung ihrer Sonderinteressen und -auffassungen zu erzwingen versuchen. Durch Fernbleiben oder Austritt ganzer Gruppen von Handel- und Gewerbetreibenden könnte den Kammern der Einblick in ihre Verhältnisse erschwert oder entzogen werden. In gleichem Maße wäre die Vertrauenswürdigkeit solcher Kammern, ihre umfassende Sachkunde und Objektivität nicht mehr institutionell gesichert". *BVerwG* NJW 1998, S. 3510 ff. (3512); *Löwer* 2000, S. 97; *Stober* 2001, S. 399.
230 *Jahn* 2002, S. 101: Private Verbände haben in ihrer Interessenvertretung andere Ziele als die öffentlich-rechtlichen Kammern.
231 *BVerfG* NVwZ 2002, S. 337.
232 Gegenüber den Mitgliedern wird so staatliche Bevormundung verhindert, *Jahn* 2002, S. 101.
233 *BVerfG* NVwZ 2002, S. 335 ff. (337); *Stober* 2001, S. 399.
234 *BVerfG* NVwZ 2002, S. 335 ff. (337): „Zugleich hat die Pflichtmitgliedschaft eine freiheitssichernde und legitimatorische Funktion, weil sie auch dort, wo das Allgemeininteresse einen gesetzlichen Zwang verlangt, die unmittelbare Staatsverwaltung vermeidet und statt dessen auf die Mitwirkung der Betroffenen setzt". Vgl. auch *Kluth* 1997, S. 327 f.; Anders *Hellermann* 1993, S. 87. Zu bedenken ist auch, daß die Überführung in eine Staatsaufgabe die Lasten für die Erbringung der Allgemeinheit auferlegen würde, obwohl nur ein Teil regelmäßig von ihr profitieren könnte, *Pietzcker* 1987, S. 306; *Jahn* 2002a, S. 437.

Als unzulässig, weil den gesetzgeberischen Spielraum unangemessen verkürzend sieht es das BVerfG auch an, die Aufgaben aufzuspalten in solche, die die Kammern legitimer Weise ausführen dürfen, und andere, damit zusammenhängende, die auch der Staat selbst oder Private erfüllen könnten.[235] Serviceleistungen müssen also in engem Zusammenhang zu den Kammeraufgaben stehen[236] und dürfen ihre Erledigung nicht beeinträchtigen.[237]

Bei der Pflichtversicherung stellt die Möglichkeit freiwilliger, privater Versicherung keine gleich geeignete Alternative dar um die sozialstaatlich gewollten Effekte des Risikoausgleichs zu erzielen.[238]

(d.) Zumutbarkeit der Pflichtmitgliedschaft

Die Angemessenheit der Zwangsmitgliedschaft zur Erfüllung der legitimen Aufgabe läßt sich nicht nur anhand der Nachteile, die dem einzelnen durch die typischerweise mit der Pflichtmitgliedschaft verbundenen Beitragspflicht entstehen, beurteilen.

Das BVerfG hat in seiner Entscheidung zum Lippeverbandsgesetz,[239] die Ausstrahlungswirkung auf andere Selbstverwaltungsträger besitzt, im Rahmen der Zumutbarkeit insbesondere auch Kompensationsmöglichkeiten des Mitglieds gegenüber Benachteiligungen in Rechnung gestellt. Gerade hierin zeigt sich das besondere Potential der Körperschaft des öffentlichen Rechts, durch besondere Teilhabemöglichkeiten die besonderen Nachteile, die den Mitgliedern gegenüber Nichtmitgliedern entstehen, ausgleichen zu können.[240] Bei der Diskussion einiger Rational-Choice-Ansätze in der Organisationstheorie war herausgearbeitet worden, daß Organisationen eine fehlende faktische oder rechtliche Exit-Option durch Verstärkung der Möglichkeiten des einzelnen, in der Organisation seine Interessen vertreten zu können, kompensieren müssen, um legitim zu bleiben. In Weiterführung von an die Systemtheorie angelehnter Überlegungen war ferner erwogen worden, daß eine durch Partizipationsstrukturen differenzierte Organisation autonome Legitimationsleistungen selbst erbringen kann, die ihr sonst aus ihrer Umwelt zufließen. Diese Möglichkeit hatte sich bei der Analyse der Binnenstruktur der Körperschaft bestätigt. Beide Argumente kommen nun zum Tragen und stützten die Überlegungen des BVerfG bei der Angemessenheit der Zwangsmitgliedschaft. Einerseits betont das Verfassungsgericht das der fehlenden Exit-Option korrespondierende Recht des einzelnen, die Aktivitäten der Körperschaft im Hinblick auf die Einhaltung der ihr gestellten legitimen öffentlichen Aufgaben kontrollieren zu können.[241] Gerechtfertigt ist mithin die Körperschaft im Sinne des oben

---

235 *BVerfG* NVwZ 2002, S. 337; *Jahn* 2002a, S. 436.
236 Vgl. etwa § 1 I IHKG: „Förderung der gewerblichen Wirtschaft".
237 *Kluth* 2002a, S. 299; *Schöbener* 2000, S. 413 f.; *Stober* 2001, S. 400.
238 v. Mangoldt/Klein/Starck-*Starck* Art. 2, Rn. 128.
239 DÖV 2003, S. 678 ff.
240 Prägnant dazu auch *Klein* (1957, S. 152 f.): „Lieber mitmachen und die Sache in die eigenen Hände nehmen, als abseits stehen und sich mit staatlichen Zwangsmaßnahmen abfinden müssen".
241 *BVerfG* NVwZ 2002, S. 335 ff. (337): „Die Beeinträchtigung des einzelnen Gewerbetreibenden durch die Pflichtmitgliedschaft bedeutet keine erhebliche Einschränkung der unternehmerischen Handlungsfreiheit. Zu berücksichtigen ist dabei vor allem, daß die Pflichtmitgliedschaft den Kammerzugehörigen

D. Die Körperschaft des öffentlichen Rechts und ihre Umwelt 649

in Fortsetzung institutionalistischer Organisationstheorien in Verknüpfung mit
Bruggers Drei-Säulen-Modell des Gemeinwohls vorgeschlagenen Rechtfertigungsmodells von Organisationen zunächst dann, wenn ihre Grenzen klar bestimmt und einklagbar sind.[242] Mangels legitimationsbedürftigen Eingriffs gilt diese Klagemöglichkeit aber nicht gegenüber der Mitgliedschaft in Gebietskörperschaften.[243] Das Gericht hebt andererseits die freiheitssichernde Funktion der Teilhabe der Mitglieder der Körperschaft an ihren Entscheidungen hervor. So können die Nachteile der unfreiwilligen Mitgliedschaft durch Teilhabe an der Autonomie der Organisation bei der Verwaltung ihrer Angelegenheiten kompensiert werden. Gerechtfertigt ist die Körperschaft danach prozedural, wenn der Pflichtmitgliedschaft gesteigerte Partizipationsmöglichkeiten des Mitglieds korrespondieren.[244]

Mit seinen jüngsten Nichtannahmebeschlüssen von Verfassungsbeschwerden zur Pflichtmitgliedschaft in den IHKn und anderen Körperschaften des öffentlichen Rechts hat das BVerfG zugleich deutlich gemacht, daß sich an der sozialen Situation nichts Entscheidendes geändert hätte, das einen Wandel der Verfassungsauslegung (kurz auch als „Verfassungswandel" bezeichnet)[245] erfordern würde.[246]

gg. Die Pflichtmitgliedschaft in den kassenärztlichen Vereinigungen

Während die Pflichtmitgliedschaft der Gewerbetreibenden und der Angehörigen der freien Berufe in den Kammern der Vertretung des Gesamtinteresses und der Erfüllung bestimmter dezentralisierter Verwaltungsaufgaben dient und auch die Mitgliedschaft in der bayerischen Ärzteversorgung allenfalls Nebenaspekte des Berufs betrifft,[247] geht es bei der Pflichtmitgliedschaft der Leistungserbringer der gesetzlichen Krankenversicherung (§ 77 III SGB V) in den kassenärztlichen Vereinigungen

---

zum einen die Chance zur Beteiligung und Mitwirkung an staatlichen Entscheidungsprozessen eröffnet, dabei aber zum anderen ihnen die Möglichkeit offen läßt, sich nicht aktiv zu betätigen. Zugleich hat die Pflichtmitgliedschaft eine freiheitssichernde und legitimatorische Funktion, weil sie auch dort, wo das Allgemeininteresse einen gesetzlichen Zwang verlangt, die unmittelbare Staatsverwaltung vermeidet und statt dessen auf die Mitwirkung der Betroffenen setzt". Das läuft nicht, wie *Hellermann* (1993, S. 187 f.) meint, auf eine Popularklage hinaus. Das einzelne Mitglied wird vielmehr selbst durch die Verfolgung eines Ziels, das nicht eine legitime Aufgabe der Körperschaft belastet, insbesondere weil seine Beiträge in dieser Hinsicht zweckentfremdet werden (*Pietzcker* 1987, S. 306). Zum Problem der Beitragsverweigerung in einzelnen Fällen eines Sonderbeitrags (*Hellermann* 1993, S. 189, *Werner* 1999, S. 224 f.: nicht aufgrund von Treu und Glauben, Selbsthilfe oder aus anderen Gründen; auch *Dettmeyer* 1999, S. 3371) oder einer dauerhaften Überschreitung der Aufgaben: *Mußgnug* 1989, S. 687 f.
242 Die öffentlichen Aufgaben der Körperschaft müssen so gesetzlich so klar festgelegt werden, daß Übergriffe in die Grundrechtssphäre der Mitglieder verhindert werden bzw. identifizierbar und im Klagewege verhinderbar sind, v. Mangoldt/Klein/Starck-*Starck* Art. 2, Rn. 126.
243 *Meßerschmidt* 1990, S. 85.
244 Daß das Gericht mit der Formulierung, die Mitgliedschaft eröffne dem Mitglied eine „Chance zur Beteiligung und Mitwirkung an staatlichen Entscheidungsprozessen", deren „freiheitssichernde und legitimatorische Funktion" hervorgehoben wird, muß aber nicht, wie *Kluth* (2002, S. 300) meint, auf eine *demokratische* Legitimation und einen Zusammenhang von Selbstverwaltung und Demokratieprinzip hindeuten. Es hebt damit jedoch die Bedeutung für eine *autonome*, freiheitsfundierte Legitimation hervor.
245 Vgl. hierzu *Kirste* 1998, S. 424 f.
246 *BVerfG* NVwZ 2002, S. 337; *BVerwG* NJW 1999, S. 2292 ff. (2294); *Jahn* 2002, S. 100; *ders.* 2000, S. 130.
247 *BVerfGE* 10, S. 354 ff. (362 f.) – Ärzteversorgung.

um zentrale Aspekte ihrer Tätigkeit.[248] Hier werden die Ärzte an der Ausarbeitung hoheitlicher, satzungsmäßiger Regelungen der Leistungserbringung durch Richtlinien und Verträge mit den Krankenkassen sowie an der gemeinsamen Bedarfsplanung beteiligt, sollen gemeinsam mit den Krankenkassen über die Zulassung der Ärzte entschieden, die Wirtschaftlichkeit ihrer Geschäftsführung kontrollieren und das Gesamtentgelt unter den Leistungserbringern nach einem mit den Krankenkassen vereinbarten Verteilungsmaßstab aufgeteilt werden.[249] Die Pflichtmitgliedschaft zielt hier auf die Regelung der Art und Weise der Berufsausübung der Ärzte und hat somit eine berufsregelnde Tendenz. Prüfungsmaßstab ist also Art. 12 I GG.

Bieback hat hier mit teilweise überzeugenden Argumenten die Erforderlichkeit der Pflichtmitgliedschaft in der kassenärztlichen Vereinigung in Frage gestellt: Das Regelungsziel der Einheitlichkeit und Verbindlichkeit von Vertragssicherung und Qualitätssicherung kann durch entsprechend ausgestaltete Gesamtverträge nach dem Tarifvertragsmodell und eine Art Allgemeinverbindlicherklärung erreicht werden, ohne daß es einer Pflichtmitgliedschaft der Ärzte bedürfte.[250] Bei dem Regelungsziel „Verteilung der Vergütung" unter den Kassenärzten stellt sich die Frage, ob nicht schon die Tätigkeitsprofile so unterschiedlich sind (vgl. etwa die Behandlung von Gesprächsleistungen), daß eine gleichmäßige Verteilung der budgetierten Gesamtvergütung diesen Differenzierungen nicht gerecht werden kann.[251] Soweit Bieback auch die Bedarfsplanung und die Zulassung als milderes Mittel in die Hand der Vertragspartner bzw. der gesetzlichen Krankenkassen legen will, sind jedoch Zweifel angebracht. Eine partielle Einbeziehung der Ärzte in die Selbstverwaltung der Krankenkassen zur Entscheidung über sie betreffende Fragen würde noch stärkere Legitimationsprobleme mit sich bringen, als sie schon bei der „gemeinsamen Selbstverwaltung" der Bundesausschüsse bestehen. Legitimationsprobleme würden vor allem deshalb entstehen, weil zwar Zulassungsfragen „nur" die Berufsausübung regeln, jedoch tiefgreifende Eingriffe in die Berufsfreiheit darstellen.[252] Ferner wird von *Kluth* zu Recht auf die Notwendigkeit der Schaffung einer Art „Waffengleichheit" der Kassenärzte gegenüber den öffentlich-rechtlichen Kassen hingewiesen.[253] Angesichts der bei der Zulassung ebenfalls zu berücksichtigenden hohen Bedeutung der Gesundheitsversorgung der Bevölkerung („besonders wichtiges Gemeinschaftsgut")[254] und der Bedeutung der Zulassung auch für die Kostendämpfung und damit die Stabilität der gesetzlichen Krankenkassen erscheint ein privatrechtliches Vertragsmodell kein gleich geeignetes Mittel. Neo-korporatistischer Modelle besitzen zwar Vorteile bei der Implementation von hoheitlichen Entscheidungen, bringen zugleich aber auch Defizite bei der Steuerung

---

248 *Bieback* 1997a, S. 394 ff.; unzutreffend erscheint daher die unter pauschalem Verweis auf die Rechtsprechung des BVerfG zu den berufsständischen Körperschaften erfolgende Prüfung der Verfassungsmäßigkeit der Kassenärztlichen Vereinigungen anhand des Maßstabs von Art. 2 I GG, so aber *Kluth* 2003, S. 124.
249 *Bieback* 1997, S. 12; *Bogs* 1997, S. 28 f.
250 *Bieback* 1997, S. 13 f.
251 *Isensee* 1995, S. 345.
252 *BVerfGE* 103, S. 172 ff. (183) – Altersgrenze für Kassenärzte.
253 *Kluth* 2003, S. 124.
254 *BVerfGE* 103, S. 172 ff. (184) – Altersgrenze für Kassenärzte.

der Erfüllung von wichtigen Aufgaben im Gemeinwohlinteresse mit sich. Sie stellen hier keine gleich geeignete Alternative dar.[255] Ein öffentlich-rechtlicher Verband, der unter der staatlichen Aufsicht den Betroffenen transparente Einflußchancen auf die Körperschaftsentscheidungen vermittelt, erscheint danach hinsichtlich der Bedarfsplanung gerechtfertigt. Schließlich streitet auch das Regelungsziel einer objektiven Repräsentation des Berufsstandes wie bei den Kammern für die Pflichtmitgliedschaft der Vertragsärzte in den Kassenärztlichen Vereinigungen.[256] Anders als bei den Kammern der wirtschaftlichen Selbstverwaltung geht es hier allerdings nicht um eine Vertretung des Gesamtinteresses des Berufsstandes. Vielmehr sprechen die sehr unterschiedlichen Tätigkeitsprofile der verschiedenen Heilberufe und die erwähnten Schwierigkeiten bei der Honorarverteilung[257] dafür, hier nicht zu große und heterogene Vereinigungen zu bilden. Zudem ließe sich auch an die Bildung von „Teilkörperschaften" denken.[258]

III. Die Kontrolle der Körperschaft des öffentlichen Rechts

Die Körperschaft des öffentlichen Rechts ist Kontrollen innerhalb des Funktionssystems der Verwaltung sowie externen Kontrollen unterworfen. Diese Kontrolle treten zu den oben (C II 1 c bb) angesprochenen körperschaftsinternen Kontrollen der Organe untereinander hinzu. Zur Kontrolle innerhalb des Funktionssystems der Verwaltung gehört insbesondere die Staatsaufsicht, zur externen die verwaltungsgerichtliche Kontrolle. Die Kontrolle der Körperschaft des öffentlichen Rechts dient der Überwachung der Grenzen ihrer rechtlichen Verselbständigung und der Unterstützung darin, von ihr mit der Selbstverwaltung eingeräumten Eigenverantwortlichkeit Gebrauch zu machen. Diese Aufsicht stellt so die funktionale Einheit der Verwaltung und die darüber vermittelte rechtsstaatliche und demokratische Legitimation trotz der organisatorischen Selbständigkeit sicher.[259] Sie geschieht mithin im öffentlichen Interesse der Koordination der Körperschaft mit anderen Organisationen im Funktionssystem der Verwaltung und der Abgrenzung und Sicherung gegenüber anderen Sozialsystemen. Wenn die Koordination mit der unmittelbaren Staatsverwaltung sich so weit verdichtet, daß die Körperschaft Aufgaben in deren Auftrag wahrnimmt, treten zu diesen beiden Kontrollformen noch besondere Ingerenzbefugnisse in Form von Weisungen hinzu, die zumeist als „Fachaufsicht" beschrieben werden.

---

255 Anders aber *Bieback* 1997, S. 2 f. Das schließt nicht aus, daß sie in anderen Bereichen der Regelung der Leistungserbringung sinnvoll sein können (*ders.* 1997, S. 4 f.).
256 Auf diese Weise kann eine gegenüber der staatlichen Verwaltung freiheitlichere Organisation gebildet werden, *Kluth* 2003, S. 124.
257 *Isensee* 1995, S. 337 f.
258 *Bieback* 1997, S. 17 f. u. 21 f.
259 *Hoffmann-Riem* 2001, S. 364; *Stober* 1996, S. 149: „Die Rechtsaufsicht ist notwendige Bedingung und Folge der eigenverantwortlichen kommunalen Selbstverwaltung im Rahmen mittelbarer Staatsverwaltung".

Als externer Kontrolle ist die Körperschaft der Finanzaufsicht durch den Rechnungshof[260] und der verwaltungsgerichtlichen Kontrolle unterworfen.[261] Zum Schutz der mit dem Handeln der Körperschaft konfrontierten Bürger (Art. 19 IV GG) müssen seine subjektiven Rechte gegenüber den Befugnissen der Körperschaft einer verwaltungsgerichtlichen Kontrolle unterworfen werden können. Diese unterschiedlichen primären Zielsetzungen von interner und externer Kontrolle verdeutlichen bereits, daß die Aufsicht ein anderes Kontrollziel besitzt als die verwaltungsgerichtliche Kontrolle[262] – nämlich im öffentlichen Interesse erfolgt – und daher dieser gegenüber nicht subsidiär ist.[263]

1. Die Staatsaufsicht als Rechtsaufsicht[264]

Aufsicht ist die laufende Bestätigung der funktionalen Einheit der Verwaltung angesichts ihrer organisatorischen Ausdifferenzierung.[265] *Kahl* bestimmt in seiner Arbeit die Aufsicht zusammenfassend: „Staatsaufsicht ist die im Rahmen eines Rechtsverhältnisses erfolgende, als gestuftes Verfahren zu begreifende Verwaltungstätigkeit von Staatsbehörden, die darauf abzielt, im öffentlichen Interesse die Funktionsfähigkeit grundsätzlich koordinierter verselbständigter Verwaltungseinheiten durch Schutz, Förderung und Vermittlung zu sichern sowie das Verhalten der verselbständigten Verwaltungseinheiten in kooperativ-partnerschaftlichem Geist zu beobachten, auf seine Vereinbarkeit mit einem vorgegebenen Richtmaß hin zu überprüfen und erforderlichenfalls zu berichtigen".[266] Sie aktualisiert insofern die gesetzlich vorgezeichnete Koordinierung der verselbständigten Verwaltungseinheiten mit der unmittelbaren Staatsverwaltung.[267] Ihr Grund ist mithin die äußere Selbstverwaltung im Sinne der Möglichkeit eigenverantwortlichen Entscheidens der juristischen Person des öffentlichen Rechts.[268] Sie wird aber in ihrer Intensität modifiziert durch die unterschiedlichen Möglichkeiten der Selbstkontrolle der verschiedenen Formen der Selbstverwaltungsträger. Sofern die Selbstverwaltung aber Ausdruck

---

260 *Kopp* 1992, S. 45; *Schmidt-Aßmann* 2001a, S. 20 f.;
261 *Schmidt-Aßmann* 2001a, S. 22 f.
262 *Kopp* 1992, S. 106.
263 *Schröder* 1986, S. 375; *Gern* 2003, Rn. 804. Anders aber *Schnapp* 1971, S. 483, der von einem Funktionswandel der Staatsaufsicht angesichts der Rechtsschutzmöglichkeiten des Einzelnen gegenüber der Verwaltung und ihrer Reservefunktion diesen gegenüber spricht: „Die Konsequenzen, die nun zu ziehen sind, bestehen in der Erkenntnis, daß überall dort, wo der einzelne in der Lage ist, seine Rechte gegenüber der beaufsichtigten Körperschaft durchzusetzen, die Aufsicht bei einem Eingreifen ihre Funktion verfehlt". Doch erschöpft sich das öffentliche Interesse nicht „in der Gewährung des subjektiven öffentlichen Rechts an den einzelnen" (so aber *Schnapp* 1971, S. 484), sondern erstreckt sich auf die rechtlichen Grundlagen des Funktionierens eigenverantwortlicher Selbstverwaltung.
264 *Salzwedel* 1965, S. 216 nennt sie auch „Staatsaufsicht im engeren Sinn", von der er die „Staatsaufsicht im weiteren Sinne", die auch die Aufsicht im übertragenen Wirkungskreis erfaßt, abgrenzt.
265 *Kahl* 2000, S. 569 spricht auch von „Rückanbindungsfunktion". *Schmidt-Aßmann* 2001a, S. 37: „Garant notwendiger ,Einheit der Verwaltung'" vgl. auch *ders.* 1998, S. 221 ff.; *Horst Dreier* (1991, S. 287 f.) hebt das Spannungsverhältnis zwischen der Mannigfaltigkeit der Verwaltungsträger und der Gesamtheit der Verwaltung hervor, die die Aufgabe der Aufsicht begründen.
266 *Kahl* 2000, S. 528.
267 Zur Koordinationsfunktion auch *Burgi* 2002, § 52 Rn. 40; *Schröder* 1986, S. 371.
268 Sie ist daher nicht auf Körperschaften des öffentlichen Rechts beschränkt, sondern erfaßt alle Selbstverwaltungsträger, *Salzwedel* 1965, S. 212.

D. Die Körperschaft des öffentlichen Rechts und ihre Umwelt   653

der Verwirklichung der Grundrechte ist, kann sie erheblich reduziert sein.[269] Geht man von dieser gemeinsamen Grundlage der Staatsaufsicht aus, kann dann entsprechend der jeweiligen Herleitungen der Selbstverwaltung auch hinsichtlich der Aufsicht differenziert werden.[270] Diese Grundlage ist um so wichtiger, als verschiedene Organisationsgesetze der Körperschaften keine (IHKn)[271] oder nur unzureichende Regelungen über die Aufsicht bzw. die Aufsichtsmittel enthalten (HWKn). In diesen Fällen ist dann die Möglichkeit eines differenzierten Rückgriffs auf die allgemeinen Regeln der Aufsicht von Bedeutung.[272] Es ist zwar richtig, daß „kein Verband als öffentliche Körperschaft anerkannt werden kann, der nicht der besonderen Staatsaufsicht untersteht"[273]; Aufsicht ist aber kein Spezifikum der Körperschaft des öffentlichen Rechts. Sie teilt die Erforderlichkeit der Überwachung ihrer Tätigkeit vielmehr mit den anderen juristischen Personen des öffentlichen Rechts.

Das BVerfG sieht die Staatsverwaltung nicht als Bestandteil, sondern als Korrelat der Selbstverwaltung an.[274] Es soll gewissermaßen verhindert werden, daß sich die verselbständigten Verwaltungseinheiten weiter verselbständigen, als dies gesetzlich vorgesehen ist.[275] Damit muß es nicht im Widerspruch stehen, wenn von anderen angenommen wird, daß die Staatsaufsicht Grund und Maß in der Selbstverwaltung besitzt.[276] Während die erste Auffassung aber mehr den Überwachungsaspekt hervorhebt, akzentuiert die zweite Ansicht mehr den Schutz der Selbstverwaltung. Beide Konzeptionen von Aufsicht beleuchten aber zwei Seiten derselben Medaille. Selbstverwaltung wird Verwaltungsorganisationen je nach ihrer Aufgabe mal mehr (berufsständische Kammern etwa) und mal weniger (Hochschulen) im öffentlichen Interesse verliehen. Die Aufsicht soll die Körperschaft in der Eigenverantwortlichkeit der Aufgabenwahrnehmung bestärken und unterstützen, soll aber zugleich auch die Einhaltung der gesetzlichen Grenzen überwachen und ggf. durchsetzen. Bedient sich die unmittelbare Staatsverwaltung nur der organisatorisch verselbständigten Verwaltungsträger zur Erfüllung eigener, staatlicher Aufgaben, muß ihr über stärkere Ingerenzbefugnisse die Sicherstellung derselben möglich sein. Es

---

269 *Schröder* 1986, S. 372 f.
270 Was hier nur sehr beschränkt möglich ist. Jedenfalls ist es dann nicht notwendig, auf gemeinsame Grundzüge zu verzichten und nur „sachbereichsspezifische" Aufsichtsregelungen nebeneinander zu stellen. Für eine solche sachbereichsspezifische Betrachtungsweise, *Schnapp* 1994, Rn. 3.
271 Das nach § 12 I Nr. 4 KHKG zuständige Landesrecht beschränkt sich zumeist auf Vorschriften über die Auflösung der Kammern, *Frentzel/Jäkel/Junge/Hinz/Möllering* 1999, § 11 Rn. 12.
272 Für die Lücken im Aufsichtsrecht der Handwerksinnungen vgl. *Musielak/Detterbeck* § 75, Rn. 10 m.w.N. Daß hier eine Lücke vorliegt, ist offensichtlich, da andernfalls die rechtsaufsichtführende Handwerkskammer bei jedem Rechtsverstoß zum Mittel der Auflösung (§ 76 HwO) greifen müßte.
273 *Forsthoff* 1973, S. 490, der aus der Überlegung, daß die Umkehrung dieses Satzes, nämlich daß jeder Verband unter Staatsaufsicht eine öffentliche Körperschaft sei, nicht richtig sei, nicht zugleich schließt, daß das Moment der Staatsaufsicht eben nichts Spezifisches über die Körperschaft aussagt. – Die Aufsicht ist insofern ein Essentiale der Selbstverwaltung, *Kahl* 2000, S. 498.
274 Schon E 6, S. 104 ff. (118) – Kommunalwahl Sperrklausel: „Die Kommunalaufsicht ist nicht ein Element der Selbstverwaltung, sondern ihr Korrelat." stdg. Rspr. *BVerfGE* 78, S. 331 (341); *Salzwedel* 1965, S. 211: „Kehrseite der staatlichen Verleihung des freiheitlichen Selbstverwaltungsstatus"; so auch *Knemeyer* 2000, S. 522; *Gleitze/Krause/von Maydell/Merten-Gleitze* 1992, § 87 Rn. 2: „synallagmatisches Gegengewicht zur Stellung des Versicherungsträgers als rechtsfähiger Körperschaft des öffentlichen Rechts"; das BSG spricht sogar von einem „naturgegebenen Spannungsfeld" zwischen Staatsaufsicht und Selbstverwaltung (BSGE 31, S. 247 ff. [257]).
275 Vgl. etwa *Andrick* 1987, S. 546 f.
276 Sie ist mithin differenziert nach den Formen von Selbstverwaltung, *Schröder* 1986, S. 373.

ist aber nicht das Ziel der Staatsaufsicht, auf diesem Wege „zurückzuholen, was vom Gesetz bewußt und im Einklang mit der Verfassung hinsichtlich der primären Sachzuständigkeit ausgegliedert wurde".[277] Ihre verfassungsrechtliche Begründung speist sich aus dem Grundsatz des Vorrangs von Verfassung und Gesetz (Art. 20 III GG) und dem Demokratieprinzip (Art. 20 II GG).[278] Der institutionelle Gesetzesvorbehalt fordert hier, daß die Grundlagen der Organisation und Tätigkeit der Körperschaft des öffentlichen Rechts nicht nur hinreichend bestimmt sind, sondern auch ihre Einhaltung überwacht wird.[279] Sie ist daher in erster Linie Rechtsaufsicht.

Staatsaufsicht ist, wie oben im allgemeinen verwaltungsorganisationsrechtlichen Teil ausgeführt wurde, zwar Kontrolle innerhalb des Funktionssystems der Verwaltung, aber organisations-externe und damit Fremdkontrolle. So wenig diese Fremdkontrolle gegenüber der auf den individuellen Rechtsschutz gerichteten verwaltungsgerichtlichen Kontrolle grundsätzlich subsidiär ist, so wenig ist sie es aber auch gegenüber der Eigenkontrolle.[280] Zwar verfügt die Körperschaft des öffentlichen Rechts über eine sowohl im Verhältnis zu den anderen Selbstverwaltungsträgern als auch erst recht zu anderen Verwaltungsorganisationen durch Mitwirkungsbefugnisse der Mitglieder besonders ausdifferenzierte Binnenstruktur. Die körperschaftliche Selbstkontrolle in Gestalt der Kontrolle ihres Repräsentationsorgans oder der Vollversammlung über den Vorstand sichert auch den bestimmenden Einfluß der Mitglieder auf die Organisationsentscheidungen. Entscheidend ist aber, daß die Staatsaufsicht zugleich die demokratische Legitimation der Körperschaft sicherstellen soll. So wenig nun die autonome Legitimation der Körperschaft die demokratischen Legitimationsdefizite kompensieren kann, so wenig kann die Selbstkontrolle der Körperschaftsorgane die Staatsaufsicht substituieren. Zu prüfen ist aber, ob die oben im Anschluß an das Lippeverbandsurteil des BVerfG entwickelte These von der grundrechtsrealisierenden Legitimationsverstärkung nicht eine Rücknahme der Aufsichtsintensität rechtfertigen: „Wählt der parlamentarische Gesetzgeber für bestimmte öffentliche Aufgaben die Organisationsform der Selbstverwaltung, so darf er keine Ausgestaltung vorschreiben, die mit dem Grundgedanken autonomer interessengerechter Selbstverwaltung einerseits und effektiver öffentlicher Aufgabenwahrnehmung andererseits unvereinbar wäre".[281] Eine Ausgestaltung der Körperschaft, die dem Grundgedanken autonomer, interessengerechter Selbstverwaltung dient, ist auch die körperschaftsinterne Kontrolle des Vorstandes durch das Repräsentationsorgan in dem die Mitgliedschaftsinteressen repräsentiert oder durch die Vollversammlung in der sie unmittelbar geltend gemacht werden. Die Staatsaufsicht ist hier generell darauf beschränkt, zu prüfen, ob diese Kontrolle

---

277 *Kopp* 1992, S. 60.
278 *Andrick* 1987, S. 551. Teilweise wird noch ein „Selbstverwaltungsprinzip" als Grundlage genannt (*Kahl* 2000, S. 496 f.). Es ist aber durchaus fraglich, ob dieses über Art. 28 II GG hinsichtlich der Gemeinden und Kreise und Art. 5 III GG bei den Hochschulen hinaus eine allgemeine *verfassungsrechtliche* Fundierung besitzt. Wie ausgeführt läßt sich aus den Bestimmungen über die Verwaltungskompetenzen etwa in Art. 87 GG darüber nichts entnehmen. Einfachgesetzlich hat sie aber, wie erwähnt, ihren Sinn in der Erhaltung der Selbstverwaltung in ihrem gesetzlichen Umfang.
279 *Kahl* 2000, S. 504.
280 *Trute* 1994, S. 486 f.
281 *BVerfG* DÖV 2003, S. 679.

D. Die Körperschaft des öffentlichen Rechts und ihre Umwelt   655

die Ziele der Aufsicht verwirklicht. Die Grenzen zur Einmischungsaufsicht[282] der Aufsichtsbehörde sind hier mithin enger gezogen. Wie im umgekehrten Fall des Beanstandungsrechts des Körperschaftsvorstands gegenüber der Versammlung bei rechtswidrigen Beschlüssen die Staatsaufsichtsbehörde nur bei einer Bestätigung des gerügten Beschlusses tätig wird, so sollte sie nach diesem Gedanken bei der Kontrolle der Versammlung erst tätig werden, wenn diese nicht selbst das Ziel der Aufsicht herstellen kann.[283] Um dieses zu überwachen, muß sie aber die erforderlichen Informationsrechte besitzen. Insofern bleibt also auch dann die Staatsaufsicht in Funktion. Mithin bestehen zwar auch bei der Körperschaft keine aufsichtsfreien Räume;[284] die Notwendigkeit ihres Einschreitens kann aber verdrängt werden, wenn die interne Kontrolle die Beachtung des öffentlichen Interesses sicherstellt.[285] Die Staatsaufsicht kontrolliert dann primär die Funktionstüchtigkeit der körperschaftsinternen Kontrolle.

a. Aufgaben der Aufsicht

Während Forsthoff noch den Rechts- und Kompetenzschutz der Staatsaufsicht als ihr Primärziel bezeichnet hatte,[286] besteht inzwischen Konsens, daß dies neben den „Funktionssicherungsfunktionen" im Rahmen einer kooperativen Aufsicht nur ein Aufsichtsziel neben anderen ist.[287] Es geht der Aufsicht mithin nicht nur um die Sicherung der Gesetzesbindung, sondern auch um den Schutz und die Förderung der Körperschaft und ihrer Selbstverwaltung. Verschiedene Gemeindeordnungen heben dies ausdrücklich hervor.[288]

b. Gegenstand der Aufsicht

Neben dem hoheitlichen Handeln der Körperschaft gehört auch ihr schlichtes Verwaltungshandeln zum Gegenstand der Aufsicht. Strittig ist, ob dies auch für das rein privatrechtliche Handeln gelten soll. Die Überprüfung rein privatrechtlichen Handelns der Körperschaften des öffentlichen Rechts ist Grundsätzlich den

---

282 Hierzu schon *BVerfGE* 78, S. 331 ff. (341).
283 Einen grundsätzlichen der „Binnenaufsicht" nimmt *Knemeyer* 2000, S. 521 an
284 *Kahl* 2000, S. 501.
285 *Kahl* (2000, S. 554 f.) stützt den Vorrang der Eigenaufsicht vor der Fremdaufsicht auf das Subsidiaritätsprinzip: „Der Selbstverwaltungskörper muß grundsätzlich stets die Chance zur internen Remedur eingeräumt bekommen, ehe er sich mit externen staatsaufsichtlichen Maßnahmen konfrontiert sieht".
286 *Forsthoff* 1973, S. 491: (1.) Schutz der Mitglieder vor der Verbandsleitung. (2.) Schutz des Verbandes und der Verbandsinteressen gegenüber einem schädigenden Verhalten der Verbandsleitung. (3.) Schutz der Rechtsordnung gegenüber einem rechtswidrigen Verhalten der Verbandsleitung. (4.) Schutz des Staatsinteresses gegenüber einem schädigenden Verhalten der Verbandsleitung. (5.) Die Gewährung einer sachgemäßen Mitarbeit bei der Bewältigung der in den Bereich der mittelbaren Staatsverwaltung fallenden Aufgaben; zustimmend etwa *Kopp* 1992, S. 43.
287 *Kahl* 2000, S. 524 ff.; für die Kommunalaufsicht: *Lübking/Vogelsang* 1998, Rn. 64.
288 § 127 I GO NdS; § 11 der GO NRW: „Die Aufsicht des Landes schützt die Gemeinden in ihren Rechten und sichert die Erfüllung ihrer Pflichten". Und Art. Art. 108 GO Bay: „Sinn der staatlichen Aufsicht. Die Aufsichtsbehörden sollen die Gemeinden bei der Erfüllung ihrer Aufgaben verständnisvoll beraten, fördern und schützen sowie die Entschlußkraft und die Selbstverantwortung der Gemeindeorgane stärken". § 118 GO BW: „Die Aufsicht ist so auszuüben, daß die Entschlußkraft und die Verantwortungsfreudigkeit der Gemeinde nicht beeinträchtigt werden".

Zivilgerichten überantwortet.[289] Die Aufsichtbehörde kann aber die Einhaltung der dabei zu beobachtenden öffentlich-rechtlichen Normen überprüfen.[290] Hierbei wird dann im Rahmen der Rechtsaufsicht von der Aufsichtsbehörde kontrolliert, ob die Körperschaft die ihr gesetzlich obliegenden Verpflichtungen erfüllt hat, die gesetzlich zustehenden Befugnisse nicht überschritten und die gesetzlichen Verfahrensvorschriften beachtet hat.[291] Bei Ermessensentscheidungen sind die Grenzen des Ermessens zu prüfen.[292] Beurteilungsspielräume etwa in Form von Prognoseentscheidungen sind dabei zu berücksichtigen.[293]

c. Zuständige Aufsichtsbehörde, mittelbare Staatsaufsicht

Die Aufsicht sichert die demokratische Legitimation der Körperschaft des öffentlichen Rechts. Sie ist daher regelmäßig Staatsaufsicht und zwar zumeist Landesaufsicht.[294] Nur in Ausnahmefällen führt eine Körperschaft über eine andere Aufsicht, wie bei der Aufsicht der Handwerkskammern über die Handwerksinnungen (§ 75 HwO) und die Kreishandwerkerschaften (§ 89 I Nr. 5 HwO i.V.m. § 75 HwO)[295] und der Landkreise über die kreisangehörigen Gemeinden mit Ausnahme der großen Kreisstädte in Niedersachsen (§ 128 I S. 2 GO).[296] Sie ist dann mittelbare Staatsaufsicht.[297] Die Aufsicht über die Hochschulen ist hingegen auch dann keine staatliche Aufsicht, wenn gesetzlich eine eigene Rechtsaufsicht durch die Hochschulleitung vorgesehen ist.[298] Bei dieser handelt es sich dann um eine Form der Eigenkontrolle, nicht um eine abgeleitete Staatsaufsicht.[299] Diese Zuständigkeiten der Aufsicht sind verfassungsrechtlich weitgehend neutral. Eine Änderung der Zuständigkeiten der Aufsicht berührt die Gemeinden in ihren Rechten erst dann, „wenn zu besorgen ist, daß die grundsätzlich nur zulässige Rechtsaufsicht sich zu einer Einmischungsaufsicht entwickelt oder zur Fachaufsicht sich verdichtet".[300]

---

289 *Kopp* 1992, S. 52. *Lübking/Vogelsang* 1998, Rn. 125: Nur Information und Beratung, Beanstandung und Anordnung nur bei Verletzung öffentlicher Interessen.
290 Weil § 75 HwO keine Einschränkung enthält, soll bei der Aufsicht über die Handwerksinnungen auch eine Überprüfung des rein privatrechtlichen Handelns möglich sein, *Musielak/Detterbeck* § 75 Rn. 4. Anders für die IHKn: *Frentzel/Jäkel/Junge/Hinz/Möllering* 1999, § 11 Rn. 23, die dies allerdings aus dem Grundsatz der Verhältnismäßigkeit herleitet. Im Ergebnis aber ist ihnen aus den oben genannten Gründen zuzustimmen. Da insofern kein Unterschied zu den Handwerkskammern besteht, kommt auch für diese eine Erstreckung der Aufsicht auf die privatrechtlichen Entscheidungen der Kammer nicht in Betracht.
291 Wie es in der Verwaltungsvorschrift zu § 118 GO BW heißt.
292 *Schnapp* 1994, Rn. 69, ohne daß dabei inhaltlich Erwägungen der Aufsichtsbehörde an die Stelle der Ermessenserwägungen der Körperschaft treten dürfen.
293 *Schnapp* 1994, Rn. 72.
294 Für die Kommunen vgl. *Gern* 2003, Rn. 801; *Lübking/Vogelsang* 1998, Rn. 61.
295 Der Staat übt um der Selbstorganisation des Handwerks willen größtmögliche Zurückhaltung bei der Aufsicht über die Handwerksinnungen, *Musielak/Detterbeck* § 75 Rn. 1.
296 *Lübking/Vogelsang* 1998, Rn. 101.
297 *Musielak/Detterbeck* § 75 Rn. 2; *Kopp* 1992, S. 37.
298 *Bethge* 2000, Rn. 90 ff.
299 *Reich* 2002, § 59 Rn. 1; HRG-Denninger-*Lüthje* § 59, Rn. 14 diese Aufsicht der Hochschulleitung begründet die Nachrangigkeit der Staatsaufsicht, die erst eintritt, wenn die körperschaftsinterne Leitung versagt, VG Berlin JZ 1971, S. 615.
300 *BVerfGE* 78, S. 331 ff. (341) – Nordhorn.

D. Die Körperschaft des öffentlichen Rechts und ihre Umwelt 657

Rechtsaufsichtsbehörden sind auf allen drei Hierarchiestufen der unmittelbaren Landesverwaltung und im Bereich der Bundesministerien angesiedelt.[301] Teilweise sind verselbständigte Behörden für die Rechtsaufsicht geschaffen worden.[302] In einzelnen Kommunalordnungen sind Selbsteintrittsrechte der obersten Rechtsaufsichtsbehörden vorgesehen.[303] Abgesehen davon, daß mit der Bedeutung der Körperschaft aufgrund ihrer Größe und Mitgliederzahl oder aus anderen Gründen die Hierarchiestufe steigt, läßt sich jedoch kaum etwas Allgemeines über die Organisation der Aufsichtsbehörden anführen.[304] Eine Ausnahme ist gleichwohl die gemeinsame Aufsicht der beteiligten Länder nach § 90 III SGB IV. Sie ist für diejenigen Sozialversicherungsträger vorgesehen, deren Zuständigkeitsbereich sich über das Gebiet eines Landes, nicht aber über die Gebiete von mehr als drei Ländern hinaus erstreckt. In diesem Fall kann durch die Länder ein aufsichtführendes Land bestimmt werden. Eine entsprechende Möglichkeit besteht auch bei Wasser- und Bodenverbänden, deren Verbandsgebiet sich über mehr als ein Land erstreckt oder erstrecken soll (§ 73 WVG).[305]

Bei den bundesunmittelbaren Körperschaften des öffentlichen Rechts führt entweder das zuständige Bundesministerium selbst (z. B. § 176 II S. 1 BRAO; § 77 II S. 1 BNotO) oder eine ausgegliederte oberste Sonderbehörde die Aufsicht. So ist gemäß § 90 I S. 1 SGB IV das Bundesversicherungsamt zuständig für die Rechtsaufsicht über die bundesunmittelbaren Sozialversicherungsträger.[306] Öffentlich-rechtlich organisierte Verbandskörperschaften unterstehen ebenfalls der Aufsicht des zuständigen Bundesministeriums. Beispielsweise legen §§ 78 und 214 SGB V die Aufsicht über die Kassen(zahn)ärztlichen Bundesvereinigungen, die Bundesverbände der Orts-, Betriebs-, und Innungskassen sowie die Verbände der Ersatzkassen in die Hand des Bundesministers für Gesundheit.

Die Fachaufsichtsbehörden werden in den Organisationsgesetzen nur allgemein bezeichnet und sind zumeist in den hierfür einschlägigen besonderen Gesetzen genauer angegeben.[307] Im Allgemeinen folgt ihr Aufbau aber ebenfalls dem dreistufigen Aufbau der unmittelbaren Staatsverwaltung.[308] Einige Bundesländer sehen

---

301 Im Kommunalrecht Baden-Württembergs etwa ist das Landratsamt als untere Verwaltungsbehörde für die kreisangehörigen Gemeinden und das Regierungspräsidium für die Stadtkreise und großen Kreisstädte (§ 119 GO BW) sowie für die Landkreise die Rechtsaufsichtsbehörde (§ 51 I LKrO BW), zu den weiteren Bundesländern vgl. *Lübking/Vogelsang* 1998, Rn. 97 f.; *Gern* 2003, Rn. 808.
302 So etwa das Versicherungsamt in Nordrhein-Westfalen für die Aufsicht über die landesunmittelbaren Krankenkassen, *Schnapp* 1994, Rn. 32.
303 § 121 IV GO BBg; § 141 b GO Hess; § 112 II GO Sachs. Soweit eine solche Befugnis nicht gesetzlich vorgesehen ist, besteht kein Selbsteintrittsrecht der höheren Aufsichtsbehörden.
304 Im Bereich der Wirtschafts- und berufsständischen Kammern ist regelmäßig die oberste Landesbehörde (i.d.R. Wirtschaftsministerium) zuständig, vgl. etwa § 115 I HwO, § 2 I IHKG-BW i.V.m. § 11 I u. II IHKG; § 66 S. 1 WPO. Für die Rechtsanwalts und Notarkammern ist die Landesjustizverwaltung, die ihre Befugnisse auf nachgeordnete Behörden delegieren kann, Rechtsaufsichtsbehörde (§§ 62 II S. 1 BRAO, 224 BRAO; §66 II S. 1 BNotO). Die Aufsicht über die Patentanwaltskammer führt allerdings der Präsident des Patentamtes (§ 57 PatO). Allerdings prüft das Bundesjustizministerium die Kammersatzung (§ 82a PatO).
305 Ansonsten sind für die Wasser- und Bodenverbände in Baden-Württemberg die unteren Verwaltungsbehörden Aufsichtsbehörden, § 1 I u. II AGWVG-BW.
306 Für die Fachaufsicht gem. § 87 II SGB IV ist das Bundesarbeitsministerium zuständig, § 90 I S. 2 SGB IV.
307 *Lübking/Vogelsang* 1998, Rn. 115 f.
308 *Lübking/Vogelsang* 1998, Rn. 118.

Auffangregelungen zugunsten der Rechtsaufsichtsbehörden vor, wenn in den speziellen Fachgesetzen keine eigene Fachaufsichtsbehörde genannt wird.

d. Aufsichtsmaßstab, Aufsichtsintensität

Die Aufsichtsintensität hängt auch von den Aufgaben ab. Sie ist im Bereich der Selbstverwaltungsaufgaben (eigener Wirkungskreis/freiwillige und pflichtige Selbstverwaltungsaufgaben) auf die Kontrolle der Rechtmäßigkeit beschränkt, während sie im Bereich des übertragenen Wirkungskreises resp. der Pflichtaufgaben nach Weisung und der Auftragsangelegenheiten jedenfalls auch eine eingeschränkte Prüfung der Zweckmäßigkeit umfaßt. Im Bereich der Wirtschaftskammern und der berufständischen Kammern ist die Aufsicht schon gesetzlich grundsätzlich auf die Rechtmäßigkeitskontrolle beschränkt (§ 115 II HwO; § 11 IHKG; §§ 62 II S. 2 u. 176 II S. 2 BRAO).[309]

Maßstab der Rechtsaufsicht sind Gesetze, Rechtsverordnungen, Satzungen, Verwaltungsvorschriften, auch Weisungen.[310] Die Rücknahme des Aufsichtsmaßstabes auf die Überprüfung der Vereinbarkeit des Handelns des Selbstverwaltungsträgers mit diesen Maßstäben beläßt der Körperschaft im Grunde einen weiten Entscheidungsspielraum. Wie weit dieser Spielraum reicht, ist aber nicht nur von dieser formalen Beschränkung, sondern auch von der Regelungsdichte und -tiefe dieser rechtlichen Vorgaben abhängig. Normen, die Beurteilungsspielräume belassen, halten diesen Bereich offener, eingehende Vorgaben über die Entscheidungsgrundlagen verengen ihn. Die Beschränkung der Aufsicht über die Sozialversicherungsträger auf die Rechtsaufsicht (§ 87 I SGB IV)[311] muß folglich vor dem Hintergrund

---

309 Das schließt einzelne gesetzliche Regelungen, die eine weitergehende Kontrolle erlauben, nicht aus (§ 115 II HwO: „soweit nichts anderes bestimmt ist"), *Kopp* 1992, S. 66 f. Hieraus ergibt sich dann eine Aufgabenabhängigkeit der Aufsicht: je eher die Aufgaben auf die Interessen der Mitglieder beschränkt sind, desto stärker ist die Aufsicht reine Rechtsaufsicht, je mehr es sich um übertragene staatliche Aufgaben handelt, desto eher gehört zum Prüfungsmaßstab auch die Zweckmäßigkeit des Handelns der Kammer, *Kopp* 1992, S. 59 ff. Sie ist daher bei Fragen der Interessenvertretung Rechtsaufsicht, prüft also etwa die Einhaltung der Grenzen des partiell-politischen Mandats, während sie bei Fragen der Ordnung des Berufsstandes und der Disziplinierung auf eine Fachaufsicht zuläuft, *Kopp* 1992, S. 63 u. 67.
310 *Salzwedel* 1965, S. 219 f.; teilweise wird neben dem Gesetz nur auf „sonstiges Recht" verwiesen, wobei Einigkeit besteht, daß hierunter dann auch Satzungen zu verstehen sind, *Gleitze/Krause/von Maydell/Merten-Gleitze* 1992, § 87 Rn. 5; *Leopold* 1996, S. 265 f.; *Bogs* 1973, S. 188 f., zu Recht wird hierzu auch das Gewohnheitsrecht gezählt (BSGE 24, S. 118 ff. [120]). Gewohnheitsrecht ist entgegen der Auffassung von *Schnapp* (1994, Rn. 55) positives Recht. „Da der Tatbestand der Gewohnheit durch Akte menschlichen Verhaltens konstituiert wird, sind auch die durch Gewohnheit erzeugten Normen durch Akte menschlichen Verhaltens gesetzt, und sohin, wie die Normen, die der subjektive Sinn von Gesetzgebungsakten sind, *gesetzte*, das heißt *positive* Normen. Rechtsnormen sind durch Gewohnheit erzeugte Normen, wenn die Verfassung der Gemeinschaft die Gewohnheit, und zwar eine bestimmt qualifizierte Gewohnheit, als rechtserzeugenden Tatbestand einsetzt". (*Kelsen* 1960, S. 9). Entsprechend hat auch das *BVerfG* (E 22, S. 114 [121 f.]) ihren Charakter als Recht im Sinne von Art. 20 III GG angenommen (vgl. auch *Ossenbühl* 2002, § 6 Rn. 68 f.). Gewohnheitsrecht gehört auch im Hochschulbereich zum Aufsichtsmaßstab, wobei allerdings die Aufsichtsbehörde das Bestehen entsprechender Gewohnheiten nachzuweisen hat, HRG-Denninger-*Lüthje* § 59, Rn. 12. Richterrecht kann auch nur unter den Voraussetzungen der Geltung von Gewohnheitsrecht und begrenzt durch Gewaltenteilungs- und Demokratieprinzip und die Unabhängigkeit des Richters als Recht gelten (*Kirste* 1999, Sp. 1180) und zum Aufsichtsmaßstab gerechnet werden. – Allgemeine Rechtsgrundsätze sind hingegen Denkfiguren der Dogmatik, denen eine Positivität ermangelt, *Schnapp* 1994, Rn. 56 f.
311 Hinzu kommt aber noch die Wirtschaftlichkeits- und Sparsamkeitsprüfung nach § 69 II SGB IV, die in ihren Auswirkungen einer Zweckmäßigkeitsprüfung gleichkommt, *Pitschas* 1999, § 45 Rn. 19.

der teilweise minutiösen sachlichen Regelungen verstanden werden. *Friedrich E. Schnapp* weist angesichts dieser Regelungsdichte zu Recht darauf hin, daß echte Selbstverwaltung im Bereich der Sozialversicherungsträger nur noch in Rudimenten zu finden sei.[312]

e. Mittel der Rechtsaufsicht

Die Mittel der Rechtsaufsicht, sofern sie Maßnahmecharakter i.S.v. § 35 VwVfG besitzen, greifen über den Bereich der Aufsichtsbehörde hinaus in den Rechtskreis der Körperschaft des öffentlichen Rechts ein. Sie sind daher als Verwaltungsakte zu kennzeichnen.[313]

Beschränkt zunächst auf das klassische Arsenal, werden herkömmlich präventive und repressive Aufsichtsmittel unterschieden. *Thomas Groß* hat zu Recht darauf hingewiesen, daß die Abgrenzung zwischen beiden unpräzise ist und eines zeitlichen Kriteriums bedarf.[314] In organisationsrechtlicher Perspektive ist dies der Abschluß des Entscheidungsprozesses der kontrollierten Verwaltungsorganisation. Zu den präventiven Mitteln der Aufsicht gehören danach das Informationsrecht der Rechtsaufsichtsbehörde, die Beratung und Schutzmaßnahmen zugunsten der Körperschaft. Als Mittel der repressiven Rechtsaufsicht tritt ebenfalls das Informationsrecht auf.[315] Spezifisch repressive Aufsichtsmittel sind dann aber Beanstandung, Ersatzvornahme, die Bestellung eines Beauftragten bzw. Staatskommissars und die Auflösung eines Körperschaftsorgans.

aa. Informationsrecht der Rechtsaufsichtsbehörde[316]

Die Aufsichtsbehörde kann sich jederzeit über alle Angelegenheiten der Körperschaft informieren und die hierzu erforderlichen Akten und sonstigen Unterlagen einsehen.[317] Begrenzt ist dieses Recht aber durch den jeweiligen Kontrollmaßstab, so daß es bei der Rechtsaufsicht grundsätzlich nur zur Ermittlung möglicher Rechtsverstöße und bei Weisungen zur Ermittlung des Standes der Beratungen zulässig ist. Teilweise sind aber auch laufende Berichtspflichten etwa von Kammern vorgesehen (§ 81 I BRAO und 185 III S. 1 BRAO; § 66 III BNotO und § 82 III S. 1 BNotO), die Pflicht zur Berichterstattung über Vorgänge von besonderer Bedeutung und die Anzeige der Ergebnisse der Vorstandswahlen (§ 81 II BRAO und § 185 III S. 2 BRAO; § 82 III S. 2 BNotO).[318] Sie dienen der Aufsichtsbehörde als Grundlage der Prüfung einer Notwendigkeit für ihr Einschreiten.

---

312 *Schnapp* 1994, Rn. 4.
313 *Maurer* 2004, § 23 Rn. 22. Auch hier zeigt sich wieder die Berechtigung, organisationsrechtlich zwischen Eigen- und Fremdkontrolle zu unterscheiden und nicht gewaltenteilig-funktional. Staatsaufsicht ist Fremdkontrolle, weil sie von außen in den Rechtskreis der juristischen Person des öffentlichen Rechts eingreift.
314 *Groß* 2002a, S. 797.
315 Vgl. etwa *Maurer* 2004, § 23 Rn. 19, der es weder der repressiven noch der präventiven Aufsicht zuordnet.
316 Nach *Andrick* 1987, S. 549: repressiv.
317 *Andrick* 1987, S. 549; ausführlich geregelt etwa in § 74 I WVG.
318 Näher Feuerich/Weyland-*Feuerich* § 81 Rn. 1; BNotO-Schippel-*Kanzleiter* § 66 Rn. 8.

bb. Präventive Aufsichtsmittel

Präventive Aufsichtsmittel müssen nicht stärker in die Entscheidungsfreiheit der kontrollierten Verwaltungsorganisation eingreifen als repressive. Insbesondere dort, wo ihnen der Maßnahmecharakter fehlt, können sie stimulierend wirken und die gegenseitige Lernfähigkeit und damit Innovationsoffenheit von Kontrolliertem und Kontrolleur fördern.[319]

(1.) Beratung

Die Beratung der Gemeinde vor wichtigen Entscheidungen gehört „zu den wichtigsten Formen präventiver Kommunalaufsicht".[320] Ein an der Gewährleistung eigenverantwortlichen Entscheidens orientierter Austausch über Lösungsalternativen gehört zu den Schwerpunkten präventiver Aufsicht.[321] Hier sind insbesondere die koordinierende Beratung zwischen staatlichen Stellen und der Körperschaft sowie zwischen Körperschaften, vergleichend auslegende Beratung, rechtsauslegende Beratung und andere Formen einzuordnen.[322]

Die Beratung hat in jüngster Zeit eine weitere Bedeutungssteigerung durch den Wegfall vieler Genehmigungsvorbehalte und Vorlagepflichten erfahren.[323] Der bayerische Kommunalgesetzgeber wollte dadurch das partnerschaftliche Verhältnis zwischen Kommunen und Aufsichtsbehörden unterstreichen.[324] Insgesamt soll die Beratung zurückhaltend ausgeübt werden und auf Steigerung der Entscheidungsfähigkeit der Gemeinde, nicht aber auf Bevormundung ausgerichtet sein. Sie soll ferner die eigene Informationsbeschaffung der Körperschaft durch Zusammenarbeit mit anderen Körperschaften, ihren Spitzenverbänden oder Privaten nicht ersetzen.[325]

(2.) Unterrichtung, Informationsrecht

Zur Erfüllung ihrer Aufgaben stehen den Aufsichtsbehörden regelmäßig Unterrichtungs- oder Informationsrechte gegenüber der Körperschaft zu.[326] Bei der Anwendung dieser Aufsichtsmittel soll es so wenig wie bei den anderen um eine permanente Beaufsichtigung der Körperschaft gehen. Auch Unterrichtung und Informationsrecht beziehen sich daher auf einzelne Vorgänge und können keine generelle Vorlagepflicht begründen. Sie sind Instrumente der Rechtmäßigkeitskontrolle. Voraussetzung ihrer Zulässigkeit ist daher, daß Anhaltspunkte für eine konkret bevorstehende oder bereits eingetretene Rechtsverletzung bestehen. Das

---
319 *Hoffmann-Riem* 2001, S. 360.
320 *BVerfGE* 78, S. 331 ff. (342); *Andrick* 1987, S. 548; *Schmidt-Aßmann* 2005, 42.
321 *Andrick* 1987, S. 548.
322 *Lübking/Vogelsang* 1998, Rn. 143.
323 *Knemeyer* 1999, S. 195.
324 Dies bringt Art. 109 GO Bay mit der Formulierung zum Ausdruck: „Die Aufsichtsbehörden sollen die Gemeinden bei der Erfüllung ihrer Aufgaben verständnisvoll beraten".
325 Für die kommunale Beratung: *Lübking/Vogelsang* 1998, Rn. 145 f.
326 Etwa § 120 GO BW; Art. 111 GO Bay; § 80 KV MV.

Informationsrecht erstreckt sich auch auf die Befugnis zur Teilnahme an Sitzungen der Körperschaftsversammlung.

(3.) Schutz und Förderung[327]

Staatsaufsicht dient, wie angeführt, nicht nur dazu, das Handeln der Körperschaft in den rechtlich gesetzten Grenzen zu halten und sie so in ihre Umwelt einzupassen; vielmehr beruht das Konzept der Selbstverwaltung darauf, daß die Körperschaften durch die eigenverantwortliche Entfaltung ihrer Potentiale in Gestalt der Mitwirkung ihrer Mitglieder die ihr eingeräumten Spielräume ergreifen und von sich aus förderlich auf ihre Umwelt wirken. *Wolff/Bachof/Stober* heben daher auch im Anschluß an zahlreiche Gemeindeordnungen[328] zu Recht hervor: „das Schwergewicht der Kommunalaufsicht sollte bei einer die Entschlußkraft und die Selbstverantwortung der Gemeindeorgane stärkenden und Gesetzwidrigkeiten vorbeugenden fachlichen und rechtlichen Beratung, Koordinierung, Schlichtung und auch dem Schutz gegenüber anderen Ressorts oder Verwaltungsträgern liegen".[329] In dieser Perspektive sichert die Aufsicht die Rationalität der ausdifferenzierten Verwaltung.

Schutz gewährt die staatliche Aufsichtsbehörde der Körperschaft dadurch, daß sie unrechtmäßigen Einwirkungen von Privaten oder Behörden gegen sie entgegentritt.[330] Sie fördert und unterstützt die Körperschaft, indem sie ihre Selbstverantwortung, Initiativkraft und Experimentierfreude bekräftigt und sich bevormundender Einmischung bei der Ausübung ihrer übrigen Kontrollmittel enthält. Hier gewinnt insbesondere die vorgenannte Beratung eine wichtige Funktion.[331] Insgesamt zeigt sich besonders bei den schützenden und fördernden Aufsichtsmitteln der kooperative Charakter der Aufsicht. Hierzu gehört es auch, daß die Aufsichtsbehörde in Streitfällen zwischen Körperschaftsorganen eine Mediatorenfunktion einnimmt.[332]

cc. Repressive Mittel der Rechtsaufsicht

(1.) Beanstandung

Das praktisch wichtigste repressive Aufsichtsmittel ist die Beanstandung.[333] Die Beanstandung ist die verbindliche Feststellung, daß das darin näher bezeichnete Handeln oder Unterlassen der Körperschaft rechtswidrig bzw. bei der Fachaufsicht unzweckmäßig war,[334] die mit der Aufforderung zu einem bestimmten Handeln oder

---

327 *Knemeyer* 1995, Sp. 402; *BVerfGE* 58, S. 177 ff. (195).
328 §§ 118 III GO BW; Art. 108 GO Bay; § 119 GO BBg; § 135 GO Hess; § 78 I KV MV; § 127 I GO NdS; § 117 GO RhPf; § 127 KSVG Saar; § 111 III GO Sachs; § 133 II, 135 GO SaA; § 116 GO Thür.
329 *Wolff/Bachof/Stober* 1987, § 86 Rn. 179; vgl. auch *Knemeyer* 2000, S. 522.
330 *Kahl* 2000, S. 528.
331 *Kahl* 2000, S. 530. Auch die Bereitstellung von Mustersatzungen, *Lübking/Vogelsang* 1998, Rn. 138.
332 Zu weiteren Anwendungsfällen für diese Funktion: *Lübking/Vogelsang* 1998, Rn. 142; *Kahl* 2000, S. 531.
333 vgl. etwa §§ 121 I GO BW; Art. 112 GO Bay; § 124 Go BBg; § 138 GO Hess; § 136 GO SaA; § 130 GO NdS; § 119 GO NRW; § 121 GO RPf; § 130 KSVG Saar; § 123 GO SH.
334 Der Fachaufsichtsbehörde kommt die „Beanstandung" allerdings nur in der Form einer Rüge zu. Sie kann keine Aufhebung verlangen, *Lübking/Vogelsang* 1998, Rn. 188.

Unterlassen oder auch nur zu einem Tätigwerden im Allgemeinen verbunden ist.[335] Ziel ist also die Selbstkorrektur durch Aufhebung der beanstandeten Maßnahme durch die Körperschaft, und zwar innerhalb einer von der Behörde zu setzenden angemessenen Frist.[336] Beanstandungsbefugnisse bestehen sowohl hinsichtlich der Rechtmäßigkeit einer Satzung, der Wahl oder sonstiger Akte der Körperschaftsorgane mit Außenwirkung.[337]

Um auch bei der Beanstandung den Vorrang der körperschaftseigenen Kontrolle zu wahren und anzustoßen, entscheidet bei einem rechtswidrigen Beschluß des Gemeinderates in Nordrhein-Westfalen[338] die Rechtsaufsichtsbehörde zunächst, ob sie einschreiten will, und weist dann den Bürgermeister an, den Beschluß zu beanstanden. Nur wenn dieser der Anweisung nicht nachkommt, ist die Aufsichtsbehörde befugt, selbst die Beanstandung auszusprechen.[339]

(2.) Anordnung

Teilweise wird die Anordnung der Vornahme einer Maßnahme als ein eigenständiges Mittel der Rechtsaufsicht genannt.[340] Sie ist das Gegenstück zur Beanstandung für den Fall der Unterlassung einer Maßnahme, zu deren Erlaß die Körperschaft verpflichtet ist:[341] Während mit der Beanstandung allein ein pflichtwidriges Handeln der Gemeindeorgane beseitigt werden kann, soll mit der Anordnung in Reaktion auf ein pflichtwidriges Tun oder Unterlassen der Gemeindeorgane der rechtmäßige Zustand hergestellt werden.[342] Die Beanstandung ist mithin kassatorisch, die Anordnung regelnd.

(3.) Ersatzvornahme und Selbsteintrittsrecht

Kommen Körperschaften den Anordnungen der Aufsichtsbehörde nicht nach, kann sie zum Mittel der Ersatzvornahme greifen.[343] Sie ist die ggf. zur Durchsetzung des Willens der Aufsichtsbehörde erforderliche dritte Stufe des Aufsichtsverfahrens.[344] An die Stelle des Handelns oder rechtswidrigen Unterlassens des

---

335 *Kopp* 1992, S. 79; *Salzwedel* 1965, S. 250; *Schröder* 1986, S. 374.
336 *Andrick* 1987, S. 549; *Gern* 2003, Rn. 812.
337 *Huber* 1953, S. 190; *Lübking/Vogelsang* 1998, Rn. 190.
338 In anderen Bundesländern, wie etwa in Baden-Württemberg, besteht die Notwendigkeit und Möglichkeit einer Eigenkontrolle auf Anweisung nicht (§ 121 GO BW). Der Grundsatz der Verhältnismäßigkeit verlangt aber, daß der Gemeinde vor einer Aufhebung des Beschlusses Gelegenheit zur Korrektur zu geben ist.
339 *Lübking/Vogelsang* 1998, Rn. 192. Die Anweisung selbst ist lediglich eine vorbereitende Maßnahme, der gegenüber die Gemeinde noch kein Rechtsschutzbedürfnis hinsichtlich einer verwaltungsgerichtlichen Überprüfung besitzt.
340 § 122 GO BW; § 126 GO BBg; § 139 GO Hess; § 137 GO LSA; § 131 I GO NdS; § 120 I GO NRW; § 122 GO RPf; § 132 KSVG Saar; § 124 GO SH.
341 *Andrick* 1987, S. 550; *Gern* 2003, Rn. 813.
342 OVG NRW NWVBl. 1995, S. 304.
343 § 123 GO BW; Art. 113 GO Bay; § 127 Gi BBg; § 140 GO Hess; § 138 GO LSA; § 131 II GO NdS; § 120 II GO NRW; § 123 GO RPf; § 133 KSVG Saar; § 124 GO SH; § 76 WVG; zur Rechtslage in Baden-Württemberg vgl. *Hollenbach* 2000, S. 465 f.
344 Die Ersatzvornahme bleibt aber Mittel der Aufsicht und ist kein Instrument der Verwaltungsvollstreckung, *Lübking/Vogelsang* 1998, Rn. 227.

Selbstverwaltungsträgers tritt auf dessen Kosten das Handeln der staatlichen Aufsichtsbehörde.³⁴⁵ Sie ist deshalb für die Körperschaft einschneidender als die vorangegangenen, weil sie eine fremde an die Stelle der an sich für die Entscheidung zuständigen Körperschaft setzt.³⁴⁶ Bevor die Ersatzvornahme erfolgt, ist daher zunächst die Aufforderung zum Erlaß einer bestimmten Maßnahme erforderlich. Erst wenn diese Maßnahme durch die Körperschaft nicht, nicht vollständig oder nicht rechtzeitig erlassen wurde und die Aufforderung bestandskräftig oder für sofort vollziehbar erklärt worden ist, kann die Behörde sie ersatzweise (selbst oder durch einen Dritten) vornehmen.³⁴⁷ Die Aufsichtsbehörde unterliegt dabei den gleichen Beschränkungen wie die Körperschaft, für die sie handelt.

In einigen Organisationsgesetzen sind Selbsteintrittsrechte der Aufsichtsbehörde für den Fall von Gefahr im Verzug vorgesehen. Einen Sonderfall des Selbsteintrittsrechts bedeutet es, wenn § 89 SGB IV die Aufsichtsbehörde im Falle eines Scheiterns ihres Verlangens, die Selbstverwaltungsorgane zu einer Sitzung einzuberufen, ermächtigt, dies selbst zu tun und die Verhandlung zu leiten.³⁴⁸ Sie tritt dann an die Stelle des dafür zuständigen Vorsitzenden.³⁴⁹ Abgesehen von diesen gesetzlich geregelten Möglichkeiten, kann ein allgemeines Selbsteintrittsrecht nicht angenommen werden.³⁵⁰

(4.) Bestellung eines Staatskommissars/Beauftragten

In den Kern ihrer spezifischen Selbstverwaltung greift es ein, wenn die Aufsichtsbehörde ein Körperschaftsorgan durch einen staatlichen Beauftragten besetzt, der die Selbstverwaltungsfunktionen stellvertretend für dasjenige Organ (Versammlung oder Vorstand) der Körperschaft wahrnimmt, für das er eingesetzt wird.³⁵¹ Er besitzt, wie es etwa § 121 GO NRW formuliert, „die Stellung eines Organs der Gemeinde". Im Gegensatz zur Rekrutierung der Organwalter der Körperschaft durch diese selbst als Ausdruck ihrer mitgliedschaftlichen Selbstverwaltung tritt hier – wenn auch nur vorübergehend und ggf. nur für bestimmte Aufgabenkreise³⁵² – die Fremdrekrutierung eines Stellvertreters ein. In der bayerischen Gemeindeordnung ist zur Vermeidung dieser einschneidenden Aufsichtsmaßnahme zunächst die Möglichkeit vorgesehen, daß die Verwaltungsorgane der Körperschaft im Auftrag der Aufsichtsbehörde agieren sollen. Zunächst soll der Bürgermeister von der Rechtsaufsichtsbehörde ermächtigt werden, für die Gemeinde zu handeln, und erst wenn er sich weigert oder sonst verhindert ist, sollen die weiteren Bürgermeister

---

345 Sie erfolgt durch Selbsteintritt, wenn die Behörde die für rechtmäßig gehaltene Maßnahme erläßt oder als Fremdvornahme, wenn sie einen anderen damit beauftragt, *Andrick* 1987, S. 550; *Schröder* 1986, S. 374; *Huber* 1953, S. 191; *Gern* 2003, Rn. 814.
346 *Kopp* 1992, S. 80; *Andrick* 1987, S. 550.
347 *Lübking/Vogelsang* 1998, Rn. 228.
348 Gleitze/Krause/von Maydell/Merten-*Gleitze* 1992, § 89 Rn. 26; *Schnapp* 1994, Rn. 89 f.
349 Auch hierbei ist das Gebot der selbstverwaltung-schonenden Aufsicht zu beachten, so daß erst die anderen möglichen Aufsichtsmittel auszuschöpfen sind, KK-*Maier* SGB IV, § 89 Rn. 7 f.
350 *Schröder* 1986, S. 373.
351 § 124 GO BW; Art. 114 I u. II GO Bay; § 139 GO SaA; § 141 GO Hess; § 128 GO BBg; § 132 GO NdS; § 121 GO NRW; § 124 GO RPf; § 134 KSVG Saar; § 127 GO SH; § 77 WVG.
352 *Andrick* 1987, S. 551; *Huber* 1953, S. 192.

beauftragt werden. Nur wenn auch dies nicht möglich oder erfolgreich ist, handelt die Aufsichtsbehörde für die Gemeinde (§ 114 I u. II GO Bay). Hier wird ein Weg vorgezeichnet, der auch noch im Falle der Weigerung des Repräsentativorgans, rechtswidrige Maßnahmen zu korrigieren, die organisatorische Selbständigkeit der Körperschaft möglichst intakt läßt. Was für ein extremes Aufsichtsmittel die Einsetzung eines Beauftragten für die Körperschaft ist, zeigt sich auch daran, daß sie im Kommunalrecht praktisch hauptsächlich in den Fällen eine Rolle spielte, in denen Gemeinden neugebildet oder aufgelöst werden sollten.[353] Die Möglichkeit der Bestellung eines Beauftragten bedarf der gesetzlichen Regelung. Zumeist ist vorgesehen, daß die Entscheidung über den Beauftragten die obere oder oberste Aufsichtsbehörde trifft.[354]

Bei den Handwerkskammern tritt abermals das Problem auf, daß diese Aufsichtsmaßnahme nicht geregelt ist, sondern nur die noch stärker eingreifende der Auflösung der Vollversammlung (§ 115 II HwO). Immerhin spricht aber § 115 II HwO von „anderen Aufsichtsmaßnahmen". Da es hier einen graduellen Unterschied der Maßnahmen gibt, dürfte die Bestellung eines Beauftragten als das mildere Mittel gegenüber der Auflösung nach dem Grundsatz a maiore ad minus zulässig sein.[355] Der Beauftragte handelt dabei an Stelle des Vorstands, vollzieht also insbesondere die Beschlüsse der Versammlung und ist kein Vollzugsorgan der Aufsichtsbehörde.

(5.) Auflösung von Organen oder der Körperschaft, Amtsenthebung des Vorstands[356]

Handelt es sich bei der Bestellung eines Beauftragten um die Einsetzung eines Stellvertreters, der die Zusammensetzung des ausführenden Organs im übrigen unberührt läßt, trifft die Entscheidung der Aufsichtsbehörde, den Vorstand seines Amtes zu entheben, den Kern der Selbstverwaltung der Mitglieder der Körperschaft in bezug auf die Zusammensetzung der Körperschaftsorgane. Auch hier ist eine gesetzliche Regelung erforderlich. Fehlt sie, kommt aber wiederum ein a maiore ad minus-Schluß in Betracht, wenn eine einschneidendere Aufsichtsmaßnahme gesetzlich geregelt ist.[357] Dies ist bei den Handwerkskammern mit der Auflösung der Vollversammlung der Fall. In den Gemeindeordnungen ist diese Möglichkeit unterschiedlich geregelt. Geht das zu beanstandende Fehlverhalten vom Vorstand aus, ist es nicht sinnvoll, die Vollversammlung aufzulösen. Hier ist die Amtsenthebung das mildere Mittel.[358] Vorraussetzung dafür ist aber, daß zuvor die Körperschaft die ihr zu Gebote stehenden Mittel selbst ausgeschöpft hat. Sieht mithin ihre Satzung die Möglichkeit der Abberufung des Vorstands durch das Repräsentativorgan bei

---

353 *Lübking/Vogelsang* 1998, Rn. 249.
354 *Lübking/Vogelsang* 1998, Rn. 253.
355 *Kopp* 1992, S. 81.
356 *Huber* 1953, S. 191.
357 Daraus ergibt sich aber zugleich, daß stärkere als die gesetzlich als ultima ratio genannten Aufsichtsmittel methodisch nicht zu begründen sind. Insbesondere kann nicht an eine Auflösung der Körperschaft gedacht werden, wenn sie nicht in dem betreffenden Organisationsgesetz vorgesehen ist, *Kopp* 1992, S. 87.
358 *Kopp* 1992, S. 83 f.; zur Möglichkeit der Abwahl bereits oben, vgl. i. ü. § 61 GO SaA (durch die Bürger); § 128 GO BW (Erklärung der Amtszeit für beendet durch die oberste Rechtsaufsichtsbehörde).

Rechtsverstößen vor, so muß die Aufsichtsbehörde dies zunächst von der Versammlung verlangen.

Das einschneidendste Aufsichtsmittel ist die Auflösung des Repräsentationsorgans (§ 115 II HwO).[359] Auch die Ausschüsse stellen ihre Arbeit ein. Der Vorstand ist in der Regel befugt, bis zum Amtsantritt eines neuen Vorstands die Geschäfte weiterzuführen. Als ultimatives Aufsichtsmittel ist sie an strenge Voraussetzungen gebunden und darf erst eingesetzt werden, wenn alle anderen Mittel versagt haben. Insbesondere sind die wiederholte Aufforderung zur Abstellung der Mißstände (§ 115 II HwO), eine ausreichend lange Frist zu ihrer Behebung und eine genaue Bezeichnung der Mißstände erforderlich. Sie kommt in Betracht, wenn die Repräsentativversammlung dauerhaft beschlußunfähig ist und die ordnungsgemäße Erledigung der Aufgaben der Körperschaft nicht mehr gewährleistet ist.[360]

Die Auflösung der Körperschaft selbst stellt nur als temporäre Maßnahme wie etwa die Schließung vorübergehende Schließung der Hochschule nach § 118 IV HG Bay eine Aufsichtsmaßnahme dar.[361] Wenn Körperschaften endgültig aufgelöst werden, wie etwa bei Gemeindezusammenschlüssen, Eingemeindungen etc. handelt es sich hingegen regelmäßig nicht mehr um Aufsichtsmaßnahmen.[362] Hierbei geht es nicht um eine Einflußnahme auf das Handeln der Körperschaft oder deren nachträgliche Kontrolle, sondern – wie etwa bei der Gebietsreform – um Verbesserungen der Leistungsfähigkeit der Körperschaft. Eine Ausnahme bildet aber die Auflösung der Handwerksinnung durch die Handwerkskammer nach § 76 HwO. Sie ist als ultima ratio vorgesehen, wenn alle anderen – in der HwO freilich nicht explizit geregelten – Aufsichtsmittel versagt haben.[363]

f. Vollstreckung der Aufsicht?

Nach Kopp ist eine Vollstreckung, sofern sie nicht gesetzlich geregelt ist, nicht zulässig und auch nicht notwendig.[364] Die möglichen gesetzlichen Maßnahmen seien in der Stufenleiter ihrer Eingriffsintensität regelmäßig Abschreckung genug.

g. Opportunitätsprinzip oder Pflicht der Aufsichtsbehörde zum Einschreiten?

Zumeist steht das Einschreiten der Aufsichtsbehörde auch im Dienst einer körperschaftsfreundlichen Aufsicht in ihrem Ermessen.[365] Es soll nicht schematisch-lückenlos jeder Rechtsverstoß verfolgt werden, sondern neben dem Interesse der Allgemeinheit an der Beseitigung der Rechtsverletzung der Verantwortungsbereitschaft

---

359 Für das Kommunalrecht: Art. 114 III GO Bay; § 114a GO Hess; § 122 GO NRW; § 125 GO RPf.
360 *Lübking/Vogelsang* 1998, Rn. 257.
361 Sie ist als letztes Mittel der Aufsicht nur dann verhältnismäßig, wenn sie unabweisbar notwendig ist, HRG-Denninger-*Lüthje* § 59 Rn. 41.
362 *Lübking/Vogelsang* 1998, Rn. 68.
363 *Musielak/Detterbeck* § 76, Rn. 2. Bei Vorliegen der Voraussetzungen soll die Handwerkskammer zur Auflösung sogar verpflichtet sein, LVG Schleswig GewArch 1958, S. 132.
364 *Kopp* 1992, S. 88 ff.
365 Vgl. etwa §§ 112, 113 GO Bay; *Gern* 2003, Rn. 803; *Lübking/Vogelsang* 1998, Rn. 121.

und Entschlußkraft der Körperschaft Rechnung getragen werden.[366] Im Kommunalrecht wurden insofern die Bestimmungen zum Legalitätsprinzip überwiegend durch das Opportunitätsprinzip ersetzt.[367] Je schwerwiegender aber eine Rechtsverletzung ist, desto eher kann sich das Ermessen zu einer Pflicht zum Einschreiten verdichten.[368] Ein anderes Kriterium für eine Pflicht zum Einschreiten ist der Grundsatz der Bundestreue. Danach ist in Fällen der Landesaufsicht die Aufsichtsbehörde aus bundesfreundlichem Verhalten zur Vornahme von Aufsichtsmitteln verpflichtet, wenn eine Gemeinde sich ein allgemeinpolitisches Mandat anmaßt und damit in Bundeskompetenzen eingreift.[369]

Sofern sich keine eindeutige Regelung findet, ist die Frage von Ermessen oder Pflicht zur Aufsicht vor dem Hintergrund der Gesetzesbindung der Verwaltung, deren Beachtung sie überwachen soll,[370] und der gesetzlichen oder verfassungsrechtlichen Selbstverwaltungsrechte zu beurteilen. Eine Daueraufsicht würde jedenfalls die Eigenverantwortlichkeit des Selbstverwaltungsträgers aufheben.[371]

h. Grenzen der Aufsicht

Unterscheidet man organisationstheoretisch die Verselbständigungs- bzw. Identitätsdimension, die Binnenstruktur und das Umweltverhältnis von Verwaltungsorganisationen, dann tritt die Frage der Grenzen der Selbstverwaltung als Problem der Abgrenzung von ihrer Umwelt und der Begrenzung insbesondere der staatlichen Ingerenzen auf. Beispielhaft dafür wurde hier die Staatsaufsicht herausgegriffen. Sie ist dasjenige Instrument, das – sei es kooperativ oder imperativ – die stärkste Umweltkopplung der Körperschaft herbeiführt. Daß diese Kopplung keineswegs durch ein schlichtes kausales Einwirkungsmodell zu verstehen ist, vielmehr die Binnenstruktur der Körperschaft dieses Verhältnis mit prägt, wird besonders an der Bestimmung der Grenzen der Staatsaufsicht deutlich, die sich aus dem Grund ihrer Verselbständigung ergeben, im Rahmen einer maßvollen Aufsicht aber auch durch die Möglichkeiten einer Eigenkontrolle der Körperschaft beeinflußt sind.

Huber erinnert zu Recht an die generelle Grenze jeder Staatsaufsicht, „daß die Aufsichtsgewalt nicht als ein Instrument gegen die Selbstverwaltung geltend gemacht werden darf, sondern daß sie ein Mittel sowohl zum Schutz der Selbstverwaltung als auch zum Schutz der Allgemeinheit gegen den Mißbrauch der körperschaftlichen Rechte und Freiheiten, insbesondere gegen Gesetzwidrigkeiten, ist".[372]

---

366 *Stober* 1996, S. 154 f.: Die Aufsichtsbehörde muß daher stets das Gesamtverhalten des Selbstverwaltungsträgers berücksichtigen.
367 Das bedeutete aber nicht notwendig einen gravierenden Unterschied im Ergebnis. Auch wenn bei einem erkannten Rechtsverstoß für die Behörde eine Pflicht zum Einschreiten bestand, mußte dies jedoch vor dem Hintergrund des Selbstverwaltungsprinzips und der Schutz- und Förderpflicht der Aufsicht geschehen und führte daher nicht notwendig zu Beanstandungen oder schärferen Maßnahmen, *Knemeyer* 1999, S. 196.
368 OVG Lüneburg NVwZ 1988, 464 (566).
369 *BVerfGE* 8, S. 122 ff. (138 f.) – Volksbefragung Hessen.
370 Sowie ggf. einer „Verantwortung des Staates für die Rechtstreue der ihm eingegliederten, wenn auch autonomen Verwaltungsträger" (*Knemeyer* 1999, S. 193 m.w.N. Fn. 9). Grundlage dafür ist die Schranke des Art. 28 II GG und entsprechender verfassungsrechtlicher Bestimmungen.
371 *Andrick* 1987, S. 552.
372 *Huber* 1953, S. 192.

D. Die Körperschaft des öffentlichen Rechts und ihre Umwelt   667

Oben war in diesem Sinne schon hervorgehoben worden, daß Grund, aber auch Maß der Aufsicht die Selbstverwaltung der Körperschaft sei. Danach widerspricht eine Bevormundung oder eine permanente Überwachung und Einmischung dem Zweck der eingeräumten Selbstverwaltung und überschreitet somit die Grenzen der Aufsicht.[373]

aa. Die Selbstverwaltungsgarantie und die Grundrechte

Grenzen der Aufsicht ergeben sich bei den entsprechenden Körperschaften aus den die Selbstverwaltung begründenden Grundrechten bzw. der Selbstverwaltungsgarantie des Art. 28 II GG.[374] Hier ist die Gemeinde durch die Wesensgehaltsgarantie vor einer Aushöhlung ihres Kernbereichs geschützt.[375] Insofern ist der Grundsatz des gemeindefreundlichen Verhaltens zu beachten.[376]

Die Rechtsaufsicht über die Hochschulen (§ 59 HRG) ist generell durch Art. 5 III GG beschränkt.[377] So ist im kognitiven Kernbereich der Wissenschaft Aufsicht verfassungsrechtlich ausgeschlossen. Jenseits dieses Bereichs „hängt die Aufsicht nach Modalität, Intensität und Mittel von der Institutionalisierungsverantwortung des Staates, Aufgabenstellung der Einrichtung, Gegenstand der Aufsicht, vor allem aber den möglicherweise betroffenen Rechtspositionen ab.[378]

bb. Der Grundsatz der Verhältnismäßigkeit und das Prinzip der schonenden Aufsicht

Fraglich ist zunächst, ob sich Grenzen der Aufsicht auch aus dem Verhältnismäßigkeitsprinzip ergeben. Die in der Folge der Rastede-Entscheidung des BVerfG[379] fraglich gewordene Anwendung des Prinzips wird in der Literatur überwiegend bejaht.[380] Erstens habe das Gericht selbst mit Aspekten der Erforderlichkeit gearbeitet. Zweitens handele es sich um ein aus dem Rechtsstaatsprinzip folgendes objektives Verfassungsprinzip, das auch nicht deshalb unanwendbar bleiben müsse, weil im Bund-Länder-Verhältnis unstreitig nicht darauf zurückgegriffen werden könne.[381] Schließlich verwendet auch § 8 III der Europäischen Kommunalcharta die Figur des „geringstmöglichen Eingriffs". Bedenken ergeben sich aber aus der

---
373 *Kopp* 1992, S. 102: Verwaltungskontrolle ist grundsätzlich anlaßbezogen; *Lübking/Vogelsang* 1998, Rn. 120.
374 *Hoffmann-Riem* 2001, S. 349 f.
375 *Schmidt-Aßmann* 1991b, S. 134; *Schoch* 1990, S. 29 f.; BVerfGE 79, S. 127 ff. (146 f.) – Rastede.
376 OVG Münster OVGE 19, S. 192; v. Mangoldt/Klein/Starck-*Tettinger* Art. 28, Rn. 198.
377 OVG Berlin 1972, S. 2100.
378 *Trute* 1994, S. 468.
379 E 79, S. 127 ff. (153); vgl. auch 83, S. 363 (382) – Krankenhausumlage: Das Gericht hat hier das „Prinzip der dezentralen Aufgabenansiedlung" als Grundlage für Erwägungen genommen, die im übrigen unter dem Stichwort Erforderlichkeit diskutiert werden: „Das Ziel optimaler Verwaltungseffizienz trägt die Tendenz zur immer großräumigeren Organisation und stetigen ‚Hochzonung' von Aufgaben in sich, während das Ziel möglichster Bürgernähe und Bürgerbeteiligung dem widerstreitet und dezentrale Aufgabenansiedlung anempfiehlt".
380 *Stober* 1996, S. 153; *Schröder* 1986, S. 374; *Andrick* 1987, S. 550 u. 552; *Kopp* 1992, S. 98; *Musielak/Detterbeck* § 75, Rn. 14; *Frentzel/Jäkel/Junge/Hinz/Möllering* 1999, § 11 Rn. 17 f.; *Kluth* 2005, S. 374.
381 *Kahl* 2000, S. 448 f.

grundrechtlichen Fundierung des Verhältnismäßigkeitsprinzips. Bei der Aufsicht geht es hingegen um das Verhältnis zweier Verwaltungseinheiten, um Funktionsschutz.[382] Das BVerfG hat daraus die Konsequenz gezogen und das Verhältnismäßigkeitsprinzip nicht mehr erwähnt. Statt dessen begründet es aus der Systematik des Art. 28 II GG und der Funktion der kommunalen Selbstverwaltung ein gemeindebegünstigendes Aufgabenverteilungsprinzip.[383] Danach besteht ein Vorrang einer dezentralen Aufgabenverteilung zugunsten der Gemeinden.[384] Dieses dezentrale Aufgabenverteilungsprinzip wäre nun wenig wert, wenn es durch die Aufsicht wieder revidiert werden könnte. Auch sie ist daher an dem prinzipiellen Vorrang zu messen, so daß hieraus ein Prinzip der „abgestuften Intervention" ableitbar ist.[385] Ferner muß berücksichtigt werden, daß dieses Aufgabenverteilungsprinzip mit dem Vorrang der Gemeinden an der verfassungsrechtlichen Garantie der kommunalen Selbstverwaltung (Art. 28 II 2 GG) entwickelt wurde. Deshalb kann erstens, soweit die Selbstverwaltung der Realisierung der Grundrechte dient, wie bei den Hochschulen,[386] die Aufsicht weiterhin am Verhältnismäßigkeitsprinzip gemessen werden. Zweitens ist der „Vorrang" bei der Mehrzahl der Selbstverwaltungsträger, die keine verfassungsrechtliche Fundierung besitzen, differenziert zu beurteilen. Weil es auch hier um eine Funktionszuordnung geht, können die Grenzen der Aufsicht nicht am Verhältnismäßigkeitsgrundsatz festgemacht werden. Ein verfassungsrechtlicher Schutz gegenüber strengen gesetzlichen Regelungen der Staatsaufsicht besteht daher nicht. Die Aufsicht der staatlichen Verwaltungsbehörde kann sich aber auch im Bereich der funktionalen Selbstverwaltung nicht über ihre gesetzlichen Voraussetzungen und Schranken hinwegsetzen. Zu diesen Voraussetzungen gehört es aber teils explizit, teils implizit aus der Sache heraus, daß sie auf die Selbstverwaltung bezogen ist, die sie um der Koordinierung ihrer Träger mit der übrigen Verwaltung im Interesse von Schutz und Stärkung der Eigenverantwortlichkeit dieser Verwaltungsorganisationen nicht weiter beschränken darf, als es erforderlich ist. Der Gesetzgeber hat mit der Schaffung von Selbstverwaltungsorganisationen dezentrale Aufgabenträger und damit für einzelne Bereiche der Erfüllung öffentlicher Aufgaben spezifische Funktionszuordnungen getroffen, die die Aufsichtsbehörde nicht übergehen kann und deren eigenverantwortliche Wahrnehmung sie aus Sinn und Zweck der Einrichtung der Selbstverwaltung möglichst zu schonen hat.[387] Gerade hier zeigt sich, daß die Aufsicht nicht nur ihren Grund, sondern auch ihr Maß aus dem Selbstverwaltungsprinzip in seiner konkreten gesetzlichen Ausgestaltung erfährt.

---

382 *Schmidt-Aßmann* 1991b, S. 156; *Bogs* 1973, S. 192.
383 *BVerfGE* 79, S. 127 ff. (147 f.) – Rastede; vgl. *Schmidt-Aßmann* 1991b, S. 135; *Schoch* 1990, S. 33 f.
384 v. Münch/Kunig-*Löwer* Art. 28, Rn. 50, der auch darauf hinweist, daß hier ein Unterschied in der Begründung, nicht aber im Ergebnis besteht; *Stern* (1984, S. 418 f.) spricht vom „Grundsatz des selbstverwaltungsfreundlichen Verhaltens".
385 *Kahl* 2000, S. 552 f., allerdings unter Rückgriff auf das Verhältnismäßigkeitsprinzip.
386 Vgl. *Reich* 2002, § 59 Rn. 2; HRG-Denninger-*Lüthje* § 59, Rn. 16: Die Aufsicht ist nach Bereichen, die unmittelbar der Verwirklichung der Grundrechte dienen und anderen Selbstverwaltungsbereichen abzustufen. Im grundrechtseffektivierenden Bereich ist die Aufsicht begrenzt auf die Aufhebung rechtswidriger Maßnahmen.
387 *Bogs* hat für die Sozialversicherung insofern etwa vom „Grundsatz der maßvollen Ausübung der Rechtsaufsicht" gesprochen, 1973, S. 189 f.

D. Die Körperschaft des öffentlichen Rechts und ihre Umwelt 669

Danach folgt aus dem Selbstverwaltungsprinzip auch für die nicht verfassungsrechtlich geschützten Selbstverwaltungsträger ein Gebot schonender Aufsicht, das sowohl beim Einschreitensermessen als auch beim Auswahlermessen zu berücksichtigen ist.[388] Nur dasjenige Aufsichtsmittel ist zu wählen, das zur Erreichung des Ziels notwendig ist. Unter den generell gleich geeigneten Aufsichtsmitteln ist immer zunächst dasjenige zu wählen, das die Rechte der Körperschaft am meisten schont.[389] Grundsätzlich hat die Aufsichtsbehörde danach die informalen vor den formalen Aufsichtsmitteln zu wählen und der Eigenkontrolle einen relativen Vorrang einzuräumen.[390] Zu berücksichtigen sind dabei auch die temporalen Aspekte der Kontrolle, wie der Kontrollzeitpunkt und die Dauer der Kontrolle,[391] die Kontrollbreite, -tiefe und -dichte.[392] Bei der Zumutbarkeit sind auch die finanziellen Folgen von Aufsichtsmaßnahmen für die Körperschaft in Rechnung zu stellen.[393]

cc. Weitere Gründe, die Aufsichtsmaßnahmen ausschließen können

Keine Aufsicht kommt in Betracht, wenn die Aufsichtsbehörde selbst an dem Rechtsverhältnis, das sie kontrollieren will, beteiligt ist. In Fällen des Zusammenwirkens findet nach dem oben festgestellten Prinzip, das Kontrolle auf Distanz zwischen dem Kontrollierten und dem Kontrolleur beruht, Aufsicht nicht statt. In diesen Fällen steht dann nicht die Aufsicht, sondern das Tätigwerden in eigener Sache im Zentrum.[394]

2. Weisungsbefugnisse (Fachaufsicht)[395]

Zur präventiven Lenkung in Angelegenheiten des übertragenen Wirkungskreises resp. der weisungsgebundenen Pflichtaufgaben können die Fachaufsichtsbehörden allgemeine Weisungen oder Weisungen im Einzelfall, die sich beide prinzipiell auf die Rechtmäßigkeit und/oder Zweckmäßigkeit der anstehenden Körperschaftsentscheidung beziehen können, erlassen.[396] Allgemeine Weisungen, Anordnungen

---

388 *Lübking/Vogelsang* 1998, Rn. 122.
389 Vgl. für die Anwendung dieses Grundsatzes etwa § 89 I SGB IV: Aus Anlaß einer Rechtsverletzung soll die Aufsichtsbehörde zunächst „beratend darauf hinwirken, daß der Versicherungsträger die Rechtsverletzung behebt". Bleibt das innerhalb einer Frist erfolglos, kann er dazu verpflichtet werden. Schließlich kann diese Pflicht unter den üblichen Voraussetzungen dafür vollstreckt werden.
390 *Knemeyer* 2000, S. 523; *Kahl* 2000, S. 552 f.; *Kopp* 1992, S. 102.
391 *Hoffmann-Riem* 2001, S. 346, der auch darauf hinweist, daß präventive Kontrolle nicht stärker in die Entscheidungen der Körperschaft eingreifen müssen, weil sie ihr eine eventuelle spätere Korrektur ihrer Entscheidungen ersparen.
392 *Hoffmann-Riem* 2001, S. 347 f.; *Pitschas* 1998, S. 909.
393 *Kopp* 1992, S. 105.
394 *Schnapp* 1994, Rn. 98 f. mit Beispielen aus dem Sozialversicherungsrecht.
395 Die Begrifflichkeit geht hier in den Organisationsgesetzen und auch in der Literatur durcheinander. Teilweise wird auch von „Sonderaufsicht" gesprochen (§ 132 I GO BBg; § 116 I GO NRW). In der Literatur wird unter Sonderaufsicht auch „die staatliche Aufsicht, die außerhalb der Gemeindegesetze erfolgt, die über die allgemeine Rechtsaufsicht hinausgeht und die sich als besondere Fachaufsicht kennzeichnet" verstanden (etwa die Aufsicht über das gemeindliche Forstwesen), *Lübking/Vogelsang* 1998, Rn. 273 („in der Sache kein Unterschied zwischen Sonder- und Fachaufsicht"); *Kahl* 2000, S. 555 f.
396 Sie ergehen gegenüber der juristischen Person selbst und nicht gegenüber einem einzelnen Körperschaftsorgan, *Lübking/Vogelsang* 1998, Rn. 285; *Salzwedel* 1965, S. 207; für den Hochschulbereich HRG-Denninger-*Lüthje* § 59, Rn. 15: Richten sich Aufsichtsmaßnahmen fälschlich gegen ein Organ der

und Verwaltungsvorschriften[397] gegenüber der Körperschaft sind Instrumente der präventiven Lenkung.[398] Länder mit einem monistischen Aufgabenmodell haben zumeist die Weisungsbefugnisse im Bereich der Pflichtaufgaben zur Erfüllung nach Weisung beschränkt. Zunehmende Durchnormierung höhlt jedoch das eigenverantwortliche Handeln der Körperschaft aus, indem die Alternativen von Entscheidungen eingeschränkt und diese Einschränkungen kontrolliert werden. Eine Bindung der Körperschaften an Verwaltungsvorschriften muß schon deshalb die Ausnahme bleiben.[399]

Soweit dies gesetzlich vorgesehen ist, können die Fachaufsichtsbehörden den Körperschaften in Aufgaben des übertragenen Wirkungskreises/Pflichtaufgaben nach Weisung oder zur Erfüllung nach Weisung auch Einzelweisungen erteilen.[400] Da dies jedoch die Organisationshoheit des Selbstverwaltungsträgers betrifft, verbieten einige Organisationsgesetze ausdrücklich derartige Maßnahmen (vgl. etwa § 4 GO Hess). Andere lassen sie nur aus Gründen der Bundestreue zu (§ 129 III GO BW). Die Befugnisse hierzu sind zudem begrenzt.

Ziel ist hier die Erreichung zweckmäßiger und damit auch wirtschaftlicher Entscheidung des Weisungsempfängers. Sie dürfen die Selbstverwaltung der Körperschaften nicht beeinträchtigen. Angesichts ihrer Organisationshoheit dürfen Weisungen daher nicht in die kommunale Organisation eingreifen.[401] Im Bereich der Hochschulen scheiden sie, soweit ihr Selbstverwaltungsrecht reicht, aus.[402] Ein Vollzugsrecht ihrer Weisungen besitzen die Fachaufsichtsbehörden nicht. Allein die Rechtsaufsichtsbehörde ist dann zur Anordnung der allgemeinen Aufsichtsmittel gegenüber der durch die Weigerung der Körperschaft, der Weisung Folge zu leisten, entstandenen Rechtsverletzung, befugt.[403]

3. Mitwirkungs-, insbes. Genehmigungsvorbehalte

In den Organisationsgesetzen über die Körperschaften finden sich zahlreiche, jedoch im Bereich der Körperschaften der funktionalen Selbstverwaltung häufiger vorgesehene Genehmigungsvorbehalte.[404] Diese gesetzlichen Regelungen sind erforderlich, weil ansonsten der Grundsatz der Genehmigungsfreiheit von Satzungen gilt.[405] Im Kommunalrecht ließ sich eine Tendenz zum Abbau der Genehmigungs-

---

Hochschule, kann dieses von der Hochschulleitung verlangen, daß sie die Durchsetzung der Aufsichtsmaßnahmen unterläßt und die Rechte des Organs gegenüber der Aufsichtsbehörde geltend macht.
397 Eingehend zu dem bei den Sozialversicherungsträgern besonders virulenten Problem der Verwaltungsvorschriften: *Bogs* 1973, S. 219 ff.
398 *Groß* 2002a, S. 798.
399 Vgl. etwa im Sozialrecht die Beispiele bei *Hendler* 1996, S. 218 f.
400 Auch insofern liegt eine Form der präventiven Aufsicht bzw. Lenkung vor. Nicht verständlich ist *Knemeyers* Ansicht, der davon spricht (2000, S. 524), daß die Behörde durch die spezielle Weisung auf „eine andere Handhabung der kommunalen Aufgaben hin [! S. K.]-wirken will (repressive Aufsicht)".
401 Str., vgl. *Lübking/Vogelsang* 1998, Rn. 289.
402 Maunz/Dürig-*Scholz* Art. 5 III, Rn. 133.
403 § 129 II GO BW; Art. 116 I GO Bay; §§ 132 II- IV GO BBg; § 145 GO Hess; § 87 KV MV; § 124 GO NdS; § 124 GO NRW; § 127 II KSVG Saar; § 123 II GO Sachs; § 145 GO SaA; § 129 GO SH; § 120 II KO Thür.
404 Auch „Zustimmung-" oder „Bestätigungsvorbehalte" genannt. Vgl. auch *Emde* 1991, S. 55 ff.
405 *Ossenbühl* 2002, § 6 Rn. 70, *ders.* 1988, § 66 Rn. 57.

vorbehalte⁴⁰⁶ beobachten, die dann durch Vorlagepflichten ersetzt wurden.⁴⁰⁷ Ihre Verletzung macht jedoch die entsprechende Maßnahme im Außenverhältnis zum Bürger nicht unwirksam, sondern nur im Verhältnis zur Aufsichtsbehörde rechtswidrig. Teilweise ist aber auch diese Vorlagepflicht inzwischen weggefallen.⁴⁰⁸

Zu den Gegenständen der Genehmigungsvorbehalte gehören⁴⁰⁹ regelmäßig: die Hauptsatzung, der Haushalt, die Vermögensverwaltung und bestimmte Personalangelegenheiten.⁴¹⁰ Gemäß § 92 III GO BW ist die Gemeinde etwa bei Veräußerung eines Vermögensgegenstandes unter seinem Wert zur vorherigen Vorlage an die Rechtsaufsichtsbehörde verpflichtet, wenn nicht das Innenministerium zuvor eine generelle Freistellung von dieser Pflicht für bestimmte Geschäfte ausgesprochen hat oder sie sich regelmäßig wiederholen.⁴¹¹ Die Nichterfüllung dieser Pflicht beläßt einer entsprechenden Maßnahme jedoch ihre Wirksamkeit gegenüber dem Bürger und macht sie nur „innenrechtswidrig" – rechtswidrig also im Verhältnis zur Rechtsaufsichtsbehörde –, weil sie noch nicht vollzogen werden durfte.⁴¹²

Klassisch werden auch die Genehmigungsvorbehalte zu den präventiven Aufsichtsmitteln gerechnet.⁴¹³ Oben war aber bereits im Anschluß an *Groß* darauf hingewiesen worden, daß sie sich von den präventiven Aufsichtsmitteln in organisationsrechtlicher Hinsicht dadurch unterscheiden, daß der Entscheidungsbildungsprozeß des Selbstverwaltungsträgers hier bereits abgeschlossen ist, wenn die Genehmigungspflicht eintritt, daß sie sich aber auch von den repressiven unterscheiden, weil sie auch bei einer rechtmäßigen Entscheidung zum Tragen kommen kann. Ferner wurden Kontrollmittel als solche bezeichnet, die eine gewisse Distanz zwischen Kontrolleur und Kontrolliertem voraussetzen. Die Genehmigungsvorbehalte sind daher als Steuerungsmittel zu bezeichnen, die die staatliche Überwachung des Handelns des Selbstverwaltungsträgers in besonders wichtigen Angelegenheiten ermöglichen und dessen Wirksamkeit ggf. verhindern können.⁴¹⁴

Häufig wird aus dem „Wesen der Selbstverwaltung" geschlossen, daß sie als Zweckmäßigkeitskontrollen regelmäßig unzulässig sind.⁴¹⁵ Rechtswidrig wären sie jedenfalls dann, wenn sie zu einer Fremdbestimmung der Körperschaft führen würden.⁴¹⁶ Sofern für eine Körperschaft überhaupt nur eine Rechtskontrolle vorgesehen ist, können die Genehmigungen entsprechend auch nur aus Gründen

---

406 *Knemeyer* 1999, S. 194. Auch wurden in einigen Bundesländern die Innenminister ermächtigt, die Kommunen von der Genehmigungspflicht zu befreien und statt dessen eine Anzeigepflicht vorzusehen, § 122 III GO BBg; § 143 II GO Hess; § 49 VI KV MV; § 133 VI GO NdS; § 128 GO NRW; § 126 KSVG Saar; § 140 GO SaA (*Stober* 1996, S. 159). Schonender als Einzelgenehmigungen für die Organisationshoheit der Gemeinden ist auch eine generelle Genehmigungserteilung, wie sie etwa § 88 IV GO BW vorsieht.
407 Zu diesen *Lübking/Vogelsang* 1998, Rn. 163, die sie zu den präventiven Aufsichtsmitteln rechnen.
408 *Knemeyer* 1999, S. 195; *ders.* 2000, S. 523.
409 Zur Sozialversicherung: *Emde* 1991, S. 170.
410 *Lübking/Vogelsang* 1998, Rn. 172; *Emde* 1991, S.161.
411 Zu weiteren Beispielen vgl. *Gern* 2001, Rn. 442.
412 *Lübking/Vogelsang* 1998, Rn. 169.
413 *Schröder* 1986, S. 374. „Staatsaufsicht im weiteren Sinn", *Andrick* 1987, S. 548; *Schuppert* 1998, S. 832.
414 Und keine Aufsichtsmittel, so auch *Schnapp* 1994, Rn. 16.
415 Gegen Zweckmäßigkeitskontrolle OVG NRW DVBl. 1990, S. 689 f.; *Emde* 1991, S. 58 f.
416 *Schmidt-Aßmann* 2001, S. 39; *Groß* 2002a, S. 798.

anderweitigen Rechtsverstoßes verweigert werden.[417] Nach Auffassung des BVerfG verstößt eine Zweckmäßigkeitsprüfung dann nicht gegen Art. 28 II S. 1 GG, wenn klare und bestimmte Prüfungsmaßstäbe für die Kontrolle bestehen.[418] Bei den res mixtae, die in die gemeinsame Verantwortungs- und Entscheidungszuständigkeit von Gemeinde und Staat fallen, muß den Aufsichtsbehörden eine Zweckmäßigkeitskontrolle gestattet sein.[419] Eine wichtige Rolle spielen im Bereich der Unfallversicherung die § 87 II SGB IV und § 15 IV S. 1 SGB VII gestützten Genehmigungsvorbehalte des Bundesministeriums für Arbeit.[420] In weisungsfreien Angelegenheiten sind sie aber auf die Prüfung der Rechtmäßigkeit der Maßnahme beschränkt.[421] Insofern müssen die Genehmigungsvorbehalte nach Gegenständen getrennt beurteilt werden und können – wenn sie überhaupt als ein angemessenes Mittel angesehen werden – je nach Aufgabe auch die Zweckmäßigkeit der Entscheidung der Körperschaft überprüfen.[422]

Viel spricht aber für ihre Unverhältnismäßigkeit: Nachträgliche Anzeigepflichten können den Zweck ebenso erfüllen und würden zugleich weniger in die Entschlußfreiheit der Körperschaft eingreifen.[423] So dienen etwa Genehmigungsvorbehalte bei der Veräußerung von Vermögen häufig den gleichen Zielen, die auch der allgemeinen Prüfung der Veräußerung durch die Denkmalschutzbehörde zugrunde liegen. Eine zusätzliche Prüfung durch die Kommunalaufsichtsbehörde ist dann überflüssig, verzögert nur das Verfahren und belastet die Gemeinde in ihrer Entscheidungsfreiheit daher mehr, als es zur Erreichung des Ziels erforderlich ist.[424]

4. Formen des Zusammenwirkens von Staat und Körperschaft des öffentlichen Rechts

Wird häufig noch von einer Trennung von Kontrolle und Kooperation ausgegangen, hat Kahl demgegenüber nachgewiesen, daß es zahlreiche Überschneidungen gibt.[425] Das bedeutet einerseits, daß die überkommenen Aufsichtsmittel kooperativ anzuwenden sind, zum anderen aber auch, daß Kooperation in den Bereich der Kontrolle aufgenommen wird. Dem entsprechen auch explizit kooperative Kont-

---

417 Für die IHKn *Frentzel/Jäkel/Junge/Hinz/Möllering* 1999, § 11 Rn. 26 f.
418 *BVerfGE* 38, S. 258 ff (280); vgl. auch *Kahl* 2000, S. 326.
419 *Stober* 1996, S. 160; *Groth* 2002, S. 460.
420 Die geplanten Unfallverhütungsvorschriften werden vom Ministerium möglichst früh mit den Trägern der Unfallversicherung abgestimmt, um so die eigenen Vorstellungen effektiv zur Geltung bringen und auf eine Vereinheitlichung hinwirken zu können, KK-*Maier* SGB IV, § 87 Rn. 6.
421 *Gern* 2003, Rn. 803; *Lübking/Vogelsang* 1998, Rn. 180.
422 Eine solche differenzierte Regelung enthält etwa § 123 UG BW. Danach beschränkt sich die Prüfung der Zustimmung in Selbstverwaltungsangelegenheiten auf eine Rechtskontrolle, wenn nicht Verpflichtungen des Landes gegenüber dem Bund betroffen sind. In den übertragenen staatlichen Angelegenheiten insbesondere finanzieller Art kann auch die Übereinstimmung mit staatlichen Zielen geprüft werden.
423 *Kahl* 2000, S. 560; auch Kopp (1992, S. 50 f.) rückt sie in die Nähe einer Staatskuratel, bei der die staatliche Behörde unmittelbar in das Entscheidungsverhalten der verselbständigten Verwaltungsorganisation einwirkt.
424 Eingehend *Groth* 2002, S. 461 f.
425 *Kahl* 2000, S. 518 f. – obwohl zur Kennzeichnung nicht notwendig die sozialromantisch anmutenden Ausdrücke wie der „Geist von Vertrauen, Partnerschaft und Loyalität" herangezogen werden müssen.

rollformen wie Zielvereinbarungen. Besonders im Bereich der grundrechtsgetragenen Körperschaften treten neben formale Aufsichtsmaßnahmen auch Formen des „Zusammenwirkens von Staat und Hochschule".[426] Neben den klassischen Möglichkeiten von Anhörungen und Vorschlagsrechten kommen hier gemeinsame Erörterungen, gemeinsame Gremien etc. in Betracht[427] Ein „partnerschaftliches Verhältnis" erhöht allerdings auch die Abstimmungsnotwendigkeiten vor der Entscheidung, so das der Umfang präventiver Einflußfaktoren auf die Entscheidungen der Körperschaft zunimmt.[428]

5. Zielvereinbarungen und Verwaltungscontrolling[429]

„Herzstück" des Neuen Steuerungsmodells ist die Dezentralisierung der Produkt- und Ressourcenverantwortung.[430] Dadurch soll die Verantwortlichkeit kleiner Verwaltungseinheiten, die aber zumeist nicht als Selbstverwaltungsträger verselbständigt wurden, gestärkt werden. Um hier nicht zu einer „Balkanisierung von Verantwortlichkeiten" zu kommen, sind neue Formen der Koordination erforderlich.[431] Das Kontraktmanagement ist ein Koordinationsmittel, das die Bindung der Exekutive an die Legislative sicherstellt und die Bindungen der nachgeordneten Verwaltungsebenen untereinander vermittelt.[432] Das Thema Zielvereinbarungen und Controlling scheint zunächst nicht zur Frage staatlicher Ingerenz auf die Körperschaften des öffentlichen Rechts zu gehören, betrifft es doch – wie im organisationstheoretischen Teil bereits dargestellt wurde – den ausführenden resp. den anstaltlichen Teil (Hochschulen) der Selbstverwaltungsträger. Doch würde diese Ausklammerung an der Verwaltungsrealität vorbeisehen: Zielvereinbarungen und diesen entsprechendes Verwaltungscontrolling haben Auswirkungen auf die klassische Aufsicht nicht nur im Bereich der innerorganisatorischen Kontrolle (s. o.), sondern auch im Bereich der klassischen Staatsaufsicht.[433] Zielvorgaben der Versammlung an die ausführenden Organe der Körperschaft müssen im Rahmen von Budgetierungsmodellen so ausformuliert sein, daß sie ein Controlling ermöglichen. Sie weiten damit den Bereich präventiver Kontrolle der Körperschaften des öffentlichen Rechts aus und können ihre Selbstverwaltung beeinträchtigen, wenn nicht entsprechende Schutzinstrumente in Form von Steuerungs- und Finanzgarantien entwickelt werden.[434] „Einmischungsaufsicht", die die Eigenverantwortlichkeit

---
426 §§ 121 ff. HG MV; § 108 UG NRW.
427 Für den alten § 60 HRG: *Wolff/Bachof/Stober* 1987, § 93 Rn. 66.
428 *Knemeyer* 2000, S. 522.
429 *Hill* NVwZ 2002, 1059 ff.; *Hoffmann-Riem* 1997, S. 386; ders. 2001, S. 336 f.; kritisch in bezug auf die damit verbundene „Finalisierung des Verwaltungsrechts zu Lasten der Selbstverwaltung" *Breuer* VVdStRL 62 (2003), S. 468. Dagegen wiederum *Oebbecke* VVdStRL 62 (2003), S. 475, der sie als Eingeständnis der Schwäche des Finanziers wertet.
430 *Schuppert* 1998, S. 834; vgl. auch *Pitschas* 1998, S. 912 f.; *Lüder* 1993, S. 269.
431 *Schuppert* 1998, S. 834.
432 *Schmidt-Aßmann* 2001a, S. 27; *Hoffmann-Riem* 1997, S. 386 f.; *Pitschas* 1998, S. 912. *Damkowski/ Precht* 1995, S. 153 f.: als Entscheidungsvorbereitung und Informationsmanagement die „Koordinationsschnittstelle der Managementfunktionen".
433 *Pitschas* (1998, S. 913) bringt dies anschaulich zum Ausdruck, wenn er schreibt: „Der Controller ist ein Lotse der Aufsicht".
434 *Pitschas* 1998, S. 915.

der kontrollierten Organisationseinheit beeinträchtigt, ist auch in diesem Gewand unzulässig.[435]

Das Verwaltungscontrolling stellt mit seinen Informations- und Berichtswesen den laufenden Informationsfluß des Ablaufs des Kontraktmanagements dar.[436] Es bezeichnet in betriebswirtschaftlicher Perspektive „ein System der Beschaffung und Bereitstellung von Planungs- und Kontrollinformationen (Planungs- und Kontrollsystem) für die Steuerung dezentral organisierter Unternehmen und soll die Ausrichtung der dezentral geführten Teileinheiten auf die Unternehmensziele sicherstellen".[437] Ziel des Controllings ist die Steuerung des Verwaltungshandelns im Hinblick auf Effektivität und Effizienz.[438] Es dient als operatives Controlling der Leitungsebene der Verwaltung zur „Navigationshilfe"[439] zur Ermittlung von Fehlentwicklungen und ggf. deren Korrektur im Einzelfall. Das operative Controlling hingegen setzt konkreter an und ermöglicht der Zentrale gegenüber den relativ selbständigen dekonzentrierten („dezentralisierten") Untergliederungen der Verwaltungsorganisation eine Maßnahmenkorrektur.[440]

6. Rechtsschutz gegenüber Aufsichtsmaßnahmen

Weil Rechtsschutzfragen weitgehend ausgeklammert wurden, soll hier nur erwähnt werden, daß die Körperschaften auf die üblichen Klage- und Formen des vorläufigen Rechtsschutzes zurückgreifen.[441] Ob das aber auch für die Maßnahmen der Fachaufsicht gilt, ist strittig. Geht man aber davon aus, daß die Aufsicht als Rechts- wie als Fachaufsicht der Bestätigung und Befestigung der rechtlichen Selbständigkeit der betreffenden Verwaltungsorganisation dient, handelt es sich auch bei Maßnahmen der Fachaufsicht um solche mit Außenwirkung.[442] Keineswegs handelt die Körperschaft des öffentlichen Rechts hier als Teil der unmittelbaren Staatsverwaltung, so daß die Fachaufsicht wie ein Direktionsrecht aufzufassen wäre.[443] Wird eine erforderliche Genehmigung nicht erteilt, kann die betroffene Körperschaft eine Versagungsgegenklage erheben.[444] Im Sozialversicherungsbereich wurde eigens eine Klageart geschaffen (§ 54 III SGG), ohne daß dadurch weitergehende Klagemöglichkeiten wegen der Verletzung der eingeräumten Kompetenzen ausgeschlossen wären.[445]

---

435 *Schmidt-Aßmann* 2001a, S. 38.
436 *Hoffmann-Riem* 2001, S. 336; *Schuppert* 1998, S. 834.
437 *Lüder* 2001, S. 54; *ders.* 1993, S. 265.
438 *Lüder* 1993, S. 266.
439 *Hoffmann-Riem* 2001, S. 337.
440 *Hoffmann-Riem* 1997, S. 390 f.; daneben sind noch weitere spezielle Formen des Controlling zu unterscheiden wie etwa Personal-Controlling, Projekt-Controlling, Organisations-Controlling, *Lüder* 1993, S. 266.
441 *Kopp* 1992, S. 108 ff.; *Lübking/Vogelsang* 1998, Rn. 293 ff.
442 *Knemeyer* 2000, S. 525; dagegen etwa BVerwG NVwZ 1983, S. 610.
443 Wie hier *Kopp* 1992, S. 115.
444 *Knemeyer* 2000, S. 522.
445 *Schnapp* 1994, Rn. 135 ff.; *Hendler* 1996, S. 219.

IV. Zusammenfassung

Auf der Grundlage ihrer Ausstattung mit einer eigenen Rechtspersönlichkeit und dem Recht der eigenverantwortlichen Aufgabenwahrnehmung stellt sich die Körperschaft, ausgerüstet mit einer durch die mitgliedschaftliche Binnenstruktur hohen Problemverarbeitungskapazität in bezug auf sachlich differenzierte und wertungsmäßig komplexe Entscheidungen, spezifisch in ihre gesellschaftliche und staatliche Umwelt. Exemplarisch wurde dem durch eine nähere Analyse von Zwangsmitgliedschaft und Aufsicht nachgegangen. In beiden Fällen zeigte sich, daß hier anspruchsvollere Lösungen möglich sind, als sie ohne die mitgliedschaftliche Binnenstruktur zu rechtfertigen wären.

Bürger werden Mitglieder in Körperschaften des öffentlichen Rechts zumeist nicht freiwillig, sondern aufgrund einer Pflichtmitgliedschaft. Diese Form der Rekrutierung trifft sie nur im Falle der kassenärztlichen Vereinigungen, deren Aufgaben die Berufsausübung der Kassenärzte intensiv prägen, in speziellen Grundrechten, nämlich in Art. 12 I GG. Die unfreiwillige Mitgliedschaft in anderen Körperschaften trifft den Bürger nicht in seiner negativen Vereinigungsfreiheit. Es konnte aus systematischen wie auch aus historischen Gründen gezeigt werden, daß Art. 9 I GG den Bürger nicht vor einer Zwangsmitgliedschaft in öffentlich-rechtlichen Verbänden schützen soll. Es bleiben ihm also die allgemeine Handlungsfreiheit. Die rechtliche Situation der Gemeinden ist anders zu beurteilen: Sie sind in ihrer letztlich in Art. 28 II GG fundierten Kooperationshoheit betroffen. Eine Einbeziehung in Pflichtverbände ist danach nur aus „dringenden Gründen des Gemeinwohls" gerechtfertigt. Anders steht es aber mit der Pflichtmitgliedschaft des Bürgers in Körperschaften der funktionalen Selbstverwaltung. Sie bedarf neben der schon im Abschnitt B erörterten legitimen Aufgabe noch einer Kontrolle anhand des Verhältnismäßigkeitsprinzips. Die Erforderlichkeitsprüfung macht in diesem Zusammenhang noch einmal die besondere Bedeutung der öffentlichen Aufgaben der Körperschaften des öffentlichen Rechts deutlich, die auch im Falle der Interessenvertretung nicht von privaten Verbänden erfüllt werden können, da ihre Exit-Option die Repräsentativität des geltend gemachten Gesamtinteresses gefährdet und die Drohung mit dem Gebrauch derselben starken Mitgliedern einen asymmetrischen Einfluß einräumen könnte. Auch im Rahmen der Zumutbarkeitskontrolle zeigen sich noch einmal die Besonderheiten der Körperschaften des öffentlichen Rechts. Die Nachteile, die mit der unfreiwilligen Mitgliedschaft und der damit regelmäßig gekoppelten Beitragspflicht verbunden sind, werden nämlich abgefedert durch die Partizipationsmöglichkeiten an den Körperschaftsentscheidungen. Stehen so zumeist die Körperschaften mit Pflichtmitgliedschaft im Zentrum der Aufmerksamkeit, darf nicht übersehen werden, daß es auch Formen mit freiwilliger und solche mit freiwilliger Entscheidung über die Zugehörigkeit und daran angeknüpfter gesetzlich eintretender Mitgliedschaft gibt, wie bei Gemeinden und Hochschulen.

Aber auch die Staatsaufsicht ist durch die besondere Struktur der Körperschaft geprägt. Zunächst tritt sie nicht einfach als beschränkend an die

Selbstverwaltungsrechte der Körperschaft heran, sondern findet ihren Grund in derselben. Es hat ihr um die Stärkung der mit der Selbstverwaltung verliehenen Potentiale, um die Weckung von Eigenverantwortlichkeit, sofern dies notwendig ist, zu gehen und nicht um die bestmögliche Erfüllung der öffentlichen Aufgaben. Schutz und Förderung gehören daher nicht weniger zu den Zielen der Aufsicht als die ebenfalls im Interesse sowohl der Gesamtheit als auch der Körperschaft selbst liegende Überwachung der Grenzen der Selbstverwaltungsrechte. Die Aufsicht hat auch die Selbstverwaltung als Maß. Solange und soweit die Aufsichtsziele mit körperschaftseigenen Kontrollmöglichkeiten sichergestellt werden können, verdienen sie den Vorrang, so daß sich die Aufsicht auf eine Kontrolle dieser Funktionsmechanismen zurückziehen kann und nach dem Prinzip der schonenden Aufsicht auch soll. Hier besonders zeigt sich die Möglichkeit der Autonomisierung der Körperschaft von ihrer Umwelt durch die ausdifferenzierte Binnenstruktur, die eine effiziente Binnenkontrolle ermöglicht. Die Staatsaufsicht wird auch dann noch notwendig bleiben, um die Grenzen, in denen die Körperschaft im Interesse des gemeinsamen Wohls der Mitglieder das Gemeinwohl vernachlässigt, zu beachten. Wesentlich enger sind die Ingerenzen naturgemäß im Bereich der Kontrolle der Auftragsangelegenheiten, wo die Fachaufsichtsbehörden auch über Weisungen auf die Körperschaft einwirken können. Auch dann aber wird die Körperschaft nicht einfach Teil der staatlichen Verwaltung, sondern erhält ihre Selbständigkeit.

DRITTER TEIL:
KÖRPERSCHAFTSFORMEN, ZUSAMMENFASSUNG UND AUSBLICK

Die Körperschaft des öffentlichen Rechts unterscheidet sich von der unmittelbaren hierarchischen Staatsverwaltung und ihren dekonzentrierten Unterorganisationen durch ihre rechtliche und – über die äußere Selbstverwaltung als Modus der Erledigung ihrer Aufgaben vermittelte – sachliche Verselbständigung, die ausdifferenzierte rechtliche Binnenstruktur, die gestützt ist auf die Mitwirkung des Bürgers als Grundlage ihrer inneren Selbstverwaltung, und die lose Kopplung an ihre Umwelt über mehr oder weniger ausdifferenzierte eigene Finanzierungsquellen, einen abgegrenzten Mitgliederkreis und eine in Selbstverwaltungsangelegenheiten auf die Rechtsaufsicht reduzierte staatliche Ingerenz. Die Staatsaufsicht aktualisiert zugleich ihre über die gesetzlichen Grundlagen vermittelte Einbindung in den auf den Willen des Gesamtvolks zurückzuführenden demokratischen Legitimationszusammenhang. Das gegenüber der unmittelbaren Staatsverwaltung durch die Verselbständigung abgesenkte demokratische Legitimationsniveau ist verfassungsrechtlich nicht nur bei den im Grundgesetz genannten (Art. 28 I u. II GG) oder geforderten (Art. 5 III GG), sondern auch bei den übrigen Körperschaften prinzipiell über die stärkere Einbeziehung des Bürgers, die der Ermöglichung seiner Selbstbestimmung auch im Rahmen der Verwaltung dient, verfassungsrechtlich gerechtfertigt. Seine in der Menschenwürde wurzelnde Selbstbestimmung ist nicht nur die Grundlage der Mitwirkung als prinzipiell gleicher Staatsbürger an der staatlichen Willenbildung, sondern auch seiner mehr individualisierten Mitwirkung in den Körperschaften des öffentlichen Rechts. Mit der Verselbständigung der Körperschaft des öffentlichen Rechts wird den Bürgern so über die Möglichkeit individueller Mitbestimmung an ihrer Selbstverwaltung als Mitglied das wiedergegeben, was ihnen diese Verselbständigung an Einfluß als Staatsbürger entzieht. Deshalb ist ein höheres Maß an Ausdifferenzierung durch den bestimmenden Einfluß der Mitglieder zugleich Problem und Rechtfertigung der Körperschaft des öffentlichen Rechts. Eine so weitgehende Herauslösung der Anstalten des öffentlichen Rechts aus dem demokratischen Legitimationszusammenhang läßt sich – wenn überhaupt – nicht auf die gleiche Weise rechtfertigen. Tatsächlich zeigte sich auch bei ihnen über ihren instrumentellen Charakter eine stärkere Umweltkopplung. So als spezifische Organisationsform gegenüber anderen abgrenzbar, fragt sich nun noch, wie die Vielfalt ihrer Erscheinungsformen geordnet werden kann.

I. Die Körperschaften des öffentlichen Rechts – Versuch einer Systematik

Nachdem bisher versucht wurde, Grundstrukturen des Rechtsinstituts der Körperschaft des öffentlichen Rechts herauszuarbeiten und ihre unterschiedlichen Formen nur als besondere Ausprägungen dieses Prinzips, als Beispiele oder als Material zur Analyse bestimmter Problembereiche des Instituts herangezogen wurden, soll nun abschließend ein systematischer Überblick über die verschiedenen Erscheinungsformen der Körperschaften des öffentlichen Rechts gegeben werden. Ausgenommen werden können die oben von der Untersuchung ausgeschlossenen nichtrechtsfähigen Vertretungskörperschaften (etwa nach Art. 59 II GG)[1] und die korporierten Religionsgemeinschaften, die nicht zu den verwaltungsrechtlichen Körperschaften des öffentlichen Rechts zählen (s. o. B V 2). Nicht berücksichtigt werden müssen naturgemäß auch diejenigen juristischen Personen des öffentlichen Rechts, die gesetzlich als „Körperschaften" bezeichnet werden, bei denen aber im Rahmen der Untersuchung gezeigt werden konnte, daß sie den Kriterien für die Annahme von Körperschaften nicht genügen (die Bundesanstalt für Arbeit, die berufsständischen Versorgungswerke und kommunalen Versorgungsverbände, die Arbeitskammer des Saarlandes, das Deutschlandradio). Nicht zu berücksichtigen ist ferner die Sonderform der Pflegekassen, die zwar Körperschaften des öffentlichen Rechts sind, jedoch nicht über eigene Selbstverwaltungsorgane verfügen, sondern im Wege der Organleihe auf die der Krankenversicherungen zurückgreifen.

Zentrales Problem einer solchen Übersicht ist die Festlegung der Einteilungskriterien. Hierzu bieten sich an: 1. der Rang der die Körperschaft begründenden oder garantierenden Rechtsnormen;[2] 2. die Kriterien für die Rekrutierung der Mitglieder; 3. die Aufgaben bzw. Funktionen. Teilweise werden, wie etwa von *Wolff/Bachof/Stober*,[3] diese Kriterien auch parallel angelegt. Dieses Verfahren liegt deshalb nahe, weil sich nicht von vornherein eine eindeutige Hierarchie der Einteilungskriterien ergibt, so daß notwendig einige als Hauptkriterien, nach denen die Gattungen bestimmt, und andere als Hilfskriterien, nach denen die Arten festgelegt werden können, fungieren. Der Nachteil dieser Methode ist allerdings, daß die einzelnen Körperschaften in mehreren Gruppen auftreten. Beispielsweise sind dann die Gemeinden rechtsfähige (und nicht nicht- oder teilrechtsfähige), staatsrechtliche (und nicht völker- oder kirchenrechtliche) und zwar verfassungsmittelbare (und nicht verfassungsunmittelbare oder verfassungsabgeleitete, gesetzliche oder staatsvertragliche), eigenverantwortlich-heterokonstitutionelle Gebiets- (und nicht Real-, Personal-, Bund- oder Kollegial-)körperschaften. Diesem Dilemma ist nur zu entgehen, wenn sich typische Merkmale für bestimmte Körperschaftsarten bestimmen lassen.

---

[1] Auf die Einteilung nach rechtsfähig, teilrechtsfähig und nicht-rechtsfähig (*Wolff/Bachof/Stober* 1987, § 84 Rn. 17–19) kann verzichtet werden, da die verbleibende Unterscheidung für die Ausnahmen der Fakultäten bzw. Fachschaften und technischen Ausschüsse von den übrigen Körperschaften abgrenzt.
[2] *Kluth* 1997, S. 30.
[3] *Wolff/Bachof/Stober* 1987, § 84 Rn. 17 ff.

1. Einteilung nach der Hierarchiestufe der die Körperschaft bildenden Rechtsnorm

Für die Einteilung der Körperschaften nach der Hierarchiestufe der sie bildenden Rechtsnormen (Völkerrecht, Europarecht, Verfassungsrecht, Parlamentsgesetz, Staatsvertrag)[4] spricht, daß sich aus der verfassungsrechtlichen Verankerung der betreffenden Körperschaften wesentliche Auswirkungen für ihren Legitimationsmodus und damit auch für die Binnenstruktur, für ihre rechtliche Verselbständigung durch den Umfang der Selbstverwaltung und dem korrespondierend für den Umfang der staatlichen Aufsicht ergaben. Wie wiederholt hervorgehoben wurde, lassen sich nur für einen kleinen Kreis der Körperschaften des öffentlichen Rechts notwendige Organisationsvorgaben aus der Verfassung ableiten. Die Ausgestaltung der übrigen ist der Verantwortung des Gesetzgebers anheimgestellt, dessen Entscheidung für eine körperschaftliche Struktur dann aber verfassungsrechtlich gut begründbar ist. Weil sich aus der höheren Normstufe nur wenige Vorgaben für die Organisationsform entnehmen lassen, ist das Kriterium der Hierarchiestufe auch zu allgemein, um die für eine Systematik notwendige Trennschärfe zu erreichen.

Hiermit zusammenhängend hat aber die Einteilung in bundesunmittelbare und landesunmittelbare Körperschaften des öffentlichen Rechts vor dem Hintergrund der Regelungen der Art. 83 ff. GG eine gewisse Bedeutung.[5] In diesem Sinne differenziert auch Becker in vertikale Dezentralisation der „Verwaltungsorganisation"[6] und auf dieser Basis in horizontale Dezentralisation.[7] Die Körperschaften der vertikalen Dezentralisation sind neben den staatsrechtlichen (Bund, Länder) die kommunalen Gebietskörperschaften sowie Regionalkörperschaften. Auf den jeweiligen Ebenen der vertikalen Dezentralisation können dann prinzipiell jeweils horizontale Differenzierungen der Körperschaften vorgenommen werden, die sich nach Mitgliedschaftsmerkmalen richten.

2. Abgrenzung der Körperschaften nach der Aufgabe oder Funktion

Eine nächste Möglichkeit ist, die Aufgabe oder Funktion der Körperschaft zum maßgeblichen Kriterium zu erheben. Dies liegt insofern nahe, als marktmäßige Konkurrenz zwischen den Körperschaften des öffentlichen Rechts eine untergeordnete Bedeutung besitzt und regelmäßig eine bestimmte öffentliche Aufgabe einer bestimmten Körperschaft in einem bestimmten Körperschaftsbezirk zugewiesen ist.[8] Ferner hatten wir wiederholt auf die identitätsbildende Funktion von Zielen und

---
[4] Ausgeschieden werden von der vorliegenden Untersuchung die völkerrechtlichen und europarechtlichen Körperschaften des öffentlichen Rechts, *Wolff/Bachof/Stober* 1987, § 84 Rn. 19; *Heuterkes* 1997, S. 140 ff. allgemein zu juristischen Personen des Europarechts.
[5] *Dittmann* 1983, S. 243 ff. und 261 f.
[6] vgl. hierzu schon oben Erster Teil D V.
[7] *Becker* 1989, S. 223 f.
[8] Standortwettbewerbe zwischen Kommunen oder Wettbewerbe der Hochschulen um Wissenschaftler und Studenten ändern an der spezifischen Aufgabenzuweisung nichts.

Aufgaben hingewiesen.[9] Doch welches sind diejenigen Funktionen, die Körperschaften trennscharf voneinander abgrenzen? Es fehlt nicht an Angeboten: *Bieback* schlägt beispielsweise eine Dreiteilung in öffentliche Interessen- und Aufsichtsverbände (Wirtschaftskammern, solche der freien Berufe und auch die Realkörperschaften)[10], öffentliche Leistungsverbände (Sozialversicherung) und Gemeinden, die zwar auch Aufgaben der Leistungsverwaltung übernehmen, jedoch stärker durch Elemente mittelbarer Staatsverwaltung gekennzeichnet seien.[11] *Breuer* nimmt lediglich eine Zweiteilung vor zwischen Gebietskörperschaften, die durch prinzipielle Allzuständigkeit gekennzeichnet sind, und „Personalkörperschaften", denen „lediglich eine Zuständigkeit zur Erledigung bestimmter Verwaltungsaufgaben zukommt".[12] Zu diesen „Personalkörperschaften" sollen dann, nach den „Gründen für die Verselbständigung" unterschieden, die Körperschaften der freien Berufe, die Wirtschaftskammern, die Hochschulen und die „raumbezogenen Personalkörperschaften" (Wasser- und Bodenverbände, Deichgenossenschaften etc.) gehören.[13] Diese Differenzierungen sind im Ergebnis zu grob, denn sie laufen auf eine Zweiteilung in Interessenverbände und Leistungsverbände hinaus, welch letztere wiederum in eher genossenschaftliche und eher dezentralisiert staatliche unterschieden werden können.[14] Insbesondere die Realkörperschaften können – sieht man einmal davon ab, daß jede Körperschaft sich mehr oder weniger (aber eben als Haupt- oder nur als untergeordnete Funktion) auch für die Interessen ihrer Mitglieder einsetzt – nicht ohne weiteres nur der Interessenvertretung zugeschlagen werden, bedenkt man, daß reine Lastenverbände wie etwa die Deichgenossenschaften hierzu gehören.

Forsthoff gliedert ebenfalls nach drei Funktionen: 1. staatsdistanzierte Körperschaften, die „dazu dienen, die Pflege gesellschaftlicher Interessen durch einen festen Personenkreis der Gesellschaft vermöge der Ausstattung mit den Organisationsformen des öffentlichen Rechts besonders wirksam zu gestalten".[15] 2. Körperschaften, die der Disziplinierung bestimmter Sozialbereiche vom Staat aus dienen.[16] Schließlich ist die 3. Gruppe dadurch gekennzeichnet, daß hier bestimmte Aufgaben aus Gründen der Dezentralisierung ausgelagert sind, mithin geht es um mittelbare Staatsverwaltung. Ähnlich hatte *Köttgen* die öffentlichen Verbände in

---

9 Vgl. o. Erster Teil D III 1 b bb; Zweiter Teil B V 2.
10 Die etwas ungewöhnliche Einordnung der letzteren soll sich nach Bieback daraus ergeben, daß sie „an private Besitzstände anknüpfen und die daraus entstehenden Interessen öffentlich kontrollieren und artikulieren, auch wenn sie stärker infrastrukturelle Leistungen und Nutzungen fördern sollen". Bieback 1982, S. 866.
11 *Bieback* 1982, S. 867 f.
12 *Breuer* 1992, S. 33. Die von ihm so genannten – und nicht mit den unten näher zu besprechenden – „Personalkörperschaften" sollen „funktionale, nämlich aufgabenbezogene Verselbständigungen von Verwaltungsagenden in Organisationsformen des öffentlichen Rechts" sein (wie er auch *Klein* 1957, S. 150). Diese Unterscheidung deckt sich so mit der Differenzierung von kommunaler und funktionaler Selbstverwaltung, *Kluth* 1997, S. 25 ff.
13 *Breuer* 1992, S. 49 ff.; die Sozialversicherungen werden etwas pauschal „als Anstalten des öffentlichen Rechts, und zwar als öffentlich-rechtliche Versicherungsanstalt" qualifiziert, a. a. O., S. 56. Vgl. auch *Weber* 1959, S. 39; nach Funktionen gliedert auch *Hsu* 2004, S. 15 ff.
14 Wobei die Hervorhebung des „hoheitlich-bürokratischen" Moments bei den Gemeinden gegenüber stärker genossenschaftlichen Elementen bei den Sozialversicherungsträgern etwas überraschend anmutet.
15 *Forsthoff* 1973, S. 486.
16 *Forsthoff* 1973, S. 486 f.

I. Die Körperschaften des öffentlichen Rechts – Versuch einer Systematik 681

„Selbstverwaltungskörper", zu der vor allem die Gemeinden, aber auch die berufsständischen Kammern gehören sollten,[17] die Leitungsverbände, deren Zweck die Effektuierung der Staatsgewalt sei,[18] die Lasten- und solche Verbände, die der gemeinsamen Verwaltung bestimmter Rechte dienten,[19] und schließlich die öffentlichen Genossenschaften (Wasser- und Bodenverbände).[20] Überwiegend wird Funktion und Aufgabe der Körperschaften aber keine systembildende klassifikatorische Bedeutung eingeräumt, sondern eine eher deskriptiv-beispielhafte, die die Verschiedenheit der Körperschaften akzentuieren soll. So erwähnt *Weber* etwa als Beispiele für die große Variationsbreite der Körperschaften des öffentlichen Rechts in einer aufgabenbezogenen Perspektive die Träger der kommunalen Selbstverwaltung,[21] die Verbände der Landeskultur- und Bodenwirtschaft,[22] öffentlich-rechtliche Organisationen der Wirtschaft,[23] Kammern der gebundenen Berufe und schließlich die Sozialversicherungsträger. Zusätzlich treten weitere Körperschaften auf, die sich nicht anderweitig zuordnen lassen, wie die Hochschulen und Akademien. Systematische Strukturen gewinnt diese Vielfalt dann anhand der Unterscheidung von Gebietskörperschaften und Personalkörperschaften.[24]

Gegen eine Systematik der Körperschaften des öffentlichen Rechts aufgrund der Primäreinteilung nach Aufgaben spricht jedoch, daß oben gezeigt werden konnte, daß sich bis auf die sich aus den Vorgaben der Art. 5 III GG u. 28 II S. 1 GG ergebenden keine notwendigen Körperschaftsaufgaben, die notwendigen oder obligatorischen Staatsaufgaben vergleichbar wären, finden ließen. Nur eine Negativabgrenzung zu grundrechtlich geschützten gesellschaftlichen Zielen einerseits und gegenüber den genannten Staatsaufgaben konnte gezogen werden. Der verbleibende Bereich der von uns hier so genannten „öffentlichen Aufgaben", die als Kandidaten für Aufgaben der Körperschaften des öffentlichen Rechts in Betracht kommen, ist für eine Einteilung zu breit. Der Modus der Aufgabenerledigung, die Selbstverwaltung, war schließlich ein notwendiges Element des Körperschaftsbegriffs, nicht aber ein hinreichendes. Zur Selbstverwaltung muß noch die mitgliedschaftliche Binnenstruktur der Verwaltungsorganisation treten, damit von einer Körperschaft gesprochen werden kann. Dann aber liegt es näher, die Bedingungen der Mitgliedschaft als Hauptkriterium der Einteilung zu wählen und zur weiteren Differenzierung dann auch die Aufgaben heranzuziehen.

---

17 *Köttgen* 1939, S. 33 ff.
18 *Köttgen* 1939, S. 48 ff.; viele der von ihm hier genannten Verbände entstammten freilich entweder gemeinwirtschaftlichen Bestrebungen der Weimarer Zeit oder dem Nationalsozialismus (Marktordnungsverbände, Wirtschaftsgruppen, Reichskulturkammer).
19 *Köttgen* 1939, S. 61 f.
20 *Köttgen* 1939, S. 63 ff.
21 Wozu er die Gemeinden, die „Ämter", die Landkreise, die Landschaftsverbände, die Zweckverbände rechnet, *Weber* 1959, S. 39; eine ähnliche Beschreibung der Variationsbreite der Körperschaften verwendet auch *Knemeyer* 1995a, Sp. 675 f.
22 Bodenverbände, Forstverbände, Waldwirtschaftsgenossenschaften, Teilnehmergemeinschaften, Siedlungsverbände, Landesplanungsgemeinschaften, Fischerei- und Jagdgenossenschaften.
23 IHKn, Handwerkskammern etc. und Landwirtschaftskammern.
24 Zusätzlich wird die Unterscheidung von Köttgen erwähnt, *Weber* 1959, S. 40; wie er auch *Knemeyer* 1995a, Sp. 676.

3. Einteilungen der Körperschaften nach den Bedingungen der Mitgliedschaft

Als wesentliches Unterscheidungsmerkmal der Körperschaft von anderen juristischen Personen des öffentlichen Rechts war der Umstand herausgearbeitet worden, daß alle wesentlichen Körperschaftsentscheidungen, insbesondere die Rekrutierung der Organwalter auf Entscheidungen der Mitglieder zurückgeführt werden können. Die Zentralstellung der Mitglieder legt eine Primärdifferenzierung der Körperschaft nach Momenten der Mitgliedschaft nahe, denn jedes Organisationsgesetz einer Körperschaft muß Kriterien dafür bereithalten, Mitglieder von Nichtmitgliedern zu unterscheiden. Als sinnvolle Einteilungskriterien haben sich dabei die Bedingungen der Mitgliedschaft herausgestellt.[25] Als derartige Bedingungen können festgestellt werden: 1. der über eine bestimmte Dauer eingenommene Hauptwohnsitz (Gebietskörperschaften), 2. die Zugehörigkeit zu einem Beruf oder die Innehabung eines Betriebes (Personalkörperschaften), 3. das Eigentum an einem Grundstück, eines sonstigen Rechts oder einer Pflicht (Realkörperschaften), 4. das Bestehen einer öffentlichen Aufgabe, die die Leistungsfähigkeit einer Körperschaft überschreitet (Verbandskörperschaften).[26] Diese Einteilung hat allerdings den Nachteil, daß sie unter 4. auseinanderreißt, was von der Aufgabenstellung zusammengehört: Die Dachverbände von Körperschaften nach 1. und 2. würden sachlich eher zu diesen gehören. Gleichwohl können durch diese Unterscheidung gemeinsame Grundstrukturen der Verbandskörperschaften deutlich werden, denn die Bedingungen für die Mitgliedschaft in den Verbandskörperschaften unterscheiden sich von den Bedingungen der Mitgliedschaft in den in ihnen zusammengeschlossenen Mitgliedskörperschaften. In diesem Rahmen kann dann weiter unterschieden danach unterschieden werden, ob die Mitglieder der Körperschaft nach gleichen Kriterien bestimmt werden (gruppenhomogene) oder nach unterschiedlichen (gruppenheterogene).[27] Statt dessen könnte auch sekundär nach Aufgaben differenziert werden.

4. Die Gebietskörperschaften

Auch über die Merkmale des Begriffs der Gebietskörperschaft besteht kein Konsens. Einig ist man sich noch insofern, als seine mitgliedschaftsbezogene Bestimmung vom Wohnsitz bei natürlichen bzw. Sitz bei juristischen Personen auszugehen hat und daß die staatsrechtlichen von den verwaltungsrechtlichen Körperschaften, die vorliegend alleine interessieren, zu unterscheiden sind.[28] Nicht geklärt ist, ob die Allzuständigkeit zu den notwendigen Begriffsmerkmalen gehört.[29] Das

---

25 Vgl. etwa *Rudolf* 1998, § 52 Rn. 11; *Schnapp* 1980, S. 71; *Schuppert* 1988, S. 400; *Wolff/Bachof/Stober* 1987, § 84 Rn. 24 f.
26 *Püttner* (2001, S. 2518 f.) nimmt nur eine Dreiteilung ohne die Verbandskörperschaften vor.
27 *Breuer* 1992, S. 57 f., vgl. auch oben C I 2 b.
28 Wolff/Bachof/Stober-*Kluth* 2004, § 94 Rn. 51; *Hoppe* 1958, S. 24.
29 Rein aufgabenbezogen definiert hingegen *Knemeyer* 1995a, Sp. 676: „Zu den Gebietskörperschaften gehören die Träger kommunaler Selbstverwaltung, soweit diese in ihrem Aufgabenkreis auf ihr Gebiet bezogen sind".

I. Die Körperschaften des öffentlichen Rechts – Versuch einer Systematik 683

BVerfG definiert: „Gebietskörperschaften sind solche Körperschaften des öffentlichen Rechts, bei denen sich die Mitgliedschaft aus dem Wohnsitz im Gebiet der Körperschaft ergibt und die mit Gebietshoheit ausgestattet sind. Sie werden von allen Bewohnern eines abgegrenzten Teiles des Staatsgebietes getragen. Die Mitgliedschaft wird durch den Wohnsitz – evtl. in Verbindung mit dessen Dauer und der Staatsangehörigkeit – begründet. Jedermann, der sich auf ihrem Gebiet aufhält, wird der Herrschaftsgewalt der Körperschaft unterworfen. Wesentlich ist mithin das unmittelbare Verhältnis, welches zwischen Personen, Fläche und hoheitlicher Gewalt besteht".[30] Die Gebietskörperschaft ist danach durch zwei Hauptmerkmale gekennzeichnet: 1. Die Mitgliedschaft begründet sich aus dem Wohnsitz im Gemeindegebiet; 2. Die Körperschaft hat Gebietshoheit. Beide zusammen begründen ein „unmittelbares Verhältnis" zwischen der Gemeinde und ihren Bürgern. Das Gericht stellt insofern nicht auf die Allzuständigkeit ab. Dieser Begriff ermöglicht dem Gericht eine klare Abgrenzung zu denjenigen Gemeindeverbänden, die nicht durch ein solches unmittelbares Verhältnis geprägt sind, weil sie aus juristischen Personen des öffentlichen Rechts bestehen, mithin Bund- oder Verbandskörperschaften sind.

Abzugrenzen ist der Begriff der Gebietskörperschaft von dem der „*kommunalen Körperschaft*". Nach der Quelle ihrer Legitimation kann man die Kommunalkörperschaften definieren als „alle neben Bund und Ländern bestehenden Körperschaften des öffentlichen Rechts, die ihre (personelle) demokratische Legitimation unmittelbar oder mittelbar auf einen oder mehrere territorial definierte Teile des Staatsvolks zurückführen können."[31] Klassisch wird hingegen nur auf den kommunalen Bezug der Körperschaft abgehoben.[32] Entscheidend ist, daß der Begriff weiter ist als der der Gebietskörperschaft und sowohl diese wie auch Verbandskörperschaften des Kommunalrechts umfaßt.[33]

Einigkeit besteht insofern, als jedenfalls die *Gemeinden* Gebietskörperschaften sind.[34] Sie erfüllen alle Kriterien auch eines sehr eng umgrenzten Begriffs der Gebietskörperschaft: Sie beruhen auf der gesetzlichen Mitgliedschaft der Einwohner eines bestimmten Gebietes, über das die Gemeinde die Hoheit besitzt. Ihre Organe werden durch die ihre Mitglieder gewählt.[35]

Nicht ganz so einheitlich ist die Frage zu beantworten, ob auch die *Kreise* Gebietskörperschaften sind. Auch die Kreise sind nach der Begründung der Mitgliedschaft und dem „unmittelbaren Verhältnis" der Bürger zur Körperschaft Gebietskörperschaften.[36] Die Kreise verfügen über ein Kreisgebiet. Sie sind ferner identisch in bezug auf die Anforderungen an ihre Binnenverfassung (Art. 28 I S. 2 GG). Sie unterscheiden sich aber von den Gemeinden durch ihre (Ergänzungs-, Unterstützungs- und Ausgleichs-)Aufgaben, die jedenfalls teilweise denen von

---
30 *BVerfGE* 52, S. 95 ff. (117) – Schleswig-Holsteinische Ämter.
31 *Bovenschulte* 2000, S. 92. Die Bestimmung des Begriffs nach dem Legitimationsmodus wird durch die Unterscheidung der zwischen den Gemeinden und Kreisen in Art. 28 I S. 2 GG einerseits und den Gemeindeverbänden in Art. 28 II S. 2 GG andererseits nahegelegt.
32 *Wolff/Bachof/Stober* 1987, § 85 Rn. 1.
33 Näher *Bovenschulte* 2000, S. 90 u. 135 ff.; auch *Hsu* 2004, S. 15.
34 So schon die §§ bzw. Art. 1 aller Gemeindegesetze; *Schröder* 2000, Rn. 7; *Schmidt-Aßmann* 2003, Rn. 10; 86 Rn. 7; *Pappermann* 1981, S. 2 f.; *Achterberg* 1980, S. 617.
35 *Pappermann* 1981, S. 301.
36 Dafür, daß Kreise reine Gebietskörperschaften sind, *Löer* 1999, S. 18.

Verbandskörperschaften ähneln.³⁷ Der Kreis springt ergänzend ein, wenn die Erfüllung einer Aufgabe die Kapazitäten der Gemeinde übersteigt. Er gleicht Asymmetrien zwischen den kreisangehörigen Gemeinden aus. Schließlich erfüllt er Aufgaben, die sachlich über das Gebiet einer Gemeinde hinausweisen, wie etwa den Kreisstraßenbau und den öffentlichen Personennahverkehr.³⁸ Seine Aufgaben sind dem Kreis nicht in gleicher Weise grundgesetzlich garantiert wie den Gemeinden (Art. 28 II S. 1 u. 2 GG): Zwar ist der Modus der Aufgabenerfüllung, die Selbstverwaltung, nicht aber ein Aufgabenbestand abgesichert.³⁹ Ferner ist verbandstypisch die Finanzierung (Kreisumlage⁴⁰). Deshalb sollen sie – auch nach einigen Landkreisordnungen⁴¹ – zugleich Gemeindeverbände sein.⁴² In der hier vorgenommenen Differenzierung nach der Begründung der Mitgliedschaft steht aber jedenfalls der gebietskörperschaftliche Charakter der Kreise im Vordergrund.⁴³ Zusammenfassend kann festgehalten werden, daß der Kreis in der Verselbständigungsdimension durch die andersartige Absicherung seiner Aufgaben hinter die Gebietskörperschaften zurücktritt, daß er aber in der für die Körperschaften wesentlichen Dimension der Binnenverfassung als eine Gebietskörperschaft anzusehen ist.

Der Ausdruck „*Gemeindeverband*" wird auch aus historischen Gründen⁴⁴ für eine große Bandbreite von kommunalen Körperschaften verwendet und zudem in verschiedenen Rechtstexten unterschiedlich gebraucht.⁴⁵ Eine enge Festlegung des Begriffs enthält etwa Art. 10 I LV Bay. Danach sind nur die Kreise und Bezirke Gemeindeverbände.⁴⁶ Der Begriff bezöge sich danach nur auf kommunale Gebietskörperschaften oberhalb der Gemeinden. Überwiegend wird der Begriff dagegen weiter verstanden. *Bovenschulte* entwickelt einen breiten Begriff des Gemeindeverbands i. S. v. Art. 28 II S. 2 GG: „Gemeindeverbände sind alle rein kommunalen

---

37 *Schröder* 2000, Rn. 10; *Dittmann* 2000, Rn. 26 f.; *Wolff/Bachof/Stober* 1987, § 89 Rn. 4. Unzutreffend ist aber die Auffassung von Achterberg, sie rundweg als Verbandskörperschaften anzusehen: „Landkreise sind kommunale Verbandskörperschaften, die aus den kreisangehörigen Gemeinden bestehen", *Achterberg* 1980, S. 619. Ihre Mitglieder sind vielmehr die Kreiseinwohner.
38 *Gern* 2003, Rn. 868 f. Zu der zwischen den Bundesländern stark abweichenden Aufgabenstruktur, insbesondere das Verhältnis von weisungsgebundenen und freiwilligen Aufgaben betreffend, vgl. *Bovenschulte* 2000, S. 337 ff.
39 Vgl. aber etwa Art. 71 I LV BW, der eine entsprechende Garantie vorsieht.
40 *Dittmann* 2000, Rn. 20 f.
41 *Schmidt-Aßmann* 2003, Rn. 136; *Schröder* 2000, Rn. 10, mit Hinweisen auf entsprechende Art. der Landesverfassungen.
42 *Gern* 2003, Rn. 863. Zugleich ist der Landkreis – was hier nicht weiter interessieren soll – Bezirk der unteren Verwaltungsbehörde.
43 So auch *BVerfGE* 52, 95 ff. (112, 114, 119) – Schleswig-Holsteinische Ämter; 83, 37 ff. (54 f.).
44 *Bovenschulte* 2000, S. 439.
45 Vgl. auch die sorgfältige Begriffsanalyse des *NWVerfGH* NVwZ-RR 2001, S. 617. Auch die Landesverfassungen zeigen, „daß der Begriff ‚Gemeindeverband' heute eine allgemein anerkannte Bezeichnung für nichtgemeindliche Gebietskörperschaften ist", *Bovenschulte* 2000, S. 454.
46 So auch ganz allgemein *Hoppe* (1958, S. 40), wenn er die Gemeinde- von den Zweckverbänden trennt: „Der Gemeindeverband dient wie die Gemeinde regulären, typischen, allgemeinen (kommunalen) Verwaltungszwecken, die erwachsen nicht aus zeitlich und räumlich begrenzten, sondern aus auf Dauer und im ganzen Bereich des Staates gewöhnlich auftretenden (wesenhaft) gemeinsamen Bedürfnissen örtlicher und überörtlicher sozialer Gruppen und aus der Gesamtheit der gewöhnlich auftretenden individuellen Bedürfnisse einzelner Mitglieder dieser Gruppen, die wegen ihrer inhaltlichen Bedeutung, wegen ihres Umfangs oder aus anderen Gründen Gegenstand der (kommunalen) Verwaltungstätigkeit sind. Der Zweckverband dagegen ist (als eine neben Gemeinde und Gemeindeverbänden bestehende ‚zusätzliche Rechtsform') ein Verband, der auf singuläre, vielfach atypische, besondere Verwaltungszwecke ausgerichtet ist..."

Körperschaften, die nicht Gemeinden im Sinne des Art. 28 II S. 1 GG sind und die wenigstens eine weisungsfreie Zweckaufgabe im eigenen Namen wahrnehmen".[47] Auch sonst wird der grundgesetzliche Begriff so verstanden, daß die Aufgaben des Gemeindeverbands ein beachtliches Gewicht besitzen müssen.[48] Danach würde sich die Unterscheidung von Gemeindeverbänden und sonstigen kommunalen Körperschaften nicht auf die Bedingungen der Mitgliedschaft, sondern auf die Aufgabenzuweisung beziehen. Hält man an einer mitgliedsbezogenen Einteilung fest, die hier zugrundegelegt wurde, kann innerhalb der durch den Ausdruck „Gemeindeverband" erfaßten Körperschaften zwischen gebietskörperschaftlichen und verbandskörperschaftlichen unterschieden werden. Gebietskörperschaftlich sind nach der oben zugrundegelegten Definition des BVerfG diejenigen Gemeindeverbände, die die auf ihrem Gebiet wohnenden Bürger als Mitglieder haben.[49] Das trifft für einen Teil der Gesamtgemeinden zu: Gesamtgemeinden sind Körperschaften des öffentlichen Rechts, die aus ländlichen Kleingemeinden gebildet werden. Sofern die Gesamtgemeinde wie bei den niedersächsischen Samtgemeinden (§§ 71 ff. GO NdS)[50] und den rheinland-pfälzischen Verbandsgemeinden (§§ 64 ff. GO RPf) der Zusammenschluß so eng ausgestaltet, daß ihre Organe von den Bürgern der Gemeinden gewählt werden, handelt es sich um Gebietskörperschaften.[51] Andere Gesamtgemeinden hingegen, bei denen – wie bei den Gemeindeverwaltungsverbänden in Baden-Württemberg (§§ 59 ff. GO BW)[52] – Mitglieder die Gemeinden sind und die Gemeindeverbandsversammlung aus Vertretern der Gemeindevertretungen sowie deren Bürgermeistern gebildet werden, haben nicht das für Gebietskörperschaften erforderliche unmittelbare Verhältnis der Bürger zur Körperschaft.[53] Aufgrund dieser Struktur sind sie Verbands- oder Bundkörperschaften.

---

47 *Bovenschulte* 2000, S. 472; gegen eine weite Fassung mit Rücksicht auf den Zusammenhang mit Art. 28 I S. 2 GG *Meyn* 1995, S. 268.
48 *Schmidt-Aßmann* 2003, Rn. 150. Ihm zufolge reicht die Wahrnehmung einzelner Aufgaben nicht aus.
49 Allerdings legt das BVerfG einen engen, nur gebietskörperschaftlichen Begriff des Gemeindeverbands zugrunde, wenn es aus dem Regelungszusammenhang von Art. 28 II S. 2 GG schließt, daß „mit dem Wort Gemeindeverbände nur die zur Erfüllung von Selbstverwaltungsaufgaben gebildeten Gebietskörperschaften und diesen nach Umfang und Gewicht der von ihnen wahrzunehmenden Selbstverwaltungsaufgaben vergleichbare kommunale Zusammenschlüsse erfaßt werden sollten", *BVerfGE* 52, S. 95 ff. (109) – Schleswig-Holsteinische Ämter.
50 Sie sind öffentlich-rechtliche Gebietskörperschaften mit dem Recht der Selbstverwaltung, § 71 III GO NdS. Der Samtgemeinderat wird ebenso wie der Samtgemeindebürgermeister durch die Bürger der angehörigen Gemeinden gewählt (§ 75 II, III GO NdS). Die angehörigen Gemeinden bleiben gegenüber der Samtgemeinde selbständige Gemeinden.
51 Bei denen dann allerdings angesichts des engen Zusammenschlusses fraglich ist, ob sie nicht sogar als Gemeinden anzusehen sind, so daß die dem Verband angehörigen Gemeinden faktisch zu Ortschaften herabsinken. *Bovenschulte* (2000, S. 331 u. 449) hat deshalb vorgeschlagen, sie als (zweistufige) Gemeinden i.S.v. Art. 28 II 1 GG anzusehen, wobei die Frage ist, wie diese Zweistufigkeit zu verstehen ist (*Gern* 2003, Rn. 958: mehrstufiger Gemeindeaufbau). Deshalb wird der Begriff der Föderalgemeinde entwickelt, der nach außen die Gesamtgemeinde als maßgeblich ansieht (*Bovenschulte* 2000, S. 445 ff.). Sie genießt dann hinsichtlich der ihr übertragenen Aufgaben den Schutz des Art. 28 II GG. Gegen einen gemeindlichen Charakter spricht aber insgesamt die enumerative Zuweisung von Aufgaben auf der Verbandsebene.
52 Keine Körperschaft des öffentlichen Rechts ist hingegen die vereinbarte Verwaltungsgemeinschaft ohne eigene Rechtspersönlichkeit, *Gern* 2003, Rn. 949.
53 Sie haben gewissermaßen nur Auffangfunktion für die Aufgaben, die die Leistungsfähigkeit der kleinen Mitgliedsgemeinden übersteigen. Zumeist als Bundkörperschaften ausgestaltet, *Wolff/Bachof/Stober* 1987, § 88 Rn. 4.

Dafür spricht in Baden-Württemberg auch, daß § 60 I GO BW die Regeln über die Zweckverbände für anwendbar erklärt.[54] Das gleiche gilt für die Verwaltungsgemeinschaft in Bayern, die aus benachbarten kreisangehörigen Gemeinden gebildet wird.[55] Eine Zwischenstellung hinsichtlich ihrer Verselbständigung nehmen die Ämter in Schleswig-Holstein (§ 9 f. AmtsO SH), Mecklenburg-Vorpommern (§ 131 KVMV) und Brandenburg (§§ 6, 9 GO AmtsO BBg) ein. Ihrer Mitgliedsstruktur nach können sie allerdings nicht als Gebietskörperschaften, sondern müssen als Verbandskörperschaften angesehen werden. Denn ihr Hauptorgan, der Amtsausschuß, wird aus den Bürgermeistern und weiteren Vertretern der amtsangehörigen Gemeinden gebildet.[56]

Zur sachgerechten Erfüllung komplexer und aufwendiger Selbstverwaltungsaufgaben, die die Leistungsfähigkeit und Fachkompetenz von Gemeinden und Landkreisen übersteigen, gibt es seit langem *höhere Gemeindeverbände*.[57] Die höheren Gemeindeverbände sind Körperschaften des öffentlichen Rechts oberhalb der Kreisebene, die regelmäßig aus Gebietskörperschaften bestehen und somit ebenfalls als Verbandskörperschaften einzuordnen sind.[58] Dies gilt etwa für den Kommunalverband Ruhrgebiet,[59] die Ostfriesische Landschaft,[60] den Bezirksverband

---

54 Sie genießen zwar keinen Schutz als „Gemeindeverband" nach Art. 28 II GG, wohl aber nach Art. 71 I LV BW. – Auch in Hessen ist der Gemeindeverwaltungsverband eine Sonderform des Zweckverbandes (§ 30 KGG), allerdings ohne verfassungsrechtlichen Schutz, vgl. zu weiteren Bundesländern: *Dittmann* 2000, Rn. 71 f.; *Gern* 2003, Rn. 952.
55 Art. 1 II V GemO Bay. *Gern* (2003, Rn. 950), *Dittmann* (2000, Rn. 69: „Verband besonderer Art mit zweckverbandsähnlichem Charakter") und der *BayVerfGH* BayVwBl 1980, S. 400, verstehen sie als Verband sui generis. Nach der Mitgliedsstruktur und dem nur mittelbaren Einfluß der Gemeindebürger auf den Verband ist er jedenfalls als Verbandskörperschaft einzuordnen.
56 *BVerfGE* 52, S. 95 ff. (109) – Schleswig-Holsteinische Ämter; *Gern* 2003, Rn. 960 f.; *Dittmann* 2000, Rn. 75.
57 Wir hatten im historischen Teil bereits auf die Preußischen Provinzen hingewiesen, denen allerdings ein eindeutiger gebietskörperschaftlicher Charakter eignete, was bei den gegenwärtigen höheren Gemeindeverbänden fraglich ist.
58 *Wolff/Bachof/Stober* 1987, § 90 Rn. 3: „Höhere Gemeindeverbände sind teils gebiets-, meist bundkörperschaftliche, aus benachbarten Landkreisen und kreisfreien Städten flächendeckend zusammengesetzte, echte oder unechte Gemeindeverbände zur *komplementären Selbstverwaltung* integraler und anderer überörtlicher und überkreislicher Angelegenheiten einer (historisch eigenständigen) Region oder Provinz, zur Unterstützung der angehörigen Gebietskörperschaften und zur Fremdverwaltung der ihnen vom Staate übertragenen Angelegenheiten".
59 *Dittmann* 2000, Rn. 97.
60 Deren Landschaftsversammlung wird von den Kreistagen und Gemeindevertretungen gewählt. *Bovenschulte* 2000, S. 397; *Dittmann* 2000, Rn. 98. Auch wenn ihre Mitglieder nicht an Weisungen gebunden sind, fehlt jedoch die Rückführung auf die Bürger. Eine Besonderheit stellt die *Oldenburgische Landschaft* zur Pflege und Förderung der kulturellen und historischen Belange des ehemaligen Landes Oldenburg dar (§ 1 Gesetz über die Oldenburgische Landschaft v. 27.5.1974 u. § 2 der VO zu dem G, v. 4.02.1975, Nieders. GVBl. S. 253), deren Mitglieder nicht nur die kommunalen Körperschaften als gesetzliche, sondern auch natürliche und juristische Personen als freiwillige (Kirchen und die Kammern der Region, die Hochschulen des Oldenburger Landes, Gewerkschaften, Kulturinstitutionen, Kreditinstitute sowie Wirtschaftsunternehmen und kulturell tätige Verbände) sind (§ 3 u. § 4 II des Gesetzes über die Oldenburgische Landschaft u. § 3 der VO). Die Landschaftsversammlung besteht aus den natürlichen Personen, sowie je 2 Vertretern der angehörigen juristischen Personen, die der Oldenburgischen Landschaft angehören (§ 5 Nr. 1 der VO), wobei die angehörigen kreisfreien Städte und Kreise zusammen genauso viel Stimmen besitzen, wie die übrigen Mitglieder (§ 5 Nr. 4 der VO). Sie verfügt damit im oben (C II 1 b aa [1.]) bezeichneten Sinn über eine Mitgliederversammlung. Sie ist keine Gebietskörperschaft, weil die Bürger der ihr gesetzlich angehörenden Mitglieder keine unmittelbare Beziehung zur Landschaft haben und die natürlichen und juristischen Personen keine gesetzlichen Mitglieder aufgrund des Wohnsitzes sind. – Die Geschichte der Oldenburgischen Landschaft

I. Die Körperschaften des öffentlichen Rechts – Versuch einer Systematik   687

Oldenburg,⁶¹ die Regionalverbände in Baden-Württemberg (§ 22 LPlG), den Umlandverband Frankfurt und andere.⁶² Fraglich ist die Einordnung der Landschaftsverbände Rheinland und Westfalen-Lippe, deren Mitglieder die Kreise und kreisfreien Städte sind (§ 1 LVerbO NW).⁶³ Der NWVerfGH hat sie als Gemeindeverbände i. S. v. Art. 78 I LV NRW und damit auch als Gebietskörperschaft in dem dort verwendeten Sinn anerkannt.⁶⁴ Beide Begriffe stellen aber nicht auf die Bedingungen der Mitgliedschaft ab. Legt man dieses Kriterium an, sind die Landschaftsverbände systematisch gesehen keine Gebietskörperschaften.⁶⁵ Zweifelhaft ist dies auch für die bayerischen Bezirke (Art. 10 BayLVerf), die einen eigenen Wirkungskreis besitzen und einen Bezirkstag als Hauptorgan, der durch das Volk gewählt wird (Art. 21, 23 BezO Bay).⁶⁶ Diese Binnenstruktur spricht gegen eine Verbandskörperschaft. Eindeutig Gebietskörperschaft ist nicht nur nach der gesetzlichen Bezeichnung (§ 1 BezO RhPf) der Bezirksverband Pfalz. Die Mitglieder seines Hauptorgans, des Bezirkstags, werden unmittelbar durch das Volk gewählt (§ 5 I BezO PhPf). Höhere Gemeindeverbände sind auch die Regionalverbände, die zur Bewältigung besonderer Probleme in Ballungsräumen spezialgesetzlich gebildet wurden. Sie sind zumeist Verbandskörperschaften der in ihnen zusammengeschlossenen Gemeinden. Ausnahmen hiervon sind die Regionen Stuttgart und Hannover,⁶⁷ der Umlandverband Frankfurt und der Stadtverband Saarbrücken. Ihre kollegialen Hauptverwaltungsorgane sind Repräsentativversammlungen, die von den Bürgern des Verbandsgebietes gewählt werden.⁶⁸ Auch die Landeswohlfahrtsverbände in Baden-Württemberg und Hessen sind höhere Kommunalverbände, die jedoch – unbeschadet ihres verbandskörperschaftlichen Charakters – ein verfassungsrechtlich garantiertes Selbstverwaltungsrecht haben (Art. 71 I S. 3 i. V. m. 1 LV BW; Art.137 II LV Hess).

---

ist bemerkenswert. Sie hat ihre Grundlage im Selbständigkeitsstreben des Landes Oldenburg, das sich gegen seine 1946 erfolgte Verbindung mit Niedersachsen wandte. Daraus ging zunächst eine Initiative zur Gründung einer Selbstverwaltungskörperschaft des Landes Oldenburg hervor und dann, nachdem der niedersächsische Landtag dies 1954 abgelehnt hatte, zur Gründung eines privaten Vereins „Oldenburg-Stiftung" durch alle in Frage kommenden Körperschaften, Gruppen und Vereinen des Landes Oldenburg, die 1961 erfolgte. Anhaltender Druck des Verbandes führt am 27.5.1974 zum Beschluß des Niedersächsischen Landtags über das Gesetz über die Oldenburgische Landschaft als Körperschaft des öffentlichen Rechts. Hierin ist abermals ein Beleg dafür zu sehen, daß eine starke Konzeption von „mittelbarer Staatsverwaltung" zu kurz greift. Die Oldenburgische Landschaft ist der Versuch einer politischen Selbstregierung im Rahmen der Zugehörigkeit zur staatsrechtlichen Gebietskörperschaft Land Niedersachsen. Näheres unter http://www.oldenburgische-landschaft.de/.
61 *Dittmann* 2000, Rn. 99.
62 *Dittmann* 2000, Rn. 104 f.
63 Der historische Grund, daß sie aus den preußischen Provinzialverbänden hervorgegangen sind, schließt eine andere gesetzliche Regelung nicht aus (anders aber *Dittmann* 2000, Rn. 94 f.). Auch reicht es – entgegen Dittmann – nicht aus, daß die Einwohner die Einrichtungen der Verbände nutzen können und an den Sitzungen der Vertretungen und der Verwaltung der Landschaftsverbände teilnehmen können, um das unmittelbare Verhältnis zwischen ihnen und dem Verband zu begründen, das Kennzeichen für den Charakter als Gebietskörperschaft ist. Für den Gemeindeverband auch: *Bovenschulte* 2000, S. 440.
64 *NWVerfGH* NVwZ-RR 2001, S. 617 ff.
65 Um der landesverfassungsrechtlichen und gesetzlichen Terminologie Rechnung zu tragen, können man sie – wenn der sachliche Unterschied dadurch nicht überdeckt wird – als „Gemeindeverbände i. S. d. Landesrechts" bezeichnen.
66 *Dittmann* 2000, Rn. 85 f.
67 Vgl. hierzu *Priebs* 2002, S. 145 ff.
68 *Gern* 2003, Rn. 964 f.; *Dittmann* 2000, Rn. 104 f.;

Die Frage, ob es sich bei den genannten Gemeindeverbänden auch landes- und bundesverfassungsrechtlich um „Gemeindeverbände" mit den dort vorgesehenen Garantien handelt, ist damit nicht beantwortet. Die Kategorie des Gemeindeverbandes legt ein anderes Kriterium als das hier gewählte der Mitgliedschaft zugrunde und überschneidet sich so mit der Unterscheidung von Gebiets- und Verbandskörperschaft.[69] Zuzustimmen ist den Ansichten, die als maßgebliches Kriterium die Aufgabenzuweisung ansehen.[70] Grund dafür ist die Abgrenzung von Art. 28 II S. 2 GG, der den weiteren Begriff der „Gemeindeverbände" wählt, zu Art. 28 I S. 2 GG, der von den möglichen Gemeindeverbänden nur den Kreis nennt und Vorgaben für die Wahl der Vertreter des Hauptverwaltungsorgans durch die Mitglieder macht. Während dort aufgrund der Binnenstruktur ein Unterschied besteht, kommt es bei den Gemeindeverbänden nur auf ein insgesamt beachtliches Gewicht der Aufgaben an.[71] Abzugrenzen sind die Gemeindeverbände dann von Zweckverbänden durch den Umfang der Aufgabenübertragung: Sie muß einerseits auch eigenverantwortlich wahrzunehmende Selbstverwaltungsaufgaben enthalten, braucht andererseits aber keinen universellen Wirkungskreis zu umfassen.[72] Gemeindeverbände sind danach übergemeindliche kommunale Gebiets- oder Verbandskörperschaften, denen ein gewisses Maß an eigenverantwortlich zu erfüllenden Aufgaben zukommt.[73]

5. Die Personalkörperschaften

Personalkörperschaften sind solche öffentlich-rechtlichen Verbände, bei denen die Mitgliedschaft von bestimmten Merkmalen der Tätigkeit einer Person abhängt. Von den Gebietskörperschaften unterscheiden sich die Personalkörperschaften dadurch, daß sie nicht an die generelle Wohnsitznahme der Person, sondern an einzelne Merkmale, die einen Bezug zu öffentlichen Interessen haben, anknüpfen. Von den Realkörperschaften unterscheiden sie sich dadurch, daß Bedingung der Mitgliedschaft nicht das Eigentum an einem Grundstück bzw. ein Recht oder eine Pflicht ist. Auch dieser Begriff ist nicht unumstritten. Teilweise wird der Begriff der Personalkörperschaft weiter („i. w. S.") verstanden als: alle Körperschaften außer den

---

69 Das zeigt sich auch daran, daß zwar etwa in Niedersachsen (*OVG Lüneburg*, OVGE 26, 487 [494]) und Hessen (*HessStGH* DVBl 1999, 1725 [1726 f.]) die Gemeindeverbände eine unmittelbar vom Volk gewählte Gemeindevertretung besitzen müssen, nicht aber in Nordrhein-Westfalen, *NWVerfGH* NVwZ-RR 2001, S. 618, der auch ausdrücklich betont, daß jedenfalls Art. 78 LV NRW den auch die Gemeindeverbände erfassenden Begriff der Gebietskörperschaft in einem „weniger systematischen", nämlich aufgabenbezogenen Sinne verwende.
70 *Schmidt-Aßmann* 2003, Rn. 150; *Wolff/Bachof/Stober* 1987, § 85 Rn. 31.
71 v. Mangoldt/Klein/Starck-*Tettinger* Art. 28, Rn. 241.
72 *NWVerfGH* NVwZ-RR 2001, S. 617 f. Für die Gemeindeverbände Nordrhein-Westfalen: „Aus dieser grundlegenden verfassungsrechtlichen Funktion der Gemeindeverbände [Grundeinheiten der gebietlichen Gliederung des Landes zu sein, S. K.] folgt, dass nur solche Körperschaften des öffentlichen Rechts Gemeindeverbände i.S. der Landesverfassung sein können, die in größerem Umfang kommunale Aufgaben von einigem Gewicht als Selbstverwaltungsaufgaben wahrnehmen. Zweckverbände, die auf einzelne Aufgaben beschränkt sind, gehören hierzu nicht".
73 Dafür, daß auch Verbandskörperschaften mit einem gewissen Maß an Selbstverwaltungsaufgaben „Gemeindeverbände" sein können, auch *Bovenschulte* 2000, S. 459.

I. Die Körperschaften des öffentlichen Rechts – Versuch einer Systematik

Gebietskörperschaften.[74] Da es keine normativen Bindungen für die Einteilung der Körperschaften gibt, ist sie eine Frage der Sachgerechtigkeit. Für den Negativbegriff der Personalkörperschaften („alle Nicht-Gebietskörperschaften") besteht aber kein Bedürfnis, da sich mit ihm keine spezifischen Aussagen verbinden. Unterschiede in der Mitgliedschaft ergeben sich hingegen zwischen denjenigen Körperschaften, die an bestimmte Merkmale der Tätigkeit einer Person anknüpfen, einerseits und denjenigen, die an ihr Eigentum an Grundstücken oder an bestimmte Rechte oder Pflichten anknüpfen, andererseits.

Zu eng verstanden ist es hingegen, nur auf den Willen oder bestimmte Eigenschaften eines Menschen abzustellen.[75] Streng angewendet würde es Körperschaften, deren Mitglieder natürliche und juristische Personen sind, kategorial auseinanderreißen und zudem für die juristischen Personen keine klare Zuordnung herstellen. Wenn nämlich Wolff/Bachof/Stober die IHKn zu den Realkörperschaften rechnen, weil sich die Mitgliedschaft „aus der Innehabung eines wirtschaftlichen Betriebes gewisser Art (Betriebskörperschaften)"[76] ergebe, so ist das erstens unzutreffend und führt daher zweitens zu keiner Zuordnung der juristischen Personen, die zur Gewerbesteuer veranlagt sind und daher gem. § 2 IHKG Mitglied der Industrie- und Handelskammern sind. Unzutreffend ist die Zuordnung zu den so bezeichneten „Betriebskörperschaften", weil die juristischen Personen selbst und nicht ihre Inhaber Mitglied der Körperschaft sind. Da aber die Personalkörperschaften nur an die Eigenschaft von Menschen anknüpfen sollen, wären sie auch davon nicht erfaßt. Es bleibt daher sinnvoll, Personalkörperschaften dadurch zu bestimmen, daß sie an die Tätigkeit von Personen anknüpfen, wobei diese natürliche oder juristische sein können.[77]

Diesen Begriff zugrundegelegt, bleibt eine große Bandbreite an Körperschaften übrig, bei dem sich die Frage stellt, wie weiter zu untergliedern ist. Verschiedene Möglichkeiten bieten sich an: die Freiwilligkeit (z. B. Handwerksinnungen) oder Unfreiwilligkeit (Handwerkskammern) der Mitgliedschaft, die Heterogenität (Hochschulen, Sozialversicherungsträger) oder Homogenität der Mitgliedschaftsstruktur (Kammern der freien Berufe), ihre Zusammensetzung nur aus natürlichen (Handwerkskammern) oder auch aus juristischen Personen und Personengesellschaften (IHKs). Zur weiteren Untersuchung der Binnenstruktur mögen diese Differenzierungen sinnvoll sein – wir hatten auf die entsprechenden Unterschiede im zweiten Teil (B) hingewiesen. Traditionell und auch in der Sache gerechtfertigt ist allerdings eine Sekundärunterscheidung der Personalkörperschaften nach Aufgabenbereichen. Sie liegt auch deshalb nahe, weil bei ähnlich gelagerten Aufgaben

---

[74] Vgl. schon oben S. 669. Klassisch *Weber* (1959, S. 39): „Die Nichtgebietskörperschaften sind Personalkörperschaften, d.h. Verbände von natürlichen und juristischen Personen, die zur Erfüllung einer spezialisierten Verwaltungsaufgabe. körperschaftlich zusammengefaßt sind". Auch: *Knemeyer* 1995a, Sp. 676; *Maurer* § 23 Rn. 30; zur Differenzierung von Personalkörperschaften i. w. S. und solchen i. e. S. *Tettinger* 1997, S. 106. *Breuer* 1992, S. 33.
[75] So aber *Wolff/Bachof/Stober* 1987, § 84 Rn. 26.
[76] *Wolff/Bachof/Stober* 1987, § 84 Rn. 25 u. 97 Rn. 15; *Schuppert* 1988, S. 400, der vom „Sitz eines Betriebes" als Kriterium der IHK spricht. Entscheidend ist aber die Veranlagung des Unternehmens zur Gewerbesteuer. § 2 GewStG knüpft aber an den Betrieb eines gewerblichen Unternehmens an und spricht i. ü. von der „Tätigkeit der Kapitalgesellschaften" (§ 2 II GewStG), womit hinlänglich klar ist, daß auch bei den juristischen Personen an deren Tätigkeit anzuknüpfen ist.
[77] Wie hier auch *Rudolf* 1998, § 52 Rn. 11; *Mronz* 1973, S. 104 f

gewisse gemeinsame Strukturen bestehen. Danach können die Personalkörperschaften unterschieden werden in die Kammern der freien Berufe, die Wirtschaftskammern, die Hochschulen und die Sozialversicherungskörperschaften.

Die Kammern der freien Berufe knüpfen an die Berufsausübung an. Sie übernehmen Aufgaben im Bereich der Berufsaufsicht, der Interessenvertretung, Serviceleistungen für ihre Mitglieder, gegenüber dem Staat (Vereidigung von Sachverständigen, Vorschläge, Berichte, Gutachten) und anderen Bürgern (Ausstellung von Bescheinigungen).[78] Hierzu gehören die Rechtsanwaltskammern, die Notarkammern, die Patentanwaltskammern, Steuerberaterkammern, die Wirtschaftsprüferkammer, die Lotsenbrüderschaften nach Bundesrecht und die Architektenkammern, die Kammern der Heilberufe und – sofern landesrechtlich vorgesehen – weitere Kammern wie etwa die Landwirtschaftskammern.[79] Die Kursmaklerkammern sind aufgrund § 64 VI BörsG v. 21. Juni 2002[80] durch landesrechtliche Regelungen aufzulösen.

Die Wirtschaftskammern übernehmen entsprechende Aufgaben für die Gewerbetreiben bzw. gewerblichen Unternehmen.[81] Hierzu gehören die Industrie- und Handelskammern, die Handwerksinnungen, Kreishandwerkerschaften[82] und Handwerkskammern und, soweit dies landesrechtlich vorgesehen ist (Bremen, Hamburg, Niedersachsen, Nordrhein-Westfalen, Rheinland-Pfalz, Saarland, Schleswig-Holstein), die Landwirtschaftskammern.[83] Hierher gehört auch die Arbeitnehmerkammer Bremen.[84] Sie hat die Aufgabe der Individualinformation, -beratung und -qualifizierung ihrer Mitglieder, die fachliche Beratung und Unterstützung der Interessenvertretungen und die Unterstützung des Senats, des Magistrats der Stadt Bremerhaven, der Behörden und Gerichte durch Anregungen, Vorschläge, Stellungnahmen und Gutachten.[85] Die Wirtschaftskammer Bremen wurde durch die Streichung des Art. 46 der Bremischen Landesverfassung 1996[86] aufgelöst.[87] Sie war 1950 als rechtsfähige Körperschaft paritätisch aus Vertretern der Unternehmer, die von den Kammern, und der Arbeitnehmer, die von den Gewerkschaften entsandt wurden, gebildet worden.

Die Körperschaften im Aufgabenbereich von Forschung und Lehre sind Personalkörperschaften. Das gilt zunächst für die Hochschulen. Die Mitgliedschaft in ihnen knüpft an die hauptberufliche Beschäftigung in ihr bzw. an die Immatrikulation an.[88] Die Fachbereiche oder Fakultäten sind Personalkörperschaften als Gliedkörperschaften der Hochschulen.[89] Zur Wahrnehmung der Belange der

---

78 vgl. *Tettinger* 1997, S. 131 ff.; *Kluth* 1997, S. 82 ff.
79 Dazu die Nachweise bei *Tettinger* 1997, S. 266 ff.
80 BGBl. I, S. 2010.
81 *Frentzel/Jäkel/Junge/Hinz/Möllering* 1999, § 1, Rn. 1; *Musielak/Detterbeck* 1995, § 54, Rn. 1 f. u. § 91 Rn. 1 f.; *Tettinger* 1997, S. 137 f.; *Kluth* 1997, S. 123 ff.
82 Sie sind allerdings im Saarland abgeschafft worden, *Stober* 2001, S. 402.
83 *Tettinger* 1997, S. 258. Die Landwirtschaftskammern Westfalen-Lippe und Rheinland sind seit dem 1. Januar 2004 zur Landwirtschaftskammer Nordrhein-Westfalen vereinigt worden. Die Landwirtschaftskammern in Hessen wurden 1970 aufgelöst, *Kluth* 1997, S. 157.
84 *Mronz* 1973, S. 105. Zur Arbeitskammer des Saarlandes vgl. oben Zweiter Teil C IV 4 c bb.
85 Vgl. auch *BVerfGE* 38, S. 281 (305) f. – Arbeitnehmerkammern.
86 Gesetz vom 26.3.1996, BremGes.Bl.S. 81.
87 Zu ihren Aufgaben und ihrer Rechtsform *Fischer* 1974.
88 Vgl. oben Zweiter Teil C I 1 a.
89 *Wolff/Bachof/Stober* 1987, § 93 Rn. 111 f.

I. Die Körperschaften des öffentlichen Rechts – Versuch einer Systematik   691

Studenten können an den Hochschulen verfaßte Studentenschaften gebildet werden (§ 41 HRG). Sie sind dann rechtsfähige (Niedersachsen) oder nichtrechtsfähige Gliedkörperschaften der Hochschule.[90] Ebenso sind die studentischen Fachschaften Personalkörperschaften des öffentlichen Rechts, sofern sie überhaupt körperschaftlich verfaßt sind.[91] Zum Bereich der Wissenschaft gehörig, jedoch keine Personalkörperschaft, die an Merkmale ihrer Mitglieder anknüpft, ist die Wissenschaftliche Gesellschaft Freiburg im Breisgau. Hervorgegangen ist sie aus einer Sammlung unter Angehörigen, Alumni und Freunde der Freiburger Universität zur Errichtung eines neuen Hochschulgebäudes.[92] Das führte zur Gründung der Gesellschaft, deren Zweck mithin die Verwaltung dieses Vermögens ist.[93] Ihr wurden am 20. Oktober 1911 durch den Großherzog von Baden auf Grund des § 9 des zweiten Konstitutionsedikts vom 14. Juli 1807 die Körperschaftsrechte durch Genehmigung der Satzung der Gesellschaft verliehen. Seitdem ist sie ununterbrochen eine öffentlich-rechtliche Körperschaft.[94] Eine Personalkörperschaft ist hingegen die Kommission für geschichtliche Landeskunde in Baden-Württemberg, auch wenn sie sich nicht selbst rekrutiert, sondern neue Mitglieder auf ihren Vorschlag durch den Wissenschaftsminister berufen werden. Entscheidend ist, daß sie Selbstverwaltung genießt und ihre Organe durch die Mitglieder bestimmt werden. Als Personalkörperschaften des öffentlichen Rechts wurden traditionell auch die verschiedenen Akademien der Wissenschaften errichtet.[95]

Soweit sie überhaupt körperschaftlich verfaßt sind, zählen auch die Sozialversicherungsträger zu den Personalkörperschaften. Personalkörperschaften sind danach die Träger der Krankenversicherung[96] und der Rentenversicherung.[97] Nimmt man den Charakter der Unfallversicherungsträger mit Ausnahme der Eigenunfallversicherungsträger als Körperschaften des öffentlichen Recht an[98] – wogegen allerdings, wie oben Zweiter Teil C I 1 c gezeigt, erhebliche Bedenken bestehen – handelt es sich auch bei ihnen um Personalkörperschaften. Auch die Kassenärztlichen Vereinigungen sind Personalkörperschaften im Bereich des Sozialversicherungsrechts (§ 77 V SGB V).

---

90 HRG-Denninger-*Becker*, § 41 Rn. 5; *Reich* 2002, § 41 Rn. 1.
91 *Müller* 1997, S. 103: in Berlin, Mecklenburg-Vorpommern, Nordrhein-Westfalen, Saarland, Sachsen-Anhalt, Schleswig-Holstein; in Hamburg, Hessen, Niedersachsen und Sachsen sind sie Gliedkörperschaften der Hochschulen (a. a. O., S. 136); in Baden-Württemberg und Bayern sind sie nichtrechtsfähige Kollegialorgane als Untergliederungen der Fakultät (a. a. O., S. 139 u. 141); in Bremen, Brandenburg Rheinland-Pfalz, Thüringen und mit Besonderheiten in Schleswig-Holstein sind sie abhängige öffentlich-rechtliche Verwaltungsuntergliederungen der Studentenschaften, a. a. O., S. 151.
92 Sie ist eher als forschungsfördernde Einrichtung (*Meusel* 1999, Rn. 27) in der Gestalt einer öffentlich-rechtlichen Körperschaft zu bezeichnen.
93 § 1 der Satzung vom 18.07.1994. Näheres unter http://www.uni-freiburg.de/wiss-ges/wir/index.htm
94 Ihrer Rechtsform nach ist sie den bayerischen „formellen Körperschaften" verwandt. Sie erledigt die im öffentlichen Interesse stehende Aufgabe der Förderung der wissenschaftlichen Forschung, hat natürliche und korporative Mitglieder, die als Mitgliederversammlung die Hälfte des Kuratoriums (6 Mitglieder desselben sind Vertreter der Fakultäten) wählen. Die Satzung trat nach der Zustimmung durch Ministerium für Forschung und Wissenschaft Baden-Württemberg am 18. Juli 1994 in Kraft.
95 *Meusel* 1999, Rn. 119.
96 Ortskrankenkassen, Betriebskrankenkassen, Innungskrankenkassen, Landwirtschaftliche Krankenkassen, Ersatzkassen, Seekrankenkassen und Bundesknappschaft, KK-*Maier* SGB IV, § 29 Rn. 2.
97 Zu ihrem Charakter als Körperschaft des öffentlichen Rechts oben Zweiter Teil, IV 4 b.
98 Für den Körperschaftscharakter *Bieback* 1999, § 54 Rn. 1 f.; dagegen *Schulin/Igl* 2002, Rn. 427.

6. Die Realkörperschaften

Bei den Realkörperschaften ist Grundlage der Mitgliedschaft das Eigentum an einer Liegenschaft oder der Besitz eines Rechts oder einer Pflicht. Da die Grundlage der ersteren das Realprinzip (Mitgliedschaft knüpft an Grundeigentum an) ist, werden sie häufig auch als Realgenossenschaften bezeichnet.[99] Aus dem Terminus „Genossenschaften" dürfen keine weitreichenden Folgerungen gezogen werden. Der Terminus ist im öffentlichen Recht noch unpräziser als im Zivilrecht. Der „genossenschaftliche Geist" der Selbsthilfe auf Gegenseitigkeit hat sich nach Brohm ohnehin längst verflüchtigt.[100] Er hält daher den Begriff einer öffentlichen Genossenschaft für entbehrlich. Eine dogmatische Bedeutung sei nicht ersichtlich.[101] Wohl aber lassen sich gewisse Grundstrukturen festhalten:[102] Sie sind rechtsfähige Körperschaften des öffentlichen Rechts, haben eine mitgliedschaftliche Binnenverfassung mit Mitgliederversammlung (Verbandsversammlung, Hauptversammlung, Genossenschaftsversammlung) und einen von diesen gewählten Vorstand, finanzieren sich über Umlagen bzw. Beiträge und unterstehen der Rechtsaufsicht.

Für das Land Niedersachsen ergibt sich aus dem Realverbandsgesetz eine Zusammenstellung wichtiger Realkörperschaften. Dies sind die sog. Interessengemeinschaften, die Realgemeinden, die Forstgenossenschaften, die Realgenossenschaften einschließlich der Feldmarksgemeinden in Braunschweig, die Wegegenossenschaften nach dem niedersächsischen Ausführungsgesetz zum Flurbereinigungsgesetz, die Holzungsgenossenschaften und weitere (§ 1 RealverbandsG). Das Gesetz hält auch Charakteristika aller Realkörperschaften fest, so die öffentliche Aufgabe, deren Erfüllung zugleich den Interessen der Mitglieder dienen soll (§ 3 RealverbandsG[103]), die Bestimmung, welches die gemeinschaftlichen Angelegenheiten sind (§ 4 RealverbandsG) und die Regelung, daß Mitglied derjenige ist, der Inhaber eines Verbandsanteils ist (§ 6 RealverbandsG).

Als Realkörperschaften sind die Wasser und Bodenverbände nach dem WVG und weitere sondergesetzliche Wasserverbände einzuordnen, bei denen grundsätzlich das Eigentum an einem in das Verbandsgebiet fallenden Grundstücks ausschlaggebend für die Mitgliedschaft ist.[104] Auch die Forstbetriebsverbände zur Verbesserung der Bewirtschaftung in forstwirtschaftlich ungünstig strukturieren

---

99 *Hendler* 1984, S. 265 f.
100 *Brohm* 1969, S. 54 f.; vgl. auch *Klein* 1957, S. 149 f.
101 *Brohm* 1969, S. 56.
102 *Wolff/Bachof/Stober* 1987, § 97 Rn. 1; *Hendler* 1984, S. 266.
103 „Der Realverband hat die Aufgabe, die gemeinschaftlichen Angelegenheiten und sein sonstiges Vermögen im Einklang mit den Interessen der Allgemeinheit zum Nutzen der Mitglieder zu verwalten".
104 § 4 WVG, *Hoppe/Beckmann* 1990, S. 177; *Kluth* 1997, S. 164 ff.; *Rapsch* 1993, Rn. 136 ff.; *Wolff/Bachof/Stober* 1987, § 97 Rn. 7. In Bremen und Niedersachsen haben die Wasserverbände 1949 einen Dachverband in Privatrechtsform gegründet, dem 1991 auch Sachsen-Anhalt beitrat (www.wasserverbandstag.de), der zusammen mit dem Landeswasserverbandstag Brandenburg, dem Landesverband der Wasser- und Bodenverbände Mecklenburg-Vorpommern, dem Landesverband der Wasser- und Bodenverbände Schleswig-Holstein, dem Landesverband der Wasser- und Bodenverbände Hessen und dem Landesverband der Wasser- und Bodenverbände Rheinland-Pfalz den Deutschen Bund der verbandlichen Wasserwirtschaft e. V. gegründet wurde (www.dbvw.de) und dessen Ziel die Formulierung der gemeinsamen Interessen auf Bundes- und europäischer Ebene sind. Auf dieser Ebene hat sich zudem die European Union of Water Management Association gebildet.

I. Die Körperschaften des öffentlichen Rechts – Versuch einer Systematik   693

Gebieten gehören zu diesen Körperschaften, denn die Mitgliedschaft in ihnen hängt gem. § 24 BWaldG vom Eigentum an einem Grundstück und ausnahmsweise von dessen Nutzungsberechtigung ab. Ferner müssen die Jagd-,[105] Fischerei-[106] und die Waldwirtschaftsgenossenschaften hier eingeordnet werden, die die Belange ihrer Mitglieder wahrnehmen. Auch die Hegeverbände oder -gemeinschaften,[107] die Haubergsgenossenschaften[108],[109] die Deichverbände (§ 7 DeichG NdS) sind als Realkörperschaften einzuordnen.

Die Teilnehmergemeinschaften nach dem Flurbereinigungsgesetz sind Realkörperschaften des öffentlichen Rechts. Die Teilnehmergemeinschaften gem. § 16 FlurbG setzen sich aus den Eigentümern und Erbbauberechtigten von Grundstücken zusammen, die zu einem Flurbereinigungsgebiet gehören. Mehrere Flurbereinigungsgemeinschaften können sich zu einem Flurbereinigungsverband zusammenschließen, der ebenfalls eine Körperschaft des öffentlichen Rechts ist (§ 26a I FlurbG). Wenn dies zweckmäßig ist, können sich diese wiederum zu einem Gesamtverband zusammenschließen, der die gleiche Organisationsform besitzt (§ 26e I FlurbG). Da die jeweiligen Verbandszusammenschlüsse an die Stelle der Verbände treten, aus denen sie hervorgegangen sind, handelt es sich nicht um Verbandskörperschaften, sondern um neue Realkörperschaften.

Als Realkörperschaften sollen definitionsgemäß auch die Lastenverbände, bei denen es um die Verwaltung einer gemeinsamen öffentlich-rechtlichen Pflicht oder um die gemeinsame Verwaltung bestimmter individueller öffentlich-rechtlicher Pflichten geht, verstanden werden. Hierbei mag an gewisse Tätigkeiten angeknüpft werden. Die Aufgabe des Verbandes betrifft jedoch nicht die Vertretung der mit dieser Tätigkeit verbundenen Interessen oder die Festlegung von beruflichen Standards, sondern organisiert die Indienstnahme Privater.[110] Vielmehr wird an diese Tätigkeit eine Pflicht geknüpft oder dem Verband eine Pflicht auferlegt, die sich auf die durch bestimmte Tätigkeiten definierten Mitglieder bezieht. Zur ersteren Gruppe gehören etwa die nach Landesrecht in einigen Bundesländern gebildeten Wildschadensausgleichskassen gem. § 29 IV BJagdG.[111] Zur zweiten Gruppe gehört der Erdölbevorratungsverband. Die Aufgabe des Verbandes ist nicht die

---

105 § 9 I BJagdG; § 6 JagdG BW; § 7 JagdG NRW.
106 Vgl. etwa § 23 ff. FischG BW; § 23 ff. FischG NdS; in Nordrhein-Westfalen Fischereiwirtschaftsgenossenschaften, § 21 ff. FischereiG NRW, vgl. zu diesem auch *Kluth* 1997, S. 180 f.
107 § 10a I BJagdG; § 7 LJagdG BW; § 13a LJagdGDVO; § 17 JagdG NdS; *Löer* 1999, S. 19 u. 276: Ihre Aufgabe ist die Vorlage gemeinsamer Abschußpläne an die Jagdbehörde für bestimmte Wildarten sowie die Durchführung weiterer Hegemaßnahmen und solche zur Erhaltung und Verbesserung der natürlichen Lebensbedingungen des Wildes.
108 In Nordrhein-Westfalen sind dies die landesrechtlichen Waldwirtschaftsgenossenschaften zur Bewirtschaftung und Verwaltung von den Anteilseignern zur gesamten Hand zustehenden Gemeinschaftsvermögens, §§ 14 ff. LandesforstG NRW, *Kluth* 1997, S. 177 f.; *Wolff/Bachof/Stober* 1987, § 97 Rn. 11.
109 Merkmal des Haubergs – einer bestimmten Art von Waldbepflanzung besonders im hessischen Siegerland, die eine regelmäßige Bewirtschaftung erfordert – ist, daß das Waldeigentum gemeinschaftliches Eigentum der Bewohner einer Gemeinde ist (§ 2 HaubergO), die den Hauberg auch gemeinschaftlich bewirtschaften. Die Anteilseigner bilden eine Haubergsgenossenschaft mit einem Vorstand und einem Vorsitzenden des Vorstandes, dem sogenannten Haubergs- oder Waldvorsteher. Die Haubergsgenossenschaft ist eine rechtsfähige Körperschaft des öffentlichen Rechts (§ 6 Haubergordnung für den Dillkreis und den Oberwesterwaldkreis vom 4. Juni 1887, Pr GS. S. 289).
110 *Stober* 1989, S. 915 f.
111 Vgl. etwa § 27 I LJagdG MV.

Interessenvertretung seiner Mitglieder, sondern gemäß § 1 II ErdölBevG die Erfüllung der den Verband treffenden Erdölbevorratungspflicht. Die Pflichtmitgliedschaft ist an die Einfuhr oder Herstellung von Erdölerzeugnissen gekoppelt (§ 9 ErdölBevG).[112] Die Beiträge der Mitglieder dienen der Bereitstellung von Mitteln zur Erfüllung der Verbandspflicht (§ 18 I ErdölBevG).[113]

7. Verbandskörperschaften oder Bundkörperschaften

Unter Verbandskörperschaften sollen hier solche Körperschaften verstanden werden, die sich im wesentlichen aus anderen juristischen Personen des öffentlichen Rechts zusammensetzen.[114] Gemeinsam ist ihnen, daß die Mitglieder der verbandsangehörigen Körperschaften keinen direkten Einfluß auf die wesentlichen Entscheidungen des Verbandes und die Rekrutierung seiner Organe haben. Die Verbandskörperschaften lassen sich in zwei unterschiedliche Gruppen gliedern. Die eine Gruppe betrifft die als Körperschaft des öffentlichen Rechts organisierten Dachverbände. Zur anderen Gruppe gehören vor allem diejenigen Gemeindeverbände, die keine Gebietskörperschaften sind, also insbesondere einige der Zweckverbände.

a. Öffentlich-rechtliche Dachverbände

Als öffentlich-rechtliche Verbandskörperschaften sind zunächst die Dachverbände der Kammern der freien Berufe organisiert: Die Bundesrechtsanwaltskammer, deren Mitglieder die 28 Rechtsanwaltskammern sind (§§ 175 I, 176 I BRAO);[115] die Bundesnotarkammer als Zusammenschluß der 21 Notarkammern (§76 BNotO),[116] die Bundessteuerberaterkammer, zu der die 21 Steuerberaterkammern zusammengeschlossen wurden (§ 85 I S. 1 BStBerG)[117] und die Bundeslotsenkammer als Zusammenschluß der sieben Lotsenbrüderschaften und der Hafenlotsenbrüderschaft Hamburg (§ 34 SeelG).[118] Keine Verbandskörperschaften sind die Patentanwaltskammer (§ 53 PAO) und die Wirtschaftsprüferkammer (§ 56 WPO).[119] Sie stellen bundesunmittelbare Personalkörperschaften des öffentlichen Rechts dar, die nicht weiter dezentralisiert organisiert wurden, weil die Zahl der Mitglieder in den

---

112 Zu ihrer Zulässigkeit vgl. *BVerfGE* 30, S. 292 ff. (311).
113 Andere Verbände in diesem Kontext sind aufgelöst worden. So etwa der Rationalisierungsverband Steinkohle (VO des BWiMin v. 6.10.2000, BGBl. I, S. 1417) und der Bundesverband für Selbstschutz (Gem. BGBl. 1997, I, S. 731, Gesetz über die Auflösung des Bundesverbandes für den Selbstschutz zum 1. Januar 1997).
114 *BVerfG* DVBl. 1980, S. 52 ff. (54): „Wird eine öffentlich-rechtliche Körperschaft dagegen nicht von einzelnen Bewohnern eines Gebietes getragen, sondern von juristischen Personen und erstreckt sich die Zuständigkeit der Organe unmittelbar nur auf die juristischen Personen, so spricht man von einer Bundkörperschaft".
115 http://www.brak.de/seiten/01.php; *Feuerich/Weyland* 2003, § 175 Rn. 2; § 176 Rn. 1; *Tettinger* 1997, S. 13 u. 230; *Wolff/Bachof/Stober* 1987, § 94 Rn. 12.
116 http://www.bnotk.de/; *Schippel-Schippel* § 76 Rn. 4; *Tettinger* 1997, S. 16.
117 http://www.bundessteuerberaterkammer.de/; *Kluth* 1997, S. 112 f.; *Tettinger* 1997, S. 19.
118 http://www.bundeslotsenkammer.de/; zur Hafenlotsenbrüderschaft vgl. § 8 I des Hamburgischen Hafenlotsengesetzes vom 19.01.1981, GVBl. S. 9.
119 http://www.patentanwalt.de/; http://www.wpk.de/.

I. Die Körperschaften des öffentlichen Rechts – Versuch einer Systematik   695

Bundesländern dafür zu gering wäre. Die Bundesärztekammer ist, ungeachtet ihres Namens, ein eingetragener Verein.[120] Sie teilt damit den Charakter der Spitzenorganisationen der landesrechtlich organisierten Kammern.[121] Die Aufgaben der bundesunmittelbaren Dachkörperschaften umfassen regelmäßig die Ermittlung und Vertretung des Gesamtinteresses der Kammern, die Aufstellung von Richtlinien, Gutachtentätigkeit und Fortbildungsleistungen.[122] Grundsätzlich sind die Kammern gegenüber den Dachverbänden selbständig, allerdings können diese, wie etwa die Bundesrechtsanwaltskammer Richtlinien auch mit Wirkung für jene aufstellen.[123] Eine mittelbare Staatsaufsicht durch die Dachverbände ist nicht vorgesehen.

Verbandskörperschaften sind auch die Kreishandwerkerschaften (§ 86 HwO). Ihre Mitglieder sind die Handwerksinnungen, die in einem Stadt- oder Landkreis ihren Sitz haben. Deren Vertreter bilden die Mitgliederversammlung (§ 88 HwO). Demgegenüber sind die Innungsverbände (§§ 79 ff. HwO) privatrechtliche Zusammenschlüsse der Innungen des gleichen Gewerbes.[124] Die Spitzenorganisationen von IHKn (DIHT[125]) und Handwerkskammern (DHKT und ZDH)[126] sind als privatrechtliche Vereine organisiert.[127]

Teilweise als Körperschaften des öffentlichen Rechts, teilweise als privatrechtliche Spitzenverbände sind auch die Dachorganisationen der Sozialversicherungsträger organisiert. Im Bereich der Krankenversicherung sind die Landesverbände der Orts-, Betriebs- und Innungskassen Verbandskörperschaften, deren Mitglieder die jeweiligen Kassen bzw. sogar die Kassenverbände sind (§ 207 I S. 2 SGB V; § 212 I SGB V).[128] Der Bundesverband der landwirtschaftlichen Krankenkassen ist als Zusammenschluß der landwirtschaftlichen Krankenkassen – ohne einen Landesverband – Körperschaft des öffentlichen Rechts (§ 212 IV SGB V).[129] Keine Körperschaften sind dagegen die Verbände der Ersatzkassen (§ 212 V SGB V) sowie die weiteren Spitzenverbände gem. § 213 I SGB V und die Arbeitsgemeinschaften der Krankenkassen und ihrer Verbände gem. § 219 SGB V.[130] Körperschaft des öffentlichen Rechts ist die Kassenärztliche Bundesvereinigungen (§ 77 V SGB V).[131] Ein Weisungsrecht gegenüber den Mitgliedsverbänden steht ihnen so wenig wie den anderen Verbandskörperschaften zu, da andernfalls ein Fall von unzulässiger

---

120 http://www.bundesaerztekammer.de; *Tettinger* 1997, S. 23.
121 Etwa der Bundesarchitektenkammer (http://www.bundesarchitektenkammer.de/), die Bundesvereinigung der Deutschen Apothekerverbände (ABDA), deren Mitglieder nicht nur die 17 Apothekerkammern, sondern auch 17 privatrechtliche Apothekervereine bzw. -verbände sind (http://www.abda.de/ABDA/index.html), die Bundesingenieurkammer (http://www.bundesingenieurkammer.de/), dem Verband der Landwirtschaftskammern (http://www.landwirtschaftskammern.de/).
122 vgl. etwa § 177 BRAO.
123 Zur rechtlichen Problematik etwa vgl. *Brohm* 1969, S. 26.
124 *Hendler* 1984, S. 239 f.
125 http://www.diht.de/; *Tettinger* 1997, S. 227 f.
126 http://www.zdh.de/; *Tettinger* 1997, S. 229 f. auch zum Problem, daß dort anders als in den Handwerkskammern keine Drittelbeteiligung der Gesellen vorgesehen ist.
127 Näher hierzu *Hoffmann-Riem* 1980, S. 27 f.
128 *Schnapp* 1994a, § 49 Rn. 182 u. 187; eingehend auch zu ihrer Geschichte *Hein* 1990, S. 8 ff.; *Becker* 1996, S. 167 f.
129 *Schnapp* 1994a, § 49 Rn. 196.
130 *Schnapp* 1994a, § 49, Rn. 193, u. 197 f.; *Hein* 1990, S. 156 ff.
131 Kassenärztliche Bundesvereinigung (http://www.kbv.de), Kassenzahnärztliche Bundesvereinigung (http://www.kzbv.de/).

Mischverwaltung vorläge. Die Dachverbände der Unfallversicherung sind privatrechtlich als Vereine organisiert.[132] Ebenfalls als privater Verein besteht der Verband Deutscher Rentenversicherungsträger (VDR). Diese Organisationsform darf aber nicht darüber hinwegtäuschen, daß ihm materiell wichtige Verwaltungsaufgaben auferlegt wurden. So verwaltet er gem. § 146 II S. 1 SGB VI die von den Rentenversicherungsträgern errichtete Datenstelle. Ferner können ihm gem. § 146 I u. II, S. 2 u. 3 SGB VI öffentliche Aufgaben übertragen werden. Schließlich haben die Rentenversicherungsträger sich in § 5 i. V. m. § 23 V–VIII der Satzung des VDR darauf geeinigt, die in seinen Ausschüssen getroffenen Entscheidungen über die Auslegung des Bundesrechts ihrem Handeln zugrundezulegen.[133] Verfassungsrechtlich ist das im Ergebnis unproblematisch, weil wiederum Art. 87 II GG nicht organisationsrechtlich überladen werden darf (vgl. oben A) und vor allem, weil sich die Lösung der Organisation der Aufgaben in Gestalt eines beliehenen privatrechtlichen Vereins als föderalismus-freundlicher darstellt, als wenn er – was auch möglich gewesen wäre – als Körperschaft des öffentlichen Rechts organisiert worden wäre.[134]

Verbands- oder Bundkörperschaften sind schließlich auch die Sparkassen- und Giroverbände der Länder mit Ausnahme des Hanseatischen Sparkassen- und Giroverbandes, der ein eingetragener Verein ist. Die Sparkassen- oder Sparkassen- und Giroverbände der Länder sind rechtsfähige Körperschaften des öffentlichen Rechts mit der Aufgabe der Förderung des Sparkassenwesens (vgl. etwa §§ 35 u. 36 SpG BW).[135] Ihre Pflichtmitglieder sind in Baden-Württemberg die Sparkassen als rechtsfähige Anstalten des öffentlichen Rechts (§§ 37 u. 1 SpG BW), sowie deren Gewährträger als Gebietskörperschaften oder Zweckverbände (§ 8 SpG BW). Keine Körperschaft des öffentlichen Rechts, sondern ein privatrechtlicher Verein ist der Deutsche Sparkassen- und Giroverband, dessen Mitglieder die Sparkassen- und Giroverbände sind.[136]

b. Die kommunalen Verbandskörperschaften

Bei der Darstellung der Gebietskörperschaften war schon auf die vielfältigen Organisationsformen kommunaler Zusammenarbeit hingewiesen worden. Neben eindeutigen kommunalen Gebietskörperschaften hatte vor allem der schillernde Begriff der Gemeindeverbände Abgrenzungsfragen aufgeworfen. Mit dem BVerfG war davon ausgegangen worden, daß von den kommunalen Körperschaften nur solche Gebietskörperschaften sind, bei denen den Bürgern ein direkter Einfluß auf die Zusammensetzung der Organe eröffnet ist. Dieses Kriterium erfüllte nur ein

---

132 Hauptverband der gewerblichen Berufsgenossenschaften (http://www.hvbg.de/), Bundesverband der landwirtschaftlichen Berufsgenossenschaften (http://www.lsv.de/), Bundesverband der Unfallversicherungsträger der öffentlichen Hand (http://www.unfallkassen.de/); *Becker* 1996, S. 172; *Bieback* 1996, § 54 Rn. 158 ff., teilweise sind hier noch Landesverbände als unselbständige Unterorganisationen vorgesehen.
133 Eingehend hierzu *Ebsen* 1999, § 4 Rn. 16 f.
134 *Ebsen* 1999, § 4 Rn. 19.
135 Sie sind keine Zweckverbände i.S.d. GKZ BW, *Klüpfel/Gaberdiel* 1992, § 35 Anm. 2.
136 http://www.dsgv.de/.

Teil der als „Gemeindeverbände" bezeichneten kommunalen Körperschaften. Als Verbandskörperschaften konnten bereits die Gemeindeverwaltungsverbände in Baden-Württemberg und die bayerischen Verwaltungsgemeinschaften, die Ämter in Schleswig-Holstein, Mecklenburg-Vorpommern und Brandenburg, ferner von den höheren Gemeindeverbänden die Landschaftsverbände sowie die Regionalplanungsverbände und die Landeswohlfahrtsverbände in Baden-Württemberg, Hessen und Sachsen eingeordnet werden.

Verbands- oder Bundkörperschaften sind jedenfalls auch alle diejenigen Zweckverbände, denen keine natürlichen oder juristischen Personen des Privatrechts angehören. Darunter kann verstanden werden „ein unter Beteiligung kommunaler Körperschaften erfolgter Zusammenschluß zu einem weiteren rechtsfähigen Kommunalverband zur gemeinsamen Wahrnehmung bestimmter einzelner kommunaler Aufgaben".[137] Neben den verbandskörperschaftlichen Zweckverbänden bleibt unter Zugrundelegung dieser Definition noch eine Gruppe von solchen Zweckverbänden übrig, die zwar nur über einzelne Zuständigkeiten verfügen, zu deren Mitgliedern jedoch auch natürliche oder juristischen Personen des Privatrechts zählen (vgl. etwa § 2 II GKZ BW) und die daher nicht ohne weiteres als Verbandskörperschaften eingeordnet werden können.[138] Als Kriterium zur Entscheidung über die Zugehörigkeit zur Gruppe der Verbandskörperschaften soll hier das Gewicht der jeweiligen Mitglieder genommen werden: So wenig die Mitgliedschaft von Körperschaften des öffentlichen Rechts in den IHKn (§ 2 I IHKG) deren Charakter als Personalkörperschaften ausschließt, so wenig schließt umgekehrt die Mitgliedschaft von natürlichen und juristischen Personen des Privatrechts den Charakter der Zweckverbände als Verbandskörperschaften aus, wenn sie diesen nicht das Gepräge geben. Betrachtet man die Stimmengewichte in der Verbandsversammlung, zeigt sich, daß das Gewicht der nicht öffentlich-rechtlichen Mitglieder geringer (unter 50 %) ist, als das der öffentlich-rechtlichen Verbandsmitglieder.[139] Bemerkenswert ist auch, daß die Verbandsmitglieder ihren Vertretern Weisungen erteilen können, wie dies für Verbandskörperschaften typisch ist.[140] Berücksichtigt man ferner, daß die Gebietskörperschaften[141] notwendige Mitglieder der Zweckverbände sind,[142] ohne die diese nicht errichtet werden können,[143] so wird deutlich, daß die

---

137 *Dittmann* 2000, Rn. 42. Zu diesen Aufgaben gehören hauptsächlich die Abfallbeseitigung und -verwertung, die Abwasserbeseitigung, das Bestattungswesen, Erholungseinrichtungen, Kultureinrichtungen, Land- und Forstwirtschaft, Raum-, Städteplanung, Schulen, soziale Einrichtungen, Verkehrsunternehmen des ÖPNV, Wasserversorgung, Wirtschaftsförderung und andere. Genaue Aufstellung mit Zahlen der jeweiligen Zweckverbände für die Mitte der 90er Jahre bei *Luppert* 2000, S. 101 f., auch *Bovenschulte* 2000, S. 412 f.
138 Unzutreffend ist es aber, rundheraus zu bestreiten, daß Zweckverbände Verbandskörperschaften sein könnten, so aber *Oebbecke* 1982, S. 4.
139 Vgl. § 13 II GKZ BW; Art. 33 I S. 2 GKZ Bay; §§ 15 I S. 4 GKG BBg; 15 IV 1 GKG Hess; 3 III ZwVG NdS; 15 I 3, 4 GKG NRW; 2 II ZwVG RP; 2 III GKG Saar; 52 II S. 2 GKG Sachs; 17 II S. 3 GKZ SaA; 28 I S. 4 GKG Thür, hierzu näher *Luppert* 2000, S. 137 ff.
140 vgl. etwa § 13 V GKZ BW; Art. 33 II S. 4 GKZ Bay; 15 II S. 5 GKG BBg; § 8 II S. 1 ZwVG RPf; § 52 IV GKZ Sachs.
141 Teilweise auch Zweckverbände selbst, vgl. etwa § 1 S. 1 GKG BW.
142 Vgl. etwa § 205 I BauGB.
143 Teilweise wird eigens geregelt, daß andere nur dann Mitglied sein dürfen, wenn dadurch die Erfüllung der Verbandsaufgabe gefördert wird, etwa § 2 II S. 2 GKZ BW; Art. 17 II GKZ Bay, § 17 II GKG SaA.

öffentlich-rechtlichen Mitgliedskörperschaften diesen Verbänden das Gepräge geben.[144] Durch diese Feststellung sollen die übrigen Mitglieder nicht hinwegdefiniert werden. Prägend sind aber für die Zweckverbände diejenigen Mitglieder, die ihnen einen Verbandscharakter verleihen. Nimmt man endlich hinzu, daß die Aufgaben des Zweckverbandes abgeleitete kommunale Aufgaben sind,[145] so wird man ihn der Gruppe der Bundkörperschaften zuordnen und ihn als Verbandskörperschaft mit atypischen, personalkörperschaftlichen Merkmalen ansehen können.[146]

8. Zusammenfassung

Ingesamt lassen sich also die Körperschaften anhand ihrer Mitgliedschaft sinnvoll in die genannten vier Kategorien einteilen. Dies bestätigt abermals die besondere Bedeutung der mitgliedschaftlichen Struktur für den Begriff der Körperschaft des öffentlichen Rechts: Sie gibt ihm das Gepräge, und ihre Hauptdifferenzierungen vermögen die Kriterien für eine Einteilung der verschiedenen Körperschaften abzugeben.

II. Schluß

1. Rückblick

Es hat sich sowohl im historischen, im organisationstheoretischen als auch im dogmatischen Teil gezeigt, daß die Körperschaft des öffentlichen Rechts eine spezifische Organisationsform der öffentlichen Verwaltung bezeichnet, die in vielfältiger Weise dialektisch geprägt ist. Ohne diese Organisationsform metaphysisch überhöhen oder antimetaphysisch-marxistisch verwenden zu wollen, zeigte sich die dialektische Struktur schon bei der Ausdifferenzierung der Körperschaft als selbständiger Organisation aus der funktionalen Einheit der Verwaltung: Die Distanzierung zum einzig möglichen demokratischen Legitimationssubjekt, dem Staatsvolk, durch die Einräumung eigenverantwortlicher Aufgabenerledigung kann zugleich dadurch seine Rechtfertigung erfahren, daß das Mitglied das an Einfluß erhält, was es als Staatsbürger verliert. Die stark ausdifferenzierte Binnenstruktur der Körperschaft reproduziert autonom durch die Organisation Leistungen, die ihr sonst aus der Umwelt zugeführt werden müssen. Das hatte sich insbesondere auch bei Mechanismen der Selbstkontrolle gezeigt. Schließlich würde die Körperschaft, wie *Hegel* in seiner Rechtsphilosophievorlesung von 1824/25 sagt, „sich verknöchern",

---

144 Die Unterscheidung wird nicht einheitlich bezeichnet: Teilweise ist von „Primär- und Sekundärmitgliedern" (*Luppert* 2000, S. 137 f.), teilweise von Verbandsmitgliedern mit uneingeschränkter und solchen mit eingeschränkter Verbandsfähigkeit die Rede, *Bovenschulte* 2000, S. 408.
145 So daß teilweise von mittelbarer Kommunalverwaltung gesprochen wird, *Saugier* 2001, S. 36.
146 Eine Bestimmung, die nicht vollständig befriedigen kann, aber aussagekräftiger ist, als die teilweise in den Landesgesetzen vorgenommene negative Bestimmung, daß die Zweckverbände keine Gebietskörperschaften seien, vgl. etwa § 150 I KV MV, § 4 GKZ SH, ähnlich auch die Abgrenzung, die sich aus Art. 109 IV S. 1 Nr. 1 GG ergibt, wie hier auch *Bovenschulte* 2000, S. 424 f., mit weiteren Untersuchungen zur Binnenstruktur der Zweckverbände in verschiedenen Bundesländern; a. A. *Hsu* 2004, S. 24 f.

II. Schluß

wenn sie nicht über die Staatsaufsicht in den Funktionszusammenhang der Verwaltung eingebunden bliebe.[147] Dabei dient diese Aufsicht nicht nur der Kontrolle der Gesetzmäßigkeit, sondern unterstützt die Körperschaft bei der Realisierung ihrer Selbstverwaltungspotentiale, um sie gerade auf diese Weise in ihrer Selbständigkeit als förderliche Organisation im Zusammenspiel mit anderen Verwaltungsorganisationen zu erhalten. Ihr Strukturgesetz so als dialektisch zu bestimmen, bedeutet nicht, die Körperschaft des öffentlichen Rechts aus einem philosophischen Begriff deduzieren zu wollen. Das Recht der Körperschaft ist weder hieraus, noch zumeist aus der Verfassung zu deduzieren, sondern folgt aus gesetzgeberischen Entscheidungen. Vielmehr hatte die theoretische wie rechtsdogmatische Analyse immer neue dialektische Strukturelemente der Körperschaft zutage gefördert, ohne deren Berücksichtigung sie nicht verstanden werden kann.

Diese Grundstruktur zeigte sich freilich als nicht verfassungsrechtlich vorgegeben. Die Analyse des Wortgebrauchs im Grundgesetz belegte schon, daß die Verfassung nicht von einem einheitlichen Rechtsinstitut ausgeht und diese Organisationsform mit bestimmten Charakteristika verbindlich festlegt. Immerhin konnte doch das Feld möglicher Verwendungsweisen des Ausdrucks etwas gesichtet werden. Das GG kennt fünf prinzipielle Bedeutungen: (1.) die nichtrechtsfähige Körperschaft als Vertretungsorgan, die repräsentationsrechtliche Körperschaft; (2.) die grundrechtsfähige Körperschaft, wobei das GG die korporierten Religionsgemeinschaften erwähnt; (3.) die verwaltungsrechtlichen Körperschaften des öffentlichen Rechts, bei denen der Ausdruck jedoch zumeist wenig spezifisch alleine oder neben der Anstalt als stellvertretend für juristische Personen des öffentlichen Rechts überhaupt verwendet wird; (4.) die Gebietskörperschaft, wobei hier die staats- und verwaltungsrechtlichen angesprochen sind; und (5.) die haftungsrechtliche Körperschaft in Art. 34 S. 1 GG, die durch ihre Dienstherrenfähigkeit ausgezeichnet ist.

Sucht man nun, wie dies im zweiten Unterabschnitt des Grundlagenteils geschah, nach einem Arbeitsbegriff der Körperschaft des öffentlichen Rechts, der hinreichend spezifisch ist, um den Gegenstand zu umreißen, und doch weit genug, um nicht vorschnell bestimmte Organisationsformen auszuscheiden, die eine Verwandtschaft mit ihr haben, auch wenn sie nicht zu ihren typischen Formen gehören, so kann man sie als diejenige juristische Person des öffentlichen Rechts

---

147 Vorlesungsnachschrift von Griesheim 1824/25 in *Hegel* 1973, S. 628: „Die Corporation kann allerdings auch die üble Wirkung haben daß das Besondere sich verknöchert, wie dieß z. B. in den alten Reichsstädten der Fall war, es entsteht ein Geist der Kleinstädterei, der Zunftgeist kann sehr engherzig werden nach der Gesinnung und nach der rechtlichen Seite. Die Corporation kann auch gefährlich werden, für den ganzen Staat. Allein diese Nachtheile betreffen nicht das Wesen, die innere Berechtigung der Sache selbst." (Hierzu auch *Müller* 1965, S. 194 f.). Diesen Zweck sieht Hegel in der Vermittlung des Einzelnen mit dem Staat in einer Organisation, die sowohl der Realisierung der Interessen gleich betroffener Einzelner als auch durch die darin liegende Vermittlung dieser Interessen dem Staat dient. Gerade in seiner Korporationentheorie erweist sich Hegel als weit weniger etatistisch und weit mehr als Theoretiker der Vermittlung von Staat und Gesellschaft, denn ihrer Trennung, als ihn manche – vgl. etwa *Heller* 1971, S. 21 ff., bes. S. 96 f. – haben wollten. Zur Bedeutung von Hegel für die Selbstverwaltung auch die Zuspitzung von *Graf Vitzthum* bei der Staatsrechtslehrertagung 2002 (VVdStRL 62 [2003], S. 462: „Der nächstliegende Pfad aus der Krise des Kommunalen ist, bezüglich der Gehalte, weniger universalistisch-kosmopolitisch als partikularistisch-lokal, oder, mit Namen benannt, ist weniger *Jürgen Habermas* als *Rüdiger Bubner*, ist eher *Hegel* als *Kant*".

bezeichnen, die deshalb von ihren Mitgliedern getragen ist, weil sie ihre Organwalter wählen. Die Sichtung des Feldes der theoretischen Auseinandersetzungen mit dem Körperschaftsbegriff ergab eine Vielzahl von Kapitulationserklärungen angesichts der übermächtig erscheinenden Pluralität der Körperschaftsformen. Diese Erklärungen lauteten: Ein Begriff der Körperschaft des öffentlichen Rechts ist überhaupt unmöglich; da wir die Körperschaft nicht von anderen Organisationsformen unterscheiden können, ist sie identisch mit dem Begriff der juristischen Person; da wir sie nicht durch notwendige Elemente definieren können, müssen wir es bei einer Aufzählung häufig vorkommender Merkmale, deren innere Einheit unbestimmt ist, belassen; sinnvoller als der Begriff der Körperschaft des öffentlichen Rechts ist der der Selbstverwaltung. Gefahren bot aber auch ein enger Begriff der Körperschaft, weil er zu viel ausschließt. Der Verzicht auf eine Begriffsbildung bedeutet den Verzicht darauf, den Untersuchungsgegenstand zu umreißen. Enumerative Aufzählungen werfen die Frage auf, warum diese Merkmale gewählt werden und andere ausgeschlossen sind. Die Erweiterung zur Gleichsinnigkeit mit dem Begriff der juristischen Person läßt die unterschiedlichen Binnenstrukturen derselben außer acht. Die Gleichsetzung mit Selbstverwaltung schließlich muß andere Selbstverwaltungsträger marginalisieren. Ein zu enger Begriff, der zu hohe Anforderungen an die Binnenorganisation stellt, schließt die Religionsgemeinschaften von vornherein aus, die auch autokratisch strukturiert sein können. Auch in diesen realisiert sich aber die Religionsfreiheit der Mitglieder, und so konnte als Begriff der Körperschaft des öffentlichen Rechts angegeben werden: Die Körperschaft ist danach eine jedenfalls teilrechtsfähige juristische Person des öffentlichen Rechts mit Selbstverwaltung, die von ihren Mitgliedern getragen wird. Wie stark dieses „Getragensein" zu verstehen ist, konnte noch offen gelassen werden.

Der historische Grundlagenteil verfolgte mehrere Absichten: Erstens sollte er zeigen, daß der Ursprung der Körperschaft des öffentlichen Rechts nicht ein Antagonismus von Staat und Gesellschaft ist. Zweitens sollte aber auch deutlich werden, daß die Ausdehnung der Idee auf immer weitere Bereiche der Ordnung von Aufgaben im Allgemeininteresse die Organisationsform überfrachtete und zu ihrer Degeneration in den schließlich völlig amorphen Körperschaftsformen des Nationalsozialismus führte. Hervorgegangen ist die Körperschaft des öffentlichen Rechts nicht aus einer Entgegensetzung von Staat und Gesellschaft, wie vielfach angenommen wurde, sondern aus diesen beiden sich noch ausdifferenzierenden Bereichen. Unter dem sich verfestigenden Primat des Staates zur Erledigung staatlicher Aufgaben und einem Zugriffsanspruch auch auf die im allgemeinen Interesse liegenden öffentlichen Aufgaben sollten seit der Preußischen Städteordnung mit den neuen Körperschaften des öffentlichen Rechts nicht die alten intermediären Gewalten der überkommenen Korporationen wiederbelebt werden, sondern das politische Engagement der Bürger, das sich in einem – wenn auch regional unterschiedlichen – außerordentlich regen Vereinsleben gezeigt hatte, in die öffentliche Verwaltung eingebunden werden. Die Ziele, die damit verfolgt wurden, waren heterogen. Sie bestanden nicht nur, und vielleicht nicht einmal vorrangig in der Disziplinierung der Gesellschaft, sondern in der Einbeziehung ihrer Selbstorganisationspotentiale in die Verwaltung und auch, wo dies noch nicht ausgeprägt war, in der Aktivierung des Bürgers für die abgegrenzten Angelegenheiten einer lokalen oder sonst von bestimmten Aufgaben gemeinsam, wenn auch nicht in gleicher Weise betroffenen Gemeinschaft. Gerade im Bereich der funktionalen Selbstverwaltung lag darin aber nicht nur eine paternalistische Attitüde, sondern zugleich auch die Anerkennung der Bedeutung des regen Bürgerengagements im öffentlichen Interesse. Die Ausdifferenzierung von Staat und Gesellschaft in der zweiten Hälfte des Jahrhunderts stellte vielmehr eine Gefahr für Körperschaften dar: Die zur Organisation gemeinsamer Aufgaben im allgemeinen Interesse errichteten Körperschaften versuchten über private Spitzenorganisationen zunehmend Einfluß auf das staatliche Gesamtinteresse zu nehmen und allgemeine politische Interessen zu vertreten; die neuen und von Bismarck aus stark ausgeprägten staatlichen Interessen errichteten Sozialversicherungsträger hatten hingegen Aufgaben für einen so großen Kreis von Bürgern wahrzunehmen, daß sie kaum den Anschluß an das Engagement des einzelnen Mitglieds fanden. Dies war mit den alten genossenschaftlichen Vereinen auf Gegenseitigkeit nicht mehr zu vergleichen. Die Weimarer Republik warf für die Körperschaften des öffentlichen Rechts die Frage nach ihrer demokratischen Rechtfertigung und ihrer wirtschaftlichen Überlebensfähigkeit auf. Verfassungsrechtlich – aber nicht grundrechtlich abgesichert – mußte besonders für die Kommunen die Frage nach ihrer Stellung zwischen Staat und Gesellschaft gestellt und beantwortet werden. Die Kontroversen zogen sich über die ganze Epoche hin und verdichteten sich am Schluß, als die vehemente Finanzkrise auch strukturelle Fragen ihrer Überladung mit Aufgaben der allgemeinen Daseinsvorsorge aufwarf. Die Notwendigkeit der Anbindung gesellschaftlicher Akteure an den Staat im Rahmen der Kriegswirtschaft hatte nach seinem Ende die gemeinwirtschaftliche und auch pragmatische Vorstellung der Perpetuierung einer nicht marktwirtschaftlichen aber auch nicht staatlich gelenkten Wirtschaft hervorgerufen, die neben der Fortentwicklung der bestehenden Kammern eine Reihe von neuen wirtschaftslenkenden Körperschaften hervorbrachte. Sie verstanden sich aber häufig genug als Vertreter gesellschaftlicher Interessen und versuchten, massiv staatliche Entscheidungen in ihrem Sinne zu beeinflussen. Während so die Vielfalt politischer Akteure die Möglichkeit einheitlichen Entscheidens in Frage stellte, konnte für die Zeit des Nationalsozialismus das Bemühen der Staatsführung um die umgekehrte Tendenz einer Ausrichtung aller Selbstverwaltung auf die erstrebte Einheit von Staat und Partei festgestellt werden, wie sie insbesondere über das Führerprinzip in den Körperschaften angesteuert wurde. Das verkennt nicht die im kaum bewältigten Widerspruch der Einheit der Zweiheit von Staat und Partei begründeten polykratischen nationalsozialistischen Herrschaftsstrukturen. Die umfassende Korporierung der Gesellschaft in immer neuen „Körperschaften" durch Partei und Staat bis hin zur Installation des Chefs des Vernichtungsapparats unerwünschter Mitbürger zum „Schirmherrn der Selbstverwaltung" mußte aber der körperschaftlichen Selbstverwaltung den Boden entziehen, aus dem ihre Potentiale erwachsen: das bürgerschaftliche Engagement. Die dialektische Einheit der Körperschaft von allgemeiner gesetzlicher Einbindung in die öffentliche Verwaltung und bürgerschaftlich-individueller Selbstorganisation wurde hier zugunsten der Erdrückung durch ein relativ Allgemeines – den von der Partei geprägten Staat – aufgelöst.

Auch vor dem Hintergrund dieser Gefahren bedarf es einer immer erneuten Anstrengung, Klarheit über die Grundstrukturen der Körperschaft des öffentlichen Rechts zu gewinnen. Wenn die rechtlichen Regelungen der Organisation wenig einheitlich sind, liegt es nahe, zunächst ein Grundgerüst des sozialen Substrats zu erstellen, auf das dann die verschiedenen Rechtsmaterien sinnvoll bezogen werden können. Dies war die Aufgabe, die sich der den Grundlagenteil abschließende organisationswissenschaftliche Abschnitt gestellt hat. Doch trat abermals das Problem auf, daß keine Organisationstheorie bereit steht, um die Körperschaft des öffentlichen Rechts in ihrer dialektischen Struktur zu rekonstruieren. Sieht man einmal von der generellen Abstraktionshöhe der Organisationstheorie ab, stellte sich das Problem, daß die aus der Bürokratieforschung stammende Richtung dem Umstand nicht gerecht werden konnte, daß der Bürger bei der Körperschaft nicht als Umwelt, sondern als mitbestimmender Teil der Organisation selbst auftritt. Die betriebswirtschaftliche Organisationstheorie hat jedenfalls ihren Ausgangspunkt bei Organisationen, deren Ziele gesetzt sind, und deren Arbeitsabläufe nun im Hinblick auf diese Ziele optimiert werden müssen: Die Körperschaft des öffentlichen Rechts ist eben nicht bürokratisch organisiert, auch wenn sie eine Bürokratie besitzt, die ihre selbstgefaßten Beschlüsse umsetzt, und sie ist nicht marktwirtschaftlich organisiert und dient nicht der Erfüllung gesellschaftlicher Interessen, sondern öffentlicher Aufgaben, die ggf. in der Integration dieser Interessen bestehen. Doch konnte eine nähere Analyse prominenter Organisationstheorien Gewinn auch für die Rekonstruktion der Körperschaften des öffentlichen Rechts abwerfen. Individualistische Ansätze problematisieren die Mediatisierung des Einzelnen durch Organisationen und zeigen Möglichkeiten, durch eine Differenzierung der Binnenstrukturen Mechanismen zur Verhinderung der Verselbständigung der Organisationsspitze zu installieren. Sie weisen auf die Legitimationsbedürftigkeit fehlender Exit-Options (Pflichtmitgliedschaft) und rechtfertigen die Ausweitung von Partizipationsmöglichkeiten als Kompensation. In der „geläuterten" Variante von *Herbert Simon* weisen sie zudem auf die Rationalitätsgewinne für den Einzelnen durch Organisation hin und verlängern die Argumentation hin zu Verwaltungsorganisationen. Während rationalistisch-individualistische Theorien jedoch primär die formalen Strukturen von Organisationen analysieren, erweitern institutionalistische Ansätze diese Perspektive um die Analyse der Prägung von Organisationsstrukturen und Entscheidungen durch nicht immer voll rationalisierte Umwelteinflüsse. Auf der Ebene verwaltungswissenschaftlicher Analyse der Körperschaften des öffentlichen Rechts ließen sich hier die mehr informalen Umweltbeziehungen und organisationskulturelle Binnenstrukturen wie Solidarität und Gemeinschaftlichkeit analysieren. Hiermit hängt es auch zusammen, daß Organisationen einen Mehrwert hervorbringen, der sich nicht auf die rationalen Entscheidungen ihrer Mitglieder zurückführen läßt. Aufgrund dieses breiteren Ansatzes erscheint das Recht der Organisation auch nicht nur in der Perspektive einer Beschränkung individueller Freiheit, sondern darüber hinaus in seiner (1.) Organisationen konstituierenden, (2.) ihr Verhalten steuernden und (3.) ihr Verhalten durch Befugniszuweisungen befördernden Dimension. Aufgegriffen wurden diese Ansätze von New Public Service-Theorien, wie etwa der von *Denhardt*, die den Reduktionismus des New Public

II. Schluß

Management durch die Berücksichtigung einer stärkeren aktiven Bürgerpartizipation an der Verwaltung im Sinne einer Ergänzung seiner demokratischen Mitentscheidungsbefugnisse. Im Gegensatz dazu betont die Systemtheorie *Luhmanns* die Unabhängigkeit der Organisation von ihrer Umwelt und sieht in einer starken Öffnung eher eine Gefährdung ihrer Selbstreproduktion. Wichtigster Mechanismus dieser Selbsterhaltung von Organisationen ist gerade die Verselbständigung von ihrer Umwelt durch die Ausdifferenzierung ihrer Binnenstrukturen. Wir waren Luhmann insoweit gefolgt, hatten aber zu überlegen gegeben, daß dem Bürger gerade durch die Einbeziehung in die Organisation und die Unterwerfung unter ihre Ordnung ein Status gewährt werden kann, der seinen Interessen selektiv Eingang in die Organisationsentscheidungen gewährt. So hilft er, daß sie legitimatorisch unabhängiger von ihrer Umwelt wird. Die größere Abhängigkeit der Verwaltungsorganisationen gegenüber Privaten von ihrer sowohl staatlichen (Parlament, Gerichte, andere Verwaltungsorganisationen) als auch gesellschaftlichen Umwelt scheint aber strukturtypisch für sie zu sein und verlangt nach gezielter verwaltungsrechtlicher Steuerung, die Distanz und Nähe im Interesse sachgerechter Aufgabenerfüllung austariert. Auf dieser Basis konnten dann die drei Organisationsdimensionen Selbständigkeit (gekennzeichnet jedenfalls durch die Formalität der Organisation und ihre spezifischen Organisationsziele), Binnenstruktur (besonders Allokationsentscheidungen über Personal und Mittel, Strukturdifferenzierung und Koordination und Charakteristika der Strukturen als bürokratisch oder nichtbürokratisch) sowie drittens des Organisation-Umwelt-Verhältnisses (Einfluß der Organisation auf die Umwelt und von dieser auf die Organisation) herausgearbeitet werden. Ein letzter Unterabschnitt war die Frage des Verhältnisses der verschiedenen Verwaltungseinheiten zum Gesamtsystem der öffentlich-rechtlichen Organisationen auf. Dieses Gesamtsystem wird zumeist mit dem Kollektivsingular „Verwaltungsorganisation" bezeichnet. Wir entschieden uns statt dessen für den von *Renate Mayntz* entwickelten Begriff des „Makrosystems der Verwaltung", der die Pluralität der Verwaltungsorganisationen bei ihrer funktionalen Einheit bezeichnet.

Der verwaltungsorganisationsrechtliche Hauptteil widmete sich (A) der Herausbildung der Körperschaft des öffentlichen Rechts aus dem Makrosystem der Verwaltung und den damit verbundenen Rechtsproblemen, sowie der rechtlichen Grundstruktur der so verselbständigten Verwaltungsorganisationen. Teil B untersuchte eingehender die Rechtsnormen, die zur Verselbständigung der Körperschaft beitragen. Teil C analysierte die rechtliche Binnenstruktur der Körperschaft und Teil D die rechtlichen Verhältnisse zu ihrer gesellschaftlichen und staatlichen Umwelt.

Das GG geht von einer pluralen Einheit der Verwaltungsorganisationen aus. Es verlangt aber von allen ein Mindestmaß an Rückbindung an den Willen des Staatsvolkes (Art. 20 II GG). Die dialektische Struktur der Körperschaft zeigt sich hier auch in dogmatischer Hinsicht. Die Legitimation der Körperschaft speist sich aus beiden Formen der Realisierung der Selbstbestimmung des Bürgers: Seine Teilnahme als Staatsbürger an der demokratischen Willensbildung schafft die Grundlage der über die gesetzliche Bestimmung der Aufgaben und die staatliche Errichtung vermittelten demokratischen Legitimation der von der Körperschaft ausgeübten Hoheitsgewalt. Die Lockerung der sachlichen Legitimation durch die eigenverantwortliche

Aufgabenerfüllung der Körperschaft des öffentlichen Rechts und die Lockerung der personellen Legitimation ihrer Organwalter werden aber durch die Einräumung von Mitentscheidungsbefugnissen durch die besondere Binnenstruktur der Körperschaft aufgewogen. Daß dies keine Kompensation demokratischer Legitimation durch eine autonome *demokratische*, sondern daß die Lockerung der Legitimation durch das Mehr an Selbstbestimmung gerechtfertigt ist, wurde eingehend begründet. Dem Demokratieprinzip als Vereinheitlichungsprinzip des Systems der Verwaltungsorganisationen stellen sich ferner das Rechtsstaatsprinzip und die föderale Struktur dieses Systems als seine Differenzierungsprinzipien entgegen. In dieser Differenzierung liegt die Funktion der Art. 84 ff. GG, so daß sich ihnen keine spezifischen Vorgaben für die Strukturen von rechtlich verselbständigten Verwaltungsorganisationen entnehmen lassen, wie gerade anhand der Auslegung des Art. 87 II GG gezeigt werden konnte. All dies ergab, daß das GG bis auf die Vorgaben aus Art. 28 II GG und Art. 5 III GG keine Verpflichtung des Gesetzgebers zur Errichtung von Körperschaften des öffentlichen Rechts vorsieht, wohl aber die Möglichkeit dazu eröffnet. Bevor nun an die Analyse der Rechtsstruktur der Körperschaft des öffentlichen Rechts gegangen werden konnte, mußten die dafür in Betracht kommenden Rechtsmaterien den drei Dimensionen des Organisationsrechts zugeordnet werden. Zu dem die rechtliche Selbständigkeit der Körperschaft begründenden konstituierenden Organisationsrecht gehört die Verleihung der (Teil-)Rechtsfähigkeit, die Verleihung spezifischer öffentlicher Aufgaben und die Regelung des Modus ihrer Erledigung. Das Innerorganisationsrecht betrifft die Differenzierungs- und Koordinierungsstrukturen der Organisationsverfassung. Das Außenrecht der Organisation hat die Rekrutierung der Organisationszugehörigen, das Interorganisationsrecht und die Rechtsverhältnisse zum Organisationsträger.

Der zweite Abschnitt des zweiten Teils konnte zeigen, daß die Verselbständigung der Körperschaft des öffentlichen Rechts als Verwaltungsorganisation gekennzeichnet ist durch die Verleihung mindestens einer Teilrechtsfähigkeit, die mit dem staatlichen Mitwirkungsakt bei ihrer Entstehung (Errichtung durch den Staat oder Genehmigung der Satzung) beginnt, die privat- und öffentlichrechtliche Rechtsfähigkeit und eingeschränkt auch die Grundrechtsfähigkeit umfaßt. Hier zeigte sich wiederum die eigentümlich dialektische Struktur der Körperschaft des öffentlichen Rechts. Weder wäre es richtig, die Grundrechtsfähigkeit unter Rückgriff auf ihre mitgliedschaftliche Struktur rundheraus zu befürworten, denn dann entstünden Bereiche der Ausübung von Hoheitsgewalt, in denen die Körperschaft sowohl grundrechtsberechtigt als auch verpflichtet wäre, mithin der Einwand aus dem Konfusionsargument erhoben werden könnte. Noch aber läßt sie sich generell leugnen: Auch diejenigen Körperschaften, die nicht um der Grundrechte ihrer Mitglieder willen bestehen, wie die Universitäten, nehmen nicht nur übertragene staatliche Aufgaben, sondern auch solche wahr, die zugleich im Gesamtinteresse ihrer Mitglieder bestehen.[148] Bei der Erfüllung dieser Aufgaben können sie vom Staat

---

148 Zu Recht hat *Schuppert* auf diese dialektische Struktur der Körperschaft hingewiesen: „Zusammenfassend wird man also davon sprechen können, daß die öffentlich-rechtliche Körperschaft Ausdruck einer zweiseitigen, durch gegenseitigen Nutzen geprägten Beziehung zwischen staatlicher Verwaltung und gesellschaftlicher Gruppierung ist. Die öffentlich-rechtliche Körperschaft bildet gewissermaßen

II. Schluß

nicht anders beeinträchtigt werden als natürliche Personen als Grundrechtsträger: Sie befinden sich insoweit also in einer grundrechtstypischen Gefährdungslage. Staat und Gesellschaft durchdringen sich in der Körperschaft auch heute noch in einer Weise, die hinsichtlich der Grundrechtsfähigkeit eine differenzierte Lösung fordert. Äußere Grenze des Handelns auf der Grundlage der Rechtsfähigkeit ist die jeweilige Aufgabenstellung der Körperschaft des öffentlichen Rechts. Daraus folgt aber nicht, daß ihr Handeln außerhalb dieses Bereichs rechtlich nichtexistent wäre, weil insofern keine juristische Person vorhanden wäre, wie von der Ultra Vires-Lehre angenommen. Auf diese Weise würde sie sich der rechtlichen Verantwortung für ihr kompetenzüberschreitendes Handeln entziehen, was vor dem Hintergrund von Art. 20 III GG und Art. 1 III GG nicht angehen kann. Daher wurde diese Lehre abgelehnt. Nach der Analyse der Formen der Bildung und Errichtung sowie der Auflösung der Körperschaften des öffentlichen Rechts wurde das die Identität und damit die materiale Selbständigkeit der Körperschaft konstituierende Moment der öffentlichen Aufgabe näher untersucht. Notwendige, nur durch die Körperschaften des öffentlichen Rechts zu erfüllende Aufgaben ließen sich wiederum nur für die Gebietskörperschaften, die Art. 28 II GG erfaßt, sowie die Hochschulen nach Art. 5 III GG finden. Im übrigen schieden die notwendigen oder obligatorischen Staatsaufgaben als eigene Angelegenheiten der Körperschaften aus. Sie können nur als Auftragsangelegenheiten auferlegt werden. Den verbleibenden Kreis von Aufgaben im öffentlichen Interesse kann der Staat aber den Körperschaften als hier so bezeichnete „öffentliche Aufgaben" anvertrauen, sofern dafür in Abgrenzung zum Bürger ein legitimes Interesse besteht. Hierzu gehört auch die Vertretung des Gesamtinteresses eines Berufsstandes oder eines Gewerbes. Prägend für die Körperschaft ist schließlich der Modus der Erledigung der öffentlichen Aufgabe, die Eigenverantwortlichkeit. Diese Eigenverantwortlichkeit hängt nicht von einer bestimmten Binnenstruktur ab. Sie bezeichnet vielmehr den Entscheidungsfreiraum, den die betreffende Verwaltungsorganisation als Ganzes genießt. In dem hier vorgeschlagenen Organisationsmodell der Körperschaft läßt sich also zeigen, daß dieser Aspekt der Selbstverwaltung durchaus von der mitgliedschaftlichen Mitwirkung als Merkmal der Binnenstruktur unterschieden werden kann. Diese äußere Selbstverwaltung hat die Körperschaft des öffentlichen Rechts mithin prinzipiell mit anderen Selbstverwaltungsträgern gemein. Bevor dem die innere Selbstverwaltung als Grundprinzip der Binnenstruktur gegenübergestellt werden konnte, mußte aber noch in zwei Exkursen geprüft werden, ob die bayerischen sog. „nur-formellen Körperschaften" und die korporierten Religionsgemeinschaften schon an dieser Stelle von dem Begriff der Körperschaft des öffentlichen Rechts unterschieden werden müssen. Dies wurde für die letzteren mangels öffentlicher Aufgabe bejaht, für die ersteren aber, unbeschadet ihrer Besonderheiten, verneint.

---

den Schnittpunkt zweier Prozesse, nämlich einmal des Herauswachsens des Staates aus den Organisationsformen der unmittelbaren Staatsverwaltung und – zum anderen – des Hineinwachsens privater Verbände durch den Bereich des Öffentlichen in die staatliche Verwaltungsorganisation." (*Schuppert* 1983, S. 189 f.; in diesem Sinne auch *Dreier* 1991, S. 280) Durch diesen Prozeß bleiben aber weder die Verwaltung noch die gesellschaftlichen Gruppierungen unverändert: Während sich die Verwaltung pluralisiert und ausdifferenziert, werden die gesellschaftlichen Gruppen – insbesondere etwa bei der Interessenvertretung – homogenisiert.

Die Analyse der Binnenstruktur im dritten verwaltungsrechtlichen Abschnitt (C) förderte die spezifischen Momente der Körperschaft zutage: Mitgliedschaft in einem anspruchsvollen Sinn des Einflusses der Organisationsangehörigen auf die Rekrutierung der Organwalter. Eine Körperschaft hat als Zugehörige zwar nicht nur Mitglieder in diesem Sinn, sondern auch Angehörige, die von den Leistungen der Körperschaft profitieren und ggf. ihre Lasten tragen. Eine Verwaltungsorganisation ohne Mitglieder kann aber nicht als Körperschaft bezeichnet werden. Dabei spielt es keine Rolle, ob diese Mitglieder natürliche oder juristische Personen des privaten oder öffentlichen Rechts sind. Die Binnenstruktur der Körperschaft des öffentlichen Rechts dient der Schaffung entscheidungsfähiger Strukturen zur Erfüllung ihrer öffentlichen Aufgaben auf der Basis dieser qualifizierten Mitgliedschaftsstellung. Entsprechend steht die Versammlung, sei sie Mitglieder- oder Repräsentativversammlung, als Hauptorgan grundsätzlich im Zentrum der Organisationsdifferenzierung. Von ihr aus muß die Rekrutierung der weiteren Organwalter erfolgen, wenn nicht die unmittelbare Entscheidung der Mitglieder hierfür vorgesehen ist (Direktwahl des Bürgermeisters), müssen die Grundsatzentscheidungen der Körperschaft getroffen werden und auf dieser Basis die Ausführung der Beschlüsse kontrolliert werden. Nachdem die weiteren Binnendifferenzierungen des Hauptorgans sowie der Koordination der Körperschaftsorgane und die Rekrutierung seiner Mitglieder untersucht worden waren, konnte der Vorstand als zweites Organ in bezug auf seine Rechtsstellung, seine weiteren Differenzierungen, seine Rekrutierung und seine innerorganisatorischen Kontrollbefugnisse näher betrachtet werden. So zeigte sich in der – idealtypischen – Grundstruktur der Binnenorganisation das Prinzip der Ausdifferenzierung: Die Körperschaft wiederholt in ihrer Binnenorganisation die drei Dimensionen von Organisationen überhaupt. Legitimationsfunktionen, Zielsetzungsfunktionen, Kontrollfunktionen und andere können so von der Körperschaft selbst erbracht werden und koppeln sie insofern von ihrer Umwelt ab. Daß diese innere Selbstverwaltung nicht zu einer Verselbständigung führt, die einerseits die von außen gesetzten Grenzen überschreitet, andererseits aber auch realisiert und realisieren kann, hängt auch vom Verhältnis der Körperschaft zu ihrer Umwelt ab. Bevor darauf eingegangen werden konnte, war aber, nachdem nunmehr die spezifischen Eigenschaften der Körperschaft festgestellt worden waren, in einem Exkurs auf ihre Abgrenzung zur Anstalt sowie auf einige Grenzfragen einzugehen.

Der letzte Abschnitt (D) des zweiten Teils untersuchte, der dritten Dimension von Organisationen entsprechend, das Verhältnis der Körperschaft zu ihrer gesellschaftlichen und staatlichen Umwelt in bezug auf ihre Befugnisse, auf ihre Ressourcen, wobei kurz auf die Finanzen und ausgiebig auf die Rekrutierung der Mitglieder eingegangen wurde, sowie auf die Staatsaufsicht. Hier wurde, wie eingangs schon angedeutet, wiederum die dialektische Struktur der Körperschaft deutlich. Auch die Aufsicht bedeutet nicht einfach Kontrolle und Zurückdrängung der Körperschaft in ihre Grenzen, sondern zugleich ihre Ermunterung und Förderung, von den eingeräumten Potentialen Gebrauch zu machen. Insofern stellte sich das Selbstverwaltungsrecht als Grund und Maß der Aufsicht dar.

Am Ende steht der Befund, daß die Körperschaft eine spezifische Organisationsform der Verwaltung ist. Für deren Wahl besteht zwar, abgesehen von den in

Art. 28 II GG vorgegebenen und von Art. 5 III GG geforderten Formen, keine rechtliche Notwendigkeit. Sowohl die Analyse der Rechtslage, organisationstheoretische Überlegungen und historische Gründe konnten die Körperschaft des öffentlichen Rechts durch gute Gründe rechtfertigen. Ihr Potential besteht in einer im Grundsatz historisch bewährten, differenzierten Struktur, die dem Bürger ein Moment der Selbstbestimmung in der Verwaltung eröffnet und damit zugleich die staatliche Verwaltung durch die Einbeziehung dieses Selbstorganisationspotentials von der Wahrnehmung solcher Aufgaben entlastet, die zwar nicht zu seinen notwendigen oder obligatorischen, andererseits aber auch nicht zu den gesellschaftlich wahrzunehmenden gehören.

2. Ausblick

Das so umrissene Organisationsmodell der Körperschaft ist kein Unikat in Europa.[149] Vergleichbar ausdifferenzierte Formen finden sich aber jedenfalls in Frankreich, England und Italien nur im kommunalen Bereich. Deshalb stellt sich die Frage nach der Perspektive dieser Organisationsform im Europäischen Verwaltungsverbund.[150] Dieser Aufgabe hat sich die Staatsrechtslehrertagung 2002 in Sankt Gallen gestellt.[151] Die Bilanz blieb ambivalent,[152] und dies zu Recht. Die Entwicklung ist offen. Den möglichen selbstverwaltungsfeindlichen Tendenzen in der EU hat das deutsche Recht nichts entgegenzusetzen: Selbst die verfassungsrechtlich über Art. 28 II GG abgesicherten Gemeinden könnten vor europarechtlichen Beeinträchtigungen nicht geschützt werden, da ihre Selbstverwaltungsgarantie nicht zum Kernbestand des über Art. 79 III GG veränderungsfest abgesicherten Demokratieprinzips gehört.[153] Das gilt auch für die Hochschulen[154] und erst recht für die nicht grundgesetzlich geschützten Träger funktionaler Selbstverwaltung.

Europarechtlich findet man in den Verträgen keinen ausdrücklichen Schutz der Selbstverwaltung.[155] Ein Achtungsanspruch der Union gegenüber der anspruchsvollen Form der körperschaftlichen Selbstverwaltung aus Art. 6 II EGV als „gemeinsame Verfassungsüberlieferung" läßt sich angesichts der Heterogenität der

---

149 Vgl. die Arbeit von *Helfritz* 2000; *Gogos* 1997, S. 68 ff. (Frankreich), 89 ff. (England), 113 ff. (Griechenland); den Sammelband von Starck 1992, darin insbesondere den Bericht von *Breuer* (1992, S. 15 ff.); *Groß* 2002, S. 1184 f.; zur kommunalen Selbstverwaltung etwa *Schäfer* 1998, S. 26 ff. und die Übersicht S. 341; *Zimmermann-Wienhues* 1997, S. 186 ff. zu der spanischen autonomía local; für die Wissenschaftsorganisationen *Groß* 1992; *Klostermann* 1997, S. 132 ff.; zu den Trägern der Sozialversicherung *Becker* 1996, S. 230 ff. (Frankreich, Italien, Großbritannien); zu den Grundsätzen auch *Haverkate/Huster* 1999, Rn. 10 ff.; zu den Kammern auch *Tettinger* 1997, S. 243 f.; *Kluth* 1997, S. 17 f.
150 *Schmidt-Aßmann* 2002, S. 1381 f.; *ders.* 1998, S. 29 ff.
151 Vgl. die Berichte von *Oebbecke* 2003, S. 366 ff., und *Burgi* 405 ff.
152 *Schmidt-Aßmann* 2003, Rn. 7a: „die Idee der Selbstverwaltung im europäischen Zeitalter ausbilden".
153 Deshalb scheidet es auch aus, einen Schutz der kommunalen Selbstverwaltung als Kerngehalt des Demokratieprinzips als eines gemeineuropäischen Verfassungsgrundsatzes über Art. 6 II EGV zu konstruieren, anders aber *Zuleeg* 1983, S. 93; dagegen: v. *Münch/Kunig-Löwer* Art. 28, Rn. 96; zum Ganzen auch *Groß* 2002, S. 1189; *Schmidt-Aßmann* 2003, Rn. 7a; v. *Mangoldt/Klein/Starck-Tettinger* Art. 28, Rn. 145; GG-Kommentar Dreier-*Dreier* Art. 28, Rn. 33; *Stern* 1996, S. 33.
154 *Klostermann* 1997, S. 123 ff. u. 143, der aber aus Art. 5 III GG sehr weitreichende Schutzpflichten der Bundesrepublik zugunsten der akademischen Selbstverwaltung entwickelt, a. a. O., S. 144 ff. u. 159.
155 *Hobe/Biehl/Schroeter* 2003, S. 805; *Schäfer* 1998, S. 262 f.

Ansätze zu lokalem Self-Government in Großbritannien, der Struktur der Gemeinden in Deutschland und ihrer Stellung als nachgeordnete Verwaltungseinheiten in Frankreich – um nur drei unterschiedliche Formen zu erwähnen – nicht einmal für diesen, in allen Mitgliedsstaaten am stärksten ausdifferenzierten Bereich der Selbstverwaltung konstruieren.[156] Auch eine Herleitung des Schutzes aus dem Subsidiaritätsprinzip der Art. 2 und 5 II EGV erscheint fraglich.[157] Die schillernde Vorschrift des Art. 5 II EGV betrifft ihrem Wortlaut nach nur das Verhältnis der Gemeinschaft zu den Mitgliedstaaten,[158] und auch bei der Umsetzung in Art. 23 I GG wurde an die Gemeinden kaum gedacht.[159] Das schließt aber nicht aus, daß das Prinzip noch Potentiale enthält, die mit Rücksicht auf die kommunale Selbstverwaltung zu entfalten wären.[160] Schließlich ist auch fraglich, ob der Grundsatz der Bürgernähe (Art. 1 II EGV), wenn er denn überhaupt eine starke Auswirkung besitzt, in einer Weise wirken kann, die zum Schutz der kommunalen Selbstverwaltung im Sinne einer von den Bürgern durch demokratische Mitwirkungsrechte getragenen Körperschaft notwendig ist.[161] Zwar ist Bürgernähe ein Element der Selbstverwaltung; aber nicht jede bürgernahe Verwaltung bedeutet Selbstverwaltung. „Kundenorientierung" ist sicherlich bürgernah, eine aktive Einbeziehung des Bürgers in die eigenverantwortliche Verwaltung eines abgegrenzten Kreises öffentlicher Aufgaben bedeutet sie aber nicht. „Bürgernäher" als die Verwaltung durch Gemeinschaftsorgane ist auch eine untere Verwaltungsbehörde der unmittelbaren Staatsverwaltung, die den Bürger in ihre Entscheidungen nur im Wege der Anhörung einbezieht.[162] Bleibt die Frage der europäischen Sicherung der kommunalen Selbstverwaltung durch die Organisation des Ausschusses der Regionen (und lokalen Gebietskörperschaften) gem. Art. 263 ff. EGV. Dieser beratende Ausschuß ist kein Organ der Gemeinschaft.[163] Er hat vielmehr unterstützende Funktion, die formell nur dann wirksam wird, wenn es Rat oder Kommission „für zweckmäßig erachten", ihn anzuhören (Art. 265 I EGV). Daneben gibt es Fälle der obligatorischen Anhörung.[164] Die Wirkungen dieser – allerdings noch sehr jungen – Einrichtung halten sich in engen Grenzen. Problematisch an der Architektur ist aber die Zusammenbindung der lokalen Gebietskörperschaften mit den anderen und z. T.

---

156 v. Münch/Kunig-*Löwer* Art. 28, Rn. 98; Zu den divergierenden Verfassungsgarantien anderer Staaten: GG-Kommentar Dreier-*Dreier* Art. 28, Rn. 40 f.
157 *Hobe/Biehl/Schroeter* 2003, S. 808: Man konnte sich gerade nicht auf die Erwähnung der kommunalen Selbstverwaltung in dieser Vorschrift einigen; *Schäfer* 1998, S. 285 ff.; *Zimmermann-Wienhues* 1997, S. 246 ff.; das bedeutet nicht, daß etwa die Kammern nicht heute schon ein Beispiel für ein der Form nach sozialpolitisches Subsidiaritätsprinzip wären, *Stober* 2001, S. 401; *Tettinger* 1995, S. 174.
158 v. Münch/Kunig-*Löwer* Art. 28, Rn. 97; *Stern* 1996, S. 35, immerhin erlege der Grundsatz aber den Organen des Bundes die Verpflichtung auf, „bei der Mitwirkung an der Rechtsetzung auf europäischer Ebene die Garantie der kommunalen Selbstverwaltung zu beachten".
159 v. Mangoldt/Klein/Starck-*Tettinger* Art. 28, Rn. 151.
160 *Schmidt-Aßmann* 2003, Rn. 26a.
161 Optimistisch etwa *Stober* 2001, S. 402: Der Grundsatz bedeute „mehr Wirtschaftsnähe, mehr Betriebsnähe und mehr Unternehmernähe", wie sie im Prinzip der wirtschaftlichen Selbstverwaltung angelegt seien.
162 Calliess/Ruffert-*Calliess* Art. 1, Rn. 28 f., dies kann auch durch Gemeinden geschehen. Strukturvorgaben für deren Binnenorganisation ergeben sich aus dem EGV aber gerade nicht.
163 Zu ihm auch *Schäfer* 1998, S. 311 ff.; Calliess/Ruffert-*Suhr* Art. 263, Rn. 11; *Zimmermann-Wienhues* 1997, S. 303 ff.
164 Calliess/Ruffert-*Suhr* Art. 265, Rn. 4 f.

II. Schluß

entgegengesetzten Interessen der Regionen.[165] Ob hier die Bildung von entsprechenden Untergliederungen, mag sie auch die realistischere Perspektive sein, die Stimme der Gemeinden stärken kann, wenn am Ende doch „der Ausschuß" die Stellungnahme abgeben muß,[166] erscheint fraglich.[167] Jedenfalls wird diese Mitsprache um so wichtiger, je weiter sich der Kompetenzbereich der Europäischen Union ausdehnt und damit die Verwaltung durch die Kommunen betrifft,[168] so daß zunächst einmal erweiterte Anhörungsrechte vordringlich sind.[169] Ein Pendant existiert für die Vertretung der wirtschaftlichen Interessen in Gestalt des Wirtschafts- und Sozialausschusses gem. Art. 257 ff. EGV. Er setzt sich insbesondere auch aus Vertretern der Landwirte, der Kaufleute, der Handwerker und der freien Berufe zusammen. Er ist ebenfalls kein Organ der Gemeinschaft und besitzt beratende Funktion. Ob ihm dabei eine wichtige Funktion zukommt, ist angesichts direkter Kontaktaufnahme der Vertreter der Spitzenverbände zu den Entscheidungsorganen der EU fraglich.[170] Hinzu kommt, daß er sich aus „Vertretern der verschiedenen wirtschaftlichen und sozialen Bereiche der organisierten Zivilgesellschaft" (Art. 257 II EGV) zusammensetzt und zwar nach Fachgruppen und Unterausschüssen differenziert ist (Art. 261 EGV), jedoch nicht nach der öffentlich-rechtlichen oder privatrechtlichen Organisationsform der Mitglieder unterscheidet. Somit besteht keine Artikulationsmöglichkeit für die spezifischen Interessen der öffentlich-rechtlichen Verbände. Als Schutzmechanismus ihrer Interessen ist der Wirtschafts- und Sozialausschuß daher nicht anzusehen.

Stärker als in der EU ist die Stellung der Kommunen im Europa des Europarats. Hier wurde 1985, Charta der kommunalen Selbstverwaltung erarbeitet, die bis zum Jahr 2000 von immerhin 32 der 41 Mitgliedsstaaten ratifiziert wurde.[171] Ihr Ziel ist der Schutz und die Förderung der Selbstverwaltung der Kommunen, die so gemeinsam in diesem Kontext als „dritte Säule" neben den Mitgliedsstaaten anerkannt sind.[172] Der Schutz umfaßt ihre eigenverantwortliche Aufgabenerledigung und die demokratische Wahl der Organe.[173] Die Wirkung der Charta ist im wesentlichen politisch.[174] Eine Klagemöglichkeit vor dem Europäischen Gerichtshof besteht nicht. Sie begründet auch keinen innerhalb der EU verbindlichen allgemeinen Rechtsgrundsatz.[175] Diese Wirkung ist aber ganz wesentlich durch den Kongreß der Gemeinden und Regionen befördert worden, in dem sich die Interessen

---

165 Zu ihrer Rechtsstellung auch *Wickel* 2001, S. 837.
166 vgl. zu diesem Vorschlag Calliess/Ruffert-*Suhr* Art. 263, Rn. 40.
167 Für eine Stärkung der Position des Ausschusses auch *Hobe/Biehl/Schroeter* 2003, S. 805.
168 *Stern* 1996, S. 29.
169 *Zimmermann-Wienhues* 1997, S. 346 f., die sich gegen eine organisationsrechtliche Reform des Ausschusses ausspricht (a. a. O., S. 351 f.).
170 Calliess/Ruffert-*Suhr* Art. 257, Rn. 13, zudem tritt er in Konkurrenz zu einer standing wachsenden Zahl kleinerer, spezialisierterer Gremien.
171 Die Zustimmung durch den Bundestag erfolgte durch Gesetz vom 22.01.1987, BGBl. II, S. 65.
172 *Knemeyer* 2000, S. 450.
173 Sie bleibt aber, etwa durch das Fehlen einer Art. 28 II S. 1 GG vergleichbaren institutionellen Bestandsgarantie hinter den Gewährleistungen der deutschen Verfassung zurück, v. Münch/Kunig-*Löwer* Art. 28, Rn. 99.
174 Da sie aber von allen EU-Mitgliedsstaaten unterzeichnet wurde, soll die Charta hier als allgemeiner Rechtsgrundsatz gelten, Wolff/Bachof/Stober-*Kluth* 2004, § 94 Rn. 120.
175 *Groß* 2002, S. 1189; v. Münch/Kunig-*Löwer* Art. 28, Rn. 99.

der Kommunen in einer eigenen Kammer der Gemeinden artikulieren können. Er beobachtet die Entwicklung der kommunalen Selbstverwaltung in den Mitgliedsstaaten, erstellt Berichte, Empfehlungen und gibt Stellungnahmen ab und hat so insgesamt eine breite Wirkung zugunsten der Gemeinden entwickelt.[176] Für den Bereich der wirtschaftlichen Selbstverwaltung sind Ansätze dazu mit einer Charta der Europäischen Industrie- und Handelskammern gemacht worden. Und für den Bereich der freien Berufe bestehen ähnliche Forderungen.[177]

Ist es aber gerechtfertigt, nur nach Schutz vor einer befürchteten Bedrohung der Selbstverwaltung durch die Gemeinschaft zu sehen?[178] Die Auswirkungen des Gemeinschaftsrechts sind gewiß nicht zu vernachlässigen. Sie betreffen besonders das kommunale Wirtschaftsrecht,[179] etwa bei der kommunalen Wirtschaftsförderung durch den Art. 87 EGV,[180] modifizieren aber auch die sonstigen Aufgaben und Betätigungen der Kommunen und wirken in Aufbau und Verfahren ihrer Organisation ein.[181] Allerdings ermöglicht Art. 86 II EGV hier Befreiungen von den Wettbewerbsvorschriften zugunsten der kommunalen Daseinsvorsorge.[182] Am auffälligsten waren die Auswirkungen vielleicht in der Modifikation des Legitimationssubjekts durch die Einführung des EU-Ausländerwahlrechts mit der Verfassungsänderung durch die Einfügung des Art. 28 I 3 GG – eine Vorgabe, die sich über das Diskriminierungsverbot in der Sache auch auf die Kammern erstreckt.[183] Auch darüber hinaus können sich aus dem Europarecht Betätigungsverbote, Marktöffnungspflichten und damit Modifikationen der Ausschreibungspraxis, weitere strukturelle Vorgaben und prozedurale ergeben.[184] Die Vereinheitlichung der Rechtsmaßstäbe verkürzt die Entscheidungsspielräume.[185] Verschiebungen im Kompetenzgefüge von Ländern, Bund und der Gemeinschaft haben unmittelbare und mittelbare Auswirkungen auf die Selbstverwaltungsangelegenheiten der Gemeinden.[186] Die Verlagerung von Aufgaben auf die Gemeinschaftsebene ist in den betroffenen Bereichen verbunden mit einer „Ausdünnung erfahrbarer demokratischer Partizipation".[187]

---

176 *Knemeyer* 2000, S. 452.
177 Zur Charta der Mitglieder von Eurochambres vgl. http://www.eurochambres.be und *Stober* 2001, S. 401; *ders.* 1997, S. 336 f.
178 GG-Kommentar Dreier-*Dreier* Art. 28, Rn. 32.
179 Etwa im Bereich des Betriebs von Sparkassen, wirtschaftlichen Einrichtungen der Kommunen, der kommunalen Energieversorgung, *Schäfer* 1998, S. 118 ff.
180 *EuGH*, Rs. 248/84 (Deutschland/Kommission), Slg. 1987, S. 4013 Rn. 17, danach unterfällt auch die lokale Wirtschaftsförderung zum gemeinschaftsrechtlichen Kontrollsystem, *Hobe/Biehl/Schroeter* 2003, S. 805; Berliner Kommentar-*Vogelsang* Art. 28, Rn. 181; GG-Kommentar Dreier-*Dreier* Rn. 32; *Knemeyer* 2000, S. 449; *Schmidt-Aßmann* 2003, Rn. 7a; v. Münch/Kunig-*Löwer* Art. 28, Rn. 95; *Schäfer* 1998, S. 127 ff.
181 Im Bereich des Auftragswesens, der kommunalen Umweltschutzaufgaben, der Bauleitplanung und auf der Einnahmenseite im Bereich der den Gemeinden zustehenden Steuern, *Stern* 1996, S. 30; *Magiera* 1995, S. 20; *Schäfer* 1998, S. 139 ff., der eine Verletzung der Organisationshoheit zum gegenwärtigen Zeitpunkt aber noch nicht feststellen kann, vgl. auch *Zimmermann-Wienhues* 1997, S. 74 ff.
182 Vgl. auch *Burgi* 2003, S. 444 f.; *Hobe/Biehl/Schroeter* 2003, S. 809.
183 *EuGHE* 1991, I-3507. In den Kammern bestehen die Mitwirkungsrechte als Ausfluß des europarechtlichen Diskriminierungsverbots, *Kluth* 1997a, S. 68
184 *Groß* 2002, S. 1181 f. u. 1197.
185 *Schmidt-Aßmann* VVdStRL 62 (2003), S. 458; für die Kammern: *Kluth* 1997a, S. 70; für die Hochschulen: *Klostermann* 1997, S. 57 ff.
186 *Schäfer* 1998, S. 56 ff.
187 *Kluth* 1997a, S. 69.

II. Schluß

Ihre schwachen und bei den Körperschaften der funktionalen Selbstverwaltung nur auf privater Verbandsebene möglichen Einflußchancen drohen ferner die Selbstverwaltungsträger gegenüber den Gemeinschaftsorganen zu mediatisieren.[188] Der mangelnde Rechtsschutz der Selbstverwaltungsträger in diesem Zusammenhang kann diese Defizite auch nicht kompensieren. Erstens verbleiben aber Spielräume sowohl bei der Förderung durch Beihilfen als auch bei der übrigen Umsetzung von Gemeinschaftsrecht, bei der der nationale Gesetzgeber im Rahmen der europarechtlichen Vorgaben den Art. 28 II GG weiterhin zu beachten hat.[189] Die staatliche Organisationsverantwortung ist daher sicherlich in besonderer Weise gefordert, sich für Selbständigkeit und Eigenverantwortlichkeit der Selbstverwaltungsträger einzusetzen.[190] Zu berücksichtigen ist auch, daß bislang in Deutschland keine Selbstverwaltungskörperschaft von einer Auflösung betroffen wurde und daß sich aus der Kritik des EGMR an einer französischen Jagdgenossenschaft im Umkehrschluß gerade eine Bestätigung der deutschen Strukturen ergeben und Maßstäbe auch für die EU setzen kann.[191] Es liegt die Vermutung nahe, daß auch bei Berücksichtigung der genannten Probleme die körperschaftliche Selbstverwaltung von den Maßnahmen der Gemeinschaft einstweilen nicht im Kern getroffen werden wird.[192] Das gilt außerhalb des kommunalen Bereichs auch für die Kammern. Die in ihnen zur objektiven Interessenrepräsentation zentrale Pflichtmitgliedschaft ist europarechtlich nicht zu beanstanden, sofern – was durchweg der Fall ist – die Mitgliedschaft Unionsbürgern in gleicher Weise wie Deutschen zukommt.[193]

Es ergeben sich aber auch Chancen. Nicht nur die Staatsaufsicht kann die Körperschaften des öffentlichen Rechts vor der „Verknöcherung" bewahren, gerade auch die Ausbreitung des Wettbewerbsgedankens,[194] dem die Selbstverwaltungsidee keineswegs fremd gegenübersteht, schafft Anreizstrukturen, Ressourcen zu mobilisieren und die Qualität einer sachnahen Aufgabenerledigung auf der Basis

---

188 *Burgi* 2003, S. 440; *Knemeyer* 2000, S. 449 f.; *Hobe/Biehl/Schroeter* 2003, S. 811. Beteiligungsrechte wie die der Länder stehen den Gemeinden nicht zu. Auch eine Sachwalterschaft des Bundes, wie sie zugunsten der Länder aus dem Grundsatz des bundesfreundlichen Verhaltens abzuleiten ist (BVerfGE 92, S. 203 ff. [230 f.] – Fernsehrichtlinie) ist ihren Gunsten nur schwer zu konstruieren. Um über den Bund Einfluß auf die europäische, kommunale Interessen betreffende Politik nehmen zu können, bleibt ihnen einerseits der auch sonst übliche Verbandseinfluß über § 74 V i. V. m. § 47 GGO andererseits aber die Informationsrechte und verbesserten Anhörungspflichten über § 10 EuZBLG in allen die Gemeinden und Gemeindeverbände betreffenden Angelegenheiten, *Hobe/Biehl/Schroeter* 2003, S. 812; *Zimmermann-Wienhues* 1997, S. 280 ff.
189 GG-Kommentar Dreier-*Dreier* Art. 28, Rn. 34.
190 *Burgi* 2003, S. 428.
191 *Dietlein* 2000, S. 76 f. u. 79.
192 *Groß* 2002, S. 1187; *Magiera* 1995, S. 32.
193 Sie verstößt nicht gegen die von Art. 43 EGV gewährleistete Niederlassungsfreiheit, *Kluth* 1997a, S. 30 ff.; *Tettinger* 1997, S. 24; EuGH Slg 1983, S. 2727 Rn. 18 – Auer: „Dazu ist festzustellen, daß das Erfordernis der Pflichtmitgliedschaft bei Berufsverbänden oder -körperschaften als rechtmäßig anzusehen ist, da damit schutzwürdige Rechtsgüter gewährleistet werden sollen. Die Rechtsvorschriften der Mitgliedstaaten, die die Pflichtmitgliedschaft in einer berufsständischen Kammer vorschreiben, sind somit als solche nicht unvereinbar mit dem Gemeinschaftsrecht." – Die Pflichtmitgliedschaft ist auch nach Auffassung des *VGH Mannheim* auch mit europäischem Gemeinschaftsrecht, insbesondere Art. 12, 43 ff. und 49 ff. EG vereinbar, soweit nur Betriebe mit Sitz in Deutschland für ihre Tätigkeit in Deutschland der Zwangsmitgliedschaft unterworfen würden VGH Mannheim, GewArch 1998, S. 164; vgl. auch *Jahn* 2002a, S. 437 f.; *Stober* 2001, S. 401; *Kluth* 1997, S. 334 ff.; *ders.* 2002, S. 301 f.; *Stober* 2001, S. 401.
194 *Burgi* 2003, S. 425 ff.; *Stober* 2001, S. 401.

der Einbeziehung des Selbstorganisationspotentials der Bürger in die Aufgabenerledigung unter Beweis zu stellen. Das Europarecht steht dem Ausbau von Partizipationsmöglichkeiten an Verwaltungsverfahren prinzipiell offen gegenüber. Wenn man diese nicht nur als Mitwirkung an der fremden Entscheidung der Verwaltung, sondern auf einer Skala, ansteigend von der bloßen Anhörung bis hin zur Mitentscheidung, ansieht, könnte die Idee der Partizipation mit der Stärkung von Selbstregulierungsstrukturen zusammengebracht werden.[195] Hier erweist sich dann das körperschaftliche, authentische Repräsentation durch die gesetzliche Errichtung und die Staatsaufsicht garantierende sowie durch differenzierte Mitwirkungsrechte strukturierte Modell körperschaftlicher Selbstverwaltung als zielführender gegenüber anderen, etwa korporatistischen Arrangements.[196] Insgesamt liegt somit in der Zukunft des immer enger werdenden europäischen Verwaltungsverbundes die Chance, sich gegenüber „Hochzonungsbestrebungen" auf die jedenfalls in Deutschland funktionierende Tradition ausdifferenzierter, nicht nur bürgernaher, sondern bürgergetragener Selbstverwaltungskörperschaften zu besinnen.[197] Kluth hat gezeigt, daß dies keine reaktionäre Rückwendung bedeutet, sondern daß gerade im Bereich kleinerer, dezentraler, an abgrenzbaren Sachaufgaben oder gemeinsamen lokalen Angelegenheiten orientierter Verwaltungsorganisationen die Chance zur Integration und zur Zusammenarbeit der jeweils betroffenen EU-Bürger besteht, die stärker erlebt werden kann als die politische Integration auf der Ebene der Gemeinschaftsorgane.[198]

Europa bedeutet somit eine Herausforderung für die Körperschaften des öffentlichen Rechts. Die Gefahren sind nicht zu vernachlässigen. Aber auch die Potentiale verdienen hervorgehoben zu werden. Die Körperschaft des öffentlichen Rechts hat in ihrer zu Beginn des 19. Jahrhunderts entstandenen modernen Form zwei Quellen: die Kritik an den sich herausbildenden bürokratischen Verwaltungsorganisationen und die Rückbesinnung auf die Selbstorganisationskräfte des Bürgertums. Diese hatten sich in einer langen Tradition bürgerschaftlichen Engagements für das Gemeinwohl in Assoziationen, Korporationen, Vereinen und Gesellschaften entwickelt und standen daher zur Wahrnehmung staatlich verliehener öffentlicher Aufgaben bereit. Im Rahmen des europäischen Verwaltungsverbundes gewinnt dieses Potential noch an Bedeutung, auch wenn die Organisationsform der Körperschaft in den Mitgliedstaaten der Gemeinschaft nur im Bereich der kommunalen Selbstverwaltung vergleichbar ausgebildet ist. Das Anwachsen von europäischen Großbürokratien legt den Rückgriff auf die stark ausdifferenzierten, spezifischen Aufgaben oder lokalen Angelegenheiten gewidmeten und über breite, eigenverantwortlich wahrzunehmende Entscheidungsspielräume verfügenden Körperschaften des öffentlichen Rechts nahe. Voraussetzung für die Nutzung dieses Potentials ist aber, daß den Körperschaften genügend Freiräume für eigenverantwortliche

---

195 *Burgi* 2003, S. 430.
196 Für die Handelskammern *Stober* 2001, S. 402 u. treffend S. 403: „Die Kammern sind als Mittler zwischen Staat und Wirtschaft ein Zukunftsmodell. Sie verbinden Staatsferne mit Wirtschaftsnähe und Gemeinwohlbindung mit Dienstleistungsbereitschaft".
197 *Hufen* VVdStRL 62 (2003), S. 460 f.: „Zukunft braucht Wurzeln" – gemeint ist die Selbstverwaltungstradition.
198 *Kluth* 2002, S. 301.

II. Schluß

Entscheidungen belassen werden, um deren Ausfüllung willen ihre differenzierte Binnenstruktur besteht. Erforderlich ist ferner die Bereitstellung ausreichender finanzieller Ressourcen. Schließlich kommt der Staatsaufsicht gerade im europäischen Rahmen nicht nur die Funktion der Rechtmäßigkeitskontrolle, sondern zugleich der Schutz und die Förderung dieses Potentials auch gegenüber politischen Ingerenzen zu.

LITERATURVERZEICHNIS

Aaken, Anne van (2003): „Rational Choice" in der Rechtswissenschaft. Baden-Baden 2003.
Achterberg, Norbert (1980): Die Verwaltungsorganisation. In: JA 1980, S. 613–622.
— (1986): Allgemeines Verwaltungsrecht. Heidelberg 1986.
Albrecht, Wilhelm Eduard (1837): Rezension – Romeo Maurenbrecher, Grundsätze des heutigen Deutschen Staatsrechts. In: Göttingische gelehrte Anzeigen 1837, S. 1489 ff. u. 1508 ff.
Alemann, Ulrich von (Hrsg., 1981): Neokorporatismus. Frankfurt/Main und New York 1981.
Alemann, Ulrich von; Heinze, Rolf G. (Hrsg., 1981): Verbände und Staat. Vom Pluralismus zum Korporatismus. Analysen, Positionen, Dokumente. Opladen 1981.
Alexy, Robert (2006): Theorie der Grundrechte. Frankfurt/Main 2006.
Althusius, Johannes (2003): Politik. Übersetzt von Heinrich Janssen; in Auswahl herausgegeben, überarbeitet und eingeleitet von Dieter Wyduckel. Berlin 2003.
Anderheiden, Michael (2002): Gemeinwohlförderung durch die Bereitstellung kollektiver Güter. In: Brugger, Winfried; Kirste, Stephan; Anderheiden, Michael (Hrsg., 2002): Gemeinwohl in Deutschland, Europa und der Welt. Baden-Baden 2002, S. 391–450.
— *(Gemeinwohl)*: Gemeinwohl in Republik und Union. Tübingen 2006.
Andreas, Manfred (1975): Die Bundesausschüsse der Ärzte und Krankenkassen. Bonn, Univ., Diss. 1975.
Andrick, Bernd (1987): Grundlagen der Staatsaufsicht über die juristischen Personen des öffentlichen Rechts. In: JA 1987, S. 546–552.
Anschütz, Georg (Meyer-Anschütz 1919): Georg Meyers Lehrbuch des deutschen Staatsrechts. München 1919.
Aristoteles (1974): Kategorien/Lehre vom Satz (Organon I/II). Hamburg 1974.
Arnim, Hans Herbert v. (1988): Gemeindliche Selbstverwaltung und Demokratie. In: AöR 113 (1988), S. 1 ff., S. 1 ff.
— (Hrsg., 1977): Gemeinwohl und Gruppeninteressen. Frankfurt/Main 1977.
Aschke, Manfred (2003): Transformationslast und Fehlertoleranz des Verwaltungsrechts – Zur Dogmatik der Folgen von Fehlern bei der Gründung von Zweckverbänden in der Rechtsprechung des OVG Weimar. In: NVwZ 2003, S. 917–925.
Augier, Mie; Feigenbaum, Edward (2003): Herbert A. Simon. In: Proceedings of the American Philosophical Society 147 (2003), S. 194–198.

Bachof, Otto (1958): Teilrechtsfähige Verbände öffentlichen Rechts. In: AöR (1958), S. 208–279.
Badura, Peter; Huber, Peter M. (2005): Wirtschaftsverwaltungsrecht. In: Schmidt-Aßmann, Eberhard (Hrsg., 2005): Besonderes Verwaltungsrecht. Berlin 2005.
Baecker, Dirk (1994): Experiment Organisation. In: Lettre International 1994, S. 22–26.
Barber, Benjamin (2004): Strong Democracy: Participatory Politics for a New Age. Berkeley, CA 2004.
Basedow, Jürgen (1977): Die Industrie- und Handelskammern. Selbstverwaltung zwischen Staat und Verbandswesen. In: Betriebsberater-Berater 1977, S. 366 ff.
Battis, Ulrich (2002): Die Universität als privatrechtliche Stiftung – Modell einer glaubwürdig staatsfernen Hochschule. In: ZRP 2002, S. 65–69.
Bauer, Hartmut (1995): Privatisierung von Verwaltungsaufgaben. In: VVdStRL 54 (1995), S. 243–286, S. 243–286.

Bauer, Martin; Krause, Bettina (1996): Innerorganisatorische Streitigkeiten im Verwaltungsprozeß. In: JuS 1996, S. 411–415 u. 512–517.
Becker, Bernd (1976): Aufgabentyp und Organisationsstruktur von Verwaltungsbehörden. In: Die Verwaltung (1976), S. 273 ff.
— (1986): Zusammenhänge zwischen den Ideen zu den Verwaltungsreformen von Montgelas, Stein und Hardenberg. (Vergleich des Ansbacher Mémoire von 1796, der Nassauischen Denkschrift von 1807 und der Rigaer Denkschrift von 1807). In: BayVBl. 1986, S. 705 ff. u. 744 ff.
— (1989): Öffentliche Verwaltung. Percha 1989.
Becker, Udo (2007): § 882a. Zwangsvollstreckung wegen einer Geldforderung. In: Musielak, Hans-Joachim (Hrsg., 2007): ZPO. Kommentar. München, 2007.
Becker, Ulrich (1996): Staat und autonome Träger im Sozialleistungsrecht. Rechtsvergleichende Untersuchung der Risikoabsicherungssysteme in Deutschland, Frankreich, Italien und Großbritannien. Baden-Baden 1996.
Bendor, Jonathan (2003): Herbert A. Simon: A Political Scientist. In: Annual Review of Political Sciences 6 (2003), S. 433–471.
Benz, Wolfgang (2000): Geschichte des Dritten Reiches. München 2000.
Berg, Wilfried (1985): § 8. Arbeits- und Sozialverwaltung einschließlich der Sozialversicherung und Reichsversorgung. In: Jeserich, Kurt G. A.; Pohl, Hans; Unruh, Georg-Christoph von (Hrsg., 1985): Deutsche Verwaltungsgeschichte IV. Das Reich als Republik und in der Zeit des Nationalsozialismus. Stuttgart 1985, S. 218–307.
(1985a): Die öffentlichrechtliche Anstalt. In: NJW 1985, S. 2294 ff.
Berger, Peter L;, Luckmann, Thomas (2004): Die gesellschaftliche Konstruktion der Wirklichkeit. Frankfurt/Main 2004.
Berger, Ulrike; Bernhard-Mehlich, Isolde (2006): Die verhaltenswissenschaftliche Entscheidungstheorie. In: Kieser, Alfred; Ebers, Mark (Hrsg., 2006): Organisationstheorien. Stuttgart 2006.
Bethge, Herbert (1982): Grundrechtsverwirklichung und Grundrechtssicherung durch Organisation und Verfahren – Zu einigen Aspekten der aktuellen Grundrechtsdiskussion. In: NJW 1982, S. 1–7.
— (1983): Das Selbstverwaltungsrecht im Spannungsfeld zwischen institutioneller Garantie und grundrechtlicher Freiheit. In: Mutius, Albert von (Hrsg., 1983): Selbstverwaltung im Staat der Industriegesellschaft. Festschr. f. von Unruh. Heidelberg 1983, S. 149 ff.
— (1996): Die verfassungsrechtliche Position von DeutschlandRadio in der dualen Rundfunkordnung. Rechtsgutachten erstattet auf Ansuchen von DeutschlandRadio. In: ZUM 1996, S. 456–477.
— (2000): § 13. Wissenschaftsrecht. In: Achterberg, Norbert; Püttner, Günter; Würtenberger, Thomas (Hrsg., 2000): Besonderes Verwaltungsrecht II. Heidelberg 2000, S. 1042–1123.
Beyme, Klaus von (1980): Interessengruppen in der Demokratie. München 1980.
Bieback, Karl-Jürgen (1982): Entwicklungsgeschichtliche und funktionale Aspekte der gegenwärtigen Bedeutung der Körperschaft des öffentlichen Rechts. In: Quaderni fiorentini per la storia del pensiero giuridico moderno 11/12 (1982/83), S. 859–913.
— (1976): Die öffentliche Körperschaft. Ihre Entstehung, die Entwicklung ihres Begriffs und die Lehre vom Staat und den innerstaatlichen Verbänden in der Epoche des Konstitutionalismus in Deutschland Berlin 1976.
— (1996): §§ 54–57. Organisationsrecht der Unfallversicherung. In: Schulin, Bertram (Hrsg., 1996): Handbuch des Sozialversicherungsrechts. Band 2: Unfallversicherung. München 1996, S. 1115–1174.

- (1997): Zwangsmitgliedschaft von Leistungsanbietern der GKV in Körperschaften des öffentlichen Rechts. In: Festschr. f. Otto Ernst Krasney zum 65. Geburtstag. Hrsg.v. W. Gitter, B. Schulin u. H. F. Zacher. München 1997, S. 1–24.
- (1997a): Die Einbindung nichtärztlicher Leistungserbringer in das System der gesetzlichen Krankenversicherung. In: NZS 1997, S. 393–398 u. 450–456.
- (1999): Zehnter Abschnitt. Organisationsrecht. In: Schulin, Bertram (Hrsg., 1999): Handbuch des Sozialversicherungsrechts. Band 3: Rentenversicherungsrecht. München 1999., S. 1115–1173.

Blaich, Fritz (1979): Staat und Verbände in Deutschland zwischen 1871 und 1945. Stuttgart 1979.
- (1983): Wirtschaftspolitik und Wirtschaftsverwaltung. Jeserich, Kurt G. A.; Pohl, Hans; Unruh, Georg-Christoph von (Hrsg.): Deutsche Verwaltungsgeschichte I. Vom Spätmittelalter bis zum Ende des Reiches. Stuttgart 1983, S. 428–447.

Blaschke, Karlheinz (1985): Die Verwaltung in den Ländern des Reiches, Sachsen und Thüringen. In: Jeserich, Kurt G. A.; Pohl, Hans; Unruh, Georg-Christoph von (Hrsg., 1985): Deutsche Verwaltungsgeschichte IV. Das Reich als Republik und in der Zeit des Nationalsozialismus. Stuttgart 1985, S. 586–602.

Blau, Peter M. (1970): A Formal Theory of Differentiation in Organizations. In: American Sociological Review 35 (1970), S. 201–218.

Blau, Peter M.; Scott, William Richard (2003): Formal Organizations. A Comparative Approach.CA 2003.

Bloch, Eckhard (1994): Vierter Abschnitt. Kreis der versicherten Personen. In: Schulin, Bertram (Hrsg., 1994): Handbuch des Sozialversicherungsrechts. Band 1: Krankenversicherungsrecht. München 1994, S. 485–540.

Böckenförde, Ernst-Wolfgang (1973): Organ, Organisation, juristische Person. Kritische Überlegungen zu Grundbegriffen und Konstruktionsbasis des staatlichen Organisationsrechts. In: Menger, Christian-Friedrich (Hrsg., 1973): Fortschritte des Verwaltungsrechts. Festschr. f. Hans J. Wolff zum 75. Geburtstag. München 1973, S. 269–305.
- (2004): Organismus, Organisation, politischer Körper. In: Brunner, Otto; Conze, Werner; Koselleck, Reinhart (2004): Geschichtliche Grundbegriffe. Historisches Lexikon zur politisch-sozialen Geschichte in Deutschland, Bd. 4.
- (1985): Der Zusammenbruch der Monarchie und die Entstehung der Weimarer Republik. In: Jeserich, Kurt G. A.; Pohl, Hans; Unruh, Georg-Christoph von (Hrsg., 1985): Deutsche Verwaltungsgeschichte IV. Das Reich als Republik und in der Zeit des Nationalsozialismus. Stuttgart 1985, S. 1–23.
- (Hrsg., 1985): Staatsrecht und Staatsrechtslehre im Dritten Reich. Heidelberg 1985.
- (2006/2): Freiheit und Recht, Freiheit und Staat. In: ders. (Hrsg., 2006): Recht, Staat, Freiheit. Studien zur Rechtsphilosophie, Staatstheorie und Verfassungsgeschichte. Frankfurt/Main 1992, S.
- (2006/8): Lorenz von Stein als Theoretiker der Bewegung von Staat und Gesellschaft zum Sozialstaat. In: ders. (Hrsg., 2006): Recht, Staat, Freiheit. Studien zur Rechtsphilosophie, Staatstheorie und Verfassungsgeschichte. Frankfurt/Main 2006.
- (2006/9): Die Bedeutung der Unterscheidung von Staat und Gesellschaft im demokratischen Sozialstaat der Gegenwart. In: ders. (Hrsg., 2006): Recht, Staat, Freiheit. Studien zur Rechtsphilosophie, Staatstheorie und Verfassungsgeschichte. Frankfurt/Main 1992.
- (1998): Die Organisationsgewalt im Bereich der Regierung. Berlin 1998.
- (1999): Organisationsgewalt und Gesetzesvorbehalt. In: NJW 1999, S. 1235–1236.
- (2004): § 24. Demokratie als Verfassungsprinzip. In: Isensee, Josef; Kirchhof, Paul (Hrsg., 2004): Handbuch des Staatsrechts der Bundesrepublik Deutschland. Band I. Heidelberg 2004, S. 429–496.

Bockhaus-Maul, Holger (2000): Wohlfahrtsverbände als korporative Akteure. In: Aus Politik und Zeitgeschichte B 26–27 (2000), S. 22 ff.
Boelcke, Willi A. (1985b): Volksaufklärung und Propaganda. In: Jeserich, Kurt G. A.; Pohl, Hans; Unruh, Georg-Christoph von (Hrsg., 1985): Deutsche Verwaltungsgeschichte IV. Das Reich als Republik und in der Zeit des Nationalsozialismus. Stuttgart 1985, S. 949–958
Bogs, Harald (1973): Die Sozialversicherung im Staat der Gegenwart. Berlin 1973.
— (1997): Ist das uneingeschränkte Monopol der deutschen Kassenärztlichen Vereinigungen noch zeitgemäß? Grundrechtliche Betrachtungen zur Rechtsstellung dieser öffentlichen Körperschaften. In: Festschr. f. Otto Ernst Krasney zum 65. Geburtstag. Hrsg.v. W. Gitter, B. Schulin u. H. F. Zacher. München, S. 25–38, S. 25–38.
Bohl, Elke Dorothea (2001): Der öffentlich-rechtliche Körperschaftsstatus der Religionsgemeinschaften. Baden-Baden 2001.
Boldt, Hans (1988): Die Weimarer Reichsverfassung. In: Bracher, Karl Dietrich; Funke, Manfred; Hans-Adolf, Jacobsen (Hrsg., 1988): Die Weimarer Republik 1918–1933. Politik – Wirtschaft – Gesellschaft. Bonn 1988, S. 44–62.
— (1993): Deutsche Verfassungsgeschichte, Bd. 2: Von 1806 bis zur Gegenwart. München 1993.
Bostedt, Achim; Fehling, Michael (1998): Der Zugriff des Muttergemeinwesens auf Einnahmen und Vermögen einer Anstalt des öffentlichen Rechts. In: In: VBlBW 1998, S. 247–254.
Botzenhart, Erich (Hrsg., 1934): Carl Friedrich Frhr. vom und zum Stein: Briefwechsel, Denkschriften und Aufzeichnungen. Band 5. Berlin 1934.
Bovenschulte, Andreas (2000): Gemeindeverbände als Organisationsformen kommunaler Selbstverwaltung. Baden-Baden 2000.
— (Hrsg., 2001): Demokratie und Selbstverwaltung in Europa. Festschr. f. Dian Schefold zum 65. Geburtstag. Baden-Baden 2001.
Bracher, Karl Dietrich (1995): Die deutsche Diktatur. Entstehung, Struktur, Folgen des Nationalsozialismus. Berlin 1995.
Bracher, Karl Dietrich, Funke, Manfred, Hans-Adolf, Jacobsen (Hrsg., 1988): Die Weimarer Republik 1918–1933. Politik – Wirtschaft – Gesellschaft. Bonn 1988.
— (Hrsg., 1993): Deutschland 1933–1945. Neue Studien zur nationalsozialistischen Herrschaft. Bonn 1993.
Bracker, Ulrich; Schippel, Helmut (Hrsg., 2006): Bundesnotarordnung. Kommentar. München 2006.
Brandt, Hartwig (1978): Ansätze einer Selbstorganisation der Gesellschaft in Deutschland im 19. Jahrhundert. In: Gesellschaftliche Strukturen als Verfassungsproblem. Intermediäre Gewalten, Assoziationen, Öffentliche Körperschaften im 18. und 19. Jahrhundert. Der Staat, Bd. 2, S. 50–67.
Brans, Marleen; Rossbach, Stefan (1997): The Autopoiesis of Administrative Systems: Niklas Luhmann on Public Administration and Public Policy. In: Public Administration 75 (1997), S. 417–439.
Braß, Christoph (1993): Rassismus nach Innen – Erbgesundheitspolitik und Zwangssterilisation. St. Ingbert 1993.
Breuer, Joachim (1996): § 1 Geschichtliche Entwicklung. In: Schulin, Bertram (Hrsg., 1996): Handbuch des Sozialversicherungsrechts. Band 2: Unfallversicherung. München 1996, S. 1–46.
Breuer, Rüdiger (1977): Selbstverwaltung und Mitverwaltung Beteiligter im Widerstreit verfassungsrechtlicher Postulate. In: Die Verwaltung 10 (1977), S. 1–29.

- (1983): Die Selbstverwaltung der Wasser- und Bodenverbände. In: Mutius, Albert von (Hrsg., 1983): Selbstverwaltung im Staat der Industriegesellschaft. Festschr. f. von Unruh. Heidelberg 1983.
- (1977): Selbstverwaltung und Mitverwaltung Beteiligter im Widerstreit verfassungsrechtlicher Postulate. In: Die Verwaltung 10 (1977), S. 1–29, S. 1–29.
- (1992): Erledigung von Verwaltungsaufgaben durch Personalkörperschaften und Anstalten des öffentlichen Rechts. Rechtsvergleichender Generalbericht. In: Starck, Christian (Hrsg., 1992): Erledigung von Verwaltungsaufgaben durch Personalkörperschaften und Anstalten des öffentlichen Rechts. Baden-Baden 1992, S. 15–100.

Brohm, Winfried (1969): Strukturen der Wirtschaftsverwaltung. Organisationsformen und Gestaltungsmöglichkeiten im Wirtschaftsverwaltungsrecht. Stuttgart 1969.
- (1972): Die Dogmatik des Verwaltungsrechts vor den Gegenwartsaufgaben der Verwaltung. In: VVdStRL 30 (1972), S. 245–312.
- (1983): Selbstverwaltung in wirtschafts- und berufsständischen Kammern. In: Mutius, Albert von (Hrsg., 1983): Selbstverwaltung im Staat der Industriegesellschaft. Festschr. f. von Unruh. Heidelberg 1983, S. 777–807.
- (1991): Beschleunigung der Verwaltungsverfahren – Straffung oder konsensuales Verwaltungshandeln? – Zugleich ein Beitrag zu den Voraussetzungen der „Mediation" in den USA und den strukturellen Unterschieden zwischen amerikanischem und deutschem Recht. In: NVwZ 1991, S. 1025–1033.

Broszat, Martin (2007): Der Staat Hitlers. Wiesbaden 2007.

Brügelmann, Hermann (Hrsg., 1990): Baugesetzbuch-Kommentar. Dargest. u. erl. von Hansjochen Dürr u. a. Stuttgart 1990.

Brugger, Winfried (1980): Menschenrechtsethos und Verantwortungspolitik. Max Webers Beitrag zur Analyse und Begründung der Menschenrechte. Freiburg/München 1980.
- (1983): Freiheit des Berufs und Recht auf Arbeit im Verfassungsrecht. In: Ryffel, Hans, Schwartländer, Johannes (Hrsg., 1983): Das Recht des Menschen auf Arbeit. Kehl am Rhein – Straßburg 1983., S. 111–134.
- (1991): Rundfunkfreiheit und Verfassungsinterpretation. Heidelberg 1991.
- (1997): Menschenwürde, Menschenrechte, Grundrechte. Baden-Baden 1997.
- (1999): Gemeinwohl – material und prozedural. In: Stefan Gosepath/Jean-Christoph Merle (Hrsg., 2002), Weltrepublik. Globalisierung und Demokratie. München, 2002, S. 23–38.
- (1999): Liberalismus, Pluralismus, Kommunitarismus. Baden-Baden 1999, S. 44–73.
- (2000): Gemeinwohl als Ziel von Staat und Recht an der Jahrtausendwende. Das Beispiel der Europäischen Gemeinschaft. In: Müller-Graff, Peter-Christian, Roth, Herbert (Hrsg., 2000): Recht und Rechtswissenschaft. Signaturen und Herausforderungen zum Jahrtausendbeginn. Heidelberg 2000, S. 15–34.
- (2000): Gemeinwohl als Ziel von Staat und Recht. In: Murswiek, Dietrich, Storost, Ulrich, Wolff, Heinrich A. (Hrsg., 2000): Staat – Souveränität – Verfassung. Festschr. f. Helmut Quaritsch zum 70. Geburtstag. Berlin 2000, S. 45–71.
- (2001): The Moral Commonwealth – Zur Verfassung von Gesellschaft und Staat aus Sicht des Kommunitarismus. In: Kritische Vierteljahresschrift für Gesetzgebung und Rechtswissenschaft 84 (2001), S. 149–181.
- (2003): The Communitarian Persuasion. In: Der Staat 42 (2003), S. 149–152.

Brugger, Winfried; Kirste, Stephan; Anderheiden, Michael (Hrsg., 2002): Gemeinwohl in Deutschland, Europa und der Welt. Baden-Baden 2002.

Bryde, Brun Otto (1988): Die Einheit der Verwaltung als Rechtsproblem. In: VVDStRL 46 (1988), S. 180–216.

Budäus, Dietrich (1998): Von der bürokratischen Steuerung zum New Public Management – Eine Einführung. In: Budäus, Dietrich; Conrad, Peter; Schreyögg, Georg (Hrsg., 1998): New Public Management. Berlin/New York 1998, S. 1 ff.
- (1998a): Organisationswandel öffentlicher Aufgabenwahrnehmung als Teil eines New Public Management. In: Budäus, Dietrich (Hrsg., 1998): Organisationswandel öffentlicher Aufgabenwahrnehmung. Baden-Baden 1998, S. 99–118.

Bull, Hans Peter (1977): Die Staatsaufgaben nach dem Grundgesetz. Kronberg 1977.
- (2001): Über Formenwahl, Formwahrheit und Verantwortungsklarheit in der Verwaltungsorganisation. In: Staat, Kirche, Verwaltung. Festschr. f. Hartmut Maurer zum 70. Geburtstag. Hrsg., v. M.-E. Geis. München, S. 545–563.

Bull, Hans Peter; Mehde, Veith (2005): Allgemeines Verwaltungsrecht mit Verwaltungslehre. Heidelberg 2005.

Bülow, Friedrich (1933/34): Ständestaat und berufsständische Ordnung. In: Blätter für Deutsche Philosophie 7 (1933/34), S. 323–347.

Bumke, Ulrike (1995): Die öffentliche Aufgabe der Landesmedienanstalten. Verfassungs- und organisationsrechtliche Überlegungen zur Rechtsstellung einer verselbständigten Verwaltungseinheit. München 1995.

Burgi, Martin (1999): Funktionale Privatisierung und Verwaltungshilfe; Staatsaufgabendogmatik – Phänomenologie – Verfassungsrecht. Tübingen 1999.
- (2006): §§ 51, 52. Verwaltungsorganisationsrecht. In: Erichsen, Hans-Uwe; Ehlers, Dirk (Hrsg., 2006): Allgemeines Verwaltungsrecht. Berlin 2006.
- (2003): Selbstverwaltung angesichts von Europäisierung und Ökonomisierung. In: VVDStRL 62 (2003), S. 405–456.

Burmeister, Günter Cornelius (1991): Herkunft, Inhalt und Stellung des institutionellen Gesetzesvorbehalts. Berlin 1991.

Busche, Hubertus (2001): Von der Bedürfnisbegrenzungsmoral zur Bedürfniskultivierungsmoral – Alte Ethik und neue Ökonomie bei Bernard Mandeville. In: ARSP 87 (2001), S. 338–362.

Butzer, Hermann (1994): Zum Begriff der Organisationsgewalt. Vom „Hausgut" der Exekutive zum „Hausgut" aller Verfassungsorgane und Autonomieträger? In: Die Verwaltung 27 (1994), S. 157–174.

Cadwallader, Mervyn L. (1959): The Cybernetic Analysis of Change in Complex Social Organizations. In: American Journal of Sociology 65 (1959), S. 154–157.

Calliess, Christian; Ruffert, Matthias (Hrsg., 2002): Kommentar des Vertrages über die Europäische Union und des Vertrages zur Gründung der Europäischen Gemeinschaft. Neuwied 2002.

Cassirer, Ernst: Wandlungen der Staatsgesinnung und der Staatstheorie in der deutschen Geschichte. In: Enge Zeit. Hrsg. v. A. Bottin. Berlin-Hamburg 1992, S. 161–171.

Chen, Ai-er (1994): Öffentlich-rechtliche Anstalten und ihre Nutzung. Baden-Baden 1994.

Chiang, Yu-Lin (2003): Umdenken des Verfassungsstaates im Anschluß an Michel Foucault. Berlin 2003.

Clemens, Thomas (1990): Kommunale Selbstverwaltung und institutionelle Garantie: Neue verfassungsrechtliche Vorgaben durch das BVerfG. In: NVwZ 1990, S. 834 ff.

Coing, Helmut (1989): Europäisches Privatrecht. Band II. 19. Jahrhundert. Überblick über die Entwicklung des Privatrechts in den ehemals gemeinrechtlichen Ländern. München 1989.

Coleman, James Samuel (1986): Die asymmetrische Gesellschaft. Weinheim und Basel 1986.
- (1991): Grundlagen der Sozialtheorie; Bd. 1. Handlungen und Handlungssysteme. München – Wien 1991.

- (1992): Grundlagen der Sozialtheorie; Bd. 2. Körperschaften und die moderne Gesellschaft. München – Wien 1992.
Collin, Peter; Fügemann, Malte W. (2005): Zuständigkeit – Eine Einführung zu einem Grundelement des Verwaltungsorganisationsrechts. In: Jus 2005, S. 694 ff.
Conze, Werner (1970): Das Spannungsfeld von Staat und Gesellschaft im Vormärz. In: Conze, Werner (Hrsg., 1970): Staat und Gesellschaft im deutschen Vormärz 1815–1848. Stuttgart 1970, S. 207–271.
Cooper, Terry (1998): The Responsible Administrator. San Francisco 1998.
Czybulka, Detlef (1996): Umweltschutzdefizite und Verwaltungskultur. In: JZ 1996, S. 596 ff.
- (2003): Die Entwicklung des Handwerksrechts 1995–2001. In: NVwZ 2003, S. 164–172.

Dahlheimer, Manfred (1985): Ständische Ordnung statt pluralistischer Gesellschaft. In: Böckenförde, Ernst-Wolfgang (Hrsg., 1985): Staatsrecht und Staatsrechtslehre im Dritten Reich. Heidelberg 1985, S. 122–143.
Dallinger, Peter; Bode, Christian; Dellian, Fritz (Hrsg., 1978): Hochschulrahmengesetz – Kommentar. Tübingen 1978.
Damkowski, Wulf; Precht, Claus (1995): Public Management – Neue Steuerungskonzepte für den öffentlichen Sektor. Stuttgart 1995.
- (Hrsg., 1998): Moderne Verwaltung in Deutschland. Stuttgart 1998.
Dammann, Klaus; Grunow, Dieter; Japp, Klaus P. (Hrsg., 1994): Die Verwaltung des politischen Systems. Neuere systemtheoretische Zugriffe auf ein altes Thema – Mit einem Gesamtverzeichnis der Veröffentlichungen Niklas Luhmanns 1958–1992. Opladen 1994.
Damskis, Horst; Möller, Bärbel (1997): Werte und Einstellungen von Führungskräften in den Ministerialverwaltungen von Brandenburg und Sachsen. Frankfurt/Main, Bern, New York, Paris 1997.
Darsow, Thomas (1994): Die Kommunalverfassung für das Land Mecklenburg-Vorpommern. In: LKV 1994, S. 417–422.
Davis, Charles R. (1996): Organization Theories and Public Administration. Westport 1996.
Dederer, Hans-Georg (2000): Organisatorisch-personelle Legitimation der funktionalen Selbstverwaltung. In: NVwZ 2000, S. 403–405.
Delbrück, Jost (1985): Reichspräsident und Reichskanzler. In: Jeserich, Kurt G. A.; Pohl, Hans; Unruh, Georg-Christoph von (Hrsg., 1985): Deutsche Verwaltungsgeschichte IV. Das Reich als Republik und in der Zeit des Nationalsozialismus. Stuttgart 1985, S. 138–147.
Denhardt, Robert B. (2003): Theories of Public Organization. Fort Worth, Philadelphia, San Diego u. a. 2003.
Denhardt, Robert B./Denhardt, Janet Vinzant (2000): The New Public Service: Serving Rather than Steering. In: Public Administration Review 60 (2000), S. 549–559.
Denninger, Erhard (1992): Staatliche Hilfe zur Grundrechtsausübung durch Organisation und Verfahren. In: HbStR V, S. 291 ff.
- (Hrsg., 1995): Kommentar zum Grundgesetz für die Bundesrepublik Deutschland. Neuwied 1995.
- (Hrsg., 1984): Hochschulrahmengesetz – Kommentar. München 1984.
Denzer, Horst (1972): Moralphilosophie und Naturrecht bei Samuel Pufendorf. Eine geistes- und wissenschaftsgeschichtliche Untersuchung zur Geburt des Naturrechts aus der Praktischen Philosophie. München 1972.
Detmer, Hubert (1999): Die Novelle des Hochschulrahmengesetzes – auch eine „Rolle rückwärts". In: NVwZ 1999, S. 828–834.

Detterbeck, Steffen; Windthorst, Kay; Sproll, Hans-Dieter (2000): Staatshaftungsrecht. München 2000.
Di Fabio, Udo (1999): Privatisierung und Staatsvorbehalt. In: JZ 1999, S. 585–592.
— (1999a): Das Kooperationsprinzip – ein allgemeiner Rechtsgrundsatz des Umweltrechts. In: NVwZ 1999, S. 1153–1158.
— (1999b): Staatsaufsicht über formelle Körperschaften des öffentlichen Rechts. In: BayVBl. 1999, S. 449–454.
Dieckmann, Rudolf (1976): Problemaufriß zur Verselbständigung von Verwaltungsträgern. In: Wagener, Frido (Hrsg., 1976): Verselbständigung von Verwaltungsträgern. Bonn 1976.
Diederichsen, Lars (2003): Die Organisation der Wirtschaftsverwaltung. In: Schmidt, Reiner; Vollmöller, Thomas (Hrsg., 2003): Kompendium Öffentliches Wirtschaftsrecht. Berlin, Heidelberg u. a. 2003.
Dierksmeier, Claus (2003): Der absolute Grund des Rechts. Karl Christian Friedrich Krause in Auseinandersetzung mit Fichte und Schelling. Stuttgart/Bad Cannstadt 2003.
Dilthey, Wilhelm (1985): Zur Preußischen Geschichte. Gesammelte Schriften, Bd. XII. 5. Aufl. Göttingen 1985.
Dittmann, Armin (1983): Die Bundesverwaltung. Verfassungsgeschichtliche Grundlagen, grundgesetzliche Vorgaben und Staatspraxis ihrer Organisation. Tübingen 1983.
 (2000): § 18 Kommunalverbandsrecht. In: Achterberg, Norbert; Püttner, Günter; Würtenberger, Thomas (Hrsg., 2000): Besonderes Verwaltungsrecht II. Heidelberg 2000, S. 105–152.
Dohrn-van Rossum, Gerhard (1977): Politischer Körper, Organismus, Organisation. Zur Geschichte naturaler Metaphorik und Begriffe. Bielefeld (Diss.) 1977.
 (2004): Organismus, Organisation, politischer Körper. In: Brunner, Otto; Conze, Werner; Koselleck, Reinhart (2004): Geschichtliche Grundbegriffe. Historisches Lexikon zur politisch-sozialen Geschichte in Deutschland, Bd. 4.
Dolzer, Rudolf; Vogel, Klaus; Graßhof, Karin (Hrsg., 2003): Bonner Kommentar zum Grundgesetz. Heidelberg 2003.
Dreier, Horst (1991): Hierarchische Verwaltung im demokratischen Staat. Tübingen 1991.
— (Hrsg., 2004): Grundgesetz-Kommentar. Bd. 1. Tübingen 2004.
— (Hrsg., 2006): Grundgesetz-Kommentar. Bd. II. Tübingen 2006.
— (Hrsg., 2007): Grundgesetz-Kommentar. Bd. III. Tübingen 2007.
Drews, Bill (1934): Das neue preußische Gemeindeverfassungsrecht. In: JW 1934, S. 197–200.
Driver, Michaela (2002): The learning organization: Foucauldian gloom or Utopian sunshine? In: Human Relations 55 (2002), S. 33–53.
Droege, Georg (1983): Die Bedeutung des bündischen Elements. In: Jeserich, Kurt G. A.; Pohl, Hans; Unruh, Georg-Christoph von (Hrsg., 1983): Deutsche Verwaltungsgeschichte I. Vom Spätmittelalter bis zum Ende des Reiches. Stuttgart 1983, S. 188–193.

Ebers, Mark; Gotsch, Wilfried (2001): Institutionenökonomische Theorien der Organisation. In: Kieser, Alfred; Ebers, Mark (Hrsg., 2006): Organisationstheorien. Stuttgart 2006.
Ebsen, Ingwer (1989): Selbstverwaltung und Autonomie der Bundesanstalt für Arbeit. In: Leßmann, Herbert; Großfeld, Bernhard; Vollmer, Lothar (Hrsg., 1989): Festschr. f. Rudolf Lukes zum 65. Geburtstag. Köln-Berlin-Bonn-München 1989, 321–335.
Edeling, Thomas (2002): Organisationen als Institutionen. In: Maurer, Andrea; Schmid, Michael (Hrsg., 2002): Neuer Institutionalismus. Zur soziologischen Erklärung von Organisation, Moral und Vertrauen. Frankfurt/New York 2002, S. 219–235.

Edelman, Lauren B.; Suchman, Mark C. (1997): The Legal Environments of Organizations. In: Annu. Rev. Sociol. 23 (1997), S. 479–515.

Eggert, Manfred (1977): Die deutsche ultra-vires-Lehre. München 1977.

Ehlers, Dirk (2000): Die Lehre von der Teilrechtsfähigkeit juristischer Personen des öffentlichen Rechts und die Ultra-vires-Doktrin des öffentlichen Rechts. Berlin 2000.

– (2000a): Die verfassungsrechtliche Garantie der kommunalen Selbstverwaltung. In: DVBl., S. 1301–1310, S. 1301–1310.

– (2006): Verwaltung und Verwaltungsrecht. In: Erichsen, Hans-Uwe; Ehlers, Dirk (Hrsg., 2006): Allgemeines Verwaltungsrecht. Berlin 2006, S. 1 ff.

Elleringmann, Rudolf (1936): Begriff und Wesen der körperschaftlichen Selbstverwaltung. Berlin 1936.

Ellwein, Thomas (1997): Die deutsche Universität vom Mittelalter bis zur Gegenwart. 2. Aufl. Wiesbaden 1997.

Emde, Ernst Thomas (1991): Die demokratische Legitimation der funktionalen Selbstverwaltung. Eine verfassungsrechtliche Studie anhand der Kammern, der Sozialversicherungsträger und der Bundesanstalt für Arbeit. Berlin 1991.

Emery, F. E., Trist, E. L. (1965): The Causal Texture of Organizational Environments. In: Human Relations 18 (1965), S. 21–32.

Enders, Christoph (1997): Die Menschenwürde in der Verfassungsordnung. Zur Dogmatik des Art. 1 GG. Tübingen (Beiträge zum öffentlichen Recht, Bd. 27) 1997.

Endrös, Alfred (1985): Entstehung und Entwicklung des Begriffs „Körperschaft des öffentlichen Rechts". Wien u.a. 1985.

Engel, Christoph (2001): Offene Gemeinwohldefinitionen. In: Rechtstheorie 32 (2001) 23–52.

(2001): Das legitime Ziel als Element des Übermaßverbots. Gemeinwohl als Frage der Verfassungsdogmatik. In: Brugger, Winfried; Kirste, Stephan; Anderheiden, Michael (Hrsg., 2002): Gemeinwohl in Deutschland, Europa und der Welt. Baden-Baden 2002, S. 103–172.

Enneccerus-Nipperdey, Ludwig (1959): Lehrbuch des Bürgerlichen Rechts. Band 1. Tübingen 1959.

Erichsen, Hans-Uwe (2001): § 152. Allgemeine Handlungsfreiheit. In: Isensee, Josef; Kirchhof, Paul (Hrsg., 2001): Handbuch des Staatsrechts der Bundesrepublik Deutschland. Band VI, Freiheitsrechte. Heidelberg 1989, S. 1185–1220.

– (2006): Dritter Abschnitt: Das Verwaltungshandeln. In: Erichsen, Hans-Uwe; Ehlers, Dirk (Hrsg., 2006): Allgemeines Verwaltungsrecht. Berlin 2006.

Erichsen, Hans-Uwe; Biermann, Christian (1997): Der Kommunalverfassungsstreit. In: Jura 1997, S. 157–162.

Erichsen, Hans-Uwe; Scherzberg, Arno (1990): Verfassungsrechtliche Determinanten staatlicher Hochschulpolitik. In: NVwZ 1990, S. 8–17.

Esposito, Elena (2002): Soziales Vergessen. Formen und Medien des Gedächtnisses der Gesellschaft. Frankfurt/Main 2002.

Etzioni, Amitai (1971): Soziologie der Organisation (engl. Modern Organizations). München 1971.

– (1975): Die aktive Gesellschaft. Opladen 1975.

Eyll, Klara van (1984): Berufsständische Selbstverwaltung. In: Jeserich, Kurt G. A.; Pohl, Hans; Unruh, Georg-Christoph von (Hrsg., 1984): Deutsche Verwaltungsgeschichte III. Das Deutsche Reich bis zum Ende der Monarchie. Stuttgart 1984, S. 72–84.

– (1985): Berufsständische Selbstverwaltung. In: Jeserich, Kurt G. A.; Pohl, Hans; Unruh, Georg-Christoph von (Hrsg., 1985): Deutsche Verwaltungsgeschichte IV. Das Reich als Republik und in der Zeit des Nationalsozialismus. Stuttgart 1985, S. 66–76.

— (1985a): Berufsständische Selbstverwaltung und Verbände. In: Jeserich, Kurt G. A.; Pohl, Hans; Unruh, Georg-Christoph von (Hrsg., 1985): Deutsche Verwaltungsgeschichte IV. Das Reich als Republik und in der Zeit des Nationalsozialismus. Stuttgart 1985, S. 682–695.

Faustmann, Uwe J. (1995): Die Reichskulturkammer. Herzogenrath 1995.

Fesler, James W. (1965): Approaches to the Understanding of Decentralization. In: The Journal of Politics 27 (1965), S. 536–566.

Feuerich, Wilhelm; Weyland, Dag (2003): Bundesrechtsanwaltsordnung. München 2003.

Fichte, Johann Gottlieb (1960): Grundlage des Naturrechts nach Prinzipien der Wissenschaftslehre (1796). Hamburg 1960.

Fischer, Gerhard (1974): Entstehung und Entwicklung von bremischen Kammern als Körperschaften des öffentlichen Rechts. Dargestellt an der Handelskammer, der Gewerbekammer, der Arbeitnehmerkammern und der Wirtschaftskammer. (Diss.) Kiel 1974.

Flämig, Chr.; Kimminich, Otto; Krüger, H.; Meusel, Ernst-Joachim; Rupp, Hans Heinrich; Scheven, D.; Schuster, H.J.; Stenbrock-Fermor, F. Graf (Hrsg., 1996): Handbuch des Wissenschaftsrechts. Berlin, Heidelberg u. a. 1996.

— (Hrsg., 1996): Handbuch des Wissenschaftsrechts. Band 2. Berlin, Heidelberg u. a. 1996.

Forsthoff, Ernst (1931): Die öffentliche Körperschaft im Bundesstaat. Eine Untersuchung über die Bedeutung der institutionellen Garantie in den Artikeln 127 und 137 der Weimarer Verfassung. Tübingen 1931.

— (1932): Die Krise der Gemeindeverwaltung im heutigen Staat. Berlin 1932.

— (1934): Der Neubau der kommunalen Selbstverwaltung in Preußen. In: DJZ 1934, S. 308–312.

— (1937): Nationalsozialismus und Selbstverwaltung. In: Frank, Hans (Hrsg., 1937): Deutsches Verwaltungsrecht. München 1937, S. 177–184.

— (1938): Die Verwaltung als Leistungsträger. Stuttgart und Berlin 1938.

— (1973): Verwaltungsrecht I. München 1973.

Frank, Hans (Hrsg., 1937): Deutsches Verwaltungsrecht. München 1937.

Freisler, Roland (1933): Nationalsozialismus und Selbstverwaltung. In: Deutsche Justiz 1933, S. 794–797.

Frentzel, Gerhard; Jäkel, Rainer; Junge, Werner; Hinz, Hans-Werner; Möllering, Jürgen (1999): Industrie- und Handelskammergesetz. Köln 1999.

Frerich, Johannes; Frey, Martin (1999): § 1 Historische Grundlagen der Rentenversicherung. In: Schulin, Bertram (Hrsg., 1999): Handbuch des Sozialversicherungsrechts. Band 3: Rentenversicherungsrecht. München 1999, S. 1–60.

Frese, Erich (1992): Organisationstheorie. In: ders. (Hrsg., 1992): Handwörterbuch der Organisation. Stuttgart 1992, Sp. 1706–1733.

— (Hrsg., 1992): Handwörterbuch der Organisation. Stuttgart 1992.

Friauf, Karl Heinrich; Höfling, Wolfram (Hrsg., 2000): Berliner Kommentar zum Grundgesetz. Berlin 2000.

Friesenhahn, Ernst (1937): Die Selbstverwaltung öffentlicher Genossenschaften. In: Frank, Hans (Hrsg., 1937): Deutsches Verwaltungsrecht. München 1937, S. 262–281.

Fröhler, Ludwig (1963): Ist der Gesellenausschuß ein Organ der Handwerksinnung. In: GewArch 1963, S. 49 ff.

Fröhler, Ludwig; Oberndörfer, Peter (Hrsg., 1974): Körperschaften des öffentlichen Rechts und Interessenvertretung. München 1974.

- (1974a): Die rechtliche Zulässigkeit einer Zeitungsherausgabe durch Handwerkskammern. In: GewArch 1974, S. 177 ff.
- (1975): Zur Zulässigkeit einer Zeitungsherausgabe durch Handwerkskammern. In: GewArch 1975, S. 7 ff.

Frotscher, Werner (1983): Selbstverwaltung und Demokratie. In: Mutius, Albert von (Hrsg., 1983): Selbstverwaltung im Staat der Industriegesellschaft. Festschr. f. von Unruh. Heidelberg 1983, S. 127 ff.
- (1985): Organisation der Reichsverwaltung und der Länderverwaltungen einschließlich Vorschläge zur Reichsreform. In: Jeserich, Kurt G. A.; Pohl, Hans; Unruh, Georg-Christoph von (Hrsg., 1985): Deutsche Verwaltungsgeschichte IV. Das Reich als Republik und in der Zeit des Nationalsozialismus. Stuttgart 1985, S. 112–137.

Führer, Karl Christian (1990): Arbeitslosigkeit und die Entstehung der Arbeitslosenversicherung in Deutschland 1902–1927. Berlin 1990.

Furniss, Norman (1974): The Practical Significance of Decentralization. In: The Journal of Politics 36 (1974), S. 958–982.

Gaberdiel, Heinz; Gnamm, Peter; Höppel, Michael; Klüpfel, Wolfgang (2006): Kommentar zum Sparkassengesetz. Das Sparkassenrecht in Baden-Württemberg. Stuttgart 2006.

Gabriel, K. (1979): Analysen der Organisationsgesellschaft. Ein kritischer Vergleich der Gesellschaftstheorien M. Webers, N. Luhmanns und der phänomenologischen Soziologie. Frankfurt/Main/New York 1979.

Gaitanides, Michael (2004): Ablauforganisation. In: HWO.

Gans, Eduard (1971): Naturrecht. Vorlesungsnachschrift – Winter 1828 bis Ostern 1829. In: Gans, Eduard (Hrsg., 1971): Philosophische Schriften, Hrsg., von H. Schröder. Berlin 1971.

Gassner, Ulrich M. (1999): Heinrich Triepel. Leben und Werk. Berlin 1999.

Geiger, Cornelia (1985): Die Rechtsstellung der NSDAP und ihrer Gliederungen HJ, SA und SS. In: Böckenförde, Ernst-Wolfgang (Hrsg., 1985): Staatsrecht und Staatsrechtslehre im Dritten Reich. Heidelberg 1985, S. 147–166.

Geis, Max-Emanuel (2001): Körperschaftliche Selbstverwaltung in der Sozialversicherung. In: Funktionale Selbstverwaltung und Demokratieprinzip – am Beispiel der Sozialversicherung 2001, 65–88 (Bochumer Schriften zum Sozialrecht, Band 8) S. 65–88.

Gerber, Carl Friedrich (1865): Grundzüge des Systems des deutschen Staatsrechts. Leipzig 1865.

Gern, Alfons (1997): Bergbaubedingte Gemeindeauflösungen in Brandenburg. In: LKV 1997, S. 433–436.
- (2005): Kommunalrecht Baden-Württemberg einschließlich Kommunales Abgabenrecht. Baden-Baden 2005.
- (2003): Deutsches Kommunalrecht. Baden-Baden 2003.

Gersdorf, Hubertus (2003): Grundzüge des Rundfunkrechts. Nationaler und europäischer Regulierungsrahmen. München 2003.

Gierke, Otto von (1868): Das deutsche Genossenschaftsrecht, Bd. 1: Rechtsgeschichte der deutschen Genossenschaft. Berlin 1868.
- (1873): Das deutsche Genossenschaftsrecht, Bd. 2: Geschichte des deutschen Körperschaftsbegriffs. Berlin 1873.
- (1887): Die Genossenschaftstheorie und die Deutsche Rechtsprechung. Berlin 1887.
- (1895): Deutsches Privatrecht. Erster Band. Allgemeiner Teil und Personenrecht. Leipzig 1895.

Gleitze, Wilfried; Krause, Peter; Maydell, Bernd Baron von; Merten, Deflef (Hrsg., 1992): Gemeinschaftskommentar zum Sozialgesetzbuch – Gemeinsame Vorschriften für die Sozialversicherung (GK-SGB IV). Neuwied 1992.
Glenk, Hartmut (1997): Von Macht und Ohnmacht im Genossenschaftswesen – Zwangsmitgliedschaft in Dienstleistungsbetrieben? In: NJW 1997, S. 110–112.
Glum, Friedrich (o. J. [1924]): Selbstverwaltung der Wirtschaft. Berlin o. J.
Gneist, Rudolf (1870): Die preußische Kreisordnung. Berlin 1870.
Goerlich, Helmut (1993): Ermessen und unbestimmter Rechtsbegriff – oder: Verwaltungskultur und Rechtskontrolle in den neuen Bundesländern. In: ThürVBl 1993, S. 1 ff.
Gogos, Konstantin (1997): Verselbständigte Verwaltungseinheiten als Adressaten staatlicher Sonderbindungen. Berlin 1997.
Grande, Edgar; Müller, Wolfgang C. (1985): (Neo-)Korporatismus: Verlauf und Ertrag einer politikwissenschaftlichen Diskussion. In: Zeitgeschichte 13 (1985), S. 66–78.
Grimm, Dieter (1988): Deutsche Verfassungsgeschichte 1776–1866. Frankfurt/Main 1988.
– (1995): § 15. Verbände. In: Benda, Ernst; Maihofer, Werner; Vogel, Hans-Jochen (Hrsg., 1995): Handbuch des Verfassungsrechts der Bundesrepublik Deutschland. Berlin-New York 1995.
– (Hrsg., 1990): Wachsende Staatsaufgaben – sinkende Steuerungsfähigkeit des Rechts. Baden-Baden 1990.
– (Hrsg., 1994): Staatsaufgaben. Baden-Baden 1994.
Grimmer, Klaus (1998): Die Gestaltbarkeit von Verwaltungen. In: Die Verwaltung 31 (1998), S. 481–503.
Gröschner, Rolf (1992): Das Überwachungsrechtsverhältnis. Tübingen 1992.
– (1997): Vom Nutzen des Verwaltungsrechtsverhältnisses. In: Die Verwaltung 30 (1997), S. 301–338.
– (2004): Die Republik. In: Isensee, Josef, Kirchhof, Paul (Hrsg., 2004) Handbuch des Staatsrechts der Bundesrepublik Deutschland. Band II. Verfassungsstaat. Heidelberg 2004.
Groß, Thomas (1997): Grundzüge der organisationswissenschaftlichen Diskussion. In: Hoffmann-Riem, Wolfgang; Schmidt-Aßmann, Eberhard (Hrsg., 1997): Verwaltungsorganisationsrecht als Steuerungsressource. Baden-Baden 1997, S. 139–150.
– (1999): Das Kollegialprinzip in der Verwaltungsorganisation. Tübingen 1999.
– (2002): Selbstverwaltung angesichts von Europäisierung und Ökonomisierung. In: DVBl. 2002, S. 1182–1194.
– (2002a): Was bedeutet Fachaufsicht. In: DVBl. 2002, S. 793–800.
– (2003): Selbstverwaltung der Gerichte als Voraussetzung ihrer Unabhängigkeit. In: DRiZ 2003, S. 298 ff.
Großmann, Ruprecht (1968): Zur Rechtmäßigkeit von Arbeitnehmerkammern. In: RdA 1968, S. 297–308.
Groth, Andy (2002): Sinn und Unsinn kommunalaufsichtsrechtlicher Genehmigungsvorbehalte am Beispiel der Vorschrift des § 105 IV SachsAnhGO. In: LKV 2002, S. 460–462.
Grundmann, Cornelia (1999): Das fast vergessene öffentliche Vereinsrecht. Baden-Baden 1999.
Grundmann, Herbert (1969): Monumenta Germaniae Historicae 1819–1969. München 1969.
Grunow, Dieter (1994): Politik und Verwaltung. In: Dammann, Klaus, Grunow, Dieter, Japp, Klaus P. (Hrsg., 1994): Die Verwaltung des politischen Systems. Neuere systemtheoretische Zugriffe auf ein altes Thema – Mit einem Gesamtverzeichnis der Veröffentlichungen Niklas Luhmanns 1958–1992. Opladen 1994, S. 29–39.

Gundlach, Ulf (2001): Die Haftung des Landes gemäß § 12 II InsO. In: NVwZ 2001, S. 778–779.
Gusy, Christoph (Hrsg., 1998): Privatisierung von Staatsaufgaben. Kriterien – Grenzen – Folgen. Baden-Baden 1998.
— (1997): Die Weimarer Reichsverfassung. Tübingen 1997.

Haarkens, Rolf (1935): Der Begriff des Standes. In: AöR 26 (1935), S. 41–89.
Häberle, Peter (2006): Öffentliches Interesse als juristisches Problem. Berlin 2006.
Habermas, Jürgen (2006): Faktizität und Geltung. Frankfurt/Main 2006.
— (1996): Über den internen Zusammenhang von Rechtsstaat und Demokratie. In: Habermas, Jürgen (1996): Die Einbeziehung des Anderen. Frankfurt/Main 1996, S. 293–305.
Häfelin, Ulrich (1959): Die Rechtspersönlichkeit des Staates. 1. Teil, Dogmengeschichtliche Darstellung. Tübingen 1959.
Hailbronner, Kay (Hrsg., 1996): Kommentar zum HRG. Heidelberg 1996.
Hall, John R. (1988): Social Organization and Pathways of Commitment: Types of Communal Groups, Rational Choice Theory, and the Kanter Thesis. In: American Sociological Review 53 (1988), S. 679–692.
Hamilton, Alexander; Madison, James; Jay, John (1982): The Federalist Papers. New York, Toronto, London, Sydney, Auckland 1982.
Hammerstein, Notker (1995): Samuel Pufendorf. In: Stolleis, Michael (Hrsg., 1995): Staatsdenker in der frühen Neuzeit. München 1995.
Hardtwig, Wolfgang (1984): Strukturmerkmale und Entwicklungstendenzen des Vereinswesens in Deutschland 1789–1848. In: Dann, Otto (Hrsg., 1984): Vereinswesen und bürgerliche Gesellschaft in Deutschland. München – Wien (Historische Zeitschrift : Beih. ; N.F. 9) 1984, S. 11–50.
— (2004): Verein. Gesellschaft, Geheimgesellschaft, Assoziation, Genossenschaft, Gewerkschaft. In: Brunner, Otto; Conze, Werner; Koselleck, Reinhart (2004): Geschichtliche Grundbegriffe. Historisches Lexikon zur politisch-sozialen Geschichte in Deutschland, Bd. 6.
— (1997): Genossenschaft, Sekte, Verein in Deutschland. Vom Spätmittelalter bis zur Französischen Revolution. München 1997.
Harmon, Michael M., Mayer, Richard T. (1986): Organization Theory for Public Administration. Burke, VA 1986.
Hart, Herbert L. A. (1997): The Concept of Law. Oxford 1997.
Hartstein, Reinhard; Ring, Wolf-Dieter; Dörr, Dieter; Stettner, Rupert (Hrsg., 2003): Rundfunkstaatsvertrag. 2003.
Hasse, Raimund; Krücken, Georg (2005): Neo-Institutionalismus. Bielefeld 2005.
Hatje, Armin; Terhechte, Jörg Philipp (2002): Das Bundesverfassungsgericht und die Pflichtmitgliedschaft. In: NJW 2002, S. 1849–1851.
Haug, Volker (Hrsg., 2001): Das Hochschulrecht in Baden-Württemberg. Systematische Darstellung. Heidelberg 2001.
Häußermann, D. (2004): Anmerkung zu BVerfG, B. v. 5.12.2002 – Lippeverband. In: JA 2004, S. 22–25.
Haverkate, Görg (1988): Die Einheit der Verwaltung als Rechtsproblem. In: VVDStRL 46 (1988), S. 217–258.
— (1992): Verfassungslehre. München 1992.
Haverkate, Görg; Huster, Stefan (1999): Europäisches Sozialrecht. Eine Einführung. Baden-Baden 1999.
Hebeler, Timo (2002): Die Ausführung der Bundesgesetze (Art. 83 ff. GG). In: JURA 2002, S. 164–172.

Heffter, Heinrich (1969): Die deutsche Selbstverwaltung im 19. Jahrhundert. Stuttgart 1969.

Hegel, Georg Wilhelm Friedrich (1994): Die Vernunft in der Geschichte. Hrsg. v. Johannes Hoffmeister. Hamburg 1994.

— (1972): Grundlinien der Philosophie des Rechts oder Naturrecht und Staatswissenschaft im Grundrisse. Mit Hegels eigenhändigen Notizen in seinem Handexemplar und den mündlichen Zusätzen. München 1972.

— (1973): Philosophie des Rechts nach der Vorlesungsnachschrift von K. G. v. Griesheims 1824/25. Hrsg., v. K-H. Ilting. Stuttgart-Bad Cannstadt 1973.

Hein, Michael (1990): Die Verbände der Sozialversicherungsträger in der Bundesrepublik Deutschland. München 1990.

Heinig, Hans Michael (2003): Öffentlich-rechtliche Religionsgesellschaften. Berlin 2003.

— (2004): Die Staffelung des IHK-Grundbetrags und der allgemeine Gleichheitssatz. In: NVwZ 2004, S. 1087 ff.

Helfritz, Vark Heinrich (2000): Verselbständigte Verwaltungseinheiten der Europäischen Union. Berlin 2000.

Heller, Hermann (1983): Staatslehre. Tübingen 1983.

Hellermann, Johannes (1993): Die sogenannte negative Seite der Freiheitsrechte. Berlin 1993.

Hendler, Reinhard (1984): Selbstverwaltung als Ordnungsprinzip. Köln 1984.

— (1986): Wirtschaftliche Selbstverwaltung im Staat der Gegenwart. In: DÖV 1986, S. 675 ff.

— (2003): Organisation und Selbstverwaltung der Sozialversicherung. In: Maydell, Bernd Baron von; Ruland, Franz (Hrsg., 2003): Sozialrechtshandbuch. Baden-Baden 2003.

— (2007): § 1. Grundbegriffe der Selbstverwaltung. In: Handbuch der kommunalen Wissenschaft und Praxis, Bd. 1: Grundlagen und Kommunalverfassung. Berlin – Heidelberg 2007, S. 3–22.

— (2008): § 143. Das Prinzip Selbstverwaltung. In: Isensee, Josef; Kirchhof, Paul (Hrsg.): Handbuch des Staatsrechts der Bundesrepublik Deutschland. Band VI. Bundesstaat. 3. Aufl. Heidelberg 2008, S. 1103–1140.

Henke, Wilhelm (1970): Die Rechtsformen der sozialen Sicherung und das Allgemeine Verwaltungsrecht. In: VVdStRL 28 (1970), S. 149–185.

— (1981): Zum Verfassungsprinzip der Republik. In: JZ 1981, S. 249–251.

Herberger, Klaus (2001): Hochschulorganisation. In: Haug, Volker (Hrsg., 2001): Das Hochschulrecht in Baden-Württemberg. Systematische Darstellung. Heidelberg 2001, S. 70–142.

Heréus, Fritz (1922): Die deutschen Handelskammern als Glied der Verwaltung. Mannheim-Berlin-Leipzig 1922.

Herzfeld, Hans (1957): Demokratie und Selbstverwaltung in der Weimarer Epoche. Stuttgart 1957.

Hesse, Albrecht (2003): Rundfunkrecht. München 2003.

Hesse, Konrad (1995): § 5 Bedeutung der Grundrechte. In: Benda, Ernst; Maihofer, Werner; Vogel, Hans-Jochen (Hrsg., 1995): Handbuch des Verfassungsrechts der Bundesrepublik Deutschland. Berlin-New York 1995.

Hill, Hermann (1997): Komplexität und Komplexitätsmanagement im öffentlichen Sektor. In: Komplexität managen: Strategien, Konzepte und Fallbeispiele. Hrsg. v. Ahlemeyer, Heinrich W., Königswieser, Roswita. Wiesbaden 1997, S. 329–345.

— (2001): Modernisieren im Mind Age. In: ders.: Modernisierung – Prozess oder Entwicklungsstrategie? Hrsg. v. Hill, Hermann. Frankfurt/Main 2001, S. 75–90.

Hobbes, Thomas (1994): Vom Menschen. Vom Bürger. Elemente der Philosophie II/III. Hamburg 1994.

Hobe, Stefan, Biehl, Dirk, Schroeter, Nicolai (2003): Der Einfluß des Rechts der Europäischen Gemeinschaften/Europäischen Union auf die Struktur der kommunalen Selbstverwaltung. In: DÖV 2003, S. 803–812.

Hoffmann, Friedrich (2004): Aufbauorganisation. In: HWO.

Hoffmann-Riem, Wolfgang (1980): Interessenzuordnung im Handwerk. Baden-Baden 1980.

– (1984): Interessenvertretung im Handwerk. In: NVwZ 1984, S. 286–291.

– (1990): Zur Verwendungstauglichkeit der Sozialwissenschaften für die Juristenausbildung. In: Giehring, Heinz, Hoffmann-Riem, Wolfgang: (Hrsg., 1990): Juristenausbildung – erneut überdacht. Erfahrungen aus der einstufigen Juristenausbildung als Grundlage für eine weiterhin anstehende Reform. Baden-Baden 1990, S. 75–108.

– (1997): Organisationsrecht als Steuerungsressource. Perspektiven der verwaltungsrechtlichen Systembildung. In: Schmidt-Aßmann, Eberhard; Hoffmann-Riem, Wolfgang (Hrsg., 1997): Verwaltungsorganisationsrecht als Steuerungsressource. Baden-Baden 1997, S. 355–395.

– (1998): Effizienz als Herausforderung an das Verwaltungsrecht. In: Hoffmann-Riem, Wolfgang, Schmidt-Aßmann, Eberhard (Hrsg., 1998): Effizienz als Herausforderung an das Verwaltungsrecht. Baden-Baden 1998, S. 12–57.

– (1999): Zur Notwendigkeit Rechtswissenschaftlicher Innovationsforschung. In: Rechtstheorie 30 (1999), S. 507–523.

– (2001): Verwaltungskontrolle – Perspektiven. In: Schmidt-Aßmann, Eberhard, Hoffmann-Riem, Wolfgang (Hrsg., 2001): Verwaltungskontrolle. Baden-Baden 2001, S. 325–366.

Hofmann, Wolfgang (2007): Die Entwicklung der kommunalen Selbstverwaltung von 1848–1918. In: Mann, Thomas; Püttner, Günter (Hrsg., 2007): Handbuch der kommunalen Wissenschaft und Praxis (HBdKWP). Band 1, Grundlagen und Kommunalverfassung. Berlin, Heidelberg u. a. 2007.

– (1984): Aufgaben und Struktur der kommunalen Selbstverwaltung in der Zeit der Hochindustrialisierung. In: Jeserich, Kurt G. A.; Pohl, Hans; Unruh, Georg-Christoph von (Hrsg., 1984): Deutsche Verwaltungsgeschichte III. Das Deutsche Reich bis zum Ende der Monarchie. Stuttgart 1984.

Hofstede, P., Neuijen, B., Ohayv, D. D., Sanders, G. (1990): Measuring Organizational Cultures: A Qualitative and Quantitative Study Across Twenty Cases. In: Administrative Science Quarterly 35 (1990), S. 286–316.

Höhn, Reinhard (1935): Staat und Rechtsgemeinschaft. In: ZgStW 95 (1935), S. 686 ff.

– (1935a): Führer oder Staatsperson. In: DJZ 1935, S. 66–72.

– (1937): Volk und Verfassung. 1937.

Holl, W. (1996): Akademien der Wissenschaften. In: Flämig, Chr.; Kimminich, Otto; Krüger, H.; Meusel, Ernst-Joachim; Rupp, Hans Heinrich; Scheven, D.; Schuster, H.J.; Stenbrock-Fermor, F. Graf (Hrsg., 1996): Handbuch des Wissenschaftsrechts. Band 2. Berlin, Heidelberg u. a. 1996, S. 1339–1364.

Hollenbach, Axel (2000): Zur Rechtsaufsicht über die Gemeinden in Baden-Württemberg. In: VBlBW 2000, S. 464–470.

Hollerbach, Alexander (1957): Der Rechtsgedanke bei Schelling. Quellenstudien zu seiner Rechts- und Staatsphilosophie. Frankfurt/Main 1957.

– (1969): Die Kirchen als Körperschaften des öffentlichen Rechts. In: Essener Gespräche zum Thema Staat und Kirche Bd. 1 (1969), S. 46–76.

- (2001): § 138. Grundlagen des Staatskirchenrechts. In: Isensee, Josef; Kirchhof, Paul (Hrsg., 2001): Handbuch des Staatsrechts der Bundesrepublik Deutschland. Band VI, Freiheitsrechte. Heidelberg 2001, S. 471–555.
- (1991): Juristische Lehre und Forschung in Freiburg in der Zeit des Nationalsozialismus. In: John, Eckhard; Martin, Bernd; Mück, Marc; Ott, Hugo (Hrsg., 1991): Die Freiburger Universität in der Zeit des Nationalsozialismus. Freiburg-Würzburg 1991, S. 91–113.
- (1996): Selbstbestimmung im Recht. Heidelberg (Sitzungsberichte der Heidelberger Akademie der Wissenschaften, Philosophisch-historische Klasse) 1996.

Holmes, Stephen (1985): Differenzierung und Arbeitsteilung im Denken des Liberalismus. In: Luhmann, Niklas (Hrsg., 1985): Soziale Differenzierung. Zur Geschichte einer Idee. Opladen 1985, S. 9–41.

Hommelhoff, Peter (2004): Unternehmerische Leitungsstrukturen in der Universität? In: Hausmann, Rainer; Kohler, Christian; Kronke, Herbert; Mansel, Heinz-Peter; Pfeiffer, Thomas (Hrsg., 2004): Festschr. f. Erik Jayme, Berlin, München, 2004.

Honig, Gerhart (2004): Handwerksordnung. München 2004.

Hoppe, Werner (1958): Die Begriffe Gebietskörperschaft und Gemeindeverband und der Rechtscharakter der nordrhein-westfälischen Landschaftsverbände. Stuttgart 1958.

Hoppe, Werner, Beckmann, Martin (1990): Über die Grundrechtsfähigkeit von Wasserverbänden. In: DVBl 1990, S. 177–182.

Hörnemann, Gerd (1995): Die Selbstverwaltung der Ärztekammern. Spannungen und Wechselwirkungen von Fremd- und Selbstkontrolle des Arztberufes. Konstanz 1995.

Hösch, Ulrich (2000): Öffentlicher Zweck und wirtschaftliche Betätigung von Kommunen. In: Die Öffentliche Verwaltung, 2000, S. 393–406.

House, Robert J./Singh Jitendra V (1987): Organizational Behavior: Some New Directions for I/O Psychology. In: Ann. Rev. of Psychol. 38 (1987), S. 669–718.

Hornbaker, Margaret (2003): Does Organization Matter? Effects of Administrative Reform on Pipeline Siting. In: Public Works Management & Policy 7 (2003), S. 172–187.

Hsu, Chun-Chen (2004): Institutionen körperschaftlicher Selbstverwaltung. Hamburg 2004.

Hubatsch, Walther (1983): C. Verwaltungsentwicklung von 1713–1803. In: Jeserich, Kurt G. A.; Pohl, Hans; Unruh, Georg-Christoph von (Hrsg., 1983): Deutsche Verwaltungsgeschichte II. Vom Reichsdeputationshauptschluß bis zur Auflösung des Deutschen Bundes. Stuttgart 1983, S. 892–941.

Huber, Ernst Rudolf (1933): Selbstverwaltung und Verfassungsaufbau. In: DJZ 1933, Sp. 209–215.
- (1933/1934): Die genossenschaftliche Berufsordnung. In: Blätter für Deutsche Philosophie 7 (1933/1934), S. 293–310.
- (1937): Die Selbstverwaltung der Berufsstände. In: Frank, Hans (Hrsg., 1937): Deutsches Verwaltungsrecht. München 1937, S. 239–261.
- (1939): Verfassungsrecht des Großdeutschen Reiches. 2. Aufl. Hamburg 1939.
- (1940): Zum Begriff der Körperschaft des öffentlichen Rechts. In: RVerwBl. 1940, S. 613.
- (1953): Selbstverwaltung der Wirtschaft. Stuttgart 1953.
- (1958): Selbstverwaltung der Wirtschaft. Stuttgart 1958.
- (1971): Das Verbandswesen des 19. Jahrhunderts und der Verfassungsstaat. In: Spanner, Hans; Lerche, Peter; Zacher, Hans; Badura, Peter; Campenhausen, Axel von (Hrsg., 1971): Festgabe für Theodor Maunz zum 70. Geburtstag am 1. September 1971. München 1971, S. 173–199.
- (Hrsg., 1978): Deutsche Verfassungsdokumente 1803–1850. Dokumente zur deutschen Verfassungsgeschichte Bd. 1. Stuttgart 1978.

- (1988): Deutsche Verfassungsgeschichte seit 1789. Band III: Bismarck und das Reich. Stuttgart 1988.
- (1992): Deutsche Verfassungsgeschichte seit 1789. Band V: Weltkrieg, Revolution und Reichserneuerung 1914–1919. Stuttgart 1992.
- (1993): Deutsche Verfassungsgeschichte seit 1789. Band VI: Die Weimarer Reichsverfassung. Stuttgart 1993.
- (1994): Deutsche Verfassungsgeschichte seit 1789. Band IV: Struktur und Krise des Kaiserreichs. Stuttgart 1994.

Hueber, Alfons (1984): Das Vereinsrecht im Deutschland des 19. Jahrhunderts. In: Dann, Otto (Hrsg., 1984): Vereinswesen und bürgerliche Gesellschaft in Deutschland. München (Historische Zeitschrift : Beih. ; N.F. 9) 1984, S. 115–132.

Hufeld, Ulrich (2002): Staatlicher Schutz der Universitas litterarum. In: DÖV 2002, S. 309–318.
- (2003): Die Vertretung der Behörde. Tübingen 2003.
- (Hrsg., 2003a): Der Reichsdeputationshauptschluß von 1803. Köln, Weimar, Wien 2003.

Huster, Stefan (1998): Körperschaftsstatus unter Loyalitätsvorbehalt? – BVerwG, NJW 1997, 2396. In: JuS 1998.

Hüttenberger, Peter (1976): Nationalsozialistische Polykratie. In: Geschichte und Gesellschaft 2 (1976), S. 417–442.

Igl, Gerhard; Welti, Felix (2007): Sozialrecht. Düsseldorf 2007.

Ipsen, Jörn (2006): Staatsrecht I. Neuwied 2006.

Irringer, Ulrich (1991): Genossenschaftliche Elemente bei öffentlich-rechtlichen Körperschaften. Münster 1991.

Isensee, Josef (1981): Republik – Sinnpotential eines Begriffs – Begriffsgeschichtliche Stichproben. In: JZ 1981, S. 1–8.
- (1988): § 57. Gemeinwohl und Staatsaufgaben im Verfassungsstaat. In: ders.; Kirchhof, Paul (Hrsg., 1988): Handbuch des Staatsrechts der Bundesrepublik Deutschland. Band III. Das Handeln des Staates. Heidelberg 1988, S. 3–82.
- (1992): § 118. Anwendung der Grundrechte auf juristische Personen. In: ders./P. Kirchhof, HbStR V: Allgemeine Grundrechtslehren, S. 563–614, S. 563–614.
- (1995): Das Recht des Kassenarztes auf angemessene Vergütung. In: VSSR 1995, S. 321 ff.

Isensee, Josef; Kirchhof, Paul (Hrsg., 1987): Handbuch des Staatsrechts der Bundesrepublik Deutschland. Band I. Grundlagen von Staat und Verfassung. Heidelberg 1987.
- (Hrsg., 1988): Handbuch des Staatsrechts der Bundesrepublik Deutschland. Band III. Das Handeln des Staates. Heidelberg 1988.
- (Hrsg., 1989): Handbuch des Staatsrechts der Bundesrepublik Deutschland. Band VI. Freiheitsrechte. Heidelberg 1989.
- (Hrsg., 1990): Handbuch des Staatsrechts der Bundesrepublik Deutschland. Band IV. Finanzverfassung – Bundesstaatliche Ordnung. Heidelberg 1990.
- (Hrsg., 2003): Handbuch des Staatsrechts der Bundesrepublik Deutschland. Band I. Historische Grundlagen. 3. Aufl. Heidelberg 2003.
- (Hrsg., 2004: Handbuch des Staatsrechts der Bundesrepublik Deutschland. Band II. Verfassungsstaat. 3. Aufl. Heidelberg 2004.

Jahn, Ralf (1998): Die Neuregelungen des IHK-Gesetzes zum 1. 1. 1999. In: NVwZ 1998, S. 1043–1045.
- (1998a): Vom Bekenntnis zur IHK-Pflichtmitgliedschaft. In: GewArch 1998, S. 453–456.
- (2000): Zur Verfassungsmäßigkeit der Pflichtmitgliedschaft in öffentlich-rechtlichen Körperschaften – BVerwG, NJW 1998, S. 3510. In: JuS 2000, S. 129–132.

- (2002): IHK statt Staat - Das Bundesverfassungsgericht und die IHK-Pflichtmitgliedschaft. - Anmerkungen zu BVerfG, Beschluss vom 7.12.2001, 1 BvR 1806/98. In: GewArch 2002, S. 98-102.
- (2002a): Wirtschaftskammer statt Staat: Zur Verfassungsmäßigkeit der IHK-Pflichtmitgliedschaft - BVerfG, NVwZ 2002, 335. In: JuS 2002, S. 434-438.

Jäkel, Rainer (1983): Voraussetzungen und Grenzen der Zwangsmitgliedschaft in öffentlich-rechtlichen Körperschaften. In: DVBl. 1983, S. 1133, S. 1133.

Jarass, Hans D.; Pieroth, Bodo (Hrsg., 2006): Grundgesetz für die Bundesrepublik Deutschland. Kommentar. München 2006.

Jeand`Heur, Bernd, Korioth, Stefan (2000): Grundzüge des Staatskirchenrechts. Stuttgart, München, Hannover, Berlin, Weimar, Dresden 2000.

Jellinek, Georg (1882): Die Lehre von den Staatenverbindungen. Berlin 1882.
- (1959): Allgemeine Staatslehre. Darmstadt 1959.
- (1963): System der subjektiven öffentlichen Rechte. Tübingen/Darmstadt 1963.

Jerusalem, Franz Wilhelm (1935): Der Staat. 1935.

Jeserich, Kurt G. A. (1985): Kommunalverwaltung und Kommunalpolitik. In: Jeserich, Kurt G. A.; Pohl, Hans; Unruh, Georg-Christoph von (Hrsg., 1985): Deutsche Verwaltungsgeschichte IV. Das Reich als Republik und in der Zeit des Nationalsozialismus. Stuttgart 1985, S. 487-524.

Jeserich, Kurt G. A.; Pohl, Hans; Unruh, Georg-Christoph von (Hrsg., 1983): Deutsche Verwaltungsgeschichte I. Vom Spätmittelalter bis zum Ende des Reiches. Stuttgart 1983.
- (Hrsg., 1983): Deutsche Verwaltungsgeschichte II. Vom Reichsdeputationshauptschluß bis zur Auflösung des Deutschen Bundes. Stuttgart 1983.
- (Hrsg., 1984): Deutsche Verwaltungsgeschichte III. Das Deutsche Reich bis zum Ende der Monarchie. Stuttgart 1984.
- (Hrsg., 1985): Deutsche Verwaltungsgeschichte IV. Das Reich als Republik und in der Zeit des Nationalsozialismus. Stuttgart 1985.

Jeß, Edmund (1935): Die Körperschaften des öffentlichen Rechts im heutigen Staat. Dresden 1935.

Jestaedt, Matthias (1993): Demokratieprinzip und Kondominialverwaltung. Entscheidungsteilhabe Privater an der öffentlichen Verwaltung auf dem Prüfstand des Verfassungsprinzips Demokratie. Berlin 1993.
- (2002): Selbstverwaltung als „Verbundbegriff". Vom Wert und Wesen eines allgemeinen Selbstverwaltungsbegriffes. In: Die Verwaltung 35 (2002), S. 293-317.

John, Eckhard; Martin, Bernd; Mück, Marc; Ott, Hugo (Hrsg., 1991): Die Freiburger Universität in der Zeit des Nationalsozialismus. Freiburg-Würzburg 1991.

John, Peter (1983): Handwerkskammern im Zwielicht. 700 Jahre Unternehmensinteressen im Gewande der Zunftidylle. Köln 1983.
- (1987): Handwerk im Spannungsverhältnis zwischen Zunftordnung und Gewerbefreiheit. Entwicklung und Politik der Selbstverwaltungsorganisation des deutschen Handwerks bis 1933. Köln 1987.

Jones, Bryan (2002): Bounded rationality and public policy: Herbert A. Simon and the decisional foundation of collective choice. In: Policy Sciences 35 (2002), S. 269-284.

Kahl, Wolfgang (2000): Die Staatsaufsicht. Entstehung, Wandel und Neubestimmung unter besonderer Berücksichtigung der Aufsicht über die Gemeinden. Tübingen 2000.

Kaiser, Joseph H. (1978): Die Repräsentation organisierter Interessen. Berlin 1978.
- (1987): § 34. Verbände. In: Isensee, Josef; Kirchhof, Paul (Hrsg., 1987): Handbuch des Staatsrechts der Bundesrepublik Deutschland. Band II. Demokratische Willensbildung - Die Staatsorgane des Bundes. Heidelberg 1987, S. 149-170.

Kamensky, John M. (1996): Role of the „Reinventing Government" Movement in Federal Management Reform. In: Public Administration Review 56 (1996), S. 247–255.

Kant, Immanuel (1982): Die Metaphysik der Sitten. Erster Teil, metaphysische Anfangsgründe der Rechtslehre. Frankfurt/Main 1982.

— (1990): Kritik der Urteilskraft. Hrsg., v. K. Vorländer. Hamburg 1990.

Kappelhoff, Peter (1997): Rational Choice, Macht und die korporative Organisation der Gesellschaft. In: Türk, Klaus (Hrsg., 2000): Hauptwerke der Organisationstheorie. Opladen 2000, S. 218–262.

Karpen, Ulrich; Freund, Manuela (1992): Hochschulgesetzgebung und Hochschulautonomie. München 1992.

Keibel, Udo-Joachim (1939): Die Erscheinungsformen der Körperschaft des öffentlichen Rechts seit 1933. Königsberg 1939.

Kelber, Markus Friedrich (Hrsg., 1998): Grenzen des Aufgabenbereichs einer Körperschaft des öffentlichen Rechts unter verfassungsrechtlichen Gesichtspunkten – am Beispiel der Handwerkskammer. Berlin 1998.

Kelsen, Hans (2000): Reine Rechtslehre. Wien 2000.

— (1994): Allgemeine Staatslehre. Wien 1994.

Kempermann, Karl-Ludwig (1936): Der Inhaltswandel der öffentlichen Körperschaft. Bochum-Langendreer 1936.

Kershaw, Ian (2002): Hitler 1889–1936. München 2002.

Kieser, Alfred (2004): Historische Entstehung von Organisationsstrukturen. In: HWO.

— (2006): Max Webers Analyse der Bürokratie. In: ders.; Ebers, Mark (Hrsg., 2006): Organisationstheorien. Stuttgart 2006.

Kieser, Alfred; Ebers, Mark (Hrsg., 2006): Organisationstheorien. Stuttgart 2006.

Kimminich, Otto (1996): Hochschule im Grundrechtssystem. In: Flämig, Chr.; Kimminich, Otto; Krüger, H.; Meusel, Ernst-Joachim; Rupp, Hans Heinrich; Scheven, D.; Schuster, H.J.; Stenbrock-Fermor, F. Graf (Hrsg., 1996): Handbuch des Wissenschaftsrechts. Berlin, Heidelberg u. a. 1996, S. 121–156.

Kirchhof, Ferdinand (1990): § 93. Finanzierung und Sozialversicherung. In: Isensee, Josef; Kirchhof, Paul (Hrsg., 1990): Handbuch des Staatsrechts der Bundesrepublik Deutschland. Band IV. Finanzverfassung – Bundesstaatliche Ordnung. Heidelberg 1990, S. 395–423.

— (1994): § 53. Grundlagen. In: Schulin, Bertram (Hrsg., 1994): Handbuch des Sozialversicherungsrechts. Band 1: Krankenversicherungsrecht. München 1994, S. 1319–1331.

Kirchhof, Paul (1985): § 112. Die kommunale Finanzhoheit. In: Püttner, Günter (Hrsg., 1985): Handbuch der kommunalen Wissenschaft und Praxis (HBdKWP). Band 6: Kommunale Finanzen. Berlin, Heidelberg u. a. 1985, S. 3–28.

— (1990): § 88. Staatliche Einnahmen. In: Isensee, Josef; Kirchhof, Paul (Hrsg., 1990): Handbuch des Staatsrechts der Bundesrepublik Deutschland. Band IV. Finanzverfassung – Bundesstaatliche Ordnung. Heidelberg 1990, S. 87–233.

— (1996): Die Kirchen und Religionsgemeinschaften als Körperschaften des öffentlichen Rechts. In: Listl, Joseph; Pirson, Dietrich (Hrsg., 1994): Handbuch des Staatskirchenrechts der Bundesrepublik Deutschland. Band 1. Berlin 1996.

Kirste, Stephan (1998): Die Zeitlichkeit des positiven Rechts und die Geschichtlichkeit des Rechtsbewußtseins. Momente der Ideengeschichte und Grundzüge einer systematischen Begründung. Berlin (Schriften zur Rechtstheorie; H. 183) 1998.

— (1999): Richterrecht. In: Lexikon für Theologie und Kirche, Bd. VIII. Begr. v. Buchberger, M.; Hrsg., v. Kasper, W.; Baumgartner, K.; Bürkle, H.; Ganzer, K.; Kertelge, K.; Korff, W; Walter, P. 3. Aufl. Freiburg 1999, Sp. 1180.

- (2000): Verlust und Wiederaneignung der Mitte – zur juristischen Konstruktion der Rechtsperson. In: Wolf, Ernst (Hrsg.), Evangelische Theologie, Zweimonatsschrift, 60, 2000, S. 25–41.
- (2001): Dezentrierung, Überforderung und dialektische Konstruktion der Rechtsperson. In: Bohnert, Joachim; Gramm, Christoph; Kindhäuser, Urs; Lege, Joachim; Rinken, Alfred, Robbers, Gerhard (Hrsg., 2001): Verfassung – Philosophie – Kirche. Festschr. f. Alexander Hollerbach zum 70. Geburtstag. Berlin 2001, S. 319–361.
- (2002a): Henning Uhlenbrock: Der Staat als juristische Person. In: AöR 127 (2002), S. 696–698.
- (2002): Die Realisierung von Gemeinwohl durch verselbständigte Verwaltungseinheiten. In: Brugger, Winfried; Kirste, Stephan; Anderheiden, Michael (Hrsg., 2002): Gemeinwohl in Deutschland, Europa und der Welt. Baden-Baden 2002, S. 327–390.
- (2002b): The Temporality of Law and the Plurality of Social Times. The Problem of Synchronizing Different Time Concepts through Law. In: Troper, Michel, Verza, Annalisa (Hrsg., 2002): Legal Philosophy: General Aspects. Concepts, Rights and Doctrines. Proceedings of the 19th World Congress of the International Association for Philosophy of Law and Social Sciences (IVR) New York, June 24–30, 1999. Stuttgart 2002, S. 13–44.
- (2003): Constitution and Time. In: Pluralism and Law; Proceedings of the 20th IVR World Congress – Amsterdam 2001; Vol. 2: State, Nation, Community, Civil Society; ed. by A. Soeteman (ARSP-Bh. Nr. 89), S. 79–87.
- (2005): Innovatives Verwaltungsrecht und Verwaltungsrechtsreform. In: Reform und Innovation in einer unstabilen Gesellschaft. Hrsg. von Giancarlo Corsi und Elena Esposito. Stuttgart 2005, S. 107–131.

Kisker, Gunter (1976): Abbau politischer Konfliktüberlastung durch Dezentralisierung. In: Wagener, Frido (Hrsg., 1976): Verselbständigung von Verwaltungsträgern. Bonn 1976.

Klages, Helmut (1977): Grenzen der Organisierbarkeit von Verwaltungsorganisationen. In: Die Verwaltung 10 (1977), S. 31–49.
- (1995): Modernisierung als Prozeß. In: Hill, Hermann (Hrsg., 1995): Reform der Landesverwaltung. Tagung der Hochschule für Verwaltungswissenschaften Speyer. Stuttgart, Berlin, Bonn, Düsseldorf, Heidelberg, Wien 1995.

Klang, Klaus A. (1998): Novellierung des Kommunalverfassungsrechts in Sachsen Anhalt. In: LKV 1998, S. 81–85.

Klein, Friedrich (1957): Die Genossenschaften des öffentlichen Rechts. In: Zeitschrift für das gesamte Genossenschaftswesen 7 (1957), S. 145–157.

Kleine-Cosack, Michael (1986): Berufsständische Autonomie und Grundgesetz. Baden-Baden 1986.
- (2003): Bundesrechtsanwaltsordnung – Kommentar. München 2003.

Klie, Thomas, Meysen, Thomas (1998): Neues Steuerungsmodell und Bürgerschaftliches Engagement. – Konkurrierende oder synergetische Programme zur Verwaltungsmodernisierung. In: DÖV 1998 452–459.

Kloss, Heinz (1961): Typen der Selbstverwaltung. In: Schmollers Jahrbuch für Gesetzgebung, Verwaltung und Volkswirtschaft 81 (1961), S. 325–349.

Klostermann, Christian H. (1997): Die akademische Selbstverwaltung in der Europäischen Union. Stuttgart, München, Hannover, Berlin, Weimar, Dresden 1997.

Kluth, Winfried (1986): Schutz individueller Freiheit in und durch öffentlich-rechtliche Körperschaften. In: DVBl. 1986, S. 716 ff.
- (1997): Funktionale Selbstverwaltung. Verfassungsrechtlicher Status – verfassungsrechtlicher Schutz. Tübingen 1997.

- (1997a): Verfassungsfragen der Privatisierung von Industrie- und Handelskammern. München 1997.
- (2000): Peer Review auf dem verfassungsrechtlichen Prüfstand – Anmerkungen zum Wirtschaftsprüferordnungsänderungsgesetz (WPOÄG). In: DStR 2000, S. 1927–1932.
- (2002): Funktionale Selbstverwaltung. In: Die Verwaltung 35 (2002), S. 349–376.
- (2002a): IHK-Pflichtmitgliedschaft mit dem Grundgesetz vereinbar. In: NVwZ 2002, S. 298–301.
- (2003): Kassenärztliche Vereinigungen – Körperschaften des öffentlichen Rechts. In: MedR 2003, S. 123–128.
- (2005): Das Selbstverwaltungsrecht der Kammern und sein verfassungsrechtlicher Schutz. In: DöV 2005, S. 368–376.

Knemeyer, Franz-Ludwig (1983): Beginn der Reorganisation der Verwaltung in Deutschland. In: Jeserich, Kurt G. A.; Pohl, Hans; Unruh, Georg-Christoph von (Hrsg., 1983): Deutsche Verwaltungsgeschichte II. Vom Reichsdeputationshauptschluß bis zur Auflösung des Deutschen Bundes. Stuttgart 1983, S. 120–154.
- (1992): Die Bedeutung des Kontrollsystems des BVerfG für Gebietsreformen in den neuen Bundesländern. In: LKV 1992, S. 313–315.
- (1995): Anstalt. In: Staatslexikon der Görresgesellschaft, Bd. 1, Sp. 166–168, Bd. 1, Sp. 166–168.
- (1995a): Körperschaft. In: Staatslexikon der Görresgesellschaft, Bd. 3, Sp. 674–677.
- (1995b): Aufsicht. In: Staatslexikon der Görresgesellschaft, Bd. 1, Sp. 400–403.
- (1999): Rechtsaufsicht als Vertrauensaufsicht. Zum Wandel der Staatsaufsicht über die Kommunen als Zeichen eines Wandels in der äußeren Kommunalverfassung und zur Stärkung kommunaler Selbstverwaltung. In: BayVBl. 1999, S. 193–197.
- (2000): Staatsaufsicht über Kommunen. In: JuS 2000, S. 521–525.

Knemeyer, Franz-Ludwig, Kempen, Bernhard (2000): § 17. Kommunales Wirtschaftsrecht. In: Achterberg, Norbert; Püttner, Günter; Würtenberger, Thomas (Hrsg., 2000): Besonderes Verwaltungsrecht II. Heidelberg 2000, S. 54–104.

Knöpfle, Franz (1987): Die Körperschaften des öffentlichen Rechts im formellen Sinn. In: Blümel, Willi; Merten, Deflef; Quaritsch, Helmut (Hrsg., 1987): Verwaltung und Rechtsstaat. Festschr. f. Carl Hermann Ule zum 80. Geburtstag am 26. Februar 1987. Köln-Berlin-Bonn-München 1987, S. 93–120.

Köbler, Gerhard (2001): Kammer. In: Deutsches Rechtslexikon, Bd. 2. 3. Aufl. München 2001, S. 2429.

Koellreutter, Otto (1936): Deutsches Verwaltungsrecht. Berlin 1936.

Kollhosser, Helmut (1997): Fehlerhafte Zweckverbände und allgemeine Grundsätze des Verbandsrechts. In: NJW 1997, S. 3265–3272.

König, Klaus (1995): „Neue" Verwaltung oder Verwaltungsmodernisierung: Verwaltungspolitik in den 90er Jahren. In: DÖV 1995, S. 349–358.
- (1997): Markt und Wettbewerb als Staats- und Verwaltungsprinzipien. In: DöV 1997, S. 339–248.

Komorowski, Alexis von (1998): Äußerungsrecht der kommunalen Volksvertretungen und gemeindliche Verbandskompetenz. Zugleich ein Beitrag zur Dogmatik der „gegliederten Demokratie". In: Der Staat 37 (1998), S. 122–146.

König, Thomas; Brechtel, Thomas (1997): Vom Korporatismus zum Etatismus? Die arbeits- und sozialpolitischen Interessenvermittlungsstrukturen vor und nach der Vereinigung. In: Kölner Zeitschrift für Soziologie und Sozialpsychologie 49 (1997), S. 702–727.

Kopp, Ferdinand (1992): Die Staatsaufsicht über die Handwerkskammern. München 1992.

Koselleck, Reinhart (1970): Staat und Gesellschaft in Preußen 1815-1848. In: Conze, Werner (Hrsg., 1970): Staat und Gesellschaft im deutschen Vormärz 1815-1848. Stuttgart 1970, S. 79-112.
— (1989): Preußen zwischen Reform und Revolution. Allgemeines Landrecht, Verwaltung und soziale Bewegung von 1791 bis 1848. München 1989.
— (2004): Verwaltung, Amt, Beamter I. Einleitung. In: Brunner, Otto; Conze, Werner; Koselleck, Reinhart (2004): Geschichtliche Grundbegriffe. Historisches Lexikon zur politisch-sozialen Geschichte in Deutschland, Bd. 7. Stuttgart 2004.
Köttgen, Arnold (1929): Verwaltungsrecht der öffentlichen Anstalt. In: VVdStRL 6 (1929), S. 105-143.
— (1939): Die rechtsfähige Verwaltungseinheit. In: VerwArch 44 (1939), S. 1-96.
— (1958): Die Organisationsgewalt. In: VVdStRL 16 (1958), S. 154-239.
— (1968): Die Krise der kommunalen Selbstverwaltung (1931). In: Köttgen, Arnold (Hrsg., 1968): Kommunale Selbstverwaltung zwischen Krise und Reform. Ausgewählte Schriften. Stuttgart 1968, S. 1-37.
Krawietz, Werner (1976): Körperschaft. In: HWbPh 4, Sp. 1102-1134.
Krebs, Walter (1985): Die öffentlichrechtliche Anstalt. In: NVwZ 1985, S. 609-616.
— (1988): § 69. Verwaltungsorganisation. In: Isensee, Josef; Kirchhof, Paul (Hrsg., 1988): Handbuch des Staatsrechts, Band III. Das Handeln des Staates. S. 566-621.
— (1996): Notwendigkeit und Struktur eines Verwaltungsgesellschaftsrechts. In: Die Verwaltung 29 (1996), S. 309-321.
— (1997): Neue Bauformen des Organisationsrechts und ihre Einbeziehung in das Allgemeine Verwaltungsrecht. In: Schmidt-Aßmann, Eberhard, Hoffmann-Riem, Wolfgang (Hrsg., 1997): Verwaltungsorganisationsrecht als Steuerungsressource. Baden-Baden 1997, S. 339-354.
Krone, Hans G. (2005): Die Bedeutung der Verwaltungskultur — Eine kulturbezogene Bestandsaufnahme zur Wirtschaftsförderungspolitik in Sachsen. In: LKV 2005, S. 59-61.
Krücken, Georg (2002): Amerikanischer Neo-Institutionalismus — Europäische Perspektiven. In: Sociologia Internationalis 40 (2002), S. 227-259.
Krüger, Hildegard (1951): Juristische Personen des öffentlichen Rechts. In: DÖV 1951, S. 263 ff.
Kube, Hanno (2002): Zu Rechtsstaatlichkeit, Demokratie und der Autonomie rechtlicher Rationalität im Spiegel der Haushaltsrechtsreform. In: Der Staat 35 (2002), S. 507-524.
Kühne, Jörg-Detlef (1997): Die Landesverfassungsgarantien hochschulischer Selbstverwaltung — ein unentfaltetes Potential. In: DöV 1997, S. 1-13.
Kübler, Friedrich (1999): Ehrenschutz, Selbstbestimmung und Demokratie. In: NJW 1999, S. 1281-1287.

Laband, Paul (1876): Das Staatsrecht des Deutschen Reiches. Erster Band. Tübingen 1876.
Ladeur, Karl-Heinz (1993): Von der Verwaltungshierarchie zum administrativen Netzwerk. Zur Erhaltung der Eigenständigkeit der Verwaltung unter Komplexitätsbedingungen. In: Die Verwaltung 1993, S. 137-165.
— (1995): Postmoderne Rechtstheorie. Selbstreferenz — Selbstorganisation — Proceduralisierung. Berlin 1995.
Lange, Klaus (1986): Die öffentliche Anstalt. In: VVdStRL 44 (1986), S. 169-210.
Langewiesche, Dieter (1984): Vereins- und Parteibildung in der Revolution von 1848/49. In: Dann, Otto (Hrsg., 1984): Vereinswesen und bürgerliche Gesellschaft in Deutschland. München (Historische Zeitschrift : Beih.; N.F. 9) 1984, S. 51-54.
Langosch, Jürgen (1995): Ausgewählte Probleme im Verbandswesen der Sozialversicherung. Hamburg 1995.

Larkey, Patrick D. (2002): Ask a simple question: A retrospective on Herbert Alexander Simon. In: Policy Sciences 35 (2002), S. 239-268.

Laufke, Franz (1956): Körperschaft. In: Staatslexikon der Görresgesellschaft. Bd. 5. 6. Aufl. Freiburg 1956, Sp. 50-54.

Laux, Eberhard (1976): Katalog von Rechtsformen verselbständigter Verwaltungsträger. In: Wagener, Frido (Hrsg., 1976): Verselbständigung von Verwaltungsträgern. Bonn 1976.

— (1983): Kommunale Selbstverwaltung als politisches Prinzip. In: Mutius, Albert von (Hrsg., 1983): Selbstverwaltung im Staat der Industriegesellschaft. Festschr. f. von Unruh. Heidelberg 1983, S. 51-78.

Lecheler, Helmut (1988): Verwaltungslehre. Stuttgart, München, Hannover, Berlin, Weimar, Dresden 1988.

Lee, Yu-Jun (1997): Die Selbstverwaltung als Organisationsprinzip in der deutschen Sozialversicherung. Baden-Baden 1997.

Lehmann, Helmut (2004): Betriebswirtschaftliche Organisationslehre. In: HWO Sp.

Lehmann, Jens (1999): Die Konkursfähigkeit juristischer Personen des öffentlichen Rechts. Berlin 1999.

Leitherer, Stephan (1997): Fünfter Abschnitt. Mitgliedschafts- und Versicherungsverhältnis. In: Schulin, Bertram (Hrsg., 1997): Handbuch des Sozialversicherungsrechts. Band 4: Pflegeversicherungsrecht. München 1997. S. 323-357.

— (1994): 5. Abschnitt. Mitgliedschafts- und Versicherungsverhältnis. In: Schulin, Bertram (Hrsg., 1994): Handbuch des Sozialversicherungsrechts. Band 1: Krankenversicherungsrecht. München 1994, S. 541-616.

Leopold, Dieter (1996): Die Selbstverwaltung in der Sozialversicherung. Sankt Augustin 1996.

Lepsius, Oliver (1999): Steuerungsdiskussion, Systemtheorie und Parlamentarismuskritik. Tübingen 1999.

— (1994): Die gegensatzaufhebende Begriffsbildung. Methodenentwicklungen in der Weimarer Republik und ihr Verhältnis zur Ideologisierung der Rechtswissenschaft im Nationalsozialismus. München 1994.

Lerche, Paul (1992): § 121. Grundrechtlicher Schutzbereich, Grundrechtsprägung und Grundrechtseingriff. In: Isensee, Josef; Kirchhof, Paul (Hrsg., 1992): Handbuch des Staatsrechts der Bundesrepublik Deutschland. Band V. Allgemeine Grundrechtslehren. Heidelberg 1992, S. 739-774.

Leuze, Dieter (1996): Mitwirkungsrechte der Mitglieder. In: Flämig, Chr.; Kimminich, Otto; Krüger, H.; Meusel, Ernst-Joachim; Rupp, Hans Heinrich; Scheven, D.; Schuster, H.J.; Stenbrock-Fermor, F. Graf (Hrsg., 1996): Handbuch des Wissenschaftsrechts. Berlin, Heidelberg u. a. 1996, S. 859-881.

Lichtenberg, Georg Christoph (2004): Promies, Wolfgang (Hrsg., 2004): Schriften und Briefe I. Sudelbücher 1. München 2004.

Lindblom, Charles E. (1959): The Science of Muddling Through. In: Public Administration Review 19 (1959), S. 79-88.

Lindner, Berend (2002): Entstehung und Untergang von Körperschaften des öffentlichen Rechts: Unter besonderer Berücksichtigung der Religions- und Weltanschauungsgemeinschaften. Frankfurt/Main, Bern, New York, Paris 2002.

Lipp, Martin (1982): „Persona Moralis", „Juristische Person" und „Personenrecht" – Eine Studie zur Dogmengeschichte der „Juristischen Person" im Naturrecht und Frühen 19. Jahrhundert. In: Quaderni fiorentini per la storia del pensiero giuridico moderno 11/12 (1982/83), S. 217-262.

Listl, Joseph; Pirson, Dietrich (Hrsg., 1996): Handbuch des Staatskirchenrechts der Bundesrepublik Deutschland. Band 1. Berlin 1996.
Litwak, Eugene (1961): Models of Bureaucracy Which Permit Conflict. In: The American Journal of Sociology 67 (1961), S. 177–184.
Löer, Lambert (1999): Körperschafts- und anstaltsinterne Rechts- und Zweckmäßigkeitskontrolle. Ein Institut des Organisationsrechts juristischer Personen des öffentlichen Rechts. München 1999.
Loeser, Roman (1989): Die Bundesverwaltung in der Bundesrepublik Deutschland 1. Bestand, Rechtsformen und System der Aufbauorganisation. 3. Aufl. Speyer 1989.
— (1994): System des Verwaltungsrechts. Band 2: Verwaltungsorganisation. Baden-Baden 1994.
Loschelder, Wolfgang (1988): § 68. Weisungshierarchie und persönliche Verantwortung in der Exekutive. In: Isensee, Josef; Kirchhof, Paul (Hrsg., 1988): Handbuch des Staatsrechts der Bundesrepublik Deutschland. Band III. Das Handeln des Staates. Heidelberg 1988, S. 521–566.
Löwer, Wolfgang (1985): Die öffentliche Anstalt. In: DVBl. 1985, S. 928–939.
— (2000): Verfassungsrechtsdogmatische Grundprobleme der Pflichtmitgliedschaft in Industrie- und Handelskammern. In: GewArch 46 (2000), S. 89 – 98.
Lübking, Uwe; Vogelsang, Klaus (1998): Die Kommunalaufsicht. Berlin 1998.
Lüder, Klaus (2004): Organisationen der öffentlichen Betriebe. In: HWO.
— (2001): Verwaltungskontrolle aus sozial- und verwaltungswissenschaftlicher Perspektive. In: Schmidt-Aßmann, Eberhard, Hoffmann-Riem, Wolfgang (Hrsg., 2001): Verwaltungskontrolle. Baden-Baden 2001.
Luhmann, Niklas (1964): Zweck – Herrschaft – System: Grundbegriffe und Prämissen Max Webers. In: Der Staat 3 (1964), S. 129–158.
— (1966): Theorie der Verwaltungswissenschaft. Bestandsaufnahme und Entwurf. Köln-Berlin 1966.
— (1984): Organisation. In: HWbPh 6, Sp. 1326–1328.
— (1995): Das Recht der Gesellschaft. Frankfurt/Main 1995.
— (1997): Die Gesellschaft der Gesellschaft. Frankfurt/Main 1997.
— (1998): Zweckbegriff und Systemrationalität. Frankfurt/Main 1998.
— (1999) Ausdifferenzierung des Rechtssystems. In: *ders* (1999).: Ausdifferenzierung des Rechts. Frankfurt/Main 1999, S. 35 ff.
— (2005): Die Politik der Gesellschaft. Frankfurt/Main 2005.
— (2005): Organisation und Entscheidung. In: Luhmann, Niklas (Hrsg., 2005): Soziologische Aufklärung 3. Soziales System, Gesellschaft, Organisation. Opladen 2005.
— (2006): Organisation und Entscheidung. Opladen 2006.
— (2007): Opportunismus und Programmatik in der öffentlichen Verwaltung. In: Luhmann, Niklas (Hrsg., 2007): Politische Planung. Aufsätze zur Soziologie von Politik und Verwaltung. Opladen 2007.
— (2007): Lob der Routine. In: Luhmann, Niklas (Hrsg., 2007): Politische Planung. Aufsätze zur Soziologie von Politik und Verwaltung. Opladen 2007.
Luig, Klaus (1994): Soziale Monarchie oder soziale Demokratie – Beobachtungen zur Staatslehre von Rudolf von Gneist (1816–1895). In: ZRG GA 111 (1994), S. 464–481.
Luppert, Jürgen (2000): Der kommunale Zweckverband. Heidelberg (Maschschr.) 2000.
Lütges, Stefan (1996): Das Umweltauditgesetz – UAG. In: NVwZ 1996, S. 230–235.
Lynker, Hilmar (1960): Die Rechtsgrundlagen der öffentlichen Körperschaft im heutigen Verwaltungsrecht. Bonn 1960.

Magiera, Siegfried (1995): Kommunale Selbstverwaltung in der Europäischen Union. In: Grupp, Klaus; Ronellenfitsch, Michael (Hrsg., 1995): Kommunale Selbstverwaltung in Deutschland und Europa. Berlin 1995, S. 13–34.

Maihofer, Werner (1995): § 12 Prinzipien freiheitlicher Demokratie. In: Benda, Ernst; Maihofer, Werner; Vogel, Hans-Jochen (Hrsg., 1995): Handbuch des Verfassungsrechts der Bundesrepublik Deutschland. Berlin – New York 1995.

Mangoldt, Hermann von, Klein, Friedrich, Starck, Christian (Hrsg., 2005): Kommentar zum Grundgesetz. Band 1: Präambel, Artikel 1 bis 19. München 2005.

– (Hrsg., 2005): Kommentar zum Grundgesetz. Band 2: Artikel 20–78. München 2005.

– (Hrsg., 2005): Kommentar zum Grundgesetz. Band 3: Artikel 79–146. München 2005.

Mann, Bernhard; Nüske, Gerd Friedrich (1985): Die Verwaltung in den Ländern des Reiches. § 3 Württemberg. In: Jeserich, Kurt G. A.; Pohl, Hans; Unruh, Georg-Christoph von (Hrsg., 1985): Deutsche Verwaltungsgeschichte IV. Das Reich als Republik und in der Zeit des Nationalsozialismus. Stuttgart 1985, S. 567–576.

Mann, Thomas; Püttner, Günter (Hrsg., 2007): Handbuch der kommunalen Wissenschaft und Praxis (HBdKWP). Band 1, Grundlagen und Kommunalverfassung. Berlin, Heidelberg u. a. 2007.

March, James G., Olsen, J. P. (1984): The New Institutionalism: Organizational Factors of Political Life. In: American Political Science Review 77 (1984), S. 734–749.

– (1989): Rediscovering Institutions. The Organizational Basis of Politics. New York 1989.

March, James G.; Simon, Herbert A. (1993): Organizations. New York 1993.

Martens, Wolfgang (1969): Öffentlich als Rechtsbegriff. Berlin 1969.

Martensen, Jürgen (1995): Grundfälle zum Kommunalverfassungsstreit. In: JuS 1995, S. 989–992 u. 1077–1080.

Martin, Bernd (1991): Universität im Umbruch: Das Rektorat Heidegger 1933/34. In: John, Eckhard; Martin, Bernd; Mück, Marc; Ott, Hugo (Hrsg., 1991): Die Freiburger Universität in der Zeit des Nationalsozialismus. Freiburg-Würzburg 1991, S. 9–24.

Mastronardi, Philippe (2004): New Public Management im Kontext unserer Staatsordnung. Staatspolitische, staatsrechtliche und verwaltungsrechtliche Aspekte der neuen Verwaltungsführung. In: *ders.; Schedler, Kuno* (Hrsg., 2004): New Public Management in Staat und Recht. Ein Diskurs. Mit einem Kommentar von Daniel Brühlmeier. Bern – Stuttgart – Wien 2004.

Matzerath, Horst (1970): Nationalsozialismus und kommunale Selbstverwaltung. Stuttgart 1970.

Maunz, Theodor (1935): Der Führergedanke in der Verwaltung. In: Deutsches Recht 1935, S. 219–221.

– (1936): Der Streit um die Körperschaft des öffentlichen Rechts. In: Deutsche Verwaltungsblätter 1936, S. 1–4.

– (1937): Das Verwaltungsrecht des nationalsozialistischen Staates. In: Frank, Hans (Hrsg., 1937): Deutsches Verwaltungsrecht. München 1937, S. 27–49.

Maunz, Theodor; Dürig, Günter (Begr.): Grundgesetz. Kommentar. München. Losebl. Stand 47. Lieferung, 2006.

Maurer, Andrea; Schmid, Michael (2002): Die ökonomische Herausforderung der Soziologie? In: Maurer, Andrea, Schmid, Michael (Hrsg., 2002): Neuer Institutionalismus. Zur soziologischen Erklärung von Organisation, Moral und Vertrauen. Frankfurt/New York 2002, S. 9–38.

– (Hrsg., 2002): Neuer Institutionalismus. Zur soziologischen Erklärung von Organisation, Moral und Vertrauen. Frankfurt/New York 2002.

Maurer, Hartmut (2006): Allgemeines Verwaltungsrecht. München 2006.

Mayen, Thomas (1997): Der Umweltgutachterausschuß – ein strukturelles Novum ohne hinreichende demokratische Legitimation. In: NVwZ 1997, S. 215–219.
Mayer, Franz (1969): Der Weg der deutschen Verwaltung vom Kameralismus zum Etatismus des frühen Verfassungsstaates. In: Die Verwaltung 2 (1969), S. 130–151.
Mayer, Otto (1908): Die juristische Person und ihre Verwertbarkeit im öffentlichen Recht. Tübingen 1908.
— (1917): Deutsches Verwaltungsrecht 2. Leipzig 1917.
Mayer-Tasch, Peter-Cornelius (1971): Korporativismus und Autoratismus. Eine Studie zu Theorie und Praxis der berufsständischen Rechts- und Staatsidee. Frankfurt/Main 1971.
Mayntz, Renate (1963): Soziologie der Organisation. Reinbeck b. Hamburg 1963.
— (1968): Max Webers Idealtypus der Bürokratie und die Organisationssoziologie. In: Mayntz, Renate (Hrsg., 1968): Bürokratische Organisation. Köln-Berlin 1968, S. 27–36.
— (Hrsg. 1992): Verbände zwischen Mitgliederinteressen und Gemeinwohl. Gütersloh 1992.
— (1997): Soziologie der öffentlichen Verwaltung. Heidelberg 1997.
Mayntz, Renate; Rosewitz, Bernd (1988): Ausdifferenzierung und Strukturwandel des Deutschen Gesundheitssystems. In: Mayntz, Renate, Rosewitz, Bernd, Schimank, Uwe, Stichweh, Rudolf (Hrsg., 1988): Differenzierung und Verselbständigung. Zur Entwicklung gesellschaftlicher Teilsysteme. Frankfurt/New York 1988, S. 117–179.
Mehde, Veith (2001): Zwischen New Public Management und Democratic Renewal – Neuere Entwicklungen im britischen Kommunalrecht. In: Verwaltungsarchiv 95 (2001), S. 257–279.
Menard, Claude (1996): Why Organizations Matter. In: Atlantic Economic Journal 24 (1996), S. 281–300.
Menger, Christian-Friedrich (1983): Entwicklung der Selbstverwaltung im Verfassungsstaat der Neuzeit. In: Mutius, Albert von (Hrsg., 1983): Selbstverwaltung im Staat der Industriegesellschaft. Festschr. f. von Unruh. Heidelberg 1983, S. 25–41.
Merkl, Adolf Julius (1993): Prolegomena einer Theorie des rechtlichen Stufenbaus (1931). In: D. Mayer-Maly, H. Schambeck, W.-D. Grussmann (Hrsg.): Gesammelte Schriften. Erster Band: Grundlagen des Rechts. Erster Teilband, 437–492.
Merton, Robert K. (1940): Burceaucratic Structure and Personality. In: Social Forces 18 (1940), S. 560–568.
Meßerschmidt, Klaus (1990): Rechtsschutz gegenüber Zwangsverbänden. Öffentlich-rechtliche Mitgliederklagen im Wandel der höchstrichterlichen Rechtsprechung. In: VerwArch 81 (1990), S. 55–86.
Meusel, Ernst-Joachim (1990): Die Akademien der Wissenschaften. In: WissR 23 (1990), S. 1–13.
— (1999): Außeruniversitäre Forschung im Wissenschaftsrecht. Köln-Berlin-Bonn-München 1999.
Meyer, Hans (1982): Kommunalwahlrecht. In: Püttner, Günter (1982): Handbuch der kommunalen Wissenschaft und Praxis (HBdKWP). Band 2: Kommunalverfassung. Berlin, Heidelberg u. a. 1982., S. 37–80.
Meyer, Hubert (2001): Kommunale Selbstverwaltung als objektive Rechtsinstitutionsgarantie. Grundsätzliches zur Sparkassenträgerschaft und gegen kondominale Mischverwaltung. In: DÖV 2001, S. 766–768, S. 766–768.
Meyer, John W.; Rowan, Brian (1977): Institutional Organizations: Formal Structure as Myth and Ceremony. In: American Journal of Sociology 83 (1977), S. 340–363.
Meyer, Georg/Anschütz, Gerhard (1919): Lehrbuch des deutschen Staatsrechts. Nach dem Tode des Verf. in 7. Aufl. bearb. von Gerhard Anschütz. Berlin 1919.

Meyn, Karl-Ulrich (1993): Aufgaben der Hochschulen und Probleme der Organstruktur im Thüringer Hochschulgesetz. In: LKV 1993, S. 321–326.

Michels, Robert (1989): Zur Soziologie des Parteiwesens in der modernen Demokratie. Untersuchungen über die oligarchischen Tendenzen des Gruppenlebens. Hrsg. u. eingeleitet von Pfetsch, Frank R. Neudr. d. 2. Aufl. (Leipzig 1925) Stuttgart 1989.

Mögele, Rudolf (1987): Die Einheit der Verwaltung als Rechtsproblem. In: BayVBl. (1987), S. 545–549.

Mohl, Robert von (1855): Geschichte und Literatur der Staatswissenschaften, Bd. I. Erlangen 1855.

Möller, Horst (1985): Die Verwaltung in den Ländern des Reiches. § 1 Preußen. In: Jeserich, Kurt G. A.; Pohl, Hans; Unruh, Georg-Christoph von (Hrsg., 1985): Deutsche Verwaltungsgeschichte IV. Das Reich als Republik und in der Zeit des Nationalsozialismus. Stuttgart 1985, S. 540–557.

Möllering, Jürgen (2001): Vertretung des Gesamtinteresses der gewerblichen Wirtschaft durch die Industrie- und Handelskammern – Legitimation durch Verfahren. In: WiVerw 2001, S. 25–61.

Möllers, Christoph (2002): Theorie, Praxis und Interdisziplinarität in der Verwaltungsrechtswissenschaft. In: VerwArch 2002, S. 22–61.

Morlok, Martin; Heinig, Hans Michael (1999): Parität im Leistungsstaat – Körperschaftsstatus nur bei Staatsloyalität? – Ein Beitrag zur Dogmatik des Art. 140 GG i. V. mit Art. 137 V 2 WRV. In: NVwZ 1999, S. 697–706.

Morsey, Rudolf (1984): § 1. Die Erfüllung von Aufgaben des Norddeutschen Bundes und des Reiches durch Behörden des Bundes und des Reiches. In: Jeserich, Kurt G. A.; Pohl, Hans; Unruh, Georg-Christoph von (Hrsg., 1984): Deutsche Verwaltungsgeschichte III. Das Deutsche Reich bis zum Ende der Monarchie. Stuttgart 1984, S. 138–185.

Morstein Marx, Fritz (1963): Beamtenethos und Verwaltungsethik. Eine einführende Skizze. In: VerwArch 54 (1963), S. 323–344.

Most, Otto (1927): Die Selbstverwaltung der Wirtschaft in den Industrie- und Handelkammern. 3. Aufl. Jena 1927.

Mronz, Dieter (1973): Körperschaften und Zwangsmitgliedschaft. Berlin 1973.

Muckel, Stefan (2001): Friedenswahlen in der Sozialversicherung. In: Schnapp, Friedrich E. (Hrsg., 2001): Funktionale Selbstverwaltung und Demokratieprinzip – am Beispiel der Sozialversicherung. Tagungsband zum 8. Fachkolloquium des Instituts für Sozialrecht am 28./29. Juni 2000 in Bochum. Frankfurt/Main, Bern, New York, Paris 2001, S. 151–177.

— (2002): Die Selbstverwaltung in der Sozialversicherung auf dem Prüfstand des Demokratieprinzips. In: NZS 2002, S. 119–125.

Mückl, Stefan (1998): Finanzverfassungsrechtlicher Schutz der kommunalen Selbstverwaltung. Kommunale Selbstverwaltung im Spannungsverhältnis von Aufgabenverantwortung und Ausgabenlast. Stuttgart 1998.

Müller, Friedrich (2004): Juristische Methodik. 9. Aufl. Berlin 2004.

— (1965): Korporation und Assoziation. Eine Problemgeschichte der Vereinigungsfreiheit im deutschen Vormärz. Berlin 1965.

— (1997): Wer ist das Volk? Die Grundfrage der Demokratie – Elemente einer Verfassungstheorie VI. Berlin 1997.

Müller, Jürgen (1994): Zu den Abwehrrechten des Ratsmitglieds gegenüber organisationsrechtswidrigen Eingriffen in seine Mitwirkungsrechte. In: NVwZ 1994, S. 120–124.

Müller, Nikolaus (1993): Rechtsformenwahl bei der Erfüllung öffentlicher Aufgaben (Institutional Choice). Köln, Berlin, Bonn, München 1993.

Müller, Ulf (1997): Die rechtliche Stellung der Fachschaften. Münster 1997.

Münch, Ingo von; Kunig, Philip (Hrsg., 2001): Grundgesetz-Kommentar. Band 2 Art. 20–69. München 2001.
— (Hrsg., 2003): Grundgesetz-Kommentar. Band 3 Art. 70–146. München 2003.
Murswiek, Dietrich (1992): § 112. Grundrechte als Teilhaberechte, soziale Grundrechte. In: Isensee, Josef, Kirchhof, Paul (Hrsg., 1992): Handbuch des Staatsrechts der Bundesrepublik Deutschland. Band V: Allgemeine Grundrechtslehren. Heidelberg 1992, S. 243–290.
Musielak, Hans-Joachim; Detterbeck, Steffen (1995): Das Recht des Handwerks. München 1995.
Mußgnug, Reinhard (1984): § 2. Die Ausführung der Reichsgesetze durch die Länder und die Reichsaufsicht. In: Jeserich, Kurt G. A.; Pohl, Hans; Unruh, Georg-Christoph von (Hrsg., 1984): Deutsche Verwaltungsgeschichte III. Das Deutsche Reich bis zum Ende der Monarchie. Stuttgart 1984, S. 186–206.
— (1985): Die rechtlichen und pragmatischen Beziehungen zwischen Parlament, Regierung und Verwaltung. In: Jeserich, Kurt G. A.; Pohl, Hans; Unruh, Georg-Christoph von (Hrsg., 1985): Deutsche Verwaltungsgeschichte IV. Das Reich als Republik und in der Zeit des Nationalsozialismus. Stuttgart 1985, S. 308–329.
— (1989): Das politische Mandat öffentlich-rechtlicher Körperschaften und seine verfassungsrechtlichen Grenzen. In: Festschr. f. Karl Doehring, S. 665 ff.
— (1992): Das Staatserbe Preußens – Rechtslage und Verfassungswirklichkeit. In: Forschungen zur Brandenburgischen und Preußischen Geschichte (N.F.) 2 (1992), S. 1–23.
— (1993): Wendemarken in der Verfassungsgeschichte? In: Becker, Bernd; Bull, Hans Peter; Seewald, Oswald (Hrsg., 1993): Festschr. f. Werner Thieme zum 70. Geburtstag. Köln-Berlin-Bonn-München 1993, S. 141–165.
Mutius, Albert von (1982): Grundrechtschutz contra Verwaltungseffizienz im Verwaltungsverfahren? In: NJW 1982, S: 2150–2160.
— (Hrsg., 1983): Selbstverwaltung im Staat der Industriegesellschaft. Festschr. f. von Unruh. Heidelberg 1983.
— (1985): VIII. Kapitel. Kommunalverwaltung und Kommunalpolitik. In: Jeserich, Kurt G. A.; Pohl, Hans; Unruh, Georg-Christoph von (Hrsg., 1985): Deutsche Verwaltungsgeschichte IV. Das Reich als Republik und in der Zeit des Nationalsozialismus. Stuttgart 1985, S. 1056–1081.

Nassehi, Armin (2004): Die Theorie funktionaler Differenzierung im Horizont ihrer Kritik. In: ZfS 33 (2004), S. 98–118.
Neuberger, Oswald (2000): Individualisierung und Organisierung. Die wechselseitige Erzeugung von Individuum und Organisation durch Verfahren. In: Ortmann, Günther; Sydow, Jörg; Türk, Klaus (Hrsg., 1997): Theorien der Organisation. Die Rückkehr der Gesellschaft. Opladen 2000.
Neuhoff, Klaus (1983): Einige Bemerkungen zur Komplementarität von Selbstverwaltung und Stiftung. In: Mutius, Albert von (Hrsg., 1983): Selbstverwaltung im Staat der Industriegesellschaft. Festschr. f. von Unruh. Heidelberg 1983.
Niemann, Ulrich; Ruder, Karl-Heinz (1999): Plädoyer für die Abschaffung der unechten Teilortswahl. In: VBlBW 1999, S. 321–325.
Niepalla, Peter (2003): Deutsche-Welle-Gesetz. Baden-Baden 2003.
Nierhaus, Michael (1995): Die Gemeindeordnung des Landes Brandenburg – Einführung, Übersicht und erste kritische Analyse des Ersten, Zweiten und Vierten Kapitels. In: LKV 1995, S. 5–12.
Niesel, Klaus; Funk, Winfried (Hrsg., 2006): Kasseler Kommentar Sozialversicherungsrecht. Losebl., Stand: 51 Lfg., München 2006.

Nipperdey, Thomas (1976): Verein als soziale Struktur in Deutschland im späten 18. und frühen 19. Jahrhundert. Eine Fallstudie zur Modernisierung I. In: ders. (Hrsg., 1976): Gesellschaft, Kultur, Theorie. Gesammelte Aufsätze zur neueren Geschichte. Göttingen 1976, S. 174–205.
— (1998): Deutsche Geschichte 1866–1918, Bd. 1: Arbeitswelt und Bürgergeist. München 1998.
— (1998): Deutsche Geschichte 1866–1918, Bd. 2: Machtstaat vor der Demokratie. München 1998.
— (1998a): Deutsche Geschichte 1800–1866: Bürgerwelt und starker Staat. München 1998.
Nocken, Ulrich (1981): Korporatistische Theorien und Strukturen in der deutschen Geschichte des 19. und frühen 20. Jahrhunderts. In: Alemann, Ulrich von (Hrsg., 1981): Neokorporatismus. Frankfurt/Main und New York 1981, S. 17–39.
Noll, Werner; Ebert, Werner (1998): Organisationswandel aus verändertem Verständnis öffentlicher Aufgaben – Geeignete Institutionen aus spieltheoretischer Sicht. In: Budäus, Dietrich (Hrsg., 1998a): Organisationswandel öffentlicher Aufgabenwahrnehmung. Baden-Baden 1998, S. 61–97.

Oebbecke, Janbernd (1982): Zweckverbandsbildung und Selbstverwaltungsgarantie. Stuttgart 1982.
— (1987): Die Einheit der Verwaltung als Rechtsproblem. In: DVBl. 1987, S. 866–877.
— (1988): Individualrechtsschutz gegen Überschreitungen der gemeindlichen Verbandskompetenz. In: NVwZ 1988, S. 393–398.
— (1990): Demokratische Legitimation nicht-kommunaler Selbstverwaltung. In: Verw Arch 81 (1990), S. 349 ff.
— (2003): Selbstverwaltung angesichts von Europäisierung und Ökonomisierung. In: VVDStRL 62 (2003), S. 366–404.
Oldiges, Martin (1987): Die Einheit der Verwaltung als Rechtsproblem. In: NVwZ 1987, S. 737–744.
Olsen, Johan P. (2001): Garbage Cans, New Institutionalism, and the Study of Politics. In: American Political Science Review 95 (2001), S. 191–198.
Oppermann, Thomas (1996): Selbstverwaltung und staatliche Verwaltung. In: Flämig, Chr.; Kimminich, Otto; Krüger, H.; Meusel, E.-J.; Rupp, Hans Heinrich; Scheven, D.; Schuster, H.J.; Stenbrock-Fermor, F. Graf (Hrsg., 1996): Handbuch des Wissenschaftsrechts. Berlin, Heidelberg u. a. 1996, S. 1009–1038.
Ortmann, Günther; Sydow, Jörg; Türk, Klaus (Hrsg., 2000): Theorien der Organisation. Die Rückkehr der Gesellschaft. Opladen 2000.
Osborne, David; Gaebler, Ted (1997): Der innovative Staat. Wiesbaden 1997.
Ossenbühl, Fritz (2007): § 23. Die Rechtsstellung von Bürgern und Einwohnern. In: Mann, Thomas; Püttner, Günter (Hrsg., 2007): Handbuch der kommunalen Wissenschaft und Praxis (HBdKWP). Band 1, Grundlagen und Kommunalverfassung. Berlin, Heidelberg u. a. 2007.
— (1988): § 62. Vorrang und Vorbehalt des Gesetzes. In: HbStR III. Hrsg., v. J. Isensee u. P. Kirchhof, S. 315–349, S. 315–349.
— (1988): § 65. Autonome Rechtssetzung der Verwaltung. In: HbStR III. Hrsg., v. J. Isensee u. P. Kirchhof, S. 425–462.
— (1988): § 66. Satzung. In: Isensee, Josef; Kirchhof, Paul (Hrsg., 1988): Handbuch des Staatsrechts der Bundesrepublik Deutschland. Band III. Das Handeln des Staates. Heidelberg 1988, S. 463–497.
— (1998): Staatshaftungsrecht. München 1998.

- (2006): Rechtsquellen und Rechtsbindungen der Verwaltung. In: Erichsen, Hans-Uwe; Ehlers, Dirk (Hrsg., 2006): Allgemeines Verwaltungsrecht. Berlin 2006.
O'Toole, Laurence J. O. (1997): Treating Networks Seriously: Practical and Research-Based Agendas in Public Administration. In: Public Administration Review 57 (1997), S. 45–52.
Ott, Hugo (1985): Die Verwaltung in den Ländern des Reiches. § 4 Baden. In: Jeserich, Kurt G. A.; Pohl, Hans; Unruh, Georg-Christoph von (Hrsg., 1985): Deutsche Verwaltungsgeschichte IV. Das Reich als Republik und in der Zeit des Nationalsozialismus. Stuttgart 1985, S. 577–586.

Papenfuß, Matthias (1991): Die personellen Grenzen der Autonomie öffentlich-rechtlicher Körperschaften. Berlin 1991.
Papier, Hans-Jürgen (1996): Verfassungsrechtliche Probleme bei der Organisation der Sozialversicherungsträger. In: Merten, D.; Schmidt, R.; Stettner, R. (Hrsg.; 1996) Der Verwaltungsstaat im Wandel. Festschr. f. Franz Knöpfle zum 70. Geburtstag, S. 273–289.
- (2006): Recht der öffentlichen Sachen. In: Erichsen, Hans-Uwe; Ehlers, Dirk (Hrsg., 2006: Allgemeines Verwaltungsrecht. Berlin 2006.
Pappermann, Ernst (1981): Der Status der Gemeinden und Kreise als Gebietskörperschaften. In: Mann, Thomas; Püttner, Günter (Hrsg., 2007): Handbuch der kommunalen Wissenschaft und Praxis, Band I: Grundlagen, Kommunalverfassung: Hrsg., v. G. Püttner. 2. Aufl. 1981,, S. 299–315, S. 299–315.
- (1983): Chancen für Organisationsreformen in der Kommunalverwaltung? In: NVwZ 1983, S. 137–141.
Parker, Martin (1992): Postmodern Organizations or Postmodern Organization Theory. In: Organization Studies 13 (1992), S. 1–17.
Peabody, Robert L.; Rourke, Francis E. (1970): Public Bureaucracies. In: March, James G.; Olsen, J. P. (1989): Rediscovering Institutions. The Organizational Basis of Politics. New York 1989, S. 802–839.
Pencereci, Turgut; Siering, Ekkehart (1996): Die Vollstreckung von Geldforderungen gegen Gemeinden durch Private. In: LKV 1996, S. 401–403.
Pensky, Ulrich (1999): Staatlichkeit öffentlicher Verwaltung und ihre marktmäßige Modernisierung. Vereinbarkeit oder Widerspruch? In: DÖV 1999, S. 85–96.
Perrow, Charles (1961): The Analysis of Goals in Complex Organizations. In: Am. Sociol. Rev. 26 (1961), S. 854–866.
- (1986): Complex Organizations. A Critical Essay. New York u. a. 1986.
Peters, Hans (1926): Grenzen der kommunalen Selbstverwaltung. Berlin 1926.
- (1928): Zentralisation und Dezentralisation. 1928.
Peters, Hermann (1941): Rechtsnatur, Organisation und Aufgaben der deutschen Industrie- und Handelskammern. Oldenburg i. O. 1941.
Petzina, Dietmar (1985): Das Reich als Republik: 1918–1932 – Soziale und Wirtschaftliche Entwicklung. In: Jeserich, Kurt G. A.; Pohl, Hans; Unruh, Georg-Christoph von (Hrsg., 1985): Deutsche Verwaltungsgeschichte IV. Das Reich als Republik und in der Zeit des Nationalsozialismus. Stuttgart 1985, S. 39–66.
- (1994): Veränderte Staatlichkeit und kommunale Handlungsspielräume – historische Erfahrungen in Deutschland im Bereich der Finanzpolitik. In: Grimm, Dieter (Hrsg., 1994): Staatsaufgaben. Frankfurt/Main 1994., S. 233–260.
Pfiffner, John M.; Sherwood, Frank P. (1960): Administrative Organization. Englewood Cliffs, N.J. 1960.
Pfordten, Dietmar von der (2001): Rechtsethik. München 2001.
Pieroth, Bodo; Schlink, Bernhard (2006): Staatsrecht II. Grundrechte. Heidelberg 2006.

Pietzcker, Jost (1987): Kammerrecht in Bewegung? In: NJW 1987, S. 305–307.
— (1985): Kein „allgemeinpolitisches Mandat" von Berufskammern – BVerwGE 64, 298. In: JuS 1985, S. 27 ff.
Pitschas, Rainer (1998): Struktur- und Funktionswandel der Aufsicht im Neuen Verwaltungsmanagement. In: DÖV 1998, S. 907–915.
— (1999): Zehnter Abschnitt. Organisationsrecht. In: Schulin, Bertram (Hrsg., 1999): Handbuch des Sozialversicherungsrechts. Band 3: Rentenversicherungsrecht. München 1999, S. 997–1046.
Poetzsch-Heffter, Georg (1983): Selbstverwaltung und Bundesstaatlichkeit. In: Mutius, Albert von (Hrsg., 1983): Selbstverwaltung im Staat der Industriegesellschaft. Festschr. f. von Unruh. Heidelberg 1983.
Pohl, Hans (1983): Wurzeln und Anfänge der Selbstverwaltung, dargestellt am Beispiel der Städte. In: Mutius, Albert von (Hrsg., 1983): Selbstverwaltung im Staat der Industriegesellschaft. Festschr. f. von Unruh. Heidelberg 1983, S. 3–23.
— (1984): Wirtschaft und Gesellschaft 1871- 1918. In: Jeserich, Kurt G. A.; Pohl, Hans; Unruh, Georg-Christoph von (Hrsg., 1984): Deutsche Verwaltungsgeschichte III. Das Deutsche Reich bis zum Ende der Monarchie. Stuttgart 1984, S. 16–71.
Pohlmann, Rosemarie (1971): Autonomie. In: HWbPh I (1971), Sp. 701–719.
Powell, Walter; DiMaggio, Paul J. (Hrsg., 1994): The New Institutionalism in Organizational Analysis. Chicago 1994.
Preuß, Hugo (1889): Gemeinde, Staat, Reich als Gebietskörperschaften. Versuch einer deutschen Staatskonstruktion auf der Grundlage der Genossenschaftslehre. Berlin 1889.
Priebs, Axel (2002): Die Bildung der Region Hannover und ihre Bedeutung für die Zukunft stadtregionaler Organisationsstrukturen. In: DöV 2002, S. 145–151.
Provan, Keith, Milward, H. Brinton (2001): Do Networks Really Work? A Framework for Evaluating Public-Sector Organizational Networks. In: Public Administration Review 61 (2001), S. 414–423.
Puchta, Georg Friedrich (1841): Corporation. In: Weiskes Rechtslexikon für Juristen aller teutschen Staaten. Bd. 3. Leipzig 1841.
Püttner, Günter (2007): § 19. Einwohner und Bürger als Grundlage der kommunalen Selbstverwaltung – Einführung. In: Mann, Thomas; ders. (Hrsg., 2007): Handbuch der kommunalen Wissenschaft und Praxis (HBdKWP). Band 1, Grundlagen und Kommunalverfassung. Berlin, Heidelberg u. a. 2007.
— (Hrsg., 1982): Handbuch der kommunalen Wissenschaft und Praxis (HBdKWP). Band 2: Kommunalverfassung. Berlin, Heidelberg u. a. 1982.
— (Hrsg., 1985): Handbuch der kommunalen Wissenschaft und Praxis (HBdKWP). Band 6: Kommunale Finanzen. Berlin, Heidelberg u. a. 1985.
— (1985): Sonstige Einnahmen. In: Püttner, Günter (Hrsg., 1985): Handbuch der kommunalen Wissenschaft und Praxis (HBdKWP). Band 6: Kommunale Finanzen. Berlin, Heidelberg u. a. 1985, S. 280–285.
— (1990): § 107. Kommunale Selbstverwaltung. In: Isensee, Josef; Kirchhof, Paul (Hrsg., 1990): Handbuch des Staatsrechts der Bundesrepublik Deutschland. Band IV. Finanzverfassung – Bundesstaatliche Ordnung. Heidelberg 1990, S. 1171–1194.
— (2001): Körperschaft. In: Deutsches Rechtslexikon. 3. Aufl. München 2001, S. 2518 f.

Rainey, Hal G. (2003): Understanding and Managing Public Organizations. San Francisco 2003.
Rapsch, Arnulf (1993): Wasserverbandsrecht. München 1993.

Rasch, Ernst (1970): Entstehung und Auflösung von Körperschaften des öffentlichen Rechts. Zugleich ein Beitrag zur Rechtsnatur der Gebietsänderungsakte. In: DVBl. 1970, S. 765–770.

Rebentisch, Dieter (2007): Die Selbstverwaltung in der Weimarer Zeit. In: Mann, Thomas; Püttner, Günter (Hrsg.,2007): Handbuch der kommunalen Wissenschaft und Praxis (HBdKWP). Band 1, Grundlagen und Kommunalverfassung. Berlin, Heidelberg u. a. 2007.

— (1985): § 2. Innere Verwaltung. In: Jeserich, Kurt G. A.; Pohl, Hans; Unruh, Georg-Christoph von (Hrsg., 1985): Deutsche Verwaltungsgeschichte IV. Das Reich als Republik und in der Zeit des Nationalsozialismus. Stuttgart 1985, S. 732–773.

— (1989): Führerstaat und Verwaltung im Zweiten Weltkrieg. Verfassungsentwicklung und Verwaltungspolitik 1939–1945. Stuttgart 1989.

Redeker, Konrad (1982): Grenzen für Aufgaben und Tätigkeit öffentlichrechtlicher Zwangsverbände. In: NJW 1982, S. 1266–1268.

Box, Richard C., Marshall, Gary S., Reed, B.J., Reed, Christine M. (2001): New Public Management and Substantive Democracy. In: Public Administration Review 61 (2001), S. 608–619.

Rehbinder, Manfred (2003): Rechtssoziologie. München 2003.

Reich, Andreas (2005): Hochschulrahmengesetz. Kommentar. Bad Honnef 2005.

Reichard, Christoph (1998): Institutionelle Wahlmöglichkeiten bei der öffentlichen Aufgabenwahrnehmung. In: Budäus, Dietrich (Hrsg., 1998): Organisationswandel öffentlicher Aufgabenwahrnehmung. Baden-Baden 1998, S. 121–153.

— (2002): Marketization of Public Services in Germany. In: International Public Management Review 2002, S. 63–80.

Renck, Ludwig (1987): Die Rechtsstellung des Bayerischen Roten Kreuzes. In: NVwZ 1987, S. 563–564.

Robbers, Gerhard (1999): Sinn und Zweck des Körperschaftsstatus im Staatskirchenrecht. In: Festschr. f. Martin Heckel zum siebzigsten Geburtstag.

Roellecke, Gerd (2002): Art. 19 I-III. In: Umbach, Dieter C.; Clemens, Thomas (Hrsg., 2002): Grundgesetz. Mitarbeiterkommentar und Handbuch. Heidelberg 2002.

— (1996): Verwaltung und Verwaltungsrecht. In: Die Verwaltung 29 (1996), S. 1 ff.

Rohbeck, Johannes (1991): Die Bienenfabel von Bernard Mandeville. In: Zeitschrift für Didaktik der Philosophie und Ethik 13 (1991), S. 116–120.

Rosenstiel, Lutz von (2004): Organisationsklima. In: HWO.

Rosin, Heinrich (1883): Souveränität, Staat, Gemeinde. In: Annalen des Deutschen Reiches für Gesetzgebung, Verwaltung und Volkswirtschaft (1883), S. 265 ff.

Rossen-Stadtfeld, Helge (2001): Kontrollfunktion der Öffentlichkeit – ihre Möglichkeiten und ihre (rechtlichen) Grenzen. In: Schmidt-Aßmann, Eberhard, Hoffmann-Riem, Wolfgang (Hrsg., 2001): Verwaltungskontrolle. Baden-Baden 2001, S. 117–203.

Rothe, Karl-Heinz (1992): Die Rechte und Pflichten des Vorsitzenden des Gemeinderates. In: NVwZ 1992, S. 529–536.

— (2003): Über die Ausschüsse der Gemeinde. In: VR 2003, S. 55–60.

Rousseau, Jean-Jacques (1986): Vom Gesellschaftsvertrag. Stuttgart 1986.

Rudolf, Walter (2006): Verwaltungsorganisation. In: Erichsen, Hans-Uwe; Ehlers, Dirk (Hrsg., 2006): Allgemeines Verwaltungsrecht. Berlin 2006.

Rüfner, Wolfgang (1983): Die Verwaltungstätigkeit unter Restauration und Konstitution. In: Jeserich, Kurt G. A.; Pohl, Hans; Unruh, Georg-Christoph von (Hrsg.): Deutsche Verwaltungsgeschichte II. Vom Reichsdeputationshauptschluß bis zur Auflösung des Deutschen Bundes. Stuttgart 1983, S. 470–503.

- (1984): Preußen. In: Jeserich, Kurt G. A.; Pohl, Hans; Unruh, Georg-Christoph von (Hrsg., 1984): Deutsche Verwaltungsgeschichte III. Das Deutsche Reich bis zum Ende der Monarchie. Stuttgart 1984, S. 678–714.
- (1985): X. Kapitel. Die Entwicklung der Verwaltungsgerichtsbarkeit. In: Jeserich, Kurt G. A.; Pohl, Hans; Unruh, Georg-Christoph von (Hrsg., 1985): Deutsche Verwaltungsgeschichte IV. Das Reich als Republik und in der Zeit des Nationalsozialismus. Stuttgart 1985, S. 1100–1114.
- (1985): Zur Lehre von der öffentlichen Anstalt. In: DöV 1985, S. 605–610.
- (1992): § 116. Grundrechtsträger. In: HdBStR V: Allgemeine Grundrechtslehren, Hrsg., v. J. Isensee u. P. Kirchhof.

Rupp, Hans Heinrich (1968): Wohl der Allgemeinheit und öffentliche Interessen – Bedeutung der Begriffe im Verwaltungsrecht. In: Wohl der Allgemeinheit und öffentliche Interessen, S. 116–124.
- (1983): Hochschulische Selbstverwaltung. In: Mutius, Albert von (Hrsg., 1983): Selbstverwaltung im Staat der Industriegesellschaft. Festschr. f. von Unruh. Heidelberg 1983, S. 919–929.
- (1991): Grundfragen der heutigen Verwaltungsrechtslehre. Tübingen 1991.

Rüther, Martin (1997): „Zucht und Ordnung in den eigenen Reihen": Die Reichsärzteordnung vom 13. Dezember 1935 und ihre Auswirkungen auf die ärztliche Standespolitik. In: Dt Ärztebl 1997; 94: A-434–439 u. 511–515.

Sachs, Michael (1987): Die Einheit der Verwaltung als Rechtsproblem. In: NJW 1987, S. 2338–2344.

Salzwedel, Jürgen (1965): Staatsaufsicht in Verwaltung und Wirtschaft. In: VVdStRL 22 (1965), S. 206–263.

Sandel, Michael (1996): Democracy's Discontent. Cambridge, Mass. – London 1996.

Saugier, Catharina (2001): Der fehlerhafte Zweckverband. Baden-Baden 2001.

Schäfer, Ingeborg (1999): Wenn der Staat schwindsüchtig wird. Zu den Grenzen des New Public Management. In: Blätter für deutsche und internationale Politik 1999, S. 1101–1109.

Schäfer, Thomas (1998): Die deutsche kommunale Selbstverwaltung in der Europäischen Union. Stuttgart 1998.

Schäffle, Albert E. (1873): Das gesellschaftliche System der menschlichen Wirthschaft. Bd. 2. Tübingen 1873.

Schanz, Günter (2004): Organisation. In: HWO.

Scharf, Ulrich (1983): Vertretung wirtschaftlicher Interessen durch öffentlich-rechtliche Zwangsverbände. In: NJW 1983, S. 606 ff., S. 606 ff.

Scharpf, Fritz W. (1977): Does Organization matter? Task Structure and Interaction in the Ministerial Bureaucracy. In: E. H. Burack/A. R. Negandhi (Hrsg.): Organization Design – Theoretical Perspectives and Empirical Findings. Kent 1977, S. 149–167.
- (1989): Politische Steuerung und Politische Institutionen. In: Politische Vierteljahresschrift 30 (1989), S. 10–21.

Schedler, Kuno; Proeller, Isabella (2006): New Public Management. Bern, Stuttgart, Wien 2006.

Schelling, Friedrich Wilhelm Joseph (1907): Ideen zu einer Philosophie der Natur. Werke. Auswahl in drei Bänden, Bd. 1. Hrsg., u. eingel. v. O. Weiß. Leipzig 1907.

Schelling, Friedrich Wilhelm Joseph (1992): System des transzendentalen Idealismus. Hrsg. v. Ehrhardt, Walter E. Hamburg 2000.

Scherzberg, Arno (2000): Die Öffentlichkeit der Verwaltung. Baden-Baden 2000.

Scheuner, Ulrich (1952): Wirtschaftliche und soziale Selbstverwaltung. In: DÖV 1952, S. 609 ff.
— (1960): Die neuere Entwicklung des Rechtsstaats in Deutschland. In: Hundert Jahre Deutsches Rechtsleben, Bd. 2. Festschr. z. hundertjährigen Bestehen des Deutschen Juristentages 1860–1960. Karlsruhe, S. 229–262.
— (1967): Voraussetzung und Form der Errichtung öffentlicher Körperschaften (außerhalb des Kommunalrechts) (1967). In: ders.: Staatstheorie und Staatsrecht. Gesammelte Schriften. Hrsg., v. J. Listl u. W. Rüfner. Berlin 1978.
— (1978): Staatliche Verbandsbildung und Verbandsaufsicht in Deutschland im 19. Jahrhundert. In: Gesellschaftliche Strukturen als Verfassungsproblem. Intermediäre Gewalten, Assoziationen, Öffentliche Körperschaften im 18. und 19. Jahrhundert. Der Staat, Bh. 2. S. 97–121.
Schikorski, Felix (1978): Die Auseinandersetzung um den Körperschaftsbegriff in der Rechtslehre des 19. Jahrhunderts. Berlin 1978.
Schilling, Heinz (2004): Die Stadt in der Frühen Neuzeit. 2. Aufl. München (Enzyklopädie deutscher Geschichte: Band 24) 2004.
Schimank, Uwe (1994): Organisationssoziologie. In: Kerber, Harald (Hrsg., 1994): Spezielle Soziologien. Problemfelder, Forschungsbereiche, Anwendungsorientierungen. Reinbek 1994, S. 240 ff.
Schindling, Anton (2004): Verwaltung, Amt, Beamter VII. Frühe Neuzeit. In: Brunner, Otto; Conze, Werner; Koselleck, Reinhart (2004): Geschichtliche Grundbegriffe. Historisches Lexikon zur politisch-sozialen Geschichte in Deutschland, Bd. 6. Stuttgart 2004.
Schlegel, Rainer (1996): Vierter Abschnitt. Kreis der versicherten Personen. In: Schulin, Bertram (Hrsg., 1996): Handbuch des Sozialversicherungsrechts. Band 2: Unfallversicherung. München 1996, S. 283–411.
Schlenker, Rolf-Ulrich (1994): § 1 Geschichte und Reformperspektiven der gesetzlichen Krankenkassen. In: Schulin, Bertram (Hrsg., 1994): Handbuch des Sozialversicherungsrechts. Band 1: Krankenversicherungsrecht. München 1994, S. 1–47.
Schlierbach, Helmut (Hrsg., 2003): Das Sparkassenrecht in der Bundesrepublik Deutschland. Stuttgart 2003.
Schliesky, Utz: Souveränität und Legitimität von Herrschaftsgewalt. Die Weiterentwicklung von Begriffen der Staatslehre und des Staatsrechts im europäischen Mehrebenensystem. Tübingen 2004.
Schmidt, Reiner (2007): Öffentliches Wirtschaftsrecht, Allgemeiner Teil. Berlin, Heidelberg u. a. 2007.
Schmidt, Thorsten Ingo (2005): Kommunale Kooperation. Der Zweckverband als Nukleus des öffentlich-rechtlichen Gesellschaftsverband. Tübingen 2005.
Schmidt-Aßmann, Eberhard (1977): Verwaltungsorganisation zwischen parlamentarischer Steuerung und exekutivischer Organisationsgewalt. In: Stödter, R.; Thieme, W. (Hrsg.): Hamburg, Deutschland, Europa. Festschr. f. H. P. Ipsen zum 70. Geburtstag. Tübingen 1977, S. 333–352.
— (1981): Die kommunale Rechtsetzung im Gefüge der administrativen Handlungsformen und Rechtsquellen. München 1981.
— (1987): Zum staatsrechtlichen Begriff der Selbstverwaltung. In: Gedächtnisschrift für Wolfgang Martens. Hrsg., v. P. Selmer u. I. v. Münch. Berlin, New York, S. 249–265.
— (1991): Verwaltungslegitimation als Rechtsbegriff. In: AöR 116 (1991), S. 329–390.
— (1991b): Kommunale Selbstverwaltung „nach Rastede". Funktion und Dogmatik des Art. 28 II GG in der neueren Rechtsprechung. In: Bürger – Richter – Staat. Festschr.

f. Horst Sendler, Hrsg., v. E. Franßen; K. Redeker; O. Schlichter; D. Wilke. München 1991, S. 121–138.
- (1993): Die Wissenschaftsfreiheit nach Art. 5 III GG als Organisationsgrundrecht. In: Festschr. f. Werner Thieme zum 70. Geburtstag. Hrsg., v. B. Becker; H. P. Bull und O. Seewald. Köln, S. 697 ff.
- (1997): Verwaltungsorganisationsrecht als Steuerungsressource. In: Hoffmann-Riem, Wolfgang, Schmidt-Aßmann, Eberhard (Hrsg., 1997): Verwaltungsorganisationsrecht als Steuerungsressource. Baden-Baden 1997, S. 1 ff.
- (1998a): Effizienz als Herausforderung an das Veraltungsrecht – Perspektiven der verwaltungsrechtlichen Systembildung. In: Hoffmann-Riem, Wolfgang, ders. (Hrsg., 1998): Effizienz als Herausforderung an das Verwaltungsrecht. Baden-Baden 1998, S. 245–269.
- (2001): Grundrechtspositionen und Legitimationsfragen im öffentlichen Gesundheitswesen. Berlin 2001.
- (2001a): Verwaltungskontrolle – Einleitende Problemskizze. In: ders.; Hoffmann-Riem, Wolfgang (Hrsg., 2001): Verwaltungskontrolle. Baden-Baden 2001, S. 9–44.
- (2002): Europäische Verwaltung zwischen Kooperation und Hierarchie. In: Cremer, Hans-Joachim; Giegerich, Thomas; Richter, Dagmar; Zimmermann, Andreas (Hrsg., 2002): Tradition und Weltoffenheit des Rechts. Festschr. f. Helmut Steinberger. Berlin, Heidelberg u. a. 2002, S. 1375–1400.
- (2004): § 26. Der Rechtsstaat. In: Isensee, Josef; Kirchhof, Paul (Hrsg., 2004): Handbuch des Staatsrechts der Bundesrepublik Deutschland. Band II. Verfassungsstaat. S. 541–612.

Schmidt-Aßmann, Eberhard; Hoffmann-Riem, Wolfgang (Hrsg., 1997): Verwaltungsorganisationsrecht als Steuerungsressource. Baden-Baden 1997.

Schmidt-Aßmann, Eberhard; Röhl, Hans-Christian (2005): Kommunalrecht. In: Schmidt-Aßmann, Eberhard (Hrsg., 2005): Besonderes Verwaltungsrecht. Berlin 2005, S. 1 ff.

Schmidt-Bleibtreu, Bruno, Klein, Franz (Hrsg., 2004): Kommentar zum Grundgesetz. Neuwied 2004.

Schmidt-De Caluwe, Raimund (1993): Verwaltungsorganisationsrecht. – Bemerkungen zu einigen rechtsdogmatischen Fragen und verfassungsrechtlichen Determinanten einer vermeintlich ‚trockenen' Rechtsmaterie. In: JA 1993, S. 77 ff., 115 ff., 143 ff.

Schmidt-Eichstaedt, Gerd (1975): Staatsverwaltung und Selbstverwaltung bei Rudolf von Gneist. In: Die Verwaltung 8 (1975), S. 345–362.

Schmidt-Jortzig, Edzard (1983): Kooperationshoheit der Gemeinden und Gemeindeverbände bei Erfüllung ihrer Aufgaben. Organisationshoheit und Entscheidung für eine gemeinschaftliche Kompetenzwahrnehmung. In: Mutius, Albert von (Hrsg., 1983): Selbstverwaltung im Staat der Industriegesellschaft. Festschr. f. von Unruh. Heidelberg 1983, S. 525–539.
- (1993): Gemeinde- und Kreisaufgaben. – Funktionsordnung des Kommunalbereichs nach „Rastede". In: DÖV 1993, S. 973–984.

Schmidt-Jortzig, Edzard, Hansen, Frank (1994): Rechtsschutz gegen Fraktionsausschlüsse im Gemeinderat. In: NVwZ 1994, S. 116–120.

Schmidt-Preuß, Matthias (2001): Steuerung durch Organisation. In: DÖV 2001, S. 45–55.

Schmitt Glaeser, Walter (1972): Partizipation an Verwaltungsentscheidungen. In: VVdStRL 31 (1972), S. 179–265.
- (1987): § 31. Die grundrechtliche Freiheit des Bürgers zur Mitwirkung an der Willensbildung. In: Isensee, Josef; Kirchhof, Paul (1987): Handbuch des Staatsrechts der Bundesrepublik Deutschland. Band II. Demokratische Willensbildung – Die Staatsorgane des Bundes. Heidelberg 1987 S. 49–72.

Schmitt, Carl (1934): Der Führer schützt das Recht. In: DJZ 1934, Sp. 945–950.
- (1935): Staat – Bewegung – Volk. Hamburg 1935.
- (2003): Der Zugang zum Machthaber, ein zentrales verfassungsrechtliches Problem (1947). In: Schmitt, Carl (Hrsg., 2003): Verfassungsrechtliche Aufsätze aus den Jahren 1924–1954. Materialien zu einer Verfassungslehre. Berlin 2003, S. 430–439.

Schmitter, Philippe C.; Grote, Jürgen R. (1997): Der korporatistische Sisyphus: Vergangenheit, Gegenwart und Zukunft. In: PVS 38 (1997), S. 530–554.

Schnapp, Friedrich E. (1971): Zum Funktionswandel der Staatsaufsicht. In: DVBl. 1971, S. 480–484.
- (1978): Zu Dogmatik und Funktion des staatlichen Organisationsrechts. In: Rechtstheorie 9 (1978), S. 275–300, S. 275–300.
- (1980): Grundbegriffe des öffentlichen Organisationsrechts. In: Jura 1980, S. 68–75.
- (1980a): Dogmatische Überlegungen zu einer Theorie des Organisationsrechts. In: AöR 105 (1980), S. 243–278.
- (1983): Die Selbstverwaltung der Sozialversicherung. In: Mutius, Albert von (Hrsg., 1983): Selbstverwaltung im Staat der Industriegesellschaft. Festschr. f. von Unruh. Heidelberg 1983, S. 881–899.
- (1994): § 49. Organisation der gesetzlichen Krankenversicherung. In: Schulin, Bertram (Hrsg., 1994): Handbuch des Sozialversicherungsrechts. Band 1: Krankenversicherungsrecht. München 1994, S. 1179–1223.
- (2000): Friedenswahlen in der Sozialversicherung – vordemokratisches Relikt oder scheindemokratisches Etikett? In: Epping, Volker; Fischer, Horst; Heintschel von Heinegg, Wolff (Hrsg., 2000): Brücken Bauen und Begehen. Festschr. f. Knut Ipsen. München 2000, S. 807–828.

Schnapp, Friedrich E., Kaltenborn, Markus (2000): Grundrechtsbindung nichtstaatlicher Institutionen. In: JuS 2000, S. 937–943.

Schneider, Hans (2003): § 5. Die Reichsverfassung vom 11. August 1919. In: Isensee, Josef; Kirchhof, Paul (Hrsg., 2003): Handbuch des Staatsrechts der Bundesrepublik Deutschland. Band I. Historische Grundlagen. Heidelberg 2003, S. 177–234.

Schneider, Jens-Peter (2001): Verwaltungskontrollen und Kontrollmaßstäbe in komplexen Verwaltungsstrukturen. In: Schmidt-Aßmann, Eberhard, Hoffmann-Riem, Wolfgang (Hrsg., 2001): Verwaltungskontrolle. Baden-Baden 2001, S. 271–291.

Schöbener, Brukhard (2000): Verfassungsrechtliche Aspekte der Pflichtmitgliedschaft in wirtschafts- und berufsständischen Kammern. In: VerwArch 91 (2000), S. 374–417.

Schoch, Friedrich (1984): Zum sachlichen Geltungsbereich des kommunalen Vertretungsverbot. In: NJW 1984, S. 626–629.
- (1990): Zur Situation der kommunalen Selbstverwaltung nach der Rastede-Entscheidung des Bundesverfassungsgerichts. In: Verwaltungsarchiv 81 (1990), S. 19–54.

Scholz, Rupert (1980): Parlamentarischer Untersuchungsausschuß und Steuergeheimnis. In: AöR 105 (1980), S. 564–622.

Schönweis, Friedrich (1984): Autonomie und Organisation. Opladen 1984.

Schreyögg, Georg (2004): Organisationskultur. In: HWO.

Schröder, Meinhard (1986): Grundfragen der Aufsicht in der öffentlichen Verwaltung. In: JuS 1986, S. 371–375.
- (2000): Kommunalverfassungsrecht. In: Achterberg, Norbert; Püttner, Günter; Würtenberger, Thomas (Hrsg., 2000): Besonderes Verwaltungsrecht II. Heidelberg 2000, S. 1–53.

Schröder, Rainer (2000): Rechtsfrage und Tatfrage in der normativistischen Institutionentheorie Ota Weinbergers. Berlin 2000.

Schütt-Wetschky (1997): Interessenverbände und Staat. Darmstadt 1997.

Schulin, Bertram (Hrsg., 1994): Handbuch des Sozialversicherungsrechts. Band 1: Krankenversicherungsrecht. München 1994.
— (Hrsg., 1996): Handbuch des Sozialversicherungsrechts. Band 2: Unfallversicherung. München 1996.
— (Hrsg., 1997): Handbuch des Sozialversicherungsrechts. Band 4: Pflegeversicherungsrecht. München 1997.
— (Hrsg., 1999): Handbuch des Sozialversicherungsrechts. Band 3: Rentenversicherungsrecht. München 1999.
Schulte, Martin (1989): Staat und Stiftung. Heidelberg 1989.
Schulze, Hagen (1994): Weimar. Deutschland 1917–1933. Berlin 1994.
Schulze-Fielitz, Helmuth (2001): Zusammenspiel von öffentlich-rechtlichen Kontrollen der Verwaltung. In: Schmidt-Aßmann, Eberhard; Hoffmann-Riem, Wolfgang (Hrsg., 2001): Verwaltungskontrolle. Baden-Baden 2001, S. 291–323.
Schumacher, Paul (2003): Die Fortentwicklung des Kommunalverfassungsrechts durch das Gesetz zur Entlastung der Kommunen für pflichtige Aufgaben. In: LKV 2003, S. 537–542.
Schuppert, Gunnar Folke (1980): Die öffentliche Aufgabe als Schlüsselbegriff in der Verwaltungswissenschaft. In: VerwArch 71 (1980), S. 309 ff.
— (1981): Die Erfüllung öffentlicher Aufgaben durch verselbständigte Verwaltungseinheiten. Eine verwaltungswissenschaftliche Untersuchung. Göttingen 1981.
— (1983): Selbstverwaltung als Beteiligung Privater an der Staatsverwaltung? Elemente zu einer Theorie der Selbstverwaltung. In: Mutius, Albert von (Hrsg., 1983): Selbstverwaltung im Staat der Industriegesellschaft. Festschr. f. von Unruh. Heidelberg 1983, S. 183–209.
— (1987): Die Einheit der Verwaltung als Rechtsproblem. In: DÖV 1987, S. 757–768.
— ?(1988): Öffentlich-rechtliche Körperschaften. In: HdWW Bd. 5, S. 399–405.
— (1994): Institutional Choice im öffentlichen Sektor. In: Grimm, Dieter (Hrsg., 1994): Staatsaufgaben. Frankfurt/Main 1994, S. 647–684.
— (2000): Verwaltungswissenschaft. Verwaltung, Verwaltungsrecht, Verwaltungslehre. Baden-Baden 2000.
— (2001): Grundzüge eines zu entwickelnden Verwaltungskooperationsrechts – Regelungsbedarf und Handlungsoptionen eines Rechtsrahmens für Public Private Partnership, Rechts- und verwaltungswissenschaftliches Gutachten erstellt im Auftrag des Bundesministeriums des Innern Juni 2001.
Scott, William Richard (1986): Grundlagen der Organisationstheorie. Frankfurt/Main 1986.
Selznick, Philip (1943): An Approach to a Theory of Bureaucracy. In: American Sociological Review 8 (1943), S. 47–54.
— (1948): Foundations of the theory of organization. In: American sociological review 13 (1948), S. 25–35.
— (1949): TVA and the Grass Roots. Berkeley and Los Angeles 1949.
— (1994): The Moral Commonwealth. Social Theory and the Promise of Community. Berkeley,Los Angeles, London 1994.
— (2002): The Communitarian Persuasion. Washington 2002.
Selmer, Peter (1999): Rechtsprechungsübersicht – Pflichtzugehörigkeit zur IHK. In: JuS 1999, S. 305f.
Siepmann, Heinrich; Siepmann, Ursula (2004): Verwaltungsorganisation. Stuttgart 2004.
Siewert, H.-Jörg (1984): Zur Thematisierung des Vereinswesens in der deutschen Soziologie. In: Dann, Otto (Hrsg., 1984): Vereinswesen und bürgerliche Gesellschaft in Deutschland. München,Wien (Historische Zeitschrift : Beih. ; N.F. 9) 1984, S. 151–180.

Sieyès, Emmanuel Joseph (1988): Politische Schriften 1788-1790. mit einem Glossar und kritischer Sieyès-Bibliographie. Übersetzt und herausgegeben von Schmidt, Eberhard; Reichardt, Rolf. Neuwied 1988.

Silcher, Erik G. (1993): Das kompetenzüberschreitende Handeln der juristischen Personen des öffentlichen Rechts. Frankfurt/Main, Bern, New York, Paris 1993.

Simon, Herbert A. (1946): The Proverbs of Administration. In: Public Administration Review 6 (1946), S. 53-67.

— (1955): Das Verwaltungshandeln. Stuttgart 1955.

Snell, Robin Stanley (2001): Moral foundations of the learning organization. In: Human Relations 54 (2001), S. 319-342.

Sobota, Katharina (1997): Das Prinzip Rechtsstaat. Tübingen 1997.

Sommer, Walter (1937): Die NSDAP als Verwaltungsträger. In: Frank, Hans (Hrsg., 1937): Deutsches Verwaltungsrecht. München 1937, S. 166-177.

Sommer, Walther (1937a): Die Verwaltungsgerichtsbarkeit. In: DVBl. 1937, S. 427.

Sommermann, Karl-Peter (1997): Staatsziele und Staatszielbestimmungen. Tübingen 1997.

Spellbrink, Wolfgang (1996): Fünfter Abschnitt. Mitgliedschaft und Versicherungsverhältnis (§§ 22-26). In: Schulin, Bertram (Hrsg., 1996): Handbuch des Sozialversicherungsrechts. Band 2: Unfallversicherung. München 1996, S. 415-522.

Staak, Magnus (1983): Kommunale Öffentlichkeitsarbeit und Medien. In: Mutius, Albert von (Hrsg., 1983): Selbstverwaltung im Staat der Industriegesellschaft. Festschr. f. von Unruh. Heidelberg 1983, S. 715-730.

Starck, Christian (Hrsg., 1992): Erledigung von Verwaltungsaufgaben durch Personalkörperschaften und Anstalten des öffentlichen Rechts. Baden-Baden 1992.

— (1995): Der demokratische Verfassungsstaat. Tübingen 1995.

— (2004): Erinnerung an Werner Weber (geb. 1904). In: DöV 2004, S. 996-1000.

Steding, Rolf (1992): Grundzüge der Flurbereinigung und ihrer rechtlichen Gestaltung in den neuen Bundesländern. In: LKV 1992, S. 350-354.

— (2001): Zur Pflichtmitgliedschaft von Genossenschaften in Prüfungsverbänden. In: NJ 2001, S. 355-356.

Stein, Lorenz von (1869): Verwaltungslehre, Teil I: Die vollziehende Gewalt, 2. Bd.: Die Selbstverwaltung und ihr Rechtssystem. Stuttgart 1869.

— (1887): Handbuch der Verwaltungslehre. Erster Theil: Der Begriff der Verwaltung und das System der positiven Staatswissenschaften. 1887.

Steinberg, Rudolf (1985): Staat und Verbände: zur Theorie der Interessenverbände in der Industriegesellschaft. Darmstadt 1985.

Steinweis, Alan E. (1996): Art, Ideology & Economics in Nazi Germany. Chapel Hill, NC 1996.

Stelkens, Paul; Bonk, Heinz Joachim; Sachs, Michael (Hrsg., 2001): Verwaltungsverfahrensgesetz. Kommentar. München 2001.

Stelkens, Ulrich (2003): Organisationsgewalt und Organisationsfelder – Voraussetzungen der Errichtung von Behörden und juristischen Personen des öffentlichen Rechts und Rechtsfolgen ihrer Missachtung. In: LKV 2003, S. 489-495.

Stene, Edwin O. (1940): An Approach to a Science of Administration. In: American Political Science Review 34 (1940), S. 1124-1137.

Stern, Klaus (1980): Das Staatsrecht der Bundesrepublik Deutschland II. München 1980.

— (1984): Das Staatsrecht der Bundesrepublik Deutschland I. München 1984.

— (1988): Das Staatsrecht der Bundesrepublik Deutschland III/1: Allgemeine Lehren der Grundrechte. München 1988.

— (2000): Das Staatsrecht der Bundesrepublik Deutschland. Band V: Die Verfassungsentwicklung vom Alten Deutschen Reich zur wiedervereinigten Bundesrepublik Deutschland. München 2000.

Stichweh, Rudolf (1988): Differenzierung des Wissenschaftssystems. In: Mayntz, Renate; Rosewitz, Bernd; Schimank, Uwe; Stichweh, Rudolf (Hrsg., 1988): Differenzierung und Verselbständigung. Zur Entwicklung gesellschaftlicher Teilsysteme. Frankfurt/New York 1988, S. 45–116.
Stinchcombe, Arthur L. (1997): On the Virtues of the old Institutionalism. In: Annu. Rev. Sociol. 23 (1997), S. 1–18.
Stober, Rolf (1996): Kommunalrecht in der Bundesrepublik Deutschland. Stuttgart 1996.
— (2001): Kammern der Wirtschaft: Mehr als Pflichtmitgliedschaft? Plädoyer gegen eine Privatisierung als Etikettenschwindel. In: GewArch 2001, S. 393 ff.
— (2006): Allgemeines Wirtschaftsverwaltungsrecht. Stuttgart 2006.
Stolleis, Michael (1974): Gemeinwohlformeln im nationalsozialistischen Recht. Berlin 1974.
— (1988): Geschichte des öffentlichen Rechts, Bd. 1. Reichspublizistik und Policeywissenschaft 1600–1800. München 1988.
— (1999): Geschichte des öffentlichen Rechts in Deutschland, Bd. 3. München 1999.
— (2001/10): Die Entstehung des Interventionsstaates und das öffentliche Recht. In: ders. (Hrsg., 2001): Konstitution und Intervention. Studien zur Geschichte des öffentlichen Rechts im 19. Jahrhundert. Frankfurt/Main 2001, S. 253–282.
— (2001/9): Die Sozialversicherung Bismarcks. In: ders. (Hrsg., 2001): Konstitution und Intervention. Studien zur Geschichte des öffentlichen Rechts im 19. Jahrhundert. Frankfurt/Main 2001, S. 226–253.
— (Hrsg., 2006): Recht im Unrecht. Studien zur Rechtsgeschichte des Nationalsozialismus. Frankfurt/Main 2006.
— (2006): Die Verwaltungsgerichtsbarkeit im Nationalsozialismus. In: ders. (Hrsg., 2006): Recht im Unrecht. Studien zur Rechtsgeschichte des Nationalsozialismus. Frankfurt/Main 2006.
Streeck, Wolfgang (1999): Korporatismus in Deutschland. Zwischen Nationalstaat und Europäischer Union. Frankfurt/New York 1999.
Strößenreuther, Martin (1991): Die behördeninterne Kontrolle. Berlin 1991.
Sullivan, Louis H. (1896): The tall office building artistically considered. In: Lippincott's Magazine 57 (1896), S. 403–409.

Tatarin-Tarnheyden, Edgar (1922): Die Berufsstände, ihre Stellung im Staatsrecht und die deutsche Wirtschaftsverfassung. 1922.
Tempel-Kromminga, Helke (1994): Die Problematik der Richtlinien der Bundesausschüsse der Ärzte und Krankenkassen nach dem neuen Recht des SGB V. Frankfurt/Main, Bern, New York, Paris 1994.
Tenfelde, Klaus (1984): Die Entfaltung des Vereinswesens während der industriellen Revolution in Deutschland (1850–1870). In: Dann, Otto (Hrsg., 1984): Vereinswesen und bürgerliche Gesellschaft in Deutschland. München (Historische Zeitschrift : Beih.; N.F. 9) 1984, S. 57–114.
Tennstedt, Florian (1977): Geschichte der Selbstverwaltung in der Krankenversicherung von der Mitte des 19. Jahrhunderts bis zur Gründung der Bundesrepublik Deutschland. Bonn 1977.
Teppe, Karl (1977): Provinz – Partei – Staat. Zur provinziellen Selbstverwaltung im Dritten Reich, untersucht am Beispiel Westfalens. Münster 1977.
Tettinger, Peter J. (1983): Die Selbstverwaltung im Bereich der Wirtschaft – Verkehrswirtschaft, Energiewirtschaft, Banken und Versicherungen. In: Mutius, Albert von (Hrsg., 1983): Selbstverwaltung im Staat der Industriegesellschaft. Festschr. f. von Unruh. Heidelberg 1983.
— (1985): Zum Tätigkeitsfeld der Bundesrechtsanwaltskammer. München 1985.

- (1986): Mitbestimmung in der Sparkasse und verfassungsrechtliches Demokratiegebot. Heidelberg 1986.
- (1995): Wirtschaftliche und freiberufliche Selbstverwaltung. In: DöV 1995, S. 169–175.
- (1997): Kammerrecht. München 1997.
- (2001): Kammerbeitrag als Verbandslast. In: Drenseck, Walter; Seer, Roman: Festschr. f. Heinrich Wilhelm Kruse zum 70. Geburtstag, S. 79–95.

Teubner, Gunther (1978): Organisationsdemokratie und Verbandsverfassung. Heidelberg 1978.
- (1987): Unternehmenskorporatismus. New Industrial Policy und das Wesen der Juristischen Person. In: KritV 1987, S. 61 ff.
- (1989): Recht als autopoietisches System. Frankfurt/Main 1989.

Thamer, Hans-Ulrich (1993): Das Dritte Reich – Interpretationen, Kontroversen und Probleme des aktuellen Forschungsstandes. In: Bracher, Karl Dietrich; Funke, Manfred; Jacobsen, Hans-Adolf (Hrsg., 1993): Deutschland 1933–1945. Neue Studien zur nationalsozialistischen Herrschaft. Bonn 1993, S. 507–531.

Thedieck Franz (1992): Verwaltungskultur in Frankreich und Deutschland. dargestellt am Beispiel von französischen und deutschen Gemeindeverwaltungen und unteren staatlichen Verwaltungsbehörden. Baden-Baden 1992.

Tocqueville, Alexis de (1986): Über die Demokratie in Amerika. Stutgart 1986.

Traumann, Dodo (1998): Die Organisationsgewalt im Bereich der bundeseigenen Verwaltung Baden-Baden 1998.

Triesch, Günter; Ockenfels, Wolfgang (1995): Interessenverbände in Deutschland. Ihr Einfluß in Politik, Wirtschaft und Gesellschaft. München/Landsberg a. Lech 1995.

Trish, Barbara (1999): Does Organization Matter? A Critical-Case Analysis from Recent Presidential Nomination Politics. In: Presidential Studies Quarterly 29 (1999), S. 873–896.

Trute, Hans-Heinrich (1994): Die Forschung zwischen grundrechtlicher Freiheit und staatlicher Institutionalisierung. Tübingen 1994.
- (1997): Funktionen der Organisation und ihre Abbildung im Recht. In: In: Hoffmann-Riem, Wolfgang; Schmidt-Aßmann, Eberhard (Hrsg., 1997): Verwaltungsorganisationsrecht als Steuerungsressource, Baden-Baden 1997, S. 249–295.

Tsang, Eric W. K. (1997): Organizational Learning and the Learning Organization: A Dichotomy Between Descriptive and Prescriptive Research. In: Human Relations 50 (1997) 73–89.

Türk, Klaus (2004): Organisationssoziologie. In: HWO.

Türk, Klaus; Lemke, Thomas; Bruch, Michael (2002): Organisation in der modernen Gesellschaft. Eine historische Einführung. Opladen 2002.

Uerpmann Robert (1999): Das öffentliche Interesse. Tübingen 1999.

Uhlenbrock, Henning (2000): Der Staat als juristische Person. Dogmengeschichtliche Untersuchungen zu einem Grundbegriff der deutschen Staatsrechtslehre. Berlin 2000.

Ullmann, Hans-Peter (1988): Interessenverbände in Deutschland. Frankfurt/Main 1988.
- (1993): Staatsverwaltung an der Wende vom 18. zum 19. Jahrhundert. In: Mußgnug, Reinhard (Hrsg., 1993): Der Staat, Bh. 4. Wendemarken in der deutschen Verfassungsgeschichte, S. 123–138.

Unruh, Georg-Christoph von (1975): Gebiet und Gebietskörperschaften als Organisationsgrundlagen nach dem Grundgesetz der Bundesrepublik Deutschland. In: DVBl. 1975, S. 1–4.
- (2007): Ursprung und Entwicklung der kommunalen Selbstverwaltung im frühkonstitutionellen Zeitalter. In: Mann, Thomas; Püttner, Günter (Hrsg., 2007): Handbuch

der kommunalen Wissenschaft und Praxis (HBdKWP). Band 1, Grundlagen und Kommunalverfassung. Berlin, Heidelberg u. a. 2007.
— (1983): Die Veränderung der Preußischen Staatsverfassung durch Sozial- und Verwaltungsreformen. In: Jeserich, Kurt G. A.; Pohl, Hans; Unruh, Georg-Christoph von (Hrsg., 1983): Deutsche Verwaltungsgeschichte II. Vom Reichsdeputationshauptschluß bis zur Auflösung des Deutschen Bundes. Stuttgart 1983, S. 399–470.
— (1984): Die normative Verfassung der kommunalen Selbstverwaltung. In: Jeserich, Kurt G. A.; Pohl, Hans; Unruh, Georg-Christoph von (Hrsg., 1984): Deutsche Verwaltungsgeschichte III. Das Deutsche Reich bis zum Ende der Monarchie. Stuttgart 1984, S. 560–577.
Unruh, Peter (2003): Anmerkung zu BVerfG, B. v. 5.12.2002 – Lippeverband. In: JZ 2003, S. 1057–1063.

Voelzke, Thomas (1999): §§ 15–19. Kreis der versicherten Personen. In: Schulin, Bertram (Hrsg., 1999): Handbuch des Sozialversicherungsrechts. Band 3: Rentenversicherungsrecht. München 1999, S. 471–481.
Vogel, Rick (2004): Öffentliche Verwaltung in den Perspektiven interpretativer Organisationstheorie. In: Verwaltungsarchiv 95 (2004), S. 114–132.
Vogt, Gerhard (1998): Ärztliche Selbstverwaltung im Wandel. Eine historische Dokumentation am Beispiel der Ärztekammer Nordrhein. Köln 1998.
Volkert, Wilhelm (1985): Die Verwaltung in den Ländern des Reiches. § 2 Bayern. In: Jeserich, Kurt G. A.; Pohl, Hans; Unruh, Georg-Christoph von (Hrsg., 1985): Deutsche Verwaltungsgeschichte IV. Das Reich als Republik und in der Zeit des Nationalsozialismus. Stuttgart 1985, S. 558–567.
Voss, Thomas (2002): Rational-Choice-Analyse organisationaler Steuerungsstrukturen. In: Maurer, Andrea; Schmid, Michael (Hrsg., 2002): Neuer Institutionalismus. Zur soziologischen Erklärung von Organisation, Moral und Vertrauen. Frankfurt/New York 2002, S. 169–218.
Waechter, Kay (1997): Kommunalrecht. Köln, Berlin, Bonn, München 1997.
Wagener, Frido (1976): Typen der verselbständigten Erfüllung öffentlicher Aufgaben. In: Wagener, Frido (Hrsg., 1976): Verselbständigung von Verwaltungsträgern. Bonn 1976, S. 31–50.
Waldo, Dwight (1961): Organization Theory: An Elephantine Problem. In: Public administration review 21 (1961), S. 210–225.
— (1966): Zur Theorie der Organisation. Ihr Stand und ihre Probleme. In: Der Staat 5 (1966), S. 285–314.
Walgenbach, Peter (2001): Institutionalistische Ansätze in der Organisationstheorie. In: Kieser, Alfred; Ebers, Mark (Hrsg., 2006): Organisationstheorien. Stuttgart 2006.
Wallerath, Maximilian (1997): Verwaltungserneuerung – Auf dem Weg zu einer neuen Verwaltungskultur? In: VerwArch 1997, S. 1–22.
Wannagat, Georg (1965): Lehrbuch Sozialversicherungsrecht I. Tübingen 1965.
Wauer, Walter (1923): Die wirtschaftlichen Selbstverwaltungskörper. Leipzig – Erlangen 1923.
Weber, Max (2002): Wirtschaft und Gesellschaft. Tübingen 2002.
Weber, Werner (1943): Die Körperschaften, Anstaltungen und Stiftungen des öffentlichen Rechts. Eine Darstellung ihrer gegenwärtigen Ordnung. München 1943.
— (1959): Körperschaften des öffentlichen Rechts. In: HDSW, Bd. 6, 1959, S. 38–41.
— (1967/1968): Der Nicht staatsunmittelbare öffentliche Organisationsbereich. In: Juristen-Jahrbuch 8 (1967/1968), S. 137–163.

- (1972): Die bundesunmittelbaren juristischen Personen des öffentlichen Rechts. Versuch einer systematischen Übersicht. In: Pleyer, Klemens (Hrsg., 1972): Festschr. f. Rudolf Reinhardt, Köln-Marienburg 1972, S. 499–507.
- (1984): Nichtrechtsfähige öffentlich-rechtliche Verbände. In: Festschr. f. Hermann Jahrreiß zum 80. Geburtstag, Köln 1974, S. 323 ff.

Wehler, Hans-Ulrich (1987): Deutsche Gesellschaftsgeschichte. Bd. 1: Vom Feudalismus des Alten Reichs bis zur defensiven Modernisierung der Reformära 1700–1815. München 1987.
- (1995): Deutsche Gesellschaftsgeschichte. Bd. 3: Von der „Deutschen Doppelrevolution" bis zum Beginn des Ersten Weltkriegs 1848–1914. München 1995.

Weick, Karl E. (2002): Der Prozeß des Organisierens. Frankfurt/Main 2002.

Weides, Peter (1995): Selbstverwaltung. In: Staatslexikon der Görres-Gesellschaft, Bd. IV, Sp. 1163–1169.

Weinberger, Christiane; Weinberger, Ota (1979): Logik, Semantik, Hermeneutik. München 1979.

Weinberger, Ota; Krawietz, Werner (1985): Ansätze zu einem Neuen Institutionalismus im Rechtsdenken der Gegenwart. In: JZ 1985, S. 706–714.

Wengert, Egbert S. (1942): Public Administration: The Study of Public Administration. In: The American Political Science Review 36 (1942), S. 313–322.

Wengst, Udo (1988): Staatsaufbau und Verwaltungsstruktur. In: Bracher, Karl Dietrich; Funke, Manfred; Hans-Adolf, Jacobsen (Hrsg., 1988): Die Weimarer Republik 1918–1933. Politik – Wirtschaft – Gesellschaft. Bonn 1988, S. 63–77.

Werkmüller, D. (1998): Verein, Vereinsrecht. In: HRG, Bd. 5. Berlin 1998, Sp. 689–696.

Weth, Stephan (2002): § 50. Parteifähigkeit. In: Musielak, Hans-Joachim (Hrsg., 2007): ZPO. Kommentar. München 2007.

Wieacker, Franz (1941): Die Körperschaften, Anstalten und Stiftungen des öffentlichen Rechts. In: AcP NF. 27 (1941), S. 304–314.

Wiedemann, Johannes (1937): Die Selbstverwaltung der Gemeinden und Gemeindeverbände. In: Frank, Hans (Hrsg., 1937): Deutsches Verwaltungsrecht. München 1937, S. 185–238.

Wilke, Dieter (1985): Gebühren. In: Püttner, Günter (Hrsg., 1985): Handbuch der kommunalen Wissenschaft und Praxis (HBdKWP). Band 6: Kommunale Finanzen. Berlin, Heidelberg u. a. 1985, S. 246–259.

Willoweit, Dietmar (1978): Struktur und Funktion intermediärer Gewalten im Ancien Régime. In: Gesellschaftliche Strukturen als Verfassungsproblem. Intermediäre Gewalten, Assoziationen, Öffentliche Körperschaften im 18. und 19. Jahrhundert. Der Staat, Bh. 2, S. 9–27.
- (2004): Deutsche Verfassungsgeschichte. Vom Frankenreich bis zur Wiedervereinigung Deutschlands. München 2004.

Wimmer, Raimund (2004): Friedenswahlen in der Sozialversicherung – undemokratisch und verfassungswidrig. In: NJW 2004, S. 3369–3374.

Winkel, Harald (1985): Landwirtschaft und Forsten. In: Jeserich, Kurt G. A.; Pohl, Hans; Unruh, Georg-Christoph von (Hrsg., 1985): Deutsche Verwaltungsgeschichte IV. Das Reich als Republik und in der Zeit des Nationalsozialismus. Stuttgart 1985, S. 435–450.

Winkler, Heinrich August (1972): Pluralismus oder Protektionismus? Verfassungspolitische Probleme des Verbandswesens im Deutschen Kaiserreich. Wiesbaden 1972.
- (1991): Zwischen Marx und Monopolen. Der deutsche Mittelstand vom Kaiserreich zur Bundesrepublik Deutschland. Frankfurt/Main 1991.
- (2005): Der lange Weg nach Westen. München 2005.

Winterfeld, Jörn W. (1986): Grenzen des Handelns juristischer Personen des öffentlichen Rechts im Privatrechtsverkehr. Bonn (Maschinenschrift) 1986.
Winters, Jochen (1995): Johannes Althusius. In: Stolleis, Michael (Hrsg., 1995): Staatsdenker in der frühen Neuzeit. München 1995, S. 29–51.
Wolff, Hans J. (1933): Organschaft und Juristische Person. Untersuchungen zur Rechtstheorie und zum öffentlichen Recht. Erster Band: Juristische Person und Staatsperson. Berlin 1933.
— (1934): Organschaft und Juristische Person. Untersuchungen zur Rechtstheorie und zum öffentlichen Recht. Theorie der Vertretung (Stellvertretung, Organschaft und Repräsentation als soziale und juristische Vertretungsformen). Berlin 1934.
Wolff, Hans J;, Bachof, Otto (1976): Verwaltungsrecht II. München 1976.
Wolff, Hans J.; Bachof, Otto; Stober, Rolf (1987): Verwaltungsrecht II. München 1987.
— (2007): Verwaltungsrecht. Band 1. München 2007.
— (2004): Verwaltungsrecht. Band 3. München 2004.
Wolter, Udo (1993): Freiherr vom Stein und Graf Montgelas. – Zwei Modelle der gemeindlichen Verwaltungsreform am Beginn des 19. Jahrhunderts. In: Bayerische Verwaltungsblätter 1993, S. 641–645.
Würtenberger, Thomas (1996): Die Akzeptanz von Verwaltungsentscheidungen. Baden-Baden 1996.
Wyduckel, Dieter (2000): Johannes Althusius. In: Westfälische Jurisprudenz. Beiträge zur deutschen und europäischen Rechtskultur. Festschr. aus Anlaß des 50jährigen Bestehens der Juristischen Studiengesellschaft Münster. Hrsg., v. B. Großfeld u. a. Münster/New York/München/Berlin 2000, S. 95–110.
Young, Iris Marion (2002): Inclusion and Democracy. Oxford, New York 2002.

Zacharias, Diana (2001): Das Prinzip der demokratischen Legitimation. In: Jura 2001, S. 446–450.
Zacher, Hans F. (2004): § 28. Das soziale Staatsziel. In: Isensee, Josef; Kirchhof, Paul (2004): Handbuch des Staatsrechts der Bundesrepublik Deutschland. Band II. Verfassungsstaat. Heidelberg 2004, S. 659–784.
— (1971): Arbeitskammern im demokratischen und sozialen Rechtsstaat. Ein Rechtsgutachten zur verfassungsrechtlichen Zulässigkeit der Errichtung von Arbeitskammern in Bayern. Köln, Berlin, Bonn, München 1971.
Zey, Mary (1998): Rational Choice Theory and Organizational Theory: A Critique. Thousand Oaks, London, New Delhi 1998.
Zimmermann, Franz (1989): Grundrechtsbindungen bei der Finanzierung öffentlicher Sach- und Dienstleistungen durch spezielle Entgelte. Das spezielle Äquivalenzprinzip, das Kostendeckungsprinzip, der Gleichheitsgrundsatz und ihre Interdependenzen. In: DVBl. 1998, S. 901–907.
Zimmermann, Norbert (1993): Der grundrechtliche Schutzanspruch juristischer Personen des öffentlichen Rechts. Ein Beitrag zur Auslegung des Art. 19 Abs. 3 GG – unter besonderer Berücksichtigung des Grundrechtsschutzes berufsständischer Einrichtungen, öffentlich-rechtlicher Stiftungen und gemischt-wirtschaftlicher Unternehmen. München 1993.
Zimmermann-Wienhues, Sigrid von (1997): Kommunale Selbstverwaltung in einer Europäischen Union. Deutsche Gemeinden und spanische ‚municipios' im europäischen Integrationsprozess. Berlin 1997.
Zippelius, Reinhold (2007): Allgemeine Staatslehre. München 2007.
Zuleeg, Manfred (1983): Selbstverwaltung und Europäisches Gemeinschaftsrecht. In: Mutius, Albert von (Hrsg., 1983): Selbstverwaltung im Staat der Industriegesellschaft. Festschr. f. von Unruh. Heidelberg 1983, S. 91–110.